国外高校人文社会科学发展报告2010

Guowai Gaoxiao Renwen Shehui Kexue Fazhan Baogao 2010

REPORT ON THE DEVELOPMENT OF HUMANITIES AND SOCIAL SCIENCES IN FOREIGN UNIVERSITIES, 2010

教育部社会科学委员会秘书处　组编

2010

高等教育出版社·北京
HIGHER EDUCATION PRESS　BEIJING

内容提要

立足国情，放眼世界；跟踪前沿，寻找差异；吸收借鉴，促进繁荣。2008 年起，教育部社会科学司发起倡议，教育部社会科学委员会组织编写。报告由我国人文社会科学各学科领域一流专家学者执笔，并邀请了部分海外知名学者参与编写。本书为第三部年度报告。

报告内容丰富，资料翔实，系统介绍了 2009 年度国外人文社会科学发展现状、重大事件、学术成果、理论创新、人才培养等方面的情况，以及学术发展中存在的问题、发展趋势、国内外学术差异比较等，并为读者推荐了大量的参考文献目录。

该报告为读者全面了解国外人文社会科学发展概况，明晰我国学术发展在国际学术中的地位和作用，探索本学科发展方向等提供了丰富的资料，具有重要的参考意义。

图书在版编目（CIP）数据

国外高校人文社会科学发展报告 2010/教育部社会科学委员会秘书处组编. —北京：高等教育出版社，2010. 12
ISBN 978-7-04-030731-3

Ⅰ. ①国… Ⅱ. ①教… Ⅲ. ①高等学校-人文科学-发展-研究报告-国外-2010 ②高等学校-社会科学-发展-研究报告-国外-2010 Ⅳ. ①G644

中国版本图书馆 CIP 数据核字（2010）第 225909 号

策划编辑 王　楠　**责任编辑** 赵愫简　**封面设计** 张　楠
版式设计 马敬茹　**责任校对** 刘　莉　**责任印制** 韩　刚

出版发行	高等教育出版社	购书热线	010-58581118
社　　址	北京市西城区德外大街 4 号	咨询电话	400-810-0598
邮政编码	100120	网　　址	http://www.hep.edu.cn http://www.hep.com.cn
		网上订购	http://www.landraco.com
经　　销	蓝色畅想图书发行有限公司		http://www.landraco.com.cn
印　　刷	北京市大天乐印刷有限责任公司	畅想教育	http://www.widedu.com
开　　本	787×960　1/16	版　　次	2010 年 12 月第 1 版
印　　张	62.75	印　　次	2010 年 12 月第 1 次印刷
字　　数	1 119 000	定　　价	68.00 元

物料号　30731-00

顾　　问：李卫红

主　　编：吴树青

编写组组长：杨　光

编写组副组长：张东刚　俞吾金　阎志坚

编写组成员：（按姓氏拼音排序）

曹意强　戴炜栋　郭贵春　韩　震

何　健　胡正荣　黄　进　李稻葵

李建平　李维安　刘仲林　马建通

马　雷　马　戎　莫　雷　钱乘旦

孙　坦　王缉思　王日春　魏贻恒

邬大光　徐　杰　徐　勇　徐青森

张国刚　周大鸣　包智明（新加坡）

刘　闯（美国）　王晴佳（美国）

余纪元（美国）　陈怀宇（美国）

Jacques Bidet（法国）　Robert Ware（加拿大）

Sean Sayers（英国）

目　录

Contents

第一章

马克思主义

摘要

2009年，世界性经济危机的恶化势头虽然得到遏制，但全球经济和政治的深层矛盾并没有缓和，南北之间矛盾仍然尖锐，生态危机和气候变暖等困扰人类的问题仍看不到解决的迹象。在这种情况下，马克思主义的研究空前繁荣，左派政治十分活跃。全球变暖、经济危机、另一种全球化，21世纪社会主义、共产主义观念都是2009年的热门话题，具体表现在：

第一，世界各地举行了一系列有影响的国际学术会议，代表性的有：英国举办了“马克思主义2009：一个抵抗的节日”活动周，《历史唯物主义》杂志召开了第六届年会，美国《重思马克思主义》杂志举办了“新马克思时代”第七次国际马克思主义大会，美国举办了全球左翼论坛。这些活动大大地激发了人们对马克思主义理论的兴趣，唤醒了他们对社会主义、共产主义的政治热情。

第二，各国马克思主义者对当前经济危机原因的分析进一步深入，引申出各种不同的观点，主要有金融危机论、经济危机论和综合危机论。他们的共同见解是，经济危机标志着新自由主义全球化意识形态的破产，从而为反抗和革命政治提供了新的机遇。

第三，在危机状态下，各国马克思主义者都聚焦于对社会主义与共产主义的反思，并把社会主义和共产主义理解为解决危机的根本出路，理解为人类本性和建立人与自然和谐关系的根本要求。

第四，当前资本主义危机既引发了对“另一种全球化”的想象和渴望，也激发了对马克思思想的新的理论兴趣。人们日益认识到，马克思是资本主义的病理学家和未来人类社会的开拓者。在当今时代，没有马克思，人们将陷入失语状态。在对马克思思想的反思中，历史唯物主义、政治经济学批判、辩证法、马克思恩格斯著作的文本研究受到高度关注，马克思主义在文化理论、宗教、伦理学、人类学、技术问题、政党理论等方面的启示和价值也得到全面评估。

第五，对早期西方马克思主义者的研究，尤其是对卢卡奇、葛兰西、阿尔都塞和本雅明思想的研究取得了重要的进展。事实上，这些马克思主义者的思想不仅丰富了马克思主义，对当前危机的批判和人类未来秩序的探索也具有重要的价值。

Abstract

In 2009, although the worsening global economic crisis has been suppressed for the time being, but the underlying contradictions of the global economic and politics have not been mitigated yet. The contradiction between North and South are still sharp, the problems of ecological crisis and climate warming have no signs of solution. In this case, the Marxist studies prosper unprecedentedly, leftist politics is very active. In 2009, global warming, economic crisis, another global, 21st century socialism, communism are hottest issues for Marxist studies.

First, there are a series of influential international academic conference around the world, the most important ones are: "Marxism 2009: a festival of resistance" and Sixth *Historical Materialism* Annual Conference. "Another World is Necessary: Crisis, Struggle and Political Alternatives Historical Materialism" in UK, Rethinking Marxism 2009 conference: "New Marxian Times " in United States, Fifth International Conference on the Work of Karl Marx and the challenges of the 21st century in Cuba, these activities greatly stimulated people's interest in Marxist theory, awaken socialist and communist political enthusiasm.

Second, the Marxist analyses of current economic crisis are more deepen today, these interpretations can be divided into three kinds: financial crisis, economic crisis, synthetic crisis. The current economic crisis not only marks the bankruptcy of neo-liberal globalization ideology, but also provides new opportunity for the revolutionary politics.

Third, in the condition of economic crisis, reflections of socialism and communism have become more urgent in the circle of Marxist and radical lefts. Socialism and communism are considered as a fundamental way to solving the current crisis, they are only future society that fit to human nature and ecological requirement.

Fourth, the current crisis of capitalism not only lead to new exploration of "another globalization", also stimulated new interest in Marxist theory. It is increasingly recognized that Marx was a pathologist of capitalist society and a pioneer of the future society. In our times, no Marx, we will fall into a state of aphasia. In the reflections of Marxism, historical materialism, critique of political economy, dialectics, bibliographic studies on works of Marx and Engels are most important fields. The roles of Marxism in cultural theory, religion studies, ethics, anthropology, theory of technology, theory of party and politics also have been full examined and commented.

Fifth, the figures of western Marxist tradition attract many attentions for scholars, among them, discussion on György Lukács, Antonio Gramsci, Louis Althusser, and Walter Benjamin's thoughts are the most intensive. Their thoughts do not only enrich the Marxism, but also are relevant to diagnosis of the current crisis and exploration of post-capitalist social order.

当前，世界性经济危机的恶化势头虽然得到遏制，但全球经济和政治矛盾并没有得到真正的解决，经济复苏和增长的基础还非常脆弱。2009年哥本哈根世界气候大会虽然盛况空前，但并未取得预期的成果，南北之间矛盾仍然尖锐，生态危机和气候变暖等困扰人类的问题仍看不到解决的迹象。在这种情况下，马克思主义的研究空前繁荣，左派政治十分活跃。

2009年7月，英国社会主义工人党（SWP）主办了“马克思主义2009：一个抵抗的节日”活动周，数千与会者来自世界各地，活动的主题是“挑战资本主义与战争”。2009年11月27日—29日，《历史唯物主义》杂志第六届年会在伦敦召开，会议的主题是“另一个世界是必要的：危机、斗争和政治选择”，带有鲜明的时代性。2009年11月，美国的《重思马克思主义》杂志召开了以“新马克思时代”为主题的第七次国际马克思主义大会，致力于探索马克思主义对当今世界政治介入的可能性。2009年4月17日—19日，全球左翼论坛在美国举行，吸引了全球各地二千多人参加。2009年11月，巴西召开了第六届“马克思与恩格斯国际论坛”，讨论了资本主义当前面临的危机和拉美国家21世纪社会主义实践等问题。除此之外，澳大利亚、中欧、西班牙、意大利、日本、法国等都召开了各类马克思主义和左派会议。这些活动大大地激发了人们对马克思主义理论的兴趣，唤醒了人们对社会主义、共产主义的政治热情。

2009年也是苏东剧变20周年，面对当前危机，人们对新自由主义经济政策和全球化存在的问题进行了更深入的思考。全球变暖、经济危机、另一种全球化、21世纪社会主义，甚至共产主义观念，都成为2009年国外马克思主义的热门话题。我们从以下七个方面介绍一年来国外马克思主义的理论和实践活动。

一、对经济危机的马克思主义分析

经济危机无疑是2009年最热门的话题，几乎所有著名的马克思主义者对这场危机都有自己的看法。经济危机不仅仅是经济学的话题，也是讨论一切现实问题的共同背景。关于当前危机，马克思主义的分析大致有以下三条思路：金融危机论、经济危机论和综合危机论。

（一）金融危机论

金融危机论的代表是英国苏塞克斯大学社会学教授、《新左派评论》前编辑罗宾·布莱克本，他是最早预言到次贷危机的马克思主义经济学家之一。在他看来，资本主义经济已经金融化，金融是利润的主要来源，跨国公司的金融投资部门已经成为最赢利的部门。当前危机的根源是资产的泡沫化，金融系统通过对资产价格的“幻想估值”不断拔高资产的价格，造成经济的虚假繁荣。但是，这一过程是不可能无限地持续下去的，因为利润最终只能来自生产部门创造的价值。因此，当前的危机实际上不过是价值法则的强制恢复而已。① 另一些学者也强调当前的危机是金融危机，但重点放在对社会金融化倾向的考察上。伦敦大学东方与亚洲学院的拉帕维查斯教授指出，② 由于生产部门的利润从上个世纪 70 年代起一直在下降，因而企业放贷对金融机构来说不再有吸引力，银行转而向个人和家庭提供消费信贷。为了获得超额利润，银行向个人和家庭发放了大量信用卡，通过手续费和透支罚息获取了高额利润。这是一种以消费者为剥削对象的新的直接剥削形式。但是，这种剥削形式最终仍然依赖于经济系统给工人提供可靠的收入，一旦这个链条断裂，危机就会到来，此次房贷危机就是如此。

也有的学者指出，当前危机的根源不是 20 世纪末的金融创新，而是 1949 年布雷顿森林体系的内在矛盾。美国两位学者指出，资本主义全球扩张的主要工具是金融，“这种扩张涉及金融体系的重要因素的私有化，诸如通货的管理和银行。以此来逃避公共的审查和管理。”③ 以外汇自由化、资本自由化和贸易自由化为主要内容的多边经济制度，随着苏联的解体和东欧国家的加入而推动了全球一体化，任何地方发生危机都会蔓延到全球。作为金融私有化的发源地，美国近年来经济自由化变本加厉，大萧条时期制定的格拉斯-斯蒂格尔法（Glass-Steagall Act）被格雷姆-里奇-比利雷法（Gramm-Leach Bliley Act）所取代。金融现代化法案把赌场资本主义（casino capitalism）带到全球，而当前的危机就是赌场资本主义的崩溃。这一观点也体现在科罗拉多大学拉玛·瓦苏德万的“信贷危机”一文中。④

（二）经济危机论

与金融危机论相对的是实体经济危机论。贝拉米·福斯特和弗雷德·麦格

---

① Robin Blackburn. The subprime crisis. New Left Review, (Mar-Apr) 2008.

② Lapavitsas, Costas. Financialised capitalism: Crisis and financial expropriation. Soas. Research on Money and Finance Working Paper, Feb 2009, available from www. soas. ac. uk/rmf.

③ Bülent Gökay, Darrell Whitman. Mapping the Faultlines: A historical perspective on the 2008-2009 World Economic Crisis. Cultural Logic, 2009: 3.

④ Rama Vasedevan. The credit crisis. Monthly Review, Vol. 61, Issue 2, 2009.

道夫的《大危机的原因和后果》① 指出，虽然当前的危机是金融垄断资本主义的危机，但其根源是成熟资本主义经济中存在的某种停滞倾向。因此，金融危机不能理解为金融系统错误调节的结果，而应该理解为经济体系危机在金融垄断资本主义条件下的恶化。美国马克思主义经济史家罗伯特·布伦纳在接受韩国庆尚国立大学经济学教授郑城津（Songjin Jeong）的访谈时指出，② 必须从更深的层次上理解当前的金融危机。危机的根源是20世纪70年代以来全球性制造业的产能过剩。在一系列刺激经济的政策失效的情况下，西方国家不惜以金融泡沫刺激经济，这种政策最终导致目前这场巨大的危机。西班牙经济学家纳瓦罗教授也认为，③ 把2008年的全球经济危机归罪于金融监管不力和金融衍生品的滥用是不全面的，用于破解金融危机的一揽子计划也无法彻底解决资本主义的经济矛盾，金融危机只是经济危机的征兆，是经济危机决定了前者的爆发，而不是相反。值得注意的是，在不同的实体危机论之间也存在着差别。一种观点认为，危机的根源是利润率下降；另一种观点认为，工人的低工资导致的消费需求不足才是危机的根源。奥拉朗指出，④ 当前的危机本质上是分配危机，工资份额的下降和剥削率的提高是当前全球危机的主要因素。纳瓦罗教授认为，当前经济危机源于二战后形成的劳资社会公约的终结。战后的劳资公约曾有力地促进了资本主义国家经济的持续增长，使普通劳动者分享到了因生产力的提高而带来的收入增长。它的终结意味着原有的利益天平完全倒向了资本和高收入阶层，普通劳动者不但不能分享到经济增长的收益，反而因物价上涨而不得不承受家庭负债的激增。在有效需求不足的前提下，个人信贷业务的扩张成为诱发金融泡沫的隐患之一。⑤

（三）综合危机论

第三条理论路径是综合性分析。该理论认为，资本主义的结构矛盾是当前危机的根源，而金融创新和自由化是危机加深和扩大的推动力。约瑟夫·库纳

---

① John Bellamy Foster. Fred Magdoff. The great financial crisis causes and consequences. Monthly Review Press, 2009.

② Robert Brenner. The economy in a world of trouble. International Viewpoint Online Magazine, http://www.internationalviewpoint.org/spip.php? article1657.

③ Vicenc Navarro. Las causas de la crisis mundial actual. Sistema Digital, 23 de Diciembre de 2009, http://www.vnavarro.org/? p=3758.

④ Ozlem Oraran. From the crisis of distribution to the distribution of the cost of the crisis. http://.historicalmaterialism.org/conferences/sixth-london-conference/sessions-an, 2010/5/13.

⑤ Vicenc Navarro. Las causas de la crisis mundial actual. Sistema Digital, 23 de Diciembre de 2009, http://www.vnavarro.org/? p=3758.

拉认为，在冷战时期，资本主义主要依赖于战争经济为过剩资本提供投资渠道，冷战结束后，资本不得不寻找新的出路，金融资本主义的崛起恰恰为过剩资本提供了新的投资渠道。但是，如同军事资本主义一样，金融资本主义也包含着大量的非生产性浪费。依赖于资产泡沫和个人借贷消费来维持的资本主义最终是要崩溃的。在这个意义上，资本主义的危机是真实积累的危机与金融危机的相互交织。① 大卫·哈维也认为，当前危机的根源是早已存在的过度积累，“过度积累指资本主义现有的剩余找不到出路的情况下出现的情况，不论是面临着劳动的约束、市场的约束、技术的约束，还是其他情况”。当前的危机可追溯到上个世纪中后期的石油危机。由于石油和能源价格的上涨，资本主义经济陷入滞胀，撒切尔和里根等新保守主义政府采取反劳工的政策，抑制工资保障利润。但真实工资的下降必然会导致社会需求不足，并使资本的投资获得受到市场的约束。为解决上述矛盾，资本主义体系采取的方法是通过信用卡或消费信贷鼓励负债消费，但这种模式是不可能长久的。哈维指出：“如果我们不想五年后陷入更深的危机，就需要对体系进行彻底的改变。”② 日本中央大学的教授高田太久吉也属于综合分析派。他认为，当前的危机是由当代资本主义的结构性矛盾和历史局限决定的，具体来说，它的产生有下面四个方面的原因：（1）货币资本过剩与经济金融化；（2）风险管理中空化和次贷膨胀；（3）实体经济的恶化；（4）大型金融机构间合作机制坏死；（5）原油、商品市场的投机化。他主张改变全球经济秩序和管制机制，建立取代华盛顿共识的新的国际秩序。③

针对这场危机，法国思想界也展开了激烈的讨论。古格利耶尔摩·卡尔谢蒂主张“危机=利润率的降低”，④ 安德鲁·克里芒将此次危机仅视为金融危机，而非资本主义生产体系本身的问题。⑤ 上述观点受到著名马克思主义经济学家米歇尔·于松的批评。他认为，尽管在本次危机前后的较短时期内的确出现了利润率降低的情况，但从近30年西方资本主义国家的总体情况来看，资本主义世界的利润率并未呈现下降的趋势。这场危机并不仅仅是金融体系的危

---

① Joseph Choonara. Marxist accounts of the current crisis. International Socialist, Issue 123, June 2009.

② Interview, David Harvey-Exploring the logic of capital, http://www.socialistreview.org.uk/article.php?articlenumber=10801.

③ 高田太久吉. 国际金融恐慌と现代资本主义の课题. 前卫. 2009 (5), に載せる.

④ Guglielmo Carchedi. Zombie Capitalism and the origin of crises. International Socialism n°125.

⑤ http://akliman.squarespace.com, 2010/6/23.

机，而是整个资本主义本身的危机。此次资本主义危机并不是一个新的“经济周期”的产物，而是近30年来资本在世界范围内持续追求过高剩余价值率的结果。资本主义体系不断制造出各种不同欲望以维持投资和消费的虚假繁荣，但又没有能力以理性的方式满足这些欲望。① 因此，资本主义必然发生危机。

（四）危机的后果和出路

当前的危机无疑是上个世纪30年代以来最严重的一次危机。过去二十多年，虽然拉美、东南亚都爆发过严重的债务或金融危机，但资本主义的中心没有经历过一次像样的危机。这并不意味着资本主义危机趋势已经消失，而是由于金融化延缓了危机到来的时间。但是，危机越是被推迟，矛盾积累就越多，最后，危机的破坏性也就越大。② 如何看待这场危机的后果和出路？思想界存在着分歧。大部分人认为，当前的危机标志着新自由主义全球化意识形态的破产，因而为反资本主义的抵抗运动提供了新的机会；但也有人认为，这次危机与以前的危机一样，将为资本主义的发展提供新的机遇。

齐泽克认为，任何失去历史合理性的社会制度都会死亡二次：一次是悲剧，一次是喜剧。“9·11”事件标志着自由民主政治乌托邦的死亡，2008年危机标志着福山式市场经济乌托邦的死亡，第一次是作为悲剧，第二次是作为喜剧。

在此次危机中，资本主义国家的政府出台了各种救市政策，如收购有毒资产，为金融机构和企业提供流动性或信用担保等等。这些政策被右派指责为是资本主义的“社会主义化”。但奇怪的是，在这里，“社会主义”首先不是帮助穷人，而是帮助富人，不是帮助借贷者，而是帮助放贷人。在这里，资本主义的逻辑似乎是：社会主义是坏的，除非它能用来拯救资本主义。这表明资产阶级意识形态是虚假的，具有两面性。当前的危机不仅给自由主义提出了挑战，也使左派面临着新的困境：“对华尔街好的未必对大街好，但如果华尔街生病，大街是不可能健康的，这种非对称性给予了华尔街以先天的优势。”③ 虽然一些人主张“救大街，而不是华尔街！”但他们忽略了这样的事实：“在资本主义社会下大街就是华尔街”。④ 齐泽克认为，当前危机的真正受害者不是资本主义而是左派本身，他甚至担心，西方自由民主资本主义的危机有可能

---

① Michel Husson. La crise et les marxistes. Regards, n°69.

② Joseph Choonara. Marxist accounts of the current crisis. International Socialist, Issue 123, June 2009.

③ Slavoj Zizek. First as tragedy, then as farce. Verso 2009 (13).

④ Slavoj Zizek. First as tragedy, then as farce. Verso 2009 (14).

导致一种更坏的资本主义，即集权主义资本主义的兴起。

但是，多数学者认为，这次危机给马克思主义、社会主义、左派政治提供了积极的机会。布伦纳认为，当前的危机表明新自由主义经济组织模式已经破产，现在正处在前所未有的意识形态真空之中，这对左派来说，未始不是一次机会。① 萨米尔·阿明在《抓住危机》② 一文中也认为，当前的世界经济是富裕资本主义国家对发展中国家的帝国主义剥削，世界性经济危机给我们提供了一次重新沿着马克思主义和国际主义的路线，走向世界范围内的社会解放的机会。

当前的危机不仅是资本主义金融体系的危机，也是资本主义制度的危机，它的影响是深刻和广泛的，就其积极意义来说，起码有以下三个方面：

第一，它暴露了自由主义正统经济学说的贫乏和无用。前英格兰银行货币政策委员会委员、伦敦经济学院教授威恩·彼特（Willem Buiter）认为，从这次危机可以看出，英美大学普遍流行的宏观经济学和货币理论已经滞后几十年，完全与经济现实脱节。③ 约克等人在《资本主义漫游奇境》一文④中也对主流经济学进行了批判。这篇文章认为，以所谓专业性和形式美观为特征的主流经济学无法真正把握资本主义现实，这种经济学由于相信市场和技术万能，实际上生活在“爱丽丝奇境”之中。

第二，当前的危机激发了对1929—1933年大危机的回忆以及当时的工人运动的研究。2009年末《再思马克思主义》杂志刊出了一组标题为《对于20世纪30年代的再思考：大萧条和人民阵线》的文章，对这段历史进行反思。⑤ 康尼迪格州大学社会学系的格雷汉姆·卡萨诺提出“回到人民阵线”的口号。在他看来，只有团结的文化才能激起人民的反抗，为了面对今天的危机，也许有必要思考30年代人民阵线的失败与成功。伊利诺斯大学历史系的詹姆斯·R. 巴雷特在“对人民阵线的再思考”中提出，1935年9月—1941年5月的共产国际人民阵线不是临时性的策略性组织，而是美国激进社会运动的催化剂，

---

① Robert Brenner. The economy in a world of trouble. International Viewpoint Online Magazine, http://www.internationalviewpoint.org/spip.php? article1657.

② Samir Amin. Seize the crisis. Monthly Review, Vol. 61, Issue 7, 2009: 1-16.

③ Joseph Choonara. Marxist accounts of the current crisis. International Socialist, Issue 123, June 2009.

④ Richard York, Brett Clark, John Bellamy Foster. Capitalism in wonderland. Monthly Review, Vol. 61, Issue 1, pp. 1-18.

⑤ Symposium. Rethinking the 1930s: The great depression and the popular front. Rethinking Marxism, Vol. 21, No. 4, 2009: 475-555.

是美国社会、文化自由化和民主化的重要推动力量。尽管在宗派主义和资产阶级政府的压制下，人民阵线消亡了，但它留下团结各种反抗力量的“广泛性的左翼”模式。在“对于人民阵线重要意义的再思考”的编后记中，耶鲁大学的麦克·邓宁（Michael Denning）指出，当前公共领域对30年代大萧条及其后遗症的反思本身就是当前危机所引起的政治反应的一部分，因而具有重要的政治意义。当前的危机在德国引发了对“后89时代”的历史神话的批判，并对1918年德国十一月革命和原民主德国历史进行了重新评价。一些学者意识到，自由主义和保守主义对这段历史的研究带有防御性，他们通过对民主德国历史的丑化，试图把人们对“后89时代”的资本主义制度的不满限制在一定的范围内，并堵塞关于社会主义替代性选择的再思考。实际上，民意调查表明，① 对民主德国肯定的回忆已经占上风。

第三，当前危机的最重要影响是重新唤起人们对人类前途的反思。2009年4月2日，哈维在电视访谈中认为，当前的资本主义是“非理性地合理化的体制”，“现在该是我们挑战整个基础的时候了”。② 加拿大著名马克思主义经济学家莱伯维茨的《人类发展之路：资本主义还是社会主义?》③ 一文认为，“如果我们相信人民，如果我们相信人类社会的目标必然是‘确保人类的全面发展’，那么我们面对的选择就再清楚不过了：社会主义或是野蛮”。“社会主义或是野蛮”这一口号的回归是意味深长的。该口号最早是由罗莎·卢森堡提出的，第二次世界大战后，卡斯托亚蒂等人编辑出版了《社会主义或野蛮》(Socialisme ou Barbarie）杂志，这一口号成了激进左翼的思想标志。但是，在此次危机爆发前相当长一段时间内，左翼最时髦的主张是“第三条道路”，“社会主义或野蛮”口号的恢复表明第三条道路是行不通的。意大利瓦萨波罗教授的论文④就这个问题进行了分析。希法亭曾主张，有组织的资本主义是向社会主义过渡的一个阶段，这一设想带有幻想性质。事实证明，资本主义体制至今仍未找到使其生产方式摆脱危机的形式，不论是有组织的资本主义还是其

---

① Ekkehard Lieberam. Die DDR als erfahrungsubjekt sozialistischer gesellschaftsgestaltung. Zeitschrift Marxistische Erneuerung, Nr. 79, Sep 2009.

② David Harvey. The financial crisis and neoliberalism, http://www.democracynow.org/2009/4/2/marxist_geographer_david_harvey_on_the

③ Michael A. Lebowitz. The path to human development: Capitalism or socialism? Monthly Review, Vol. 60, Issue 9, 2009: 41-63.

④ Tra Hilferding e Marx le vie diverse per l'uscita dalla crisi del capitale, Luciano Vasapollo, Docente di Economia Aziendale, Fac. di Scienze Statistiche, Università' "La Sapienza", Roma; Direttore Responsabile Scientifico del Centro Studi Trasformazioni Economico-Sociali (CESTES) -Proteo 2009. No. 1.

他形式的改良，历史证明，它们都是走不通的。笔者认为，坚持阶级的主体性，并实行彻底的经济和社会变革，社会主义仍然是现实的政治选择。

二、21世纪社会主义的新探索

近年来，爱因斯坦于60年前发表在《每月评论》第一期上的文章《什么是社会主义?》重新得到了关注。在该文中，爱因斯坦指出，“人类社会正在经历危机，它的稳定性已经被严重地动摇了”。在面对危机、战争、灾难时，“人类现在构成了一个生产和消费的星球共同体（planetary community)”。历史已经证明，资本主义不能解决人类生存和发展面临的危机，在这种情况下，“澄清社会主义的目标和问题是我们这个转型时代最有意义的问题”。① 爱因斯坦的观点今天特别能引起人们的共鸣。从文献看，当前对社会主义的思考有两条思路：一是把它理解为人类本性的内在需要，或把它建立在生态要求之上；二是把它理解为解决当代危机和困境的出路。虽然这两条思路不能截然分开，但可以为我们提供不同的视角。

刚刚去世的G. A. 柯亨在《为什么不是社会主义?》② 的新作中认为，社会主义是人性的自然表达。设想在野营旅行中，野营者不会妒忌一个人会玩球或另一个人钓到了一条鱼。野营者不是为了得到而付出，而是本着平等和团结的精神来相互对待，而平等和团结就是社会主义价值。在这个意义上，我们都可以成为社会主义者。那些否认社会主义可行性的观点，实际上是用资本主义环境下人的动机来解释人类的一切动机。柯亨的新作被誉为对社会主义的合理性所做的最机智和最风趣的辩护。

英国著名马克思主义文学评论家伊格尔顿的文章《文化与社会主义》③ 从人类学出发来理解社会主义。他的理论出发点是人类的脆弱性：“所有人类的存在都是早产的，无助的和依赖的，并不能够照料自己。”即使个体获得独立的行动和自主性后，他仍然要依赖文化。如果承认这一点，除非文化在正确的方向上发展，否则人类就会死亡。资产阶级文化无视人的依赖性，在这种文化中，个人除了关心自己外没有其他的目标。社会主义内在于人的文化本性之中。文化作为一个价值概念，指一种爱，一种没有它的关照人类就无法繁衍生

① Albert Einstein. Why socialism? Monthly Review, May 1949.

② G. A. Cohen. Why not socialism? Princeton University Press, 2009.

③ Terry Eagleton. Culture and socialism. International Socialism, Issue 122, March 2009.

息的东西，在文化中并不存在事实与价值的鸿沟。关于社会主义的文化理想，莫里斯把手工劳动作为创造性的活动，把艺术家的创造活动作为非异化劳动的范式，马克思和王尔德主张完全取消劳动，把社会变成快乐的乐园。伊格尔顿支持后一种观点，他认为，快感是社会主义的特征，“怡情是将来的社会主义王国的标志”。他认为，文化保存了超越商品世界和强制劳动的乌托邦形象，对今天的左派来说，“我们正处在从文明与野蛮的对立转向文明与文化的对立。政治左派总是坚持文明与野蛮是共时性的，而不是历时性的——这不仅因为文明总是受到野蛮的侵入，而且因为它们本来是一枚硬币的两个侧面”。社会主义者只能站在文化一边，而不能站在文明一边。伊格尔顿的观点对我们具有警示意义。

梅札罗斯在其最新出版的著作《历史时间的重负和挑战》[1] 中也从人的社会本性出发对社会主义做出了辩护。他认为，在 21 世纪提出社会主义这个问题，既需要对历史进行认真的反思，也需要对社会主义原则进行重新思考。社会主义是社会变革的理论和策略，要实现这一变革就需要寻找它的“阿基米得点”。21 世纪的社会主义应该具有以下特征：(1) 它必须彻底否定资本主义破坏性的新陈代谢机制；(2) 必须证明生态上和人类学意义上的新的社会秩序是可行的；(3) 要意识到社会主义目标实现的过程性，把社会主义作为一个开放的体系来看待。具体来说，我们需要采取一种负责任的管理模式(responsible husbandry)，要有意识地寻找能够克服资本对抗性矛盾的决定因素。梅札罗斯强调，21 世纪社会主义将是生态要求和社会主义平等、团结价值相结合的新的解放方案。

生态危机是社会主义复兴的重要动机，贝拉米·福斯特在《生态革命：与星球重归于好》中指出，自 1945 年第一颗原子弹面世以来，人类第一次拥有了毁灭自身的力量。资本主义的生态问题是与经济问题联系在一起的，如果资本主义照常发展下去，不仅核武器，而且全球生态危机以及气候变暖都是不可避免的。生态危机的根源在于资本的暴力扩张。对人类来说，唯一可能的答案就是生态革命：与星球和平相处。福斯特拒绝流行的可持续发展理论，因为这种理论仍然把生态问题放在增长、利润的框架内讨论，为了建立真正的可持续的未来，人与星球的友好相处必须放在经济增长和利润的前面。我们正处在人类与自然的关系的转折点上，任何不触及生态危机的资本主义根源的改革方案，都不可能成功。尼尔在《经济危机、气候危机、生态社会主义和马克思

---

① István Mészáros. The challenge and burden of historical time. Monthly Review Press, 2009.

主义》① 一文也从这个方面进行了思考。他指出，当前的危机表明，市场机制不仅不能解决生态危机，而且也不能拯救自己，这就意味着主流的气候政治模式已经陷入危机。在新的条件下，我们需要采取新的生态政治立场，这就是以马克思主义为基础的生态社会主义。他提出一种红绿结合的理论模式：用深绿（激进生态主义）去分析问题，用深红（激进社会主义）去解决问题。

当代著名马克思主义历史学家霍布斯鲍姆的观点既是哲学的，也是政治的。2009 年 4 月 10 日，他在英国《卫报》上发表了《社会主义失败了，资本主义现在破产了，接下去怎么办？》② 一文。作者认为，20 世纪已离我们而去，但我们还未学会如何在 21 世纪生存。过去一个世纪，我们经历了社会主义与资本主义二种秩序。社会主义是高度集中的国家计划经济，资本主义是不受限制的自由市场经济。第一种体制在 20 世纪 80 年代解体了，第二种体制正经历着 20 世纪 30 年代危机以来最严重的危机。在当前危机的条件下，“我们需要返回到这样的信念：经济增长和它带来的富裕是手段，而不是目的。目的是生存、生命的机会和人民的希望”。“对进步政策的检验不是私人而是公众，不是个人的收入和消费的提高，而是拓宽机会和阿玛蒂亚·森所说的通过集体行动创造的‘能力’”。霍布斯鲍姆认为，21 世纪的社会主义将是一种混合经济。

苏东剧变后二十年，原苏东国家二十年的惨痛经历，使他们认识到新自由资本主义不是一个美好的天堂。捷克作家 Martin M. Simecka③ 认为，实际上，资本主义以往人道主义改革是在社会主义意识形态影响和政党的压力下才出现的。随着共产主义的灭亡，西方失去了“东方”镜子，必须削弱自己的道德责任感和改良的动力，这是堕落到自由放任的野蛮状态的根本原因。经历了所谓“现实社会主义”失败后的俄罗斯，对 21 世纪的社会主义有许多探索，出现了很多流派，如俄共、公正俄罗斯等中左政治阵营主张“现实选择的社会主义”，以 A. B. 布兹加林等后苏联马克思主义学派则主张“作为过渡过程的马克思主义”，以梅茹耶夫为代表一些学者提出了作为“文化空间”的社会主义理论。在《作为文化空间的社会主义》一文中，梅茹耶夫认为，社会主义只是一种理论学说，它所表达的是人类共同拥有的对教育、科学、信息、交往

① Jonathan Neale. Economic crisis, climate crisis, ecosocialism and marxism, http://. historicalmaterialism. org/conferences/sixth-london-conference/sessions-an, 2010/5/13.

② Eric Hobsbawm. Socialism has failed, Now capitalism is bankrupt, So what comes next? Guardian, April 2009.

③ Martin M. Simecka. Still not free. Eurozine 29, May 2009.

等等这些人类精神财富的所有权，文化空间超越了经济必然性，它的财富具有的公共性和可分享性，并不会因每一个人的占有而减少或耗损，因此，“科学社会主义”也就是马克思的“自由人联合体”社会和按需分配社会的理论表达。谢苗诺夫对社会主义概念的意义做了全面的阐述。在文章《被遗忘的马克思：革命、社会主义和人》中，他指出：“马克思、马克思主义、列宁主义从三个层面上科学地研究了‘社会主义’概念：（1）社会主义是理论；（2）社会主义是现实的、解放的和革命的社会主义运动；（3）社会主义是现实的社会，是现实的社会制度，构成了共产主义社会经济结构内部的独立阶段。”① 在《社会主义和 21 世纪的革命：俄罗斯和世界》一书中，他指出，“把社会主义变成社会和文明发展的主导性和决定性力量”是 21 世纪的发展主题。按照他的理解，21 世纪社会主义社会-哲学概念要解决四个问题：“在政治权力中解决资产阶级权力和人民权力之间的矛盾；在经济所有权和劳动领域中解决私有权集中、资本主义上层缺少监督，以及人民没有财产权的矛盾；在分配和社会关系领域解决财富和贫困、社会关系公平和非公平、社会发展主体和目标之间的矛盾；解决财阀为主导的和以创造物质财富和精神财富的劳动者之间的矛盾。”②

“21 世纪的社会主义”近年来已成为拉美左翼政党最响亮的纲领，虽然拉美国家对这一纲领的理解还存在着分歧。2009 年，在巴西召开的“左翼政党国际会议”上，与会代表认为，对于拉美和整个世界来说，21 世纪的社会主义是唯一可能的选择，也是拯救地球和人类有效的、必不可少的手段。古巴共产党国际关系部长马丁内斯（Jorge Martí Martínez）指出，“21 世纪的社会主义”包含着社会参与、平等、财富分配和团结互助等原则。洪都拉斯驻委内瑞拉前大使埃斯皮纳尔（Germán Espinal）认为：“当面对着像我们所生活的制度这样严重危机的时候，我认为 21 世纪的社会主义是历史上的社会主义、乌托邦社会主义、现实社会主义的积淀物，是爱国主义和民族主义的贡献，是以人们的指导和要求为行动指南的革命民族和革命力量的贡献。”③ 在 21 世纪社会主义理论和实践中，查韦斯领导的委内瑞拉声势最大，改革措施也最系

---

① В. С. Семёнов. Забытый Маркс: о. революции, социализме, человеке, Вопросы философии, 2009, No. 6, c37.

② В. В. Трошихин, В. С. Семёнов. “Социализм и революции XXI века: Россия и мир”, Вопросы философии, 2009, No. 11, c181.

③ Paula Ramón. Partidos de izquieda discutieron sobre las amenazas del imperialismo, http://psuvel-hatillo. blogspot. com2009/11.

统，它的主要内容包括放弃传统的代议制民主，努力构建新的参与式民主，加强国家对战略部门的控制，坚定地将一些关键部门国有化，不断加大收入再分配政策实施的力度，实施一系列有利于中下社会阶层的政策，积极参与和推进国际政治经济秩序的变革，打破制约本国发展的不利因素。厄瓜多尔总统科雷亚 2007 年执政后，也宣布摒弃新自由主义发展模式，建设“21 世纪的社会主义”。“21 世纪的社会主义”是一个混杂性的思潮，它包括基督教教义、印第安主义、玻利瓦尔主义、科学社会主义等各种思想酵素，缺乏系统性和统一的原则。同时，在实践中，由于面临经济、政治和国际关系难题，这一纲领能否成功地付诸实践也是成问题的。正如西班牙马德里大学马尔克斯·罗伊曼教授在 2009 年发表的《制度性左翼和危机》① 中所指出的，智利、巴西、乌拉圭、西班牙、英国等左翼当政的国家，虽然标榜进步与责任，实则与右翼分子“殊途同归”。在市场经济的利益驱使下，制度性左翼无视资本的逃逸，免除企业主的社会保险责任，其主导的劳动力市场改革也造成了工人待遇的下降和工会权利的削减。当权左派犹如生长在自由主义水中的一条鱼，他们是右翼富人餐桌上不可或缺的客人，是帝国主义政策的代理人。虽然上述批评主要针对社会民主派，但也部分地揭示了拉美社会主义的局限性。

三、共产主义观念的复兴

共产主义观念的复兴是当今左派政治的一个值得关注的现象。2009 年 3 月 13—15 日，一批国际知名的激进左派聚集在伦敦，召开了“共产主义观念”大会，这次会议引起很大轰动。齐泽克、巴迪乌、哈特、奈格里、朗西埃、吕克·南希、伊格尔顿等人在会上作了发言。齐泽克明确提出了“告别社会主义先生，欢迎共产主义先生！”的口号。总的来说，他们对共产主义内在意义的阐述有三种思路：巴迪乌从超越哲学出发，把共产主义理解为人类唯一有意义的假设；哈特、奈格里等人从政治经济学思路出发，强调共产主义内在于全球化的历史趋势之中；朗西埃和伊格尔顿等人强调共产主义是人类文化本性的内在要求。当然，他们承认，当下的讨论只是某种理论的操练，而不是提供具体的方案。

---

① Marcos Roitman. La izquierda institucional y la crisis, la Jornada, 16 de mayo de 2009, http://www.jornada.unam.mx/2009/05/16/index.php? section=opinion&article=022a1mun.

巴迪乌从超越的事件哲学出发，把共产主义观念理解为永恒的假设。① "共产主义假设"不是一种纲领，而是康德式的范导性理念（Idea），是与历史一样久远的"一种纯粹的平等观念"。齐泽克支持巴迪乌的"共产主义假设"，但也试图赋予这一假设以现实的经验内容。在他看来，我们时代面临着四种对抗性矛盾：一是生态灾难威胁，二是"知识财产"的共有性与私有产权之间的矛盾，三是新技术特别是生物遗传学的社会伦理含义，四是新式隔离、新围墙与贫民窟的设立。前三种对抗性属于一类，涉及主体与实体的关系。最后一种对抗性属于另一类，涉及主体内部或主体对主体的关系。齐泽克认为，虽然生态危机、知识财产和生物工程都涉及人类不可分割的共有性，但是，我们都是无产者，都被剥夺了享受人类共有生存条件的权利。在这个意义上，我们就是革命的主体。他特别强调，生活在贫民窟和隔离区的人民具有特殊的意义，他们是社会总体的"非部分的部分"，就如马克思时代的工人阶级一样，它的存在就是对整个制度的否定。② 伦敦"共产主义会议"取得了成功，吸引了近千人参加，并在媒体上引起广泛的讨论。但是，他们的思想有共同的弱点：第一，他们把社会主义与共产主义对立起来，完全否认社会主义的意义；第二，他们割断了共产主义观念与社会主义政党及工人运动之间的历史联系，使之成为一种新的宗教启示录。卡利尼柯斯说："那些参与会议的发言者和观众是些严肃的人，他们被挑战资本主义的共同信念带到一起。但是，他们这样做时并不能逃避马克思多年前提出的问题：如何使理论与实践相结合。"③

在共产主义观念的复兴中，从形式上说最忠实于历史唯物主义内在批判思路的是哈特和奈格里。他们的"时代三部曲"：《帝国》（Empire，2000）、《多众》（Multitude，2004）和《联邦》（Commonwealth，2009）虽然在左派思想界毁誉参半，但影响不可低估。著名的《历史唯物主义》杂志正在筹划召开"从《帝国》到《联邦》：共产主义理论与当代实践"专题讨论会。会议的组织者把从《帝国》到《联邦》的三部曲视为我们时代恢复解放的共产主义政治学的重要尝试，"他们维持着对资本主义的马克思式批判，并通过对革命方案的富有挑战性的重新思考以强调劳动的解放潜能。他们这样做的方式，一方

① Alain Badiou. The communist hypothesis. New Left Review 49, Jan-Feb 2008.

② Slavoj Žižek. How to begin from the beginning? New Left Review 57, May-June 2009.

③ Alex Callinicos. Slavoj Zizek's ideas need to link with reality. Socialist Worker Online, Issue 2142, 2009.

面拒绝占统治地位的全球资本主义意识形态，也与正统马克思主义相异”。[①] 我们可以把哈特与奈格里的理论理解为欧洲激进革命传统与美国激进哲学的合璧，具体来说，就是奈格里的工人自治运动经验和哈特熟悉的后结构主义理论之间的结合。

如何理解这三部著作的关系，奈格里 2009 年的一篇短文可以给我们提供线索：《帝国》是一本从权力的空间性来考察当代社会变化的著作；《多众》关注的是由分散的、异质的多元主体构成的多众（multitude）如何组织自己，使自己成为新的反抗力量；《联邦》要解决的问题是，多众如何为王，如何变成马基雅维利意义上的君主（prince）。在 2009 年出版的《联邦》一书中，他们想通过共有（common）概念赋予共产主义观念以最终的理论支撑。人类生存离不开水源、空气、海洋和土地等共有物，但更重要的是人造的共有物，如知识、信息、交往技术等。在当代资本主义社会中，共有性已经进入到资本主义机体之中，“所以，我们需要在资本的关系内部来建立共有的概念”。“今天共有就是资本之名：资本主义是共有的资本主义。”我们正处在时间的岔路口上，劳动力的新的技术构成从内到外都渗透着共有性，但是劳动者享受共有财富的机会和能力却空前地遭到排斥和边缘化：一边是资本的共产主义，另一边是劳动者的边缘化。如何走出危机？奈格里认为，只有革命才能赋予多众以公有物的社会权利。共产主义意味着把共有东西还给社会大众，它的本质特征是多众的解放。共产主义既不是公有，也不是私有，而是共有。多众不是传统意义上的同质的人民，而是异质和多元的同一体。共产主义是个体间生命的独特性（singularity）和异质性的同一。[②] 显然，奈格里的思想是对马克思的个人全面发展与自由人联合体思想的生命哲学改造。

奈格里、巴迪乌等人的思路也影响到其他学者对共产主义的思考。巴索在《〈德意志意识形态〉中的独特性和共产主义》一文中也指出，马克思的视角是个体的自我实现。把握这一视角，需要借鉴法国哲学家对独特性概念的强调。个人的独特性既使我们把人类解放的个体层面加入到马克思的共产主义概念之中，同时又能与自由主义对个体性的理解保持距离。“在这个视角中，通过全面地展示其能量，共产主义构成一种铭刻进现代‘褶皱’（fold）中的‘流动物’：对其运动本性的强调是对其动力机制的强调，事实上，它从来就不能还原为决定性的结构。因此，我们面对的‘格局中的思考’，总是暴露在

---

① http://www.historicalmaterialism.org/news/distributed/call-for-papers-from-empire-to-…

② Antonio Negri, On Commenwealth, http://www.generation-online.org/p/fp_negri22.htm.

事件的不可预测性之中：政治的变革必须从现有的力量关系出发，然而，它又必须与这些因素保持批判的张力，对其进行最大可能的扩展。”①

美国纽约大学、卡尔斯鲁厄艺术与媒体技术互动中心教授波瑞斯·格瑞伊斯的《共产主义附录》② 代表着从文化主义视角反思共产主义的思路。他承认，历史上的共产主义已经衰落，但当代生活的各个方面，从政治、国际关系到艺术，无不打上共产主义遗产的烙印。他认为，共产主义革命内在于社会变化之中，当今社会各种层面发生的从金钱中介向语言中介的转变，预示着共产主义的到来。从柏拉图以降，哲学家无不梦想着有朝一日语言将统治世界。苏联的解体使我们重新设想共产主义成为可能。语言是平等的中介，通过它来组织社会正是共产主义理想的核心。这种文化主义我们并不陌生，伊格尔顿用它来解释社会主义，俄罗斯的梅茹耶夫也把从必然王国向自由王国的过渡解释为从以时间衡量价值的经济生存方式向由以人的自主性和创造性衡量价值为特征的文化生活方式的飞跃。

除上述共产主义版本外，还有一种更极端的版本，这就是黑客共产主义。苏登伯格在《黑客与左派：跨越鸿沟》③ 一文中指出，当传统抗议运动因缺乏对新技术的敏感性而失去方向感时，黑客已经跨越了新技术和左派政治之间的鸿沟。有理想的黑客和激进派坚持通过技术的发展来挑战资本对技术的垄断。布鲁格的文章④更明确地提出，黑客已经提供了共产主义的可能性。作者认为，在 Free Software、Linux、Facebook、电子书、金融和组织的开放性中已经蕴含着未来平等社会的目标，如果把新的技术与新的合作方式结合起来，就可以形成一个参与式的、合作的、平等的未来社会。这种观点显然带有技术主义乌托邦的特征，没有意识到新的媒体技术的双重性。

四、马克思主义的当代意义

当前资本主义危机既引发对“另一种全球化”的探索，也激发了对马克

① Luca Basso. Singularity and communism in the German ideology, http://historicalmaterialism.org/conferences/sixth-london-conference/sessions-an, 2010/5/13.

② Boris Groys. The communist postscript. Verso, 2009.

③ Johan Soderberg. Hackers and the left: Bridging the gap, http://historicalmaterialism.org/conferences/sixth-london-conference/sessions-an, 2010/5/13.

④ The objects of communism: State-form hacks, http://historicalmaterialism.org/conferences/sixth-london-conference/sessions-an, 2010/5/13.

思主义的新的兴趣。关于马克思主义的当代性，原日共中央总书记不破哲三在《马克思主义仍然活着》一文中指出："马克思是唯物论思想家、资本主义的病理学家和未来人类社会的开拓者。"① 石川康宏也认为："从马克思的1857—1858年手稿中可以得到许多启示，无论是生物、自然还是社会，都有生成、发展和消亡的历史过程，而发展的原动力是其内部的矛盾。资本主义的根本矛盾便是资本的无限扩张性，尽管因为经济危机会有收敛，但过后仍会扩张，而这一矛盾是资本主义社会无法克服的症结。"②

意大利的马尔塞罗·穆斯托在《重新发现马克思》③ 一文中强调，很少有人像马克思那样以个人之力撼动整个世界。作为资本主义生产方式的批判者，马克思比其他思想家更加关注资本主义在世界范围内的持续发展，作为社会主义理想家，他拒绝将资本主义视为唯一合理的和永恒的世界秩序。在马克思看来，社会主义意味着彻底改变生产关系，而不是仅对社会问题开出减轻症状的药方。这个时代如果没有马克思，我们将患上批判的失语症。只要人类解放仍是一个富有意义的事业，那么马克思的思想就将保持其生命力。

大卫·哈维在《〈资本论〉指南》中强调："马克思使我们意识到，定义我们时代的根本因素不是民族的、宗教的或文化的认同，而是资本主义。在这个意义上，马克思的阶级概念无论是对理论还是对行动来说，都是不可缺少的。"在题为《对马克思主义的超越》④ 的文章中，意大利社会主义者卡罗·罗塞利指出，尽管马克思主义在当代遇到各种挑战，但马克思主义没有消亡。克服"正统马克思主义"的某些缺陷并不意味着消灭马克思主义本身。但现实的社会主义运动必须修正号称从马克思那里继承过来的刻板的唯物主义、决定论和经济主义，克服在这一运动中存在的功利主义和狭隘的道德观念。

雅克·比岱在《当代马克思主义批判指南》的"导言"⑤ 中指出，马克思主义一再被宣布死亡，但又不断被宣布复活，这表明马克思主义具有自己的创造力和适应时代变化的能力。过去三十年马克思主义遭遇到的危机是前所未有的，甚至我们今天面临的不仅仅是马克思主义内部的危机，而是马克思主义本身的危机。但笔者相信，马克思的理论对现实资本主义的解释和批判力并未受

---

① 不破哲三：マルクスは生きている. 平凡社，2009（5）：11ページ.

② 石川康宏：资本主义の限界，经济. 2009（7）に載せる.

③ Marcello Musto. La redécouverte, La Pensée, n° 360.

④ Carlo Rosselli. Le dépassement du Marxisme, Carlo Rosselli, Revue du MAUSS Feb 2009, n° 34.

⑤ Critical companion to contemporary Marxism, edited by Jacques Bidet and Stathis Kouvelakis, Chicago: Haymarket Books, 2009.

损害，它仍然是我们时代批判的诊断和制定解放策略的不可缺少的思想资源。

如何理解当代马克思主义的发展特征，近年来出现了二种倾向。一种观点认为，多元化的马克思主义或多样性的马克思主义是当代的特征，如 2008 年英国《历史唯物主义》年会的主题就是“多种马克思主义”，另一观点认为，我们处在从马克思主义到后马克思主义的过渡过程中。

法国莱斯大学荣休教授安德罗·托塞把 1968 年后法国马克思主义的发展区分为三个阶段。1968—1975 年是马克思列宁主义的终结到共产主义国际分裂后的重建时期。这一时期的特征是正统马克思主义内部出现了异端，但没有放弃建立正统马克思主义的信念，如阿尔都塞以恢复马克思主义的名义批判法共的教条主义，试图恢复马克思理论的原像；1975—1989 年为后阿尔都塞时期，法国出现了各种重建马克思主义的方案，如列菲伏尔的空间生产和现代性理论、比岱通过阅读《资本论》建立的元现代性理论、迈克·罗威借助本雅明和布洛赫的思想资源提出的救赎论马克思主义等。1989 年到今天是多元化的马克思主义时期。笔者认为，随着柏林墙的倒塌和苏联的解体，开启了一个多元化的马克思主义时代。当代马克思主义者以离散的形式恢复马克思主义，他们没有形成学派，也没有共同的根基，就对马克思主义传统的忠诚和对资本主义的批判来说，他们有共同点，除此之外已没有共同点。笔者认为，这些多元化的马克思主义产生有其必然性，我们的时代的特征是，共产主义没有实现，资本主义也没有摆脱危机，在这种情况下，马克思主义通过自我批判形成的多种解释，是马克思主义的积极重构和在新的历史条件下寻求与新的实践和政治运动相结合尝试的结果。①

马克思主义多元化的重要根源是它与各种激进立场和思想传统的结合。2009 年，明尼苏达大学出版社出版了肯特国立大学副教授凯文·弗洛德的著作《欲望的物化——通向酷儿的马克思主义》②。作者认为，长期以来，马克思主义对作为酷儿理论的基础的欲望物化概念缺乏分析。如果我们把这两种理论创造性地结合起来，就可以形成一种新的马克思主义类型，即酷儿马克思主义（Queer Marxism）。作者通过结合卢卡奇、马尔库塞和杰姆逊的异化概念与总体性理论，建立了新的理论框架，这一理论框架的核心是把性与性别作为资

① Andre Tosel. The development of Marxism: From the end of Marxism-Leninism to a thousand. Marxisms-France-Italy, 1975—2005. Critical Companion to Contemporary Marxism, edited by Jacques Bidet and Stathis Kouvelakis, Chicago: Haymarket Books, 2009.

② Kevin Floyd. The reification of desire: Toward a Queer Marxism. University of Minnesota Press, 2009.

本主义总体异化机制的一部分，强调只有结合马克思主义与酷儿理论的分析潜能，才能对欲望物化进行批判。

瑟博恩的新作《从马克思主义到后马克思主义》① 是鼓吹后马克思主义的重要著作。在这本书中，作者从当代西方社会的经济、政治、文化、技术条件的变化来理解社会主义和马克思主义传统的变化。作者认为，马克思的思想具有永久的生命力，但马克思主义和社会主义已经陷入危机，我们处在从马克思主义到后马克思主义的转变过程中。主要原因有三个方面：（1）在后工业社会中，一种新的反叛的个人主义文化开始兴起，它与以反叛的集体主义为特征的工人解放和社会主义运动相冲突。（2）后现代主义对启蒙和现代性的挑战。马克思主义是“现代性陛下的忠实反对派”，它不质疑现代性本身，而是反对现代性的资本主义形式。但这一立场受到后现代主义的“反宏大叙事”立场的挑战。（3）经典的马克思主义是由批判资本主义的社会科学、强调矛盾和斗争是事物发展动力的辩证法和作为工人阶级解放指南的社会主义政治学构成的三联体，但这一三联体已经解体了，并且不再可能恢复。今天的激进左派立场已经分化和多元化，不仅有马克思主义的左派，如新马克思主义、后马克思主义、反弹的马克思主义，还有非马克思主义或非社会主义的左派。但是，瑟博恩认为，从马克思主义到后马克思主义是积极的现象，是新的时代释放和体现马克思思想生命力的形式。

后马克思主义的倾向受到美国北卡罗来纳农业和技术州立大学迈耶森的批评。在《作为妥协形态的后马克思主义》一文中，作者把战后资本主义意识形态区分为二个阶段，第一个阶段是从战后到“9·11”，这一时期的核心是反共产主义；从“9·11”事件后，反恐主义取代了反共产主义成为资产阶级意识形态的核心。实际上，恐怖主义、共产主义、社会主义在资产阶级看来都是对所谓的美国生活方式的拒绝。作者认为，拉克劳、穆菲、阿罗洛维茨（Stanley Aronowitz）、霍尔和齐泽克等人的反启蒙的“后马克思主义是一种哲学激进思想与政治改良主义的妥协形式，它把学术界和媒体界的激进冲动疏导到幻想式的改良的个人主义方向”。② 当代资本主义的特征是一种把经济和超经济的剥削与性别主义和种族主义结合起来的复杂统治形式，对这样的统治形式来说，需要的是以阶级为基础的国际主义。

---

① Göran Therborn. From Marxism to post Marxism. Verso, 2009.

② Gregory Meyerson. Post-Marxism as compromise formation. Cultural Logic: Marxist Theory and Practice, 2009, p2.

五、对马克思主义体系和具体内容的反思

（一）对马克思主义理论体系的反思

马克思主义理论的构成和特征是长盛不衰的话题，由于历史传统的缘故，俄罗斯思想家在这个问题上的思考更多。反思学派的谢苗诺夫认为，马克思独具创造性的研究具有如下四个特点，即活跃的战斗性思维，理论和现实之间的辩证性，对于历史、社会进程和科学现象的本质概括，对当代资本主义和自由主义批判中体现的现代性意识。① 梅茹耶夫在《马克思反对马克思主义》一书中把历史唯物主义与文化概念相结合，试图突破传统马克思主义、列宁主义以及第二国际对马克思主义的理解。他认为，把文化理解为人的自为、自由的创造性活动，并与马克思的普遍劳动概念结合起来，可以为人类解放的规范和异化劳动的批判提供新的基础。人类生活是由经济领域、社会领域和文化领域构成的，但在资本主义社会中，社会财富仅仅由生产劳动时间来衡量，这与人的自由全面发展要求是根本矛盾的。

比岱认为，马克思主义的理论可以以一种元现代性理论的形式加以重建。现代社会是由自由交换的契约极和以组织形式出现的权力极构成的。从规范意义上讲，市场与组织代表着自由与平等两种要求。资本主义强调契约与市场一极，社会主义强调组织和国家一极，“这两种协调模式处在相互冲突之间，组织模式进，则市场模式退，反之亦然”。② 作者主张，对资本主义的分析还是要回到马克思的立场。我们既要看到资本主义没有实现现代性的自由和平等的规范要求，但又不完全抛弃作为现代性元结构的市场和组织。在新的时代，我们不能再以决定论的方式把社会主义理解为历史的必然性和历史的目的，而要把它理解为在反抗资本主义斗争中所产生的理想。在他看来，现代性元结构、资本主义结构和反资本主义实践构成一个辩证的圆圈。虽然阶级斗争的实践总是受到结构的约束，但它也能突破结构，并在更大程度体现了现代性元结构的要求。

---

① В. С. Семёнов. Забытый Маркс：о революции，социализме，человеке，Вопросы философии，2009. No. 6. c33.

② Critical Companion to Contemporary Marxism，edited by Jacques Bidet and Stathis Kouvelakis，Chicago：Haymarket Books，2009：9.

（二）对辩证法理论的反思

关于马克思的辩证法理论，加拿大布洛克大学的默里·E.G. 斯密施认为，① 围绕着马克思主义思想中辩证法地位的争论，没能充分估量到本体论的二元论及其后果。马克思的辩证法是一元论辩证法，不存在自然与社会的二元区分。马克思的“新的”（历史的）唯物主义的辩证一元论、本体论，用一种辩证的方式把“自然的”、“社会的”和“自觉的行动”三个因素结合起来，超越了二元论。坎萨斯大学的奥尔森在“社会本体论和生产理论模式的起源”② 中强调，马克思的理论是社会本体论，它以生产方式概念为基础的，是一种类似于黑格尔的“表现的总体性”的社会概念。杰姆逊是强调总体性和辩证法概念的马克思主义者，他新近出版的《辩证法的化合力》③ 是对辩证法理论的重要贡献。在他看来，辩证法在西方思想传统上占有至关重要的位置，但也常常遭到各种各样的误解或曲解。把辩证法作为一个发展的概念，即源自内在矛盾的冲突所导致的发展，这样一种思想改变了两百年来的西方哲学。对于黑格尔这位统治19世纪思想的人物而言，辩证法是一个形而上学的体系，而对于马克思来说，辩证法是进行唯物主义历史分析的一种工具。

（三）重思历史唯物主义

历史唯物主义无疑是马克思主义学说的核心内容。俄罗斯学者帕金在《哲学问题》杂志第7期发表了《马克思主义：历史的自我认识》一文，系统地阐释了历史唯物主义的基本立场和原则。他认为：“马克思和恩格斯扬弃了黑格尔辩证法和费尔巴哈哲学，克服了以物的自然属性和人的自然关系为基础的法国旧唯物主义，他们首先指出‘人是社会关系的总和’，这些个人处于一定的相互联系之中，人与人之间的社会关系由历史实践活动以及他们的物质生产方式决定，在此基础上，马克思揭示了意识形态统治的秘密。历史唯物主义从根本上揭示了科学认识社会的可能性，将社会存在与意识颠倒过来，即经济活动决定阶级和社会集团的形成。”④

---

① Murray E. G. Smith. Against dualism: Marxism and the necessity of dialectical Monism. Science & Society, Vol. 73, No. 3, July 2009: 357-385.

② Erik K. Olsen. Social ontology and the origins of mode of production theory. Rethinking Marxism, Vol. 21, No. 2, April 2009: 177-195.

③ Fredric Jameson, Valences of the Dialectic, New York: Verso, 2009.

④ И. К. Патин, Марксизм историческое самопознание, Вопросы философии, 2009 (7): c16.

比岱在《布迪厄与历史唯物主义》一文①中肯定了布迪厄的“文化资本”和“习性”概念对历史唯物主义的补充和发展具有的积极意义。马克思的历史唯物主义以生产力与生产关系为基础论述了社会再生产的矛盾，这一理论的基础是资本主义生产领域，而布迪厄借助社会学术语“习性”来论述社会再生产，其主要环节是通过教育来培养主体的“阶级习性”，并以此来创造一种服务于统治阶级的社会结构秩序，因而对历史唯物主义的发展提供了新的思路。

必然性与偶然性、可能与现实之间关系的问题是历史唯物主义基本问题。近年来，传统的决定论和目的论日益受到质疑，可能性范畴日益受到重视。巴迪乌把可能性范畴提到前所未有的高度。他认为，真正意义上的革命事件都不是可能性的实现，而是可能性的创造，是一种创造可能性的可能性。② 米歇尔·瓦代（Miche Vadée）的《马克思：可能性的思想者》是这种倾向的代表。德尼斯·柯兰在《必然性，决定论和可能性》③ 一文中同意米歇尔·瓦代的观点，亚里士多德是马克思哲学的“源头活水”，“可能性”范畴应在马克思历史哲学中起着决定性作用。但德尼斯·柯兰认为，在对可能性的解释上，莱布尼茨可以给我们带来更多启发。莱布尼茨认为，世界是由可能性组成的，必然性只具有逻辑和理论意义。“可能的世界”有无数个，但能成为现实的只有一个。必然性之所以成为必然性，正在于所有的可能性无法同时实现，而只能以一种必然性形式实现。作者把这一观点运用到对《资本论》的分析中。在《资本论》中，马克思分析了资本主义生产的历史趋势，通过分析，马克思指出资本主义生产方式展示出必将消亡的趋势。但这种“必然性”并不是全人类无意识地执行“历史女神”的命令，恰好相反，每一种“历史命运”都内在地包含着“可能性”的概念，因此，我们可以通过革命实现历史所包含的其他可能性。

随着生态危机、技术的不确定性和当前危机的出现，传统历史唯物主义的进步主义信念受到了批判的质疑。受本雅明影响，法国的罗威、英国的伊格尔顿、意大利的阿甘本等都强调，历史唯物主义不是进步主义。克里斯蒂安·拉

---

① Jacques Bidet. Bourdieu and historical Materialism, critical companion to contemporary Marxism. edited by Jacques Bidet and Stathis Kouvelakis, Leiden, Boston, 2008.

② Alain Badiou. The communist hypothesis. New Left Review 49, Jan-Feb 2008.

③ Denis Collin. Nécessité, déterminisme et possibilité. La Pensée, n° 360.

瓦尔指出,① 在新的时代以反思批判的态度对待马克思主义，首先要批判它的进步主义预设，只有取消这种盲目相信历史进步的信念，才能建立一种新型的无神论政治学。

（四）政治经济学批判

政治经济学批判无疑是马克思思想中最有生命力的一部分。西方马克思主义长期以来关注马克思的商品拜物教理论，资本主义被理解为以抽象价值的占有为特征的社会形态，革命的关键是破除物化意识，恢复具体的总体性。这一思路被一些学者视为抄捷径。杰克森的《马克思〈资本论〉中的主体性》② 一文对此提出批评。他认为，在《资本论》中工人阶级的斗争起着关键作用，工人阶级不仅给立法机构施加压力，使议会通过了保护工人的法律，而且也成了具有自我意识的社会政治力量，马克思不追求推翻资本主义的捷径。就生产方式与拜物教之间关系而言，前者是后者的基础，正是资本主义体系的结构危机产生了它的意识形态危机。

对剥削的批判是马克思《资本论》的核心主题。通常认为，资本主义的剥削是在自由契约的交换经济中实现的，它与前资本主义剥削的区别在于，前者是典型的经济剥削，后者是超经济的剥削。希金波腾认为,③ 超级剥削从受压迫劳动中抽取额外的剩余价值，是全球帝国主义时代资本主义的结构特征。马克思的《资本论》指出，除绝对剩余价值和相对剩余价值的占有外，还有第三剥削形式，这就是把工资压缩在劳动力价值水平之下，这一剥削形式对分析今天社会现实有重要意义。南部国家工人的工资低于北部国家工人就表明，他们不仅遭到经济剥削，而且还遭到超经济的剥削。C. 卢梭④也运用马克思的观点来分析对妇女的剥削。马克思在《资本论》中指出，资本主义要想获得剩余价值，就必须在市场上找到劳动力这种特殊的商品。劳动力商品的特殊性在于，它在生产中被消费，却只能在市场之外才能生产。简单地说，劳动力往往是在家庭中通过妇女的非工资劳动生产出来的，因此，资本主义的剥削对象

① Christian Laval. Le progressisme de Marx et la politique athée quatre rapports possibles à Marx. Revue du, MAUSS Feb 2009, n° 34.

② Robert Jackson. Sub jectivity in Marx's "Capital", http://historicalmaterialism. org/conferences/sixth-london-conference/sessions-an, 2010/5/13.

③ Andy Higginbottom. The third form of surplus Value Increase, http://historicalmaterialism. org/conferences/sixth-london-conference/sessions-an, 2010/5/13

④ Cristina Rousseau. Reframing surplus value: Unwaged labour and the reproduction of capital, http://historicalmaterialism. org/conferences/sixth-london-conference/sessions-an, 2010/5/13

不仅包括生产领域的劳动者，还包括非生产领域的妇女劳动。

长期以来，正统马克思主义认为，资本主义的特征是经济与经济的分离，政治制度只是提供自由雇佣劳动的法律和制度框架，只有在特殊情况下，国家才会介入到资本主义经济过程之中。但瑞欧克斯指出，[①] 权力强制和非自由劳动本身是资本主义历史及其再生产过程的一部分，资本积累和剥削本身就是经济与政治交织的过程。这个问题涉及统治新帝国主义的是资本的逻辑还是领土的逻辑。

（五）政党、政治与社会运动

近年来，欧洲各国出现新一轮社会运动，如“另一种全球化”、工会运动和生态运动、女性运动等，这些运动一个共同特点是，它们都是独立于政党发展起来的，即使政党介入其中也是作为参与者而非领导者。如何理解这一趋势？在题为《政党与社会运动：从“现实性”的幻象到一个社会学视角的考察》[②] 一文中，菲利普·库尔库夫和利连·马蒂厄反对把政党与社会运动对立起来，政党与社会运动的分化是政治与社会二元化趋势的结果，我们不能采取非此即彼的思维方式，而要分析它们各自的优势和特点，在二者之间建立起积极的联系。米歇尔·瓦卡鲁里的文章《工会、社会运动与解放的动力：新极端主义的挑战》[③] 对法国工会和政党之间的关系进行了研究。当前法国工会与政党之间处在互不信任的关系中，克服这一状态需要在二者之间建立新的“正常化”关系，双方相互配合，但不参加与自身诉求不一致的行动。换句话说，它们之间关系应该不是联合，而是共鸣，不是屈从，而是争论。

罗威在《马克思主义的政党理论》[④] 一文中指出，对马克思、恩格斯来说，共产党人或革命者的角色，并不是像空想共产主义者那样置身于革命运动之外，通过宣传向人民颁布真理，而是亲身投入阶级斗争，在其自身的历史实践中帮助无产阶级寻找革命之路。共产主义政党不是从总体中分离出来的精英团体，而是工人运动和与阶级斗争历史过程中的每一个局部运动的中介。罗威还讨论了列宁、罗莎·卢森堡、葛兰西、卢卡奇以及托洛茨基的思想，认为他

---

① Sebastien Rioux. The separation of the economic and politic in Capitalism: A critique of neo-Smithian Marxism, http://historicalmaterialism.org/conferences/sixth-london-conference/sessions-an, 2010/5/13.

② Philippe Corcuff, Lilian Mathieu. Partis et mouvements sociaux: des illusions de “l’acualité” à une mise en perspective sociologique. Actuel Marx n° 46.

③ Michel Vakaloulis. Syndicats, mouvements, dynamique d’ emancipation: le défi de la nouvelle radicalité, Actuel Marx n° 46.

④ Michaël Löwy. La théorie Marxiste du parti. Actuel Marx n° 46.

们关注的共同问题是阶级意识、政党和大众之间的关系以及政党的内部结构。与流行观点不同，作者认为，卢森堡的“自发性理论”和列宁的“集中制”思想并不存在根本对立。让-菲利普·德昂梯和斯提法那·阿贝在《萨特与梅洛-庞蒂的历史哲学与政党理论》[①] 一文中讨论了梅洛-庞蒂的历史哲学视野下的政党理论，并指出梅洛-庞蒂的立场超越了人们关于“形式民主”和“实质民主”的对立，在“党的民主生活”中看到了民主原则现实化的关键。在题为《阶级、政党、群众运动——阶级、“种族”、性别》一文中，[②] 雅克·比岱试图按照多元政治的立场来理解政党。他指出，当代资本主义是“金融”和“精英”双头统治，这样，大众的解放斗争就不再仅仅是两个阶级之间的对立，而是一种三方游戏。其最终视域不是在内涵上按照“低级阶段”和“高级阶段”区分的“社会主义”，而是共产主义。这种斗争的前提是当代社会中表面上看迥然不同的各种冲突之间的融合，它首先要求对阶级、“种族”和性别之间的社会关系的“同质性”进行“解码”。这样，以解放为己任的政党就不再仅仅是以阶级为基础的组织，也是女性主义的、世界主义的和生态主义的政党，这种以社会运动为基础的政党是“政党的新特征”。

2009年，左翼政治的重要事件是第五国际的出现。11月19—21日委内瑞拉执政的统一社会主义党（PSUV）发起和主办了“左翼政党国际会议”，会议主张建立第五国际，以应对危机和帝国主义的挑战。与会者认为，左翼政党和组织要进行世界性的动员，加强合作，反对美国在拉美建立军事基地，反对在拉美发动战争的企图，组织一个争取和平的世界运动，建立具有革命觉悟的国际媒体。[③]

（六）马克思主义与文化

马克思主义的生命力不仅体现在对当代社会的批判上，也体现在它对人文和社会科学领域的影响上。佩特森在2009年出版的《卡尔·马克思：一位人类学家》一书中，把马克思的人类学理解为是一种“介入的人类学”（anthropology of engagement）。[④] 这一人类学有三个基本的前提：第一，单个的人类存在是在社会基本关系的网络中从事自我创造活动的，因此，它的基本规范是个

---

① Jean-Philippe Deranty, Stéphane Haber. Philosophie de l'histoire et théorie du parti chez Sartre et Merleau-Ponty. Actuel Marx, n° 46.

② Jacques Bidet. Class, Parti, Movement—Class, “race”, sexe. Actuel Marx, n°46.

③ Prensa Mppre. Movimientos progresistas, la crisis del sistema capitalista y las nuevas amenazas imperiales, http://www.mre.gob.ve/index.

④ Thomas C. Patterson. Karl Marx, Anthropologist. New York: Berg Editorial Office, 2009: 159.

体的自我实现；第二，个人与他们的社会关系本质上是历史的、变化的；第三，不论是对异化的批判还是对不同统治形态的分析，都以实践地改造世界为目的。

文化与政治的关系是今年德国学界的重要话题。泽普曼强调，马克思主义社会理论如果想对社会的系统压抑过程进行诊断和批判，就必须更加注重运用社会心理学的范畴与阐释模式。“在马克思主义理论框架中，心理学要素深层整合的方法论基础是历史唯物主义关于社会事件不同要素相关性的基本观点。”① 泽普曼还认为，“文化”是一个“意义光谱”，包含着各种形态，人们不能笼统地把艺术和文化归属于进步力量。他特别抵抗艺术的意义。在进步的大众意识发展中，“只有在具体活动模式和复杂问题的差异中，在考虑到它的多重性及其内在矛盾时，才能够创造一个进步的视角，并引出征服的统治意识形态”。② 在马克思主义理论中，美学的自我确证是与人类历史的意义维度联结在一起的，被压迫阶级必须为自己的替代性文化而斗争。只有这样才能积极地影响生活解放和劳动解放过程。赫尔茨在《人的形象处于危机之中?》一文中指出，人的形象也是意识形态冲突的战场。“人的形象”总是相互冲突的，因而打上阶级、文化与价值观念的烙印的。他特别强调马克思的“类存在”概念的意义，在这里“按其本质来说，人是具体的、历史的社会关系的总和，而且在个体的形成中，全部自然条件表现为自然的与社会的、理性的与情感的、意识的与无意识的要素的统一”。③ 因此，“人的形象是包括社会形象在内的世界图景的一部分”。④“捍卫文化”就是捍卫人类的生存本身。

（七）马克思主义与宗教

近十年来西方左派最显著的动向是马克思主义的“宗教转向”。齐泽克认为，“要成为真正的辩证唯物主义者，这个人必须有基督教徒的经验”。⑤ J. 罗伯兹认为，激进左派中出现了“宗教回归”。⑥ 马克思曾说：宗教是人民的精神鸦片。英国普斯茅斯大学的莫利鲁克斯提出不同的看法。⑦ 他认为，宗教

---

① Werner Seppmann. Welt-und Menschen-Bilder, ueber die Formen ideologischer Herrschaftsreproduktion, in：Marxistische Blaetter，May2009，S. 50.

② Werner Seppmann. Kultur und Widerstand，Marxistische Blaetter，Apr 2009：66.

③ Helga E. Hoerz. Ist das Menschenbild in der Krise? Marxistische Blaetter，May 2009：29.

④ Helga E. Hoerz. Ist das Menschenbild in der Krise? Marxistische Blaetter，May 2009：34.

⑤ Slavoj Zizek. The puppet and the dwarf. Boston：MIT Press，2003，p6.

⑥ John Roberts. The “returns to religion”：Messianism，christianity and the revolutionary tradition. Historical Materialism，2008（15）、（16）.

⑦ J. Molyneux. More than opium：Marxism and religion. International Socialism，Issue 119，June 2008.

不仅是精神的鸦片，也是社会反抗的精神来源，这一点在恩格斯晚年对德国宗教战争的论述中已有所体现。澳大利亚的罗兰·博尔是最多产的马克思主义宗教理论家，他在《完整的故事：马克思主义与宗教》一文中指出，左派与宗教内部的激进派之间的对抗已经结束，虽然宗教、权力与财富的同床共眠是事实，但把共产主义与宗教对立起来是片面的。实际上，马克思恩格斯不仅承认宗教中包含着对现实的不满，也认为原始基督教是早期社会主义运动的一部分。博恩认为，从当代世界看，基督徒可以成为社会主义者，社会主义者也可以成为宗教徒。宗教信徒并非都是原教旨主义或反动派。"世俗与宗教的左派之间比他们想象的有更多的共同点。"① 在新的历史条件下，社会主义需要一个联盟的政治，这一政治应该承认左派信仰的多元性和差异性。

左派的宗教转向是政治失败的产物。在西方，随着世俗共产主义和社会主义运动遭受挫折，在世俗政治中看不到革命力量时，一些人把目光重新投向宗教，出现了各种后世俗化的马克思主义版本。这一点可以从伊格尔顿、齐泽克、巴迪乌、奈格里、阿甘本等人的近期著作中看出来。2009 年《历史唯物主义》年会有一个特别的专场，主题是"启示论的马克思主义"（apocalypse Marxism）。杰姆逊说："现实中的后灾难情境是对乌托邦（Utopia）本身的出现提供准备。"费舍尔受此启发指出，生态灾难预示的世界终结并非全然是消极的，起码它包含着解放的潜能。如果我们承认这种灾难的不可避免性，也许可以唤醒政治的能动性。"如果'资本主义的现实主义'预先封堵了追问'怎么办?'这一古老的列宁主义问题的可能性"，也许唯一的办法就是像齐泽克所说的，接受末世学的视角，把当下的世界理解为已经处在末日灾难之中，并像灾难已经到来时那样去行动，才能真正地避免灾难。②

启示论马克思主义的另一思路是以乐观的方式来看待全球化。这一派认为，资本主义自身发展的最终结局是共产主义，因此，我们不应该阻止，反而要加速资本主义发展过程。诺义斯在《启示论的腔调与加速危机》③ 一文中持这一立场。随着上个世纪新自由主义秩序的形成，通过脱域（disembebedding）或解地域化（deterritorialising）加速了全球化进程。面对全球化，我们要采取

① Roland Boer. The full story: on Marxism and religion. International Socialism, Issue 123, June 2009.

② Mark Fisher, Post - Apocalypse Now, http://historicalmaterialism. org/conferences/sixth - london - conference/sessions-an, 2010/5/13.

③ Apocalyptic Tones and Accelerating Crisis, http://historicalmaterialism. org/conferences/sixth-london-conference/sessions-an, 2010/5/13.

加速主义（exacerbationism）立场，像马克思那样相信资本携带着它自身的解放力量。在这里，我们“不要从好的旧东西出发，而要从坏的新东西出发”。资本主义全球化是恶的，但它包含着解放的潜能和动力，加速推进资本主义全球化是为了最终超越和取代资本主义。

（八）道德、正义与乌托邦

马克思主义有无自己的伦理学，或者说，马克思的资本主义批判理论和共产主义设想中有无伦理学基础，这是长期争论的问题。大多数左派试图与罗尔斯对话，或转向话语伦理学重建马克思主义的规范基础。近年来，对该问题的思考出现了一种新的思路，它把马克思的伦理学理解为完美论（perfectionism）。① 完美论把道德的善理解为人的能力的全面发展，而不是理解为抽象的正义。这一立场可以称为新亚里士多德式的马克思主义。

乌托邦的复兴是当代马克思主义的重要动向。近年来出版的著作有：哈维的《希望的空间》、杰姆逊的《乌托邦考古学》、华伦斯坦的《乌托邦学》等。② 布莱克杰在《具体乌托邦和抽象乌托邦：对资本主义的马克思主义伦理替代》一文中指出，③ 乌托邦的复兴是学院派马克思主义和新左派的共同倾向。布洛赫不仅区分抽象乌托邦和具体乌托邦，而且把具体乌托邦作为马克思主义思想的特征。同时，葛兰西对待现实的“理智的悲观主义者和实践的乐观主义”态度也包含着乌托邦因素。如果把布洛赫与葛兰西的观点结合起来，就可以形成一种带伦理情感主义标签的伦理马克思主义。卡梅隆④也强调布洛赫乌托邦思想的意义。20 世纪马克思主义过于强调乌托邦和科学的对立，并把科学社会主义理解为从乌托邦到科学，这种观点容易导致乌托邦的、热的马克思主义被科学、冷的马克思主义所窒息。作者认为，马克思主义是“希望的科学”，是具体的乌托邦，这种乌托邦的强度是与社会的苦难和不公正程度成正比的，它体现在被侮辱者、被压迫者和被剥削者的解放这一乌托邦愿望之上。

南希·弗雷泽（Nancy Fraser）2009 年出版的《正义的尺度：全球化世界

---

① Christoph Henning. Karl Marx：Perfectionism? The ethics of flourishing in Marxian theory，http://historicalmaterialism.org/conferences/sixth-london-conference/sessions-an，2010/5/13.

② 汪行福. 乌托邦的复兴. 复旦学报，2009（6）.

③ Paul Blackledge. Concrete and abstract utopias：Marxism's ethical alternative to capitalism，http://historicalmaterialism.org/conferences/sixth-london-conference/sessions-an，2010/5/13.

④ Mauro Farnesi Camellone. The science of hope：ernst Bloch's Marxism，http://historicalmaterialism.org/conferences/sixth-london-conference/sessions-an，2010/5/13.

中政治空间的再认识》① 在当代政治哲学中有较大影响。该书旨在回应时代的二大挑战。第一种挑战来自关于正义的第一种图像，即道德平衡说，其核心难题是“什么东西的正义?”第二种挑战来自关于正义的第二种图像，即地理学家表达空间关系的图绘说，其核心问题是“谁之正义?”，弗雷泽的这部作品是对于理解全球化世界中正义的意义和相关后果有重要价值。她在承认正义和分配正义的基础上对正义的空间向度和主体提出了新的看法。

六、马克思主义文献和编纂学研究

随着 MEGA^{2}工作的展开，对马克思恩格斯著作的文献学和编年史研究成了一项世界性的事业。德国、法国、英国、日本、荷兰等在这一研究领域居于领先地位，中国一些学者也开始进入这一领域。在对马克思恩格斯思想文献的研究中，《1844 年经济学哲学手稿》、《德意志意识形态》手稿、《资本论》手稿、《1857—1858 年经济学手稿》（即《大纲》）四大手稿的研究成为焦点。

关于《1844 年经济学哲学手稿》，穆斯托认为，1844 年，马克思在巴黎期间留下的手稿、摘要及笔记，记录了马克思伟大事业的开端，其作品充满了来自于前人以及同时代人的理论元素。对这一时期的手稿和著作不能进行分门别类的学科研究，因为没有一个文本仅仅是哲学的、经济学的或者是政治学的。文本呈现的并非一个新的、同质的体系，而是批判性的理论样式。因此，把《1844 年经济学哲学手稿》作为独立和完整的作品，都会导致不应有的误解。②

《资本论》手稿涉及的问题更复杂，既涉及马克思在不同的手稿中对同一问题的不同阐述，也涉及恩格斯对《资本论》的编辑是否有不合理的改动。2009 年出版的《重新阅读马克思：批判考订版之后的新视角》③ 一书搜集了一批新的研究成果。编者认为，长期以来，人们实际上是通过恩格斯的眼光看待马克思的思想，而马克思大量手稿的出版为我们打开了重思马克思的可能性。文集的作者集中讨论了马克思的政治经济学思想，特别是《资本论》手

---

① Nancy Fraser. Scales of justice: Reimagining political space in a globalizing world. New York: Columbia University Press, 2009.

② Marcello Musto. Marx in Paris: Manuscripts and notebooks of 1844. Economy and Society, No. 3, 2009.

③ Riccardo Bellofiore, Robert Fineschi. Re-reading Marx: New Perspectives after the critical edition. Palgrave Macmillan, 2009.

稿中的新思想。

关于马克思的《大纲》，2008 年穆斯托编辑出版了《卡尔·马克思的〈大纲〉：150 年后政治经济学批判的基础》①，该书附编者对霍布斯鲍姆的访谈。穆斯托 2009 年发表的《马克思、危机与〈大纲〉》② 进一步解释了《大纲》的意义。马克思的《大纲》是在一个危机时期完成的，实际上，马克思在 1856 年就基本上停止了政治经济学研究，但突然出现的世界经济危机促使他回到经济学。马克思当时的判断是，这是一场新的革命到来的前奏，但在手稿接近完成的时候，马克思终于意识到这场经济危机并未产生他和恩格斯所预料的社会和政治后果，从《大纲》的写作可以看出，马克思对自己的学说采取的是历史和实践的态度。

《德意志意识形态》在马克思主义发展史中有着特殊的地位，特别是第一章《费尔巴哈》更是被人们普遍认为是作者对自己的新世界观的第一次系统的阐述。但是，英国著名的马克思学家特瑞尔·卡弗却认为，《德意志意识形态》并不存在。③ 作者以解构的历史化方式对待《德意志意识形态》的手稿和它的编撰史，强调编入这本书的材料只是马克思、恩格斯、魏德迈、赫斯等人一系列写作计划留下的，后来又被作者放弃的手稿。虽然马克思恩格斯提到一本叫做《德意志意识形态》的书，但是具体内容并不清楚。有一点是肯定的，《费尔巴哈》并不在这本书的范围内。现在的《德意志意识形态》是编辑根据马克思恩格斯的模棱两可的暗示，人为地编辑出来的。如果卡弗的观点能够成立，《德意志意识形态》及马克思思想的形成都需要重新加以思考。

除上面所说的四大手稿外，《哲学的贫困》近年来也开始受到关注。美国学者罗伯特指出，④ 面对 1825 年资本主义第一次经济危机及其出路，马克思与蒲鲁东发生了争论。蒲鲁东主张互惠论（mutualism），即通过自愿的互惠交易来拯救资本主义，马克思主张通过共产主义革命消灭资本主义。今天这场争论仍具有现实意义。马克思对蒲鲁东的批判为我们反思危机和思考人类未来出路提供了历史的、理论的、政治的指导。左派必须在革命的马克思主义与新蒲

---

① Marcello Musto. Karl Marx's grundrisse: Foundations of the critique of political economy 150 years later. Routledge, 2008.

② Marcello Musto. Marx, La crise et les Grundrisse. La Pensée, n° 358.

③ Terrell Carver. The German ideology never took place，该文将刊载在 2010 年的 History of Political Thought.

④ Michael Joseph Roberto. Crisis, revolution and the meaning of progress: The poverty of philosophy and its contemporary relevance. Cultural Logic: Marxist Theory and Practice, 2009; 2.

鲁东主义之间作出选择。但是，法国学界对蒲鲁东思想有新的评价，仅 2009 年法国就出版了六部相关著作，也发表了不少文章。爱德瓦尔·茹尔丹指出，尽管蒲鲁东受到马克思的严厉批判，但他是一个值得重新研究的思想家。蒲鲁东并未简单地将正义视为一个抽象观念，相反，正义首先是一种在历史中形成的，并能够被现实地把握的力量。① 布鲁诺·弗埃尔也认为，在马克思之外的社会主义传统中，蒲鲁东对资本主义进行的批判是值得关注的。②

马克思主义的文献学研究并不完全限于马、恩的著作，列宁的著作也受到了关注。2009 年俄罗斯出版了一批研究列宁的著作，如沃耶伊科夫的《社会经济战略预测：列宁的两难处境》、米·波波夫的《列宁主义的重点：列宁关于分析社会现象的阶级方法》、菲利波夫的《共产主义初级阶段的理论模式(列宁的观点)》、索洛波夫的《辩证法和唯物主义：纪念列宁的〈唯物主义和经验批判主义〉100 周年》。2009 年是列宁《辩证唯物主义和经验批判主义》出版 100 周年，俄罗斯召开专门的学术会议，并出版了《列宁的〈唯物主义和经验批判主义〉与 20 世纪的哲学》一书。这些著作对我们了解列宁在 21 世纪的意义有重要价值。

七、西方马克思主义的研究

当前经济危机也刺激了西方马克思主义的研究，从已有的资料看，受到较多关注的思想家有：卢卡奇、葛兰西、本雅明、阿尔都塞、布洛赫、德波、列菲伏尔、萨特、梅洛-庞蒂、普兰查斯、马尔库塞、高兹、齐泽克、奈格里、巴迪乌、阿甘本等，其中讨论最多的是卢卡奇、葛兰西、阿尔都塞和本雅明四人。

（一）卢卡奇研究

2009 年，法国发表了一批研究卢卡奇思想的论文。皮埃尔·于什在题为《美学与人类学：卢卡奇的晚期美学思想》③ 的文章中讨论了卢卡奇晚期的美学思想。他指出，在马克思主义传统中，没有人像卢卡奇那样试图从人类学的

---

① Edouard Jourdain. Proudhon-Un socialisme libertaire, Milchalon, juin 2009 (4).

② Bruno Frère. Une nouvelle voie pour le matérialisme politique remarques sur l'anthropologie negative de Marx et l'anthropologie positive de Proudhon, Revue du MAUSS 2009 (2) n° 34.

③ Pierre Rusch. Esthétique et anthropologie: approche de la dernière esthétique de Georg Lukács, Actuel Marx, n° 45.

角度去构建一个体系化的美学理论。按照卢卡奇的观点，人类社会的演进是通过差异化来完成的，面对来自现实的压力，人类以不同的实践秩序进行“回应”，由此产生了认识-行为技术、生产性劳动、社会组织、休闲以及游戏、艺术、认识、道德等形式，这些文化实践形式随着人类社会的发展彼此独立、不断分化。但是，人的身体是一个有机的整体，通过身体的源初性综合，世界向我们显现。卢卡奇把人以及人的世界置于艺术的中心，“人类”并非一个被给予的对象，也不是一个目的论的原则，而是被创造出来的诸种需要，正是这些需要定义了文化。在题为《卢卡奇与20世纪的文学》① 的文章中，卡洛斯·内尔松·库坦奥探讨了卢卡奇成熟时期的美学理论。作者指出，卢卡奇在对19世纪作家和作品的评论中体现了卓越的才华和不凡的见识，但在对20世纪作家的讨论中却包含着大量偏见。卢卡奇晚期美学思想有两个原则：政治乐观主义和艺术现实主义。作者认为，第一个立场是可疑的，第二个则是错误的。显然，作者是站在维护现代主义立场来评价卢卡奇的。迈克尔·罗威的“批判的非现实主义”② 也持类似立场。他指出，马克思主义美学的核心原则：批判现实主义，可追溯到马克思和恩格斯对巴尔扎克、狄更斯和勃朗特姐妹等人作品的评价，但批判现实主义的美学是由卢卡奇完成的。卢卡奇理论的致命弱点是过于教条化，尽管“批判现实主义”的艺术包含着合理因素，但“非现实主义”的艺术作品也有其存在的价值和意义，它可以帮助我们理解那些被批判现实主义所忽视、鄙视和遗忘的东西。“非现实主义”作品同样可以批判现实世界，只不过其批判方式并不是“现实主义”地“准确表现生活”，而是通过梦幻的、理想化的或恐怖的方式表达对资本主义的堕落而乏味生活的拒斥和批判。在此意义上说，非现实主义并非反现实主义。

爱默里克·蒙维伊的文章《卢卡奇：从启蒙主义到辩证的理性主义》，③ 考察了晚年卢卡奇对非理性的批判。在《青年黑格尔》和《理性的毁灭》中，卢卡奇把反对非理性主义作为哲学的核心任务。黑格尔是卢卡奇心目中的英雄，他的思想是启蒙精神的批判性超越。从启蒙运动出发，黑格尔超越以同一性为诉求的知性，代之以辩证的和包含矛盾的理性。卢卡奇认为，非理性主义不仅是对理性的否认，也不仅是对科学的拒绝，最重要的是，它陷入了理性与知性的分裂。但是，蒙维伊指出，尽管卢卡奇激烈地反对“还原主义”，但他

---

① Carlos Nelson Coutinho. Lukács et la littérature du XXe Siècle. Actuel Marx, n° 45.

② Michaël Löwy. L'irréalisme critique. Actuel Marx, n° 45.

③ Aymeric Monville. Lukács, des lumières au rationalisme dialectique. La Pensée, n° 358.

自己却常常不自觉地陷入其中。比如，卢卡奇对启蒙思想家的评判依据的是无神论程度的高低，对现代作家和思想家的评价依据的是其理性主义的程度，这种立场很容易导致思想史研究的片面性和简单化。

（二）葛兰西研究

在资本主义全球危机面前，葛兰西的思想又成为左翼制定应对策略的最重要思想资源之一。早在 20 世纪 70 年代至 80 年代，西方学界便出现了所谓"葛兰西转向"，这一转向与斯图亚特·霍尔、托尼·本内特和拉克劳等人的推动有很大关系。今天，"重新上膛的葛兰西"（"历史唯物主义"年会专题之一）更具有现实的意义。

2009 年一批研究葛兰西思想的著作和论文出版了。托马斯出版了《葛兰西因素：哲学、霸权和马克思主义》一书，该书通过对《狱中札记》的深入细致的阅读，系统地阐述了葛兰西对马克思主义与哲学关系的理解。"葛兰西之所以提议把马克思主义作为实践哲学，是为了回应俄国革命后第二国际内部日益激化的对工人运动与哲学关系的争论。"① 通过对实践哲学、绝对历史主义、霸权等概念的阐述，葛兰西突出了哲学与政治之间的互译性，提供了一种新的哲学语法。绝对历史主义包含两个基本原则：绝对内在性原则强调理论与实践、物质与精神同一性是由社会历史本身构成的，因而不存在任何外在于人类实践的因素和力量；绝对人道主义原则强调人是一切社会关系的总和，社会是人的活动领域。"绝对的人道主义概念不仅包含着对狭隘的政治哲学的批判，而且是对把哲学本身作为霸权工具观点的批判。"② 作者认为，葛兰西是我们与马克思主义传统之间的联结点，也是重构一个既坚持立场，又能在广阔的世界中培育和发展真正的文化马克思主义的基本出发点。弗兰切塞编辑出版了《葛兰西的政治学、文化和社会理论：一个多学科视角》③ 一书，从不同学科和领域出发对葛兰西的思想贡献和当代意义做了深入的讨论。马克·拉克拉里等人编辑出版的《葛兰西和全球政治学：霸权和抵抗》④ 旨在解释和评估葛兰西思想在一个完全改变了的世界中的意义。葛兰西的许多概念，如霸权、市

---

① Peter Thomas. The Gramscian moment: philosophy, hegemony and Marxism. Brill Press, 2009: 441.

② Peter Thomas. The Gramscian moment: philosophy, hegemony and Marxism. Brill Press, 2009: 450.

③ Joseph Franese. Perspectives on Gramsci: Politics, culture and social theory. New York: Routledge, 2009.

④ Mark McNally, John Schwarzmantel. Gramsci and global politics: Hegemony and resistance. Routledge, 2009.

民社会、消极革命、民族-人民、一体化的国家、转变等概念，对理解当代政治世界是不可缺少的。桑·朱安的《批判与社会转型：来自葛兰西、巴赫金和威廉斯的教训》一书①从葛兰西、巴赫金、威廉斯的激进视角对当代文化政治学进行了研究，他特别指出，葛兰西的思想对理解当前全球资本主义危机和变革性实践具有重要意义。

《再思马克思主义》杂志 2009 年第三期发表了一组专论②，讨论 2004 年出版的彼得·艾夫斯的《葛兰西的语言政治：巴赫金小组和法兰克福学派》一书。布朗大学意大利研究系的瑟勒努（Stefano Selenu）讨论了语言、文化和政治的地方性问题，分析了葛兰西的地方性唯物主义所蕴含的政治意义。台湾东华大学的弗里德曼（P. Kerim Friedman）《伦理霸权》一文考察了葛兰西霸权理论的语言学起源，并将他的理论与布迪厄的习性理论进行了比较。艾夫斯在《声望、信念和方言：扩展葛兰西的承诺》的回应文章中，讨论了声望、劳动、信念、冲突、干涉以及方言这些概念。值得一提的是密西根州立大学的弗兰切塞（Joseph Francese）对葛兰西《狱中书简》中的“为了不朽”概念的讨论。葛兰西在入狱不久后给塔吉亚娜的信中提到他正被一个想法缠绕着，这就是，人总应该完成某些“不朽”的东西。随后，葛兰西制订了自己的研究计划，他不再以一名刊物编辑来从事写作，而是以一个追求“不朽”的思想家来从事研究。这篇文章对我们理解葛兰西的思想发展非常有价值。

比林格和柯伊维斯特在《历史唯物主义》杂志上发表的《霸权工具》③一文指出，葛兰西对霸权工具概念的理解与他的实践立场密切相关，霸权工具不是独立于阶级的强制机器，而是统治者组织其对被统治者的统治的一切制度、场所和机构。杰恩在《葛兰西的再发现：重思现代君主》④一文中提出，葛兰西并非像流行的正统理论那样主张党是工人运动与社会主义理论相结合的产物，他对政党的理解更复杂，也更辩证。在《现代君主》中，葛兰西对列宁主义政党理论做了新的理论表述。他强调通过“有组织的知识分子”与“中间性因素”来解决党与群众之间的分裂，而不是像社会民主党那样只强调

---

① San Juan，E. Critique and social transformation：Lessons from Antonio Gramsci. Mikhail Bakhtin and Raymond Williams，New York：Edwin Mellen，2009.

② Peter Ivers. Gramsci's politics of language：Engaging the Bakhtin circle and the Frankfurt school. Rethinking Marxism，Vol. 21，July 2009（3）：335-374.

③ Stefan Bllinger，Juha Koivisto. Hegemonic apparatus. Historical Materialism，Vol. 17. 2009（2）.

④ Dhruv Jain. Gramsci rediscovered：Rethinking“the modern prince”，http://historicalmaterialism.org/conferences/sixth-london-conference/sessions-an，2010/5/13.

政党对工人意识的消极适应。

（三）阿尔都塞研究

在西方马克思主义哲学家中，阿尔都塞具有举足轻重的地位，他既是结构主义马克思主义的代表人物，也是通向后现代马克思主义的中介。在当代思想界，讨论最多的不是他的结构主义马克思主义思想，而是他晚期的“偶然的唯物主义”（alertory materialism）或“偶遇的唯物主义”（materialism of encounter）。这可以从一系列著作、论文和国际会议中看出。

2009年，芬兰坦普拉大学政治系教授出版了《马基雅维里与阿尔都塞偶遇的唯物主义》① 一书。该书强调，阿尔都塞对马基雅维利的解读有政治介入的动机，在后期思想中，历史和现实被理解为各种因素的偶然结合，理解为暂时的格局，而不是多元因果性结构。这一新的唯物主义理论可以为颠覆政治学提供更多的理论支持。

对阿尔都塞思想的讨论集中体现在2009年10月9—11日在法国马斯特里赫召开的“遭遇阿尔都塞”的国际研讨会。② 会议组织者认为，阿尔都塞前后期思想发生了重大变化，20世纪60—70年代，他通过对主体、实体、目的等形而上学概念的否定性批判，建立了一个反人道主义的马克思主义，而从70年代末开始，通过对事件、偶然性、相遇等概念的强调，他提出了“偶遇的唯物主义”理论。虽然阿尔都塞始终忠于马克思主义，但其晚期思想也与后结构主义进行对话。阿尔都塞晚期思想具有重要意义，巴迪乌、齐泽克、拉克劳、巴特勒等人的思想无不可以回溯到阿尔都塞。

“遭遇阿尔都塞”大会共分四个专题：第一个专题是“政治的断裂：阿尔都塞思想的连续/非连续性”。希腊潘迪昂大学的福图尼斯（Giorgos Fourtounis）认为，阿尔都塞前后期思想并不存在着绝对的断裂，其思想发展并不存在一个“接合的阿尔都塞”（Althusser of the conjuncture）压倒了“结构的阿尔都塞”（Althusser of the structure）的转变。第二个专题是“政治的优先性：独特性、无产阶级专政和阶级斗争”。该专题试图通过对政治优先性的强调，以改变人们对阿尔都塞的印象。柏林文化研究所的普波瓦克（Ozren Pupovac）在“在质询概念的这一边：阿尔都塞对主体的批判”中认为，质询概念并不仅限于一般的主体理论范围，它继承的是青年马克思对黑格尔国家理论以及自

① Mikko Lahtinen. Niccolò Machiavelli and Louis Althusser's Aleatory Materialism. trans by Gareth Griffiths and Kristina Köhli, Brill, 2009.

② International Conference: Encountering Althusser, http://www.after1968.org/index.php/lectures/view/20#event20.

由主义的批判。德国康斯坦茨大学的卡拉马尼克（Slobodan Karamanić）考察了拓扑学在阿尔都塞思想中的运用。他认为，偶然唯物主义有两个原则，即“相遇的优先性”和“偶然性的必然性”。就拓扑学方法而言，在阿尔都塞思想中，观点和思想不是由主体产生的，它的物质性铭刻在社会的拓扑结构之中（social Topography），政治不是内在于必然性中，而是存在于临时性的偶然接合之中，国家不是单纯的结构力量，而是社会存在的多元实践。在阿尔都塞的理论中，政治具有优先性，所谓理论无非是社会要素的特定的实践链接形式。第三专题是“政治经济学批判与阿尔都塞的遗产”。艾伯勒（Timm Ebner）与纽瓦克（Jörg Nowak）认为，阿尔都塞既反对人道主义的马克思主义，也反对斯大林主义的马克思主义。在他那里，经济决定与政治偶然性、物质因素与话语因素之间并不存在二律背反。经济作为决定性结构是指：对任何社会来说，存在着决定作用（there is determination），但也存在着同这一决定作用相决裂的革命实践。德国柏林自由大学的沃尔夫（Frieder Otto Wolf）探讨了再生产概念中的辩证法和偶然性，指出从《论再生产》到《六月提纲》，阿尔都塞对再生产的解释一直处在必然性和偶然性的张力之中。第四专题“晚期阿尔都塞的政治和哲学”讨论了阿尔都塞晚期著作中政治与哲学之间的关系。意大利米兰-波科尼大学的莫菲罗（Vittorio Morfino）强调马基雅维利在偶遇的唯物主义理论中的战略地位，并质疑对晚期阿尔都塞思想的斯密特式理解。美国南缅因大学的里德（Jason Read）发言：“原始积累在偶然性和建构之间”具有特殊意义。在晚年的《相遇的唯物主义潜流》中，阿尔都塞曾说自己对偶遇唯物主义潜流的讨论是引向马克思的序曲。马克思的资本原始积累理论标志着偶遇唯物主义传统的恢复。在论原始积累一章中，马克思重新思考了偶然性和必然、起源与效果之间的复杂关系。马克思对原始积累的讨论包含着当代哲学的两个线索：第一，他对偶然性和遭遇的讨论使他成了从德勒兹、巴迪乌到梅拉梭（Meillassoux）思想系谱的源头；第二，他的从偶然中建构必然的观点，对阶级形成的历史性的强调，又与强调阶级的构成性特征的思想家发生了联系。

总的来说，“遭遇阿尔都塞”国际会议虽然具有明显的倾向性，它把阿尔都塞拉向后结构主义一边，并从后现代的马克思主义立场解释其晚期思想。这些观点并非完全正确，但可以为我们提供新的视角。

2009 年的“历史唯物主义”年会也设有“阿尔都塞与哲学”专场。① 希

---

① http://historicalmaterialism.org/conferences/sixth-london-conference/sessions-an，2010/5/13.

腊爱琴大学苏特伊斯的发言题目是：《我们能把接合的辩证法（dialectic of conjuncture）与结构的辩证法对立起来吗?》。巴利巴尔认为，阿尔都塞的辩证法概念一开始就包含着张力，即强调接合还是强调结构，这一张力被称为“列宁主义”与“马基雅维利主义”之间的张力。然而，笔者认为，这种张力不是不可逾越的鸿沟。阿尔都塞的结构概念与结构主义无关，它指的是对社会现实的关系特征的理论化，是对生产形式与生产工具本身趋势的把握，而且这种结构的因素也是为阶级斗争所贯穿的。在这个意义上，我们不能把阿尔都塞后期思想理解为对早期思想的颠覆或抛弃，也不能理解为以接合概念来取代结构概念。普波瓦克指出，阿尔都塞理论有四个论题：意识形态把个体作为主体来质询，历史是没有主体的过程，没有科学的主体，群体创造历史。这些论题结合在一起构成一个偶然性和必然性的复杂辩证法，前三个论题中，革命政治是与主体性对立的，但在最后一个主题中，群众的主体介入能动地改造世界成为可能。

从这些讨论可以看出，对阿尔都塞哲学的研究远没有结束，他的思想不能截然地区分为截然不同的两个时期，只是相对于早期对结构、科学的强调，他的后期思想更强调接合和政治，在某种意义上，阿尔都塞晚期哲学是遭遇政治危机的结果。

（四）本雅明研究

在西方马克思主义传统中，有着批判理论家和神学马克思主义者双重角色的本雅明具有得天独厚的地位。无论是在齐泽克、阿甘本等激进左派思想家中，还是在罗威等具有解放神学色彩的思想家中，本雅明都受到空前的重视。对其思想的研究是一项正在持续的事业，人类越是处在危机之中，他的思想对人们的吸引力就越大。法国哲学家本萨伊德把本雅明称为“救赎的哨兵”，罗威把他的思想称为危机的“火警”。

关于本雅明的影响，爱瑟·莱斯利的《革命的潜力与本雅明：战后接受史》[①] 对近四十年来本雅明思想在德国、法国、英国和北美的传播、解释和影响做了全面的研究。本雅明思想是 2009 年“历史唯物主义”年会的主题之一。在“马克思主义与时间”专题中，卡提伯指出，[②] 面对当前危机，在资本主义之外寻找一个新的乌托邦这个问题变得更为迫切了，而要追求非资本主义的未来，我们不得不重新思考时间和历史。在马克思那里有两种时间，一是资

---

① Esther Lesilie. Revolutionary potential and Walter Bejamin: A postwar reception history, in critical companion to contemporary Marxism, ed. Jacques Bidet and Stathis Kouvelakis, Haymarket Books, 2009.

② Sami Khatib. Karl Marx, Walter Benjamin and the spectre of messianic: Is there a materialist theory of time? http://. historicalmaterialism. org/conferences/sixth-london-conference/sessions-an, 2010/5/13.

本主义的封闭时间，二是革命的断裂和极端的时间，对时间概念的革命性思考存在于本雅明思想中。齐泽克认为，“历史的非历史的外显内核”（non-historical ex-timate kernel of history）被本雅明《历史哲学论纲》中的“当下”（jetztzeit）概念捕捉到了。它要求我们驻留在瞬间的当下，把时代格局中蕴含的革命力量爆发出来，以中止资本主义历史的野蛮的连续性。

运用本雅明思想的杰出范例是伊格尔顿。他在《新政治人》（New Statesman）杂志上发表的《唤醒死者》一文①具有启发意义。本雅明认为，历史主义与历史唯物主义有根本的区别，前者把历史看作空洞的同质的时间过程，相信历史进步的连续性，后者坚持人类只有与过去和解，才能获得真正的救赎，历史唯物主义必须唤醒死者。唤醒死者并非在物理时间上回到过去，而是说，过去就活在现在之中，我们对过去的认识不仅影响到我们的当下，而且也关涉到未来。因此，只唤醒死者，才能公正地对待我们的同时代人。伊格尔顿用这样的观点来看待奥巴马入驻白宫。伊格尔顿认为，奥巴马是受难者黑人的后裔，但由于他刻意把自己装扮为“后种族主义者”，这就注定他不会在自己的任期内改变曾经蹂躏自己祖先的社会制度。在这个意义上，“奥巴马的胜利并没有了结美国恐怖的种族主义历史。以前时代的被凌迟、被阉割、被污辱的人并没有得到真正的救赎。我们那些更乐观的先人有时会把历史想象为一辆火车，把我们从黑暗的山谷拉到光明的山顶。但是，如果历史是一辆火车，那么我们需要记住那些从来不能到达目的地的人，那些因翻车而倒毙，或因绝望而跳车撞死在轨道上的人。”虽然他不像许多左派（包括齐泽克）把奥巴马的当选视为真正意义上的事件，但伊格尔顿承认，奥巴马的当选仍然具有象征意义，它证明黑人并非劣等人种，并不比白人愚蠢，这表明原来的奴隶制是完全错误的。

上述介绍并非2009年的全貌，但从中可以看出，国外马克思主义和左派思想是非常丰富的，不论是对经济危机和社会现实的分析批判，还是对哲学和社会科学基本问题的思考，它们都显示出独有的理论优势。

推荐参考文献

1. Riccardo Bellofiore，Roberto Fineschi（ed）. Re-reading Marx：new perspectives after

① Terry Eagleton. Waking the dead. New Stateman，2009（11）.

the critical edition. Basingstoke, New York: Palgrave Macmillan, 2009.

2. Andrew Chitty, Martin McIvor (ed). Karl Marx and contemporary philosophy. Basingstoke, New York: Palgrave Macmillan, 2009.

3. Michael A. Lebowitz. Following Marx: Method, critique and crisis. Leiden, Boston: Brill, 2009.

4. Thomas Carl Patterson. Karl Marx, anthropologist. Oxford, New York: Berg, 2009.

5. John M. Maguire. Marx's theory of politics. Cambridge, New York: Cambridge University Press, 2009.

6. Amy E. Wendling. Karl Marx on technology and alienation. Basingstoke, New York: Palgrave Macmillan, 2009.

7. Jonathan P. Goldstein, Michael G. Hillard (ed). Heterodox macroeconomics: Keynes, Marx and globalization. London, New York: Routledge, 2009.

8. Justin Jolt. Karl Marx's philosophy of nature, action and society: a new analysis. Newcastle: Cambridge Scholarly Press, 2009.

9. Tony Cutler, Barry Hindess, Athar Hussain, Paul Q. Hirst. Marx's capital and capitalism today. London, New York: Routledge, 2009.

10. Steve Shipside, Karl Marx's das kapital: A modern-day interpretation of a true classic. Oxford: Infinite Ideas, 2009.

11. David W. Lovell. From Marx to Lenin: An evaluation of Marx's responsibility for soviet authoritarianism. Cambridge: Cambridge University Press, 2009.

12. Patrick McGee, Theory and the common from Marx to Badiou. New York: Palgrave Macmillan, 2009.

13. Chris Harman. Zombie capitalism: Global crisis and the relevance of Marx. London: Bookmarks, 2009.

14. Joseph Choonara. Unravelling capitalism: A guide to Marxist political economy. London: Bookmarks, 2009.

15. Kevin Floyd. The reification of desire: Toward a queer marxis. minneapolis: University of Minnesota Press, 2009.

16. Peter D. Thomas, The gramscian moment: Philosophy, hegemony and marxism. Leiden, Boston: Brill, 2009.

17. Bill Dunn. Global political economy: A Marxist critique. London: Pluto Press, 2009.

18. Michael Löwy. Morning star: Surrealism, Marxism, Anarchism, Situationism, Utopia, Austin. TX: University of Texas Press, 2009.

19. Mohammad H. Tamdgidi. Advancing utopistics: The three component parts and errors of Marxism. Boulder: Paradigm Pub, 2009.

20. Alexander Anievas. Marxism and world politics: Contesting global capitalism. Abing-

don, Oxon, New York: Routledge, 2009.

21. Neil Harding. Lenin's political thought: Theory and practice in the democratic and socialist revolutions. Chicago, IL: Haymarket Books, 2009.

22. Riccardo Bellofiore (ed). Rosa luxemburg and the critique of political economy. Riccardo Bellofiore, ed. London, New York: Routledge, 2009.

23. Nigel M. Greaves. Gramsci's Marxism reclaiming a philosophy of history and politics. Gardners Books, 2009.

24. Mark McNally, J. J. Schwarzmantel. Gramsci and global politics: Hegemony and resistance. London, New York: Routledge, 2009.

25. Joseph Francese. Perspectives on gramsci: Politics, culture and social theory. London, New York: Routledge, 2009.

26. E. San Juan. Lewiston. Critique and social transformation: Lessons from antonio gramsci, mikhail bakhtin, and raymond williams. New York.: Edwin Mellen Press, 2009.

27. Axel Honneth, Pathologies of reason: On the legacy of critical theory. New York: Columbia University Press, 2009.

28. Arnold L. Farr. Lanham. Critical theory and democratic vision: Herbert marcuse and recent liberation philosophies. MD: Lexington Books, 2009.

29. Gerard Delanty. The cosmopolitan imagination: The renewal of critical social theory. Cambridge, New York: Cambridge University Press, 2009.

30. Mikko Lahtinen, Gareth Griffiths, Kristina Kölhi (ed). Politics and philosophy: Niccolo machiavelli and louis althusser's aleatory materialism. Leiden, Boston: Brill, 2009.

31. Patrick Hayden. Chamsy El-Ojeili Globalization and utopia: Critical essays, basingstoke. New York: Palgrave Macmillan, 2009.

32. Mark Fisher, Capitalist realism: Is there no alternative? Washington D. C: O'Books, 2009.

33. Slavoj Zizek. First as tragedy, then as farce. Verso, 2009.

34. Historical materialism. Brill, Volume 16: 1-4 Number, 2009.

35. Rethinking Marxism. Routledge, Volume 21: 1-4 Number, 2009.

36. Monthly review, Volume 60: Number 8-11, Volume 61: Number 1-7, 2009.

37. International socialism: A quarter journal of socialism theory, Issues 121-124, 2009.

38. Actuel Marx, n° 45-n° 46, Presses Universitaires de France-PUF, Octobre 2009.

39. Pascale Gillot. Althusser et la psychanalyse. Presses Universitaires de France-PUF, Édition: 1, mai 2009.

40. Gilles Dufrenot (Auteur). Alain Sand-Zantman (Auteur). Après la crise: Les politiques économiques dans le monde, Economica, Novembre 2009.

41. Yan Lianke. Bons baisers de Lénine. Philippe Picquier, Octobre 2009.

42. Communisme 2009, n° 93-94, n° 95-96, Age d Homme, Mai 2009.

43. Andrea Cavazzini. Clou Dans Fer: Crise du Marxisme, Critique de l'Etat. le Dernier Combat d'Althusser, Novembre 2009.

44. Francis-Paul Bénoit. De hegel à Marx: Philosophie, économie, sociologie, Dalloz-Sirey, août 2009.

45. Domenico Moro (Auteur), Luigi-Alberto Sanchi (Traduction). La crise du capitalisme et Marx: Abrégé du Capital rapporté au XXIe siècle. Editions Delga, Septembre 2009.

46. Enrique Dussel (Auteur), Michel Van der Vennet (Traduction). La production théorique de Marx: Un commentaire des Grundrisse. L'Harmattan, Décembre 2009.

47. Constantin Gruicci Vitali. La renaissance planétaire et la mondialisation du socialisme. L'Harmattan, Juillet 2009.

48. André Tosel. Le marxisme du 20e siècle, Editions Syllepse, Octobre 2009.

49. Jean Vioulac, L'époque de la technique. Marx, Heidegger et l'accomplissement de la mé taphysique. Presses Universitaires de France-PUF, Octobre 2009.

50. Claude Mazauric. L'histoire de la Révolution française et la pensée Marxiste. Presses Universitaires de France-PUF, Édition: 1, Juin 2009.

51. Bernard Chavance. Marx et le capitalisme: La dialectique d'un système. Armand Colin Édition: 2e, Septembre 2009.

52. Arno Münster. Réflexions sur la crise: éco-socialisme ou barbarie? L'Harmattan, Octobre 2009.

53. Zeitschrift Marxistische erneuerung Nr. 77—80, Herausgegeben von Forum Marxistische Erneuerung e. V. (Frankfurt/M.) und dem IMSF e. V. 2009.

54. Marxistische blaetterHeft 1-6, Neue Impuls Verlag GmbH, 2009.

55. Sozialismus, VSA-Verlag Hamburg, 2009.

56. 世界金融恐慌と現代資本主義. 生活経済政策研究所, 2009 (1).

57. 千石好郎. マルクス主義の解縛. ロゴス, 2009 (1).

58. ラビ・バトラ. 2009 年断末魔の資本主義. ペマ・ギャルポ、藤原直哉/監訳, あうん, 2009 年 (1).

59. ジョン・ベラミー・フォスター裸の帝国主義アメリカによる世界支配の追求. 渡辺景子訳, こぶし書房, 2009 (1).

60. ダダ・マヘシュヴァラナンダ資本主義を超えて. 岩崎信彦/監訳, 松尾光喜/訳, 世界思想社, 2009 (2).

61. 良知力. マルクスと批判者群像. 平凡社, 2009 (2).

62. 在田実. マルクスの超素顔. 徳間書店, 2009 (2).

63. 黒滝正昭、相田愼一、太田仁樹. ポスト・マルクス研究. ぱる, 2009 (4).

64. 渡部正元. 哲学の再生マルクス主義哲学の再構築をめざして. 五曜書房,

2009（4）.

65. Богданов А. А. Новый мир：Вопросы социализма. М. УРСС，2009г.

66. М. И. Туган－Барановский：Социализм как положительное учение，Изд. 3，М. УРСС，2009г.

67. А. В. Бузгалин：Марксизм：Альтернативы XXI века（дебаты пост советской школы критического марксизма），М. УРСС，2009г.

68. А. В. Бузгалин：Альтернативы（общественно－политический и аналитический журнал），Вып. 1－4，М. УРСС，2009г.

69. В. С. Семенов：Социализм и революции XXI века：Россия и мир，М. УРСС，2009г.

70. В. А. Ацюковский：Основы коммунистической идеологии и современность，М. Петит，2009г.

71. Е. Ф. Солопов：Диалектика и материализм：к 100－летию книги В. И. Ленина "Материализм и эмпириокритицизм"，Москва. Высш. ин－т управления，2009г.

72. Книга В. И. Ленина "Материализм и эмпириокритицизм" и философия XX века. К 100－летию со дня издания：материалы научной конференции Симбирск－Ульяновск，12－14，апреля 2009 года，Ульяновск，Изд－во УлГУ，2009г.

73. М. В. Попов：В. И. Ленин в современном мире：материалы Третьей ежегодной международной научно－практической конференции，Разлив，апреля 2009 г. Санкт－Петербург，Изд－во Фонда Рабочей акад. 2009г.

74. В. Ойттинен：Межуев. Маркс против марксизма. Статьи на непопулярную тему，Вопросы философии，No. 3，2009г.

审稿人：俞吾金

执笔人：汪行福　王凤才

提供材料者：林　晖　吴　猛　王凤才　张利军　袁东振　贺　钦

卢晓坤　李尚德　张　静　鲁绍臣　李凯旋

第二章

哲　学

摘要

在英美哲学方面，语用学的研究，特别是语用学向传统哲学问题的渗透，以及对传统哲学问题进行语言的分析和论证，是语言哲学研究的主要问题和路径。心灵哲学研究的热点问题主要有心理因果性问题、自我知识和他心问题、知觉经验内容问题，以及与当代神经科学的研究成果密切相关的心理状态多重实现的问题。科学哲学的研究在因果性问题、最佳解释问题等方面取得了新的进展，生物学哲学在自主论和还原论的争论等问题上也有比较深入的讨论。群体权利、权利话语、人权与主权、道德与历史、宗教与伦理等问题，是政治哲学与伦理学讨论的部分主题。美国实用主义哲学在实用主义的基本理论研究、古典实用主义研究、罗蒂思想研究等方面有所深入，并注重以实用主义的理论关注社会的现实问题。在德国，哲学人类学受到越来越多的关注，哈贝马斯的研究掀起新的热潮，德国古典哲学这个传统的话题引发出新的思考，同时，分析哲学也成为德国哲学界探索的一个热点话题。法国哲学借助纪念伟大思想家和重大的具有思想意义的事件，深化传统哲学问题的讨论，并从中提出新的问题。特别是，“动物学哲学”（philosophie zoologique）的发展，预示了法国哲学的最新研究方向。意大利哲学一方面十分关注与现实生活密切相关的哲学问题的研究，另一方面，古代哲学和中世纪哲学的研究也成为哲学家们致力研究的课题。俄国哲学界也非常活跃，《认识论与科学哲学》百科全书出版，哲学界对苏联哲学进行了全面总结。日本哲学界出现了两大趋势：一是以分析和批判资本主义为目标的马克思的思想表现出强大的生命力；二是为人类的环保运动提供理论基础的环境哲学的研究得到进一步的发展。日本的中国哲学研究也取得了一些扎实的成果。

Abstract

In Anglo-American philosophy, the studies of pragmatics, especially the influence of pragmatics on the study of traditional philosophical problems and the linguistic analysis of the traditional philosophical issues manifest main directions of the development in the philosophy of language. The warmly discussed issues in the philosophy of mind include mental causation, self-knowledge and other minds, content of perceptual experience, and the multiple realizability of mental properties, a problem closely related to the studies in neuroscience. In the philosophy of science, new developments are made in the study of causality, best explanation, etc. The debate between autonomism and reductionism continues in the philosophy of biology. Problems of group rights, discourse on "rights", human rights and sovereignty, morality and history, religion and ethics constitute parts of the main topics in the political philosophy and ethics. The studies on the general theories of American pragmatism, classic pragmatism and Rorty's ideas are also developed. Philosophers paid their attention to the application of pragmatist ideas to the social problems. In Germany, philosophical anthropology is attracting more and more attention. We see an upsurge in the study on Habermas. The studies on the classical German philosophy result in new considerations. And at the same time, the analytic philosophy is becoming a warmly discussed topic. In France, Philosophers deepened their discussions on the traditional philosophical problems in commemoration of great philosophers and important intellectual events. The development of the philosophy of zoology indicates the new direction of French philosophy. In Italy, philosophers concentrate their attention on the philosophical problems closely related to real life, and at the same time, ancient and medieval philosophies are topics under study. In Russia, the encyclopaedia of *Epistemology and the Philosophy of Science* is published. Philosophers made a comprehensive summary of the Soviet Union philosophy. There are two tendencies in the development of philosophy in Japan: Marx's ideas that take the analysis and criticism of capitalism as a purpose are showing great vitality, and the environmental philosophy that provides theoretical basis for the movement of environmental protection is in further development. The study of Chinese philosophy in Japan is also fruitful.

一、英美哲学

2009年英美哲学界理论研讨活跃，学术成果丰富。在语言哲学方面，语用学仍然是一个重要的研究领域，不仅介入到语言哲学内部的研究，而且还渗透到传统哲学的问题之中。对传统哲学问题进行语言的分析和论证以及对语言哲学提出本体论或认识论的问题，构成语言哲学研究的主要路径。在心灵哲学的领域，在神经科学最新研究成果的影响之下，心理状态多重实现的问题得到了比以往更加深入和细致的讨论。在心理因果性的问题上，金在权（Jaegwon Kim）提出的解释排他性原则成为讨论的热点问题之一。自我知识和他心问题，特别是戈德曼（Goldman）提出的模拟论，也被热烈地讨论。此外，知觉经验的内容问题，也是心灵哲学讨论的主题。再有，《综合》杂志2009年有一期专刊讨论福多（Fodor）的工作，一方面以此向福多表示敬意，另一方面推进由福多的工作所引发的富有成果的讨论。科学哲学在关于因果性的研究和关于最佳解释问题的研究方面取得了新的进展。自主论和还原论的争论以及功能和目的论解释、物种、自然选择的单位、适应主义、进化发育生物学、模因和文化进化等问题，构成了生物学哲学讨论的主题。在政治哲学和伦理学方面，"群体权利"这个当代西方政治哲学的关键概念得到了进一步的讨论，在反思传统的"权利"哲学时，"权利"话语本身的局限性也受到了哲学家们的关注和讨论。此外，西方哲学家对自身的文化传统有了越来越深入的反思，因而把更多的目光投向了深层的宗教观念，这表现在当代西方道德哲学和政治哲学领域对宗教问题表现出的特有兴趣上。2009年，美国实用主义的研究比较活跃，学术界举办了一系列相关的国际学术会议。值得提到的是，2009年是约翰·杜威诞辰150周年，上述国际会议都把对杜威思想和影响的反思、总结作为研讨的主题之一。

（一）语言哲学

随着语言哲学的深入发展，语用学转向使哲学研究的论域不再局限于语言内部，而是扩展到语言与其使用者的联系上。2009年语言哲学的研究主要表现为，语用学与其他哲学领域的交锋和论战，语用学不仅介入到语言哲学内部的研究，而且还渗透到传统哲学问题之中。当今语言哲学家的研究路径主要体现为，或者对传统哲学问题进行语言的分析和论证，或者对语言哲学提出本体论或认识论的问题。

2009年，语言哲学研究领域出版的著作约有20部，发表的相关论文将近50篇，其中值得关注的问题有：

1. 以言行事行为（illocutionary acts）和话语内容

自格莱斯（Herbert Paul Grice）提出会话意图以来，关于语义和语用的界限问题就一直争论不休，其中尤以对以言行事的效力的界定问题争议最多。格莱斯试图通过重构会话意图来阐述说者话语的意义，也就是说，对于说者包含某种意图的话语，只有当听者真正认识到该意图时才能给出相应的回应。他认为，说出话语就具有一种意义，依据听者得到理解，这种意义可还原到真正的会话意图。但是，肯森（Mikhail Kissine）则认为，这种以语效语词界定以言行事行为的理论是含混的。① 假设当S嘲讽地说出句子P，而不期望听者A相信P时，根据格莱斯的会话意图理论，S并没有说P，虽然看上去似乎说出了P；但根据他"说出话语就是表现一种言语行为"② 这个观点，虽然S没有明确的意识或意图说出句子P，但他仍然说出了一些东西，虽不是对P的断定。因此，在肯森看来，在句子所表达的内容（what is said）和其所包含的以言行事行为之间作出区分是很关键的。

在区分话语内容和以言行事行为方面，巴哈（Bach）和哈尼什（Harnish）主张把以言行事的效力限定在后语义阶段，使句子的意义等同于话语的内容，这样S就能在不带任何会话意图和没有表现关于任何语词的言语行为的情况下也能有所说。而肯森、雷嘉那提（Recanati）、卡斯顿（Carston）、斯帕伯（Sperber）和威尔逊（Wilson）等哲学家则采取了与之相反的道路，他们通过对话语的语境解释来说明话语的内容，而不是把话语内容还原到句子的意义层面。③ 肯森强调分析话语语境和确定以言行事行为在心理上并没有前后相继的关系，它们是同时发生的。他依据奥斯汀（John Langshaw Austin）对以言表意行为、以言行事行为和以言取效行为的区分，得出这样的结论：以言表意行为是对意向状态的表达，以言行事行为由语义行为构成，因其从语义行为获得其命题内容，但是它不能以语效语词来解释。④ 为避免以言行事和以言取效层面的混淆，断定、指示等以言行事的效力都需根据其潜在的推理能力进行限定。对句子以言行事的效力的说明，乃是通过对话语内容进行语境主义分析。以言行事的效力旨在表明，听到一个句子为何会相信，为何会依照其去行为。肯森

---

① M. Kissine. Illocutionary forces and what is said. Mind & Language, 2009 (24): 122-123.

② M. Kissine. Illocutionary forces and what is said. Mind & Language, 2009 (24): 123.

③ M. Kissine. Illocutionary forces and what is said. Mind & Language, 2009 (24): 123.

④ M. Kissine. Illocutionary forces and what is said. Mind & Language, 2009 (24): 124.

这一观点旨在说明以言行事的效力是解释话语的语用要素，因为它在一定语境中会自然触发。

2. 逻辑知识的本质

一般而言，哲学家们认为，关于逻辑规则的知识是非推理性的先天知识，它是独特的，至少与经验知识是不同的。虽然葛梯尔（Edmund Gettier）早已针对传统知识定义（即“可辩护的真实信念”）提出反例，但一直以来哲学家们都把数学和逻辑这类先天知识排除在葛梯尔反例之外。直到一些研究者对逻辑知识提出“理解性的解释”（understanding account），关于如何认识逻辑知识这一问题才重新引起哲学家们的争论。

理解性的解释者认为，对逻辑知识的认识是基于语义或概念上的理解，即逻辑规则就是对逻辑常项的引入或删除规则；理解逻辑规则是认识逻辑知识的充分条件。由于对逻辑知识先天性的认识并不基于感觉经验，理解逻辑规则便足以成为认识逻辑知识先天性的充分条件。① 逻辑规则既是理解的对象也是知识的对象，其形式分别表现为句子和命题。博克斯恩（Paul Boghossian）认为通过认识论上的分析同样表明，理解一句子或命题可为肯定它的先天性作辩护。②

贝森（Corine Besson）则通过引入葛梯尔反例说明了理解性解释理论的缺陷。通过推理论证是否能得到先天知识？在有感性经验参与的情况下，我们获得的知识是不是先天的？贝森认为，通过推理论证得到的信念不是先天的，因为推理中夹杂有感性经验，而这感性经验又确实是辩护该信念的重要依据。所以，通过推理论证的信念都是经验的。而理解性的解释并没有为逻辑知识提供先天辩护（或论证）。③ 从理解逻辑知识到对逻辑知识的先天性的认识，并不是一条可靠的推理路径。除此之外，还存在另一种情况：理解逻辑规则但并不知道逻辑规则，只是对逻辑规则具有可辩护的真信念。这便是葛梯尔反例所针对的问题。

在贝森看来，虽然通过葛梯尔的反例论证，我们并没有得到一个先天信念（而是一种经验性的信念），但并不能说明这个反例论证没有威胁到理解性解释。因为对逻辑知识的理解性解释并没有解决葛梯尔反例的责难。

3. 摩尔悖论和宽容原则

---

① Corine Besson. Logical knowledge and gettier cases. The Philosophical Quarterly, 2009 (59): 5-6.

② Corine Besson. Logical knowledge and gettier cases. The Philosophical Quarterly, 2009 (59): 7.

③ Corine Besson. Logical knowledge and gettier cases. The Philosophical Quarterly, 2009 (59): 18.

摩尔悖论应如何解释？这是哲学家们一直思考的问题。这种悖论的句子形式是："我相信P"和"我相信-P"。尽管二者看上去似乎不能同时得到肯定，但它们的合取形式在逻辑上并不矛盾。瓦希德（Hamid Vahid）曾力图以戴维森彻底解释理论中的宽容原则对摩尔悖论作出新的解释。对此，布吕克纳（Anthony Brueckner）批判了他的解释的有效性。

宽容原则的主要含义是预设说者与解释者在信念上的一致性，并且解释者要把其信念归之于说者。根据宽容原则，瓦希德设想了这样一种情景：我和母语相同的邻居Don站在雨中，Don说："天在下雨。"而当时我感觉到确实有雨淋在我头上，因此，我相信天确实在下雨。根据宽容原则，我把"天在下雨"的信念也同样归属于Don。假设Don接着又说："我不相信天在下雨。"① 在瓦希德看来，这个例子就表现了摩尔悖论对宽容原则的破坏，二者显然不能共存。

布吕克纳则认为，瓦希德并没有阐明摩尔悖论如何对宽容原则造成威胁。根据宽容原则的前提——假定说话者具有真信念并且是理性的，我们同样要把"他不相信天在下雨"的信念归属于Don。因此，需要归属于Don的信念便有两个：一是天正在下雨，二是他不相信天在下雨。② 这两个命题都是Don的信念，两者完全可共存，犹如摩尔悖论。

在布吕克纳看来，即便归属于Don的信念中有一个可能是错的，但也不妨碍宽容原则的实行。利用宽容原则的解释并不局限于具体的例子中，而需要对说者的信念置于全景式的语境中加以解释。

4. 维特根斯坦是反实在论者吗？

对于维特根斯坦是不是反实在论者这一问题，哲学家们一直以来争论不休。查尔德（William Child）认为，维特根斯坦在解释过去已有的心理状态时虽没有采取反实在论的立场，但对梦却作了宽泛地反实在论的解释。而舍尔（Richard Scheer）认为，维特根斯坦对于梦和已有观念的阐释并没有蕴含实在论或反实在论的观点。③

断定已有观念为真的标准是什么？查尔德和赖特（Wright）的回答是，回顾对已有观念的断定并验证之。④ 如何知道我梦到的是什么？因为我如此说。过去的已有观念是通过对过去已有观念的断定所建构的，这是把维特根斯坦划

---

① Anthony Brueckner. Moore-Paradoxicality and the principle of charity. Theoria, 2009 (75): 246.
② Anthony Brueckner. Moore-Paradoxicality and the principle of charity. Theoria, 2009 (75): 247.
③ Richard Scheer. Was wittgenstein an anti-realist? Philosophical Investigations, 2009 (32): 319.
④ Richard Scheer. Was wittgenstein an anti-realist? Philosophical Investigations, 2009 (32): 320.

归为反实在论者的主要根据。但在舍尔看来，对“建构”如何理解并不重要，它不过是一个伪问题。某人意欲做某事或拥有某个观念，乃是断定此人有此意图或观念的原因，反之则不然。① 并且，在大多数情况下，我们首先有权对自己的已有观念进行断定，因而对自己断定的验证并没什么意义。即便要验证，也不能用一般的真理标准进行验证，因为我们很难准确描述心理状态的发展过程。维特根斯坦也没有肯定，我们对已有观念的断定一定为真。我过去有如此观念的断言，并不能确定已有观念的原本的面貌。

赖特针对那种视意图为心理状态的观点（心理状态与意图之间有因果关系），提出“意图不过决定了其与行为是否一致，它独立于意图承担者对其的断定”②。舍尔认为，他只是阐述随后的断定决定着意图被如何理解，而不是决定着意图是什么。但赖特显然没有区分这二者，认为意图就是对意图的理解。对此，维特根斯坦也没有明确论述：意图先于其承担者的判断，还是对意图的理解先在于它的执行。

舍尔认为，赖特论证的问题在于：首先，假定了人们会判定行动是否遵循了其意图；其次，讨论实际没有发生的意图是毫无意义的。③ 赖特对意图的解释乃是基于判定行动是否遵循意图以及对意图的描述是否可靠的维度。这就为已有观念的无错性进行了辩护。但并非所有的意图都是对行动遵循与否的反思结果，只有那些标准意图，才体现为明确的决定和决心。而那些无意识行为和习惯性行为所蕴含的意图，并不能从意图的执行和实现角度去说明。在这种情况下，潜在的或习惯性意图虽独立于对行为的断定，但也是确定的。

5. “我”的含义和意义

“我”这个符号，除了语言层面的意义（linguistic meaning）外，自身是否具有含义（sense），对此哲学家们一直争议不断。大多数哲学家认为，“我”仅指向说出这个符号的人。然而，摩根（Daniel Morgan）指出，“我”这个符号不仅有指称（reference），也有含义。决定指称的是“我”的含义，而非其语言层面的意义。④ 这与新弗雷格主义的观点是一致的，然而，后者阐述得更详细。我所说的“我”和你所说的“我”其含义是不同的。为确保由含义到指称的指向确定性，主词 S 说“我”时，有时需要双重指称（如“S 的名字”+“我”）。此外，坚持“‘我’具有含义”这一观点，可使心理或语言现

---

① Richard Scheer. Was wittgenstein an anti-realist? Philosophical Investigations, 2009 (32): 325.

② Richard Scheer. Was wittgenstein an anti-realist? Philosophical Investigations, 2009 (32): 325.

③ Richard Scheer. Was wittgenstein an anti-realist? Philosophical Investigations, 2009 (32): 326.

④ Daniel Morgan. Can You Think My “I” -Thoughts? The Philosophical Quarterly, 2009 (59): 68.

象得到解释。

问题的关键不在于是否承认“我”的含义，而在于对其作何种解释。对此，存在两种不同的解释。埃文斯（Gareth Evans）认为，“我”的含义是不可共享的。对于S所说的“我”，任何人都不可能比S自己更清楚明白。这与弗雷格所谓“每个人都是以特殊和首要的方式向他自己展示其自身，而非向其他任何人”这种观点不谋而合。贝穆德斯（José Luis Bermúdez）则不满埃文斯的不可共享性论断。首先，这一论断导致“我”这一思想不具有客观性。其次，“我”含义的不可共享性将造成思想和语言之间理解的困难。[①]

对于客观性和不可共享性是否相容，埃文斯和贝穆德斯持不同的观点。前者持相容论，后者则主张不相容论。[②] 贝穆德斯指出，理解说者所说的话语需要参照具体的交流行为，需要思考说出的句子所表达的思想。[③] 一个人若要理解我说“我是F”所要表达的意思，只要通过思考当他说“他是F”时所想表达的思想，便是可能的。在此意义上，他的“他”这一思想和我的“我”这一思想是同一的。这种坚持“我”的思想客观性的话语理解原则，与不可共享性论断是不相容的。

埃文斯则是通过强调“我”这一思想所具有的独特作用来解释“我”的含义。思想只有通过包含第一人称代词的句子，才能得以充分表达。“我”这一指称代词，对于理解说者所说的话语是至关重要的。他认为，理解的达成需要知道单程词项指称的物质对象，这就需要有确定对象的能力。当一个人听到某人说出“我”，但又不能指称此人（位置）时，并不能称之为严格意义上的理解。

摩根赞同埃文斯对于“我”的含义的解释方式。他试图弱化贝穆德斯的话语理解原则，调和其与不可共享性的隔阂，使两者得以相容。其实质是为不可共享性原则做辩护。

6. 命题的普遍形式的形而上学基础

早期维特根斯坦认为，凡是使逻辑命题显得具有内容的理论都是假的（6.111），逻辑法则的特征不是普遍有效性（6.123 1）。[④] 普遍不过是偶然适用于一切事物。逻辑是展示世界的脚手架，并不涉及经验或谈及什么。命题的普遍形式在其早期思想中所展示的这种普遍必然性和先天性，早已成为《逻

---

① Daniel Morgan. Can you think my “I” –Thoughts? The Philosophical Quarterly, 2009 (59): 69.

② Daniel Morgan. Can you think my “I” –Thoughts? The Philosophical Quarterly, 2009 (59): 77.

③ Daniel Morgan. Can you think my “I” –Thoughts? The Philosophical Quarterly, 2009 (59): 79.

④ 维特根斯坦. 逻辑哲学论. 北京：商务印书馆，2009.

辑哲学论》研究者们争论的焦点。为何命题的普遍形式就是维特根斯坦所谓的那样，为何所有命题不是基本命题就是基本命题的真值函项，这些论断的形而上学基础是什么？应如何解释或论证？

大多数哲学家认为，维特根斯坦早期思想贯穿着逻辑的普遍性这一重要预设，麦克马纳斯（Denis McManus）称其为普遍支配预设，它决定了命题的一般形式为何显示为这般。波特（Michael Potter）和苏利文（Peter Sullivan）则进一步通过"普遍支配预设"说明语言的"纵向统一"（vertical unity）——语言不是处于等级序列的不同类型而本就属于同一类型，解释了复合命题为何由真值函项联结基本命题而成，及真值函项如何作用。① 他们指出，维特根斯坦所关注的语言的统一问题和逻辑自洽的表达式的单义性（univocality），都可从语言纵向统一的角度加以解释；并坚持对命题普遍形式的直观理解，认为语言的纵向非统一性会对其造成威胁。

但是，麦克马纳斯认为，如果坚持这样的观点，就会忽视可能的横向非统一性（例如罗素类型论的多样化），而这种非统一性会促使我们揭示语言的统一性和坚持逻辑原则的普遍效力，使之避免做出逻辑似乎具有内容的断言。因此，普遍支配预设不仅说明了语言的"纵向统一"，也解释了语言的"横向统一"（horizontal unity），即阐释了为何所有命题的基础必定是基本命题。②

在麦克马纳斯看来，他与波特和苏利文的分歧，从根本上来说是相容的，并且可相互补充。③ 他认为，早期维特根斯坦从纵向非统一性的角度研究语言，忽视了其横向维度。而根据其后期思想，横向维度的研究不仅是可能的，也是现实的（语言实际上并不需建立统一性，其本身就是无序的）。因此，在维特根斯坦早期著作中寻找对命题普遍形式的形而上学解释似乎是艰难的，对这一问题的解答需要哲学家们放宽视野。

（二）心灵哲学

关于2009年心灵哲学的研究，我们重点介绍心理状态多重实现、心理因果性、自我知识和他心、经验内容等问题的研究进展。

1. 神经科学的相关研究与心理状态的多重实现问题

---

① Denis McManus. The general form of the proposition: The unity of language and the generality of logic in the early wittgenstein. Philosophical Investigations, 2009 (32): 297.

② Denis McManus. The general form of the proposition: The unity of language and the generality of logic in the early wittgenstein. Philosophical Investigations, 2009 (32): 314.

③ Denis McManus. The general form of the proposition: The unity of language and the generality of logic in the early wittgenstein. Philosophical Investigations, 2009 (32): 314.

心理状态多重实现论题，最初是由普特南（Putnam）在20世纪60年代提出来的。普特南的考虑是，不同物种的生物体一方面可能具有某些相同类型的心理状态，另一方面却可能在解剖学和生理学上有很大差别，从而不可能具有相同类型的相应的生理状态。心理状态多重实现问题的提出，向心身类型同一论提出了挑战。然而，近年来，一些哲学家基于认知科学和神经科学的相关研究，对多重实现论题提出了质疑。

《综合》杂志2009年第167期有一组文章，讨论心理状态的多重实现问题。波尔格（Polger）认为，普特南等人主张的心理状态多重实现论题的唯一恰当的科学证据涉及关于神经可塑性问题的考虑。他考察了神经科学方面的多重实现证据，表明关于多重实现的经验支持不能辩护多重实现对心身同一论的反驳。他认为，心理状态的多重实现要能够对同一性理论构成威胁，某一种类型心理状态（如疼痛）的神经差异必须能够确保它们是不同的神经类型。但是，人们通常引述的现象并不提供这样的证据。特别是，他认为关于普特南式多重实现的真正的科学证据涉及关于神经可塑性的思考，但是神经可塑性并不提供支持这种意义上的多重实现的证据。①

里查森（Richardson）提出，普特南关于人与章鱼都能感觉疼痛的假定是成问题的。人与章鱼可能都能对器官损害有所感觉，但是疼痛是发生在一个心理事件和过程的网络之中的，因此人和章鱼的疼痛很可能是两种完全不同的现象。他提出，心理学和神经科学的最新进展可能证实了语言功能恢复中的多重实现。他讨论了语言功能受损和恢复中涉及的多重实现和神经可塑性问题，认为这样的事例支持了认知系统中的多重实现。在方法论上，他主张解释上的多元论，认为心理学和神经科学各自可以对不同的现象作出解释，而且，神经科学的发现和心理学的发现可以相互影响。②

艾扎瓦（Aizawa）的文章指出，贝克特尔（Bechtel）和芒戴尔（Mundale）认为，关于脑映射（brain mapping）的研究对多重实现构成了挑战，这个观点是不能成立的。③

2. 心理因果性问题

---

① Thomas W. Polger. Evaluating the evidence for multiple realization. Synthese, 2009（167）: 457-472.

② Robert C. Richardson. Multiple realization and methodological pluralism. Synthese, 2009（167）: 473-492.

③ Ken Aizawa. Neuroscience and multiple realization: A reply to Bechtel and Mundale. Synthese, 2009（167）: 493-510.

心理因果性问题是2009年讨论的一个热点问题。讨论的焦点集中在金在权（Kim）反对非还原物理主义的论证方面。

关于特殊科学涉及的高层次性质的非还原的物理主义主张，这些高层次性质并非同一于物理性质，但是这些性质附随于物理性质之上，而且这些高层次性质对于其他性质具有因果效力。在其1989年的文章中，金在权曾经提出了得到广泛讨论的解释的排他性原则（the explanatory exclusion principle），对非还原的物理主义提出批评，断定对于任何事件都不能有多于一个的完全的和独立的解释。① 这意味着，如果一个高层次性质附随在一个低层次的物理性质之上，如果这个物理性质是性质G的充分原因，那么，那个高层次性质就不可能是G的原因。在金在权看来，排他性原则有力地否定了非还原的物理主义，因为这个原则是分析的真。李斯特（List）和孟席斯（Menzies）在《哲学杂志》上发表了题为《非还原的物理主义和排他性原则的限度》的文章，为非还原的物理主义辩护。他们认为排他性原则并非必然为真，并提出了一种引起差别（difference making）的因果关系的观念，指出在这样一种因果观念之下，排他性原则是假的。他们进而提出了排他性原则的一个版本成立的充分必要条件，并且表明，当这一原则为真的时候，它不仅远没有破坏非还原的物理主义，而是事实上支持了特定高层次性质的因果效力。② 坎贝尔（Campbell）和摩尔（Moore）讨论了金在权对排他性原则的辩护和相关论证，指出了这些论证的不成功之处，并且揭示了金在权形而上学中的一个深层紧张，表明金在权只有放弃他一直以来对非还原的物理主义的批评，才能坚持他的解释排他性原则。③

西格尔（Segal）在肯定心理事件与物理事件个例同一的基础之上，讨论了心理性质的因果角色的问题。西格尔认为，如果心理性质不能还原为物理性质，那么，或者它们是没有因果效力的副现象，或者它们所引起的结果也同时是由物理性质引起的，并因而导致因果过度决定的问题。他的文章批评了金在权的还原论，提出副现象主义和因果过度决定都具有合理性，心理性质和其他范例性的具有因果效力的宏观性质，相对于这些性质的拥有者的结果而言不具有因果效力，因为它们并不足够充分地独立于这些结果。西格尔还提出，副现

① Jaegwon Kim. Mechanism, purpose and explanatory exclusion. Philosophical Perspectives, 1989 (3): 77-108.

② Christian List, Peter Menzies. Non-reductive physicalism and the limits of the exclusion principle. Journal of Philosophy, Issue 9, September 2009.

③ Neil Campbell, Dwayne Moore. On Kim's exclusion principle. Synthese, 2009 (169): 75-90.

象主义和因果过度决定论的区分，可能仅仅是术语上的，而不是实际的。①

威尔森（Wilson）讨论了与解释的排他性问题和因果过度决定问题相关的心理-物理实现、心理-物理决定和心理因果性问题。针对关于将心理-物理实现理解为决定关系的批评，威尔森为将心理-物理实现看作决定以及对心理因果性问题以决定关系为基础的解决思路作了辩护。②

3. 自我知识和他心问题

博伊尔（Boyle）提出，认为所有直接的、具有权威性的自我知识都属于一个基本类型，这种关于自我知识的传统看法是错误的。他受启发于康德关于自我知识的观点，即认为我们拥有通过“内感官”而来的自我知识和通过“纯统觉”而来的自我知识，前一种能力给予我们关于自己的感觉的知识，后一种能力给予我们关于我们的思想和判断的知识，即关于我们自己的“自发性”的知识，提出一个令人满意的自我知识理论必须对两种自我知识作出区分：一是我们由以知道自己的判断的主动的自我知识，一是我们由以知道我们的感觉的被动的自我知识。博伊尔认为，第一种自我知识在一种重要的意义上是基本的，因为它与我们的理性反思能力紧密联系，而且所有理解第一人称代词者都具有这样的自我知识。博伊尔提出这种对自我知识的看法，可以有助于解决当代关于自我知识问题的一个争论，或者说，可以为通过将我们的自我知识能力与我们的某种能动性能力相联系来解释自我知识能力的尝试［特别是莫兰（Moran）提出的观点］作辩护。莫兰观点的批评者认为，其观点不能解释并非服从于我们的能动控制的那些心理状态的自我知识。博伊尔论证说，这一批评依赖于一个错误的假定，即我们的全部自我知识都属于同一个类型。如果我们将两种不同的自我知识区分开来，对莫兰主张的批评就不能成立了。③

《行为与脑科学》2009年第32期集中讨论了卡拉瑟斯（Carruthers）的文章《我们如何知道我们自己的心：读心与元认知的关系》。文章讨论的问题涉及读心能力和元认知能力的基础及其相互关系。卡拉瑟斯比较和讨论了关于第三人称读心（mind-reading）和第一人称元认知关系的四种解释，指出前三种解释认可对命题态度的反省，认为我们对自己内心的通达与我们对他心的通达

① Gabriel M. A. Segal. The causal inefficacy of content. Mind & Language, Vol. 24 No. 1 February 2009: 80-102.

② Jessica Wilson. Determination, realization and mental causation. Philosophical Studies, 2009 (45): 149-169.

③ Matthew Boyle. Two kinds of self - knowledge. Philosophy and Phenomenological Research, Vol. LXXVIII No. 1, January 2009: 133-164.

属于完全不同的种类，而第四种解释主张我们的自我知识是将我们的读心能力转向我们自己的结果。卡拉瑟斯支持了第四种主张，提出了“读心在先”的模型。①

《哲学研究》2009 年第 144 期发表一组文章，讨论戈德曼在 2006 年出版的《模拟的心：读心的哲学、心理学和神经科学》一书中提出的模拟论观点。与传统的关于他心问题的理论不同，20 世纪 80 年代戈登（Gordon）和戈德曼等人提出的模拟论主张，第三人称的心理状态的归与不是理论推论的过程，而是使用自己的心理资源来“模拟”他人，在想象中扮演他人的角色，并以此来解释和预测他人的行为。戈德曼在《模拟的心》中讨论了神经科学、认知心理学、社会心理学、发展心理学等领域的大量与读心相关的实验结果，在经验发现和进一步的哲学讨论的基础上，对以模拟为基础的读心作了新的阐释和分析，在强调模拟的同时，对模拟论和理论论都采取接纳的态度。波纳（Perner）和布兰德尔（Brandl）对戈德曼书中的观点作了批评性的讨论。他们提出，心理模拟可以由真实知觉引起，也可以由想象引起，为了避免将实际的心理状态与模拟的心理状态相混淆，想象的内容必须被隔离起来。戈德曼通过让假想状态在模拟中扮演一种特殊的角色，而避开了这个问题。波纳和布兰德尔提出，这种避开问题的办法冲淡了模拟和理论的使用之间的区分，使得这一理论再次面对“坍塌威胁”。②

萨克斯（Saxe）考察了相关神经科学方面的证据，表明神经科学关于人际间镜像机制的研究并不支持独特的基于模拟的读心机制。萨克斯提出有充足的证据表明，存在着从一个个体的心理状态导向观察者相应状态的共选择机制，但是没有证据表明，这些共选择机制的输出是心理状态归与的基础。也有充足的证据表明，存在作为心理状态归与基础的归与机制，但是没有证据表明，这些机制是从共选择机制得到其输入的。③

卡拉瑟斯在文章中批评了戈德曼关于第三人称读心以第一人称反省为基础的内省主义观点，认为对命题态度之类的心理事件的第一人称觉知始终是解释

---

① Peter Carruthers. How we know our own minds: The relationship between mindreading and metacognition. Behavioral and Brain Sciences, 2009 (32): 121-182.

② Josef Perner, Johannes L. Brandl. Simulation à la Goldman: Pretend and collapse. Philosophical Studies, 2009 (144): 435-446.

③ Rebecca Saxe. The neural evidence for simulation is weaker than I think you think it is. Philosophical Studies, 2009 (144): 447-456.

性的，是我们将读心能力转向自身的结果。①

4. 经验内容的问题

知觉哲学是2009年讨论的一个热点问题。《分析》、《心灵》、《哲学季刊》、《哲学与现象学研究》等期刊刊登了多篇研究知觉哲学的文章。

《哲学季刊》2009年第236期刊登了一组知觉哲学文章。当代哲学家讨论的一个问题是，知觉经验特别是视觉经验可以“表征”哪些种类的性质。单薄的观点（sparse view）主张，视觉经验表征的性质的范围十分有限，如颜色、形状、位置、大小等。而丰厚的观点（rich view）主张，视觉经验表征的性质的范围，比颜色、形状、位置、大小等更大，如可以表征“是一只西红柿”等。塞尔（Searle）和西格尔（Siegel）曾经利用“视角转换”来支持丰厚的观点。Richard Price反对塞尔和西格尔基于“视角转换”所作的论证，提出对视角转换的解释并不依赖关于视觉经验表征丰厚性质的主张。他们提出，即使塞尔和西格尔是正确的，视角转换确实要求视觉经验表征丰厚的性质，我们也有理由认为这些性质并不包括诸如是一只西红柿这样的自然类性质。② 伯恩（Byrne）为关于知觉经验的“内容观点”（content view）作辩护。这种观点主张，知觉经验具有表征内容，知觉经验表征世界，和信念、欲望一样具有满足条件。伯恩对“内容观点”作了重新阐释和辩护，认为“内容观点”不应提及“经验”，并且提出知觉内容是单薄的。③ 克兰（Crane）提出，许多哲学家认为将知觉经验看作具有表征内容的观点意味着知觉经验和信念一样具有命题内容，可以为真或为假。克兰同意知觉经验具有意向性，但是与麦克道尔（McDowell）和伯恩不同，他否认知觉经验具有命题内容，认为从经验具有准确性条件的事实和经验内容始终可以用表达命题的语句来描述的事实，都不能推出知觉经验具有命题内容的主张。克兰提出，经验可以并非作为命题态度而具有表征的性质。④

在知觉哲学中得到广泛讨论的一个问题是：在视知觉中，我们可以看见一些事物，而看不见这些事物的确定数量。比如，当我们看见一只有斑点的鸡

---

① Peter Carruthers. Simulation and the first-person. Philosophical Studies, 2009 (144): 467-475.

② Richard Price. Aspect-switching and visual phenomenal character. The Philosophical Quarterly, Vol. 59, July 2009 (236): 508-518.

③ Alex Byrne. Experience and content. The Philosophical Quarterly, Vol. 59, July 2009 (236): 429-451.

④ Tim Crane. Is perception a propositional attitude? The Philosophical Quarterly Vol. 59, July 2009 (236): 452-469.

时，我们看见这是一只有许多斑点的鸡，但是我们并没有看见一只有确定数量斑点的鸡。泰（Tye）在《分析》2009年第2期上发表文章，对这个问题作出了解释。他提出，关于经验的表征理论可以对这个问题给出一个简单的回答。他说，在表征论者看来，鸡在一个人看来是有斑点的，是在于这个人的经验将它表征为有斑点的。就斑点的数量而言，存在着现象的不确定性，因为不存在这个人的经验将鸡表征为有N个斑点的那个数量。我们的视觉经验不表征斑点的确切数量。也就是说，我们看见了全部斑点，但是我们没有看见每一个斑点，所以我们没有看见那只鸡有特定数量的斑点。① 南内（Nanay）在《分析》2009年第3期上发表文章讨论了泰和德莱斯基（Dretske）的观点，认为他们两个人的观点都是正确的。"有多种多样的有斑点的鸡的经验。泰关于其中一些经验的看法是正确的：我们没有看到每一个斑点。但是，德莱斯基对另外一些经验的看法是正确的。有斑点的鸡的难题——我们能够看见一些事物，而看不见这些事物的确定数量的难题——并没有一种普遍的解决方案。"②

皮科克（Peacocke）在2009年7月的《心灵》杂志上发表的文章中提出，判断、知觉和其他心理状态和事件拥有最小客观性，即一个人之处于那个状态或经历那个事件，通常并不能使得那个状态或者事件的内容正确。他提出了一系列构成性先验论证来解释这种最小客观性。他分析了这些先验论证的共同形式，提出这样的先验论证预设对世界以及对我们关于世界的思想的实在论看法。关于心理状态或事件之客观性的先验考察，不必预设先验观念论。③

此外，《综合》杂志2009年有一期专刊讨论福多（Fodor）的工作。福多的工作在40多年的时间里一直处于认知科学的前沿，并且在某种程度上引导了心灵哲学的研究。《综合》杂志通过这一期专刊，一方面向福多表示敬意，另一方面推进由福多的工作所引发的富有成果的讨论。④

（三）科学哲学

有关2009年度科学哲学的进展，本报告只想突出介绍以下三个重点专题：（1）关于因果性的研究；（2）关于最佳解释问题；（3）生物学哲学问题。

首先，因果性概念是科学哲学中一个极其重要的话题，直到今天仍吸引着众多哲学家们的目光。弗里希（Mathias Frisch）在《"最神圣的戒律"？——

---

① Michael Tye. A new look at the speckled hen. Analysis, Vol 69, Number 2, April 2009: 258-263.

② Bence Nanay. How speckled is the hen? Analysis, Vol 69. Number 3, July 2009: 499-502.

③ Christopher Peacocke. Objectivity, Mind. Vol. 118, 471, July 2009: 739-769.

④ 讨论的详细内容见 Synthese 2009: 170.

物理学中的因果推理》① 一文中，探讨了因果概念是否在成熟的物理理论中有用的问题。他指出，从罗素起，科学哲学家们的普遍观点是，在现代物理学中，因果性概念已经不再是一个最基本的角色，或者说，它只是一些平庸的人们在构造理论的过程中使用的粗糙的科学概念。这种怀疑论观点的最新进展，可见诸诺顿（John D. Norton）的《物理学中存在独立的因果原理吗?》② 一文。弗里希和诺顿以经典电磁学中的光在介质中的散射为例，就非对称的因果关系在物理学的理论化过程中所起的作用展开了论辩。弗里希经过分析得出的结论是，得出散射关系的关键前提之一将取决于因果原理；而诺顿则认为两者无关，它只取决于电磁学理论本身。两人争论的焦点是，实际工作中的物理学家是否在他们对公式和理论的理解中运用精确的因果原理？或者说，在模糊而宏大的因果叙事与精确的因果原理之间是否存在可靠沟通的桥梁？而布雷厄姆（Matthew Braham）和希斯（Martin van Hees）在《因果的相关度》③ 一文中则讨论了一个非常有趣的问题：怎样去测量因果的相关程度？这个问题具有非常重要的实践意义，因为它关系到在同一个事件发生的过程中，如何在不同的原因中确定它们不同的地位和作用的问题。例如，假设不同的人将三种废弃的毒素倾倒到一条河中，杀死了河里所有的鱼，并伤害到当地的居民，显然它们都应该与这一有害结果相关。但是，他们该受到什么样的处罚则应该取决于不同的毒素在引起这一效果中的不同作用。布雷厄姆和希斯建立了一个游戏理论模型，以测量一些原因在某种特定结果中的相关度。虽然这一模型现在还相对简单，但它已经逐步精细化以处理更复杂的情况，他们的讨论为这一方向未来的研究提供了许多有趣的想法。

其次，是关于最佳解释问题。韦伯（Marcel Weber）在《判决性实验的核心问题：迪昂论题与最佳解释推断》④ 一文中，首先讨论了科学史和理论评价中的一个重要问题，即迪昂论题（Duhem's problems）对判决性实验的挑战。所谓迪昂论题，后来也称迪昂-奎因论题，或叫非充分决定性论题，即从整体论的立场出发，人们必须承认，一个证据只能反驳一组假设，那么一个证据反

---

① Mathias Frisch. "The most sacred tenet?" causal reasoning in physics, Brit. J. Phil. Sci. 2009 (60): 459-474.

② John D. Norton. Is there an independent principle of causality in physics. Brit. J. Phil. Sci. 2009 (60): 475-486.

③ Matthew Braham, Martin van Hees. Degrees of Causation. Erkenn, 2009 (70): 323-344.

④ Marcel Weber. The crux of crucial experiments: Duhem's problems and inference to the best explanation. Brit. J. Phil. Sci., 2009 (60): 19-49.

驳某一单个假设如何可能？于是，通过判决性实验判定某一理论的正误就成为不可能的事情，其“判决性”的意义因此受到了人们的质疑，这一问题遂成为当代科学哲学争论的主题之一。韦伯基于他对最佳解释的理解，对这一挑战提出了自己的解决方案。最佳解释推断通常被当做是一种最好的选择，但是这一点从来没有被详细地展示过。韦伯通过对现代生物学中的麦塞尔逊-斯塔尔（Meselson-Stahl）实验的分析，给出了比“当下的适当性”更清楚的关于最佳解释的理解。麦塞尔逊-斯塔尔实验，被认为是决定DNA复制机制的三种假说命运的判决性实验，它最终使大多数生物学家们接受了沃森-克里克（Watson-Crick）的假说。韦伯从最佳解释推断的角度对这一实验的分析令人信服地表明，怎样的实验才能被看做是判决性的，从而也显示出最佳解释作为一种适当的方式在理论评价过程中的巨大价值。正因为如此，有关最佳解释的问题一直受到人们的长期关注，例如，有关它的进一步的讨论，实际上已经在2010年的科学哲学研究中有所反映。①

第三，生物哲学问题。生物学哲学由于生物学从20世纪后半叶的迅猛发展而在当今国际科学哲学界呈现出一片欣欣向荣的景象，影响日益深远。根据2009年11月出版的《当代生物学哲学中的争论》以及2009年的生物学哲学核心杂志《生物学与哲学》等刊物发表的论文情况，生物学哲学主要关注的问题包括以下几个方面：

1. 自主论和还原论的争论问题

生物学和物理科学的关系问题是生物学哲学讨论的最基本问题，几乎所有的生物学哲学家都要面对这个问题。2009年11月出版的《当代生物学哲学中的争论》一书也不例外。麻省理工学院的退休教授凯勒（Evelyn Fox Keller）在《把生物学解释还原为化学和/或物理学解释是可能的》一文中认为还原是可能的：“所有的生命现象，包括进化，不需要任何物理学和化学之外的机制”②；但丢普瑞（John Dupré）在反驳的文章中认为，生物复杂系统不能从其组成部分的详尽知识细节中得到完全解释。他甚至断定，“对还原的纯粹形而上学的理解，就像通常用随附性表达的那样，也是误导性的”。③

---

① Petri Ylikoski, Jaakko Kuorikoski. Dissecting explanatory power. Philosophical Studies, 2010 (148): 201-219.

② Francisco J. Ayala, Robert Arp (eds.). Contemporary Debates in philosophy of biology. Wiley-Blackwell, Malden, MA, 2009: 21.

③ Francisco J. Ayala, Robert Arp (eds.). Contemporary Debates in philosophy of biology. Wiley-Blackwell, Malden, MA, 2009: 32.

2. 功能和目的论解释问题

生物客体与物理客体的一个明显不同是，生物客体具有功能性或目的性。生物客体的功能或目的是怎么来的？生物学中大量使用的功能论或目的论语言是不是科学的？在《当代生物学哲学中的争论》一书中，在“性状进化成为它们现在起作用的功能是因为它们过去的优势”一文中，泊尔曼（Mark Perlman）支持关于功能的选择论的解释，即一个特殊的器官被认为具有某种特殊的功能，如果该功能现在的存在是因为过去自然选择选择了有利于具有这种器官功能的生物体。但科明斯（Robert Cummins）和罗斯（Martin Roth）则认为，选择主义归属于有机体的目标并不一定是客观的。他们认为，应当从系统论的观点来看功能，即生物性状的功能可以根据其在整个有机系统中所起的维护作用从而使有机体在当前得以生存来定义。

3. 物种问题

物种对于生物学就像时间和空间概念对于相对论那样重要，它不仅是分类学的基本单位，也是进化论的基础概念。然而，什么是物种？物种是自然类（natural kinds）、个体（individual）还是其他什么客体？在《当代生物学哲学中的争论》一书中，克莱里奇（Michael Claridge）认为，物种是真实的生物学实体，并且最好别用迈尔的生物学种的概念来区分物种，即同一物种是彼此能够进行交配的生物群体，而不同物种之间则发生了生殖隔离。相反，米希勒（Brent Mishler）则认为，物种概念和其他一些分类单元（比如纲、目、科、属等）具有相同的生物学地位。如果物种是真实的生物实体，那么纲、目、科、属等是不是也是真实的生物实体？但米希勒并没有完全否定物种的真实性。

4. 自然选择的单位问题

生物是通过自然选择进化的，但自然选择的单位是什么？在《当代生物学哲学中的争论》一书中，萨品撒（Carmen Sapienza）认为，基因是最重要的选择单位，自然选择通过基因把生物个体区分开来。不过，在解释生物的一些性状的存在时，他又认为，自然选择可以作用于其他层次。相反地，比瑞恩（Richard Burian）则认为，自然选择并不是完全作用于基因，而是多层次的，即自然选择可以作用于基因、基因组、细胞、有机体、生态系统等各个层次。奥卡沙（Samir Okasha）在《生物学与哲学》11 月份的杂志上发表文章，[1] 借

① Samir Okasha. Individuals, groups, fitness and utility: multi-level selection meets social choice theory. Biology and Philosophy, 2009, 24 (5): 561-584.

用社会选择理论中关于个体和社会效用的概念对多元主义在不同层次上的适合度概念进行了分析，就群体适合度是否总能被定义为总的个体适合度的问题进行了讨论。

5. 适应主义问题

适应主义是生物学哲学持续争论的一个话题。2009 年，《生物学与哲学》杂志用了整整一期的版面，讨论近三十件关于这个问题的争论。其中，福伯尔（Patrick Forber）在其文章中介绍了适应主义争论的背景；① 列文斯（Tim Lewens）区分了几种类型的适应主义；② 珀托奇尼科（Angela Potochnik）指出了把最优化模型和适应主义等同的错误；③ 威尔金斯（Jon F. Wilkins）和高德福瑞-斯密斯（Peter Godfrey-Smith）则认为，关于适应主义的争论可以通过认真考虑进化过程被描述的“纹理”得到解决；④ 豪斯顿（Alasdair I. Houston）认为，古尔德和列汪汀关于适应主义的经典批评是错误的，拱上空间（spandrels）的例子没有提供关于为什么应当避免适应主义解释的一个好的说明；⑤ 毕提（John Beatty）和蒂斯嘉丁（Eric Cyr Desjardins）则认为，自然选择往往是从既有的生物形式开始的，预先存在的生物形式随着变异和选择重新改变形式，同时，历史、环境秩序和选择压力都需要认真考虑。⑥

6. 进化发育生物学（evo-devo）问题

20 世纪初的综合进化论（或新达尔文主义）建立的时候，发育生物学还没有发展起来。近年来，进化发育生物学获得了长足的发展。进化发育生物学对综合进化论提供了更好的支持还是提供了重要的挑战？在《当代生物学哲学中的争论》一书中，劳比奇勒（Manfred Laubichler）认为，进化发育生物学确实给新达尔文主义范式提供了重要的挑战。新达尔文主义把可遗传的变异看做表现型性状变化的根源，而进化发育生物学则告诉我们，什么时间和什么地

① Patrick Forber. Introduction: A primer on adaptationism. Biology and Philosophy, 2009, 24 (2): 155-159.

② Tim Lewens. Seven types of adaptationism. Biology and Philosophy, 2009, 24 (2): 161-182.

③ Angela Potochnik, Optimality modeling in a suboptimal world, Biology and Philosophy, 2009, 24 (2): 183-197.

④ Jon F. Wilkins. Peter Godfrey-Smith. Adaptationism and the adaptive landscape. Biology and Philosophy, 2009, 24 (2): 199-214.

⑤ Alasdair I. Houston. San Marco and evolutionary biology. Biology and Philosophy, 2009, 24 (2): 215-230.

⑥ John Beatty, Eric Cyr Desjardins. Natural selection and history. Biology and Philosophy, 2009, 24 (2): 231-246.

点基因被激活也许更加重要。与此相反，米奈利（Alessandro Minelli）则认为，进化发育生物学对新达尔文主义并没有构成任何威胁，相反，却为新达尔文主义提供了新的进化视角和研究课题。

7. 模因和文化进化问题

道金斯在其《自私的基因》一书中提出了与生物进化机制不同的文化进化理论：模因论（memetics）。道金斯的学生布莱克默尔（Susan Blackmore）在她的《模因机器》中进一步发展了模因说。她认为，人类与其他物种之所以不同，就因为他们开始模仿，并因而产生出第二个复制子：模因（meme）。模因驱动基因产生更好地复制模因的大脑，并因而成为大脑、语言和文化能力的设计者。在《当代生物学哲学中的争论》一书中，威斯迈特（William Wimsatt）则认为，布莱克默尔夸大了模因的作用。在他看来，模因对文化进化动力过程的解释是有局限性的。任何关于文化进化的合理理论，都必须包括他称作“文化脚手架”和“文化基础结构”的两部分，作为多组成的更大的文化系统的元素，而模因概念起不到这样的作用。

总之，2009年的生物学哲学涉及的范围非常广泛，研究也非常深入和细致。

（四）政治哲学与伦理学

1. 群体权利

关于权利，传统的自由主义，包括以罗尔斯为代表的新自由主义，都只强调个人的权利，而一般忽略群体的权利。在人们以不同群体的身份发生交往的情况下，自由主义倾向于打破群体之间的界限，将个体当作交往的单位。在自由主义看来，任何一种社会交往，任何一种社会关系的架构，都是以个人为单位的。在这个概念基础之上，自由主义所强调的个人的权利、个人的自由和平等，才能够成为政治秩序的原点。但是，当人们的群体身份是不同“国家”的时候，自由主义就很难打破国家的界限，而只谈个人之间的交往了——因为“国家”作为一种社会群体，是自成一体的政治秩序的单位，是几乎所有政治制度得以存在的基础。自由主义的政治秩序原则，包括对个人权利的保护，都必须借助于“国家”才能够成立。因此，在处理国家之间的关系时，自由主义一向只能假设“国家”是一个独立的、自主的实体。问题是：从历史上看，任何一个国家的产生和持续存在，都是相对于这个国家的外部社会或者外部“国家”而发生的。国家之所以产生，固然是出于一个社会产生内部秩序的需要；但国家也是在划定疆界的过程中出现的，而且一个国家的持续存在，有赖于它防范外部敌人的能力。如孟子所言：“入则无法家拂士，出则无敌国外患者，国恒亡。”国家向来就不是真空中的存在；可以说，一个国家的存在，是以它的外部环境或者这个国家以外的其他国家的存在为前提的。

记住这一点，再记住“个人权利必须借助国家的保护才能成立”，我们就可以得出一个结论：从历史发生学的角度看，不是个人先于国家，而是国家先于个人，或者群体先于个人。换言之，传统自由主义所假定的个人主义，如果要成立的话，只能作为一条规范性的原则而成立，而不能作为一种描述性的原则而成立。要从历史发生学上讲通自由主义，就必须正视“群体”、“群体权利”这样一些概念。个人权利之所以应该得到国家的保护（这是自由主义的第一原则），是因为国家应该是一个独立自主的政治实体。要论证一个国家必须有独立自主的权利，或者必须拥有对这个国家内部事务的最高主权，我们就必须探讨群体之间的关系，就必须使用“群体的权利”这个概念。

传统的自由主义是一种不完善的自由主义。它的第一原则是“个人权利”，而且它忽略“群体权利”这个概念。而“个人权利”这个原则要成立，必须首先有一个群体、一个国家的独立，以及这个群体所享有的对内的最高主权。

但是，如何从自由主义出发，来论证一个社会群体或者一个国家拥有这样的独立自主的权利？群体与群体之间的交往，究竟应该以什么样的原则为基础？

对这样一些问题的回答，就有赖于我们是否能够发展出一个像“个人权利”概念那样有说服力的“群体权利”概念。“群体权利”（group rights）因而也成了当代西方政治哲学的一个关键概念。社群主义就把“群体权利”这个概念看得很重，虽然社群主义所强调的，首先还是一个国家内部的不同群体尤其是少数群体所应该具有的权利。从更一般的意义上来讨论“群体权利”的一篇文章，题为“集合主体与群体道德权利”。[①] 什么样的集合主体可以是具有自身权利和责任的道德主体？这样的集合主体具有什么样的道德权利？道德权利和法律权利究竟如何区分？在这篇文章中，对这些问题都有探讨。

2. 放弃“权利”话语

在反思传统的“权利”哲学时，有些人走得更远：单单重视个人权利是不够的，但即使再加上对群体权利的关注，“权利”话语本身仍有局限。Sonu Bedi 认为，“权利”话语本来是为一个更高的目标服务的，即“有限的国家”：

---

① Anna Moltchanova. Collective agents and group moral rights. Journal of Political Philosophy, Vol. 17 Issue 1, 2009 (3): 23-46.

人们证明有各种个人的权利和集体的权利，目的是要用“权利”限制“权力”，使得国家的“权力”只在合理的范围内使用。Bedi 认为，国家权力的确应该受到限制，的确不能为所欲为。但是，用“不可让渡的权利”来限制国家权力，既不能为国家权力设定充分的限制，也不能制造一些人为的障碍，使得合理的国家权力无法施展。将“权利”设定为某种绝对不允许国家权力干涉的领域，这种策略有助于专制社会的臣民对付专制统治者的无尽贪欲，但是，在一个民主制度已经充分发展的社会中，这种策略就不合时宜了。有时候，一个民选的合法政府本来可以通过某种政策和法规，来矫正社会生活中的不公正，但是“权利”话语阻碍这种改良。比如，过于严格的“财产权”概念，就会阻碍更为公正的社会再分配。这时候，本来比较激进的“权利”话语，实际上充当了保守势力的代言人。也有一些时候，政府的行为没有侵犯任何人的权利，但它的指导原则或者行为后果却可能不利于民主，不利于良好的治理。实际上，只要“权利”得到了保障，很多自由主义者并不关心这个政府是民主的还是专制的。“权利”和“民主”，或者“自由”和“民主”，并不能毫无缝隙地结合在一起。因此，在一个民主社会中，我们对“有限国家”这个目标的追求，应该重点考虑“国家”行动的具体理由，而不是预先为国家权力的行使设置一些不可逾越的障碍（“不可让渡的权利”）。只要一个国家行为或政府行为有足够的理由，可以在大多数公民面前得到充分的辩护，我们就应该允许。只要国家权力的行使能够尽量减少对公民的伤害，民主政治就不会变成多数人的暴政。①

3. 人权与主权

如果说，在一个民主国家内部，是否应该继续使用“权利”话语来限制国家权力，这还是一个值得商榷的话题，那么，在当今的国际社会中，当民主政治还没有在所有的国家得到确立和完善的时候，“人权”（human rights）却是一个不可缺少的关键词。就像早期西方自由主义者用“自然权利”这样的概念来限制君主的权力一样，现代自由主义者声称：任何一个人，不管他是哪个国家的，不管他生活在什么样的制度下，只要他是一个“人”，他就有基本的“人权”；而统治他的国家政权，必须尊重他的基本人权。“人权”话语之所以在现代人构建更为公平的国际秩序的实践中不可或缺，是因为国际层面的行为主体，现在仍然以“国家”为核心。已经存在的国际治理机制，比如，联合国、世界银行、国际货币基金组织、国际法庭等，目前仍然只能借助主权

---

① Sonu Bedi. Rejecting rights. Cambridge University Press，2009.

国家的合作才能运转。因此，“人权”所要限制的行为主体，首先还是“国家”政权。尽管对于“人权”本身的存在及其合理性还有很多争议，但在一个没有统一“国际政权”的国际社会中，要确立一定的国际秩序，像“人权”这样的背景规则（background norm），是少不了的。①

4. 道德与历史

哲学家们总是担心：一旦把我们的道德信念和道德行为的理由设想为与某个历史阶段有关，道德的基础就不稳定了，道德相对主义就会成为必然的结论。因此，哲学家们总是试图为道德建立一个“超历史的”基础。以康德为代表的哲学家们所乐于论述的道德自律（moral autonomy），就把道德的基础建立在实践理性主体的“自律”之上。Charles Larmore 反对这种传统。② Larmore 认为，我们的道德观念、道德论证、道德话语和道德行为，是一个独立的领域，它不需要“道德”之外的基础。道德要求我们从他人的利益、他人的思考角度出发，来调整“我”的思想和行为。由于“我”和“我”的“他人”都生活在具体的历史情境中，“道德”也是发生在具体的历史情境中的，要受具体的情境影响。因此，如何行动才算道德，这取决于当时的情境，以及局中人的道德思考。我们的行为都要受到道德的约束，但要知道这种约束是什么，我们不能只做简单的算术和逻辑，用抽象的原则加上具体的情境。实际上，道德思考和道德选择远比这样的算术和逻辑要复杂；在很多情况下，我们不知道究竟怎样做才是道德的——道德生活在很多时候以道德困境的形式展现在我们的面前。将道德的基础建立在“理性”、“利益”等等之上，无助于我们突破具体的道德困境。

5. 宗教与伦理

西方的道德哲学和政治哲学，从历史上看，跟西方人的宗教思想有着密切的联系。这里的“宗教思想”还不单单是指基督教，在基督教征服西方之前，西方人就有浓厚的宗教意识。要理解柏拉图的理念论，我们必须熟悉他对灵魂不朽的论证；要明白罗马帝国的皇帝奥勒留何以相信他和那些道德败坏的恶人都属于同一个宇宙灵魂，我们不得不研究斯多葛派的神学。在基督教信仰遭到质疑和挑战的现代西方，哲学家们也不乏深广的宗教情怀。且不说笛卡尔、洛克、康德、黑格尔这些人都从宗教思想中汲取了哲学的养分，即便是怀特海、罗尔斯这样的 20 世纪哲学家，其哲学也都有宗教思想的背景。

---

① Charles Beitz. The idea of human rights. Oxford University Press, 2009.

② Charles Larmore. The autonomy of morality. Cambridge University Press, 2008.

在当代西方，由于天主教徒和基督徒还大量存在，宗教哲学方面的思考在人们的道德和政治生活中仍然有潜移默化的影响。当然，很多这样的思考，并不来自专业哲学家；多数西方的哲学教授，也未必信仰宗教。但是，宗教在现代生活中的位置，仍然是当代西方道德哲学和政治哲学的一个关注点。一个现代的西方哲学家，哪怕是彻底放弃了基督教信仰，他也或多或少会对基督教及其所代表的文化传统有一定的反思。而这种反思的深度，也在一定程度上决定着现代西方哲学的高度。① 比如，伦理学中有一个学科，叫做"基督教伦理学"（Christian Ethics）。② 它不仅研究包含在基督教中的道德观念，而且研究基督教如何培育了那些典型的现代观念，包括平等、自由、正义、法治等等这样一些启蒙主义观念。③ 这个学科有一份杂志，叫做 Studies in Christian Ethics。杂志的作者既有欧美各大学的神学院教授，也有哲学系从事宗教哲学研究的人。

不同文明之间的交流和冲突，很多时候是以宗教的面孔出现的。哲学家们要提出适合所有文明的道德原则和政治原则，就必须深入研究不同宗教所蕴含的道德观念上的一致性。假如我们不能发现这样的深层一致性，不同文明之间的交流和融合就成了空谈，或者成了暂时的妥协。尤其是在"9·11"事件以后，不同宗教之间的对话更成为一个迫切的时代课题；而哲学是否有助于这种对话的深入展开，是否有助于各民族认清自我、保持真我，这些都要靠哲学家们自己去摸索。

在相互了解的过程中，东方人和西方人似乎采取了不同的进路。近代以来，东西方的会面，主要是由西方人的科技、工业和武力促成的。因此，东方人了解西方人，首先会从科学技术和现代制度这些层面入手；而西方人了解东

---

① 比如，分析哲学早已超越了将伦理学命题视为无意义命题的阶段，现在又把触角伸向了宗教哲学领域。以分析哲学的方法研究宗教和哲学中的"人"的概念，这种努力反映在最近的一本文集中：Peter van Inwagen，Dean Zimmerman eds. Persons：Human and divine. Oxford University Press，2007.

② 对"基督教伦理学"的一个最近的研究，请参见 Richard A. Hughes. Pro-Justice ethics：From lament to nonviolence. New York：Peter Lang Publishing，Inc.，2009. 更早的研究，请参见 Stanley Rudman. Concepts of person and christian ethics. Cambridge University Press，1997. 后者属于一套名为 New Studies in Christian Ethics 的丛书，该丛书研究"权利"、"责任"、"正义"这样一些道德和政治概念在基督教中的根基。

③ Joshua A. Berman. Created equal：How the bible broke with ancient political thought. Oxford University Press，2008. 也参见 Charles Mathewes. A theology of public life. Cambridge University Press，2007；Terence Cuneo ed. Religion in the liberal polity. University of Notre Dame Press，2005；Witte，Alexander eds. Christianity and law：An introduction. Cambridge University Press，2008.

方人，则更注重后者的宗教、语言和文化传统。在当代西方，这样的研究，因为时代的新需要，更显得变本加厉。不仅西方的哲学家会对东方的宗教及其哲学观念产生浓厚的兴趣，很多从东方国家转移到西方国家谋生的哲学家，也非常乐意向西方人介绍本民族的宗教和哲学。①

另外，现代西方人对其他民族的宗教、神话、文学、艺术等所做的人类学和社会学的研究，不仅多少会在哲学层面上有所反映、有所提升，而且也向西方人打开了一扇反思自身文化传统的大门。比如，在哲学史的研究中，重新挖掘历代大哲学家的宗教思想，这似乎成了一种潮流。最近出版的一套五卷本《西方宗教哲学史》,② 在这方面做了系统的梳理，很耐人寻味。

当代西方道德哲学和政治哲学领域对宗教问题表现出的兴趣，当然并不意味着宗教在西方知识界的复兴，或者启蒙运动“去宗教化”的趋势已经被扭转。恰恰相反：正是由于西方哲学家对自身的文化传统有了越来越深入的反思，他们才把更多的目光投向了深层的宗教观念。这种反思的深入展开，跟当代物质文明的演进，在方向上是一致的。

（五）实用主义哲学

2009 年，国外学术界的实用主义研究工作进展平稳。学术界举办了一系列国际学术会议，其中规模和影响较大的学术会议有：2009 年 5 月 5—7 日在美国南佛罗里达大学召开的“实用主义与战争伦理”研讨会，2009 年 5 月 14—15 日在挪威科技大学召开的“实用主义，科学与自然主义”研讨会，2009 年 6 月 19—20 日由美国东北实用主义协会在纽约“跨国探究中心”（Center for Inquiry Transnational）召开的“实用主义与科学”研讨会，2009 年 8 月 27—29 日在冰岛雷克雅未克召开的“社会中的实用主义与民主”国际研讨会（这也是北欧第二届实用主义研讨会），2009 年 10 月 22—24 日在纽约阿默斯特的“跨国探究中心”召开的国际研讨会。此外，芬兰赫尔辛基大学于 2009 年 5 月 19 日到 20 日举办的“皮尔士与早期分析哲学”研讨会，美国富布莱特基金会于 2009 年 4 月下旬在中国香港中文大学举办的杜威哲学原著研讨班等，也在推动实用主义研究方面起到了积极作用。

由于 2009 年是美国实用主义哲学家约翰·杜威诞辰 150 周年，上述国际

---

① 比如，近年一些来自伊斯兰国家的哲学家，就试图系统地向西方介绍伊斯兰教的哲学思想和历史。参见 Seyyed Hossein Nasr. Islamic philosophy from its origin to the present: Philosophy in the land of prophecy. State University of New York Press, 2006.

② Graham Oppy, Nick Trakakis eds. The history of western philosophy of religion. Vol. 1-5, Acumen Publishing Limited, 2009.

会议都把对杜威思想和影响的反思和总结作为研讨的主题之一。从会议情况看，在对杜威哲学思想全面反思的基础上，学术界非常关注在全球化语境中展现杜威的政治和民主观念。比如，知名实用主义专家理查德·伯恩斯坦（Richard Bernstein）教授，在冰岛召开的“社会中的实用主义与民主”国际研讨会上所作的主题发言中提出，民主是杜威思想中最核心的论题，杜威在几十年的学术生涯中，虽然关注的问题非常多，但是，他总是不断返回到民主这个课题中，一辈子没有停止过对民主的意义和后果的探索。同样，尽管杜威对经验、探究、教育伦理、政治学、宗教和艺术问题做了大量的研究工作，但是，他总是直接或间接地关注这些论题给民主实践带来的巨大影响。也因为如此，在当代自由主义和社群主义的讨论中，人们经常可以找到杜威的身影。

众所周知，杜威的哲学、教育和政治思想对中国近现代哲学、文化和政治产生了非常重要的影响。因此，对杜威及其实用主义哲学在中国的历史命运和影响的学术反思，也成为国外学术界2009年的一项重要工作。2009年12月19—20日，美国有关学术机构与北京外国语大学的美国研究中心联合主办了“杜威的第二次使命：杜威实用主义哲学与儒家思想的对话”国际学术会议。国际知名学者、美国夏威夷大学哲学系教授安乐哲（Roger Ames）、美国“杜威研究中心”主任拉里·希克曼（Larry Hickman）教授和美国杜威实用主义哲学研究领域中最有影响的专家，如理查德·舒斯特曼（Richard Shusterman）教授、詹姆士·坎贝尔（James Campbell）教授等均在会上进行了专题发言，来自北京大学、中国人民大学、复旦大学、北京师范大学、浙江大学等国内大学的实用主义研究者参加了会议，中外学者就杜威哲学研究的前沿问题，尤其是杜威哲学在当今世界的国际影响问题进行了认真的讨论，与会者思考了实用主义哲学，尤其是杜威哲学对未来中国哲学的影响问题，考察了杜威和孔子的儒家思想的比较研究的可能性和路径等。会议期间，还举行了8卷本的《实用主义哲学研究译丛》的出版发行仪式。

从2009年的学术研究成果看，国外实用主义研究主要动态体现为以下几个方面：

（1）在实用主义基本理论研究方面，尤其注意对实用主义的形而上学观的研究。在过去的几年中，研究者们相对忽视对实用主义的形而上学观念的研究。2009年，在实用主义哲学研究方面，最值得重视的研究成果之一是学术界重新开始对实用主义的形而上学思想的理解和把握。这具体表现在学术界开始从实用主义的角度重新思考形而上学的性质、目标、方法，他们不是将形而上学当作传统意义上的第一哲学，而是当作一种对充满人类实践的实在所进行的探究和分类，因此，有学者提出，我们对于实在的分类必须是实际的和符合价值性要求的。形而上学就是通过我们的概念和实践行为赋予实在以我们的经验，并与之进行互动的一种结构。在对詹姆斯和普特南的见解的细致解读的基础上，学术界提出，我们应该从一种严肃的形而上学的态度来重新解释实用主义。围绕这一论题，有学者对实用主义形而上学的超验方法、实用主义宗教学说中的形而上学、形而上学的伦理道德基础等进行了专题研究。对实用主义哲学中的形而上学问题的关注，可能会成为未来实用主义研究中的一个理论研究重点。①

（2）在古典实用主义研究方面，学术界注重对古典实用主义的代表人物的思想的新解读。自20世纪90年代起，学术界恢复了对古典实用主义哲学的研究兴趣。2009年，学术界对古典实用主义的兴趣有增无减，取得了比较突出的研究成果。

在皮尔士哲学研究方面，学术界继续对皮尔士的哲学进行深度解读。有学者提出，应当力图从一个崭新的角度讨论皮尔士的符号理论。有学者通过重新评价修辞在皮尔士工作中的独特而重要的地位，阐释了一种对于皮尔士指号学的崭新理解。有学者提出，符号-修辞的概念经常能够被当作是从日常的交往实践和交往经验中抽象出来的，皮尔士的指号学会导向对于修辞的探究和哲学上的批判。② 另一方面，学术界开始高度重视皮尔士思想中的社会哲学成果，具体表现在学术界力图把皮尔士的探究理论放到社会科学理论的中心位置中加以思考，强调皮尔士的科学理论、共同体理论的实践价值和社会意义。③ 应当说，学术界对皮尔士社会政治思想的研究揭示了皮尔士思想的丰富性和多样性。

在詹姆士哲学思想研究方面，学术界对詹姆士的伦理和宗教思想进行了新诠释。有学者提出，詹姆士的德性观念与其宗教信念思想具有密切的联系，应当引起学术界的高度重视。学术界对詹姆士的“信仰的意志”或“信仰的权力”学说、道德理论、为宗教信仰所进行的道德论证等重新进行了评估。④

---

① Sami Pihlström. Pragmatist metaphysics: An essay on the ethical grounds of ontology. London and New York: Continuum, 2009.

② Mats Bergman. Peirce's philosophy of communication: The rhetorical underpinnings of the theory of signs. London and New York: Continuum, 2009.

③ Margareta Bertilsson. Peirce's theory of inquiry and beyond: Towards a social reconstruction of science theory. Frankfurt am Main: Peter Lang, 2009.

④ Michael R. Slater. William James on Ethics and Faith. Cambridge University Press, 2009.

近年来，关于詹姆士哲学中的实用主义和彻底经验主义之间的一致性问题，已经成为学术界关注比较多的论题。学术界对此进行了多方位的探究。2009年，有学者提出，“常识”是詹姆士思想中一个极为重要的话题，在“实用主义”系列演讲的第五讲中，詹姆士曾经专门讨论了实用主义与常识的关系问题。在遭到一段比较长时间的忽视之后，有必要对詹姆士的常识观重新进行研究，应当努力从詹姆士的常识观出发去理解詹姆士思想的内在逻辑性和统一性。①

在杜威哲学研究方面，2009年学术界继续在全球化语境中考察杜威哲学的世界性影响，充分展现杜威哲学在改变21世纪政治和社会组织方面所能起到的工具性作用。美国“杜威研究中心”组织了来自世界多国的11位专家学者进行合作研究，考察杜威哲学的世界性影响，充分肯定杜威哲学在改变21世纪政治和社会组织方面所起到的工具性作用。通过考察杜威哲学在他那个时代所起到的重要作用，理解它在我们这个时代所应当具有的世界性影响。值得注意的是，2009年在这个方面展开的研究工作，已经不仅仅局限于立足北美和西欧国家的学术语境，这方面的学术讨论工作获得了来自捷克、波兰等东欧国家的学者的积极参与。②

在杜威思想的当代价值研究方面，《实用主义和建构主义之间的杜威》(John Dewey between Pragmatism and Constructivism) 是一项值得重视的研究成果。作为美国“杜威研究中心”与德国“杜威研究中心”的合作研究成果，研究者们从各自的文化传统和哲学语境出发，探究了以杜威为代表的古典实用主义与在当代各个学科中具有广泛影响的建构主义之间的密切联系。学术界提出，杜威对合作理论、交往与文化关系、学习与教育的关系、共同体与民主、探究与方法等问题的讨论，无不透视着他的思想的当代影响和价值。③

在实用主义代表人物的研究方面，2009年学界对亚当斯 (Jane Addams) 的思想进行了比较认真的整理。学术界首次比较系统和细致地探索了作为哲学家、道德和政治理论家的亚当斯的思想内涵。学术界认为，亚当斯的研究工作有力地推进了美国古典实用主义的传统，同时，她的研究工作又强调了性别、

---

① Frederick Bauer. William James on common sense: The foundation of all higher learning. iUniverse, 2009.

② Larry A. Hickman, Giuseppe Spadafora. John Dewey's educational philosophy in international perspective: A new democracy for the twenty-first century. Southern Illinois University Press, 2009.

③ Larry A. Hickman, Stefan Neubert, ed. John Dewey between pragmatism and constructivism. Fordham University Press, 2009.

种族和等级在现实社会中的意义。与此相关，学术界重点探究了亚当斯在认识论、伦理学、女性主义方面的贡献。通过对亚当斯的理论和现实影响力的研究，通过对亚当斯的独特的女性主义立场以及她独特的分析视角的讨论，学术界进一步描述了亚当斯的社会哲学框架和核心思想。有学者还专门讨论了亚当斯是如何将自身的社会哲学应用到政治、女性权利、商业伦理、教育和宗教等议题上去的，并从中力图获得一些方法论上的启示。①

（3）在比较哲学研究的视野中，学术界也发掘了新实用主义者罗蒂思想的学术价值。从比较哲学和比较文化的角度研究实用主义思想的当代价值，是学术界近年来的一个重要的走向。罗蒂逝世后，学术界继续对其哲学观和文化观进行研究和总结。2009 年，国外学术界已经比较重视在东西方文化和东西方哲学的对比中展开和推进对罗蒂的思想地位的研究工作。在这个方面，《罗蒂、实用主义和儒家》（Rorty，Pragmatism and Confucianism：With Responses by Richard Rorty）是其中一项非常引人注目的学术成果。研究者们从各自的学术立场和文化主张出发，在当代的学术语境中对比了罗蒂与儒家思想，力图用儒家思想来解释和重建罗蒂的核心观念。其中，学者们讨论了诸如人性、道德心理、道德相对论、道德进步、文化传统、道德形而上学和宗教等深层次的问题。这项研究工作起始于罗蒂 2004 年夏天在中国进行的长达一个月的讲学活动，研究工作持续多年，在罗蒂去世若干年后，该研究成果才正式问世，这个成果既是对作为当代知名哲学家和世界文化名人的罗蒂的纪念，同时也为学术界在中西哲学对话的场景中再现和深入评价罗蒂的哲学思想的学术价值提供了一个很好的研究范例。②

（4）学术界注意用实用主义理论去关注现实，注重实用主义理论研究的应用层面的哲学思考。2009 年，国外学术界比较注意从理论的应用方面去考察实用主义哲学理论的价值。比如，有学者运用实用主义理论去讨论当今世界中的国家、人种和共同体问题，③ 有学者专门从实用主义的角度出发去思考宗教问题，力图利用皮尔士和怀特海的工作来建构自身的宗教哲学，提出在实用

---

① Marilyn Fischer，Carol Nackenoff，Wendy Chmielewski，ed. Jane Addams and the practice of democracy. University of Illinois Press，2009.

② Huang Yong，Rorty. Pragmatism and Confucianism：With Responses by Richard Rorty. State University of New York Press，2009.

③ Chad Kautzer，Eduardo Mendieta. Pragmatism，nation and race：Community in the age of empire. Indiana University Press，2009.

主义者那里存在着一种关于真理的神学。①

2009 年，实用主义理论的运用研究方面，最引人注意的一项研究工作是对实用主义在国际关系中的作用的思考。冷战结束以后，美国在国际关系领域中享有强大的话语权，美国在国际外交和国际事务中对实用主义策略的运用更加得心应手。2009 年，学术界不再停留在对美国实用主义外交和国际事务政策的简单批评，而是运用政治学、社会学和国际关系学的理论研究成果，对美国实用主义在国际关系中的地位和影响力进行全方位的研讨。这方面的研究成果集中体现在《国际关系中的实用主义》（Pragmatism in International Relations）中。这个论文集把实用主义作为对国际关系讨论的基石，分别从实用主义与当代国际关系理论、实用主义与国际社会研究、实用主义与国际关系之中的基本准则以及实用主义在国际关系之中的局限性等角度进行了讨论。在对实用主义理论本身进行反思的基础上，参与者们还重点讨论了实用主义在当代社会科学研究中的独特的知识生成态度，比较了国际关系理论中的实用主义、建构主义和现实主义的内在关系，提出了实用主义的建构主义的构想。该研究还涉及了新实用主义在社会科学研究中的作用，认为新实用主义整合了当代欧洲大陆哲学的思路。学者们还以个案研究为线索，提出并论证了语言转向应当返回到实践层面。在研究中，学者们还对国际关系中的实用主义策略和态度所面临的障碍进行了讨论。②

二、德国哲学

近年来，哲学人类学因其理论的现实针对性受到越来越多关注，德国哲学界对于普莱斯纳（Helmuth Plessner）、盖伦（Arnold Gehlen）等哲学人类学家的再发现，呈现出一派方兴未艾的气象。2009 年，恰逢哈贝马斯 80 寿诞，借着五卷本《哈贝马斯哲学文集》，德国学界再一次掀起一股“哈贝马斯热”。而德国古典哲学在德国哲学界固然是传统的话题，但学者们在积极介入当下语境的思想立场上，也从康德哲学和黑格尔哲学中获得了不少的理论启示，出现了许多优秀的研究成果。除了以上三种主流趋势之外，分析哲学在 2009 年

① Robert C. Neville. Realism in religion: A pragmatist's perspective. State University of New York Press, 2009.

② Harry Bauer, Elisabetta Brighi, ed. Pragmatism in International Relations. London and New York: Routledge, 2009.

“突然”成为德国哲学界探索的一个热点话题，或许多少有些出人意料，但这也未尝不是德国哲学传统与英美哲学传统积极对话的思想反映。

我们首先来看德国哲学人类学的新发现与新阐释。在当下的德国哲学界，哲学人类学俨然成为一门显学，相关的研究者在多种层面上拓展着这块思想的“新大陆”。首先是从基本理论建构方面为哲学人类学挖掘资源、扩展视野。托马斯·斯托姆（Thomas Sturm）的专著《康德与人类的科学》① 便是通过对康德《实用人类学》的重新解读，清理哲学人类学思想源头的一个新尝试。作者注意到一个难以自恰的现象：康德认为心理学不能成为真正的科学，但在《实用人类学》中大量采用心理学词汇；康德对人类的认知、情感、欲望和行动的研究依赖于实验，却毫不怀疑其科学性。对此，作者认为，康德对于人类学的现状与前景的看法，表明他在科学方法、科学目的和科学对象各方面发展一种可行的新模式。康德通过考察作为理性的与社会的行动者的人，试图认识我们拥有哪些自我发展的可能性。作者由此认为，康德的人类学思想可以超越当前精神科学与社会科学中各种不同且彼此抵牾的立场，提供另一种可能性。格莱施（Jean Greisch）的《易错性与能力：保罗·利科的哲学人类学》② 对利科有关人的哲学问题的研究进行了系统的阐发，并在哲学人类学相关的论争视野中对其进行了深入的讨论。利科在20世纪60年代初设计出的易错性人类学，在三十年后转变为“有能力的人”的现象学，对人类的基本能力的这一研究开启了新的“承认方式”，在这种方式中，“什么是人”和“我们是谁”这两个问题相互交织，共同为将人理解为“生活的大型游戏的参赛选手”的哲学人类学打开了新的视野。

其次是对哲学人类学方法论的探索。近年来对神经生物学研究成果的关注，使得哲学人类学偏向大脑和意识研究。2009年，研究者们在方法论上达成新共识，即通过行为研究对神经生物学的研究成果进行补充。波茨坦大学克吕格（Hans-Peter Krüger）的专著《大脑、行为与时间：哲学人类学作为研究框架》③ 是这种研究路径的代表性成果。该书认为，神经生物学的大脑研究成功地从大脑的自我指涉中揭示出神经身体的对应物，却错误地陷入了一种决定性的因果阐释，为了拓展与区别研究框架，哲学人类学需要将动物与人的比较行为研究纳入自己的视野。克吕格重新挖掘出普莱斯纳比较人与类人猿感官差

① Thomas Sturm. Kant und die Wissenschaften vom Menschen. Paderborn: Mentis, 2009.

② Fehlbarkeit und Fähigkeit. Die philosophische Anthropologie Paul Ricoeurs/von Jean Greisch.

③ Hans-Peter Krüger. Gehirn, Verhalten und Zeit. Philosophische Anthropologie als Forschungsrahmen, Akademie Verlag, Berlin. 2009.

异时提出的“消极感官”（der Sinn für das Negative）概念，即类人猿虽然可以通过个体的智性、社会性与文化性，积极填补其本能生命与驱力生命，但与人类相比，它们却缺乏一种消极感官，即使得符号与社会性的自我指涉得以可能的世界反差（Weltkontrast）。克吕格借助这一概念，对哲学人类学的行为研究作出了规范性论证。

再次则是哲学人类学的主题研究。在行为研究的具体实践中，最引人注目的，是爱与性的问题不约而同地成为众多研究者思考的焦点。《德国哲学杂志》就这一主题刊发了一组专题论文。瑞士巴塞尔女学者克莱布斯（Angelika Krebs）的《宛若双弦奏出一音的那一拉：对话之爱的哲学》① 认为，爱不是出于另一种善、或者情欲或者性格发展，而是出于其自身本意的一种善。在爱的关系中，伴侣并非互相利用，只有当伴侣们战胜了一部分私心并看到了对方的特质时才会产生爱。克莱布斯分析了战胜自私建构爱的三种模式，认为“相爱者融为一体”的模式和“为对方付出无私的关照”的模式或自主性不足或相互性不足，因而并不完满。克莱布斯认为，爱是两个独立自主的个人的联结，在这种联结之中任何一方都不可替代地要为自身与共同而负责，因而赞同以对话性为基础的第三种爱的模式。在《作为自我之来源的伴侣：论哲学人类学的社会学基础》② 一文中，菲尔曼（Ferdinand Fellmann）试图通过“爱”这一特殊主题所提供的男女亲密关系来透视像人类存在的复杂结构。菲尔曼抛弃了哲学柏拉图主义对爱的理解（为争取与分享美的理念），而赞同爱是理解人类形成的重要环节，③ 指出哲学人类学家必须考虑性进化是在怎样的生命循环与环境条件之下完成的。菲尔曼试图在经验与哲学的相互启迪中阐明一个能够促成人类作为夫妻存在的新形象的情爱概念。文章将情爱作为自我的源泉，并根据现代社会学理论，将配偶关系重构为人类发展的原发点。此外，哲学人类学还将行为研究的触角拓展到了边缘群体的特殊行为，多伦多的菲戈（Joerg H. Y. Fehige）的《介于遗传学与社会实践之间的易性癖》一文填补了哲学人类学领域内易性癖问题研究的空白。文章首先论及了已有的易性癖研究，以性别认同问题为焦点，为可能将被视作变性身份认同的哲学维度提出了

---

① Angelika Krebs（Basel）. Wie ein Bogenstrich, der aus zwei Saiten eine Stimme zieht. Eine dialogische Philosophie der Liebe, DZPhil. Akademie Verlag, 57, 2009（5）: 729-743.

② Ferdinand Fellmann. Das Paar als Quelle des Selbst. Zu den soziobiologischen Grundlagen der philosophischen Anthropologie, DZPhil, Akademie Verlag, 57, 2009（5）: 745-756.

③ Hans-Peter Krüger. Schwerpunkt: Liebe und Sexualität. DZPhil, Akademie Verlag, 57, 2009（5）: 726-728.

典型。文章对变性意识给予了特殊关注，认为变性帮助性哲学家确立了性别身份认同的偶然性。菲戈反对性哲学的“基础主义”，认为性别认同是由性、性别、性实践和欲望四个方面构成的一个组概念，这四个方面中的任何一个都不能作为基础而发挥作用。

2009 年 9 月 16 日至 18 日，“生命哲学、生命科学和赫尔穆特·普莱斯纳的哲学人类学”（Philosophy of Life and the Life Sciences and Helmuth Plessner's Philosophical Anthropology）国际会议在荷兰鹿特丹召开，会议的中心议题就是普莱斯纳的哲学人类学是否适用于当今的生命哲学和生命科学，如若适用，则以何种方式或在多大范围内适用。围绕这一议题，与会代表讨论了五大内容：进化论与人类生命，具身认识，生物-伦理学，生活文化，人类之外：假肢、电子人和人造生命。在“进化论与人类生命”（Evolution and human life）部分，代表们主要围绕普莱斯纳的哲学人类学代表作《有机体之层次与人类》（Die Stufen des Organischen und der Mensch）进行讨论，克吕格教授首先作了名为《智人的进化何以成为可能？赫尔穆特·普莱斯纳哲学人类学的两大贡献》（What Makes the Evolution of Homo Sapiens Sapiens Possible? –A Twofold Contribution of Plessner's Philosophical Anthropology）的发言，他提出了人类学的两大任务：其一为研究“人何以为人”，即“人的条件”；其二为“人类学何以成为可能”。针对第一个任务，他指出，哲学人类学比所有其他的人类学更能胜任这一任务。因为生物人类学、医学人类学、社会人类学等诸多人类学都只研究“人的条件”的某一方面，只有哲学人类学才能将自然与文化、个体与社会等各方面联系起来，显示出哲学人类学作为一种包罗万象的人类学之优势。针对第二个任务，他指出，与其他灵长目动物相比，人类的“基因型”和“表现型”之间有着巨大的差异，进化论对此未能提供合理的解释，它仅仅提供了总体上回答这一问题的基础，而只有人类学才能有效推进对此问题的研究。就此而言，普莱斯纳的“哲学人类学”作出了自己独特的贡献。普莱斯纳哲学人类学的第二个贡献在于，它通过批判总分学中的错误推论而将人们从人类学循环中拯救了出来。普莱斯纳所提出的“离心的关系结构”虽然不能定义人类的本质，却重建了许多具有实际意义的假设，这些假设使得人类学能够研究自身，完成自己的第二个任务。

在“具身认识”（embodied cognition）部分，代表们讨论的重点主要集中在：普莱斯纳哲学人类学与梅洛-庞蒂后期针对人类的存在现象学进程（existential-phenomenological approach）之同异比较；当下有关人类认识、行为、技术、表达的理论中“具身认识”究竟扮演何种角色等。“生物-伦理学”（bioethics）部分的讨论重点集中在医学哲学、伦理学和医学科技上。“生活文化”（living culture）部分的核心问题是：普莱斯纳提出的“离心的关系结构”概念是如何作为人类社会的基础的。而“人类之外：假肢、电子人和人造生命”部分正如它主题所示，主要在哲学层面上讨论技术哲学、人工智能和机器人。

2009 年 6 月 18 日，“法兰克福学派的第二代领袖”哈贝马斯迎来了他的八十华诞，当天的《南德意志报》发表了查尔斯·泰勒（Charles Taylor）的贺文《坚定不移的激情：为什么说哈贝马斯的声誉和影响是名至实归的》，高度赞誉哈贝马斯的个人修养与学术成就①。同时，德国学者们也相继推出《生平、著作、影响：尤尔根·哈贝马斯》②、《哈贝马斯入门》③、《哈贝马斯手册：生平、著作、影响》④ 等，在德国哲学界掀起了哈贝马斯研究的“新热潮”。

而最值得关注的还是哈贝马斯本人亲自编纂的《哈贝马斯哲学文集》⑤。该文集共有五卷，每卷收录编者所关注的一个哲学问题的相关文章，卷首有专门撰写的导言，概述其哲学思想的基本概念和理论脉络。第一卷《社会学的语言论基础》（Sprachtheoretische Grundlegung der Soziologie）是哈贝马斯交往行为理论的导论；第二卷《合理性理论与语言学理论》（Rationalitäts-und Sprachtheorie）以交往理性为核心，是交往行为理论在理论层面的展开；第三卷《话语伦理学》（Diskursethik）以话语伦理为核心，是交往行为理论进入实践层面的阐发。第四卷《政治理论》（Politische Theorie）和第五卷《理性批判》（Kritik der Vernunft），则是交往行为理论在政治学层面与哲学层面的思想回应和具体应用。这套五卷本的《哲学文集》是对其哲学思想的重新整合，充分展示其思想逐步打开的历程，为我们提供了一个全面把握哈贝马斯思想体系的哲学视角，同时也弥补了哈贝马斯多年来未能就自己最为关心的哲学问题撰写专著的遗憾。

《哲学文集》透露了两个重要信息。一个是哈贝马斯特别重视交往行为理

---

① Taylor, Charles. Unbestechliche leidenschaft: warum sein ruhm und einfluss gute Gründer haben. Süddeutsche Zeitung, 18. Juni 2009.

② Müller-Doohm, Stefan, Leben, Werk, Wirkung. Jürgen Habermas. Frankfurt am main. Suhrkamp, 2008.

③ Greve, Jens, Jürgen, Habermas. Eine einführung. Konstanz, UVK-Verl. -Ges, 2009.

④ Brunkhorst, Hauke. Habermas-Handbuch: Leben-Werk-Wirkung. Darmstadt: Wiss. Buchges., 2009.

⑤ Habermas, Jürgen. Philosophische Texte. Frankfurt am Main: Suhrkamp, 2009.

论的“早期形态”。文集第一卷开篇即收录了“高斯讲演录”①，在此，哈贝马斯将经典的社会建构理论转换为以语用学为基础的社会交往理论，即用日常语言交往实践来保证“内在的真理有效性”，代替以往用以建构社会关系的“先验意识”；用实施言语行为的主体来代替先验的主体。这是哈贝马斯转换社会学的理论基础的一次尝试，标志着哈贝马斯完成了对交往行为理论的理论奠基。另一个则是哈贝马斯对后世俗社会与宗教问题的关注。《哲学文集》第四、五两卷中有三个主题与宗教相关：“民族、文化与宗教”，“宗教的挑战”和“宗教的对话”。② 事实上，在批判理论中，“宗教不是一种被世界疏远和拒绝的资源，而是一种包含着希望、补偿和乌托邦的构成资源”③。进入新世纪，特别是美国“9·11”事件之后，哈贝马斯更加鲜明而频繁地论及“后世俗社会”中宗教信仰的思想意义和社会作用。哈贝马斯意图用“后世俗社会”这个概念把握当代社会的双重特点：在世俗化持续进行的同时，是宗教团体和宗教力量的继续存在、甚至在部分国家和地区还有进一步扩大规范和影响的趋势。哈贝马斯指出，随着全球文化多元化，当代社会进入了“后世俗社会”，为了实现合作共赢，迫切需要在“信仰”与“知识”之间开展“对话”。

进入新世纪以来，宗教矛盾和冲突加剧，人们再也无法把现代社会看作是一个纯粹的世俗社会。关于宗教与后世俗社会的思考在今天显得格外迫切，人们开始重新挖掘和审视“宗教资源”。2009 年《德国哲学杂志》的两组专题文章便展现了人们重视与反思后世俗社会中的宗教问题的新趋势。一个专题是“信仰与知识”，④ 是学者们面对神学对哲学的挑战，从信仰与知识的角度反思哲学、反思宗教。哲学家们已经把“宗教”作为哲学必须面对的问题，虽然“知识”战胜“信仰”正是现代哲学的开端，但是面对后世俗社会的现状，哲学再度反思“知识”与“信仰”之间的关系。

另一个专题以查尔斯·泰勒的著作《一个世俗时代》⑤ 为讨论对象。该书

---

① 哈贝马斯 1971 年在美国普林斯顿大学高斯（Christian Gauss）讲座中发表的五次演讲。参见 Habermas，Jürgen. Philosophische Texte 1. Frankfurt am Main：Suhrkamp，2009.

② Habermas，Jürgen. Philosophische Texte 4，5. Frankfurt am Main：Suhrkamp，2009.

③ Eduardo Mendieta. Introduction，Religion as Critique：Theology as Social Critique and Enlightened Reason. The Frankfurt School on Religion，edited by Eduardo Mendieta，Routledge，2005：11.

④ Deutsche Zeitschrift für Philosophie. Theologie als Provokation der Philosophie，Teleologische Grundlagen philosophischer Selbsterkenntnis，Die Idee eines philosophischen Glaubens，Fürwahrhalten ohne Gründe，Eine Provokation philosophischen Denkens，Menschenwürde und Transzendenzbezug. Berlin，2009（58）.

⑤ Charles Taylor. A Secular age. The Belknap Press of Harvard University Press，2007.

采用经验主义的方法，从“选择性”和“多元化”视角梳理了天主教神学与现代性之间的紧张关系，对现代社会的宗教处境问题提出思考。专题中的三篇评论文章分别从不同角度对泰勒的思想提出批判。汉斯·约阿斯（Hans Joas）的《世俗的选择：世俗化的高涨及其后果》批评泰勒过于强调中世纪的基督教，而不是从整个文明进程来理解现代性；同时在武断的历史观下，过高评价了他所谓“后涂尔干的宗教生活形式”在整个社会生活中的作用。弗里斯（Hent de Vries）的《世俗性的深层维度》则批评泰勒的经验主义路径和全球化宗教进程构想之间的脱节矛盾之处，所以他既不算是历史的或经验的，也不能算是社会学的或心理学的。霍斯勒（Vittorio Hösle）的《无神论的形而上学史》指出，泰勒著作的缺点在于将亵渎宗教与笃信宗教一分为二，没有正确衡量无神论的思想影响，还有强调了天主教却没有充分考虑到新教神学传统等。① 泰勒所提出的宗教的当代处境问题，不仅仅是一个纯粹的神学问题，也是一个迫切需要解决的社会问题，更是一个值得认真思考的哲学问题。

德国古典哲学乃是长盛不衰的话题。近年来，知识问题越来越引起学者们的关注。2009 年，施普林格（Springer）出版社出版了里姆纳提斯（Nectarios G. Limnatis）的《德国唯心主义与知识问题：康德、费希特、谢林与黑格尔》。② 这本著作试图对德国唯心主义中的知识问题加以系统的分析批判，可谓开创先河，同时也独出机杼。该书围绕德国唯心主义的核心范畴，如认识论、形而上学、逻辑、辩证法、矛盾、总体性等，梳理了这些范畴在康德、费希特、谢林和黑格尔哲学中的演进形态。作者特别审视了黑格尔在《精神现象学》中的演绎，通过援用发生认识论，倡导一种将《逻辑学》作为系统知识的发生原理和圆型认识论（circular epistemology）的非形而上学阅读（a non-metaphysical reading）。在书中，里姆纳提斯强调了逻辑和历史之间的统一，强调了知性的解释与理性的解释的区别，强调了矛盾对于认识的重要性，进而展望了一种反思性的理性之演进的总体性（an evolving totality of reflective reason）的前景。

2009 年的康德研究也有鲜明的特征。《康德研究》（Kant-Studien）杂志连续刊发了对康德的时间、空间概念的研究文章。科萨维克（Frode Kjosavik）的《康德论几何直观与数学的基础》一文分析了康德的几何直观理论的一些

---

① Deutsche Zeitschrift für Philosophie. Die säkulare Option, Ihr Aufstieg und ihre Folgen, Tiefendimension von Säkularität, Eine metaphysische Geschichte des Atheismus. Berlin, 2009 (58).

② Nectarios G. Limnatis. German idealism and the problem of knowledge: Kant, Fichte, Schelling, and Hegel. Springer, 2009.

洞见，如数学的基础建立在呈现于准知觉的直观中的客体的多样性，纯直观是关于空间本身的知识的来源之一，而空间本身的知识不能被纯粹的命题知识所取代。作者认为康德的几何直观并未内在地受到时间的逻辑和数学的束缚，它对数学的认识论基础来说是至关重要的，现代数学的发展并没有让康德的许多洞见变得过时。① 卢克嘉伯德（Matthew S. Rukgaberd）在《“先验哲学的钥匙”——康德哲学中的空间、时间与身体》一文认为，康德的“直观形式”可以理解为是对具象视角（embodied perspective）的结构的解释。空间的理念性和主体性提供了一种视角，从这种视角可以理解自然中以图像为基础的关系，也就是说，可以理解客体如何在时空中被定位，并在我们的经验中呈现出来。与此类似，时间可以理解为事件序列的关系。同时，卢克嘉伯德认为具象呈现（embodiment）这一观念在康德论空间与时间的思想中扮演着非常关键的角色；进而认为应当恢复身体（body）在康德理论哲学的重要地位。② 赫尔曼-西奈（Susanne Herrmann-Sinai）的《论康德的音乐与时间思想》一文则提出康德的音乐美学必须联系于其时间概念或运动概念才能真正得到理解。③

康德哲学也是当代学者的思想武库，许多学者站在反思现实的立场，从康德哲学中寻找启示，并进而阐发出康德哲学的新的可能性。《德国哲学杂志》（Deutsche Zeitschrift für Philosophie）第三期发表了布来腾巴赫（Angela Breitenbach）的《康德之后的环境伦理学：源于自然价值的类推性理解》，该文意在改写康德作为人类中心论者的形象，认为康德的自然目的论非但不是将自然视为一种工具性的价值，反而为环境伦理学奠定了基础。④ 《哲学年鉴》（Philosophisches Jahrbuch）2009 年第一期发表了霍尔沁（Philipp Hölzing）的《康德的共和制和平与共和制传统理论》。该文针对最近的共和主义讨论，认为康德的共和主义，有别于共产主义的以公民为取向的进路，也有别于自由主义的以制度为取向的进路，是一种世界主义的共和主义，因而最令人信服，也更有利于走向共和制和平。⑤

---

① Frode Kjosavik. Kant on geometrical intuition and the foundations of mathematics. Kant-Studien 100. Jahrg, S. 1-27.

② Matthew S. Rukgaber. The key to transcendental philosophy: Space, time and the body in Kant, Kant-Studien 100. Jahrg., S. 166-186.

③ Susanne Herrmann-Sinai, Musik und Zeit bei Kant, Kant-Studien 100. Jahrg., S. 427-453.

④ Angela Breitenbach, Umweltethik nach Kant. Ein analogisches Verständnis vom Wert der Natur. Deutsche Zeitschrift für Philosophie, Vol. 57, S. 377-395.

⑤ Philipp Hölzing. Kants theorie des republikanischen friedens und die republikanische tradition. Philosophisches Jahrbuch, 2009, Vol. 116, no1, S. 4-21.

康德的“调节性理念”更是成为近年来德国哲学界持续关注的焦点。继2008年的“关于幻相的运用：康德理论哲学中的调节性理念”（Über den Nutzen von Illusionen. Die regulativen Ideen in Kants theoretischer Philosophie）大会之后，康德协会（Kant-Gesellschaft）和哈巴努·毛鲁斯学术中心（Akademischen Zentrums Rabanus Maurus）再度合作，于2009年9月4日至5日，在法兰克福召开名为“如何看待理性？在目的论与实践哲学的语境下看康德的调节性理念”（Worauf Vernunft hinaussieht? Kants regulative Ideen im Kontext von Teleologie und praktischer Philosophie）的第二次会议。第一次会议侧重于在理论哲学的层面上探讨这一概念，此次大会则在总结去年会议的基础上，指出在理论哲学（《纯粹理性批判》）的范围内讨论“理论调节性理念”的优势和不足，提出应将“调节性理念”延伸到目的论领域，并与康德的“合目的性原则”相结合。而这些“调节性理念”在康德的实践哲学中的特殊形象，如：世界公民社会、理性宗教中看不见的教堂等，都值得学界继续探索和研究。最后，大会探讨了“调节性理念”在康德《遗著》（Opus Postumum）中的重要作用。康德协会第一任主席伯恩特·杜尔福领教授（Prof. Dr. Bernd Dörflinger）和哈巴努·毛鲁斯学术中心哲学与目的论方向指导教师君特·克鲁克博士（Dr. habil. Günter Kruck）共同主持了会议。

黑格尔研究的热门话题则集中于《精神现象学》和法哲学。2007年黑格尔的《精神现象学》出版200周年之际，德国哲学界曾举办过两次重要的纪念研讨会。2009年，这两次研讨会的论文集分别以《意识的形态》① 与《作为现代世界关键思想家的黑格尔》② 为名，与读者见面了。德国哲学界对《精神现象学》的兴趣也并未随纪念活动的停止而消退，在黑格尔研究界，这本杰作仍是最具有活力的研究对象。2009年苏卡普（Suhrkamp）出版社还推出了米夏埃尔·匡特（Michael Quante）的《精神的真实》。作者认为《精神现象学》的理论潜能还远未耗尽，仍有能力回应现代性的挑战。该书认为《精神现象学》是在探索个体自治与社会整合的张力场、伦理规范的正当性与社会机制的可能性。③ 保罗·科本（Paul Cobben）发表于《哲学年鉴》上的论

---

① Birgit Sandkaulen（hrsg.）. Gestalten des bewusstseins：Genealogisches denken im kontext hegels. Hamburg：Meiner，2009.

② Thomas Sören Hoffmann（hrsg.）. Hegel als Schlüsseldenker der modernen Welt：Beiträge zur Deutung der“Phänomenologie des Geistes”aus Anlaß ihres 200-Jahr-Jubiläums，Hamburg：Meiner，2009.

③ Michael Quante. DieWirklichkeit des Geistes：Studien zu Hegel. Frankfurt am Main：Suhrkamp，2009.

文则认为《精神现象学》的基本主题是作为道德自由的承认概念。在保罗·科本看来，承认概念是对康德绝对律令的扬弃，它事实上是在一个内在统一体中把道德与社会自由概念化。对于当下关于人权与民主的关系的争论，承认概念仍有启示意义。①

苏卡普出版社推出了弗朗兹·罗森茨威格（Franz Rosenzweig）的《黑格尔与国家》。② 该书初版于1920年，是第一部对黑格尔法哲学加以综合性批判分析的著作。书中文本阐释与黑格尔多变的政治生涯联系起来，剖析出理性真实的话语中的基督教之核。其批判分析之专业，德国学界至今仍公认是无法超越的。苏卡普出版社发掘出这本旧著，反映了学界对于黑格尔法哲学的强烈兴趣。柏林学术出版社（Akademie-Verlag）发行了一本名为《黑格尔法哲学中的国家与宗教》③ 的论文集。这些论文的作者们基本认同黑格尔的基本命题——只有通过国家与一种既定的宗教（eine bestimmte Religion）分离这种方式，国家与宗教才能达成和解——并且认为，在当前宗教原教旨主义者（无论是基督教的，还是伊斯兰教的）企图修正国家与宗教之间的关系的情况下，这一命题因当前的冲突与潜在的冲突而显示出极高的现实意义。这本论文集的目的即在于，通过穷尽所有与此相关的黑格尔文本，重构黑格尔的这一理论，讨论它在当时的以及当下语境中的意义。

分析哲学并非德国的哲学传统，近年德国哲学界对分析哲学的重新注意，确是引人瞩目的新动向。2009 年 9 月 14 日—17 日，德国分析哲学协会（GAP）和不来梅大学哲学系联合举办了名为“回眸与展望——哲学的挑战”（Nachdenken und Vordenken - Herausforderungen an die Philosophie）国际大会，这次大会探讨了分析哲学领域内的诸多话题，著名哲学家昂斯加·贝克尔曼教授（Ansgar Beckermann）在大会致开幕词：“达尔文：何时起人类也仅仅是一个动物？”（Darwin-Was，wenn der Mensch auch nur ein Tier ist?），以纪念达尔文诞辰200周年。接着，沃尔夫冈·克勒（Wolfgang Künne）、马克·塞恩斯伯里（Mark Sainsbury）等哲学家都作了大会发言。马克斯·西格勒（Max Seeger）所作的报告《实验哲学与孪生地球直观》（Experimental Philosophy and the Twin Earth Intuition）和赛巴斯蒂安·克勒（Sebastian Köhler）所作的

---

① Paul Cobben. Anerkennung als moralische Freiheit. Grundmotive in der Phänomenologie des Geistes, Philosophisches Jahrbuch, 2009, Vol. 116, no1, S. 42-58.

② Franz Rosenzweig. Hegel und der Staat. Frankfurt am Main: Suhrkamp, 2009.

③ Andreas Arndt, Christian Iber, Günter Kruck (hrsg.). Staat und Religion in Hegels Rechtsphilosophie. Berlin: Akademie-Verlag, 2009.

报告《思想实验、分歧与道德实在论》（Thought-experiments，Disagreement and Moral Realism）受到了大家的好评，分获大会优质论文一、二等奖。会后学者们进行了分组讨论：阿尔伯特·纽恩教授（Albert Newen）与拉菲尔·冯·瑞尔教授（Raphael van Riel）分别带领两个小组讨论了“心灵哲学中的隐喻与阐释”话题（Metaphors and Explanations in the Philosophy of Mind）；斯文·瓦尔特教授（Sven Walter）则带领小组讨论了“自由与责任：认知科学真的变革了道德与法律吗？”（Freedom and Responsibility：Does Cognitive Science Revolutionize Morals and Law?）的话题。大会还颁发了昂拓出版社奖（Ontos-Preis）、沃尔夫冈·施太格缪勒奖（Wolfgang-Stegmüller-Preis）、弗雷格奖（Frege-Preis）三个重要哲学奖项。据悉，这已是德国分析哲学协会举办的第7届国际大会，该会议每三年召开一次，上届为2006年9月11日至14日与柏林自由大学联合举办的“哲学——基础与应用”（Philosophie-Grundlagen und Anwendungen）大会，下届大会将于2012年在德国康斯坦茨大学召开。

三、法国哲学

法国哲学，一向以其抽象、浪漫、生活化又不失深刻性的思辨探讨著称于世。这样的情形，可以追溯到早期启蒙思想家蒙田和帕斯卡尔。18世纪以伏尔泰和卢梭为代表的哲学自不必细说，整个19世纪法国哲学又以其实证化与科学化为世界政治文明贡献了“社会主义”一词和各种理论，对20世纪人类社会发展产生巨大影响。到了20世纪，法国哲学受到现象学影响似乎又重新归于晦涩。但是，几个世纪的法国精神文明史充分证明，有一种法兰西精神，这种精神的核心，就是它的哲学。这种哲学的具体表现形态可以千变万化，但是其精神气质，却始终如一。

一般来说，这种精神气质所形成的具体问题，并没有一个变化的规律，但一般来说，还是有一些基本特征可循，2009年法国哲学鲜明地显示了这些特征：

借助纪念伟大思想家和重大的具有思想意义的事件，不忘历史及其曾经有过的伟大精神成果，并从中提出新的问题，这几乎成为法国哲学界每年的惯例。2009年，哲学界的主要纪念性的学术会议有：巴黎一大和索邦大学于10月9—10日共同举办以“孟德斯鸠与苏格兰启蒙运动”为题的研讨会。探讨的主要问题包括：《法的精神》中“公民”一词的双重含义，革命时代的自由与专制，等等。10 月 15—16 日，诞生于 1530 年的法兰西学院以学术讲演会的形式，隆重纪念达尔文诞辰 200 周年。这一年还是《物种起源》出版 150 周年。尽管中国学界听起来尚嫌陌生，但“动物学哲学”（philosophie zoologique）和以下我们还要陆续提到的新名词一道，预示了法国哲学的最新研究方向。达尔文提出的物种“进化”理论，曾经对科学、人类意识和政治生活有巨大影响。比如，从人类身体进化规律联想到人类社会的“进步”规律。会议探讨了达尔文在当时引起巨大反响现在亦在争论的问题，例如，人的动物性、区别人化（hominisation，向人类演变）和人性或人道化（humanisation）等。它延续了自结构主义以来法国哲学鲜明的跨学科研究倾向。把人类看成一种“现象”，讨论走在生物学、哲学、法学、社会学、人类学的边缘地带。深化传统哲学问题的讨论，例如，“笛卡尔研究中心”于 6 月 5—6 日以“我思的争论”为题的研讨会，其中比较新颖的问题有：卢梭从“我思”结束的地方出发，尼采对“我思”的批判，对自我的意识与无意识。

2009 年的法国哲学界高度重视自己的传统，这从法国哲学会于 2009 年 1 月 17 日在巴黎大学举行的年度第一次学术报告题目也得到证明，报告是围绕卢梭《论人类不平等的起源和基础》展开的，卢梭提出的问题远没有过时，比如科学与人的幸福的关系、人性与社会性的关系、自然性与合法性之间的关系、人类不平等的制度性起源。这些问题在当今全球化时代具有新的含义。

我们从 2009 年法国哲学界所举办的某些学术讲座的题目、所发表的部分学术文章和著作中，选出一些重点问题，从中可以管窥法国哲学的主要问题和发展趋势：

巴黎第七大学等高校联合举办了有关医学伦理学的研讨会，题目是“关于照料（soin）的哲学”。探讨了“照料”的主题与古希腊“爱”的传统之关系，认为这种医学关系，同时也是哲学与政治关系。一种病理哲学，它讨论了病人的痛苦、无助、不被人理解、孤独感等问题，赋予这些体验以哲学意义。如何真诚地对他人感兴趣，但是，这又与不能真正置身于他人的位置有密切关系。注意倾听与理解，是“关于照料的哲学”之重要内容。要追溯每个人的原始境遇、带有感情地理解他或她的处境，对他人的这种反应应该成为人的一种道德责任。

还有，关于生物伦理学的讨论会，它得以成立的前提，是超越“以人为本”的狭隘眼界，将道德伦理的目光应用于一切有生命的世界，这种尊敬的态度，是先验的。它是一种异域的伦理学，从而极大地扩展了“责任”范畴的范围。

从法国哲学界所涉及的医学伦理学讨论的内容，可以作为我们分析新世纪以来尤其是去年哲学界的最新动向，就是哲学的目光越来越朝向细微化方向发展。在这个过程中，对世界的整个哲学态度越来越宽容。“细微”还意味着哲学的自由度越来越大。同时，显然跨学科交流成为最新的学术主流，不同学科之间的问题必须协同解决，而创造性概念，往往就是在这些学科之间的碰撞中提出来的。

近年来法国哲学的另一个重要趋势，就是纷纷纪念已故的重要思想界人物，除了以上提到的达尔文与卢梭以外，2009 年的重要纪念活动还有：里尔大学召开了纪念巴什拉哲学研讨会、纪念笛卡尔和列维-斯特劳斯的理论研讨会等。例如，培养了现-当代众多哲学家的巴黎高等师范学校的“文学哲学伦理学之关系研究中心”与“17 和 18 世纪法国文学语言研究中心”就举办了题为《爱与科学：从笛卡尔到列维-斯特劳斯》的学术会议。组织这次会议，是基于这样一种信念，即“至今为止，我们所走过的道路，就是科学与哲学的联姻”。

2009 年最新出版的哲学类主要著作，从另外一个侧面，反映了法国哲学最近的主要问题及趋势。《意义与感受性：情境中的意向性》认为，现象学运动的一个最新研究倾向，是研究以奥斯汀和维特根斯坦为代表的“语言现象学”，它是一种“实用的方向”。它的哲学意义在于，人们在思考的“经验状态”到底是怎样的？是否有一种“为思想而思想的经验”？作为经验的思想往往是以意向性的形式表现出来的，所谓意向，就是从情境中解脱出来。它使思想经验成为“世界的人质”。

《哲学领土：20 世纪哲学思想中的场所与空间》认为，空场、位置、场景，都是哲学概念。这本书提出“微观交往的网络”这个概念，很有新意。作者还认为，20 世纪欧陆哲学家纷纷以不同方式关注一个新的全球化和移民潮导致的新世界文明。

《理想的发明与欧洲的命运》是法国著名汉学家于连的最新著作。作者认为，“理想”这个词来自欧洲，但是，它在不同的语言里有不同的表达，比如在中国，“理想”成为怎样的呢？它不是与世界分离的，这种区别被人们忽视了。与世界分离的理想，来自柏拉图的传统。在这个意义上，与生活世界连为一体的中国智慧传统在西方看来反而是新的思想。作者提出的严肃问题是：新欧洲能与脱离世界的理想分离吗？

《第二次哲学宣言》是针对“第一次哲学宣言”而言，“第一次宣言”宣称哲学的“终结”，而第二次宣言用“跨越一步”取代了“终结”。作者认为，哲学的情境已经彻底改变了，哲学的生存面临危机，它将改变存在方式，即出现与18世纪相似的情形：一种新的哲学时代，“一切成为哲学问题”，活跃于包括咖啡馆的各种场合。人们普遍关心伦理学问题，权利与责任问题。

《共产主义的假说》的作者认为，“共产主义”是自从法国大革命以来的一种政治假说，它推动了之后的各种革命运动，是一种关于“解放”的政治。这种假说的实现，在20世纪悲剧性地受到挫折，因为假说被历史证明是无效的。书中以巴黎公社和1968年5月巴黎学生运动为例，作了详尽的分析。该书认为“共产主义观念”连同“资本主义”和“资本主义民主”一样，已经是过时了的观念，要重新思考“解放”与“合法性”的观念。

《虚无主义精神：一种历史乌托邦》认为，虚无主义精神是一种双重的悖谬。作者分析了尼采和海德格尔的虚无主义思想，认为存在着一种可以称为“民主虚无主义”的思想，它是一种唯灵论的现象学，开启了长达两个世纪的思想声音，揭示出一种上帝死了的悲剧声音，却要同时发现一种神秘性。它同时也暴露了西方形而上学的政治传统。现在面临的关键问题是，“违反（即寻找法律的例外）本身却成为一切合法性之可能的条件”。这不仅是道德的条件，还是政治、技术、文化发展的条件。这使“犯错误”成为新形式下的启蒙话语。在某种意义上，它意味着对思想领域的颠覆，并被称为“非理性主义”，可以理解为比从前的“蒙昧主义”即所谓“理性”（这种理性总是在“合法性”基础上思考“违反”的问题）多出些什么。换句话说，“蒙昧主义”即所谓“理性”在精神的原始倾向方面出了问题。书中尖锐指出，“虚无主义”的真正名称，应该是“返回宗教”，或者“返回政治”。

《讲座：兽性与最高权力》（第二卷），这本书收集了德里达晚年的讲座。这些讲座的起始日期是1991年，在巴黎社会科学高等研究学校。讲座所围绕的主题是“责任问题”，其中涉及的重要话题有“证词”、“敌视”、“好客”、“背信”、“原谅”、“死”，这些内容收入该书的第一卷；第二卷收集的是德里达生前最后一些讲座，主要包括政治哲学问题，例如民族民主主权问题、动物的生命与人的生命的关系问题等。

《消极的确定性》是目前风头最劲的法国现象学家马里翁的新作。传统认为，认识意味着科学传统，即有关对象的确定性知识。“确定”意味着科学与肯定。该书认为，其实所谓“确定性”，仍旧是没有答案的，像宗教、哲学、文学问题一样，是没有回答的问题，不对称的问题。这也就是“消极的确定性”。比如，关于人的定义就是这样，“人”是一个没有答案的问题，它通向某种不可能的经验，并且在那里与宗教连接起来。在这个意义上，宗教情结是人性的一部分。或者说，人的本性是在不断地做各种可能与不可能的假设。作者认为，这还是一种哲学意义上的礼物现象，即纯粹的礼物，是超越交换关系的，这就超越了传统哲学的对象性思维。作者还认为，任何未来的理论与经验都难以定义“消极的确定性”，因为它无限多于任何确定性。

《各种状态的现象学》分析了从萨特到梅洛-庞蒂或早期德里达的法国哲学。《柏格森的考古学：时间与形而上学》则重新肯定了柏格森哲学的巨大现实意义。

四、意大利哲学

当代的意大利哲学研究，一方面十分关注现实问题，特别是那些较有影响的哲学家，尤其侧重于与现实生活密切相关的哲学问题的研究，如贾尼·瓦蒂莫、塞文利诺·埃玛努艾莱等；另一方面，对于古代哲学、中世纪哲学的研究，则是更多的哲学家们研究的课题，这或许与意大利历史的特殊性有关。意大利既在一定意义上是希腊文化的继承者，又在其历史中产生了影响深远的基督教文化，这两者至今仍然构成了西方文化的核心地带。因此，当代的意大利哲学研究更多地注重传统哲学的研究，也就顺理成章了。

古代哲学研究。意大利哲学家虽然重视传统哲学的研究，但却不局限于传统的视野，他们试图用现代的眼光去寻求传统哲学的意义，或者探求传统哲学的现代价值。这里重点介绍有关柏拉图的研究状况。恩里可·贝尔蒂和卢卡·葛莱奇所著《走近古代哲学家》便是一本从传统哲学里寻求现代意义的书。前者是国际著名的亚里士多德专家。这本书提供了十分有趣的东西，有助于今天的人们对于意大利哲学家的景观进行了解。它为哲学史上主要的问题描画出了一幅逼真的图景。它所考察的哲学问题以一种富有吸引力的形式呈现出来，即：以柏拉图的对话为对象，循着对话的逻辑运动使真理呈现出来。在这种持续不断的对话过程中，也进行着更高意义上的“对话”。值得指出的是，在此同时还进行着与西方文明的对话：诸如对哲学真实的价值、信仰与智慧的关系、道德、教育、人类的作用、自由、政治、死亡、本体论、形而上学、批评等问题，都进行了重新思考。此书还涉及了更广泛的论题：古希腊哲学的世界是西方人的“基本问题”的源头，对于这些问题，西方人试图通过精心的设计来提出一些宏伟的解决方案。古希腊哲学也深刻地影响了后来的思想家，成为康德、黑格尔和马克思等人的思想背景。通过重构的对话，我们的确走进了古代哲学家思想的世界，解决了我们所面临的最高级的传统的哲学难题和最有争议的基本问题。米莱娜·邦戴姆毕在其《圣像与城邦：柏拉图对话中的尺度或适度概念》中，从适度概念开始，循着尺度的痕迹，穿越柏拉图的对话，探讨了尺度、可通约性、匀称和适度等概念。这些概念不仅在与人的存在及其道德管理有关的数量方面表现出特殊性质，而且还明显地表现出一种双向且对向的共同运动，在这种运动中由于本原或善的力量的制约而表现为尺度。也就是说，正义的尺度是个实践性的动态概念，与人们追求的恰当本性和合适的善的条件密切相关，因具体境遇的不同而一次又一次地发生着深刻的变化。尺度不断地被打乱，又不断被重建，如同在棱柱体的表面所发生的情况那样，事物、经验和人类，在他们的外部现象中表现出多样性，它们还反映在灵魂、想象和动态的政治实践中，它们在灵魂中得到认识，在想象中得到表征，在动态的政治实践中解体和消失。这些与尺度的词汇有关的词汇十分关键，它们涉及非常丰富的内容，主要涉及对柏拉图进行反思的两个特殊的方面，它们之间是相互关联的，这就是与恶相区别的善的形象和法律的政治设计之间的差异。马里奥·乌杰迪在《天国的范例：从亚里士多德到 20 世纪对于柏拉图政治思想的理解》中探讨了柏拉图理想国的历史影响。“天国的范例”，柏拉图在其《理想国》中这样定义他的正义社会的乌托邦模型。它是一种给人类生存的道德和政治指引方向的社会模型。该书重建了对于柏拉图政治思想理解的历史，尤其是现代人对其理解的历史。这是一个危险丛生的旅程：通过对 19 世纪大哲学家和 20 世纪政治、意识形态方面的诸多冲突的梳理，柏拉图的多变的形象逐渐显现出来：他是一个自由主义者、社会主义者、极权主义者（在纳粹主义和共产主义的情形中），最后，甚至还呈现出一幅反政治的面孔。这种释义的多重更迭使我们从柏拉图那里学到了很多东西，对于我们现代的知识经验来说更是如此。

中世纪哲学研究。由于意大利与中世纪的渊源关系，在意大利的大学和宗教机构以至于一些私人收藏中，都存在着大量的有关中世纪的文化典籍，这也使中世纪哲学研究成为意大利当代哲学研究中比重最大的部分，意大利每年都出版大量的研究著作，召开相当数量的会议。2009 年度在西西里帕勒莫召开了“欧洲中世纪研究：中世纪的共存与合作”会议，以便人们能够以更加明显和确凿的证据来追寻中世纪共存与合作的痕迹。会议涉及的论题有：社会与经济的历史、艺术史与建筑学方面的表现、考古学方面的证据、社会组织与政治组织、权利与规训制度的演化、哲学与神学史上的表现、智慧与观念方面的组织团体、逻辑方面的转变与演化、地中海区域最高的智慧与文化组织（希腊-拜占庭世界、阿拉伯-伊斯兰、拉丁-基督教、希伯来等）之间的融合、人类智慧与科学文化的传播、乡村与城市的生活方式、陆地与海上的贸易活动、智慧与食物和身体医疗的关系、宗教虔诚方面的无限表现、生活场所与知识方面的证据、炼金术、魔法与黑话的传播，等等。在出版物方面，玛西米连诺·林西和阿尔峰绍·玛耶鲁主编的《对于“无”的思考：在中世纪与现代之间》是一本内容丰富的书，其特点是力图把中世纪与现时代连接起来，系统地考察“无”的概念在西方哲学史上的演变过程。其收存的论文主要有：《早期基督教思想之前的创世思想》、《奥古斯丁〈忏悔录〉：创造与话语之间的“无”》、《中世纪伊斯兰希伯来哲学中“从无中创造有”的思想》、《无，非存在，事物：伊斯兰思想中关于无、从无中创造有的学说及其术语学梳理》、《论约翰·威克利夫关于神圣理念、创造与从无中减少可能性的思想》、《论伪狄奥尼修的“否定的形式”》、《无与否定：艾克哈特与库萨的尼古拉》、《虚空与无：前亚里士多德的传统》、《论意大利的虚空思想：以瓦莱利阿诺为例》等。这些论文阐述了中世纪和近代有关“无”的问题。它们证明了“无”这个概念的重要性、其主题的多样性与其重要影响。除了有关创造和辩护的神学问题以外，这些论文还针对本体论和形而上学的秩序问题，讨论了其在语义学和认识论上的特征，反思了其在科学上的和宇宙论上的本质。法波利茨奥·阿美里尼的《托马斯·阿奎那论人的生命的起源与终结》一书，对于当前令人棘手的人类胚胎本质的争论，试图从中世纪的思想中寻求解决的思路，他认为，中世纪的哲学或许能够提供一些重要的思路和启示。他主要探讨了托马斯·阿奎那关于人的生命开始与终结的思想，讨论了他的胚胎学说中所包含的生物伦理学思想。托马斯·阿奎那核心的思想是探讨流产和杀人之间的关系，他认为这与人的生命的终结和生物有机体的死亡这两者的关系有关，关键的问题在于：胚胎的本质和它的身份问题。该书的论断是：托马斯·阿奎那有意识地拒绝了那种把胚胎看作已经直接人类化的观点：这种确信既不是由于他的哲学论证的薄弱，也不是来自他对于生物学知识理解的局限和不准确。桂道·阿里耐所著的《灯心草结：甘德的恩里克论自由问题》，对于中世纪哲学研究中较少受人关注的自由思想予以关照，编选了甘德的恩里克有关自由的论文，加以注释和解说。甘德的恩里克（Enrico di Gand，1240—1293）是13世纪的伟大思想家之一，他主持巴黎神学讲坛近二十年，因此是一个时代的标志。他的主要著作内容丰富，论题广泛。在这些著作中，他为重新恢复意志至高无上的权威而辩护。在他的思想中，虽然部分地内在着奥古斯丁的传统，但他又充分利用最新获得的亚里士多德的材料进行了加工改造。在进行这种改造的过程中，他精心处理这种严密的学说，使之与有关数据相吻合，显示出哲学思辨的有机综合性和创造性。在这个选集中所选的论文，所探讨的主题是自由问题，是1276年至1290年间与同时代的理智主义神学家们——尤其是与方丹的高复雷德（Goffredo di Fontaines）进行论战的产物。这些文本还是第一次翻译成一种现代语言，这为重建甘德的恩里克的思想提供了可能。他的思想代表着那个时代——13世纪对于意志问题的思考所达到的高峰，它同时又是14世纪最初十年间意志主义争论的出发点，这些争论最终导致意志主义发生了分裂。恺撒·伽达主编的《十字架与神秘性：库萨的尼古拉关于哲学与布道的思想》，集中研究了库萨的尼古拉关于哲学与宗教之间的关系问题。在红衣主教库萨的尼古拉的哲学中，把神理解为无限的统一体，它守护着所有事物的本质。该文集探讨了库萨的尼古拉这种观点的历史含义和历史根源，指出特别需要注意的是他以关键的方式所谈论的哲学思辨与基督教的布道之间的关系。通过把尼古拉的著作与其布道中的讲话联系起来进行分析，呈现出了一位西方大思想家复杂而迷人的肖像，这幅肖像更是欧洲文艺复兴后期文化的一个深刻的缩影。面对爱里根纳和艾克哈特的传统——这一传统表达在15世纪人文主义知识的语境中，尼古拉从非正统的视角出发，对于神进行了天才而富有创造性的解释，这一视角便是：把这一论题放置在理性与真理、人的存在与神、生物的个体存在与无限的绝对之间的关系中来进行讨论。由此展现出库萨的尼古拉在哲学史上从中世纪到近代过渡的特征。

历史哲学研究。历史哲学研究在意大利也有着悠久的传统。远有维科，近有葛兰西和克罗齐。当代也有相当数量的研究论著。莫大齐·罗伯特的《历史哲学研究展望》探讨了在“后”历史时代，也即整个叙事和意识形态终结的时代，人们是否还能够思考历史哲学？除了牵强附会、空洞的理想和不合时宜的行为之外，人们对于历史中生成的事物的意义是否还能够进行研究？为了回答这些问题，作者研究了思想家们的历史概念，尤其是近代和当代对于历史的理解，对于不同时期思想家们的历史思想进行了深入的思考，从奥古斯丁、托马斯·阿奎那和维科等人，到启蒙思想家，如康德、黑格尔和马克思。前者都从某种神意的视角来理解历史，而后者则从世俗的角度来看待历史。从兰克、布克哈特到公认的历史主义的反对者尼采和韦伯，直到最近的布洛赫、安德尔斯和尤纳斯。罗贝塔·彼卡尔蒂的《概念与历史：费希特的历史哲学》着力于重建费希特的历史哲学。作者认为，尽管最近几十年来已经表明，费希特研究有复兴的迹象，但是对于费希特的历史哲学仍然缺少一种整体性的研究。该书便是填补这一空白的著作。它纠正了流传甚广的对于费希特的一种误解，即：费希特是一个偏好于富有思辨性的问题而对历史现实中的具体事物缺少兴趣的思想家。作者从一个侧面分析了费希特历史概念的本体论基础和理论核心，从另一个侧面重建了费希特从先天的构造出发，对于历史事件进行的精致的哲学解释。研究的结果表明，费希特在这个领域的复杂立场，在欧洲学术界关于科学性与历史意义的激烈争论中占有一个非常有趣的位置，这场争论主要发生在18世纪到19世纪的德国。

威尼斯东方大学的埃玛努艾莱·塞文利诺（Emanuele Severino）教授是本年度较为活跃的哲学家。他是一位极为关注现实问题的哲学家，同时又是一位高产的作者，书店里常年摆着他的一连串著作，作品大多重版数次，在意大利有着广泛的影响。他的基本哲学观点，是认为西方文化的本质是虚无主义，从各个方面都可以回溯到这个本源性的维度，它表现在西方文化的各个方面。2009年度他出版的著作就有七部（个别著作属于重印），除了下面介绍的六部以外，还有《理性与信仰》一书。

《时间中的栖居者：西方的结构与虚无主义》。塞文利诺的思想，在主流文化中被认为是一种交织着现实性与激进性的思想，他的论证永远是开放的，永远回避由于某种体系的范畴所产生的任何可能性。他的这本书分析了西方文明的结构，这种结构里渗透着西方历史的每一种特殊而独有的因素。西方的结构是就是意志，也就是时间性的事物，因此意志也就是虚无。"时间"告诉我们，哲学家"并不是基督教思想和现代文化的产物，而是古希腊思想的产物，是他们思考本原和一切事物的时候产生的。这种思考，作为一种技术无疑依然统治着今天的整个地球；更加毫无疑义的是，它的真正意义至今还没有为人们所了解"。因此，时间中的栖居者便是文化的形式和社会的制度，在这种占统治地位的结构中，个体、民众和人民逐渐地被驯化，变得顺从。这种极端的异化明显地表现在人们的信仰中，在信仰中人们持久地被排斥在必然性之外，人们认为只有在必然性之外才能够找到我们真正的意义。

在《民主、技术与资本主义》中，作者认为席卷全球的经济危机触及了我们时常听到的"资本主义"、"民主"、"技术"的基础本身。在书中，塞文利诺详尽揭示了经济危机作为一种全球运动的根据之所在，这一动摇其基础的运动贯穿于西方历史的全过程，它只是这一过程的结果。转变是由于手段与目的之间的关系导致的，这种关系与资本主义、民主、技术相联系，技术总把民主看做资本主义的工具，反之，资本主义也把技术当作实现民主的工具。技术，实际上是本质操纵力量无限扩张的同义词。塞文利诺以其独特的方式，用不容置疑的逻辑，揭示了存在的意义。该书不仅引导读者批判性地反思我们的时代，而且以其严密性而成为哲学训练的样本。

《技术的命运》。西方传统的明显的目的是按照它的想象来塑造世界，达到这一效果的根本手段便是技术。在这个传统内部的各种力量之间存在着相互的斗争，比如，基督教、人文主义、启蒙运动、哲学智慧、资本主义、民主、共产主义、科学思想，为了百分之百地超越对手，它们都利用技术。然而，它们的目的都只是一种幻想而已。由于技术的改造，技术最终征服了当代世界，获得了控制权。塞文利诺总是能够用一系列深刻的反思来支持他的思想，为读者提供了一把独立解释当代一些重大问题的钥匙，比如，民众的舆论、全球化、2000 年以来的资本主义等问题。在这些问题上，他的论述呈现出一种未曾有过的深刻性，他认为，在所有这些方面都充分表现出了欧洲的虚无主义。

《真理的意义：一种内部的讨论》。在我们的时代，对于真理（任何一种形式的真理）的坚信占据着统治地位，这种信仰无疑具有历史性和实用性的特征。这是来自哲学的一个概念，如今已经得到了极端的扩散，它否定每一种事实，要重新认识斗争性、历史性、实用性本身。从这一背景出发，塞文利诺讨论了意大利某些哲学家的观点，他们都对塞文利诺的思想持一种批评和反对的态度，从马西莫·卡奇阿里到威勤察·魏蒂艾罗，从卡尔罗·阿拉达到翁贝托·噶里姆贝蒂，从马西莫·多纳到威罗·巴尔卡。在塞文利诺看来，并不存在这样一个公认的领域，或者认为有一个传统的真理概念，或者是这个概念的毁灭，不存在这样共同的认识。这种认识不过是我们这个时代的产物。相反，在上述维度之外，真理本身注定不属于西方的历史，这更加深刻地表现在我们每一个人之中。

《作为坏的象征的多样性》。该书是塞文利诺与阿依迈·马可合著。人类倾向于把那些没有进入其直接经验领域和其令人安心的群落范围的事物解释为一种危险，甚至是一种致命的威胁。由于人的这种挑衅性的态度，他们就把多样性和他者视为潜在的或现实的敌人。这种偏见持续地培育出不可计数的冲突，动摇着当代的社会。

《命运的同一性。威尼斯讲稿》。在考察了西方的灵魂是根本的虚无主义——它揭示了存在于我们生活中的“愚蠢同一性”——之后，塞文利诺在这本新书中（本书的第一部分为作者 2000—2001 年在威尼斯东方大学的讲稿）又思考了命运的意义、显露存在者的存在本身的永恒，指出西方的进化，不过是其向他者过渡之过程的结果。深刻而内在化了的机械主义，才是存在的真正而唯一的推动者，它推动着后工业文明以技术来征服世界。然而，这种绝对的信条带来了什么样的危险？这种风险中的风险是什么？作者引导着读者一步步地穿越同一性与现象的迷宫——它把自己的灵魂与“愚蠢”联系起来，从而坚信某物是他者自身，且这个他者自身是孤立存在的。为了最终揭示出命运表现为自身的否定，只有揭示出它原初的否定才有可能，即视域的视域也就是真理的命运。

五、俄国哲学

2009年的俄国哲学界非常活跃，学术成果丰富，活动频繁。《认识论与科学哲学》百科全书出版，哲学界对苏联哲学进行全面总结，当代著名马克思主义哲学家奥伊泽尔曼院士出版了一部重要著作《元哲学》。2009年的世界哲学日庆祝活动首次在俄罗斯举行，第五届全俄哲学大会在新西伯利亚召开。

（一）百科全书《认识论与科学哲学》（2009）

由俄罗斯科学院哲学研究所主持编辑的这部百科全书是个庞大的学术研究规划，历时六年，150多位专家学者参加，其中有三位俄罗斯科学院院士，四位通讯院士，作者均以俄语为母语（只有“意识哲学”词条的作者除外），主编是当代著名俄国哲学家，通讯院士卡萨温（Касавин И. Т.）。百科全书概括了俄国哲学界在认识论和科学哲学领域里长期研究的成果，广泛涉及认识哲学、跨学科研究和认知科学领域，对现代认识论、科学哲学和科学方法论领域的基本问题作出综合分析。百科全书吸收国内外最新学术资源，对传统学科的基本概念和范畴系统进行更新，反映了一般哲学认识论和最近几十年出现的关于认识的专门学说（比如进化认识论、社会认识论、协同认识论、计算机认识论）之间的联系，以及现代逻辑学（认识逻辑，相干逻辑，次协调逻辑等）、符号学、认知语言学、社会语言学、心理语言学、认知心理学、社会心理学、知识社会学、认知民族学等新兴学科对认识哲学的影响。除编辑出版百科全书外，俄罗斯科学院哲学研究所还于2004年创办同名杂志《认识论与科学哲学》，截至2009年已经出版22期（每年四期，2004年两期）。

（二）苏联哲学的总结

2009年4月14日，俄罗斯科学院哲学研究所举行会议隆重庆祝建所80周年。与中国和西方国家的情况有所不同，苏联及当代俄国哲学研究的主要力量集中在科学院哲学研究所。该所成立于1929年，苏联政府将其看做国家的意识形态机构之一，规定其主要任务是把辩证唯物主义哲学变成为政治目的服务的意识形态，不服从者或遭排挤，或遭镇压。从赫鲁晓夫“解冻”时代开始，有一批年轻的苏联哲学家进入哲学研究所，他们对马克思主义哲学的研究在一定程度上摆脱了意识形态束缚，具有一定的学术性。伊里因科夫（Ильенков Э. В.），季诺维耶夫（Зиновьев А. А.）等所谓 60 年代人是其中著名的代表。① 目前，哲学研究所有科研人员 280 人，其中有 4 位科学院院士，6 位通讯院士，120 多位哲学博士，下设 6 个部，28 个研究室和中心。每年该所举办学术论坛和讨论会一百多场，出版著作上百部（2009 年出版 133 部），论文上千篇（2009 年发表 1487 篇），出版定期哲学杂志十多种。哲学研究所不但是个高级学术研究机构，而且还积极参与俄国高等教育过程，制定教学大纲，编写出高质量的教材，为高校开设相关课程。

哲学研究所成立 80 周年为全面总结苏联哲学提供了契机。2009 年 3 月 31 日—4 月 7 日，俄法两国学者在巴黎举行国际学术讨论会“20 世纪下半叶的俄国哲学：背景与转换”，“讨论会的目的是探讨苏联时期俄国哲学发展的结果，以及这些结果在今天的表达方式，探讨当代俄国哲学形成的前景”。② 俄国方面派出以哲学研究所学者为主体的代表团，其中包括三位院士，即古谢因诺夫、斯焦宾和列克托尔斯基，他们不是普通的参加者，而是“20 世纪下半叶俄国哲学”的最著名代表。与此同时，21 卷大型丛书“20 世纪下半叶俄国哲学”继续出版，今年的人物卷包括洛特曼（Лотман Ю. М.）、马马尔达什维利（Мамардашвили М. К.）、巴季谢夫（Батищев Г. С.）、比布列尔（Библер В. С.）等。

哲学研究所位于莫斯科市中心，紧邻红场，对面是新建救主大教堂，所置是一处古老建筑，俄国政府今年突然决定把哲学研究所从这里迁出去。这一决定引起轩然大波，不但哲学研究所全体人员，而且整个俄国哲学界，甚至世界哲学界都参与声援，呼吁政府取消这个决定，但目前此事尚无结果。

（三）奥伊泽尔曼院士新作《元哲学》（2009）

今年，当代马克思主义哲学著名代表奥伊泽尔曼（Ойзерман Т. И.）院士年满 95 岁。他于 1966 年成为苏联科学院通讯院士，1981 年成为院士，晚年仍然笔耕不辍，成果甚丰，今年他出版了一部重要著作《元哲学：哲学史

---

① А. А. Гусейнов，О нашем философском доме，Наш философский дом，К 80-летию Иститута философии РАН，Москва：Прогресс-Традиция. 2009. с. 6.

② Т. Г. Щедрина，Русская философия второй половины XX века：контексты и трансферы（обзор международного коллоквиума），Вопросы философии.（2）2010. с. 167.

过程论》，并发表学术论文 17 篇（其中有四篇用英文发表，一篇用中文发表）。① 奥伊泽尔曼院士自己对这部著作评价很高，认为这是他在哲学史过程理论领域五十年研究的总结。期间他发表了大量文章和著作，但是，他认为这些作品的"主要缺陷是教条的马克思主义观念，即辩证唯物主义是科学的哲学，它结束了长期的哲学史过程，在它之后出现的所有哲学学说都是资本主义制度普遍危机的产物，与马克思主义以前古典哲学体系相比，是一种倒退的运动"。② 在新著里，奥伊泽尔曼院士以哲学史为背景，从元哲学的立场出发，对自己的这个教条主义立场进行了彻底清算。

（四）对 2008 年韩国首尔世界哲学大会的总结

当代俄国哲学界的一个突出特征是大规模哲学活动频繁。俄国哲学家自己愿意组织各种哲学会议，也积极参加国内外各类哲学会议。在最近几次世界哲学大会上，俄国哲学家表现得最积极，最活跃。1993 年，第 19 届世界哲学大会在莫斯科举行。第 22 届世界哲学大会（首尔）刚结束，俄国哲学方面的报刊和杂志就对大会进行了报道，主要是会议参加者们对大会的初步印象。③ 2009 年，俄国哲学界三大杂志《哲学问题》、《科学哲学》和《俄国哲学协会通讯》继续对第 22 届世界哲学大会进行报道和深刻反思。其中《科学哲学》杂志还连续开辟专栏，重点介绍了第 8、9、10、11、18、19 届世界哲学大会。

（五）世界哲学日

从 2005 年开始，联合国教科文组织决定每年在一个国家举行世界哲学日庆祝活动，2009 年的世界哲学日在俄罗斯举行，主题是"文化对话中的哲学"。这一选择主要基于两方面的原因，一是俄国哲学自身的突出成就，二是俄罗斯科学院哲学研究所成立 80 周年。11 月 16 日，世界哲学日庆祝大会开幕式在莫斯科学者之家举行，俄罗斯总统梅德韦杰夫（Медведев Д. А.），联邦委员会主席米龙诺夫（Миронов С. М.），莫斯科市市长鲁日科夫（Лужков Ю. М.），俄罗斯东正教会最高首脑基里尔（Кирилл）牧首等都向本次活动发

---

① 奥伊泽尔曼院士近几年的主要著作有：Философия как история философии（1999），Марксизм и утопизм（2003），Оправдание ревизионизма（2005），Проблемы：Социольно－политические и философские очерки（2006），Кант и Гегель. Опыт сравнительного исследования（2008）.

② Ойзерман Т. И.，Метафилософия. Теория историко-филосфского процесса，Москва：Канон-плюс. 2009. с7.

③ Российская философская газета，（№№ 9，10，11）2008；Китогам XXII всемирного философского конгресса и культурно－просветительской акции"философский поезд"，Вестник российского философского общества，2008（4）：15-50.

来贺信。在之后举行的全体会议上，德国著名学者哈贝马斯作题为《宗教，法制与政治：论多文化世界共同体中的政治公正性》的报告，杜维明教授报告的题目是《论 21 世纪的对话文明》，俄罗斯科学院哲学研究所前任所长斯焦宾院士的报告题目是《文化对话与新价值的探索》。在全体会上作报告的还有来自印度、贝宁和叙利亚的学者。全体会议结束后，与会者参加了以俄罗斯外交部长拉夫罗夫（Лавров С. В.）的名义举行的晚宴。11 月 17—18 日在俄罗斯科学院哲学研究所和莫斯科大学哲学系举行圆桌会议。11 月 18 日晚上，部分会议代表去圣彼得堡，19 日在圣彼得堡民族博物馆举行世界哲学日庆祝大会全会，下午在瓦西里岛涅瓦河畔举行纪念活动，这是 1922 年被苏联政府驱赶出国的，包括著名哲学家在内的一批俄罗斯知识分子乘船离开俄国的地方。莫斯科大学和圣彼得堡大学的哲学家们积极参加了世界哲学日的各项活动。

（六）第五届全俄哲学大会

对俄国哲学界而言，本年度最主要的事件无疑是 8 月 25—28 日在新西伯利亚市召开的第五届全俄哲学大会“科学-哲学-社会”。大会实际参加人数为 1 074 人，其中有 752 人来自其他城市，包括来自独联体国家和国外（澳大利亚、奥地利、保加利亚、德国、墨西哥、美国、芬兰和瑞士）的学者。这次大会暴露出类似会议常见的一个问题，即与会学者水平参差不齐，个别学者的报告学术水准较低。这个问题已经引起俄国哲学协会主席团的高度关注。组委会决定第六届全俄哲学大会将于 2012 年在下诺夫格勒市举行。①

（七）霍鲁日教授在中国举办系列讲座

2009 年 6 月 30 日至 7 月 3 日，当代俄国最具独创性哲学家霍鲁日（Хоружий С. С.）教授应邀来北京师范大学作系列讲座“俄国哲学与协同人学”（共八讲），介绍其独特的哲学思想。讲座涉及问题十分广泛：俄国哲学的产生，它的主要观念和发展阶段，拜占庭与俄国的静修主义，协同人学的基础（静修主义人学），协同人学的内容（人的展开范式），欧洲人学及其缺陷（古典形而上学对人的遗忘），向人的回归（克尔凯郭尔的人学），自我修炼（福柯的人学）。“协同人学”是霍鲁日教授提出的独创性哲学理论。②

俄国哲学界目前有四位俄罗斯科学院院士，均已达古稀之年，但仍然都活

---

① Вестник Российского философского общества，2009（3）：28-70；2009（4）：55-63.

② 本次讲座的译文分别发表在《俄罗斯文艺》（1，2），2010（第一、二讲）；《世界哲学》（2），2010 年（第三、四、五讲）和《求是学刊》（2），2010（第六、七、八讲）.

跃在哲学舞台上。现任哲学研究所所长古谢因诺夫院士今年70岁，前任所长斯焦宾院士75岁，《哲学问题》主编列克托尔斯基院士77岁，奥伊泽尔曼院士95岁。

2009年，莫斯科大学哲学系举办第一届全俄青少年奥林匹克哲学竞赛。竞赛按年龄分三组：8~10岁，11~13岁，14~18岁。今年评选出最终结果，每组分别评选出一、二、三等奖各一名。对俄国哲学史和思想史均产生重要影响的《路标》文集（1909）出版一百周年，《哲学问题》和《哲学科学》上各有一篇纪念文章。本年度俄国高校和科研机构哲学专业分别有63人和287人通过博士、副博士学位答辩。

六、日本哲学

2009年世界有两大主题：一个是世界经济在全球金融危机以后出现复苏的征兆；另一个是随着哥本哈根全球首脑会议的召开，地球环境问题成为人们关注的焦点。与这两大主题相关，日本哲学界也出现了两大趋势：一是以分析和批判资本主义为目标的马克思的思想，在经过20世纪末的低谷以后开始强力复苏，表现出强大的生命力；二是为人类的环保运动提供理论基础的环境哲学的研究得到进一步的发展，“环境正义”问题正逐渐成为该领域的主题。我们将以这两大趋势的为中心，再加上一个对近年来日本“中国哲学”研究状况的介绍来概括2009年的日本哲学。

（一）马克思研究的复兴

20世纪70年代，是日本马克思主义研究历史上最为辉煌的时期。1989年苏联东欧的社会主义瓦解以后，日本马克思主义研究陷入了低潮，但在2009年又出现了复兴的迹象。

首先，跟马克思有关的著作成为日本书店的畅销书。日本的出版界不仅对马克思恩格斯的经典著作进行了大量的再版和重印，而且还新出版了一批选集和丛书，譬如筑摩书店的7卷本《马克思选集》（2005年以后）、大月书店的《马克思入门》（2009年）等；为了能够让普通的读者理解马克思的学说，他们还出版了很多类似于约翰·莫斯特《经过马克思本人修改的资本论入门》（大谷祯之介译，大月书店）的入门书，以及如《图解：由此就可以弄懂马克思和〈资本论〉》、《理论剧画：马克思的资本论》、《续资本论》等漫画；此外还有一批有分量的研究著作发表，譬如樱井毅《资本主义的农业起源和经济学》(社会评论社)、岩佐茂编《马克思的构想力》(社会评论社)、三田诚宏《马克思的逆袭》(集英社新书)、不破哲三《马克思还活着》(平凡社新书),泷口清荣《马克思·施蒂纳和黑格尔左派》(理想社)、黑泷正昭的《私的社会思想史》(成文社),渡边雅男《阶级政治》(昭和堂)等。

其次,在思想研究方面,他们在马克思异化论研究上有所突破。按照传统的苏联哲学以及阿尔都塞和广松涉等人的理解,异化论属于马克思早年不成熟的理论,是被马克思抛弃了的理论。但是,这一观念正逐渐被打破。《季刊唯物论研究》(第 111 号)杂志刊登了一个题为“异化论的复权——21 世纪的异化论”的特辑。保井温、松尾匡、田上孝一、黑泽惟昭等人,针对当今所存在的贫困和剥削、贫富差距、老龄化等现实问题,倡导应该纠正以往忽视异化论的错误,提出要以异化理论为核心批判当今的资本主义,重构马克思的“新人道主义”。《马克思的构想力》(社会评论社)是由一批跟一桥大学有关的学者的共同著作。该书的作者们不仅探讨了异化论研究的历史,批判了广松涉等人的“本质主义的异化理解”,还对异化与物象化的区别、《穆勒评注》中的“交往异化”与“异化劳动”的关系、异化论与《德意志意识形态》的意识形态理论、《政治经学批判大纲》中的异化和物象化理论、《资本论》中的“价值形态论”与物象化的关系等经典问题进行了“重构”。从整体上看,他们将马克思早期和成熟时期的异化论统一起来,提出了“马克思思想的核心是异化论”这一大胆的命题。

(二)环境哲学的研究

一般说来,环境哲学和环境伦理学诞生于英语世界,其中美国和澳大利亚占有举足轻重的地位,其主流是自由主义或神秘主义、整体主义。日本的环境哲学和环境伦理学界,虽然也曾受到欧美自由主义和神秘主义的影响,出现了加藤尚武的《环境伦理学的劝学篇》(丸善株式会社,1994 年)等名著,但其主流倾向却不同于欧美,而是受到了本国“公害”的历史以及带有强烈左翼色彩的《环境社会学》和《环境经济学》的影响,注重环境正义和环境问题的社会原因。

2009 年,这一思想倾向又得到了进一步的强化。首先,就像人们在“哥本哈根峰会”的失败中所看到的那样,解决环境问题的前提是南北之间、国家之间和人与人之间在环境受益和责任分担上必须实现公平,因此“环境正义”是必须首先予以解决的问题。曾以《追求环境公正》(新曜社,1994 年)一书给学界以重大冲击的户田清又出版了《环境正义与和平——思考“美国问题”》(法律文化社)一书,探讨了“环境与和平”,以及环境问题中的

"美国问题"。

其次，环境正义问题的实质是社会正义问题。而将环境正义和社会正义这两者结合起来的则是生态马克思主义或者生态社会主义。日本在这一领域是有传统的，曾出版过岩佐茂的《环境的思想》（创风社，1994年）、韩立新的《生态学和马克思》（时潮社，2001年）等。2007年岛崎隆又出版了《生态马克思主义》（知泉社）一书，提出了当代的马克思主义研究应该进行"环境论转向"；2009年，户田清翻译了劳尔·科维尔（Loel Covel）的《什么是生态社会主义?》（绿风出版）一书；长岛诚一出版了《生态主义和马克思经济学》（樱井书店），从马克思经济学角度探讨了生态社会主义的可能性。

除此之外，日本环境哲学领域的一些代表人物也纷纷发表了他们的新作，譬如饭田隆、伊藤邦武、井上达夫、川本隆史等人在著名的"岩波讲座哲学"系列中编辑出版了《生命·环境的哲学》（岩波书店）一书；入江重吉出版了《环境思想和现代——从进化论角度来解读的环境问题》（昭和堂）；鬼头秀一和福永真弓编辑出版了《环境伦理学》（东京大学出版会）；松野弘出版了《什么是环境思想——从环境主义到生态主义》（筑摩书店）等。

（三）日本的中国哲学研究

和中国哲学直接相关的全国性组织是日本中国学会，从2009年10月在文教大学召开的日本中国学会第61次大会的内容看，目前日本学界关注的重头在两个方面，一是先秦、二是宋明，这也是日本学界长期以来着力较多的领域。日本中国学会去年有一个重要的举措，那就是组织人力将日本中国学会历年获奖论文的中国哲学部分译成中文，翻译工作已经完成，预计2010年在中国出版。

日本全国各地还有中国学会的分会，各大学也有形形色色与中哲相关的学会，在此稍作介绍。首先，日本学者对中国出土文献的关注一如既往，中国出土学会每年召开三次学会，同时还不定期地组织专题学术会议、临时例会和读书会，对郭店楚简、上博楚简等思想史文献作出解读。2009年中国出土学会访问团和关西地区的战国楚简研究会访问团，均访问了清华大学出土文献研究与保护中心，了解清华大学所藏战国竹简的研究情况。北海道大学中国哲学会以易学为特色，2009年，为朱伯昆主编《易学哲学史》四卷的完整翻译画上了句号。2009年5月，东北中国哲学大会在东北大学召开，内容涉及《管子》、《鬼谷子》、《淮南子》等文献及全真教。六朝学术学会举行的活动中，2009年与中哲相关的侧重点在于柳宗元与经学以及陶渊明的思想。名古屋大学中国哲学研究会2009年的主要活动和《韩非子》、《传灯录》、王阳明思想等相关。2009 年 8 月，在北海道大学召开了第五届“科举制和科举学”国际会议。2009 年 11 月，在同志社召开了“东亚汉籍学术交流”国际会议。

2009 年日本关于中国哲学的著作，以庄子研究为一大亮点。池田知久出版了《道家思想的新研究——以〈庄子〉为中心》，此书是以《庄子》为主要线索展开的一部完整的先秦道家哲学史，分上下册，共 15 章。其他还有中岛隆博的《庄子——让我变成鸡司夜吧》，此书除了对中国及欧美庄学研究的介绍外，主要是作者对庄子语言思想研究的一个总结。

2009 年在研和新获的研究项目遍及中哲研究各个方面，这里举一些比较大的、有典型意义的项目。如《东亚死与生的景观》（岩手大学藪敏裕）、《宋元明佛教道家交流与日本的宗教、思想》（东京大学横手裕）、《通过儒学文本考察近世思维方式的形成》（广岛大学中村春作）、《中国思想文献在日本近世社会的流传——以新儒学和医学文献为中心》（东海大学恩田裕正）、《东亚传统教养的形成与展开；以书院、私塾教育为中心》（关西大学吾妻重二）、《战国楚简与先秦思想史的综合研究》（大阪大学汤浅邦弘）、《新出土资料所见古代东亚世界的各种面貌》（日本女子大学谷中信一）等。

总之，日本的中国哲学研究，不像中国有强烈的时代意识、建构意识，主要是作为一种学问的、历史的对象来研究，仔细扎实、不作空洞理论是其主要特色，在个案研究上有不少亮点，但在总体把握上比较欠缺，能够集大成的大家越来越少。

推荐参考文献

英美哲学：

1. Robin Jeshion. The significance of names. Mind & Language, 2009 (24).

2. William Child. Wittgenstein, dreaming and anti-realism: A reply to richard scheer. Philosophical Investigations, 2009 (32).

3. Arvid Bave. A Deflationary Theory of Reference. Synthese, 2009 (169).

4. Hans-Johann Glock. Concepts, conceptual schemes and grammar. Philosophia, 2009 (37).

5. Alberto Voltolini. How demonstrative pictorial reference grounds contextualism. Pacific Philosophical Quarterly, 2009 (90).

6. A. I. Goldman. Simulating minds: The philosophy, psychology, and neuroscience of mindreading. Oxford: Oxford University Press, 2006.

7. Sydney Shoemaker. Physical realization. Oxford: Oxford University Press, 2007.

8. Richard Moran. Authority and estrangement: An essay on self-Knowledge. Princeton: Princeton University Press, 2001.

9. Thomas Baldwin. Reading merleau-Ponty: On phenomenology of perception. London and New York: Routledge, 2007.

10. Tamar Gendler, John Hawthorne. Perceptual experience. Oxford: Clarendon Press, 2006.

11. Marc Lance. Laws and lawmakers. Oxford Uni. Press, 2009.

12. Michael Weisberg, Ryan Muldoon. Epistemic Landscapes and the Division of Cognitive Labor. Philosophy of Science, April 2009 (76).

13. Mohan Matthen, André Ariew. Selection and causation. Philosophy of Science, April 2009 (76).

14. Thomas Christiano, John Christman eds. Contemporary debates in political philosophy. Wiley-Blackwell, 2009.

15. Graham Oppy, Nick Trakakis eds.. The history of western philosophy of religion. Vol. 1-5, Acumen Publishing Limited, 2009.

16. Seyyed Hossein Nasr. Islamic philosophy from its origin to the present: Philosophy in the land of prophecy. State University of New York Press, 2006.

17. Joshua A. Berman. Created equal: How the bible broke with ancient political thought. Oxford: Oxford University Press, 2008.

18. Charles Mathewes. A theology of public life. Cambridge: Cambridge University Press, 2007.

19. Terence Cuneo ed. Religion in the liberal polity. University of Notre Dame Press, 2005.

20. Witte and Alexander eds. Christianity and law: An introduction. Cambridge: Cambridge University Press, 2008.

21. Richard A. Hughes. Pro-Justice ethics: From lament to nonviolence. New York: Peter Lang Publishing, Inc., 2009.

22. Stanley Rudman. Concepts of person and christian ethics. Cambridge: Cambridge University Press, 1997.

23. Anna Moltchanova. Collective agents and group moral Rights. Journal of Political Philosophy, Vol. 17, Issue 1, March 2009.

24. Charles Beitz. The idea of human rights. Oxford: Oxford University Press, 2009.

25. Sonu Bedi. Rejecting rights. Cambridge: Cambridge University Press, 2009.

26. Charles Larmore. The autonomy of morality. Cambridge: Cambridge University Press, 2008.

27. David Estlund. Democratic authority: A philosophical framework. Princeton University

Press, 2008.

28. Joshua Cohen. Philosophy, Politics, Democracy: Selected essays. Harvard University Press, 2009.

29. Peter van Inwagen, Dean Zimmerman eds. Persons: Human and divine. Oxford: Oxford University Press, 2007.

30. James Tully. Public philosophy in a new key. Vol. Ⅰ, Democracy and Civic Freedom; Vol. Ⅱ, Imperialism and Civic Freedom; Cambridge: Cambridge University Press, 2008.

31. G. A. Cohen. Rescuing justice and equality. Cambridge, MA and London, England: Harvard University Press, 2008.

32. Jesse Prinz. The normativity challenge: Cultural psychology provides the real threat to virtue ethics. Journal of Ethics, Vol. 13, 2009.

33. Sterling Lynch. The fact of diversity and reasonable pluralism. Journal of Moral Philosophy, Vol. 6, 2009.

34. Amartya Sen. The idea of justice. Cambridge: The Belknap Press, 2009.

法国哲学:

35. François Jullien. Les transformations silencieuses. Grasset, 2009.

36. Jacques Derrida. Séminaire, La bête et le souverain: Volume Ⅱ (2002—2003). Editions Galilée, 2009.

37. Emmanuel Lévinas. Oeuvres: Tome 1, Carnets de captivité suivi de Ecrits sur la captivité et Notes philosophiques diverses, Grasset & Fasquelle, 2009.

38. Jean-Luc Marion. Certitudes négatives, Grasset, 2009.

意大利哲学:

39. M. Vegetti. Un paradigma in cielo. Platone politico da Aristotele al Novecento. Carocci editore, Roma, 2009.

40. Massimiliano Lenzi e Alfonso Maierù (a cura di). Discussioni sul nulla tra medioevo ed età moderna. Leo S. Olschki editore, Firenze, 2009.

41. Guido Alliney. Il nodo nel giunco. Le questioni sulla libertà di Enrico di Gand. Edizioni di Pagina, Bari, 2009.

42. Cesare Catà. La croce e l'inconcepibile. Il pensiero di Nicola Cusano tra filosofia e predicazione, Eum, Macerata, 2009.

43. Roberta Picardi. Il concetto e la storia. La filosofia della storia di Fiche, Il Mulino, Bologna, 2009.

44. Emanuele Severino. Gli abitatori del tempo. La struttura dell'Occidente e il nichilismo, Rizzoli, Milano, 2009.

俄国哲学：

45. П. В. Алексеев. Философы России начала XXI столетия（Биографии，идеи，труды. Энциклопедический словарь）. Москва：РОССПЭН，2009.

46. Философия и этика：сборник научных трудов，К 70 – летию академика А. А. Гусейнова РАН. Москва：Альда–М，2009.

47. В. С. Семенов. Социализм и революция XXI века：Россия и мир，Москва：Книжный дом "Либероком"，2009.

48. Е. Н. Гнатик. Генетическая инженерия человека：вызовы，проблемы，риски，Москва：Книжный дом "Либероком"，2009.

49. М. Ю. Смирнов，Религиоведение в России：проблема самоидентификации. Вестник московского университета. Философия，2009（1）：90–106.

日本哲学：

50. 岩佐茂マルクスの構想力——疎外論の射程. 社会評論社，2009.

51. 季報唯物論研究. 2010（2）

52. 戸田清. 環境正義と平和—「アメリカ問題」を考える. 法律文化社，2009.

53. 長島誠一. エコロジカル・マルクス経済学. 櫻井书店，2009.

54. 日本中国学会便り. 2009（12）.

55. 日本中国学会便り. 2010（4）.

56. 池田知久. 道家思想の新研究——莊子を中心にして. 汲古书院，2009.

57. 中島隆博. 莊子——鶏となって時を告げよ. 岩波书店，2009.

审稿人：韩　震　刘　闯　余纪元

执笔人：李　红（语言哲学）　田　平（心灵哲学）　孙卫民　李建会
董春雨（科学哲学）　李绍猛（政治哲学与伦理学）
王成兵（实用主义哲学）　曹卫东（德国哲学）
尚　杰（法国哲学）　严春友　Filippo Mignini（意大利哲学）
张百春（俄国哲学）　韩立新　曹　峰（日本哲学）

第三章

经 济 学

摘要

在2010年的报告中，我们把重点放在了国外经济学包括金融学界有关金融危机的体制性反思方面。在经济学领域，过去一年，国外主流经济学家们从包括金融监管体系和主权债务问题等在内的角度对于金融危机的宏观体制原因进行了分析，其中值得中国读者关注的是关于金融监管体系改革的讨论。而在与此相关的微观研究领域，关于金融机构的各种相关研究也有了很大进展。在其他领域方面，计量经济学界关于方法论的反思在过去一年也引人瞩目，学者们围绕实验方法在计量经济学界所引起的影响进行了讨论。而对于作为经济研究尤其是宏观经济学研究基石的国民核算体系是否应该改革的问题在过去一年也有了很多研究，相关研究非常值得中国读者关注。最后，气候变化相关问题和公司治理问题等领域也都取得了一定的进展，其中不少研究对于我们也有一定的借鉴意义。

Abstract

As in our report of last year, we still focus on the literature stimulated by the global financial crisis. More emphases were put on the institutional issues related to the financial crisis. From a macro perspective, foreign economists paid their attention to financial supervision and regulation system reform, which should also interest our Chinese colleagues. Issues about sovereign debt default are also covered in our report. From a micro perspective, research about financial institute operations surged in the past year. Meanwhile, econometricians engaged in a heated debate about experimentalism in econometrics. The needed innovation in national account system was another hot topic and should be followed carefully by our Chinese colleagues. Other issues we covered here include consequences of global climate change and advancement in corporate governance.

在 2009 年，世界经济整体上经历了从危机到初步恢复的过程，这场金融危机带给经济学界的反思仍然在继续，但是学者们的研究兴趣已经逐渐地从金融危机成因和后果等相对表面的方面转向了更深层次的制度建设相关问题上。这些思考从宏观和微观两个角度出发。在宏观体制方面，包括了金融监管体系的改革以及主权债务问题等。其中，对于央行这个主要的监管机构如何进行职能改革是一个非常重要的方面。伴随着美国金融监管改革法案的酝酿和出台，这也是过去一年在宏观经济学界最为重要的讨论之一。金融危机尚未完全结束，欧洲主权债务危机又已涌现，而且这一次，不但新兴市场经济体受到了影响，很多西方核心经济体的主权信用也受到了质疑，到底目前关于主权债务的研究进展如何，我们也在今年的报告中进行了总结。在微观体制方面，作为金融体系核心的金融机构在这次危机中所表现出的问题也引起了大家的关注。经济学家们，尤其是金融学领域的经济学家更加重视对金融机构的研究，对与金融机构相关的问题以及这次危机所涌现出的各种新风险问题都有比较详尽的分析。在金融机构的经营、公司治理、产品设计等对于金融危机的影响方面，都有大量的研究；同时，金融危机后人们对于系统风险的重新思考突破了传统的框架，尤其是在系统风险的来源以及产生机制上，又加入了对巨灾风险、信心风险等新风险类型的探索。在我们提到的这些制度建设相关问题的研究中，有不少对于我国经济学界和经济管理部门应该都有一定的启示意义。

除上述进展以外，其他研究领域的发展也取得了很多成果。计量经济学理论方面，实验方法在计量经济学领域的应用经过了多年发展，地位日益重要，但也引起了人们大范围的反思，对于这些讨论的最新进展，我们在今年的报告中予以关注。另一个值得关注的领域是关于国民经济核算体系改革的讨论。继金融危机爆发引起对宏观经济学理论发展方向的讨论以后，作为宏观经济学研究基础的国民经济核算体系的改革也被大家所关注，大家开始质疑已有的国民经济核算体系是否仍然适合现在的经济发展理论和实际情况。可以想见，这一同样酝酿多年的改革一旦被提上议程，也将可能引起宏观经济学研究的另一场革命。这方面的研究值得我们重点关注。气候变化当前依然是国际舞台上的热点，继过去几年的报告以后，我们今年继续关注这一领域的最新发展。在传统的公司治理领域，金融全球化和资本自由化以及金融危机也激发了对一些新问题的讨论。下面我们将就各领域的主要进展分别进行论述。

一、关于央行职能问题的讨论

在席卷全球的金融危机以后，大家开始反思西方各国的主要中央银行在这场危机中所扮演的角色：为什么他们无法预期危机的到来？金融危机及其后实体经济大幅下滑带来的政治压力让人们呼吁对金融系统包括央行的权力进行重大改变。以美国为首，西方各国在金融领域的改革成为过去一两年经济和政治生活中的重要议题，因为一旦新立法通过以后在政治上具有难以逆转性（Feldstein，2010），一些重量级的宏观经济学家纷纷对改革提出他们的看法，希望能对这个立法过程产生更多的影响。在这方面比较有代表性的是 Feldstein（2010）和 Blinder（2010）的观点，事实上，从现在的情况来看，他们的很多观点都已经在美国的金融监管改革法案中有所体现。

（一）关于美联储监管职能改革的讨论

在这场全球金融危机中，西方各主要央行里，美联储的角色无疑是最受关注的。美联储为应对危机采取了很多手段，这些手段从目前来看取得了不错的效果，美国经济迅速走出了谷底。Cecchetti（2009）对于美联储在危机前后宏观管理手段的变化进行了分析。当危机在 2008 年 8 月爆发的时候，美联储意识到他们手中的传统工具并不足以应对这一场危机，于是他们为把流动性配置到他们认为最急需的机构手中而做了一系列监管手段方面的创新。从央行的资产负债表来看，这意味着美联储从仅仅关注于他们资产负债表的规模（以此来调控市场利率）而变成也同时关注资产的构成。可见，面对危机，美联储对其监管职能以及政策工具进行了一定的改变。

在美联储这些改变的背后，事实上人们对美联储的职能改革有更大范围的思考。在美国，人们认为美联储的货币政策失误和监管失灵对于危机爆发前的资产风险和资产泡沫起到了推波助澜的作用，有人因此对目前以美联储为主体的监管体系起了质疑。但是，Feldstein（2010）认为今天需要进行的改革是想办法提高美联储的监管水平而不是简单削减它的权力，美联储应该继续扮演主要监管者的角色并且还要一定程度上加强其权力。他认为，尽管成立一个联席监管委员会（a Council of Supervisors and Regulators）可以在处理大危机的时候起到有效的作用，但是这样一个委员会并不应该取代美联储在整体经济政策决策中的核心地位，因为由一个特定机构而非委员会来执行这一功能会更有效率；他还建议在美联储联邦公开市场委员会（FOMC）的会议中应该增加一个环节来讨论潜在的系统性风险的发展态势。另外，鉴于新成立一个机构所需要的社会组织成本（培养有经验的监管人才，提供稳定的前景来吸引高素质人才等）以及英国类似尝试的失败，他也反对成立一个全新的综合监管机构，而是认为一个更好的方法是在现有机构内部进行改革，对这些机构的监管手段进行加强，而承担这一责任最好的载体仍旧是美联储，所以类似于消费者金融保护组织之类的新机构最好是在美联储内部设立。

当然，Feldstein 并不认同无限扩大美联储的功能，而是认为美联储和其他监管机构之间应该进行分工调整，以达到最好的监管效果。美联储应该全面监督有可能导致严重系统性风险的大型银行控股公司及非银行机构，并对于这些被其监督的机构具有清算授权（resolution authority），而其他较小的银行控股公司则应交给其他监管机构，这样有助于美联储集中精力。他也同时反对限制薪酬的方案，认为由于金融行业的一些特征，美联储拟议中的一些限薪政策并不能起到降低风险的作用，可能只会改变风险承担的形式，或者把风险转移给其他机构。此外，在危机中美联储采取的许多政策已经超出了传统货币政策的范围，紧急情况下采取的一些措施延续时间过长等问题也可能导致潜在风险，为了防止美联储在政策实施过程中可能出现的问题，美联储现有的很多权力应该更多受到国会和财政部的监督。

Feldstein 的其他建议还涉及加强对银行资本风险的定义以使银行有更为强健的资本准备等。他认为，作为一个监管机构，美联储在其近一个世纪的历史上犯过不少错误，但是它通过这些错误不断学习和完善，今天对于美联储的进一步改革也是这个过程的一部分。

与 Feldstein 更多从操作层面给出分析不同，Blinder（2010）从更加理论的角度，基于范围经济（economies of scope）的概念来对央行在现代经济中所应该承担的职能进行了分析。他把央行的职责从宏观到微观划分为四类：货币政策，金融稳定［宏观审慎（macro-prudential）］政策，监管大型金融机构［微观审慎（micro-prudential）］政策，监管小型金融机构。在这四个职能中，他认为前三者存在着比较明显的范围经济，这三个政策目标和政策实施手段之间的关系如此紧密以至于应该由同一个机构来实施这三个职能才是最有效率的，所以这三个职能都应该交给美联储。而在最后一个职能——监管小型金融机构上，因为大型机构和小型机构在经营风险、资产结构等方面都有很大不同，监管小型机构的职能与前三者的范围经济不明显，所以这个职能应该从美联储进行剥离而由其他监管机构来履行。在这里，Blinder 得到的结论与 Feldstein 有类似之处，即央行应该集中监管那些对整体经济具有系统重要性的机构，而把其他机构的监管任务交给其他单位。

但是，Blinder 在认为央行应该对系统性风险有足够监管能力的同时，也认为央行应该集中于自己的核心业务，而把诸如消费者保护这样的边缘业务剥离出来，这就跟 Feldstein 的观点有一定的差异。

此外，Blinder 讨论了在传统货币政策制定方面美联储所面临的一些问题，包括是否应该比现在承担更多对国会的责任，是否应该增加 FOMC（联邦公开市场委员会）中通过政治任命成员的人数，还有一个则是跟金融危机紧密相关的，即美联储是否应该刺破泡沫或者至少应该关注资产泡沫问题。对于这最后一个问题，以前美联储一直使用所谓的“格林斯潘-伯南克方法”：即避免对市场定价进行猜测，而是在泡沫破灭后进行善后处理。关于刺破资产泡沫的争议很多，作者认为区别在于这个泡沫的成因，事后清理的方法适用于股权资产泡沫（比如科技股泡沫），而对于信贷放松引起的泡沫（credit-fueled bubbles）（如房价泡沫），中央银行应该致力于提前抑制。在一些最新表态中，Bernanke（2010）的立场也与此相近，认为资产泡沫确实造成了很大损失，应该采取措施来防范资产泡沫的发生，从更为系统性的视角上来看待杠杆率和流动性这样的指标，也认同应该使用更好和更巧妙的监管手段来对如房地产泡沫这样的潜在系统风险进行控制。他认为，控制资产泡沫更为有效的是监管手段而非简单地使用货币政策，而如何改革来使得监管体系更有效率是目前面临的最大问题。这再次说明目前对于央行改革的呼声更多来自于对其监管职能和手段的改革方面。

（二）关于央行监管行为的理论和历史探讨

上述研究与当前正在西方国家进行的金融体系改革实践活动有着紧密的关系，与此同时，过去两三年一些学者也从理论的角度对央行监管行为进行了分析。

Farhi 和 Tirole（2009）阐述了在私营部门策略性地选择杠杆率的情况下，中央银行在货币政策和监管方面应该采取的对策。他们的理论模型描述了这样一种情形：私营部门会根据货币政策来对自己的杠杆率进行策略性选择。假设货币政策并没有一个明确目标，而且货币政策干预的收益和成本分别如下：私营部门杠杆率越高，事后干预的收益就越大；而干预带来的扭曲成本是不随杠杆率而变动的。这种情况下，私营部门在获知未来需要大量流动性这样的信息以后，可能会故意增大自己的杠杆率来促使央行进行事后干预。利用这个模型可以推导出如下结果：最优货币政策应该随时间变化，央行对于金融系统的宏观审慎监管（macro-prudential supervision）是必要的。

Allen，Carletti 和 Gale（2009）则描述了央行对银行间交易市场进行干预的机制。长期性安全资产是银行间市场的主要交易对象，当银行在这个市场中找不到足够的交易机会来对冲流动性冲击时，银行间市场就会出现较大的价格波动。对于银行来说，如果它们发现整体市场流动性的不确定性要高于其个体的不确定性时，就可能把流动性储存起来而不与其他对手进行交易。在这种情况下，中央银行通过公开市场操作来进行干预能够提高效率。

Acemoglu 等（2008）在政治经济学的分析框架下分析了央行改革是否能够降低通胀率这一问题。他们发现，改革要产生效果必须考虑到当地的制度环境，只有那些政治约束中等的体制下，央行改革才有效降低了通胀率。当一个社会的政治约束很强或者很弱的情况下，央行改革并不能有效降低通胀率。这是因为，在政治约束很弱的环境下，央行改革本身可能会引入更多扭曲，所以改革不会起作用；而在政治约束很强的环境下，原来的政策扭曲就不大，所以改革作用也不大。另外，一个领域的改革必然会在其他未改革领域带来冲击，导致这些部门要作出更多的扭曲来弥补影响，所以他们也如理论预期那样，发现在央行改革降低了通胀率的经济体中政府的支出会上升。

在关于央行货币政策的讨论中，最近几年一个比较热门的话题是关于货币政策透明度的讨论。

Crowe 和 Meade（2007）在对过去 20 年中世界各国央行的治理结构及其行为变化所进行的研究中发现，虽然不同国家和地区央行的政策目标、政策手段和组织结构被大量改变乃至完全重构，但是央行治理结构整体来说在两个方面——央行的独立性和透明度——上有了不同程度的发展，他们还讨论了这些进展对于通胀的作用。

Sibert（2009）使用一个理论模型说明了一个透明制度的优越性。由于中央银行对其本身的政策偏向拥有私有信息，所以中央银行在设定其通胀目标时，会倾向于设定一个更低的通胀目标来让公众对央行厌恶通胀的态度有足够的认知，从而降低公众未来的通胀预期。作者比较了透明和不透明的两种通胀目标制度：在透明制度下，央行的计划通胀率是可观测的；而在不透明制度下，央行的计划通胀率不可观测，这个时候公众就以真实通胀率来推断央行的目标通胀率。当不透明的制度开始增加其透明性，也就是真实通胀率更能反映央行的通胀目标时，作者得到的结果有些出人意料：公众推断央行私有信息的能力并不会得到改善。最后，作者对比了透明和不透明两种体制，结果显示，无论是社会公众还是央行都可以从更透明的制度下获益，他们也应该更偏向于透明制度。

Dincer 和 Eichengreen（2009）对 2006 年以前 100 个国家央行货币政策透明度的决定因素和后果进行了研究，发现近年来各国央行普遍提高了他们的透明度，而且在那些政治制度强健和稳定的国家，透明度更高。他们还发现，更透明的货币政策执行过程会降低通胀波动性，但是并不能降低通胀持续的时间。

央行的透明度与央行的沟通策略也有很大关系，Blinder，Ehrmann 和 Fratzscher 等（2008）总结了关于央行沟通方式的研究。这一领域的研究发现，沟通策略可以成为中央银行的重要政策工具，因为它确实具有驱动金融市场和增强货币政策的预测性的功能，而且还潜在地有助于达到中央银行的宏观经济目标。但是在沟通策略的选择上目前还存在非常大的差异，这意味着在什么才是一个最优沟通策略上大家还没有达成共识。实际上，这种沟通策略一定程度上也是央行提高透明度的方法之一。

在这一轮新改革酝酿之前，也有学者从历史的角度回顾了央行在历史上的角色以及角色的变迁。这些经济史研究对于我们加深对央行决策过程以及其监管机制的形成都有重要的作用。

Jeong，Miller 和 Sobel（2009）从法律起源和政治博弈的角度对美联储系统独立性的起源进行了研究。他们发现，与现有解释不同，美联储在组织结构上的独立性并不是当时的立法者有意为之，而只是不同集团妥协的一个产物。通过一个新分析方法，作者发现美联储最后的法定结构跟立法者最开始的设想有很大区别，他们还通过这个例子说明，当政治人物的短期激励促使他们追求不稳定的政策和个人利益时，政治妥协有时候会把官僚隔离在系统之外，从而带来意想不到的效果。

类似的，Nelson（2009）也利用历史文献资料研究了英格兰银行采取通胀目标制背后的原因。他发现，根据过去半世纪英国决策者对于货币政策的声明来看，英国货币政策目标在这一期间并没有发生改变。与传统的说法不同，英国目前采用通胀目标制货币政策的原因并不是因为决策者们的政策目标发生了改变，发生改变的只是决策者对于货币政策传导机制以及决策模型中部分参数变动机制的看法，通过对于这些变动的不断检查更新，决策者们不断实施新的政策手段。作者还发现，即使在 20 世纪六七十年代，英国的货币政策决策者也没有相信传统菲利普斯曲线中隐含的产出和通胀率的取舍关系，货币政策的决策机制实质与经济学家们的传统看法之间存在很大的差异。

总而言之，在全球金融危机下各国央行面临了很大考验，而今天对于整个金融监管体系的改革又与央行密不可分。尽管目前的讨论都集中在美联储上面，但是金融监管系统的改革将肯定会对金融市场乃至整个世界经济产生重要影响，也为我国相关领域的决策者和研究者提供一定的借鉴意义；而且这场改革以及与之相关的研究仍然在不断涌现，值得我们持续保持关注。

二、主权债务问题

主权债务问题一直都是国际经济学领域的热门话题，这一方面源于20世纪七八十年代以来新兴市场经济体不断出现的债务危机，这些危机导致各种严重后果，而对于危机的起因和性质，以及如何防范危机等方面的研究也都层出不穷。随着最近两年金融危机爆发，西方发达国家的主权债务问题也开始受到大家的关注，在未来的一段时间里，我们可以预期在这方面将会有更多的研究。在这里我们首先总结一下过去两年在主权债务问题方面所做的一些主要研究，当然，这些研究除了很少部分以外，大多数涉及的研究对象依然是新兴市场经济体。

（一）主权债务理论的发展

主权债务和一般的公司债务有很大不同，因为主权债务一旦遇到违约危机时，债权人并不能强制执行债务人的固定资产和现金流。既然在主权债务问题上存在着这种执行难题，那为什么我们还可以观察到主权国家对于其外债的偿付呢？另外，国际资本流动和国际间资本有效配置所面临的一个很大的障碍就是拒付和没收的风险，那为什么国际主权借贷乃至于更广泛的国际资本流动能够得以持续呢？在现有文献中，大部分研究认为主权债务是通过一些潜在惩罚手段来威胁债务人进行偿付的，如可能无法从国际市场融资或者是贸易制裁等。但是在最近几年，这种传统说法受到了很大的挑战。

首先有部分学者通过历史回顾对这个问题进行了分析。Tomz（2007）研究了三个世纪以来的国际债务问题，对面临拒付风险下的国际借贷的决定因素进行了分析。使用历史数据，他发现债务国经常寻求建立自己遵守债务合同的声望来获得未来的贷款，而军事和贸易制裁等外部强制手段对于贷款的持续性来说并不重要，所以他认为声誉机制是促使主权国家和国外贷款者进行合作，从而促使主权债务出现的原因。Gersovitz（2009）则把Tomz所关注的主题置于一个更为宏观的视野下进行研究，因为主权借贷行为是更广泛的国际资本流动的一部分，所以对于主权借贷障碍的研究实质上也就是研究了到底什么因素阻碍了资本流动。历史上的主权债务危机并不仅仅发生在国际之间，Reinhart

和 Rogoff（2008）利用他们建立的大样本历史数据库（长达 8 个世纪各国的债务危机事件）对国内主权债务违约事件进行了研究并得到了很多有趣的新发现。

Guembel 和 Sussman（2009）从国内政治的角度主权债务问题进行了研究。他们建立了一个违约惩罚不能严格执行情况下的主权借贷理论并得到了一些重要发现：当债务同时由国内和国外投资者持有时，国内的中间选民可能会选择支持清偿债务。因为国内的民众这个时候同时扮演两种角色，一种是公共债务的持有人，另外一种是纳税人，他们必须衡量自己这两个角色下的得失来作出政治选择。如果他们的利益更多地和国外债权人一致，那么政府就会在国内政治压力下偿还公共债务。作者还描述了主权债券和公司债券在其他方面的不同，公司债券发行往往需要通过中介机构来发行，并希望持有人不要过于分散，而在作者描述的这种机制下主权债券的发行正好与之相反。从应用的角度出发，他们还分析了债权人高度分散的情况下如何进行债务重组等主权债务经常面临的问题。

Sandleris（2008）则从博弈论的视角解释了政府为什么要偿还债务和为什么要违约。他建立的一个博弈模型显示，在一系列给定条件下，借钱给主权政府可能是一个单次博弈的均衡结果，而且这个结果无论在混合均衡还是分离均衡中都是可持续的。这个模型的结果也显示，制裁威胁和声誉都不是政府偿还债务的必要条件，而信息的揭示机制才是这些结果出现的最主要机制。作出偿还或违约的决策可以被解释为政府给国内外投资者传达的关于经济基本面的信号。政府偿还债务是为了影响投资者对其的预期，而一旦违约，就会改变投资者对于经济基本面的预期，从而导致外国和国内投资的下降以及国内信贷市场的崩溃。政府通过偿还债务来避免这些成本，但是如果这个经济体受到一个足够大的负面冲击影响的话，政府也可能违约。

另外还有研究显示主权债务危机还跟其他影响因素有关，如大量研究显示决策者的频繁更换和国内政治冲突程度会影响主权债务利差（sovereign spread）以及违约率。Cuadra 和 Sapriza（2008）通过在一个小型开放经济模型中把上述的政治因素包括进来，为上述实证研究结果提供了理论基础。和实证研究结果相一致，这个理论模型的数量分析结果也显示政治不稳定或者更为极权的经济体一般会有较高的违约率，其主权债务利差水平和波动性也会更大。

事实上，上面这些研究在很大程度上都强调了国内因素或者国内机制在主权债务违约和主权债务危机事件中起到了主导作用。类似的，Arellano 和

Kocherlakota（2008）也认为主权违约跟国内债务危机之间也紧密相关。他们通过观察发展中国家的数据发现，主权违约往往是大规模国内违约带来的财政压力所导致的，而这种系统性的国内违约事件往往是基本面以外的其他冲击造成的。作者建立了一个与此现象相吻合的模型，这个模型的关键假设就是有大量的企业家资产是无法变现的，这一约束导致国内出现协调失灵的违约危机，因为所有国内借款人的最优均衡决策就是违约。从这一现象出发，作者认为，避免主权债务违约更为关键的一点是建立良好的内部制度而非外部约束制度。

虽然大部分研究强调了内部机制的重要性，也有一些研究显示外部债权人也可能对债务危机的出现起到一定作用。如 Kovrijnykh 和 Szentes（2007）的研究显示外部债权人的决策也可能是造成发展中国家出现周期性主权违约事件的原因。当在位的债权人可以协调他们之间的举动时，会出现这样的情况：在一系列的负面冲击后，在竞争性市场中的债务人所累积的债务规模太大时就可能导致已有的债权人要进行协调来行使他们的垄断权力，不再予以贷款导致危机爆发；尽管债权人可以选择永久行使这种垄断权力，但他们还是会发现最好的选择是在一系列的正面冲击以后让债务人重新能够在国际金融市场上融资。债权人在不同种类外部冲击下的这些决策带来的后果就是形成了新兴市场经济体的周期性违约现象。

最后，Panizza，Sturzenegger 和 Zettelmeyer（2009）对已有的关于主权债务的研究进行了回顾，并把主权债务市场背后的法律原则和最近的大部分债务危机和违约事件联系起来。在回顾中，他们指出，尽管有理论认为主权债务之所以能被清偿是因为这些国家受到外部制裁或者与国际资本市场隔离之类的外部威胁，但是最近的研究发现这种理论得到的支持很有限，越来越多的研究倾向于强调主权债务违约的国内成本。通过总结，作者认为建立一个可以降低主权债务违约成本的制度是可行但也很不简单的事情。

总而言之，关于主权债务理论的新发展越来越重视国内因素的作用，也更加强调了国内制度建设对于预防和解决主权债务危机的作用。

（二）主权债务重组

主权债务危机发生后最常用的解决方案就是债务重组，关于债务重组所遇到的困难、所采取的方式及其后果等也受到研究者的关注。

Bolton 和 Jeanne（2007，2009）研究了如何破解主权债务重组困境的问题。在一定条件下，主权国家的支付意愿和主权借贷中缺乏排他性安排这两个问题可能会导致一个难以对主权债务进行重组的困境。Bolton 和 Jeanne（2007）认为在一个合同执行力弱的环境中，主权债务贷款人可以通过增大事后重组难度的方式增加其获得偿付的可能性。但是，如果债权人之间在偿付要求上展开恶性竞争，其均衡结果就是债务重组变得异常困难。这种市场无效性可以通过建立一个精心设计的破产机制来得以减轻。在他们 2009 年的文章中，Bolton 和 Jeanne（2009）进一步认为虽然通过引入主权国家破产机制可以降低重组困境这种无效性，但是破产机制也只能在债务合同中的那些优先和次要条款能得到强有力执行的情况下才能实现社会最优。而如果我们在破产机制中不强制执行优先权的话，尽管主权债务重组会变得容易，但也会造成整体福利水平下降。

除了主权国家破产机制以外，也有其他一些机制被提及，如 Jeanne（2009）建立了一个国际主权债务到期理论，并把其结论应用于国际金融架构的改革之中。根据模型的分析，对于外部债务的展期需求会约束债务国的政策，但也会使得他们在外部负冲击所带来的债务危机前变得脆弱。作者利用这个模型分析了几种处理债务危机的常见政策建议的社会福利后果，包括国际最后贷款人机制、危机国家的暂停偿付机制等。

Engelen 和 Lambsdorff（2009）则研究了阿根廷主权债务危机中债务重组的后果。在最近一次阿根廷主权债务危机中，债务重组完全没有公共机构的干预，而是完全交给了私人金融市场来解决（这在现代金融危机中是首次）。这场重组中，私人债权人遭受了历史上最为严重的债券折扣额（haircut），作者认为这种情况的出现起码部分可以归因于阿根廷政府所提供的激励方案导致的债权人之间的猎鹿博弈（stag-hunt game）。分析显示，和文献中所认为的相反，在重组过程中，合同里的集体行动和退出共识条款给不同债权人带来的效果是不对称的。在阿根廷这个案例中，在已经违约的债券中加入集体行动条款实际上让那些坚持不让步的债权人最终受益了。

Sturzenegger 和 Zettelmeyer（2007）计算了债务重组给各方带来的后果。他们对 1998—2005 年间与主要新兴市场经济体违约和债务重组相关的债务减免额和债权人损失额进行了计算，发现主权国家从自己的角度出发，使用正常年景下的借贷利率来估算得到的债务减免的数额实际上低于使用市场价格来计算的投资者损失金额。在很多情况下，国家本可以通过其他手段来让自己在重组以后的债务实际负担降低，但事实上他们往往不会这么做，这就意味着债务国知道自己即使在危机过去以后也不会像以前那么容易从国际市场融资。

（三）主权债务危机的后果

前面的研究分别涉及主权债务及其危机的成因、主权债务危机的处理方法，接下来则是关于主权债务危机后果的研究。

有学者首先关注了主权债务危机对于宏观经济的影响。

主权债务危机首先会对投资造成影响。Aguiar，Amador 和 Gopinath (2009) 从政治经济学的角度研究了主权债务和投资周期之间的关系。他们假设一个小型开放经济体中的政府不能对自己的政策作出承诺，同时又意图讨好风险厌恶的选民而因此比市场更缺乏耐心，在这些前提条件下，政府的最优政策选择将导致主权债务和外商投资都形成一个长周期波动。在这样一个最优资本税率内生的环境下，衰退时期投资所受到的扭曲会比繁荣时期更大，从而放大了外部负冲击的后果。政府缺乏承诺会导致投资和政府债务存量之间的负相关关系，即"债务威胁（debt overhang)"效应的存在，在这种情况下单纯降低外债水平无法影响长期的投资水平，也不是一种帕累托改进，真正有效的方法是采取制度上的变化，如强制政府平衡预算来消除投资周期性波动所带来的扭曲。

危机对投资的影响也可能通过其他渠道实现。如过去 10 年发生的货币危机展示了货币大幅贬值带来的资产负债表效应的重要性，货币危机方面的文献也常把信贷萎缩作为危机影响实体经济的一个渠道，Hale 和 Arteta（2009）通过实证研究证实了这一渠道的存在，并对这一渠道的程度和持续性进行了研究：在控制住一些基本面因素以后，他们发现在大幅贬值后的第一年，外国贷款者给新兴市场私营企业的贷款下降了大约 25%，这种减少尤其在头五个月最为显著，而在第二年以后其效应则迅速减弱，并在第三年完全消失。

一些学者也采用动态宏观经济模型研究了主权债务危机对整体经济各方面的影响，如 Mendoza 和 Yue（2008）通过一个更符合新兴经济体特征的商业周期模型解释了新兴经济体在主权债务危机中的经济表现，包括在危机前后产出的 V 型变化，主权利差的反周期表现，净出口的反周期表现等。Arellano (2008) 也研究了新兴市场国家主权违约事件的各种宏观经济后果。最近发生在新兴市场国家中的主权违约事件也往往伴随着利率的大幅上升和经济的深幅衰退。通过建立一个小型开放经济模型，作者研究了违约风险及其跟产出和外债之间的互动关系。这个模型的模拟结果非常符合阿根廷各种经济指标在主权违约危机中的表现。

另外，也有学者从更为微观的角度关注了主权债务危机的潜在影响。Arteta和 Hale（2008）使用微观数据分析了主权债务危机对新兴市场经济体私营部门的影响。在主权债务危机发生后，往往伴随着债务国国内私营企业从国外借贷的下降，这种下降不仅存在于债务重组谈判的过程中，而且在重组协议达成以后也会延续两年以上。这种下降幅度是非常大的，其效应主要集中于非金融部门，并且对出口和非出口企业的影响也是不同的。最后，他们发现这种效应的幅度还取决于债务重组协议的类型。

总之，主权债务危机给一国经济带来的影响非常广泛，现有的研究主要集中在新兴市场经济体上面，而在这些影响中，对于投资的影响是最为直接和重要的，而且这种影响还存在时间效应。

（四）主权债务危机的预测和防范

给定主权债务危机可能带来的持久后果，如何预测和防范这种危机的发生就是一件非常重要的研究任务。

传统理论认为主权债务违约可以部分缓冲产出下降带来的影响，因此在违约和产出之间应该存在一个紧密的负相关关系，即我们可通过对于产出的观察来预测危机的发生。但是这个发现并没有得到历史数据的支持。Tomz 和 Wright（2007）利用 1820—2004 年的主权债务违约和经济增长数据，发现在借款国家的经济产出和债务违约之间虽然存在负相关关系，但这种关系并不强烈。从历史上看，很多国家确实在遇到坏时光（经济产出较低）时违约了，但是也有国家在国内经济情况很好的情况下停止支付，或者有国家在遭到负面冲击的时候也坚持偿付债券。

Manasse 和 Roubini（2009）研究了主权债务危机发生的经济和政治条件，并对如何预测危机的发生提出了自己的看法。使用一种新的统计方法，他们得到了一个关于判别违约者典型特征的简单准则。他们发现主权债务危机之间存在差异，大部分的债务危机可以分成三类：（1）破产事件或者债务无法持续事件；（2）流动性不足事件，即短期债务冲击规模相对于外汇储备来说过大从而导致接近违约的情况；（3）宏观经济和汇率走弱事件（货币的大幅高估和负增长冲击）。此外，政治不稳定和国际金融市场的紧缩也会加剧流动性问题。作者认为，并不能简单地通过债务/GDP 比率这样的单一指标来衡量和预测主权风险，实际上主权债务风险的爆发是几种类型脆弱性组合的结果。通过这样的分类，作者认为这有助于我们采取合适的行动来阻止危机的发生，或者提高我们应对危机的效率。相应的，作者认为一个相对无风险的国家应该具有如下特征：相对于支付能力，外部债务较低；相对于外汇储备，短期债务较低；相对于财政收入，公共债务水平较低；货币并没有被过分高估。这一模型将有助于监管、预测、防范和解决危机。

已有的研究显示，主权债务危机往往是多种因素共同作用的结果，简单地通过一两个指标来对危机发生的可能性进行预测是危险的。在各种主权债务危机频繁发生的情况下，如何预测和防范危机的研究虽然已经有不少，但是成型并得到广泛认可的研究仍不是很多，我们也预期未来在这方面更多高质量研究的出现。

三、国民经济核算体系发展问题

国民经济账户的发展是宏观经济学研究的一个巨大改革，这些账户是宏观经济分析和政策制定的基石，并被认为是二战以后发达经济体宏观经济日趋稳定的原因之一。但是随着经济发展实际和经济理论的不断演进，人们对于现有的国民经济核算体系能否充分反映现实经济发展的种种变化表示了质疑。

Palumbo 和 Parker（2009）利用国民经济核算体系在这一次金融危机中的表现来对其改进的方向提出建议。随着 SNA（1993）体系的建立，便利了经济学家们把实体经济体和金融经济的信息整合在一起进行，使得我们不但可以追踪生产、收入和支出，也能够看到不同部门之间的借贷关系。利用 SNA 体系的这两个特性，他们对美国 2008 年以前的经济数据进行检验并得到如下结论：(1) SNA 体系下的数据能够反映近年来家庭部门杠杆率的提高；(2) 金融服务部门的核算账户很大程度上并没有反映美国住房市场对金融部门影响的增大，也没有及时反映出那些后来把房屋市场风险扩散、放大并最后传导到金融系统和实体经济的因素的存在。根据这些发现，他们就现有的 SNA 体系账户如何进行改进才能有助于预示下一次危机提出了建议。

Jorgenson 和 Landefeld（2009）勾勒了一个“国民经济账户新架构（new architecture for the national accounts)”，为把增长核算跟国民经济核算统一起来提供了一个具备一致性的理论框架。一直倡导要对现有国民经济核算体系进行改革的这两位作者认为，发达经济体的国民经济账户都是在大萧条以后建立的，这些体系侧重于衡量 GDP 或者 GNI 的增长和波动，而对于金融流动和资产负债表的联系则很有限，使得这些体系在现在的经济体系中所起到的作用受到削弱。另外，二战以后，无论在理论、实证还是政策研究方面都对经济增长源泉有了爆发性的研究，但是国民经济账户却并没有随之而发展。比如，随着产出形式的多样化，国民经济账户中并没有反映出这种变化，包括家庭生产、自然资源和环境的使用等产出并不能反映在今天的国民经济账户中。类似的情况也发生在投入方面，如扩展后的投资度量也应该包括研发支出（R&D)、人力资本和其他无形资本，以及其他类市场产品和服务（near-market goods and services)。作者认为，只有把现有的国民经济账户进行扩充，才能使经济理论界的增长核算研究和现实中使用的国民经济账户统一起来。在作者建立的这个新框架下，他们描述了如何把来自分散的统计系统的数据进行平衡和整合来得到关于经济活动的一致估计；同时通过把国民经济账户进行扩充，让其可以覆盖更多的经济增长源泉，包括研发支出、人力资本、各种无形投入以及自然资源；最后，还可以通过一些补充账户让我们衡量经济与环境、家庭生产、健康以及其他类市场活动（near-market activities）之间的互动关系。

作为一个国民经济核算领域的资深专家，Boskin（2009）对于国民经济账户核算遇到的问题、需要进行的改革及其改革的意义进行了分析。他认为，因为国民经济账户本身就是建立在一个包含很多主观判断的分析框架之上的，而随着经济的不断发展，很多原来的主观判断需要进行修正，所以国民经济账户框架确实应该不断改进。统计体系中有很多专业人员一直以来都在不断改进这些统计，并努力使得大部分的历史数据序列能够与新的衡量方法保持一致。但是经济的发展如此之快，使得大部分统计工作只能不断追赶这样一个移动的目标，国民经济核算体系和实际经济发展情况之间的适应性因此就会存在一些问题。但是，他也强调，新架构的建立并不是一个简单的前后划断，而应该是一个连续的改进过程，这个过程包括源数据共享、概念和定义的一致性、不同方法的折中等，而所有熟悉这个体系的经济学家都应参与其中。他还认为，在改革的过程中，一个很重要的任务就是让不同来源的数据能够在概念、定义、统计方法等方面保持一致，而且新的体系也要增加不同部门统计的透明度。一旦这样一个新的国民经济账户新架构建立起来，人们的很多看法和感受可能就会发生变化（比如美国的经济发展水平到底比欧洲高出多少，不同体系下我们会得到不同的结论），从而也对现实的经济决策，包括货币政策和财政政策的目标与执行等产生重要影响。

Landefeld，Seskin 和 Fraumeni（2008）也从现实出发，对于现实中估算 GDP 的过程进行了描述和评价。在美国，GDP 和国民收入账户的估计主要是根据每隔 5 年进行的经济普查所得到的详尽数据来进行的，而在这 5 年之间，则主要根据一些月度、季度和年度的经济指标，结合普查数据来进行估算。在这两者之间如何结合是估算 GDP 时所面临的重大挑战。因为很多这些经济指标收集的目的并不是为了国民经济核算，所以其使用的定义往往不同于国民核算中所使用的定义，在某些情况下，一些部门的经济核算数据甚至是不可得的，这就使得估算的过程更为粗糙。随着数据可得性的增加，过去的估算不断得以修正，从而可以为经济研究和决策制定提供更多的支持。

正如前面的分析中所指出的，在现有的国民经济核算体系中存在的很多不一致性给经济分析带来了困难。Harper，Moulton 和 Rosenthal 等（2009）就研究了国民经济核算中存在的其中一个不匹配问题。他们对如何把 GDP 和生产率核算这两个领域的统计统一起来进行了分析。在宏观经济分析中，进行宏观经济和经济增长分析的两个最重要的统计工具是国民经济账户和多要素生产率统计（multi-factor productivity statistics），在美国，前一个统计是由经济分析局（BEA）来完成，而后一个统计则是由劳工统计局（BLS）来进行，这两个部门的统计各有其优缺点：BLS 关于生产率的度量局限于商业部门，而不包括政府、家庭和非盈利机构，因为要直接衡量这些部门的产出是不可能的，部分原因是这些部门的产出通常并不在市场上销售。而 BEA 统计的 GDP 中则包含了这些部门，他们是通过这些部门的投入来估算其产出的，这就意味着他们隐含假设了这些部门的生产率。很多经济学家认为，把这两个统计体系统一起来是建立一个国民经济核算新架构的重要部分。这两位作者对此进行了尝试，他们对非农商业部门建立了一个统一的生产核算框架，并且对这一框架如何延伸以覆盖整个国民经济体系进行了讨论。

国民核算上的不统一问题在国际比较中则反映为如何使各国具备可比性的问题，现在一个最常用的方法就是购买力平价衡量法。Deaton 和 Heston（2008）对购买力平价法进行了评价。随着购买力平价越来越广泛地被应用到各种国际比较研究中，我们需要对其数据来源、修正过程以及在使用过程中可能遇到的问题有更为深入的了解。所有的购买力平价数据都根源于国际比较项目（ICP），这个项目收集了世界各国的价格信息，从而让我们可以对不同国家的价格差异进行调整。一些问题，包括国际间产品的质量差异，农村和城镇地区的区别对待，如何估计政府服务、医疗和教育的价格，以及地区结构效应等都是我们应该关注的问题。作者最后警告大家，一定要对这些数据在什么时候和什么场合下适合使用保持清醒，一些国际比较即使在理论上来说也几乎是不可能的，而其他一些比较则可能因为实际操作中的困难而使这种比较存在很大风险。

以上的这些分析基本上都是在已有的国民经济核算体系框架内进行的分析，但是随着经济理论的发展，大家开始对于整个国民经济核算体系框架有了更为革命性的想法，即认为应该采用新的指标来衡量社会福利水平。Fleurbaey（2009）对于衡量社会福利水平的新方法进行了总结。今天，不少人认为 GDP 不再是一个衡量个体和社会整体福利的好指标，在过去 20 年中，有不少学者开始寻找更好地衡量“经济表现和社会进步”的替代性指标。四个方法在这篇文章中被比较：（1）“修正的 GDP（corrected GDP）”方法，这个方法主要考虑到非市场行为带来的福利以及对于可持续发展的关切。但因为国民经济核算体系本来在理论上就不是衡量福利的一个好指标，所以这种扩展只是让这个体系的复杂程度加深了。(2)“国民总幸福感（gross national happiness)”的概念，这一研究虽然非常活跃，但是这种衡量方法过于简化和过于主观，在利用这个指标来作为社会评价的度量之前我们需要格外小心。(3) 阿玛蒂亚·森所提出的“能力（capability approach)”衡量方法，但是这个方法更多地停留在理论层面而较难建立合适的综合衡量指标体系。(4) 数量日益增多的“综合指标（synthetic indicators)”，以人类发展指数（HDI）为代表，这是在前面三种方法还不能充分被应用情况下的一个折中方式，虽然缺乏理论依据，但是简单可行。作者最后总结认为，到目前为止，这四种方法还没有趋同并形成一个大家一致认可的方法，现在看起来至少上面提到的这几种 GDP 的替代性指标都是值得进一步研究的。

总而言之，国民经济核算体系作为整个经济研究的重要工具，随着经济理论的发展，这一体系也应该进行不断的改进。但是，对于这样一个沿袭已久的体系进行改进并不是一件轻而易举的事情，如何对现有的体系更好地进行改革以使之适应经济理论的发展和经济研究的需要，在未来一段时间也是众多经济学家努力的方向。

四、计量经济学中的实验方法问题

最近 20 年来，在应用计量经济学领域中使用实验方法进行的研究发展迅猛。实验方法在研究中具备了不少优点，如可以提高计量经济学研究的科学性，这使得该方法广受青睐并迅速普及。但是，对于这种跟经济理论结合相对较少的方法的出现，很多计量经济学家依然持怀疑态度，他们质疑了实验方法在经济学领域的适用性。在过去两年，关于传统方法和实验方法的这些争论逐渐达到了高峰。最后，有学者认为实验方法与传统的经济理论结构方法之间并不是对立的，通过更好地把这两者结合起来，将大大有助于计量经济学的发展。我们在这里将对过去两年在计量经济学领域出现的这些争论做一下梳理。

（一）实验方法的优点

Angrist 和 Pischke 是在计量经济学界中使用实验方法的重要学者，他们在 2009 年出版了他们的专著 Mostly Harmless Econometrics: An Empiricist's Companion。在这本书中，作者认为，随着越来越多的复杂统计方法被应用在计量经济学中，在已有的计量经济学工具箱中有一些工具可能是不必要甚至是有害的。尽管统计方法在不断更新，但是应用计量经济学的核心方法在很大程度上并没有改变，发生变化的只是对于这些基本工具的解读变得更为复杂了。在这本书里，他们认为计量经济学中最有价值的部分就是利用数据对因果关系进行论证，所以他们的研究也主要关注于因果关系的验证，而这一般是通过自然实验或者受控实验方法来进行的。他们的论著一定程度上是对最近 20 年来随机实验方法在计量经济学领域迅速发展的一个小结。

在实验方法学者看来，之所以在计量分析中引入实验方法，一个最主要的目的就是要从纷繁复杂的潜在因果关系中找到项目（或政策）效应的可靠识别方法（reliable identification of program effects），从而建立经济变量之间可靠的因果关系。事实上，这也是对 20 世纪七八十年代占据主导地位的结构方法的一个否定。当时，结构建模方法虽然建立在经济理论之上，但是在计算上面比较复杂，使得结果的敏感性分析往往变得困难；与此同时，大家还发现结构方法的估计结果对于模型方程的具体形式也非常敏感，结果缺乏稳健性。结构方法的过于复杂和缺乏“可信性（credibility）”，也成为了新兴起的实验方法的主要质疑对象（Angrist 和 Pischke，2009，2010）。而与结构方法相反的是，实验方法给研究者带来的好处恰恰就是结构简单，从而整个分析过程更为透明，对于政策或者项目效应的识别也更为可靠。这种方法的另一大优势还在于它更加强调放松方程的形式和分布假设，并允许更大的样本异质性，这就使得实证研究的有效性得到了很大提升（Imbens 和 Wooldridge，2009）。

随着实验方法的引入，Angrist 和 Pischke（2010）认为，实证微观经济学在过去的 20 多年中取得了长足进步，这种进步一方面当然得益于越来越丰富的可得数据和越来越高的数据质量，但也同时得益于计量理论方面的进步，主要是随机实验方法的引入。而且这种方法的引入不再局限于传统的劳动经济学领域，也延伸到了产业组织、发展经济学和宏观经济学等领域。最后他们认为无论是有意识的随机实验还是偶然进行的“自然”实验都已经给实证研究提供了非常大的帮助。

与他们的观点类似，Imbens 和 Wooldridge（2009）也对实验方法在计量经济学中取得的成果表示赞许。他们认为，经济学和很多其他社会科学领域的实证研究的关键在于对项目或者政策干预后果的分析。在过去 20 年里，通过结合已有的计量经济学和统计学方法，学者们对此进行了大量分析，而且到目前为止已经建立了一套基本成熟的分析框架并把这一框架广泛应用于不同领域。这个方法的影响如此深远，以至于现在的政策研究中基本上都使用了“处理效应（treatment effect）”这样的术语来描述实证研究中的政策影响。但是，他们也同时指出，这个方法的发展也使得识别问题的重要性更加突出，也出现了“局部平均处理效应”（LATE，Local Average Treatment Effect）之类很有效但也充满争议的处理方法，计量经济学家们日后还要围绕这些方法进行进一步的深入研究。

（二）对实验方法的质疑声音

伴随着实验方法的迅速发展和实验方法研究者的乐观，对于这种方法的质疑之声也一直存在。

首先，是对于实验方法所得结果解释能力的质疑。如 Keane（2010）认为实验方法学者过分解读了他们的结果中所传递出来的确定性。他认为，在统计研究中，无论如何都无法躲开假设的作用，所以我们从统计中得到的结果肯定不是具有全局性的，而只是具有局部意义或者说临时性的。由于统计研究所具有的这种特点，作者认为，再好的实验设计都无法替代我们对于经济理论的需求，只有结合理论得到的分析才是更有全局意义的。他以市场营销领域的研究作为例子来说明自己的观点。Leamer（2010）也认为，使用自然实验的结果进行外推所得到的结论往往是有害的，他使用了这两年发生的金融危机来作为一个有力的例证。我们刚经历的金融危机事实上非常强有力地说明简单地从自然实验中外推得到的结果是多么危险。因为对历史数据的错误解释，使得评级机构、投资者乃至于我们都认为房屋价格即使在一场严重衰退中也只会轻微下降，而违约率不会大规模提高，而这些预测跟事实刚刚相反。其实，实验方法出现上述问题，一个最主要的症结就是没有充分考虑经济理论的影响，尤其是人的个体选择性，这使得他们的研究结论在进行推广的时候可能存在问题。

其次，则是从经济学和计量经济学研究的本质特性出发提出问题。如 Leamer（2010）从计量经济学的本质出发认为，在计量经济学中，一个完美的计量模型就像可望而不可即的真理，应用计量经济学研究中所存在的一些固有难题并不能通过计量分析技巧本身的改进来解决，所以实验方法研究者有点高估了实验方法带来的改变。他同时还认为随机性的设定本身存在一定的局限，从而实际分析结果和理论结果存在差距，而且敏感性分析的问题在实验方法中也同样存在。Sims（2010）的批评更为尖刻，他认为经济学并不是也不可能是一门实验科学，所谓的“自然”实验和“半自然”实验都不是真正意义上的实验，都只是人们为了逃避计量经济学方法的真正难题而想出来的修辞方法。

最后，大家对实验方法所带来的研究领域扭曲问题表示关注。传统的计量经济学研究应该是先找到有意义的问题，然后再就这些问题找数据和进行分析。但是对于现实中的很多实验方法研究者来说，他们最经常的做法往往是首先发现了一个不错的工具变量，然后看看用这个工具变量能分析些什么问题，这就使得计量经济学的分析有本末倒置的危险。实验方法还可能会使很多研究者逃避那些真正需要他们回答的问题，实验方法过分强调方法论以至于研究者为了寻求更为干净和可靠的实验设计，而研究起一些在过去看起来很奇怪的话题，他们更多的是在追求一个干净的好答案而不是追求一个有意义的好问题。而且，不少学者还认为，计量经济学的核心价值在其对于那些非实验状态下的经济事实同样具有应用性，而目前的实验方法则在很大程度上否定了这个价值（Sims，2010）。

（三）实验方法学派的反驳

对于上面这些质疑，实验方法学者也进行了回应。他们主要的观点是认为实验方法的使用让计量经济学估计的“内部有效性（internal validity）”得到了很大的增强，从而经济学实证研究的可信性也有了很大的加强，虽然这带来了一些成本，但是其对计量经济学科学严谨性的提高还是有很大贡献的。如 Imbens（2010）就认为，尽管对于实验方法的重视可能使研究者逃避那些无法使用这个方法回答的问题，但是在增加经济学实证方法的有效性和可信性方面，实验方法还是作出了重要贡献。

另外，对于人们认为实验方法论下更多的研究是在追求一个干净的好答案而不是追求一个有意义的好问题这种质疑，Angrist 和 Pischke（2010）的反应是认为学术研究并没有小问题，实验方法经常可以起到见微知著的作用，通过研究小问题得到的结论往往可以用于其他更为重大的研究领域之中，而且也有学者利用实验方法对于很多重要的历史事件进行了研究并取得重要成果。

Banerjee 和 Duflo（2009）也为通过实验方法研究发展经济学所受到的质疑进行了辩护。他们认为实验方法和传统方法在很大程度上是互补的，因为研究者利用实验方法可以进入传统方法难以研究的领域，而且，对于实验方法的很多批评事实上也普遍适用于其他方法，只不过是这些批评在对实验方法进行评论的时候显得更为突出而已。当然，他们也承认实验方法研究者应该注意，不要过度解读自己的计量结果。

（四）对于实验方法在专门领域适用性的质疑

除了上面提到的这些具有普遍性的质疑声音以外，随着实验方法的应用最近开始从传统的劳动经济学、产业组织等转向了发展经济学和宏观经济学等领域，关于实验方法在不同领域的适用性和存在的问题也有了不少争议。如

Heckman 和 Urzua（2009）尽管也认同了实验方法在劳动经济学领域所作出的重要贡献，但他们也对劳动经济学中自然实验和随机实验方法越来越多的使用感到不满；Stock（2010）也认为 Angrist 和 Pischke（2010）所呼吁的把实验方法引入宏观计量经济学的做法可能是徒劳的。另外，Leamer（2010）就以刚刚发生的金融危机为例说明简单地把实验研究范式（experimentalist paradigm）套用到宏观经济学中会带来很多问题，他还警告说，在没有对实验方法的适用性和缺点进行深入思考之前，我们不应该把这类简单的“一键式（one button）”方法随便应用于其他经济学科的分析之中。

而最近 10 年中，一个很受关注的实验方法应用领域是发展经济学，比如对于外国援助的有效性、对于健康项目和教育项目实施效果影响因素等研究中都大量引入了实验方法（在我们过去两年的报告中对这方面的重要文献进行了综述）。对于实验方法在发展经济学领域的应用是否恰当，争议尤其热烈。

Banerjee 和 Duflo（2009）对实验方法在发展经济学中的应用进行了总结。在这个总结中，他们为实验方法所受到的质疑进行了辩护，他们认为整体而言实验方法给发展经济学带来了非常大的积极意义，而目前在国际组织支持下也有大量的发展实验正在进行，实验方法在发展经济学中的未来发展前景看好。另外，他们也认为，在发展经济学中，实验并不是随便进行的，一个实验要有意义并对决策者有用，就要求研究者首先有一定的研究抱负并得到经济理论的指引，无论如何，经济学家的洞察力仍应该对政策制定起指引作用。特别的，对于发展经济学来说，随着研究进程的深入，研究者还应该与决策者一起工作，并从成功和失败经验中学习，实现所谓的“创造性实验（creative experimentation）”。

其他一些学者对于实验方法在发展经济学研究中的使用持更为谨慎的态度。如 Acemoglu（forthcoming）认为，发展经济学的实证分析还是应该把经济理论（尤其是一般均衡模型和政治经济学影响因素）置于分析的中心地位来建立模型，然后利用这些模型的估计结果来分析政策的影响或者对虚拟情境（counterfactual）作出分析。那些只使用微观数据而不引入一般均衡和政治经济学理论所进行的对虚拟情境的实证分析将很有可能导出错误的结论。作者使用了发展经济学和政治经济学的一些近期工作来对他的主要论点进行了阐述。最后，Deaton（2010）认为，采用随机控制实验和自然实验方法来对外国援助项目的有效性所进行的分析很多时候在方法论上并不像研究者们自己所想象的那样具有很大优越性，这是因为真实世界中的实验经常会遇到一些实际问题。作者通过发展经济学中的一些比较突出的实验来对自己的说法进行了说明。如果没有对事情背后的理论机制有足够深入的理解，实验方法也一样无法让我们对经济发展有更为科学的认知。Deaton（2010）还认为，最近发展经济学的实验更多地转向了对援助理论机制进行评价而不是对项目本身进行评价，这个研究趋势值得鼓励。

（五）综合派的看法和其他发展方向

事实上，在对实验方法进行一定批评以外，人们也对于计量经济学的进一步发展提出了自己的想法。我们前面已经提到，实验方法的兴起很大程度上与结构方法在20世纪70到80年代遇到的困境有关。在那以后，一方面有很多研究转向了更为简洁的实验方法，但其实结构方法研究本身也取得了不少进展，这些进展反过来也可以为实验方法提供更多的借鉴意义。

正如上面已经提到的，实验方法的一个很大缺点就是其得到的结果往往都是局部的，其研究结论对于样本以外的现象往往没有解释能力，出现这一问题的最主要原因就在于实验方法缺乏经济理论的指引。而结构方法则正好可以解决这一问题，而且因为结构方法包含更多的经济学理论要素，从研究过程来说也更有意义（Heckman，2010）。随着建模技术的发展和经济学理论模型的丰富，结构方法这一分支的研究成果也越来越多，研究者们开始更多关注半参数和非参数方法，并建立更为完整的经济学模型。Nevo 和 Whinston（2010）以产业组织领域的计量经济学研究为例，展示了结构化模型对于实证研究进步的作用。他们认为，计量经济学最近的发展并不仅仅局限于实验方法的引入，通过更多地引入经济理论而得到的结构模型也同样可以使得计量经济学的有效性不断提高。而 Stock（2010）则强调了计量经济学发展的另一个脉络，那就是发展出一些在不同的模型假设下都有效的稳健工具，而现在一个很大的问题就是实验学派已经离经济学理论越来越远了。

最后，还有学者提出了更为雄心勃勃的新研究方案，即把实验方法和结构方法进行整合。Heckman 和 Urzua（2010）认为，实验方法和结构方法各自都拥有优点和缺点，经济理论可以让政策评价问题的陈述变得更为直截了当，而更加先进的统计方法则可以让经济学理论在处理问题时更为有用。他们因此提出了一个能够结合这两个方法优点的第三条道路——Marschak 准则，即估计量的选择应该基于这样的原则：在最少的假设下，挑选那些对于适定经济问题（well-posed economic problems，即设定良好或者定义恰当的经济问题）具有最大解释能力的估计量。更具体来说，就是使用经济学理论首先把要研究的问题模式化（to frame the questions），然后使用统计方法来帮助解决问题。该方法的一个重要优点就是通过这样一个过程，可以迫使研究者们更加清楚地对政策分析的目标进行阐述（而这正是很多结构方法或实验方法研究者经常不进行的分析过程）。通过这种方法，一方面可以使得计算负担减轻，也使得识别问题更加透明，另一方面使之更容易进行重复分析和敏感性分析，也就同时解决了传统结构方法和传统实验方法所存在的主要缺点。

总而言之，实验方法正在日益成为计量经济学中最为重要的分支，其应用范围也不断扩展，从传统的劳动经济学、产业组织理论等向发展经济学乃至宏观经济学领域扩张。但是，在实验方法引入从而增强了计量经济学分析的内部有效性和经济学实证研究的可信性的同时，也带来了不少质疑，包括实验方法缺乏经济学理论指导从而使之结果缺乏推广性，由于实验方法的广泛使用使得很多研究者追求得到好答案而不是追求研究好问题等。这样的质疑在发展经济学这样的专门领域有了更为深入的讨论。面对实验方法的优点和缺点，计量经济学家们也开始探讨更为有效的解决方案，我们可以预期，在这些争论的基础上，我们将很快迎来计量经济学研究方法的另外一个变革。

五、气候变化相关经济学研究的进展

在 2009 年气候变化依然是国际政治经济舞台上最为重要的议题之一，哥本哈根会议的结束一方面意味着气候变化问题的研究的一个阶段性终点，但同时也成为更多这一领域研究的出发点。我们在这里总结了在过去一年发表的关于气候变化的部分研究成果。在过去一年里，经济学家们对气候变化带来的经济后果分别从宏观角度和微观角度进行了分析和总结，然后对现有的气候变化政策工具的影响做了分析，最后还分别从技术进步和政策分析手段方面存在的问题进行了前瞻性研究。

气候变化对经济发展无疑会带来非常重要的影响，Tol（2009）对气候变化的经济后果这一领域的已有研究进行了总结。他认为，气候变化可以认为是一个空前复杂和不确定，并具有重大外部性的事件，这一事件对于经济社会的影响将非常重大。到目前为止，关于气候变化可能造成的经济影响的研究成果并不多，与公众讨论的热度以及拟议中对于二氧化碳减排的大量支出之间不成正比。已有的估算结果显示，气候变化在初期会改善经济福利，但到目前为止这一过程已经基本结束；随着时间的推移，气候变化给经济带来的主要后果将会是压倒性的负面影响。全球平均来说，这种变化的福利损失大约相当于收入减少了几个百分点；而贫穷国家所遭受的损失会严重得多。关于碳排放所带来的边际损失有很多估算结果，但是现有结果普遍很不完善且存在诸多不确定性。总而言之，在这个领域仍有大量的工作需要深入进行。

一些宏观经济学家也对于气温和收入之间的关系进行了研究。如 Dell，Jones 和 Olken（2009）使用 12 个美洲国家的区域数据发现，气温和收入之间的负相关关系不仅在国家之间存在，而且在国家内部也存在；他们建立了一个模型来对此现象进行了解释，并且利用这个模型发现，气温对于收入的短期负面影响中，有一半左右可以通过人们的自我适应来抵消掉。

除了上面这些比较宏观的研究结果以外，其他经济学家从比较微观的层面研究了全球气候变化可能带来的影响。气候变化给人类生活带来的第一个直接影响就在于其对人们健康状况的危害。Deschenes，Greenstone 和 Guryan（2009）研究了气候变化可能对新生婴儿所产生的影响。他们认为，随着极端气温出现的频率增加，气候变化可能会对新生婴儿的体重乃至健康情况产生影响。利用历史数据他们发现，周边环境的极端气温可以影响胎儿的健康状况，并导致婴儿出生时的体重降低，据此他们还预测了气候变化在未来可能给婴儿健康带来的影响。当然，和现有的其他关于气候变化后果的研究一样，他们承认其研究结果是高度依赖于并不确定的关于气候变化的预测，而且也没有考虑气候变化下人们内生的反应行为。Deschenes 和 Moretti（2009）则分析了极端气候事件和死亡率之间的关系。他们发现，无论是极端寒冷还是极端酷热的天气都会带来死亡率的即时上升。结果显示样本中 0.8% 的死亡可以归因为低温，移民对于人均寿命有显著影响，美国预期人均寿命增加中的 4% ~7% 可以由国内区域之间的移民来解释。但是随着美国向南部地区移民的增加，极端高温所造成的死亡人口也在增加。

气候变化对经济造成的另一个直接后果表现在农业生产方面。Felkner，Tazhibayeva 和 Townsend（2009）利用生物和气候模型，结合经济因素，分析了气候变化可能对东南亚水稻生产的影响。他们的研究比较了基准状态、温度缓和上升和温度大幅上升三种场景。比较结果显示，在温度上升较小的情景下，如果维持要素投入不变，收成会减少一点；但农民可以通过改变要素投入结构和数量来使产量提高。而在温度大幅上升的情景下，农民无论如何改变投入都会有比较明显的减产。再次，和前面研究一样，这个研究也是一个静态分析，没有考虑到作物改种乃至移民等因素的影响，所以可能高估了气候变化对农业生产的影响。他们这个研究从一定程度上也佐证了缓和气候变化和急剧气候变化给经济带来的结果可能是截然相反这一观点。

随着各国纷纷把应对气候变化作为自己的重要政策，这些政策的经济后果如何呢？Eichner 和 Pethig（2009）考察了欧盟现有的减排政策安排的效果。在欧盟国家内部，现在同时并存两种碳减排政策安排，一部分减排通过排放交易机制（ETS）在国家之间进行，而其余部分减排则通过征收碳税来在国家内部实现。在这种安排下，个别国家的福利最大化和欧盟整体福利最大化之间就存在一定冲突，而且大国和小国之间也会存在显著的政策效益差异。如何更进一步完善减排政策安排值得大家继续研究。

在西方主要国家开始努力实施的减少国内碳排放的政策中很多都是基于碳排放市场交易的，而在市场交易中的一个核心问题就是如何对二氧化碳排放进行定价，Metcalf（2009）总结了如何对碳排放进行定价方面的研究。他讨论了不同种类的定价方法，并对这些方法的优缺点进行了分析。

而随着世界各国对气候变化的重要性逐渐达成共识，接下来各国之间需要通过合作来共同应对这一问题。Cai，Riezman 和 Whalley（2009）从国际贸易和国际谈判的角度对于不同国家参与全球气候变化协议的可能性和激励进行了研究。全球气候变化协议能够把气候变化的外部性部分乃至全部内部化，但是因为气候变化的成本分担和收益分享之间存在不对称性，不同规模的国家参与全球气候变化谈判的激励也不一样。小国家在碳减排成本和收益之间进行权衡的时候发现，它所作出努力的大部分收益被其他国家所分享，于是他们参与减排的热情就受到了抑制，所以要达成真正有效的全球减排协议，必须建立一个效用转移机制，通过国际贸易来促成全球气候变化协议的达成。

其他学者对气候变化相关领域的其他重要问题也进行了研究。如 Barrett（2009）对于碳技术如何才能取得突破进步发表了自己的观点。他认为，虽然使用现有技术就能够有效降低二氧化碳和其他温室气体的排放量，但如果我们想最终稳定大气中的二氧化碳含量则还需要一次技术革命，因为这意味着要在一个相对短的时期内有一个根本性的改变。目前关于气候技术革命的很多灵感都来自于阿波罗太空计划或者曼哈顿计划，但是气候变化技术突破可能与这两个项目不完全可比，气候变化所造成影响的全球性和复杂性意味着其技术突破并不能通过一个单一技术或者一个单一政府来解决。一个能够从根本上解决气候变化问题的技术改变必然是全面和广泛的，也需要涉及市场力量和全球范围的共同努力。作者最后认为，如果气候变化剧烈，气候技术革命发生的可能性就会大大增加，而这场革命的性质则取决于我们使用什么制度来应对目前面临的挑战。

另一个在现有气候变化经济后果分析框架下一直以来存在的争议就是折现

方法的选择。Weitzman（2009）质疑了目前在灾难性事件进行政策分析时所使用的折现方法。他认为，一些发生概率小但是后果严重的结构性不确定因素，会导致模型结构参数呈现厚尾分布，这种厚尾分布带来的不确定性如此之大，使得折现因子的选择都不再重要了。以气候变化为例，因为现有的知识使我们对这种现象潜在破坏程度的估计范围非常粗糙，体现为模型结构参数存在严重的厚尾分布现象，相比之下，折现因子的选择就显得不再重要了，因此必须对现有的政策分析框架进行调整。

总而言之，在过去的一年中，随着气候变化问题以及相关的国际谈判在国际舞台上扮演重要角色，经济学家们在气候变化相关议题上的研究也有了一定的进展。但是综合这些研究我们发现，困扰这一领域研究的很多难题依然没有得到有效解决，如现有的研究结果高度依赖于并不确定的关于气候变化的预测；而且多为静态研究，很少考虑气候变化下人们内生的反应行为；对于很多间接影响因素还没有充分的研究，等等。我们预期，这一领域的研究仍有很大潜力，并在未来仍然是一个重要的热点。

六、金融机构相关研究的最新进展

自2008年金融危机爆发以来，金融机构在这次危机中所起的作用备受关注，金融机构相关的学术问题也再次受到学者们的重视。学者从金融机构的公司治理、金融机构的资产证券化问题、金融机构的经营问题以及金融机构和实体经济的关系等方面，去探索金融危机出现根源，并利用金融危机期间的事件样本对金融机构现有的一些问题进行研究。此外，对于次贷危机演变成全球性质的经济和金融危机，尤其是金融机构的存在对实际经济增长的影响，也引起了学者们的广泛关注。近一年来，理论界涌现了一系列优秀的研究金融机构问题的理论和实证文献，下面我们将分别予以介绍。

（一）关于金融机构的公司治理问题研究

由于缺乏对金融机构的有效约束机制，金融监管无法介入金融机构的内部经营中来，因此一个好的金融机构公司治理结构才能有效地规避经营上的风险，提升经营的效率。事实上一些早期的研究已经发现了薪酬激励可能对金融机构带来的风险增加。Mehran和Rosenberg（2007）研究了银行CEO的期权激励效果，发现具有较高期权激励比例银行的资产波动性更大，但这些银行同时又拥有较低的负债。这些文献表明银行高管层对薪酬—绩效敏感度的提高会导致更多的系统性风险，即在股东利益最大化与金融稳定之间存在矛盾与冲突。Crawford，Ezzell 和 Miles（1995）就发现放宽管制以后，资本充足率相对较低的银行 CEO 对薪酬—绩效的敏感度越高。

Cihak，Maechler，Schaeck 和 Stolz（2009）搜集了美国各家银行的管理层变动的数据，来分析对银行管理层，有效的市场约束和惩罚机制，他们研究了债权人，股东和监管者在解雇银行管理层中起到的作用，发现当银行处于高风险，遭受损失，削减分红以及持有大量的次级债务时，其管理层更容易遭到解雇。Acharya 和 Naqvi（2009）分析了导致这次危机的根源，他们认为在银行内部，由于只承担有限的责任，而贷款银行是根据贷款金额的总量获得回报的，没有有效的利益约束机制，而在银行外部，当整体宏观经济出现风险时，投资者会减少直接投资，增多所持有的银行存款，这更进一步增强了银行的流动性，使得银行贷款和资产泡沫得以更进一步的增长，直至危机爆发。在宏观经济出现风险时期，央行如果采取扩张性的货币政策，将使得银行的道德问题更加严重。Axelson 和 Bond（2009）通过建立一般均衡模型发现，投资银行的薪酬体制的设计存在着道德风险，由于动态的奖金激励，以及高解雇率，职工很难干到职业的后期，所以投资银行的雇员存在很高的道德风险，会采取过于激进的经营策略，这种道德风险在市场状况景气的时期更为突出，从薪酬设计不合理的角度，说明了金融危机发生的原因。同样，Fahlenbrach 和 Stulz（2009）也对银行 CEO 的薪酬激励进行了研究，通过分析 2008 年次贷危机期间银行的业绩表现和 CEO 的薪酬激励，危机前所持有的股份以及是否在危机时期减持股份等因素之间的关系，发现和银行股东利益更为一致的银行 CEO 并不能更好地领导银行在危机时期获得更高的回报，而具有大量股权激励的银行 CEO，在危机时期的表现更好。Ruediger 和 Rene（2009）检验了 2008 年金融危机期间，银行绩效与 CEO 薪酬、CEO 危机前所持股权以及 CEO 在危机中是否减持该银行股权的关系，结果并未发现显著相关关系。在这次危机中 CEO 持有较多公司股票和期权的银行并没有表现出更好的业绩，相反，无论是在股票收益还是净资产回报率等指标上都表现得很差。他们的结论对传统意义上认为应建立管理层与股东利益联盟的公司治理方式提出了挑战。John，Mehran 和 Qian（2008）以及 John 和 Qian（2003）则认为，由于会受到债权者的监督，高杠杆会降低银行 CEO 对薪酬—绩效的敏感度。

（二）金融机构的资产证券化的问题

Piskorski，Seru 和 Vig（2009）检验了贷款证券化对金融机构处理不良贷款能力的影响。当一笔贷款出现很大的违约风险时，如果这笔贷款已经被证券化，其丧失抵押品赎回权的可能性将显著上升；他们认为正由于贷款证券化对不良贷款处理能力的扭曲，加重了次贷危机。Acharya，Schnabl 和 Suarez（2009）分析了商业银行成立的资产支持商业票据机构在 2007—2009 年金融危机中的作用，发现商业银行尽管通过对资产支持商业票据进行证券化，改善了资产负债表结构，但同时也导致金融风险在银行部门内部更加集中；在危机期间，银行在资产支持商业票据机构中的证券化头寸越多，其股票回报也就越低。Gorton 和 Metrick（2009）把证券化加上短期回购融资称为“证券化的银行业”，认为这种行为和金融危机的爆发存在巨大的关联，通过实证分析了回购市场的交易对手风险（用 LIB-OIS 的利差来表示）和证券化后债券的回购利率有很大的关联性，发现银行的偿债不确定性增大，会使得回购的抵押品价值下降，在危机时，随着资产价格的下降和短期回购市场的要求的抵押折价上升，使得美国银行系统短期流动性枯竭，从而出现了系统性的危机。

（三）金融机构和金融危机原因的关系

Houston，Lin，Lin 和 Ma（2009）通过分析 69 个国家近 2 400 家银行的样本，发现银行债权人权力的提升会导致银行更加倾向于进行高风险的业务，进而使得发生金融危机的可能性上升，而相反，更好的银行信息共享机制，更有利于增强债权人的利益，增加银行利润，并降低银行的风险。Gudzowski（2009）认为由于缺乏对评级机构的约束机制，其通过调低住房贷款的信用评级，使得次贷产品的价格下跌，继而进一步调低评级，这种螺旋式的方式，使得次贷市场快速出现了崩溃，并建议成立国有的住房贷款的信用评级公司，避免私有评级机构的道德风险。Gormley，Johnson 和 Rhee（2009）以 1997—1998 年亚洲经济危机期间，韩国金融机构的例子作为证据，认为即使政府有不对金融机构进行紧急救助的政策，但是投资者对金融机构“太大而不会倒闭”的信念并不会消除。Tarashev，Borio 和 Tsatsaronis（2009）认为将系统性风险分配给金融机构，可以强化对系统性风险的管理，并基于博弈论的理论，设计了一套分配系统性风险的机制。Adrian 和 Brunnermeier（2009）认为金融机构之间实际并不相互独立，特别是在危机时期，金融机构之间的联系更加紧密，因此度量风险不应仅基于一个金融机构，从而提出了一个新的系统性风险度量方法 CoVaR，即金融机构在其他金融机构处于危机时期的在险价值。Ozdagli（2009）构建模型论证了金融机构的实际杠杆率是决定其股票回报溢价的重要因素。Adrian 和 Shin（2009）从理论上证明了，当在险价值（VaR）降低时，金融机构的资产规模和杠杆率都会上升，使得公司的在险价值为固定数，因此，当危机发生，风险上升，降低了金融机构的借债能力，金融机构会通过短期回购市场进行去杠杆化。

（四）金融机构经营问题

Santos 和 Winton（2009）发现低资本金的银行具有更强的议价能力，特别是对于低现金流的借款者，会要求较高的利率，而对高现金流的借款者，其议价能力相对较弱。Jiang，Nelson 和 Vytlacil（2009）通过对国家抵押银行从 2004—2008 年的贷款信息数据进行分析，发现存在贷款经纪商的低质量和借款人伪造信息两个的代理问题，导致不能根据已有的风险因子对贷款进行定价。Shleifer 和 Vishny（2009）认为金融机构的经营行为是受投资者情绪所影响的。构建模型证明了，当贷款的市场价格存在很强的波动性时，银行的信贷行为和实际投资也会存在很强的波动性，导致了银行的不稳定性，特别是杠杆率高的银行受到的影响更大，并证明了银行的利润最大化行为产生了系统性风险。Claessens 和 Horen（2009）研究了外资银行是否有经营优势的问题，通过研究 1999 年到 2006 年间多个国家的外资银行和国内银行的相对业绩表现，发现外资银行是否能取得优势和很多关键因素有关，包括母国和东道国的经济环境，文化环境的相似度等。

（五）金融机构和实体经济的关系

Campello，Graham 和 Harvey（2009）以 2008 年以来的金融危机为样本，研究了融资限制对公司行为的影响，发现在金融危机发生时，金融机构减少了对公司的贷款，使得公司的融资受到约束，因此公司将削减研发经费，减少雇员和资本支出，并倾向于持有更多的现金以备不时之需，因而错过了很多好的投资机会。Ivashina 和 Scharfstein（2009）研究了银行出现危机对非金融部门的影响，发现危机发生时，银行会调低贷款的额度，但这并不会对制造业企业的投资机会造成影响，因为在危机发生时期，这些企业更愿意持有大量的现金。Acharya，Almeida 和 Campello（2009）发现企业的总体风险会影响企业维持经营流动性资金来源的选择，具有高风险（高 Beta 值）的企业或行业，更倾向于选择持有更多的现金，因为去银行贷款需要更高的成本。Giannetti 和 Simonov（2009）以日本银行发生危机时，政府对日本银行的紧急救助作为研究对象，从企业的层面分析了政府紧急救助金融机构的行为对实体经济的影响，发现在政府救助后，银行会向其无论高资质的还是低资质的客户都增加贷款，使得这些企业增加了投资，获得超额的回报。

七、新风险及作用机制文献综述

2008年的金融危机，让学术界又一次开始重新审视传统经济学理论的缺陷。为什么实体经济相对平和稳健，金融市场却会卷起滔天海啸？海曼·明斯基的思想此时听来尤为掷地有声：长期健康的经济增长，使人们敢于去冒越来越大的风险，当大部分人都成为冒险的赌徒时，一点小小的失望情绪就足以酿成毁灭性的后果。金融危机之后，主流经济学界开始寻找过往被忽视的市场风险，试图通过将他们纳入资产定价的理论框架来解释在一些极端情况下资产价格的变化特点，从而获得对资产定价理论更深刻的认识和更有效的风险管理。接下来我们详细回顾过去的一年中，关于一些新风险的引入以及它们作用机制的文献。

（一）灾难风险与异质化投资者假设

我们先来看灾难风险（disaster risk）以及市场中投资者对灾难风险的异质性预期会对交易行为和股权溢价（equity premium）产生怎样的影响。灾难风险可以理解为会对市场造成巨大负面影响的一些极端事件，例如战争、经济危机等。Chen，Joslin和Tran（2009）建立了一个连续时间的交换经济模型，模型中有两类投资者，他们对未来灾难发生的概率和强度有不同的预期，一类是乐观的投资者，一类是悲观的投资者。由于历史上大灾难的发生毕竟是偶然事件，样本数量少，所以市场中的参与者很难利用过往数据对潜在灾难发生的可能性和规模作出准确的估计，出现预期差异在所难免。文章揭示了在一个完全市场当中，预期的异质性会造成很强的风险分担（risk sharing）：悲观的投资者愿意为规避灾难风险付出很高的溢价，使乐观的投资者有足够的激励为灾难风险提供保险。异质性越大，或者乐观投资者的风险厌恶程度越低，这种风险分担的效果就越明显。灾难实际发生之前，乐观的投资者向悲观的投资者出售保险以获得更多的财富，这会降低市场的股权溢价，即使大多数市场参与者对灾难的威胁持悲观态度，股权溢价仍然会处于一个较低的水平。但是当灾难实际发生之后，乐观的投资者会损失掉他们的大部分财富，大大减弱他们提供风险分担的能力，使得股权溢价大幅升高。文章中同时指出，灾难发生会带来资产价格的大幅变化，尽管现实中有保证金、盯市等交易制度，但是道德风险不能避免，这种市场摩擦会减弱风险分担的作用。另外一篇研究内容近似的文献是Dieckmann（2009），分别在完全市场和不完全市场当中探索了灾难的异质性预期对股权溢价的影响。两篇文章的主要区别在于，Chen 等人的文章假设灾难风险服从一个外生的带跳随机过程，而 Dieckmann 的文章中假定灾难风险是一个常数。在 Dieckmann 的文章中，风险分担对股权溢价的影响比较有限。

经典的金融经济学理论建立在代表性经济人（representative agent）的假设基础之上，即所有投资者的预期、风险偏好都是一致的。为了解释实际数据与经典理论结果不符的异象，一部分经济学家尝试引入异质性的投资者，这方面的一些最新成果包括 Longstaff 和 Wang（2009），他们考虑了有两个不同风险偏好的代表性投资者的交换经济模型。风险厌恶程度更低的投资者通过借贷增加杠杆购买更多的股票，同时承担更大的风险。因此信贷市场扮演了具有不同风险偏好的投资者之间分担风险的中心角色。随着经济环境的变化，信贷市场的规模也会随之变化，从而影响到股票的预期回报、波动性，整个经济的利率期限结构，以及股票市场中的交易行为。从文章的实证结果来看，信贷市场规模的变化对预测股票市场的超额回报具有显著作用，与其理论模型的结论相一致。

（二）信心风险

数据显示资产价格的大幅变化通常并没有伴随宏观经济基本面的大幅变化，受此启发，Bansal 和 Shaliastovich（2009a）提出一个一般均衡模型，发现投资者对未来经济增长估计的不确定性很大程度上影响了资产价格和风险溢价。文章中将投资者对自己作出的估计的不确定性称为投资者的信心。模型假定代表性经济人具有递归效用，同时假设消费的增长服从一个期望方差都随时间变化的正态过程。真实的期望消费增长率无法观察，投资者对其的估计受到一个随机扰动信号的影响。信号方差的大小决定市场中信息质量的好坏，并影响投资者估计消费增长的信心。文章把投资者的信心风险（confidence risk）定义为随机扰动信号的不确定性，扰动信号的波动越大，投资者的信心风险就越大。模型设定信心风险服从一个带跳的扩散过程，尽管消费的增长是一个轨道连续过程，但是由于在资产定价时引入了带跳的信心风险，模型就能解释历史数据中经济处于平稳时期，而资产价格却出现大幅变化。Bansal 和 Shaliastovich（2009b）在一篇相关文献中提出了另外一种机制来解释为什么代表性经济人收入平稳的时候资产价格会出现大幅变化。模型背后的直觉是，经济中一些核心信息是无法在市场中完全准确地获得的，但是通过有成本的研究和信息挖掘，经济人可以获得更准确的对经济真实状态的认识。而经济人是否愿意支付一定成本以获得更准确信息由经济的波动性、自身的风险偏好和获得更准确信息的学习能力内生决定。当经济的不确定性高时，投资者更愿意支付成本来了解真实的经济状况，而这种学习了解过程会导致投资者对自身过往信息集的大幅修正，从而引起资产价格的大幅变化。实际数据表明，资产价格的大幅变化受到消费增长波动性的显著影响，但同消费增长水平没有显著关系，与文章的理论分析相吻合。

Hansen 和 Sargent（2009）研究了投资者脆弱信念（fragile belief）引起的逆周期风险溢价问题。文章假定代表性投资者是悲观的，即当未来有不确定性时，他们根据过去信号所建立的对模型的判断会产生怀疑，会认为在所有不确定的可能结果中，最差情况发生的概率最大，这种悲观态度引起了逆周期风险溢价，或者说模型不确定性溢价。然而在这篇文章中，资产价格不只依赖于基于过去信号而得到的未来信号的条件分布，因为投资者会发掘过去可能的对隐藏马尔可夫状态的错误认知以及对未来信号的条件分布的错误认知。

（三）技术风险

Kogan 和 Papanikolaou（2010）用公司的股票回报与投资类技术冲击（investment-specific productivity shock）的协方差来衡量公司的增长价值，是一篇在宏观经济学与金融学理论相结合的前沿成果。公司金融理论认为，公司的市场价值由其资产价值和未来增长价值两部分组成，不同公司间增长价值的差异性可以用来解释其股价变化的差异。然而，公司的增长机会的多少，增长价值的高低是不可直接观察的，因此需要一个衡量公司增长价值的指标。直觉上来讲，公司的增长机会越多，一个正的投资类技术冲击就可以使其有更多的投资行为，还会有更高的托宾 Q 值、投资率和与市场回报的相关性，对于希望把握投资类技术冲击进行投资以在未来实现增长的公司来讲，它们的增长价值较高，而这些投资行为则被其股价变化体现出来。基于此，作者提出了一个衡量企业增长价值的方法，用公司的股票回报率和投资类技术冲击的协方差作为衡量指标。当一个公司的股票回报和投资类技术冲击的协方差较高时，这个公司的增长价值较高，反之亦然。文章的实证检验结果也支持了他们的理论分析：对正的投资类技术冲击高度敏感的企业的托宾 Q 值更高、与市场组合的相关性更高，并且这些公司在研发上的投资也相对更高。此外，文章还检验了用公司的股票回报率与投资类技术冲击的协方差这一衡量指标是否能够反映出公司对其他影响投资行为的冲击的敏感程度。结果发现公司的股票回报率和投资类技术冲击的协方差越高，这些公司对信用价差变化的反应更敏感，并且当总投资率上升时，这些公司的投资率上升得更多也更快。Kogan 和 Papanikolaou（2009）在另一篇文章中更深入地讨论了投资类技术冲击作为市场中一个系统风险来源，在一般均衡模型中引入了投资类技术冲击，建立起了股票回报这与宏观风险之间的联系。不同于一般的技术冲击，投资类技术进步会导致经济中的参与者进行更多的投资行为来实现收益。一个正的投资类技术冲击带来资源从消费向投资流动，使得风险价格为负。

（四）国际风险

Colacito 和 Croce（2009）的文章试图建立一个一般均衡模型来解释国际金融领域中与传统理论相悖的一些事实。之前的研究表明，金融市场的一体化、国际分散化投资对国内消费增长的效果有限。但是之前的文献中，最优国际贸易水平被视为给定的，意味着所有的资产定价都是通过外生的总消费量来导出的。因此这些模型不能准确的度量国际风险分担所带来的福利效应。Colacito 和 Croce 重新研究了这一问题，指出为了更准确地测量国际风险分担所带来的福利效应，需要引入长期不确定性。文章中指出，金融一体化使得投资者能够受益于更多的风险分担机会。当一个国家受到短暂性的冲击时，投资者的边际效用基本不受影响，通过国际风险分担获益的空间也小。但是，当一个长期冲击来临而投资者重视当期的风险分配时，投资者的边际效用会有大幅变化。只要这两个国家不同时受到冲击，国际风险分担就能带来很大的好处。在 Colacito 和 Croce 的模型中，长期风险是进行风险分担的动机，只要引入产出风险的跨期分配考虑，金融一体化能够增加大约 10% 的消费水平。

八、当前公司治理的热点问题研究

作为公司金融的核心部分之一，公司治理研究如何使得公司分散的投资者达成行动上的一致，以及如何协调公司涉及的不同利益主体（包括不同股东、债权人、管理层、员工等）之间的利益冲突。而近年来关注的公司治理方式的研究已经从传统的薪酬机制设计扩展到国际机构投资者以及内部治理和外部治理的复杂互动关系。下面，我们将分别讨论这些关于这些公司治理研究的前沿问题。

（一）国际机构投资者对公司治理的影响

对机构投资者与公司治理的关系研究源于当前金融全球化和资本自由化的

趋势。Aggarwal，Erel，Ferreira 和 Matos（2009）通过研究 2003—2008 年 23 个国家的机构投资者的持股情况，发现国际机构投资者的投资能够对公司治理起到显著的正向影响。他们还发现，来自投资者保护程度较高国家的机构投资者比那些来自投资者保护程度较弱国家的机构投资者能够更积极有效地促进公司治理水平的提高。投资者保护程度低的国家，外来的机构投资者所起的作用就越大。Graham，Li 和 Qiu（2009）研究了私募股权（PE）控股的公司和类似的上市公司之间的区别，发现相对于公众持股的上市公司，PE 控股的公司往往给予管理层更高的激励，且 PE 持股和公司的经营效率以及盈利能力具有相关性。然而这些区别随着 PE 持股公司的上市而很快消失（一到两年）。Bekaert和 Harvey（2000）认为金融全球化和自由化能够有效降低企业的资本成本。Gillan 和 Starks（2003）强调了机构投资者，尤其是外国机构投资者在公司治理实践中所起的作用，认为机构投资者可以通过各种维权行动来迫使经营绩效较差的 CEO 辞职。Stulz（2005）的研究却表明金融全球化是存在一定局限性的，这是因为管理层和控股股东会倾向于建立一种便于追求自身利益的所有权结构，机构投资者的作用不能得到有效发挥。Chen，Harford 和 Li（2007）以及 Ferreira 和 Matos（2008）认为独立的外部投资顾问和对冲基金能够积极地对企业进行监督。Ferreira 和 Matos（2008）还发现在美国以外的国家，外国机构参与持股与公司的价值和绩效显著相关。

（二）关于公司的内部治理与外部治理问题研究

公司内外部治理问题的传统研究认为将 CEO 的决策管理权、董事会的监督权以及投资者的风险分担相分离是一种合理的公司治理结构。

Hansmann（1996）也曾提出了企业的内部监督概念，但并未做详细论述。Morck，Shleifer 和 Vishny（1989）以及 Shleifer 和 Vishny（1997）的研究中都证明了一部分 CEO 更多的是在为自己牟私利，而非致力于股东利益最大化。通过外部治理机制很难有效地监督和制约管理层。Donaldson 和 Lorsch（1983）在他们对 CEO 的访谈中得出与股东价值最大化相比，CEO 更关注的是企业经营的持续性。Landier，Sraer 和 Thesmar（2006）认为独立高管的内部监督相对于董事会的外部监控能够对 CEO 施加更有效的约束力。他们通过定义那些早于当前 CEO 就职的高管为“独立于 CEO 的高管”，发现“独立高管”比例低的公司一般盈利能力较低，大规模兼并后的股东收益也很低。Monks（2007）认为大多数董事会所掌握的信息很有限，因而监督管理层决策的能力较低。Acharya，Myers 和 Rajan（2009）通过建立模型发现高层管理者为自己谋取私利的行动会受到下属反应的制约。即便不存在外部治理机制，公司的内部治理也可以减少代理问题。他们的研究在一定程度上解释了，为什么一些新创立的企业以及外部治理机制较弱的企业一样可以具有较高的公司价值，这也说明仅仅提高企业的外部治理机制并不能完全解决治理问题。Fracassi 和 Geoffrey（2009）通过用标准普尔 1 500 家企业来检验董事会成员和 CEO 的外部关系网，发现 CEO 权力越大就越有可能指定与其有关联的人做董事。管理层和董事会联系越密切，公司的盈利能力越差低，且会导致更多有损公司价值的收购兼并。Bang（2009）研究了所谓的“以牙还牙”（Tit-for-Tat）关系模式，即 CEO 们相互担任对方公司董事会成员的关系模式，发现这种关系模式是影响高管薪酬设定的一个重要因素。

（三）关于管理层薪酬设定的问题研究

Lucian，Yaniv 和 Urs（2009）研究了公司投机性选择期权授予日与公司治理的关系，主要研究目标为授权日为该月股价最低点的平价“幸运期权”，发现无论是 CEO 还是独立董事收到“幸运期权”的比例异常得高。他们认为 CEO 和董事们之所以能收到“幸运期权”，通常和公司缺少大量独立董事、没有外部大股东参与的独立薪酬委员会及没有能够长期服务于公司的 CEO 有关。Yermack（1997）最早开始研究期权补助金的择时行为，他的研究表明股票价格通常在补助金发放日期之前表现出负的超额累计收益，但在发放日期之后表现出正的超额累计收益。Aboody 和 Kasznik（2000）以及 Chauvin 和 Shenoy（2001）认为之所以出现这样的收益模式，一部分原因是由于公司对信息披露的操纵行为。而 Lie（2005）则证明了回溯日期（backdating）是导致在认股选择权给予日前后出现异常收益的主要因素之一。Collins，Gong 和 Li（2005），Heron 和 Lie（2007）以及 Narayanan 和 Seyhun（2006）的研究表明认股选择权给予日前后的异常收益和萨班斯-奥克斯利法案（SOX）的颁布有关，因为 SOX 的规定使得回溯日期的方法较难实现。

激励性合同一直被认为是董事会协调高管层激励和股东利益的基石，如 Holmstrom（1979）。Eaton 和 Rosen（1983）认为当公司代理问题非常严重时，激励合同在诱导 CEO 努力实现股东利益最大化方面起着非常重要的作用。而 Adair，Nanda 和 Amit（2009）的最新研究则发现当董事会的力量较弱时，激励合同的存在会减少股东价值，因为强有力的 CEO 可以通过诱使董事会将绩效考核的指标设定为那些他们更容易掌控和实现的指标，进而操纵他们收入的激励部分，掠夺股东的收益。

同类公司的 CEO 薪酬水平一直是高管薪酬制定过程中考虑的主要因素之一。Holmstrom 和 Kaplan（2003）认为同类公司的 CEO 薪酬反映了市场对该

CEO 的评估和认可。Bizjak，Lemmon 和 Naveen（2008）发现公司通常会考虑同类公司的 CEO 薪酬标准来制定本公司的 CEO 薪酬计划。然而最近，这种薪酬设定机制因为容易受 CEO 和受 CEO 影响的董事会的投机性选择而备受争议。2006 年美国证监会强制性要求上市公司必须披露公司选为薪酬参考基准的公司名称。Faulkender 和 Yang（2009）发现公司会倾向于选择高管薪酬水平较高的公司作为基准，从而出现近年来 CEO 薪酬不断上涨的趋势。Albuquerque，De Franco 和 Verdi（2009）以及 Cadman，Carter 和 Semida（2009）认为公司更多是基于其所处劳动力市场的特征来选择基准公司，尚无足够的证据表明公司选择基准公司时仅仅考虑高薪酬的公司。John，Michael 和 Thanh（2009）通过研究 2006 年以后公司披露的基准公司信息发现，虽然公司在选择基准公司时通常是基于市场对高管才能评估的各经济指标，如所处的行业、规模、收益率等，但当公司偏离上述经济指标模型时，他们往往倾向于选择大型且 CEO 薪酬较高的公司作为参考基准，这种现象在一些小公司里更为明显。然而，他们尚未找到证据证明这些偏离经济模型的选择和公司的治理问题有关。

近年来，随着收入差距的扩大，高管薪酬与公众对公平薪酬的态度之间的关系逐渐成为一个新的研究问题。关于管理层薪酬水平，传统经济学和金融学文献通常假设存在一个以高管才能为交易对象的完全竞争劳动力市场，且公众的态度以及社会舆论对其没有影响，如 Murphy（1999），Murphy 和 Zabojnik（2004），Frydman（2005）以及 Gabaix 和 Landier（2008）等文章都是基于此假设。Akerlof（2007）则认为社会准则是决定行为的重要因素，进而很有可能也会影响激励机制的设定。Gayle 和 Miller（2009）研究了 60 年来职业操守和管理层薪酬之间的关系，发现职业操守正逐渐成为管理层薪酬一个重要的决定因素。Camelia 和 Alexandra（2009）的最新研究表明社会舆论能够影响高管的薪酬。公众对高管薪酬的负面反应不仅能推动高管薪酬的降低，同时还能使公司由股权激励薪酬转向其他薪酬支付方式。

九、小结

在国外经济学界 2009 年的研究中，一方面，学者们进一步从制度层面对金融危机进行反思，另一方面，其他领域的研究也都取得了不少成果。

在全球金融危机下各国央行面临了很大考验，而今天对于整个金融监管体系的改革又与央行密不可分。尽管目前的讨论都集中在美联储上面，但是金融监管系统的改革将肯定会对金融市场乃至整个世界经济产生重要影响，也为我国相关领域的决策者和研究者提供一定的借鉴意义；而且这场改革以及与之相关的研究仍然在不断涌现，值得我们持续保持关注。

关于主权债务研究的理论发展越来越重视国内因素的作用，也更加强调了国内制度建设对于预防和解决主权债务危机的作用，同时也探讨了如何进行相应的制度建设来解决主权债务重组中所遇到的困难。主权债务危机给一国经济带来的影响非常广泛，其中对于投资的影响是最为直接和重要的，而且这种影响还存在时间效应。在对主权债务危机进行预测和预警的研究方面，已有的研究显示，主权债务危机往往是多种因素共同作用的结果，简单地通过一两个指标来对危机发生的可能性进行预测是危险的。这里必须指出的是，我们现在看到的关于主权债务问题的研究很多都是针对拉美和东南亚等刚经历了主权债务危机的国家；随着最近两年金融危机爆发，西方发达国家的主权债务问题也开始受到大家的关注，在未来的一段时间里，我们可以预期在这方面将会有更多的研究值得我们关注。

国民经济核算体系作为宏观经济分析和政策制定的基石，其质量和适用性问题有深远的影响。随着经济现实和理论的发展，这一体系也应该进行不断的改进，对于改革这一体系的讨论非常值得我们关注。但是，对于这样一个沿袭已久的体系进行改进并不是一件轻而易举的事情，如何对现有的体系更好地进行改革以使之适应经济理论的发展和经济研究的需要，在未来一段时间也是众多经济学家努力的方向。我们认为，这一领域的研究对于中国经济学界有着非常重要的借鉴意义。

随着实验方法正在日益成为计量经济学中最为重要的分支，其应用范围也不断扩展，从传统的劳动经济学、产业组织理论等向发展经济学乃至宏观经济学领域扩张。但是，在实验方法引入从而增强了计量经济学分析的内部有效性和经济学实证研究的可信性的同时，也带来了不少质疑，包括实验方法缺乏经济学理论指导从而使之结果缺乏推广性，由于实验方法的广泛使用使得很多研究者追求得到好答案而不是追求研究好问题等。这样的质疑在发展经济学这样的专门领域有了更为深入的讨论。面对实验方法的优点和缺点，计量经济学家们也开始探讨更为有效的解决方案，我们可以预期，在这些争论的基础上，我们将很快迎来计量经济学研究方法的另外一个变革。

随着气候变化问题以及相关的国际谈判在国际舞台上扮演重要角色，经济学家们在气候变化相关议题上的研究也有了一定的进展。但是困扰这一领域研究的很多难题依然没有得到有效解决，如现有的研究结果高度依赖于并不确定的关于气候变化的预测；而且多为静态研究，很少考虑气候变化下人们内生的反应行为，等等。这一领域的研究仍有很大潜力，我们预期它在未来仍然是一个重要的研究热点。

自 2008 年金融危机爆发以来，金融机构在这次危机中所起的作用备受关注，金融机构相关的学术问题也再次受到学者们的重视。人们从金融机构的公司治理和经营问题、金融机构的资产证券化问题、金融机构和实体经济的关系等方面去探索金融危机出现的根源。金融危机之后，主流经济学界开始寻找过往被忽视的市场风险，试图通过将他们纳入资产定价的理论框架来解释在一些极端情况下资产价格的变化特点，从而获得对资产定价理论更深刻的认识和更有效的风险管理。作为公司金融的核心部分之一的公司治理研究近年来关注的问题从传统的薪酬机制设计扩展到国际机构投资者以及内部治理和外部治理的复杂互动关系。总体而言，在金融学领域，一方面大家继续反思金融危机带来的对于金融机构经营和风险定价等方面的影响，同时在传统的领域如公司治理方面也沿着已有的研究方向继续前进。

推荐参考文献

1. Aboody, D. , Kasznik R. . CEO stock option awards and the timing of corporate voluntary disclosures. Journal of Accounting and Economics 29, 2000: 73-100.

2. Acemoglu D, Johnson S, Querubin P, et al. . When does policy reform work? The case of central bank independence. NBER Working Papers: 2008: 14033.

3. Acemoglu Daron (forthcoming), Theory, general equilibrium, political economy and empirics in development economics. Journal of Economic Perspectives, forthcoming.

4. Acharya Viral V. , Hassan Naqvi. The seeds of a crisis: A theory of bank liquidity and risk-taking over the business cycle. AFA 2010 Atlanta Meetings Paper.

5. Acharya Viral V. . Heitor almeida, murillo campello, aggregate risk and the choice between cash and lines of credit. AFA 2010 Atlanta Meetings Paper.

6. Acharya Viral V. , Philipp Schnabl. Gustavo Suarez, securitization without risk transfer. AFA 2010 Atlanta Meetings Paper.

7. Adrian Tobias, Hyun Song Shin. Financial intermediary leverage and value-at-risk. AFA 2010 Atlanta Meetings Paper.

8. Adrian tobias, Markus K. Brunnermeier, CoVaR. AFA 2010 Atlanta Meetings Paper.

9. Aggarwal Reena, Isil Erel, Miguel A. Ferreira, Pedro P. Matos, Does governance travel around the world? Evidence from institutional investors, 2010 AEA Annual Meeting Paper.

10. Aguiar M, Amador M, Gopinath G.. Investment cycles and sovereign debt overhang. Review of economic studies, 2009, 76 (1): 1-31.

11. Akerlof, George A.. The missing motivation in macroeconomics. American Economic Review 97, 2007, 5-36.

12. Albuquerque A., G. De Franco, R. Verdi. Peer choice and CEO compensation. AFA 2010 Atlanta Meetings Paper, 2009.

13. Allen F, Carletti E, Gale D.. Interbank market liquidity and central bank intervention. Journal of Monetary Economics, 2009, 56 (5): 639-652.

14. Angrist, J. D., J.-S. Pischke. Mostly harmless econometrics: An empiricist's companion. Princeton: Princeton University Press, 2008.

15. Angrist, Joshua D., J-Steffen Pischke. The credibility revolution in empirical economics: How better research design is taking the con out of econometrics. Journal of Economic Perspectives, 2010, 24 (2): 3-30.

16. Arellano C, Kocherlakota N R.. Internal debt crises and sovereign defaults. NBER Working Papers, 2008: 13794.

17. Arellano Cristina. Default risk and income fluctuations in emerging economies. American Economic Review, 2008, 98 (3): 690-712.

18. Arteta C, Hale G.. Sovereign debt crises and credit to the private sector. Journal of International Economics, 2008, 74 (1): 53-69.

19. Axelson Ulf, Philip Bond. Investment banking (and other high profile) careers. AFA 2010 Atlanta Meetings Paper.

20. Banerjee Abhijit V., Esther Duflo. The experimental approach to development economics. Annual Review of Economics, 2009, 9 (1): 151-178.

21. Bang Joakim. Tit-for-tat compensation, stockholm school of economics-department of finance. AFA 2010 Atlanta Meetings Paper.

22. Bansal Ravi, Ivan Shaliastovich. Confidence risks and Asset Prices. AFA 2010 Annual Meeting Paper.

23. Bansal Ravi, Ivan Shaliastovich. Learning and asset-price jumps. Working Paper, 2009b.

24. Barrett Scott. The coming global climate-technology revolution. Journal of Economic Perspectives, 2009, 23 (2): 53-75.

25. Bekaert G., C. Harvey. Foreign speculators and emerging equity markets. Journal of Finance 55, 2000: 565-613.

26. Bernanke, Ben S.. Monetary policy and the housing bubble. Speech at the Annual

Meeting of the American Economic Association, Atlanta, GA, January 2010 (3).

27. Bizjak J. , M. Lemmon, L. Naveen. Does the use of peer groups contribute to higher pay and less efficient compensation? Journal of Financial Economics, 2008, 90 (2): 152-168.

28. Blinder A. S. , Ehrmann M. , Fratzscher M. et al. . Central bank communication and monetary policy: A Survey of Theory and Evidence, Journal of Economic Literature, 2008, 46 (4): 910-945.

29. Blinder, Alan S. . How central should the central bank be? Journal of Economic Literature, 2010, 48 (1): 123-133.

30. Bolton P. , Jeanne O. , Structuring and restructuring sovereign debt: The role of a bankruptcy regime. Journal of Political Economy, 2007, 115 (6): 901-924.

31. Bolton P. , Jeanne O. . Structuring and restructuring sovereign debt: The role of seniority. Review of Economic Studies, 2009, 76 (3): 879-902.

32. Boskin M. J. . Perspectives on the new architecture for the US national accounts. American Economic Review, 2009, 99 (2): 69-73.

33. Cai Y, Riezman R, Whalley J. . International trade and the negotiability of global climate change agreements. NBER Working Papers, 2009: 14711.

34. Camelia M. Kuhnen, Alexandra Niessen. Is executive compensation shaped by public attitudes? AFA 2010 Atlanta Meetings Paper.

35. Campello Murillo, John R. Graham, Campbell R. Harvey. The real effects of financial constraints: Evidence from a financial crisis. AFA 2010 Atlanta Meetings Paper.

36. Cecchetti S. G. . Symposium: Early stages of the credit crunch, crisis and responses: The federal reserve in the early stages of the financial crisis. Journal of Economic Perspectives, 2009, 23 (1): 51-75.

37. Chauvin K. W. , C. Shenoy. Stock price decreases prior to executive stock option Grants. Journal of Corporate Finance, 2001 (7): 53-76.

38. Chen H. , S. Joslin, Ngoc-Khanh Tran. Heterogeneous beliefs, rare disasters, and asset pricing. AEA 2010 Annual Meeting Paper.

39. Chen X. , J. Harford, K. Li. Monitoring: Which institutions matter? Journal of Financial Economics, 2007 (86): 279-305.

40. Cihak Martin, Andrea Maechler, Klaus Schaeck, Stephanie Stolz. Who disciplines bank managers? AFA 2010 Atlanta Meetings Paper.

41. Claessens Stijn, Neeltje van Horen. Being a foreigner among domestic banks: Asset or liability? AFA 2010 Atlanta Meetings Paper.

42. Colacito R. , Croce M. . Risk sharing for the long run: The gains from financial integration, AEA 2010 Annual Meeting Paper.

43. Collins D. W. , G. Gong, H. Li. The effect of the Sarbanes - Oxley act on the timing

manipulation of CEO stock option awards. University of Iowa: Working Paper, 2005.

44. Crawford Anthony J., John R. Ezzell, James A. Miles, Bank CEO pay-performance relations and the effects of deregulation. Journal of Business 1995 (68): 231-256.

45. Crowe C., Meade E. E.. The evolution of central bank governance around the world. Journal of Economic Perspectives, 2007, 21 (4): 69-90.

46. Cuadra G., Sapriza H.. Sovereign default, interest rates and political uncertainty in emerging markets. Journal of International Economics, 2008, 76 (1): 78-88.

47. Deaton A., Heston A. Understanding PPPs and PPP-based national accounts. NBER Working Papers, 2008: 14499.

48. Dell M., Jones B. F, Olken B. A.. Temperature and income: reconciling new cross-sectional and panel estimates. American Economic Review, 2009, 99 (2): 198-204.

49. Deschenes O., Greenstone M., Guryan J.. Climate change and birth weight. American Economic Review, 2009, 99 (2): 211-217.

50. Deschenes O., Moretti E.. Extreme weather events, mortality and migration. Review of Economics and Statistics, 2009, 91 (4): 659-681.

51. Dieckmann S.. Rare event risk and heterogeneous beliefs: The case of incomplete markets. Journal of Financial and Quantitative Analysis, Forthcoming, 2009.

52. Dincer N., Eichengreen B.. Central bank transparency: Causes, consequences and updates. NBER Working Papers, 2009: 14791.

53. Donaldson Gordon, Jay W. Lorsch. Decision making at the top. New York: Basic Books, 1983.

54. Eaton Jonathan, Harvey Rosen. Agency, delayed compensation and the structure of executive remuneration. Journal of Finance, 1983 (38): 5.

55. Engelen C., Lambsdorff J. G.. Hares and stags in argentinean debt restructuring. Journal of International Economics, 2009, 78 (1): 141-148.

56. Fahlenbrach Rüdiger, René M. Stulz. Bank CEO incentives and the credit crisis. AFA 2010 Atlanta Meetings Paper.

57. Farhi E., Tirole J.. Leverage and the central banker's put. American Economic Review, 2009, 99 (2): 589-593.

58. Faulkender M., J. Yang. Inside the black box: The role and composition of compensation peer groups. Working Paper Washington University in St. Louis, 2008.

59. Feldstein Martin. What powers for the federal reserve? Journal of Economic Literature, 2010, 48 (1): 134-145.

60. Felkner J, Tazhibayeva K, Townsend R., Impact of climate change on rice production in thailand. American Economic Review, 1999 (2): 205-210.

61. Fernandes, N., M. Ferreira, P. Matos, K. Murphy. The pay divide: (Why) Are U.

S. CEOs paid more? Working Paper, University of Southern California, 2008.

62. Fleurbaey M.. Beyond GDP: The quest for a measure of social Welfare. Journal of Economic Literature, 2009, 47 (4): 1029–1075.

63. Fracassi Cesare, Geoffrey A. Tate. External networking and internal firm governance. AFA 2010 Atlanta Meetings Paper, 2009.

64. Gayle George–Levi, Robert A. Miller. Has moral hazard become a more important factor in managerial compensation? American Economic Review, forthcoming, 2009.

65. Gersovitz M. A review of michael Tomz's reputation and international cooperation: sovereign debt across three centuries. Journal of Economic Literature, 2009, 47 (2): 475–481.

66. Giannetti Mariassunta, Andrei Simonov. On the real effects of bank bailouts: micro–evidence from Japan. AFA 2010 Atlanta Meetings Paper, 2009.

67. Gillan S., L. Starks. Corporate governance, corporate ownership, and the role of institutional investors: A global perspective, Journal of Applied Finance 13, 2003: 4–22.

68. Gormley Todd A., Simon Johnson, Changyong Rhee. Too big to fail: government policy vs. Investor Perceptions. AFA 2010 Atlanta Meetings Paper, 2009.

69. Gorton Gary, Andrew Metrick. Securitized banking and the run on repo. AFA 2010 Atlanta Meetings Paper.

70. Gudzowski Milosz. Mortgage credit ratings and the financial crisis: the need for a staterun mortgage security credit rating agency. AFA 2010 Atlanta Meetings Paper, 2009.

71. Guembel A, Sussman O.. Sovereign debt without default penalties. Review of Economic Studies, 2009, 76 (4): 1297–1320.

72. Hale G, Arteta C.. Currency crises and foreign credit in emerging markets: credit crunch or demand effect? European Economic Review, 2009, 53 (7): 758–774.

73. Hansen, L., T. J. Sargent. Fragile beliefs and the price of uncertainty. Working Paper, 2009.

74. Hansmann Henry. The ownership of enterprise. Cambridge: Belknap Press, 1996.

75. Harper M. J., Moulton B. R.. Rosenthal S, etal. Integrated GDP – Productivity accounts. American Economic Review, 2009, 99 (2): 74–79.

76. Heckman J., S Urzua. Comparing IV with structural models: What simple IV can and cannot identify. Journal of Econometrics, 2010, 156 (1): 27–37.

77. Heckman James J.. Building bridges between structural and program evaluation approaches to evaluating policy. Journal of Economic Literature, 2010, 48 (2): 356–398.

78. Heron R. A., E. Lie.. Does backdating explain the stock price pattern around executive stock option grants? Journal of Financial Economics 83, 2007: 271–295.

79. Holmstrom B., S. Kaplan.. The State of US corporate governance: what's right and what's wrong? Journal of Applied Corporate Finance 15, 2003: 8–20.

80. Holmstrom, Bengt.. Moral hazard and observability. Bell Journal of Economics, 1979 (10): 1.

81. Houstona Joel F., Chen Lin, Ping Lin, Yue Mac. Creditor rights, information sharing, and bank risk taking. AFA 2010 Atlanta Meetings Paper, Forthcoming, Journal of Financial Economics, 2009.

82. Imbens, Guido W. Better LATE than nothing: some comments on Deaton (2009) and Heckman and Urzua (2009). Journal of Economic Literature, 2010, 48 (2): 399-423.

83. Imbens, Guido W., Jeffrey M. Wooldridge. Recent developments in the econometrics of program evaluation. Journal of Economic Literature, 2009, 47 (1): 5-86.

84. Ivashina Victoria, David Scharfstein. Liquidity management in the financial crisis. AFA 2010 Atlanta Meetings Paper.

85. Jeanne O. Debt maturity and the international financial architecture. American Economic Review, 2009. 99 (5): 2135-2148.

86. Jeong G, Miller G. J, Sobel A. C.. Political compromise and bureaucratic structure: the political origins of the federal reserve system. journal of law, Economics, and Organization, 2009, 25 (2): 472-498.

87. Jiang Wei, Ashlyn Aiko Nelson, Edward Vytlacil. Liar's loan? effects of origination channel and information falsification on mortgage delinquency, AFA 2010 Atlanta Meetings Paper.

88. John M. Bizjak, Michael L. Lemmon, Thanh Lai Nguyen. Are all CEOs above average? An empirical analysis of compensation peer groups and pay design, AFA 2010 Atlanta Meetings Paper.

89. John R. Graham, Si Li, Jiaping Qiu. Managerial attributes and executive compensation. AFA 2010 Atlanta Meetings Paper.

90. John Kose, Hamid Mehran, Yiming Qian. Outside monitoring and CEO compensation in the banking industry. Working Paper, New York University, 2008.

91. Jorgenson D. W, Landefeld J S. Implementation of a new architecture for the US national accounts. American Economic Review, 2009, 99 (2): 64-68.

92. Keane Michael P.. A structural perspective on the experimentalist school. Journal of Economic Perspectives, 2010, 24 (2): 47-58.

93. Kogan L., Papanikolaou D.. Growth opportunities, Technology Shocks and Asset Prices. AEA 2010 Annual Meeting Paper.

94. Kovrijnykh Natalia, Balazs Szentes. Equilibrium default cycles. Journal of Political Economy, 2007, 115 (3): 403-406.

95. Landefeld J. S, Seskin E. P. Fraumeni B. M. Taking the pulse of the economy: measuring GDP. Journal of Economic Perspectives, 2008, 22 (2): 193-216.

96. Landier Augustin, Sraer David, Thesmar David. Bottom - up governance, Working

Paper, New York University, 2006.

97. Leamer Edward E. Tantalus on the road to asymptopia. Journal of Economic Perspectives, 2010, 24 (2): 31-46.

98. Lie E.. On the timing of CEO stock option awards. Management Science 51, 2005: 802-812.

99. Longstaff F., J. Wang. Asset pricing and the credit market. Working Paper, 2009.

100. Lucky CEOs, Lucky Directors, Lucian Bebchuk, Yaniv Grinstein, Urs Peyer. The journal of finance forthcoming article. AFA 2010 Atlanta Meetings Paper.

101. Manasse P, Roubini N. "Rules of thumb" for sovereign debt crises. Journal of International Economics, 2009, 78 (2): 192-205.

102. Mehran Hamid, Joshua Rosenberg. The effect of employee stock options on bank investment choice, borrowing, and capital. Federal Reserve Bank of New York Staff Report 305, 2007.

103. Mendoza Enrique G., Vivian Z. Yue. A solution to the default risk-business cycle disconnect. National Bureau of Economic Research Working Paper, 2008: 13861.

104. Metcalf Gilbert E. Market-based policy options to control U.S. greenhouse gas emissions. Journal of Economic Perspectives, 2009, 23 (2): 5-27.

105. Monks Robert A. G. Corpocracy: how CEOs and the business roundtable hijacked the world's greatest wealth machine-and how to get it back. New York: John Wiley & Sons, 2008.

106. Morck Randall, Shleifer Andrei, Vishny Robert W. Do managerial objectives drive bad acquisitions? Journal of Finance 45, 1990: 31-48.

107. Morse Adair, Vikram Nanda, Amit Seru. Are incentive contracts rigged by powerful CEOs? AFA 2010 Atlanta Meetings Paper, The Journal of Finance Forthcoming Article, 2009.

108. Narayanan, M. P., H. N. Seyhun. Effect of sarbanes-oxley on the influencing of executive compensation. Working Paper, University of Michigan, 2006.

109. Nelson E. An overhaul of doctrine: the underpinning of UK inflation targeting. Economic Journal, 2009, 119 (538): 333-368.

110. Nevo Aviv, Michael D. Whinston. Taking the dogma out of econometrics: structural modeling and credible inference. Journal of Economic Perspectives, 2010, 24 (2): 69-82.

111. Ozdagli Ali K.. Financial Leverage. Corporate investment and stock returns. AFA 2010 Atlanta Meetings Paper.

112. Palumbo M. G, Parker J. A. The integrated financial and real system of national accounts for the United States: Does it presage the financial crisis? American Economic Review, 2009, 99 (2): 80-86.

113. Panizza U., Sturzenegger F., Zettelmeyer J. The economics and law of sovereign debt and default. Journal of Economic Literature, 2009, 47 (3): 651-698.

114. Papanikolaou D. . Investment-specific technological change and asset prices, Working Paper, 2009.

115. Piskorski Tomasz, Amit Seru, Vikrant Vig. Securitization and distressed loan renegotiation: evidence from the subprime mortgage crisis. AFA 2010 Atlanta Meetings Paper.

116. Reinhart Carmen M. , Kenneth S. Rogoff. The forgotten history of domestic debt. National Bureau of Economic Research Working Paper, 2008: 13946.

117. Sandleris G. Sovereign defaults: information, investment and credit. Journal of International Economics, 2008, 76 (2): 267-275.

118. Santos Joao A. C. , Andrew Winton. Bank capital, borrower power, and loan rates. AFA 2010 Atlanta Meetings Paper. 2009.

119. Shleifer Andrei, Robert W. Vishny. A survey of corporate governance. Journal of Finance 52, 1997: 737-783.

120. Shleifer Andrei, Robert W. Vishny. Unstable banking, AFA 2010 Atlanta Meetings Paper, 2009.

121. Sibert A. Is transparency about central bank plans desirable? Journal of the European Economic Association, 2009, 7 (4): 831-857.

122. Sims Christopher A. . But economics is not an experimental science. Journal of Economic Perspectives, 2010, 24 (2): 59-68.

123. Stock James H. . The other transformation in econometric practice: robust tools for inference. Journal of Economic Perspectives, 2010, 24 (2): 83-94.

124. Stulz R. . The limits of financial globalization. Journal of Finance 60, 2005: 1595-1638.

125. Sturzenegger F, Zettelmeyer J. Creditors' losses versus debt relief: results from a decade of sovereign debt crisis. Journal of the European Economic Association, 2007, 5 (2-3): 343-351.

126. Tarashev Nikola, Claudio Borio, Kostas Tsatsaronis. Allocating systemic risk to individual institutions. AFA 2010 Atlanta Meetings Paper.

127. Tol R. S. J. The economic effects of climate change. Journal of Economic Perspectives, 2009, 23 (2): 29-51.

128. Tomz M. , M. Wright. Do countries default in "bad times"? Journal of the European Economic Association, 2007, 5 (2-3): 352-360.

129. Tomz Michael. Reputation and international cooperation, sovereign debt across three centuries. Princeton: Princeton University Press, 2007.

130. Viral V. Acharya , Stewart C. Myers , Raghuram G. Rajan. The internal governance of firms, AEA 2010 Annual Meeting Paper.

131. Weitzman M. L. On modeling and interpreting the economics of catastrophic climate

change. Review of Economics and Statistics, 2009, 91 (1): 1-19.

132. Yermack D.. Good timing: CEO stock option awards and company news announcements. Journal of Finance 52, 1997: 449-476.

执笔人：冯俊新　何　平

第四章

管　理　学

摘要

管理科学与工程是一门管理学和工程学研究的交叉学科，当前国际上的主要研究领域包括运筹与管理、信息技术与管理、管理对策理论与模型、决策理论与技术、供应链管理、知识管理、工业工程、管理系统工程等众多学科和领域。我们仅选取运筹与管理、决策与对策、运作管理、信息系统与电子商务几个领域，对2009—2010年国外的相关研究情况进行总结与分析。

2009年工商管理学科的主要成果集中在会计、公司治理、人力资源管理、财务管理、市场营销、旅游管理和企业管理，本部分将分别总结归纳各主要领域的学术成果、主要学术会议、主要学术期刊及相关科研机构及其活动。

Abstract

The subject of Management Science and Engineering (MSE) is an interdiscipline between management and engineering studies. The research interests in this subject in the international academic include: operations and management, information technology and management, decision and game theory and their application, supply chain management, knowledge management, industrial engineering, and management system engineering, etc.. The focal research points of this subject in 2009 are as follows: operations and management, decision and game theory, production management, and information systems and E-commerce, etc..

The main accomplishments in business administration chiefly focus more on accounting, corporate governance, human resource management and financial management. The section is composed of the following categories as representative academic works, key academic events, leading academic periodicals and activities in related research institutions in the field of business administration.

一、主要研究领域及特点

（一）管理科学与工程的主要研究领域及特点

本文主要对2009年管理科学与工程学科的运筹与管理、决策与对策、运作管理、信息系统与电子商务相关领域的研究进展和成果进行评述。

在运筹与管理领域，2009年的主要成果主要集中在运筹学在公共利益领域的应用，主要包括能源和环境、卫生保健、安全稳定和关键基础设施等方面；此外，参数数学规划和尾逼近算法等问题也是运筹学重点研究的方向。在决策理论方面，2009年进一步探讨了多准则决策、多属性决策、不确定决策等相关方法，并深入应用到社会公共事业、工业、管理等领域中，尤其用于解决管理中如供应链、外包、服务创新等方面的决策问题。博弈论方面，2009年在理论上的研究主要集中于重复博弈（repeated games）、合作博弈（cooperative games）、动态博弈（dynamic games）、演化博弈（evolutionary games）等，应用研究主要集中于经济学、社会科学、管理科学、国际政治、生态学、工商业活动、计算机科学、人们的日常生活等；运作管理方面，2009年的理论研究主要集中在可持续运作研究、运作战略与需求预测、物流与供应链管理、服务运作管理、产品与服务定价、库存管理与库存控制等方面，而应用研究方面主要集中于运作管理理论和方法在不同领域的应用，如运作管理论在医疗卫生管理、应急管理等方面的应用。在信息系统与电子商务领域，2009年该领域的研究主要集中于以下三个方面：（1）网络营销、渠道策略以及消费者购买行为方面；（2）数据挖掘和商务智能以及网站的建设的相关研究；（3）电子商务的信用问题和网络安全问题等。

（二）工商管理的主要研究领域及特点

本部分主要对2009年工商管理学科的会计学、公司治理、人力资源管理、财务管理、市场营销、旅游管理和企业管理相关领域的研究进展和成果进行评述。

2009年度国外在会计领域的研究进展，主要体现在：盈余管理、透明度与会计信息的经济后果、信息披露与盈余预测、稳健性原则、证券分析师、公司治理与会计、审计、管理会计等方面；公司治理方面，研究成果集中在董事会治理、企业社会责任、兼并与收购、行为、实验与公司治理等方面。同时，治理文化的构建和培育，也是值得进一步研究的重要课题之一。另外，除对一般公司治理问题的探索之外，加强对不同类型企业的治理特殊性的研究也是公司治理研究的一个重要趋势；人力资源管理领域，主要研究重点集中于人力资源规划和甄选、培训和开发、领导和激励、绩效考评、薪酬管理和劳动关系等方面。其研究方法涉及了定性、定量、实验、案例等多种研究方法，主要考察组织如何通过有效地获得、配置、使用、开发、领导和激励员工以实现组织的战略和目标，同时使员工个人也得到合理的发展；财务管理方面，所关注的领域主要涉及股东和债权人等利益相关者之间的冲突、信息流和跨国上市公司股票期望收益的关系、资产价格的问题、资本利得税的均衡等。市场营销的进展，主要体现在消费者行为、服务营销和广告与促销，网络营销也渐渐被学者们关注：旅游管理领域主要研究重点集中于旅游者行为、旅游者满意度和旅游需求；企业管理的研究进展主要体现在战略管理、创业管理、国际管理等领域。

二、2009 年度主要学术成果和理论创新

（一）管理科学与工程部分的主要成果与创新

1. 运筹与管理

（1） 总体情况

根据国家自然科学基金委的学科划分，“运筹与管理”下进一步细分为：优化理论与方法、排序、排队与存储论以及供应链基础理论。该领域的相关国际期刊也有很多，主要期刊有：Operations Research（OR），Management Science（MS），Mathematical Operations Research（MOR），Mathematical Programming（MP）。此外，相关学术期刊还包括：Annals of Operations Research，IIE Transactions，European Journal of Operational Research，Transportation Science，Naval Research Logistics，Decision Sciences，International Journal of Production Research，Interfaces，Omega，Journal of Operational Research Society，International Journal of Production Economics，International Journal of Operations and Production Management，International Transactions in Operational Research（ITOR）等。

2009 年 OR 期刊 From the editor① 指出随着全球经济的全面衰退，运筹和

① David Simchi-Levi，From the Editor，Operations research，2009，57（1）：1-3.

管理（OR/MS）的学者应该而且能够在资源恢复过程（recovery process）中扮演重要的角色。事实上，制造业、供应链、卫生保健和公共政策的专业影响已经非常明显，同时由于相关因素的波动性和不确定性水平的急剧增加，以及决策者可利用资源的有限性，与此相关的决策制定问题就成为OR/MS领域的前沿且中心问题。在这种环境下，我们分析权衡利弊、识别优先权和激励机制以及在有资源下的优化决策都会带来可观的效果。为克服OR/MS面临的挑战，David Simchi-Levi鼓励学者接受机会并承担起责任，关注当前的一系列新的和关键的挑战，比如当前经济环境、有限和老化的公共设施、全球变暖、全球化和卫生保健等问题。针对以上问题，OR期刊在2009年推出关于公共利益问题的特刊（special issue），① 并且旨在从能源和环境、卫生保健、安全和稳定以及关键基础设施四个方面提供一些可持续的改善公共福利的解决方案。此外，OR期刊在2009年1月和9月的OR Forum②③ 上先后探讨了闭环供应链的研究进展和汽车产业3PL对大规模选址-路径问题的解决方案；在1、3、7和12月的OR Practice④⑤⑥ 中分析了供应受限类药品需求建模、短期病人在医院楼层内的分配和再分配、十项运动的训练优化以及儿童疫苗接种的相关问题。在5月和7月的OR Forum⑦⑧ 上先后针对2006年和2008年的Philip McCord Morse Lecture分析了航天科学零售业和国土安全策略实施的数学建模问题。

（2）主要学术观点

第一，运筹学在公共利益方面的应用。这几年来，能够从运筹学模型和分

---

① Moshe Kress, Shmuel Oren, Stefanos Zenios, Call for Papers: Special Issue on Operations Research for the Public Interest, Operations Research, 2009, 57 (6): 1549.

② V. D. R. Guide, Jr., L. N. V. Wassenhove, OR Forum—the Evolution of Closed-Loop Supply Chain Research, Operations Research, 2009 (57): 10-18.

③ P. Schittekat, K. Sörensen. OR Practice—Supporting 3PL Decisions in the Automotive Industry by Generating Diverse Solutions to a Large-Scale Location-Routing Problem, Operations research, 2009 (57): 1058-1067.

④ J. S. Stonebraker, D. L. Keefer, OR Practice—modeling potential demand for supply-constrained drugs: a new hemophilia drug at bayer biological products, Operations research, 2009 (57): 19-31.

⑤ Y. Zwols, G. Sierksma, OR Practice—Training Optimization for the Decathlon, Operations Research, 2009 (57): 812-822.

⑥ F. G. Engineer et al., OR Practice—Catch-Up Scheduling for Childhood Vaccination., Operations research, 2009 (57): 1307-1319.

⑦ M. Fisher. OR Forum-Rocket Science Retailing: The 2006 Philip McCord Morse Lecture. Operations research 2009 (57): 527-540.

⑧ L. M. Wein. OR Forum—Homeland Security: From Mathematical Models to Policy Implementation: The 2008 Philip McCord Morse Lecture. Operations research 2009 (57): 801-811.

析中获益的社会问题的范围和复杂性大大增加了。而其中最令人头痛的是危及公共福利，引起社会动荡的社会问题。在公共利益方面的研究热点是建立一些可用的方法来提高公共福利，主要从四个热点领域着手，包括能源和环境、卫生保健、安全稳定和关键基础设施。如 Brothers（2009）① 从公共价值的角度对各核废料处理方案的绩效进行评估，文中描述了这样一种决策过程，利用工程数据和专家判断使昂贵的额外数据收集最小化，以便能够实施一个多属性决策分析，以理论为基础，并且经济上可实施，同时结合工程及利益相关者目标。Carter（2009）② 主要介绍了管理科学及运筹学方法在卫生保健问题上的应用，总结了 MS/OR 方法在解决卫生保健中实际问题的八个成功应用。

第二，参数数学规划的研究。Murray（2009）③ 研究了具有平滑和非平滑数据的参数优化的几类重要问题，比如所谓的 Frechet 和在实 Banach 空间的边际函数有限子梯度，并应用它们构建了新的广义微分演算规则和在非线性和不可微规划的 Lipschitz 最优性和稳定性的有效条件以及具有均衡约束的数学规划。Thai（2009）④ 研究了对参数向量优化问题在 Banach 空间中多元函数有效点的广义微分，并给出了计算和估计常规向量优化问题中多元函数 frechet coderivative（precoderivative）。Huy⑤ 研究了在 Asplund 空间中隐式多元函数的稳定性问题，并给出了关于测度正则性和广义参数方程解映射的 Lipschitz 稳定性的基于点特性的应用。

第三，QBD（Quasi-Birth-and-Death）中的尾逼近问题。Miyazawa（2009）⑥ 研究了坐标方向中的双重 QBD 过程平稳分布的尾衰变行为（边际分布），特别是对原始模型数据的粗略和精确逼近。举例证明并修正了 Jackson

---

① A. J. Brothers et al. Resource-Limited Multiattribute Value Analysis of Alternatives for Immobilizing Radioactive Liquid Process Waste Stored in Saluggia. Italy, Decision Analysis, 2009, 6 (2): 98-144.

② M. W. Carter et al.. Introduction: Applications of Management Science. Operations Research Models and Methods to Problems in Health Care, Interfaces, 2009, 39 (3): 183-185.

③ R. Murray et al.. US environmental Protection Agency Uses Operations Research to Reduce Contamination Risks in Drinking Water. Interfaces, 2009, 39 (1): 57-68.

④ Thai DC, Yao JC. Coderivatives of efficient point multifunctions in parametric vector optimization. Mathematical Programming, 2009, 13 (6A): 1671-1693.

⑤ Huy NQ, Yao JC. Stability of implicit multifunctions in asplund spaces. Mathematical programming, 2009, 13 (1): 47-65.

⑥ Miyazawa M.. Tail decay rates in double QBD processes and related reflected random walks. Mathematics of Operations Research, 2009, 34 (3): 547-575.

网络的衰减比率。Miyazawa（2009）① 研究了一类关于中间输入的 Levy 驱动的串联排队的尾逼近问题，得到了 Brownian 输入情况下的精确逼近结果和一般 Levy 输入情况下的弱逼近结果。Miyazawa（2009）② 研究了考虑两类独立的泊松分布顾客和单指数服务台的经典抢占优先权排队系统的精确尾逼近，得出关于高优先权排队系统的精确尾逼近是一种新的方式。

（3）主要国际会议

第一，国际运筹学与管理科学年会（Informs Annual Meeting）。INFORMS 2009 年年会于 2009 年 10 月 11—14 日在美国加州圣地亚哥举行。INFORMS 年涵盖了运筹学研究和实践的广泛领域，会议期间，INFORMS 团体和委员会组织了多种学术和实践会议，INFORMS 年会定于每年秋季举行。INFORMS2009 年会主题报告包括：

OMEGA RHO 杰出讲座：Socially and Environmentally Responsible Supply Chains（供应链的社会责任和环境责任）。主讲人 Hau L. Lee 现执教于斯坦福大学商学院，主要从事运作和信息技术研究。

There is More Mathematics in the Future of Biotechnology（数学在未来生物技术中的应用）。主讲人 Charles Cantor 是 SEQUENOM 的创始人、首席科学家和董事会成员。

A Banquet of Consequences：Adventures in Climate Policy Modeling（一个重大盛会：气候政策模型探索研究）。报告主要内容：世界解决气候变化带来的风险为什么如此缓慢？问题不在于没有完美的科学认识或者缺乏计算机模型，而是科学家们无法理解决策者和市民的想法。其结果是：我们的模型往往被忽视。对普遍使用的但是错误的模型（人们利用这些模型来模拟复杂系统）进行讨论，并提出快速且灵活的仿真模型，帮助人们模拟各种减少温室气体排放的提议可能带来的后果。报告主讲人为 John Sterman，执教于麻省理工学院斯隆管理学院，同时还是麻省理工学院系统动力学研究小组主任。

第二，2009 年 INFORMS 实践会议（2009 informs Practice Conference）。2009 年 INFROMS 实践会议于 2009 年 4 月 26-28 日在加利福尼亚圣地亚哥会议中心举行。INFORMS 实践会议的主题为“将科学应用于商业领域”，旨在

---

① Miyazawa M, Rolski T. Tail asymptotics for a Levy-driven tandem queue with an intermediate Input. Queueing Systems, 2009, 63 (1-4): 323-353.

② Miyazawa M.. Tail decay rates in double QBD processes and related reflected random walks, Mathematics of Operations Research, 2009, 34 (3): 547-575.

提供现实商业领域的解决方案，会议出席者包括各行各业的企业家和大学研究人员。实践会议亮点为“弗朗茨爱德曼赛事”，该赛事主要选拔在应用 OR 方法或 OR 软件或协助网络方面的卓越表现者。INFORMS 实践会议定于每年春季举行。

2009 实践会议主题包括：决策分析、政府与军事、绿色战略、健康护理应用、经营风险和不确定性、方法研究、优化、服务系统、软件教程、供应链管理、理论实践分析工具。

在供应链管理方面：①Llama soft 公司执行副总裁 Toby Brzoznowski 提出“供应链网络设计以抵御市场波动：一个四步方法论”；②Tan Miller 博士提出“部署实施物流决策支持系统的经验教训：应对网络的不确定性”；③惠普公司业务分析顾问、战略规划顾问 John L. Haller 提出“战略供应链的网络设计决策方法”；④Kaan Katircioglu 博士主要研究“物流中减少二氧化碳排放量的解决方案和经验”等。

第三，2009 年 INFORMS 国际会议（2009 Informs International Meeting）。2009 年 INFORMS 国际会议于 2009 年 6 月 14—17 日在加拿大多伦多举行。INFORMS国际会议每三年间举办两次，一般定于夏季举行。本届国际会议的主题报告有：

OMEGA RHO 杰出讲座：Fifty Years of Vehicle Routing（车辆路径问题 50 年）。主讲人 Gilbert Laporte 主要从事运筹管理、运作管理方面的研究，现为加拿大配送研究中心主任，兼任莫尔德大学、比尔肯大学、阿尔伯塔大学和拉瓦尔大学教授。车辆路径问题的目标是设计一系列路径，这些路径能够服务所有客户并且使总成本最小。通常，每条路线都开始于和终结于同一个地点，同时，还要满足其他方面的约束条件。常见应用包括送报、送餐、奶源收集。自 1959 年提出车辆路径问题以来，先后提出了一些精确算法和启发式算法，启发式方算法是 VRP 的首选求解方案。在这次讲座中，Gilbert Laporte 博士主要讲述了过去 50 年间发展起来的重要的车辆路径问题算法。

IFORS 杰出报告：Three Combinatorial Problems in Computational and Genomic Biology（计算科学和遗传生物学中的三种组合问题）。主讲人 Richard M. Karp，现为加州大学伯克利分校教授和国际计算机科学研究所研究专家，主要从事组合算法方面的研究。

CORS HAROLD LARNDER 纪念讲座：You can't get there from here—reflections on an unlikely career in OR（从这里不可能到达目的地—OR 未曾涉及的领域），报告介绍了 OR 在卫生保健问题上的应用。主讲人 Steve Gallivan 博士，

现为伦敦大学临床运作研究小组研究人员，主要从事运作管理方面的研究。

第四，行为运筹学与行为运作管理国际研讨会：行为运筹学与行为运作管理国际研讨会于2009年12月19—20日在中国北京清华大学举行。行为运筹学与行为运作管理（BOR/BOM）是将人的行为与传统的运筹管理相结合，针对含有人的系统开展研究工作。它是运筹学与管理科学（OR/OM）学科的重要研究领域，近年来广受关注。会上，来自惠普实验室的Kay-Yut CHEN，香港中文大学Jianmin JIA教授，加州大学伯克利分校Xuanming SU教授以及新加坡国立大学Yaozhong WU教授都做了主题演讲。

（4）主要学术成果

2009年在该领域出版了以下几本学术著作：Rozovski（2009）① 研究了在可数的空间状态下，关于连续时间的马尔可夫决策过程，也被称为连续时间控制下的马尔可夫链或是随机动态过程；Chaovalitwongse（2009）② 探讨了在数据不确定或模糊的情况下的全因子设计的鲁棒优化方法；Bot（2009）③ 研究了矢量优化的二元性等问题。

在SCI数据库中，搜索2009年含operations management的期刊论文，发现共有2 072篇；接着搜索2009年含management science的期刊论文，发现共有2 416篇；搜索2009年含operations research的期刊论文，发现共有1 260篇；最后搜索2009年含operations method的期刊论文发现有1 459篇。总共7 017篇。

2. 决策理论与方法

（1）总体情况

在2009年，决策理论进一步探讨了多准则决策、多属性决策、不确定决策等相关方法，并且将这些方法结合起来用于解决某一问题。此外，决策理论继续深入应用到了社会公共事业、工业、管理等领域中，尤其用于解决管理中如供应链、外包、服务创新等方面的决策问题。

各国决策研究学会召开了不同形式的以决策制定为主题的国际会议，讨论了决策制定、自动化控制数据库、信息系统集成、人工智能和决策支持系统、神经网络设计、多目标决策支持、多目标连续和组合优化、模糊多目标决策、

---

① B. Rozovski, G. Grimmett. Continuous - Time Markov Decision Processes. Berlin: Springer Berlin Heidelberg, 2009.

② Chaovalitwongse etal.. Optimization and Logistics Challenges in the Enterprise. US: Springer US, 2009.

③ R. I. Bot etal.. Duality in Vector Optimization. Berlin: Springer Berlin Heidelberg, 2009.

人工智能和决策支持系统、信息整合和再利用、神经网络模型分析应用等相关的学术前沿。

在期刊论文方面，Decision Sciences，Decision Analysis，Decision Support Systems，Management Science 等主要涉及决策问题的重要期刊发表了大量学者的最新研究成果，这些优秀论文既涉及了决策的基础理论研究，又创新性地将决策理论应用到社会实践中，用决策方法来指导决策者作出最优选择。

（2）主要学术观点

第一，在理论创新方面，决策创新主要集中于模糊多准则决策、模糊多属性决策、不确定性决策等方面。Wang 和 Li① 研究了在直觉模糊评估区间值和不完全权重下进行多属性决策的方法，文章提出了在属性权重信息不完全的情况下多属性决策的一种方法，这里用个人评价作为直觉模糊数区间值（IVIFNs）。Sirbiladze 和 Ghvaberidze （2009）② 结合应用直觉模糊和 TOPSIS 方法在群决策环境中选择合适的供货商，直觉模糊加权平均算法是用来评价决策者个人对准则和方案的重要度排序。Sayadi 和 Heydari （2009）③ 用区间数延伸了 VIKOR 方法在决策制定中的应用，这种方法的等级排序是通过区间数比较和区间间比较获取的，并引入 α 作为最优决策水平。

第二，在应用领域，决策理论被广泛应用于工业、社会、管理等领域之中。Sirbiadze 和 Ghvaberidze （2009）④ 把多属性决策理论应用到了地下采矿方法的选择中，作者在综合应用 AHP 和 Yager 方法的基础上开发了一个计算机程序更好的针对不同形状和矿体选择出最优的开采方法。Yang 和 Chen⑤ 为决策者提出一个具有成本效益的臭氧控制策略的智能决策框架（DMF），该框架采用严格的随机动态规划（SDP）方法并结合大气化学模块建立模型来检测臭

---

① Zhoujing Wang，Kevin W. Li，Weize Wang. An approach to multiattribute decision making with interval-valued intuitionistic fuzzy assessments and incomplete weights. Information Sciences，2009，179（17）：3026-3040.

② Gia Sirbiladze，Bezhan Ghvaberidze，Temur Latsabidze，Bidzina Matsaberidze. Using a minimal fuzzy covering in decision-making problems. Information Sciences，2009，179（12）：2022-2027.

③ Mohammad Kazem Sayadi，Majeed Heydari，Kamran Shahanaghi. Extension of VIKOR method for decision making problem with interval numbers. Applied Mathematical Modelling，2009，33（5）：2257-2262.

④ Gia Sirbiladze，Bezhan Ghvaberidze，Temur Latsabidze，Bidzina Matsaberidze. Using a minimal fuzzy covering in decision-making problems. Information Sciences，2009，179（12）：2022-2027.

⑤ Zehua Yang，Victoria C. P. Chen，Michael E. Chang，Melanie L. Sattler，Aihong Wen. A Decision-Making Framework for Ozone Pollution Control. Operations Research，2009（57）：484-498.

氧浓度如何随时间而变化。在大气化学模块中，从计算机实验设计和分析方法来创建SDP的状态转移方程模型，并通过降维来简化SDP实际问题中的状态空间维度。Ueda和Nishino（2009）① 介绍了网络外部性市场中生产商和消费者之间的互动机制，特别强调了生产商的决策制定，运用多智能模拟、博弈理论和实验的方法构建了一个决策模型，结果显示，消费者之间信息不完全会促进新产品市场增长，文中还讨论了生产商产品推出计划战略。

（3）重要学术活动

第11届企业信息系统国际会议（11th International Conference on Enterprise Information Systems）于2009年5月6—10日在意大利的Milan举行，会议主题是"数据库和信息系统集成、人工智能和决策支持系统、信息系统分析和规范、软件代理商和互联网电脑、人机互动等"。

2009年IEEE信息再利用与整合国际会议（2009 IEEE International Conference on Information Reuse and Integration）于2009年8月10—12日在美国的Las Vegas举行，会议主题是"信息再利用、信息整合和再利用系统"。会议探讨了信息规模的迅速增长，对有效的决策制定带来了怎样的深刻影响。为了应对这一形势，IRI通过设立简单、丰富以及可再用的知识表达法，从而开发出将知识整合入原有系统的策略，来最大化信息的再利用程度。IRI在信息的捕捉、表示、维持、整合、验证以及推断上起着重要的作用，并且运用信息和知识提升各种实践领域内的决策制定水平。

第11届澳洲知识管理与智能决策支持会议（11th Australian Conference for Knowledge Management and Intelligent Decision Support）于2009年12月2—4日在澳大利亚的Victoria举行，会议主题："Harnessing Knowledge Management to Build Communities"。

第19届人工神经网络国际会议（19th International Conference on Artificial Neural Networks）于2009年9月14—17日在捷克的布拉格举行，会议主题主要探讨如下领域的理论、算法和应用：计算神经科学、关联认知科学、神经和混合式体系结构、学习算法、神经计算的数学理论、计算智能、混合式系统、数据分析、模式识别、图像处理、盲源分离等。

2009年神经网络国际联合会议（2009 International Joint Conference on Neural Networks）于2009年6月14—19日在美国的Atlanta举行，会议的主题涵

---

① K. Ueda, N. Nishino, T. Takenaka. Producer decision-making in markets with network externalities. CIRP Annals-Manufacturing Technology, 2009, 58 (1): 413-416.

盖了神经网络设计的所有方面，如：神经网络模型与分析、认知科学与认知模型、数据分析与模式识别、信号与图像处理、神经网络应用（专家系统、嵌入式系统、数据挖掘、多代理系统、金融工程、运营管理等），神经动力学、复杂系统和混沌研究等。

第 20 届国际多目标决策大会（20th International Conference on Multi-Objective Decision-Making, MCDM 2009）于 2009 年 6 月 21—24 日在成都举行，会议主题涉及“多目标决策支持，多目标分类，多目标连续和组合优化，多目标决策和优先选择模型，以及模糊多目标决策等”。国际多目标决策大会（MCDM）由国际多目标决策协会发起，此次大会首次在中国大陆举办，具有深远的影响力。目前国际多目标决策协会的主席是芬兰赫尔辛基大学（Helsinki School of Economics）的 Jyrki Wallenius 教授。

第 48 届 IEEE 决策与控制会议（48th IEEE Conference on Decision and Control）于 2009 年 12 月 16—18 日在上海举行，会议主题是“决策制定、自动化控制以及相关领域的最新研究成果、未来发展以及创新应用”。此会由 IEEE 控制系统协会（CSS）主办，并与工业与应用数学学会（SIAM）、运筹学与管理科学学会（INFORMS）、日本设备与控制工程学会（SICE）和欧盟控制学会（EUCA）合作举办的。

（4）2009 年主要学术成果

我们检索到决策领域 2009 年出版的图书有：

Nik Bessis. Grid technology for maximizing collaborative decision management and support: advancing effective virtual organizations（最大化合作决策管理与支持的网格技术）. Information Science Reference, 2009.

David De Cremer. Psychological perspectives on ethical behavior and decision making（伦理行为与决策的心理学视角）. Information Age Pub., 2009.

Ron Iphofen. Ethical decision-making in social research: a practical guide（社会研究中伦理决策：实用指导）. Palgrave Macmillan, 2009.

Gill Eapen. Decision options: The art and science of making decisions（决策选择：制定决策的艺术与科学）. CRC Press, 2009.

Simon French, John Maule, Nadia Papamichail. Decision behavior, analysis and support（决策行为、决策分析与决策支持）. Cambridge University Press, 2009.

Itzhak Gilboa. Theory of decision under uncertainty（不确定性决策理论）. Cambridge University Press, 2009.

Lakhmi C. Jain, Ngoc Thanh Nguyen. Knowledge processing and decision making in agent - based systems（基于 agent 系统的知识过程与决策）. Springer, 2009.

Tissa H. Illangasekare, Katarina Mahutova, John J. Barich. Decision support for natural disasters and intentional threats to water security（自然灾害与人为破坏水安全的决策支持）. Springer, 2009.

Atanu Sengupta, Tapan Kumar Pal. Fuzzy preference ordering of interval numbers in decision problems（决策中的区间数模糊偏好排序）. Springer, 2009.

在 SCI 数据库中，在标题中搜索 2009 年含 decision making 的期刊论文，发现共有 2 747 篇；接着在标题中搜索 2009 年含 decision support 的期刊论文，发现共有 188 篇；在标题中搜索 2009 年含 decision theory 的期刊论文，发现共有 78 篇；最后在标题中搜索 2009 年含 decision method 的期刊论文发现有 202 篇。总共 3 215 篇。

3. 对策理论与方法

（1）总体情况

2009 年，博弈论在应用上的研究主要集中于这几个领域：经济学、社会科学、管理科学、国际政治、工商业活动、计算机科学、人们的日常生活等。需要指出的是，随着对策论在国际上的普及和深入，相关研究也不再限于理论层面，更广泛的应用于管理、规划、控制和协调方面，相应的应用性文献也层出不穷。在 2009 年，国际上举办的和博弈论有关的比较重要的会议有 10 个，这些会议一般由国际上的博弈论研究机构或一些知名大学主办，与会者主要是来自世界各地的有着不同研究方向和研究兴趣的博弈论专家及经济学家，并会邀请博弈论和经济学领域的一些知名学者做报告。此外，很多有价值的文章在博弈论的核心期刊上发表，还有很多新的博弈论方面的图书出版，这些书籍对大学里的博弈论教育及博弈论在现实生活中的普及有很大的帮助作用。

相关领域的期刊主要包括：Behavior, Journal of Economic Theory, Management Science, European Journal of Operational Research, Journal of Economic Behavior & Organization, Computers & Industrial Engineering, Mathematical Social Sciences, Computers & Operations Research, Mathematical and Computer Modelling, Journal of Operations Management.

（2）主要学术观点

主要从动态博弈、合作博弈、演化博弈、完全与不完全信息博弈几个方面进行阐述。

在动态博弈方面的文献主要涉及以下方面：风险敏感性、代理问题、价格竞争、工资协议和无线网络控制系统等。Xiao 和 Choib（2009）① 阐述了一个有两个制造商及两个零售商组成的双层系统的动态博弈理论模型，在这个模型中，所有参与者都是风险厌恶的。每个制造商有两个纯渠道策略。作者主要关注制造商的渠道结构策略和批发价格怎样依赖于风险敏感性、价格力及零售商的采购选择，从而得到每个参与者最优的策略。进一步分析了零售商的风险敏感性对依赖于渠道结构的批发价格的影响作用。Lina 和 Sibdarib（2009）② 提出了一个博弈理论模型来描述在销售可互相替代产品的企业之间实时动态的价格竞争。作者假设所有企业的实时库存水平是公共信息并找到了这种情况下的纳什均衡点，并通过数量实验来对比在不同信息结构下企业的期望收益。Knabe（2009）③ 认为鲁宾斯坦交替策略指出在纳什工资协议模型中的威胁点应该在内部而不是外部，作者提出一个新的方式即通过清晰的将一个利益团体的罢工所得报偿模型化后，再进行内部选择的实施。Tipsuwan 和 Kamonsantiroj（2009）④ 等提出一个控台的带宽分配方法从而控制分配给开环 NCS（网络控制系统）达到一个纳什均衡状态，并且基于该纳什均衡，一个控制中心用所提供的方法对所有的网络控制系统分配带宽。

在合作博弈及非合作博弈方面的文献主要涉及以下方面：供应链、纳什均衡、斯坦伯格均衡、夏普利值、服务提供商和伙伴关系的建立等。Esmaeili和 Arvanezhad（2009）⑤ 等研究了若干包含买卖双方的供应链模型，这些模型包含了成本相关因素及在买卖双方间的竞争合作问题，并分别利用非合作及合作博弈理论将买卖双方的关系模型化。Leng 和 Parlar（2009）⑥ 研究了在包含一

---

① Tiaojun Xiao, Tsan-Ming Choib. Purchasing choices and channel structure strategies for a two-echelon system with risk-averse players. International Journal of Production Economics, 2009, 120 (1): 54-65.

② Kyle Y. Lina, Soheil Y. Sibdarib. Dynamic price competition with discrete customer choices. European Journal of Operational Research, 2009, 197 (3): 969-980.

③ Andreas Knabe. Implementing endogenous inside options in Nash wage bargaining models. Mathematical Social Sciences, 2009, 57 (2): 161-176.

④ Yodyium Tipsuwan, Suwatchai Kamonsantiroj. Jirat Srisabye Prabhas Chongstitvattana, an auction-based dynamic bandwidth allocation with sensitivity in a wireless networked control system. Computers & Industrial Engineering, 2009, 57 (1): 114-124.

⑤ M. Esmaeili, Mir-Bahador Aryanezhad, P. Zeephongsekul. A game theory approach in seller-buyer supply chain. European Journal of Operational Research, 2009, 195 (2): 442-448.

⑥ Mingming Leng, Mahmut Parlar. Lead-time reduction in a two-level supply chain: Non-cooperative equilibria vs. coordination with a profit-sharing contract. International Journal of Production Economics, 2009, 118 (2): 521-544.

个制造商及一个供应商的双边供应链下，利用博弈论理论如何降低提前期的问题，作者设计了一个简单的利润分享合同来获得供应链的合作，在这个合同下，供应链的成员利润都得到了改善从而激励他们实现整个供应链系统的利润最大化。Contreras 和 Gross（2009）① 研究了关于如何在竞争激烈的电力市场环境下建立一个鼓励在改进与扩张方面投资的激励制度。作者提出了一个分散的资产投资模型，其中由新投入的资产由投资者提供。作者将每个潜在投资者作为合作博弈中的一个参与者，根据创造的增加价值，夏普利值用来奖励每个投资者。作者将这个方法运用到 Garver 6-bus 系统和 IEEE 24-bus 可靠性测试系统来证明决策支持系统的可用性及灵活性。Carreras 和 Longueras（2009）② 等研究了在合作博弈下伙伴关系的建立问题，并用二项式半值测量在博弈参与者达成协议下的这种联盟的效果，以博弈案例证实了在同时处理伙伴关系的形成和联盟商议问题时形成联盟价值的意义。

演化博弈方面，Kwon 和 Friesz（2009）③ 等认为在很多决策环境中人们都尝试优化收入，但是实际的需求曲线及相关参数普遍是无法观测到的。因此，作者基于演化博弈理论将需求的动态性描述成一个连续时间的微分方程，并提出一个机遇不同变分不等式函数的算法并且利用一个服务提供商收益最大化问题的例子进行数值模拟报告。

在完全信息与不完全信息博弈方面的文献主要涉及以下方面：参与者角色自由转换、纳什均衡、斯坦伯格均衡、夏普利值、服务提供商和伙伴关系的建立等。Kuipers 和 Flesch（2009）④ 研究了一类随机博弈，在这些博弈中每个参与者的状态都是确定的。在博弈过程的每个时刻，都有一个参与者被认为是积极的，且这个积极参与者能终止这个博弈过程或者由他决定下一个作为积极参与者的人。每个参与者的报偿都是非负的。作者给出了一个组合的证据来证明在这类纯策略的博弈中存在子博弈完美均衡。

（3）2009 年重要学术活动

---

① Javier Contreras, George Gross, José Manuel Arroyo, José Ignacio Muñoz. An incentive-based mechanism for transmission asset investment. Decision Support Systems, 2009, 47 (1): 22-31.

② Francesc Carreras, Maria Dolors Llongueras, María Albina Puente. Partnership formation and binomial semivalues. European Journal of Operational Research, 2009, 192 (2): 487-499.

③ Changhyun Kwon, Terry L. Friesz, Reetabrata Mookherjee, Tao Yao, Baichun Feng. Non-cooperative competition among revenue maximizing service providers with demand learning. European Journal of Operational Research, 2009, 197 (3): 981-996.

④ J. Kuipers, J. Flesch, G. Schoenmakers, K. Vrieze. Pure subgame-perfect equilibria in free transition games. European Journal of Operational Research, 2009, 199 (2): 442-447.

第 3 届通讯网络博弈论国际专题讨论会（3rd International Workshop on Game Theory in Communication Networks 2009）于 2009 年 5 月 13—15 日在土耳其的伊斯坦布尔举行。会议主题是“博弈论在通讯网络的分析与设计中的应用”。

第 3 届逻辑学、对策论与决策论专题讨论会（3rd Workshop in Decisions, Games & Logic 2009）于 2009 年 6 月 15—17 日在瑞士的洛桑举行。会议主题是“决策、博弈和逻辑”，会议邀请了逻辑学专家 Johan van Benthem、决策理论专家 Richard Bradley 以及博弈论专家 Adam Brandenburger 作大会报告。此专题讨论会是 LOFT 会议的卫星会议。第二届于 2008 年 6 月至 7 月在荷兰阿姆斯特丹召开，第四届将于 2010 年在法国巴黎举行。

第 14 届动态博弈论及其应用国际会议（14th International Symposium of Dynamic Games and Applications）于 2009 年 6 月 19—24 日在加拿大的艾伯塔举行。会议主题是“动态博弈及其应用”。会议由国际动态博弈论协会（ISDG）组织，ISDG 于 1990 年 8 月 9 号在芬兰首都赫尔辛基举行的第四次国际博弈论及其应用会议上创办。

第 3 届博弈论和管理国际会议（3rd International Conference on Game Theory and Management）于 2009 年 6 月 24—26 日在俄罗斯的匹兹堡举行。会议主题主要包括：博弈论和管理、动态博弈、随机博弈、网络博弈、合作博弈、演化博弈，以及博弈论在一些领域的应用，包括战略管理、工业组织、市场、运营管理、公共管理、财政管理、人力资源、能源及资源管理等。

第 5 届西班牙、意大利和荷兰博弈论会议（5th Spain, Italy, Netherland Meeting on Game Theory）于 2009 年 7 月 1—3 日在荷兰的阿姆斯特丹举行。会议主题是“西班牙、意大利和荷兰三个国家博弈论领域的发展及研讨”。

为纪念 T. E. S. Raghavan 教授过去 40 年在博弈论领域的贡献而举办的博弈论国际专题讨论会（An International Workshop in Game Theory honoring Professor T. E. S. Raghavan for his contributions in the area of Game Theory over the last 40 years）于 2009 年 9 月 11—12 日在美国的芝加哥举行。会议演讲的主题有：演化博弈论领域——从植物到动物、合作博弈论领域的核心稳定性、随机博弈论领域的演化稳定策略、基于博弈论的混合交通系统的最优控制、完全信息下随机零和博弈和一些相关问题的讨论与建议。

第 2 届算法博弈论国际会议（2nd International Symposium on Algorithmic Game Theory）2009 年 10 月 18—20 日在塞浦路斯的帕福斯举行。会议主题是“算法与博弈论这两个学科交叉领域的最新研究进展”。会议论文涉及的主题包括：博弈论中的方法论概念、博弈的类型、均衡的精确与模糊计算、博弈中的收敛与学习、博弈论的复杂性分类、固定点理论的算法方面、机制设计、激励与联盟、成本分摊算法与分析、市场均衡的计算问题、经济学、财政学、决策论及定价理论中的计算问题、拍卖算法与分析等。

第3届能源、资源与环境博弈论国际专题讨论会（3rd Workshop on Game Theory in Energy，Resources and Environment）于2009年12月10—11日在加拿大的蒙特利尔举行。会议主题是“博弈论在电力和天然气、石油产业、资源、环境经济学等这几个领域的应用”。

（4）2009年主要学术成果

2009年出版与对策论/博弈论密切相关的6本书，具体如下：

Hans J. M. Peters. Axiomatic bargaining game theory（讨价还价对策论的公理系统）. Springer，2009.

Roger A. McCain. Game theory and public policy（对策论与公共政策）. Edward Elgar，2009.

Adam Brandenburger，Barry J. Nalebuff. Right game：Use game theory to shape strategy（正确博弈：用博弈论构筑战略），Harvard Business Press，2009.

Ariel Dinar，José Albiac，Joaquín Sánchez-Soriano. Game theory and policy making in natural resources and the environment（博弈论及自然资源与环境中的政策制定）. Routledge，2009.

Ilhan K. Geckil，Patrick L. Anderson. Applied game theory and strategic behavior（应用博弈论与策略行为）. Chapman & Hall，2009.

Steven N. Durlauf，Lawrence E. Blume. Game theory（The new palgrave economics collection）（博弈论，新帕尔格雷夫经济学系列）. Palgrave Macmillan，2009.

4. 运作管理

（1）总体情况

2009年，运作管理在理论研究和实践应用方面都取得了很多的研究成果。国际上的一些运作管理研究机构及一些知名大学举办了大量与运作管理有关的国际会议，同时，很多新的有价值的研究成果在重要期刊上发表，这些新文章汇集了运作管理在2009年的很多研究成果。除此之外，还有很多运作管理方面的书籍出版，这些书籍对运作管理研究与运作管理教育起到了很大的帮助作用。

2009年，运作管理理论研究主要集中在可持续运作研究、运作战略与需求预测、物流与供应链管理、服务运作管理、产品与服务定价、库存管理与库存控制等几个方面。而在应用研究方面则主要集中于运作管理理论和方法在不同领域的应用，如运作管理论在医疗卫生管理、应急管理等方面的应用。

（2）主要学术观点

下面重点从可持续运作、运作战略与需求预测以及运作管理研究发展趋势几个方面进行介绍。

第一，可持续运作研究。随着环境问题的日益严重以及人们环保意识的逐步增强，可持续发展已成为全社会的普遍共识，在这种情况下，可持续运作研究也成为运作管理的一个重点研究领域。2009 年，很多学者在这一领域做了有益的探索。如 Atasu 和 Sarvary（2009）① 指出，工业化和人口增长已经对环境造成了巨大负担，在这种情况下，很多国家已通过立法来规范产品回收。但目前按行业确定产品的收集、再利用与再循环目标的立法方式，会在增加企业经济负担的同时，产生公平性问题，并失去最初目标：环境利益。作者指出，正确的政策应该：①由生产者负责自己的废弃物的回收，从而避免不公平的问题；②支持生态设计产品制造商，从而创造更高的环境效益。Subramanian 和 Gupta（2009）② 研究了扩展生产者责任（Extended Producer Responsibility，EPR）下的产品设计和供应链协调。ERP 策略的目标是将环境责任向制造商和客户转移，以促进环境友好的产品设计和使用。作者考虑了两种设计属性——性能和再制造能力，并分析了 ERP 杠杆、消费者行为以及供应链协调如何对产品设计的激励和利润产生影响。

第二，运作战略与需求预测研究。运作战略与需求预测一直是运作管理研究的重要领域。2009 年，仍有大量运作战略与需求预测方面的文章发表。如 Joseph Blackburn 和 Gary Scudder（2009）研究了易腐品的供应链战略。作者指出，最大化产品价值的易腐品供应链设计分两个阶段：以速度为基础的设计阶段和以效率为基础的设计阶段。在第一阶段通过将快速将新鲜产品运至冷藏设施来最大化产品价值。在建立了稳定的冷链以后，将产品运往消费者的第二阶段供应链设计以效率而不是速度为依据。同时，作者提出了易腐产品供应链两个阶段的最优运作策略。

---

① Atasu A，Van Wassenhove LN，Sarvary，M.. Efficient take-back legislation. Production and Operations Management，2009，18（3）：243-258.

② Subramanian R.，Gupta，S.，Talbot B.. Product design and supply chain coordination under extended producer responsibility. Production and Operations Management，2009，18（3）：259-277.

而在需求预测方面，Oliva 和 Waston（2009）[①] 指出，预测用以引导资源的分配、确定组织目标，并整合企业的运作管理职能与市场营销、销售以及产品研发职能。这就要求预测过程必须对来自不同部门，具有不同偏好的信息进行整合。本文通过案例研究讨论了组织预测中的功能偏好的管理问题。作者认为，要管理这些偏好，预测就不能局限于统计技术和理解组织内部条件和外部环境。通过对一个成功的多功能预测过程的分析揭示出，具有信息交换和假设启发支持机制的预测过程可有效管理潜在的政策冲突、信息缺陷以及程序上的不足。而 Thomas 和 Warsing（2009）[②] 通过数学分析和计算试验研究了原始设备制造商如何应用预测更新分享和零部件过剩分享来有效影响合同制造商的零部件采购决策。实验研究表明，提供预测更新和过剩分享的原始设备制造商策略平均可实现供应链成本 60% 的改进。

第三，供应链管理研究。在供应链管理研究方面，供应链协作战略。McCardle 和 Tang（2009）[③] 研究了两级供应链中的最有定价和折扣策略。在其研究中，制造商和零售商都仔细评估实施价格折扣的固定成本和由此带来的额外收益。而每个参与者都需要做三个决策：正常价格、是否提供折扣以及折扣价值。研究确定了制造商和零售商的垂直竞争博弈均衡，并对竞争是如何影响价格折扣的进行了详细分析。例如，有效地制造商折扣计划将使制造商和零售商实现双赢，而有效的零售商折扣计划则可能导致制造商享有高额利润，而零售商获得降低理论。Prasad 和 Sethi（2009）[④] 研究了动态随机供应链的合作广告和合作定价问题，其中，制造商通过合作广告来影响零售商的行为。在合作广告模式下，制造商通过分担一定的零售商广告费用来提高其自身产品的销售量。研究表明，与集中渠道相比，分散渠道的定价高于最优定价，而广告投入低于最优投入。而合作广告和收益共享契约，可使分散渠道实现最优结果。同时，作者也指出，合作广告应该在制造商的渠道能力强于零售商的情况下使用。

---

① Oliva R.，Watson N.，Managing functional biases in organizational forecasts：A case study of consensus forecasting in supply chain planning. Production and Operations Management，2009，18（2）：138-151.

② Thomas DJ，Warsing DP，Zhang XY.．Forecast updating and supplier coordination for complementary component purchases. Production and Operations Management，2009，18（2）：167-184.

③ Cho SH.，McCardle KF.，Tang CS.．Optimal pricing and rebate strategies in a two-level supply chain. Production and Operations Management，2009，18（4）：426-446.

④ He XL.，Prasad A.，Sethi SP.．Cooperative advertising and pricing in a dynamic stochastic supply chain：feedback stackelberg strategies. Production and Operations Management，2009，18（1）：78-94.

第四，运作管理的发展趋势。在运作管理的研究现状与发展趋势方面，Markland（2009）① 在对运作管理的发展历史进行简要介绍的基础上，指出服务运作管理与运作管理理论的构建与检验是当前运作管理研究的热点。同时，“中国因素”也成为当前运作管理研究的一个新的热点。Production and Operations Management 杂志认为，在生产世界，过去几十年最重要的发展是中国成为世界工厂，考虑到世界上绝大多数的生产活动今天发生在中国，OM 领域的研究人员致力于中国的运作管理研究是非常重要的。同时，考虑到中国独特的商业环境和不同的文化背景，中国可能代表了 OM 研究的一个新的前沿领域。为此，2009 年，Production and Operations Management 杂志开始就“中国生产与运作管理理论与实践”专题征稿，要求研究必须包括“中国因素”，也就是说研究问题至少应当是由在中国观察到的商业问题或现象所引发的。

（3）重要学术活动

2009 年，国际上举办了大量运作管理方面的学术会议，下面就比较重要的几个会议作一些介绍。

2009 年生产与服务运作管理国际会议年会（2009 Manufacturing & Service Operations Management Annual Conference，2009 MSOM Conference）于 2009 年 6 月 28 日至 30 日在马塞诸塞州的剑桥镇的麻省理工学院举行。会议中，研究者就有关库存、服务运作、供应链管理、医疗卫生运作、可持续运作、运作/营销结合、运作/财务结合、生产调度、排队/拍卖以及运作管理实证研究等多方面的议题进行了广泛交流与讨论。

第 20 届生产与运作管理协会年会（POM 2009）于 2009 年 5 月 1 日至 4 日在美国佛罗里达州的奥兰多市举办。会议主题为“全球化的挑战与机遇”。会议的目的是为全球化背景下所出现的商业挑战与机遇的研究提供一个思想的分享平台。本次会议涉及标杆管理、绩效测量与供应链绩效改进、灾难管理、运作管理的教育问题、运作管理的实证研究、设备物流、全球化供应链网络安全、医疗卫生运作、运作管理中的行为与行为动力学、国际化和全球化运作、库存管理、JIT 和精益系统、公共部门的物流应用、物流管理、供应链中的扰动管理、运作管理与市场营销的结合、产品革新与技术管理、项目管理、采购、质量管理、技术在全球化供应链中的作用、服务运作、供应链和价值链网络、供应链管理、可持续运作与闭环供应链等 27 个议题。

---

① Robert E. Markland. Guest editorial: reflections on the past, present and future of operations management. Oper Manag Res, 2009 (2): 1-3.

第六届服务系统与服务管理国际会议（6th International Conference on Service Systems and Service Management）于2009年6月8日至10日，在中国厦门大学举办。本次国会议旨在为服务系统与服务管理相关领域的学者以及相关行业的人员提供一个学习与交流的机会，以促进彼此的了解，共同提高该领域的学术水平。会议吸引了海内外众多学者的关注，会议共收到学术论文近450篇，经过评审接收了高质量的学术论文共177篇。180多名专家、学者汇聚厦门大学，就服务系统与服务管理方面的热点问题展开深入探讨和交流。本次会议的主题包括：服务科学理论与原理、服务系统的设计、运作与管理、服务供应链管理、服务营销与财务管理、特殊行业的服务管理、服务信息技术与决策以及服务实验研究与案例研究等多个领域。

（4）主要学术成果

2009年M&SOM最佳论文奖（2009 M & SOM Best Paper Award）。因对运作管理理论与实践的重要贡献，2009年M & SOM最佳论文奖授予了Nicole DeHoratius，Adam J. Mersereau和Linus Schragefor。在其获奖论文Retail inventory Management When Records Are Inaccurate中，作者研究了一个非常有意思的问题：在记录不准确的情况下，零售商如何管理库存？对于使用自动化库存管理系统的零售商来讲，库存记录不准确是一个非常重要的问题。文章应用物理库存水平的贝叶斯定律研究了一种解决记录不准确的智能库存管理工具。论文假定超额需求丢失并且不能被观察到，在这种情况下，销售数据揭示了物理库存水平信息。论文表明，物理库存水平的概率分布是对过去销售和补货信息的有效总结，而在观察值不断积累的情况下，这一概率分布可以以贝叶斯模式有效更新。同时，文章也说明了如何使用这一分布作为实际的补货和存货审查策略的基础以及如何估计所需参数。这种补货策略可有效避免实际库存已降为零而库存记录仍为正值情况下的“冻结”问题。此外，模拟研究表明，文中提出的补货策略可弥补大部分库存记录不准确造成的成本，且本文提出的存货审查策略也远好于人们熟知的“zero balance walk”审查策略。

最有影响力服务运作论文奖。2009年，生产与运作管理协会最有影响力服务运作论文奖授予了辛辛那提大学的Craig Froehle和杨百翰大学的Scott Sampson。在其获奖论文“Foundations and Implications of A Proposed Unified Services Theory”中，作者提出了一种“统一服务理论（Unified Service Theory，UST）”来从描述服务过程并识别不同服务行业的关键共性。UST将服务过程定义为一种以顾客输入并由顾客作为所有服务过程的供应商的生产过程。UST揭示了不同服务类型的共同原则，并为不同的服务运作理论和模型提供了统一基础。UST 有一些关于能力与需求管理、服务质量、服务战略等的重要运作推论。UST 为未来的服务管理理论构建与理论检验研究提供了一个重要的研究基础。

Wickham Skinner 奖。2009 年，华盛顿大学奥林学院的 Fuqiang Zhang 由于在供应链管理研究领域的杰出成就获得了 Wickham Skinner 职业生涯早期研究成就奖。而加拿大西安大略大学理查·艾维商学院的 Robert Klassen 则由于在生产与运作管理的教学中的突出贡献而被授予了 Wickham Skinner 教学成就奖。

5. 信息系统与电子商务

（1）总体情况

2009 年，信息系统和电子商务在理论和应用方面可谓硕果累累，大量高水平的学术文章发表在核心期刊上，这些文章既对热门理论进行了深入探讨，又为我们提出了新的研究方向。关于信息系统和电子商务的会议在全球范围内也广泛召开，来自世界各地的从事不同研究方向的信息系统和电子商务专家参与其中，这些会议为学者提供了交流的平台，与会者相互学习、积极沟通、共享知识，极大地促进了电子商务的发展。

此外，信息系统与电子商务方面的主要刊物主要有：International Journal of Electronic Commerce，Journal of the AIS，Communications of the ACM，Information Systems Research，Journal of Management Information Systems，Management Information Systems Quarterly，ACM Transactions on Information Systems，Communications of the AIS，Decision Support Systems，European Journal of Information Systems，IEEE Transactions on Engineering Management，Information and Management，International Journal of Electronic Commerce，Journal of the AIS 等。

（2）主要学术观点

2009 年该领域的研究主要集中于以下几个方面：

第一，网络营销和渠道策略问题。在一系列的实践成功后，该课题的理论研究却相对滞后，对此理论界进行了探索性研究，Jie Zhang 和 Michel Wedel 等人从个人、部分、大市场三个层次研究了定制化促销手段的在网上商店和网下实体店的有效性。Robert V. Kozinets，Kristine De Valck，Andrea C. Wojnicki 和 Sarah J. S. Wilner 等人认为口碑营销作为企业比较在意顾客和顾客之间交流带来的影响现在越来越重要。Chris Forman，Anindya Ghose，Avi Goldfarb 等论述了本地市场和网络市场之间的竞争以及网上购物的收益如何取决于购买者的地理位置的。Robert J. Kauffman，Dongwon Lee，Jung Lee，Byungjoon Yoo 论述了在渠道转移时混合型企业进行电子商务时的价格战略。本文为混合型企业管理人员在基于分销渠道及其网上渠道的相互作用制定价格时提供了新的营销战略视角。

第二，消费者行为研究。Wendy W. Moe 和 Sha Yang 论证新的竞争者对消费者网上搜索行为的影响。他们发现惯性在搜索行为中扮演了重要的角色，并且会因一新的竞争者而中断。Jeonghye Choi，Sam K. Hui 和 David R. Bell 发现邻近效应在需求发展的早期特别强烈，然而相似性影响随着时间的累积变得越来越重要。随着时间的推移，新的买家越来越倾向于来源于新的超出那些产生早期买家的地域，而且地理集中度会降低。John R. Hauser，Glen L. Urban，Guilherme Liberali，Michael Braun 认为当网站的一些特征符合顾客的认知风格时对销售额贡献更大。

第三，信用和安全问题研究。Jin Chen，Cheng Zhang，Yunjie Xu 论述了 C2C 平台会员之间以及会员同平台之间的信任对建立会员忠诚度的影响。对平台提供商而言，本文提供了一种在竞争环境下建立会员忠诚度的战略路径。电子商务应用领域，Kai Riemer A1，Christoph Lehrke 等提出了歧视性列表的概念，认为歧视性列表是网上市场的一种分类方法，通过旅馆网上分布平台的案例调查施行列表的本质及其应用，加深了我们对作为供求门户的网上市场的理解。

安全一直是网上市场的一个短板，尽管事实上的网络安全已经提高了很多，但是许多消费者仍旧对此有所顾虑，因此，理论界对此问题进行了进一步的创新探索。Insu Park，Amit Bhatnagar，H. Raghav Rao 阐述了销售商提供的第三方隐私安全保证以及隐私保护等如何缓和顾客恐惧、影响客户满意度和重复购买意愿的。

（3）重要学术活动

第 13 届亚太信息系统年会（PACIS 2009）于 2009 年 7 月 10—12 日在印度海德拉巴召开。PACIS 系列会议是由信息协会（Association for Information Systems）发起的，是亚太地区信息系统领域最高级别的会议。本次会议由印度商学院（Indian School of Business）承办，参会人数为 100 人左右，会议主题是“全球化环境中的 IT 服务（IT Services in a Global Environment）”。这次会议主要包括以下几个方面的专题：①人机交互；②协作与知识管理；③信息系统经济学与数字商品；④IT 服务的管理、创新和治理；⑤发展中国家的信息系统；⑥行为与社会问题；⑦电子商务与电子政务；⑧信息技术与业务流程；⑨信息技术应用与影响；⑩技术设计、策划与执行；⑪信息系统安全与策略。

第 15 届美国信息系统年会（AMCIS 2009）于 2009 年 8 月 6—9 日在美国

旧金山举行，超过 1 000 名成员参加，共同讨论信息系统领域的关键问题。这次会议的主题是“信息系统未来的黄金之门”，微软公司的首席信息官（CIO）Tony Scott 做了主题发言。

会议包括以下专题：会计信息系统，分析建模与仿真，数据与信息质量，决策支持、知识与数据管理系统，设计理论与研究，IT 扩散，电子政务，E-commerce与 E-business，终端用户信息系统，企业系统，IT 中的性别问题，信息系统中的人机交互研究，信息通讯技术在全球的发展，智能系统，国际与跨文化研究，教育领域信息系统，信息系统外包，拉丁美洲的信息技术，信息技术与卫生保健，亚洲的信息技术创新，IT 项目管理，IT 服务，组织中信息系统的问题，绩效与测量，哲学角度看待信息系统，安全、保障与隐私，信息系统的社会问题，信息技术应用策略，系统分析与设计，虚拟世界。

第 30 届国际信息系统会议（ICIS 2009）于 2009 年 12 月 15—18 日在美国亚利桑那州凤凰城举行。ICIS 是信息系统研究领域声望最高的学术会议，每年举行一次。ICIS 2009 的主题是“做要紧的信息技术研究”，即信息系统的研究要及时、相关，对个人、组织、机构甚至社会有广泛的影响。

此次会议上，已退休美国空军少将 Donald W. Shepperd 做了题为“在技术世界中构建信任与领导能力”的主题演讲。美国路易斯安那州立大学的 Yoon-hyuk Jung 与 Suzanne D. Pawlowski 合作的论文 Consuming Bits：An Exploratory Study of User Goals for Virtual Consumption 获会议最佳论文奖。美国凯斯西储大学 Nicholas Berente 的论文 Institutional Logics and Loosely Coupled Practices：The Case of NASA’s Enterprise Information System Implementation 获 ACM 论文竞争奖。

2009 国际电子学习、电子商务、企业信息系统、电子政务会议于 2009 年 7 月 13 日至 16 日在美国内华达州拉斯维加斯召开。主题：电子学习设计和方法论、电子学习的社会影响和文化问题、电子学习的政策问题、电子商务系统集成及标准化、服务导向的电子商务、电子商务应用及数据库、全球化电子贸易和电子商务、网络营销、电子政务的法律问题、电子商务政策和战略、电子政务风险管理、电子政务网络服务设计、电子政务安全和信用等。

第 9 届欧洲国际信息处理协会关于电子商务、电子服务和电子社会的国际会议（The 9th IFIP Conference on e-Business，e-Services and e-Society）于 2009 年 9 月 23 日到 25 日在法国 Nancy 市召开。本次会议主要议题包括三个方面：电子商务、电子服务和电子社会。具体有创新性电子商务模式、业务流程整合、用户行为建模、web 2.0 的应用、P2P 合作模式、电子政务、移动公共服务、电子医疗和电子教育、灾难预警和防范系统等。维也纳工业大学的

Scharam Dustdar 做了题为 Research Challenges for the Future Internet 的演讲，澳大利亚联邦科学与工业研究组织的 Dimitrios Georgakopoulos 做了题为 Sensing the Future in the Context of the Past and Other Challenges in Next Generation Event Processing 的演讲。

（4）主要学术成果

Information Systems Research 杂志评出了 2009 年的几个奖项：

最佳出版论文奖。Jason Kuruzovich，Siva Viswanathan，Ritu Agarwal，Scott Weitzman 的 Marketspace or Marketplace? 文章讨论了市场空间中价格和产品信息的不同影响，将顾客对在线信息资源的信息需求和信息检索，与基于在线信息中介推荐的购买、市场上的搜索强度和在线搜索满意度等购买行为联系起来。

Jae-Yun Moon，Lee S. Sproull 的 The Role of Feedback in Managing the Internet-Based Volunteer Work Force 探讨了数字化网络和组织中的一个新现象——基于互联网的志愿者劳动力，他们通过互联网找寻符合自己兴趣的志愿活动，为此贡献时间和才能，并可能会因此为企业和企业客户创造价值。本文提出了一个理解这种现象的框架，并检验了这种劳动力在产出和保持高质量的贡献方面反馈的作用。

最佳出版论文奖（亚军）。Gerald Kane，Maryam Alavi 的 Casting the Net: A Multimodal Perspective on User System Interactions 信息系统研究者通常将用户-系统关系看成单个用户与单个信息系统之间的成对关系，但这篇文章认为此观点不能反映当前大多数组织的情况，它认为用户与系统是多对多的关系。

另外，在 Information Systems Research 杂志上发表的论文 Consumer Surplus in Online Auctions 获得由国际信息系统协会（AIS）评审的 2009 年最佳 IS 论文奖。在线拍卖的研究呈现越来越多的趋势，但对在线拍卖这种机制下的顾客过剩水平的定量数据还知之甚少。作者通过一种新的现场实验的方法对 eBay 在线拍卖的顾客剩余做了定量研究，并指出了其顾客剩余的决定因素。

Journal of Management Information Systems 杂志上 2009 年的索引率比较高的文章有：

T. Ravichandran，Yu Liu，Shu Han，Iftekhar Hasan. Diversification and Firm Performance: Exploring the Moderating Effects of Information Technology Spending. 本研究尝试通过讨论和检验在没有考虑公司信息技术传播下的多元化的绩效影响是不完整的来弥补过往检验绩效影响的不足。

Robert P. Bostrom，Saurabh Gupta，Dominic Thomas. A Meta - Theory for

Understanding Information Systems within Sociotechnical Systems. 本文显示了调适性结构理论（AST）作为一个元理论来检验在组织环境下的信息系统。随着讨论的贡献，作者提供了案例来指导研究者怎样应用调适性结构理论作为元理论。

Paul Benjamin Lowry, Nicholas C. Romano Jr., Jeffrey L. Jenkins, Randy W. Guthrie. The CMC Interactivity Model：How Interactivity Enhances Communication Quality and Process Satisfaction in Lean-Media Groups. 过程满意度是对工作组协助系统采用、持续和表现的一个重要的决定因素。本文采用计算机传媒通信（CMC）交互模型（CMCIM）来解释和预测交互性是怎样提高在CMC支持工作组的通信质量，增加过程满意度。本文还在极端简化的CMC下运用这个模型来挑战一个非常庞大的用户组。结果可能会帮助庞大的全球工作组在系统、产品、战略发展和其他过程中的持续、满意度和表现。

MIS Quarterly 期刊上2009年的索引率比较高的文章有：

Norman A. Johnson, Randolph B. Cooper. Power and Concession in Computer-mediated Negotiations：An Examination of First Offers. 本文集中研究了通过计算机媒体的谈判是怎样和为什么影响谈判的让步，尤其是当谈判双方权力不平等的情况下。本文还提出了进一步了解，为什么在以计算机为中介的谈判中通过详细描述了相关的目标对象和谈判双方行为的基本过程，但达成协议却更加困难。作者提供了以计算机为中介的谈判的进一步研究的潜在价值。

Huigang Liang, Yajiong Xue. Avoidance of Information Technology Threats：a Theoretical Perspective. 本文描述了技术风险回避理论（TTAT）的发展，TTAT解释了个体IT使用者回避有害信息计算风险的行为。作者清晰地说明回避和接受是本质上不同的两个现象，而且还声称技术接受理论虽然提供了一个有价值但不够完整的对使用者IT风险回避行为的了解。本文从新的角度对经验测试和理论地扩展技术风险回避理论进一步研究，这为我们扩大对信息安全现象的理解提供了一个令人兴奋的机会。

Ned Kock. Information Systems Theorizing Based On Evolutionary Psychology：An Interdisciplinary Review and Theory Integration Framework. 本文提出一个基于进化心理学的信息系统理论的讨论，集中于重点人类进化和进化遗传学的概念和看法。本文例子集中于其中一个进化的信息系统理论——媒体自然理论，以前非传统地发展成为媒体丰富度理论，和一个非进化信息系统理论，即渠道扩展理论。

Jiming Wu, Albert Lederer. A Meta-analysis of the Role of Environment-based Voluntariness in Information Technology Acceptance. 本文论述了通过调查基于环境的自由意志对技术接受模型中四个主要架构的关系的影响。本研究的目的是实证地检验基于环境的自由意志在技术接受模型四个主要架构的关系中的作用。现在的研究不仅对在基于用户和基于环境的自由意志的区别作出贡献，而且还引导了对用户接受信息技术一个更完整的理解。

（二）工商管理部分的主要成果与创新

1. 会计学

为了解国外财务会计领域的研究进展，我们查阅 2009 年 The Accounting Review, Journal of Accounting Research, Journal of Accounting and Economics, Contemporary Accounting Research, European Accounting Review, Accounting, Organizations & Society 等期刊及国际会议上有关财务会计的文章。通过对最新研究的梳理和总结，对各个领域突出的研究视角、理论观点、研究方法进行了论述，以求达到学习和借鉴的目的。

（1）学术期刊成果

第一，盈余管理。对于盈余管理的动机研究、资本市场动机和契约动机受到学者的更多关注。基于信号理论，学者发现盈余变动方向在第四季度发生变化是一种普遍存在的现象，并非偶然。为满足或达到盈余目标，在第四季度向下操控盈余，以达到平滑年度盈余的目的。短暂投资者的交易行为，会激励 CEO 采取提高当前盈余的动机，公司所有者出于对该动机的考虑，会设计更加严格的 CEO 补偿契约。财务报告的灵活性会促使管理者制造表面的低风险，掩饰真实风险。而盈余平滑作为管理层减少未预期风险的一种方式，能够很好地分散可能的风险后果。同时，学者们也从环境不确定性、管理者退休等方面来考察盈余管理动机问题。

关于盈余管理影响因素的研究，学者们更加关注公司治理的相关方面。在研究的设计上，无论是样本选择、还是分析方法，都有了新的进展。并对传统的研究方法提出了挑战，也进一步完善的盈余管理研究的方法论。

第二，透明度与会计信息的经济后果。透明度概念是在 20 世纪 90 年代美国上市公司存在严重的盈余管理的背景下提出的，从会计信息的决策有用观到投资者利益保护观，都见证了会计逐渐走向透明的过程。基本达成共识的是，公司透明度有利于资源在行业各部门之间的有效分配，信息质量、会计透明度等会带来的正面市场效应，但是透明度也可能存在负面影响，会计透明会恶化债务的资产替代效应，而且这种负面影响会超过透明所带来的正面效应。学者对此给出了实证的验证。学者们还发现了债券的非线性分配结构影响了会计盈余在债券市场上的作用；盈余（现金流，应计）会传递违约风险的信息等重要的结论。Jeffrey L. Callen 基于 Vuolteenaho（2002）的资产定价模型，进一步拓展了 Ball-Brown（1968）和 Beaver（1968）度量盈余信息含量的方法。

第三，信息披露与盈余预测。财务重述公告后竞争者投资变动与重述信息密切相关。由于市场并非完全有效，不同的重述方式可能导致不同的经济后果，因此，公司管理者会谨慎考虑如何发布会计重述。不同的披露方式也会导致不同的市场反应，不同来源的信息披露也会导致不同的风险影响。诉讼风险会增加公司对投资者的信息披露。有关信息披露的研究结论在很大程度上有力地支持了有效资本市场假说。

盈余波动性与盈余预测能力负相关。此外，盈余波动性受到经济和会计因素的制约，这两方面因素也会减少盈余的预测能力。学者们研究了哪些因素导致投资者不能充分地将经营现金流和应计用于盈余预测，以及当经营现金流和应计的持续性不同时，如何提高投资者预测的准确性。

第四，稳健性原则。会计稳健性作为一种财务报告机制在一定程度上限制管理者判断的滥用以及操纵盈余的行为，从而改善财务报告质量，保护投资者的利益。股权投资者之间信息不对称的变化导致了稳健性的变化，这一结论否定了 FASB 认为稳健性造成股权投资者之间信息不对称的观点。高稳健性作为一种替代机制，是对信息不对称和特有不确定性的反应。但也有学者发现稳健性降低了债务契约的有效性，这与 Watts（2003）的结论甚至许多实证研究的结论相悖。Mozaffar Khan 和 Ross L. Watts 改进了公司会计稳健性的度量，并以此作为实证工具，考察了会计稳健性的特征和影响。

第五，证券分析师。随着市场对证券信息需要的多样化，分析师提供的信息业更加丰富多样，扩展到对公司现金流量以及公司债券的预测和推荐。有关研究表明，现金流量预测的准确性低于盈余预测的准确性，而且现金流量预测的信息含量有限，与股票回报的关联度较低。对卖方债券分析师报告的研究表明，相比于股票分析师，债券分析师提供了更多的负面信息，也提供了更多关于低信用状况公司的信息，因此满足了投资者对于负面信息的需求。

对分析师预测质量的影响因素及其经济后果的研究表明，具备 CFA 资格的分析师提供的预测数据具有更强的及时性，但是在准确性方面并没有显著的提高。市场对具备 CFA 资格的分析师预测的反应更强烈，说明市场将分析师的专业水平作为预测质量的信号。

第六，公司治理与会计。在有关公司内部控制的研究方面，研究者尤其关注审计委员会在公司内控中的作用。主要研究结论显示，审计员会成员的专业技能和经验往往能够决定审计委员会能否发挥有效的治理作用。比如，审计委员会中某些特殊成员（曾经是会计师事务所合伙人或负责过现在任职公司的外部审计）的存在能够提升公司内控的效率和财务报告的质量。内部审计作为一种重要的内控手段，对于提高公司的会计信息质量至关重要。有关研究提供了高质量的内部审计能够降低盈余管理程度的证据。

另外，内部控制对公司信息披露也有重要影响。比如，低质量的内部控制会降低管理者预测的准确性。

有关 CFO 激励问题的研究发现，鉴于 CFO 有可能利用自己的职务之便，操控财务报告内容以达到增加私人收益的目的，因而从 2003 年到 2007 年上市公司明显地减少了 CFO 红利激励的使用，以此来遏制财务舞弊的发生。

第七，审计。有关审计质量的研究发现同业自查能够提高审计质量，因此同业自查结果能够作为会计师事务所审计质量的信号。审计质量不仅对投资者的决策有影响，同时对企业内部的投资和融资决策也有影响，被六大会计师事务所审计的公司更有可能采用权益融资而不是债务融资，而且能够获得更多的权益资本。

对审计与财务舞弊的研究发现，存在财务舞弊的公司其财务业绩和非财务业绩之间的差异更加明显，这种差异可以作为公司存在财务舞弊的信号。

对审计师定期轮换制度对上市公司会计信息质量的影响的研究证实，较短的审计师任期与被审公司盈余质量较低有直接的关系，而审计师的行业经验有助于改善短任期给盈余质量带来的不利影响。

第八，管理会计。自从 90 年代出现以来，平衡计分法（BSC）得到了广泛的应用，对其应用效果的研究证明，BSC 对企业组织绩效有正面的影响，并通过三种途径实现：一是 BSC 能将企业战略更好地传递到基层部门，二是 BSC 能促使战略活动成为一种连续的过程，三是 BSC 能有效整合组织内的各种资源。

（2）主要学术会议

2009 年美国会计学会（AAA）年会。美国会计学会 2009 年年会于 8 月 1 日至 5 日在纽约举行，会议的主题是“会计正处在风口浪尖上”（Accounting at a Tipping Point）。目前全球会计界面临历史性变化，包括国际会计准则的广泛使用，围绕公允价值会计的各种争议，以及当前经济环境的后遗症等。参会专家们针对如何处理最近的金融危机，如何处理美国政府面对的持续金融挑战，如何制定国际标准以及其他问题，展开了更为广泛而深刻的讨论。会议的议题包括课程评估、伦理、技术、当前的经济危机、专业更新、国际财务报告准则，国际趋同、公允价值、可扩展的商业报告语言（XBRL），等等。

2009 年欧洲会计学会（EAA）年会。2009 年欧洲会计学会（EAA）于 5 月 13 日至 15 日在芬兰坦佩雷大学召开。大会期间，一共举行了 9 个专题研讨会，包括：会计计量基础，社会和环境会计研究的国际视角，公共部门会计变革的研究，会计研究模式的作用和影响，经济低迷与会计研究机会，基于编者的视角，金融危机下的审计挑战，会计职业与会计学术的相互依赖性，会计与信息、通信技术的融合，给会计人员、会计界及组织带来的影响，未来中小企业的财务报告。此外，EAA 下设财务报告准则委员会还要举行一个专门的会议，主要探讨以下问题：概念框架、金融工具、财务报表列报、中小企业会计等。

2. 公司治理

对于 2009 年度公司治理领域的最新研究成果，主要选取董事会治理、企业社会责任、兼并收购、行为、实验和公司治理四个代表性的方面展开。

（1）主要学术成果

第一，董事会治理。在过去 40 年来，董事会与战略之间的关系的研究激增。然而，迄今为止，关于董事会如何对战略作出贡献的问题还没有形成理论和实证的一致意见。在这一背景下，Amedeo Pugliese 等人（2009）① 评估了现存的关于董事会与战略的文献，突出新的趋势，并提出未来研究的几种方法。他们使用截止到 2007 年在 23 个管理学期刊上发表的 150 篇文章进行了内容分析，描述和分析了关于董事会与战略的研究是如何演进的，说明了主题、理论、背景与数据来源如何相互作用并影响三个特殊时期对董事会-战略关系的观点。研究表明，董事会和战略的研究从规范性和结构性的办法演变为行为和认知的方法。这一结果鼓励未来的研究考察制度和环境相关的具体因素对董事会对战略的贡献的预期的影响，并采用替代方法，以充分捕捉董事会的过程和动力对战略决策的影响。对董事会对战略的贡献日益增长的兴趣反映了朝着董事会更多的战略参与的运动。不过，最佳治理实践和对董事会独立性和控制的强调可能会妨碍到董事会对于战略决策的贡献。本研究希望投资者和政策制定者在提名董事会成员和制定新的法规时，考虑一个有效的战略任务的要求。

---

① Amedeo Pugliese, Pieter - Jan Bezemer, Alessandro Zattoni, Morten Huse, Frans A. J. Van den Bosch, Henk W. Volberda. Boards of directors' contribution to strategy: a literature review and research agenda. Corporate Governance: An International Review, 2009, 17 (3): 292-306.

Kim 等人（2009）[①] 从董事会战略角色的视角研究了董事会结构对高管团队战略行动能力的影响。世界各地的董事会改革、公司治理失败以及董事会研究的不确定结果为其提供了从不同于当前强调控制和服务角色的视角研究董事会的动力。董事会的战略作用已经概念化，董事会多样性和领导结构对高管团队（TMT）战略能力的速度和广度的影响已被揭示。通过考察多样性及领导力的联合影响，研究了四种董事会结构即深思熟虑型董事会、综合型董事会、集中型董事会和适应型董事会对高管团队战略行动能力的不同影响。然后，作者指出竞争环境的性质（动态和复杂性），影响了每一个特定的董事会结构的效率。利用现有的理论见解和实证研究结果可以得出一些适用于社群主义、英美以及新兴市场的待检验的命题。

William B. Stevenson 和 Robert F. Radin（2009）[②] 从社会资本和社会影响的角度，研究了董事会的社会动态。他们指出，人们常常想当然地认为拥有人力资本的董事，如先进的管理经验，或独立性在董事会中最有影响力。但是在调查 14 家公司所有董事会成员中本研究发现，与那些在董事会会议之外形成的紧密联系网络中的人的联系，比人力资本或董事会之间的联系是更重要的社会影响的指标。这些董事会内的关系如与其他董事之间的关系，与董事会其他成员的关系，董事会关系网中小集团的成员关系构成了成员的社会资本。这些结果支持了影响的社会资本视角，强调与董事会其他成员的关系是董事会决策制定的社会动态中的重要因素。

Adams Renée B. 和 Ferreira Daniel（2009）[③] 研究了女性董事对董事会的投入和企业产出的影响。他们利用在美国公司的抽样调查，发现女性董事比男性董事有更好的出勤记录。在性别多样化的董事会中，男性董事的出勤问题更少。女性更可能加入监察委员会。这些结果表明，性别多样化董事会会花费更多的努力进行监督。因此，在那些董事会性别多样化的公司中，CEO 更换对于股票业绩更敏感，董事会得到更多的权益性薪酬。然而，性别多样化对公司绩效的平均影响是负面的。这种负面影响是由于公司有更少的反收

---

① Bongjin Kim, Michael L. Burns, John E. Prescott. The strategic role of the board: the impact of board structure on top management team strategic action capability. Corporate Governance: An International Review, 2009, 17 (6): 728-743.

② William B. Stevenson, Robert F. Radin. Social capital and social Influence on the board of directors. Journal of Management Studies, January 2009, 46 (1): 16-44.

③ Adams Renée B., Ferreira Daniel. Women in the boardroom and their impact on governance and performance. Journal of Financial Economics. Nov2009, 94 (2), 291-309.

购措施。其结果表明对于良好治理的公司，对董事授权性别配额会降低公司价值。Vidhi Chhaochharia 和 Yaniv Grinstein（2009）① 研究了董事会结构改变对 CEO 薪酬决策的影响。为了应对 2001—2002 年的公司丑闻，美国主要的证券交易所发布了新的董事会要求以加强董事会的监督。研究发现在那些受这些要求影响更多的公司，与那些受影响较少的公司相比，CEO 薪酬显著下降。这其中考虑到难以观察到的公司影响，随时间变化的行业影响、规模和绩效。在那些受影响的公司中，没有外部大股东以及机构投资者较少集中的公司，薪酬的下降更明显。结果表明，新的对董事会的要求会影响 CEO 薪酬决策。

G. Tyge Payne 等人（2009）② 从团队的视角研究了公司董事会与公司财务绩效的关系。他们指出研究人员最近开始整合公司董事会与团队有效性的文献，试图更好地理解董事会的职能及对公司绩效的影响。本研究确定了高绩效团队的五个属性——知识、信息、权力、激励和机会/时间，认为这些因素将提高董事会有效性，从而影响公司的财务绩效。结合调查以及 210 家财富 1 000强公司的数据档案资料来研究这些关系。结果显示，大多数团队有效性属性与按照董事评估的、更高水平的董事会有效性有关，董事会有效性与公司财务绩效显著相关。

第二，企业社会责任。Lutz Preuss 和 Jose－Rodrigo Co'rdoba－Pachon（2009）③ 界定了知识管理如何促进（或阻碍）企业的社会责任。他们通过两个相关却截然不同的视角——要素视角和流程视角构建了一个说明知识管理如何影响企业社会责任的概念模型。Yves Fassin 和 Annick Van Rossem（2009）④ 与比利时最顶尖的专家和 CEO 们进行了访谈，发现专家和 CEO 都注重实事求是，并较为明确地区分有关公司治理、企业社会责任和商业道德等概念。虽然企业社会责任被视为最优的保护势力，但是在商业和社会领域都没有取得一种统一的模式。公司责任、公司治理和商业道德这三种概念是相互补充的。在管

---

① Vidhi Chhaochharia，Yaniv Grinstein. CEO compensation and board structure. The Journal of Finance，vol. lXIV，2009（1）：231－261.

② G. Tyge Payne，George S. Benson，David L. Finegold. Corporate board attributes，team effectiveness and financial performance. Journal of Management Studies，2009，46（4）：704－731.

③ Lutz Preuss，Jose－Rodrigo Co'rdoba－Pachon. A knowledge management perspective of corporate social responsibility. Corporate Governance，2009，9（4）：517－527.

④ Yves Fassin，Annick Van Rossem. Corporate Governance in the Debate on CSR and Ethics：Sensemaking of Social Issues in Management by Authorities and CEOs. Corporate Governance，2009，17（5）：573－593.

理过程中，公司不能在某一单一领域中限制自身的行动或沟通，所以应当同时解决公司治理、社会责任以及商业道德三方面的问题。

Henry Petersen 和 Harrie Vredenburg（2009）① 定性地研究了加拿大证券业的大型机构投资者，并总结出这些机构投资者对一些影响投资的社会问题的认知模型。这些机构投资者确切地知道在何种情况下，价值来源于社会投资。因此董事和投资和社会预期达成一致的可能性大大增加了。管理者和董事必须理解股东价值如何与责任产生交叉。作者发现，这些领导者都将自己的公司定位为社会责任阵线的领头人。他们认为企业社会责任不仅仅是保护组织利益的手段，也是创造新的商业机会的方法。

Paolo Maccarrone（2009）② 运用案例研究法调查研究了意大利公司处理企业社会责任的方法并建立了一个条件（外生）变量与内生变量参数相关性的解释模型。实证分析的结果表明，一些行业特有的因素会影响受访公司高层管理人员关于企业社会责任战略的决策，其他相关的背景因素包括公司规模和国际化程度、公司上市与否以及企业社会责任战略和整体竞争战略的协同程度。

Itziar Castello′和 Josep Lozano（2009）③ 分析了六家行业领头企业（包括耐克、壳牌、通用电气、3M、CEMEX 和 IBM 公司）的历史，他们发现随着时间的推移，企业在不断发展，其社会责任也愈加复杂。这种演变是由一些关键的战略因素推动的。由此，作者提出了一个连接企业社会责任的演变与战略变化因素的三阶段框架（包括风险管理、综合整体以及道德表现）。

Paul C. Godfrey，Craig B. Merrill 和 Jared M. Hansen（2009）④ 认为，当公司蒙受不利事件影响的时候，如果公司采取企业社会责任的相关行动就会缓和利益相关者消极的判断。在战略学者设计的社会责任行动与股东价值的理论模型与风险模型基础上，作者画定了一些他们认为会影响社会责任行动与这种保障效应因果联系的公司和时间的特定参数，并使用事件研究法研究了 1993—2003 年 11 年间 178 个负面违法违规行为的影响。作者发现，参加公共、慈善

---

① Henry Petersen，Harrie Vredenburg. Corporate governance，social responsibility and capital markets：exploring the institutional investor mental model. Corporate Governance，2009，9（5）：610-622.

② Paolo Maccarrone. Factors influencing the attitude towards corporate social responsibility：some empirical evidence from Italy. Corporate Governance，2009，9（2）：103-119.

③ Itziar Castello'，Josep Lozano. From risk management to citizenship corporate social responsibility：analysis of strategic drivers of change. Corporate Governance，2009，9（4）：373-385.

④ Paul C. Godfrey，Craig B. Merrill，Jared M. Hansen，The relationship between corporate social responsibility and shareholder value：an empirical test of the risk management hypothesis. Strategic Management Journal，2009（30）：425-445.

机构的社会责任活动（目标为企业的次要利益相关者或整个社会）会带来保障性的效益，而参加一些专业性的社会责任活动（目标为企业的贸易伙伴）却不会带来如此效益。

Alessia D'Amato 和 Nigel Roome（2009）① 通过整合管理创新和公司责任领导力的文献，提出了一种将公司责任领导力作为可持续发展的贡献的模式。该模式与公司的趋向、路线和承诺框架相一致，促进了某一特定业务和可持续发展相关的组织领导文化的发展。

第三，兼并与收购。Makri② 等建立一个关于高科技企业并购的知识相关性和发明创造成果关系的模型，将科技的相似性和互补性视为发明创造的驱动力。采用药品、化学和电子行业的一些并购企业作为样本来验证该模型。发现互补性的科学知识和互补性的技术知识都通过促进产品质量提高和更多的创新性来提高兼并后的发明创造成果。这表明高科技企业在收购的时候应该寻找那些与自身具有科技互补性的企业。同时也表明知识的互补性可能导致不连续的战略转型，而知识的相似性能够促进不断更新；对于并购企业吸收能力的研究不仅要考虑相似性，还要考虑互补性。

Kim 和 Finkelstein③ 指出传统的有关并购的研究往往集中在解释相似性对并购绩效的作用。虽然学者们近来开始研究互补性收购，但几乎没有检验互补性如何影响收购绩效的证据。另外，之前的研究没有关注互补性的背景与潜在利润之间的关系。他通过研究横向的关联收购中战略和市场互补性对收购绩效的影响，深化了有关互补性收购的研究。将收购的两个关键属性即战略聚焦和市场外的收购经验作为调节变量。选取 1989 年至 2001 年美国商业银行的 2204 次收购行为作为样本，研究发现互补性是影响收购绩效的一个重要前提。

---

① Alessia D'Amato, Nigel Roome. Toward an integrated model of leadership for corporate responsibility and sustainable development: a process model of corporate responsibility beyond management innovation. Corporate Governance, 2009, 9 (4): 421-434.

② Marianna Makri, Michael A. Hitt, Peter J. Lane. Complementary technologies, knowledge relatedness, and invention outcomes in high technology mergers and acquisitions. Strategic Management Journal, Early View online, 2009 (23).

③ Ji-Yub (Jay) Kim, Sydney Finkelstein. The effects of strategic and market complementarity on acquisition performance: evidence from the U.S. commercial banking industry, 1989-2001. Strategic Management Journal, 2009, 30 (6): 617-646.

Capron 和 Guillén① 研究了国家公司治理制度的特征，以此概括出当企业收购以后进行重组时股东和员工的倾向。无论是兼并企业的东道国，还是目标企业所在国家的公司治理制度，都能够对企业兼并后的重组能力产生影响。通过研究跨国收购并进行重组的企业的数据资料发现，虽然目标企业所在国家对于员工权益的保护限制了其对目标企业资产的重组能力和资源配置能力，但相对于目标企业所在国家，收购企业所在国家对股东权益保护的法律越强，收购企业对目标企业资产的重组能力越强，目标企业资源所产生的杠杆效应越好。

Bodolica 和 Spraggon② 分析了加拿大的部分企业在一系列的并购交易中的并购行为及其特点如何影响 CEO 报酬契约的特性。发现当代理问题突出的时候，表现为较大的控制权溢价和比较差的企业绩效，董事会往往会围绕并购交易执行比较强的激励机制。董事会在处理代理问题的时候是响应式的，而不是积极主动的。他基于加拿大独特的制度环境，对上述观点进行了验证。最后提出检验两种的公司治理机制的替代效应将成为未来的一个研究方向。

Lin 等③基于资源依赖理论，提出网络、学习和制度有助于我们理解并购行为的驱动因素。将企业视为受到制度环境影响的网络关系中的学习者，比较了美国和中国的企业收购活动。结果发现，确实存在重要的学习和网络因素在驱动着并购行为。更有趣的是，这些学习和网络因素在具有不同的基于市场的制度的国家中差异很大。Huizinga 和 Voget④ 指出由跨国并购产生的跨国公司母子结构受到国际双重征税预期的影响。也就是说，母公司跨国并购的可能性由于高额国际双重征税而减小。同时，那些征收双重高额税款的国家很少吸引企业前来并购。这刺激美国单方面取消税收，从而使本国境内进行跨国并购的母公司的比例从 53% 增加到 58%。

---

① Laurence Capron, Mauro Guillén. National corporate governance institutions and post-acquisition target reorganization. Strategic Management Journal, 2009, 30 (8): 803-833.

② Virginia Bodolica, Martin Spraggon. The implementation of special attributes of CEO compensation contracts around M&A transactions. Strategic Management Journal, 2009, 30 (9): 985-1011.

③ Zhiang (John) Lin, Mike W. Peng, Haibin Yang, Sunny Li Sun. How do networks and learning drive M&As? an institutional comparison between China and the United States. Strategic Management Journal, 2009, 30 (10): 1113-1132.

④ Happy P. Huizinga, Johannes Voget. International taxation and the direction and volume of cross-border M&As. The Journal of Finance, 2009, 64 (3): 1217-1249.

Gorton 等①提出将管理者兼并动机与行业层次的制度转型相结合进行兼并可以带来使企业价值增加的兼并机会。对这些机会的预期可以导致防御性的收购，当企业被收购的时候，管理层为了避免失去私人利益而收购其他企业，或者使自己的企业变得更有吸引力以获得更高的接管溢价。收购者和收购目标的确定和盈利能力取决于一个产业的企业规模。

Chen 等②通过研究 1998 年至 2005 年 9 个东亚新兴经济国家的所有接管投标声明，比较了金融约束决定因素对跨国并购和国内并购的不同影响。采用逻辑回归证实了股票市场的扩展和公司治理的发展能够提高东亚国家企业的财务状况，并促进跨国并购活动。此外，相对于国内并购，除了所有权控制变量，金融约束的特定企业因素抑制了跨国并购的发生。虽然家族企业和国有控股企业具有更便利的外部融资条件，但他们也不愿意冒着弱化管理控制权的风险，因而更倾向于国内并购而不是跨国并购。

第四，行为、实验与公司治理。近年来，在广大国内外学者的共同关注下，公司治理已发展成为一个跨学科的研究主题。其内容主要包括董事会研究、高管薪酬和激励研究、企业兼并和控制权研究、实验与行为公司治理研究以及公司治理与社会责任研究。其中实验与行为公司治理研究是一种新方法和新视角，要以帮助我们检验已有的理论和发现新问题。较有代表性的文献（2009）主要包括以下 5 个方面。

首先是对资本市场方面的研究。Daniel Halbheer，Ernst Fehr 等③用实验方法对投资市场中竞争优势自我加强进行研究。文章探讨了初始竞争优势是否会自我加强，并且会市场表现出一种被少数几个公司控制的内生趋势的问题。作者研究的是一个具有重要经济意义但尚未被系统的实证研究所涉及的问题。通过实验设计赋予被试（公司）不同的初始成本，得出的结论是“具有初始成本优势的公司比初始成本较高的公司更愿意投资那些成本递减的项目”。因此他们认为初始竞争优势的确可以自我加强。但是，那些代表这类公司的被试却表现出了相对于纳什均衡的过度投资。这种过度投资的方式甚至强化了相对于

① Gary Gorton，Matthias Kahl，Richard J. Rosen. Eat or be eaten：a theory of mergers and firm Size，2009，64（3）：1291-1344.

② Yenn-Ru Chen，Yu-Lin Huang，Chun-Nan Chen. Financing constraints，ownership control，and cross-border M&As：Evidence from nine east Asian economies. Corporate Governance：An International Review，2009，17（6）：665-680.

③ Daniel Halbheer，Ernst Fehr，Lorenz Goette，Armin Schmutzler. Self-reinforcing market dominance. Games and Economic Behavior，2009，67（2）：481-502.

理论预测成本优势的自我加强，并且按纳什均衡预测的初始成本不影响投资总额。最终，投资溢价使投资减少，并且在没有溢价和低于溢价的情况下投资超过了最大化的联合收益标准；Ivanov Asen，Dan Levin（2009）① 等利用实验的方法研究了时间内生性（前视、后视、内视）对一个具有共同和私人价值的小型投资市场的影响。通过实验设计，被试根据独立观察到的投资成本和与共同投资回报相关的信号来决定如何投资。作者通过不同的试验设置测试每个被试是否通过事后观察、事前预测和市场行为的学习进行推理决策。结果表明，被试的行为几乎不受时间内生性影响。由此证明最大似然预测与基于信念的理论是不相容的。对此，作者基于对博弈的洞察，提供了一个依据有限理性规则的解释。对于资本结构模型已存在大量实证研究，Dirk Hackbarth（2009）② 从行为的视角把一个基于收入的资本结构模型整合在一个真实选择的框架下，分析了管理最优化和过度自信对融资和投资决策的影响。作者认为管理特质能改善债权人和所有者的冲突。如经理人通过债务延缓无效的投资可以温和解决过度负债问题。同样，资产倒卖和风险转换问题也可以放在另外一种真实选择的框架中讨论。

其次是从行为视角对劳动力市场的研究。Ernst Fehr，Lorenz Goette 等（2009）③ 指出，如果人们认可大多数雇佣合同固有的相对不完备性，并且认可群体共享中存在对公平性参照依赖，劳动力市场现象就能够被更好的理解。通过理论推演和实验证明发现，虽然在一次性交往中对公平的关注影响较弱，但重复交往可以极大放大人们对经济结果的关注。作者还回顾了实验室和场景实验对报酬作用和努力公平性的研究，基于对最低工资和在职者工资的预测和公平性参照依赖关注，可为经济政策（如最低工资法）的制定提供重要参考。

第三是用实验的方法对网络组织治理的研究。Rajshree Agarwal，Rachel Croson 等（2009）④ 用实验的方法调查了战略联盟中潜在价值和实际价值创造

---

① Ivanov Asen，Dan Levin，James Peck. Hindsight，foresight and insight：an experimental study of a small-market investment game with common and private values. American Economic Review，2009，99（4）：1484-1507.

② Dirk Hackbarth. Determinants of corporate borrowing：A behavioral perspective，Journal of Corporate Finance，2009，15（4）：389-411.

③ Ernst Fehr，Lorenz Goette，Christian Zehnder. A behavioral account of the labor market：the role of fairness concerns. Annual Review of Economics，2009（1）：355-384.

④ Rajshree Agarwal，Rachel Croson，Joseph T. Mahoney. Decision making in strategic alliance：An experimental investigation. Working paper，2009.

的决策偏差。为了更好地理解战略联盟的决策如何影响成功，作者在实验中设计了两个影响战略联盟决策的重要因素：经济激励和沟通。实验结果表明，两者对解释联盟中各成员决策成功的概率是相互影响的。为检验实验结论的稳健性，实验过程中分别用本科生、MBA 和超过 20 年工作经验的高管作被试，对所得的实验数据的实证检验结果都是显著的。

第四是用实验方法对董事遴选的研究。Kun - Chin Lee 和 Chun - An Li (2009)① 通过构建董事会选举模型的基础上，在实验室环境中模拟了董事会中的内部董事通过贿赂制定激励制度的外部董事以获得更多的私人收益。实验数据显示，外部董事是否接受贿赂依赖于外部董事所处的劳动力市场，并且劳动力市场对外部董事影响越大，意味着董事会的有效性更高。

第五是从行为视角对竞争性市场中不完备契约的实验研究。以前的实验证据表明，在一个竞争市场中，契约为权利提供了一个参照点。Ernst Fehr, Oliver Hart 等（2009）② 认为这是有偏颇的。他们通过实验设计，从行为转换的视角研究了事前不完备契约对事后交易中的影响。结果表明“基本转换”（从竞争市场到双边关系的转换）对于契约成为参照点的是重要的。这种行为方面的“基本转换”是 Ernst Fehr，Oliver Hart 等首先提出并进行研究的。

（2） 主要国际会议

2009 年 4 月 16—17 日，欧洲公司治理协会（ECGI）在巴黎工商总会召开了 2009 年会员大会和年度讲座。沃顿商学院宾夕法尼亚大学金融与经济学教授，同时也是 ECGI 研究员的富兰克林·艾伦教授做了关于公司治理和当前危机的年度主题演讲。艾伦教授发表了他对危机时代公司治理重要性的看法。在平常情况下，股东主导的盎格鲁撒克逊模式运行良好，因为它可能使资源被重新有效地重新分配。在危机时期，如目前，它导致不稳定，关于这一点，我们在美国、英国和其他地方都可以看到。企业裁掉的大批工人，失业率飙升，这会产生庞大的反馈影响。在 20 世纪 90 年代的日本，我们没有看到这些。利益相关者治理在这种情况下有很大的优势。

公司治理世界理事会（World Council for Corporate Governance）2009 年 10

---

① Kun-Chin Lee, Chun-An Li. Voting behavior of the outside directors: theoretical and experimental evidence. International Research Journal of Finance and Economics, 2009 (32): 1450-2887.

② Ernst Fehr, Oliver Hart, Christian Zehnder. Contracts, reference points and competition—behavioral effects of the fundamental transformation. Journal of the European Economic Association, 2009, 7 (2-3): 561-572.

月9日至10日在伦敦召开了第十届公司治理国际会议，主题为“重新定位董事会的道德规范，激活公司治理”。Eliot Spitzer 做了基调演讲。

国际公司治理网（ICGN）2009年7月13—15日在悉尼召开了主题为“改革和恢复的路线图”的2009 ICGN年会。在本次会议上，来自35个国家的400多名代表出席，投资者、董事、决策者和利益相关者进行了深入的对话和交流。

3. 人力资源管理

（1）国外主要学术成果

国外人力资源管理领域具有代表性的学术成果主要集中在以下期刊：人力资源管理评论（Human Resource Management Review）、人力资源开发季刊（Human Resource Development Quarterly）、组织行为和人力决策过程（Organization Behavior and Human Decision Process）、组织研究（Organizational Studies）、产业关系（Industrial Relations）、人力资源管理（Human Resource Management）、人力资源管理学报（Human Resource Management Journal）、管理研究学报（Journal Of Management Studies）、管理学报（Journal Of Management）、雇佣关系（Employee Relations）、职业行为学报（Journal of Vocational Behavior）、职业与组织心理学报（Journal of Occupational and Organizational Psychology）、组织行为研究（Research in Organizational Behavior）、管理学评论（Academy of Management Review）、美国管理学会学报（Academy of Management Journal）、管理科学季刊（Administrative Science Quarterly）、组织行为学报（Journal of Organizational Behavior）、应用心理学学报（Journal of Applied Psychology）。

2009年人力资源管理领域主要关注的焦点和创新进展概括地讲主要有以下几个方面：

第一，全球化背景下的跨文化管理和组织内多样化及新创企业的人力资源管理。经济全球化的加深使世界范围内的资金、技术、产品、市场、资源、劳动力进一步融合，因而在工作场所中伴随着劳动力等的多样性并产生相关的理论研究。经济全球化下人力资源管理的国际化研究主要涉及人力资源多样化的维度，如年龄、种族、性别、性别取向等，以及多样化的综合模型①；跨文化

---

① Lynn M. Shore et al. Diversity in organizations: where are we now and where are we going? Human Resource Management Review, 2009, 19 (2): 117-133.

培训[1]；跨文化招聘[2]和雇佣实践[3]；特殊人群的管理，如同性恋的平等[4]，残疾员工的工作适应[5]，移民的收入和职业成就[6]，国际派遣[7]，跨国集体谈判[8]等。

经济全球化也给世界各国带来了新的商机，新创企业不断出现，新创企业组织的人力资源管理问题开始受到关注。新创组织与已建立的组织在意向、资源、边界和交换等方面有不同特点，组织的人力资源框架分为低层次模式下的儿童式组织、开发模式下的奥德赛（Odyssey，冒险）式的组织、高层次模式下的成年式组织等三个过程，每个过程所关注的人力资源管理各不相同[9]。此外，其他有关创业组织的研究还有：创业者的情感和冒险努力的实证研究[10]；通用架构和缔约实践在创业团队中关系资本建设中的作用[11]；新企业中个人和机会因素对工作创造的影响[12]等。

第二，员工心理与组织绩效。工作场所的压力问题正受到人力资源管理者

---

① Baiyin Yang et al. Does it matter where to conduct training? accounting for cultural factors. Human Resource Management Review，2009，19（4）：324-333.

② Rong Maa，David G. Allena. Recruiting across cultures：a value-based model of recruitment. Human Resource Management Review，2009，19（4）：334-346.

③ Guglielmo Meardi. Varieties of multinationals：adapting employment practices in central eastern Europe. Industrial Relations，2009，48（3）：489-511.

④ Fiona Colgan et al. Equality and diversity in the public services：moving forward on Lesbian，gay and bisexual equality? Human Resource Management Journal，2009，19（3）：280-301.

⑤ Michele Campolieti. Worker adaptation and the desire for accommodations after the onset of a disability. Industrial Relations，2009，48（2）：329-349.

⑥ Barry R. Chiswick，Paul W. Miller. Earnings and occupational attainment among immigrants. Industrial Relations，2009，48（3）：454-465.

⑦ Jean-Luc Cerdin，Marie Le Pargneux. Career and international assignment fit：toward an integrative model of success. Human Resource Management，2009，48（1）：5-25.

⑧ John Gennard. Development of transnational collective bargaining in Europe. Employee Relations，2009，31（4）：341-346.

⑨ Phil C. Bryanta，David G. Allena. Emerging organizations' characteristics as predictors of human capital employment mode：a theoretical perspective. Human Resource Management Review，2009，19（4）：347-355.

⑩ Maw-Der Foo et al. How do feelings influence effort? an empirical study of entrepreneurs' affect and venture effort. Journal of Applied Psychology，2009，94（4）：1086-1094.

⑪ Ruth Blatt. Tough love：how communal schemas and contracting practices build relational capital in entrepreneurial teams. Academy of Management Review，2009，34（3）：533-551.

⑫ John C. Dencker et al. Individual and opportunity factors influencing job creation in new firms. Academy of Management Journal，2009，52（6）：1125-1147.

越来越多的关注，积极组织行为学的研究逐渐出现并成为解决员工心理压力问题的一个研究工具。心理资本（Psychological Capital）是效能感、希望、乐观和愉悦等积极心理的来源，它可以成为更好地理解感知下的压力症状以及离职意愿和工作搜寻等变量的关键①。员工尤其是服务型行业员工的情绪劳动力（Emotional labour）在管理研究中也逐渐成为焦点，情绪劳动力是“为组织目标而控制感觉和表情的过程”（Grandey，2000）②，它对离职有预测性的作用，③ 并会受到感知的同事之间的不公平的影响而强化。④

心理所有权（Psychological Ownership）可被看做影响组织中人员绩效的积极来源，是人对所有权的一种感觉，它由四个维度构成：自我效能感、责任感、归属感和自我认同。实证研究显示，感到是组织所有者的员工在工作态度方面有益于组织，心理所有权可以通过变革型领导而对组织产生积极的影响。⑤ 还有研究将心理所有权整合到工作特征模型中。⑥

此外，2009 年的研究还聚焦在工作需求-控制模型和工作倦怠、组织政治等问题上。家庭-工作冲突、雇佣关系及情境化研究仍然受到继续关注。

（2）重要学术会议

人力资源管理领域。2009 年 6 月，第十届国际人力资源管理年会于美国新墨西哥圣塔菲召开，主要议题包括：外派与家庭调适、多样性与政治、社会伦理问题、欺凌与歧视、利用母国文化或采用东道国文化的 HRM 实践、HRM 发展、招聘与录用、人才管理、职业生涯、薪酬等。2009 年 6 月，美国人力资源管理协会（SHRM）于美国路易斯安那州新奥尔良（New Orleans，Louisiana）召开第六十一届主题为“新经济下的人力资源领导力（HR Leadership for the New Economy）”的年会。

---

① James B. Avey et al. Psychological capital：A positive resource for combating employee stress and turnover. Human Resource Management，2009，48（5）：677-693.

② Markus Groth et al. Customer reactions to emotional labor：the roles of employee acting strategies and customer detection accuracy. Academy of Management Journal，2009，52（5）：958-974.

③ Samantha L. Chau et al. A predictive study of emotional labor and turnover. Journal of Organizational Behavior，2009，30（8）：1151-1163.

④ Sharmin Spencer，Deborah E. Rupp，Angry Guilty. Conflicted，injustice toward coworkers heightens emotional labor through cognitive and emotional mechanisms. Journal of Applied Psychology，2009，94（2）：429-444.

⑤ James B. Avey et al. Psychological ownership：the oretical extensions，measurement and relation to work outcomes. Journal of Organizational Behavior，2009，30（2）：173-191.

⑥ Jon L. Pierce et al. Psychological ownership within the job design context：revision of the job characteristics model. Journal of Organizational Behavior，2009，30（4）：477-496.

人力资源开发领域。国际人力资源开发研究会已经形成美、欧、亚三个主要年会。其中，2009 年 2 月，国际人力资源开发研究会美洲年会在美国弗吉尼亚州阿灵顿地区举行，主要议题包括：HRD 中的国际化、全球化及跨文化问题，战略 HRD 组织发展与变革，职业发展，关键人力资源开发和社会公正视角，HRD 理论建构、角色及基础等。2009 年 6 月，国际人力资源开发研究会第十届欧洲年会在英国举行，年会主题为“人力资源开发：实践中的复杂性与缺陷（HRD：Complexity and Imperfection in Practice）”，主要议题包括：人力资源开发实践，工作中的学习与绩效，领导力与管理开发，中小型企业和创业精神，商业战略、组织学习及知识管理，人力资源开发中的性别问题，企业人力资源开发的社会责任和伦理的启示等。2009 年 12 月，第八届亚洲人力资源开发国际学术会议在巴林（Bahrain）举行，年会主题为“在经济不景气时期管理与开发劳动力（Managing & Developing the Workforce during Times of Economic Downturn）”。主要议题包括：亚洲及 MENA 情境下的 HRD 理论与实践，全球经济危机对 HRD 的影响，价值、政治、权力、伦理与 HRD，体面工作与工作生活质量，社区资源开发，动态、变革与 HRD，工作场所学习，HRD 的创新实践，绩效与职业开发，性别/多样性/地区与 HRD，全球化/跨文化 HRD 等。

雇佣关系管理领域。2009 年 6 月，国际劳工组织在日内瓦召开了第 98 届国际劳工大会，大会讨论了全球经济与金融危机对就业和社会政策的影响。劳工大会的主要议题包括：国际劳工标准及其影响以及应对全球就业危机、新人口环境下的就业与社会保护、居于体面劳动核心地位的性别平等、在劳动世界加强艾滋病应对措施等议题，大会通过了全球就业协定。2009 年 8 月，国际雇佣关系协会（IIRA）第 15 届世界大会在澳大利亚悉尼召开，主题为“新世界工作、组织与就业（The New World of Work，Organizations & Employment）”，主要议题包括：全球金融危机、经济可持续发展与就业关系，公平工作，管理、工作与就业，话语权与工作表现，工作、家庭与社区，制度、过程与产出，工作的新形式等。

4. 财务管理

（1）国外主要学术成果

第一，公司财务研究的新进展。股东和债权人等利益相关者之间的冲突一直以来都是公司财务领域中最难以解决的问题。Meckling 和 Myers（1976）深入研究了代理成本，他们发现股东和债权人之间的冲突会对投资决策产生两个巨大影响：过度投资（财产替代）和投资不足。Parrino 和 Weisbach（1999）

利用类比程序验证股东和债权人之间的冲突会直接扭曲了投资行为。

对于降低投资融资摩擦，降低股东和债权人之间冲突的研究近来有所发展。Chava 和 Roberts[①] 明确了一个特别的渠道（债务协议）和相应的机制（控制权的转让），融资中的摩擦通过此渠道来影响企业投资。应用一个不连续的回归设计，他们发现当出现金融契约的违反时，即发生债权人利用贷款作为其介入管理的威胁时，资本投资会随之急剧下降。而且，在代理问题和信息问题相对比较严重的情况下，投资减少的问题也会被严重。这也就突出了这样一个问题，就是控制权的重新分配是如何能够帮助降低投资融资摩擦所产生的扭曲和混乱。

在信息流和跨国上市公司股票期望收益的关系方面已有一定数量的论文发表，但这些研究都是基于 Merton（1987）投资者认知假设。新的研究成果是，Cespa 认为基本信息类似于来自许多方面的一种持久良好[②]。因此，纳入股票价格的公司方面的影响取决于谁是代理控制公司的现金流量。Cespa 提出一个比较市场模型，这是一个充满活力的市场，在这个市场里信息被分析师提供，而且所提供的信息比任何一个内部交易人员都要充分和富有指导性。

Albuquerque、Francisco 和 Marques[③] 在提出了一个股权交易模式，专门为知情的和不知情的投资者之间的交易服务的，这个模式能够让投资者获知关于企业的具体信息和整个市场的私人信息。该模型是基于整个市场的私人信息的部分来识别订单流。预计交易是由带动整个市场的私人信息带动，而且很少甚至没有与订单流的第一主成分相关。而且，他们发现，订单流中的共同运动捕捉的变化主要是在具有流动性的交易中。从私人股权市场数据中获得的整个市场的私人信息预测股票收益，也预测货币的回笼级别测试版。这对这个模型预测性具有的强有力的支持作用。

第二，资本资产定价研究的新进展。在实践中，学者们运用期权定价的理论来应用到很多现实的财务问题上。Hackbarth 和 Morellec[④] 开发了一个实物期权理论框架，分析了在兼并和收购时候得股票收益。在这个框架内，收购的时

---

① Sudheer Chave, Michael R. Roberts. How does financing impact investment? the role of debt covenants. The Journal of Finance, 63 (2008): 2085-2121.

② Giovanni Cespa. Information sales and insider trading with long-lived information. The Journal of Finance, 63 (2008): 639-672.

③ Rui Albuquerque, Eva de Francisco, Luis B. Marques. Marketwide private information in stocks: forecasting currency returns. The Journal of Finance, 2008 (63): 2297-2343.

④ Dirk Hackbarth, Erwan Morellec. Stock returns in mergers and acquisitions. The Journal of Finance, 2008 (63): 1213-1252.

机和条件是内生的而且是价值最大化的决策的结果。对于模型公布异常报酬的含义是与现有的经验证据相一致的。此外，在周边控制交易期间，该模型生成了有关企业级动态测试版的新的预测。他们利用 1985 年至 2002 年的 1 086 个公开交易的上市公司收购作为样品，发现了新的支持该模型的有力证据。

Emre Ozdenoren 和 Kathy Yuan① 提出了一个关于资产价格的问题：如果价格反过来影响资产价格的基本价值，那么应该如何确定资产价格？在这种环境下，通过购买其他人购买的资产，投资者首先确保公司未来的高现金流，次之考虑投资的高回报。因此，投资者有动机去协调，而这可能产生自我信仰和多重均衡。他们从全球的角度来看，牵制投资者的自我信仰，分析均衡价格，并显示资产价格到现金流的强劲反馈导致更高的过度波动。

另外，Dai，Maydew，Shackelford 和 Zhang② 认为资本利得税的均衡影响反映了资本化的影响（即资本利得税减少了需求）和有效锁定效用（即资本收益税减少了供给）。根据时间段和股票的特征，反映出来的这两种效应可能其一占据主导地位。他们利用 1997 年纳税人救助法为例，找到证据证明，在一周的新闻中，占主导地位的资本化效用大幅增加了资本利得税税率降低的可能性和占主导地位的有效锁定效应在税率降低一周后发挥作用。

（2）2009 年主要学术活动

2009 年财务学的主要学术活动包括举办大规模学术会议和出版专业期刊。美国财务学会（American Finance Association）和财务管理学会（Financial Management Association）是全球规模最大，也是最权威的财务学术组织。这两个学会每年都在美国各地举办规模空前的年度大会。年度大会几乎覆盖财务学所有分支领域，有数千人参加。2009 年度大会分别于 1 月在洛杉矶的新奥尔良和 10 月在得克萨斯州的格雷普韦恩举行。此外，还有一些地区或者国家性财务学会，例如欧洲财务学会（European Finance Association）、亚太地区财务学会（Asia Pacific Finance Association）、中国财务学会（Chinese Finance Association）。另外，还有一些财务行业学会例如世界公认的注册财务分析师学会（Chartered Financial Analyst Institute）和财务经理学会（Financial Executives Institute）也定期举办年会和其他学术活动。

在学术期刊方面，公认的有财务学杂志（Journal of Finance）、财务经济学

---

① Emre Ozdenoren, Kathy Yuan. Feedback effects and asset prices. The Journal of Finance, 2008 (63): 1939-1975.

② Zhoglan Dai, Edward Maydew, Douglas A. Shackelford, Harold H. Zhang. Capital gains taxes and asset prices capitalization or lock-in. The Journal of Finance, 2008 (63): 709-742.

杂志（Journal of Financial Economics）、财务学习回顾杂志（Review of Financial Studies）、财务学与定量分析杂志（Journal of Financial and Quantitative Analysis）等。另外，财务学论文也经常发表在工商管理和经济学的杂志上，例如工商管理杂志（Journal of Business）、美国经济学回顾杂志（American Economic Review）等。

5. 市场营销

（1）国外主要学术成果

营销战略与营销管理。Liu 和 Yang（2009）基于航空业的数据显示，大公司比小公司从忠诚规划中获取了更多的利润，而当产品需求为刚性时，个体忠诚规划的影响下降。Christian，Jan 和 Wayne（2009）在传统的利润链基础上融入了社会识别模型，从而构建了补充的 SPC 模型，通过包括雇员、顾客和公司三视角的实证数据，作者们发现了对扩充 SPC 模型的强力支撑。Vanitha 和 Christine（2009）研究了网络中心、网络密度、网络有效性、网络声誉和市场联盟能力对价值创造的影响。结果证实网络有效性和网络密度影响最大，而网络声誉和网络中心度并无影响，市场联盟能力影响公司管理市场网络的能力并对价值创造起到正面作用。

消费者行为。Wagner，Hennig-Thurau，Thorsten 和 Thomas（2009）基于期望理论和情绪理论对消费者的分级变化构建了模型，这一模型将顾客地位降低和消费者身份平衡联系起来，从而帮助制定相应的管理决策。Palmatier，Jarvis，Bechkoff，Kardes 和 Frank（2009）的研究证明：感激感在理解关系营销投入、增加购买意愿、销售增长和市场分享中起着重要作用。Hedgcock，Rao 和 Akshay（2009）使用认知神经科学测试权衡厌恶是否能解释吸引力的影响。作者讨论了神经科学对营销学理论和方法的影响，也讨论了管理公司的管理实践和公共政策。

服务营销。Challagalla，Goutam，Kohli 和 Ajay（2009）的实验研究发现，前摄售后服务的价值依产品不同生命周期、交易的广泛性还有外部网络活动而分为多种情况。另外，前摄售后服务的价值还依消费者使用密度、经历的开放性以及营销专业性区分为不同的价值。Melnyk，Valentyna，Stijn 和 Tammo（2009）依据消费者忠诚的目标，发现了反向的条件。Libai，Barak，Eitan 和 Renana（2009）采用扩散模型来调查服务市场上摩擦对增长的影响。作者针对四个产业中的七个公司的调查，验证了模型的合理性。Zhao，Zhao 和 Song（2009）开发了一个模型，这一模型通过对顾客的还账行为来衡量他是低风险的还是高风险的。Kwortnik，Robert，Michael 和 William（2009）基于休闲旅游和餐饮两个行业，探讨了买方监测机制的效果，并以此为手段改进服务质量。研究表明，自愿小费对激励服务员工和提升消费者对这些服务人员提供服务的感知有着积极的作用。

网络营销。Li，Srinivasan 和 Sun（2009）基于信号拍卖理论证明了网络拍卖特征是怎么影响消费者偏好和投标决定的。Huang，Lurie 和 Mitra（2009）通过一个关于美国典型消费者网上行为的分析表明：消费者会在网上花费几乎同样的时间搜索和体验产品。但是在购买和浏览这两类产品时却有一个重要的不同，通常，体验型产品相对于搜索型产品含有较大的深度和较小的宽度。Trusov，Bucklin 和 Pauwels（2009）研究了口碑营销对社交网站会员增加的影响，并与传统的营销手段进行了对比。Grégoire，Tripp 和 Legoux（2009）探讨了在线公共抱怨情景下，时间和关系强度对顾客报复的影响。

营销创新与新产品开发。Srinivasan 等（2009）采用概念和实证方法测试了产品创新和新品投资对改善未来现金流、提高股票回报率的影响。Franke，Keinz 和 Steger（2009）含蓄地挑战了顾客订制策略的价值。Zhao，Hoeffler 和 Dahl（2009）在研究中测试了视觉想象力对新产品演进的影响。这个研究表明，新产品可以提供新奇的收益，但是却含有很高的学习成本。Van，Fok 和 Stremersch（2009）测试了外国产品的全球蔓延过程，作者采用了一个来自 55 个国家的 8 个高科技产品的渗透数据。结果显示，国外的影响力、外国影响的易感性还有国家距离影响全球蔓延的模式。

广告、促销、价格与渠道。Kim，Natter 和 Spann（2009）在充分分析了影响顾客价格支付的因素之后提出，顾客参与价格的方式反而会增加销售者的收入。Shang 等（2009）采用一个非线性的混合模型，提出采用双重手段，即配送成本最小化并通过改善消费者服务水平来完善分销网络。Lim，Ahearne 和 Ham（2009）实施了两个实证研究，测试了销售竞赛的奖励结构是否会影响销售行为。结果证实，销售竞赛的赢家应当远远超过一个，然而，在比赛中引进排位奖励并不会扩大销售效果和收入。

品牌管理。Libai，Muller 和 Peres（2009）的研究表明，在品牌内部和外部之间的影响作用会对竞争中市场增长有潜在影响。作者发展了一个模型，这个模型表达了这两个影响并关注了两个同时进入的完全相同的竞争品牌。Brakus，Schmitt 和 Zarantonello（2009）把品牌体验分为四个维度，即感觉体验、情感体验、知识体验和行为体验，并证实了品牌体验直接影响消费者的满意度和忠诚度，间接影响品牌联想。

（2）主要学术会议

美国市场学会（AMA）2009年夏季营销学者会议于2009年8月7日至10日在美国芝加哥马洛特城召开，本届会议的主题是“市场营销在定义组织支撑目标中的作用”。在本次会议上，企业的绿色承诺和技术成为主题，与会者共同探讨了公司面临的社会责任是什么，如何做到企业目标和社会目标的统一，如何减少产品对地球的危害等问题。大会要求学者们更多地考虑现有理论的实践意义，同时应用新的工具到营销管理中，总结跟营销相关联的各个主题。

美国市场学会（AMA）2009年冬季营销学者会议2月20日至24日在美国佛罗里达州的海滨城市坦帕举行，为期4天。本次会议有分别来自33个国家和地区的594人参加，会议共接受论文159篇。本次会议的主题是追求营销研究的卓越，会议的目标是提高营销学者对市场营销实践、公共政策和社会活动的重要作用。

第二十届营销与公共政策会议年会如期在美国Notre Dame大学举办，会议的主题是“走向市场营销和社会领域”。会议邀请了众多营销专家、政府官员和企业家参加会议，同时安排了博士生参加讨论。

澳大利亚市场学会于2009年10月27日至29日举办了年度营销会议，会议的主题是通过营销进行价值创造。会议探讨了如何通过新技术和沟通使得顾客参与创造的价值实现最大化。大会的主题发言包括在线零售中的信任问题、新媒体沟通、社会营销的责任、通过与顾客的对话创造价值等。

6. 旅游管理

（1）主要学术成果

2009年对旅游者的研究主要集中于旅游者行为、旅游者满意度以及旅游者需求等方面。

旅游者行为。关于旅游者行为的研究主要侧重于旅游者动机及决策方面。Jehn-Yih Wong和Ching Yeh通过对504位旅游者的调查所建立的结构方程模型，解释了旅游者在选择旅游产品时犹豫和推迟的原因，认为旅游风险认知对旅游者购买时的犹豫有显著的影响，而旅游者的知识水平可以很好地调节这种影响。在有关研究旅游者满意度的文献中，出现了一些新的研究方法和研究视角。John C. Crotts，Peyton R. Mason和Boyd Davis运用定量分析方法开发了测量旅游者满意程度的工具，能够快速有效地识别那些能够提升企业竞争能力的客户资源。

旅游者满意度。有关研究旅游者满意度的文献中，出现了一些新的研究方法和研究视角，John C. Crotts，Peyton R. Mason 和 Boyd Davis① 运用定量分析方法开发了测量旅游者满意程度的工具，能够快速有效地识别那些能够提升企业竞争能力的客户资源。Taegoo（Terry）Kim，Woo Gon Kim 和 Hong-Bumm Kim② 通过实地调研，收集了在五星级饭店住宿过并有过失败体验的顾客的相关资料，评定了分配公正（DJ）、程序公正（PJ）和人员互动公正（IJ）对修复服务满意度的影响，并研究了满意度的修复与客户关系的联系。

旅游需求。有关旅游需求的研究，则主要集中在旅游需求的影响因素及旅游需求预测方面。Ming Ming Su 和 Geoffrey Wall③ 以青藏铁路的开通对西藏旅游业的影响为切入点，从游客的视角评估了增加可进入性对游客旅游需求的影响。John T. Coshall④ 运用波动模型（volatility models）对英国国际旅游需求进行了预测。Joo Hwan Seo，Sung Yong Park 和 Larry Yu 采用自回归条件异方差模型和向量误差修正模型，对韩国济州岛和三个国际旅游目的地出境旅游需求关系进行了分析。Fong-Lin Chu 运用 ARMA 方法对香港、日本、韩国、台湾、新加坡、泰国、菲律宾、澳大利亚和新西兰的旅游需求进行了预测。

（2）主要学术会议

2009 年旅游学科的国际会议议题广泛，包括旅游业与旅游业发展、旅游理论研究、节事旅游研究、旅游人类学与旅游社会学、旅游资源（旅游地）开发、旅游经济、旅游教育、旅游管理学以及相关旅游信息技术等议题。2009 年旅游学科的国际会议的主办者主要有联合国世界旅游组织、各类行业协会、高等院校、旅游研究机构以及旅游行政管理部门等。

2009 年 1 月 18 日至 21 日，第一届节事旅游研究国际会议（International Conference on Festivals & Events Research—ICFER）在美国佛罗里达州奥兰多市召开。会议的主题是目前国际上节事旅游的研究现状，具体包括目前节事旅游研究的趋势、节事旅游的可持续发展、节事旅游研究理论的发展现状等 15 个

---

① John. C. Crotts，Peyton R. Mason，Boyd Davis. Measuring guest satisfaction and competitive position in the hospitality and tourism industry：an application of stance-shift analysis to travel blog narratives. Journal of Travel Research，2009，48（2）：139-151.

② Taegoo（Terry）Kim，Woo Gon Kim，Hong-Bumm Kim. The effects of perceived justice on recovery satisfaction，trust，word-of-mouth，and revisit intention in upscale hotels. Tourism Management，2009，30（1）：51-62.

③ Ming Ming Su，Geoffrey Wall. The Qinghai-Tibet railway and Tibetan tourism：Travelers' perspectives. Tourism Management，2009，30（5）：650-657.

④ John. T. Coshall. Combing volatilitv and smoothing forecasting of UK demand for international Tourism. Tourism Management，2009，30（4）：495-511.

分主题。会议由著名的国际期刊《事件管理国际期刊》的出版商高知特通信公司、克莱姆森大学的公园·休闲和旅游管理系和中卡罗莱纳大学罗森酒店管理学院主办。

联合国世界旅游组织尤利西斯大会（2009 UNWTO Ulysses Conference）于2009年5月27日至28日在西班牙的马德里召开。会议由世界旅游组织教育与科学委员会主办，会议的主题是“旅游教育的创新”，旨在鼓励与推广旅游教育领域的各种创新实践活动，树立旅游教学与研究方法创新的样板并加以推广，以促进旅游教育领域的创新活动。会议的另一项主要内容是颁发全球旅游领域最高奖项——尤利西斯奖。2009年尤利西斯杰出学术奖的获奖者是英国诺丁汉大学的克里斯·库珀（Chris Cooper）教授，此外还为具有创新精神的政府和非政府组织颁发了尤利西斯奖。

营销科学学会每年一届的世界营销大会（World Marketing Congress）2009年7月22日至25日在挪威首都奥斯陆召开。此次会议已是第十四届，承办方是挪威的奥斯陆管理学院，会议主题是“营销转型：稀缺性、全球化和可持续发展”，会议对旅游与服务营销这一主题给予深度关注。

欧洲酒店餐饮和教育协会（EuroCHRIE－The European Council On Hotel, Restaurant & Institutional Education）的第27届年会于2009年10月22日至24日在芬兰的赫尔辛基召开。此次会议围绕着旅游业、酒店业和旅游教育中“从服务到体验”这个主题进行了探讨，旨在理解与探究旅游业、酒店业和旅游教育中不同类型的体验。

7. 企业管理

（1）主要学术成果

2009年国外企业管理发展报告，按照战略管理、创业管理、国际管理和主要学术活动简介的结构分类，并作出简要分析。

战略管理领域。制度如何影响企业战略选择，近年来越来越引起战略管理学者的关注，Meyer等人就从这一问题入手，分析讨论市场支撑型制度对企业战略的影响，研究视角为外国投资者进入新兴市场国家的进入战略。发展中国家市场导向（promarket）的经济改革如何影响企业绩效也是2009年《管理学会学报》（AMJ）的一个亮点。Cuervo－Cazurra 和 Dau 提出这样的研究观点，市场导向改革对于发展中国家企业的盈利能力具有积极的影响作用，原因在于外部监督方面相伴的改善措施降低了企业的代理成本。他们还宣称，企业从市场导向改革获得的收益是不对等的，因为影响企业代理问题的程度不同。

创业管理领域。Santos 和 Eisenhardt 通过对五家创业企业的归纳性纵向研究，考察了创业者如何构建组织边界和产品利基市场。他们的核心贡献是提供了一种分析框架，以便研究成功的创业者如何通过共同构建组织边界和利基市场而试图支配初期市场。Anderson 等人研究探索了战略学习能力，即一个企业在产生和应用战略知识方面的水平，与创业导向（EO）之间的关系。Davis、Eisenhardt 和 Bingham 三人应用概念和数理建模方法，深入研究探索了动态环境中由效率和灵活性之间的核心取舍所形成的过少和过多结构之间的张力。

国际管理领域。Li 和 Samsell 针对全球贸易不对称格局，挖掘了一个非常典型的研究问题：为什么有的国家的贸易量总比其他国家大？他们以治理环境为研究对象，探索治理环境对国家之间贸易流量的影响，以此解答上述问题。Feinberg 和 Gupta 研究发现，国家风险和外国直接投资（FDI）负相关，对诸如快速的经济增长和更低的要素成本因素的考虑，推动着跨国公司（MNCs）将 FDI 重点推向高风险国家。中国近年海外并购的势头有增无减，如何看待这一现象，开始成为一个有趣的研究问题，Deng 认为，从现象上看，更多的中国企业正在应用跨国并购来获取和外购战略资产，以规避企业的竞争劣势。

（2）主要国际会议

2009 年 8 月 7 日至 11 日，全球最大和最权威的管理学组织——美国管理学会（AOM）2009 年年会在美国芝加哥召开。年会的主题为“绿色管理至关重要”（Green Management Matters）。为举办该次会议，AOM 征用了数以百计的志愿者和敬业的 AOM 职员。注册参加 AOM2009 年度会议的人数相比 2008 年增加了 8%，达到了创纪录的 8 166 人。论文摘要提交相比 2008 年增加了 10%，达到了 6 836 篇。会议期间管理学各个分会和专业发展论坛（PDW）组织了涵盖全部 AOM34 个主题的、多达 1 672 场次的学术讨论会。

另外一个在全球管理学界影响力比较大的专业学会组织，是战略管理学会（Strategic Management Society，SMS）。2009 年 10 月 11 日至 14 日该学会在美国首都华盛顿召开了第 29 届国际会议，会议主题为“不确定性世界中的战略”（Strategies in an Uncertain World）。会议的目标是鼓励讨论针对不确定性和这个世界因变革而创造的机会方面的研究和战略。不确定性长期以来是战略管理领域中各种理论在认识竞争优势和组织边界方面运用的核心概念。不确定性种类的增加和程度的加深对于企业竞争优势持续性、企业学习和适应的方式以及管理创新的途径，乃至不同战略吸引力和组织模式，都具有潜在的重要影响。

三、管理学科的发展趋势和启示

（一）管理科学与工程领域的发展趋势和启示

1. 运筹与管理

运筹学理论和方法的进一步改进和提升，以解决不断出现的新问题，尤其是一系列的社会公共利益问题。同时，一些传统优化方法的进一步改进，以适应解决应用中的大规模的问题。

加强运筹学与其他学科紧密结合和交叉，以为解决实际问题提供指导和建议。运筹学作为一种解决问题的方法和思想，需要进一步和其他应用学科，如市场营销、金融工程、经济学、信息技术等融合，以更好地解决不断出现的企业、社会或政府的新问题，特别是加强运筹学在承担重大社会问题以及影响政府决策者的能力。

最后，运筹与管理的方法需要和其他研究方法综合应用，如实证研究和统计分析等，发挥各自方法的优势，以全面解决实际问题。

2. 决策理论与方法

进一步探究描述性的、说明性的决策理论。包括从心理学、经济学、组织行为学、实验科学等角度研究人的决策心理和决策行为，以及以信任和期望为理由的行为。更加深入地研究人类决策过程中情感、态度、偏好、意识和潜意识等对决策过程及结果的影响。

从神经认知科学的角度对决策理论的研究，比如研究如何利用神经网络和遗传算法等近似决策算法与认知科学研究人类思维以及智能机理以更加精确地进行高级别的决策，其中涉及计算神经科学、关联认知科学、神经和混合式体系结构、学习算法、神经网络模型与分析、认知科学与认知模型等。随着人工智能、遗传算法、神经网络等复杂技术的发展以及被引入决策支持系统中的程度的深化，决策支持系统更加智能化、个性化，功能更加强大，处理速度更快。Web 技术的应用使得决策支持系统可以实现网络化。

重视系统思维与系统决策，引进有力的心智框架，确定系统和环境之间的重要关系，研究如何描述专业系统工程师的活动，研究每一个生命周期的重大或复杂系统的决策，包括决策方法及决策支持系统的研究，大大推动了决策理论与方法及决策支持系统的发展。比如模糊理论、粗糙集理论的深入应用与模糊多目标决策、模糊多属性决策和相互冲突的多目标群决策技术的发展。

3. 对策理论与方法

对策（博弈）理论的发展趋势主要在如下几个方面：动态博弈、随机博弈、学习和适应博弈、合作博弈、演化博弈、行为博弈等。具体来说博弈论中的解的概念、博弈的类型、均衡的精确计算与近似计算、博弈中的收敛与学习、博弈论的复杂性分类、不动点定理的算法问题、机制设计、激励与联盟、成本分摊算法与分析、市场均衡的计算问题等。

博弈理论的发展也得益于其广泛的应用，其中包括博弈论在管理学、经济学、财政学、生物学、人工智能、哲学、认知心理学、实验经济学、决策科学、环境科学、计算机科学、政治学、定价理论、电力和天然气、石油产业、资源、农业等各领域中的应用。随着网络的普及，网络的管理和控制带来了很多挑战，使用者的自私特性、分散控制机制的发展、系统资源的公平分配、网络定价、信息的流动与拥塞控制、路由、电力控制、安全等是网络研究中的关键议题，为了更好地理解和解决网络中这些复杂的问题，博弈论的方法和模型越来越多地被应用在网络的研究与设计中。另外，电子商务中的交互行为、电子拍卖、分布式系统中的战略行为、竞争环境中的理性决策、计算复杂性、模拟等，也为博弈论提供了广阔的用武之地。

结合我国的特殊国情、文化、习俗，开展实验博弈论研究、对比研究和特殊领域的应用研究，应该是比较合适的研究方向。

4. 运作管理

（1）加强运作管理与其他学科的交叉研究

科技创新中组织多专业、多学科的专家进行交叉研究，多种专业知识、不同专业技术人才相互交叉融合会产生类似生物领域的“杂交优势”与“鲇鱼效应”。而在我国，无论是研究所、国家重点实验室或者部门开放实验室还是国家工程研究中心、国家工程技术研究中心，多是以单学科为主的学术机构。因此，从课题的立项到资源配置到成果评估，都不利于交叉学科的发展。交叉学科研究通常是由多个单位共同协作进行的，而在现行对实验室和研究单位的评估活动中，由于只关注被评估单位所作的贡献，从而有意无意地忽视了交叉学科。而这进一步阻碍了我国科技创新能力的提高。因此，应通过一定的措施和手段（如在进行评估时，将交叉学科研究对科学发展和社会进步所作的贡献包括在内）调动各研究单位和研究工作者进行交叉学科研究的积极性，从而扩大交叉学科研究的合作领域和发展空间。

（2）加大服务运作管理的研究力度

近年来，服务科学受到各国政府、企业及学术界的高度重视。国外许多学者也积极开展了服务运作管理的研究工作。然而，一个有趣的现象是，大力推行服务科学的人们似乎仍然处在“大杂汇”的层面，并未真正认识到服务科学的理论基础。因此，在我国当前大力发展服务业的目标下，迫切需要开展服务科学的基础理论研究，这样不仅可保证在该领域的研究工作起点不落后和时间不落后，而且也可为服务创新及国家服务业的发展战略提供理论咨询和技术上的支持。

5. 电子商务

综合著名学者的研究成果以及主要学术会议的成果可以看出，未来在信息系统和电子商务领域会有更多的研究集中在以下研究方向：

（1）信息技术（IT）的研究将向能源与环境技术（ET）的研究转变，信息系统在绿色计算的变革中能起到关键作用。

（2）从哲学角度看待信息系统，如网络研究中道德规范的视角与应用，未来信息系统研究的哲学基础——信息系统的起源、识别与相关性，社会哲学、道德规范与信息技术之间的关系，信息系统的社会技术视角，信息系统失败时的处理等问题。

（3）信息系统的社会问题，如信息通讯技术对全体社会成员参与的支持，信息技术诱发的社会不平衡，信息系统社会影响的测量，组织中的社会问题，虚拟社区与网上世界的社会问题，信息系统研究的社会理论等。

（4）网络营销和渠道策略，网络零售依然是电子商务的一个重头，对如何更好地销售产品和服务仍需要学者们进行探索性研究。

（5）电子商务的创新应用，随着各种电子商务的商业模式不断出现，对电子商务的创新应用的研究也需要更加深入。诸如 SNS、微博等在改变了生活方式的同时，相应的研究也变得越来越热。

（二）工商管理领域的发展趋势和启示

1. 会计学

目前，越来越多的研究者将自然科学常用的经验（或实证）研究方法引入到会计领域，主张按自然科学研究规范重建会计理论，试图将会计学作为一门实证科学来建立。在会计准则研究方面，20 世纪 90 年代，财政部正式制定会计准则，在一定程度上借鉴了国际会计准则的内容和格式。从学术研究的角度看，受美国《论财务会计概念》的影响似乎更大，西方传统的管理会计方法，包括量本利分析、变动成本法、净现值法、标准成本制度责任中心等，都为我国会计界所理解和接受，并在不同程度上结合企业的实际情况，被运用于实践。

2. 公司治理

随着对公司治理研究的不断深入和拓展，我们对公司治理的认识逐渐深化，但仍有一些问题值得我们去做深入的探索和研究。例如，如何揭开董事会运作的黑箱，是摆在公司治理学者面前一个重要而紧迫的课题。因为关于公司治理的最佳实践往往名不符实，最佳实践并不能为公司的治理质量带来多大的保障。例如，按照 OECD 公司治理准则的要求，对我国的公司治理状况进行评估的话，我们在 90% 以上的项目上都已经有了相应的制度保障，从这个角度来看，我国的公司治理状况已经达到了较高水平，但我国公司治理运作的实践，大家心里都很清楚。因此，我们需要超过这些规则和制度的规定，深入到股东大会、董事会等的运作层面，探索和研究如何从机制建设的角度保障这些公司治理制度真正发挥作用。

治理文化的构建和培育，也是值得进一步研究的重要课题之一。在经营企业或公司这类“有机的生命体”时，由于契约的不完备性，除了需要有形的制度，无形的价值观念、文化等无形的精神约束也能够发挥持久的作用。如何构建和培育优秀的治理文化和治理伦理需要我们进一步的探索。

除对一般公司治理问题的探索之外，加强对不同类型企业的治理特殊性的研究也是公司治理研究的一个重要趋势。譬如，对家族企业的特殊治理机制的剖析，如何评估家族企业特殊资产对家族企业治理方式的影响，如何解释和评估家族企业治理模式演进的路径和机制等。

3. 人力资源管理

2009 年美国金融危机给世界金融体系和各行各业的生产带来巨大的冲击，企业的利润不断减少，伴随大量的裁员，员工和企业之间劳资关系的矛盾有一定的激化，人力资源管理的实践和理论根据这一经济背景必然体现出调整和适应。①

随着电脑和互联网的普及使用，人力资源管理职能有向电子化转型的趋势，在 e-HR 领域持续创新的组织能够更好地发展，电脑等技术设备能够提高例常性工作的效率、促进组织学习和知识的共享并有益于组织的创新。② 然而，人力资源管理的电子化也有其不可避免的弊端，如过度对电子化设备的依

① John Gennard. The financial crisis and employee relations. Employee Relations, 2009, 31 (5): 451-454.

② Graeme Martin, Martin Reddington. Reconceptualising absorptive capacity to explain the e-enablement of the HR function (e-HR) in organizations. Employee Relations, 2009, 31 (5): 515-537.

赖导致组织内部信息的安全问题、降低组织沟通的人性化等，这也将会给未来的研究提供更广泛的课题。

4. 财务管理

（1）财务管理的外延进一步拓展

由于企业的跨国经营面临着有关国际贸易、国际投资和国际金融的新课题，财务管理出现了“国际化”的趋向。以国际互联网为代表的网络计算机技术的迅猛发展和广泛应用，为企业不断扩大经营规模提供了极大的便利条件，新型的集团公司不断建立跨国跨洲的投资、贸易、金融、保险、商业等活动成为可能，推动了全球经济一体化和世界市场形成的进程。

（2）定量分析的应用进一步加强

财务理论更趋于科学化与系统化，实证研究方法将更多地引起人们的关注。我国今后一段时期主要应致力于开展推进适应市场经济需要的财务理论与实务的研究。财务管理的定量特征主要表现为统计学、经济数学等在投资决策领域的运用。而投资活动的本质特征是风险性，即投资收益的不确定性，所以，投资风险的研究是财务管理定量特征的主要表现，这种投资既包括有形资产，也包括无形资产；既涉及实物资产，也包含金融资产等诸多投资领域。

定量特征具有代表性的体现是关于实证研究中对数量方法的依赖，甚至可以说，数量方法是实证研究的基本技术。在实证研究的定量技术运用方面，我们认为国外经典的实证研究成果可为我们提供借鉴，此外应从财务方面开展我国实证研究的定量技术运用的探索。财务管理可以不参考数量的分析而作决策，但可通过应用数量方法使作出的决策趋于更佳。或者说，在财务管理实施的过程中，数量模型本身并不作出决策，但是可以用来完善判断过程，帮助弄清情况，保证最终决策和策略的可靠性。

5. 市场营销

整体看，2009 年的营销成果明显增多。从各主题上看，消费者行为、服务营销、广告与促销仍旧是研究热点，同时，网络营销也渐渐被学者们关注，作者也把这部分内容作为独立的主体进行总结。从研究方法上，在广泛采用实验法的基础上，一些学者大胆尝试了 FMRI 等行为科学方法研究消费者的认知和情绪的变化过程，非常引人注目（如 Dietvorst，Verberke，Bagozzi，Yoon，Smits 和 Lugt，2009；Yoon，Gutchess，Feinberg 和 Polk，2009 等。）从研究的创新点上，一些不言自明（Self-evident）的假设已经不被人关注，取而代之的是更有兴趣和更加实用的假设（如 Kohli，2009）。

6. 旅游管理

随着旅游活动在新世纪呈现出的不同特点，以及信息技术的发展对人类生活、旅游活动和企业经营模式影响的不断加大，国外旅游研究的视点和热点更加广泛，方法更加多样，研究的深度也不断加深，并逐渐体现出传统研究领域与新课题并重、研究对象的地理区域向发展中国家倾斜的发展趋势。在研究方法上，国外旅游研究方法以因子分析、回归分析和经济模型分析等定量研究方法为主，描述性方法和概念性的方法则相对较少。例如在近年来旅游经济影响的相关研究中，更是主要以定量研究方法为主，作者们大多运用经济模型和旅游卫星账户来测量旅游活动给旅游目的地带来的经济影响，其中投入—产出模型、经济基础模型和“特定”模型是使用频率最高的经济模型。

7. 企业管理

企业管理在国外高等学校中一般以战略管理的研究为核心展开。第一，是制度如何影响企业战略选择，近年来越来越引起战略管理学者的关注。战略制度基础论（IBV）日益兴起，是什么因素驱动着不同制度环境中并购活动（M & As）的产生，也是一个在战略研究中融入制度因素的重要表现。第二，资源如何创造价值这个话题仍然在 2009 年的顶级刊物上占有一席之地，管理者如何创造价值仍然可以从资源创造价值的视角去认识。第三，网络和联盟问题一直是近年战略管理顶级刊物上的热点领域，本年对于合作治理和结构洞有比较深入的分析。第四，发展中国家市场导向（promarket）的经济改革如何影响企业绩效也是 2009 年 AMJ 上的一个亮点，这对中国进行市场化改革有着指导和借鉴意义。

推荐参考文献

1. David Simchi-Levi. From the editor. Operations Research, 2009, 57 (1): 1-3.

2. Moshe Kress, Shmuel Oren, Stefanos Zenios. Call for papers: Special issue on operations research for the public interest. Operations Research, 2009, 57 (6): 1549.

3. V. D. R. Guide, Jr., L. N. V. Wassenhove. OR forum—the evolution of closed-loop supply chain research. Operations Research, 2009 (57): 10-18.

4. P. Schittekat, K. Sörensen. OR practice—supporting 3PL decisions in the automotive industry by generating diverse solutions to a large-scale location-routing problem. Operations Research, 2009 (57): 1058-1067.

5. J. S. Stonebraker, D. L. Keefer. OR practice—modeling potential demand for supply-constrained drugs: A new hemophilia drug at bayer biological products. Operations Research, 2009

(57): 19-31.

6. Y. Zwols, G. Sierksma. OR practice—training optimization for the decathlon. Operations Research, 2009 (57): 812-822.

7. F. G. Engineer et al.. OR practice—catch - up scheduling for childhood vaccination. Operations Research, 2009 (57): 1307-1319.

8. M. Fisher. OR forum - rocket science retailing: The 2006 philip Mccord morse lecture. Operations Research, 2009 (57): 527-540.

9. L. M. Wein. OR forum—homeland security: From mathematical models to policy implementation: The 2008 philip Mccord morse lecture. Operations Research, 2009 (57): 801-811.

10. A. J. Brothers et al. Resource - limited multiattribute value analysis of alternatives for immobilizing radioactive liquid process waste stored in saluggia, Italy. Decision Analysis, 2009, 6 (2): 98-144.

11. B. Ewing, E. Baker. Development of a green building decision support tool: A collaborative process. Decision Analysis, 2009, 6 (3): 121-123.

12. M. W. Carter et al.. Introduction: Applications of management science and operations research models and methods to problems in health care. Interfaces, 2009, 39 (3): 183-185.

13. Zhe George Zhang. Performance analysis of a queue with congestion-based staffing policy. Management Science, 2009, 55 (2): 240-251.

14. R. Hagtvedt et al.. A simulation model to compare strategies for the reduction of health-care-associated infections. Interfaces, 2009, 39 (3): 256-270.

15. T. G. Crainic et al.. Models for evaluating and planning city logistics systems. Transportation Science, 2009, 43 (4): 432-454.

16. S. zcan, Tokereichstein. Transition to entrepreneurship from the public sector: Predispositional and contextual effects. Management Science, 2009, 55 (4): 604-618.

17. R. Murray et al.. US environmental protection agency uses operations research to reduce contamination risks in drinking water. Interfaces, 2009, 39 (1): 57-68.

18. Thai DC, Yao JC. Coderivatives of efficient point multifunctions in parametric vector optimization. Mathematical Programming, 2009, 13 (6A): 1671-1693.

19. Huy NQ, Yao JC. Stability of implicit multifunctions in asplund spaces. Mathematical Programming, 2009, 13 (1): 47-65.

20. Miyazawa M.. Tail decay rates in double QBD processes and related reflected random walks. Mathematics of Operations Research, 2009, 34 (3): 547-575.

21. Miyazawa M, Rolski T. Tail asymptotics for a levy-driven tandem queue with an intermediate input. Queueing Systems, 2009, 63 (1-4): 323-353.

22. B. Rozovski, G. Grimmett. Continuous-time markov decision processes. Berlin: Springer Berlin Heidelberg, 2009.

23. Chaovalitwongse et al.. Optimization and logistics challenges in the enterprise. US: Springer US, 2009.

24. R. I. Bot et al.. Duality in vector optimization. Berlin: Springer Berlin Heidelberg, 2009.

25. Zhoujing Wang, Kevin W. Li, Weize Wang. An approach to multiattribute decision making with interval-valued intuitionistic fuzzy assessments and incomplete weights. Information Sciences, 2009, 179 (17): 3026-3040.

26. Fatih Emre Boran, Serkan Genç, Mustafa Kurt, Diyar Akay. A multi-criteria intuitionistic fuzzy group decision making for supplier selection with TOPSIS method. Expert Systems with Applications. 2009, 36 (8): 11363-11368.

27. Gia Sirbiladze, Bezhan Ghvaberidze, Temur Latsabidze, Bidzina Matsaberidze. Using a minimal fuzzy covering in decision-making problems. Information Sciences, 2009, 179 (12): 2022-2027.

28. Mohammad Kazem Sayadi, Majeed Heydari, Kamran Shahanaghi. Extension of VIKOR method for decision making problem with interval numbers. Applied Mathematical Modelling, 2009, 33 (5): 2257-2262.

29. Zehua Yang, Victoria C. P. Chen, Michael E. Chang, Melanie L. Sattler, Aihong Wen. A decision-making framework for ozone pollution control. Operations Research, 2009 (57): 484-498.

30. K. Ueda, N. Nishino, T. Takenaka. Producer decision-making in markets with network externalities. CIRP Annals-Manufacturing Technology, 2009, 58 (1): 413-416.

31. Tiaojun Xiao, Tsan-Ming Choib. Purchasing choices and channel structure strategies for a two-echelon system with risk-averse players. International Journal of Production Economics, 2009, 120 (1): 54-65.

32. Erwin Amanna, Alex Possajennikovb. On the stability of evolutionary dynamics in games with incomplete information. Mathematical Social Sciences, 2009, 58 (3): 310-321.

33. Kyle Y. Lina, Soheil Y. Sibdarib. Dynamic price competition with discrete customer choices. European Journal of Operational Research, 2009, 197 (3): 969-980.

34. Andreas Knabe. Implementing endogenous inside options in Nash wage bargaining models. Mathematical Social Sciences, 2009, 57 (2): 161-176.

35. Yodyium Tipsuwan, Suwatchai Kamonsantiroj, Jirat Srisabye Prabhas Chongstitvattana. An auction-based dynamic bandwidth allocation with sensitivity in a wireless networked control system. Computers & Industrial Engineering, 2009, 57 (1): 114-124.

36. M. Esmaeili, Mir-Bahador Aryanezhad, P. Zeephongsekul. A game theory approach in seller-buyer supply chain. European Journal of Operational Research, 2009, 195 (2): 442-448.

37. Mingming Leng, Mahmut Parlar. Lead-time reduction in a two-level supply chain: Non-cooperative equilibria vs. coordination with a profit-sharing contract. International Journal of Production Economics, 2009, 118 (2): 521-544.

38. Javier Contreras, George Gross, José Manuel Arroyo, José Ignacio Muñoz. An incentive-based mechanism for transmission asset investment. Decision Support Systems, 2009, 47 (1): 22-31.

39. Francesc Carreras, Maria Dolors Llongueras, María Albina Puente. Partnership formation and binomial semivalues. European Journal of Operational Research, 2009, 192 (2): 487-499.

40. Changhyun Kwon, Terry L. Friesz, Reetabrata Mookherjee, Tao Yao, Baichun Feng. Non-cooperative competition among revenue maximizing service providers with demand learning. European Journal of Operational Research, 2009, 197 (3): 981-996.

41. J. Kuipers, J. Flesch, G. Schoenmakers, K. Vrieze. Pure subgame-perfect equilibria in free transition games. European Journal of Operational Research, 2009, 199 (2): 442-447.

42. Pengfei Guo, John J. Liu, Yulan Wang. Intertemporal service pricing with strategic customers. Operations Research Letters, 2009, 37 (6): 420-424.

43. Zafer Akin. Imperfect information processing in sequential bargaining games with present biased preferences. Journal of Economic Psychology, 2009, 30 (4): 642-650.

44. Atasu A, Van Wassenhove LN, Sarvary, M. Efficient take-back legislation. Production and Operations Management, 2009, 18 (3): 243-258.

45. Subramanian R., Gupta S., Talbot B.. Product design and supply chain coordination under extended producer responsibility. Production and Operations Management, 2009, 18 (3): 259-277.

46. Ferguson M., Guide VD., Koca E. et al. The value of quality grading in remanufacturing. Production and Operations Management, 2009, 18 (3): 300-314.

47. Pagell M., Gobeli D. How plant managers' experiences and attitudes toward sustainability relate to operational performance. Production and Operations Management, 2009, 18 (3): 278-299.

48. Oliva R.. Watson N. Managing functional biases in organizational forecasts: A case study of consensus forecasting in supply chain planning. Production and Operations Management, 2009, 18 (2): 138-151.

49. Mishra BK., Raghunathan S., Yue XH.. Demand forecast sharing in supply chains. Production and Operations Management, 2009, 18 (2): 152-166.

50. Thomas DJ, Warsing DP, Zhang, XY. Forecast updating and supplier coordination for complementary component purchases. Production and Operations Management, 2009, 18 (2): 167-184.

51. Xuanming Su. Consumer returns policies and supply chain performance. Manufacturing & Service Operations Management, 2009, 11 (4): 595-612.

52. Cho SH, McCardle KF, Tang CS. Optimal pricing and rebate strategies in a two-level supply chain. Production and Operations Management, 2009, 18 (4): 426-446.

53. He XL, Prasad A, Sethi SP. Cooperative advertising and pricing in a dynamic stochastic supply chain: Feedback stackelberg strategies. Production and Operations Management, 2009, 18 (1): 78-94.

54. Anand Krishnan S., Goyal M. Strategic information management under leakage in a supply chain. Management Science, 2009, 55 (3): 438-452.

55. Robert E. Markland. Guest editorial: reflections on the past, present and future of operations management. Oper Manag Res 2009 (2): 1-3.

56. Amedeo Pugliese, Pieter - Jan Bezemer, Alessandro Zattoni, Morten Huse, Frans A. J. Van den Bosch, Henk W. Volberda. Boards of directors' contribution to strategy: A literature review and research agenda. Corporate Governance: An Lnternational Review, 2009, 17 (3): 292-306.

57. Bongjin Kim, Michael L. Burns, John E. Prescott. The strategic role of the board: The impact of board structure on top management team strategic action capability. Corporate Governance: An International Review, 2009, 17 (6): 728-743.

58. William B. Stevenson, Robert F. Radin. Social capital and social influence on the board of directors. Journal of Management Studies, 2009, 46 (1): 16-44.

59. Adams Renée B., Ferreira Daniel. Women in the boardroom and their impact on governance and performance. Journal of Financial Economics, 2009, 94 (2): 291-309.

60. G. Tyge Payne, George S. Benson, David L. Finegold. Corporate board attributes, team effectiveness and financial performance. Journal of Management Studies, 2009, 46 (4): 704-731.

61. Lutz Preuss, Jose-Rodrigo Co' rdoba-Pachon. A knowledge management perspective of corporate social responsibility. Corporate Governance, 2009, 9 (4): 517-527.

62. Yves Fassin, Annick Van Rossem. Corporate governance in the debate on CSR and ethics: Sensemaking of social issues in management by authorities and CEOs. Corporate Governance, 2009, 17 (5): 573-593.

63. Henry Petersen, Harrie Vredenburg. Corporate governance, social responsibility and capital markets: Exploring the institutional investor mental model. Corporate Governance, 2009, 9 (5): 610-622.

64. Paolo Maccarrone. Factors influencing the attitude towards corporate social responsibility: Some empirical evidence from Italy. Corporate Governance, 2009, 9 (2): 103-119.

65. Itziar Castello', Josep Lozano. From risk management to citizenship corporate social

responsibility: Analysis of strategic drivers of change. Corporate Governance, 2009, 9 (4): 373-385.

66. Paul C. Godfrey, Craig B. Merrill, Jared M. Hansen. Therelationship between corporate social responsibility and shareholder value: An empirical test of the risk management hypothesis. Strategic Management Journal, 2009 (30): 425-445.

67. Alessia D' Amato, Nigel Roome. Toward an integrated model of leadership for corporate responsibility and sustainable development: A process model of corporate responsibility beyond management innovation. Corporate Governance, 2009, 9 (4): 421-434.

68. Marianna Makri, Michael A. Hitt, Peter J. Lane. Complementary technologies, knowledge relatedness, and invention outcomes in high technology mergers and acquisitions. Strategic Management Journal. Early View online, 2009 (23).

69. Ji-Yub (Jay) Kim, Sydney Finkelstein. The effects of strategic and market complementarity on acquisition performance: Evidence from the U. S. commercial banking industry, 1989-2001. Strategic Management Journal, 2009, 30 (6): 617-646.

70. Laurence Capron, Mauro Guillén. National corporate governance in stitutions and post-acquisition target reorganization. Strategic Management Journal, 2009, 30 (8): 803-833.

71. Virginia Bodolica, Martin Spraggon. The implementation of special attributes of CEO compensation contracts around M&A transactions. Strategic Management Journal, 2009, 30 (9): 985-1011.

72. Zhiang (John) Lin, Mike W. Peng, Haibin Yang, Sunny Li Sun. How do networks and learning drive M&As? An institutional comparison between China and the United States. Strategic Management Journal, 2009, 30 (10): 1113-1132.

73. Happy P. Huizinga, Johannes Voget. International taxation and the direction and volume of cross-border M&As. The Journal of Finance, 2009, 64 (3): 1217-1249.

74. Gary Gorton, Matthias Kahl, Richard J. Rosen. Eat or be eaten: A theory of mergers and firm size. 2009, 64 (3): 1291-1344.

75. Yenn-Ru Chen, Yu-Lin Huang, Chun-Nan Chen. Financing constraints, ownership control, and cross-border M&As: Evidence from nine east Asian economies. Corporate Governance: An International Review, 2009, 17 (6): 665-680.

76. Daniel Halbheer, Ernst Fehr, Lorenz Goette, Armin Schmutzler. Self-reinforcing market dominance. Games and Economic Behavior, 2009, 67 (2): 481-502.

77. Ivanov Asen, Dan Levin, James Peck. Hindsight, foresight, and insight: An experimental study of a small-market investment game with common and private values. American Economic Review, 2009, 99 (4): 1484-1507.

78. Dirk Hackbarth. Determinants of corporate borrowing: A behavioral perspective. Journal of Corporate Finance, 2009, 15 (4): 389-411.

79. Ernst Fehr, Lorenz Goette, Christian Zehnder. A behavioral account of the labor market: The role of fairness concerns. Annual Review of Economics, 2009 (1): 355-384.

80. Rajshree Agarwal, Rachel Croson, Joseph T. Mahoney. Decision making in strategic alliance: An experimental investigation. Working Paper, 2009.

81. Kun-Chin Lee, Chun-An Li. Voting behavior of the outside directors: Theoretical and experimental evidence. International Research Journal of Finance and Economics, 2009 (32): 1450-2887.

82. Ernst Fehr, Oliver Hart, Christian Zehnder. Contracts, reference points, and competition—behavioral effects of the fundamental transformation. Journal of the European Economic Association, 2009, 7 (2-3): 561-572.

83. Lynn M. Shore et al. Diversity in organizations: Where are we now and where are we going? Human Resource Management Review, 2009, 19 (2): 117-133.

84. Baiyin Yang et al. Does it matter where to conduct training? Accounting for cultural factors. Human Resource Management Review, 2009, 19 (4): 324-333.

85. Rong Maa, David G. Allena. Recruiting across cultures: A value - based model of recruitment. Human Resource Management Review, 2009, 19 (4): 334-346.

86. Guglielmo Meardi. Varieties of multinationals: Adapting employment practices in central Eastern Europe. Industrial Relations, 2009, 48 (3): 489-511.

87. Fiona Colgan et al. Equality and diversity in the public services: Moving forward on lesbian, gay and bisexual equality? Human Resource Management Journal, 2009, 19 (3): 280-301.

88. Michele Campolieti. Worker adaptation and the desire for accommodations after the onset of a disability. Industrial Relations, 2009, 48 (2): 329-349.

89. Barry R. Chiswick, Paul W. Miller. Earnings and occupational attainment among immigrants. Industrial Relations, 2009, 48 (3): 454-465.

90. Jean-Luc Cerdin, Marie Le Pargneux. Career and international assignment fit: Toward an integrative model of success. Human Resource Management, 2009, 48 (1): 5-25.

91. John Gennard. Development of transnational collective bargaining in Europe. Employee Relations, 2009, 31 (4): 341-346.

92. Phil C. Bryanta, David G. Allena. Emerging organizations' characteristics as predictors of human capital employment mode: A theoretical perspective. Human Resource Management Review, 2009, 19 (4): 347-355.

93. Robert A. Baron, Jintong Tang. Entrepreneurs' social skills and new venture performance: Mediating mechanisms and cultural generality. Journal of Management, 2009, 35 (2): 282-306.

94. Maw - Der Foo et al. How do feelings influence effort? An empirical study of

entrepreneurs' affect and venture effort. Journal of Applied Psychology, 2009, 94 (4): 1086-1094.

95. Ruth Blatt. Tough love: How communal schemas and contracting practices build relational capital in entrepreneurial teams. Academy of Management Review, 2009, 34 (3): 533-551.

96. John C. Dencker et al. Individual and opportunity factors influencing job creation in new firms. Academy of Management Journal, 2009, 52 (6): 1125-1147.

97. James B. Avey et al. Psychological capital: A positive resource for combating employee stress and turnover. Human Resource Management, 2009, 48 (5): 677-693.

98. Markus Groth et al: Customer reactions to emotional labor: The roles of employee acting strategies and customer detection accuracy. Academy of Management Journal, 2009, 52 (5): 958-974.

99. Samantha L. Chau et al. A predictive study of emotional labor and turnover. Journal of Organizational Behavior, 2009, 30 (8): 1151-1163.

100. Sharmin Spencer, Deborah E. Rupp. Angry, guilty and conflicted: Injustice toward coworkers heightens emotional labor through cognitive and emotional mechanisms. Journal of Applied Psychology, 2009, 94 (2): 429-444.

101. James B. Avey et al. Psychological ownership: Theoretical extensions, measurement and relation to work outcomes. Journal of Organizational Behavior, 2009, 30 (2): 173-191.

102. Jon L. Pierce et al. Psychological ownership within the job design context: Revision of the job characteristics model. Journal of Organizational Behavior, 2009, 30 (4): 477-496.

103. Sudheer. Chave, Michael. R. Roberts. How does financing impact investment? the role of debt covenants. The Journal of Finance, 2008 (63): 2085-2121.

104. Giovanni Cespa. Information sales and insider trading with long-lived information. The Journal of Finance, 2008 (63): 639-672.

105. Rui Albuquerque, Eva de Francisco, Luis B. Marques. Marketwide private information in stocks: Forecasting currency returns. The Journal of Finance, 2008 (63): 2297-2343.

106. Dirk Hackbarth, Erwan Morellec. Stock returns in mergers and acquisitions. The Journal of Finance, 2008 (63): 1213-1252.

107. Emre Ozdenoren, Kathy Yuan. Feedback effects and asset prices. The Journal of Finance, 2008 (63): 1939-1975.

108. Zhoglan Dai, Edward Maydew, Douglas A. Shackelford, Harold H. Zhang. Capital gains taxes and asset prices capitalization or lock-in. The Journal of Finance, 2008 (63): 709-742.

109. John Gennard. The financial crisis and employee relations. Employee Relations, 2009, 31 (5): 451-454.

110. Graeme Martin, Martin Reddington. Reconceptualising absorptive capacity to explain

the e-enablement of the HR function (e-HR) in organizations. Employee Relations, 2009, 31 (5): 515-537.

执笔人：李维安　李勇健　周　建　周晓苏　袁庆宏　侯文华　齐　岳
杜建刚　姚正波　张建勇　石　鉴　牛建波　阎大颖　武立东

第五章

法　学

摘要

2009年国外高校法学研究的主体内容可以概括为：回归传统、追踪热点以及制度变革三个方面。首先，在回归传统方面，更多地体现为对法学基本理论的思考。法律经济学遭到了批判，经济分析方法的缺陷在于对文化、价值、情感等同样客观存在于社会与法之中的因素的忽视，效率比正义更受关注。同时，自然法学在实践论和方法论层面都在转型。而在人权领域，人权发展如何与时俱进成为人权研究的核心课题。对于犯罪论体系的研究、罪数论和刑罚论等刑法理论，英美学者对大陆法系的刑罚理论和司法实务表现出浓厚的兴趣。国际公法的研究也主要集中于国际法基本理论（诸如国际法的政治学）和国际刑法领域。其次，在追踪热点方面，金融危机的法律话题依旧是本年度的热点，金融监管、税制改革、反垄断法、劳动法制、主权财富基金、金融危机在人权领域的影响等，都颇受关注。而在环境的法律规制上，如何运用环境政策与法律应对气候变化对人类生存和发展提出的挑战，是环境法学界讨论的焦点。再次，制度变革的研究异军突起。宪法学领域国会权力的改革、互联网时代的著作权保护、民事诉讼法的改革、刑事诉讼程序的完善、欧洲统一私法的发展，都是这一特点的体现。需要注意的是，美国学者认为，欧盟国际私法的发展对美国国际私法的地位提出了挑战。而在国际法律文件的制定中，软法性规范近年来得到了越来越多的认可。

Abstract

During the year 2009, three subjects constituted the main content of foreign legal research: the return of tradition, the focus of hotspots and the reform of system. First of all, deep thoughts on basic legal theories were the most significant character of the return of tradition. Because of the defect of lacking of consideration of culture, value, emotion and other factors, which exist in the society and laws as well, and emphasizing more on efficiency not justice, Economic Analysis of Law was increasingly criticized. Meantime, Natural Jurisprudence is going through a process of restructuring on practice and methodology. In the area of human rights, developments and keeping pace with the times became the core subjects. And, considering studies on the culpability system, the theory of crime quantity and the theory of penalties, academician in the Common Law legal family showed strong interests in criminal theory and judicial practice of the continental legal family. Studies of International Law were mainly focused on basic theories, such as Politics in International Law, and International Criminal Law. Then, regarding the focus on hotspots, legal issues with the financial crisis still is the hottest topic, companied with concerns about financial supervision, tax system reform, anti-monopoly law, labor legal system, sovereign wealth funds, even the effects to human rights. On the regulation of environment, the discussion concentrated on how to use environmental policies and laws to reply challenges arising from changing climate on human surviving and development. Besides, when referring the reform of system, which was reflected by the innovation of the power of congress in the area of Constitutional Law, the protection of copyright in internet era, the improvement of the Law of Civil Procedure, the consummation of criminal process, and the progress of European unification of private international law. According to American scholars, which should be brought into notice, the development of European private international law challenged the statute of American private international law. On the other side, soft law provisions in international legal documents formulation became increasingly recognized.

法　理　学

一、世界和谐与法治

以“世界和谐与法治”为主题，国际法哲学与社会哲学协会这一在法理学领域中历史最久和最具影响的国际学术组织，于2009年9月在北京举行了第24届大会。这是该协会成立100年来首次在中国举办。来自世界50多个国家和地区的800多名法学、法律专家出席了大会。当代最著名的法律实证主义大家——约瑟夫·拉兹（Joseph Raz）发表主题演讲——《世界秩序中的个体权利》，分析了人权在国际世界秩序中的决定性作用以及人权实践中存在的困境和危险及其出路；著名的法律论证理论家罗伯特·阿列克西（Robert Alexy）在《法律的双重本质》主旨演讲中，阐释了法律的事实性维度和理想性维度；当代新儒家的代表人物、哈佛大学教授杜维明从儒学的视角探讨了文化多样性以及文化之间的对话问题。另外，还有一些国际知名学者在大会上进行了主题演讲，中国大陆学者信春鹰发表《通过法律实现社会改革与进步——一个中国故事》的演讲。本次会议的学术特色鲜明地体现在三个方面：一是全球性。以“全球和谐与法治”为大会主题，聚焦于人类和谐共生与和谐发展的法治理念与实践，具体探讨了“多元法治文化与世界和谐”、“法理学与世界和谐”、“国际法治与世界和谐”、“反恐、人权保障与法治”、“全球环境、能源与法治”、“全球治理与和谐发展”、“全球化与地方化的冲突与和谐”、“新的人权与发展观”、“调解的法哲学研究”、“民主与宪政的矛盾与和谐”这十个分论题。二是区域性。对法理学的普遍性与相对性之二元关系进行了系统梳理。探讨了“普适主义与文化相对主义”、“中国法律思想与法哲学”、“拉美法律思想与法哲学”、“非洲法律理论与法哲学”、“伊斯兰世界的法律思想和法哲学”、“西欧法律思想和法哲学”、“北欧的法律思想与法哲学”、“俄国法律思想与法哲学”。三是学派化。沿用西方法学流派的经典分析方法与研究工具，推陈出新，揭示了自然法学、实证主义法学、历史法学、实用主义法学、批判法学、德性法理学、性别与法律、法律与语言（学）、法律与文学等的新思想。四是交叉性。对法律与科学、法律与音乐、法律与心理学、数码网络社会的法与文化、法律与语言逻辑等从法律思维、法律解释与法律推理层面进行了全景式的分析，试图通过方法的沟通来寻求文化之间的价值认同，为法律实践服务。

二、经济理性或法律理性

法律经济学日益遭到批判，被认为削弱了高级法（higher law）的概念。[①]经济学主要关注的是效率而不是正义，高级法（或自然法）更关心的是正义而非效率。无论是科斯定理、波斯纳的犯罪理论，还是贝克的歧视和婚姻理论、斯蒂格勒的监管理论、弗里德曼对永久性收入的理论，整个芝加哥学派都抛开了任何对高级法的依赖或确认。[②]

从“迟到的正义即是非正义”能否合乎逻辑地推导出“正义即是效率”的结论，是经济分析法学试图回答的一个关键问题。而为了调和这种认识，有学者认识到，“经济优化与法律判决在理性决策过程中有三个共同要素：一致性、目的性、强制性”。[③] 但是，法律理性和经济理性是两个互相独立且合作的决策因素。经济和法律理性有两种关系。当法官通过边际效益平衡利益冲突时，经济理性占主导地位。在这种情况下，经济理性和法律理性是同构关系或趋近同构，因为经济概念会映射进相关法律概念并被法官用于解释法律概念。但是，在基本权利案件中，像经济学家一样思考与像律师一样思考经常发生冲突，经济学家声称经济理性胜过法律理性，但并不存在这样优先的根据。相反，法官应当考虑在经济理性或是法律理性之间，究竟选择哪种抽象的逻辑模式更能准确地说明现实世界中的事件，而不是盲目地将一种理性强加于一种分析。[④]

经济分析法的缺陷在于对于文化、价值、情感等同样客观存在于社会与法之中却无法用数学衡量的精神因素的忽视。在《各种法律可能性的效力是平等的吗?》一文中，作者试图超越经济分析法的缺陷，将道德性因素引入法的经济分析之中。作者首先以赌博为例，以经济分析法研究越轨行为的动因。[⑤]

---

① Kenneth G Elzinga. Law and economics: Is there a higher law? Pepperdine Law Review, 2009 (36): 509.

② Kenneth G Elzinga. Law and economics: Is there a higher law? Pepperdine Law Review, 2009 (36): 509-512.

③ John Cirace. When are law and economics isomorphic? Golden Gate University Law Review, Winter 2009: 187.

④ John Cirace. When are law and economics isomorphic? Golden Gate University Law Review, Winter 2009: 212-219.

⑤ Yuval Feldman, Doron Teichman. Are all legal probabilities created equal? New York University Law Review, 2009: 1-23.

对经济分析局限性的超越已经越来越引起关注。《法律和经济学病毒》一文用“病毒”的比喻来捕捉芝加哥学派如何已经打进一个新的法律领域的传播动态：自我复制并传送到新的“主机”本身的法律或司法管辖区的法律机构。“病毒”是特别恰当的比喻，因为它不仅仅是对芝加哥学派的传播蔓延，而且是对所有其他的法律意识形态的拒绝。这样可以描述和预测一个芝加哥学派的学者如何进入东道国的法律机构，如何使用“主机”在该法律体系内复制和传播，并进而侵入“病毒”附近的其他“主机”。①

三、法学方法的多元整合

如泰勒所言：“人类社会生活的整体都被无数的意义所浸染着，以至于语言以及其他非语言信息的真实含义往往是深藏的、难以理解的。”② 所以，研究法律解释学应当坚持的基本原则至关重要。这些原则包括：一致性（coherence）、综合性（comprehensiveness）、渗透性（penetration）、彻底性（thoroughness）、适当性（appropriateness）、文脉性（contextuality）、协议性（agreement）、启发性（suggestiveness）、潜质性（potentiality）。③

法永远以一种“连字符”的形式出现：政治-法、认识论-法、科学-法、人类学-法、经济-法、医学-法。法的反应性特征与无限性特征使得社会的某一方面可以被保护、维系、重复或者革新。④

整体主义方法（holistic approach）正在得到广泛关注与应用。在当下的法学研究中，出现了如法社会学，法政治学，以及时髦的法经济学之类的“法与”（law and）性质的跨学科研究方法，然而人们似乎认为这些方法是可选择、可互相替换的，而并未能将它们看作必须共存的互为补充的整体。整体主义方法要求我们注意事物乃至世界的整体性，同时运用理性以联想性思维，综合概括各种因素，而非将这些因素相互隔离。⑤《超越起源情结：重估法与经

① Spencer Weber Waller. The law and economics virus. Cardozo Law Review, 2009 (62): 368.

② David C. Young. Interpretivism and education law research: a natural fit. Education & Law Journal 2009: 2.

③ David C. Young. Interpretivism and education law research: a natural fit. Education & Law Journal February, 2009: 7.

④ Ahsan Mirza. Foucault's law, by Ben Golder and Peter Fitzpatrick. Osgoode Hall Law Journal, 2009: 1-2.

⑤ See Geoffrey C. Hazard, Jr. Not the city of God: the multiplicity of wrongs and rules. Akron Law Review, 2009 (42): 1-11.

济的关系》一文即使用了一种以宏观制度解剖为主线，兼采定性与定量分析法，同时运用政治经济分析法的整体主义方法。①

四、作为实践论和方法论的自然法

为了回应其他学派的挑战与质疑，自然法学正在发生转型，在本体论上，正在从思辨理性转向更加注重社会与规范分析的实践理性。因为“并不是所有的圣经戒条都应当被视为自然法，也不是都对我们有强制力或有用的”②。“当今世界的基本法律教义和习俗的融合比冲突更多。”③“规范是能指导人们行为的或在其属于一个更广泛的规范性体系的基础上人们予以适用的，这种规范性是基于人们的遵守”④，以柏拉图著作为例，“法律篇中与‘自然’有关的词大致可分为三类：有明显规范含义的，仅有经验含义无规范含义的，二者混合的。这些划分为规范的类型和其他混合类型的习惯与分类方法有关，这种分类方法强调人类个体生活中的良善的秩序，更强调城邦生活中的良善秩序，”⑤ 这种分析强调自然法的实践基础，为早期自然法思想寻求合理的实践理性基础，即在人类个体生活和城邦生活中发现“良善的秩序”。同样，“菲尼斯阐述了政治共同体共同的善，但却没有回答有关国家共同的善的范围和性质问题”⑥。“霍布斯从人的脆弱性和自我保护的理性愿望推导出自我保护的自然权利。”⑦“布莱克顿认为变化的人类经验塑造了法律。”⑧ 这些关于法律或权利来源的阐述，一方面表明自然法学者立足于人类社会生活实践，一方面表

① Curtis J. Milhaupt. Beyond legal origin：rethinking law's relationship to the economy—implications for policy. American Journal of Comparative Law，2009（57）：831-845.

② John Witte. A demonstrative theory of natural law：Johannes Althusius and the rise of Calvinist jurisprudence. Ecclesiastical Law Journal，2009（11）：258.

③ John Witte. A demonstrative theory of natural law：Johannes Althusius and the rise of Calvinist jurisprudence. Ecclesiastical Law Journal. 2009（11）：265.

④ Sylvie Delacroix. You'd better be committed：legal norms and normativity. American Journal of Jurisprudence. 2009：123.

⑤ V. Bradley Lewis. “Reason striving to become Law”：Nature and law in plato's laws. American Journal of Jurisprudence. 2009：86.

⑥ Matthew D. Wright. The aim of law and the nature of political community：an assessment of finnis on aquinas. American Journal of Jurisprudence. 2009（54）：155.

⑦ Alice Ristroph. Respect and resistance in punishment theory. California Law Review. 2009（97）：607.

⑧ Albert W. Alschuler. From blackstone to holmes：the revolt against natural Law. Pepperdine Law Review. 2009（36）：495.

明他们仍然固守自然法传统，无论是“共同的善”、“人类理性愿望”，还是“人类经验”都同“自然理性”一样是无法证实的。

从本体论的自然法转向方法论的自然法。新自然法学家菲尼斯明确的解释方法论取向使他倾向于更多地从有限的法律和政府控制方面，而不是从合法性来源方面研究政治共同体的性质，并最终要求菲尼斯从政治利益工具性的角度作出结论。但其“对指导政府的描述至少恰当地描述了部分步骤，稳步缩小法律的目的至暂时利益，然后至内部利益，再至相互利益，最终至共同利益”①。同时，菲尼斯对法律命令的运行轨迹作了分析。对菲尼斯方法论的批判与肯定同时也是对自然法方法论的批判与肯定。

宪 法 学

2009 年对于宪法学研究而言是较为平淡的一年。国外研究者的注意力仍然集中于传统领域和近些年来公认的热点问题。

一、人权的现实困境与理论反思

西方人权思想有着共通的传统，但在新的时局之下，人权理念遭遇多方面的冲击，人权发展的与时俱进成为人权研究的核心课题。

（一）全球化视角下的人权理论

人权基础理论问题的研究一直以来是公法学者的关注重点，在全球化浪潮洗礼之下，人权理论的研究更是呈现出一种更为广阔的视角。2009 年，牛津大学出版社出版了一部反响较好的人权理论著作，它的独特之处在于将德国宪法人权与美国宪法人权进行比较，同时还对一些在欧洲人权法院审理的新案件进行评析，并以此为基础构建自身的人权理论。②

利用人类学的观点探讨人权问题，素来是人权研究的一个重要进路，在该主题上的一本新书对这一问题进行了充分的讨论，“中庸的人权”（well-tempered human rights）是作者的核心观点之一——在多元化面前，人们变得更加

---

① Matthew D. Wright. The aim of law and the nature of political community: an assessment of finnis on aquinas. American Journal of Jurisprudence. 2009 (54): 160.

② Robert Alexy, Julian Rivers. A theory of constitutional rights. Oxford University Press, 2009.

谦卑温和，作者以此为进路论述了人权观念的变化。作者进而讨论了人类学观点对人权思想合法性的证成，并认为人类学在人权思想的变化中发挥了重要作用。①

（二）国家安全危机下的人权保障

布什政府曾主张，关押在古巴关塔那摩美军基地的囚犯不享有美国宪法所规定的权利。时过多年，美国宪法学者仍未忘记此事，2009 年，有学者对这个问题进行论述，但论述角度更为新颖，他从美国领土的扩张性谈起，讨论了一系列关于法外治权、境外政策的问题，最后主张美国国旗飘扬的地方，都应是美国宪法人权保护条款生效的地方。②

宗教、种族问题在 21 世纪初叶似乎永远和国家安全问题如影随形。Tariq Ramadan 是一位穆斯林，作为布什政府的异议人士，他于 2004 年申请进入美国并遭驳斥，但他在 2009 年出版的《我信仰什么?》一书中，仍然主张西方的穆斯林应当融入民主政治生活之中，并希望西方人将他们的穆斯林邻居视为伙伴，而非敌人。③

2005 年 10 月，在两名北非裔的法国男孩在巴黎突然死亡，这一死亡事件与警察失职逃离现场密切关联。有学者宣称：这两名男孩正是因为种族不同而处于一种更加危险的境地，因为在法国居住的移民和外族人群经常被视为公共安全的危险和法兰西价值的破坏者，但这显然不是一个公允的结论，其后果也非常严重——因此事件，法国发生了三周的暴动。法国的未成年人刑事司法程序在少数族裔的保护上有失公允，且违背了正当程序原则的要求，甚至强化了社会中本已存在的等级观念。④

针对就业、教育、医疗、住房、移民等各个方面的种族问题，欧盟法都进行了详尽的阐释，这种努力得到了作者非常充分的解读。⑤

（三）经济危机带来的人权危机

经济危机导致贫富的进一步拉大，在美国，随着城市贫民的增加和房价的上涨，无家可归及其他“妨碍治安”的人在很多城市中占据了公众空间，很

---

① Mark Goodale. Surrendering to utopia: an anthropology of human rights. Stanford University Press, 2009.

② Kal Raustiala. Does the constitution follow the flag: the evolution of territoriality in American law. Oxford University Press, 2009.

③ Tariq Ramadan. What I believe. Oxford University Press, 2009.

④ Susan J. Terrio. Judging mohammed: juvenile delinquency, immigration, and exclusion at the Paris Palace of Justice. Stanford University Press, 2009.

⑤ Mark Bell. Racism and equality in the European Union. Oxford University Press, 2009.

多城市开始采取强硬的手段，以清除这些流浪人员，这些人员被驱逐出一些特定地域，有学者对这一现象进行了分析，并进行了一定的实证调查，认为这种“收容遣送制度”非常值得怀疑：第一，该制度代价昂贵；第二，没有降低犯罪率；第三，没有对城市贫民问题进行根本解决；第四，这样的措施对那些被驱逐者而言更是雪上加霜。①

（四）科学发展与城市化引发的人权困惑

随着新技术的发展，科学与法律的关系也开始成为西方法学研究的核心问题之一。如何对新技术进行规制，并抑制其不良影响，是学界在此问题上关注的重点：第一，在新技术条件下人权是否有助于让人性尊严得到更好满足？第二，新技术是否会有损于人权的保障？第三，人权能否有助于更好地控制技术的不良作用？②

红外摄像系统在美国很多城市广泛使用，在一定程度上，这个装置非常有助于提高道路安全性，但在另一个层面来看，这个装置也帮政府获得了大量的额外收入。在 Idris v. City of Chicago 一案中，第七巡回上诉法院对于芝加哥政府大量安装红外摄像系统的举措进行了审查，但最终支持了市政府的做法。这一事件引发了学者的关注，有学者认为，安装红外摄像系统以监控道路的做法，很可能违背了正当程序原则和平等保护原则。③

哥伦比亚大学副教授杨国斌（音译）对中国的网络技术带来的人权问题上的变化进行了评述，描述了一个新的信息化政治时代的开启。④

二、政制的稳固与变革

进入 21 世纪以来，世界政治经济格局发生了剧烈的变化，面对着变化，产生了两种截然不同的态度：出于对目前景况的不确定，部分学者开始倾向于构建一种更加明确、稳固的政治结构，而出于对理论落后于现实的因应，另一部分学者则大声疾呼制度创新与变革。

---

① Katherine Beckett, Steve Herbert. Banished: the new social control in Urban America. Oxford University Press, 2009.

② Therese Murphy. New technologies and human rights. Oxford University Press, 2009.

③ Cooper J. Strickland. Lights, camera... ticket: red light cameras after idris V. city of Chicago. North Carolina Journal of Law & Technology, Online Edition, 2009 (119).

④ Guobin Yang. The power of the internet in China: citizen activism online, Columbia University Press, 2009.

（一）回归传统，政制稳固

在西方传统理论中，除少数问题以外，宪法更倾向于不对争议进行解决，而代之以构建一种更加开放的语言环境，以寻求谈判、共识，因为单一化的解决问题，并不利于宪政制度的维护。但有学者认为，对于那些不确定的权利而言，需要有更加明确化的界定。立法机关应在贯彻宪法和实现宪法性权利方面起到更加重要的作用。换言之，由于宪法对权利不可能进行完备的规定，它遗留下来的很多未解决的问题应在立法机关得到进一步的协商。①

在传统认识中，宪法应提供一种可持续的政治结构，但在实践中，只有一半的宪法能够维持九年还未被废止。有学者通过对宪法进行比较分析，认为宪法的稳定性问题源自社会和政治危机，特定的制度设计则可以避免这种稳定性的丧失，在作者看来，只有当制宪者充分注意到宪法审查的重要性之时，宪法稳定性才能得以保障。②

有学者结合美国宪法第 14 条修正案，对美国国会的作用进行了分析，并指出，关于国会的法律和政治理论随着时间推移，已经发生了剧烈的变化，它与 1787 年时的国会截然不同，已经不再能够满足权力制衡的要求，也不能完成对公民自由的保障。国会应当回归传统，充分发挥其宪法作用。③

（二）因应时势，改良变法

要求因应时势、改良变法是近年来西方宪法研究的一个引人瞩目的话题，其中“国会改革”成为呼声最高的领域。其原因即在于新时代的权力变化主要源自行政权力的扩张与国会在政治决断上的撤退，而国会应享有的民主地位无法得到体现。《波士顿大学法律评论》刊载了一系列评论文章，系列文章以《最受贬抑的权力分支：21 世纪国会的地位》为主题，不同学者或从比较法视角，或从传统权力理论视角进行分析，考虑这一问题的重要性，这些观点非常值得关注。④

三权分立理论是自由宪政的基本原则，但在现代国家的权力分配过程之中，这一传统观念已经不再具备有效性。在新的行政国家中，如何奠定新的权

---

① Grégoire C. N. Webber. The negotiable constitution：on the limitation of rights. Cambridge University Press. 2009.

② Zachary Elkins，Tom Ginsburg，James Melton. The endurance of national constitutions. Cambridge University Press，2009.

③ Elizabeth Reilly. The union as it wasn't and the constitution as it isn't：section five and altering the balance of powers. Akron Law Review，2009（42）：1081.

④ Michael E. Libonati. Panel VII：congress in comparative perspective：State constitutions and legislative process：the road not taked. Boston University Law Review，2009（89）：863.

力分立理论是讨论的重点。有学者通过对英国、爱尔兰和美国的例证进行分析，提供了一个新的方式，以对法律和政治观念中的权力分立理论进行全新的认识，以应对因管制机构和准公共行政机关（quasi-public administrative）大量出现而产生的问题。①

有学者主张，传统的英国宪法理论如今已毫无意义，它不能说明也不能指示人们怎么运作权力。事实上，议会主权已不能反映英国宪法目前的状况，一方面，英国宪法理论没有考虑到英国的实际情况——英国并非仅由英格兰及威尔士组成，它还包括苏格兰、北爱尔兰等，这些原本独立的主权国家，其在政治体制中的地位如何，英国宪法无法解决；另一方面，英国已经出现了一种成文宪法倾向。该书结论为：保留一个未经选举的议院（上议院）、未经选举的元首（英王）是没有任何道理的。②

马西森（Scott M. Matheson）在其所著的《在危险境况下的总统宪政主义》一书中，对美国总统在紧急状况下的处断进行了分析，包括林肯总统在南北战争中的专断、威尔逊总统在1917年强力推行《间谍法》、罗斯福总统在二战期间对居住于美国西海岸的日本人采取的扣押措施、杜鲁门总统在朝鲜战争进行之时强占钢铁厂以及小布什总统在“9·11”之后对恐怖分子采取的刑讯、监管和侦讯措施，等等。他主张，在一个不安全的时代，如果领袖能够获得更多的权力，美国更加安全，他称之为执行宪政主义（executive constitutionalism）。③

三、研究视角的持续漂移

全球化的政治、经济发展对宪法学带来的最大变化是研究视角的转换，原本并未纳入西方学者研究视野的国家在21世纪以来逐渐得到更多的关注，拉丁美洲的人权保障问题④、东非及南非地区的宪政问题⑤、埃及的宪法权力问

① Eoin Carolan. The new separation of powers: a theory for the modern state. Oxford University Press, 2009.

② Iain McLean. What's wrong with the British constitution? Oxford University Press, 2009.

③ Scott M. Matheson. Jr. Presidential constitutionalism in perilous times. Harvard University Press, 2009.

④ Allan R. Brewer-Carías. Constitutional protection of human rights in Latin America: a comparative study of amparo proceedings. Cambridge University Press, 2009.

⑤ John Hatchard, Muna Ndulo, Peter Slinn. Comparative constitutionalism and good governance in the commonwealth: an eastern and southern African perspective. Cambridge University Press, 2009.

题①、玻利维亚法律与自由之间的关系②、拉丁美洲国家和亚洲国家和地区的制度变革问题③等，都得到了不同程度的关注。此外，哥伦比亚大学出版社于2009年出版的一本名为《亚洲的新多元化：协商、竞争和共享》的论文集对东亚地区的经济、政治合作与竞争进行了评述。④

孟买尼赫鲁中心编辑的一本论文集收录了印度最负盛名的公法学者关于印度民主的观点和态度，这些文章对印度种姓制度与民主、公共生活中正义观念的缺位、管理者与公民之间的深刻分歧、民主政治过程中的公众信仰与风俗习惯的悖论、司法的困境、民主与教育的关系、不受约束的自由经济和全球化经济的危害、集权化的政党制度、性别歧视、腐败问题等。⑤

四、理论视野的发散

2009年的一本小书引起了笔者特别的兴趣，两位来自耶鲁大学的教授共同编辑了一本名为《2020年的宪法》的文集。这本书直面目前的宪政困境，包括新技术的挑战、总统权力的扩张、人权的国际保护、宗教自由、言论自由、选举权、复决权和经济权利等，并对未来的宪法与宪政进行全面的展望与猜想。⑥

奥巴马政府的举措给人们造成一种感觉，即美国将在未来发展一种新的国际法治（international rule of law），但有学者则认为，这一揣测毫无合法性基础，他通过对北约进攻塞尔维亚进行分析，认为不负政治责任的政府不可能进行公正无私的政治决断，这是完全不可能实现的。⑦

① Tamir Moustafa. The struggle for constitutional power: law, politics, and economic development in Egypt. Cambridge University Press, 2009.

② Mark Goodale. Dilemmas of modernity: bolivian encounters with law and liberalism. Stanford University Press, 2009.

③ Richard F. Doner (ed.). Explaining institutional innovation: case studies from Latin America and East Asia. Columbia University Press, 2009.

④ Michael J. Green, Bates Gill (ed.). Asia's new multilateralism: cooperation, competition, and the search for community. Columbia University Press, 2009.

⑤ Rajesh M. Basrur (ed.). Challenges to democracy in India. Oxford University Press, 2009.

⑥ Jack M. Balkin, Reva B. Siegel. The constitution in 2020. Oxford University Press, 2009.

⑦ Eric A. Posner. The perils of global legalism. The University of Chicago Press, 2009.

行政法学及行政诉讼法学

2009 年，在国际金融危机背景下，国外行政法及行政诉讼学发展一方面继续其平稳发展的势头，对一些常规论题展开研究，另一方面则围绕危机进行了行政法思考。

一、立足国情、稳步推进

（一）美国

2009 年，美国行政法及行政诉讼法学研究依然沿袭其以司法审查、行政程序、行政管制等为核心内容的传统，研究方法多样，既有案例分析，也有制定法实证研究，还有理论推演及比较研究等。主要特点如下：

一是对联邦国会和州议会参与行政规则的制定给予了较多的关注。有学者敏感地注意到了国会对行政规则制定日益上升的兴趣，《行政法转向国会》①、《国会是坏掉的机构吗？》②、《比较法视野中的国会》③ 等文章从不同角度研究了国会对待行政法的态度、立法程序、国会的民主运作机制等问题。

二是对某些行政法基本理论问题进行了较为深入的研究。《我们的施密特行政法》④、《处罚的属性比较研究》⑤、《公共机构设计和检察官政策：行政法

---

① Beermann Jack M. Turn toward congress in administrative law. Boston University Law Review. 2009 (89): 727.

② David R. Is congress the broken branch. Boston University Law Review, 2009 (89): 357-370.

③ Schepple, Kim Lane. Congress in comparative perspective. Boston University Law Review, 2009 (89): 795-826.

④ Vermeule Adrian. Our schmittian administrative law. Harvard Law Review, 2009 (122): 1095-1150.

⑤ Kolber Adam J. Comparative nature of punishment. Boston University Law Review, 2009 (89): 1565-1608.

的教训》①、《软法：来自国会实践的教训》②、《作为紧急权力的行政权之暂停》③、《表象不正义》④ 等文章都将研究的重心放在行政法基本理论问题之上。

三是对特定行政法领域的关注一如既往。《阳光权利》⑤、《对金刚鹦鹉的管制：第三方骚扰、住处及歧视倾向的崩解》⑥、《作为宪法权利的福利权再思考》⑦、《从菲莫公司诉威廉姆斯案看消除吸烟：惩罚性赔偿的过去、现在和未来》⑧ 等文章及学界对计划生育、流产问题⑨的关注，都说明学术界对行政法特定领域的研究兴趣不减，而且此种热情有向更广阔领域拓展的倾向。

四是涉及司法审查的论述仍然较多。学者们对法院组织和法官的遴选表现出较大兴趣，如《通才法官的"神话"》⑩ 一文。另外，以《行政决策审查的普适原则》⑪ 为代表的多篇文章则把关注的目光投向行政决策的司法审查问题。

（二）法国

2009 年，法国行政法学者继续其传统的研究路径，即一方面结合立法需要对一些基础理论和时事焦点问题展开研讨；另一方面，回应司法实践，对重大行政判决进行评析。

---

① Barkow Rachel E. Institutional design and the policing of prosecutors：lessons from administrative law. Stanford Law Review，2009（61）；869-922.

② Gersen Jacob E.，Posner Eric A. Soft law：lessons from congressional practice. Stanford Law Review，2008（61）：573-628.

③ Gersen Jacob E.，Posner Eric A. Suspension as an emergency power. Yale Law Journal，2009（118）：600-695.

④ Rhode Deborah L.，Injustice of appearance. Stanford Law Review，2009（61）：1033-1102.

⑤ Bronin，Sara C. Solar rights. Boston University Law Review，2009（89）：1217-1266.

⑥ Zatz Noah D. Managing the Macaw：third-Party harassers，accommodation，and the disaggregation of discrimination intent. Columbia Law Review，2009（109）：1357-1439.

⑦ Liu Goodwin. Rethinking constitutional welfare rights. Stanford Law Review，2008（61）：203-270.

⑧ Colby Thomas B. Clearing the smoke from Philip Morris v. Williams：the Past，present，and future of punitive damages. Yale Law Journal，2008（118）：392-479.

⑨ Devins Neal. how planned parenthood v. casey（pretty much）settled the Abortion wars. Yale Law Journal，2009（118）：1318-1355.

⑩ Devins Neal. Myth of the generalist judge. Stanford Law Review，2008（61）：519-572.

⑪ Devins Neal. Normative canons in the review of administrative policymaking. Yale Law Journal，2008（118）：64-125.

在行政组织法方面，地方分权继续受到学者的关注，核心问题集中在地方财政自主性、中央与地方权限划分以及地方分权对公共职位的影响等方面。① 作为行政决策的依据，公共统计制度改革也引起学者的重视。② 在行政纠纷多元解决机制方面，有学者著文探讨了和解在行政合同纠纷中的适用范围及条件。③ 在行政诉讼领域，围绕起诉期限起算问题，有学者认为，在行政主体未按照法定形式送达行政决定的情况下，当事人通过后续行政决定间接知悉前行政决定内容的，也构成当事人知道行政决定作出的一种表现形式，从而再次引发学术界对“知悉理论”（théorie de la connaissance acquise）的热议。④ 在行政诉讼证据制度方面，有学者从越权之诉的目的角度对法国传统的行政诉讼证据制度进行了批判性思考，提出了行政诉讼中的举证责任应当根据行政诉讼的特殊性在原告与被告间合理分担的论点。⑤

法国行政法基本上属于判例法的传统决定了直到今天法院判例仍是影响和推动行政法学发展的主要因素。以法院判例为基础，法国学者分析了合同制公务员权利保障之诉⑥、新法在公共服务特许经营合同中的立即适用⑦、国家因司法迟延而向公法人承担赔偿责任⑧及国家因未保障残疾儿童入学而应承担的赔偿责任⑨等问题。

（三）日本

《法律时报》（日本评论社，1929 年创刊）“文献月报”所揭示的行政法文献，几乎每年都超过 1 000 部（篇），2009 年也不例外。其中，关于“公私

---

① Jean-Bernard Auby. les collectivités locales en réforme (s): Dr. adm. 2009, repère 10; Focus par Rozen NOGUELLOU. Droit Administratif n° 12, Décembre 2009, alerte 77.

② Les dernières réformes de la statistique publique: entre transparence et secret, Etude par Olivia BUI-XUAN. in Droit Administratif n° 6, Juin 2009, étude 11.

③ La transaction en matière administrative. Droit Administratif n° 10, Octobre 2009, alerte 61.

④ L'information indirecte: une variante de la théorie de la connaissance acquise. Etude par Alexandre DESRAMEAUX, Droit Administratif n° 8, Août 2009, étude 15.

⑤ La preuve devant le juge administrative. Etude par Hervé de GAUDEMAR, Droit Administratif n° 6, Juin 2009, étude 12.

⑥ Recours contre les contrats des agents publics et appel. Commentaire par Anne COURRÈGES, Droit Administratif n° 5, Mai 2009, comm. 79.

⑦ Dans quelles conditions une loi nouvelle s'applique-t-elle immédiatement aux contrats administratifs en cours ? Commentaire par Fabrice MELLERAY, Droit Administratif n° 6, Juin 2009, comm. 85.

⑧ Durée excessive d'une procédure devant le juge administratif: indemnisation d'une personne publique, Droit Administratif n° 8, Août 2009, comm. 121.

⑨ La carence de l'État à assurer la scolarisation des enfants handicapés. Droit Administratif n° 5, Mai 2009, comm. 80.

合作”（Public Private Partnerships，日文为“協働”）、公务员制度、公文管理制度、“公法上的当事人诉讼”的研究引人关注。

“公私合作”上一年度就是热点，本年度研究继续深入。例如，纸野健二就“公私合作”的基本观念提出了尖锐问题：国家干涉领域的缩小真的是“公私合作”的前提吗？“公私合作”真的只是意味着公共事务从国家到非国家的单向转移吗？[①] 又如，角松生史将“公私合作”与都市计划的制订搭接在一起，对行政计划中的公私合作进行了探讨[②]。另外，《法律时报》的专题连载（「連載/公私協働の最前線」）也值得关注。

公务员制度之所以成为一个研究热点，是因为《国家公务员制度改革基本法》[③] 的颁布。有专文介绍这部法律的背景、起草过程、内容等[④]。

公文管理制度的研究也与一部法律（《公文管理法》[⑤]）的制定有关，《都市问题》和《Jurist》为此刊发了特辑[⑥]。相关研究论文中，宇贺克也对立法背景、过程等的介绍[⑦]，高桥滋对《公文管理法》草案的概要、意义的介绍[⑧]，均有重要的资料价值。

2004 年《行政事件诉讼法》修改后，行政诉讼制度的运作引起持续关注。本年度关注的重点在于“公法上的当事人诉讼”。其中，碓井光明的论文以最新的判例为素材，对当事人诉讼的相关法律论点进行了“横断性”考察，具有代表性。[⑨]

二、危机背景下的行政法学

2009 年，由于受到金融危机蔓延的影响，美国行政法研究十分重视与金融管制相关的行政法问题。《询问，拒绝回答：围绕无文件证明员工身份的雇

---

① 紙野健二．協働の観念と定義の公法学的検討．名法．225．

② 角松生史．『協働的プランニング』の都市計画理論．法時．80（12）．

③ 国家公務員制度改革基本法、平成 20 年 6 月 13 日．法律．68．

④ 西尾隆．国家公務員制度改革基本法．ジュリ 1363．

⑤ 公文書等の管理に関する法律、平成 21 年 7 月 1 日．法律．66．

⑥ 特集/公文書管理を考える．都問．99（10）；特集/公文書管理法制定に向けて．ジュリ 1373．

⑦ 宇賀克也．公文書管理のありかた等に関する有識者会議最終報告について．ジュリ 1373．

⑧ 高橋滋．公文書管理法案の概要とその意義．ロースクール研究．13．

⑨ 碓井光明．公法上の当事者訴訟の動向（1）（2）完．自研 85（3-4）．

工立法》①、《通过政策的变化进行学习》② 等文即属此类。著名行政法学家斯图尔特（James B. Stewart）刊载于 The New Yorker 杂志上的文章——《八天：挽救美国金融体系的战争》③，反映的也是行政法学者对金融危机的关注。2009 年 10 月，世界发展运动（World Development Movement）等机构对美国财政部提起诉讼，认为它未能妥善评估使用公共资金救助金融企业带来的影响。在原告方看来，政府根据自己制定的规则行事的做法是违法的，以商业银行利益和金融稳定为目标的政府干预将是有害的。这些都体现了美国行政法与行政管理实践的良性互动。

2009 年，以“危机调控与危机时的调控”为主题，法国行政法学界依托国家参事院举行了四场小型研讨会。④ 来自欧盟委员会、法国国家审计法院、中央银行、政府部门、科研机构、金融企业的专家、学者，及时分析了金融危机爆发的原因，评估了本国为应对危机而采取的各种措施的利弊得失。在对各项措施作出综合评价之余，上述几次专题研讨会还分析了法国不同危机应对措施间的共同性、差异性，甚至是在个别情况下的相互抵触性。

刑 法 学

2009 年国外刑法学的理论研究更具开放性，各国刑法学界之间的交流更趋频繁，相互借鉴的趋势也更为明显。在大陆法系内部，2009 年德、日学者以“德、日刑法发展中的教义学影响”、“现代的刑罚论与刑罚正义”、“量刑法的基本问题”等为主题举办了多场学术研讨会，两国之间的交流“从单向的德国向日本传播转变为双向的互相影响”⑤。两国学者还计划将这种德、日间的定期交流制度进一步扩展为多国学者参加的国际学术交流机制。另一方面，英美法系与大陆法系之间的比较研究也日趋活跃。大陆法系学者对英美法律动向表现出前所未有的关注，而英、美等国的学者也结合具体的案件对大陆

---

① Cimini Christine N. Ask, don't tell: ethical issues surrounding undocumented workers' status in employment litigation. Stanford Law Review, 2008 (61): 355-416.

② Listokin Yair. Learning through policy variation. Yale Law Journal, 2008 (118): 480-553.

③ Eight days: the battle to save the American financial system. 2009 (21).

④ http://www.conseil-etat.fr/cde/fr/colloques/la-regulation-economique-et-financiere-apres-la-crise-bilan-et.html

⑤ 浅田和茂. 实体刑法の现状と课题. 刑法杂志. 49 (2、3).

法系的刑法理论和司法实务表现出浓厚的兴趣。①

一、刑法总论

近年来世界各国都出现了刑事立法活跃化的倾向，并且主要表现为刑事立法的早期化与重罚化。有学者分析指出，出现这种现象的主要原因如下：第一，被害者及其家属的重罚化要求；第二，“象征性立法”的出现，即将特定行为犯罪化以体现立法者的态度；第三，打消国民对日益增加的犯罪的不安感的要求；第四，国际立法的协调性要求；第五，对警察的信赖。② 对这种立法现象，有学者强调指出，要防止凭国民感觉来规定犯罪行为。在危险社会中人们唯一的选择仍然是基于人格性、保护、宽容等思想来制定和研究刑法。③ 也有学者强调指出，尽管近年来人们对危险社会下宏观理论和体系性思考逐渐失去信赖，但对刑罚的正当化根据等问题的研究仍是刑法学研究不可缺少的内容。④

有关犯罪论体系的研究 2009 年继续成为各国刑法学界关注的热点问题。其中最值得注意的是德国学者罗克辛（Roxin）在日本庆祝刑法学会成立 60 周年大会上所作的主题发言。罗克辛针对当前具有世界性影响的两种犯罪论体系，即由他本人提出的“刑事政策的机能的体系”和由德国学者雅克布斯（Jakobs）提出的“体系论的刑法体系”，做了专门的论述和评价。他指出自己的理论不是基于存在论（因果性或目的性）的标准，而是根据刑事政策性的目的设定（刑法及其具体的科处刑罚的任务）而加以体系化。因此，他主张将“客观归属论”纳入“不法论”研究的范畴，在“责任论”中增加“预防性处罚的必要性”研究从而形成“答责性”理论。罗克辛同时指出，雅克布

① 清野宪一．英国刑事法务事情．刑事法ジャーナル．2009（14-19）；齐藤丰治．アメリカにおける性刑法改革．大阪商业大学论集．5（1）；永井干人．米国カリフォルニア州における常习犯罪者对策としてのいわゆる三振法について．警察学论集．62（1）；Stegmiller．German federal court of justice［Ordinary Jurisdiction］（Bundesgerichtshof-BGH），3rd Criminal Division-Stealth Online Inquiry Note．Journal of Criminal Law，2009（73）：Bohlander Michael．Remains of the day - whole life sentences after bieber，The Comment，Journal of Criminal Law，2009（73）：30．

② 嘉门优．行为原理法益论．立命馆法学．2009（5、6）．

③ Hasseme．学说と实务、そして政策から见たドイツ联邦共和国の实体刑法．饭岛畅译，刑法杂志．49（2、3）．

④ 松原芳博等．2009 年学界回顾．法律时报．2009（12）．

斯的理论核心有三点：第一，认为刑法的任务不是保护法益而是维持与确证规范的合理性；第二，放弃不法与责任的区别，拒绝承认“无责任的不法”；第三，根据社会的必要性来规定责任。对此，罗克辛批评说，雅克布斯的理论是对过去百年理论进展的倒退、不符合现行法的规定并自相矛盾。① 罗克辛的主要观点及对雅克布斯理论的批评也基本得到了日本学者的认可。日本学者山口厚指出，“雅克布斯教授的体系在日本也有介绍，但他主张融合违法性与责任的见解可以说没有得到支持”。②

罪数论与刑罚论也是2009年国外学术界较为关注的问题。有学者专门对制裁理论进行研究，通过比较刑罚与罚款等行政处罚及民事赔偿制度，强调行政制裁，也必须遵循罪刑法定原则和责任主义等基本原理，主张罚款与刑罚并科不违反禁止二重处罚的原则，提倡构建公正、高效、多样化的制裁体系。③ 有学者则通过比较德、日两国的刑罚目的理论，指出应扬弃刑法本质论中的报应刑论与刑罚目的论中的特别预防论，以有效应对现实的犯罪状况。④ 此外，还有学者对不可罚的事后行为展开了专门研究。⑤

二、刑法分论

2009年各国刑法分论研究的热点集中在对交通刑法、网络刑法、财产犯罪与经济刑法等问题的研究上。

随着社会的急剧发展，交通肇事行为造成的损害后果日趋严重，不少国家都加重对交通肇事罪的处罚力度，并将醉酒驾驶等行为也纳入刑罚处罚的范围。对此，有学者通过实证研究指出，严厉化的刑事立法对于抑制死亡事故的发生起到了一定的作用，但对立法的综合效果还需要进一步作综合评价。⑥ 围绕醉酒驾驶的主观意图、行为类型等问题也存在不同看法，有的学者主张应严格掌握交通肇事犯罪的成立标准，⑦ 有的学者则主张应根据现实的需要做适度

---

① 克劳斯·罗克辛．ドイツの理论刑法学の最新の状况について，佐藤拓磨译．刑法杂志．49（2、3）．

② 山口厚．ロクシン教授に対するコメント．刑法杂志．49（2、3）．

③ 佐伯仁志．制裁论．成文堂．2009

④ 小坂亮．刑罚的本质と目的．佐贺法学．41（4、5）．

⑤ 伊藤涉等．不可罚的事后行为と刑事法理论．刑事法ジャーナル．2009（14）．

⑥ 龟井源太郎．交通犯罪をめぐる近年の刑事立法．犯罪与非行．2009（160）．

⑦ 中山研一．妨害型危险驾驶致死伤罪の判例の检讨．判例时报．2009（2041）．

宽松的认定。①

关于网络犯罪，有学者对网络犯罪的现状作了实证研究，强调犯罪现象的发展已经超出了法院对刑法进行合理解释的限度，应尽早通过立法增加相应的犯罪规定。② 有的学者就网络诽谤、猥亵等犯罪展开研究，就一般网民因误信而传播错误信息的行为免责的条件、范围等提出了具体的标准。③ 有的学者还针对电子货币与财产犯罪的关系问题进行研究，指出电子货币犯罪中的一些类型可以通过对现行法的解释来加以处罚，另一些类型则只能通过立法加以应对。该学者将电子货币区分为预付款式电子货币与后付款式电子货币，再区分不同行为类型加以论述。④

关于财产犯罪，有学者指出，财产犯罪可罚性的核心问题仍有待研究。该学者通过对本权说、占有说等各种现存理论的分析，强调对"物的利用可能性"的侵害是财产犯罪可罚性的一般性基础，而对于取得型财产犯罪而言，还需要附加"对物的价值性侵害"这一要素。⑤ 在财产犯罪的具体罪名研究中，背信罪是一个热点。有学者对背信罪的具体判断标准作了研究，⑥ 有学者则区分了刑法典中的背信罪和特别刑法中的背信罪，指出前者保护的是财产这一个人法益，而后者保护的是整体的经济秩序。⑦

关于经济刑法，有学者通过对多国刑事立法的考察，提出目前应妥善处理三个问题：一是应对经济刑法作横向的研究，避免不同法规之间出现矛盾和不协调；二是应设立统一的法人处罚规定；三是应强化对有组织犯罪、地下金融业等的打击。⑧ 有的学者提出应加强对消费者的刑法保护。⑨ 也有的学者通过对白领犯罪概念及判例的梳理，提出应强化对此类犯罪的查处与惩罚。⑩

---

① 峰ひろみ．危险驾驶致死伤罪における故意についての一考察．首都大学法学会杂志．50（1）．

② 园田寿．ネットワーク犯罪の现状と法的对应．刑事法ジャーナル．2009（15）．

③ 永井善之．インターネットと名誉、わいせつ犯罪．刑事法ジャーナル．2009（15）．

④ 内田幸隆．电子マネーと财产犯．刑事法ジャーナル．2009（15）．

⑤ 内田幸隆．财产罪における可罚性の核心．法律时报．2009（6）．

⑥ 品田智史．背任罪における任务违背（背任行为）に関する一考察．大阪法学：59（1、2）．

⑦ 伊东研祐．会社法罚则と背任罪解释の视座．刑事法ジャーナル．2009（17）．

⑧ 川崎友已．经济刑法．法律时报．2009（6）．

⑨ 木村光江．消费者保护と刑法．警察学论集．2009（12）．

⑩ Robinson. Developments in white collar criminal law and the culture of waiver. Berkeley Journal of Criminal Law, 2009（14）：125.

民商法学

一、迎接下一个十年的挑战

2008年4月，许多法学教授以及法官、律师参加了在美国芝加哥德鲍尔大学法学院举办的第十四届克里佛德侵权法与社会政策研讨会，其重要成果集中发表于《德鲍尔大学法学评论》2009年冬季第58期。

会议的主题确定为“2020年的挑战：下一个十年民事司法制度改革的准备”，与会者的兴趣也相应地集中于电子信息技术的发展对民事司法制度的影响。德鲍尔大学法学教授 Stephan Landsman 概括道：无可否认的是，已经有相当一些法官和法律从业人员表现出其与传统的不同之处，这虽然未必意味着法律人必须立刻在电子信息技术方面花费更多的时间，但其对法律人生活的影响应当受到足够的重视。[①] James F. Holderman 法官及其助手 S. Ann Walls 就此提出例证指出，人们童年时代的生活习惯对其日后接受和分析判断事物存在着影响，如果下一代或者下下一代人是在仅通过短时间获取10秒到30秒比特的信息来认识世界的环境中成长起来的，则法官也必须完善其手段，以期合理的应对由下一代人或下下一代人担任的陪审员。具体而言，这包括：（1）重新审视陪审员的作用；（2）庭审的辩论程序改革，如质证和意向推导；（3）证据的性质和认定规则的改革。[②] 加利福尼亚大学的 Richard L. Marcus 则将注意力集中于律师职业，他认为，虽然美国的律师们尚未被电脑取代，但其办公室已然极度的依赖电脑来处理包括从日常交往到法律查询的各种事务。他指出，事情正在发生变化，对于那些依赖电脑的律师们而言，从网上搜集到的从当事人到第三方提出的各种个人意见正逐渐变成他们撰写的诉讼文书的内容基础。[③] 美国联邦专门负责“9·11”赔偿事务的检察长 Kenneth Feinberg 考虑的是与电子信息发展相关的透明度问题：在电子监视器下从事审判工作，可以在一定

① Stephan Landsman. Introduction. DePaul Law Review, 2009 (58): 259-261.

② James F. Holderman, S. Ann Walls. As generations X, Y, and Z determine the Jury's verdict, what is the judge's role? DePaul Law Review, 2009 (58): 343-356.

③ Richard L. Marcus. The electronic lawyer. DePaul Law Review, 2009 (58): 263-310.

程度上增强公正感，这是外在的透明度；然而一旦将整个案件的审判置于公共视野下，则可能产生难以顾及具体案件的当事人个体需求的后果，从而危及内在的透明度。因此，他总结道，有关的挑战是，我们到底打算走多远？①

与会者中也有不太关注电子信息技术发展的。密歇根大学的 Richard Lempert 教授眼中的挑战是所谓损害赔偿困境。他列举了三里岛事件、埃克森漏油事件，以及“9·11”或者卡特琳娜飓风事件，指出相应的挑战是侵权法如何应对那些发生概率极小但破坏极大的案件。② Richard Abel 教授则对下一个十年的主要讼争课题进行了预测，他认为一系列的因素，包括随着生活和安全水平的提高而来的损害事件的减少以及与之相伴的受害人个体损失的加剧、赔偿原则愈来愈由过错责任向严格责任倾斜以及与之相伴而来的有过错的原告起诉无过错的被告案件的增加，以及加剧了一些无名损害赔偿的成功几率的最相近因果关系说的运用等，促使受害人有了越来越多的诉讼可能和诉讼路径选择可能，他们甚至可以张冠李戴地利用不相干的其他制度来赢得诉讼，这也就是对法律人提出的主要挑战。③

二、欧洲统一私法

对于欧洲国家而言，人们所面临的挑战主要还是集中于欧洲统一的进程，其中包括私法的统一进程。德国汉堡马克斯·普朗克比较与国际私法研究所的 Reinhard Zimmermann 在《美国比较法杂志》2009 年第 57 期上撰文，专门介绍并分析了欧洲统一私法的现状。他指出，虽然在其他一些私法领域还存在着许多未决问题，但在合同法这一目前及以后仍将构成核心的领域内，我们目前所面对的素材很多，包括“欧洲合同法原则”、“国际商事统一法典原则”、“国际货物销售合同公约”、关于统一合同法的“共同研讨框架”（CFR）及其草案（DCFR）、阿奎斯小组公布的所谓“阿奎斯原则”，等等。欧盟不久前颁布的“消费者买卖合同指令”中的一些建议未予列入“共同研讨框架草案”协调，将来的发展方向尚有不明朗之处，并将给各民族国家法带来困惑。尽管

① Kenneth Feinberg. Transparency and civil justice: the internal and external value of sunlight. DePaul Law Review, 2009 (58): 473-478.

② Richard Lempert. Low probability/high consequence events: dilemmas of damage comoensation. DePaul Law Review, 2009 (58): 357-391.

③ Richard Abel. Forecasting civil liyigation. DePaul Law Review. 2009 (58): 425-449.

如此，买卖合同领域的统一仍然是相对简单的，在其他一些领域如侵权行为、不当得利或者买卖以外的其他合同，研究才刚刚展开，至于继承法等领域，由于其被认为深受民族文化的影响，统一的前景堪忧。①

前文提及的2008年年底由许多学者共同参与撰写的所谓“共同研讨框架”本身也是一项重要的学术性成果，实事求是地说，它也仅仅是学术成果。关于这份文件，其主要参与者、欧洲民法典研究小组的主席 Christian von Bar 教授作了详尽的介绍。② 荷兰阿姆斯特丹大学的 Martijn W. Hesselink 教授具体评价了该项成果的意义，他指出，框架虽然不具任何法律渊源的属性，然而其内容却极具在不远的将来成为立法来源的权威性。因为对各国以及欧洲法的贴近 CFR 的解释将是发展欧洲私法多元性的关键性法律方法，并且有关的草案内容也是最后的政治框架的良好基础。③

三、合同法中的过失

英美法系的合同法以实行严格责任为标志之一，这与英美法侵权责任归责原则存在明显的差异。其中的是与非，是否应融合二者从而在合同法中也改采过失原则，《密歇根法学评论》在其2009年6月发行的第107期上专门组织了一些著名专家参与了讨论。④ 柏林洪堡大学法学教授 Stefan Grundmann 从比较法的角度出发撰文指出，实行过失原则的德国合同法较之实行严格责任的美国合同法，在实践中确认当事人的责任时，未必更宽松一些。这不仅因为德国合同法中还有瑕疵担保制度作为补充，也因为德国法所谓过失的认定标准较为宽泛。⑤ 弗吉尼亚法学院教授 George M. Cohen 则从美国法自身分析得出了类似结论，他指出严格责任经常被误读，它并非不考虑当事人的过失，而是将过失连同当事人的意向、意向与过失的关系以及合同过失的本质等问题联系在一起加

---

① Reinhard Zimmermann. The present state of European private law. American Journal of Comparative Law, 2009 (57): 479-509.

② Christian von Bar. A commom frame of reference for European private law-academic efforts and political realities. Electronic Journal of Comparative Law, 2008 (12): 121-127.

③ Martijn W. Hesselink. The commom framen of reference as a source of European private law. Tulane Law Review, 2009 (83): 919-971.

④ Omri Ben-Shahar and Ariel Porat. Fault in American contract law. Michigan Law Review, 2009 (107): 1341-1348.

⑤ Stefan Grundmann. The fault principle as the chameleon of contract law: a market function appoach. Michigan Law Review, 2009 (107): 1583-1599.

以规定而已，从而过失方面的考虑实际上贯穿于美国合同法的全部内容。① 伯克利法学院的 Melvin Aron Eisenberg 教授也持有同样的观点，并进一步地指出美国合同法是在五个不同侧面上是考虑过失的作用的，即无谨慎能力、意外的环境、解释、错误行为以及不履行责任。② 芝加哥大学法学教授 Eric A. Posner 虽然也认可严格责任基础上的合同法并非真的排除过失，但他坚持认为，过失基础上的合同法较之严格责任的合同法更有吸引力一些，因为前者在某些时候可以由经济学加以说明。他提出的问题是，有什么理由在侵权法上我们为受害人设置了一个关于致害人须有过失才能获得赔偿的难题，而在合同法上我们却反过来给违约一方设置一个关于无过失即不赔偿的难题呢?③

知识产权法学

2009 年国外知识产权法学界对于参与发明的雇员的权利④、破产对许可使用合同的影响⑤、标志的反不正当竞争法保护与商标法保护之间的关系⑥、游戏理念的法律保护⑦、录音制作者权利的保护期限⑧、保护自由公平的竞争在

---

① George M. Cohen. The fault that lies within out contract law. Michigan Law Review, 2009 (107): 1445-1460.

② Melvin Aron Eisenberg. The role of fault in contract law. Michigan Law Review, 2009 (107): 1413-1430.

③ Eric A. Posner: fault in contract law. Michigan Law Review, 2009 (107): 1431-1444.

④ Hausmann. Der gesetzliche vergütungsanspruch des arbeitnehmererfinders im britischen arbeitnehmererfindungsrecht-jackpot oder Rohrkrepierer? -Zugleich eine besprechung der entscheidung kelly and another v. GE healthcare, GRUR Int 2009: 394; Bartenbach, Volz: Das Arbeitnehmererfindungsrecht auf der Nahtstelle von Arbeitsrecht und gewerblichem Rechtsschutz, GRUR 2009: 220.

⑤ McGuire. Nutzungsrechte an computerprogrammen in der insolvenz-zugleich eine stellungnahme zum gesetzentwurf zur regelung der insolvenzfestigkeit von lizenzen, GRUR 2009: 13; Slopek: Lizenzen in der Insolvenz des Lizenzgebers: Der neue § 108a InsO-E, GRUR 2009: 128; Kummer: Zum Interessenausgleich zwischen Insolvenzverwalter und Lizenznehmern in der Insolvenz des Lizenzgebers, GRUR 2009: 293.

⑥ Büscher. Schnittstellen zwischen markenrecht und wettbewerbsrecht, GRUR 2009: 230; Schreiber: wettbewerbsrechtliche Kennzeichenrechte?, GRUR 2009: 113.

⑦ Oechsler. Die idee als persönliche geistige schöpfung-von fichtes lehre vom gedankeneigentum zum schutz von spielideen, GRUR 2009: 1101.

⑧ Klett, Flechsig. Europäischer leistungsschutz in den grenzen des binnenmarktes-zur schutzdauer der rechte des tonträgerherstellers im lichte der Richtlinie 2006/116/EG, GRUR Int 2009: 895.

应对金融危机中的意义①等问题进行了深入的探讨。总的来说，学界对下列三个方面问题的关注程度比较突出：

一、互联网时代的著作权保护

谷歌的图书搜索服务对著作权法的冲击仍然广受关注。2005 年，美国作家协会和美国出版商协会以及少数作家和出版者针对谷歌图书搜索提起了集体诉讼。2008 年 10 月，原告与谷歌公司达成谷歌图书搜索和解协议（Google Book Settlement）。该协议涉及（国际）著作权法、国际民事诉讼法、冲突法等诸多领域，知识产权法学界围绕该协议，尤其是围绕该协议的合法性问题进行了深入的研究。欧洲有学者提出质疑：为什么一项根据美国法达成的诉讼和解协议能够使另一个大陆上毫不知情的著作权人丧失权利？②

互联网上使用他人作品的现象十分普遍。因此，如何在这些使用行为中区分著作权的合理使用行为与抄袭剽窃行为，成为学界关注的热点问题。有学者从澄清概念出发，针对不同的作品类型，为互联网时代的“引用权”划定了界限。③

非法下载的普遍存在对音乐、电影等产业的影响非常大。为了追究非法下载行为人的责任，人们可以通过网络连接服务提供商查明实施非法下载的 IP 地址在侵权发生之时被分配给了何人，即查明网络连接所有者。但是，在使用无线局域网、路由器等场合，通过网络连接服务提供商查明的网络连接所有者并非具体实施非法下载的行为人，网络连接所有者只是将自己的连接提供给他人使用，对于使用人的侵权行为既没有直接参与，也毫不知情，当然不是共同侵权人。因此，有学者对于文件共享情形中网络连接所有者的责任及其依据做了深入、系统的研究。④

使用他人作品，原则上应当取得著作权人的同意。著作权人的同意虽然通常表现为许可使用合同（双方行为或者多方行为），但著作权人的同意并不只有这一种形式。根据著作权人的单方许可（单方行为）使用其作品，同样也

---

① Fikentscher. Finanzkrise, wettbewerb und regulierung. GRUR Int 2009: 635.

② Adolphsen Mutz. Das Google book settlement. GRUR Int 2009: 789.

③ Bisges. Grenzen des zitatrechts im internet. GRUR 2009: 730.

④ Mühlberger. Die Haftung des internetanschlussinhabers bei filesharing-konstellationen nach den grundsätzen der störerhaftung. GRUR 2009: 1022.

是合法的。在 20 世纪 90 年代以前，这种单方许可仅仅是逻辑上的存在，几乎没有实际意义。但是，随着互联网的爆炸式发展，人们开始逐渐关注著作权的单方许可使用。越来越多的人主张，著作权人将受著作权保护的作品传到互联网上，并且不设置任何技术防护措施，这本身就可以解释为某种单方许可。①

除此之外，还有学者针对音频视频流媒体对著作权法的冲击②、计算机软件使用权的内容限制③等实务中的热点问题提出了自己的看法。

二、商标保护中的新问题

当代社会，许多商标不仅仅是区分商品和服务的标志，而且还是重要的文化符号，代表着特定时代特定地区人们普遍接受的某些价值、愿景和观念。正因为商标作为文化符号在现代社会处于越来越重要的地位，所以，人们在关注商标保护的经济意义的同时，还应当关注商标保护的文化意义。④

2002 年以来，关键词广告成为网络广告中市场增长最快的模式。关键词广告也越来越成为商标法，尤其是欧洲商标法的关键问题。截至 2009 年，已有 4 个欧盟国家（法国、奥地利、荷兰、德国）向欧盟最高法院提出了请示，请求欧盟最高法院对关键词广告中涉及的商标法问题做出裁决，尤其是对商标指令第 5 条第 1 款和第 2 款中的“使用”这一概念作出解释。⑤ 欧洲有学者针对商标保护中的这一新问题进行了系统的阐述和深入的分析，并提出了自己的解决方案。⑥ 另外，还有学者从比较法的角度，对互联网拍卖门户网站的商标责任做了系统、深入的研究。⑦

---

① V. Ungern-Sternberg. Schlichte einseitige einwilligung und treuwidrig widersprüchliches verhalten des urheberberechtigten bei internetnutzungen. GRUR 2009：369.

② Büscher Müller. Urheberrechtliche fragestellungen des Audio-Video-Streamings. GRUR 2009：558.

③ Osterloh. Inhaltliche beschränkungen des nutzungsrechts an software. GRUR 2009：311.

④ Assaf. Der markenschutz und seine kulturelle Bedeutung-Ein vergleich des deutschen mit dem U. S. -amerikanischen Recht. GRUR Int 2009：1.

⑤ Ohly. Keyword-advertising auf dem weg von karlsruhe nach luxemburg，GRUR 2009：709.

⑥ Knaak. Keyword advertising - das aktuelle key - thema des Europäischen Markenrechts，GRUR Int 2009：551.

⑦ Lensing-kramer ruess markenrechtliche verantwortlichkeit von internet-auktionsportalen im rechtsvergleich-deutschland als vorbild für Europa? GRUR 2009：722.

三、知识产权滥用中的反垄断法问题

知识产权是一种独占权，而反垄断法实际上是反对垄断和独占，从这个角度来看，知识产权法与竞争法，尤其是与反垄断法之间似乎存在天然的冲突。当知识产权的排他效力构成滥用市场支配地位时，反垄断法会通过强制许可使用等措施来限制知识产权，保护自由竞争。有学者以欧盟最高法院和欧盟初审法院的“基础设施判决（Essential-facility-Rechtsprechung）”为例，通过厘定以反垄断法限制知识产权的具体构成要件，来划定知识产权法与反垄断法之间的界限。①

越来越多学术刊物通过互联网来进行营销，但奇怪的是，学术刊物对于研究者的可用性并未增加，而是降低了。有学者指出，之所以出现这种情况，是由于学术刊物提供商滥用知识产权的排他性支配地位，限制竞争，导致学术刊物价格大幅上涨。该学者主张，应当复兴著作权强制许可制度，恢复学术刊物提供商之间的竞争。②

软件营销越来越不依赖于碟片等有形物质载体，代之而起的是在线传输的方式。从物质化商品形式流通到无形数据流（信息流）形式在计算机网络上传播，这种转变使传统的权利用尽原则受到前所未有的挑战。因此，软件提供方往往在合同中约定限制购买方向第三人转售的条款。有学者指出，当事人之间的此种约定必须符合反垄断法的要求。③

尽管以反垄断为由限制知识产权的事例有逐渐上升的趋势，但欧洲专利法泰斗斯特劳斯（Straus）对于将专利申请认定为滥用市场支配地位的结论还是提出了质疑和批评。④

---

① Ensthaler Bock. Verhältnis zwischen kartellrecht und immaterialgüterrecht am beispiel der essential-facility-rechtsprechung von EuGH und EuG. GRUR 2009：1.

② Hilty. Renaissance der zwangslizenzen im urheberrecht? - gedanken zu ungereimtheiten auf der urheberrechtlichen wertschöpfungskette. GRUR 2009：633.

③ Eilmansberger. Immaterialgüterrechtliche und kartellrechtliche aspekte des handels mit gebrauchter software. GRUR 2009：1123.

④ Straus. Patentanmeldung als missbrauch der marktbeherrschenden stellung nach art. 82 EGV? GRUR Int 2009：93.

经 济 法 学

经济法作为公、私法融合的产物，是当今最具有活力的法律部门之一。爆发于2008年的金融危机为经济法学的研究提供了生动素材，依然成为2009年度经济法学界关注的热点，这些研究成果集中体现于金融监管、税制改革、反垄断法及劳动法制等方面。

一、金融监管：理念更新与规则再造

在这次金融危机爆发前的相当长时间内，美国奉行新自由主义，即放松金融管制，推行混业经营，其标志性事件就是以“私有化、市场化和自由化”为目标的所谓“华盛顿共识”。危机的发生引发了自由主义与管制主义的激烈争论，美国顶尖公共知识分子亦参与其中。① 政府应采纳弗里德曼的货币主义（保守主义）还是凯恩斯赤字刺激理念的自由主义应对?② 金融危机背景下，重新管制理论在目前已成为一种主流的并被各国政府作为管制政策所采纳的理论，但这并不意味着自由主义的彻底衰落，意识形态智识的博弈将会一直存续下去。

金融监管理念的更新呼唤着金融监管规则的再造。20世纪下半叶以降，美国金融监管制度一直都是发展中国家建设本国金融市场和金融监管体制的典范，但美国金融监管体制存在的监管重叠、监管疏漏和监管失控在本次金融危机中暴露无遗，其功能主义监管并未真正实现。③ 2009年3月23日美国公布了“金融稳定计划”（简称“盖特纳计划”）。6月17日，奥巴马政府公布了一份改革现行金融监管架构的计划，即《金融监管改革的新基石：重塑金融监控和监管》，内容包括：金融公司接受统一监管；提高金融市场规则和透明度；重树市场信心，创建消费者金融保护机构；让政府有途径管理金

---

① 2009年4月30日，英国牛津大学教授尼尔·弗格森与著名经济学家保罗·克鲁格曼就这一问题展开激烈争论。前者被《时代》周刊评为2004年“影响世界100人”之一，后者是2008年诺贝尔经济学奖获得者。

② 尼尔·弗格森. 货币崛起：金融如何影响世界历史. 高诚译，中信出版社，2009：167.

③ John C. Coffee. Jr. Enhancing investor protection and the regulation of securities markets. Congressional Testimony，2009（10）.

融危机；提高国际金融监管标准，促进国际性协调合作。这被认为是“大萧条”以来力度最大的金融监管改革方案。① 国际金融监管体制改革在2009年也迈出了关键性步伐，在4月初的G20峰会上，二十国集团为IMF改革设置了时间表。

理论研究方面，美国法经济学会主席、哈佛大学卢西恩·拜伯切克教授对“金融高管限薪令”、②“问题资产收购之纳税人最小成本”、③“公司合营竞争性基金直接向实体企业房贷破解萧条”④ 和“AIG是否太大不能倒”⑤ 等具体议题，提出了政策改革与建议。耶鲁大学Jonathan R. Macey对美国实体经济环境下的法律不适应金融虚拟经济的现状，以证券法上的“适宜性原则”为例，提出了助法追赶市场的法律改革路径。⑥ 美国芝加哥大学Richard Posner法官2009年出版新书《一次资本主义的失败：2008年危机和坠入萧条》对次贷危机进行了全面检视；⑦ 2008年诺贝尔经济学奖得主保罗·克鲁格曼于2009年出版了《萧条经济学的回归与2008年经济危机》一书，对美国的金融监管制度进行了批判性反思。⑧

二、法律的生命在于实施：功能主义视角下反垄断法的进展

反垄断法被认为是“经济自由的大宪章”，其研究在西方一直备受关注。2009年国外经济法学在研究反垄断法时，比较重视其在经济复苏中的角色与功用。例如，有学者认为反垄断法必须立足于时代前沿，在帮助政府恢复经济的过程中发挥先导作用，政府也应当加强反垄断法的实施力度，尤

① Treasury Dept. Financial regulatory reform: a new foundation: rebuilding financial supervision and regulation. June 2009 (17).

② Lucian Bebchuk. Congress gets punitive on executive pay. Wall Street Journal, 2009 (17). 另参见卢西恩·伯切克、杰西·弗里德. 无功受禄：审视美国高管薪酬制度. 法律出版社，2009.

③ Lucian Bebchuk. Jump-Starting the market for troubled assets: with the least cost to taxpayers. Forbes. com, 2009 (3).

④ Lucian Bebchuk. The PPIP: keep banks out. FinancialTimes. com, The Economists' Forum, 2009 (5).

⑤ Lucian Bebchuk. AIG still isn't too big to fail. Wall Street Journal, 2009 (20).

⑥ Jonathan R. Macey etc. Hhlping law catch up to markets: applying broker-dealer law to subprime mortgages. Journal of Corporation Law, 2009 (33).

⑦ Richard Posner. A failure of capitalism: the crisis of 08 and the descent into depression. Harvard University Press, 2009.

⑧ 保罗·克鲁格曼. 萧条经济学的回归和2008年经济危机. 刘波译，中信出版社，2009.

其要规制在企业合并时出现的垄断行为。① 还有学者认为，在经济困难时期减少反垄断法的实施并不能有助于经济复苏，作为美国反垄断法的执法机构，美国联邦贸易委员会应当像平时一样严格地执行反托拉斯法。② 人们还应该铭记这样一个历史事实：罗斯福在 1938 年向国会提交的反垄断咨文中第一次明确表示了通过反托拉斯法实现经济民主的设想，并任命瑟曼·阿诺德为反托拉斯司法部助理部长负责严厉打击全国范围内的卡特尔协议行为。③

在立法和司法实践方面，反垄断法在 2009 年可圈可点。④ 2 月，美国反垄断部门向负责监督微软 2002 年和解协议执行情况的法院提交了最新进度进展报告，对微软下一代操作系统 Windows 7 进行了反垄断审查。9 月，为了配合美国总统奥巴马提出的医疗改革方案，美国立法当局启动了金融反垄断适用于医疗保险的立法程序，金融反垄断制度成为医疗保险制度变革的新基调。12 月，美国联邦贸易委员会起诉英特尔违反反垄断法，可能成为自克林顿政府起诉微软以来的美国第一大反垄断案。2 月 6 日加拿大联邦政府通过决议，决定对加拿大竞争法进行重大修订，主要内容是加大惩罚力度和增强执法权力，这次修订被称为加拿大竞争法的新纪元。⑤ 欧盟委员会对美国微处理器巨头英特尔公司作出了违反欧盟竞争法规的裁决，并处以 10.6 亿欧元的罚款，刷新了欧盟对单一企业垄断行为的罚款纪录。韩国公平贸易委员会 7 月 23 日公布，美国移动通讯技术开发商高通公司违反了韩国反垄断法，被处以高达 2 600 亿韩元的罚款，这是有史以来韩国对在韩外资企业开出的数额最大的罚单，从中可以看出韩国反对外资垄断的决心。

三、财政法治与税制改革

政府间财政关系的法律调整是本年度财税法研究的一大亮点。有学者认为

① Christine A. Varney. Vigorous antitrust enforcement in this challenging era. Remarks as Prepared for the United States Chamber of Commerce, 2009 (12).

② J. Thomas Rosch. Implications of the financial meltdown for the FTC. Remarks as Prepared for New York Bar Association Annual Dinner, 2009 (29).

③ Carl Shapiro. Deputy assistant attorney general for economics antitrust division. Remarks as Prepared for Delivery ABA Antitrust Symposium: Competition as Public Policy, 2009 (13).

④ http://www.competitionlaw.cn/show.aspx? id=4583 (5027, 5212, 5007).

⑤ http://www.competitionbureau.gc.ca/eic/site/cb-bc.nsf/eng/home.

当前的经济危机对地方财政税收造成了严重冲击，应当充分发挥政府间财政转移支付的作用来解决地方政府的财政困局。① 在财政转移支付过程中，应当尊重地方政府的税收自治权。② 还有学者用实证的分析方法考察了比利时的财政制度，研究了财政联邦主义面临的挑战及其改革方向。③

实证主义的研究范式是本年度财税法研究的又一亮点。冰岛作为本次经济危机最大的受害国之一，其社会经济遭遇了前所未有的困难。有学者以此为背景，探讨了冰岛经济复苏的可能性，指出关键是让冰岛加入欧元区并推行强有力的财政刺激措施以配合国际货币基金组织的援助计划。④ 斯洛文尼亚于2004年加入欧盟并于2007年加入欧元区，近年来其推行的财政稳健政策引起了关注。有学者以斯洛文尼亚为范本，分析了其财政稳健性、养老金改革、政府支出的有效性和税收体系。⑤

税制改革方面，2009年5月4日，奥巴马推出一套国外税收改革方案，包括提高美国企业在国外投资收入税额，以及打击利用“避税天堂”逃税的行为。密歇根大学税法教授阿维·约纳对美国的公司与国际税收改革提出了长期、中期和短期三种具体化建议。⑥ 有学者研究了公司所得税导致的经济扭曲问题，认为经济扭曲源于公司所得收入在资本、劳动力之间的转换，税源分配与外商直接投资是导致经济扭曲的主要诱因。⑦

---

① Oliver Petzold. Taxes or grants: what revenue source for sub-central governments? available at www.oecd.org/eco/working-papers, No.706, 03-Jul-2009.

② Josette Rabesona. The fiscal autonomy of sub-central governments: an update. available at http://www.oecd.org/dataoecd/60/11/42982242.pdf, COM/CTPA/ECO/GOV/WP (2009) 9.

③ Willi Leibfritz. Fiscal federalism in Belgium: main challenges and considerations for reform. available at www.oecd.org/eco/working-papers, No.743, 14-Dec-2009.

④ Andrea De Micheles. Iceland: challenging times for monetary and fiscal policies. available at www.oecd.org/eco/surveys/Iceland, Economics department working papers No.726, 09-Oct-2009.

⑤ Pierre Beynet, Willi Leibfritz. Keeping slovenian public finances on a sustainable path. available at www.oecd.org/eco/surveys/Slovenina, Economics department working papers No.734, 12-Nov-2009.

⑥ Reuven S. Avi-Yonah. Corporate and international tax reform: Long-, Medium-, and Short Term Proposals. University of Michigan Law School, The John M. Olin Center for Law & Economics Working Papers, 2009: 106.

⑦ James R. Hines Jr., Lawrence H. Summers. Corporate income tax and economic distortions. European Union, 2009. How globalization affects tax design, available at http://www.nber.org/papers/w14644, January 2009.

此外，2009 年的国外经济法学在“避税天堂”①、关联企业转让定价②、税收与企业的社会责任③等方面都有丰硕的研究成果。

四、养老金投资、反歧视、劳动权保障与失业控制

劳动法是国家干预色彩最为浓厚的法律领域之一，其研究在国外尤其是西方国家较为深入。本次经济危机给养老金投资带来的冲击引起了学者的关注和深度研究。④ 在面临固定缴款养老金计划带来的投资风险时，公共养老金、老龄安全纯收益和税收体系发挥着稳定器的作用，⑤ 因此，更应该发挥养老基金“友好投资”的作用。⑥ 作为劳动法的核心词汇之一，歧视具有丰富的内涵，也表现出多元样态。经济危机导致失业率攀升，劳动歧视更为普遍。有学者以挪威为视角，就现有的反歧视立法框架提出了改善建议，如加强对雇主的经济激励，创办政府主导的顾问机构推进反歧视法律的实施等。⑦ 有学者探讨了“亲密歧视”并分析了政府在性别和爱情因素中的角色，认为政府通过塑造社会资本与关联优势从而在“亲密机会”的层级中起着重要作用。⑧ 作为人权的重要内容之一，劳动权具有独特的价值追求和权利秉性。⑨ 有人研究了公共团体在经济危机时对结构性失业的影响，指出政府应当积极干预劳动力市场，通

---

① James R. Hines Jr. Which countries become tax havens? Electronic copy available at http://ssrn.com/abstract=952721, May 2009.

② Alessandro Turina, Nicolo Zingales. Economic analysis and evaluation of “fair price”: Can antitrust and international taxation learn from each other? CLPE research paper 51/2009, Vol. 05 No. 2009 (10).

③ Reuven S. Avi-Yonah. Taxation, corporate social responsibility and the business enterprises. CLPE research paper 19/2009, Vol. 05 No. 2009 (3).

④ Beeferman Larry. Pension fund investment in infrastructure: a resource paper. Occasional papers, No. 2009 (3).

⑤ Edward Whitehouse. Investment risk and pensions: impact on individual retirement incomes and government budgets, OECD social. employment and migration working papers No. 87, 05-Jun-2009.

⑥ Hebb T., Beeferman L. US pension funds' labour-friendly investment. Journal of Comparative Social Welfare Vol. 25, Issue 2009 (2).

⑦ Thomas Liebig. Job for immigrants: Labour market integration in Norway. OECD social, employment and migration working papers No. 74, 17-Sep-2009.

⑧ Elizabeth F. Ements. Intimate discrimination: the state's role in the accidents of sex and love. Harvard Law Review, 2009 (122): 1307.

⑨ Bernard Elaine. The power to change things: labour rights as human rights. Our Times, 2009.

过适度的社会政策来减少结构性失业的滞后效应。①

诉 讼 法 学

2009年国外诉讼法学的研究进展与动向主要集中在民事诉讼法改革、刑事诉讼程序的完善、调解机制、程序原理与规则、错误定罪、恢复性司法和两大法系融合等多个方面，多角度地完善与发展了诉讼理念与程序。从整体而言，2009年国外诉讼法学的研究呈现出多元化、体系化与科学化等特点。

一、美国民事诉讼程序改革

自2007年12月1日新的美国《联邦民事诉讼规则》生效以来，民事诉讼程序改革成为全美理论和实务界最为热门的话题之一。2010年4月《丹佛法律评论》刊载了以民事诉讼改革为主题的一系列文章，对有关《联邦民事诉讼规则》修改的各方观点进行了梳理。以克里斯（Kourlis）法官为代表的实务工作者就联邦最高法院在伊克堡（Iqbal）诉特沃利（Twombly）一案的判决②提出："我们需要一个能够鼓励更多有意义的诉讼请求，并且使得这些诉讼请求得以有效解决的民事诉讼体系。换句话说，我们需要一个能够在诉讼提起伊始便能迅速缩小、聚焦争议点的程序。"③ 在美国实践和程序规则常设委员会（Standing Committee on Rules of Practice and Procedure）司法会议（Judicial Conference）④ 担任主席的法官罗森（Rosenthal）认为：

---

① Davide Furceri. How do institutions affect structural unemployment in times of crisis? OECD Economics Department working paper No. 730, 03-Nov-2009.

② 参见 Ashcorft V. Iqbal, 129 S. Ct. 1937, 1954, (2009).

③ Rebecca Love Kourlis, Jordan M. Singer, Natalie Knowlton. Reinvigorating pleadings. DENV. U. L. REV, 2010 (87): 245-246.

④ 按照美国的立法程序，首先由专门研究民法、刑法、破产法、上诉和举证规则的咨询委员会拟定规则。这些咨询委员会由参与法律事务的各界人士组成——法官、司法部官员、法学教授以及代表原告和被告的刑事和民事执照律师——由他们提出规则，征求公众意见，然后将规则提交到实践和程序规则常设委员会（Standing Committee on Rules of Practice and Procedure），由常设委员会呈交司法会议，再由司法会议提交到最高法院审批。某项规则一经最高法院批准，即被送交国会，除非国会在法定时限内明确地予以驳回，这项规则便正式生效。

"民事诉讼程序中的披露规则及法官对披露规则的控制乃是整个上诉程序改革的核心……诸多有关民事诉讼的研究和调研表明，规则与实务之间的背离使得律师越来越容易接触到地区法官，并且更多地参与到对披露规则的控制中来。"① 泰德玛（Tidmarsh）教授认为，在对民事诉讼的规则进行解读和设计时，我们必须要替换传统的思想——即每个个案都应最合乎其利益地得以解决。②

二、仲裁与调解制度

2008 年 12 月美国联邦第二巡回法院在生活收益基金（Life Receivables Trust）诉辛迪加（Syndicate）一案中③作出了判决，认定"《联邦仲裁法》第 7 条并没有赋予仲裁员在审前强制第三人进行文件披露的权力，只有在正式审理开始后，仲裁员才有权要求第三人进行文件披露"。这一案例引起了学者们对《联邦仲裁法》第 7 条的热议，其中纽约大学罗宾斯汀（Rubinstein）教授的文章④指出："过去的几十年间，第四与第八巡回法庭一直认定仲裁员有权在审前强制第三人对文件进行披露，而第三巡回法院却始终禁止这样做。不同上诉法院间对于此问题的分歧将一直持续下去，除非国会对《联邦仲裁规则》进行修订或者由最高法院对该问题予以明确。"伴随着近年来西方兴起的"调解热"，调解与法院裁决之间在理论上的区别开始得到学者们的重视，2009 年 4 月 3 日纽约福特汉姆（Fordham）大学法学院组织了有关此话题的专门研讨会，邀请全美知名学者对该问题进行探讨。

三、错误定罪问题

错误定罪问题的形成往往有着诸多方面的成因：如司法官员的错误认识、

---

① Lee H. Rosenthal. From rules to how lawyers litigate: twist the cup and the lip. DENV. U. L. REV., 2010 (87): 227、231.

② Jay Tidmarsh. Resolving cases "on merits". DENV. U. L. REV., 2010 (87): 407-428.

③ 参见 Life Receivables Trust v. Syndicate102 at Lloyd's of London, 549 F. 3d 210 (C. A. 2, Nov. 25, 2008)

④ Mitchell H. Rubinstein. Subpoena of arbitrators over third Party. New York Law Journal, 2009 (25).

虚假供述、错误法医报告、虚假证言、检察官不当行为、未达到排除合理怀疑的证明标准等。对于如何避免因检察官不当行为而导致错误定罪，美国霍夫斯特拉大学伯克（Burke）教授指出，检察官对有利于被告人的证据未尽到披露义务是出现错误定罪的重要原因之一，因此，应当审视并修正现行的法律以及司法解释，强化被告人在证据开示中的宪法性权利。① 美国圣地亚哥大学泽克里斯（Zacharias）教授则分析了当前纪律处罚检察官不当行为的局限性，指出应当建立更为有力的内部监管和其他监督程序，包括目前仍被检察官免责规则所排除的追究民事责任等。②

四、恢复性司法

在过去的一年中，关于恢复性司法的探讨继续深入展开。有学者从被害人的角度对恢复性司法进行了研究，认为当前立法存在诸多限制性因素，使得被害人不愿或者无法参与到调解程序中来。③ 另有学者从历史沿革、注释法、比较法以及实务运用等方面对恢复性司法中的调解程序进行了系统梳理。④ 还有学者针对调解程序中的律师帮助不足问题进行了探讨，指出司法实务中应当重视当事人在调解程序中对律师的需求。⑤ 当然，对于恢复性司法的批评亦在持续。尽管面临着一些反对和质疑，恢复性司法依然代表着当代刑事司法发展的方向并在世界许多国家进行着越来越多的实验和试点，这些实践取得了很大的成功，特别在未成年人司法方面效果显著。

五、其他进展

在英国，伍尔夫（Woolf）勋爵倡导的民事诉讼法改革业已历经十年实践

① Alafair S. Burke. Revising prosecutorial disclosure. Indiana Law Journal, 2009.

② Fred C. Zacharias, Bruce A. Green. The duty to avoid wrongful convictions: a thought experiment in the regulation of prosecutors. Boston University Law Review, 2009.

③ Matthew Dickman. Should crime pay? a critical assessment of the mandatory victims restitution act of 1996. California Law Review, 2009.

④ Richard M. Calkins. Mediation: the radical change from courtroom to conference table. Drake Law Review, 2010.

⑤ Jean R. Sternlight. Lawyerless dispute resolution: rethinking a paradigm. Fordham Urban Law Journal, 2010.

洗礼，此次改革的实践效果成为2009年学界热议的话题。相关数据表明伍尔夫改革的几个重大目标似乎未尽人意，学者们列举了伦敦中部调剂计划参与率，高等法院承接案件率，2008年至2009年的快速、多轨道案件听证率等多项指标来作为论据。① 伦敦政治经济学院的教授桑德尔（Zander）教授指出："十年来的相关数据已经表明伍尔夫改革并未达到预期效果，甚至可以说产生了反效果……鉴于此，该项改革的主张应当不再获得支持。"②

1998年民事诉讼改革的效果一直是日本学术界探讨的热门话题。谷口平安教授认为，根据相关机构收集的改革前后的数据表明，1998年生效的新民事诉讼法从各个方面来说都是成功的，在由日本法社会学2009年5月东京举行的研讨会上，学界和实务界充分肯定了改革的成果——一个更为有效的民事诉讼体系。③ 在刑事诉讼领域，2004年通过的《陪审团法》于2009年5月21日开始实行，根据该法在重罪案件将由6名普通公民组成的陪审团和3名职业法官共同审理，同时新的证据开示制度也被随即引入。京都大学土井政和教授认为公众参与有可能引发对死刑的热议，同时也有助于增强刑事诉讼的透明度。然而，民众对此项改革却并不热情，仅有30%的受访者表示他们愿意担任陪审员，40%的表示会非自愿参与，而有11%的人则对此持否定态度。④

2008年和2009年是德国仲裁发展的重要年份，秉承1998年德国仲裁法的现代化理念，历经十年实践，该法已获得了较大成功，它的灵活性在兼顾避免削弱程序的同时节省了当事人的诉讼成本，州法院的极少干预也极大地支持了德国在越来越多的欧盟仲裁中被选择为仲裁地。⑤

瑞士在2009年3月20日通过了新的《统一民事诉讼法典》，该法典将于2011年1月1日生效，由于历史原因，瑞士的26个州分别受德国法和法国法的影响，加之瑞士联邦法院制定的若干不成文的民事程序法规则，使得瑞士民事诉讼法面临着极大的不确定性。该法的通过将结束目前瑞士在民事诉讼领域

---

① Ten facts ten years after the Woolf reforms, Dispute Resolution News, Posted On: 3 Feb 2010, available at http://www.clarkslegal.com/Article/498/Ten%20facts%20ten%20years%20after%20the%20Woolf%20reforms; Dwyer Deirdre, Civil Procedure Rules Ten Years On, Oxford University Press, 2009.

② Michael Zander QC. More harm than good? Professor Michael Zander QC reflects on 10 years of the Woolf Reforms. New Law Journal, 2009 (1): 159.

③ http://www.iapl2009.org/documents/2bYasuheiTaniguchi.pdf.

④ http://home.kyodo.co.jp/modules/wordpress/? p=110.

⑤ Daniel Busse, Robert Hunter. The European & middle Eastern Arbitration Review 2010, Ch 3. available at http://www.globalarbitrationreview.com/reviews/22/sections/82/chapters/835/germany.

各自为政的局面，有效实现民事诉讼的简洁和效率。①

环境法学

2009年，全球范围内因人为和自然原因导致的环境灾难事件频发，地震、森林火灾、洪水、沙暴、水资源的污染与枯竭、大气烟尘、极端天气现象等环境问题无一不对人们正常的生产生活带来严重困扰。无论是发达国家还是发展中国家，都普遍认识到只有共同努力，确实采取积极措施减少温室气体排放，才可能避免伴随极端气候而发生的环境问题带来的沉重经济损失。如何运用环境政策与法律应对气候变化对人类生存和发展提出的挑战，是2009年环境法学界最为关心的话题。宏观上看，可以对围绕气候变化问题展开的研究议题作以下划分。

一、气候变化对国内政策的影响

气候变化对国内环境政策的影响。如何确保本国在全球减排温室气体谈判中的优势地位或者主导权，是不少美国研究者热心关注的问题。② 气候变化对权力机关和环境管理机关职能的影响。具体而言，联邦环保局（EPA）和国会应该如何调整其职能，才能合理应对气候变化带来的诸多新问题。

二、气候变化政策对现有环境法制的影响

作为奠定美国当代环境法制建设基础的一部重要立法，1969年美国《国家环境政策法》（NEPA）在确立环境保护的根本制度、宣示国家环境政策以更新和统一美国政府和国民的发展观起到了重大作用。气候变化背景下对这部

① Sandrine Giroud. The Unified Swiss code of civil procedure: a major development in Swiss litigation. available at http://www.lalive.ch/e/publications/index.php? area=134 & author=& year=2010.

② David B. Hunter. International climate negotiation: opportunities and challenges for the Obama Administration. Duke Envtl. L. & Pol'y 2009 (19): 247. 另见 Keith Bartholomew. Cities and accessibility: the potential for carbon reductions and the need for national leadship. Fordham Urb. L. J. 2009 (36): 159.

重要立法有关条款的修订问题,[①] 以及最初由该法确定的环境影响评价制度也是学者关注的热点。[②] 在国内立法方面，美国的气候变化安全法案（The Climate Security Act，CSA）的合法性的问题也受到学者的质疑。[③] 此外，与气候有关的环境公益诉讼中诉权的问题受到了发达国家和发展中国家研究者的共同关注。[④] 气候变化政策对国际贸易主要是 WTO 规定产生的影响等也是重要的研究课题。[⑤]

三、气候变化立法的基本理念与原则

丹麦首都哥本哈根举行的《联合国气候变化框架公约》（UNFCCC）第十五次缔约方大会暨《京都议定书》缔约方第五次大会上，发达国家企图取消《京都议定书》、另起炉灶，违反了透明与公开的原则，破坏了有关“共同但有区别的责任”原则，引起了中国等广大发展中国家的不满。这也凸显了在后京都议定书时代，注重对指导和协调各国气候变化政策的基本原则问题展开深入研究的重要性。在全球共同应对气候变化的努力中，可持续发展原则作为一项基石性的指导原则又被赋予了新的内涵。除了“共同但有区别的责任”，清洁发展机制在发展中国家特别是在中国的运用吸引了西方研究者的目光。[⑥]

---

① Irma S. Russell. Streamlining NEAP to combat global climate change: heresy or necessity? Envtl. L., 2009 (39): 1143: CONOR O'BRIEN, I wish they all could be California environmental quality acts: rethinking NEPA in light of climate change. B. C. Envtl. Aff. L. Rev. 2009 (36): 239.

② Carrie Lowry La Seur, Adam D. K. Abelkop. Forty years after NEPA's enactment, it is time for a comprehensive farm bill environmental impact statement. Harv. L. & Pol'y Rev., 2009 (4): 201.

③ Jasper L. Ozbirn. The climate security act of 2008 and other carbon-based trade restrictions: are they legal under international law? Loy. Int'l L. Rev., 2009 (7): 53.

④ Victor B. Flatt. paving the legal path for carbon sequestration from coal. Duke Envtl. L. & Pol'y F., 2009 (19): 211: Megha Shah. Grassroots enforcement of EISA: the need for a citizen suit provision in the energy independence and security act of 2007. Colin Crawford. Rainforests and regulation: new directions in Brazilian environmental law and legal institutions: defending "public interest". Geo. Wash. Int'l L. Rev., 2009 (40): 619; Reisinger, Will, etc. Environmental enforcement and the limits of cooperative federalism: will courts allow citizen suits to pick up the slack? Duke Envtl. L. & Pol'y F., 2009 (20): 1.

⑤ Dominic A. Gentile. International trade and the environment: what is the role of WTO. Fordham Envtl. Law Rev., 2009 (20): 197.

⑥ 2009 年芝加哥 Loyola University《国际环境法评论》举办了题为“International Environmental Law: Concerns and Solutions for Corporations and Practitioners”的研讨会，对上述问题均有探讨。

四、气候变化背景下传统污染防治与生态保护领域的发展

包括垃圾处理政策的发展；水资源保护和污水处理立法的发展；在二氧化碳已被作为大气污染物、其排放已被视为非法的条件下，关于修订《清洁空气法》的争议较为激烈。濒危动物保护的法律问题，重点讨论了美国濒危物种保护立法的修改，其中较有争议的是濒危动物名单修改的问题。同时，海洋濒危动物如灰鲸的法律保护也颇受关注。① 气候变化条件下自然景观保护和发展绿色建筑的问题也受到研究者们的重视。海洋珊瑚礁受污染死亡、退化的现象日益严重，海洋石油污染事故屡屡发生，也更加唤起了研究者们对海洋环境保护的紧迫感。保护作为重要的碳汇存储地——森林的任务依然十分严峻。另外，城市立法与气候变化问题也受到关注。

五、应对气候变化过程中人权的保护

全球变暖导致生态灾害频发，弱势群体的生存、发展空间更加狭窄。生态难民的权利应该如何保障，引起了诸多研究者的重视。② 同时，生物柴油技术的推广和产业化对延缓气候变化而言本是一项积极的举措，但其造成的威胁同样受人瞩目。同时，发达国家长期以来输出污染、哄抬资源价格造成发展中国家掠夺性开采本国资源的问题，也引起了发展中国家的

① Valerie Hickey. Reauthorizing the endangered species act in favor of wildlife and wild Lands: an inevitable result of narrative changes in twenty-first century America?, J. Envtl. L. & Litig., 2009 (24): 423; Natalie Klein. Whales and tuna: the past and future of litigation between Australia and Japan, Geo. Int'l Envtl. L. Rev., 2009 (21): 143; Marjorie Mulhall. Saving the rainforests of the sea: an analysis of international effort to conserve coral reefs. Duke Envtl. L. & Pol'y F., 2009 (19): 321.

② 2009年3月，《哈佛大学法学评论》受 Milbank, Tweed, Hadley & McCloy 基金的赞助，主办了题为“Climate Change and Global Justice: Crafting Fair Solutions for Nations and Peoples”的研讨会。Siobhan McInerney-Lankford. Climate change and human rights: an introduction to legal issues, Harv. Envtl. L. Rev., 2009 (33): 431; John H. Knox, Linking human rights ans climate chance at the United Nations, Harv. Envtl. L. Rev., 2009 (33): 477.

警惕。代际公平问题重新受到审视。[①] 相邻国家和区域之间水资源分配、云层水资源分配、[②] 国际河流水资源的公平分配问题，都和人权保护的问题密切相关。

六、应对气候变化的重要法律与政策工具——环境税

环境税，或称碳税、绿色税，是 20 世纪末在国际税收学界兴起的概念。经济合作与发展组织（OECD）、欧盟委员会（EU）、国际能源组织（IEA）的相关文件中，将环境税称为"与环境相关的税收"（environmentally related taxes）。[③] 环境税通过将环境污染和生态破坏的社会成本内化到生产成本和市场价格中，通过市场机制影响污染企业的税收负担，迫使企业重新评估自己的资源配置效率，从而降低污染对环境的破坏。

20 世纪 90 年代中期至今，有关环境税的立法在各国得到了快速发展。[④] 在北欧的丹麦、芬兰、荷兰、挪威、波兰和瑞典等国，碳税得到了普遍认可。这些国家陆续通过调整环境税税种或税率实施了综合的环境税制改革。[⑤]

有关环境税税种、税基设置及其对国际国内政治、经济等领域影响等问题长期存在争议。在美国，在借助总量控制和排放交易等手段控制全球变暖的同时，其通过征收碳税主导全球气候变化政策进而攫取利益的努力从未停止。2009 年 6 月 26 日，美国众议院通过了《美国清洁能源安全法案》，该法案提

① Trevor R. Updegraff, Morals on Stilts: Assessing the value of intergenerational environmental ethics, COLO. J. INT'L ENVTL. L. & POL'Y, 2009 (20): 367; Matthew D. Adle. Does the earth belong to the living? Property and environmental law perspectives on the rights of future generations: a prioritarian view. Geo. Wash. L. Rev, 2009 (77): 1478.

② Tarek Majzoub. "Cloud busters",: reflections on the right to water in clouds and a search for international law rules, COLO. J. INT'L ENVTL. L. & POL'Y, 2009 (20): 32.

③ OECD, The political economy of environmentally related taxes, Paris: OECD Publishing, 2006, available at http://www.oecd.org/dataoecd/27/23/36966499.pdf.

④ 据统计，截至 2006 年，OECD 成员国到目前共推出了如二氧化硫税、水污染税、噪声税、固体废物税和垃圾税等 375 种环境税种。参见 OECD, The political economy of environmentally related taxes, Paris: OECD Publishing, 2006: 26.

⑤ 有关欧盟成员国环境税调整的详细数据，可参见欧盟委员会环境税数据库"Taxes in Europe" database。2009 年有关欧盟各成员国环境税数据的检索情况参见：http://ec.europa.eu/taxation_customs/taxinv/search.do.

出要对出口到美国的他国产品和服务征收碳税。① 碳税应该如何设计，以及碳税的实施可能对国内、国际贸易规则产生的影响也是此类研究共同关注的论题，2009 年《哈佛大学环境法评论》刊发的研究论文《碳税的设计》一文具有代表性。②

在日本，从环境厅时代开始，政府设立的环境税研究机构研究设立碳税的问题。2009 年日本主要政党和社会各界已经对环境税的改革对国内产业、家庭负担、税收用途和暂定税率废止问题展开了广泛的讨论。其中以日本环境省 2008 年 11 月发表的《环境税案》和 2009 年 11 月发表的《地球温暖化对策税案》③ 最具影响力，它主导了日本环境税改革的方向，提出通过课征碳税促进实现 25% 减排目标。④

七、其他

另外，伴随着全球资源日益匮乏、资源价格不断上涨，核能、风能、生物质能及其他清洁能源开发利用成为各国环境法研究者共同关注的问题。发展低碳经济，研究建立碳标签（Carbon Label）⑤、碳信用制度（Carbon Credit）、财政措施（Financial Mechanism）、碳交易（Carbon Trading）、碳捕获和碳储存（Carbon Capture and Storage/CCS）、生物碳（Biochar）等技术措施缓和气候变化的影响，以及在全球变暖条件下做好生物多样性保护工作等问题都是 2009 年海外环境法学者关注的热点，在此就不一一展开。

---

① 在两届国会立法案中，曾多次提出过有关碳税设计的构想，但是由于设计尚比较粗略，最终并未交付立法机关讨论。在第 110 届国会任内，美国众议院曾经两次提出过相关法案。分别见：Save Our Climate Act of 2007，H. R. 2069，110th Cong. 2007；America's Energy Security Trust Fund Act of 2007，H. R. 3416，110th Cong. 2007；第 111 届国会任内，众议院第 3416 号法案已经提交议会讨论。见 America's Energy Security Trust Fund Act of 2009，H. R. 1337，111th Cong. 2009.

② 该文对碳税设计中三个核心方面：税率（tax rate）、税基（tax base）及其对国际贸易的影响（international trade concerns）做了细致的探讨。参见 Gilbert E. Metcalf，David Weisbach. The design of Carbon Tax，33 Harv. Envtl. L. Rev.，pp. 499-607.

③ 日本环境省资料. 環境税の具体案. 2004，11（5）. 资料来源于 http://www. env. go. jp/policy/tax/041105/all. pdf.

④ 日本环境省资料. 平成 22 年度環境省税制改正要望の概要. 2009，10（30）. 资料来源于 http://www. env. go. jp/press/file_view. php? serial = 14471 & hou_id = 11719.

⑤ 2009 年 4 月 23 日，美国 Lewis & Clark College 法学院举行了题为："Greening the Grid：Building a Legal Framework for Carbon Neutrality" 的环境法研讨会，就碳审计、碳交易等问题展开研讨。http://www. lclark. edu/law/programs/environmental_and_natural_resources_law/greening_the_grid. php.

国际公法学

2009年国外国际公法研究主要有三大特点：一是范围广，包括国际法基本理论问题、国际法上的国家①、国际法上的个人②、国际人权法③、海洋法④、空间法⑤、国际组织法⑥、国际争端法⑦以及国际刑法等领域；二是成

---

① Sarah Miller. Revisiting extraterritorial jurisdiction: a territorial justification for extraterritorial jurisdiction under the European convention. European Journal of International Law, 2009 (20).

② Martin A. Schain. The state strike back: immigration policy in the European Unon. European Journal of International Law, 2009 (20).

③ Marc Weller. Settling self-determination conflicts: recent developments. European Journal of International Law, 2009 (20); Roda Mushkat. Incomplete internalization and compliance with human rights law: a reply to Ryan Goodman and Derek Jinks. European Journal of International Law, 2009 (20); Ryan Goodman and Derek Jinks. Incomplete Internalization and compliance with human rights law: a rejoinder to Roda Mushkat. European Journal of International Law, 2009 (20); Mac Darrow and Louise Arbour. The pillar of glass: human rights in the development operations of the United Nations. American Journal of International Law, 2009 (103).

④ Tullio Treves. Piracy, law of the sea, and use of force: development of the coast of Somalia, European Journal of International Law, 2009 (20).

⑤ Peter A. Dutton, Caelum Liberum. Air defense identification zones outside sovereign airspace. American Journal of International Law, 2009 (103).

⑥ Pasquale De Sena, Maria Chiara Vitucci. The European courts and the security council: between dedoublement fonctionnel and balancing of values. American Journal of International Law, 2009 (103); Erika de Wet, The governance of kosovo: security council resolution 1244 and the establishment and functioning of EULEX. American Journal of International Law, 2009 (103); Jacob Katz Cogan. Representation and power in international organization: the operational constitution and its critics. American Journal of International Law, 2009 (103); Galit A. Sarfaty. Why culture matters in international institutions: the marginality of human rights at the World Bank. American Journal of International Law, 2009 (103).

⑦ Yuval Shany. No longer a weak department of power? reflections on the emergence of a new international judiciary. European Journal of International Law, 2009 (20); Yehuda Z. Blum. Consistently inconsistent: the international court of justice and the former yugoslavia. American Journal of International Law, 2009 (103).

果丰硕，出版了为数众多的著作[1]和论文；三是重点突出，主要集中在国际法基本理论和国际刑法等。

一、国际法基本理论问题

在国际法基本理论方面，欧美国际法学界主要讨论了国际法的政治学、“保护的责任”等问题。

（一）国际法的政治学

芬兰赫尔辛基大学国际法教授科斯肯涅米（Martti Koskenniemi）在《欧洲国际法杂志》2009年第1期发表了题为《国际法的政治学——20年过后》的文章。该文主要回顾了科斯肯涅米自1990年在《欧洲国际法杂志》上发表《国际法的政治学》的文章后他的思想的一些变化，这些变化主要集中在从法律论据的模糊到国际组织的结构性偏见。之后，他还讨论了政治学的定义等。[2] 拉夫乔（Rebecca LaForgia）在《欧洲国际法杂志》2009年第4期对科斯肯涅米的文章作出了回应。[3]

其实，国际法与国际政治的关系是个老问题，在现代国际法的发展过程

---

① Guenael Mettraux. The law of command responsibility. Oxford University Press, 2009; Jan Klabbers. Treaty conflict and the European Union. Cambridge University Press, 2009; Walter Kalin, Jorg Kunzli. The law of international human rights protection. Oxford University Press, 2009; Francois du Bois, Antje du Bois-Pedain (eds). Justice and reconciliation in post- apartheid south Africa. Cambridge University Press, 2009; Mark A. pollack and Gregory C. Shaffer. When cooperation fails: the international law and politics of genetically modified foods. Oxford University Press, 2009; David Vine. Island of shame: the secret history of the U. S. military base on Diego Garcia. Princeton University, 2009; Simon Chesterman, Chia Lehnardt (eds). From mercenaries to market: the rise and regulation of private military companies. Oxford University Press, 2009; William Binchy (ed.). Timor-leste: challenges for justice and human rights in the shadow of the past. Clarus Press, 2009; Robert Dunbar, Kristin Henrard (eds). Synergies in minority protection: European and international law perspectives. Cambridge University Press, 2009; Menno T. Kamminga, Martin Scheinin (eds). The impact of human rights law on general international law. Oxford University Press, 2009; Malcolm Langford. Social rights jurisprudence emerging trends in international and comparative law. Cambridge University Press, 2009; Helen M. Stacy. Human rights for the 21st Century. Stanford University Press 2009; Sienho Yee and Jacques - Yyan Morin (eds). Multiculturalism and international law: essays in honour of edward McWhinney. Martinus Nijhoff Publishers, 2009.

② Martti Koskenniemi. The politics of international law—twenty years later. European Journal of International Law, 2009 (20).

③ Rebecca LaForgia. The politics of international law—twenty years later: a reply to martti koskenniemi. European Journal of International Law, 2009 (20).

中，不少论著都涉及这一问题。国际法和国际政治之间的关系，是一种相互强化和相互渗透的关系。事实上，国际法在国际政治中的作用是无可否认的。尽管国际社会是一种横向的“平行式”社会系统，不存在任何超越主权国家之上的国际权威。然而，国际社会又表现出一定的有序性。这既是由于主权国家之间的相互制约，又是由于国际社会存在一定的法律规范。因此，任何国际政治主体的行为都不是绝对地没有限制的，而是要受到国际法律规范的约束和其他国际政治主体的制约。国际法既然是主权国家间为协调彼此之间的相互关系而达成的国家间的协议，那么，国际法一经确立，甚至在其确立的过程中，就对国家间的相互关系包括国际政治关系起着重要的影响，并成为国际政治研究的一个重要内容。

（二）“保护的责任”问题

自从 2001 年 12 月“干预和国家主权国际委员会”（the International Commission on Intervention and State Sovereignty）推出《保护的责任》（the Responsibility to Protect）的报告以后，国际社会对“保护的责任”问题的争论非常激烈。2009 年，《欧洲国际法杂志》第 3 期刊登了一组文章，从《保护的责任》报告分析入手，专门讨论了人道主义干涉与国家主权的关系。彼特斯（Anne Peters）在《人道作为主权的甲与欧米茄》一文中指出：“国家主权不但受人权的限制，而且应被看成仅仅是因人道的功能而存在。”“正在进行中的主权人道化进程是目前国际法向以个人为中心转变的基石。”① 另外，怀特（Emily Kidd White）、司卫瑟（Catherine E. Sweetser）、党楼（Emma Dunlop）以及卡普（Amrita Kapur）等学者都撰文对彼特斯的观点进行了缕析和回应。②

当然，国家主权不仅是一种权利，而且是一种义务或责任。作为责任的主权意味着：对外是尊重别国的主权；对内是尊重国内所有人的尊严和基本权利，保护本国人民免遭屠杀、种族清洗和饥饿等严重伤害。从某种意义上说，作为责任的主权已成为良好的国际公民权利的最起码的内容。在国际人权公约中，在联合国的实践中以及在国家本身的实践中，作为责任的主权已日益得到广泛的承认。“保护的责任”是全球治理理论的一种反映。

---

① Anne Peters. Humanity as the a and omega of sovereignty. European Journal of International Law, 2009 (20).

② Emily Kidd White. Humanity as the a and omega of sovereignty: four replies to Anne Peters; Catherine E. Sweetser. Humanity as the a and omega of sovereignty: four replies to Anne Peters; Emma Dunlop. Humanity as the a and omega of sovereignty: four replies to Anne Peters; Amrita Kapur. Humanity as the a and omega of sovereignty: four replies to Anne Peters; all in European Journal of International Law, 2009 (20).

此外，欧美国际法学界在国际法基本理论方面还讨论了“国际法的普遍性”①、“国际法的解释”②、“国际法的软法性质”③ 以及“国际法委员会的编纂工作”等问题。

二、国际刑法

（一）侵略罪的编纂

为2010年“《国际刑事法院规约》乌干达审议大会”做准备，2009年2月9—13日，《国际刑事法院规约》缔约国大会第七次会议成立了“国际刑事法院关于侵略罪特别工作组”（The International Criminal Court's Special Working Group on the Crime of Aggression）。《欧洲国际法杂志》2009年第4期则专门开辟了“侵略罪的编纂”专栏。克拉克（Rogers Clark）在文章中分析了编纂侵略罪的困难④；包拉斯（Andreas Paulus）批评了侵略罪特别工作组的编纂方案，认为目前编纂侵略罪的时机尚不成熟⑤；科瑞（Claus Kreb）认为，目前尚无合适的理由反对国际刑事法院对侵略罪行使管辖权，因为它已成为国际习惯法的一部分⑥；墨菲（Sean D. Murphy）则指出，《国际刑事法院规约》关于侵略罪的修订草案并不很成功，并对侵略罪定义合法性的前景表示了疑虑。⑦

---

① Bruno Simma. Universality of international law from the perspective of a practitioner. European Journal of International Law, 2009 (20).

② Basak Cali. On interpretivism and international law. European Journal of International Law, 2009 (20).

③ Anthony D'Amato. Softness in international law: a self-serving quest for new legal materials: a reply to Jean d'Aspremont. European Journal of International Law, 2009 (20); Jean d'Aspremont. Softness in international law: a self-serving quest for new legal materials: a reply to Tony D'Amato. European Journal of International Law, 2009 (20).

④ Rogers Clark. Negotiating provisions defining the crime of aggression, its elements and the codition for ICC exercise of jurisdiction over it. European Journal of International Law, 2009 (20).

⑤ Andreas Paulus. Second thoughts on the crime of aggression. European Journal of International Law, 2009 (20).

⑥ Claus Kreb. Time for decision: some thoughts on the immediate future of the crime of aggression: A reply to Andreas Paulus. European Journal of International Law, 2009 (20).

⑦ Sean D. Murphy. Aggression, legitimacy and the international criminal court. European Journal of International Law, 2009 (20).

（二）《灭种罪公约》

《欧洲国际法杂志》2009 年第 4 期还登载了一组关于《灭种罪公约》的纪念文章。吴德加（Ana Filipa Vrdoljak）专门论述了劳特派特和乐蒙肯（Lemkin）在人权法和《灭种罪公约》方面对当代国际法的贡献①；西亚平（Sergey Sayapin）指出，乐蒙肯教授是《灭种罪公约》的发起人；② 阿桑肯（Amabelle C. Asuncion）则认为，在法律方面应作出适当的调整，以便使阻止灭种罪的行为回到正确的轨道上来。③

此外，在国际刑法的研究方面，欧美国际法学界还涉及国际刑法基本理论④、武装冲突中公民的拘留⑤、使用武力打击恐怖主义⑥以及前南国际刑庭⑦等问题。

国际私法学

2009 年国外国际私法研究具有如下一些明显的特色：（1）欧盟与美国的国际私法问题依然是研究的重点。在 Symeon C. Symeonides 教授所收集的 2008—2009 年英语国际私法资料中，欧盟的相关专著有 16 部，文章则有 36 篇，且大多集中于罗马条例Ⅰ 和Ⅱ⑧，而关于婚姻法律适用的罗马条例Ⅲ虽

---

① Ana Filipa Vrdoljak. Human rights and genocide: the work of lauterpacht and lemkin in modern international law. European Journal of International Law, 2009 (20).

② Sergey Sayapin. Raphael lemkin: a tribute. European Journal of International Law, 2009 (20).

③ Amabelle C. Asuncion. Pulling the stops on genocide: the state or the individual? European Journal of International Law, 2009 (20).

④ Kenneth Anderson. The rise of international criminal Law: intended and unintended consequences. European Journal of International Law, 2009 (20).

⑤ Ryan Goodman. The detention of civilians in armed Conflict. American Journal of International Law, 2009 (103).

⑥ Christian J. Tams. The use of force against terrorists. European Journal of International Law, 2009 (20).

⑦ Janine Natalya Clark. Plea bargaining at the ICTY: guilty pleas and reconciliation. European Journal of International Law, 2009 (20).

⑧ 即《罗马条例Ⅰ》——Regulation of the European Parliament and of the Council on the Law Applicable to Contractual Obligations (Rome Ⅰ)；《罗马条例Ⅱ》——Council Regulation 864/2007 of the European Parliament and the Council of 11 July 2007 on the Law Applicable to Non-Contractual Obligations (Rome Ⅱ).

没有出台，也为学者们所关注。[①] 美国的国际私法研究成果则更多，在国际民事诉讼、仲裁以及冲突法问题上都有著作和文章问世。[②]（2）国际私法组织如海牙国际私法会议、联合国国际贸易法委员会、国际统一私法协会（UNIDROIT）的法律文件受到了越来越多的关注，例如，关于海牙国际私法会议的有关公约，在前述 Symeonides 教授的文章中就至少有 15 篇论文进行了讨论。（3）近年来，关于非洲国际私法的发展也日渐受到关注，[③] 而前几年作为热点的电子商务的国际私法问题则鲜有讨论。

一、国际私法上的角色变迁：欧盟与美国

《欧洲共同体条约》及其后的法律文件，在过去的 50 年内已经改变了欧洲国际私法的发展路径。在《阿姆斯特丹条约》以前，尽管欧共体各机构没有制定国际私法的权力，但在欧共体内依旧制订了大量的国际私法条约。[④]《阿姆斯特丹条约》改变了这种状况，使国际私法立法成为欧盟的一个重要的内部权力范围。[⑤] 尽管在之后的立法中，欧盟为技术层面的问题付出了较高的代价，但其仍旧是欧盟国际私法发展的一个里程碑。[⑥] 而《里斯本条约》则使国际私法事务无论在内部还是在外部上都是其行使权力的重要领域之一。[⑦] 随着欧盟联邦体制的发展，欧盟在国际私法立法权力上呈现明显的中央化趋势。因此，过去十年欧盟国际私法的立法，得到了前所未有的发展。送达、取证、管辖权、判决的承认与执行都已经有了最新的规定，而三个罗马条例的起草更

① N. A. Baarsma. European choice of law on divorce (Rome Ⅲ): Where did it go wrong? Nederl. Int'l PrvR., 2009 (27).

② Symeon C. Symeonides. Private international law bibliography 2008－2009: U.S. and foreign sources in English, Am. J. Comp. L., 2009 (58): 307.

③ Richard Frimpong Oppong. Private international law in Africa: the past, present, and future. Am. J. Comp. L., 2007 (55): 677; Oppong (R. F.). A decade of private international law in African courts 1997—2007 (Part Ⅱ), Ybk. Priv. Int'l L., 2008 (10): 367.

④ 如 1968 年 9 月 27 日订于布鲁塞尔的《关于民商事案件管辖权及判决执行的公约》和 1980 年订于罗马的《合同义务的法律适用公约》等。

⑤ Aude Fiorini. The evolution of European private international law. Int'l & Comp. L.Q., 2008 (57): 969.

⑥ U. Drobnig. European private international law after the treaty of amsterdam—perspectives for the next decade. The King's College Law Journal, 2000 (11): 201.

⑦ P. Craig. The treaty of lisbon, architecture and substance. European Law Review, 2008: 137－166.

是引起了全球国际私法学界前所未有的关注。①

在美国，由于国际私法立法属于各州的权力范畴，其相关国际私法立法模式是分散型的。匹兹堡大学的 Brand 教授通过总结 2008 年国际私法领域的十件事情指出，《罗马条例Ⅰ》、《罗马条例Ⅱ》以及欧洲法院和各成员国法院在适用《民商事管辖权及判决承认与执行条例》的司法决定，非常清晰地显示了在国际私法立法权力方面，正在从各成员国向欧共体转移。而在美国，联邦最高法院在 Medellín 案②中的决定，统一州法委员会在起草统一的法律以实施海牙选择法院公约所遇到的障碍，都说明美国无论在多边层面，还是在内部的法律实施上，相关执行机构的能力日渐弱化。这可能降低美国在全球国际私法发展的地位。另外，欧盟晚近国际私法和相关案例的发展更加注重民法的传统，其新近的成文立法常常是各国立法移植和借鉴的参考。而 2007 年 3 月 3 日欧盟正式成为海牙国际私法会议的成员方，无疑使其在多边国际私法立法的协商中发挥重要的作用。欧盟的吸引力和美国的离心力形成了鲜明的对比。③

二、国际私法组织的法律文件：软法与硬法

国际私法的发展与海牙国际私法、联合国国际贸易法委员会、国际统一私法协会的推动密切相关。它们制定的法律文件既包括实体法也包括程序法。为了实现统一化的目标，国际社会采取了不同的模式，如公约、议定书、示范法和示范规则、通则、立法指南等，不一而足。④ 硬法与软法同时兼备，但恰恰也是争议点之一。而最大的反对声音则是，这些国际组织应该把来自成员国的有限资源放在硬法性国际法律文件的制定上，而不是放在那些没有约束力的法律文件上。⑤

1. 海牙国际私法会议主要以制定条约等硬法规范为主。2009 年，对于海

---

① 在前述 Symeonides 的文章中，关于“罗马条例”的著作就有 4 本，而文章则有 20 余篇。

② Medellín v. Texas, 128 S. Ct. 2008: 1346.

③ Ronald A. Brand. The European magnet and the U. S. centrifuge: ten selected private international law developments of 2008, ILSA J. Int'l & Comp. L., 2009 (15): 367.

④ David P. Stewart. Private international law: a dynamic and developing field. U. Pa. J. Int'l Econ. L., 2009 (30): 1121.

⑤ Henry Deeb Gabriel. The advantages of soft law in international commercial law: the role of unidroit. Uncitral and The Hague Conference, Brook. J. Int'l L., 2009 (34): 655.

牙国际私法会议法律文件的讨论，主要集中在儿童收养和扶养的相关公约上。而讨论最多的则是《选择法院协议公约》(Convention on Choice of Court Agreements)。① 公约不仅承认了当事人协议选择法院在管辖权上排他性权力，更为主要的是，其相关判决能够为缔约国所承认和执行。目前，墨西哥和美国都已经递交了批准书，成为该公约的成员国。欧盟也已经向委员会提交了签署该公约的建议。②

2. 联合国国际贸易法委员会近年来制定了不少国际公约。在程序法上，2006 年修订了《承认及执行外国仲裁裁决公约》的有关条款。在实体法上，相关公约如 2001 年《联合国国际贸易应收款转让公约》、2005 年《联合国国际合同使用电子通信公约》、2008 年《联合国全程或部分海上国际货物运输合同公约》(即《鹿特丹规则》)。这些规则的制定不仅在一定程度上发展了统一国际私法的内涵，而且常常成为各国学者们研究的对象。③ 尤其值得关注的

① E. g. Beaumont (P.). Hague choice of court agreements convention 2005: background, negotiations, analysis and current status. J. Priv. Int'l L., 2009 (5): 125; Briza (P.). Choice - of - court agreements: could the hague choice of court agreements convention and the reform of the brussels I regulation be the way out of the gasser-owusu disillusion? J. Priv. Int'l L., 2009 (5): 537; Forrest (C.). The hague convention on choice of court agreements: the maritime exceptions. J. Priv. Int'l L., 2009 (5): 491; Garnett (R.). The hague choice of court convention: magnum opus or much ado about nothing? J. Priv. Int'l L., 2009 (5): 161; Keyes (M.). Jurisdiction under the hague choice of courts convention: its likely impact on australian practice. J. Priv. Int'l L., 2009 (5): 181; Svantesson (D. J. B.). The choice of courts convention: how will it work in relation to the internet and E - Commerce? J. Priv. Int'l L., 2009 (5): 517. etc.

② Commission Proposal for a Council Decision on the Signing by the European Community of the Conventionon Choice-of-Court Agreements, COM (2008) 538 final (Sept. 5, 2008).

③ Boss (A. H.), Kilian (W.). The united nations convention on the use of electronic communications in international contracts, 2008; Chan Ho (L.). Cross-border insolvency: a commentary on the UNCITRAL Model, 2nd ed. 2009; Bang (H. S.), Port state jurisdiction and article 218 of the UN convention on the law of sea. J. Mar. L. & Com., 2009 (40): 291; Carlson (M. H.), U. S. participation in private international law negotiations: why the uncitral convention on contracts for the international carriage of goods wholly or partly by sea is important to the United States. Tex. Int'l L. J., 2009 (44): 269; Fry (J. D.). Désordre public international under the New York convention: wither truly international public policy. Chinese J. Int'l L., 2009 (8): 81; Bang (H. S.). Port state jurisdiction and article 218 of the UN convention on the law of sea. J. Mar. L. & Com., 2009 (40): 291; etc.

是,《联合国国际货物销售合同公约》都是学者们不倦的话题。① 但联合国国际贸易法委员会近些年似乎更侧重于示范法、立法指南等软法文件的制定,其数量也远多于条约等法律文件,如 2000 年《私人融资基础设施项目立法指南》、2001 年《电子签名示范法及立法指南》、2002 年《国际商事调解示范法》、2003 年《私人融资基础设施项目示范立法条文》、2004 年《破产法立法指南》、2006 年修订了《国际商事仲裁示范法》、2007 年《担保交易立法指南草案》和《增进对电子商务的信心:国际使用电子认证和签名方法的法律问题》、2009 年《跨国界破产合作实务指南》、2010 年《联合国国际贸易法委员会立法指南》关于知识产权担保权益的补编,等等。

3. 国际统一私法协会晚近的法律文件也同时兼备硬法与软法。2001 年以来,它制定的国际法律文件如《移动设备国际利益公约》及其后的一系列议定书,以及 2009 年《中介持有证券的实体法公约》等。而影响较大的则是其制定的一系列的示范法、通则和指南,如 2002 年《特许经营披露示范法》、2008 年《融资租赁示范法》, 2004 年《跨国民事诉讼程序原则》、《国际商事合同通则》以及《国际特许经营指南》,等等。其中讨论最多的则是《国际商事合同通则》。②

从上述分析可以看出,软法性法律文件目前已是国际私法组织的重要成果。这些法律文件虽然不具有法律约束力,但因为在制定过程中,没有强烈的政治因素,而多半是由专家选择的最好方案,因此,它们通常代表着相关领域的发展方向。例如,联合国国际贸易法委员会《电子商务示范法》就成为了各国电子商务立法的蓝本。条约等通常仅意味着各国能够接受的规则,而软法性规则常常反映最好的实践规则。软法能够兼容各种法律传统和法律文化。因为其不具有直接的约束力,所以不会与各国的国内法和国际公约发生直接的冲突。而其弹性和先进性的规定又常常能为各国的法院和仲裁机构所广泛采用;

---

① Ferrari (F.) (ed.). The CISG and its impact on national legal systems, 2008; lookofsky (J. M.), Understanding the CISG: A Compact Guide to the 1980 United Nations Convention on Contracts for International Sale of Goods, 3d ed. 2008; Reiley (E. H.). International sales contracts: the UN convention and related transnational law, 2008; Hayward (B.). New dog, old tricks: solving a conflict of laws problem in CISG arbitrations, J. Int'l Arb., 2009 (26): 405; Sono (H.). Japan's accession to the CISG: the Asia factor. Zeitschrift für Japanisches Recht, 2008 (13): 195; etc.

② Vogenauer S., Kleinheisterkamp J. (eds.). Commentary on the unidroit principles of international commercial contracts (PICC), 2009, Krebs (T.). Harmonization and how not to do it: agency in the unidroit principles of international commercial contracts 2004. Lloyd's Mar. & Com. L. Q. 2009: 57.

其中立性的特点在当事人的利益发生冲突又能为当事人所接纳。① 软法所具有的优势和特点不仅使其广受国际私法组织的青睐，而且在国际私法的统一化和趋同化方面也发挥着重要的作用。

国际经济法学

2009 年国外国际经济法学者关注重心除了 WTO 的相关规则与案例外，还有如下五个方面：

一、国际投资协定及相关国际投资仲裁方面的问题

例如，Anne van Aaken 通过经济合同理论分析了国际投资保护法，希望通过这种研究能够设计出更为理想的国际投资协议。② Efraim Chalamish 探讨的是多边协商失败之后，大量包括投资条款的双边投资条约（BITs）、自由贸易协定和区域贸易协定的缔结。通过最惠国待遇条款，这些协定形成了一个复杂的网络，类似一个事实上的多边协议。这个多边协议建立在 BITs 内容、BITs 的缔结机制和在双边和区域协定内产生的案例法上。③ Sergey Ripinsky 认为，不断增加的授予投资者赔偿的仲裁裁决，已经促进了法律在损害赔偿方面的发展，同时也提出了到目前为止不被重视的一些新问题，如损害的近似值、投资风险所产生的影响、分担和减轻过失（contributory fault and mitigation）、损失的流转和在投资争议中对精神损害的补偿。④ Dominique D'Allaire 综述了能源宪章条约下有关投资者国籍的规则，以及仲裁庭对于这一问题的解释，认为并不存在确定企业实体国籍的统一的国际法规则，故而黑色字母规则（black-

① Henry Deeb Gabriel. The advantages of soft law in international commercial law: the role of unidroit, uncitral, and the hague conference. Brook. J. Int'l L., 2009 (34): 655.

② Anne van Aaken. International investment law between commitment and flexibility: a contract theory analysis. J. Int'l Econ. L., 2009 (12): 507.

③ Efraim Chalamish. The future of bilateral investment treaties: a de facto multilateral agreement? Brook. J. Int'l L., 2009 (34): 303.

④ Sergey Ripinsky. Assessing damages in investment disputes: practice in search of perfect. The Journal of World Investment and Trade, 2009 (10): 5-38.

letter rules）已经被纳入投资条约之中。① Ugleša Grušic 仔细审查了 ICSID 第 25 条阐述的 ICSID 仲裁管辖权要求以及在 ICSID 案例法中的解释，认为 ICSID 仲裁庭已经显示出一种自由解释的趋势，将有利于管辖权的承担。这将导致全球投资保护体系建立，在此体系内，大量不同国籍投资者可以在 ICSID 获得对其各种经济活动的保护，甚至包括纯粹合同上的保护。② Stephan W. Schill 认为，最惠国待遇条款在目前 2 500 多个双边投资条约以及一些多边条约中占据着重要的地位，且不断在投资者与国家争议解决中被援引和适用。③ Valentina Sara Vadi 指出，近些年来国际投资条约不断增长，国际法与国际投资法之间的关系也已经呈现出巨大的重要性。虽然正式意义上的国际投资条约与其他国际条约存在较少不同，但其建立的法律机制却总是与以传统的主权国家模型为基础的假设大相径庭。国际投资法是自足制度吗？国际法与国际投资法之间的连续性并不意味着预先设立的该系统及其子系统之间存在和谐排序。相反，需要根据条约解释的习惯法规则建立一个适当的平衡。一个涉及文化遗产组成部分的个案调查显示，投资条约仲裁已经日益渗透至非投资价值之中。这种趋势似乎证明了国际公法的统一。④ Eduardo Savarese 讨论了国际投资法的碎片化以及 BITs 网络对于国际仲裁的时间上管辖权的创新性的影响。⑤ Ursula Kriebaum 探讨了是否以及如何才能使得国际投资仲裁庭在作出投资争议裁决之时，考虑东道国内的人权保护。⑥ Angelos Dimopoulos 描述了出现在 EC-CARIFORUM 经济和合作协议实践中的新兴欧盟外国投资政策的特点。⑦ Rafael Leal-Arcas 探讨了在外国直接投资法律框架下建立多边投资条约是否必要和可能，或者目前的

---

① Dominique D'Allaire. The nationality rules under the energy charter treaty: practical considerations. The Journal of World Investment and Trade, 2009 (10): 39-68.

② Ugleša Grušic. The evolving jurisdiction of the international centre for settlement of investment disputes. The Journal of World Investment and Trade, 2009 (10): 69-102.

③ Stephan W. Schill. Most-Favored-Nation clauses as a basis of jurisdiction in investment treaty arbitration. Arbitral Jurisprudence at a Crossroads, 2009 (10): 189-226.

④ Valentina Sara Vadi. Fragmentation or cohesion? Investment versus Cultural Protection Rules, 2009 (10): 365-403.

⑤ Eduardo Savarese. Bit clauses bearing on the ratione temporis jurisdiction of icsid tribunals. A Survey on the Constituent Elements of Investor-State Legal Disputes under Bits, 2009 (10): 573-610.

⑥ Ursula Kriebaum. Human rights of the population of the host state in international investment arbitration, 2009 (10): 665-682.

⑦ Angelos Dimopoulos. Shifting the emphasis from investment protection to liberalization and development: the EU as a new global actor in the field of foreign investment, 2009 (11): 3-26.

双边和区域投资条约当中的多方面和多层次体系是否应该保留。①

二、金融危机相关的法律问题

如 Kern Alexander 指出，G10 委员会在金融危机中显现了在规制银行资本充足率、支付体系和关于全球金融稳定其他领域问题方面制定国际准则的重要性。他认为，该委员会影响了国际金融法律规范的发展，从而决定了国内法标准、银行惯例和金融规章。② Tony Ciro. 和 Michael Longo 讨论了全球金融危机国际层面的问题，指出了欧盟金融监管系统的缺点和委员会建议改革的主要特征，包括加强监管和全面立法，并评论了 G20 伦敦峰会的全球金融改革提议与美国总统奥巴马有关金融援助和金融机构与市场立法改革的建议。③ Mario Giovanoli 认为，自 19 世纪 30 年代以来在国际层面已经形成了大量国际金融标准，在过去 35 年的发展中已经涵盖了多个金融法领域。如今有必要考虑：(1) 分析危机的主要特点并调查为何在现存国际金融标准发挥作用的情况下仍然爆发金融危机；(2) 总结国际社会为了加强国际金融体系和国际金融标准的作用而采取的初步行动；(3) 国际金融体系已经进行了改革，特别 2009 年伦敦峰会之后制度和程序方面的变更；(4) 对国际金融标准的实行和将来的作用进行预测。④ Kenneth W. Dam 讨论了美国各种金融管制机构存在以及欧洲各国独立管制而导致的碎片化问题，以及由“影子银行系统”(shadow banking system) 而导致的利益纠纷；分析了金融危机背后的历史和证券化的历程，进而证明银行管制的必要性。⑤ 同样，Lawrence A. Cunningham 和 David Zaring 也分析了传统成碎片的规制结构，阐明了相对类似的临时应对周期性危

① Rafael Leal-Arcas. Towards the multilateralization of international investment law, 2009 (10): 865-920.

② Kern Alexander. Global financial standard setting: the G10 committees, and international economic law. Brook. J. Int'l L., 2009 (34): 861.

③ Tony Ciro., Michael Longo. The global financial crisis: causes and implications for future regulation. Part 2, J. I. B. L. R., 2010 (25): 9-18.

④ Mario Giovanoli. The reform of the international financial architecture after the global crisis. N. Y. U. J. Int'l L. & Pol., 2009 (42): 81.

⑤ Kenneth W. Dam. The subprime crisis and financial regulation: international and comparative perspectives. Chi. J. Int'l L., 2009 (10): 581.

机的方式。① Margarita Sweeney-Baird 提议，要求所有的金融机构任命独立的遵循核查人，报告全球金融机构的运行是否依照相关国家规制者制定的标准，或者其他全球规制；从而设法解决自 2008 年金融危机以来现存的金融服务机构在规制方面的弱点。② Anupam Chander 和 Randall Costa 指出，监管者确定信用违约掉期（credit default swaps）作为此次危机核心因素，其致使美国公司崩溃进而影响了全球。监管者同意提高信用违约掉期的交易环境，特别是增加结算的中央对手方（central counterparty），这将是国际金融体系改革的关键一步。③ Erik F. Gerding 解释了金融机构如何使用“新金融准则”（new financial code）转移、传播和定价金融风险，仔细调查了风险模型失败进而导致现今金融危机的几种解释，包括涉及风险模型和与模型相关的业务成本设计之时的瑕疵。他同时还指出了金融危机中得到的教训，包括：银行监管者应该废弃新巴塞尔协议条款，允许某些银行根据内部风险模型制定自己的资本要求；监管者应该提高监管标准的开放资源，这些监管标准用来规定如何向消费者销售金融产品、定价证券化和衍生品以及管理金融机构风险；定价证券化和衍生品的风险模型的失败，揭示了传播风险过程中股本证券的相对优点。④ Aaron Unterman 首先审查了使次级抵押贷款蓬勃发展的次级市场运行的机制，解释了这一改变全球经济的复杂金融工具。接着探寻了集中于公司治理、金融市场改革以及国际监管等方面的市场、监管以及法律改革问题，描绘了国际政府和监管者在改革方面的先行计划。⑤ Peter White 讨论了协调全球会计准则的目的，通过审查不同国家日前仔细审查其过去的会计体系从而执行国际会计准则理事会的标准来探究这种趋势的形成。Richard K. Gordon⑥ 讨论了有关跨国管理网络（transnational regulatory networks）法律理论。分析了离岸金融中心、跨国管理

---

① Lawrence A. Cunningham, David Zaring. The three or four approaches to financial regulation: a cautionaryanalysis against exuberance in crisis response. Geo. Wash. L. Rev., 2009 (78): 39.

② Margarita Sweeney-Baird. A compliance auditor - a proposal for global financial services regulation. Comp. Law., 2010 (31): 6-13.

③ Anupam Chander, Randall Costa. Clearing credit default swaps: a case study in global legal convergence. Chi. J. Int'l L., 2009 (10): 639.

④ Erik F. Gerding. Code, crash and open source: the outsourcing of financial regulation to risk models and the global financial crisis. Wash. L. Rev., 2009 (84): 127.

⑤ Aaron Unterman. Innovative destruction—structured finance and credit market reform in the bubble Era. Hastings Bus. L. J., 2009 (5): 53.

⑥ Richard K. Gordon. On the use and abuse of standards for law: global governance and offshore financial centers. N. C. L. Rev., 2009 (88): 501.

网络、具有跨国管理网络性质的国际组织以及岸上司法管辖区如何解决在执行某些收入税、金融监管和反洗钱标准方面遇到的问题；建议对跨国管理网络如何运作进行修改，进而提出了一些规制国际行为的标准的建议。① Angelique Leondis 分析了国家银行监管者在适当监管金融企业集团和控制国际金融危机造成的系统风险方面的无能，讨论国家监管者之间的利益冲突以及信息分享和合作有关的问题，同时也关注由于国家拥有众多监管者和各异的国内法律而造成的困难。作者认为，G20 对于全球金融危机的反应，主要是引进监管者协会（colleges of supervisors）和金融稳定委员会，以及使得国家能够承担评估国内监管，是遵循了金融行业评估计划（financial sector assessment program）。② Roberta S. Karmel 和 Claire R. Kelly 讨论了在证券监管领域软法的适用，讨论了在规制资本市场时广泛使用软法的益处与代价。③

三、中国的证券市场和银行监管问题

如 Christopher M. Zoeller 指出，投资者对于中国证券市场进行诚实的信息传播和提供有效的监管，十分关切。为了满足投资者的要求，中国可以通过制定更为细致的信息披露规则和建立更加严格的执行机制来达成。④ David A. Curtiss 则首先描述了国际银行监管的需要、巴塞尔国际银行监管的历史推动力和发展，然后指出巴塞尔规则具有国际习惯法的约束力，分析了资本要求软法在中国银行系统执行的效力，提出中国由于不良贷款存在而相对不利，建议巴塞尔委员会更新其规则，从而应对中国银行独特的问题。⑤

---

① Peter White. It's greek to me: the case for creating an international agency toenforce international accounting standards to promote harmonization and international business transactions. Wis. Int'l L. J., 2009 (27): 195.

② Angelique Leondis. The global financial crisis: the G-20's most recent action plan. B. F. L. R., 2009 (25): 315.

③ Roberta S. Karmel, Claire R. Kelly. The hardening of soft law in securities regulation. Brook. J. Int'l L., 2009 (34): 883.

④ Christopher M. Zoeller. Corporate scandals, global recognition of securities regulation—how is China faring? U. Tol. L. Rev., 2009 (41): 213.

⑤ David A. Curtiss. Eastern market: the interaction between the basel committee on international banking regulation and the opening of the Chinese banking market. Bus. L. Brief (Am. U.), 2009 (5): 4.

四、主权财富基金问题

包括探讨美国有关主权财富基金的立法改革和条约义务，① 对主权财富基金的国际治理提出建议。②

五、《联合国全程或部分海上国际货物运输合同公约》（即《鹿特丹规则》）

研究重点在于《鹿特丹规则》之下的批量合同③、电子商务条款④、法院选择和仲裁⑤、远洋承运人在港口照管货物的责任⑥以及远洋货物损失、损坏或延误的权利要求⑦，还有对海商法的影响。⑧

推荐参考文献

1. Jill Ambrose. A fourth wave of education funding litigation: how education standards and costing-out studied can aid plaintiffs in pennsylvania and beyond. The Boston University Public

---

① Hsu Locknie. SWFs, recent US legislative changes, and treaty obligations. Journal of World Trade, 2009 (43): 451-477.

② Yvonne C. L. Lee. A reversal of neo-colonialism: the pitfalls and prospects of sovereign wealth funds. Geo. J. Int'l L., 2009 (40): 1103.

③ Proshanto K. Mukherjee, Abhinayan Basu Bal. A legal and economic analysis of the volume contract concept under the rotterdam rules: selected issues in perspective. J. Mar. L. & Com., 2009 (40): 579.

④ Manuel Alba. Electronic commerce provisions in the uncitral convention on contracts for the international carriage of goods wholly or partly by sea. Tex. Int'l L. J., 2009 (44): 387.

⑤ Chester D. Hooper. Forum selection and arbitration in the draft convention on contracts for the international carriage of goods wholly or partly by sea, or the definition of fora conveniens set forth in the rotterdam rules. Tex. Int'l L. J., 2009 (44): 417.

⑥ David Morán Bovio. Ocean carriers' duty of care to cargo in port: the rotterdam rules of 2009. Fordham Int'l L. J., 2009 (32): 1162.

⑦ Dennis Minichello. The coming sea change in the handling of ocean cargo claims for loss. Damage Or Delay, Transp. L. J., 2009 (36): 229.

⑧ Michael F. Sturley. Modernizing and reforming U. S. maritime law: the impact of the rotterdam rules in the United States. Tex. Int'l L. J., 2009 (44): 427.

Interest Law Journal, 2009 (19).

2. Elizabeth Reilly. The Union as it wasn't and the constitution as it isn't: section five and altering the balance of powers. Akron Law Review, 2009 (42).

3. Iain McLean. What's wrong with the British constitution? Oxford University Press, 2009.

4. Scott M. Matheson, Jr. Presidential constitutionalism in perilous, Times. Harvard University Press, 2009.

5. Jack M. Balkin, Reva B. Siegel. The constitution in 2020. Oxford University Press, 2009.

6. 川端博. ドイツ刑事法学の展望. 东京: 成文堂, 2009.

7. 金尚均. ドラックの刑事规制. 东京: 日本评论社, 2009.

8. 浅田和茂等. 理论刑法学の探究 2. 东京: 成文堂, 2009.

9. 半田祐司. 不法问题としての过失犯论. 东京: 成文堂, 2009.

10. 只木诚. 刑事法学における现代的课题. 东京: 中央大学出版部, 2009.

11. Christian von Bar, Eric Clive, Hans Schulte-Nolke. Principles, definitions and model rules of european private law. München: sellier. elp, October 2009.

12. Richard A Epstein. The many faces of fault in contract law: or how to do economics right, without really trying, Michigan Law Review, 2009 (107).

13. Laura M. Weinrib. From public interest to private rights: free speech, liberal individualism, and the making of modern tort law. Law and Social Inquiry, 2009 (34).

14. Jeroen S. Kortmann. The tort law industry. European Review of Private Law, 2009 (17).

15. Claus Ahrens. Europäisches und internationales wirtschaftsprivatrecht. Stuttgart: W. Kohlhammer, 2008.

16. Marly Jochen. Praxishandbuch softwarerecht. 5. Aufl., Verlag C. H. Beck, München, 2009.

17. Rother Gereon. Arbeitnehmererfinderrecht. 5. neu überarbeitete und ergänzte Aufl., Carl Heymanns Verlag GmbH, Köln, 2009.

18. Schmidt, Alexander K. Erfinderprinzip und Erfinderpersönlichkeitsrecht im deutschen Patentrecht von 1877 bis 1936. Verlag Mohr Siebeck, Tübingen 2009.

19. Grätz, Daniel. Missbrauch der marktbeherrschenden stellung durch sportverbände. Eine rechtsvergleichende untersuchung des europäischen, deutschen und schweizerischen Missbrauchsverbots. Verlag Mohr Siebeck, Tübingen 2009.

20. Görden Jan. Vorgezogener werktitelschutz. Verlag Mohr Siebeck, Tübingen, 2009.

21. Robert Barnes. Property rights and natural resources. Hart Publishing, 2009.

22. Christina Voigt. Sustainable development as a principle of international law: resolving conflicts between climate measures and WTO law. Martinus Nijhoff Publisher, 2009.

23. Michael Faure, Marjan Peeters (edited). Climate change and european emissions trading: lessons for theory and practice, published in the series new horizons in environmental law. Edward Elgar Publishing, 2008.

24. Kevin P. Gallagher. Handbook on trade and the environment. Edward Elgar 2008.

25. Andrew J. Jordan, Andrea Lenschow (edited). Innovation in environmental policy? integrating the environment for sustainability. Edward Elgar Publishing, 2008.

26. Martti Koskenniemi. The politics of international law—twenty years later. European Journal of International Law, 2009 (20).

27. Anne Peters. Humanity as the a and omega of sovereignty. European Journal of International Law, 2009 (20).

28. Rogers Clark. Negotiating provisions defining the crime of aggression, its elements and the codition for ICC exercise of jurisdiction over it. European Journal of International Law, 2009 (20).

29. Ryan Goodman. The detention of civilians in armed conflict. American Journal of International Law, 2009 (103).

30. Amabelle C. Asuncion. Pulling the stops on genocide: the state or the individual? European Journal of International Law, 2009 (20).

31. Calliess G. (ed.). The rome regulations: commentary on the EC regulations on conflict laws, 2010.

32. Born G. B. International commercial arbitration, 2009.

33. de Bruin M. S. Transnational litigation jurisdiction and procedure, 2008.

34. Fentiman R. International commercial litigation, 2010.

35. Ferrari F. (ed.). The CISG and its impact on national legal systems, 2008.

36. Hay P., Weintraub R., Borchers P. Comparative conflict of laws: conventions, regulations and codes, 2009.

37. Hartley T. International commercial litigation: text, cases and materials on private international law, 2009.

38. Lookofsky J. M., Hertz K. EU-PIL: European union private international law in contract and tort, 2009.

39. Lookofsky J. M. Understanding the CISG: a compact guide to the 1980 united nations convention on contracts for international sale of goods, 3d ed. 2008.

40. McClean D., Beevers K. Morris [on] the conflict of laws, 7th ed, 2009.

41. The international financial institutions: a call for change. A Report to the Committee on Foreign Relations United States Senate, 2010, 3 (10).

42. The fund's mandate-future financing role. IMF, 2010, 3 (25).

43. Anne van Aaken, Jürgen Kurtz. Prudence or discrimination? emergency measures, the

global financial crisis and international economic law. Journal of International Economic Law, 2009, 12 (4).

44. Unctad. The role of international investment agreements in attracting foreign direct investment to developing countries. United Nations New York and Geneva, 2009.

45. Recent developments in international investment agreements (2008 - June 2009). IIA Monitor 2009 (3) International Investment Agreements, United Nations New York and Geneva, 2009.

主持专家：黄　进

执笔人（以姓氏笔画为序）：

马怀德　卞建林　王天华　冯　果　江国华　陈家林

何其生　李承亮　李　晶　汪习根　张庆麟　张里安

张　莉　杨泽伟　粟　峥　秦天宝　黄　进　解志勇

第六章

政 治 学

摘要

政治学学科所关注的核心问题都是与人类生活息息相关的，涉及世界社会变迁中的各种政治制度变迁、政治活动、政治文化、公民身份认同及公民政治参与等问题。2009年的政治学学科研究成绩突出，在欧美的政治学研究中，美国政治学依然重视实用主义的研究，关注人们的实际生活，而欧洲的政治学研究最大的表现就是对东欧共产主义政党的研究，因为2009年正值东欧剧变后的二十年，在二十年间东欧各国的共产主义政党发生了巨大的变化，而亚洲的政治学发展在西方政治思想的影响下，同样取得了显著的进展。本报告拟从三个主要方面来对2009年的政治学发展和研究状况进行总结：一是从总体上概括欧美尤其是东欧共产主义政党的研究情况，以及亚洲政治学的总体概况；二是以欧美和亚洲这两个地域为主，对2009年政治学研究所取得的成就及主要的研究创新领域进行总结；三是在对欧美和亚洲政治学进行研究的基础上，对中国的政治学发展趋势及政治学学科的未来发展走向进行展望。本报告主要以欧洲、美洲、亚洲的核心政治学期刊为研究载体，通过对2009年国外政治学研究的学术成果进行介绍和分析，把握2009年国外高校政治学研究的方向及主题，从而对政治学的发展趋势及中国政治学发展的启示进行展望和总结。

Abstract

The core issue of political science is quite related to the human life, which refers to the political systems, political activities, political culture, civil identification and civil participation and so on. There are so many prominent achievements in the political science in 2009, such as the utilitariasm in the American politics, the communist in the Eastern Europe, the development in Asian political science. It has been 20 years since the fall of communism in Eastern Europe, and great changes have happened in the 20 years. The present report attempts to sum up the developments of political science in 2009 from three aspects. Firstly, it will make a general overview of the political science research in America, Asia, Europe especially the Eastern Europe. Secondly, to make a brief introduction of the research achievements and fields in this two districts. Thirdly, to predict the new trend of political science and Chinese political science development based on the preview of political science research in Europe, America and Asia. This report is based on the essays in the journals of Europe, America and Asia political science research. By introducing and analyzing the research achievements of foreign political science research, this report aims to grasp the direction and the topic of the political science research in foreign College in 2009, as well as the trend and implication of the political science development.

政治学是一个以人类社会的政治现象、政治关系或政治实践作为研究对象的学科领域，它涉及国家（政府）、政党、权力、政策、统治、管理和价值分配一类的主题。在当代，政治学与经济学、社会学一起并称社会科学的三大学科。如同社会科学的其他学科一样，政治学作为一个独立的学科，形成于19世纪末、20世纪初。在经历了百余年的发展与演变的历程（经过确立独立的科学框架、学科的分化及初步整合、整体化和杂交化趋势出现三个阶段）之后，世纪之交的政治学呈现出一种新的知识形态。政治学是一门与社会政治生活紧密关联的学科。从历史上看，政治学的主题总是时代要求的产物。当一个政治文化辉煌的时代即将逝去时，政治学家总结了这个时代，为后世留下不朽的理论遗产。在新旧时代转换的变革关头，政治学家们把握着时代的主旋律，站在时代潮流的前头，以他们的理论指导了一个时代。当一个新时代即将到来时，政治学家们体察到时代的深层脉动，以其理论准备着一个时代。政治学随时代的要求而转换着主题，政治学的研究因为和入政治生活的主旋律才显示出其价值和生命力。

一、学科发展概况

（一）欧美政治学 2009 年总体概况

崇尚实用主义是美国社会的传统，2009 年美国的政治学研究同样依循惯有的实用主义精神，关注实际政治生活，探索并寻求对现实政治问题的解答。在这一年里，美国的政治学界重点关注的研究领域是政党制度、政治选举、政治文化以及公共政策，除此之外，对于政府与市场的关系、公民权利、立法参与的研究也取得了显著的成果。在研究方法上，充满科学精神的经验、实证、统计分析依旧得到绝大多数政治学者的青睐。政党和选举始终是美国政治学研究中关注程度较高的一个问题，是美国公民政治生活中不可或缺的一部分。对于政党的研究不仅关注政党制度及其与选举之间存在的关系，而且在 2009 年金融危机依然影响全球经济的背景下，对于政党与经济的学术研究也是相当繁盛。2009 年美国政治学界关于选举的问题研究大部分是建立在实证材料的基础上，通过对实证材料的详尽分析，探讨选举过程中的规律、选民的态度、选举中存在的问题等。在关注政党与选举的同时，美国政治学界对于包括大众传媒及意识形态等在内的政治文化的研究也取得了成功，从政治文化这一文化精神层面来研究美国的政治。此外，美国的政治学界在对政党制度、政治选举、政治文化进行研究之余，还针对与民生相关的公共政策进行了翔实的分析和研究，以及对国家与市场的关系、公民权利及公民参与等经久不衰的话题进行了研究。2009年全球的经济都处于次贷危机引发的经济危机后的逐渐恢复阶段，因此，政治学界的研究与经济发展的大背景息息相关。在对美国国内的政治学进行研究的同时，美国政治学界还就国外的政治问题进行了广泛的研究，主要包括强国政治、国际人权、民族认同、内战中的政治参与等。总的来说，2009年美国政治学界除了对诸如政党制度、选举等长久不衰的主题进行细致的研究外，还对新的国际国内环境下的政治与经济、文化等方面的关系以及国外政治做了全面的透析，为更好地认识政治学界的研究成果及发展态势提供了完整的理论依据。

2009年的欧洲政治学学科发展和研究依然兴盛，除了关注民主、选举、公民社会等经典主题外，最为突出的就是对东欧共产主义和后共产主义的研究。1989年东欧发生剧变，2009年是东欧剧变后的第二十年，在二十年的时间里，东欧的共产主义政党在艰难和曲折中不断复苏，而对此研究的学者也很多，主要集中于对东欧国家的民主转型和巩固问题的研究。自1989年东欧剧变后，东欧的共产主义政党发展经历了大致三个阶段：1989年至1992年的重建阶段，1993年至1997年的逐渐发展阶段，1998年至今渐趋在稳定中融入选举体制的阶段。在东欧共产主义政党的重建阶段，各国出现了两大类共产主义政党，一是在原有意识形态基础上重建的政党，二是坚守共产主义信仰的新建的共产主义政党。但是随着东欧剧变而来的是各国的反共主义高潮，因此，此时的共产主义政党发展尤其艰难，受到新上台的右翼势力的严重打击。这个阶段的东欧共产主义政党除了受到历史肃清问题的打击外，同时由于对资本主义私有制发展的反对而遇到发展的障碍，始终与政府处于对立状态。因此，这一阶段的东欧共产主义政党是在国内外各种不利环境的影响下艰难地维持着生存和发展。1993年至1997年东欧的共产主义政党逐渐发展起来，可以概括为“左翼的复兴”，集中表现为波兰、匈牙利、保加利亚、塞尔维亚等国家的共产主义政党逐渐拥有了执政的机会，并在宪法颁布实施中获得了与其他政党平等的合法地位，从而逐渐融入了现行的政治体制中，并参与到国家的政党执政选举活动中。尽管此时的共产主义政党发展取得了突破性的成果，但依然处于恢复发展阶段，因此，共产主义政党的活动受到了很多限制，导致多数政党处于地下活动状态。从1998年至今，东欧共产主义政党的活动主要集中于政治选举，努力寻求在政治体系中拥有执政的机会。进入21世纪后，东欧各国全面的市场经济体制已经建立起来，逐步实现了“重返欧洲”的目标，主要表现在2008年波兰、捷克、斯洛伐克、匈牙利、斯洛文尼亚、保加利亚、罗马尼亚都已经成为北约和欧盟的正式成员国，而其他东欧国家也逐渐成为北约和欧盟的“候选国”。伴随着国内外环境的稳定，东欧共产主义政党的发展也逐渐趋于稳定，到目前为止，东欧的共产主义政党已经发展到三十多个。新时期，东欧的共产主义政党逐渐将活动集中于选举当中，尽管共产主义政党未能在选举中获得执政的机会，但作为在野党，东欧的共产主义政党也日趋发展成熟。

在二十年的发展历程中，东欧的共产主义政党在曲折和阻碍中艰难地前进，虽未能取得决定性的地位，但东欧的共产主义政党不断寻求在发展中实现自我突破和自我创新。二十年间，东欧的共产主义政党主要在意识形态和组织方面实现了革新。在意识形态方面，东欧共产主义政党表现出了更多的务实和包容的态度，由之前的一味否定和反对资本主义，力图推翻资本主义，逐步转向对现实问题的更深层次的思考。在坚持马克思主义的指导下，东欧的共产主义政党由片面性地思考逐步转向一分为二的态度，对现实问题进行了全面而系统的反思。在20世纪90年代末期，东欧各共产主义政党先后对其党章进行了一定程度的修订或重订。然而，在东欧共产主义政党逐步向现实性转变的过程中，依然存在一些顽固分子，如保加利亚共产党始终固守着斯大林主义。“在当前的形势下，各党都尽量避免使用‘无产阶级专政’和‘无产阶级先锋队’的提法，并且公开反对暴力摧毁资本主义，主张在目前的多党议会制度下通过竞选来争取管理国家的权力，实现对资本主义的变革。与此相适应，在对待改建的社会党、社民党的态度上，各共产主义政党也由对立转向联合。”① 在组织方面，东欧共产主义政党对党员的依赖性非常大，但由于资金的缺乏，东欧共产党对党员的管理和活动要求不是特别严格，只有一个固定的办公机构对党员进行管理。但是由于对党员依赖性比较大，东欧共产党始终在努力发展党员，从学校到各种组织机构。由于资金不足，东欧共产主义政党在党的宣传活动上也采取比较廉价的方式，主要有创办刊物和建立网站等。尽管东欧的共产主义政党在剧变后二十年间的发展取得了重大突破，但在二十年的发展过程中，东欧的共产主义政党依然保持明显的意识形态，主要表现为坚决拥护马克思列宁主义，反对资本主义的剥削，以工人阶级为最大的阶级基础和同盟，并努力实现新型社会主义和共产主义的建立。

21世纪以来，东欧的共产主义政党发展逐步进入稳定阶段，但是历史问

① 张萍. 剧变后东欧共产主义政党状况研究. 当代世界与社会主义. 2009（5）.

题是其发展过程中最大的障碍，有着“欧洲麦卡锡主义”之称的右翼保守势力对东欧共产主义政党的发展带来了巨大的影响和阻碍。尽管东欧共产主义政党在目前的发展中依然受到各方面因素的阻碍，但有关学者分析，东欧的共产主义政党的发展前景依然是一片光明，因为有一个有利的国内外环境为其发展创造条件。一方面是社会主义意识形态在东欧地区具有一定的影响力，为东欧共产主义政党的发展创造了一个坚实的文化基础，另一方面，东欧各国的市场经济体制已经基本建立，而随之带来的经济结构及社会结构也得到了一定程度的完善，这就为东欧共产主义政党的发展奠定了牢固的物质基础。因此，鉴于对上述因素的考虑，有学者声称东欧共产主义政党在目前有利和不利国际国内环境并存的情况下，其未来的发展道路依然很崎岖，但东欧的共产主义政党仍有希望在不久的将来拥有执政的机会。

Marta Rabikowska 在《逝去的幽灵：共产主义在欧洲垮台二十年后的今天》一文中指出，共产主义在欧洲垮台后的二十年间，苏联国家并没有在民主政治发展中达到相同的发展阶段，而是呈现出广泛的多样性和对历史问题的独立性，并未遵循同一条整合的道路。文章通过对特定东欧国家（俄罗斯、白俄罗斯、爱沙尼亚、格鲁吉亚、乌克兰、波兰等）在民主发展中的连续性和非连续性的考察，质疑了转型论、同质论及路径依赖理论。文章试图改变过去对共产主义和资本主义的单一分析方式，而是将两者之间存在的联系及区别分析清楚，从而推动民主的发展。作者认为共产主义和资本主义之间不可调和的分歧是由普遍性的理论决定的，如实用主义、自由主义、和谐、生产力等，而这些思想价值起源于人类的后启蒙时代，并在今天的批判中被得以理解。要掌握苏联国家各自在民主发展模式中的动态，就需要对这些国家过去和现在的政治斗争、社会分裂和复杂性进行分析，而不是仅仅从认识论的角度来考察这些国家。①

Grzegorz W. Kolodko 在《三分之二的成功：波兰的后共产主义转型 1989—2009》一文中，对波兰在东欧剧变二十年间的发展进行了回顾和分析，并对东欧其他国家的民主和经济发展提出了极具建设性的建议。Grzegorz W. Kolodko 认为对于体制变革的进展应该通过一个国家的发展能力所造成的影响作为尺度来予以衡量。波兰在全面而系统转变的二十年间，国内生产总值（GDP）增长得比任何其他后共产主义国家都要快。但是当判断转型的进展

① Marta Rabikowska. The ghosts of the past: 20 years after the fall of communism in Europe. Communist and Post-Communist Studies, 2009 (42): 165-179.

时，不仅必须考虑到竞争力的提高和GDP在数量上的增长，而且也必须考虑社会和文化方面的因素。从经济增长的角度来看，波兰有五个不同的发展时期。如果有一个更好的系统变化和社会经济发展的政策协调的话，那么波兰在这五个时期的经济增长很可能还要在原来的基础上增长一半多。但由于基于错误经济理论的错误经济政策的间歇性执行的这种情况，这个发展的机会已经错过了。波兰的转变可以看作是一个成功，但只有其潜在发展能力的三分之二的程度。①

对于东欧后共产主义国家福利的研究，Jolanta Aidukaite 在《东欧的旧福利国家理论与新福利政体：挑战与暗示》一文中回顾了一些关于东欧后共产主义福利国家的发展理论和经验文献，这些理论和文献是对资本主义民主理论的丰富借鉴和考察。在此基础上，文章审慎地重新评估了东欧后共产主义旧的福利国家理论的定义、方法、启示。文章最后的结论是福利国家对"共产主义"国家超过二十多年的排斥，创造了一个巨大的经验和理论的差距，这就为福利国家的新的研究提出了挑战。对于尚未完全开发和探索的东欧社会政策研究来说，很显然不仅需要对这些国家现存的福利国家理论、定义、类型、方法进行测试，更需要在很大程度上推动这些理论的前进和发展。②

Frane Adam，Primoz Kristan，Matevz Tomsic 三位学者在《东欧资本主义的多样性》一文中，以爱沙尼亚和斯洛文尼亚为研究对象，对这两个国家及东欧后共产主义国家的资本主义发展进行了研究。文章假设一个特殊国家（或者社会）的机构和经济的效率取决于它的历史性遗产或者"路径依赖"、精英战略上的相互作用和国际环境的冲击。爱沙尼亚和斯洛文尼亚作为东欧发展较好的后共产主义国家及欧盟的新成员国，它们不仅在经济上是成功的，而且在机构的设置上也是相对成功的。但是他们在某些方面的发展是完全不同的，如机构的设置和社会政治的安排方面。最主要的一点表现在政客们活动的理想和动态与机构设置的改革步伐之间的联系。有学者争论说爱沙尼亚的政治精英促成了国家自由市场模式的形成，而斯洛文尼亚却接近于公司制福利国家社会模式的构建。在这两个案例中，一些代表了对精英的挑战以及他们信誉和能力测试的机能障碍的影响是非常明显的。这篇文章为对于东欧后共产主义国家资本主义经济的发展、政治制度的构建以及国家政治精英的活动等的研究提供了实

---

① Grzegorz W. Kolodko. A two-thirds of success Poland's post-communist transformation 1989—2009. Communist and Post-Communist Studies, 2009 (42): 325-351.

② Jolanta Aidukaite. Old welfare state theories and new welfare regimes in Eastern Europe : Challenges and implications. Communist and Post-Communist Studies, 2009 (42): 23-39.

证材料和研究基础。①

同样关于东欧后共产主义国家的资本主义经济发展及公共政策的研究，Marianna Fotaki 在《过去的幽灵，未来的幻想……或在社会主义下及其市场下幻想必将破灭：苏联及苏联解体后俄罗斯的公共健康政策发展情况》一文中，对苏联特别是苏联解体后的俄罗斯的经济及公共健康政策发展情况进行了分析。苏联和欧洲的几个后共产主义国家从计划经济过渡到“市场经济”是20世纪下半叶最彻底的社会变革之一。普遍认为这一转变的驱动力在于人们认为市场经济有卓越的能力，可以实现经济增长、创造财富、促进福祉。然而，社会主义乌托邦式幻想的伟大工程和社会主义市场通常被忽略，这往往导致有害的结果。该文研究利用了弗洛伊德和拉康的精神分析，提出了过渡进程的另一种解读，作为一个功能强大的幻想再交流。作者认为只要这两个伟大社会工程之下的社会和谐的乌托邦梦想不被认清（而这本身就是人们精神幻想难以达到的），那么虚幻的梦想及其将会造成的严重的政治后果都将继续存在。该研究利用苏联和苏联解体后俄罗斯的公共健康政策发展的例子来说明，作为社会主义体现的、不被承认的幻想如何导致暴力功利主义，现在它表现出了较微弱的暴力，与以前有所不同。最后，作者认为作为一体的幻想是作为政治工程的宪法元素，并且探索了 Cornelius Castoriadis 所谓的政府的自治形式。②

（二）亚洲政治学发展概况

亚洲政治学的发展受西方政治学影响较大。亚洲政治学界真正意义上进入完整的独立体系学科研究是在19世纪末20世纪初。在20世纪五六十年代，行为主义政治学崛起。二战后，科学技术革命推动了自然科学、技术和人文社会科学的迅速发展，自然科学以及社会科学的某些学科（经济学、心理学等）更严格的资料收集和方法所取得的成就尤其是建立可检验的经验理论的成就，对政治学研究产生了强烈的示范效应，而传统政治学的历史描述和印象主义的分析、常识性的研究似乎走到尽头。不断发展的大规模的工业化社会及其出现的大量复杂的社会政治问题已难以用传统研究方式来加以研究及解决。在对政治体制、机构及过程的认识中，大量的现象和问题悬而未决，难以用不精确、不可靠的理论来加以解释。因此，人们迫切希望将政治学研究或政治分析由常

---

① Frane Adam, Primoz Kristan, Matevz Tomsic. Varieties of capitalism in Eastern Europe (with special emphasis on Estonia and Slovenia). Communist and Post-Communist Studies, 2009 (42): 65-81.

② Marianna Fotaki. The ghosts of the past, the dreamlands of the future… or why fantasies are bound to fail in socialism and the market: The case of public health policy development in the Soviet Union and post-Soviet Russia. Communist and Post-Communist Studies, 2009 (42): 217-232.

识变成科学。

按照罗伯特·达尔（Robert Alan Dahl）的说法，政治学中的行为主义与人的实际行为以及他们赋予其行为的意义有关，行为主义用观察到的行为来解释政治现象。德怀特·沃尔多（Dwight Waldo）称，行为主义运动可以被解释为重新进行努力和加强努力来对待政治学中的"科学"，使政治学成为一门真实的或真正的科学。戴维·伊斯顿（David Easton）认为，行为主义的核心信条是按照自然科学的方法论及模式来发展政治学。

伊斯顿在1969年9月担任美国政治学会会长的就职演说《新的革命》中说："美国政治学正在发生一场新的革命。……它的口号是关联与行动，它的批评对象是学科、专业和大学。"① 他说，前一场革命——行为主义革命还没有完成，就被政治时代日益增长的社会政治危机所抛弃了；行为主义注重方法而忽视内容、注重事实而忽视价值等缺陷引发了政治学研究的危机。他呼吁政治学者关注当前重大而迫切的社会问题的研究，关注人类价值，谋求社会福利，用知识促进社会改革，以科学方法为手段建设理想社会。伊斯顿发起了一场所谓的后行为主义"新革命"。

行为主义政治学和后行为主义在亚洲政治学界得到了较大程度上的传承和发扬，一时间，新的政治学分析方法在亚洲政治学界占领了主导地位。各个研究者根据本国国情及研究方向，采用新的研究方法来开展研究，亚洲政治学得到了较快的发展。亚洲政治学界由强调政治学的科学化、实证化和精确化转向"关联与行动"；抛弃了"科学主义狂热"，主张实质重于技术，含糊优于没有什么意义的精确性；批评行为主义政治学局限于细小问题的研究，主张重建宏观的社会政治理论；反对政治学为学术而学术，提倡研究紧迫的社会问题，政治学研究为社会改革、公民福利和人类目标的实现服务；反对排除价值、否认规范作用的纯描述性研究，主张关注人类价值，重新引入价值及规范研究。后行为主义的"新革命"在亚洲政治学界的传承和发扬导致了传统的政治理论或政治哲学的复兴，也促使政策科学或政策分析的异军突起、身价百倍，乃至有不少学者主张用政策科学来取代政治学的研究。

进入20世纪70年代，随着亚洲国家的政治、经济环境的变化，政治学研究发生了较大的变化，即跨学科、交叉研究以及杂交化、整体化发展趋势的不断加强。处于这种大趋势之下，政治学的研究范围不断拓宽、主题日趋多样、

---

① David Easton. The new revolution in political science. American Political Science Review LX Ⅲ, 1969 (10): 1051.

理论内容更加丰富；政治学日益与其他人文社会科学学科及自然科学学科相互交叉融合，研究方法、途径以及知识的产生方式得到更新；政治学的现实性增强，日益与解决当代人类社会重大的、紧迫的社会政治问题密切相关。由此形成了大量的新学科（分支）、新思潮、新流派，如新政治经济学、公共选择理论、政策科学（政策分析）、新保守主义、新制度学派、国际政治经济学、科学技术政治学、地缘政治学、“新马克思主义”（“生态马克思主义”、“分析的马克思主义”、“市场社会主义”）环境政治学，以及新自由主义、社群主义、女权主义等等。

作为一门独立的学科，近年来亚洲政治学获得了迅猛发展，取得了突出的成就。亚洲政治学研究的发展主要依托各个优秀的研究机构。以日本为例，日本的政治学研究机构最早出现在大学中，按目前的研究机构分布来看，大多数的研究机构还是各个大学附属的研究机构。这些研究机构在政治学的发展上起到了重要作用，各个研究机构都有自己的出版物，承担着出版优秀研究成果的任务。这些研究机构还组织大量的国际学术交流，为本国及亚洲的政治学发展作出了突出贡献。现把日本的政治学研究机构做简单介绍。日本的政治学研究机构可以分为大学附属研究机构、政府部门下辖的研究机构、区域政治研究机构等。

1. 大学附属研究机构

1957 年成立于大阪的关西大学经济政治研究所涵盖了政治学、经济学的研究。该研究所主要对政治学、经济学及所涉及的问题进行研究。所内下设 IT 与产业研究班、关西地区社会经济发展研究班、企业与社会的制度转化研究班、生育率下降的社会综合研究班等。每年定期举办产业研讨会和公开讲座，并对研究人员的研究成果结集出版。其主要定期出版物有《研究所報》和《產業研究年報》两份年刊。①

1966 年成立于京都市的京都产业大学世界问题研究所涵盖了政治学和国际政治学的研究范畴。主要针对由政治和经济原因引发的世界和平问题展开跨学科的综合研究，并组织研究成果发表会、学术演讲会。主要定期出版物为年刊《世界問題研究所紀要》。②

1976 年成立于东京的创价大学和平问题研究所，研究调查与人类和平有关的所有问题，致力于开展和平教育和知识的普及。对和平思想、非暴力主义

---

① www.kansai-u.ac.jp\Keiseiken\index.html.

② www.kyoto-su.ac.jp\project\kikou.html.

运动、国际社会制度、人权问题、和平解决武力纠纷、地球安全问题、联合国的作用、裁军的效力等展开调查研究。下设“环太平洋研究中心”，分析亚太地区国际关系动向，定期举办“和平问题讲座”和“环太平洋学术研讨会”，出版《环太平洋各国安全保障问题与日本的课题》等研究成果。主要定期出版物：《創大平和研究》和《創大平和通信》两本年刊。①

1978 成立于横滨市的神奈川大学法学研究所，主要涵盖法学研究，同时对政治学领域的问题予以关注。主要研究法学、政治学领域的问题，定期举办演讲会，编辑出版《神奈川大学法学研究丛书》，开展有关法的调查活动。主要定期出版物有年刊《神奈川大学法学研究所研究年報》。神奈川大学法学研究所的研究人员大多是法学院的教师和学者，以解决现代法律和研究者在面临今天的日益复杂的社会和多元化的政治学问题方面，努力创新出自己的研究体系，以促进合作研究和科学信息交流。②

1991 年成立于东京的大东文化大学国际比较政治研究所主要开展政治学的研究。针对包括日本在内的工业发达国家和发展中国家的政治进行比较研究。下设“区域研究”、“政策研究”、“传媒研究”、“全球研究”和“地域合作研究”小组。定期举办研讨会、学术报告会和国际学术讨论会。定期出版的刊物有年刊《国際比較政治研究》。③

1991 年成立的国际基督教大学和平研究所专门从事政治学的研究。对世界和平问题开展跨学科研究，研究人员由社会科学、人文科学以及自然科学领域的专家组成。定期组织学习会，探讨国际形势最新发展，举办国际学术研讨会，邀请国内外知名学者分析恐怖活动对世界格局的影响，组织学生到第二次世界大战遗址调查，加深青年学生捍卫和平的意识，与国外相关机构合作，开展合作课题研究。主要定期出版物有年刊《フィールドトリップ報告書》。④

1993 年成立的帝冢山学院大学国际理解研究所涵盖了政治学和国际政治学的研究。该研究所主要站在世界和平的角度研究造成国际纠纷的原因，提倡不同文化之间的相互理解。主要任务是搜集国际问题研究资料，定期举办“国际理解”、“国际理解教育”讲座、演讲会、研究报告会，同时接受留学生并提供资助，资助研究成果出版。主要定期出版物有年刊《国際理解》。⑤

---

① www. supri. jp.

② www. kanagawa-u. ac. jp\05\ken-hougaku\index. html.

③ www. daito. ac. jp\gakubu\iicp. html.

④ www. subsite. icu. ac. jp\pri\J\index. html.

⑤ www. tezuka-gu. ac. jp.

1997 年成立于新泻县的国际大学研究所主要开展多学科的区域研究。其前身是 1985 年成立的日美关系研究所和中东研究所、1998 年成立的国际经济研究所以及 1991 年成立的亚洲发展研究所。该所主要对亚太地区各国的形势及国际关系进行跨学科综合研究，同时邀请国外专家举办专题报告会，举办学术成果发表会、国际学术研讨会，出版《亚太丛书》系列研究成果。主要定期出版物是《国際大学ニューズレター》（每年 2～4 期）。①

1998 年成立于广岛的广岛市立大学广岛和平研究所主要开展政治学的研究。主要研究核武器对人类生存的危害及世界和平问题。研究课题有“东北亚紧张的缓和与信任的建立”、“联合国活动与人道援助”等。下设“21 世纪消减核武器研究会”、“关于介入主义的正统性与合理性研究会”等。定期组织公开讲座及国际学术研讨会，出版研究报告。主要定期出版物：《ニューズレター》（每年 2～4 期）。②

2. 政府部门下辖的研究机构

这些机构大多为“智囊团”性质，针对和通过政府部门的委托和资助来进行研究。按其研究领域分类可分为国际关系问题研究机构、政治学学科发展研究机构、社会政治问题研究机构，按其研究对象分为本国政治研究机构、专门研究外国政治的机构。政治学领域内研究机构均出版有定期出版物，向国内外展示研究成果。

1978 成立于东京的和平安全保障研究所是日本第一个以研究国家安全与战略问题为目的的研究机构。素有“日本的伦敦国际战略研究所”之称。成立于 1978 年 10 月，是以防卫厅为中心，以财界“经团联”为后盾，在军、政、财界一致倡导下成立的。该所旨在从事日本综合性国家安全政策的调查研究，其研究范围包括政治、军事、外交、经济、国民生活、思想和教育等领域。其基本方针是就军事、外交和战略提出政策性建议。该所现有团体会员 100 个，每年经费 1 亿日元。该所以高效率著称，其专职工作人员包括所长在内，仅有 5 人，但研究成果丰厚，1980 年 7 月向日本政府提出了关于“综合安全保障战略”的报告书，随后，陆续出版了一批有关日本、亚洲与世界和平与安全方面的专著，并每年出版一本《亚洲的安全保障》，被誉为“日本的伦敦国际战略研究所”。该所的宗旨是适应复杂多变的国际形势，从事日本综合性国家安全政策的调查研究，对军事、外交政策和战略提出政策性建议，普

① www. iuj. ac. jp\web.

② www. hiroshima-cu. ac. jp\inst\peace. html.

及国民的国家防卫意识。因此，它研究的范围不仅仅限于军事问题，还包括政治、经济、国民生活、思想和素质教育等广泛领域。该所的研究方向有：(1) 国际政治中的安全保障；(2) 军备管理和裁军问题；(3) 关于危机管理领域的问题；(4) 国际军火交易与核扩散问题；(5) 日本周边国家与地区的情势分析。

该所成立以来进行过许多卓有成效的专题研究。如“我国危机管理态势的现状”、“80 年代后半期的日美关系”、“国家观、价值观和国防意识的研究”、“军事科学技术的发展对日本防卫的影响及其对策”等。该研究所特别重视国际协同研究，它与伦敦国际战略研究所、瑞典斯德哥尔摩和平研究所、美国布鲁金斯学会等思想库都有密切的联系和长期合作的计划，在管理体制和研究方法上，它也有很多可资借鉴的地方。①

1959 年成立于东京的日本国际问题研究所，前身是 1960 年成立的由外务省管理的财团法人，在 1976 年与欧亚学会合并沿用现名。其宗旨是通过对国际问题的专门研究，来为日本外交政策的制定提供建设性意见。是研究国际问题的重要机构，以世界各主要国家和日本周边国家为对象，研究国际形势发展和日本的安全问题。下设“裁军、不扩散促进中心”等机构。为日本政府制定外交政策提供参考建议，发表涉及日本安全问题的研究报告，用电子邮件形式向会员发送分析国际形势最新发展的电子刊物《焦点》，举办国际学术研讨会。主要定期出版物：《國際問題》（月刊）、《ロシア研究》（半年刊）、Japan Review of International Affairs（年刊）。

该所的研究领域主要包括两方面：(1) 日本外交问题；(2) 一般性国际问题。近年来该所的研究侧重点更倾向于后者。对于外交问题，该所组织由外务省官员和许多国际问题专家、学者参加的研究组，对日本对外关系中的重大课题进行综合探讨，然后作出研究报告。该所曾经就日本外交上的几乎所有重大问题都进行过研究。关于一般国际问题的研究，该所往往致力于长期观察基础上的系统的、动态的研究，能形成一系列的研究成果。目前，该研究所的主要研究方向是：(1) 国际安全保障问题；(2) 地区问题研究。此外，其对 20 世纪 90 年代以来向市场经济制度转轨的一些国家和地区的政治经济问题也很感兴趣。

日本国际问题研究所十分重视对外交流，它始终保持与外国相关研究机构的合作关系。它与英国的伦敦国际战略研究所、美国的布鲁金斯学会、印度尼

① www.homepage2.nifty.com\rips.

西亚的战略国际问题研究所等有合作关系。在国内，日本国际交流基金是它的提携机关，其在海外的提携机关是亚细亚财团。该所很重视实地研究，经常性举办国际性会议、讲演会、座谈会，并特别重视国际问题资料的搜集和整理，曾编写了《中国共产党党史资料集》、《战后朝鲜问题资料》等。①

1997年成立于东京的生活经济政策研究所前身为1961年成立的和平经济计划会议，1983年改为社团法人机构，1997年改为现名。

该所主要研究日本政治、经济和社会问题，由研究人员、工会和立法人员合作设立自主研究课题，并接受委托研究课题，开展调查，与国外相关机构进行学术交流和人员交流，设立政策研究会和学术沙龙。主要定期出版物：《生活経済政策》（月刊）。②

1988年6月28日成立于东京的国际政策研究所（IIPS）主要研究日本及国际政治、经济、安全、能源、环境等领域的重大问题。国际政策研究所的研究人员主要来自日本各政府部门和企业的借调，研究者通过研究成果向政府提出政策性建议。国际政策研究所定期在东京举办研讨会和专题讨论会，邀请来自世界各地的著名学者和杰出的研究者在研讨会上发言。同时国际政策研究所也与其他研究机构开展联合研究，如设在伦敦的英国皇家学会国际部（RIIA）、设在美国的战略与国际研究所（CSIS）等。③

3. 区域政治研究机构

京都大学东南亚研究所成立于1963年，原为东南亚研究中心，2004年改名为京都大学东南亚研究所。主要对东南亚地区的政治经济和社会问题进行综合研究，开展集体课题与个人课题研究，发布关于东南亚研究的各种信息，设客座研究员制度，聘请东南亚各国的知名学者参与共同研究，开展教学，举办学术讲座、学术研讨会，出版研究成果。④

上智大学拉丁美洲研究所成立于1964年，主要研究拉美国家的政治、经济、文化等问题。开展主要拉美国家对日印象的调查，研究拉美国家天主教会的作用，拉美国家中产阶级的政治、经济地位，拉美国家社会与拉美贫困国家的大学生，日本与拉美国家的关系以及亚洲与拉美国家的人权保障等。举办对外公开讲座，对修得学分的人颁发“拉美区域研究履历证明”。主要定期出版

---

① www.jiia.or.jp.

② www.hi-ho.ne.jp.

③ www.iips.org.

④ www.cseas.kyoyo-u.ac.jp\index-ja.htm.

物:《イベロアメリカ研究》(半年刊)、《ラテンアメリカ文献目録》(年刊)。①

上智大学美国与加拿大研究所成立于1987年，主要研究美国和加拿大的历史、文化、政治、社会等问题，为年轻的研究人员和研究生提供发表研究成果的场所。每月召开研究成果发表例会，设“美国文化与公共空间”共同研究课题，举办“美国加拿大演讲会”，邀请国内外著名学者做学术报告。主要定期出版物:《アメリカ・カナダ研究》(年刊)。②

这些研究机构的重要作用主要体现在以下几个方面：第一，在学科设置方面，政治学作为基础性社会科学学科的地位已得到确立，亚洲各国的综合性大学一般都设立了独立的政治学或行政管理学的系科。第二，在机构设置方面，设立了许多综合性的或专门性的政治学研究机构。第三，在政治学专业人才培养方面，已经形成一个由学士、硕士、博士三级学位组成的完整的政治学人才培养体系。第四，在科学化方面，政治学的研究对象比较明确，政治学独有的概念系统和方法论系统初步形成，专业化程度明显提高。第五，在应用研究方面，政治学者开始积极地参与各级政府的对策研究，更多地承担党政职能部门委托的课题研究，成为决策咨询系统的重要成员。第六，在国际交流方面，政治学基本上已经完成从敏感学科向常规学科的转变，全方位对外开放，包括邀请国外政治学者讲学、国内政治学者到国外访问和参加国际会议、大量译介国外政治学著作等。

二、主要学术成果和理论创新

2009年的国外政治学研究取得了显著的成就，欧美的政治学研究中除了美国政党制度、政治选举、公民权利、公民参与及欧洲政治学研究中那些经久不衰的主题外，在2009年这个值得纪念的时期，恰逢东欧剧变发生二十年，因此对东欧剧变后的共产主义研究也是络绎不绝。同时，亚洲的政治学研究在较为健全的研究机构和研究体系基础上，对于政治理论学科、本国政治学学科、比较政治学学科、公共政策与公共行政学科方面的研究也取得了突出的创新性研究成果。

---

① www. info. sophia. ac. jp.

② www. info. sophia. ac. jp\amecana\jindex. htm.

（一）欧美政治学研究的主要学术成果

1. 政党和政党制度研究

对政党和政党制度的研究一直是西方政治学研究的热点。2009 年美国政治学界对政党和政党制度的研究主要体现在以下几个方面：

（1）政党的功能和行动空间选择问题

选举为欧美国家政党参与政治提供了平台，赢得选举也是欧美政党的最核心的目标。许多媒体和学者对选举同台的融合功能并没有好的印象，因为它不能在候选人之间提供足够的选择。Dan Bernhardt，John Duggan，和 Francesco Squintani 在《对负责政党的案例分析》一文中对选举平台的聚合功能的负面影响提供了解释。他们揭示出，当政党不确切地了解选民的喜好时，以及当政党在意识形态上的对立比较温和时，所有的选民更支持负责政党，而不是纯粹的机会主义政党。他们进一步指出，政党在选举平台上的分歧存在一个社会最优程度的问题。而且，政治当局可以通过制度设计来达到这种最优的程度。矛盾的是，当双方在意识形态上的分歧趋于极化的时候，当局的利益会不断增加。为了解决这一矛盾，作者通过实证研究指出，在当局利益趋大或者选民的支持意向更加确定时，选举平台的聚合功能应该发挥更大的作用。这一理论成果为学者研究极化政治现象提供很大的借鉴作用。① 另外，政党如何在即时的政治情境中选择自己的行动空间，是观察政党的重要维度。尽管空间理论学说推测，为了应对对立党派的政策战略，政党会相应地调整自己的政策，但是对于这个推测却很少有比较研究来评估这个假说。James Adams 和 Zeynep Somer-Topcu 运用“比较宣言”项目的数据，分析了战后 25 个民主国家当事政党的政策方案及其对手的政策之间的关系。作者得出结论，如果当事政党的对手在之前的选举中转变了他们的政策，那么当事政党往往也会在同一方向转变他们的政策立场。此外，双方分别由他们的“思想家庭”成员来回应政策变化，也就是说，左翼党派回应其他的左翼政党，而右翼党派回应其右翼党派成员。他们的研究对于选举的空间模式，政党系统的动态和政治代表性具有重要的影响。②

（2）政党与选民

---

① Dan Bernhardt，John Duggan，Francesco Squintani. The case for responsible Parties. American Political Science Review，Vol. 103，2009（11）：570-587.

② James Adams，Zeynep Somer-Topcu. Policy adjustment by parties in response to rival Parties' policy shifts：spatial theory and the dynamics of Party competition in twenty-five post-war Democracies. British Journal of Political Science，Volume 39，Issue 04，2009（10）：825-846.

一般理论认为，选民会支持他们所选举出的政党的政治、经济和社会政策。政党为了获取选民的支持也会根据选民的需要，适时地调整自己的政策。但是选民能有效地促使选举产生的官员为其决策负责吗？Andrew Healt 和 Neil Malhotra 在《短视选民和政策灾难》一文中通过对自然灾害、政府支出和选举回报的数据的研究，指出选民支持政党的减灾支出，但是并不支持预防灾害的支出。这种不一致扭曲了政府官员的激励机制，导致了政府在防灾上投资不足，进而导致了公共福利的重大损失。通过评估政策制定的决定因素和政策后果，作者指出单单对选民的偏好负责未必就是绝对的好事。但是这种结果恰恰又是通过民主选举制度实现的。①

这篇文章研究的是对最后六次加拿大竞选的结果的分析中信息赤字的聚集作用。在巴特尔斯分析的基础上，在六选三的选举过程中作者发现了一个信息的作用和在每个案例中信息差距有利于自由党。这一发现产生的问题是：为什么在某些情况下信息起作用而在另外的情况下却不起作用？在这篇文章中争论的是信息缺陷与缺乏可见性有关。何时何地所有政党有某一程度可见性，知情较少和过多的在表决过程中是相似的，但是何时何地一个政党是几乎不可看见的，知情较少的不太可能支持的一方。在他们投票时，知情较少会出现考虑较小的选择范围。

（3）政党与经济

Alan S. Gerber 和 Gregory A. Huber 在《政党倾向和经济行为：经济预测中的党派差异是否预示实际的经济行为》一文中指出当一个选民的政党倾向和现任总统一致时，他对当前和未来经济的表现将会更加乐观。两位作者通过对全国一个季度的商品销售额来检验政党倾向对消费的影响，发现每个州的消费情况与该州在总统选举中的政党倾向是一致的——在总统选举后的几个月里，与总统持相同政党倾向的州，消费明显上涨。这一发现在很大程度上支持了后继的研究，并且证明了作者先前提出的一些理论（比如市场会对选举做出反应）。同时，也提出了新的研究课题，比如选民是否真的像这些新发现所说的那样深受其政党倾向的影响或在多大程度上受其影响。②

（4）政党偏见

---

① Andrew Healt, Neil Malhotra, Myopic. Voters and natural disaster policy. American Political Science Review, Vol. 103, No. 3, 2009 (8): 387-406.

② Alan S. Gerber, Gregory A. Huber. Partisanship and economic behavior: Do partisan differences in economic forecasts predict real economic behavior. American Political Science Review, Vol. 103, No. 3, 2009 (8): 407-426.

政党之间因为所代表群体和所追求的政治目标不同必然存在着矛盾和偏见。这种偏见对西方国家的民主政治也产生了很大影响。2007 年在美国发生了一起律师纵火事件，Sanford C. Gordon 通过对这一事件的思考和研究，在《对联邦公共腐败诉讼中的政党偏见的评价》一文中提出在美国现行的法案下对官员进行审判时政党歧视的问题，指出诉讼的酌情处理权是用来破坏政敌还是保护同盟者？为了回答这一问题，作者提出了一个在考虑腐败的官员和决定起诉他的律师之间相互作用的模式。有歧视倾向的起诉人将会对政敌提起比较弱的诉讼，而对自己的同盟者提起较为严厉的诉讼请求。据此，这一模式估计在存在党派歧视的情况下，对政敌的处罚程度比对自己盟友的处罚要轻。作者通过收集有关公共腐败的诉讼案件的数据发现在布什和克林顿政府的司法部门都存在党派歧视的情况。但是，也有证据表明，这些研究结果夸大了布什政府的党派歧视程度，而淡化了克林顿政府的党派歧视程度。①

2. 政治选举

选举是民主政治的重要组成部分，关于选举的研究也是政治学界长盛不衰的主题。2009 年美国政治选举研究主要采用实证主义方法，建立在翔实的资料分析之上，集中分析了选民的道德偏好、代理者如何行事、选举不足和选举策略等问题。

(1) 选民与其代理者

选民和候选人是政治选举过程中的两大主体，民主制度的良好运行需要两者的良性和持续互动。选民的偏好和对代理人的不同要求都会导致民主运行效果的显著差异。

对国家而非对派系的忠诚恰恰是法国大革命和美国联邦制拥护者想要灌输的理念。正如在著名的《联邦党人文集》第十篇中所论述的一样，“派系的危害”在一个大共和国中会更少。在《大选中的道德偏好：理论和实验的证据》一文中，泰蒙斯·费德森（Timothy Feddersen）、肖恩·盖尔玛德（Sean Gaillmard）和阿尔瓦罗·萨德罗尼（Alvaro Sandroni）实证性地论证了观点的基本部分：选民的规模越大，任何一个单独选民关键性作用的可能性越低，全体选民为道德而非工具性（例如纯物质利益）所驱使的可能性越大，到底这种道德选举是非常好还是坏，这是他们在脚注中提出的一个未解决的问题。但是把 Shayo 与费德森、盖尔玛德和萨德罗尼放在一块，我们可以说——存在某种程

① Sanford C. Gordon. Assessing partisan bias in federal public corruption prosecutions, Vol. 103, No. 4, 2009 (11): 534-554.

度上的矛盾——随着社会规模变得越来越大，对外更加强大、对内更加平等、民族上更加碎片化，选举上物质上的利己主义倾向会降低。①

关于选举联系以及主要执行者——代理人问题的现代作品非常普遍，但这实际上导致伯克困境（Burkean dilemma）更加复杂化，即代理人该如何行事——选举代理人应当仅仅按照委托人的行动逻辑行动，即按照他代表的选民意愿来投票，还是受托人独立行事，因其对每个议题有着自己独立的判断而且可能有着更加丰富的知识。正如先前的研究所揭示的，即使一个代表因对议案的后果更加了解而试图挑衅其所代表的选民的短期愿望，其连任目标也将落空。在《代表性的再思考：在政治代表权和民主研究中的关于受托人、代表和陀螺的问题》一文中，安德鲁·瑞福德（Andrew Rehfeld）再次关注了这一规范性的问题，认为这涉及三个不同的问题：立法的目的，代表适当的判断依据，代表的动机。从这个角度思考，民选代表作为委托人和代表之间的冲突可以被归入更加普遍和细微的以决策为特征的问题。②

（2）选举失灵

选举是民主政治生活的基础，但不是全部，其本身也存在很多为研究者长期批评的诟病，如何保证少数的利益和防止选举欺骗都一直是重要的命题。

批评者长久以来担心美国的“赢者通吃”选举制度会损害少数人的利益。不幸的是，几乎没有人能广泛地评估少数在民主体制中到底牺牲了多少。为了测量美国案例中的胜利者与失败者，Zoltan L. Hajnal 在《谁在美国民主制中输了？选票证明了非裔美国人的有限代表权》一文中引进了一种新的代表性测量办法。对于任何一场选举，作者计算出每个选区有多少选民把票投给了最后失败了的候选人。在比较这种新的测量办法和旧的测量办法之后，作者使用来自《选民通讯社》（Voter News Service）投票后民意调查的全系列数据以及市长选举的样本，以确定哪些类型的选民最终失败了。作者发现在美国选举的范围内，非裔美国人一直比其他种群更可能是选举的失败者，这就提出了美国民主体制中的“平等”问题。黑人失败模式的一个例外——国会众议院选

① Timothy Feddersen, Sean Gailmard, Alvaro Sandroni. Moral bias in large elections: theory and experimental evidence. American Political Science Review, Vol. 103, No. 2, 2009 (5): 176-192.

② Andrew Rehfeld. Representation rethought: on trustees, delegates and gyroscopes in the study of political representation and democracy. American Political Science Review, Vol. 103, No. 2, 2009 (5): 214-230.

举——提供了一个更好的整合少数人利益的办法。①

为什么在现代民主体制中有如此之多的选举涉嫌欺骗？大多数学者认为直接原因是竞争性选举。在《形塑民主实践以及选举欺骗的原因：19世纪的德国现状分析》一文中，Daniel Ziblatt通过建构和分析德国议会存留的一个数据库资料，提出一个不同的解释。这个信息库记录了德国在实行男性公民普选权后1871—1912年里每一次议会选举中的争论。该文研究了逾5 000个议会席位的选举状况以确认在什么地方以及为什么选举中的争议缘于选举不当。实地研究证明了选举欺骗的发生率与一个社会特定时期的土地所有、福利、权力、声望等资源的分配不公有很大关系。通过权衡两种不同因果联系的重要性，该文的结论是社会经济的不公正可以成为一个主要的并且被低估的通往长期民主化进程的一个障碍，甚至是在“选择”正式的民主规则之后。②

（3）选举策略

影响选举成败有诸多因素，比如对选民需求的有效回应、竞选媒介的选择、竞选纲领的简洁度等，学界研究的较多。选举策略也是影响选举结果的重要因素，如现任者和竞选者在面对选举时采用策略的差异、竞选者的用语模糊等，本年度的一些作者做了较好的实证研究。

竞选活动是民主管理的基础，但是对沟通活动内容的研究是不够充分的。在《美国国会竞选中的沟通活动》一文中，James N. Druckman，Martin J. Kifer和Michael Parkin通过整合和拓展关于竞选沟通的现有理论来推进关于美国国会竞选的研究。通过研究直接来自国会竞选活动网站三个竞选周期的数据（同时控制其他因素），作者发现，现任者和竞选者在一系列行为中有很大不同。随着竞选活动竞争白热化，挑战者更经常采用冒险的策略，而现任者则通过避免争论焦点和在办公室讨论其目标而显得小心翼翼。而且，挑战者更喜欢在各个层次的竞争中与选民进行互动。作者通过对竞选活动网站设计者的访谈提供了定性资料，来补充其所获得的定量资料。③

Michael Tomz和Robert P. Van Houweiling在《候选人的模糊用语在选举中

---

① Zoltan L. Hajnal. Who loses in American democracy? A count of votes demonstrates the limited representation of African Americans. American Political Science Review, Vol. 103, No. 1. 2009 (2): 37-57.

② Daniel Ziblatt. Shaping democratic practice and the causes of electoral fraud: the case of nineteenth-century Germany. American Political Science Review, Vol. 103, No. 1, 2009 (2): 1-21.

③ James N. Druckman, Martin J. Kifer, Michael Parkin. Campaign communications in U. S. congressional elections. American Political Science Review, Vol. 103, No. 3, 2009 (8): 343-366.

的含义》一文中指出，选举候选人常在陈述其所追求的政策目标时用语模糊。从理论上看，用语模糊会影响选民如何做出选择以及谁能赢得选举。实际上，测量和内生性难题阻碍了关于模糊用语影响的实证研究。作者进行了一项调查实验，通过控制模糊性的普通形式来克服这些障碍。实验数据显示，一般说来，措词模糊并不会使选民感到厌恶，反而会吸引选民。对无党派选民来说，那些对冒险持中立或积极态度者，或者那些对自己的政策偏好不太确定者，倾向于对措辞模糊的政策感兴趣。对有党派的选民来说，他们对措辞模糊的回应更为积极主动，他们乐观地从自己的党派出发来感知和理解措辞模糊的候选人的政策，而不从反对党的角度来解读。通过分析另外两个全新的数据样本，作者进一步发现，候选人就像他们在实验中提到的那样含糊其辞，而选民们往往就像他们实验中的那样去感知那些含糊其辞的政策。和作者实验结果一样，日见增多的运用模糊措词的现象成为在竞选中取胜的策略，尤其是在党派竞选中。①

3. 政治文化研究

政治文化根植于一个民族的血液之中，并从更加深入和细致的层面影响一国的政治过程。在过去的 2009 年里，美国学者对政治文化的研究焦点是大众传播媒介对政治社会化的重要作用和意识形态对一国政治过程的影响两个方面。

（1）大众传播媒介对政治社会化的重要影响

Georgy Egorov，Sergri Guriev 和 Konstantin Sonin 在《为什么资源匮乏的独裁者允许更自由的媒体》一文中指出每一个独裁者都不喜欢自由媒体。然而，许多非民主国家都有部分甚至完全自由的媒体。在这篇文章当中，作者提出了一个在独裁体制下媒体自由的理论，并且提出了系统的数据来验证这一理论。在他们的理论模型中，自由媒体允许独裁者给官员提供鼓励措施，因此有利于改进政府的质量。这种益处的重要性随着各国自然资源禀赋的不同而不同。在资源丰富的国家，官方的鼓励对独裁者来说就不是很重要。因此，自由媒体可能就不会出现。作者发现和非民主政权相比，控制着国家固定资产的石油国家的媒体是不自由的。这一结论和作者的模型是符合的，对可控制的变量来说也

---

① Michael Tomz，Robert P. Van Houweiling. The electoral implications of candidate ambiguity. American Political Science Review，Vol. 103，No. 1，2009（2）：83-98.

是可信的，这些变量包括经济发展水平、民主程度、国家规模、政府规模等。①

Elizabeth Levypaluck 和 Donald P. Green 在《尊重、异议与争议解决：利用大众媒体去干预改变卢旺达的行为规则的实验》一文中指出，尊重和异议在任何政体下都会引起一种微妙的均衡。对权威的尊重不够可能会使政府陷于混乱。然而，对权威的过度尊重又会导致领导人编排大众暴力。尽管在不同的国家和时期，在政治学领域对尊重权威和表达异议这些问题都进行了深入的研究，但很少有学者去研究如何改变政治文化这些方面的课题。这一研究基于对后种族灭绝主义卢旺达的研究，对这一尝试进行了定性和定量评估。这个尝试是劝阻盲目服从和过分依赖权威的指令，并且促进独立思考和以集体行动解决问题的能力。为此，作者设计了一个电台收音节目，将对象锁定在卢旺达种族灭绝时期的幸存者和被监禁者这两个群体，通过封闭访谈法、焦点分组讨论法、角色参与法来评估个人态度以及群体行为的变化。调查结果发现，这档收音节目对收听者的行为规则有实质性的影响。②

（2）意识形态对一国政治过程的影响

Margit Tavits 和 Natalia Letki 在其文章《左翼政党何时正确：后共产主义欧洲的政党意识形态和政策》中提出了一个不同寻常的观点。按照经典的党派开支理论，左翼政党希望增加政府开支；右翼政党希望减少政府开支。二位作者认为这种关系在后共产主义国家是不成立的。他们利用对匈牙利和波兰的案例研究来说明这一理论争论。之后，他们通过考虑内阁的总体意识形态以及从 1989 年到 2000 年间 13 个后共产主义国家在教育和健康方面的开支，找到了支持自己论点的证据。最后得出结论说在这些国家开始向民主政治和市场经济过度的背景下，左翼政党有更强的动机和更有利的机会去指定紧缩的财政预算，而右翼政党为了减轻经济衰退期的影响则被迫去花费更多的资金。③

Brandon L. Bartels 在文章《美国最高法院中法律信条的约束能力》中首先

---

① Georgy Egorov, Sergri Guriev, Konstantin Sonin. Why resource-poor dictators allow freer Media: A theory and evidence from panel data. American Political Science Review, Vol. 103, No. 4, 2009 (11): 645-668.

② Elizabeth Levypaluck, Donald P. Green. Deference, dissent and dispute Resolution. An experimental intervention using mass media to change norms and behavior in Rwanda. American Political Science Review, Vol. 103, No. 4, 2009 (11): 622-644.

③ Margit Tavits, Natalia Letki. When left is right: Party ideology and policy in post-communist Europe. American Political Science Review, Vol. 103, No. 4, 2009 (11): 555-569.

提出了“在最高法院进行正义决断时，法律能够起到有效的约束作用吗？”这一问题。然后列举了两种常用的分析模型来解释这一问题。态度模型的支持者认为意识形态严重影响了正义决断，但是“混合模型”却认为法律和意识形态在正义决断时显示出独立的但又一致的作用。笔者在此基础上又提出了一种法律约束的新概念，即研究法律规则在意识形态影响下的变通程度，这将能够确定意识形态偏好在多大程度上影响了正义选择。在研究了法条审查的不同类型后，作者提出的理论模型强调严格审查、中级审查和基础性审查中不同的法律约束能力。提出了用多层级的模型结构来检验在自由表达权诉讼中格瑞讷德（Grayned）主义的假设。通过分析从1953年到1998年所有的关于自由表达权的案件，作者表明并不是所有的规则都是平等的，规则的约束力根据案件的内容而有所不同。在政府行为影响自由表达权的案件中，如果采用“严格审查”的规则，他们就能约束意识形态在判决中的影响；而采用遵从意识形态的规则自然就会受意识形态影响，甚至置法律于不顾。Bartels 的发现可能影响未来研究中关于裁判的“法条”模型和“态度”模型。①

4. 公共政策

（1）民主与公共物品供给

David S. Brown 在《民主的改造力量：政权类型与电力分布中》指出，如果我们假定在民主制中的选举是以自我利益为中心的，那么公共政策会有利于小而紧凑的利益集团（正如集体行动的理论所得出的）还是大而涣散的利益集团（正如中间选民理论所暗示的）？更加精确地来说，扩大的政治参与会有利于集中还是分散的利益？先前的研究检测了民主对于公共物品供给的影响，作者则在该文中第一次指出一种特殊的公共产品（电力）的分配。民主化（他们从专家组涉及733个国家一年的研究中发现）增加了特别是那些居民区的电力的分配份额（大概是分散的利益团体），而减少了工业部门的电力份额（集中的利益团体）。②

（2）社会认同与再分配要求

Moses Shayo 的《一个应用于政治经济学的社会认同模型：国家、阶级与再分配》一文，形成了一个分析社会认同的模型并且把它应用于政治经济学的收入再分配领域，重点是阶级和国家认同。这个模型试图从社会心理学中提

① Brandon L. Bartels. The constraining capacity of legal doctrine on the U. S. supreme court. American Political Science Review, Vol. 103, No. 3, 2009 (18): 474-495.

② David S. Brown. The transforming power of democracy: regime type and the distribution of electricity. American Political Science Review, Vol. 103, No. 2. 2009 (5): 193-213.

取一些主要研究发现并应用于小的领域：如他们对于一个集团的认同意味着什么以及什么因素决定着这个集团内部人们的认同。作者然后提出了一个观点：身份和行为是内生决定的。应用这个理论到再分配领域有利于解释现代民主理论中的三个经验模式。第一，穷人比富人更强烈地形成了对于国家的认同；第二，对于国家的强烈认同可以减少对于再分配的政治要求；第三，在民主政体中，在国家认同与再分配水平间有一种负相关关系。特别是在穷人中，对于国家的认同可以增加国家的权力和威望，同时也增加在种族、宗教、语言上少数群体的权利和地位。Shayo 从国家和个人的角度、以大量实证论证了以上三个结论。可能最重要的是，他的观点能够有助于解释为什么会与 Meltzer-Richard 模型在逻辑上形成非常强烈的矛盾，更多发展不均衡的民主经常仿佛对再分配要求得更少，而不是更多，这便是 Peter Lindert 称之为的“Robin Hood 的矛盾”。在他仔细地从社会心理学和实验经济学中并入的研究成果中，Shayo 提供了一个跨学科的论述模型。①

Jeffrey R. Lax 和 Justin H. Philips 在《美国的同性恋者的权利：公众舆论和政策回应》一文中指出，公共舆论在国家制定关于同性恋者的政策上的影响，以及导致产生这种影响的因素。通过全国范围的调查和改进意见评估，我们对全国都支持的八项政策进行了新的评估，包括公民结社和不歧视法案。我们对意见响应和多数派同意进行了区分。我们发现在利益集团的压力下和投票者、选举官员的意识形态的影响下，人们的政策响应积极性很高。然而，公众舆论在一些政策上没有一致性，即使是绝对多数人支持也未必能通过。当不一致时，政策将会比选民的要求更加保守。我们没有发现证据说明政治体系对政策响应和通过有影响。就政客对选民的回应，作者提出疑问：在同性恋的权利问题上，国家层面的公共政策是落后于还是超前于公众舆论。通过全国范围的调查和控制其他变量，他们对国家层面的公众舆论进行了评估，然后发现，公众回应在很大程度上能够转化为公众舆论，但是政策和公众情绪的专注程度并不常常一致，即政策通常更加保守，甚至从来不比选民的主张更加激进。或许更令人惊奇的是，国家制度体系中常规措施的改变（尤其是直接民主的程度），并不影响公众回应和意见一致。②

5. 国际政治研究

---

① Moses Shayo. A model of social identity with an application to political economy: nation, class, and redistribution. American Political Science Review, Vol. 103, No. 2, 2009 (5): 147-174.

② Jeffrey R. Lax, Justin H. Philips. Public opinion and policy responsiveness. American Political Science Review, Vol. 103, No. 3, 2009 (8): 367-386.

(1) 强国偏袒与调停

Katja Favretto 在《调停者应该偏袒吗？强国调停，胁迫与偏袒》一文中，他讨论到，冲突（国内的和国际的）是怎样为一个强大的第三方所干预。传统的观点认为这种干预仅仅当调停者在冲突双方面前保持严格的中立时才能提高成功解决冲突的可能性。Favretto 从经验中发现一个 U 型的关系图。尽管强大的第三方不偏袒的干预的确提高了成功解决冲突的可能性，同样存在的情况是调停者强烈偏袒某一方时也会提高解决冲突的可能性，这主要是由于偏袒令人信服地显示调停者准备使用武力的方式来执行协议。通过近来一些真实调停案例，Favretto 认为注意到这种非线性的关系有助于理解看似矛盾的来自经验的结论。①

(2) 内战如何影响随后的政治参与

Christopher Blattman 在《从暴力到选举：乌干达的战争与政治参与》中指出，从大视野看民主，内战是怎样影响随后的民主参与？我们中的许多人或许会认为一定是内战导致参与的消失。但是 Christopher Blattman 从北乌干达的经验中审视，揭示了一段在暴力胁迫下的强制参与的历史（特别是通过拐骗）似乎增加了选举和公民的参与。调查数据显示拐骗导致了在选举和社区领导的投票中的参与人数的大幅度增加，绝大部分是由于目睹了日益升级的暴力。同时拐骗与暴力没有对非政治参与造成影响。Blattman 发现，如果它们是普遍性的，那么就挑战了我们关于政治参与的传统理论，这也是他转向通过心理学研究来考察的一个可能的答案。②

(3) 国际人权和民主主权

Seyla Benhabib 在《主张跨越国界的权利：国际人权和民主主权》中分析到，相对于自由民主国家的主权要求而言，国际法和跨国法律协议已经成了非常有争议的理论和政治问题。尽管近来欧洲的讨论焦点集中于建立一个全球性的宪法，但是也有许多人认为建立一部世界宪法既无必要，又无益处。这篇文章，通过把民族主义和民主主权主义进行区分，更加密切地关注了对这些法律变革的批评。并且，对这两者的分析都是基于对下面的一个判断，这一判断把普遍人权规则要么看成一个世界帝国的“特洛伊木马”，要么看成是宣称要控制世界的新殖民主义企图。尽管民主主权主义者把人权准则可以改进民主自治

① Kat ja Favretto. Should peacemakers take sides? Major power mediation, coercion and bias. American Political Science Review, Vol. 103, No. 2, 2009 (5): 248-263.

② Christopher Blattman, From violence to voting: war and political participation in Uganda. American Political Science Review, Vol. 103, No. 2, 2009 (5): 231-247.

的作用最小化是错误的，但是国际立法主义者把世界性准则也需要地方的语境和解释的程度最小化的做法也是不正确的。①

（4）信仰竞争与民族认同（宗教领袖对教民的回应）

Guillermo Trejo 在《拉丁美洲的信仰竞争和民族认同：为什么天主教在墨西哥推动本土化运动?》中指出，一个社会的信仰结构可以解释宗教信仰到底是“人民的麻醉剂”还是不同宗教信仰者进行动员的主要来源。作者提出了一种简单模型来说明，为什么在专制条件下，拉丁美洲的天主教忽略了贫困农村地区本土教民的信仰和社会需求，而在面临美国传统新教的扩张时，天主教会却成了其本土化的主要推动机构。本土的天主教民在竞争中获得了与新教徒相同的权利：社会服务，教会分权，用本国的语言进行宗教活动。由于未能在教会各阶层中进行分权，同时面临着几个世纪以来为富人和精英说话所导致的声望匮乏，天主教徒涉入了世俗领域并成为本土化运动和民族认同的积极推动者。他们把印第安人的起源作为成员保留的策略而不是对罗马教皇二世新教义的响应。通过对墨西哥本土化运动原始数据和生命史及个案资料的研究，作者提供了定性和定量的证据，来说明信仰竞争在为本民族认同创造其社会基础中的作用。

通常政治学者集中关注政客和选民之间的选举活动，但该文作者却关注宗教领袖如何对教民的变化做出回应。在墨西哥，罗马天主教的宗教垄断地位受到了来自美国新教传教者的挑战，作为回应，他们提出了新的“市场策略”，即以世俗的方式倡导本土化运动和民族认同。作者提出了定量和定性证据说明，拉丁美洲的天主教朝此方向发展是由于新教的竞争，而不是罗马教皇二世的新教义。②

6. 其他研究成果

除了前述主要研究成果外，2009 年美国的政治学界还就“政府与市场的关系”问题进行了探讨。

Irina Denisova 等人撰写的《谁想要修正私有化？市场能力和制度的补充》通过使用从 28 个转型国家那里获得的调查数据，展示了在经济转型中出现的民主和善治如何完善市场能力。作者认为，随着政府治理的更加民主和有效，

---

① Seyla Benhabib. Claiming rights across borders: international human rights and democratic sovereignty. American Political Science Review, Vol. 103, No. 4, 2009 (11): 691-704.

② Guillermo Trejo. Competition and ethnic mobilization in Latin America: Why the catholic church promotes indigenous movements in Mexico. American Political Science Review, Vol. 103, No. 3, 2009 (8): 323-342.

高技术的工人倾向于更加支持私有化，而低技术工人则倾向于更加反对私有化。相反，在那些独裁政府和机构软弱的地方，高、低技术工人对私有化的态度差异消失了。作者认为，这项研究成果对我们理解政治经济改革的微观基础是有益的。①

J. David Brown，John S. Earle 和 Scott Gehlbach 在一项关于后共产主义俄国的私有化研究中集中考察了"为什么减少州政府作用的经济改革会在有的地方成功而在另一些地方失败？是阻碍了私有经济活动的强大的政府使得改革失败，还是弱小的州政府不能有效地推行政策和提供一个支持的制度性环境?"两个问题。通过考察州政府机构与私有化对公司生产力的影响之间的关系，作者发现在那些州政府机构庞大的地方，私有化会更加有效而且更少出现腐败。他们的分析表明这是由于私有化商业环境的影响，以及较好的制度支持和更少的腐败。州政府的能力同时似乎扮演了一个决定者的角色，它在很大程度上支持或者反对私有化。②

（二）亚洲政治学研究的主要学术成果

亚洲高校政治学研究近年来在多个领域取得了丰硕的成果，2009 年发表了一些影响广泛的作品。本文依托已经发表的亚洲高校及研究机构的学术成果展示如下。

1. 主要研究领域

（1）公民社会与身份认同研究

在当代政治中，公民社会或市民社会是指由自由的公民和社会组织机构自愿组成的社会。在政治学中，是对国家与社会的关系的一种思考和理解。③ 该理论的前提是现代社会中国家政权与市民社会的二元分离，使市民社会在理论上获得了相对于国家的独立性。

自由主义者认为市民社会使个性得以存在和发展，是自由的体现，因此神圣不可侵犯。社会的多样性和民主国家的合法性依赖于市民社会的充分自治，同时认为国家权力对市民社会的干预是不正当的，也可能是无效的。黑格尔主义者认为市民社会就是一个以私人利益为基础的名利场，主张通过国家共同体

---

① Irina Denisova，MarkusEller，Timothy Frye，et. Who wants to revise privatization? The complementarity of market skills and institutions. American Political Science Review，Vol. 103，No. 2，2009（5）：284-304.

② J. David Brown，Johns Eaele. Helping hand or grabbing hand? State bureaucracy and privatization effectiveness. American Political Science Review，Vol. 103，No. 2，2009（5）：264-283.

③ 吴惕安，俞可平. 当代西方国家理论评析. 陕西人民出版社，1994：365-366.

来控制市民社会。而折中的观点则认为国家与市民社会相互制约并相互依存。① 市民社会一方面保护了个人利益不受国家政权的侵犯，另一方面也确定了国家的活动范围。

关于公民社会和身份认同的研究在亚洲政治学界也成为主流。目前正在从事一项新的有关精神人种学研究的J. K. 蒂娜·巴斯（J. K. Tina Basi）2009年6月出版了《妇女、身份和印度的呼叫中心行业》一书。J. K. 蒂娜·巴斯研究了全球化身份概念特征，并解释了印度的跨国呼叫中心行业中工作的妇女们在身份诠释方面所作的贡献。

这本书拥有丰富的印度呼叫中心工作妇女们相关的原始数据，作者J. K. 蒂娜·巴斯是利兹大学的性别研究和社会学博士，对此有着丰富的分析经验，作者分析了这些妇女参与全球劳动力市场所起的作用。作者运用社会、文化和历史因素构造出一个身份认定的框架。在此框架内，作者探讨了电话呼叫中心工人对印度的城市中心造成的影响，并且这种方式影响到变革和社会的性别、性、两代关系的变化。作者强调在一个全球化的世界里身份的重要性，作者认为，身份作为最强大的一种标志行为结构改造了世界“图景”以及文化和经济的流动。②

（2）政党研究

由于亚洲各国在宗教信仰、文化传统、历史背景发展水平上都不尽相同，不同性质、不同政见和意识形态的各类政党，面对不同国情，其任务目标和利益需要也不尽相同，所以差异在所难免。然而，越来越多的政治学研究者通过研究使本国的政党政治走向良性发展。所以，对政党的研究也成为亚洲政治学研究者的一个主题。二战结束后，全球化浪潮席卷世界，和平与发展成为人类政治生活的主题，停止纷争、合作共赢的呼声越来越高，在政治领域，随着民主化进程的日益推进，世界政党数量不断增加，政党政治已成为世界政坛的主流现象。在不断更新的国际大环境下，文明古老、层次多样的亚洲大陆也投入到全球化的潮流之中。变幻莫测的亚洲政坛上，不断增加的各类政党与迅速发展的政党政治相互推进，成为了该地区国家政治生活中的必要元素。与此同时，各国间政党交往日趋频繁，各国政党围绕党的自身建设和一些重大的全球性和地区性问题不断进行交流磋商，政党多边交往已成为亚洲地区间关系中的

---

① 孙关宏. 政治学概论. 复旦大学出版社，2003：104.

② J. K. Tina Basi. Women, identity and India 's call centre industry. Routledge, 2009 (5).

一道独特的风景线，其影响和作用日益显现，不容低估。①

近代以来，东亚曾长期为西方列强所侵扰和操控，发展缓慢、落后。二战后，东亚相继出现了一些新兴工业化国家和地区，其整体发展揭开了序幕。冷战时期结束后，东亚地区经济与社会发展呈现整体繁荣景象，并开始在世界上发挥重要作用。伴随现代化进程，传统东亚社会及文化受到严重的冲击和挑战，其政治形态与经济和社会形态一起，始终处于不断的解构和重构中。现代社会与传统社会在政治上的最大区别就是参与的不同。经济社会发展的层次越高，政治参与的层次也就越高。② 而参与的发展，必然带来政党政治的发展和活跃，并驱动政党政治的现代转型。③ 近年来亚洲政治学界对政党的研究进入了一个高潮。

（3）政治社会问题研究

随着经济的高速发展，带来了大量的社会问题，跨国移民、跨国就业，越来越多的人选择走出国门来实现自身经济利益。凯文·豪威森，肯·杨（Kevin Hewison，Ken Young）2009 年 4 月出版了《亚洲的跨国移民和就业》一书，书中主要描述了亚洲因工作原因迁徙的社会现象，进而讨论了关于移民和贩卖的问题。这本书把劳工移民稳固在全球化背景下，并提供一项无疑是 21 世纪的最为关注的集中的讨论。该书分析工人们流动的动机和合理性，得出整个亚洲移民经验的相似之处。作者在这本书里以个案的形式对现实生活中移民工人所面临的问题进行研究，同时讨论还涉及了移民与国家的关系、受剥削可能性以及目前政府、雇主、非政府组织和国际机构面临的重大社会政策问题。④

（4）国际关系研究

从 20 世纪初至今，军事在政治发展、国家职能、外交政策和中亚各国人民的日常生活中扮演着重要角色。埃里卡萨芬（Erica Marat）是中亚分析师。她对中亚地区的军事机关，国家建设和有组织犯罪的后殖民国有特殊兴趣。2009 年出版了第一本对中亚国家的军事机构专项深入的研究成果《中亚的国家与军事——从红军到独立》。作者考察了从 20 世纪初期到现在不同发展时期那些鲜为人知的事件和这些事件对国家和社会造成的影响。埃里卡萨芬结合

① 吴琳. 求同存异，共同发展——不断发展中的亚洲政党国际会议. 当代世界. 2007（1）.

② G. A. Almond，G. B. Powell. Comparative politics：A developmental approach. Little Brown，1978.

③ 徐峰. 传统与超越：东亚政党政治的特点及其转型. 马克思主义与现实（双月刊）. 2006（6）.

④ Kevin Hewison，Ken Young. Transnational migration and work in Asia. Routledge，2009（4）.

历史、军事、政治学和社会学，对近年来如何形成国家职能提供更深刻的见解。该书对军事有着重要的贡献，同时是对门类齐全的中亚研究所、后殖民国家和民族建设研究有着极其重要意义的研究。①

2. 主要研究成果

（1）政治理论（政治哲学）学科

政治文化一直是亚洲政治学者研究的主题。亚洲的诸多国家拥有优秀的文化传统，从各个角度来探讨公民政治文化是诸多政治学者的研究兴趣。日本的政治学者猪口孝是东京大学校长、新泻大学名誉教授，长期从事政治学、国际关系论的研究。2009 年 5 日出版了《亚洲和欧洲的政治文化——公民、国家和社会价值观》一书，这本书主要研究西欧、东亚和东南亚十八个国家的公民对政治和社会生活的态度。这本书借助对过去半个世纪以来最大的跨国政治文化调查得来的数据，分析了两个地区间的政治文化是如何不同——是社会价值观认识深浅的因素或者是“亚洲价值观”的因素。通过对地理、宗教和社会经济因素的比较，作者得出这些国家在走向现代化的同时，两个存在共同政治价值观的地区之间还是有很大同的。东西方公民所持有的价值观、规范标准和历史的不同吸引着亚洲和欧洲学者的关注。②

东京大学社会科学研究所的法学教授民雄村 2009 年 6 月 15 日出版了《从法律的视角看东亚的区域主义——目前的特征和对未来的想象》，从法律的角度考察了东亚地区的区域主义，虽然很多作家都有关于区域主义的政治和经济方面的作品，但是从法律的视角考察的却很少。民雄村打破常规，撰写了《从法律角度看东亚的区域主义——目前的特征和对未来的想象》一书，这本书是综合法律、经济和政治进行分析的著作。在该书的第一部分，作者从比较的视角研究了当前的区域主义的特征，从经济和货币合作方面把亚洲的区域主义与欧洲和拉丁美洲进行比较。第二部分，作者继续研究区域主义的现行法律特征，其中包括体制框架，贸易多元化和区域一体化。第三部分提议制度化在东亚共同体重要的地位是真正独一无二的，并构思出东亚宪章草案，这个草案是一个浓缩东亚国家已实现成果的重要的文件，而且还包括了在此地区国家和人民之间未来合作的不可分割原则和基本规则。这本书适用于那些对区域主

① Erica Marat. The military and the state in central Asia from Red Army to independence. Routledge, 2009 (10).

② Jean Blondel, Takashi Inoguchi. Political cultures in Asia and Europe citizens, states and societal values. Routledge, 2009 (5).

义、国际关系、国际法和亚洲研究有兴趣的毕业生和学者们。①

(2) 本国政治学科

本国政治是各国政治学术力量最为集中的领域。各个国家的政治学者所面临的具体任务和条件有所不同，他们的学术兴趣和问题也显示出差异。

日本近代史主要考虑的重点是使日本进入现代世界的国家建设。经过几个世纪的孤立之后，美国军舰迫使日本向西方列强开放其大门，一大批坚强的新领袖把这个国家变成了世界上伟大的军事和经济强国之一。但是，对此不同的观点必须得到考虑。M. 威廉 ·斯蒂尔米（M. William Steele）是东京国际基督教大学的教授。他发表了大量关于19世纪末日本的文化，政治和社会革命的日文和英文著作。2009年7月他出版了《现代日本历史的另类叙述》一书，在书中他主要解决了日本平民是怎样体验日本的现代转型，在现代日本的形成过程中当地人民又扮演什么样的角色和对地方政治的研究又如何有助于解释国家活动等问题。文章着眼于日本现代转型的最初几年（从19世纪50年代到19世纪90年代），斯蒂尔研究了1853年美国军舰到来后的平民反应、一些受欢迎的政治意识的增长、1868年旧幕府政权垮台后江户居民们的反应，甚至还包括了美国试图去了解日本1868年内战的真实目的，这些建立了历史叙述的基本框架。

撰文大量借鉴了包括传单、版画、漫画和地方的政治运动文学等资料，并在这些传统的材料上寻求新的研究方法。这本书对日本历史和文化有兴趣的学生提供了一个重要的资源，同时适用于对历史和历史的普遍问题研究有兴趣的学者们。《现代日本历史的另类叙述》介绍了一些其他行为者，其他地域以及社会和政治活动的其他方面来尝试组建一个更广泛和复杂的现代日本历史参考。②

塞西莉亚·吴是一个独立的研究者和妇女权利的倡导者。她曾在马来西亚博特拉大学、亚洲理工学院和泰国任教。塞西莉亚研究并发表了大量关于性别、社会发展和劳工等方面的著作，塞西莉亚在马来西亚培训和宣传并推动妇女团体活动和马来西亚妇女运动。

穆罕默德（Maznah Muhammad）目前是新加坡国立大学亚洲研究所的客座研究员。她也是《马来手摇织机工人》、《传统制造业的兴衰研究》（1996

---

① Tamio Nakamura. East Asian regionalism from a legal perspective current features and a vision for the future. Routledge, 2009 (7).

② M. William Steele. Alternative narratives in modern Japanese history. Routledge, 2009 (7).

年）的作者和女性主义著作《马来西亚批判和经验》（1994 年）的编辑。她自 1990 年以来一直参与马来西亚妇女运动，在此期间，她曾试图把对当地妇女团体的性权利研究提上议程。她在吉隆坡一家国际妇女人权的非政府组织工作了 4 年，目前，她正在马来西亚参与举办妇女运动嘉年华的倡议活动。穆罕默德 2009 年 8 月参编出版了《马来西亚的女权主义和妇女运动——一个幕后的革命》一书，作品结合了个人和学术界对马来西亚妇女运动的见解。这项研究对马来西亚妇女运动的各种斗争进行了深入的调查，以阶级和宗教为划分界线，从而保障从特定社会内的性别平等到实现多种族社会内的统一标准。在历史上，大多数国家的斗争历史版本都是用男性人物图标创造出来的，作者在这本书里对这一观点进行了纠正。文中详细地对妇女运动作用的重要性进行介绍，列举了众多促进马来西亚社会变革的无名英雄人士。作品的中心论点是：在一个种族分散、社会独裁的后殖民时代，为妇女自由而进行的运动在 20 世纪 80 年代初在政治上已经取得了重大的成功，但是至 20 世纪 90 年代末期，女权主义的问题却已被国家和市场所占用，同时也表明了“市场女权主义”的出现对未来马来西亚的妇女运动提出了具体的挑战。这个对马来西亚女性主义和妇女运动的透彻和生动的记录将会引起的学者、决策者和积极分子们极大的兴趣。①

郑珠研（Jooyeon Jeong）是汉城高丽大学的经济系教授。他的主要研究领域包括企业工会，韩国的谈判和职业培训考试。韩国经济成功的关键因素是韩国商业和工业产业关系。2009 年 4 月他出版了《韩国的劳资关系——从比较的角度看韩国企业工会的多样性和活力》一书。他对韩国劳资关系的现状进行了全面调查。提出了近几十年来工会会员是如何改变的，以及谈判的焦点是如何从单纯的财务问题扩大到包括更广泛的问题的，其中主要是没有相关的职业安全问题。作者还认为自 20 世纪 90 年代中期开始政府对工会在制定法律、体制环境以及雇主关系方面也承担着更积极的角色。②

埃德蒙·特伦斯·戈麦斯（Edmund Terence Gomez）是联合国社会发展研究所的研究协调员，同时还在马来西亚吉隆坡大学经济和行政系中的行政学和政治专业担任副教授职位。2009 年 4 月出版了《马来西亚政治》一书。作者通过考察马来西亚现今包括人权、法律、民主、性别以及伊斯兰教等最重要的

---

① Tan Beng Hui, Cecilia Ng. Feminism and the women's movement in Malaysia an Unsung (R) evolution. Routledge, 2009 (8).

② Jooyeon Jeong. Industrial relations in Korea diversity and dynamism of Korean enterprise unions from a comparative perspective. Routledge, 2009 (4).

政治问题（特别聚焦于多数民族——马来族的政治）展现了马来西亚当代政治面貌。该书特别论述了马来西亚人公开表示对他们的政治体系日益不满，对政党代表他们利益的能力表示怀疑，探讨了政治动员的模式变化原因和主要政党（特别是 PAS 和国民组织）的感染力如此有限的因素。文中追溯了马来西亚最近重要的社会实践和言论历史、国民组织和 PAS，进而转入分析为什么社会中出现重要的过渡，而政党却还没适应这些变化，并仍对涉及这些问题实行有意义的改革保持缄默。①

比尔·周是澳门大学社会科学系的助理教授。他的研究涉及政策过程、公共部门和公务员制度改革、中央与地方的关系、地方政府、政治经济学、中国治理和澳门公共部门的改革。2009 年 4 月出版了《政府和政策成就中国改革》一书。这本书分析了中国政府制定改革政策的实施，特别是自 1990 年代初实行的改革方案。比尔·周在书中论述了自己的观点，认为中国经济的快速发展并没有自动转换成政治发展，其许多机构仍需重大改革。文章涵盖了所有重大改革，其中包括加强决策能力、税收改革、资金转移的政策，加强财务管理，公务员制度改革和市场管制等。比尔·周阐述了在上述各领域的政策改革过程中，成功的改革应该怎样做，并且还要做些什么事情。文中探讨了 2001 年中国加入世贸组织对改革进程的影响，揭示了中国的改革进程一直是中央政府的政治精英们不断的争执的议程之一，是地方领导人的首要事件，当地的机构往往扭曲偏离、拖延或忽视的中央政府的政策精神。②

（3）比较政治学学科

赛义德·穆哈德·凯鲁丁阿裕尼是新加坡国立大学助理教授。他的研究涉及殖民地历史、思想史、少数民族和社会特性。2009 年 6 月出版了《东南亚的殖民主义、暴力和穆斯林宗教——玛丽亚赫托争论及其后果》。这本书关注的是二战后的新加坡和马来西亚殖民统治规则的形成的原因、过程和影响。作者在大量档案资料和广泛调查的基础上探讨了玛丽亚赫托拘留听证会一案所暴露出的马来西亚与新加坡的穆斯林和英国殖民社会之间的社会紧张局势，调查了此次事件所产生的广泛的影响和骚乱后所面临的危机，分析的重点是恢复和平和社会重建。作者细致入微地描述了英国对东南亚的大规模暴力的先进管理经验。作者通过研究非英国自治领域的新加坡、马来西亚以及更广阔的穆斯林

---

① Edmund Terence Gomez. Politics in Malaysia the Malay dimension. Routledge, 2009 (4).

② Bill K. P. Chou. Government and policy - making reform in China, the implications of governing capacity. Routledge, 2009 (4).

世界的玛丽亚赫托争论，证明了英国主要的战略政策是对抗和协作。此外，这本书还认为英国颁布有关的宗教管理的法律在战后时期剥夺了宗教少数群体所享有的宗教权利。因此，在英国对东南亚的最后几年的殖民统治中爆发了大规模的暴力事件和不断的社会不满，而这些紧张关系延续至今。这本书适用于那些对法律与社会，历史，帝国历史和亚洲研究，以及少数人研究，暴力和恢复有兴趣的学生和学者们。①

Daniel P. S. Goh 是新加坡国立大学社会学系助理教授，Matilda Gabrielpillai 是新加坡南洋理工大学国立教育学院文学助理教授，菲利普·霍顿是新加坡国立大学英国文学副教授，Gaik Cheng Khoo 是澳大利亚国立大学性别和性倾向及文化讲师。2009 年 6 月四位学者联合出版了《马来西亚和新加坡的种族和多元文化》一书。该书从不同的学科视角探讨了马来西亚和新加坡的种族和多元文化，展示了种族和多元文化的外在表现形式、实践过程以及不同时间段种族和多元文化对发展多元文化的实践所持的态度。文章与以往的研究不同，作者把重点集中在政治和社会多元文化方面，更深入地挖掘出政治文化的多元基础。作者从文化研究的理论角度讨论了后殖民理论，并讨论了一系列经验性的例子（来自广泛的原创性研究，如电影、网络日志、音乐亚文化、艺术、政策对话、教科书、小说、诗歌），这些例子整体表现了种族认同政治和不同文化间的相互作用在今天是如何在形成的。文章特别记录了种族管理有着差异又比较成功的两个亚洲国家，而当时许多发展很快的亚洲国家也都注意到了文化的多样性和移民的多样性。②

罗纳尔多·布鲁斯·圣约翰（Ronald Bruce St John）2009 年 8 月出版了《东南亚的革命、改革和区域主义——柬埔寨、老挝和越南》一书。这本书是作者在 30 年研究的基础上编纂而成，作者比较了战后柬埔寨、老挝和越南的政治经济和在此范围内的个人与集体对当代区域一体化做出的努力所产生的影响。撰文描述了这三个邻国对改革所采取的不同的路径，也描述了东盟和大湄公河次区域为经济发展进行的区域规划。文章对柬埔寨、老挝和越南近三十年来实施的改革进行比较分析，并对连续性和变化的平行主题进行关注。作者论述了柬埔寨、老挝和越南这三个邻国在经济方面的相似特征，同时这三个国家根据自己的国家独特的文化优势做出了不同的修正。作者通过对处于东南亚心

---

① Syed Muhd Khairudin Aljunied. Colonialism, violence and muslims in southeast Asia, the Maria Hertogh controversy and its aftermath. Routledge, 2009 (6).

② Daniel P. S. Goh, Matilda Gabrielpillai, Philip Holden, Gaik Cheng Khoo. Race and multiculturalism in Malaysia and Singapore. Routledge, 2009 (6).

脏的三个国家政治经济情况进行具体的描述，为促进经济发展的现代化民主改革进行辩论。①

（4）公共政策与公共行政学科

安健·查克拉巴蒂是印度加尔各答大学经济系教授，阿努普库·马尔达尔是印度班加罗尔文化社会研究中心的副教授。2009 年 8 月他们共同出版了《发展中的混乱和移民——从第三世界到第三个世界》一书。这本书颠覆了较为传统的移民混乱的观点，作者对混乱的原始积累形式提供了独特的见解。它以发展为媒介论述了"主张管理改良主义者"和"主张运动改革的激进主义者"在历史化和政治化过程中的混乱事件。这种框架为重新思考分布和重新定义提供了可供选择的路径，这是发展的一个好办法。就像一些著者在发展过程中声称的一样，有人争辩说混乱不应被看做获得发展的必要步骤，本书作者表明混乱是作为建构资本主义的社会政治成分而出现的。这本书适用于那些研究发展工作的，特别是有关发展和全球化的政治经济问题的学者们。②

李芝兰（Linda Chelan Li）是香港城市大学公共及社会行政学的副教授。她专门研究中国政府间关系和政治经济。她是前澳大利亚中国省份研究中心和杂志编辑委员会的创始人与成员，她早期在香港特区政府立法会议任职，并且是当地和国际媒体评论当地华人政治的定期评论员。2009 年 8 月出版了《建立东亚责任政府——轨迹、目的和意义》一书。书中探讨了政府在东亚的建设责任的想法，作者认为最近造成许多政务危机很大程度上都是因治理存在过失所致。作品区分了近来一直在重点强调的问责制和作者过去认为作用更超过问责制的责任，真正负责任的政府就是敢于为自己的行为负责任的政府。文章证明了历史责任的概念是怎样更好地嵌入到亚洲的政治讨论中的，而民主的概念和问责制是怎样嵌入到欧洲的传统知识中的，但革命的挑战和后革命时代、非殖民和后殖民时代、新自由主义全球化也都事关于此。作者汲取东亚范围内广泛的个案研究，并讨论了有关政治理论、道德和社会心理学的概念，这本书向我们展示了政府部门和社会的工作人员是怎样利用互动审议，生产或转移的实践和认识"负责任的政府"概念的，同时也建议"负责任的政府"应如何

---

① Ronald Bruce St John. Revolution, reform and regionalism in southeast Asia cambodia, laos and vietnam. Routledge, 2009 (8).

② Anjan Chakrabarti, Anup Kumar Dhar. Dislocation and resettlement in development from third world to the world of the third. Routledge, 2009 (8).

更明确地去定义以鼓励创造出更好的政务治理。①

三、学科发展趋势及其对中国政治学的启示

（一）学科发展趋势

随着世界政治、经济新情况的变化，政治学在学科上有了新的发展趋势。

1. 跨学科、交叉学科研究趋势越来越明显

随着世界政治、经济等环境的剧烈变化，学科的研究已经不能局限于单个领域内，出现了学科的交叉、渗透，学科之间出现了整合现象，政治学与社会学、心理学、伦理学、传播学、生物学、物理学等学科的交叉与融合研究日益增多。政治经济学也是这个新形势下产生的新的产物，正如王沪宁在《比较政治分析》一书中认为，到了20世纪80年代，西方政治学已从政治社会学转向政治经济学，政治经济学成为现在政治研究中的时髦领域。同时美国学者福格森（Thomas Ferguson）和罗杰斯（Joel Rogers）在其主编的《政治经济学》（1984年）一书的前言中写道："在专业性政治科学的最新发展中，再没有什么事件比政治经济学的出现并迅速成长为一个独立的研究领域更引人注目了。……这个领域目前正在成为政治学系或研究所的重要课程内容之一……它所产生的论著已经跨越且侵入传统上被认为是政治理论、比较政治、国际关系、行政学，尤其是美国政治等研究领域。"② 这个同样也适用于亚洲国家，交叉领域的研究越来越被重视，人们正在试图用新的眼光和观点审视政治学。

2. 研究的目的由对国家政策建议转向学科问题研究

亚洲国家政治学相比较西方国家而言起步较晚，不管是思潮还是研究方法都具有滞后性。在第二次世界大战之前，政治学往往以推进国家政策为目的，故也称之为国学，这点在日本表现尤为明显。二战后，世界格局发生巨大的变化，政治的民主化、社会的自由化浪潮渐渐高涨，政治学有了进一步的发展。政治学不再是一种把补充政府政策作为中心任务的国学，而成了了解政治组织形式并作出解释的一门独立的学问。当然政治学、经济学等社会科学的作用不仅仅局限在理解和解释方面，也还包括对政治和经济本身进行改良，所以它的

---

① Linda Chelan Li. Towards responsible government in east Asia trajectories, intentions and meanings. Routledge, 2009 (4).

② Thomas Ferguson, Joel Rogerseds. The political economy: readings in the politics and economics of American public policy. New York : M. E. Sharpe, 1984: Ⅶ.

国家学的色彩依然存在。但是第二次世界大战以后，那种努力改善社会形态的工作与其说是国家学，还不如说更具备市民学的特点。在日渐民主化的社会中，政治学本身也得到了很大的发展。二战前在社会科学方面影响很大的是以马克斯·韦伯、埃米尔·杜尔凯姆、卡尔·马克思为首的欧洲学派；二战后，以卡尔科特·帕森斯、保罗·萨缪尔、罗伯特·达尔为代表的美国政治学派登堂入室。欧洲学派强调思辨和理念，美国学派则突出证实和分析。然而，由于战前的传统体系依然顽强，那种历史的叙述、制度的比较等方法在政治学中仍占很大的比重。到了 20 世纪 80 年代，日本建立了独立的政治学学术体系的思想。这在亚洲其他国家也有相似的表现。①

3. 研究视野由国内转向国际

回顾历史，亚洲国家似乎更热衷于本土研究，基本上是以国家作为焦点或分析框架和视野的。但是 20 世纪 70 年代以来，随着全球化、信息化趋势的日益明显和冷战形势缓和的影响，人们不得不把视野由本国转向国际。2009 年金融危机成为人们不得不正视的问题，一大批学者转向研究金融危机以及金融危机所影响到的国家。世界贸易组织、朝鲜与韩国的关系、中国与日本之间的关系也是人们所关注的焦点。国别研究受到批判，国际化和全球化的研究正在更快地被人们所正视。

（二）国外政治发展对中国政治学的启示

1. 发展独立体系的专门学科研究，由“国家学”转向系统的独立学科

从世界历史看，亚洲政治学的发展经历了介绍西方政治学思潮、本国政治、学科内研究三个阶段，我国现在还停滞在国家学层面上。这是因为我国处于改革开放的转型期，很多制度还不完善，于是在各个领域都涌现出一大批学者进行政策建议性研究。目前虽然我国的政治学建立起了比较完整的学科体系以及较全面的学科建设，但是纵观政治学界的研究成果，还是没有摆脱作为“国家学”的政治学。所以我们要学习引进其他国家的发展方式，使我国政治学走向学科内的研究。

2. 加强机构间交流与合作，更快展现成果

我国有很多不同的机构在研究政治学的不同的领域，这些领域内的问题可以用多种视角进行诠释。加强各个机构之间的合作与交流，鼓励学术活动和学者之间的对话与交流，可以更为迅速地展现成果，发现中间存在的问题。在此过程中，通过各方面的整合容易形成了新学科（分支）、新思潮、新流派等，

① 猪口孝. 现代政治学丛书. 北京：经济日报出版社，1989（7）.

这是推动政治学发展的良好途径。这种学术交流不仅在国内要加强，国际机构间也应该加强合作。

3. 重视人才培养，促进新兴学科的发展

随着世界政治、经济环境的剧烈变化，学科的研究已经不局限于单个领域内，出现了学科的交叉、渗透显现，学科之间出现了整合现象，大量的新兴学科兴起。这些交叉领域涉及面广，对研究者的要求也更高，要求研究者能够掌握两个甚至更多领域的知识体系和新视角下解释问题的能力。亚洲地区相比较欧美地区而言，多数国家母语非英语，因而很多学者撰写的本国语言文献多于英文文献，这也对研究者无疑是一个极大的考验。中国是一个新兴的国家，各个领域都在蓬勃发展，这种发展离不开人才的培养。国家要更为重视既有政治专业修养和外语能力的综合性人才的培养，促进我国新兴学科的发展。

推荐参考文献

1. J. K. Tina Basi. Women, identity and India's call centre industry. Routledge, 2009 (5).

2. See G. A. Almond, G. B. Powell. Comparative politics: a developmental approach. Little Brown, 1978.

3. Kevin Hewison, Ken Young. Transnational migration and work in Asia. Routledge, 2009 (4).

4. Erica Marat. The military and the state in central Asia from Red Army to independence. Routledge, 2009 (10).

5. Jean Blondel, Takashi Inoguchi. Political cultures in Asia and Europe citizens, states and societal values. Routledge, 2009 (5).

6. Tamio Nakamura. East Asian regionalism from a legal perspective current features and a vision for the future. Routledge, 2009 (7).

7. M. William Steele. Alternative narratives in modern Japanese history. Routledge, 2009 (7).

8. Tan Beng Hui, Cecilia Ng. Feminism and the women's movement in malaysia an unsung (R) evolution. Routledge, 2009 (8).

9. Jooyeon Jeong. Industrial relations in Korea diversity and dynamism of Korean enterprise unions from a comparative perspective. Routledge, 2009 (4).

10. Edmund Terence Gomez. Politics in malaysia the malay dimension. Routledge, 2009 (4).

11. Bill K. P. Chou. Government and policy-making reform in China the implications of gov-

erning capacity. Routledge, 2009 (4).

12. Syed Muhd Khairudin Aljunied. Colonialism, violence and muslims in southeast Asia the maria hertogh controversy and its aftermath. Routledge, 2009 (6).

13. Daniel P. S. Goh, Matilda Gabrielpillai, Philip Holden, et. Race and multiculturalism in malaysia and singapore. Routledge, 2009 (6).

14. Ronald Bruce St John. Revolution, reform and regionalism in southeast Asia Cambodia, laos and vietnam. Routledge, 2009 (8).

15. Anjan Chakrabarti, Anup Kumar Dhar. Dislocation and resettlement in development from third world to the world of the third. Routledge, 2009 (8).

16. Linda Chelan Li. Towards responsible government in east Asia trajectories, intentions and meanings. Routledge, 2009 (4).

17. Thomas Ferguson, Joel Rogerseds. The political economy: readings in the politics and economics of American public policy. New York: M. E. Sharpe, 1984: Ⅶ

18. American Political Science Review, 2009.

19. British Journal of Political Science, 2009.

20. European Journal of Political Research, 2009.

21. Scandinavian Political Studies, 2009.

22. Communist and Post-Communist Studies, 2009.

23. [日] 猪口孝. 现代政治学丛书. 北京: 经济日报出版社, 1990.

24. 王沪宁. 比较政治分析. 上海: 上海人民出版社, 1987.

25. 吴惕安、俞可平. 当代西方国家理论评析. 西安: 陕西人民出版社, 1994.

26. 张萍. 剧变后东欧共产主义政党状况研究. 当代世界与社会主义, 2009 (5).

主持专家: 徐　勇

执笔人: 高秉雄　贺东航　刘义强

参与者: 王海燕　李杏丽

第七章

社　会　学

摘要

自从世界性金融危机爆发后，已经进入“全球化”进程的世界格局又发生了许多人们未曾预料，或者曾有人预料过但没有想到会有如此之快的重大变化。美国在国际体系中的地位明显削弱，而那些跨国金融集团的疯狂逐利及欺诈行为使许多国家的纳税人为此付出惨重代价。（回想刚刚推出欧盟国家统一货币“欧元”时，人们都预料一个新的跨国家的金融体系时代即将来临，而且这些新的金融体系在国际竞争中必然使成员国处在极为有利的地位。但是希腊债务危机和人们对西班牙、葡萄牙类似前景的担忧给“欧元区”的前景蒙上了乌云。）

与此同时，地区性的冲突仍在继续加剧，许多现象是人们在传统的思维逻辑中找不到答案的。这些现象都使人们越来越看不明白这个世界的未来走向。在这样的困惑和焦虑当中，人们自然希望社会科学家们能为他们提供系统和有说服力的解答，而通过自己的学术研究来为社会和民众提供符合社会实际状况的答案，揭示社会发展深层规律，似乎也是社会科学研究者的责任。

为了及时了解国外社会学在过去一年中的主要进展和最新研究成果，我们选择了国外社会学界公认最重要的 4 本英文学术期刊 American Journal of Sociology，American Sociological Review，European Sociological Review，Social Forces 和权威学术年鉴 *Annual* Review of Sociology 作为向读者介绍的对象，我们可从这些权威杂志在 2009 年发表论文选题及其内容分析社会学研究前沿的变化趋势。

2009 年这 4 种期刊共发表论文 199 篇，书评 270 篇。其中数量最多的仍集中在移民与种族/族群研究、家庭婚姻与性别研究这两个核心领域。与 2008 年论文选题相比较，文化-宗教研究和政治社会学研究在 2009 年受到特殊的重视，取代了2008年发表数量排在第三位和第四位的社会分层与流动研究和组织与制度研究这两个领域。显示出近年来各国之间与国内的“文明冲突”得到更多的关注。在本文中我们对2009年发表的具有代表性的论文做了具体介绍，读者可以根据这些介绍大致了解到2009年度国外社会学研究的前沿选题以及在研究视角、研究方法、研究命题等方面的最新进展。

Abstract

Since the financial crisis in 2008, the process of globalization around the world has faced many new issues and social changes that people neither expected nor did not expect them to arrive so quickly. As one of the results, the influence of the US in international system reduces. Meantime, the taxpayers in many countries have to cover the loss due to the crazy interest chasing of some international investment banks. When Euro first appeared by the European Union, people expected to a new financial system to emerge in the world and it will benefit European countries in international competition. But the Debt crisis in Grace and the similar potentials in Spain and Portugal made the future of Euro not so bright.

At the same time, many regional conflicts continued and people cannot find the answers and solution from traditional theories. The social scientists are naturally expected to provide reasonable answers and convincing solutions, and this seems to be the duty of social scientists.

In order to have a general view of the development and achievement of sociology around the world in 2009, four most prestige academic journals (*American Journal of Sociology*, *American Sociological Review*, *European Sociological Review*, *Social Forces*) and one annual review (*Annual Review of Sociology*) in English were selected as the supplier of the necessary information as in previous years. These four journals can be seen as the representatives of the international society of sociology.

There were totally 199 papers and 270 book reviews published in these four journals in 2009. The three most important fields are: (1) migration and race/ethnicity, (2) gender, marriage and family studies, and (3) social stratification and social mobility. The readers can get a general idea of the research achievement and the frontier topics of sociologist research around the world have focused on in 2009.

社会学从其本质讲是一门偏重于实证主义的学科。一方面，社会学家坚持社会调查并以社会实践作为检验研究成果的主要标准；另一方面，社会学核心概念的提炼和理论的归纳也应当是在坚实的社会调查和实践检验的基础上完成的。所以，在20世纪后期，尽管出现“后现代主义”等强调文化因素、逻辑思辨的不同学术流派，但社会学界的主流仍然保持着实证研究的学科精神，并没有把自己局限在理论思辨的“象牙塔”之中，同时始终坚持对那些与国计民生密切相关的重大的社会问题开展实地和专题调查研究工作，以实证和可检验的方法分析产生这些社会问题的原因，造成的社会影响及发展趋势，同时以积极和建设性的态度来探讨政府和社会民众应当如何理解和应对这些社会问题，如何通过社会整体和公民个体的努力来改善社会结构，调节社会矛盾。

自从世界性金融危机爆发后，已经进入“全球化”进程的世界格局又发生了许多人们未曾预料，或者曾有人预料过但没有想到会有如此之快的重大变化。尽管在科技和军事方面，美国仍然会在今后很长一个时期内在世界上保持绝对优势，但其在国际经济和政治体系中的地位明显削弱。在金融危机的发展和扩散过程中，一些跨国金融集团的疯狂逐利及欺诈行为使许多国家的纳税人付出惨重代价。回想刚刚推出欧盟国家统一货币“欧元”时，人们都预料一个新的跨国家金融体系时代即将来临，而且这些新的金融体系必然使成员国在国际竞争中处在极为有利的地位，但是希腊债务危机和人们对西班牙、葡萄牙类似前景的担忧给“欧元区”的发展前景蒙上了乌云。

与此同时，许多地区性的冲突仍在继续加剧，美国的反恐战争在阿富汗和伊拉克陷入泥淖，朝鲜半岛和伊朗的核问题谈判接连陷入僵局，以巴谈判停滞多年，封锁加沙带来了人道援助船只与以色列海军的冲突。当前世界上出现的许多现象是人们在传统的思维逻辑中找不到答案的。例如为了应付索马里海盗对正常航运的威胁，许多国家不得不派出护航舰队，但是出于“人权”的考虑，这些护航军舰的功能仅仅是把海盗驱离商船，即使在袭击现场抓捕到海盗也只能就地释放，任由他们休息之后再次发动袭击。又如在德国和西欧国家看来完全是合理而且必须的削减政府预算开支的决定，却在希腊引发几乎全民的游行示威，人们不想削减自己的福利和工资，尽管国家面临财政破产。这些现象都使人们越来越看不明白这个世界的未来走向。在这样的困惑和焦虑当中，人们自然希望社会科学家们能够为他们提供系统和有说服力的解答，而通过自己的学术研究来为社会和民众提供符合社会实际状况的答案，揭示社会发展的深层规律，似乎也应当是社会科学研究者的责任。否则，社会为什么要养活和尊重这些学者呢？

但是，社会科学研究者究竟能够在什么范围和深度上把握人们的困惑和思索？能够在什么层面上为人们提供理解当今世界宏观走向和面对各种社会矛盾、社会问题的令人信服的解答？各种传统的社会学说、社会理论如果不能为人类社会的新发展做出合理的解释，我们可以为社会民众和政治家们提供什么新的理论框架和思考问题的视角？

在过去这一年，中国社会也出现了许多新问题，2009 年乌鲁木齐“7·5 事件”使中央最高领导人和全国民众不得不重新审视中国的民族关系究竟发生了什么问题；沿海外资台资企业的罢工潮使很多企业认真考虑自己未来的经营策略；关于“富二代、官二代、穷二代”的讨论，使许多人在情绪激动的同时也陷入对于中国社会制度的理论沉思。这些现象有些与其他国家工业化过程中发生过的社会问题相似，有些因为历史制度和文化心理的延续性而打上中国的特色。在这样一个有着 13 亿人口的庞大社会的历史性转型进程中，中国社会学家们必须担负起他们的历史职责，除了深入开展社会调查研究的同时，也必须对中国社会的发展过程及其内在机制进行纵向和横向的比较分析。

所谓纵向的比较分析，就是把中国自鸦片战争以来被迫进入工业化，被迫对外开放过程中的足迹与当前遇到的问题进行比较，从中汲取经验教训，发现思考与分析的思路；所谓横向的比较分析就是努力了解西方国家和其他发展中国家在现代化进程中曾经遇到，正在面临的各种社会问题和各国的应对办法及实践效果。而各国社会科学界在这些领域中的研究成果和理论归纳，是我们接触和吸收这些研究成果的重要途径。也正因如此，关注国外学术界的最新研究并及时介绍到国内，是一件非常重要和紧迫的工作。了解西方社会学界的前沿研究动态和最新研究成果，可对中国的社会学教学和研究工作提供许多重要的学术信息，有助于开拓我们的眼界，有利于中国学者解放思想并站在全球化的高度来分析和理解中国社会的变迁，这是我们进行学术创新的必要条件。

从 2007 年开始，教育部开始组织编写《国外高校人文社会科学发展报告》的年度报告。这项任务无疑极为艰巨，由于对报告篇幅有严格限制，这篇综述只能帮助读者了解国外社会学界在 2009 年的学术成果的概貌。这 4 本英文学术期刊 American Journal of Sociology，American Sociological Review，European Sociological Review，Social Forces 和学术年鉴 Annual Review of Sociology 是我们前两年即选定的介绍载体，一直延续下来。在这几本权威期刊上发表的论文，都是百里挑一，经过匿名评审而遴选出来的优秀论文，代表本学科在这一时期的研究重点和本学科在这些专题领域中的最新成果。

表 1 是 2008 年和 2009 年这 4 种英文社会学期刊所发表论文的专题分布。

在对研究主题进行分类时，有些论文的选题可能跨越了两个专题，如探讨“族群”背景对“教育”的影响，分析“女性”的“就业”问题等等，但为了读者了解这些论文的整体结构，我们把跨领域的论文进行了大致归类。2009年这4种期刊总共发表论文199篇，书评270篇。表1清楚地显示出论文发表数量最多的专题仍然集中在移民与种族/族群研究、家庭婚姻与性别研究这两大核心领域。与2008年论文选题相比较，宗教研究在2009年继续受到重视，排在第四位，而社会分层与流动研究在2009年回到了2007年的第三位，特别反映出欧洲社会学界对这一领域的重视。同时，American Journal of Sociology继续刊登了大量专业书评，数量从2007年的141篇和2008年的143篇猛增到205篇，这也可从一个侧面反映出近年来西方出版的社会学专业著作持续增长的情况。在金融危机的冲击下，世界各国的社会都不同程度地面临各种冲击：社会结构调整以及在族际交流、家庭关系、就业问题、社会矛盾、文化对话等方面出现的各类问题都需要社会学家们去开展研究并提出解释和改善思路。

表1 2008年、2009年4种期刊所发表论文的研究专题分布

研究主题	AJS		European SR		Social Forces		ASR		各主题篇数		各主题百分比%	
	2008	2009	2008	2009	2008	2009	2008	2009	2008	2009	2008	2009
移民/族群研究	7	7	5	4	12	13	6	12	30	36	14.7	18.2
婚姻、家庭、性别研究	2	4	8	9	11	8	9	5	30	26	14.7	13.1
社会分层与社会流动	4	5	3	7	—	2	5	2	12	16	5.9	8.1
组织与制度研究	2	5	—	—	—	2	7	4	9	11	4.4	5.5
经济社会学	3	4	—	2	—	4	4	2	7	12	3.4	6.0
教育研究	—	1	7	1	4	9	3	2	14	13	6.9	6.5
政治社会学	4	4	3	—	10	6	—	2	17	12	8.3	6.0
社会网络、社会资本	—	—	2	2	4	1	—	2	6	5	2.9	2.5
人口问题、青少年	—	—	—	—	—	5	2	2	2	7	1.0	3.5

续表

研究主题	AJS		European SR		Social Forces		ASR		各主题篇数		各主题百分比%	
	2008	2009	2008	2009	2008	2009	2008	2009	2008	2009	2008	2009
文化、宗教	3	5	—	1	11	6	4	2	18	14	8.8	7.0
法律研究	1	—	—	—	3	6	2	2	6	8	2.9	4.0
社会政策	—	—	1	—	—	—	—	1	1	1	0.5	0.5
劳动问题	—	—	9	9	4	—	—	3	13	12	6.4	6.0
社会保障、社会福利	—	—	1	4	—	—	—	—	1	4	0.5	2.0
研究方法	—	—	1	2	—	—	—	4	1	6	0.5	3.0
环境问题和灾难研究	—	1	—	—	7	1	—	—	7	2	3.4	1.0
社会心理学	—	—	—	—	3	—	—	—	3	0	1.5	0.0
医疗健康	—	—	—	—	—	3	—	—	—	3	0.0	1.5
其他专题	5	2	1	1	3	1	3	1	12	5	5.9	2.5
（专辑）遗传学与社会学	11	—	—	—	—	—	—	—	11	—	5.4	—
（专辑）全球化	—	—	—	6		—	—	—	—	6	—	3.0
论文总计	46	38	41	48	72	67	45	45	204	199	100.0	100.0
书评总计	143	205	6	7	58	58	0	0	207	270	—	—

与2008年各期刊刊载论文的主要领域相比较，2009年它们也显示出侧重领域的变化。除了另外三种杂志大致维持了原来的比例外，American Sociological Review大幅增加了关于族群和移民研究的论文数量，从2008年的6篇增至12篇。而European Sociological Review在2009年发表“全球化”专辑的6篇文章。在金融危机冲击下，各国的劳动与就业问题有所凸显，European Sociological Review在2008和2009连续每年刊载9篇劳动研究的论文，而American Sociological Review也刊登了3篇劳动研究论文，说明西方社会学界对劳动和就业问题的关注在加强。与此同时，社会分层与流动、文化—宗教、教育问题、

经济社会学、政治社会学、组织社会学等领域依然是各学术杂志的重要领域。American Sociological Review 在 2009 年刊载了 4 篇研究方法的论文，其中两篇属于“评论与回应”，社会学的量化分析方法在许多论文中都得到具体应用，但是由于有专门的社会学研究方法的年刊专集出版，所以专门讨论研究方法的论文在这几个杂志中刊登的并不多，因此也可以说是一个新动态。同时，Social Forces 刊载了关于医疗健康的 3 篇文章，也是一个值得注意的学术动向。

我们下面把 2009 年这 4 个期刊比较集中关注的移民与种族/族群研究、家庭婚姻与性别研究、社会分层与流动这三个主要研究领域所发表的部分论文进行介绍。由于篇幅限制，对于其他研究领域我们将在今后的报告中进行介绍。尽管这些介绍在本文中只能十分简略，但读者从中可以了解到这些论文的分析思路、数据来源和主要观点。如果读者对相关论文有兴趣，可进一步仔细查阅相关论文的全文。所以，这里提供的信息可以被看做这 4 种杂志在这三个领域发表论文的索引。在报告的最后，我们对《社会学年鉴》（2009）的论文内容给予介绍。年鉴中的各篇论文带有专题综述的性质，也可以综合反映国际社会学界对社会学研究的概况。从本文的介绍中，我们希望读者可以大致了解 2009 年度国外社会学研究的前沿选题以及在研究视角、研究方法、研究命题等方面的最新进展。

一、关于移民、种族和族群关系的研究

人类社会的历史就是一个多元发展的历史，不管人类的始祖是来自非洲还是其他大陆，至少在新石器时代，人类的足迹就留在了世界各大洲的古文明遗址中。在几万年以前大致形成了各主要人种的地理分布，其后经历了近三千年的人类群体的大迁徙、帝国征战、殖民扩张、奴隶贸易、劳动流动等活动后，最终形成了今天世界各国的种族与族群格局。

在 21 世纪，无论是领先进行工业化的西欧，拥有古老文明历史的中国和印度，由欧洲白人殖民者建立的澳洲和北美洲国家，还是从百年殖民地苦难中得到独立的非洲国家，可以说今天地球上任何一个国家都在不同程度上是多种族、多族群的社会。由于今天的族群格局是历史迁移的后果，各群体通常都或多或少保持着自己祖先的文化传统和历史记忆，许多隔阂、矛盾与冲突就是在这些传统文化差异和身份认同差异的基础上出现的，这些隔阂与矛盾如果能够被及时化解，就可以避免演变为街头骚乱和流血冲突，但是如果想要真正化解

种族和族群矛盾，从目前来看唯一的办法就是在各族成员中逐步把国家公民的政治认同建立起来，并使其成为核心认同身份，同时把各族的文化传统、血缘关系和宗教信仰视作文化特征，在彼此尊重和平等的宪法和法律框架下和谐共处。这应当是各国解决种族、族群、宗教冲突的唯一出路。

美国自殖民地时代开始就是一个多种族、多族群的移民国家，种族冲突和移民问题是几百年来困扰美国社会的最主要的核心问题，也正因如此，有关移民/族群的研究一直是美国社会学最重要的研究领域。欧洲既是民族主义和民族国家这一现代国家形式的发源地，也是第二次世界大战后大量吸收非洲、南亚和中东移民的国家，历史和现实使种族和族群问题成为美国和欧洲社会学界共同关注的焦点，因此美国和欧洲国家的社会学界始终高度关注种族/族群研究。

中国从秦汉以来就形成了统一的多民族国家，现在我国少数民族人口超过1亿，少数民族自治地方面积占我国陆地领土的64%，民族关系问题至关重要。但是长期以来，我国社会学界，甚至除“民族学”之外的其他社会科学学科对民族问题都缺乏必要的关注。一个最说明问题的例子就是教育部组织编写的《中国高校哲学社会科学发展报告2009》，这本书以学科为单元系统介绍了我国大学2008年在各文科领域的研究活动与成果，但是在全书十八章中，只有“民族学”这一章谈及了民族关系研究、民族发展问题、民族经济和民族教育等专题，其他所有的哲学社会科学学科都极少涉及民族问题，这本发展报告中的“社会学”一章只字不提民族研究，甚至“马克思主义”这一章也完全不涉及马克思主义民族理论。这充分反映出各社会学科对民族研究的系统性忽视。

自从中央制定了“西部大开发”战略以来，我国西部各少数民族聚居区的经济体制、人口迁移、就业竞争、资源分配格局都出现了重大变化，原来在计划经济体制下可以对族群利益和发展机会进行调节的传统机制在新的市场机制下逐步失效，这些问题的积累必然导致民族关系出现新的矛盾。2008年拉萨“3·14”事件和2009年乌鲁木齐“7·5”事件向全体国民显示出了西藏、新疆等地区的民族问题已发展到相当严重的程度，甚至可以说在21世纪，族群矛盾和民族分裂已经成为中华民族必须面对的最为严重的威胁。因此，中国社会学家对种族/族群关系领域的调查研究必须给予更多的重视，而向国内学者介绍国外社会学同行们对种族/族群问题的研究成果，对于我们认识与解决好我国的民族问题具有重要意义。出于这一考虑，本年度发展报告仍然着重介绍这一领域的论文。

这些关于种族/族群研究的论文，大多依据具体的实证调查材料来对某个研究专题进行分析。在社会学的种族/族群研究中，最核心的问题始终是：(1) 种族、族群集团在社会分层和社会流动中的相对位置，(2) 在多种族、多族群的社会里人们认同意识变迁的研究，(3) 发生在种族和族群之间的文化同化现象以及在社会融合方面的具体表现。下面我们从这四种期刊在2009年发表的关于种族/族群研究的36篇论文中选出21篇进行介绍。

1. American Journal of Sociology（7篇中选5篇）

(1) 俄亥俄州立大学（Ohio State University）Lauren J. Krivo，Ruth D. Peterson 与波林州立大学（Bowling Green State University）Danielle C. Kuhl 的文章《隔离、种族结构与邻里中的暴力犯罪》（Segregation, Racial Structure, and Neighborhood Violent Crime）关注种族居住隔离对暴力犯罪的影响。文章运用结构种族主义（structural racism）与城市劣势（urban disadvantage）的研究路径，在不考虑种族/族群构成的情况下，讨论城市种族居住隔离对城市邻里中暴力犯罪程度的广泛影响。运用国家邻里犯罪研究的数据（全美79个城市中7 622个邻里），文章揭示了无论是在白人社区还是其他非白人社区中，居住隔离绝对都与暴力犯罪有所关联。但是，这些社区之间的暴力并不具有对等性，这反映了更大的种族化的社会体系，在这一系统中，白人能够利用其优势地位而居住于最有位置便利的邻里街区，而非裔美国人与拉美人因其地位劣势而居住于最贫穷的城市社区，并因此成为城市犯罪式暴力与社会问题的首当其冲者。

(2) 伊利诺大学芝加哥校区（University of Illinois at Chicago）Maria Krysan，密西根大学（University of Michigan）Mick P. Couper，Reynolds Farley，与埃默里大学（Emory University）Tyrone A. Forman 的文章《种族在邻里偏好中是否起到作用？来自视频试验的结果》（Does Race Matter in Neighborhood Preferences?Results from a Video Experiment）关注种族在邻里选择偏好中的作用。持续的种族居住隔离往往被视为选择偏好的结果，白人往往更愿意和白人生活在一起，黑人更愿意与其他黑人住得临近。这种邻里选择偏好是种族意识吗？邻里中的种族构成是否对其选择构成有效的影响，或者种族代表了社会阶级？Krysan 等人的研究试图采用革新的试验方法来验证种族代表的假设，它摆脱种族与社会阶级的有效效应（net effect），代之以居住偏好中的社会心理学因素（如刻板印象、歧视、群内认同等）分析。作者发现社会阶级网络与邻里居民中的种族构成对人们的选择有重大影响。大多数白人说，纯白人的邻里最为理想。不过黑人群体认为种族混合的邻里更为理想。而且，对非洲裔美国人及其邻里持有负面刻板印象的白人深受其自身邻里中的种族构成的影响。没有哪一项社会心理因素能够预测非洲裔美国人对种族构成的敏感与回应。

（3）纽约州立大学石溪分校（Suny Stony Brook）Arnout van de Rijt与康奈尔大学（Cornell University）David Siegel，Michael Macy的文章《邻里机会与邻里变化：对Bruch和Mare文章的评论》（Neighborhood Chance and Neighborhood Change：A Comment on Bruch and Mare）是对密西根大学Elizabeth E. Bruch和加州大学洛杉矶分校的Robert D. Mare 2006年发表的文章《邻里机会与邻里变化》（Neighborhood Chance and Neighborhood Change）一文的批评。托马斯·谢林（Thomas Schelling）在他1978年出版的《微观动机与宏观行为》（Micromotives and Macrobehavior）中表明，即使能够容忍多样性人群的人口数量占多数时，居住隔离也会发生。Bruch和Mare在2006年的文章中试图挑战这一结论，他们指出，只有个体的偏好选择遵从一定的阈函数时，高度的隔离才可能发生，即使个体对于邻里中族群的轻微变化很敏感时，绝大部分情况下也没有发生隔离的情况。Van de Rijt，Siegel，以及Macy重复了Bruch和Mare的模型，却得出相反的结论。其经验函数导致的是隔离，而非整合，只有人们居住的选择充分满足随机原则时，才可能导致隔离的发生。

（4）华盛顿大学（University of Washington）Sabino Kornrich的文章《结合偏好与过程：分析黑人-白人劳动力市场不平等的整合路径》（Combining Preferences and Processes：An Integrated Approach to Black-White Labor Market Inequality）关注劳动力市场中的族群不平等，并试图提出一种新的理论解释。黑人与白人收入不平等和职业不平等是美国社会学家的重要论题。解释不平等的视角有多种，如雇主的歧视行为，中心城市里一些工作的消失以及随之而来的工人与工作之间的空间失谐，黑人工人与白人工人之间的技术差别等。这些理论分别考察了雇主的偏好，匹配工作与工人的过程，以及工人特点等。每一项解释都分别受到关注，但是很少有研究将这些解释整合在一起。相反，有些学者将这些因素看做相互对抗的。但是Kornrich认为，实际上它们相互补充，它们关注了不同的劳动力市场过程，而不是对同一个流程做出不同的假设。Kornrich试图提出一种革新的理论路径，将目前已有的关于黑人-白人劳工市场不平等的解释路径结合起来，以便更好地理解劳动力市场不平等，并更准确地绘制产生劳动力市场不平等的过程。他以排队论（queuing theory）为出发点来建构这一框架。排队论认为，劳动与工作队列的分类和组成决定了工人与工作之间的相匹配。但是，排队论无法告诉我们，队列是如何被安排的或描述序列界限的过程。而其他理论则可以配合排队论详细说明劳动与工作序列的分类和将工人和工作相匹配的过程。比如，威胁论认为，当黑人工人的人口比例较高时，雇主会更歧视黑人。这暗示工作序列的分类会因人口比例而变化，但是工作队列的组成是独立运行的。这两种理论并不是以往的研究者所认为的相互对立，而是互相补充的，它们预见了产生不平等的过程中的不同内容。其他的理论则有利于了解工作队列的分类与轮廓。比如对雇主偏好的详细分析发现，不断增长的黑人经营与劳工联合会发挥的作用说明了，实际上雇主偏好是多变的。作者在以往几种理论的基础上提出整合的解释模型，其中包括威胁论、排队论及强调空间失谐、居住隔离与城市衰落的理论。作者通过集中讨论劳动队列与工作序列的结构与分类来概括其理论模型。在此基础，Kornwich 指出职业分类与隔离在黑人-白人劳动力市场不平等中的重要性，并通过分析大都会区域中黑人与白人所从事的具体职业变换提出测量不平等的方式。作者发现，劳动与工作队列的组成与分类不断影响着黑人与白人在职业劳动中的相对位置，但是居住隔离与劳动联合会的存在反而没有那么重要。

（5）亚利桑那大学（University of Arizona）Alexandra Kalev 的文章《分解玻璃罩：工作中的结构重组与先赋不平等》（Cracking the Glass Cages? Restructuring and Ascriptive Inequality at Work）关注女性与少数民族在劳动力市场中的位置。Kalev 指出，女性和少数民族在劳动力市场中作出了十分重要的贡献，但是，他们通常被隔离于低层且被低估的位置上。早期的研究将这种职业成就看作个人特征的结果，而关于组织结构的研究则试图将组织系统本身带到分层研究中，他们讨论人事部门如何将女性与少数民族安排到一些特定的位置上以及这些工作如何被贬低。Kalev 指出，实际上，很少有研究关注职业隔离对机遇结构的影响，而这一隔离在不平等的再生产中发挥着重要的作用。被隔离的工作或职责可被视为“玻璃罩”，它制度化了工作晋升中的非正式藩篱。工作的组织系统，特别是职位结构能够维持或侵蚀性别与种族劣势。围绕团队工作而重组的工作结构与减弱的职责边界能够改善我们对女性与少数民族的可见度，从而减低他们的职业劣势。科层制的拥护者与之相反，他们认为，松弛的对正式工作的说明与对工作中社会关系的强调反而会加深先赋劣势。Kalev 的研究检验了上述两种观点。研究结果表明，如果雇主采用流行的团队与培训项目，先赋不平等便会降低。

2. Social Forces（13 篇中选 6 篇）

（1）犹他大学（University of Utah）的 Ming Wen、芝加哥大学（University of Chicago）的 Diane S. Lauderdale 以及西北大学（Northwestern University）的 Namratha R. Kandula 合作的文章《多族群美国的族群社区，1990—2000：少数

族裔郊区的族群性复活?》(Ethnic Neighborhoods in Multi - Ethnic America, 1990—2000: Resurgent Ethnicity in the Ethnoburbs?) 主要关注族群隔离现象。研究数据来源于美国 1990 年和 2000 年全国人口普查数据库。研究发现，对于大多数种族/族群群体来说，少数族群社区的数量以及比例从 1990 年到 2000 年有所增长，郊区城市化的趋势非常明显。亚裔社区发展最快。少数族裔郊区已普及全国。尽管少数族裔郊区更多地是一个亚洲现象，西班牙和黑人少数族裔郊区也开始发展。这种现象支持了片段式融合模型 (segmented assimilation model) 以及族群性复活的观点。

(2) 密苏里州立大学 (Missouri State University) 的 Tricia McTague、维吉利亚理工学院和州立大学 (Virginia Polytechnic Institute and State University) 的 Kevin Stainback 以及马塞诸塞大学阿姆赫斯特分校 (University of Massachusetts-Amherst) 的 Donal Tomaskovic-Devey 合作的文章《从组织视角理解美国工作场合的性别和种族隔离》 (An Organizational Approach to Understanding Sex and Race Segregation in US Workplaces) 主要关注私营企业工作场所的种族和性别隔离。作者采用了美国平等雇佣机会委员会收集的 1966 年到 2000 年的数据。作者指出，性别隔离还没有被制度化，然而，种族隔离日益走向制度化，虽然在 1980 年后稍有缓和。该研究揭示了组织场域 (organizational fields) 和劳动力队列 (labor queues) 对于维持和改变工作场合不平等的重要性。

(3) 纽约大学 (New York University) Ann Morning 的文章《走向 21 世纪种族概念化社会学》 (Toward a Sociology of Racial Conceptualization for the 21st Century) 主要关注种族的概念化过程。作者基于经验的、方法论的以及理论的考虑拟写了一个关于种族概念化的研究计划。作者访谈了五十多个大学生，描述了不同受访者对于种族概念的理解，指出用概念化多重测量方法的重要性，展示出概念化的可变性，将其与人口背景联系起来，由此提出了在变动的 21 世纪中种族概念化的演变问题。

(4) 威斯康星大学密尔沃基分校 (University of Wisconsin-Milwaukee) 的 Pat Rubio Goldsmith 的文章《学校、邻里社区还是两者兼有? 种族和族群隔离和教育获得》(Schools or Neighborhoods or Both?Race and Ethnic Segregation and Educational Attainment) 关注学校和邻里社区两个场景中种族和族群隔离与教育获得之间的关系。作者采用全国教育统计中心的纵向数据，探讨是否一个人高中阶段邻里社区或者学校的黑人和拉丁美洲人比例会影响其直至 26 岁的教育获得。作者发现，学校而非邻里社区黑人以及拉丁美洲人的高度集中，从长远来看，与低教育获得相关。

（5）康涅狄格大学（University of Connecticut）的 Simon Cheng 和达特茅斯学院（Dartmouth College）的 Kathryn J. Lively 合作的文章《多种族的自我认同和青少年结果：从社会心理学路径看边缘人理论》（Multiracial Self-Identification and Adolescent Outcomes：A Social Psychological Approach to the Marginal Man Theory）主要运用社会心理学的方法考察多种族身份青少年问题。通过对“边缘人”的社会心理学解读，作者假定，自我认同为多种族的青少年可能会有更多的心理困难，但同时比单一种族的群体更积极地参与社会互动。作者同时借用边缘人理论对多种族青少年学校和行为结果进行假定。通过对全国代表性样本的分析，作者认为，经验材料证明了之前的假定。

（6）俄勒冈大学（University of Oregon）的 Jean Stockard 等人合作的文章《美国非婚生育率同期群效应的种族差异》（Race Differences in Cohort Effects on Non-Marital Fertility in the United States）主要涉及美国社会 20—44 岁白人和黑人妇女的非婚生育率。作者主要关注三个同期群因素：家庭结构、入学和性别比。对于白人和黑人来说，拥有较少传统家庭结构的同期群有较高的非婚生育率。入学对非婚生育率的影响对白人产生负效应，对黑人产生正效应。性别比对黑人产生负效应，对白人产生负效应。

3. American Sociological Review（12 篇中选 6 篇）

（1）Robert M. Kunovich 的《国家认同的缘起及结果》（The Sources and Consequences of National Identification）一文从对比和多层次的角度来审视国家认同这一观念。以身份认同、民族主义和偏见等概念为基础，文章分析了社会经济特点、政治特点以及文化特征之间的关系（如发展、全球化、民主治理、军国主义以及宗教和语言多样性），个人特点（如社会经济地位和少数民族地位）及国家认同内容上的倾向。文章分析了国家认同的内涵和针对移民、公民权、同化和对外政策方面的公共优惠政策之间的关系。作者用确定性因素和多层次模式来分析来自 31 个国家的国家级别的数据和相关的调查数据。调查结果表明个人特点和国家特征可以帮助国家认同中的变化性和竞争性的形成。此外，国家认同种类的内容对公共政策和族际关系的形成有着重大意义。

（2）社会学家对于集体记忆的深入研究产生了许多新问题、新视角以及新解释。过去是如何塑造出当前的个人和团体的？过去又是如何被用来创造今天的发展的？种族是当前的重要话题之一，它表明了美国的过去如何产生影响和多么悲哀。种族压迫、冲突和重建的记忆如何塑造了种族关系？审视这些是非常重要的。但是，种族关系研究常常会忽略集体记忆在种族规范和种族态度的形成中所扮演的角色。《这些记忆有什么作用？公民权利记忆与种族态度》

(What Do These Memories Do? Civil Rights Remembrance and Racial Attitudes) 一文收集了1993年的社会普查数据，审视了美国人人权运动的记忆是如何影响他们的种族态度和种族优惠政策的形成，并且讨论了集体记忆和种族关系文献中的“沉默现象”。虽然文章作者 Larry J. Griffin 和 Kenneth A. Bollen 发现美国人针对美国黑人的一些政府项目的观点和人权记忆无关，相比那些拥有其他记忆的人们来说，那些能够立刻回忆起人权运动并把人权运动的胜利视为特别重要历史事件的人表达了比较自由的种族观点。文章的研究结果支持了集体记忆研究中的基本前提，即集体记忆至关重要，并且指出了种族态度研究中一项卓有成效的新方法。

(3) 长久以来，对内战定量分析的众多文章一直在喋喋不休地讨论多元种族或种族多样性是否导致武装冲突。《族群政治与武装冲突：对新的全球数据集合的一种结构分析》(Ethnic Politics and Armed Conflict: A Configurational Analysis of a New Global Data Set) 一文不局限于这些讨论，并且明确表明了高度多样化的社会不容易导致冲突。与之相反，权力掌握在少数几个特定种族的国家往往容易导致严重的冲突。其一，仅仅是因为不同的种族背景，国家政府中就排除了人口占相当比例的种族，这样的国家很容易发生武装叛乱。其二，任何一个政权分割的国家，如果一些相互对抗的国家中坚分子共同掌权，严重的权力斗争会发生。其三，不同的政党不停地短期上台掌权的国家更容易遭受分裂冲突。该文利用新的种族权力关系数据集合，研究了1945年后独立的所有国家，并且验证了上述三个假说。跨国分析表明了种族政治和经济发展水平一样，都是能够导致内战的强有力因素。该文通过使用多项选择回归模型，得出结论，叛乱、混战和分裂国家分别源于高度的排外性、政权的分割性以及政权的不连贯性。文章作者 Andreas Wimmer, Lars-Erik Cederman 和 Brian Min 最后指出，从另一方面讲，种族多元化的国家不容易发生严重的冲突。

(4)《多样性是否带来好处？种族多样性、性别多样性和商业多样性三种案例分析》(Does Diversity Pay? Race, Gender, and the Business Case for Diversity) 一文作者 Herring Cedric 根据1996—1997国家机构调查的数据，对国家级的营利商业机构的调查，文章检验了源自多样性价值论的论文中的8种假说。调查结果验证了其中的7种假说：种族多样化导致增长的销售收入，客户，市场份额和相关利润。性别多样化也和增长的销售收入有关联。相对于其他关于劳工多样化的观点，该文也讨论了调查结果的重要性。多样性价值论，这个观点认为相对于单一的劳工组成，多样化的劳工组成，对商业的发展是大有益处的。其益处包括但又不仅仅局限于公司利润和收入上。这个观点是异于其他观点的，其他观点认为商业成功和多样性毫无关联或是多样性只会通过制造矛盾冲突来损害商业成就，毁坏商业凝聚力和降低生产力。

（5）在有关种族平等就业机遇的相关研究中，以往的研究主要着眼于几个有限的因素以及这些因素对组织结构和相关政策变化的影响力。《法律和政治压力促进非洲裔美国人进入管理层》（Legal-Political Pressures and African American Access to Managerial Jobs）一文则是从一个更为广阔的视角出发，探讨一些具有潜在影响力的法律和政治压力，也就是歧视诉讼，联邦法院的变化，以及政治意识形态。文章也分析了这些压力对改变组织行为所产生的重大意义。该文作者 Sheryl Skaggs 所采取的数据是 1983—1998 年美国超市零售业的相关数据，所采用的分析模型是 ADL 和固定效应模型，通过这些方式来判断非洲裔美国人获取管理职位的比例。结果表明在一桩针对某超市企业的法律诉讼案成功后，非洲裔美国人进入管理层的可能性增加了。再者，从长远考虑，所产生的同类效应也在起作用。受到起诉威胁的其他企业也开始调整自己的策略使自己的非洲裔美国人担任管理者的比例达到行业平均水平。最后，除了来自法律方面的压力外，联邦法庭法官的性别和种族多样化以及各州的政府的政治意识形态都对非洲裔美国人进入管理层起了重大作用。该文在最后还讨论了相关的后果以及系统地将政治进程和社会理论化结合起来的重要性，同时也分析了劳工的多样性。

（6）在 21 世纪初，美国白人和黑人之间的社会经济分层仍然存在，而教育成就的差异依然是一个显著的屏障。近期关于黑人和白人儿童学业成就差异的研究提出一种令人费解的模式。学校教育表现为加剧了黑人和白人在学习方面的差距，而与此同时却减缓了社会阶层差距的增长。这是为什么？《社会阶层、学校和非学校环境，及白人和黑人儿童学习中的不平等》（Social Class, School and Non-School Environments, and Black/White Inequalities in Children's Learning）一文的作者 Dennis J. Condron，通过使用美国一项儿童早期发展纵向研究（ECLS-K）的数据，检验并论证了上述命题。作者认为学校教育是造成黑人和白人儿童学业成就差距的主要因素，而强化黑人和白人儿童社会阶层不平等的主要因素是非学校环境。上述研究结果有助于解释为什么黑人和白人儿童学业成就差距的增大主要发生在学校期间，而其阶层差距的强化主要发生在夏天（在学校放假期间，非学校因素就会发挥主要作用）。

4. European Sociological Review（4 篇）

（1）Frank van Tubergen 和 Matthi js Kalmi jn 所著《荷兰移民的语言精通与使用：诱因问题还是时机问题?》（Language Proficiency and Usage Among

Immigrants in the Netherlands：Incentives or Opportunities?）检验了移民的语言精通程度与语言实际运用的决定因素，语言的这两个方面目前在文献中都是被分开讨论的。一个根本问题是：是相似的还是不同的模式导致了语言的这两个方面。数据来自大规模的反复进行的截面调查，这一调查意在研究在荷兰的土耳其和摩洛哥移民。研究者关注荷兰语口语能力和与交谈对象的荷兰语使用。结果显示，虽然口语能力和语言运用的水平几乎差不多，但他们之间的相关性不是很明显。语言精通水平与语言的实际运用同样受到移民动机、移民目的、邻里间种族聚集等因素的影响。与交谈对象的荷兰语使用情况直接且强烈地受到交谈对象荷兰语水平的影响。相比于对语言实际使用的影响，移民年龄和教育水平对于语言精通水平的影响更为重要。

（2）Bor ja Martinovic，Frank van Tubergen 和 Ineke Maas 所著《种族交往动力学：荷兰移民的面板研究》（Dynamics of Interethnic Contact：A Panel Study of Immigrants in the Netherlands）。与先前静态的族际交往研究相比，这篇文章提供了一种动态研究方法。研究目的是通过相关的时间常数和时变因素来解释族际交往中的个体变化。研究者调查了这些因素在两个时间段之间的变化所造成的影响，从而得到了因果关系的更好的评估方式。关于参数选择、外部时机和第三方影响的理论被用来识别族际交往的潜在预测指标。研究者利用荷兰的土耳其、摩洛哥、苏里南和安替列移民的面板数据检验了假设。结果显示，静态研究可以很好地评估时间常数因素，但是他会高估时变因素的作用。并且，由于教育、语言熟练度、较低的移民聚集度、本地伴侣这些因素明显导致族际交往会随着时间增加，这些因素对于族际交往来说是非常重要的指征。

（3）Nathalie Rink，Karen Phalet 和 Marc Swyngedouw 所著《移民人口规模，失业人口及个人特点于 1991 年至 1999 年对佛兰德斯弗拉芒集团选举的影响》（The Effects of Immigrant Population Size，Unemployment，and Individual Characteristics on Voting for the Vlaams Blok in Flanders 1991—1999）讨论了语境特点在排他反应中的效果。关于移民态度的扩展解释直接影响选举行为中关于语境的预测。我们在增长的移民人口规模和失业率的情况下期望更多的投票赞成反移民党弗拉芒集团。我们运用多级分析的方法（如二元三级重复测量数据的逻辑回归）对在 1991 年，1995 年及 1999 年中前后所涉及因素的作用进行了测试，除此之外也包括个人性格和跨层次的互动。为此，研究者使用在 1991 年，1995 年及 1999 年佛兰德斯重复大选调查中由合并个体记录组成的固定数据样本（共计 3 748 人），并增加了 175 个城镇的时间变量数据。正如所料，移民人口的规模增加了市民为弗拉芒集团投票的可能性，这一效果呈曲线趋势。但是，失业率水平并不能解释为弗拉芒集团投票的语境差异。就个人水平而言，拥有较低职位和失业的人更容易投票给弗拉芒集团。此外，一个明显的跨层次互动表明作为支持弗拉芒集团选举的移民人口规模在受到高等教育的人群中显著降低。最后，移民人口规模的非线性条件作用随着时间推移被完全复制。

（4）Moshe Semyonov 和 Anya Glikman 所著《种族居住隔离、社会交往及欧洲反少数民族态度》（Ethnic Residential Segregation, Social Contacts, and Anti-Minority Attitudes in European Societies）指出，种族居住隔离长期以来一直被视为一个重要的结构性机制，在此机制下，少数民族和少数族裔被剥夺了平等的机会、奖励和社会设施。种族居住隔离也大大减少了少数种族与多数人口成员社会关系及社会交往的建立、发展的机会。该文探讨了欧洲社会种族居住隔离、种族之间的社会交往及对少数种族态度这几种现象之间复杂的内在关系。该文特别研究了以下几种假设：第一，种族居住隔离（即全欧洲的每一个地方的同类聚居）限制了建立和发展种族之间社会交往的机会；第二，积极的种族间的交往可能会减少反种族态度产生的机会（即对威胁和社会隔离的看法）；第三，社会交往调节少数种族与邻里的关系及反少数种族的态度。该文使用了自 2003 年以来欧洲社会调查中对 21 个欧洲国家的多层次回归模型系列调研的数据，研究跨国家之间的比较框架的假设。虽然调查结果普遍支持预期的理论，但也强调了种族居住隔离影响种族内部交往中对少数种族的态度。对理论预期的研究结果在该文中做出解释和讨论。

讨论：

从 4 种杂志发表的以上 21 篇论文来看，社会学在族群/种族研究领域的主题在 21 世纪的全球化浪潮中越来越多元化，而且和跨国迁移、国内迁移密切联系在一起。

在这 21 篇论文中，涉及的最集中的主题是两个，一个是居住隔离，另一个是就业中的不平等问题。这两个领域可以说是国际学术界研究种族/族群问题的传统专题，而且两者之间存在密不可分的关系。正是由于在不同种族中出现的贫富差距或族群分层，一些种族的成员多属于中上层或白领阶层，另一些种族的成员所属于下层或蓝领阶层，收入和职业地位的差距使他们分别居住在不同的社区，低收入社区的学校通常教学质量也比较低，这样居住格局对各族群下一代的受教育机会和社会流动机会造成显著影响，进一步体现在就业的不平等和收入差距上。所以至今社会学家们仍然将调查和研究族群关系的主要注意力放在居住格局和就业机会不平等方面。

除此之外，关于“民族”概念和族群记忆的讨论、语言差异、族群心理、族群生育行为差异、移民社区与族群关系等专题，也都在2009年这4种杂志发表论文的涵盖范围中。在全球化和劳动力跨国迁移的社会发展态势下，几乎所有的国家和社会都不仅出现族群矛盾和族际冲突，而且在金融危机、经济萧条的大形势下，这些族际矛盾呈现了进一步恶化的趋势，因此也更加需要社会学家的关注。特别是在统一的国家公民意识尚未完全建立，各族群的群体意识依然很强的情况下，各类资源和发展机会的分配矛盾很容易导致以族群为单元的群体冲突，加上境外相同宗教、相同血缘、相同语言群体势力的介入，会使本来已经十分复杂的社会矛盾雪上加霜。欧洲国家和美国处理这些矛盾的思路和具体措施，值得中国人借鉴。

二、婚姻、家庭、性别研究

这一领域的论文在4种期刊2009年所发表论文总数中列在第二位，共有26篇。

在人类社会中，男女以各种正式或非正式的关系结合在一起繁衍和抚育后代，在婚姻和家庭中，男性和女性分别担任不同的角色，社会也对男女各自的角色与功能有不同的要求，形成不同的行为规范。在不同的历史时期和不同的文明模式中出现了不同的婚姻家庭形式，并与家庭遗产和社会地位的继承体制联系在一起，婚姻与家庭成为社会结构和运行机制的主要组成部分。随着现代化进程和女性对各类经济与社会活动的参与，女性的社会角色和社会地位发生了根本性转变，“女权主义”成为时髦的社会运动。同时，妇女地位成为国际上衡量社会现代化的重要指标之一。近年来，同性恋问题作为人权议题之一在一些社会成为公开的社会热点，同性恋是否可以合法结婚和收养成为新的法律问题。社会学对以上这些问题是不能回避的。自学科创立之时起，家庭婚姻研究便成为社会学的一个主要研究领域。我们从2009年这四种期刊中选出了关于婚姻、家庭和性别研究的20篇论文，介绍给读者。

1. American Journal of Sociology（4篇）

（1）伦敦商学院（London Business School）的Isabel Fernandez-Mateo的论文《合同雇佣中累积的性别劣势》（Cumulative Gender Disadvantage in Contract Employment）关注就业中女性低酬这一现象的理论解释。一般认为女性的工资

普遍比男性的低，不仅如此，与男性的薪水相比，女性的工资不会随着其经验或任期的增长而有所增加。换句话说，在其职业生涯过程中，女性存在着累积的性别劣势。

对于累积性别劣势，以往的研究多集中于对男女不同工作轨迹的讨论。其中一个常见的假设是，特定公司的技能积累是影响职场升迁和薪水增长的重要因素。在科层制的劳工市场中，服务于同一个雇主的工作时间会转化为不断增长的薪水、权威与地位。在长期时间推移中，女性往往输给男性，因为她们积累的特定公司的技能资本水平较低。人们认为雇主将需要较多专有技能资本的工作交付男性，因为他们相信女性更易因承担家庭责任离开公司。上述理论将女性的性别劣势归因于女性在企业专有技能方面的投资不足（women's under-investment in firm-specific skills）。但是如果真是这样，那么，在专有技能不为劳工市场（labor market）所奖赏的领域，这种劣势便应不再存在。然而事实并非如此。Fernandez-Mateo 考察了这一论断在合同雇佣中的适用性。合同雇佣中对专有技术水平的要求是极小的。作者发现，与预期不同的是，随着时间的推移，男性依然拿着比女性更多的工资。根据量化证据与质性研究，采用考察工作史的方式，作者访谈了一些属于一个人事代理公司（staffing firm）的高技能水平的合同工。研究发现，在男女的职场轨迹上，唯一重要的不同是，男性更可能转换委托人，这也意味着他们拥有更高的在不同公司之间流动的比率与薪水可变性。女性的薪水劣势在于两个来源，即从供方而言，她们在不同委托人之间的流动率较低；从需方而言，也存在着一些无法测量的因素，比如潜在的需方偏见与观念等。

（2）弗吉尼亚大学（University of Virginia）的 Elizabeth H. Gorman 与华盛顿州立大学（Washington State University）的 Julie A. Kmec 的文章《等级地位与女性的组织性流动：公司法律事务所的玻璃天花板》（Hierarchical Rank and Women's Organizational Mobility:Glass Ceilings in Corporate Law Firms）关注的问题与如下争论有关：女性的向上流动前景是否随着其进入领导层而下降。这个论辩是"玻璃天花板"隐喻的核心元素，但是以往的研究并未给予其足够的关注。"玻璃天花板"意指看不见但却实际存在的对人的发展的障碍。文章以美国的公司法律事务所为经验研究背景，他们认为，在这一环境中，从内部晋升的角度而言，女性所处的管理层次越高，其社会流动的劣势越大，不过，从外部聘用的角度而言则非如此。

（3）石溪大学（Stony Brook University）Eran Shor 与以色列海法大学（University of Haifa）Dalit Simchai 的文章《乱伦规避、乱伦禁忌与社会团结：

重温韦斯特马克，以以色列基布兹为例》（Incest Avoidance, the Incest Taboo, and Social Cohesion：Revisiting Westermarck and the Case of the Israeli Kibbutzim）关注有关乱伦禁忌的理论解释。

过去数十年中，有关乱伦禁忌的理论解释，最为重要的理论，首推韦斯特马克（Edward Westermarck）的观点。韦斯特马克认为，乱伦禁忌的起因是因为熟悉消灭了性欲望。个人在近亲环境中被抚养长大的过程所形成的厌恶引起了乱伦回避，这种儿童时代的性厌恶也是乱伦禁忌的历史原因。在过去五十年中，韦斯特马克的观点基本获得公认。Eran Shor 和 Dalit Simchai 的研究以来自以色列的经验材料重新思考韦斯特马克关于乱伦回避的观点。基布兹（Kibbutzim）是以色列一种独特的乡村共同体或聚居区形式。以往对基布兹的研究多关注其婚姻模式，而 Eran Shor 和 Dalit Simchai 的研究，试图结合质性分析与统计回归分析来重新审视这一共同体。他们发现，在基布兹公共教育系统中成长起来的个人实际上往往会吸引其同辈人，而且他们很少形成与同辈人之间的性厌恶。基于这一发现，文章对乱伦回避与乱伦禁忌问题提出了另一种解释，即群体团结是引起群内性规避的关键因素。他们认为，相比那些低社会团结水平的群体而言，拥有更高社会团结水平的小型非自愿群体（non-voluntary group）中的个人往往很少对其同辈人形成性吸引，这种规避是人们维持现状的愿望所形成的潜在结果。在小型、非自愿、高度团结的群体中，支持这种双边二人关系的潜在的社会与个人代价是很高的，因为它会危及群体团结。与此同时，作者也指出，其他的社会与人口因素对于决定个人之间的同辈吸引也是重要的，如个人的性别、一般意义上的群体内性开放的程度与潜在的性伴侣数量等。作者认同影响性吸引的原因既有生物因素也有社会因素，但是，过去的研究中生物决定因素被过分强调了。

（4）加州大学圣巴巴拉分校（University of California，Santa Barbara）Maria Charles 与西华盛顿大学（Western Washington University）Karen Bradley 的文章《放纵我们性别化的自我？44 个国家中学习领域里的性别隔离》（Indulging Our Gendered Selves?Sex Segregation by Field of Study in 44 Countries）关注学习领域的性别隔离问题。

以往的论述多将社会经济的现代化与公共领域机构中的去性别化相关联，与这种进化论式的观点相反的是，该文作者们认为，经济越发达，课程领域的性别分类越强。她们指出，在发达的工业社会中，两种文化力量相结合从而产生了一种新的性别隔离体制。其一为性别本质主义的意识形态，事实证明，即使是在最为自由而平等的环境里它也能非常适应；其二为自我表现的价值体系，它为表现性别化的自我创造了机会与激励。通过对来自 44 个国家的经验材料的分析，文章说明，后工业化的劳工市场所具有的结构性特征与现代教育制度支持了性别化的课程喜好的培养、实现与呈现。

2. European Sociological Review（9 篇）

（1）Kenneth Aarskaug Wiik 所著《"你最好再等一等"——社会经济背景与初婚/初次同居时机的关系》（"You'd Better Wait!"：Socioeconomic Background and Timing of First Marriage versus First Cohabitation）指出，虽然在初婚时机的社会经济不平等性方面已有大量的成熟研究，但在不同社会经济家庭背景下的人际交往研究大多忽略了未婚同居这一现象。本研究利用挪威某调查的丰富数据（含 6 317 个样本）检验了 1970 年到 2002 年间，双亲的教育及经济资源对于子女进入婚姻以及同居关系时机的影响。离散时间多项回归模型显示，父母教育水平较低的人，初次同居的进度会较快，但幼年生活富足的人，初婚的时间会比较晚。这些发现在双亲的表现和对孩子初婚的影响力的代际传递理论框架下被讨论。另外，社会经济背景的推迟效应可归因于个体的理性探索行为。

（2）Teresa Martin-Garcia 所著《把男人带回来：教育类型与水平对西班牙生头胎情况的影响因素再检验》（Bring Men Back In：A Re-examination of the Impact of Type of Education and Educational Enrolment on First Births in Spain）通过关注男性，来重新检验了两个已经确定的关于教育对家庭建立所产生影响的结论。作者研究了脱离教育的时间以及教育的类型对西班牙妇女生育的影响规律是否也适用于男人。作者使用了西班牙家庭与生育调查的数据，并考虑了异质性的重大历史事件模型。结果显示，对于男人来说教育类型和教育水平同样重要。但是，男人研究领域与他们生育行为的联系机制却和女人的相反：在西班牙，那些与人际交往手段相关的学术领域对于生头一胎的时机没有明确的影响。并且，与女性样本的结果相反，男性受普遍影响因素的影响较小。

（3）Ma lina Voicu，Bogdan Voicu 和 Katarina Strapcova 所著《欧洲国家的家务与性别不平等》（Housework and Gender Inequality in European Countries）着眼于宗教与科技发展对欧洲国家家务分担的影响。宗教信仰与习惯对性别角色有着重大的影响，越虔诚的人越倾向于支持传统的性别分工。如同传统基督教对于性别角色有着最保守的看法，一些宗教信仰鼓励传统的家庭模式，但新教徒就更宽容一些。从另一个方面来讲，科技发展通过减少献身于零星杂务的时间和增加妇女在正式劳动市场的参与度来对家务问题起到直接影响。先前的研究基于相对资源理论、性别意识或国家特点（如福利制度和性别平等情况）

提供了解释，预测了一对夫妻对于家务的分担情况。使用多层次回归模型，我们可以检验国家科技发展与宗教虔诚的水平在欧洲 24 个国家中对家务分工的影响。分析表明了国家科技发展、宗教文化和个人宗教信仰的重要性。

（4）Martina Brandt，Klaus Haberkern 和 Marc Szydlik 所著《欧洲的代际帮助与照料》（Intergenerational Help and Care in Europe）指出，在欧洲，平均来说，成年子女偶尔帮助他们的父母做家务的数量是他们向父母提供日常生活照料的三倍。考虑到这两种支持行为的不同，这并不是件奇怪的事。关怀是伴随需要产生的，而帮助却是当有机会时才会偶尔发生的事。在欧洲南部，很少能接受到国家提供的专业的家庭福利支持，而从子女那里得到的可能性相对较大；而在北部，父母更多的是从家庭或者更权威的机构那里得到援助。逻辑上的多层次模型可以让这些差异追溯到个别国家的社会和健康服务的可获得性。子女对父母的普通帮助成“涌入”状态，而对父母的生活照料却呈现“涌出”状态。总之，这一基于卫生、年龄和退休的相关数据的结果支持这个特别化的假设：专业的医疗机构接管了繁琐的医疗和定期身体检查的要求，而家庭更能提供不那么费事的内在关怀。每一个人都会尽自己的最大努力。因此，对老人的整体关怀需要在数量和质量上都有所保证的、更加完善的服务系统。

（5）Renzo Carriero，Joris Ghysels 和 Chris van Klaveren 所著《父母应该调整工作行程么？荷兰、弗兰德及意大利双薪家庭的比较研究》（Do Parents Coordinate Their Work Schedules?A Comparison of Dutch，Flemish，and Italian Dual-Earner Households）认为，在欧洲双薪家庭日益增多，它导致了现在许多夫妻在安排工作日程时面临工作形成的潜在冲突：搞清楚如何分配一星期的时间。在这篇文章中，他们研究在比利时，意大利和荷兰双薪且有子女的家庭中，夫妇如何安排他们的工作时间。他们将工作时间置于比较框架中，以便不同国家的时间安排机制的差异可以显露出来。他们认为工作时间协调的定义，是夫妇双方都有带薪工作的时间，除了双亲工作时间的潜在交流，其他的自然接触都不能奏效的行为。他们的主要研究结果如下：①在三个国家双亲都积极地调整了他们的工作时间；②平均来说，意大利、弗兰德的双薪夫妇表现得比较同步（同时增加了他们的工作时间），这意味着夫妇着眼于他们共同拥有的其他时间；③荷兰的夫妇倾向于错开同步（减少工作时间的重叠），这表明后者往往可以使业余时间最大化，因为至少父母双方有一方没有在工作。

（6）Charlotta Magnusson 所著《性别、职业威望与薪酬：贬值理论的检验》（Gender，Occupational Prestige and Wages：A Test of Devaluation Theory）讲到，贬值理论的基本假设是：女性在文化意义上是被贬低的。因此，女性的职

业及目标被认为比男性的具有更少的价值。先前的实证研究发现，职业女性的比例对薪酬产生负效应。但是并没有证据显示，职业性别构成和职业威望之间有什么关系。相比于用薪酬作为结果变量，通过分析一项职业中的女性成分是否与职业威望负相关，贬值理论可以更直接地得到检验。另外，文章检验了职业威望的差异是否可以从一定程度上解释性别成分对薪酬的影响，以及是否相对男人来讲，女人是否为了达到威望而愿意接受更低的薪酬。瑞典调查的数据显示，一项职业中女性成分与职业威望之间没有线性关系。男女混合（女性占 41% ~60%）的职业拥有最高的威望。并且，通常由女性来做的工作，比如保姆，威望并没有显得更低。这些结论不支持贬值理论。分析还显示，为了赢得职业威望，女人比男人更能接受低廉的薪酬回报。

（7）Maike van Damme，Matthi js Kalmi jn 和 Wilfred Uunk 所著《欧洲离婚女性的就业：个人因素与制度因素》（The Employment of Separated Women in Europe：Individual and Institutional Determinants）认为，对于女性离婚的经济后果的研究过去常常没有注意就业变化这个领域。在这个研究中，研究者利用 1994 年到 2001 年间欧共体家庭组调查中 13 个国家的数据，调查了离婚女性的就业变化和造成这些变化的个人及制度影响因素。对于就业与失业机会以及工作时间变化的动态研究表明，欧洲女性在离婚后就业会总体适度增长，在某些国家这种变化程度要比别国更大一些。影响就业变化的重要个人层面因素是教育和劳动力市场中的工作经验（正影响）、健康状况（正影响）、是否有子女（负影响）。制度因素也造成相对立的影响：更多的公共儿童养育条件可以促进离婚妇女的就业，但对于单亲家长的优厚补助则阻碍了她们的就业。这一结果强调了，辨别收入相关制度与就业相关制度的区别在研究离婚后果时是很重要的。

（8）Michèle Ernst Stähli，Jean-Marie Le Goff，René Levy 和 Eric Widmer 所著《意愿还是强制？瑞士母亲的劳动力参与度及其动机》（Wishes or Constraints？Mothers' Labour Force Participation and its Motivation in Switzerland）的目的是评估与角色冲突理论和偏好理论有关的，在女性的家长角色转变之后劳动力参与减少情况的众多因素的作用。研究者从主客观两个维度测量女性劳动力参与度。经验检验是基于一项瑞士有子女夫妻的调查。结果显示，相比于与角色冲突减少有关的结构因素，偏好理论对于母亲的劳动力参与度几乎没有影响，但是如果实际职位与她们的意愿不匹配，偏好理论则可以从很大程度上解释她们的挫败感。结构因素，例如职业、经济资源、儿童保育、城市环境等，支撑着母亲的劳动力参与度，而主动性网络和以家庭为中心的生活方式偏好可以帮助他们应对挫败感。

（9）Jennifer Tomlinson，Wendy Olsen 和 Kingsley Purdam 所著《女性回归职业者与潜在的回归者：就业分布与劳动力市场的机会——英国的个案研究》（Women Returners and Potential Returners：Employment Profiles and Labor Market Opportunities—A Case Study of the United Kingdom）指出，先前离开劳动力市场去照顾孩子或家庭成员的女性，相当于大量的现存或潜在的劳动力。这篇文章创新性地把妇女教育的数据和雇主的技能需求数据以及市场工资率相结合，描绘出了英国女性职业回归者的不同境遇。研究者探寻是否存在一类低工资职业的女性回归者，以及这个群体是如何被区别对待。英国是有价值的个案，因为是拥有欧洲最高兼职率的国家之一。研究发现，女性回归者遭受了高水平的职业隔离，并且如果她们是部分时间回归，这种格局会更强烈。因此，如果女性回归者是做兼职，她们的职业选择是有限的。全职与兼职工作规划的死板导致了很多女性在就业领域选择了对她们来说更能胜任的兼职工作。并且，作者认为女性回归者和其他潜在回归者在政府的培训计划中被忽视了。

3. American Sociological Review（2 篇）

（1）近些年来，社科学家不仅仅把歧视同性恋和憎恶同性恋视为当代美国的社会问题，同时也把异性恋规范化视为一个社会问题。所谓异性恋规范化，是指想当然地把异性恋视为基本的、正常的和自然的两性交往方式。然而，异性恋行为是如何产生的，又是如何被视为个人的正常行为，有关这方面的实证研究很少。《异性恋规范化：母亲教育孩子成为异性恋者的假想、谈话和策略》（Normalizing Heterosexuality：Mothers' Assumptions，Talk and Strategies with Young Children）作者 Martin，Karin A. 调查了 600 位母亲，她们的孩子从 3 岁到 6 岁不等，以及这些母亲是如何教导她们的孩子成为异性恋行为者。这些数据表明绝大部分的妈妈们，一开始教育孩子就假定她们的孩子是异性恋者，向孩子们描绘两性之间的关系仅仅只描绘异性之间的浪漫史和成人关系，对同性恋者或同性恋者之间的关系视而不见、绝口不提。而另一些母亲，她们考虑到他们的孩子有朝一日可能成为同性恋者，她们基本上选用三种策略中的一种，一是绝大部分这样的母亲只会“双手合十”，祈祷她们的孩子有朝一日变回异性恋者，还有数量极少的母亲会现在就为孩子有可能成为同性恋者作准备，另外数目相当多的母亲，来自于保守的新教徒家庭，想尽办法防止她们的孩子成为同性恋者。文章的这些研究结论对进一步理解孩子们的性认同发展和异性恋规范化的建立有着重大的意义。

（2）妇女在追求事业的同时保留着对家庭生活的主要责任，自由支配的时间便成为呈现现代生活性别不平等的一个新舞台。《食品零售人员中睡眠中断的性别差异》(Gender Differences in Sleep Disruption among Retail Food Workers)探讨了清醒时角色承担义务的性别不平等造成睡眠中断差异的推论。作者David J. Maume，Rachel A. Sebastian 和 Anthony R. Bardo 以583个夜班工作的食品零售工人作为研究样本，发现在多变量模型中，相对于男性，女性经历明显多的睡眠中断。分解分析显示，睡眠中断中几乎一半的性别差异被解释为健康状况和工作、家庭情景中各种纬度的性别差异。也就是说，睡眠中断中性别差异的剩余部分归因于工作和家庭责任上的性别差异。鉴于需要更多关于工作、家庭冲突如何影响健康和幸福的研究，有必要对睡眠模式进行进一步的研究。

4. Social Forces（8篇选5篇）

（1）马里兰大学（University of Mary land）的 Melissa A. Milkie、麦克丹尼尔学院（McDaniel College）的 Sara B. Raley 和加州大学洛杉矶分校（University of California，Los Angeles）的 Suzanne M. Bianchi 合作的文章《挑起第二重担：美国学龄前儿童父母的时间分配和时间压力》(Taking on the Second Shift: Time Allocations and Time Pressures of US Parents with Preschoolers）主要关注学龄前儿童的父母的时间压力和时间分配。“第二重担”这一说法来源于 Hochschild，后来这一概念被学者普遍运用于形容受雇佣母亲所面临的不平等家务劳动负担。作者采用当代美国学龄前儿童父母的两个代表性样本，来检验嫁给全职工作丈夫的全职工作母亲（简称操劳妈妈，focal mothers）在时间分配和时间压力上与那些兼职工作或者根本没有工作的父亲以及母亲有怎样的区别。研究发现，操劳妈妈的一年全部工作量要比父亲多一个半星期，而不是一个月。操劳妈妈有更少的休闲时间，但并不是做各种繁重的需要支付的工作，睡眠时间也并不比父亲少。操劳妈妈比父亲有更大的时间压力，然而，部分压力可能其他母亲也有。父母都是全职工作的家庭与母亲不是全职工作的家庭相比，较少地参与一些素质活动。

（2）弗吉尼亚大学（University of Virginia）的 Jeffrey Dew 的文章《做父母的婚姻时间成本随着时间的推移改变了?》(Has the Marital Time Cost of Parenting Changed over Time?”）主要研究已婚人士的配偶单独相处时间。以往的质性以及量化研究都认为，已婚夫妇由于要处理高强度的抚养任务和工作预期，会相应地减少夫妻单独相处的时间。通过对全国性代表数据的分析，作者研究了1975年至2003年期间已婚有孩夫妇是否相对于已婚无孩夫妇减少了夫妻单独相处时间。研究发现，平均来说，已婚人士平均每天减少50分钟的夫妻单独相处时间。然而，与习以为常的观点不一样的是，有未成年孩子的人所减少的夫妻单独相处时间要比没有孩子的人少。已婚有孩子人士采取的争取夫妻单独相处时间的策略，在周末和平时所有不同。

（3）叶史瓦大学（Yeshiva University）的 Silke Aisenbrey、斯德哥尔摩大学（Stockholm University）的 Marie Evertsson 以及阿姆斯特丹大学（Amsterdam University）的 Daniela Grunow 合作的文章《有对母亲因生孩而停职的职业惩罚吗？对德国、瑞典和美国的比较研究》（Is There A Career Penalty for Mothers' Time Out?A Comparison of Germany, Sweden and the United States"）主要关注妇女因生育而离开工作的时间长度以及对妇女造成的短期职业影响。文章关注三个国家：德国、瑞典和美国。这三个国家对母亲身份和工作有截然不同的政策。作者发现，在美国，职业惩罚存在于即使是短期地离开工作；长时间地离开工作将增加往下流动的风险，并且减少往上流动的机会。在德国，长时间离开工作将造成职业生涯的不稳定，并且离开的时间越长，往上流动或者往下流动的风险越大。在瑞典，离开工作对于往上流动有负效应。因此，即使在对于女性友好的瑞典，女性越早返回工作岗位，其职业前景越好。

（4）多伦多大学（University of Toronto）和美国律师基金会的 Ronit Dinovitzer、丹佛大学（University of Denver）的 Nancy Reichman 和 Joyce Sterling 合作的文章《对妇女工作的差别评价：重新认识律师收入的性别差异》（The Differential Valuation of Women's Work:A New Look at the Gender Gap in Lawyers' Incomes）关注影响刚入行律师收入性别差异的机制。通过对全国代表性样本中全职律师工资的研究，作者发现了大概有 5% 的性别差异。作者列举了四种机制：工作性质，职业路径，结构、文凭和合法市场。研究发现，这些机制都不能完全地解释性别差异。

（5）斯坦福大学（Stanford University）的 Asaf Levanon、Paula England 和宾夕法尼亚大学（University of Pennsylvania）的 Paul Allison 合作的文章《职业女性化和收入：采用 1950—2000 年美国人口普查数据估测因果机制》（Occupational Feminization and Pay:Assessing Causal Dynamics Using 1950—2000 US Census Data）主要关注影响收入性别不平等的机制。传统的观点认为，控制教育和技能两个变量，女性所占比例大的职业所给的工资要比女性比例小的职业低。这种关联被两种主流的观点所解释：贬值和队列。第一种观点认为是工资影响了女性的比例，因为雇主都偏好男性；第二种观点认为是女性的比例影响了工资，这导源于对女性工作的贬值。通过对纵向数据的分析，作者通过控制其他职业特征变量，发现经验数据支持贬值的观点，而非队列的观点。

讨论：

以上20篇论文涉及了家庭、婚姻、性别研究的许多专题，同时这些研究都是以各类调查数据或者人口普查数据的实证量化分析为主。我们从中可以看到各国在这一领域内所关注专题的多样性，但是在以上20篇论文中，直接涉及女性就业和工资问题的就有9篇，显示女性在现代社会面临的最大问题是就业和报酬的男女平等问题。由于妇女的生理特点，与男性相比增加了怀孕、分娩和抚育幼儿的职能，这无疑对妇女在劳动力市场的职业延续和精力分配造成影响，如何看待女性对人类再生产的贡献以及是否将这一因素考虑到职业生涯的评估和业绩考评当中，则不仅仅是一个客观指标来评价的问题。此外，关于家务劳动分工和子女照料问题的论文有5篇，谁应该照顾子女和从事家务劳动，这一问题在女性获得经济独立后可能会日益突出。其他论文的主题则分别涉及关于婚姻或同居的选择、教育机会的性别平等、生育行为、乱伦和同性恋问题等。显示出社会学家们在家庭婚姻与性别研究的选题上也在随着社会的变迁而不断调整，呈现多元化的趋势。

三、社会分层与社会流动研究

与2008年各期刊所发表的论文分类相比，2009年4种学术期刊对社会分层和社会流动研究的重视有所增加。从2007年的14篇减少到2008年的12篇，又增加到2009年的16篇。世界金融危机使许多国家的企业出现了破产倒闭或减员重组，这导致社会劳动力队伍内部出现新的分化和调整，新兴产业和“夕阳产业”、掌握新技术的年青一代和为社会作出贡献但知识相对陈旧即将退休的老一代之间的代际更替，也在经济和企业重组的过程中加快了步伐。在全球化浪潮中发展起来的跨国企业，由于各国的经济结构不同、体制不同而可能具有更高的应变能力和更大的生存空间。正是对这些新现象和新问题的思考使社会学家们在近几年里对社会分层和社会流动问题的研究给予较多的关注。我们从16篇论文中选出11篇向读者介绍。

1. American Journal of Sociology（5篇）

（1）斯德哥尔摩大学（Stockholm University）的Jan O. Jonsson，斯坦福大学（Stanford University）的David B. Grusky，康奈尔大学（Cornell University）的Matthew Di Carlo，柏林社会科学研究中心（Social Science Research Center Berlin，WZB）的Reinhard Pollak与哈佛大学（Harvard University）的Mary

C. Brinton 等人合作完成的文章《微阶级流动：四个国家的社会再生产》（Micro-class Mobility:Social Reproduction in Four Countries）关注社会流动问题。有关社会流动的社会学文献认为，代际之间的再生产主要有两种形式，持社会阶级观点的学者（the class approach）认为，父母传递了其所属的社会阶级。而重视层级路径（the gradational approach）的学者则认为父母传递给孩子的是职业威望或社会经济地位。该文认为这两种路径要么将具体职业夸大为一个大的社会等级（big class），要么将之缩放为社会经济地位或威望，研究变成了阶级流动或社会经济流动。该文认为这些路径忽视了职业在代际之间传递机遇的重要作用。作者采用美国、瑞典、德国与日本四国的代表性资料试图提出第三种解释。其分析说明，其一，职业是社会再生产的重要管道；其二，只有在职业层面上加以分析，我们才能揭示出社会流动机制中最重要的固定刚度（rigidities）；其三，传统的社会流动分析中所呈现的大类别（big class，如社会阶级）再生产实际上是伪装的职业再生产。

（2）斯坦福大学（Stanford University）的 Andrew G. Walder 与麦肯锡咨询公司（McKinsey & Company）的 Songhua Hu 的文章《革命、改革与身份继承：1949—1996 年的城市中国》（Revolution, Reform, and Status Inheritance: Urban China, 1949—1996）关注革命与改革对阶级结构和机会平等的长期影响。在有关中国研究的社会学文献中，对经济转型以及市场改革中的个人或家庭变迁的研究并不少见，但很少关注社会与政治巨大变迁对代际流动的影响。文章提问：对中国社会而言，政权的更迭和市场改革是否会扰乱代际流动模式？作者认为，中国的政治轨迹与其他共产体制不同。在头三十年里，政治体制为精英的身份或地位继承强行设置了限制性的屏障。在之后的市场转型中，中国也并未像其他共产党国家那样发生政权更迭。

（3）衣阿华大学（University of Iowa）的 Freda B. Lynn，苹果公司（Apple）的 Joel M. Podolny 与香港中文大学（Chinese University of Hong Kong）Lin Tao 的文章《身份地位与素质之间关系的社会学建构（解构）》（A Sociological(De) Construction of the Relationship between Status and Quality）试图对社会学的一些经典概念进行细致分析。Lynn 等人认为，社会的某些方面是自然的，客观的，且不可避免的。尽管许多社会学家都热衷于“社会建构”的观点，但是影响社会建构之幅度（magnitude）的情景性因素或机制却很少被认真考虑。此项研究之目的正在于考察促成对身份地位的社会建构的因素。

对身份地位的社会建构是指行为者所处的环境或条件，即他获取的机会与奖赏，它获得的社会位置等并非源自该行为者潜在的个人素质。相反，社会过程歪曲了环境与素质之间的连接。该文的目的是为了概念化社会群体中建构的程度，并考察潜在地分离了行为者的素质及其环境的机制。在文中，行为者的条件是他在该群体中获得的地位身份，而素质是指为该群体所期望的行为者的特征、表现与服务。如果行为者所获得的地位强有力地反映了其素质，这说明，在这个群体里有较少的社会建构。相反，如果地位并不能反映其素质，结果则相反。经验研究表明，尽管地位往往同素质相关联，但是人们也广泛认同，这种并不是完美的，而且出现的等级制度并不是由素质差异决定的。为了分析每种机制对脱钩的影响，作者采用身份分配的双边模型来模拟数千个小群体中社会等级的形成。作者们试图建立分析等级形成的整合模式，他们将等级形成视为双边层面上的服从分配的问题，即为什么以及在何种程度上行为者 i 服从行为者 j。三位作者特别关注了素质不确定性、弥散的地位特征与自我实现的预言在其中发挥的作用。总之，三位作者认为，社会建构这一术语更像是学科的战斗口号而不是分析的工具。通过区分客观现实与想象的现实，以及社会建构的强形式与弱形式，该文提出了一系列新的社会学研究问题：导致更多或更少社会建构的情境因素是什么？作者因此关注身份的分化，在这关怀下，社会建构被测定为待遇的分配与该待遇所需的真实素质之间的分离。最后，他们也指出这一结论对未来的研究以及群体的实践管理所具有的意义。

（4）北卡罗莱纳大学（University of North Carolina）Noah P. Mark，杜克大学（Duke University）的 Lynn Smith - Lovin 与斯坦福大学（Leland Stanford Junior University）的 Cecilia L. Ridgeway 的文章《为什么那些名义上的特征能够获取身份价值？对身份建构的简单解释》（Why Do Nominal Characteristics Acquire Status Value?A Minimal Explanation for Status Construction）关注社会成员的身份信仰。身份地位型塑了社会生活的诸多方面。它组织起协作的社会互动，也是社会不平等的重要形式。那么，为什么将某些身份/地位与不同类别的人相关联的信仰能够为社会成员一致认同？为什么某些特征能够承载身份价值观？身份建构理论试图回答上述问题。此文也属于这一理论的尝试。Mark 等三位作者试图引导我们关注两种看似有道理的机制，它们在以往的身份建构理论中各自发挥着自身的作用，该文指出，这两个微观层面的机制相结合能够产生体系化的趋势，即倾向于一致认同关于某一名义上的特征（如性别、种族、受教育年期、外貌吸引力等）的身份信仰。这两个机制是：①身份信仰的传播，即对某一特征并无身份信仰的人，在同一个或更多拥有该身份信仰的人们的交往中，能够逐渐获取这一身份信仰；②身份信仰的丧失，即在同其他持有相反身份信仰的人们交往的过程中，拥有关于某一特征的身份信仰的个人会失去这份信仰。这些机制表明，相反的身份机制往往有同样的流失几率，当然，也有同样的流行几率，因此，如果某种身份信仰比其对立信仰更加流行，那么，它的普遍性会不断增加，直到每个人都持有这一信仰。

（5）北卡罗莱纳大学（University of North Carolina）Stephanie Moller，Francois Nielsen 与印第安纳大学伯明顿分校（Indiana University，Bloomington）Arthur S. Alderson 的文章《1970—2000 年间转变中的美国郡县的收入不平等格局》（Changing Patters of Income Inequality in U. S. Counties，1970—2000）关注美国郡县家庭收入分配不平等的地理差异与当代趋势。Moller 等人的文章以美国为例，探讨 20 世纪后期经济不平等对发达工业社会的影响。文章指出，1970 年美国中西部与东北部地区经济不平等状况并不明显，但东部沿海地区则明显得多；30 年之后的 2000 年，美国整体情况日益严峻。运用 1970 年、1980 年、1990 年与 2000 年里 3 098 个美国郡县中家庭收入分配的相关数据，作者们试图考察经济不平等的原因，特别是决定不平等之地理差异的社会机制。他们建立了县内收入不平等模型，指出影响县级不平等的变量发生于不同的层面，比如，涉及劳动力市场与社会人口变量的分配过程主要发生于县级层面，而政治与制度的影响因素则基本上在州级层面运转。而且，有些因素，如去工业化往往以纵向方式影响不平等，而其他的因素更易导致横断面的差异。他们采用多层面的方法区分出县级与州级的横向过程和纵向过程，探讨其对县内收入不平等的影响。作者发现，当州级的制度与政治场景的特征与不平等相结合，从纵向上而言的影响比横向影响要大。其他许多因素，包括经济发展、劳动力的变化、劳动力中的种族与性别组成的转变、教育扩张以及城市化，无论是从纵向还是横断面上而言都有较大的影响。

2. European Sociological Review（7 篇选 6 篇）

（1）Gabriele Ballarino，Fabrizio Bernardi，Miguel Requena 和 Hans Schadee 所著《持续的不平等？意大利和西班牙的教育扩张与阶级不平等》（Persistent Inequalities?Expansion of Education and Class Inequality in Italy and Spain）使用累计有序回归（logit）模型分析了意大利和西班牙出生于 1920 年到 1969 年间的五个十年同期群中，由家庭、血统的分层导致的教育结果不平等。在这两个国家的研究对象都是：随着教育的发展，阶层教育产出的不平等是保持不变的还是减弱的？20 世纪 90 年代的主流观点是：除了少数国家以外，不平等程度都是保持不变的。最近几十年，这种观点发生了改变，他们发现了日益增长的阶层教育结果不平等情况。意大利是在教育发展的同时保持阶层教育结果不平等的典范。西班牙在早期的分析中没有提及。研究结果明确显示，西班牙和意大利的不平等都在减弱，而变化过程中的区别在于两国的制度不同。

（2）Rolf Becker 和 Anna E. Hecken 所著《为何工人阶级的孩子远离了大学？——分流理论的实证评估》（Why are Working-class Children Diverted from Universities?—An Empirical Assessment of the Diversion Thesis）指出，虽然教育在发展，学校中教育机会的不平等在下降，职业训练和大学教育的体制在改革，但获得大学教育的机会在社会阶层之间仍然不平等。根据 Muller 和 Pollak 提出，并由 Hillmert 和 Jacob 发展的分流理论，工人阶级的孩子们被非学术领域当中影响他们个人教育选择、提供他们对教育或职业培训的吸引力（即那些非学院教育制度）的因素带离了通往大学的直接通路。为了调查为何形成这种分化，需要从理性行动理论的视角分析社会选择中的教育选择机制。为了检验这种理论，研究者收集了东德高中离校生的数据。与大学教育相比，工人阶级的孩子更偏好职业培训的机制是由对早期教育表现的主观评价、在大学中获得成功的可能性以及主观期望值等因素构成的。特别是工人阶级的孩子们的教育选择，主要受他们对自己在大学教育中成功预期的消极评价的影响，这些影响造成了他们最后开始远离大学教育。

（3）Florian Pichler 和 Claire Wallace 所著《欧洲的社会资本与社会阶层：社会分层中社会网络的作用》（Social Capital and Social Class in Europe：The Role of Social Networks in Social Stratification）认为，社会资本正在成为一个研究重点，关于如何通过不同途径获得社会资本有着不同的理论推测。但是，与社会阶层和社会不平等有关的社会资本的跨国经验的分析十分缺乏。在这篇文章中，研究者利用 2004 年秋季统计出的 Eurobarometer 数据（N = 27 000），探索欧洲 27 个国家社会分层与社会资本之间的关系。根据使用的统计模型，我们可以测定在何种程度上个人特质（包括职位和教育）与社会资本相关，并且可以把这一问题放在一个跨国语境中来研究。研究发现，社会分层是从包括国家层面和个体层面在内，理解社会资本的一个重要因素。社会中较高层次的人拥有更高水平的社会资本，尤其是通过他们的社交网络（正式社会资本），但非正式的交往并不明显地因阶级差别而分层。不平等水平较高的国家在阶级之间的差异更大，往往给较高阶层的人带来更多的利益。因此，社会资本的形式往往可以反映甚至决定社会的分层模式。

（4）Øyvind Nicolay Wiborg 和 Marianne Nordli Hansen 所著《社会劣势的代际传递随时间的变化》（Change over Time in the Intergenerational Transmission of Social Disadvantage）认为，社会民主福利国家的主要目的是减少社会出身对个

人生活变化的影响。如果这些国家的普救主义和平等主义政策是有效的，我们可预期到具有社会劣势的出身会随着代际而递减。作者研究了四种社会劣势（社会福利援助、失业、低教育成就、未成年母亲）对挪威孩子童年期和青春期双亲收入的影响。数据包括30个同期群的数据。研究结果显示，双亲收入在收入分配的所有层面都有着系统性的影响。那些出生于最贫困的家庭中的孩子表现并不杰出。在研究中，童工、未成年妈妈、低教育成就的影响程度随着时间而降低，但是福利制度的回报随着时间越来越稳定。但是，如果我们着眼于相对的不平等性，社会劣势的代际传递没有随着时间推移而减少，对双亲收入的影响是稳定甚至是稍微增长的。

（5）Jens Beckert 和 Mark Lutter 所著《公平游戏中的不平等：德国的博彩和社会分层》（The Inequality of Fair Play: Lottery Gambling and Social Stratification in Germany）以一个基于对德国原住人口随机抽样的电话调查为基础，研究检验了在德国社会架构基础上的国家博彩业对分配的效果。博彩业是一种高税收的经济交易，这些收益是国家财政收入相当大的组成部分。分析表明，博彩是递减税收的一种形式。采用一些人口统计学的主要参数，比如说年龄、公民的身份以及收入和受教育的水平，作者证明了博彩业对财政收入在社会中进行重新分配的效果。

（6）Ola Sjöberg 所著《1979 年至 2000 年间经济合作与发展组织（OECD）国家的公司治理与收入不平等问题》（Corporate Governance and Earnings Inequality in the OECD Countries in 1979—2000）通过研究 1979 年至 2000 年期间经济合作与发展组织（OECD）国家的数据样本，旨在分析公司治理在解释跨国家的收入不平等问题差异和趋势中的角色。有人认为，既然公司治理是每一个公司经营者都关心的基本问题，它将对产品盈利如何在公司各部门之间分配的问题产生非常重要的影响。文章概述了公司治理和跨国改革及规划制度的一个方案，此机制将会影响公司治理中的收入不公平的问题。实证研究结果表明，一些核心因素的状态与跨国公司收入不平等问题的差异和趋势相关（据测量比例大概为 9∶1），例如股票市场在公司市场引导资本的角色、兼并和收购范围以及对少数股东的保护。此文结论是，公司治理机构及其各自的管理方法可以对基本的社会分层过程的理解作出重要贡献。

讨论：

社会分层和社会流动研究中最为核心的问题是代际流动机制，即父辈的社会声望、职业和收入水平将如何传递给下一代，或者父辈处在社会底层的年轻一代如何通过自己的奋斗努力实现向上的流动。在我们介绍的 11 篇论文中，有5篇是直接与代际流动和身份构建相关联的，有2篇是讨论教育是否能够为年青一代提供流动机会以及为什么工人阶级的孩子不上大学，其他几篇分别涉及社会资本和地区不平等对社会分层的影响，讨论博彩业和公司治理机制对财富分配的作用。一个社会分层结构僵化的社会既不能激励上层成员的后代积极上进，也不能鼓励底层成员的后代通过努力奋斗来改变自己的处境，其结果必然是越来越腐败的上层集团和越来越愤怒的底层集团，这都为社会革命和动荡创造条件和积累火种。因此，讨论如何在社会中建立一个合理的社会流动机制，使社会分层成为一个开放和动态的结构，是达到社会稳定，促使人们努力上进并合法致富的关键。国外学者们在这些议题上的研究成果，对于中国维护社会稳定，建设和谐社会可以提供一些有益的思路。

四、《社会学年鉴》2009年概要

2009年的《社会学年鉴》（Annual Review of Sociology）介绍的年度研究成果分为开篇章节、理论与方法、社会过程、制度与文化、正式组织、政治与经济社会学、差异与分层、个体与社会、人口统计学、政策等共10个部分，共汇集了27篇论文。

1. 开篇章节（Prefatory Chapter）

该年鉴以赫伯特·甘斯（Herbert J. Gans）的论文为开篇论文，题目是《应对六个社会学分支的研究：我的多领域研究生涯》（Working in Six Research Areas：A Multi-Field Sociological Career）。作者回顾了一生所从事的6个社会学分支领域的研究经历，包括城市社会学（urban sociology）、公共政策（public policy）、族群研究（ethnicity）、大众媒体（mass media）、民主研究（democracy）和公共社会学（public sociology）。作者认为：从事多领域的研究可以获得丰富的研究成果。鉴于多领域的研究倡导比较研究，因此，如果足够多的年轻学者也成为多领域的研究者，那么将有助于发展跨学科的研究技巧，而这恰恰是目前学术界所期望的，也是将来所有社会科学学科所必需加强的方面。

2. 理论与方法（Theory and Methods）

（1）美国洛杉矶加州大学社会学系教授罗格斯·布鲁巴科（Rogers Brubaker）的《族群、种族与民族主义》（Ethnicity，Race and Nationalism）一文认为：长期以来关于族群、种族和民族主义的研究文献呈现了碎片化和相互分离的格局，也就是说分成了族群（ethnicity）与族群政治（ethnopolitics），种族、种族主义与种族政治，民族国家（nationhood）与民族主义三个部分，研究文献分属于不同的学科，包括社会学、政治科学、人类学、历史学、考古学、语言学、经济学等。但最近数十年将以上三者整合起来的一个新研究领域正在逐步形成。这是一个比较分析的、全球视角的、跨学科的和多范式的（multi-paradigmatic）研究领域，它试图打破学科界限并将族群、种族和民族主义作为一个有机整体进行分析。文章回顾和评述了这一领域的研究成果。

（2）美国宾夕法尼亚大学教授杰里·雅各布斯（Jerry A. Jacobs）和华盛顿州大学教授斯戈特·弗利克尔（Scott Frickel）的《学科交叉：批判性评估》（Inter-disciplinarity: A Critical Assessment）一文认为，近年来美国有关学术团体和大学管理者都在试图鼓励学科交叉的研究，在这样的政策推动下，一些跨学科的研究如国际移民研究、休闲研究、肥胖研究（obesity studies）、贫困研究、健康研究以及一些自然科学研究如纳米技术和神经科学研究正在兴起。2009 年出版的《牛津学科交叉研究手册》608 页鸿篇展现了这种研究的发展声势。作者并不认为科学交叉的理论研究和经验研究在总体上可超越独立学科的研究，独立学科的研究并非像科学交叉研究的倡导者所说的那样是静止和孤立的。尽管跨学科的研究取得了一些学术成就，但是独立学科的研究在总体上依然占据主导地位。因此文章对那种认为学科交叉研究能够实质性地推进知识整合（the integration of knowledge）的观点提出质疑。

（3）加拿大多伦多大学社会学系的罗伯特·安德森（Robert Andersen）《非线性回归模型分析中的非参数方法》（Nonparametric Methods for Modeling Nonlinearity in Regression Analysis）一文认为线性模型和广义线性模型（Generalized Linear Model，GLM）已成为社会学家的分析工具。如果 y（在 GLM 中则是线性预测变量 η）与众多变量 x 是关系线性的，那么这些方法都能够对数据进行完美的简化。但是，当变量呈现复杂的非线性特征时，这些方法则不适用于对变量关系的分析。在这种情况下，非参数回归（nonparametric regression）则是比较适合的分析方法。这里有许多非参数简单回归的类型，文章集中讨论了作为二维变量之间关系的一种有力工具并被广泛应用的“局部加权回归散点平滑法”（locally weighted scatter-plot smoothing，lowess or loess）和平滑花键法（smoothing splines）。文章讨论了适用于类别因变量分析的相加模型（Additive Models）和广义相加模型（Generalized Additive Models，GAM），并解释为何这些方法可同时应对参数和非参数因素对预测变量所产生的影响。文章最后还介绍了矢量广义相加模型（Vector Generalized Additive Model，VGAM）的最新发展，这种模型可进一步拓展广义相加模型（GAM）对多元因变量的分析功能。此外文章还介绍了广义相加混合模型（Additive Mixed Model，GAMM）的功用。

（4）美国乔治·梅森大学社会人类学系的山农·大卫（Shannon N. Davis）和北卡罗莱纳州立大学社会人类学系的西奥多·格林斯坦（Theodore N. Greenstein）的《性别意识：构成、预测变量及结果》（Gender Ideology: Components，Predictors，and Consequences）一文回顾与评价了性别意识（gender ideology）的构建及其影响。文章概述了对性别意识进行测量的研究文献，发现这些研究者使用了不同的词汇来描述个体对工作与家庭责任分工的观念，这些词汇包括性别意识、性别角色态度、对性别的态度、与性别有关的态度以及性别平等主义等。作者还描述了这些概念在大量的数据资料中的操作化方法，并通过类别化图表来展现用于测量性别意识的相关指标。文章回顾了关于性别意识建构的研究文献，探讨了影响性别意识的社会经济因素，试图通过交互分类（cross-sectional）、趋势和典型调查数据资料来检验这些研究的发现与结论。文章最后评述了关于性别意识对家庭及其相关行为以及社会生活产生影响的研究文献。作者建议未来应对性别意识的测量工具、性别意识的影响因素以及性别意识对个体生活的影响开展研究。

（5）杰里米·弗里兹（Jeremy Freese）和莎拉·肖斯塔克（Sara Shostak）分别来自美国西北大学和布兰迪斯大学，他们合作撰写了《遗传学与社会调查》（Genetics and Social Inquiry）一文。作者认为，社会科学与遗传科学至今极少存在相互关联的接合点，但一直获得飞速发展的遗传科学确实已经引起社会科学家的关注。首先，一些社会科学家已将定量的和分子遗传学的技术应用于其研究之中。人们越来越认识到遗传因素与社会环境因素之间存在着相互影响。其次，社会科学家已将遗传科学的发展看做一种社会现象并对之发生了浓厚的研究兴趣。由于公众对遗传学的了解可影响其行为，同时也影响社会政策，因此，对相关议题进行研究需要两个学科的密切配合。

3. 社会过程（Social Processes）

（1）来自美国普林斯顿大学和科罗拉多大学社会学系的爱德华·特列斯（Edward E. Telles）和克里斯蒂娜·苏（Christina A. Sue）合作撰写了《种族混合：比较研究视角中的边界跨越》（Race Mixture: Boundary Crossing in Comparative Perspective）一文。作者强调，在分析族际通婚、种族混血（miscegenation）、多种族认同（multiracial identity）、多种族社会运动（multiracial social movements）以及种族混合意识（race-mixture ideologies）等这些分散、相互独立的问题时，需要有独特的分析方法。作者试图将视角聚焦于种族之间的边界跨越（boundary crossing），并强调以建构主义方法分析种族混合现象。作者在论文的最后部分通过拉丁美洲的实例，说明在不同的国家或地区种族混合的意识形态与现实表现也存在较大的差异。拉丁美洲的种族之间在意识形态与现实上的高度混合并没有改变这个地区的种族不平等状况，这个事实挑战了美国学者关于种族混合程度越高，越有利于减少种族主义、种族歧视和种族不平等的观点。

（2）美国华盛顿州立大学社会学系的艾米·沃顿（Amy S. Wharton）的《关于情绪劳务的社会学》（The Sociology of Emotional Labor）一文认为，数十年来情感已日益成为社会学关注的议题之一，从事工作或组织研究的社会学家也开始将他们的研究与情感问题联系起来。情绪劳务（Emotional labor）指的是工人们希望通过管理他们的情绪以适应企业组织的规章制度的过程。霍克希尔德（Hochschild）于1983年出版的《管理的心脏》（The Managed Heart）介绍了这个概念并倡导人们对之开展研究。Amy等人回顾了有关情绪劳务的理论研究，并特别关注这种研究对社会学理解工人及其工作所起到的作用。社会学关于情绪劳务的研究文献可以分成两个部分，一是关于“互动性工作”（interactive work）的研究，二是关于工人对自我情绪管理的研究。第一种研究将情绪劳务看做理解服务性工作（service jobs）的组织、结构和社会关系的工具，而第二种研究则主要探讨个体如何表达和管理自己的情绪及其所产生的结果。情绪劳务的概念已引发了大量的相关研究，但是它对于相关的研究仍然缺乏理论性的指导。

（3）美国哥伦比亚大学社会学系的西摩·斯皮勒曼（Seymour Spilerman）和以色列耶路撒冷希伯来大学社会学与人类学系的盖·斯提克洛（Guy Stecklov）合作撰写的《社会对恐怖主义袭击的反应》（Societal Responses to Terrorist Attacks）一文认为，恐怖主义袭击在美国和西欧目前已经比较少见，在这些国家和地区公众所关注的恐怖威胁主要集中在少数几个恐怖事件上。相反，其他国家则经历了不间断的恐怖主义威胁，他们的公交车、饭店、咖啡店、零售店不时发生恐怖袭击。作者评估了恐怖主义对美国、北爱尔兰和以色列市民社会的影响，并考察了恐怖主义对个体所产生的心理影响，分析个体为了增强自身安全感的调适过程，组织行动者以及商业机构为确保安全所采取的适应性行动等。作者总结了关于社会适应外部冲击的诸多理论，认为与遭遇一次性冲击的社会相比较，长期受到恐怖主义威胁的国家和社会的适应模式是迥然不同的。

（4）美国明尼苏达大学社会学系的德勒萨·土古齐·斯沃特兹（Teresa

Toguchi Swartz）撰写了《成年人的代际家庭关系：模式、变量及对当代美国的意义》（Intergenerational Family Relations in Adulthood：Patterns，Variations，and Implications in the Contemporary United States）一文。作者在总结了近来有关代际关系研究文献后发现，父母与儿女之间的关系对于美国人而言已经越来越重要了。这种变化来自于两方面力量的推动：婚姻不稳定和人口变迁速度加快。代际关系包括两个层面，一是感情的纽带，二是工具性的关系，比如对儿女的经济上的支持。尽管父母对子女的实际的物质支持往往是偶发性的而非常规的，常常只是满足子女的某项特殊需要，但这些关系却是持久而有弹性的，即便婚姻或感情关系恶化的时候也是如此。代际关系反映了人们对当代、后现代经济与文化条件的适应过程。在影响代际关系的变量当中，种族和阶级的变量最为显著。这些主要反映社会结构的变量对代际关系发生重要的影响，表明家庭在社会不平等的再生产（the reproduction of social inequality）过程中也扮演着重要的角色。这一发现提升了把家庭的学术和文化概念进一步扩展的价值。

4. 制度与文化（Institutions and Culture）

（1）美国乔治·华盛顿大学社会学系的罗纳德·韦策（Ronald Weitzer）的《性工作的社会学》（Sociology of Sex Work）一文认为，过去十年来有关性工作的研究文献非常丰富，但其中某些方面的研究却极其缺乏。例如，研究者较多地关注某些形式的性工作（如脱衣舞俱乐部、街头卖淫等），却很少关注色情业、室内卖淫（indoor-prostitution）和通过电话开展的性交易，并更多地关注卖淫女而较少关注其他人（如经理、顾客、男性以及变性人等）。而且大多数研究侧重于非法的性工作，而忽视合法的或由政府所监控和管理的性工作。作者阐述了在这些方面开展研究将可大大地丰富人们对当代性工作的理解。

（2）美国马里兰大学社会学系的梅耶尔·凯斯滕鲍姆（Meyer Kestnbaum）撰写了《战争与军事的社会学》（The Sociology of War and the Military）一文。作者发现，近来关于军事与战争的研究文献主要关注两个问题：为什么国家与社会参与战争？他们所参与的战争有什么不同？作者引用了克劳塞维茨的观点，这位军事家认为交战国之间的战争都是国家（军事力量的政治决定因素）、军事力量（强制的工具）与社会三者关系的产物。作者认为，这一领域的学者倾向于研究三个主题：战争动员、对敌人的处理、战争的意义。每一个主题都有其独特的分析方法和历史发展模式，将这三个主题的内容联系在一起进行分析将有力地拓展战争与军事社会学的研究视野。

（3）亚瑟·萨卡摩多（Arthur Sakamoto）、金柏林·古耶特（Kimberly

A. Goyette）和金长焕（ChangHwan Kim）三位作者来自美国得克萨斯大学奥斯汀分校、坦普尔大学和堪萨斯大学，他们合作撰写了《亚裔美国人的社会经济地位》（Socioeconomic Attainments of Asian Americans）一文。作者认为，根据多数—少数范式（the majority-minority paradigm）的观点，由于存在种族歧视，少数族群的社会经济地位往往比白人种族低。然而，亚裔美国人成功（至少从平均水平上而言）的事实有力地驳斥了这种传统观点。亚裔美国人往往具有较高的平均教育获得水平，而且在美国接受教育的亚裔美国人也在大多数就业市场中与白人几乎平起平坐。他们较好的社会经济成就与20世纪初亚裔美国人在就业市场中普遍遭遇歧视的状况形成了鲜明的对比。亚裔美国人不断改善的机遇表明他们在后民权时代（the post-Civil Rights era）和多元文化的社会氛围中与白人的相互关系已日益和谐。然而令人难以乐观的是，同在这个时代，亚裔美国人内部的社会不平等与阶级分层非常明显，那些没有在美国接受教育的亚裔移民在就业市场中尽显劣势，其社会经济地位与其他亚裔美国人存在较大的差距。

（4）道格拉斯·斯洛克（Douglas Schrock）和迈克尔·施瓦尔贝（Michael Schwalbe）分别来自美国佛罗里达州立大学和北卡罗莱纳大学，他们合作撰写了《男性、阳刚气质、男人作风》（Men, Masculinity and Manhood Acts）一文。作者认为：在1980年代，男性研究已经开始从研究“男性角色”和作为男子单一特征的阳刚气质转向研究为何不同男性具有不同的阳刚气质。这种研究将男性行为看做众多场景（从亲密关系、工作场所到全球政治）的性别化产物（gendered beings）。作者分析了多种关于阳刚气质的研究方法的优势和弱点，认为要对性别建构以及男性主导地位有更深入的理解，就必须将分析的焦点放在男人作风（manhood acts）以及男人如何诱导他人依从自己的问题上。文章根据以下几个方面来对相关研究文献进行解释：男性如何学会表现男人作风？他们在表现男人作风时有何差异以及为什么产生这种差异？男人作风是如何使性别不平等再生产的？

5. 正式组织（Formal Organizations）

（1）美国俄勒冈大学尤金分校社会学系的凯莱布·索思沃思（Caleb Southworth）和加州大学尔湾分校的朱迪斯·斯提潘·诺里斯（Judith Stepan-Norris）撰写了《美国贸易工会与数据局限：劳工研究的一个新议题》（American Trade Unions and Data Limitations: A New Agenda for Labor Studies）一文。作者认为，对作为社会运动行动者的美国工会、工会成员、劳工组织的研究以及对组织化的劳工与国家之间互动的研究已成为社会科学的重要研究领域。然而，20 世纪下半叶我们却目睹了工会人数的持续下降，属于工会的受雇劳工的比例已从 1954 年的 32% 下降到 2007 年的 12%。因此一些人认为要想使工会在美国获得复活几乎不可能，而另一些人认为这是工会发展史上的正常波动，他们乐观地认为工会获得新生的可能性是存在的。作者认为，上述不同观点的形成都源于数据的局限，不充分的数据是阻碍 20 世纪美国劳工研究的重要因素。目前对工会密度（union density）、罢工和其他工会行为的研究主要依赖于对聚集数据（aggregated data）的分析，无法探明组织因素的作用。近来一些有创见的研究试图通过创造性地利用聚集数据和对"分拆数据"（disaggregated data）进行选择性的个案研究来克服这种研究障碍。目前，最重要的任务就是要利用已发表和未发表的美国工会资料来建立一个历史数据库。这将有助于完善对工会发展、罢工等问题的解释。这样的数据库可检验有关组织特征和工会身份的假设，这是仅仅依靠系统性样本（systematic sample）数据所无法实现的。

（2）艾丽森·戴维斯-布莱克（Alison Davis-Blake）和约瑟夫·布洛斯切克（Joseph P. Broschak）分别是美国明尼苏达大学和亚利桑那大学的学者，合作撰写的文章是《企业外包与工作本质的变化》（Outsourcing and the Changing Nature of Work）。作者认为，企业外包（outsourcing）也就是当企业内部的工人和经理可以经营或生产某些产品时却将其交由企业外部经营并生产的做法，这种做法已成为现代管理实践中见效最快的经营方法。但许多研究者较多关注外包对工作地点和工人工资的影响，而在外包对工作经验、工作设计与组织设计的影响方面关注不多。要充分理解外包的影响，需要分析外包对工作和组织性质的影响。作者在回顾相关文献的基础上对外包进行界定，描述了测量影响工作性质的外包安排（outsourcing arrangements）的核心维度，讨论了目前关于外包对个人态度和行为、工作群体动力（work group dynamics）、工作设计以及组织结构和文化影响的相关研究文献。作者最后认为，必须对某些重要问题进行认真探讨才能充分理解外包对工作性质产生的影响。

（3）美国麻省理工学院的苏姗·希尔彼（Susan S. Silbey）撰写了《驯服的普罗米修斯：对安全文化的谈论》（Taming Prometheus：Talk About Safety and Culture）一文。作者认为，谈论安全文化（talk of safety culture）已成为当代学术界和大众媒体的家常便饭，这种谈论对突发性事故进行了解释，也是改善复杂的社会技术体系的一种途径。在谈论安全问题时涉及三个文化的概念：关于因果关系观念的文化、精心设计组织（engineered organization）的文化、突发的和不确定的文化。如果按照社会学家和人类学家将文化看做社会体系与实践不可分解的辩证关系，看做社会行动的产物和条件，那么，社会学和人类学视角所引申出的因果关系逻辑并不能给人们提供令人信服的解释。鉴于安全文化与个体主义和还原主义（reductionist）的认识论存在密切关联，它常常被操作化为个体行动者的态度与行为，主要指的是在组织化的等级社会中处于最底层的、最无权威的个体行动者。作者回顾了社会大众和学术界对安全文化的讨论，认为自 1990 年以来将组织和技术失败归因于安全文化遭受破坏已成为人们所熟知的一种解释。尽管安全文化一词已经突破了组织和学术的界限被广泛使用，但在社会学领域还是被忽视了。研究突发性事件和灾害问题的社会学家对安全文化更明显地持有批判和怀疑的观点。

6. 政治与经济社会学（Political and Economic Sociology）

（1）哈佛大学的马丁·金·怀特（Martin King Whyte）发表了《中国经济迅速发展的几个悖论》一文（Paradoxes of China's Economic Boom）。作者认为，过去三十年来中国经济令人震惊的发展势头不仅是出人意料的，也与关于发展问题的理论相矛盾。中国现象提出四个悖论需要人们认真加以审视：①中国的传统文化和制度是否是发展的障碍？②是否需要实施一揽子改革计划以促使中央集权经济转变为市场经济？③国家主导经济发展是否存在危险？④是否需要“矫正制度”（getting the institutions right），尤其是确立保护私有财产的制度以促进发展？中国为什么可以不理会广受支持的观点和人们的预期而获得成功发展？其原因是什么？中国的成功表明，任何国家都不能按照“标准模式”去取得成功，而应按照各自独特的历史、潜力和局限调整相应的政策和制度。

（2）斯坦福大学社会学系的魏昂德（Andrew G. Walder）撰写的《政治社会学与社会运动》（Political Sociology and Social Movements）认为，直至 1970 年代，关于社会运动的研究一直坚持一个特别的社会学传统，就是探讨社会结构与政治行为之间的关系，而且探究社会运动的政治取向（political orientation）影响变量的研究占据主导地位，这些变量为：人们的意识形态、目标、动机或暴力倾向。由此，形成了一个与众不同的研究传统，它重新界定了中心问题，刻意缩小研究的兴趣范围，即以研究动员过程为核心问题——社会群体（无论他们是谁以及他们的目标为何）是如何调动资源、招揽支持者、驾驭政治环境以使自身获得发展和成功的。评论家们后来坚持认为，虽然意义的建构、集体身份形成以及情感的激励与扩大等因素在社会动员中扮演至关重要却又被忽视的作用，但这些因素并不能改变对研究问题本身的狭义化建构（narrowed construction）。这样一种研究传统所派生的研究分议题（subfield）几乎放弃了对影响社会运动的政治取向的因素的探寻。从事其他分支领域如革命、工会和族群动员研究的学者，尽管常常只是把政治取向看作社会动员的一个副产品，却一直对解释政治取向保有兴趣。作者认为，要使关于社会结构影响社会运动的政治取向的理论获得新生，就需要将散落于多学科的相关研究的理论知识整合起来。

7. 差异与分层（Differentiation and Stratification）

（1）耶鲁大学的卡尔·乌尔里克·梅耶（Karl Ulrich Mayer）的《生命历程研究的新方向》（New Directions in Life Course Research）一文认为，社会学以及相邻学科对生命历程的研究有多种研究取向，例如有的学者将生命历程作为人的成长过程来开展研究，有的将生命历程作为人生中的文化和规范建构的不同阶段，有的则把它作为不同的年龄角色，或赋予其不同的个人传记意义，或把它作为老年化的过程，或作为制度规范和政策的结果，或作为人口学问题，或仅仅只是作为生命过程中的经验连接来进行研究。作者对这个研究领域进行回顾有两个目的，一是通过集中评述 2000 年以来发表的经验研究以反映生命历程研究的发展趋势，二是对生命历程研究的发展做出一个总体的评价。生命历程的主要研究成就主要体现在四个领域：国家—个人层次的纵向数据库建立、制度环境对生命历程的影响、社会断裂（societal ruptures）条件下的生命历程以及生命历程中的健康问题。在这四个领域中，取得较少进展的方面是：贯穿生命历程的内在动力（internal dynamics）与因果联系（causal linkages）、生命历程中的成长与社会建构的互动关系、理论发展、生命历程研究的新方法。总之，关于生命历程的社会学研究远远没有发挥其所有潜力。

（2）美国加州大学伯克利分校的克劳德·费希尔（Claude S. Fischer）和美国欧柏林学院的格雷戈尔·马特森（Greggor Mattson）共同撰写了《美国社会是否正在分裂?》（Is America Fragmenting?）一文，认为美国正在分裂的观点在评论家和学术圈中已越来越流行，而美国出现分裂的现象有可能是美国文化的一个特色。作者回顾了声称研究 1970 年至 2005 年间美国社会按照文化政治、社会阶级、移民、种族和生活方式产生分裂的文献。以 20 世纪为历史背景，作者考察了关于分裂的两种论点：一是美国社会正分裂成两个部分，二是美国社会正分裂成许许多多“可触及却无法相互渗透的小世界”。作者发现，无论是以受教育程度还是收入进行测量，均有充分的资料和数据表明美国社会存在巨大社会阶级鸿沟。作者发现，2005 年的美国政治精英和政治活动家的两极分化程度远比 1970 年明显，不过这种政治上的分化，对选区是否产生影响是有争议的。值得注意的是，很少发现美国社会沿着种族、族群、移民身份的界线产生持续分裂的情况。美国文化品味正日益呈现为许多丛集化的，各有特色的生活方式，但没有任何资料表明这样一种变化将产生怎样的影响。那些宣称美国社会已产生分裂、观点最激烈的人，论点其实是建立在最具有争议性的论据（the most contested evidence）基础之上，所以他们的观点基础并不牢固，而美国人在收入与受教育程度方面所存在的不断扩大的鸿沟的问题，却极少受到广泛的关注，这个问题才是实质性问题。

（3）美国约翰霍普金斯大学的斯蒂芬妮·德卢卡（Stefanie DeLuca）和伊丽莎白·代顿（Elizabeth Dayton）合作撰写的《孟母三迁：居住地和学校变更对学生学业的影响》（Switching Social Contexts：The Effects of Housing Mobility and School Choice Programs on Youth Outcomes）一文。作者认为，尽管相关研究已开展多年，但由于方法和实际障碍仍然使我们很难下结论说：旨在改善学校和社区的政策措施已对提高学生的学业表现有促进作用。为了弥补现有研究的不足，作者评估了一些研究，这些研究旨在对通过独特的住房政策和学校的教育补助项目（school voucher programs）使学生转换学校和社区环境所产生的教育效果和社会效果进行分析。研究表明，住房政策有助于帮助贫困家庭迁移到更安全、生活条件较好、较少种族隔离的社区。一些住房项目也为那些重新迁居到非贫困、非隔离社区的年轻学生提供早期教育优惠，但这些政策优惠不可能长久维持。学校的教育补助项目有助于帮助家境贫困的学生进入较好的私立学校就读，并居住在中产阶级家庭的社区中，与来自中产阶级家庭的同辈交往。尽管有些学校教育补助项目已产生一定效果，但因研究方法的局限，其他学校的情况不得而知。将来的相关研究应直接考察家庭选择学校与社区的过程，并应关注使用自然发生变量（naturally occurring variation）建立社会项目效应分析模型的定量研究。研究者应认识到家庭与社会政策的互动过程，以分析年轻学生怎样获得良好成长，同时也应注意社会结构与政治过程决定的政策项目怎样才能发挥更大效用。

（4）英国诺丁汉大学流行病与公共健康学院的里查德·威尔金森（Richard G. Wilkinson）和英国约克大学健康科学学院的凯特·皮克特（Kate E. Pickett）合作撰写了《收入不平等与社会功能障碍》（Income Inequality and Social Dysfunction）一文。作者认为，在那些收入较为平等的社会里，人口的健康状况表现更好。事实表明，其他许多社会问题包括精神疾病、暴力、监禁、缺乏信任、少年生育、肥胖症、滥用药物、学龄儿童的教育差等问题在收入相对缺乏平等的社会比较普遍。健康问题和社会问题在平等社会与不平等社会之间表现的差异似乎进一步扩大。作者并没有对所有相关研究文献进行回顾，而是试图说明关于上述关系的哪一种解释得到了经验证据的支持。在讨论了上述变量关系的重要特征之后，作者的结论是，一个社会的健康问题、社会问题与社会分层和地位竞争（status competition）的状况存在密切关联，受该社会所存在的实质性不平等状况的深刻影响。

（5）德国班贝克大学的汉斯·彼特·布洛斯菲尔德（Hans-Peter Blossfeld）的《比较视野下婚姻的教育匹配问题》（Educational Assortative Marriage in Comparative Perspective）一文认为，绝大多数关于婚姻匹配问题的研究仍然依赖于截面数据（cross-sectional data），并采用对数线性模型对妻子和丈夫的受教育水平进行分析。然而，这些宏观的研究所得到的发现和解释显得十分模棱两可。相比之下，生命历程研究方法却可以分析单个个体的整个生命历程并能够清晰辨明配偶决策的动力特性（dynamic nature）以及教育角色和制度环境的重要性。根据生命历程研究，教育上的同类联姻（educational homogamy）似乎受到三个因素的影响：①个体常常倾向于寻找受教育程度与自己相等的伴侣；②教育扩展（educational expansion）也增加了相同受教育程度、年龄相仿的男人与女人之间接触的机会，他们会从中选择自己的伴侣；③在双职（即夫妻双方均有工资收入）社会中，男性倾向于选择拥有一份工作的女性，而较高受教育程度是女性是否能够顺利进入就业市场的重要条件，因此在这种情况下，男女配对也受到教育因素的重大影响。

8. 个体与社会（Individual and Society）

美国罗格斯大学的卡伦·塞鲁洛（Karen A. Cerulo）撰写了《社会互动中的非人类》（Nonhumans in Social Interaction）一文。作者认为，社会学对社会互动的分析最主要是针对人与人之间的交流活动。但最近一些学者开始质疑这种说法。对这种说法的挑战主要来自新的理论和经验研究中——即对人们对非人类的态度与行为的实验研究、田野研究和问卷调查研究。这样的发展正引导学者们在社会互动的研究中积极去探究动物、物体和意象（images）以及自我与他人的记忆与投射的中心角色。作者回顾了那些具有创新性的观点，并追踪四方面的研究文献。首先评述了那些在社会互动研究中将非人类排除在外的理论依据；其次，作者列举了在社会互动研究中建构非人类的作用的新的理论和经验研究；其三，作者还评述了关于人类互动和非人类互动的流行观点的调查研究；其四，作者提出了将非人类纳入当代社会互动分析框架的一些理论性建议。

9. 人口统计学（Demography）

美国宾夕法尼亚大学的厄玛·埃罗（Irma T. Elo）撰写的《健康与死亡率的社会阶级差异：比较视野的分析模式与解释》（Social Class Differentials in Health and Mortality: Patterns and Explanations in Comparative Perspective）一文认

为，在健康与死亡率方面表现的社会阶级不平等问题已日益成为社会学家、人口统计学家和经济学家的热门议题。这些学者在对健康和多因死亡率（all-cause mortality）和分死因死亡率（cause-specific mortality）采用了多元的测量方法，并在证明这种社会阶级不平等方面取得巨大成就。那种认为社会阶级不平等已弥漫开来的观点目前已普遍被认可，但究竟是哪些因素影响了这些社会不平等则极少得到确切认识。作者讨论了对影响健康不平等（health inequalities）的社会阶级进行界定的各种测量方法。作者还回顾了关于这种社会不平等在发展中国家表现模式的研究文献及其解释，认为今后有潜力的新研究方法将包括那些在健康不平等研究中使用生命历程视角的方法，以及那些整合多层次分析工具的方法。

10. 政策（Policy）

加里·杰瑞菲（Gary Gereffi）和米歇尔·克里斯建（Michelle Christian）是杜克大学全球化、治理与竞争研究中心和社会学系的教授，他们合作撰写了《沃尔玛的影响：世界最大零售商的兴起与后果》（The Impacts of Wal-Mart: The Rise and Consequences of the World's Dominant Retailer）一文。作者认为，沃尔玛已被人们赞誉或嘲讽为所谓21世纪资本主义模板，或全球零售之主宰、全球经济秩序的模板、世界最有影响的公司、“文化看门人”（cultural gatekeeper）或“阴险的野兽”等。作者从四个方面探讨了沃尔玛的社会学影响：商业模式与组织结构、沃尔玛自营商店和它的全球供应链工作环境对劳工关系产生的双重影响、对抗沃尔玛的社区动员的起源与效应、沃尔玛的增长如何与全球经济领域的采购者驱动型商品链（buyer-driven commodity chains）的兴起紧密相连。作者认为社会学这门学科有能力将关于沃尔玛的不同研究策略和观点整合在一起。作者讨论了公共社会学（public sociology）对沃尔玛开展研究的三个取向：介入新闻媒体与读者网络，与全球各地学者开展研究，探究沃尔玛内部的变革动力。

结束语

2009年出版的社会学著作与期刊浩如烟海，用短短几万字对其进行归纳总结几乎是一项不可能完成的任务。如果只选择几个专题进行介绍，就无法向读者提供国际社会学界在这一年所做研究成果的全貌。所以，和以前两年的报告一样，本年度的报告在开篇时对最权威的4种英文期刊的发表情况分专题领域进行归纳，使读者对 2009 年核心期刊发表论文的概貌有一个大致的了解。其后，我们选择了 3 个重要核心研究领域发表的 52 篇有代表性的论文进行介绍，最后介绍了《社会学年鉴》的 27 篇带有综述性质的论文。从这些论文的简略介绍中，读者可以了解这些论文的主要研究思路、使用数据来源和基本结论，从而为读者进一步阅读这些论文提供一个索引。

2009 年是世界金融危机继续蔓延，世界各国仍在积极推动经济复苏的一年，金融体制、政府对经济和财政监管机制、贸易保护主义等经济社会学的研究议题必然会引起各国社会学家的高度关注，相关的论文也将不断涌现。但是西方学术期刊的评审时期一般都在一年以上，所以没有发表在 2009 年的期刊中。我们相信有关的研究成果很快将会发表在明后两年的学术期刊上，以满足读者对这些问题的研究兴趣。

需要说明的是，这 4 种学术期刊的作者和读者主要来自西方工业化社会，他们所面对的主要问题、他们的研究对象也是西方社会，而中国由于有自己的悠久历史和独特国情，在借鉴这些研究成果时肯定存在着明显的国情差距。但是这一点并不应当妨碍我们从阅读这些论文中汲取经验、知识和智慧。在工业化和市场经济发展的过程中，中国与其他西方国家之间既存在许许多多的文化背景和政治体制上的“异”，同时也存在科技发展规律、市场运行机制上的“同”。每个国家的社会发展，都是在与历史的纵向比较和其他国家经验的横向比较中不断汲取经验教训而得以前进的。

本文选择的这 4 种期刊是社会学世界级学术杂志，代表了国际社会学界（主要是美国与欧洲）的学术关注和研究进展，对于国内学者和研究生了解社会学学科的发展概貌和动态十分必要。同时不可否认的是，其中发表的对中国社会问题进行研究的论文很少，无法满足那些更关心国外的中国研究的读者。对于那些希望更多了解国外中国研究成果的读者，我们建议阅读“地域研究”杂志，如《中国季刊》（The China Quarterly）或者“专题研究”杂志，如《亚洲族群》（Asian Ethnicity）等来补充更加具体的关于中国社会的专题研究信息。这样我们的知识就会更加全面和充实。

执笔人：马　戎　梁茂春　马雪峰　祖力亚提　阳妙艳　赵　蕊

第八章

人类学与民族学

摘要

本年度，国外人类学整体发展呈现出良好的态势。从总体上来看，各国人类学发展表现出一些共性：(1) 学科交叉向纵深发展，多学科交流合作增加，不断产生出新的研究视野、问题意识和研究成果；(2) 对涉及广大民众的公共议题保持密切关注，积极拓展参与式发展研究，发挥人类学对政策制定和社会公共事务的影响；(3) 既保持了对亲属制度、社会性别、宗教信仰、社会认同等人类学传统研究领域的共同兴趣，又体现出鲜明的区域和时代特色，密切结合理论和实际。本年度的国外民族学与人类学学科发展报告建立在对各个国家和地区权威刊物、网站发布的研究成果的分析研究基础上，力争将各国人类学的最新研究成果和理论动态介绍给广大读者。

Abstract

Anthropology in this year goes well continuously, especially with several characteristics in common oversea. First, inter-discipline interactions and increasing collaboration among those disciplines supply ethnology and anthropology some fresh orientations of perspective & issue and their output. Second, ethnology & anthropology with communality concern advances its participatory-development research, which positively affects public affairs and relevant policy-makings. And interests of traditional specializations like kinship, social gender, religion and social identification, vary obviously from region to region or phase to phase. This report tries to introduce latest work of foreign anthropology, comprehensively referring to important journals, publish and online articles from different countries.

一、欧洲人类学发展报告

（一）发展概况

本年度，欧洲各国人类学的整体发展呈现出良好的态势，主要有几个方面的背景因素：

（1）学科发展具有雄厚的基础和良好的人文环境，科研机构人才辈出，队伍稳定，不受人员流动的影响；（2）学科发展有健全的管理和运作体制，科研活动正常有序，学术活动不受政党政治活动和教会宗教活动的干扰和支配；（3）科学研究是政府决策的先决条件，不少组织和机构都采用人类学家的建议，取得良好的社会效益和经济效益。科研机构在政府组织和国际机构与组织的政策制定和政策执行过程中发挥巨大的影响力。

1. 各国大学主要研究机构

英国高校的人类学研究机构主要有：牛津大学人类学与博物馆民族志学院，剑桥大学考古学与人类学学部，伦敦政治经济学院人类学系，曼彻斯特大学社会科学学院，伦敦大学亚非学院人类学与社会学系，伦敦大学歌德史密斯学院人类学系，杜伦大学人类学系，坎特伯雷肯特大学人类学与资源保护学院，萨塞克斯大学人类学系，爱丁堡大学社会人类学系，圣安德鲁斯大学社会人类学系，阿伯丁大学人类学系，格拉斯哥大学社会学，人类学与应用社会科学系，贝尔法斯特女王大学历史学与人类学学院等。

牛津大学和剑桥大学是英国人类学研究重镇。牛津大学的人类学与博物馆民族志学院的研究涵盖了社会人类学、物质人类学、视觉人类学、医学人类学、生物学人类学、认知人类学和进化人类学等学科领域。剑桥大学考古学与人类学学部由7个机构组成：除哈定图书馆与博物馆外，还有考古学系、社会人类学系、生物人类学系和3个研究中心，即麦当娜考古学研究所、列福休姆（Leverhulme）人类进化研究中心、蒙古语中亚研究中心。这些机构的研究涵盖范围十分广泛，从灵长目行为到灵长目与人类进化遗传学、人类人口生物学与生态学、旧石器时代考古学与进化人类学等。

荷兰高校的人类学研究机构主要有四个：阿姆斯特丹大学社会学与人类学系、莱顿大学文化人类学与发展社会学研究所和考古学系、乌德勒支大学文化人类学与社会学系、阿姆斯特丹自由大学社会文化人类学系。

法国人类学不像英国和美国人类学那样有清晰的谱系，部分原因是法国有影响的人类学家大多是在社会学、哲学或其他学术部门而不是人类学系接受训练，因而，法国人类学继承自涂尔干以来的与哲学、社会学、民族志等相结合的传统，一些重要的文化运动如超现实主义、原始主义等都受到民族志的启发。法国民族学一度被严格限定在从事与博物馆有关的研究，而人类学也与民俗学有着密切的联系。今天的法国人类学者大部分都在由国家资助的研究实验室而不是在大学里的人类学系工作，这是它的一个显著特征。法国的人类学机构有全国性的法国人类学协会（1989）、巴黎大学司法人类学协会等。

德国主要的人类学研究机构有：马克斯—普朗克进化人类学研究所、马克斯—普朗克社会人类学研究所、海德堡大学民族学研究所、莱比锡大学社会人类学研究所、哈勒—维滕贝格大学民族学研究所、柏林自由大学社会文化人类学研究所等。

丹麦的人类学研究主要分布在三所大学：哥本哈根大学、奥尔胡斯（Aarhus）大学和罗斯基尔德（Roskilde）大学。以哥本哈根大学的人类学研究最强，该校人类学研究主要集中在三个区域：斯堪的纳维亚地区、近东地区和格陵兰地区。挪威高校的人类学机构主要是奥斯陆大学、挪威科技大学。瑞典的人类学和民族学研究主要集中在斯德哥尔摩大学和乌普萨拉（Uppsala）大学。另外还有一个瑞典皇家人类学与地理学协会。乌普萨拉大学文化人类学与民族学系的研究主要集中在政治人类学、冲突人类学和医学人类学。出版物有乌普萨拉文化人类学研究系列①、文化人类学博士论文与纪录片系列②、乌普萨拉与（比利时）鲁汶文化人类学研究系列③和文化与民俗的普及性研究系列④（瑞典文）四个系列。

俄罗斯的主要民族学与人类学研究机构是俄罗斯科学院的民族学与人类学研究所、俄罗斯科学院西伯利亚分院、莫斯科国家大学、圣彼得堡大学、喀山大学和俄罗斯国家人文科学大学等。俄罗斯科学院下设远东分院、西伯利亚分院和乌拉尔分院三个区域研究分院，西伯利亚分院创办有《欧亚考古学、民族学与人类学》杂志，与我国社科院古脊椎动物与古人类研究所有联系。

中欧、东欧和南欧地区的人类学机构沿革受到地缘政治的影响，比较复杂。这些地区的人类学学术传统上受到苏维埃民族学派、英美人类学派、德奥民俗学派和法国社会学派的影响，有民族学、民族志、民俗学、考古学、人类

---

① 该系列2001年以来已出版47部著作.

② 该系列2003年以来已出版9部著作和作品.

③ 该系列2001年以来已出版3部著作.

④ 该系列1997年以来已出版4部著作.

学、文化人类学、社会人类学等多个名称，过去的研究对象主要是本国的民俗、民族特点。1990年以后，许多国家的民族学研究机构纷纷改名为社会文化人类学系，注重对现代社会问题的研究，定期举行学术交流活动，也逐渐加强了与欧美国家的交流，并在英文和法文的杂志上发表研究成果，但大多数带有原创性的研究成果主要是用自己的母语在国内发表和出版。

2. 学术社团

在社团组织与活动方面，欧洲各国大都有全国性的人类学和民族学的学（协）会，作为世界人类学与民族学联合会的成员，这些学（协）会创办有自己的杂志，定期开展相关的学术交流和宣传活动。欧洲社会人类学家协会（EASA）有一个出版系列，从1992年以来已经出版研究专著和编著35部。该协会除了举办两年一次的学术会议①和出版系列专著与杂志（《社会人类学》和《欧洲文化的人类学杂志》）外，还积极推动欧洲各地区人类学的合作研究。

英国的人类学团体主要有皇家人类学学会（RAI）和英国与英联邦社会人类学家协会（ASA），各大学还设立自己的人类学（学）协会。英国皇家人类学学会除了定期出版会刊《皇家人类学学会杂志》外，还积极从事各类嘉奖活动和人类学宣传、介绍工作。2008—2009年度的“利奇—皇家人类学学会会员”荣誉称号授予詹姆·克罗斯（Jamie Cross）博士。2009—2010年度，此荣誉称号授予奇斯·伊根（Keith Egan）博士。伊恩·霍德（Ian Hoder）教授被授予2009年赫胥黎奖章。

芬兰人类学学会于2009年5月7日至8日举办了主题为“在变迁中延续：当代世界中的人类学视角”年会。来自芬兰、挪威、英国等国的70多位学者参与了9个专题、22场简短讲演的讨论。芬兰人类学学会还与芬兰其他大学人类学和其他有关学术团体联合举办演讲和研讨会活动。其他国家的人类学学（协）会的活动大致相同。

3. 学术交流与合作扩大

欧洲的人类学与民族学研究机构的学术交流频繁，全国性或地区性的学术团体定期召开学术讨论会，各大学的研讨班除少数是本部门的研究人员外，大部分都是邀请外校（包括国外）的专家、学者做学术报告。

---

① 2008年10月23—24日，欧洲社会人类学家协会与欧盟社会—经济科学与人文科学研究董事会在意大利佛罗伦萨联合举办主题为“欧洲变迁的人类学视角：让更多的人来”的研讨会，讨论与欧洲公民相关的重要问题．同年6月，欧洲社会人类学家协会在布鲁塞尔也召开一次研讨会，讨论欧洲人类学的现状及相关的问题．

在合作研究方面，欧洲各大学人类学、民族学的合作研究不断扩大。剑桥大学社会人类学系目前在研究的大型研究项目“二十世纪蒙古的口述史”(2007—2012)，“科学与生命伦理的国际合作：新知识关系的批评性研究”(2007—2010)，“人权、非洲的抉择：巫术与公共层面”(2007—2009)等都是合作研究课题。曼彻斯特大学人类学家正在与东欧6个国家的学者共同开展一项为期四年的合作研究课题 COST Action IS0803（由英国 COST 资助，2009—2013)。伦敦大学歌德史密斯学院人类学系目前主要国际合作项目有“关于发展道路的模式及其效果：对知识转让与生计策略的民族志研究与比较研究”（与巴塞罗那大学、巴西里大学等5个国际伙伴合作)。

在面向社会的合作项目方面，哥本哈根大学人类学系设立了一个“人类学分析”平台，人类学师生通过来自企业、公共管理机构、非政府组织和教会等机构、组织的课题与校外进行合作，运用人类学的知识和技能处理社会工作中的各种实际问题，许多研究成果已被相关机构和组织采用。斯德哥尔摩大学社会人类学系和民族学、宗教史与性别研究系还通过各种方式，开展与公众、商界、学校、官方机构和各类组织相关的宣传介绍活动。

(二) 主要成果与创新

随着欧洲一体化趋势的加强，欧洲出现了许多共同性的问题，如欧洲的边界问题、文化认同问题、跨国移民问题、整合问题等，这些问题涉及欧洲的政治、经济、社会、历史、文化等方面。近年来，关于欧洲的人类学研究（尤其是合作研究）明显加强，出版了许多新的研究成果（各国也出版了相关的研究成果)。英文作品是一个主要的部分，此外还有用各国文字出版的研究专著。由于语言文字和网络权限的原因，仅搜集到一部分。

近年来，牛津大学出版的人类学研究专著有两个大系列：一个是医学人类学研究系列，另一个是大卫·帕金教授主编的《人类学的历史与方法论》研究系列，从1999年开始，已经出版19本专著。在这两个系列之外，2009年，牛津大学出版的英文著作有《早期中医的把脉诊断：非常有效的触摸》、《日本人的房屋：现代家居中的物质文化》、《可预见的肥胖症？诊断过去和当前贯穿生命过程风险因素的多因素模式》、《进化、转型与公共健康营养》、《变成他人、作为自己：在一个联系的世界里建构认同》等。此外，还有法文的专著出版。

剑桥大学近年出版的著作主要有：《姓名与命名的人类学》(2006)、《蒙藏交界：在亚洲内陆开拓新研究领域》(2006)、《自由的囚徒：人权与非洲穷人》(2006)、《后殖民时代亚洲人的声音：越南、印度及其他地方》(2007)、

《后苏联时代中亚的都市生活》(2007)、《宗教、人类学与认知科学》(2007)、《亲密的国家：新德里的爱情、婚姻与法律》(2008)等。

2009年5月，牛津大学大卫·普雷顿(David Pratten)博士的《人—豹杀手：殖民时代的尼日利亚历史与社会》获得英国皇家人类学会颁发的“2007年度非洲人类学奖”。中国旅英学者项飚的专著：《买卖身体：印度信息技术产业中的一种劳工制度》获得牛津大学“2008年度安东尼利兹都市人类学奖”。伦敦政治经济学院马修·恩吉尔吉(Mathew Engelke)博士的专著《存在的一个问题：一个非洲教堂圣典之外》荣获2008年度格尔兹宗教人类学奖和人文科学人类学协会授予的2009年度维特·特纳民族志写作奖。根据英国《卫报》2009年5月18日公布的大学排名，牛津大学和剑桥大学的人类学分别名列英国高校人类学总分第一位和第二位。

伦敦政治经济学院近年出版的研究专著有：《人类学的问题》(2007)、《民族的生命线：印度工人、官僚与亲密的历史自我》(2007)、《被切断的蛇：母系制、地点制造与美拉尼西亚人的基督教》(2007)、《灵魂中的铸铁：塞浦路斯的迁移、生计与健康》(2008)、《家内女神：当代印度的母性、全球化与中产阶级的认同》(2008)、《中国人的亲属：当代人类学的视野》(2008)、《土地还原的对与错：“恢复我们过去所拥有的”》(2008)、《教育激情：当代印度西部的民族、历史与语言》(2008)、《印度民主政治、种姓与宗教的族语化》(2008)、《中国社会的个人化》(2009)、《工业工作与生活：人类学参考资料》(2009)、《社会主义后的转变：前苏联的断裂、现代主义与信念的技术》(2009)等。

曼彻斯特大学新出版的专著有《困难的遗产：在纽伦堡对话纳粹的历史》(2009)、《生物技术时代的欧洲亲属》(2009)、《真实的奇遇：让·鲁什和民族志电影的手法》(2009)、《工艺重要：艺人、发展与印度民族》(2009)、《暴力的比喻与归属：信息空间的奇妙、民族主义和暴力及其超越》(2009)、《互联网与变迁：知识的人类学与灵活的工作》(2010)、《拉丁美洲的种族与族群性》(2010)、《拉丁美洲的种族与性》(2010)、《技术化的影像、技术化的身体》(2010)等。

杜伦大学2009年出版了《印度南部的Adicasi土地权斗争：土著居民的抵制策略与国(内)际法律背景》、《文化、修辞与生活的变迁》等著作。

在民族志研究方面，新的研究著作有《当前的民族志实践》(2009)、《其他民族的人类学：边缘群体的民族志实践》(2009)等。人类学伦理方面的新著作有《选择：人类学的伦理、政治与田野工作》(2008、2010)、《作为伦理学的人类学》(2009) 等。

20 世纪 90 年代至 21 世纪最近几年，欧洲国家（首先是法国，随后是其他国家）人类学和社会学界出现了研究涂尔干和莫斯学术思想的热潮，欧洲几个著名的出版社如路透社、涂尔干出版社、卑尔根图书出版公司等都出版了有关涂尔干和莫斯的研究著作。人类学家们对两位学术先驱关于社会的思想和他们对宗教问题的开创性研究给当代社会理论带来的启示进行深入探讨，提出了许多新的见解，尤其是对当年涂尔干学派和后来的结构主义学派相对忽略的世界其他地区（如非洲与中东）的研究，丰富了人们对比较政治与历史等问题的认识。法国著名社会学家路易斯·杜蒙（Louis Dumont）的社会思想也是欧洲社会科学界关注的另一个重要理论问题。这方面的主要研究成果有 2009 年罗伯特· 帕金（R. Parkin）出版的《路易斯·杜蒙与等级对抗》一书。关于布迪厄的实践理论，特里·拉威尔（Terry Lovell）编辑出版了《(非）认可、社会不平等与社会正义：南希·弗雷泽与佩里·布迪厄》(2007) 一书，学者 B. 福勒（Bridge Fowler）在《理论、文化与社会》2009 年第 26 卷第 1 期上发表《认可/再分配争论与布迪厄的实践理论：关于阐释的一些问题》一文，对布迪厄的实践理论作出新的解释。

殖民主义与人类学的关系仍然是人类学史关注的问题。有学者指出，由于殖民统治所造成的“没有人民的历史”是反历史，在民族志和人类学实践的背后，还隐藏着西方帝国主义霸权的因素。当学术界对作为殖民主义“智力技术”组成部分的光怪陆离的“他者”形象进行反思的过程中，一些学者对“国内殖民主义”推动的殖民发展活动所涉及的复杂社会文化背景进行挖掘和批评。伊斯兰和穆斯林社会是人类学长期以来关注和介入的另一个主要问题。近年来，人类学界关于伊斯兰和政治的争论还在进行。2009 年 5 月，英国《皇家人类学学会杂志》出版一期增刊，从政治学与人类学的角度探讨伊斯兰问题。在文化进化方面，一些学者对关于人类行为和社会或文化的二分法“自然对应文化”进行新的探讨，回顾了关于“发生的”和“传递的”两级文化变异的进化论解释，提出使用这两级机制有助于丰富和加强现有的社会科学研究的观点，这一观点在人类学界引起激烈的讨论。

关于欧洲原社会主义国家解体后的研究，2009 年英国伯根图书公司出版了由 László Kürti 和 Peter Skalník 主编的《后社会主义欧洲：国内的人类学视角》一书。编者组织了东欧有关国家的人类学者，从局内人和本国公民的角度考察 1989 年以后本国社会关系的变化，内容涉及乡村社区的性别与管理、财产关系、社会阶级与劳工、散居者的文化认同、社会对男女同性恋运动的反应、边境地区的移民问题、地方与国家和乡村与都市的政治人类学等问题。对于新欧洲的研究，有学者指出，现有的“民族国家”、“社区”或“族群性”等概念作为分析更大范围问题的工具存在着局限，继续不加以反思地使用这些分类概念将会带来对社会文化现实一种简单化和静止化的表述。同样地，继续使用一些等级化的和具象化的概念（如东欧、西欧）也含有构建欧洲形象的主位思想。

原来主要服务于国家需要，以搜集、诠释民族文化为己任的北欧国家的民族学（现在也使用“文化人类学”名称）在最近一二十年受到了主要来自美国的后现代主义批评和多元文化主义的挑战。北欧国家学者也在严肃地思考美国式的“文化人类学”和专业期刊的新要求对民族学、人类学研究的影响。民族志或技术性的描写自20世纪70年代以后并不是人们所期待的很有出版价值的出版物，理论的创新才是专业期刊所强调的。关于物质文化的研究，不是被考古学家们抛弃，就是被人类学家们降至文化象征的地位，以便分析者能够在文化理论上有所发展。对理论创新的渴求已被证明在很大程度上是以牺牲方法论的严谨为代价的。

本年度的芬兰人类学学会杂志 Suomen Antropologi（季刊）第34卷第1期上，刊登了法国著名人类学家莫里斯·戈德利埃（Maurice Godelier）一篇《什么是一系列人类群体和个人成为一个社会的社会关系》的理论文章，戈德利埃指出，人类学的研究应从想象的现实转向社会现实的研究，即认可对不同群体的人们来说是真实的那些方面，而非他们所认为的那种存在。人类学的任务应该从基本上是一门认识论的学科任务向本体论的学科任务转移。

（三）主要问题与趋势

本年度欧洲地区人类学的发展存在的主要问题有两个方面：

（1）由于受到世界金融危机的影响，各国的高等教育机构和研究机构在经费的投入上开支不得不压缩预算，人类学学（协）会的活动也受到一定的影响。一些协会委员的会议只好通过网络召开，举办全国性的博士生研习班也遇到了经费上的困难。英国高校的科研经费主要来源于英国艺术与人文科学研究委员会（AHRC）、英国高等教育基金会（HEFCE），还有其他名目繁多的基金会。2008年，英国高校举行的研究评估活动（RAE）肯定了英国人类学研究所取得的成果，因而，英国高等教育基金会在2009年至2010年的经费预算中，给人类学增加了10%的研究经费，但总经费规模仍然很小。另一方面，英国高等教育委员会研究培训部要求采用他们制定的标准来决定经费支持，这对人类学也产生一定的影响。

（2）欧洲国家的一些人类学研究机构对其他国家（尤其是发展中国家）的

事务和发展进行干预，一些大学利用介入发展的名义，在别国进行土地测量、绘制资源分布图、为土著居民辩护等。尽管人类学的各个机构都强调学术伦理，但违反学术伦理的事例仍有发生。其中之一是英国电视制作公司（CICADA）摄制组被禁止再次进入秘鲁马努国家公园，原因是他们的进入带来了一种呼吸道疾病的爆发，导致土著居民不得不采取特殊的保护措施。摄制组虽然也向人类学家咨询，但在计划中没有说明，这一事件在人类学界和媒体中引起热议。牛津大学的 Pitt Rivers 博物馆和大英博物馆收藏有 1920 年至 1950 年间英国的殖民官员和学者拍摄的数量丰富的照片（超过 6 000 张）。英国一些学者试图利用这些照片去证明这一时期西藏独特的历史和英国与中国西藏之间的关系。牛津大学研究和发展基金会于 2003 年拨付一笔研究经费，支持两个博物馆的研究人员从事“西藏视觉历史在线”的研究项目。阿姆斯特丹大学媒体人类学组建立有“亚洲边界研究网络”的学术组织，2008 年、2009 年都举行年度学术会议。乌德勒支大学的文化人类学主要集中在冲突与人权领域。

总体而言，欧洲各国人类学今后的发展趋势是，金融危机在今后一段时间内对欧洲各国高校教学科研活动的影响仍会继续；欧洲各地区之间的人类学机构的交流与合作将继续扩大；欧洲国家对发展中国家的发展干预仍将继续。

一个新的发展趋势是欧洲各国利用现代信息技术对资料进行处理、开展人类学的网络交流和宣传活动将进一步发展。1996 年，欧洲社会人类学家协会就开始建立永久性的全欧洲学者的网络，这些网络组织定期举办会议，促成了一批国际合作课题的开展。一些大学已经开始通过网上召开学术讨论会、开设网络课程等，学生也可以通过网络进行交流；图书馆开设电子书库，供使用者浏览和下载；许多学会的杂志也开通电子期刊，读者可以在网上浏览。2009 年，伦敦政治经济学院人类学系开通网络国际认知与文化研究所网站，为世界各地的研究同仁提供教学和研究信息，同时促进国家间和学科间的合作。该校还开通了人类学播客，让学生能够及时收听公共演讲和各类事件的信息。伦敦大学歌德史密斯学院人类学系成立有视觉人类学中心，侧重在利用视觉方式和民族志资料进行学术交流，为师生提供人类学交流平台。新传媒的利用必将给人类学的交流与合作带来新的局面。

二、北美人类学发展报告

北美人类学阵营主要集中于美国和加拿大，因此本文将以这两个地区为焦点，对北美人类学2009年度的发展进行回顾评述。

（一）美国人类学发展动态

这部分论述主要建立在对三本公认的美国人类学权威杂志——《当代人类学》、《美国人类学家》、《美国民族学家》，以及《人类学年鉴》的分析评述基础上。本文从这些杂志2009年度发表的文章中，精心挑选出一批最具代表性的研究报告和文章，分别对考古学、语言人类学、生态/体质人类学和社会/文化人类学领域内的研究进行回顾和评述。

1. 美国人类学2009年发展概况

（1）考古学

从研究主题来看，2008年，美国考古学关注的领域主要集中在农业起源、工具制造、早期政治组织发展等方面。

2009年10月的《当代人类学》使用大量篇幅，以“农业起源的再思考”为题，对农业起源问题从多学科视角进行了专题讨论。这些研究内容涉及考古学、生物学、人口学、经济学诸多学科领域，是多学科合作研究的成功典范。

工具的制造是史前史考古的重要组成部分，在西欧，石器时代的工具制造一直受到特别关注。如果按时间序列排列，对奥尔德文化——已知最早的早期智人文化考古学记录——的考察无可争议地排在首位。考古学家对奥尔德早期智人和现代类人猿的工具制造技术及文化模式进行了对比。这项工作的研究重点大部分被放在方法上，研究者试图通过教现代类人猿制造和使用石质工具的长期协作试验，对早期考古记录和现代类人猿物质文化进行直接比较。① 而把大果核拆成大块碎片（大于10cm），并用这些碎片做成手斧和刀器的边角料，是将阿舍利文化从其非洲祖先——奥尔德文化——区分出来的一个技术标志。②

在探讨早期政治组织发展的文章中，有两篇关于中国的讨论。Li Liu 提供了一篇早期中国国家出现的研究综述，包括相关的考古学发现、方法、解释和对某些问题的争论。文章指出，在不远的将来改变中国早期国家出现的历史地理决定论也许是不可能的，它广泛渗透于中国考古学界，但运用社会考古学方法研究区域或跨区域规模的政治经济体系被证明卓有成效。③ 在另一篇讨论商

① Nicholas Toth, Kathy Schick. The oldowan: The tool making of early hominins and chimpanzees Compared. Annual Review of Anthropology, Vol. 38: 289-305, 2009.

② Sharon Gonen, Acheulian giant-core technology: A worldwide perspective. Current anthropology, Vol. 50, No. 3, 2009: 335-367.

③ Li Liu. State emergencein early China. Annual Review of Anthropology, Vol. 38: 217-232, 2009.

代政治的文章中，Campbell 指出，在过去的十年中，考古政治理论经历了由关注新进化分类和“国家起源”到关注古代政治运作的转变。作者依据考古学资料、碑文和流传下来的文本资料，对商代的政治地理、松散的政治结构、权力/权威实践、资本网络和政治认同边界进行了大致勾勒。① 此外，考古学家还通过放射性碳元素检测，对秘鲁瓦乌拉山谷中的土著防御工事提出了新解释。研究者得出的结论是，不同时期的土著防御工事是针对不同性质的冲突而建立的，早期的工事主要是防御宗教力量的威胁，而中晚期的堡垒则适用于周期性庇护模式。② 考古学家甚至找出了玉米和政治的联系，一项研究表明，玉米种植是秘鲁瓦里帝国发展的经济基础。③

（2）语言人类学

将语言与人格心理结合起来进行研究的趋势近来似乎有所增加。在一篇新近的大洋洲语言人类学综述中，Matt 和 Miki 指出了大洋洲语言人类学研究的三条新路径。他们认为，这些相互缠绕、交叉的研究路径，能够导致对意识形态和社会稳定与变迁产生有价值的新理解。④ Groark 依据当前的语言学、心理动力学和现象学方法，对 Tzotzil 玛雅人的释梦语言的语义和词汇进行了研究。他提出建立一种一体化的“文化心理动力学”解释方法的设想，这种方法依靠话语分析、民族志和心理分析理论方法，为理解复合的文化主体性服务。⑤

语言人类学并不局限于对语言的文本研究和语言本身的语义学研究，语言行为和方式也属于广义的语言人类学研究范畴。Ansell 注意到，在一个发展项目中，当地村民用一种让发展机构沮丧的演说方式，来寻求产生“开放”、“透明”的管理话语，而这种演讲方式与明确表达财富分类的状况紧密联系在一起。他认为，财富与演讲方式之间的关联，既可说明参与者面临的当地执行

---

① Roderick B. Campbell. Toward a networks and boundaries approach to early complex polities：The late shang case. Current Anthropology，Vol. 50，Number 6，2009：821-848.

② Margaret Brown Vega. Prehispanic warfare during the early horizon and late intermediate period in the huaura valley. Perú，Current Anthropology，Volume 50，Number 2，2009（4）：255-266.

③ Brian Clifton Finucane. Maize and sociopolitical complexity in the ayacucho valley. Peru，Current Anthropology，Vol. 50，No. 4，2009（8）：535-545.

④ Matt Tomlinson，Miki Makihara. New paths in the linguistic anthropology of oceania. Annual Review of Anthropology，Vol. 38，2009（10）：17-31.

⑤ Kevin P. Groark. Discourses of the soul：The negotiation of personal agency in tzotzil Maya dream narrative. American Ethnologist，Volume 36，Issue 4，2009（11）：705-721.

过程中的挑战，也可阐明发展机构经常把项目失败归因于机制缺陷的现象。① Carr 对政府机关的言语方式的研究表明，在特定的场合使用政治上合适而有效的话语，能够使政府机关的新进人员被重新定位。② 语言人类学作为分析工具的独到之处，还是最能体现在从语言角度对社会文化进行分析上。Laura 讨论了尼泊尔女儿在财产继承中的语言、情感和主体性。研究表明，对财产关系的挑战意味着改变现存的日常用语、情感以及言语本身的含义。③ 一项对巴西里约热内卢俚语的研究彰显了语言人类学的洞察力。研究者注意到，在里约热内卢，俚语一直是建立社会和空间区分的主要方式。作者考察了社会不平等、动荡的民主、加剧的城市暴力和俚语之间的关系。他观察到，在恐惧和不安全的气氛中，弱势和边缘化的城市居民通过演讲与城市和国家谈判。研究表明，俚语构造出了新的公民类别，对现代民族国家具有分化作用。④

（3）生态/体质人类学

生态/体质人类学已经成为人类学领域发展势头最为迅猛的分支学科，相关研究文章的数量呈直线上升趋势。从研究对象来看，生态/体质人类学又可分为以下四个主要次级分支学科：灵长类学、体质人类学、医疗/公共健康、生态环境研究。从研究主题来看，2009 年美国生态/体质人类学关注的主要议题有：进化、公共健康、气候、环境保护等。

体质人类学侧重于从人类的体质、官能探讨进化。Christopher 认为，母亲怀孕期间对胎儿的营养供给，与其后代的生物性状和疾病有直接关系，而这对人类的适应功能具有重要影响。⑤ 另一项研究则以安达曼土著为例，探讨了小体型人群的体型变化，认为生命史理论、适应性和可塑性都与小体型人群的身高和死亡率变化相关。⑥ 体质人类学的一大贡献，还体现在积极利用与生物、

① Anron Ansell. “But the winds will turn against you”: An analysis of wealth forms and the discursive space of development in northeast Brazil. American Ethnologist, Volume 36, Issue 1, 2009 (2): 96-109.

② Summerson Carr. Anticipating and inhabiting institutional identities. American Ethnologist, Volume 36, Issue 2, 2009 (4): 317-336.

③ Laura Kunreuther. Between love and property: voice, sentiment, and subjectivity in the reform of daughter's inheritance in Nepal. American Ethnologist, Volume 36, Issue 3, 2009 (7): 545-562.

④ Jennifer Roth-Gordon. The language that came down the hill: slang, crime, and citizenship in rio de janeiro. American Anthropologist, Vol 111, Issue 1, 2009 (3): 57-68.

⑤ Christopher W. Kuzawa, Elizabeth A. Quinn. Developmental origins of adult function and health: evolutionary hypotheses. Annual Review of Anthropology, 2009, 10 (38): 131-147.

⑥ J. T. Stock, A. B. Migliano. Stature, mortality, and life history among indigenous populations of the Andaman islands, 1871-1986. Current Anthropology, Vol. 50, 2009, 10 (5): 713-725.

基因交叉的研究成果，加深对“种族”概念的认识和理解上。一方面，近几十年以来，生物学家，尤其是遗传学家不断重申，种族概念并不适用于人种；另一方面，社会科学家则强调种族在文化、历史和社会经济学中是一个重要措辞，因为它塑造了日常的社会联系，对基于种族差异的社会与政治运动来说是一个强有力的推动机制①。

人类学对公共健康领域的贡献为其带来了巨大的声誉。一篇相关的研究综述指出，人类学对全球健康有四个主要贡献：一是政治经济语境下的健康不平等民族志研究；二是全球流通的科学技术对各个地区冲击的分析；三是对全球健康项目和政策的审视、分析及批评；四是国际健康发展的社会关系重构导致的健康后果分析。② 对健康不平等的关注是医学人类学近年来新兴的研究动向之一。所谓的健康不平等，是指社会、文化关系不平等在健康方面的体现。近来的一些研究显示，有关这方面的研究兴趣在增加。③

对影响全球健康的重大疾病进行持续关注，是医学人类学的应有之义。Boellstorfe 在印尼的研究表明应该将预防、阻止 HIV（艾滋病毒）扩散的重点放在相关医学知识的普及上。④ Raskin 的文章则指出了对于 HIV 传播一个认识上的误区：滥交并不是问题所在，性伙伴的人数固然会使更多人感染 HIV 的风险增加，但这只不过是染上 HIV 的风险之一。⑤ Orr 对禽流感的研究显示，目前阻止禽流感所取得的成功，所依赖的可能是像村庄里的谣言和闲谈一样难以捉摸和随时可被替代的某种事物。⑥ 这种发现让专家们感到忧心忡忡。

---

① Ricardo V. Santos，Peter H. Fry，Simone Monteiro，Marcos C. Maio，José C. Rodrigues. Luciana Bastos-Rodrigues，Sérgio D. J. Pena. Color，race，and genomic ancestry in Brazil：dialogues between anthropology and genetics. Current Anthropology，Vol. 50，2009，12（6）：787-819.

② Craig R. Janes，Kitty K. Corbett. Anthropology and global health. Annual Review of Anthropology，2009，10（38）：167-183.

③ Stephen T. McGarvey. Interdisciplinary translational research in anthropology，nutrition，and public health. Annual Review of Anthropology，2009，10（38）：233 - 249；Sarah Horton，Judith C. Barker. “Stains” on their self-discipline：public health，hygiene，and the disciplining of undocumented immigrant parents in the nation's internal borderlands. American Ethnologist，Vol. 36，Issue4，2009（11）：784-798；S. Trainer. Paralyzed nerves，paralyzed spaces. Current Anthropology，Chicago：Vol. 50，Iss. 6；2009（12）：755.

④ Boellstorff，Tom. Nuri's testimony：HIV/AIDS in Indonesia and bare knowledge. American Ethnologist，Volume 36，Number 2，2009（5）：351-363.

⑤ S. E. Raskin. Preventing HIV：promiscuity's not the problem. Current Anthropology，Chicago：Vol. 50，Iss. 6；2009（10）：755.

⑥ Y. A. Orr. The bird is the word. Current Anthropology，Chicago：Vol. 50，Iss. 6；2009（10）：756.

生态环境研究是生态/体质人类学的重要组成部分之一。近年来，随着全球性气候环境的恶化，生态人类学家对这一问题的关注也在显著增加。学者们在人类环境适应的框架内，研究了不同地区的气候多样性及人们如何应对和适应气候变化。这些着眼于当前的环境挑战和未来的环境变化的研究的明显共同点，即研究范围的广阔性，全球化、市场经济、各种正式和非正式组织机构、灾难等都被纳入研究视野。干旱是2009年环境/生态人类学关注的重点议题，研究人员从文化、社会、政治等各个方面对世界各地的干旱进行了专题研究和讨论。① 近年来，我国也开始面临大规模持续干旱，这些聚焦于干旱的人类学研究，也许会对我国的干旱应对具有一定参考借鉴价值。

动员多种多样的地方性资源参与环境保护，已经成为各种正式/非正式机构的共识。一家研究机构注意到西所罗门群岛渔民的生态知识对于现代海洋资源保护的价值，并将当地渔民的生态知识体系的产生逻辑应用于尖端的海洋保护遥感技术和地理信息系统技术中；② 在马达加斯加，依赖于当地廉价劳动力的综合社区发展项目，保持了刀耕火种农业、工资工作和森林保护的历史延续性；③ Wounaan 河流域的土著借助其宇宙观保护环境；④ 墨西哥瓦哈卡土著将当地的自然崇拜信仰与国家发起的水循环理论相结合，对森林进行有效保护。⑤

（4）社会/文化人类学

---

① Donald R. Nelson, Colin Thor West, Timothy J. Finan. Introduction to "In Focus: global change and adaptation in local places". American Anthropologist, Vol 111, Iss 3, 2009 (9): 271-274; Colin Thor West. Domestic transitions, desiccation, agricultural intensification, and livelihood diversification among rural households on the central plateau. Burkina Faso, American Anthropologist, Vol 111, Iss 3, 2009 (9): 275-288; Vasquez-Leon, M. Hispanic farmers and farmworkers: social networks, institutional exclusion, and climate vulnerability in southeastern Arizona, American anthropologist. Volume 111, Number 3, 2009 (9): 289-301; Nelson, Donald R., Finan, Timothy J. Praying for drought: persistent vulnerability and the politics of patronage in Ceará, Northeast Brazil. American Anthropologist, Vol 111, Num3, 2009 (9): 302-316.

② Matthew Lauer, Shankar Aswani. Indigenous ecological knowledge as situated practices: understanding fishers' knowledge in the western solomon islands. American Anthropologist, Vol. 111 Iss. 3, 2009 (9): 317-329.

③ Sodikoff Genese. The low-wage conservationist: biodiversity and perversities of value in Madagascar. American Anthropologist, Vol. 111, Num 4, 2009 (10): 443-455.

④ Julie Velásquez Runk. Social and river networks for the trees: Wounaan's riverine rhizomic cosmos and arboreal conservation. American Anthropologist, Vol. 111 Iss. 4 2009 (11): 456-467.

⑤ Andrew S. Mathews. Unlikely alliances: encounters between state science, nature spirits, and indigenous industrial forestry in Mexico, 1926-2008. Current Anthropology, Vol. 50, 2009, (1): 75-101.

从研究报告的篇幅来看，2009 年美国社会/文化人类学讨论最多的话题依次为：社会性别、族群/认同、宗教信仰、阶级和消费/经济。

就研究路径而言，两性劳动分工依然是受欢迎的研究视角。Michael 和 Kim 研究了狩猎采集型社会中男人的性别角色问题，认为男子狩猎更多是一种地位的标志或"炫耀"，这一论断挑战了男人打猎是为了养家的传统观点。① Carrie 研究了性别角色对待业/失业经历的影响，认为性别角色的改变正在重新塑造当今美国男女两性的职业生涯。② Lisa 则对阿拉斯加土著的劳动性别分工进行了讨论，对"妇女在劳动分工中从事的都是简单方便的工作"的观点提出了疑问。③ 对社会性别的研究并不限于当今社会和文化研究领域，越来越多的跨学科方法被应用于性别研究：在考古学领域，出现了专门的"性别考古学"，探讨性别意识出现的时间；④ 生物人类学家则对生物因素在人类的性别差异发展过程中所起的作用予以了充分考虑。⑤ Parla 则在政治经济学框架内对社会性别进行了讨论。她对一群移民到土耳其的保加利亚妇女的"后社会主义乡愁"进行了分析，认为这种乡愁不仅是应对土耳其职业妇女挑战的策略性展示，而且也是两国截然不同的性别体制在移民经历中的反映。⑥

综观 2009 年美国人类学领域的族群研究，可以看出一种趋势，即族群问题越来越多地与认同问题交织在一起。不论是世居当地的土著居民，还是迁入都市的边缘少数族群，他们对认同都有着日趋强烈的诉求。当前对土著居民的认同问题，主要聚焦于围绕"土著"这一概念本身产生的争论。现在，"当地人"、"土著"等用语都在很大程度上被政治化了，对这些词语的使用会直接导致政治上和经济上的后果。一方面，人们关注的问题聚焦于"什么是土著人"，以及"谁是土著"；另一方面，一些当地居民开始利用这些话语，或以

---

① Michael Gurven, Kim Hill. Why do men hunt? A reevaluation of "Man the hunter" and the sexual division of labor. Current Anthropology, Vol. 50, 2009, 1 (2): 51-74.

② Lane, Carrie M.. Man enough to let my wife support me: How changing models of career and gender are reshaping the experience of unemployment. American Ethnologist, Vol 36, Num 4, 2009 (11): 681-692.

③ Frink, Lisa. The identity division of labor in native Alaska. American Anthropologist, Vol. 111, Num 1, 2009 (3): 21-29.

④ Pamela L. Geller. Identity and difference: complicating gender in archaeology. Annual Review of Anthropology, 2009, 38 (10): 65-81.

⑤ Mcintyre Matthew H, Pope Edwards Carolyn. The early development of gender differences. Annual Review of Anthropology, 2009 (38): 83-97.

⑥ Ayse Parla. Remembering across the border: Postsocialist nostalgia among Turkish immigrants from Bulgaria. American Ethnologist, Volume 36, Issue 4, 2009 (11): 750-767.

"本土文化"的名义进行抗争，为自身争取权益。① Ghadban 描述的两位年轻作曲家的遭遇，生动地展示了后殖民时期边缘族群在主流抑或传统的认同和归属选择上所面临的两难困境。② Arkin 则以移民巴黎的犹太孩子的消费行为为例，分析了认同的表现形式，揭示出种族建构的荒谬性。③

相当一部分对宗教研究感兴趣的人类学家不约而同地将目光投向了伊斯兰教，这与近年来该宗教引发的激烈政治冲突密切相关。研究大都围绕伊斯兰节日和宗教仪式进行，讨论主题从伊斯兰教的世俗架构、教徒个人的道德到国家对伊斯兰现代化的影响，不一而足。④ Mcdougall 的研究则从宏观上讨论了所罗门群岛是如何从一个以基督教为主的地区向伊斯兰教占优势的地区转化的。⑤ Jennifer 的研究则因为将注意力投向基督教-伊斯兰教跨宗教婚姻显得别具一格。她的研究表明，这类跨宗教婚姻的当事人考虑的主要是宗教和家庭义务，而非维持群体宗教和民族认同。因此，在这类研究中必须注意，除了宏观层面的国家和族群集体认同的考量外，微观层面的个人情感和生活经历也是不可忽视的因素。⑥

与其他研究主题的活跃程度相比，美国人类学界对阶级/阶层的研究兴趣似乎在下降。Michele 通过对苏联政策的分析，讨论了阶级主观意识的产生。⑦

---

① Michaela Pelican. Complexities of indigeneity and autochthony: An African example. American Ethnologist, Vol 36 Iss 1, 2009 (2): 52-65; Carole Blackburn. Differentiating indigenous citizenship: Seeking multiplicity in rights, identity, and sovereignty in Canada. American Ethnologist, Vol 36 Iss 1, 2009 (2): 66-78; Francesca Merlan. Indigeneity: global and local. Current Anthropology, 2009 (3): 303-333; Glowacka Maria, Washeburn Dorothy, Richland Justin. Balancing western economies with native American spiritualities. Current Anthropology, 2009 (4): 547-561.

② Yarael-Ghadban. Facing the music: Rituals of belonging and recognition in contemporary western art music. American Ethnologist, Vol. 36, Iss 1, 2009 (2): 140-160.

③ Arkin, Kimberlya. Rhinestone aesthetics and religious essence: Looking jewish in Paris. American Ethnologist, Volume 36, Number 4, 2009 (11): 722-734.

④ Deeb Lara. Emulating and/or embodying the ideal: The gendering of temporal frameworks and Islamic role models in Shi'i Lebanon. American Ethnologist, 2009, 36 (2): 242-257; Simon, Gregorym. The soul freed of cares? Islamic prayer, subjectivity, and the contradictions of moral selfhood in Minangkabau, Indonesia. American Ethnologist, Vol 36, 2009, 5 (2): 258-275; Hart, Kimberly. The orthodoxization of ritual practice in western Anatolia. American Ethnologist, Vol. 36, 2009 (4): 735-749.

⑤ Debra McDougall. Becoming sinless: Converting to islam in the christian Solomon islands. American Anthropologist, Vol. 111, Iss. 4, 2009 (11): 480-491.

⑥ Connolly Jennifer. Forbidden intimacies: Christian-Muslim intermarriage in east Kalimantan, indonesia. American Ethnologist, Volume 36, Number 3, 2009 (8): 492-506.

⑦ Michele Rivkin-Fish. Tracing landscapes of the past in class subjectivity: Practices of memory and distinction in marketizing Russia. American Ethnologist, Volume 36, Issue 1, 2009 (2): 79-95.

Kalb 的研究致力于探讨波兰民粹主义和新民族主义情绪高涨的缘由，认为这是波兰的工人阶级被自由主义原则欺骗后作出的自卫反应。① Lesley 则通过分析一个反可口可乐的跨国行动的兴起和分裂，对工人运动中的“团结”概念进行了再思考。② Massimiliano 的研究旨趣与 Lesley 相近，她讨论了劳工团结和道义对工人运动形式的影响。用她自己的话说，她“利用当前关于贸易联合的争论，对有关阶级、劳动和资本主义下的社会经济关系进行了人类学思考”。③

2. 主要成果及创新

2009 年，美国人类学的主要成果和创新表现在三个方面：

（1）方法、技术创新。最近，旧世界史前史的研究从法国社会人类学那里借用了 Chaîne Opératoire 或者“操作流程”的概念。其概念框架的重点是技术，特别是使用史前碎石器将原材料加工成工具的实践技能。考古学家强调了图案识别信息技术对于超越石器形制类型学的重要性。④ 在一篇新近的大洋洲语言人类学综述中，Matt 和 Miki 指出了大洋洲语言人类学研究的三种新路径。他们认为这些相互缠绕、交叉的研究路径，能够导致对意识形态和社会稳定与变迁有助益的新理解。⑤

（2）对既有理论的反思。近来的灵长类研究聚焦于对进化论的再思考。有学者对近来的相关研究进行了分析后认为，人类学家往往以某种方式反对进化论取向，更确切地说，他们的观点常常与主流的“新达尔文主义”相左。这些人类学家坚持，进化以多种形式出现，除了居于霸权地位的新达尔文主义，发展系统理论、生态建设和自我创造的自然突变都是对人类学家具有吸引力的进化理论。这些人类学家倾向于抛弃还原主义和自然生成主义，采用跨学

① Kalb, Don. Conversations with a polish populist: Tracing hidden histories of globalization, class, and dispossession in postsocialism (and beyond). American Ethnologist, Vol 36, Num 2, 2009 (5): 207-223.

② Lesley Gill. The limits of solidarity: Labor and transnational organizing against Coca-Cola. American Ethnologist, Vol 36, Iss 4, 2009 (11): 667-680.

③ Massimiliano Molloan. Community unionism versus business unionism: The return of the moral economy in trade union studies. American Ethnologist, Vol 36, Iss 4, 2009 (11): 651-666.

④ Ofer Bar-Yosef, Philip Van Peer. The chaîne opératoire approach in middle paleolithic archaeology. Current Anthropology, Vol. 50, Num. 1, 2009 (2): 103-131.

⑤ Matt Tomlinson, Miki Makihara. New paths in the linguistic anthropology of Oceania. Annual Review of Anthropology, 2009, 10 (38): 17-31.

科的新方法解决一系列问题。① 此外，一些最近的灵长类研究成果，则可以从不同侧面加深对人类进化的理解。Walker 探讨了现存巨猿的力量和人类速度之间的关系，认为从猿到人的进化，也是由力量向速度的进化。② Karen 则提倡采用一种历时、跨群体的多层次研究方法，来研究特定物种所表现的行为变异范围。③ Linda 致力于获得人类、黑猩猩、猕猴和其他灵长类动物的完整基因序列，因为这样就有可能研究多重基因座 DNA 序列上的众多变化，估算出人类种群分化的时间，以及其后基因流动的相对数量和方向。④

（3）多学科、多视角、多层次复合研究取得切实进展。2009 年 10 月的《当代人类学》使用大量篇幅，以“农业起源的再思考”为题，对农业起源问题从多学科视角进行了专题讨论。研究者们的讨论不同于以往从农业发生的自然生态环境来看待农业起源问题，而是将动植物的驯化进程更多地与社会变迁、社会组织、节庆宴饮、营养健康、生态环境、人口迁移等联系起来，将农业起源置于更广阔的社会背景中重新检视。这些研究内容涉及考古学、生物学、人口学、经济学诸多学科领域，这种多角度、多层次、多学科考察，有利于研究者们在农业起源问题上获得新的洞见。

3. 发展趋势

回顾 2009 年的美国文化人类学研究，会发现“新自由主义”一词频频出现。事实上，一些学者已经敏锐地察觉到了这一新的研究动向。《美国民族学家》2009 年第 1 期的《前言》明确指出，在上一年的期刊讨论的主题中，最流行的主题是对“新自由主义”的民族志描述。这份《前言》同时宣称，不论新自由主义是什么，至少在一段时期内，它对于学者理解社会和文化现实提供了有效的意识形态工具。2009 年 6 月的《美国人类学家》对 2008 年的美国社会文化人类学研究进行回顾时，使用的标题就是《2008 年社会文化人类学回顾：新自由主义及其他社会问题》。

---

① Emily Schultz. Resolving the anti-antievolutionism dilemma: A brief for relational evolutionary thinking in anthropology. American Anthropologist, Vol 111 Issue 2, 2009 (5): 224-237; Kenneth M. Weiss. Having a jolly good time—together! Evolution by cooperative interaction. Current Anthropology, Vol. 50, 2009, 4 (2): 235-245.

② Alan Walker. The strength of great apes and the speed of humans. Current Anthropology, Vol. 50, 2009, 4 (2): 229-234.

③ Karen B. Strier. Seeing the forest through the Seeds: Mechanisms of primate behavioral diversity from individuals to populations and beyond. Current Anthropology, Vol. 50, 2009, 4 (2): 213-228.

④ Linda Vigilant. Elucidating population histories using genomic DNA sequences. Current Anthropology, Vol. 50, 2009, 4 (2): 201-212.

2009年的社会/文化人类学研究显示，新自由主义的确为社会问题的理解和对人类学传统议题的认识提供了新的语境。Nadia通过考察希腊占卜及与之相关的无意识状态下的身体姿态，分析新自由主义、科技、现代主义、后现代主义和文化风俗等之间的联系。① Christina的研究揭示，新自由主义虽然常常以经济政策的面目出现，但它对人权的要求则显示出其政治性的一面。② James研究了与发展、权利和经济话语缠绕在一起的新自由主义对埃塞俄比亚亲属关系的影响。他指出，在新自由主义语境下，人们可以通过知识的流动，选择家庭和家族的祖先，改变世系关系和基于地缘的意识形态。这些选择体现了新自由主义在改变权力的文化关系和不平等中所起的作用。③ Muehlmann发现，新自由主义与文化多元主义结合，在墨西哥创造了一种政治领域。在该领域中，文化差异被墨西哥政府和当地的非政府组织用来阻止环境资源在弱势群体中的再分配。④

在2009年6月的《美国人类学家》对美国考古学的回顾总结，很能代表美国人类学的发展趋向："技术的改进，对全球人权自主的支持，经济和环境的可持续性，以及工作形式的创新都在将'美国考古学'重塑为民主的、人类学的以及具有相关追求的学科"。⑤ 除了考古学以外，美国其他三个大的人类学分支也都将民主作为追求目标。美国人类学不仅在研究上体现民主，重视学科之间、研究者与研究对象之间平等交流合作，倾听不同社会群体的声音，倡导社区参与；而且还力图通过学术研究介入公共生活，为促进人权、消除不平等而努力。这也体现了美国考古学的鲜明意识形态属性。

（二）加拿大人类学2009年动态

1. 加拿大人类学发展概况

加拿大人类学是北美人类学体系的重要组成部分，其在学术史和学科建设上的地位不可忽视。就世界范围而言，美国、加拿大为代表的北美人类学

---

① Nadia Seremetakis C. Divination, media, and the networked body of modernity. American Ethnologist, Volume 36, Issue 2, 2009 (4): 337-350.

② Schwenkel Christina. From John McCain to Abu Ghraib: Tortured bodies and historical unaccountability of U. S. empire. American Anthropologist, Vol. 111, 2009 (1): 30-42.

③ James Ellison. Governmentality and the family: Neoliberal choices and emergent Kin relations in southern Ethiopia. American Anthropologist, Volume 111, Issue 1, 2009 (3): 81-92.

④ Shaylih Muehlmann. How do real Indians Fish? Neoliberal multiculturalism and contested indigeneities in the Colorado delta. American Anthropologist, Vol. 111, Iss 4, 2009 (11): 468-479.

⑤ B. Sunday Eiselt. Americanist archaeologies: 2008 in review. American Anthropologist, Volume 111, Issue 2, 2009 (6): 131-261.

体系与英、法为代表的欧洲人类学体系共同构成“人类学世界体系”①。然而，在人类学学科发展史的表述中，对于欧美人类学的关注明显倾斜向英国、法国、德国和美国，尽管这些国家的人类学调查也涉及欧美其他地区乃至遍布全球。

目前，国内对加拿大人类学发展状况的了解尚显不足。中文文献中，对于加拿大人类学的历史简介散见于个别文章，如柯茱丽在中国社科院的演讲稿《加拿大人类学：历史贡献与未来发展》等。② 对加拿大人类学历史形成过程进行研究的一本著作在近年吸引了学界的目光。《加拿大人类学的历史化》一书由专家小组撰写，他们致力于突破国家主义传统框架对于学科发展史论述的制约，希望通过论述“我们的故事如何被讲述，叙事如何被构建，以及如何进行分析抽象等这些加拿大人类学传统形成的核心问题”③ 来呈现加拿大人类学的历史过程。

人类学在加拿大的历史相对较短，并依其来源方向而形成了几个传统。美国主义传统的最初影响来自 1919 年受博厄斯之命被派遣到加拿大国家博物馆的爱德华·萨丕尔；法国主义传统的最初影响则来自同年加入加拿大地质勘探局人类学调研部门的马里厄斯·巴博（Marius Barbeau）；英国社会人类学传统发端于牛津大学培养的戴蒙得·詹尼斯和托马斯·麦基尔雷思（Diamond Jenness and Thomas McIlwraith）。加拿大的高校于 1925 年聘请了第一个人类学讲师（Thomas McIlwraith），加拿大高校的第一个人类学系则于 1936 年出现在多伦多大学。加拿大在 1956 年授予了第一个人类学博士学位，但是人类学作为大学的一门基础学科则是在 20 世纪 60 年代，随着“二战”以后各个分支学科的扩大才出现的。④ 另外，结合加拿大本土实际情况，加拿大人类学还表现出人类学博物馆的基本功能传统、口头传统（特别是由经萨丕尔和巴博）以及民族地区的应用性研究传统等。

限于篇幅及本文写作目的，对于加拿大人类学发展史在此不展开详细论述。本文谨通过对加拿大人类学类学术期刊信息的甄别，遴选出质量可靠的数本期刊作为分析对象，以期获得对加拿大人类学研究现状的把握。资料来源主

---

① Disciplinary transformations within systems of power, World Anthropologies, Gustavo Lins Ribeiro and Arturo Escobar, BERG, Oxford New York.

② 柯茱丽. 加拿大人类学：历史贡献与未来发展. 周庆生译. 世界民族，2000（3）.

③ Julia Harrison, Regna Darnell. Historicizing Canadian anthropology. U. of British Columbia Press, 2006.

④ Julie Cruikshank. Canadian anthropology. Current Anthropology, Vol. 49, 2008, 10（2）.

要为 CSAA（Canadian Sociology and Anthropology Association）和 CASCA（Canadian Anthropology Society）公开出版物，如《加拿大社会学人类学回顾》（The Canadian Review of Sociology）；多伦多大学人类学系主办的《人类学》（Anthropology）和《面对面：人类学的探索》（vis - à - vis：Explorations in Anthropology）以及以蒙特利尔等高校联合发行的以人类学批判和跨学科研究为主旨的双语（英语和法语）期刊《他者》（Altérités）等。本文主要从上述加拿大本土人类学学术期刊在 2009 年度发表的文章中挑选出具有代表性和典型性的一批文章，对以社会/文化人类学、生态/医学人类学以及应用人类学为主要领域的加拿大人类学研究进行评述。考虑到有一定数量的加拿大人类学者习惯于在美国人类学期刊上发表论文，本部分则以加拿大本土人类学动态为观察重点，建议读者将本文与《美国人类学动态》结合阅读。

2. 主要成果与创新

（1）社会性别

社会性别研究既是加拿大人类学研究的传统领域，又有新的发展。如 Penni Stewart 等人将社会性别视角引入高校，他们对 1984—1999 年在加拿大所有高校中全职教师的晋升时间进行了统计，发现从助教升为副教授的时间来看，女性比男性多用了 0.4 年，而女性从副教授晋升为正教授的平均时间比男性长 1 年，需要 8.3 年。① Andrea Doucet 则在波特演讲中对社会性别分工与子女抚养的关系进行了分析，她发现性别平等理念与性别差异实际在父母对子女的抚养过程中不断互动，最终促进了父母观念的变化。但是，他们的行为仍然受到性别影响，因为他们的习性和人格在日常实践中已经根深蒂固。② Judith Taylor 通过对北美女性独立运动参与者的回忆录分析，发现女性运动不但致力于改善男女社会关系，也重塑了女性之间的关系。③

（2）家庭、社会网络与组织

家庭、社会网络以及社会组织是人们进行社会结合的方式，也是人们进行日常生活实践的重要社会关系类型。加拿大人类学者对该领域的研究也较为

---

① Penni Stewat, Michael Ornstein, Janice Drakich. Gender and promotion at Canadian universities. Canadian Review of Sociology/Revue Canadienne De Sociologie, Volume 46, Issue 1, 2009（4）：59-85.

② Aandea Doucet. Gender equality, gender differences, parenting, habitus, and embodiment（The 2008 Porter Lecture）. Canadian Review of Sociology/Revue Canadienne De Sociologie, Volume 46, Issue 2, 2009（4）：103-121, Published Online：28.

③ Judith Taylor, Rich Sensitivities. An analysis of conflict among women in feminist memoir. Canadian Review of Sociology/revue Canadienne De Sociologie, Volume 46, Issue 2, 2009（4）：123-141. Published Online：28.

丰富。

Zenaida Ravanera 等人从收入与家庭照顾模式出发讨论家庭中夫妻分工的决定性因素，他们对社会分工中的形态进行分类，分为传统型、相辅相成型、性别颠倒型、妇女双重负担型和男人双重负担型。① Laura M. Funk 等人讨论了家庭中“因为孝顺而选择护理”的观点。② 有学者将对社会组织的关注放在 NGO 这一类型上，Gray 认为，当前 NGO 对企业资助的依赖已经影响到自身的管理和运作，因而倡导建议组织的自我审查机制，以防止组织偏离目标。③

（3）专题：“恐惧”文化

2009 年第一期《人类学探索》特刊围绕“恐惧”（Fear）这一具有文化和社会心理意义的词汇展开。人类学试图理解什么是人类恐惧的事物，人类的恐惧感如何表现，并提供关于宇宙观、认识论和社会关系的强有力解释。该专辑围绕玛丽·道格拉斯在二十年前的《洁净与危险》中阐述的恐惧与心理边界的关系来讨论，她声称恐惧是对他者担忧的折射，这里的他者来自外界，是无法归入分类体系的事务，它们不是亲属、朋友和敌人。

恐惧与权力。Tak Uesugi 发现在对弱势群体的历史文化进行研究时，“沉默”经常出现。弱者用声音和文字表达他们对困境的拒绝，让他们发出声音是揭露社会不平等和暴力统治的重要途径，而重新唤起对沉默的关注是人类学对社会苦难进行研究的重要方法。④

恐惧与政治统治。反恐战争的一个奇特副作用是生产出许多荒诞的地方，比如某些不起眼的地方可能被视为“恐怖组织基地”。研究者探讨了对于同一地区的来自本土和政府的双重感知话语，展示了盘基西峡谷从边缘到进入“国家”体系成为恐怖主义的“中心”的过程，和如何成为格鲁吉亚国家自身

---

① Zenaida Ravanera，Roderic Beaujot，Jianye Liu. Models of earning and caring：Determinants of the division of work. Canadian Review of Sociology/Revue Canadienne De Sociologie，Vol 46，Iss 2，2009（4）：319-337，Published Online：28.

② Laura M. Funk，Karen M. Kobayashi. “Choice” in filial care work：Moving beyond a dichotomy. Canadian Review of Sociology/Revue Canadienne De Sociologie，Volume 46，Issue 2，2009（4）：235-252，Published Online：28.

③ Garry C. Gray，Victorial Bishop Kendzia. Organizational self - censorship：Corporate sponsorship，nonprofit funding，and the educational experience. Canadian Review of Sociology/Revue Canadienne De Sociologie，Volume 46，Issue 2，2009（4）：161-177，Published Online：28.

④ Tak Uesugi. Gleaning Silences：Suffering，rememory and subjectivity，A vis-ὰ-vis：Explorations in Anthropology，Vol 9，2009（1）：10-17.

暴力垄断性和合法化的资源。① 大部分对以美国为首的反恐战争的批评的基础是假设它不过是在散布恐惧和花言巧语。然而，发生在伊拉克和阿富汗的重大事件以及人们对恐怖主义的日常经验不能被如此简单地解释。通过对公共话语的文本分析，Wool 对反恐战争中值得恐惧的部分进行讨论，通过对反恐战争标准的民族志写作，提出创建批判人类学的想法。②

通过对 2004 年阿布格莱布监狱丑闻所提供的资料，Belanger-Vincent 论述了美国政府话语如何创造出被称为“靠酷刑维持着的现实”，来为其酷刑行为创造有利环境。③ Doerr 探讨了语言记忆诱导下的恐惧。一个单词可以引出关于创伤、生命威胁以及过去所经历的事件的记忆。作者通过对幸存者访谈得来的词汇展演了“第三帝国”（纳粹德国）如何在幸存者脑海中留下如此持久的印象，虽然事后几十年过去了，这些词汇或短语的内涵早已不是原来的含义。④ 在暴力政治文学中，否认常被认为是种族灭绝的最后阶段。在卢旺达种族屠杀中，否认行为出现了新的形式。屠杀在国家名义的审判和对正义和真理的追求的名义下进行，从而进入了国家团结宣言为背景的种族灭绝时期。⑤

恐惧与认同。George 将 M. J. 库切的小说《耻辱》作为分析文本解读族群认同，在书中性、种族和物种政治缠绕在一起，包括狗。作为小说的角色，作者表明狗与人之间的联系是错综复杂的，被绑定到一个享有特权或被压迫的政治地位上。白人害怕黑人，就用狗来保护自己；黑人害怕白人和白人保护的狗；狗害怕死亡。⑥ 恐惧下的宗教认同实践也有不同的形式。Shively 研究了信仰和虔诚的非正式妇女团体的行动，展示了妇女如何在土耳其国家世俗压力和激进宗教团体的夹缝中生存的策略。⑦

---

① Paul Manning. Olklore and Terror in Georgia's "Notorious" Pankisi gorge. A vis-à-vis: Explorations in Anthropology, Vol 9, 2009 (1): 18-27.

② Zoe H. Wool. Who's afraid of the persian gulf: Locating fear in the war on Terror. A vis-à-vis: Explorations in Anthropology, Vol 9, 2009 (1): 28-35.

③ Ariane Belanger-Vincent. Discourses that make torture possible: The abu ghraib Case. A vis-à-vis: Explorations in Anthropology, Vol 9, 2009 (1): 36-46.

④ Karin Doerr. Words of fear, fear of words: Language memories of holocaust survivors. A vis-à-vis: Explorations in Anthropology, Vol 9, 2009 (1): 47-57.

⑤ Laura Eramian. Whose denial? Enduring fears under rwanda's unity and reconciliation project. A vis-à-vis: Explorations in Anthropology, Vol 9, 2009 (1): 158-164.

⑥ Dianne George. Fear of dogs/Dogs' fear in coetzee's disgrace. A vis-à-vis: Explorations in Anthropology, Vol 9, 2009 (1): 70-74.

⑦ Kim Shively. "The sharp edge of a razor": Negotiating religious identity in Turkey. A vis-à-vis: Explorations in Anthropology, Vol 9, 2009 (1): 75-80.

Timm Lau 讨论了流亡印度的西藏人因对自身文化灭绝的恐惧而产生的“印度敌人”的话语建构。流亡藏人的恐惧对象不是作为他者的“印度”本身，而是自身转化为他者的可能性。藏人在流动贸易中与印度人建立了信任关系，然而他们在贸易过程中的不利经验作为“证据”证明印度人在交易中存在道德问题。他们通过对道德的表述而产生与印度人的分化，并在分化过程中维持藏人身份边界。①

（4）医疗与社会结构

加拿大高校中的医学人类学研究近年来异军突起，十分活跃，并且产生出丰硕的研究成果，成为加拿大人类学分支中最有活力的一支。如 2009 年第二期《他者》（Altérités）就以“身体，健康，疾病”为主题展开多方位的医学人类学探讨。其中，对医疗与社会结构的关注尤其引人注目。

Hirschkorn 的研究展示了加拿大家庭医生如何以及为何为他们的病人提供补充和交叉医疗（complementary and alternative medicine，short as CAM）。研究结果表明，大型医院的组织环境因素阻碍了医生提供此类服务，而小型的独立诊所在提供此类服务方面更有利。②

另外，对于中国的关注仍然很多，如 Tiantian Zheng 通过对中国古代帝国、改革开放前和改革开放后避孕知识的生产，以及这些知识转换为人们日常生活实践过程的研究，认为国家主义下避孕以及生育控制的政策导致了避孕行为对社会结构的重构，这种研究和现代对于性别以及性的功能研究路径类似，即关注个人行为与社会控制之间的互动关系。③

作为当今世界重要现象的全球化也是解读疾病与社会结构关系的重要维度。如 Galley 在《瘟疫之城：多伦多、SARS 与全球化忧虑》中分析了全球化的城市野心带来的认同丧失以及相应的忧虑。全球化带来了资本、劳动力和信息的流动，从而形成全球化城市，但这种高流动性的社会为流行病的传播带来

---

① Timm Lau. Tibetan fears and Indian foes：Fears of cultural extinction and antagonism as discursive strategy. A vis–ὰ–vis：Explorations in Anthropology，Vol 9，2009（1）：81–90.

② Kristine A. HirschkornI，Robert Aandersen，Ivyl. Bourgeault. Canadian family physicians and complementary/Alternative medicine：The role of practice setting，medical training，and province of practice. Canadian Review of Sociology/Revue Canadienne De Sociologie，Vol 46，Iss 2，2009（4）：143–159，Published Online：28.

③ Zheng，Tiantian. Recasting gender and prophylactic use in China：A historical and anthropological perspective. Altérités，2009，6（1）：17–45.

机会，2003年在多伦多爆发的SARS就体现了这些希望和恐惧的互相关联。①

3. 加拿大人类学发展趋势

（1）关注文化与疾病的关系。早在1986年于渥太华举行的世界卫生组织的代表大会在上，文化差异与疾病的关系，及其对医疗体系的影响就已经受到关注。近年来，加拿大人类学在文化与疾病关系上持续探索，并且有继续加强的趋势。文化历来被认为是促进病人恢复健康的关键因素，Serfaty等人思考了如何从文化层面整合医疗机构、社会组织。② Tsao尝试建构精神病学人类学学科分支。他强调，一个健全的精神病学人类学必须努力考虑历史、政治、经济和本地化的精神体验等因素。③ 社会变迁带来人们对疾病概念理解的变化。随着过去六十年来对于运动和残疾含义的讨论，残疾的定义已经面临重新定义的挑战。Clair以游泳为例，指出各类残疾人的游泳比赛使得残疾运动员对于游泳选手的身份认同强过对于残疾人的身份认同。④

（2）注重人类学应用。在加拿大，作为基础学科的人类学与社会发展的结合十分紧密，人类学的应用得到高度的强调。许多加拿大人类学者受雇于政府部门、NGO及企业部门，将人类学专业所长应用于政策的制定、执行和评估等方面。发端于人类学方法的参与式社会评估更是在世行等融资机构的大型项目中发挥了重要作用，甚至改变了人们对项目评估的定义。掌握的资料显示，加拿大人类学家对评估的应用性研究主要是在调研的基础上发现政策实施过程中的问题并分析原因和提供解决建议，其涉及内容包括社会改革、社会保障等。

三、亚洲人类学发展报告

（一）日本人类学的突破

日本文化人类学在重视田野调查的基础上，也非常关注新近的西方人类学

① Andrew Galley. City of Plagues: Toronto, SARS, and the anxieties of globalization. A vis-à-vis: Explorations in Anthropology, Vol 9, 2009 (1): 133-142.

② NAhon-Serfaty, I., R. Ahmed, S. Grosjean, L. Bonneville. Connecting the Micro and Macro approaches: Cultural stakes in health communication. Altérités, 2009, 6 (2): 48-74.

③ Tsao, Eugenia. Primum non nocere: Evaluating and a malgamating competing blueprints for a new anthropology of psychiatry. Theme issue, "Body, Health, Illness: Bordering the M edical and the Social", Altérités: Revue d'anthropologie du c ontemporain, 2009, 6 (1): 66-76.

④ Jill M. Le Clair. Sport and health: Global challenges to biomedical definitions of disability. A vis-à-vis: Explorations in Anthropology, Vol 9, 2009 (2): 203-219.

的理论和发展，特别是近十多年来主动参与后现代主义和后殖民地主义的讨论，民族志的写作非常关注政治经济体制的变化如何影响到当地社会文化变迁的过程。从2009年日本文化人类学界的成果来看，后现代主义和后殖民地主义的讨论仍在继续，如2009年度日本人类学界涉泽奖《朝鲜现代的历史民族志——庆北尚州的殖民地经验》（板垣龙太著）即是跟后殖民地主义相关的历史人类学研究。但同时，日本人类学界同时关注并重新出版经典的古典人类学研究著作，部分人类学家也试图突破后现代主义的限制。下文将从几个方面归纳介绍。

1. 人类学的理论基础和综合研究

关于人类学理论脉络以及目前研究的思考，2009年研究专著和论文较为突出。如太田好信的《民族志的近代介入——谁具有讲文化的权力》（人文书院），橘健一著的《他者/自者表象的民族志》（风响社）、角田猛之等《全球世界的法文化——法学、人类学的视角》（福村出版）、山下晋司著的《观光人类学的挑战》（讲谈社）、丹羽典生著的《作为脱离传统的开发》（明石书店）、西信如著的《现代非洲的公共性》（昭和堂）。与专著相比，论文的发表更加庞大，如坂井信三的《历史的叙述与社会的记述——社会人类学历史的人格位置》（社会人类学年报）、高桥绘里香《福利社会和人类学》（社会人类学年报）、中空萌《围绕所有的主体生成过程的人类学试论——从权利到关系性》（《文化人类学》74卷之一）、森明子《德意志的民俗学和文化人类学》《国立民族学博物馆研究报告》、米山丽莎《围绕四大分支学科的北美人类学的文化论争》（国立民族学博物馆研究报告33卷之3）等。除学科发展的研究外，后现代主义的研究仍然是一个新的领域，如除了国民主义、后社会主义、表象等老题目之外，开始关注说明责任、新自由主义、语言游戏等新的题目。例如，日本文化人类学会编辑的《文化人类学》讨论了“说明责任”（73卷4号）和“新自由主义时代与人类学”（74卷2号），大阪大学的中川敏出版了《言语游戏塑造世界》（世界思想社）。

值得注意的是，日本人类学已进入了反思后现代主义人类学的时期，这几年有些人类学家从不同方面试图突破后现代主义人类学的理论限界。其中，一是回顾古典研究扎实地记录各社会现象的民族志研究。二是参考各社会的政治经济影响力而重视人民“生活实践”的研究。这方面有时跟“实践的共同体”论和Certeau的“生活实践”论相关，2009年京都大学的松田素二出版的《日常人类学宣言》（世界思想社）可以说是这种研究的主要成果之一。三是重视将学问应用于社会实践的应用人类学研究。虽然2009年日本人类学界还没有出版以《应用人类学》为题的书籍，但是，这几年日本的人类学家开始发表关于医疗、福利、和平、教育、生活等方面的书籍和论文。尤其是 2009 年有不少“多元文化主义”及其教育的相关成果。

日本的人类学界一方面追求后现代主义人类学及其超越，另一方面重视回顾古典的研究成果。由于后现代主义人类学往往轻视扎实的田野考察，部分人类学家开始试图重新评价以往的研究成果。具体来说，除了重新出版 Frazer、Mause、Bourdieu 的经典著作，还有金关丈夫的《日本民族的起源》（法政大学出版局）和京都大学学派的权威伊谷纯一郎著《伊谷纯一郎著作集（5）游牧社会的民族志》（平凡社）。再者，为了纪念当年去世的人类学家 Levi-Strauss，渡边公三出版了《争斗的列维-斯特劳斯》（平凡社）。

另一方面，长野晃子《作为“害羞的文化”的神话》（草思社）等重新探讨“二战”前美国综合人类学的文化描述问题。不管将后现代主义人类学看成是负面还是正面，这些书籍的出版证明该理论在日本的影响力仍然不少。

可见，日本人类学界通过继承或者反思后现代主义人类学的讨论，产生了很多方向的分歧。加上日本人类学开始关注跨越科学领域的人类学研究，还产生了对海外人类学的兴趣。

2009 年日本人类学界有几个引人注目的倾向。第一，日本人类学会主编与出版《文化人类学辞典》（丸善）。这本书除了说明人类学用词之外，还有日本国内外相关研究的题解。第二，以日本人类学家为主的大洋洲研究家出版《大洋洲学》（吉冈政德主编，京都大学学术出版会），以日本人类学家为主的越南研究专家出版《越南文化人类学文献题解》（末成道男主编，风响社）。

此外，跨学科的研究是这一时期的重要特点。“二战”前日本的社会文化人类学往往跟自然人类学、考古学、语言学、历史学、民俗学等其他领域分不开，但“二战”结束后各个领域的学术边界越来越明确，目前，一般研究社会文化人类学的年轻人类学并不了解自然人类学、考古学等链接领域。然而，这几年包括年青一代的部分人类学家重视进行跟链接领域的对话与合作。从 2009 年的成果来看，日本的社会文化人类学跟自然科学（尤其是生物学）、自然人类学、法律学有合作研究。

2009 年的跨科学研究大致有几个领域，如环境人类学：池谷和信《从地球环境史的问题——什么是人类与自然的共生》（岩波书店）；文学人类学：大熊昭信《D. H. Lawrence 的文化人类学研究》（风间书店）；法律人类学：角田猛之、石田慎一郎《全球时代的法律文化——法学与人类学视角》（福村出版）；经营和信息的人类学如中牧引充等编的《会社中的宗教——经营人类学的视角》（当方出版）、奥野卓司的《信息人类学的视角》（岩波书店）；与自然属性相关的研究如奥野克已等主编《性的人类学》（春风社）和河合香吏《集团——人类社会的变化》。

2. 民族志的记录和书写

日本文化人类学的最大特色就是田野调查非常深入，而且大部分人类学家分布在全世界的任何一个角落进行调查，积累丰富的民族志资料和研究报告。2009 年其领域主要集中在如下几个领域：

传统的原住民、移民和宗教的研究仍然是重要的领域。

现在的原住民研究，主要和发展人类学结合在一起。最近在日本的人类学界阿伊努族、印第安人、澳洲原住民等各国原住民与开发的问题日益被关注，在日本屡次举行相关的研讨会。尤其是，日本国立民族博物馆最近特别关注原住民问题，2009 年该博物馆出版的“实践人类学”系列有两本相关的成果：岸上伸启主编《开发与原住民》（明石书店），信田敏宏和真崎克彦主编《东南亚、南亚发展人类学》（明石书店）。

另外，国立民族博物馆的副教授野林厚志跟窪田幸子出版《“原住民”到底是谁?》（世界思想社），同教授在《国立民族博物馆研究报告》写《从文化的安全保障来看关于原住民捕鲸的初步研究》（33 卷 3 号）。同助教丹羽典生用斐济原住民的个案写了《作为脱离传统的开发》（明石书店）。另外，丹羽在东京都立大学时代的同学立川阳仁用北美三文鱼渔业的个案写了《加拿大原住民与近代产业的民族志——西北海岸的三文鱼渔业与原住民渔夫的技术适应》（御茶之水书房）。

同样，移民问题也是现代日本人类学最被关注的题目之一。包括华人在内的移民研究是人类学家探讨半个世纪以上的老题目，但是后现代主义转换（尤其是 Gupta and Ferguson 的论考）之后，人类学家开始用网络（network）、场所（place）、散居（diaspora）等概念重新把握移民研究。

除了华人社会的研究之外，这几年流行移民研究的地区之一是大洋洲。因为，进入 MIRAB 社会之后，大洋洲的人口流动甚大，鉴于这种情况，须藤健一的《大洋洲的人类学——海外移民、民主化、传统政治》（风响社）和村上优子《移民 in 澳洲——对移民进行田野考察》（风响社）仔细地探讨了大洋洲的移民问题。市川哲在《社会人类学年报》（东京都立大学社会人类学会）和《国立民族学博物馆研究报告》上撰文，描述了华人在大洋洲的移民经验和移民村的诞生。

另外，2009 年问世了两个关于菲律宾的移民研究。第一是长坂格的著作

《超越国境的菲律宾村民的民族志》（明石书店），第二是关恒树在《文化人类学》（74 卷 3 号）发表的论文《在超越国境的社会空间中的差异性和共同性——关于菲律宾中层阶级的研究》。

进入 21 世纪以来，日本的宗教人类学发生了很大的变化。受到后现代主义的影响，部分人类学家强调“宗教”（包括民间信仰）的权力性和文化表象。可是，由于“宗教”的信仰不能仅从权力性或者文化表象问题去解读，不少人类学家还支持古典理论（尤其是功能主义和象征主义）的理论模式。有代表性的如从性别的观点来描述各社会的“宗教”现象。国引晓子写《印度教女神的归依者海吉拉斯》（风响社），饭国有佳子写《女性主义和宗教的陷落——女性在缅甸村落的宗教实践》（载《国立民族博物馆研究报告》34-1）。此外是后现代主义、后殖民地主义的“宗教”研究。关于这方面的研究，2009 年问世了三本著作。其一是宫泽千寻的《社会变动与宗教的“再选择”——后殖民地时代的人类学研究》（风响社）。这本书用伊斯兰教、印度教等个案说明后殖民地时期宗教的相关情况。其二是田中正隆的《塑造神明》。最后是《抵抗宗教的圣者——围绕印度教与伊斯兰教的“宗教”概念的再次构筑》（世界思想社）。这本书研究 Asad 以来的宗教人类学所探讨的“宗教”概念问题。

3. 应用研究开始受到重视

与中国的人类学不同，“二战”结束后的日本人类学将学术与政治分开进行研究，1990 年之前很少有人类学家提到应用人类学。东京大学中根千枝教授认为，日本的人类学做了很多包括不同国家的田野调查，但与经济学和政治学等学科相比，人类学对于应用研究还是很不够，影响力也较小。然而，随着后现代主义人类学的出现，人类学家开始考虑研究的立场，日本的人类学家慢慢意识到应该将自己的研究贡献于当地社会。同时，由于日本的不少研究经费从企业获得，企业要求的题目往往跟社会贡献和社会实践相关，日本的人类学家不得不关注人类学的应用实践研究。这几年，日本人类学关注的相关题目有医疗、福利、企业文化等。2009 年的研究成果也包括这三个题目：医疗方面有山田孝子的《RADAK——西藏西部的病和治疗的民族志》；福利方面有浮谷幸子的《照护与共同性的人类学——从北海道浦河红十字精神科到地区》（京都大学学术出版会）和高桥绘里香的《福利“社会”与人类学》（载《社会人类学年报》35 号）；企业文化方面有中牧引充、日置引一郎的《公司里的宗教——经营人类学视角》（当方出版）等。

值得关注的是，2009 年出现了不少和平与教育相关的研究。例如，除了关雄二、中村雄佑、狐崎知已《危地马拉内战后 人类对安全保障的挑战》（明石书店）关注和平与安全保障之外，有些人类学家提到多元文化教育的问题。该成果有中牧引充、森茂岳雄、多田孝志《学校与博物馆做的国际理解教育》（明石书店），Sonia《美国多元文化教育的理论与实践》，学会杂志《文化人类学》74 卷 1 号的特辑“多元文化共生与人类学”等。这个倾向有可能与最近日本有不少海外劳工移民和混血儿的情况相关联。

（二）包括中国在内的东亚研究

日本人类学的东亚研究，一般包括中国、韩国、朝鲜、越南以及日本的研究。2009 年对于东亚的研究主要集中在如下几个方面：

1. 日本与韩国及其比较

日本著名的民族学家从 20 世纪 80 年代开始，一直致力于日本民族起源与中国的关系，如照叶树林文化圈的讨论等。当时有很多中国学者参与了这一调查。去年佐佐木高明教授以《战后日本民族文化起源论——回顾与展望》（《国立民族学博物馆研究报告》34 卷之 2）为题，对于这一研究的缘起和过程以及未来的可能性做了讨论。

金明美《从足球看日韩的民族性和地方性——地域体育实践场域的文化人类学的方法》（お茶の水书房），这是一部把民族主义和地方性的研究融入体育人类学的佳作。针对历史认识，日韩之间的对话过程如何？板垣竜太的《批判与连带：关于日韩间历史的对话的考察》（《文化人类学》74 卷之 2）对这一过程和问题意识从人类学的角度进行了讨论。还有韩国研究者太田心平的《血和职：韩国朝鲜的士族认同及其近代的变化》（《国立民族学博物馆研究报告》34 卷之 2）从历史人类学的角度进行了讨论。在日本的韩国人有近百万人，他们的生存以及民族意识一直是人类学所关注的问题。金明美的《面向多文化共生的实践：在日韩国人孩子的民族意识形成过程的事例分析》（《文化人类学》74 卷之 1）是对近年来的民族意识养成的讨论。此外，熊田阳子的《性劳动者的人格再考：东京都市部的性风俗店的参与观察调查》（《社会人类学年报》35 卷），是对日本大都市关于性的观念和认识的人类学的思考。

2. 中国和越南的研究

中国研究一直是东亚研究的重要领域，围绕着革命和改革以及历史经验的研究是重要的主题。韩敏主编的《革命的实践和表象——现代中国人类学的研究》（风响社）是一代表。

山田孝子的《RADAKU——西藏的疾病与治疗》（京都大学学术出版会），是近年来第一部日本人类学关于西藏医疗研究的专著。曾在中山大学留学的川口幸大所著的《社会变迁中的宗教组织——中华民国时期广东省珠江三角洲的事例》(《国立民族学博物馆研究报告》33卷之3)，从历史人类学的角度，对于当时的宗教组织做了非常细致的描述。除中国大陆外，日本很多学者对中国的香港和台湾进行了调查和研究。如吉川雅之的《从读写看香港的转换期》(明石书店)，主要从语言人类学的视角对于香港回归后语言和写作习惯等的变化进行了讨论。由于台湾曾是日本的殖民地，日本对台湾的研究有百年以上的人类学调查的基础，新近一批年轻的人类学者在台湾的调查取得了很多成果。如山路胜彦《台湾泰雅族的织布文化、脱殖民地化和现代性》(《国立民族学博物馆研究报告》34卷之1)，横田浩一《中国民俗宗教的表象及其社会影响的研究动向》(《社会人类学年报》35卷）等。当然，华人研究也是日本人类学的特点之一，去年有代表性的学者的研究是市川哲《从移住经验看亚族群性的说明方法：以巴布亚新几内亚的华人为例》(《社会人类学年报》35卷）和《新的移民母村的诞生：巴布亚新几内亚华人跨民族的社会空间》(《国立民族学博物馆研究报告》33卷之4）等。

关于越南的研究主要以末成道男教授为核心的人类学调查和研究。去年末成道男教授主编出版了《越南文化人类学文献题解》(风响社)，这是一部研究越南的不同时期和不同国家的人类学家调查研究的资料索引和评述。另外，他的学生樫永真佐夫的《越南黑傣的祖先崇拜》(风响社）是其在博士论文基础上经过十多年的田野调查完成的一部关于这一族群的民族志专著。其他研究见于不同的论文中。

3. 东亚社会的比较研究

在日本人类学界，对于东亚社会的比较研究一直有较深的传统，如中根千枝教授就是强调亚洲社会比较研究的代表学者。现在的人类学家也关注比较研究。如关于宗教的比较，对中国、韩国、日本、越南的宗教人类学比较研究强调从功能主义、结构主义或者象征主义的角度来记录各社会的“宗教”现象。同时新的理论也在其中。例如，铃木正崇主编的《东亚的民众文化与祭祀空间》(庆应大学东亚研究所)，野村伸一的《东海祭祀艺能史论序说》(风响社)，是去年东亚比较研究的代表。

总之，“二战”结束后日本的人类学一味吸收西方的人类学理论，很少关注非西方的人类学研究。进入20世纪60年代后，随着日本经济的高速增长，海外研究逐渐成为研究的核心，对于西方人类学的理论探讨日渐增多。如2009年《国立民族博物馆研究报告》(33卷3号）的特辑“世界的人类学（2)”就是这方面讨论的代表之一。日本国立民族学博物馆的竹泽尚一郎教授编的特辑介绍了美国（米山丽萨《北美“人类学”的文化研究》——围绕四领域制度的文化论争）、澳洲（大野明子《“多元文化”澳洲的人类学》）、印度（田边明夫《下阶层 subltern 研究与南亚人类学》）的情况。再者，《国立民族博物馆研究报告》（33 卷 2 号）有关苏联民族学的研究（后藤正宪《在民族志的对话——从文化革命时期苏联民族学变迁看翻译不可能性》）。

2009 年，日本人类学的研究成果还有几个方面，不能一一提及。日本的人类学研究对生命或者生活的兴趣越来越大，这可能跟后现代主义人类学往往轻视生活方面的描述相关联。例如，河合利光的《生命观的社会人类学》强调人类学需要探讨在各社会沉淀的“文化遗传”。除了在上面提到的儿童教育和高龄者福利等研究之外，部分日本人类学家关注饮食、玩、希望、梦等与生活或者生活循环有关的题目。如何超越后现代主义人类学的界限去描述人类的生活，是目前日本人类学面临的问题。

四、澳大利亚及大洋洲人类学 2009 年动态

（一）发展概况

澳大利亚人类学素来以澳大利亚本土、太平洋岛国和亚太地区的田野调查为主，2009 年，澳大利亚人类学界在推进人类学理论研究方面有三个方面的显著贡献：一是重视对物和物质化的研究，二是重申经济人类学的重要性，三是继续丰富传统人类学中有关认同的研究及其他理论研究。此外，澳大利亚人类学界还在宗教研究、东南亚研究和华人及中国研究方面作出了长足努力。接下来，我们将就 2009 年发表在《澳大利亚人类学学刊》、《亚太人类学学刊》、《人类学论坛》和《亚洲民族性》上的在这几个方面的最新研究成果介绍给读者。

大洋洲在人类学学科中占有重要位置。2009 年 4 月《澳大利亚人类学》出版了一本专辑，倡议增设一个新的分支学科：大洋洲人类学（an Oceanic anthropology）来继续深入扩展有关大洋洲的人类学研究。

澳大利亚人类学在澳大利亚原住民和南太平洋岛国的研究中注重物和物质化的理论探讨，并将物质文化研究推向另一个高度。在梳理了近年来有关物的研究理论基础上，研究者使用物质化（materialisation）而不是物质文化或物质性（materiality）一词来捕捉人与物、客观与主观、心灵与身体之间的动态关

联。研究者注重过程研究，分析人们将社会关系、欲望、价值观物质化所采取的策略，说明这些过程有助于人们了解认识历史上的和当前的大洋洲各种社会。研究者通过这些地方表达出来的过程和形式，并通过对物的民族志分析回归到人类学理论对话中，扩展研究思路，指出了理论研究的新方向。①

研究者也注意到，20 世纪末和 21 世纪初，人类社会发生了剧烈的经济和政治变迁。国家层面和地方层面的经济越来越依靠 GDP 来衡量，文化活动也变得越来越商业化，传统的社会组织发生了很大改变，有些传统经济在悄然修改全球化进程，甚至抵制着单一、同质的资本主义经济全球化。2009 年澳大利亚人类学学会年会就是以经济与国家的人类学研究为主题，试图通过经济考察来解释近年来的社会变迁。

（二）主要成果和创新

1. 有关物和物质化的理论探讨

2009 年 4 月，《澳大利亚人类学》刊登了一批有关物质化研究的专辑文章。Joshua A. Bell 探讨了两件完全不相关的物的物质化过程：一件是传世宝（eve uku），另一件是 ILG（Incorporated Land Group）表。传世宝存在于一系列的物中（名字、关系、图腾的祖先神灵及当地的灵地），据说祖先通过这些物显灵，后代的身份认同也是通过这些物得以显现。然而，有关这些的原住民传统观念本身是含混不清的，存在于传统观念中的神力也仅仅限于该村，使村民们无法从采矿开发中获取租金。而 ILG 表则是极其有用的东西，因为有了 ILG 表就可以保障村民们获得租金。作者把 ILG 表看做物，通过对物的阐释来看新一代原住民、原住民社区与环境的关系以及原住民对发展的渴望物质化的整个过程。②

尽管有大量研究表明照片的表现力很丰富，照片能够表达主体性、经验、客观事实和证据，也有大量研究探讨太平洋岛民对殖民主义者当年拍摄的照片的反应，但是几乎没有人研究过特定太平洋地区艺术品的照片。没有人探讨照片中的这些物件在原住民中的含义，及其与岛外的世界的关联，即它们的生产和流通在外地意味着什么。Haidy Geismar 回顾了瓦努阿图的历史照片，并与

---

① Joshua A. Bell, Haidy Geismar. Materialising oceania: New ethnographies of things in Melanesia and Polynesia. The Australian Journal of Anthropology, Volume 20, Issue 1, 2009: 3-27.

② Joshua A. Bell. Documenting discontent: Struggles for recognition in the purari delta of papua new guinea. The Australian Journal of Anthropology, Volume 20, Issue 1, 2009: 28-47.

Malanggan 研究的新爱尔兰北部葬礼上的雕刻展开比较。[1] 另一篇从照片入手的文章讨论了马来西亚一个村民收藏的照片以及收藏者如何通过照片表现自己在方圆百里的威望。作者运用胚胎理论（seminal theory）为分析框架，认为该收藏人不仅仅利用这些照片象征或享有其声望，他所收藏的照片还是具有能动性的影像制品，能够积极主动地用实实在在的图像彰显其声望。[2]

对物的研究包括原住民生活场景中的动物。澳大利亚一直以外来动物种类丰富多样著称。Adrian Peace 通过南澳大利亚一国家公园里的外来矮马引发的冲突的民族志分析，探讨了“来错了地方的动物”问题。[3] 羽毛币曾被认为是声望和价值都很高的东西，过去用于特定区域范围内的交易，尤其是用做聘礼，但自从 20 世纪 80 年代就已经销声匿迹了。今天，Samou 想恢复使用羽毛币，这个做法把羽毛币和羽毛币的生产与当前人们的社会身份认同联系起来。对于 Samou 而言，人们看到羽毛币后的叙述既反映了个人的记忆，也反映出过去的文化和社会实践；对于作者而言，羽毛币这一特殊的物把价值观的变化过程展现无遗[4]。

应当注意的是，物品不仅仅是可以消费的，还是被造就出来的。研究者探讨了物的生成过程，并探究了物与技术之间的内在联系。例如，在巴布亚新几内亚，一旦收获了番薯后，番薯就不仅仅成为男性生殖器的象征，还是工艺品，是代表，是生物，是祖先，是艺术品，是财富，当然最重要的还是食物。通过农艺技术及与之相关的一系列活动，番薯成为“理性的”物，农艺技术在整个生产过程中把社会文化价值和社会关系网络浓缩在一种普普通通的农作物中。[5]

此外，有关物的研究还包括博物馆展品的研究。研究者指出，把原住民使用过的器物变成私人藏品或博物馆中的展品是单向性的做法，没有考虑到这种

---

① Haidy Geismar. The photograph and the malanggan: Rethinking images on Malakula, Vanuatu. The Australian Journal of Anthropology, Volume 20, Issue 1, 2009: 48-73.

② Liana Chua. What's in a (big) name? The art and agency of a bornean photographic collection. Anthropological Forum, Volume 19, Issue 1, 2009: 33-52.

③ Adrian Peace. Ponies out of place? Wild animals, wilderness and environmental governance. Anthropological Forum, Volume 19, Issue 1, 2009: 53-72.

④ Elizabeth Bonshek. A personal narrative of particular things: Tevau (feather money) from Santa Cruz, Solomon islands. The Australian Journal of Anthropology, Volume 20, Issue 1, 2009: 74-92.

⑤ Ludovic Coupaye. What's the matter with technology? Long (and short) yams, materialisation and technology in Nyamikum village, maprik district, papua new guinea. The Australian Journal of Anthropology, Volume 20, Issue 1, 2009: 93-111.

行为的后果。① 还有研究者对比太平洋岛屿葬礼上传统的祭祀用品（树皮布，坐垫，篮子和椰子油）和现代西方社会用于葬礼的用品（鲜花、花篮、蛋糕、巧克力等物品）的不同内涵，② 指出物的品质与物本身使得与之相关的另外一些物变得更重要。有关物的研究还包括一些传统的物质文化内容，如 Richard Eves 的《物质文化与舞蹈道具的魔力》③，Andrew Eyfe 的《新几内亚中部及上 Sepik 的物质文化与语言的空间关系考》④。

2. 认同研究

澳大利亚人类学在传统理论领域中的建树，主要表现在对认同研究的深入。Steffen Dalsgaard 追溯并探讨了巴布新几内亚马呐思省民族志展览中所反映的传统观和文化观的变迁，发现有关文化的知识和文化实践是可以互为转换的。当前的传统展览造就了新的文化认同，并重新界定了那些可以被看做是传统文化资源的内容。⑤

亚太地区的艺术和音乐也一直是研究者关注的重点，艺术作品和音乐往往是表达身份认同的重要手段。研究者探讨了居住在西澳大利亚的印度尼西亚移民如何通过参与当地的爪哇音乐社团，如何赋予爪哇音乐社团澳大利亚当地的意义并以此建构自己的身份认同。⑥ 还有研究者注意到，音乐还能够表达男性气质，体现原住民男性成长过程，音乐还被原住民男性用做与“白人”和其他“黑人”交流的媒介。⑦

澳大利亚近年来常常把那些偷渡入境的难民安置在圣诞岛，岛民们便用该

---

① Jade Tangiāhua Baker. Te kupenga: Re-casting entangled networks. The Australian Journal of Anthropology, Volume 20, Issue 1, 2009 (4) 112-130, Published Online: 27.

② Fanny Wonu Veys. Materialising the king: The royal funeral of king Tāufa āhau tupou IV of tonga, The Australian Journal of Anthropology, Volume 20, Issue 1, 2009: 130-149.

③ Material Culture and the Magical Power of Dance Objects, Oceania Vol. 79, 2009 (3).

④ Exploring Spatial Relationships between Material Culture and Language in the Upper Sepik and Central New Guinea. Oceania, Vol 79, 2009 (2).

⑤ Steffen Dalsgaard. Claiming culture: New definitions and ownership of cultural practices in manus province, papua new guinea. The Asia Pacific Journal of Anthropology, Volume 10, Issue 1, 2009 (3): 20-32.

⑥ Jonathan McIntosh. Indonesians and australians playing javanese gamelan in Perth, western Australia: Community and the negotiation of musical identities. The Asia Pacific Journal of Anthropology, Volume 10, Issue 2, 2009 (6): 80-97.

⑦ Ottosson. Playing with others and selves: Australian aboriginal desert musicians on tour. The Asia Pacific Journal of Anthropology, Volume 10, Issue 2, 2009 (6): 98-114.

岛特有的生物种类来区分原住民和后来的其他岛国移民。① Simone Dennis 探讨当前澳大利亚的文化政治，尤其是国家如何界定边界并如何将圣诞岛界定成为不可随便出入的特区。岛上的居民来自不同的国度，当地人用当地土生土长的红蟹和外来的黄蚂蚁的血的颜色来指称从不同国家迁徙来到该岛的人。这个比喻表达了身体与自我、他者、自然和该岛屿的区分。作者寻找这些区分和比喻之间的关联，从这些在特区生活着的人们的角度来描绘一幅迁徙图景。②

3. 理论反思和现实批判

对以往理论的反思是理论获得发展的重要途径。Howard Morphy 认为，澳大利亚人类学先驱 Ronald Berndt 有时候并没有在他的作品中完全展现出他对 Yolgnu 原住民社会的洞见。作者认为，Berndt 的扎实研究让人们发现欧洲人类学先驱们忽略了许多该社会中的重要问题。但遗憾的是，Berndt 的分析本身说服力不够。③ 对以往研究的反思还包括对早期人类学大师的理论对话，如 Warren Shapiro 反思了克罗伯 1909 年提出的“新亲属制度研究”④，并与其他研究者展开了进一步的讨论。⑤

另外，许多现实问题（民族关系、原住民女童性侵犯问题和健康问题）也备受人类学家的关注。为调和白人与原住民之间的民族关系，为了把澳大利亚打造成为一个民族团结的国家，有人专门组织安排澳大利亚国庆日的活动，以传递多元文化的象征信息。作者运用人类学的表演理论和有关公共仪式的研究成果，分别在地方的层面上探讨原住民与白人之间的关系，继而扩展到联邦政府和国家对地方民族关系的影响。⑥

原住民社区中女童性侵害问题一直是澳大利亚媒体的一大热点，人类学家以其专业的学科视角和专业理论知识框架加入到公共舆论的讨论当中。澳大利

---

① Simone Dennis. Seeing red, tasting blood: Sensual citizenship on Christmas island. The Asia Pacific Journal of Anthropology, Volume 10, Issue 3 2009 (9): 186-199.

② Simone Dennis. Of crustacean blood and ant infection: Life in the migration exclusion zone, Christmas island, Australia. The Australian Journal of Anthropology, Volume 20, Issue 2, 2009: 213-228.

③ Howard Morphy. Re-reading ronald berndt: Exploring the depths of his Yolngu ethnography, Anthropological Forum, Volume 19, Issue 1 2009 (3): 73-97.

④ Warren Shapiro. A. L. Kroeber and the new kinship studies. Anthropological Forum, Volume 19, Issue 1, 2009: 1-20.

⑤ Catherine Als, Linda K. Watts. Warren shapiro: Discussion of 'A. L. Kroeber and the new kinship studies'. Anthropological Forum, Volume 19, Issue 1, 2009 (3): 21-31.

⑥ Patrick McAllister. National celebration or local act of reconciliation? Public ritual performance and inter-ethnic relations in an Australian city. Anthropological Forum, Volume 19, Issue 2, 2009: 163-183.

亚北部地区通过了安德森和王尔德的报告《儿童是神圣的》，建议开展一系列社区项目来应对原住民社区中女童受到性侵害的问题，同年，联邦政府出台了《北部地区国家紧急反应法案》，也被称为“干预”法案。有人认为这项法案表明，联邦政府强制取消了原住民自己解决自己社区内部事务的权力。作者认为这不是强制同化，而是文化干预，并认为文化干预作为对付原住民社区中出现的不良现象是无可非议的，但是的确造成了用主流的干预取代了个人的需要和权力的事实。①

4. 宗教研究

对不同文化中的宗教信仰研究一直是人类学的重点。Joel Robbins 认为巴布新几内亚山地的一个皈依基督教的小群体吾拉民人（Urapmin）陷入了两种相互冲突的价值体系中，本民族原有的重视人与人之间社会关系的价值观和基督教文化中的个人主义思想产生了冲突。Debra McDougall 则用自己在所罗门群岛西部的两个不同的基督教派系的田野调查资料，从政治经济的角度探讨基督教人类学研究中的主体性、文化变迁和现代性问题，并以此批评 Joel Robbins的结论。Debra McDougall 认为，人们困惑的不仅仅在于冲突的价值观，而是在于他们在接纳新的意识形态体系时没有抛去他们生存的物质基础，即建立在亲属群体共有土地基础上的自给自足农业。②

当前对“穆斯林社会”的研究是个有争议的问题，尤其是当美国军队雇佣人类学专家到其军事占领区去工作，以及 2006 年英国外交部专门拨款招募人类学家来开展他们在全球实施的“反极端与反恐怖主义”项目的时候。Christopher Houston 认为，人类学研究能够再现澳大利亚公共领域中的伊斯兰恐慌现象，并指出伊斯兰恐慌症不仅仅源于左派，也源于右派和女权主义者。③ 另外，对于世界上的穆斯林而言，清真寺是敬拜神的场所，而清真寺的设计则由各地的文化做主。因此，清真寺既在建筑风格上各具特色，而且还在文化情景上有所不同。④

关于健康的研究也出现在宗教信仰的研究中。信仰与健康和治病之间的关

---

① Stella Coram. Intervention or inversion: Australian indigenous justice and the politics of cultural incompatibility. Anthropological Forum, Volume 19, Issue 2, 2009 (7): 195-216.

② Debra McDougall. Christianity, relationality and the material limits of individualism: Reflections on Robbins's becoming sinners. The Asia Pacific Journal of Anthropology, Volume 10, Issue 1, 2009: 1-19.

③ Christopher Houston. The islam of anthropology. The Australian Journal of Anthropology, Volume 20, Issue 2, 2009: 163-268.

④ Bagoes Wiryomartono. A historical view of mosque architecture in Indonesia. The Asia Pacific Journal of Anthropology, Volume 10, Issue 1, 2009: 33-45.

联一如既往地吸引着研究者的注意。例如，João de Deus（上帝的约翰）是一名巴西牧师，他能够通过信仰给人治病。2006 年他被邀请到德国、美国和新西兰治病，2007 年、2008 年又反复被美国人邀请，据说现在即将访问澳大利亚。研究者考察了澳大利亚的追随者及其求医的原因，认为宗教信仰与治病之间的关联、有关疾病含义的建构，以及通过皈依某种超然神灵所获得的权能可以解释为什么人们不接受现代西医而选择依靠信仰来治疗疾病。①

5. 东南亚研究

有关东南亚的研究涉及相关东南亚国家的政治、经济和历史等方面。例如，自 1948 年以来，缅甸一直处于混乱之中；缅甸联盟获得独立的当年就发生了内战，并持续至今。英国曾经统治过的地区现在成为“缅甸联盟”并处于两种全然不同的行政体制之下。1947 年的首部宪法中，缅甸当局根据英国殖民主义统治者将缅甸境内民族进行的分类，划分出不同的“邦”和“区”。今天，国际社会仍然在继续沿用这些殖民时代就划定的民族类别，Marja-Leena Heikkil-Horn 探讨了这些民族多年来是如何被想象、被发明、被操弄以及被政治化的。②

在经济方面，研究者发现，全球化的影响使印度采取了一些鼓励投资的政策，这样的政策难免对东部的 Orissa 民族产生负面的社会文化影响。优惠政策的实施导致来他们的居住地投资矿产业、钢铁业和其他行业的私营投资者急剧增长，推动了当地经济的快速发展，却以牺牲该民族的社会文化传统结构为代价。③ 还有研究者关注印度尼西亚社区与市场经济的互动关系，认为一些在当地人精神生活中习以为常的细节不应该从经济生活中分离，而应深植于生产过程中。礼物的交换、祭祀等宗教活动表达了象征物中的经济意义，既具有经济的也具有精神的诉求。④

妇女研究是东南亚研究的重要内容。Hannah Bulloch 认为，菲籍新娘现象不能简单归为经济问题，而是一个多层面的社会现象。跨国婚姻有关自我和别人的想象中：西方男人被建构成为可成婚的对象，由此产生对外国的想象。研

① Cristina Rocha. Seeking healing transnationally: Australians, John of God and brazilian spiritism. The Australian Journal of Anthropology, Volume 20 Issue 2, 2009.

② Marja-Leena Heikkil-Horn. Imagining “Burma”: a historical overview, Asian Ethnicity, Volume 10, Issue 2, 2009: 145-154.

③ Hari Mohan Mathur. Investor-friendly development policies: Unsettling consequences for the tribal people of Orissa. The Asia Pacific Journal of Anthropology, Volume 10, Issue 4, 2009 (10): 318-328.

④ Andrew McWilliam. The spiritual commons: Some immaterial aspects of community economies in eastern Indonesia. The Australian Journal of Anthropology, Volume 20, Issue 2, 2009: 163-177.

究表明，嫁给外国人不仅仅是改变个人和家庭的环境，也不仅仅是对另一半的罗曼蒂克想象，而是一种自我实现，是对知识的渴求和对认识世界的渴望。①同样，学界对研究对象的错误解释也发生在对性工作者的解释上。在国际舆论和法律界，债务缠身的性工作者常常被定义为“被拐卖的受害者”。有学者再现了柬埔寨的性工作者的经历，指出这些性工作者的口述说明所谓“征得同意”和“强制”之间的界限很难界定。② Tulsi Charan Bisht 展现了搬迁对妇女的影响，搬迁不仅仅是从一地到另外一地，而且还意味着妇女丧失权利。作者认为，有必要进一步认识了解妇女的搬迁经历并重新制定相关政策。③

有关东南亚的研究还包括中国移民的研究和中国境内跨境少数民族的研究。东南亚的华人是一个研究重点，在苏哈托时代（1967—1998），印度尼西亚的华裔被看做是必须置于国家的控制中的外来威胁，并遭遇了巨大的种族歧视。苏哈托下台后，随着自由主义、民主主义和去集权化的推进，华裔身份认同渐渐复苏，并在公共话语中出现了中国和印度尼西亚双重国家认同。这种话语表达了在印度尼西亚和雅加达，不同身份认同类别与特定的概念有关，这些概念包括原住民的情绪、民族性和民族主义之间的内在关联。④ 黄树民以 2002—2007 年间在泰国北部的一个叫班迈的中国移民村落的田野调查资料为基础，探讨了人们是如何使用祭祀活动来实现文化的再生产。⑤ Kasian Tejapira 则追溯了各个时期的泰国政府如何在政治上控制中国移民及其在泰国境内生育的子女，如何在文化上将他们同化，如何充分利用他们的劳力和经营才华来发展泰国的资本主义经济。⑥

有关东南亚山地民族的研究不可避免地涉及中国西南尤其是云南的少数民族。Jean Michaud 通过讨论东南亚大陆的三个社会主义国家（中国、越南和老

---

① Hannah Bulloch，Michael Fabinyi. Transnational relationships，transforming selves：Filipinas seeking husbands abroad. The Asia Pacific Journal of Anthropology，Volume 10，Issue 2，2009（6）：129-142.

② Larissa Sandy. “Behind closed doors”：Debt-bonded sex workers in Sihanoukville，Cambodia. The Asia Pacific Journal of Anthropology，Volume 10，Issue 3，2009（9）：216-230.

③ Tulsi Charan Bisht. Development-induced displacement and women：The case of the Tehri Dam，India. The Asia Pacific Journal of Anthropology，Volume 10，Issue 4，2009（10）：301-317.

④ Jacqueline Knrr. “Free the dragon” versus “Becoming Betawi”：Chinese identity in contemporary Jakarta. Asian Ethnicity，Volume 10，Issue 1，2009：71-90.

⑤ Shu-min Huang. Religion as a means of cultural reproduction：popular rituals in a Yunnan Chinese village in northern Thailand. Asian Ethnicity，Volume 10，Issue 2，2009.

⑥ Kasian Tejapira. The misbehaving jeks：The evolving regime of Thainess and Sino-Thai challenges. Asian Ethnicity，Volume 10，Issue 3，2009：263-283.

挝）山地民族的边境与跨境问题、民族识别问题、民族地位问题、传统的土地所有权问题、旅游和环境问题，展现了这三个国家山地民族政策的复杂历史，重点描述了三个社会主义国家在保障整个国家的稳步发展的前提下自上而下以最有效最经济的方式来处理山地民族问题的方针策略。①

此外，《亚洲民族性》还出版了一本以“未被束缚的中国人特质”为主题的专辑②。王赓武认为，中国的悠久历史塑造了中国人的身份认同。20世纪末的改革开放把不同的历史暴露在中国人面前。在中国境内，对文明的威胁和国家历史的多种可能性造成对中国历史的不同修订。居住在中国境外的人则接触过不同的历史表述。该文试图说明接触过不同历史表述的经历将会如何影响中国人的身份认同。③ 另有学者从理论上展开何为中国人之本质的探讨，认为后现代有关中国人之身份认同的研究成果强调自我建构和文化表演，却与现实生活中身份认同的形成不搭界，继而批评后现代理论仍然没有摆脱对种族的崇拜，批判后现代理论仅仅是用文化这一概念范畴来取代种族，而文化也无非是一个包罗万象的、本质主义的概念。④

（三）主要问题及趋势

在过去的30年间，经济人类学从大学的课程设置中销声匿迹了。这种学术发展趋势与当代社会中经济发展的重要性及其对人类产生的重要影响背道而驰⑤。有学者认为，经济行为淡出文化人类学的分析范畴给人类学学科带来了不小的损失。Diane Austin-Broos以澳大利亚中部原住民生活和有关社会性别、性及舞厅的学术讨论为例，指出如果汲取阿沛杜拉、海德格尔和马克思的价值概念，把经济行为重新纳入民族志研究过程中，这两方面的研究便会更有起色⑥。

海外学者对中国民族问题的研究，也许可以为理解中国民族问题提供富有

① Jean Michaud. Handling mountain minorities in China, Vietnam and Laos: from history to current concerns. Asian Ethnicity, Volume 10, Issue 1, 2009: 25-49.

② Chineseness unbound: Boundaries, burdens and belongings of A Global Category. Asian Ethnicity, Volume 10, Issue 3 200.

③ Wang Gungwu. Chinese history paradigms. Asian Ethnicity, Volume 10, Issue 3, 2009: 201-216.

④ Yao Souchou. Being essentially Chinese. Asian Ethnicity, Volume 10, Issue 3, 2009: 251-262.

⑤ Chris Gregory. Whatever happened to economic anthropology? The Australian Journal of Anthropology, Volume 20, Issue 3, 2009: 285-300.

⑥ Diane Austin-Broos. Capitalism as culture, and economy. The Australian Journal of Anthropology, Volume 20, Issue 3, 2009: 301-317.

启发性的另外的视角。有研究人员关注中国官方媒体中展现的少数民族，分析了自 1950—2001 年间《人民日报》刊登的一些以少数民族为中心的文章，发现在大多数情况下少数民族曾被描绘成原始文化的保持者。近年来，中国政府在描绘少数民族的方式方面发生了很多变化，已不再像过去那样把“原始”作为少数民族的特征，也不再把少数民族文化看做是妨碍政治经济发展的因素，而是强调少数民族的美德。研究者通过官方语气的转变展现了中国的政治和社会变迁。另外，Wang Shiyong 的《政策对藏族市场参与的影响》一文描述了自改革开放以来中国政府出台了一系列社会政策为少数民族地区提供了许多经济机会，但是藏族不太会利用这些机会。作者认为影响藏族积极利用这些机会的因素很多，经济发展就是其中的众多因素之一。

推荐参考文献

1. Andres Barrera - Gonzalez, Anna Horolets. Thematic focus: Topics in Europeanist research. Anthropological Journal of European Cultures, Volume 18 (2), 2009: 1-5.

2. Lúszló Kürti, Peter Skalník ed. Postsocialist Europe: Anthropological perspective from home, Berghahn Books, 2009.

3. Socio-economic sciences and humanities, European commission, Anthropological perspectives in a changing Europe: “Bringing people in” (Seminar), Florence, 2008 (10): 23-24.

4. American Anthropologist, 2009.

5. American Ethnologist, 2009.

6. Current Anthropology, 2009.

7. Annual Review of Anthropology, 2009.

8. The Australian Journal of Anthropology, 2009.

9. the Asia-Pacific Journal of Anthropology, 2009.

10. Anthropological Forum, 2009.

11. Asian Ethnicity, 2009.

主要网站

http://www.easaonline.org/浏览日期：2010 年 4 月 2 日

http://www.theasa.org/浏览日期：2010 年 4 月 6 日

http://www.therai.org.uk/浏览日期：2010年4月9日

http://tibet.prm.ox.ac.uk 浏览日期：2010年4月15日

http://www.eth.mpg.de/deutsch/index.html 浏览日期：2010年4月26日

http://arjournals.annualreviews.org/loi/anthro? cookieSet = 1 浏览日期：2010年4月30日

http://www.aaa.com. 浏览日期：2010年5月8日

执笔人：周大鸣　麻国庆　吴国富　白志红　李翠玲　周如南

感谢刘家佶、罗猷敏、邓芸同学在资料翻译、整理中提供的帮助。

第九章

历 史 学

中国史部分

摘要

2010年是英文学界中国古代史研究专著出版较多的一年，从先秦礼乐到明清的地方政治，几乎每个朝代的研究均有专门论著出版，其中先秦两汉研究仍以思想、艺术史为重点，南北朝隋唐宋代中古时期的研究则仍以英文学界最为重视的宗教史研究为主，而这一时段的研究也受到地方史研究思潮的影响。明清研究则重视地方史的研究。在中国近现代史领域，除了继续延续2009年的趋势之外，有一些新的特点出现：一是普及读物受到重视，不仅慈禧太后这样容易引人关注的名人传记开始出现专为青少年编写的普及读本，就连中国近现代史上一些重大政治运动和事件，如20世纪20年代中国的国民革命运动等，也开始出现专为青少年编写的普及读本。二是为适应越来越多人士了解和研究中国的需要，一些学者开始编纂参考工具书，以便为越来越多的读者提供基本参考。三是西藏历史文化研究成为热点，仅2009年一年就发表了相关论著十多种，但这些论著良莠不齐，情况复杂，其中一些根本谈不上什么学术研究。

Abstract

In English world 2009, there are quite a lot of monographs each with a special focus on a special dynasty. The studies on the pre-Qin dynasty still pay more attention to thoughts and arts as before, the medieval studies do valuable jobs on religion studies, and the studies on pre-modern China take great interest on local studies. There are two trends influencing sinology deeply in recent years, one is the local prospective, and the other is the method of textual analysis with the post-modern significance. Both are expressed explicitly in the works appearing in 2009.

For Japanese, the amount of research works on ancient Chinese history refer to almost all kinds of traditional fields, for example, politics, economy, sociology, thoughts, culture ethnicity, international relationship, religion, medicine, literature, geography and archaeology. The using of excavated sources seems to be a new point. The Japanese scholars not only actively take part in the discussion of contemporarily fashionable problems, but also like to reflect some old but critical theory proposition.

As to the modern Chinese history studies, there are no obviously different trends than the last year, while several new characters are worth noticing: firstly, the scholars seem to value the production of popular books, especially for children and young people, which cover most important topics in modern Chinese history. Secondly, among scholars, to compile reference books become a major job in order to help more and more readers without professional background. Thirdly, the study on the culture and history of Tibet is a hot spot.

上篇 国外中国古代史研究概述

2009 年是英文学界中国古代史研究专著出版较多的一年，从先秦礼乐到明清的地方政治，几乎每个朝代的研究均有专门论著出版，其中先秦两汉研究仍以思想、艺术史为重点，南北朝隋唐宋代中古时期的研究则仍以英文学界最为重视的宗教史研究为主，而这一时段的研究也受到地方史研究思潮的影响。明清研究则重视地方史的研究。

在论文方面，值得注意的是2009 年由台北“中研院”史语所主持的《泰东》（Asia Major）杂志出版了杜希德（Dennis Twitchett）纪念专号，收集了他的同事和弟子们发表了一系列古代史文章，涉及中古时期政治、军事、文化等各方面的内容。《东方经济社会史》（Journal of the Economic and Social History of the Orient）则发表了由 2007 年美国亚洲学会（Association for Asian Studies）一个发言小组会议论文发展而来的四篇论文，专门讨论地方史。任教于南加州大学东亚系的柏清韵教授为《东方经济社会史》的中国区域史专辑四篇专论（这组论文来自 2007 年美国亚洲学会年会一个小组所发表的四篇会议文章）写了导读式文章。[①] 柏清韵（Bettine Birge）的文章总结了近年来对中国史影响最大的两种趋势，一是地方史转向，[②] 一是受后现代文学分析的方法影响重视将所谓历史资料看成是主观话语影响下的产物而非反映历史真实的客观数据。这些历史资料包括地方志、墓志铭、私人史、石刻铭文以及其他物质和文

---

① 这四篇文章包括 Angela Schottenhammer. A buried past：The tomb inscription（Muzhiming）and official biographies of Wang Chuzhi（863—923）（王处直）. JESHO 2009（52）：14-56；Sue Takashi. Revelations of a missing paragraph：Zhu Changwen（1039—1098）and the compilation of local gazetteers in northern Song China. JESHO 2009（52）：57-84；Christian de Pee. Wards of words：Textual geographies and Urban space in Song-Dynasty Luoyang，960-1127. JESHO 2009（52）：85-116；Anne Gerritsen. Fragments of a global past：Ceramics manufacture in Song-Yuan-Ming Jingdezhen. JESHO 2009（52）：117-152.

② 作者引用的主要作品包括：Peter K. Bol. The rise of local history：History，geography，and culture in Southern Song and Yuan Wuzhou. HJAS 2001，61（1）：37-76；James M. Hargett. Song Dynasty local gazetteers and their place in the history of Difangzhi writing.. Harvard Journal of Asiatic Studies 1996，56（2）：405-442；James M. Hargett. Historiography in southern Sung-Dynasty local gazetteers，in the new and the Multiple：Sung Senses of the Past，ed. Thomas H. C. Lee. Hong Kong：Chinese University Press，2004：287-306；Robert Hartwell. Demographic，political，and social transformations of China，750-1550. HJAS 1982，42（2）：365-442；Robert P. Hymes. Statesmen and gentlemen：The elite of Fu-chou，Chiang-hsi，in northern and southern sung. Cambridge：Cambridge University Press，1986.

献资料，而学者们重视分析这些资料中反映出来的不同话语，以及为何某些话语被纳入这些资料，而其他话语却在这些资料中缺失。地方史首先由日本宋史学者伊原弘发端，将研究重点从朝廷编辑的史料转向地方产生的材料，这一方法在北美被郝若贝（Robert Hartwell）接受并在英文学界发轫，随后由韩明士（Robert Hymes）等人发扬光大，影响了20世纪80年代以来的宋史学者，并拓展到其他时段的研究。作者指出，地方史对宋史尤其重要，因为宋代得益于印刷技术而留下了很多地方志资料，可以让读者了解更多地方的地理、历史、名人和风俗。同时，作者也指出，地方志和石刻文献等记录留下来流传的过程较为复杂，往往反映了编者有意识或无意识的一些观念和看法，并非完全反映当时历史的真实，读者从这些历史记录中看到的所谓真实其实是一种“建构”起来的历史真实。地方创作的文献实际上也作为地方特定社会群体对于权力和声望的判断和追求。地方精英的文献受到文本本身文体、书写惯例和传统的塑造，一方面它们反映了地方作者对于文学成就、科举成功、朝廷声望的追求和认识，一方面也反映了这些文本作者的地方身份认同，这种身份并不完全与主流的儒家价值吻合。总的来说，2009年中国古代史研究的主流是地方史研究。

2009年，日本中国古代史研究成果颇多，所涉论题广泛，涵盖政治、经济、社会、思想、文化、民族关系、中外关系、宗教信仰、医药观念、文献学、地理学、考古学等诸多领域。既注重一些重大理论问题的再探讨，又关注热点问题和具体问题研究。在资料方面，除重视传统史籍，还重视出土资料的深入研究，官私档案、青铜铭文、出土简牍及文书、墓志石刻、墓葬壁画等明显被大量利用和整理。不过，2009年日本中国古代史研究也存在某些问题，如有的文章未能充分吸收中外学界的已有成果，内容平淡并无新意。

一、断代史综合研究

陆威仪所著《中国之国际性帝国：唐朝》（Mark Edward Lewis，China's Cosmopolitan Empire：The Tang Dynasty，Belknap Press，2009）较为突出。陆威仪任教于斯坦福大学历史系，著述甚多，侧重先秦古代史。这本书列入卜正民（Timothy Brook）主编的帝制中国史（History of Imperial China）系列丛书之一。这是一本写给一般读者的作品，作者尽可能综合了半个多世纪来西方学者的研究成果，其中尤其以杜希德（Denis Twitchett）、薛爱华（Edward Schafer）、蒲立本（E. G. Pulleyblank）、麦大维（David McMullen）、彼得森

(Charles Peterson)等人的成果为主要参考。杜氏对唐史的贡献是多方面的，薛氏主要侧重宗教、文化史、物质文明、唐代中西文化交流，此二人已经作古。蒲氏侧重中亚与唐朝的关系，麦氏侧重政治制度和礼仪以及儒学，彼得森侧重中晚唐政治史，此三人虽仍在世，但几乎完全淡出学术界。少数中国前辈学者的重要成果也被作者采纳，特别是中国学者较为注意的领域如政治、经济史，作者引用了在这些领域作出贡献的学者包括陈寅恪、严耕望、史念海、王仲荦、谷霁光等人的著作。作者在导言中指出，尽管内藤湖南提出唐宋之际由中古向早期近代转变的假说将西方的历史分期论用于中国存在危险，但很多学者的研究已经逐渐肯定了这一假说。第一个变化是汉代以来的贵族制度和土地制度在安史之乱之后逐渐解体，朝廷逐渐失去对土地的控制，各地出现商业化和城市化，以小农家庭为基础的府兵制逐渐被职业军队取代。其次，晚唐以来出现了新的文化地理，即江南地区在人口、文化、经济等方面逐渐崛起。再次，唐末以来，唐帝国的对外贸易模式也逐渐由西北的陆路贸易为主向东南的海陆贸易为主转变。最后，因为商业化的发展，为适应城市文化兴起的文学形式逐渐取代原有的以宫廷文学为中心的文学形式。这本书一共分为九章，涉及唐帝国政治、经济、军事、城乡生活、外交等各个方面，具体而言，这九章的题目分别为：帝国地理、从建立到叛乱、藩镇与垄断者、城市生活、乡村社会、外部世界、亲缘、宗教、写作。帝国地理主要讲唐帝国从前期到后期政治、经济、文化形势在地理上的变化，如河北、山东地区的胡化，旧都的衰落等。作者将唐朝划分为关中、东北部、中原、四川、南方等几个区域进行讨论，而8世纪之后唐朝的地理政治轴心逐渐由西北向东南倾斜，东北部地区胡化和军事化，中原地区尽管在政治和经济上对朝廷而言处于次要地位，但在文化上较为重要，四川则是朝廷处理吐蕃和南诏问题的主要军事区域，南方朝着经济和人口的稳定增长发展，逐渐成为帝国的重心所在。作者注意到唐代水上运输的重要性，黄河、长江、大运河将主要经济地区联系在一起。第二章则主要讨论唐帝国的建立与扩张，这主要包括对高丽的战争和对西域的征服，但很快就出现了安史之乱。他也提示了唐代的府兵制度和士族政治，法律制度，经济制度，特别是均田制和税收制度。他接着在第三章讨论了安史之乱之后藩镇与朝廷权力的争斗、牛李党争，以及各式地区势力、区域主义造成了各地在军事和政治上的独立。在城市生活一章主要讨论了长安、洛阳城的空间设计。如长安主要包括宫城与宫殿区、皇城以及朝廷官署、东西两市以及住宅区。作者也提示了长安的宗教、礼仪、休闲空间。唐朝的城市也是经济生活的中心，唐宋之际乃是从金属货币向纸币发展的阶段。在乡村社会一章，作者主要提示了土地所有制、农业技术的发展。他特别注意到保湿技术与备种技术的提高，其次是新犁的推广与运用，以及新型农作物的栽种，水稻种植区域的扩大，如太湖、洞庭湖地区的开发。农业技术的提高也改变了农村的经济形式，高效率的农业在南方发展出具有特色的农产品贸易，从而出现了专业农产品市场和长途贸易，如大米的运输和贸易。其他农产品如茶、糖的贸易也发展起来。唐帝国的对外关系较为复杂，在这一时期东亚文化圈开始出现，而在军事上唐帝国很长时期以来依赖西北地区突厥和回鹘军事势力的支持，但西南边疆地区出现吐蕃和南诏崛起。唐朝的对外关系重点在安史之乱之后逐渐由西北向东面转移。第七章则主要讨论了家庭和性别。在家庭方面最重要的发展是唐帝国后期逐渐出现了士族的衰亡。而女性在唐帝国政治生活中的角色则非常突出。宗教上，道教和佛教都出现了空前的繁荣，并在唐帝国的政治和经济、文化生活中扮演十分重要的作用，其中佛教最为流行，且主要形成自己的本土思想与礼仪特色，唐朝僧人将中国视为佛教世界的中心，而五台山更成为文殊信仰的中心，无数中亚甚至印度的僧人也来此处朝山。另外，儒家礼仪也体现在朝廷和地方祭祀实践之中。随着宗教的发展，在晚唐逐渐出现了相当规模的印刷实践。最后一章讨论唐朝文学写作的实践，特别是诗歌、传奇、散文等文体的发展。这本书涵盖范围很广，基本上借鉴了英文学界这些年来对于唐代研究的主要成果。

与陆威仪所著唐史同为卜正民（Timothy Brook）主编中国断代史系列的罗威廉所著《中国最后的帝国：大清》（William T. Rowe，China's Last Empire：The Great Qing，The Belknap Press，2009）也值得一说。此书写得很好，值得介绍。罗威廉长期任教于约翰霍普金斯大学历史系，是清代和近代城市史研究专家，他培养的很多学生已经相继在美国中国史学界崭露头角。值得注意的是，这本书乃是对近半个世纪来西方清史研究进行总结的著作，提示了很多英文学界对清史的基本认识。作者首先指出，清史的研究在20世纪五六十年代尚局限于中国学者的研究，但随着费正清学派的兴起，清史研究迅猛发展。其主要特点是以鸦片战争特别是1842年《中英南京条约》的签订为分界点，将中国史划分为传统中国和现代中国两个阶段。所谓现代中国主要是中国对西方强权冲击的反应，这是一种欧洲中心论的史观。到20世纪70年代，开始出现一些不同声音，强调对清史进行整体研究，而不以鸦片战争为分水岭。此后出现了三种最为明显的反思式转向。首先是社会史转向（social history turn），在20世纪七八十年代发展起来，这主要是法国年鉴学派的影响。这一转向试图从重视政治、军事、外交事件以及大人物的研究转向社会、经济、文化结构的研究。这一转向首先导致学者们开始从注重中国对西方挑战的反应转向重视中国自身历史的发展。同时也因为亚洲四小龙在七八十年代出现经济奇迹的刺激下，清代社会史研究转向中出现重新评价清代经济发展的趋势，试图扭转以前史学认为资本主义和工业化未能在 19 世纪中国出现的误解。最后这一社会史的转向也导致学者们重新对清史进行分期，这主要体现在学者们将明、清两代并提，称之为晚期帝制中国。清史研究中的第二个转向是内亚转向（inner Asian turn），这主要来自更重视表征而非事实研究的文化史研究的影响。这一文化史研究的新特点是重新考察性别、种族的身份认同问题，认为这是文化和历史的产物，而非与生俱来。这一转向的重要主题包括满洲身份的认同问题。因为清朝是以满洲人为中心建立的王朝，这使得它和前代非常不同，满洲建国于 1636 年，因而有些学者认为以 1644 年入关为清朝起点不能反映事实。清史研究的这一新取向引发了一轮研究清朝对边疆地区征服过程的研究，因为改变了传统上认为 19 世纪以来中国乃是西方帝国主义牺牲品的片面认识，而将清朝看成一个不断在征服的帝国。清史研究的第三个转向是“内陆欧亚转向”（Eurasian turn）。这一转向从第二个转向即内亚转向发展而来，但是引入了当前史学中的“世界史”（world history）视野以及生态史学（ecological history）的取向，认为应将清史纳入整个中国次大陆的宏观视野中来考察，重视跨国经济发展以及全球气候变化的影响。在这样的视野中，清朝被看做是一个中央集权管理、重视众多族群关系、积极扩大领土的大帝国。尽管作者揭示了这些转向，他的这本书仍然重视政治史的发展，这从他对全书各个章节的组织可以看出一二。除开简短的引言和结语部分，全书按照清朝历史发展顺序共分十章：征服、政府管理、盛世、社会、商业、危机、叛乱、复兴、帝国主义、革命。其中政府管理一章提示了主要政治制度，特别是中央和地方政府的制度、集权，以及科举制。有一个小节则专门讨论政府的管理能力，集中在食物供应、货币政策以及解决内政纠纷等三方面。第三章盛世则主要讨论康、乾对周边地区的继续征服和帝国文化的繁荣。第四章社会讨论了清代的人口、土地、族群、性别、士绅、家庭、慈善等因素。第五章商业则讨论了商业改革与城市化、主要经济区、朝贡贸易、外商、对外贸易等。作者认为，清朝总体而言类似于罗曼诺夫帝国、奥托曼帝国的大陆性欧亚帝国。他也指出，相对于一个帝国的巨大社会和经济规模而言，清代中央政权一直维持相对较小的规模，地方士绅、头人、军阀以及家族、村庄以及行会在管理上扮演半政府的角色。本书虽然主要基于英文学界的学术成果叙述而成，但是也参考了许多重要的中日文著作，反映了作者对东亚学界的成果较为重视。

二、政治史与制度史

谷川道雄《中国国家论概说——阶级和共同体》(《名古屋大学东洋史研究报告》33)详细分析了“豪族共同体论”学说的背景，考察了国家共同体的起源、发展与魏晋隋唐时期从豪族共同体向律令制贵族国家的转变，以及唐宋变革以后“官”、“民”的关系等。渡边义浩《东汉“儒教国家”的形成》(汲古，2009)旨在通过对国政的运用与儒教经典、君主权的正统化与祭祀、礼仪等方面的分析，来论证“东汉时期完成‘儒教国教化’，‘儒教国家’形成”这一假说。

笠松哲《天下会同的礼仪——唐代封禅的会盟功能》[《古代文化》61(1)]通过对唐代与秦汉时期封禅礼仪的对比，考察了唐代封禅的变化与此间政治状况的关系，揭示了礼仪背后的君臣关系、唐与周边民族的关系乃至新的天下秩序的构筑。池田雅典《汉代的封禅礼仪——从“封封禅”到“封禅”》(《大东文化大学汉学会志》48)通过考察从“封封禅”到“封禅”的变化，分析了汉代的封禅礼仪。广濑宪雄《从唐后期到北宋的外交礼仪——有关“对”的制度》[《史学杂志》118(7)]通过考察唐后期到北宋外交礼仪的变化及其背后所反映的国际秩序的变化，对西嶋定生首倡的“册封体制论”、“东亚世界论”提出不同见解。岸本美绪《清初的“文武相见仪注”》[《东洋史研究》68(2)]通过考察清初“文武相见仪注”的制定过程与内容，探讨了明清时期官界秩序的变动。

西嶋定生提出的“册封体制论”、“东亚世界论”，一直是日本学界研究的热点之一。谷川道雄《中国古典时代的终结与东亚世界的建立》(《研究论集》7)系统梳理了内藤湖南与西嶋定生有关东亚世界建立的观点，分析了胡汉(华夷)关系及东亚世界的形成。川胜守《西羌王国的兴亡与汉帝国——东亚世界册封关系形成史论概说》(《大正大学东洋史研究》2)通过考察中原政权与羌族政权的关系，探讨了东亚世界册封关系的形成。《唐代史研究》第12号以“隋唐帝国与邻近各国”为题，刊出一组文章，试图从新的视角来思考“东亚世界论”、“册封体制论”。其中，井上直树《八世纪中叶的新罗·唐关系——以孝成王时代为中心》分析了8世纪中叶新罗与唐的关系；平田阳一郎《周隋革命与突厥情势——以北周千金公主降嫁为中心》以北周千金公主的降嫁为中心，分析了周隋政权更迭对中原政权与突厥关系的影响；林谦一郎

《南诏王权的确立、变质与唐·吐蕃关系——和亲（公主降嫁）的意义》通过考察公主和亲，探讨了南诏王权的确立、变化对唐、吐蕃关系的影响；藤野月子《唐代和蕃公主的降嫁——以对吐蕃关系为中心》通过考察唐代和蕃公主的降嫁，分析了唐蕃关系的变化。檀上宽《明朝对外政策与东亚国际秩序——对朝贡体制结构的理解》［《史林》92（4）］考察了明朝建立后国际秩序的形成以及华夷秩序的表现形式。

近藤一成《宋代中国科举社会研究》（汲古，2009）力图通过分析宋代科举社会、科举文化的形成与发展，来思考唐宋社会变革。该书共分国制篇、地域篇和个人篇三个部分。其中，国制篇考察了宋代科举制度确立的诸问题，地域篇考察了科举社会的主角——士人阶层与地域社会的关系，个人篇是以科举登第的文人官僚苏轼为中心进行的研究。本书内容尽管出自之前作者所著相关论文，但是以科举社会的形成和发展为主线，重新整理出版，仍有重要的学术价值。

罗宾逊（David M. Robinson）所著《帝国之黄昏：蒙古治下的东北亚》（Empire's Twilight：Northeast Asia under the Mongols，Cambridge：Harvard University Press，2009）是元代政治史研究的突出代表。这本书首先在导言中回顾了蒙古帝国研究的学术史特点，作者指出大多数蒙古帝国研究主要集中在讨论整个帝国的一小片区域，探讨当地的政治、经济、社会发展及其思想传统，和蒙古帝国统治对当地的影响。其次关注的则是欧亚各个蒙古帐廷与地方精英的互动，特别是这些地方精英如何在蒙古帝国追求其自身利益。作者认为，这样的研究虽然有利于细致分析某一特定区域的文化与政治发展，但很容易将蒙古帝国的研究巴尔干化（零碎化）。而且蒙古帝国常常将某一区域的人民迁移到其他地区，关注某一地区的研究常常忽视这些人，并从而影响人们对整个蒙古帝国的理解。另外，作者也进而指出，目前学界对蒙古帝国的研究太过于关注帝国兴起和扩张的研究，学界出版的著作对蒙古帝国初期的军事征服有了十分详尽的解释，而忽视了对衰亡时期蒙古帝国的研究。作者试图以这本书的选题来弥补一些学界缺陷。这本书讨论 14 世纪一个较大的区域的发展，即整个蒙古帝国的东北亚地区，包括高丽王国和辽东地区南部以及山东等地。一方面，作者不想完全局限在一个特定区域如高丽地区，另一方面也避免对全蒙古帝国进行考察出现大而无当的研究。这本书实际上主要探讨红巾军起义的背景及其对东北亚地区的影响，因为作者认为，当前的研究太过于关注红巾军在南方的发展，这主要由于红巾军起义常常被放在明朝兴起的历史背景中考察，从而忽视了红巾军对蒙古统治的北方的影响，特别是红巾军起义在蒙古与高丽政治关系中的角色。在14世纪下半叶，蒙古朝廷、高丽宫廷、辽东地区的蒙古军事将领均利用红巾起义来维护其自身利益而进行互动。研究东北亚的红巾军也能帮助了解高丽的政治和社会经济发展，比如红巾军对西京和开京的占领，迫使高丽王国迁都福州，这一转折也迫使高丽王国接受军事将领强力介入其王朝政治的现实。作者指出其关注的四大主题包括：从地区角度而非朝代、国家、语言的角度看待东北亚，蒙古帝国统治下的整体发展及其后果，个人和家族利益超越朝代、国家、语言礼仪的趋势，以及将高丽看成蒙古帝国一部分的必要性。其讨论则主要围绕元顺帝（Toghan-Temur，妥懽帖睦尔）、高丽恭愍王以及高丽出身的顺帝所纳奇皇后三人的活动展开。全书主体部分共分八章，第一章讨论蒙古帝国在高丽和辽东地区的政治统治，分析了这一地区活动的主要蒙古贵族、高丽统治下的各民族群体、高丽北部直接向元廷负责的政治和军事单位，最后也探讨了这一地区在文化、宗教、经济、军事等方面的整体发展。第二章探讨蒙古统治在华北地区的崩溃，特别是14世纪元大都附近区域的失陷。作者分析了与这一崩溃结果相关的盗贼、饥荒、疾病，红巾军在山东的兴起和壮大以及对辽东的威胁，朝廷对红巾军的军事应对等。第三章讨论了高丽在蒙古帝国的地位，这主要包括高丽王廷与蒙古汗廷的婚姻纽带，恭愍王之前数代高丽国王的命运，恭愍王对红巾军的态度和对策，以及他在高丽内部稳固其政权的措施。第四章则叙述了红巾军在1357年至1360年之间在辽东和高丽地区的用兵。而第五章则以红巾军在高丽的战争结束于1362年为线索，讨论这一战争对高丽内部政治的影响。第六章讨论了辽东和高丽在受到红巾起义冲击下的互动。第七章分析红巾起义背景下高丽王朝与大都的蒙古汗廷之间的政治关系。第八章分析14世纪60年代大元帝国崩溃导致的东北亚地区政治版图发生改变的过程。作者认为，蒙古帝国对亚洲广大地区的扩张实际上创造了很多区域在政治、经济、文化、族群、文化、技术等密切联系而进行整体发展的机遇和空间，东北亚正是这样一个整体发展的例子。由于作者在北京、京都和首尔均进行了频繁的访学活动，此书除了广泛搜集西文文献之外，也利用了大量的中、日、韩文文献，故而能建立极为详尽的叙事史。

另一本值得注意的清史著作是戴英聪所著《四川边疆与藏地：清初之帝国策略》（Yingcong Dai，The Sichuan Frontier and Tibet：Imperial Strategy in the Early Qing，Seattle：University of Washington Press，2009）。戴氏此书系作者在华盛顿大学历史系由Kent Guy指导的博士论文修订而成。此书算是近些年清史研究中内陆亚洲转向（inner Asian turn）趋势的产物，探讨了清代早期特别是17、18世纪之交在四川地区处理西藏的对策，其着眼点仍在于清朝作为一个征服中原的帝国不断向四周特别是内亚地区拓展的历史。作者一方面重视分析这一地区出现的军事征服，即中央朝廷与地方势力之间的冲突及其解决，另一方面也试图将清初四川的发展放在施坚雅（William Skinner）的区域经济理论背景下进行考察，分析四川如何在清初遭受巨大破坏之后逐渐发展成中国主要经济区的历程。四川在清朝征服此地之初并未引起足够的重视，因为此地经过明末张献忠起义和清初吴三桂叛乱等战争的摧残，社会经济十分萧条，其资源并未引起朝廷的注意。后来随着清朝对西藏政策的调整，此地遂成为十分重要的社会经济区域。起初朝廷的政策倾向将四川纳入西北边疆体系，后来四川逐渐取得自身的区域地位，特别体现在总督的设立，其经济和战略重要性也日益在清初的对藏政策中扮演重要角色。作者指出，清代朝廷对四川的税收较为放松的原因在于朝廷试图在四川保存一定的资源以应对在西南地区的紧急战事需要，同时也想以四川的资源来帮助在西南地区的八旗驻防建设。这本书在很大程度上填补了西文学界对清初帝国扩张史研究中对四川的忽视。西文学界很注重对西北边疆和中亚的研究，也对台湾、东北等地的发展十分重视。这本书无疑在很大程度能引起学界对西南地区特别是川藏关系的兴趣。此书按照时间顺序来讨论清初四川的发展及其与朝廷和西藏地区的关系。全书除了导言和结语部分之外，一共分为七章，两大部分，第一部分讨论四川从明清之交至 19 世纪的发展，一共五章，最后两章关注两大主题。具体而言，第一章讨论明清之际朝廷对四川的战事，特别是吴三桂叛乱与四川的关系，以及清初对四川的忽视。第二章讨论 18 世纪的转向，因为藏区问题变得重要，朝廷逐渐改变对四川地区的忽视。第三章讨论四川在康熙后期朝廷对藏区的战争中逐渐变得重要。第四章讨论雍正朝对四川政策的调整以及四川统治区域的扩展。第五章讨论乾隆朝的大、小金川之役以及四川作为关键政治经济区域的定型。第六章讨论军事集团在四川地方社会中作为关键角色的独特地位以及对地方经济发展的影响。第七章则转向讨论清朝廷对四川管理的政策的变化和转向，以及四川作为主要大米输出区域在清史上的地位。

三、宗教史与思想史

康若柏《造仙：南北朝时期的隐士与社会记忆》(Robert Ford Campany, Making Transcendents：Ascetics and Social Memory in Early Medieval China, Honolulu：University of Hawaii Press, 2009）一书是关于南北朝宗教史的研究专著。

康若柏是美国学界重要的南北朝时期宗教史专家。他从芝加哥大学取得博士学位，长期任教于印第安纳大学，后来在南加州大学任教四年，现已转到田纳西州的王德比尔特大学。此前他曾出版研究志怪的专著（Strange Writing: Anomaly Accounts in Early Medieval China，Albany：State University of New York Press，1996）以及葛洪《神仙传》译注（To Live as Long as Heaven and Earth: A Translation and Study of Ge Hong's Traditions of Divine Trenscendents，Berkeley：University of California Press，2002）。他这本《造仙》继续通过仔细阅读和分析葛洪《神仙传》中的丰富资料，探讨了六朝文献中关于塑造修行仙人形象的社会文化背景。除了导论之外，全书一共八章。其中第一章讨论了方法论问题，即如何阅读关于南北朝时期有关仙人以及求仙者的文献，以及如何解释这些文献中有关仙人与求仙者的故事。这一章旨在分析一些学界存在的理论与方法问题，以及作者如何提供替代方案来解决这些问题，这主要是对一些关键概念和术语的分析和辩证。① 作者认为，学界长期以来均试图揭示这些仙人不食人间烟火远离红尘的形象，实际上这些人和社会各个群体有着密切关系，这种远离社会的形象实际上是学者构建出来的，并非反映历史真实。作者将《神仙传》中的"传"译为"traditions"，因为他相信这些传记实际上乃是编者为了塑造一群人的形象重新改造了原始的传记资料，用新叙事来组织文本从而说服读者接受其传递的信息。但这种重新组织文本并非肆意改造，而是与编者当时所处的历史文化背景密切相关，特别是反映了一种所谓集体记忆（collective memory）。② 作者更关心的是如何分析《列仙传》和《神仙传》试图让读者相信什么，而并非通过阅读这些传记找出虚构背后的历史真相。其次，作者关心的是通过这样分析来看当时社会上普遍流行的关于仙人的观念和实践。换句话

---

① 康若柏曾发表一篇重要论文讨论如何在中国语境下理解宗教，见"On the Very Idea of Religions (in the Modern West and in Early Medieval China)，" History of Religions 42（2003），pp. 287-319. 此文追溯近代西方学者对宗教一词及其含义的认识与构建，指出西方学界对宗教的传统定义并不适合用来理解和分析中国中古宗教。

② 作者参考的主要著作包括 Alan Confino. Collective memory and cultural history: Problems of method. American Historical Review，1997（102）：1386-1403；Elizabeth A. Castelli. Martyrdom and memory: Early christian culture making. New York：Columbia University Press，2004；Maurice Halbwachs. On collective memory. edited and tr. by Lewis A. Coser，Chicago：University of Chicago Press，1992；Paul Connerton. How societies remember. Cambridge：Cambridge University Press，1989；James V. Wertsch. Voices of collective remembering. Cambridge：Cambridge University Press，2002；Jeffrey Olick，Joyce Robbins. Social memory studies: From "collective memory" to the historical sociology of mnemonic practices. Annual Review of Sociology，1998（24）：105-140.

说，仙人如何被当时的社区及其集体记忆塑造出来。作者认为，学界不能完全给这些求仙和造仙活动贴上道教的标签，应注意到南北朝时期宗教的复杂性。他批评了学界所谓民间宗教的说法，认为这一说法基于三种错误假设，假设民间宗教存在于民间，假设民间宗教不够精致，假设民间宗教存在普遍性和不变性。① 他对此世与彼世二分的旧式宗教概念也不满意，认为这种二分法并不适合中国的宗教。第二章讨论仙人和求仙者的角色，作者认为这些角色和中国传统文化中的一些角色十分相似，故而这些仙人角色的塑造有其历史、社会、宗教背景和渊源。其历史背景比如有些隐士寿命很长，是因为其隐秘的修行技术导致，这些隐秘的修行技术包括辟谷、练气、使用符咒等，它们的传授仅限于师徒之间的秘密传承。这些隐士的特点还包括其吃住习惯和常人迥异，能役使鬼神猛兽，并不受世俗繁文缛节约束。第三章讨论辟谷以及断谷修行在造仙中的意义，作者分析了这一修行方式的意识形态和神秘主义背景，指出这一修行乃是为了突出仙人超越祖先和神祇的特点。作者指出了谷物在中国古代社会中的中心地位，特别是在农业生产、政权祭祀、政权操作等活动中的中心地位。要想超越祖先和传统神祇接受谷物作为祭品的形象，求仙者发展出以吸气代替食谷的修行方式。同时，考虑到政权对谷物生产的控制，求仙者要想不受其约束，必须找到替代食谷的生存之道。第四章也讨论了仙人体现的“秘”和“禁”的特点，分析了求仙文献的秘传性，并着重解释了仙人的不可接近的隐居生活方式和展示其神通的特点，指出这种隐居生活和展示其神通看似矛盾，实际上均是为了塑造仙人的公共形象。一方面求仙者极力塑造其文献和修行方式的秘密性，一方面又极力展示其所谓秘密修行的结果，以制造一种群体形象。第五章分析关于仙人形象的叙事以及听众如何对这些叙事作出反应。第六章则分析仙人与其他社会群体的互动关系，特别是仙人为其顾客提供仪式服务的关系，这些仙人均以自我表达的方式向听众传达一种经过改造的信息，比如将自己与古代的著名隐士联系起来，塑造传承谱系，并以能被听众相信的表述方式来谈论自己的修行故事。作者提示了一个重要的看法，即这些隐士不以传统的方式介入社会并非意味着他们与周围社会脱节。实际上这些隐士的秘密法术常常吸引周围人的注意、观察和议论。他们也常常给当地社区提供各种服务，比如治病、算命、管理当地神祇和鬼怪，以及控制天气等。反过来，当

---

① 这一看法很大程度上受到研究晚期古代宗教的 Peter Brown 的启发，特别是其 The cult of the saints：Its rise and function in late antiquity（Chicago：University of Chicago Press，1981）一书的启发。其针对的研究中国宗教的学者主要是老一辈学者对中国宗教的二分法。

地社区也对这些修行人士进行供养，甚至为之立祠祭祀。第七章分析求仙者与当地社区的关系，特别是与其家庭和统治者以及当地官员的联系。作者首先分析了求仙者在汉代的儒家思想氛围下往往被斥为不孝，但求仙者对这一话语进行了反驳，提出自己的修行将为家庭所有成员带来在世和来世的利益，甚至对夫妻关系等均有促进等。在对待统治者的态度上，作者分析了求仙者实际上试图超越统治者塑造的沟通天人关系的角色和对农业经济的重视。但是方士也和统治者有所互动，比如方士将黄帝塑造为一位仙人，同时参与政权的封禅礼仪。第八章分析神仙传记资料作为一种圣徒传体裁，实际上是试图说服读者接受历史人物的身份认同与声誉，这些神仙传记资料显然是重塑了早期仙人的形象，甚至被刻在石头上流传后世。作者也分析了一些灵验记，来证明这种圣徒传乃是为了说服世人。此书论证逻辑性强，常常挑战学界一些固有的看法。

讨论整个中古时期（南北朝至隋唐）宗教的专著有罗柏松所著《地点之权力：中国中古南岳之宗教景观》［James Robson, Power of Place: The Religious Landscape of the Southern Sacred Peak（Nanyue）in Medieval China, Harvard University Asia Center, 2009］。此书基于作者在斯坦福大学宗教系完成的博士论文，指导教授为佛雷（Bernard Faure）。罗柏松在加州大学圣芭芭拉分校和斯坦福大学受教育，曾留学日本花园大学和驹泽大学。毕业后任教威廉姆斯学院和密歇根大学，现任教于哈佛东亚系。这本书系作者近二十年来深入研究南岳的成果，主要体现了作者寻求在传统宗教史研究取向重视历史和思想之外试图以地点研究来开拓宗教研究新视野的努力。他认为，以前的中国宗教研究过于关注宗派分野，太注重人物、教义文本的研究，因而试图从一个地点来看一个地区的宗教实践。作者批评以前对南岳的研究或者侧重佛教或者侧重道教，而试图同时研究南岳的佛道传统，但并非主张当地存在二教融合，只是想说明宗教在当地实践的复杂性。作者将中国圣地学追溯到沙畹发表的《泰山》一书，但此后西文学界对圣山的研究还包括苏远鸣（Michel Soymié）的罗浮山研究、佛雷（Bernard Faure）的嵩山研究、韩明士（Robert Hymes）的华盖山研究、何瞻（James Hargett）的峨眉山研究等。他试图从地点研究、圣地地理学、地方史等角度填补一项研究中国圣地的空白，探讨南岳在宗教史的物理、心态和文化诸层面上的意义。除了导言和结论部分，全书共分两大部分，第一部分包括第一至第三章，实际上是总论南岳所处的历史和文献，第二部分包括第四至第八章，讨论南岳衡山的佛教和道教发展的历史。第一章分析中国山岳分类系统。第二章讨论南岳一词在隋以前出现、演化、定型的历史，因为此词所指的山岳一共有三座，后来才稳定在衡山，而围绕这一名称的仪式实践也逐渐发展起来。第三章主要依据《南岳总胜集》讨论隋以来一直到当代湖南衡山作为南岳的历史，特别分析了其空间地理环境与宗教景观分布，以及文献中如何想象和再现此山，如道教称此山为福地，而佛教称此山为净土。第四章开始更多利用一些学界较为忽视的写本材料，分析佛道在该山的实践。第四章以《南岳九真人传》为主要材料，分析这一文献中所展示的梁武帝时代的九位真人。第五章则分析唐代《南岳小录》，分析唐代南岳地区的主要道教景观。第六章分析南岳地区魏夫人信仰形成的历史。第七、第八章主要研究南岳地区唐及唐以前佛教的历史。其中第七章讨论了佛教在这一地区的兴起，并研究了天台慧思（515—577）的影响，也分析了《南岳十八高僧传》中的关于禅僧的资料，认为这些高僧不应从天台宗派传承的角度来研究，而更应该将他们看成是以南岳为地点互相联系在一起的一群人物。第八章从佛教人物转向佛教社区研究，指出这一地区在唐代已经成为一个包括了天台、禅、律、净土等传统的佛教中心，但他不主张在这些佛教传统之间划分明确的派别界限。虽然作者极力排斥以“佛教对道教影响/道教对佛教的影响”、“宗派主义”、“宗教综合主义”等宏大叙事来说明这一地区的宗教发展，但是此书仍然将道教和佛教一分为二，在书中以两部分来讨论。此书广泛引用了东亚学界的著作，但其所继承的学术传统和对话的目标仍然是西文学术界，特别是前面提到的那些研究山岳的作者，如苏远鸣、韩明士等人建立的山岳研究的传统。作者非常重视理论阐释，并试图将近些年其他领域内对地点研究（place studies）、区域研究（regional studies）、地方史研究（local history）的理论和方法纳入本书的视野。

高木重俊《唐代科举的文学世界》（研文，2009）分析了科举和铨选制度对唐代文学的影响。吾妻重二《宋代思想研究：对儒教·道教·佛教的考察》（关西大，2009）从儒教、道教、佛教和中国学等方面考察了宋代思想。宋代史研究会编《“宋代中国”的相对化》（汲古，2009）收录中日学者的论文12篇，从政治制度、民族关系、社会阶层、宗教、文化、礼仪等方面，试图对所谓的“宋型文化”进行再思考。

二阶堂善弘《明清期武神和神仙的发展》（关西大，2009）探讨了明清时期哪吒太子、玄天上帝、八仙、四天王等信仰的流变情况。

四、社会生活史

多田麻希子《秦・西汉初期的“室”“户”“同居”等问题和家族》（《专修史学》47）利用出土简牍论述了秦、西汉初期“室人”、“户”、“同居”的关系。大泽正昭《唐宋时代的家族》（《史海》56）考察了唐宋时期家的概念、家族规模、家族关系和家族意识等问题。寺田隆信《明代乡绅研究》（京大，2009）以明代乡绅这一社会阶层为研究对象，选取具有代表性的个案（如同州马氏、同安林氏、华亭董氏、昆山顾氏、祁彪佳等）进行分析，较为深入地揭示了相关问题。与此同时，作者对非乡绅的人生也予以关注。

社会史研究中的地方视角转向在英文学界表现得十分突出。Andrew Chittick，《中国中古之资助与小区：400—600 年的襄阳军镇》（Patronage and Community in Medieval China：The Xiangyang Garrison，400—600 CE，Albany：SUNY Press，2009）此书是作者在密歇根大学由张春树指导完成的博士论文，列入安乐哲（Roger T. Ames）主编的中国古代哲学与文化丛书（SUNY Series on Chinese Philosophy and Culture）出版。此书亦算是北美中国古代史研究中出现的所谓地方史转向（local history turn）的产物。此书篇幅很小，全书 180 页，而正文只有 140 余页。主要探讨的问题是南朝襄阳地区的发展及其与南朝都城建康的关系，特别是以资助作为一种模式来讨论南朝政治的不稳定性以及地方文化的发展，目的是弥补南朝社会史研究中太注重研究士族门阀而存在的一些缺陷。作者认为，传统学界太过于注重南朝门阀士族的研究，而忽视了地方寒门在南朝文化发展中的作用。作者想挑战传统上认为地方社会乃是整合的、自我保护的社区的观念，认为地方社会的发展乃是极端碎片化的。当然，他也指出，虽然存在这种碎片化，但襄阳文化仍然和南朝建康文化存在很大的不同，而建康文化代表了南朝文化的特色。全书一共六章，其中第一章和第六章即是导言和结语，实际上正文只有四章。第二章讨论了襄阳地区在 400 年至 465 年间的发展，特别是刘裕的移民与土断政策，这主要体现在刘裕提拔寒门子弟和给襄阳人提供一些进入政权的机会。作者认为，在刘裕统治时期，襄阳地区发展出其自身的军事和口述文化，当地人虽然起初仅能服务于当地社区，但随着柳元景等人的崛起，当地人逐渐进入建康朝廷为官。第三章讨论从 465 年至 500 年的襄阳地区的碎片化。他认为，这一时期在襄阳地区发展出很多相互之间联系较弱的地方群体，这些群体包括未受良好教育的武人集团以及新兴富裕阶层，不太对外开放的移民群体等。第四章讨论南朝梁代特别是萧衍统治时期襄阳的发展（500—530），主要关注点是襄阳与建康两地之间的联系。除了传统文献之外，这一章作者也使用了考古发现的墓葬资料，并讨论了襄阳地区佛教的发展。第五章讨论了襄阳地区在530年至600年间的发展，除了继续关注襄阳与建康的关系之外，也转向了注意襄阳与邻近江陵地区的发展。第六章作为结论部分提出了一些理论思考。比如作者提出了所谓硬边界（hard boundaries）和软边界（soft boundaries）的概念，硬边界社区指带有极强自我认同和政治统一的社区。软边界社区则指在感情上区分边界的社区，生活在这一社区的人们乐于接受外来移民和影响，没有很强的政治排外性。同时，作者指出襄阳作为军镇，当地寒门子弟主要通过个人的军事成就获得皇族的承认和资助。当地人的家族纽带是十分狭隘而有限的。这些当地人依靠军功起家和仰赖狭隘的家族纽带是当地社区出现碎片化的根本原因。作者还注意到，当地人受教育程度的极端低下和有限，没有产生重要的学术著作，而当地的文化史也未能发展出丰富的地方文献，因为当地社会主要依赖口传和表演的形式来体现当地文化。同时，当地的佛教也没有产生精研佛学的高僧，其所谓高僧多以神异出众。总之这些特点均和建康的地域文化迥异。

明清史社会史研究中反映地方史转向的著作如 Jeffrey Snyder-Reinke 所著《旱咒：明清时期的朝廷祈雨与地方治理》（Dry Spells：State Rainmaking and Local Governance in Late Imperial China，Cambridge：Harvard University Press，2009）。此书基于作者在密歇根大学完成的博士论文。作者首先指出，祈雨活动为各级政府官员广为实践，乃是非常重要的地方现象，但不完全属于儒释道三教中任何一教，长期以来受到学者的忽视。这是一个十分有趣然而非常不准确的观察。实际上关于祈雨的研究论文很多，难以枚举。以著作而论，在中文学界的研究并不缺乏，如皮庆生《宋代民众祠神信仰研究》（上海古籍出版社2008年版）、雷闻《郊庙之外——隋唐国家祭祀与宗教》（北京三联书店2009年版）均有专门的章节涉及。而美国学界方面，Joshua Capitanio 在梅维恒（Victor H. Mair）指导下，在宾夕法尼亚大学东亚系完成的博士论文（2008）也讨论了佛教中有关祈雨的仪式。尽管这一主题在上述四种研究中均有体现，但他们相互之间并未彼此援引，这反映了国际学术界学者们之间的隔阂和未通声气。此书作者还提出，因为这些祈雨活动主要发生在基层，因而不如宫廷礼仪受到重视，这也不是事实，如皮庆生的著作即处理地方官员的祈雨活动。此书作者试图通过分析各级官员的祈雨活动来看中国官员对待宗教的态度和实践。作者指出，学界传统上认为，因为地方官员受到理学的训练，在对待宗教上以“理”而非以“灵”来看祈雨活动。而实际上地方官员花了相当大的工夫来编纂、发展和散布祈雨知识和技能。其次，作者试图分析政权的礼仪如何在地方社会进行操作。其研究基础是由杜赞奇（Prasenjit Duara）、Michael Szonyi、科大卫（David Faure）等人提出的宗教在中央与地方关系中所扮演的中心角色。① 作者希望通过分析参与祈雨仪式的各个社会角色来看朝廷礼仪的地位和作用。他认为，地方官并非必然按照朝廷的规定进行祈雨活动，其祷告的对象也常常不存在于朝廷规定的诸神名单。总之，作者想以祈雨为例来看待清代朝廷如何在地方层面上构建其权力。此书一共分为七章，其中第一章为导论，介绍全书要讨论的主题和这一主题的重要性，其在学术史上可以贡献的角度。第二章追溯前朝的官方祈雨活动，特别是以周宣王、商汤、董仲舒等人的活动和议论为中心介绍历代出现的一些祈雨的模式，这些模式主要围绕上述三人作为举哀者（mourner）、殉道者（martyr）、方士（magician）而从事的官方祈雨活动。第三章立刻进入有关清朝朝廷礼仪中的祈雨活动的讨论。作者特别以1742年乾隆改革祈雨礼仪为中心分析朝廷如何对地方祈雨活动进行规范化，认为尽管朝廷有新的规定和礼仪法典，但地方官在具体实践中面对不得不在礼仪的朝廷新规定和当地传统之间作出选择时仍然选择遵守传统。第四章作者详尽讨论了地方祈雨活动的具体操作技术，包括禁屠斋戒、自暴、自焚、投虎骨于龙洞、埋蛙等，他认为地方官员实际上在具体操作上是无所不用其极，非常多元，很难对地方祈雨活动进行归类总结。第五章乃是一个个案研究，着重分析了地方官纪大奎的《纪慎斋先生求雨全书》中记载的祈雨活动，以及此书的编纂、流传和影响。他注意到，《求雨全书》中记载的祈雨活动与当时一般学者对清朝廷祈雨礼仪的认识和概念相去甚远，因为《求雨全书》所记录的祈雨人士、象征、文本、仪式等来自儒释道三教等不同传统，很大程度上使用了符咒、图像等口传和视觉工具。他认为，祈雨在地方官的治理中并非边缘，而是十分中心的活动。第六章作者讨论了祈雨活动中的社会角色，地方精英和普通民众均参与了塑造地方官吏祈雨活动的方式。他指出，尽管朝廷试图控制地方上的祈雨活动和礼仪，地方社会也极力控制朝廷礼仪制度在地方上的实践，这实际上是一个互动的双向过程。第七章结论部分主要指出尽管朝廷对地方宗教事务有很多规定，但这些规定并非在地方上获得严格执行和实践。尽管

---

① Prasenjit Duara. Culture, power and the state: Rural north China, 1900—1942. Stanford: Stanford University Press, 1988; Michael Szonyi. The illusion of standardizing the Gods: The cult of the five emperors in late imperial China. Journal of Asian Studies, 1997, 56 (1): 113-135; David Faure. Emperor and ancestor: State and lineage in south China. Stanford: Stanford University Press, 2007.

当时存在一些礼仪文本用来指导地方祈雨实践，但在具体实践中很多文本的规定实际并未实现。

五、城市、环境与经济

馆野和己编《古代都城的样貌》（同成社，2009）收录中日学者有关中日古代都城的研究论文9篇，其中，佐原康夫《中国都城的理念与东亚》从分析城市的空间秩序入手，探讨了隋唐都城的营造理念以及隋唐长安城对东亚世界其他政权都城的影响；齐东方《中国古代都城的形态和功能》考察了从先秦到隋唐时期都城形式的演变，分析了里坊制出现的原因，从里坊制的功能分析其瓦解的必然性，提出新型城市的诞生反映了社会结构、人的思想观念的变化，也体现了社会变迁的轨迹；妹尾达彦《中国都城的沿革和中国城市图的变迁——以吕大防〈唐长安城图碑〉的分析为中心》通过对吕大防《唐长安城图碑》的分析，考察了都城社会世俗化的进展，从图中所描绘皇帝到庶民的生活空间考察了城市空间中的政治权力，认为《唐长安城图碑》的描述方法也对后世城市图产生了重要影响；北田裕行《中国古代都城园林设置的基础考察——以都城外苑为中心》通过对由汉代到隋唐时期都城外苑的考察，对朴汉济的“胡汉体制论”提出质疑。黄晓芬《汉帝都长安的都市规划和营造理念》［《古代文化》61（2）］分析了汉都长安的营造理念及其象征的天地人神合一的宇宙观。内田昌功《北周长安宫的空间构成》（《秋大史学》55）探讨了北周长安宫的空间构成及其与隋唐长安宫的关系。伊原弘《中国城市的形象：解读宋代城市景观》（勉诚，2009）以城市景观作为主要研究内容，突破将城市景观作为观赏内容的观念，充分利用地志、石刻等资料来论述城市结构和景观的关系，并通过城市景观来解构宋代城市空间和城市社会，不无新意。

滨川荣《中国古代的社会和黄河》（早稻田，2009）主张将黄河这一特殊的自然要素置于中国历史的全局中加以考察，从黄河作为超历史的存在这一视角，就中国古代不同历史时期黄河对政治、经济、思想、社会的影响作了探讨。原宗子《从环境解读古代中国》（大修馆，2009）力图从环境史的视角，以中国古代不同历史时期（从先秦至明清）的自然环境为切入点，来探讨其与政治、社会的关系，该书共有十五个专题，虽然各专题间并不连贯，但是作者选取典型事例加以分析，却很有特色。

川胜守《明清贡纳制和巨大城市连锁：长江和大运河》（汲古，2009）对中国近世经济体系及城市网加以论述，并对唐宋及明清两个时期发生的两次商业革命，特别是明清时期的农业、手工业的进步，江南城市网的形成及其社会结构作了概括，考察了明代贡纳制和流通结构的发展；分析了长江大运河流通的发展和巨大城市连锁的形成。该书相较作者的旧著，增加了商品生产与赋役制度史的研究等内容。上田裕之《清朝支配和货币政策：清代前期制钱供给政策的发展》（汲古，2009）从清朝政府的政策意图、制钱供给政策与市场的相互影响等方面，对清顺治元年（1644）到乾隆四十年（1775）间实施的制钱（官铸铜钱）供给政策进行了探讨。松浦章《清代内河水运史研究》（关西大，2009）以清代内河水运，尤其是航运为中心，考察了清代盛世与水运的关系，并论述了清代以大运河水系及长江水系等为代表的航运的特性。

六、出土资料与文献资料整理及研究

饭岛武次编《中国渭河流域的西周遗迹》（同成社，2009）是对分布在渭河流域西周王朝建国时期的遗迹进行了考古学调查后，汇集的对先周、西周采邑、聚落、宫殿区等的研究成果，书后还附有《渭河流域先周·西周考古学文献目录》。

藤田胜久《中国古代国家和社会结构：长江流域出土资料的研究》（汲古，2009）从信息传递的视角，利用简牍、帛书等出土资料，考察了秦汉统一国家的形成，分析了地方行政、社会结构、中央政令传达、交通和信息传递等问题。土肥义和编《敦煌·吐鲁番出土汉文文书的新研究》（东洋文库，2009）收录中日学者的论文21篇，这些论文分为三类：出土文书的一般研究、出土文书与社会·行政、出土文书与文化·宗教，研究时段上起战国时期，下迄北宋初期，研究内容包括政治、经济、社会、法制、历书、佛教、语言、类书、书仪、文学等。该书可以说汇聚了中日学者对敦煌吐鲁番文书研究的最新成果，有重要学术价值。

李力《张家山247号墓汉简法律文献研究及其述评（1985.1—2008.12）》（东外大亚非所，2009）详细介绍了张家山247号墓出土汉简法律文献的研究概况，重点评论了五种研究张家山汉简法律文书的主要著作，并就六个相关问题作了专题讨论，书后还附有1985年至2008年间中日学界有关张家山247号墓汉简法律文献研究论著目录。

平田茂树、中村圭尔、室山留美子编《魏晋南北朝墓志官职名索引：〈汉魏南北朝墓志汇编〉〈新出魏晋南北朝墓志疏证〉篇》（平田茂树，2009）对《汉魏南北朝墓志汇编》与《新出魏晋南北朝墓志疏证》所载墓志按照官职名编制索引，便于学者检索。气贺泽保规编《新版唐代墓志所在总合目录》（增订版）（明大石研所，2009）在 2004 年版的基础上，增补墓志、墓志盖 1909 方，使得所收墓志、墓志盖总数达 8 737 方，并对排版形式加以调整，进一步方便了学者的利用和研究。高桥继男编《中国石刻关系图书目录（1949—2007）》（汲古，2009）搜集整理了 1949 年至 2007 年间有关中国石刻的各类图书，书后并附有新文丰出版公司所刊《石刻史料新编》全 4 辑的书名及著者索引，便于学者利用。此外，榎并岳史《宋代神道碑目录》（《资料学研究》6）和森田宪司《可见元代石刻拓影目录稿（自癸未年至至元二十年）》（《奈良大学总合研究所所报》17）对学者利用相关资料也很有帮助。

江川式部《南北朝隋唐时期礼制相关研究文献目录（中文篇 1/1980—2000 年）》（《法史学研究会会报》13）搜集了 1980 年至 2000 年间有关南北朝隋唐时期礼制研究的中文论著，按照祭祀·信仰、制度、习俗、考古、礼学·礼典·书仪、礼制秩序·皇帝制度·王权论等六大项分门别类，颇便检索。铃木拓也《李商隐相关研究文献目录（稿）（日本编）》（《大东文化大学中国学论集》27）搜集了日本有关李商隐研究的论著，研究相关问题的学者可以参阅。

新资料整理出版方面，值得关注的当属杏雨书屋所藏《敦煌秘笈》的刊行。杏雨书屋系武田科学振兴财团所属藏书机构，现为日本国内收藏西域出土文献最多的单位，这些文书多数为敦煌文书，少量为吐鲁番文书，主体部分即是原李盛铎旧藏的敦煌写本。《敦煌秘笈》目录册和影片册 1 分别于 2009 年 3 月和 10 月由武田科学振兴财团杏雨书屋编集发行。其中，影片册 1 收录 97 号文书图版，包括《论语》、《毛诗》、《左传》、《礼记》、《尚书》、《庄子·让王篇》、《十六国春秋》等典籍；《昌道文》、《王梵志》、《秦妇吟》等敦煌俗文学作品；《开蒙要训》、《孔子见项橐》等童蒙读物；此外，还有户册、度牒、帐历、契约、历日、术数、医书、唐律等；更有弥足珍贵的景教经典《志玄安乐经》。1935 年 12 月 15 日及 21 日，《中央时事周报》刊登消息，李氏藏卷以八万日金售诸异国。此后，这批文书就销声匿迹。李氏藏卷被誉为“最后的敦煌宝藏”，现在，这批文书陆续整理公开，必将极大地推动学术研究。不过，由于该书为非卖品，仅印了 250 部，所以在我国国内还极为少见。因此，更需学者们多加关注。

此外，高田时雄编《敦煌写本研究年报》3、关尾史郎编《西北出土文献研究》7、中国出土资料研究会编《中国出土资料研究》13、工藤元男与李成市合编《东亚古代出土文字资料之研究》（雄山阁，2009）也集中刊载了中日学者有关出土资料的研究成果。

下篇　国外中国近现代史研究概述

本年度，除了继续延续去年的趋势之外，又有一些新的特点出现：一是普及读物受到重视，不仅慈禧太后这样容易引人关注的名人传记开始出现专为青少年编写的普及读本，① 就连中国近现代史上一些重大政治运动和事件方面，如20世纪20年代中国的国民革命运动等，也开始出现专为青少年编写的普及读本。② 二是为适应越来越多的人了解和研究中国的需要，一些学者开始编纂参考工具书，以便为越来越多的读者提供基本参考。三是西藏历史文化研究成为热点，仅2009年一年就发表了相关论著十数种，③ 但这些论著良莠不齐，情况复杂，其中一些根本谈不上什么学术研究，有的甚至无视西藏从来就是中国领土和主权不可分割的一部分这一事实，公开地、赤裸裸地叫嚣支持“藏独”。

一、近现代通史和断代史

由基本史料公司编纂的《中国在世界中：一部自1644年以来的历史》共由20章构成，除1、2两章简要介绍中国地理和政治结构及16世纪中国的概

① Sean Price，Cixi. Evil empress of China? New York：Frank Watts，2009.

② Kathlyn Gay. The aftermath of the Chinese nationalist revolution. Minneapolis：Twenty-First Century Books，2009.

③ 直接涉及历史文化的主要有以下几种：Clare Hanrahan. Tibet. Detroit：Greenhaven Press，2009；Melvyn C. Goldstein，Ben Jiao，Tanzan Lhundrup. On the cultural revolution in Tibet：The nyemo incident of 1969. Berkeley：University of California Press，2009；Gordon T. Stewart. Journeys to empire：Enlightenment，imperialism，and the British encounter with Tibet，1774-1904. Cambridge，UK，New York：Cambridge University Press，2009；Yingcong Dai. The Sichuan frontier and Tibet：Imperial strategy in the early Qing. Seattle：University of Washington Press，2009；Warren W. Smith. China's Tibet?：Autonomy or assimilation，Lanham，Md.. Rowman & Littlefield Publishers，2009；Gautam Das. China-Tibet-India：The 1962 war and the strategic military future. New Delhi：Har -Anand Publications，2009；Melvyn C. Goldstein. A history of modern Tibet，Berkeley，Calif. London：University of California Press，2009；Alex Mckay. Tibet and the British Raj：The frontier cadre，1904-1947. Dharamsala，H. P.：Library of Tibetan Works and Archives，2009.

况外，其他各章分别论述清初三帝、1644 年至鸦片战争爆发前的中外关系、19 世纪的冲突和内乱、1861—1894 年间寻求强国之道、帝制的结束、民国建立与北洋军阀统治、统一战线与国共之争、民国初年对传统的挑战、日本侵华与抗日战争、战后之战、中华人民共和国成立至 1966 年、“文化大革命”、中西示好、中国特色社会主义、中国重回世界舞台、现代化的结果、在中国成长、未来的挑战等。①

由朱恩·M. 格拉索（June M. Grasso）等人所著《中国的现代化与革命：从鸦片战争到奥运会》叙述了鸦片战争以来直到 2008 年奥运会的中国近现代史，内容涵盖西方列强的入侵与清帝国的崩溃、民国的建立、国民党与共产党、战时中国、1949—1957 年间新秩序的建立、“大跃进”、“文化大革命”、第二次革命——邓小平领导的改革开放、江泽民时代、21 世纪的外交政策问题、第四代领导集体等。②

罗维廉的《中国最后的帝国：大清》针对学术界以往所形成的清朝腐败、锁国、跟不上世界发展步伐的观点，对清代的历史作出了修正性的评判。该书认为，清朝统治者不仅努力与汉族士大夫达成联盟，共同治理国家，而且他们作为“天下帝国”的倡导者，在其统治的三个世纪内，扩大了帝国疆域，开发了大西南和台湾；在疆域广大、社会结构极其复杂的条件下，在外敌威胁较小时，清朝理想的“小政府”模式运行效果良好；鸦片战争迫使中国成为有西方列强参与的弱肉强食的国际竞争中的一员，而破坏性极大的太平天国起义和义和团运动又促使清政府进行内部改革。清政府在 20 世纪初发起的一系列变革虽无法阻挡辛亥革命的爆发，但却为后来的民国和新中国提供了一个新的基础。③

冯客的小册子《开放时代：毛之前的中国》全书仅 130 多页，分作 4 章，分别简要描述了民国时期“开放的政治”、“开放的边界”、“开放的思想”、“开放的市场”。该书描写的民国是一个民众参与度高、民间组织发达、媒体活跃、司法革新、中外人员往来频繁、外国人以华为家、教育机关快速发展、奉行明达的世界主义、参与国际组织、兴旺的工业整合进全球经济体系而大赢其利、全世界的货物流入中国丰富人民的日常生活的中国，与以往人们熟悉的

① Primary Source Inc.. China in the world: A history since 1644. Boston: Cheng & Tsui Company, 2009.

② June M. Grasso, Jay P. Corrin, Michael Kort. Modernization and revolution in China: From the opium war to the Olympics. Armonk, N. Y.: M. E. Sharpe, 2009.

③ William T. Rowe. China's last empire: The great Qing. Cambridge, Mass: Belknap Press of Harvard University Press, 2009.

政府软弱、饱受帝国主义侵略、国际上不能受到平等待遇、国内思想受到压制、社会停滞不前的民国形象大不相同。冯客笔下的这一民国形象一方面揭示出了以往被学术界忽略或扭曲的一些东西，但另一方面显然又过于理想化，一些内容恐怕经历过民国历史的人或研究民国史的人都难以认同。①

克里斯托夫·R. 卢（Christopher R. Lew）的《中国第三次革命内战，1945—1949：对中共战略与领导的一个分析》对解放战争时期中共中央“向北发展，向南防御”方针的制定、国民党的进攻高潮、战争的转折点、三大战役等过程中中共中央的决策和领导艺术等进行了分析。②

“文革”史研究方面，乔尔·阿德雷斯（Joel Adreas）的《红色工程师的兴起：“文化大革命”与中国新阶级的起源》一书对“文化大革命”及其对当代中国社会的影响进行了分析。该书认为，在20世纪五六十年代的中国，存在着老的和新的两个不同的精英群体，前者的权威来自其文化资本，后者的权威来自政治，不断冲突的结果，逐渐促成两者在“文革”期间融合为一。与某些批判毛泽东时代、把毛泽东时代与改革开放对立起来的做法不同，该书抱着同情的态度，从毛泽东时代的意识形态和政策及实践来研究毛泽东时代，认为毛泽东时代消除阶级差别的努力，特别是教育领域的种种试验，是理解今天中国技术精英治国的关键所在。③

安德鲁·G. 瓦德尔（Andrew G. Walder）所著《造反派：北京红卫兵运动》对工宣队进校、大中学校红卫兵组织的出现及其不同主张、红卫兵运动背后的支持者、不同红卫兵组织间的武斗等进行了研究分析。④

二、政治史

政治史方面，斯蒂芬尼·鲍尔默（Stéphanie Balme）等所编《在中国建设

① Frank Dikötter. The age of openness: China before Mao. Hong Kong: Hong Kong University Press, 2008. 书评参见 Andrea Janku. in the China Journal, 2008 (62): 235-237.

② Christopher R. Lew. The third Chinese revolutionary civil war, 1945-1949: An analysis of communist strategy and leadership. London, New York: Routledge, 2009.

③ Joel Adreas. Rise of the Red Engineers: The cultural revolution and the origins of China's new class. Stanford: Stanford University Press, 2009. 书评参见 Jeremy Brown. in the China Journal, 2009 (63): 189-190.

④ Andrew G. Walder. Fractured rebellion: The Beijing Red Guard movement. Cambridge, Mass: Harvard University Press, 2009.

宪政》一书除导言和跋语之外，共收入《作为建国的司法政治》、《论宪法与宪政：1908—1949 年中国建立新政治秩序的尝试》、《中国的宪政主义与 20 世纪 50 年代》、《中国的宪法研究与教学》、《西方宪法观念与话语在中国，1978—2005》等论文十余篇，对清末以来西方宪政观念在中国的传播、民国和新中国成立以来的宪政建设及相关问题进行了探讨。①

杰弗瑞·辛德尔-宾柯（Jeffery Snyder-Beinke）所著《驱旱：晚清时期中国国家祈雨与地方治理》把宗教和祈雨仪式当做晚清中国地方政务的核心问题来研究。全书对官方祈雨活动的源起、中国人对灾害因果关系的理解、帝制时代后期特别是晚清时期祈雨仪式与地方治理的关系等进行了探析。②

李晓雄（Xiaoxiong Li，音译）的《中国的鸦片与政治：四川省，19 世纪 40 年代—20 世纪 40 年代》一书对晚清至民国时期鸦片在四川地区种植、吸食及其对当地社会所产生的影响、1935—1940 年国民党发起的抵制鸦片运动等进行了研究。③

华世平所著《中国乌托邦主义：中、日、苏（俄）改革思想比较研究，1898—1997》对晚清时期的维新变法、新中国成立以后的"大跃进"和"文化大革命"以及三中全会以后的改革开放与同一时期日本的明治维新、苏（俄）的"新经济政策"、戈尔巴乔夫的改革等进行了比较研究，对此一时段内三国改革所涉及的哲学思维、政治战略等也作了发掘和比较。④

汉娜·帕古拉（Hannah Pakula）所著《最后的女皇：蒋介石夫人与现代中国的诞生》对宋美龄早年在美所受教育、与蒋介石结婚后对民国政治的影响等进行作了详细描述。⑤ 这是继陶涵的《委员长：蒋介石与为现代中国所进行的斗争》⑥ 一书之后另一部从蒋宋家族的角度探讨民国时期政治发展的著

---

① Stéphanie Balme, Michael W. Dowdle. Building constitutionalism in China. New York: Palgrave Macmillan, 2009.

② Jeffery Snyder-Beinke. Dry spells: State-rainmaking and local governance in late imperial China. Cambridge: Harvard University Press, 2009. 书评参见 Kathryn Edgerton-Tarpley. in Harvard Journal of Asiatic Studies, Volume 70, 2010 (1): 209-220.

③ Xiaoxiong Li. Poppies and politics: Sichuan province, 1840's-1940's. Newark: University of Delaware Press, 2009.

④ Shiping Hua. Chinese utopianism: A comparative study of reformist thought with Japan and Russia, 1898—1997, Washington D. C.: Woodrow Wilson Center Press, 2009.

⑤ Hannah Pakula. The last empress: Madame Chiang Kaishek and the birth of modern China. Simon & Schuster, 2009.

⑥ Jay Taylor. The generalissimo: Chiang Kaishek and the struggle for modern China. Belknap Press, 2008.

作，对研究民国时期的政治史有一定参考价值。

三、中外关系史

中外关系与中外文化交流史方面，李奥那多 · H. 高敦（Leonard H. D. Gordon）所著《围绕台湾发生的冲突：19 世纪中国与列强》对西方势力初到台湾、19 世纪中期英美到台及其后两国合谋“开放”台湾、日本对台湾的觊觎与撤退、法国封锁台湾、甲午战败后中国被迫割让台湾给日本、日本在台所遇最后抵抗等进行了论述。①

乌尔斯 · 马提亚斯 · 札克曼（Urs Matthias Zachmann）所著《明治后期的中国与日本》对中日甲午战争、三国干涉还辽、战后日本的治理、1897—1898 年的远东危机、1898 年中国的百日维新、义和团运动等进行了分析，重点关注的则是这些事件对日本对华政策及日本民族认同话语形成所产生的影响等问题。②

保罗 · 弗伦奇（Paul French）所著《透过镜子：从鸦片战争到毛泽东时代来华的外国记者》对鸦片战争以来来华的外国记者对中国的报导、为中国问题所进行的争论等进行了探讨。书名中的“透过镜子”颇有深意：从镜子中看到的只是一种颠倒的图像。③

乌尔瑞克 · 希勒曼（Ulrike Hillemann）所著《亚洲帝国与英国知识：中国与大英帝国对外扩张的网络》打破传统的中英关系史论著中视中英关系为简单的中国和英国之间的双边关系的做法，把中英关系放到国际网络中进行考察，探究大英帝国如何通过其在印度和东南亚的网络来收集有关中国的情报和知识。④

威廉 · 雷诺兹 · 布雷斯特德（William Reynolds Braisted）的《穿蓝色服装的外交官：美国海军将官在中国，1922—1937》一书首次对 20 世纪二三十年

---

① Leonard H. D. Gordon. Confrontation over Taiwan: Nineteenth-century China and the powers. Lanham, MD.: Lexington Books, 2009.

② Urs Matthias Zachmann. China and Japan in the Late Meiji Period: China policy and the Japanese discourse on national identity, 1895—1904. London, New York: Routledge, 2009.

③ Paul French. Through the looking glass: China's foreign journalists from opium wars to Mao. Hong Kong: Hong Kong University Press, 2009.

④ Ulrike Hillemann. Asian empire and British knowledge: China and the networks of British imperial expansion. New York: Palgrave Macmillan, 2009.

代美国亚洲舰队将官在制定和执行美国东亚政策方面所扮演的角色进行了分析。该书认为，20 世纪二三十年代美国海军将官在东亚面对的最大的挑战，就是要决定什么时候、以什么方式使用（还是不使用）武力来阻止骚乱，维护稳定，保护条约和门户开放政策中所规定的外国人所享有的特权。期间经历了三个阶段：第一阶段，1922—1925 年，当军阀混战影响到外国人在华的特权地位时，三任舰队司令都极力平衡焦虑的美国侨民们的要求，限制下级军官积极请战的要求，在主战的在华外交官员和华盛顿息事宁人的总统及其僚属之间小心翼翼地行事；第二阶段，1926—1928 年，两位不同的海军将官在面对如何同新起的蒋介石及其领导的国民党人打交道的问题时，采取了不同的策略，Clarence S. Williams 准将主张优先保护外国人长期以来在华享有的条约特权，而新近刚从土耳其特使任上转来亚洲的 Mark L. Bristol 准将则主张不应干涉中国国民革命，相反，应对中国国民革命采取一种同情之理解的态度；第三阶段，1929—1933 年，当日本在中国东北和上海制造一系列事变而危及中国的现存秩序时，Montgomery Meigs Taylor 准将为美国对亚洲政策涂上了一层现实主义的色彩，当华盛顿的文官上司们在忙于用空言坦率地谴责日本的行径时，泰勒拒绝使用自己指挥的力量有限的舰队来采取干涉行动，认为这样的干涉很可能效果不大，或产生相反的效果，不仅使中国人失望，而且会引起日本人对美国的仇恨。① 值得一提的是，该书作者已是 91 岁高龄，出生于美国海军军官家庭，早年曾与其父在同一舰队中服役 15 年，往来于菲律宾、中国、日本沿海，对美国亚洲舰队的历史和掌故十分熟悉，退役以后长期从事海军史研究，曾花费数十年时间专门研读华盛顿所藏美国海军和外交档案。

布拉克斯顿·艾塞尔（Braxton Eisel）所著小册子《飞虎队：陈纳德的美国志愿队在中国》对 1941 年秋陈纳德率领的由近 300 名空军及医护人员组成的志愿队来华经历及影响等进行了概述。②

汤姆斯·P. 伯恩斯坦（Thomas P. Bernstein）等所编《中国学习苏联，1949—现在》除导论和总结论外，共收入 19 篇文章，分做七部分：第一，《中苏关系的起伏跌宕》，包括《毛泽东时代的中苏关系，1949—1969》等 3 篇论文；第二，《意识形态与军事影响》，包括《20 世纪 50 年代学习斯大林

---

① William Reynolds Braisted. Diplomats in blue：U. S. naval officeers in China，1922—1933. Gainesville：University Press of Florida，2009. 书评参见 Roger Dingman. in the Journal of Millitary History，2009，73 (4)：1366-1368.

② Braxton Eisel. The flying tigers：Chennault's American volunteer group in China. Washington，D. C.：Air Force History and Museum Program，Air Force Sixtieth Anniversary Commemorative Ed.，2009.

〈[联共(布)党史]简明教程〉》等2篇论文;第三,《苏联经济援助与社会主义改造》,包括《苏联经济模式在中国的移植与巩固》、《“组织起来”:苏联模式对中国农村经济战略的影响,1949—1953》等3篇论文;第四,《社会》,包括《20世纪50年代苏联对中国“男女平等”的影响》等2篇论文;第五,《苏联对[中国]科学和教育的影响》,包括《20世纪50年代中苏科学交流》、《苏联专家在中国人民大学》、《李森科学说与遗传学研究在中国被禁,1949—1956》、《中国留学生在苏联机构,1948—1966》等4篇论文;第六,《文学与电影》,包括《中国对苏联小说〈钢铁是怎样炼成的〉的接受及其变化》等2篇论文;第七,《改革时代与苏联解体的影响》,包括《苏联解体对中国政治选择的影响》等3篇论文。①

塞基·拉德琴科(Sergey Radchenko)所著《天有二日:中苏为争夺优势而进行的斗争,1962—1967》对中苏论战、中苏冲突与越南战争等进行了研究。②

克劳地亚·阿斯塔瑞塔(Claudia Astarita)的《冷战时期中国形象在美国的演进》对冷战时期美国建构流传的中国形象的变化进行了描述分析。论文认为,中国形象总被与朝鲜战争、中苏同盟等一系列事件捆绑在一起,而这些事件使美国人难以对中国形成正面的、无偏见的认识。从20世纪50年代以来,中国总是被与“黄祸”观念联系在一起。此外,中美两国之间缺少直接的联系,更妨碍美国人形成公正的中国形象。论文认为,尽管冷战时期美国各政党对形成负面的中国形象起了重要作用,但是,在美国公众中强化这一负面的、僵化的中国形象的,则是美国的媒体。论文通过对1949—1972年间美国三大期刊《时代》周刊、《国家地理》、《读者文摘》所载全部文章的分析,揭示了它们在向其读者介绍中国时所采用手法的同与异。③

四、思想史与文化史

思想文化史方面,艾迪·尤(Eddy U)的论文《中国知识分子的具体化:

① Thomas P. Bernstein, Huayu Li. China learns from the soviet union, 1949-present. Lanham, Md: Lexington Books, 2009.

② Sergey Radchenko. Two suns in the heaven: The Sino-soviet struggle for supremacy. 1962-1967. Washington D. C.: Woodrow Wilson Center, 2009.

③ Clausdia Astarita. The evolution of the image of China in the United States during the Cold War. in China Report 2009, 45 (1): 23-34.

中共知识分子观念的起源》认为，以往学术界有关中国知识分子的研究多忽略了这样一个事实，即 1949 年中华人民共和国成立之后，知识分子被具体化为特定的人群，而对中国社会主义的这一特色进行研究可以揭示出中国共产党的运行体制、党与社会的关系以及被称做知识分子的经历。论文对中共最初从中汲取营养的社会与意识形态语境进行了探析，重点对 20 世纪最初十年至 20 年代中期政治及文学界围绕"知识阶级"问题而展开的论战进行了研析，认为，五四时期社会主义者、无政府主义者及其他社会活动家把知识阶级视做一个独特的、因年龄和政治觉悟等而内部存在分化的独特的社会群体，但在共产国际的影响下，中国共产党人重新定位，把知识阶级确定为意识形态上的敌人。论文认为，这场围绕知识阶级问题而展开的论战对中共对知识分子问题的理解产生了重大影响。论文还建议从中央、地方及知识分子具体化对官方政策及社会工作场所所带来的影响等三个层次来拓展和深化新中国成立后知识分子问题的研究。①

伊丽莎白·卡斯客（Elisabeth Kaske）的《中国教育中语言的政治，1895—1919》一书对甲午战争结束后到五四运动期间分别以张之洞、梁启超、章太炎、刘师培、陈独秀、蔡元培等为代表的中国各派知识分子的语言方案及其在中国近代民族主义中所起的作用进行了分析，认为 19、20 世纪之交的中国精英阶层经过反复论辩，最终选择提倡白话文并将之作为旨在消除儒家思想影响的更广泛的改革计划的一个组成部分。②

裴士单（Daniel H. Bays）等人所编《中国的基督教大学：跨文化联系，1900—1950》共由五部分、十多篇论文组成，分别对来华教学志愿者的招募和组织、大学教育事业的奠基、课程与职业、救国活动、在中国之外所办事业等进行了研究。③

Charles A. Laughlin 的《闲情文学与中国现代性》一书主要对 1922 年至 1937 年抗日战争爆发前周作人、林语堂、施蛰存、徐志摩、朱剑芒等人为代表，以《语丝》、《论语》半月刊、《人间世》、《新月》、《水星》等杂志为主要阵地的"闲情文学"进行了研究，认为民国时期的"闲情文学"群体回归

---

① Eddy U. Reification of the Chinese intellectual: On the origins of the CCP concept of Zhishifenzi. in Modern China, Volume 35, 2009, 11 (6): 604-631.

② Elisabeth Kaske. The politics of language in Chinese education. Leiden: Brill, 2008; Robert Culp. in the China Journal, 2008 (62): 248-250.

③ Daniel H. Bays, Ellen Widmer. China's christian colleges: Cross - cultural connections, 1900—1950. Stanford: Stanford University Press, 2009.

明清时期的散文写作传统，将之视做一种“绝对中国化的（至少不是西方化的）现代方式”。与倡导进步、革命的那些西化、政治的文学相比较，“闲情文学”更关注国内环境、生活艺术等，以便培养闲情逸致，培养一种与审美内在关联的感情生活。①

冯兆基的《民族主义与现代性：民国时期文化保守主义的政治》一文对现代中国文化保守主义的政治动力进行了探究。论文一开始即假设：现代中国保守主义不同于传统主义，它是对现代性的一种回应，因而应被视为现代性的一部分。论文把政治—文化保守主义视做一种政治—文化民族主义，认为保守主义者即是民族主义者，但反过来，民族主义者则不一定是保守主义者。论文主体部分首先以梁漱溟和张君劢为例，追溯了现代中国保守主义的起源，考察了中国本土化文化重建的政治，进而又探析了抗战时期的保守主义思想及战争、文化与民族主义之间的互动关系。论文认为，尽管保守主义者并不把现存的社会—政治秩序作为整体来为之辩护，但是，他们从文化角度对政治的理解却表达得极为清楚，他们与现存政权之间处于一种非常暧昧的关系。②

Kun Qian 的博士学位论文《没有尽头的帝国：近现代中国印刷、戏剧、电影中的帝国历史，1900 年到现在》对近现代作家与制片人等表述前近代历史的方式进行了研究，试图解释近现代的作家与制片人为什么要用这样的方式来描述前近代的历史。论文致力于把传统的帝国与现代民族国家间的历史连续性理论化，并缓解二者之间的紧张关系。论文认为，在中国走向现代性的漫长旅途中，历史表述在重新确立中国的自我身份及其在世界上位置的过程中起着非常重要的作用。在整个近现代时期，尽管各家各派对中国社会现实特点的表述上有所差别，有的说是半殖民地，有的说是半封建等，但是，深深扎根于历史的思维方式却始终存在并从观念上决定着近现代中国自我发展的方式。历史思维方式构成了“帝国—时代王国”（imperial-time regime），它把统一视为常态，把每一种政治体的道德作为衡量其在历史中的位置的最终标准。这样一种“帝国—时代王国”、统一常态化和时代道德化，到近现代发生话语性变化。

---

① Charles A. Laughlin. The literature of leisure and Chinese modernity. Honolulu：University of Hawai'i Press，2008. 书评参见 Sabina Knight. in Harvard Journal of Asiatic Studies，Volume 70，2010，6（1）：225-231.

② Edmund S. K. Fung. Nationalism and modernity：The politics of cultural conservatism in republican China. in Modern Asian Studies，Volume 43，2009（3）：777-813.

它表现在各种历史表述中，显示中国始终拒绝把自己列入现代民族国家之列。① 论文将语境研究和文本研究相结合，理论上则与近年来国际学术界有关“民族建构”（nation-building）与“帝国建构”（Empire-building）等问题的讨论相呼应，对文化史、史学理论与史学史等相关学科均有一定参考价值。

柯文（Paul A. Cohen）所著《对历史诉说：越王勾践故事在20世纪中国》对古代越王勾践故事在晚清民国国耻语境下的流变、蒋介石到台湾后的言说及20世纪60年代危机时代大陆的“卧薪尝胆”热等进行了研析。②

Mary G. Mazur 所著《史学家吴晗：中国的时代之子》从“历史”、“政治”、“矛盾冲突”三条线索，对吴晗的一生进行了描述。第一条线索涉及作为教师、历史学家、学者的吴晗，第二条涉及知识分子与国家的关系，第三条涉及个人生活与家庭、职业、党、国家等形式的集体责任之间的紧张关系。③ 在此之前，作者已经以1949年前的吴晗为主题在芝加哥大学完成了博士学位论文，并于1996年翻译成中文在中国出版。

Carol Lee Hamrin 等人合作编著的《盐与光：影响中国的信仰人生》是中国基督教史研究丛书中的一种，对容闳的新中国观、唐国安与收回权利运动、梅贻琦与抗战时期的大学教育、晏阳初与乡村建设等进行了研究。④

五、社会、经济、法制

经济史方面，宓克·S. 马斯克林诺（Micah S. Muscolino）所著《晚清与近代中国的渔业战争与环境变化》对晚清时期的移民、市场与海上经历、社会组织与渔业管理、民国初年的海洋开发、1924—1931年间的中日争端、1932—1934年因墨鱼而引发的争吵、1935—1945年间江浙两省的边界冲突、

---

① Kun Qian. Empire without end: Imperial history printed, staged, screened in modern China. 1900-Present. Cornell Unversity Ph. D. Thesis, 2009.

② Paul A. Cohen. Speaking to history: The story of King Goujian in twentieth century China. Berkeley: University of California Press, 2009.

③ Mary G. Mazur, Wu Han. Historian: Son of China's times. Lanham: Lexington Books, 2009; Plymouth, UK.: Rowman &. Littlefield Publishers, 2009. 书评参见 Edmund S. K. Fung. in the China Journal, 2009 (63): 162-164; Susanne Weigelin-Schwiedizik. in China Information, Volume 24, 2010 (1): 105-107.

④ Carol Lee Hamrin, Stancey Bieler. Salt and light: Lives of faith that shaped modern China. Eugene, Or.: Pickwick Publishers, 2009.

历史的连续与断裂等历史和理论问题进行了研析。① Tai Ming Cheung 所著《强化中国：为建立现代国防经济而进行的斗争》一书对新中国成立六十年来中国国防经济兴起、停滞、复兴、军民两用经济形成和发展的曲折历程进行了研究。②

法律、法制史方面，约翰·W. 黑德（John W. Head）所著《中国法魂：历史语境下近代中国的法律认同》在简述中国古代儒家与法家法律思想、汉唐以来中国法律体系的基础上，重点对民国时期和中华人民共和国成立以来的法律改革、以法治国问题、法律与伦理、法律与新旧各种思潮和理论体系的关系等进行了探讨。③ 顾沙隆（Sharron Gu，音译）所著《近代中国的法律与政治：法律之下、法律、法律之上》研究内容涉及晚清时期的法律、革命与维新，辛亥革命中的词与剑，国民政府的法律与共产革命，作为立法者和执政者的中国共产党，"文革"中毛泽东的话与法律等。④

生态史学方面，数年前曾经出版过《中国西进：清朝征服中亚》⑤ 的濮德培，本年发表论文《帝制时代国中国边疆的自然与环境》，对帝制时代特别是清代中国边疆地区的生态环境与边疆治理间的关系进行了探讨。论文认为，生产生态和国家分类影响着帝制时代中国的边疆政策；在中国古代有关环境对人性影响的讨论中，主流的观点认为，所有人都可通过教化而走向文明；非主流的观点则认为，夷狄本性永远不会改变，而游牧民族也同样在为接受或拒绝汉文化而争论不休；中国历代王朝通常承认多样性，但有时也会采取说服或强制措施来消除差异。论文通过对满蒙关系、清朝对台湾原住居民和移民的政策及清朝对西南多山地区苗族的政策等三类案例的研究揭示了这一过程，发现在每类案例中，政策都取决于少数民族分类、对文化改造的态度及边疆环境等因素的互动。论文认为，当清朝统治者无力认识文化上的这种特殊性时，帝国便再

---

① Micah S. Muscolino. Fishing Wars and environmental change in late imperial and modern China. Cambridge, Mass.: Harvard University Asian Center, Distributed by Harvard University Press, 2009.

② Ti Ming Cheung. Fortifying China: The struggle to build a modern defense economy. Ithaca: Cornell University Press, 2009. 书评参见 Mattha A. Shapiro, in Review of Policy Research, 27, 2010 (3): 336-337.

③ John W. Head. China's legal soul: The modern Chinese legal identity in historical context. Durham, N.C.: Carolina Academic Press, 2009.

④ Sharron Gu. Law and politics in modern China: Under the law, the law and above the law. Amherst, N.Y.: Cambria Press, 2009.

⑤ Peter C. Perdue. China marches west: The Qing Quest of central Asia. The Belknap Press of Harvard University Press, Cambridge, Massachuetts, London, England, 2005.

也难以为继。①

女性主义与女性史方面，Xiaorong Li 的《清朝时期性别与文本的政治：〈正始集〉个案研究》一文，通过与王士禄所编《然脂集》、陈维崧所编《女人集》、胡孝思所编《本朝名媛诗钞》、蒋机秀所编《国朝名媛诗绣针》等清人所编著名女性作品集的比较，对清代著名女学者、诗人恽珠（1771—1833）所编，道光时期出版的《国朝闺秀正始集》的编辑原则及其实践进行了研析，认为恽氏及其他参与《正始集》的编辑者并不是要按性别来选编一部作品集，而是极力要从清代的女诗人中挑选可以称得上“闺秀”的那部分女诗人，同时，“正始”两字则反映出编选者希望根据《诗经》和儒家经典的道德和审美标准，来确立女性诗作的“正统”，从而在男性主导的文化中为女性诗作争得尊贵的一席之地。②

六、学术史

长期以来，欧美中国研究领域中存在两种不同的传统：一种是英美语言文学系或比较文学系所属的比较文学系统所培养的从外部研究中国的“汉学”（Sinology）传统，另一种则是东亚语言与文化系所属的中国文学系统所培养的从内部研究中国的“中国研究”（China Studies）传统。前者往往喜欢把中国当做一种始终处于制作过程之中的符号、文本或理论来看待，而后者则往往习惯于把中国当做一个符号制作者、一个领域、一个理论的对立面来处理。两派笔下所写的“中国”名同实异。由艾里克·哈叶特（Eric Hayot）等人合编的《中国学：书写中国》共收入论文 14 篇，分别从不同的角度论述了“经验的中国”与“想象的中国”之间的差异与冲突。书名既不用“汉学”，也不用“中国研究”，而是使用了“中国学”（Sinography），反映出作者某种试图与此前的传统划清界限的意图。书前的导言是一篇理论性的论文，从后现代主义、后殖民主义立场，对编者及各作者出身、工作于其中的西方“汉学”传统进

---

① Peter C. Perdue. Nature and nurture on imperial China's frontiers. Modern Asian Studies, Volume 43, 2009 (1): 245-267.

② Xiaorong Li. Gender and Textual Politics during the Qing dynasty: The case of the Zhengshi Ji. in Harvard Journal of Asiatic Studies, Volume 69, 2009 (1): 75-107.

行了深刻反思与批判。①

史学史方面，本年发表的论著不多，但比较重要，有研究范文澜的论文发表。范文澜是中国著名马克思主义史学家，其史学思想与实践对中国近现代史的研究影响巨大，但长期以来却鲜有西方学者对其史学思想与实践进行系统研究。令人高兴的是，李怀印（Huiyin Li）的《在传统与革命之间：范文澜与现代中国马克思主义史学的起源》打破了这一局面。该文把中国近现代史研究中以范文澜等马克思主义史学家为代表的“革命范式”放到20世纪三四十年代的历史语境中进行考察，认为范文澜的《中国近代史新编》主要是共产党人反击蒋廷黻等人为代表的国民党史学家的“现代化范式”的产物，同时也是中国共产党挑战20世纪二三十年代苏联和中国马克思主义史学家中所流行的有关中国近代史的“正统”解释。但是，作为经学家的范文澜，旧学根底很好，但马克思主义方面的训练则很差，又加上他有强烈的民族主义情怀，从而弱化了他从马克思主义角度对历史所进行的分析。②

七、史料与工具书

高政（James Zheng Gao）所编《近代中国历史辞典，1800—1949》作为古代文明与历史时代辞典系列的一种出版，为西方读者了解1800年至1949年间的历史提供了一个基本参考。③

庞百腾（David Pong）所编四卷本《近代中国百科全书》约请相关中国史专家撰写条目，旨在为研究中国问题的专家、记者、商人及受过中等以上教育的读者提供1840年以来中国历史问题的参考资料。④

狄德满（R. G. Tiedemann）所编《基督教在华传教会参考书指南》对罗马天主教、基督教新教等各派传教团体、女子传教组织、中国教徒所办教会等

① Eric Hayot, Haun Saussy, Steven G. Yao (eds.). Sinographies: Writing China. Minneapolis: Univesity of Minnesota Press, 2008. 书评参见 Lingchei Letty Chen, in the China Journal, 2008 (62): 149-151.

② Huaiyin Li. Between tradition and revolution: Fan wenlan and the origins of the marxist historiography of modern China. Modern China, On-line First Edition, 2009: 1-33.

③ James Zheng Gao. History dictionary of modern China, 1800-1949. Lanham, Md.: Scarecrow Press, 2009.

④ David Pong. Encyclopedia of modern China. Detroit: Charles Scribner's Sons/Gale, Cengage Learning, 2009.

相关文献进行了介绍，并附有关俄国东正教、罗马天主教资助机构等的介绍。①

推荐参考文献

(一) 国外中国古代史研究参考文献

A. 著作（英文与日文）

1. Campany, Robert Ford（康若柏）. Making transcendents: Ascetics and social memory in early medieval China, Honolulu: University of Hawaii Press, 2009.

2. Chittick, Andrew. Patronage and community in medieval China: The xiangyang Garrison, 400-600 CE, Albany: SUNY Press, 2009.

3. Cole, Alan. Fathering your father: The zen of fabrication in tang Buddhism. Berkeley: University of California Press, 2009.

4. Dai, Yingcong. The sichuan frontier and tibet: Imperial strategy in the early qing, Seattle: University of Washington Press, 2009.

5. Di Cosmo, Nicola, Allen J. Frank, Peter B. Golden eds. The cambridge history of inner Asia: The ghengisid age. Cambridge: Cambridge University Press, 2009.

6. Fei, Si-yen（费丝言）. Negotiating urban space: Urbanization and late ming Nanjing. Cambridge: Harvard University Press, 2009.

7. Fitzhugh, William, Morris Rossabi, William Honeychurch eds. Genghis khan and the mongol empire. Seattle: University of Washington Press, 2009.

8. Furniss, Ingrid. Music in ancient China: An archaeological and art historical study of strings, winds, and drums during the eastern Zhou and han periods. Cambria Press, 2008.

9. Ivanhoe, Philip J.（伊凤阁）. On ethics and history: Essays and letters of Zhang Xuecheng. Stanford: Stanford University Press, 2009.

10. Lewis, Mark Edward. China's cosmopolitan empire: The tang dynasty. Belknap Press, 2009.

11. Major, John, Sarah Queen, Andrew Seth Meyer, Harold D. Roth translated and edited. The huainanzi: A guide to the theory and practice of government in early han China, by Liu An, king of Huainan. New York: Columbia University Press, 2009.

12. Menegon, Eugenio（梅欧金）. Ancestors, virgins and friars: Christianity as a local

---

① R. G. Tiedemann. Reference guide to christian missionary societies in China. Armonk, N. Y.: M. E. Sharpe, 2009.

religion in late imperial China. Cambridge: Harvard University Press, 2009.

13. Ricci, Matteo（利玛窦）. On friendship: One hundred maxims for a Chinese prince. Trans. by Timothy Billings. New York: Columbia University Press.

14. Robinson, David M. Empire's twilight: Northeast Asia under the mongols. Cambridge: Harvard University Press, 2009.

15. Robson, James（罗柏松）. Power of place: The religious landscape of the southern sacred peak（Nanyue）in medieval China. Harvard University Asia Center, 2009.

16. Rowe, William T（罗威廉）. China's last empire: The great qing. Boston: He Belknap Press, 2009.

17. Snyder-Reinke, Jeffrey. Dry spells: State rainmaking and local governance in late imperial China. Cambridge: Harvard University Press, 2009.

18. Sung, Hou-Mei. Decoded messages: The symbolic language of Chinese animal painting. New Haven: Yale University Press, 2009.

19. Walsh, Michael J. Sacred economies: Buddhist monasticism and territoriality in medieval China. New York: Columbia University Press, 2009.

20. Wells, Matthew. To die and not decay: Autobiography and the pursuit of immortality in early China. Asia Past and Present: New Research from AAS. Honolulu: University of Hawaii Press, 2009.

21. Wu, Hung（巫鸿）. The art of yellow spring: Understanding Chinese tombs. Honolulu: University of Hawaii Press, 2009.

22. 濱川栄. 中国古代の社会と黄河. 東京：早稲田大学出版部, 2009.

23. 川勝守. 明清貢納制と巨大都市連鎖—長江と大運河. 東京：汲古書院, 2009.

24. 渡邉義浩. 後漢における“儒教國家”の成立. 東京：汲古書院, 2009.

25. 二階堂善弘. 明清期における武神と神仙の発展. 吹田：関西大学出版部, 2009.

26. 飯島武次. 中国渭河流域の西周遺跡. 東京：同成社, 2009.

27. 高木重俊. 唐代科挙の文学世界. 東京：研文出版, 2009.

28. 高橋繼男. 中國石刻關係圖書目録（1949—2007）. 東京：汲古書院, 2009.

29. 工藤元男、李成市. 東アジア古代出土文字資料の研究. 東京：雄山閣, 2009.

30. 宮本一夫、白雲翔. 中国初期青銅器文化の研究. 福岡：九州大学出版会, 2009.

31. 舘野和己. 古代都城のかたち. 東京：同成社, 2009.

32. 亀井明德. 元代青花白瓷研究. 川崎：亜州古陶瓷学会, 2009.

33. 横山伊勢雄. 宋代文人の詩と詩論. 東京：創文社, 2009.

34. 近藤一成. 宋代中國科擧社會の研究. 東京：汲古書院, 2009.

35. 井川義次. 宋学の西遷—近代啓蒙への道—. 京都：人文書院, 2009.

36. 李力. 張家山 247 號墓漢簡法律文獻研究及其述評（1985. 1—2008. 12）. 東京：東京外国語大学アジア・アフリカ言語文化研究所, 2009.

37. 林巳奈夫．中国古代の生活史．東京：吉川弘文館，2009.

38. 落合淳思．古代中国の虚像と実像．東京：講談社，2009.

39. 楠木賢道．清初対モンゴル政策史の研究．東京：汲古書院，2009.

40. 平田茂樹、中村圭爾、室山留美子．魏晋南北朝墓誌官職名索引―〈漢魏南北朝墓誌彙編〉〈新出魏晋南北朝墓志疏証〉篇．大阪：平田茂樹，2009.

41. 氣賀澤保規．新版唐代墓誌所在総合目録（増訂版）．東京：明治大学東アジア石刻文物研究所、明治大学文学部アジア史専攻氣賀澤研究室，2009.

42. 森克己．続日宋貿易の研究．東京：勉誠出版，2009.

43. 山内晋次．日宋貿易と"硫黄の道"．東京：山川出版社，2009.

44. 上田裕之．清朝支配と貨幣政策—清代前期における制銭供給政策の展開．東京：汲古書院，2009.

45. 石見清裕．唐代の国際関係．東京：山川出版社，2009.

46. 寺田隆信．明代郷紳の研究．京都：京都大学学術出版会，2009.

47. 松浦章．清代内河水運史の研究．吹田：関西大学出版部，2009.

48. 宋代史研究会．"宋代中国"の相対化．宋代史研究会研究報告第9集．東京：汲古書院，2009.

49. 藤田勝久．中国古代国家と社会システム—長江流域出土資料の研究．東京：汲古書院，2009.

50. 土肥義和．敦煌・吐魯番出土漢文文書の新研究．東京：東洋文庫，2009.

51. 武田科学振興財団杏雨書屋編．敦煌秘笈目録冊．大阪：武田科学振興財团，2009.

52. 武田科学振興財団杏雨書屋編．敦煌秘笈影片冊 1．大阪：武田科学振興財团，2009.

53. 吾妻重二．宋代思想の研究—儒教・道教・仏教をめぐる考察．吹田：関西大学出版部，2009.

54. 小嶋茂稔．漢代国家統治の構造と展開—後漢国家論研究序説．東京：汲古書院，2009.

55. 伊藤敏雄．魏晋南北朝史と石刻史料研究の新展開—魏晋南北朝史像の再構築に向けて．柏原：伊藤敏雄，2009.

56. 伊原弘．中国都市の形象—宋代都市の景観をよむ．東京：勉誠出版，2009.

57. 伊原弘．宋銭の世界．東京：勉誠出版，2009.

58. 原宗子．環境から解く古代中国．東京：大修館書店，2009.

59. 中島楽章．徽州商人と明清中国．東京：山川出版社，2009.

B. 论文（英文与日文）

刊物缩写示例：

BSOAS = Bulletin of the School of Oriental and African Studies

EC = Early China

EMC = Early Medieval China

HJAS = Harvard Journal of Asiatic Studies

JAH = Journal of Asian History

JAS = Journal of Asian Studies

JESHO = Journal of the Economic and Social History of the Orient

JRAS = Journal of the Royal Asiatic Society

JSYS = Journal of Song Yuan Studies

MS = Monumenta Serica. Journal of Oriental Studies.

OE = Orient Extremus

TS = T'ang Studies

TP = T'oung Pao

1. Admek, Wendi. The literary lives of nuns: Poems Inscribed on a Memorial Niche for the Tang Nun Benxing. TS 2009 (27): 40-65.

2. Agnew, Christopher S. Migrants and mutineers: The rebellion of kong youde and seventeenth-century northeast Asia. JESHO vol. 2009 (52): 505-541.

3. Allan, Sarah (艾兰). On the identity of Shang Di and the origin of the concept of a celestial mandate (Tian Ming). EC vol. 31, 2009: 1-46. (Early China 出版拖期，2007 年期拖 2009 年出版。)

4. Not the Lun yu: The Chu script bamboo slip manuscript, Zigao, and the nature of early confucianism. BSOAS, 2009 (72): 115-151.

5. Auken, Newell Ann Van (方妮安). Could "subtle words" have conveyed "praise and blame"? The implications of formal regularity and variation in spring and autumn (Chun Qiu) records. EC vol. 31, 2009: 47-112.

6. Birge, Bettine. Rock, paper, scissors: The nature of local sources and understanding regional history in imperial China. JESHO vol. 2009 (52): 4-13.

7. Bray, John. The oeconomu of human life: An "ancient bramin" in eighteenth-century Tibet. JRAS Third Series, 2009 (19): 439-458.

8. Brown, Miranda, Rafe de Crespigny. Adoption in Han China. JESHO 2009 (52): 229-266.

9. Chan, Shirley, The ruler/ruled relationship in the Ziyi (black robe) contained in the newly excavated guodian Chu slip-texts. JAH 43, 2009 (1): 19-30.

10. Chen, Huaiyu (陈怀宇). A buddhist classification of animals and plants in early tang China. JAH 43: 2009 (1): 31-51.

11. Chan, Hok-lam (陈学霖). Ming Taizu's placards on harsh regulations and punishments

revealed in Gu Qiyuan's Kezuo Zhuiyu. AM vol. 22, 2009 (1): 13-39.

12. Emmerich, Reinhard. Wang Chong's Praises for the Han Dynasty. MS vol. LVI, 2008: 117-148.

13. Eskildsen, Stephen. Some troubles and perils of taoist meditation. MS vol. LVI, 2008: 259-291.

14. Dunnell, Ruth W. Translating history from Tangut buddhist texts. AM vol. 22, 2009 (1): 41-78.

15. Gerritsen, Anne. Fragments of a global past: Ceramics manufacture in Song-Yuan-Ming Jingdezhen. JESHO vol. 2009 (52): 117-152.

16. Goldin, Paul A. The myth that China has no creation myth. MS vol. LVI, 2008: 1-22.

17. Goodman, Howard L. The orphan Ts'ao P'i, his odd poem and its historiographic frame. AM, 2009 (1): 79-104.

18. Sites of Recognition: Burial, Mourning and Commemoration in the Xun Family of Yingchuan, AD 140-305. EMC, 2009 (15): 49-90.

19. Graff, David A (葛德威). Fang Guan's chariots: Scholarship, war and character assassination in the middle Tang. AM, 2009 (22): 105-130.

20. Han, Seunghyun. Shrine, images and powers: The worship of former worthies in early nineteenth century SuZhou. TP vol. 2009 (95): 167-195.

21. Heller, Natasha. The chan master as illusionist: Zhongfeng Mingben's Huanzhu Jiaxun. HJAS vol. 69, 2009 (2): 271-308.

22. Heng, Derek. Shipping, customs procedures and the foreign community: The Pingzhou ketan on three aspects of Guangzhou's maritime economy in the late eleventh century, JSYS, 2008 (38): 1-38.

23. Jia, Jinhua (贾晋华). Religious origin of the terms Dao and De and their signification in the Laozi. JRAS, 2009 (19): 459-488.

24. Khayutina, Maria. Did the first kings of the Zhou dynasty relocate their capital? The topos of the "Central Place" in early China and its historical contexts. OE, 2008 (47).

25. Kim, Nanny. River control, merchant philanthropy and environmental change in nineteenth-century China. JESHO, 2009 (52): 660-694.

26. Lam, Yuan-Chu. The civil-Recruitment chapter in the Yuan history. MS vol. LVI, 2008: 293-372.

27. Langlois Jr., John D. Song Lian and Liu Ji in 1358 on the Eve of Joining Zhu Yuanzhang. AM, 2009 (22): 131-162.

28. Lien, Y. Edmund. Dunhuang gazetteers of the Tang period. TS, 2009 (27): 19-39.

29. Liu, Qingzhu (刘庆柱). Archaeological discovery and research into the layout of the

palace and ancestral shrines of Han dynasty Chang' an-a comparative essay on the capital cities of ancient Chinese kingdoms and empires. EC, 2009 (31): 113-144.

30. Lo, Yuet Keung (劳悦强). From a dual soul to a unitary soul: The babel of soul terminologies in early China. MS vol. LVI, 2008: 23-53.

31. Loewe, Michael (鲁惟一). Dong Zhongshu as a consultant. AM, 2009 (22): 163-182.

32. McMahon, Daniel. Southern Shaanxi officials in early nineteenth-century China. TP, 2009 (95): 120-166.

33. Morga, David. The decline and fall of the mongol empire. JRAS third series, 2009 (19): 427-437.

34. Murray, Julia K. "Icons" in the temple: Icons and the cult of confucius. JAS, 2009 (68): 371-411.

35. Pearce, Scott. Nurses, nurslings and new shapes of power in the mid-wei court. AM, 2009 (22): 287-309.

36. de Pee, Christian. Wards of words: Textual geographies and urban space in song-dynasty Luoyang, 960-1127. JESHO, 2009 (52): 85-116.

37. Peterson, Willard J (裴德生). Ch'en Ch'üeh finds himself, AM, 2009 (22): 183-200.

38. Pines, Yuri. To rebel is justified? The image of Zhouxin and the legitimacy of rebellion in the Chinese political tradition. OE, 2008 (47): 1-24.

39. Sanft, Charles. The construction and deconstruction of epanggong: Notes from the crossroads of history and poetry. OE, 2008 (47).

40. Schottenhammer, Angela. A buried past: The tomb inscription (muzhiming) and official biographies of Wang Chuzhi (863-923) 王处直. JESHO, 2009 (52): 14-56.

41. Skonicki, Douglas. Employing the right kind of men: The role of cosmological argumentation in the Qingli reforms. JSYS, 2008 (38): 39-100.

42. Struve, Lynn A (司徒琳). Self-struggles of a martyr: Memories, dreams and obsessions in the extant diary of Huang Chunyao (1605-1645). HJAS vol. 69, 2009 (2): 343-394.

43. Sue, Takashi. Revelations of a missing paragraph: Zhu Changwen (1039-1098) and the compilation of local gazetteers in Northern Song China. JESHO vol. 2009 (52): 57-84.

44. Tackett, Nicolas. The Great Wall and conceptualizations of the border under the northern Song. JSYS, 2009 (38): 99-138.

45. Teiser, Stephen F. (太史文). Ornamenting the departed: Notes on the language of Chinese buddhist ritual texts. AM, 2009 (22): 201-237.

46. Wang, Richard G. Ming Princes and Daoist Ritual. TP 2009 (95): 51-119.

47. Wang, Zhenping (王贞平). Ideas concerning diplomacy and foreign policy under the

Tang Emperors Gaozu and Taizong. AM, 2009 (22): 239-285.

48. Zeitlin, Judith T. The cultural biography of a musical instrument: Little Hulei as sounding object, antique, prop and relic. HJAS, 2009, 69 (2): 395-441.

49. Zhang, Dewei. The collapse of Beijing as a buddhist centre: Viewed from the activities of eminent monks, 1522 to 1620. JAH, 2009, 43 (1): 137-163.

50. Zhang, Ling. Changing with the Yellow River: An environmental history of Hebei, 1048-1128. HJAS, 2009, 69 (1): 1-36.

51. 安本博. 春秋何始於魯隱公. 愛知大学文学論叢. 2009, 139 (2): 1-22.

52. 岸本美緒. "中國"の擡頭—明末の文章書式に見る國家意識の一側面. 東方学. 2009, 118 (7): 1-21.

53. 岸本美緒. 清初の"文武相見儀注"について. 東洋史研究. 2009 (9): 250-279.

54. 百田篤弘. 中国における西アジア商人—"蕃客""舶主"をめぐって—. 東洋哲学研究所紀要. 2009 (25): 3-33.

55. 坂本道生. 中国六朝仏教における食思想——斎会の諸相. 印度哲学仏教学. 2009 (10): 166-178.

56. 坂上康俊. 日本に舶載された唐令の年次比定について. 史淵. 2009 (3): 1-16.

57. 伴真一朗. 明初における東西の仏教交流と青海チベット仏教寺院—永楽帝の対外政策における瞿曇寺御製金仏像碑の役割. 内陸アジア言語の研究. 2009 (6): 173-206.

58. 北村一仁. 南北朝政権の辺境統治に関する一考察——仇池地区を例として. 研究論集. 2009 (12): 83-97.

59. 北田裕行. 中国古代都城の園林配置に関する基礎的考察—都城外苑を中心として. 舘野和己編. 古代都城のかたち. 東京: 同成社, 2009 (6): 201-227.

60. 濱田弘樹. 地域の文化的要素が会計に及ぼす影響について——封建社会確立期(秦・漢帝国から魏晋南北朝・隋統一まで)の国家財政会計組織および会計官吏制度を中心に. 釧路公立大学地域研究. 2009 (12): 89-104.

61. 倉本尚德. 北齊臨淮王像碑の試譯と初步的考察. 東洋文化研究所紀要. 2009 (12): 181-237.

62. 倉本尚德. 北朝石刻にみる観世音仏信仰. 印度學佛教學研究. 2009 (12): 175-178.

63. 草野友子. 中国古代における王の呼称——上博楚簡鄭子家喪を中心として. 待兼山論叢. 2009: 19-34.

64. 柴田聡子. 姜維の北伐と蜀漢後期の政権構造. 三国志研究. 2009 (9): 120-137.

65. 長部悦弘. 北魏孝荘帝代爾朱氏軍閥集団再論 (1) —王都——覇府体制を焦点に

して．日本東洋文化論集．2009（3）：141-209．

66．長部悦弘．北魏孝荘帝代爾朱氏軍閥集団再論（2）王都—覇府体制を焦点にして．人間科学．琉球大学法文学部，2009（3）：167-190．

67．長谷川清貴．荀悦漢紀における“春秋之筆法”——昌邑王賀廃位記事を中心に．國學院雜誌．110（10）（通号1230），2009（10）：1-15．

68．長谷川岳史．隋代仏教における真・応二身説．仏教学研究．2009（3）：1-20．

69．城地孝．丹陽布衣部芳考——政客の活動をとおして見る明代後期の政治世界．東洋史研究．2009（12）：451-481．

70．城地孝．陝西における互市實施をめぐって——中國國家圖書館藏《兵部奏疏》よりみる隆慶和議の一側面．東方学．2009（1）：79-97．

71．池田敦志．賈誼の対匈奴政策——前漢代匈奴戦争におけるその実効性について．早稲田大学大学院文学研究科紀要第4分冊55．2009：87-102．

72．池田温．敦煌寫本僞造問題管見．土肥義和編．敦煌・吐魯番出土漢文文書の新研究．東京：東洋文庫，2009（3）：137-155．

73．池田雅典．漢代の封禪儀禮——“封封禪”から“封禪”へ．大東文化大学漢学会誌．2009（3）：9-31．

74．赤城美惠子．清代服制事案に関する一考察—秋審手続を通じてみたる．東洋文化研究所紀要．2009（3）：1-59．

75．川本芳昭．三国期段階における烏丸・鮮卑について——交流と変容の観点から見た．国立歴史民俗博物館研究報告．2009（3）：63-81．

76．川合安．九品官人法の制定と貴族制の形成．三国志研究．2009（9）：73-82．

77．川井貴雄．北魏後期における門下省について——北魏末・東魏の門下省の質的変化を中心として．九州大学東洋史論集．2009（3）：24-57．

78．川勝守．西羌王国の興亡と漢帝国—東アジア世界冊封関係形成史論の序説としてみた．大正大学東洋史研究．2009（4）：1-92．

79．村上信明．乾隆五二年における蒙古旗人の伊犂将軍任用の背景：乾隆後半の藩部統治における旗人官僚の人事に関する一考察．東洋文化研究，学習院大学，2009（3）：55-85．

80．村上正和．状元夫人考—清代中期における士大夫と俳優．史學雜誌．2009（2）：246-264．

81．大津透．吐魯番文書と律令制—唐代均田制を中心に．土肥義和編．敦煌・吐魯番出土漢文文書の新研究．東京：東洋文庫，2009（3）：251-270．

82．大橋由治．世説新語と魏晉文化——言語表現．大東文化大学漢学会誌．2009（3）：107-124．

83．大西啓司．西夏の土着信仰に関する一考察．日本西蔵学会会報．2009（7）：27-37．

84. 大野裕司．阜陽漢簡周易の筮辭と卜辭．中国哲学．2009（11）：55-85.

85. 大澤正昭．唐宋時代の家族について．史海．2009（5）：25-37.

86. 大澤直人．史記春申君列伝に関する一考察——その編纂意図を探る．立命館史学．2009：23-47.

87. 大櫛敦弘．三川郡のまもり——秦代国家の統一支配補論．人文科学研究（高知大学）．2009（7）：25-43.

88. 黨武彦．清代直隷省の治水政策——乾隆前期の子牙河治水を中心として．東洋史研究．2009（6）：70-101.

89. 畑地正憲．北宋時代における陝西四路の防衛戦略について．山口大學文學會誌．2009（3）：25-52.

90. 町田隆吉．麹氏高昌國時代寺院支出簿の基礎的考察．土肥義和編．敦煌・吐魯番出土漢文文書の新研究．東京：東洋文庫，2009（3）：227-249.

91. 町田隆吉．唐咸亨五年（674）児為阿婆録在生及亡没所修功徳牒をめぐって—7世紀後半トゥルファンオアシス漢人の死生観の一例．西北出土文献研究．2009（3）：43-59.

92. 東潮．三国志東夷伝の文化環境．国立歴史民俗博物館研究報告．2009（3）：7-62.

93. 町田吉隆．明代南京城墻磚瓦の生産と輸送について．立命館東洋史學．2009：57-84.

94. 渡邉明．走馬楼出土三国呉簡における字形上の特徴とその位置づけ．上越教育大学国語研究．2009（2）：80-88.

95. 渡辺健哉．科挙制よりみた元の大都．宋代史研究会編．“宋代中国”の相対化（宋代史研究会研究報告9）．東京：汲古書院，2009（7）：183-210.

96. 渡辺信一郎．唐代前期律令制下の財政的物流と帝国編成．国立歴史民俗博物館研究報告．2009（3）：171-199.

97. 渡邉義浩．西晉における華夷思想の變容．大東文化大学漢学会誌．2009（3）：53-77.

98. 渡邉義浩．儒教の“国教化”論と“儒教国家”の成立（現状と課題）．中国．2009（7）：314-324.

99. 渡邉義浩．曹丕の典論と政治規範．三国志研究．2009：88-104.

100. 渡邉義浩．西晉“儒教国家”の限界と八王の乱．東洋研究．2009（12）：35-62.

101. 渡邉義浩．山公啓事にみえる貴族の自立性．中国文化．2009：14-28.

102. 渡昌弘．明代中期の国子監官と監生について．歴史研究．2009（3）：43-70.

103. 楯身智志．漢初高祖功臣位次考——前漢前半期における宗廟制度の展開と高祖功臣列侯の推移．東洋学報．2009（3）：333-364.

104. 楯身智志. 前漢における“帝賜”の構造と変遷—二十等爵制の機能をめぐって. 工藤元男、李成市編. 東アジア古代出土文字資料の研究. 東京：雄山閣，2009 (3)：82-110.

105. 多田麻希子. 秦・前漢初期における“室”“戸”“同居”をめぐる諸問題と家族. 専修史学. 2009 (11)：1-34.

106. 凡国棟、本間寛之訳. 日書死失図の総合的観察. 工藤元男、李成市編. 東アジア古代出土文字資料の研究. 東京：雄山閣，2009 (3)：157-181.

107. 飯山知保. 稷山段氏の金元代—十一～十四世紀の山西汾水下流域における“士人層”の存続と変質について—. 宋代史研究会編. “宋代中国”の相対化（宋代史研究会研究報告 9）. 東京：汲古書院，2009 (7)：435-464.

108. 肥田路美. 隋・唐前期の一州一寺制と造像. 早稲田大学大学院文学研究科紀要第 3 分冊 55. 2009：65-80.

109. 豊島悠果. 高麗の宴会儀礼と宋の大宴. 宋代史研究会編. “宋代中国”の相対化（宋代史研究会研究報告 9）. 東京：汲古書院，2009 (7)：351-389.

110. 馮培紅. 敦煌大族與前涼王國. 内陸アジア言語の研究 XXIV. 2009 (6)：93-129.

111. 福島重. 元代華北の寺院住持について——嵩山少林寺歴代住持を中心に. 大谷大学大学院研究紀要 26. 2009：135-162.

112. 福井重雅. 前漢の塩鉄会議とその主役たち. 史滴 31. 2009：48-63.

113. 福山泰男. 曹植と“国難”—先秦漢魏文字における国家意識の一面. 山形大学人文学部研究年報 6. 2009 (3)：101-120.

114. 福田俊昭. 朝野僉載に見える讖應説話（後編）. 東洋研究 172. 2009 (7)：69-95.

115. 福原啓郎：晋辟雍碑の再検討—碑陰題名の分析を中心として—. 伊藤敏雄編. 魏晋南北朝史と石刻史料研究の新展開—魏晋南北朝史像の再構築に向けて—. 2009 (2)：47-58.

116. 冨田孔明. 宋代仁宗朝における薦挙と党派形成の問題——范仲淹・杜衍派の一側面. 東洋史苑 73. 2009 (3)：1-29.

117. 岡本不二明. 斎郎考——宋代歌舞戯をめぐる一問題. 中国文史論叢 5. 2009 (3)：57-77.

118. 岡本洋之介. 士大夫にとっての科擧——唐代の散文に見える意識. 中国言語文化研究 9. 2009 (8)：1-24.

119. 岡本真則. 関中地区における西周王朝の服属氏族について. 工藤元男、李成市編. 東アジア古代出土文字資料の研究. 東京：雄山閣，2009 (3)：47-81.

120. 岡本真則. 洛陽地区における西周時代の服属氏族について. 史滴 31. 2009 (12)：2-27.

121. 岡部毅史. 梁簡文帝立太子前夜—南朝皇太子の歴史的位置に関する一考察. 史學雜誌 118（1）. 2009（1）：1-33.

122. 岡村秀典. 前漢鏡銘の研究. 東方学報京都大学人文科学研究所，2009（3）：1-54.

123. 岡村秀典. 魏の民間歌謡と鏡銘. 東アジアの古代文化 137. 2009（1）：35-38.

124. 岡野誠. 天聖令依拠唐令の年次について. 法史学研究会会報 13. 2009（3）：1-24.

125. 岡野誠. 新たに紹介された吐魯番・敦煌本唐律、律疏斷片—旅順博物館及び中國國家圖書館所藏資料を中心に. 土肥義和編. 敦煌・吐魯番出土漢文文書の新研究. 東京：東洋文庫，2009（3）：83-113.

126. 高村武幸. 漢代文書行政における書信の位置付け. 東洋学報 91（1）. 2009（6）：1-33.

127. 高井康典行. 遼朝における士人層の動向—武定軍を中心として. 宋代史研究会編. "宋代中国"の相対化（宋代史研究会研究報告 9）. 東京：汲古書院，2009（7）：391-433.

128. 高木小苗. フレグ遠征時のイランにおけるモンゴル王族の権限と私財. 史滴 31. 2009（12）：133-156.

129. 高啓安. 釈"驢騣"：一道唐代名饌的考察——兼論雄性生殖器的食用. 高田時雄編. 敦煌寫本研究年報 3. 京都：京都大學人文科學研究所西陲發現中國中世寫本研究班，2009（3）：59-78.

130. 高橋弘臣. 南宋臨安の三衙. 愛媛大学法文学部論集：人文学科編 26. 2009：57-87.

131. 高橋弘臣. 南宋臨安における禁軍の駐屯とその影響. 愛媛大学法文学部論集：人文学科編 27. 2009：75-107.

132. 高橋康浩. 繆襲の政治的位置. 三国志研究 4. 2009（9）：138-147.

133. 高橋幸吉. 金代における陶淵明の受容. 慶應義塾大学日吉紀要：中国研究 2. 2009：63-89.

134. 高田哲太郎. 鬼谷子、符言篇の位置. 集刊東洋学 102. 2009：83-95.

135. 高芝麻子. 白居易詩における年齢の言及. 白居易研究年報 10. 2009：75-99.

136. 工藤寿晴. 遼許従贇墓誌銘考釈——燕雲地域獲得直後における雲州の様相を観察する手掛かりとして. 白山史学 45. 2009（4）：107-141.

137. 工藤元男. 中国古代の日書にみえる時間と占卜——田律の分析を中心として. メトロポリタン史学 5. 2009（12）：3-23.

138. 宮岸雄介. 論語微子篇の逸民寓話について—儒家と道家の思想交渉史の考察. 研究論集儒学文化 9. 2009（2）：20-35.

139. 宮岸雄介. 唐代経学における古文学派的発想について——史学と古文思想との

関係をてがかりに．カルチュール3（1）．2009：15–35．

140. 宮本一夫．考古学から見た夫余と沃沮．国立歴史民俗博物館研究報告151．2009（3）：99–127．

141. 宮崎聖明．宋代における禁謁制度の展開．宋代史研究会編．“宋代中国”の相対化（宋代史研究会研究報告9）．東京：汲古書院，2009（7）：45–85．

142. 古瀬奈津子．敦煌書儀と“上表”文—日唐の表の比較をまじえて—．土肥義和編．敦煌・吐魯番出土漢文文書の新研究．東京：東洋文庫，2009（3）：67–82．

143. 谷川道雄．中国国家論序説——階級と共同体．名古屋大学東洋史研究報告33．2009：1–25．

144. 谷川道雄．中国古典時代の終結と東アジア世界の成立．研究論集（河合文化教育研究所）7．2009（12）：5–27．

145. 谷井陽子．明初の対モンゴル軍事政策とその帰結．史林92（3）（通号475）．2009（5）：491–524．

146. 谷口規矩雄．明代官僚の汚職について——州県官を中心にして—．研究論集河合文化教育研究所，2009（12）：109–131．

147. 谷口建速．長沙走馬楼呉簡にみえる穀物財政システム．工藤元男、李成市編．東アジア古代出土文字資料の研究．東京：雄山閣，2009（3）：182–206．

148. 谷口満．楚都丹陽探索問題の行方——丹江口大ダム一帯の考古新知見によせて．東北学院大学論集：歴史と文化44．2009：13–32．

149. 關清孝．郭璞爾雅注から見た爾雅來歴について——從來の理解と問題點を中心に．大東文化大学漢学会誌48．2009（3）：33–51．

150. 關尾史郎．“五胡”時代の墓誌とその周辺．環日本海研究年報16．2009：1–11．

151. 關尾史郎．“五胡”時代の“屬”について——トゥルファン出土五胡文書分類試論（2）．資料学研究6．2009（3）：25–34．

152. 關尾史郎．出土文書と社會・行政“五胡”時代、高昌郡文書の基礎的考察—兵曹關係文書群の検討を中心として．土肥義和編．敦煌・吐魯番出土漢文文書の新研究．東京：東洋文庫，2009（3）：183–200．

153. 關尾史郎．トゥルファン出土，“五胡”時代文書の定名をめぐって—新獲吐魯番出土文獻の成果によせて—．西北出土文献研究7．2009（3）：67–77．

154. 廣瀬憲雄．唐後半期から北宋の外交儀礼—“対”の制度と関連して—．史學雜誌118（7）．2009（7）：1306–1329．

155. 廣瀬憲雄．九世紀の君臣秩序と辞官・致仕の上表——状と批答の視点から—．ヒストリア213．2009（1）：279–304．

156. 桂勝、張友雲．昭君出塞與漢匈社会交往的考察．アジアの歴史と文化13．2009（3）：31–38．

157. 郭静云．郭店出土〈太一〉：社會歸於天地之道的自然（再論老子丙組〈太一〉書文的結構）．中国出土資料研究 13．2009（3）：41–61.

158. 韓昇．新発見隋代陰寿の墓誌．汲古 56．2009（12）：1–12.

159. 好並隆司．後漢・魏代における天・人思想の展開．別府大学大学院紀要 11．2009（3）：11–18.

160. 好並隆司．魏・晋代、司馬・曹両氏の浮華・老荘思想をめぐる政争．史学論叢 39．2009（3）：1–9.

161. 好並隆司．"浮華"論考．史学研究 266．2009（9）：15–32.

162. 好並隆司．魏朝における曹爽専権の時代．広島東洋史学報 14．2009：1–10.

163. 河野剛彦．唐による外国人授官傾向の変遷——武職事官の授与を中心に—．学習院史学 47．2009（3）：21–55.

164. 胡常春．四川地區早期佛教圖像之再探討．名古屋大學中國哲學論集 8．2009：1–53.

165. 胡勁茵．宋代政治音樂史研究回顧及展望——樂政：宋代政治文化史研究的一個角度．都市文化研究 11．2009（3）：72–80.

166. 戸川貴行．東晉南朝における天下觀について——王畿、神州の理解をめぐって—．六朝學術學會報 10．2009（3）：35–49.

167. 戸崎哲彦．宋代桂林における韓愈送桂州厳大夫詩：唐・宋における"八桂"と"湘南"の変化．島大言語文化 26．2009（3）：1–42.

168. 戸崎哲彦．柳宗元塋地"萬年縣之少陵原，實棲鳳原"考釋（上）：唐代長安南郊の"原"と"郷"．島大言語文化 27．2009（10）：1–45.

169. 荒川正晴．唐代中央アジアにおける帖式文書の性格をめぐって．土肥義和編．敦煌・吐魯番出土漢文文書の新研究．東京：東洋文庫，2009（3）：271–291.

170. 荒川正晴．麹氏高昌国の灌漑水利と税役．西北出土文献研究 7．2009（3）：19–41.

171. 黄暁芬．漢帝都長安の都市計画と造営理念．古代文化 61（2）（通号 577）．2009（9）：207–222.

172. 会田大輔．宇文述墓誌と隋書宇文述伝——墓誌と正史の宇文述像をめぐって—．駿台史學 137．2009（9）：1–26.

173. 会田大輔．北魏後半期の州府僚佐——山公寺碑を中心に—．東洋学報 91（2）．2009（9）：193–224.

174. 磯部淳史．順治朝における皇帝・旗王関係についての一考察——順治八年～十二年の政局をめぐって—．立命館東洋史學 32．2009：31–61.

175. 吉本道雄．先秦時代の内蒙古東南部における考古学的諸文化—近年の環境考古学的研究に寄せて—．史林 92（1）（通号 473）．2009（1）：195–213.

176. 吉本道雅．濊貊考．京都大學文學部研究紀要 48．2009（3）：1–53.

177. 吉冨透．楚辞天問篇研究序説——戰國楚簡“三德”の讀者對象と“皇天”“后帝”から—．中国出土資料研究 13．2009（3）：18-40.

178. 吉田章人．魯・斉関係における婚姻と夫人．史學 78（3）．2009（10）：263-300.

179. 吉田順一．モンゴル秘史研究．早稲田大学モンゴル研究所紀要 5．2009（9）：79-105.

180. 吉野正史．元朝にとってのナヤン・カダアンの乱—二つの乱における元朝軍の編成を手がかりとして—．史觀 161．2009（9）：34-58.

181. 加藤眞司．經書解釋に見える蘇軾の義利觀——王安石・司馬光の義利觀と比較して—．中国哲学 37．2009（11）：87-113.

182. 榎並岳史．宋代神道碑目録．資料学研究 6．2009（3）：14-41.

183. 菅沼愛語．唐代の契丹と突厥第二可汗国．京都女子大学大学院文学研究科研究紀要：史学編 8．2009：1-26.

184. 菅沼愛語、菅沼秀夫．七世紀後半の“唐・吐蕃戦争”と東部ユーラシア諸国の自立への動き——新羅の朝鮮半島統一・突厥の復興・契丹の反乱・渤海の建国との関連性—．史窓 66．2009（2）：1-22.

185. 江川式部．南北朝隋唐期礼制関連研究文献目録（中文篇 1/1980—2000 年）．法史学研究会会報 13．2009（3）：129-141.

186. 江村知朗．呉国歴史地理研究序説—遷都問題に関する研究史的考察—．歴史 112．2009（4）：1-29.

187. 蒋非非、北村一仁訳．東北アジアにおけるシルクロード．研究論集．河合文化教育研究所，2009（3）：177-184.

188. 角山典幸．北魏洛陽城における官人・僧侶の居住地．中央大学アジア史研究 33．2009（3）：1-36.

189. 今西智久．隋文帝の佛教政策に關する一考察——釋曇遷の事蹟を手がかりに—．大谷大学大学院研究紀要 26．2009：163-196.

190. 金秉駿．楽浪郡初期の編戸過程——楽浪郡初元四年戸口統計木簡を端緒として—．古代文化 61（2）（通号 577）．2009（9）：223-243.

191. 金井徳幸．宋代州県学と孔子廟——仏道・巫鬼の潮流の中で—．立正史学 106．2009：55-66.

192. 金文京．杜家立成雑書要略と唐代文学．中国文史論叢 5．2009：19-32.

193. 金子修一．則天武后と杜嗣先墓誌——粟田真人の遣唐使と関連して—．国史学 197．2009（2）：1-20.

194. 金子修一．唐代詔敕文中の則天武后の評價について．東洋史研究 68（2）．2009（9）：219-249.

195. 進藤尊信．明代宦官の経歴と宦官集団の変化について．集刊東洋学 102．2009：

39–60.

196. 井上了. 大戴礼記少間篇の西方観とその成立時期. 集刊東洋学 102. 2009：96–106.

197. 井上徹. 華と夷の境界、そして漢族社会の成立——中国南部を対象として—. 歴史科学 198. 2009（9）：19–35.

198. 井上直樹. 八世紀中葉の新羅・唐関係——孝成王代を中心に—. 唐代史研究 12. 2009（8）：4–26.

199. 久保田和男. 宋朝における中央情報の地方伝達について—邸報と小報を中心として—. 宋代史研究会編. "宋代中国"の相対化（宋代史研究会研究報告9）. 東京：汲古書院，2009（7）：15–44.

200. 酒井恵子. 近世中国における"操を守った"女性たち. 歴史の理論と教育 131. 2009（11）：25–37.

201. 酒井恵子. 明代正統・景泰年間における義民旌表と納粟入監. 名古屋大学東洋史研究報告 33. 2009：51–75.

202. 臼杵勲. 金上京路の北辺. 遼金西夏研究の現在 2. 2009：49–71.

203. 菊地大樹. 中国先秦時代におけるウマと馬車の変革. 中国考古学 9. 2009：27–48.

204. 橘真敬. 大谷探検隊将来西厳寺蔵橘資料について. 西北出土文献研究 7. 2009（3）：103–112.

205. 堀史人. "死"にいたる道すじ——韓愈唐河中府法曹張君墓碣銘をめぐって—. 待兼山論叢 43. 2009：17–31.

206. 黎明釗、馬増榮. 試論漢簡所見的都吏及其與督郵的關係. 中国出土資料研究 13. 2009（3）：105–130.

207. 李凭. 从北魏平城时代的一批墓铭看京畿移民的社会地位与思想感情. 伊藤敏雄編. 魏晋南北朝史と石刻史料研究の新展開—魏晋南北朝史像の再構築に向けて—. 2009（2）：79–97.

208. 李凭. 補：両方与北魏平城郭城定位相関的墓磚. 伊藤敏雄編. 魏晋南北朝史と石刻史料研究の新展開—魏晋南北朝史像の再構築に向けて—. 2009（2）：98–107.

209. 李治安，舩田善之訳. 元世祖クビライ草原領地考. 早稲田大学モンゴル研究所紀要 5. 2009（9）：59–70.

210. 栗本陽子. 雍正年間の清朝によるチャンキャ三世招請の経緯とその意義. 史境 58. 2009（3）：67–84.

211. 笠松哲. 天下会同の儀礼——唐代封禅の会盟機能について—. 古代文化 61（1）（通号 576）. 2009（6）：1–21.

212. 林鳴宇. 宋初天台における使帖の意義. 印度學佛教學研究 58（1）. 2009（12）：199–203.

213. 林謙一郎. 南詔王権の確立・変質と唐・吐蕃関係——和親（公主降嫁）の意味するもの—. 唐代史研究 12. 2009（8）：57-87.

214. 鈴木博之. 金龍四大王考——明代の大運河と河神—. 集刊東洋学 102. 2009：22-38.

215. 鈴木宏節. 突厥チョイル碑文再考. 内陸アジア史研究 24. 2009（3）：1-24.

216. 鈴木拓也. 李商隱關係研究文獻目録（稿）——日本編. 大東文化大學中國學論集 27. 2009（12）：69-88.

217. 鈴木真. 清朝前期の権門と塩商—イェへ=ナラ氏と長蘆塩商を例に—. 史學雜誌 118（3）. 2009（3）：378-403.

218. 鈴木直美. 睡虎地秦簡"公室告"再論——秦律における親子の"関係"と公的秩序—. 古代文化 61（1）（通号 576）. 2009（6）：56-76.

219. 劉浦江，小林隆道訳. "五德終始"説の終結—兼ねて宋代以降における伝統的政治文化の変遷を論じる—. 宋代史研究会編. "宋代中国"の相対化. 宋代史研究会研究報告 9. 東京：汲古書院，2009（7）：147-181.

220. 劉嘯. 魏晋南北朝的宗正. 九州大学東洋史論集 37. 2009（3）：1-29.

221. 滝川正博. 北周における"稽胡"の創設. 史觀 160. 2009（3）：37-56.

222. 鹿島英一. 女真文字の集合論. 地域文化研究 7. 2009（1）：45-98.

223. 呂静、鄭卉. 一九〇〇年以前中國境内簡帛出土之考察——以傳世文獻收集整理為中心. 中国出土資料研究 13. 2009（3）：62-83.

224. 馬彪. 龍崗秦簡に見る"参辦（辨）券"について. 研究論集. 河合文化教育研究所，2009（12）：29-37.

225. 馬場理惠子. 前漢後半期における官制秩序の形成——王莽の官制改革を中心として—. 研究論集. 河合文化教育研究所，2009（12）：55-67.

226. 毛利英介. 十一世紀後半における北宋の国際的地位について—宋麗通交再開と契丹の存在を手がかりに—. 宋代史研究会編. "宋代中国"の相対化. 宋代史研究会研究報告 9. 東京：汲古書院，2009（7）：271-314.

227. 梅村尚樹. 宋代地方官学の興起とその象徴：文翁・常袞の顕彰を手がかりに. 史學雜誌 118（6）. 2009（6）：1109-1143.

228. 梅原郁. 日本と中國の出土錢——北宋錢を中心として—. 東方学 118. 2009（7）：40-60.

229. 妹尾達彦. 隨唐長安城と世界史の構造. 歴史地理教育 741. 2009（3）：3，10-17.

230. 妹尾達彦. 唐代長安の印刷文化—主に S. P. 12 と S. P. 6 をてがかりにして—. 土肥義和編. 敦煌・吐魯番出土漢文文書の新研究. 東京：東洋文庫，2009（3）：427-446.

231. 妹尾達彦. 中国都城の沿革と中国都市図の変遷—呂大防《唐長安城図碑》の分析を中心にして—. 舘野和己編. 古代都城のかたち. 東京：同成社，2009（6）：

175-200.

232. 米田健志．前漢の御史大夫小考—史記三王世家と元康五年詔書冊の解釈に関して—．奈良史学 27．2009：56-73.

233. 木村清順．兵家が献策した魏国防衛戦略——帛書戦国縦横家書第 26 章の戦国故事の考察—．防衛学研究 41．2009（9）：81-96.

234. 木村秀海．"貯"と"服"——西周時代の貯積と貢納—．関西学院史学 36．2009（3）：1-28.

235. 内田昌功．北周長安宮の空間構成．秋大史学 55．2009（3）：52-66.

236. 内田直文．清朝入関後における内廷と侍従集団——順治・康熙年間を中心に—．九州大学東洋史論集 37．2009（3）：115-146.

237. 片山章雄．唐・高宗の龍朔改元再論．紀尾井史学 28．2009（2）：1-10.

238. 片山章雄．大谷探検隊將來吐魯番出土物價文書斷片の數點の綴合について．土肥義和編．敦煌・吐魯番出土漢文文書の新研究．東京：東洋文庫，2009（3）：315-335.

239. 片山章雄．大谷文書・旅順博物館文書中の吐魯番出土霊芝雲型文書の一例．西北出土文献研究 7．2009（3）：61-66.

240. 片桐宏道．ダプン考——ダライラマ政権における"武官"—．東洋史研究 68（1）．2009（6）：130-158.

241. 片桐尚．元代吏員出身者の昇進について—省掾を中心に—．大正大学東洋史研究 2．2009（4）：119-140.

242. 朴漢済．魏晋南北朝時期墓葬習俗的变化与墓誌銘的流行．伊藤敏雄編．魏晋南北朝史と石刻史料研究の新展開—魏晋南北朝史像の再構築に向けて—，2009（2）：127-150.

243. 平田陽一郎．周隋革命と突厥情勢——北周・千金公主の降嫁を中心に—．唐代史研究 12．2009（8）：27-56.

244. 齊東方．中国古代都城の形態と機能．舘野和己編．古代都城のかたち．東京：同成社，2009（6）：153-174.

245. 斉藤達也．北朝・隋唐史料に見えるソグド姓の成立について．史學雜誌 118（12）．2009（12）：2106-2131.

246. 齊藤茂雄．唐代單于都護府考——その所在地と成立背景について—．東方学 118．2009（7）：22-39.

247. 氣賀澤保規．唐代西州府兵制再論—西州"衛士"の位置づけをめぐって—．土肥義和編．敦煌・吐魯番出土漢文文書の新研究．東京：東洋文庫，2009（3）：293-313.

248. 前島佳孝．西魏行台考．東洋学報 90（4）．2009（3）：365-397.

249. 前島佳孝．西魏・北周の四川支配の確立とその経営．人文研紀要．中央大学，2009：31-65.

250. 前田尚美．明代後宮と后妃・女官制度．京都女子大学大学院文学研究科研究紀要：史学編 8．2009：27-55．

251．淺見洋二．校勘から生成論へ——宋代の詩文集注釋、特に蘇黄詩注における眞蹟・石刻の活用をめぐって—．東洋史研究 68（1）．2009（6）：34-69．

252．浅野裕一．上博楚簡凡物流形の全体構成．中国研究集刊 48．2009（6）：31-68．

253．喬秀岩．《論語》鄭玄注と何晏集解の注釋の異なる方向性について．東洋古典學研究 27．2009（5）：1-28．

254．清水信行．渤海上京龍泉府跡出土の瓦：再考．扶桑：田村晃一先生喜寿記念論文集．青山考古 25・26．2009（7）：395-419．

255．仁藤敦史．卑弥呼の王権と朝貢——公孫氏政権と魏王朝—．国立歴史民俗博物館研究報告 151．2009（3）：343-355．

256．榮新江．從聚落到鄉里——敦煌等地胡人集團的社會變遷．高田時雄編．敦煌寫本研究年報 3．京都：京都大學人文科學研究所西陲發現中國中世寫本研究班，2009（3）：25-36．

257．榮新江．吐魯番新出前秦建元二十年籍的淵源．土肥義和編．敦煌・吐魯番出土漢文文書の新研究．東京：東洋文庫，2009（3）：201-212．

258．榮新江，植松知博訳．西州回鶻某年造仏塔功徳記小考．西北出土文献研究 7．2009（3）：7-18．

259．若江賢三．秦漢律における司寇について—刑と身分—．愛媛大学法文学部論集：人文学科編 27．2009：1-26．

260．三王昌代．清代中期におけるスールー（蘇禄）と中国のあいだの文書往来——ジャウィ文書と漢文史料から—．東洋学報 91（1）．2009（6）：104-130．

261．森部豊．唐末・五代・宋初の華北東部地域における吐谷渾とソグド系突厥．遼金西夏研究の現在 2．2009：25-48．

262．森和．離日と反支日からみる日書の継承関係．工藤元男、李成市編．東アジア古代出土文字資料の研究．東京：雄山閣，2009（3）：132-156．

263．森田憲司．可見元代石刻拓影目録稿（自癸未年至至元 20 年）．奈良大学総合研究所所報 17．2009：1-16．

264．森野繁夫．沈約宋書謝靈運傳について．中国中世文学研究 55．2009（3）：1-17．

265．山本進．清代新疆の茶流通．名古屋大学東洋史研究報告 33．2009：77-98．

266．山本孝子．敦煌吐魯番文獻圖錄目録集覧稿（3）．高田時雄編．敦煌寫本研究年報 3．京都：京都大學人文科學研究所西陲發現中國中世寫本研究班，2009（3）：147-183．

267．山本英史．清康熙の孤本公牘三種について．史学 77（4）．2009（3）：381-393．

268．山口正晃．敦煌本賢劫千佛名経について．高田時雄編．敦煌寫本研究年報 3．

京都：京都大學人文科學研究所西陲發現中國中世寫本研究班，2009（3）：79-102.

269. 山崎覚士．五代の“中国”と平王．宋代史研究会編．“宋代中国”の相対化（宋代史研究会研究報告 9），東京：汲古書院，2009（7）：117-145.

270. 山田勅之．明代雲南麗江ナシ族・木氏土司による周辺地域への勢力拡張とその意義—中華世界とチベット世界の狭間で—．史學雜誌 118（7）．2009（7）：1330-1356.

271. 山田勅之．雲南省麗江に残る仏教壁画——明代麗江土司・木氏とチベット仏教—．内陸アジア史研究 24．2009（3）：123-131.

272. 杉村伸二．漢初の郡国廟と入朝制度について——漢初郡国制と血縁的紐帯—．九州大学東洋史論集 37．2009（3）：1-23.

273. 膳智之．中国古代の農事記——農繁期と作物の推移—．専修史学 46．2009（3）：1-33.

274. 上原一明．隋唐時代の仏教及び造仏について．研究論叢第 3 部：芸術・体育・教育・心理．山口大学，2009：25-36.

275. 石本利宏．戦国趙における“胡服騎射”改革．東洋史苑 72．2009（1）：27-59.

276. 石本利宏．戦国燕の国家的性質——古代東アジアにおける“経済大国”—．研究論集．河合文化教育研究所，2009（12）：39-54.

277. 石川岳彦．考古遺跡・遺物からみた遼東郡——遼陽・瀋陽地域の後漢・魏・晋墓と副葬土器の基礎編年—．国立歴史民俗博物館研究報告 151．2009（3）：83-97.

278. 石見清裕．吐魯番出土墓表・墓誌の統計的分析．土肥義和編．敦煌・吐魯番出土漢文文書の新研究．東京：東洋文庫，2009（3）：157-182.

279. 石見清裕．唐代内附民族對象規定の再検討——天聖令・開元二十五年令より—．東洋史研究 68（1）．2009（6）：1-33.

280. 石井仁．“地方分権化”と都督制．三国志研究 4．2009（9）：50-69.

281. 石田勇作．社文書研究再論．土肥義和編．敦煌・吐魯番出土漢文文書の新研究．東京：東洋文庫，2009（3）：337-363.

282. 石晓岩．古代日中両国における君臣思想に対する研究——孔子と大伴家持を対象に—．研究論集儒学文化 9．2009（2）：36-48.

283. 石野智大．唐代両京の官人患坊．法史学研究会会報 13．2009（3）：25-35.

284. 石塚晴通．漢文字體規範データベース（HNG）—敦煌寫本の位置—．土肥義和編．敦煌・吐魯番出土漢文文書の新研究．東京：東洋文庫，2009（3）：1-10.

285. 時培磊．明代史学対日研究轉向及其原因探析．愛知論叢 86．2009：101-116.

286. 市川桃子．白居易詩の植物——中唐において—．白居易研究年報 10．2009：55-74.

287. 矢田尚子．唐代における男装の流行と虢国夫人游春図．言語と文化 20（通号 47）．2009（1）：141-157.

288. 室山留美子、穴澤彰子．吐魯番北涼文書の作成、保存、再利用、廃棄、埋納過程に関する一考察．都市文化研究 11．2009（3）：26-41.

289. 柿沼陽平．殷周時代における宝貝文化とその“記憶”．工藤元男、李成市編．東アジア古代出土文字資料の研究．東京：雄山閣，2009（3）：4-46.

290. 柿沼陽平．後漢時代における貨幣経済の展開とその特質．史滴 31．2009（12）：64-101.

291. 水間大輔．秦・漢の亭卒についてほか．工藤元男、李成市編．東アジア古代出土文字資料の研究．東京：雄山閣，2009（3）：111-131.

292. 水間大輔．秦・漢の亭吏及び他官との關係．中国出土資料研究 13．2009（3）：84-104.

293. 水間大輔．秦・漢における郷の治安維持機能．史滴 31．2009（12）：28-47.

294. 水上雅晴．清代科挙における策問—乾嘉期における策問重視の実態—．北海道大学文学研究科紀要 128．2009（7）：1-32.

295. 水上雅晴．清代科擧における策問（2）考官の策問重視と漢學家官員の“再生産”．中国哲学 37．2009（11）：137-172.

296. 寺本健三．中国のダイダロス——魯般伝説の伝播—．史迹と美術 79（10）．2009（12）：324-328.

297. 寺尾剛．隋末唐初における金陵と文学—“王気”の帰趨をめぐって—．愛知淑徳大学国語国文 32．2009（3）：55-70.

298. 寺尾剛．王勃の金陵関係詩文——唐代金陵詩史の幕開け—．愛知淑徳大学論集 34．2009：122-138.

299. 松本圭太．新疆、長城地帯の初期青銅器—中央ユーラシア後期青銅器時代との対比から—．古文化談叢 62．2009（9）：185-208.

300. 松浦章．清代帆船による海外移民．アジア文化交流研究 4．2009（3）：497-508.

301. 松野敏之．王夫之“正心”論．東洋の思想と宗教 26．2009（3）：72-91.

302. 宋暁梅、田村俊郎訳．営盤遺跡を読み解く．研究論集．河合文化教育研究所，2009（3）：9-14.

303. 太田麻衣子．鄂君啓節からみた楚の東漸．東洋史研究 68（2）．2009（9）：159-190.

304. 檀上寛．明朝の対外政策と東アジアの国際秩序——朝貢体制の構造的理解に向けて—．史林 92（4）．2009（7）：635-669.

305. 湯浅陽子．宋祁と古文．人文論叢：三重大学人文学部文化学科研究紀要 26．2009（3）：1-16.

306. 藤本猛．崇寧五年正月の政変——対遼交渉をめぐる徽宗と蔡京の対立—．史林 92（6）．2009（11）：985-1016.

307. 藤川和俊. 吕母の乱と六筦制. 青山史学 27. 2009 (6): 45-55.

308. 藤島志麻. 中国古代の墓葬におけるイヌ利用の変化. 生活文化史 55. 2009 (3): 19-33.

309. 藤島志麻. 周代の墓にみるイヌの意義. 古代文化 60 (4) (通号 575). 2009 (3): 581-601.

310. 藤岡穣. 中国南朝造像に関する覚書——善光寺本尊像の源流を求めて—. 仏教芸術 307. 2009 (11): 13-34.

311. 藤井律之. 西陲発現淮南子時則訓小考. 高田時雄編. 敦煌寫本研究年報 3. 京都: 京都大學人文科學研究所西陲發現中國中世寫本研究班, 2009 (3): 133-145.

312. 藤田勝久. 漢代の交通と伝信の機能: 敦煌懸泉漢簡を中心として. 愛媛大学法文学部論集: 人文学科編 26. 2009: 23-56.

313. 藤野月子. 唐代における和蕃公主の降嫁をめぐって——対吐蕃関係を中心とした—. 唐代史研究 12. 2009 (8): 88-115.

314. 藤野月子. 五胡北朝隋唐期における和蕃公主の降嫁——その時代的特質との関連について—. 歴史学研究 855. 2009 (7): 26-41.

315. 藤原崇人. 蕭妙敬と徒単太后—契丹 (遼) 仏教継承の一過程—. 宋代史研究会編. "宋代中国"の相対化 (宋代史研究会研究報告 9), 東京: 汲古書院, 2009 (7): 315-349.

316. 藤原崇人. 契丹 (遼) の立体曼荼羅——中京大塔初層壁面の語るもの—. 仏教史学研究 52 (1). 2009 (10): 1-25.

317. 藤原崇人. 契丹 (遼) の授戒儀と不空密教. 遼金西夏研究の現在 2. 2009: 1-23.

318. 田畑潤. 西周時代後期における葬制の変革—河南省三門峡市虢国墓地の青銅礼器副葬配置の分析を中心に—. 扶桑: 田村晃一先生喜寿記念論文集 (青山考古 25・26). 2009 (7): 543-560.

319. 田熊信之. 新出土北朝刻字資料瞥見—東魏、北斉期の墓誌・墓磚—. 學苑 819. 2009 (1): 85-94.

320. 田中一輝. 西晉の東宮と外戚楊氏. 東洋史研究 68 (3). 2009 (12): 389-417.

321. 桐本東太. 降服考. 史學 78 (3). 2009 (10): 371-375.

322. 土肥義和. 曹氏歸義軍後期、敦煌管内佛教教團の寫經事業記録の分析—敦煌遺書の性格を探って—. 土肥義和編. 敦煌・吐魯番出土漢文文書の新研究. 東京: 東洋文庫, 2009 (3): 447-488.

323. Ulaanbars. "ロブザン=ダンジンの反乱"前後における青海ホシュート部の動向. 内陸アジア史研究 24. 2009 (3): 39-60.

324. 窪添慶文. 墓誌の起源とその定型化. 立正史学 105. 2009: 1-22.

325. 窪添慶文. 墓誌の起源とその定型化. 伊藤敏雄編. 魏晋南北朝史と石刻史料研

究の新展開—魏晋南北朝史像の再構築に向けて—. 2009（2）：1-31.

326. 窪添慶文. 正史と墓誌—北魏墓誌の官歴記載を中心に—. 伊藤敏雄編. 魏晋南北朝史と石刻史料研究の新展開—魏晋南北朝史像の再構築に向けて—. 2009（2）：151-182.

327. 丸山裕美子. 敦煌寫本月儀、朋友書儀と日本傳來杜家立成雜書要略—東アジアの月儀・書儀—. 土肥義和編. 敦煌・吐魯番出土漢文文書の新研究. 東京：東洋文庫，2009（3）：115-135.

328. 王凱. 清朝宮廷における郎世寧の初期絵画とその活動. 国学院大学紀要 47. 2009：123-144.

329. 王三慶. 敦煌應用文書——斎會文本之整理和研究. 高田時雄編. 敦煌寫本研究年報 3. 京都：京都大學人文科學研究所西陲發現中國中世寫本研究班，2009（3）：1-10.

330. 王素. 吐魯番新獲高昌郡文書的斷代與研究——以新獲吐魯番出土文獻為中心. 土肥義和編. 敦煌・吐魯番出土漢文文書の新研究. 東京：東洋文庫，2009（3）：11-25.

331. 王小甫、高木尚子訳. 草原地帯の突厥石人から見た東西文化交流. 研究論集. 河合文化教育研究所，2009（3）：45-63.

332. 王勇. 遣唐使時代の中日混血児. アジア文化交流研究 4. 2009（3）：19-30.

333. 王宗磊、哈斯額尔敦訳. 考古遺跡からみた瑪納斯川流域における自然環境と早期人類活動の関係. 研究論集. 河合文化教育研究所，2009（3）：89-95.

334. 魏斌. 漢唐間江南名山的興起——祀典・信仰・知識. 唐代史研究 12. 2009（8）：116-137.

335. 伍躍. 清代における捐復制度の成立について—考課制度との相互關係を中心に—. 東洋史研究 67（4）. 2009（3）：646-673.

336. 武田和哉. 契丹国（遼朝）の宰相制度と南北二元（重）官制. 宋代史研究会編. "宋代中国"の相対化（宋代史研究会研究報告 9）. 東京：汲古書院，2009（7）：213-270.

337. 武田和哉. 契丹国（遼朝）の上京臨潢府故城の占地と遺構復元に関する一考察. 遼金西夏研究の現在 2. 2009：73-102.

338. 吾妻重二. 周惇頤の人脈・政治・思想——東アジアにおける"道学"の起点—. アジア文化交流研究 4. 2009（3）：335-368.

339. 西本照眞. 三階教寫本研究の到達點と今後の課題. 土肥義和編. 敦煌・吐魯番出土漢文文書の新研究. 東京：東洋文庫，2009（3）：391-403.

340. 西川利文. 張家山漢簡"史律"に見える任用規定について. 文学部論集. 佛教大学，2009（3）：107-116.

341. 西村陽子. 唐末支謨墓誌銘と沙陀の動向—九世紀の代北地域—. 史學雜誌 118（4）. 2009（4）：513-550.

342. 西上勝. 蘇黄題画跋と画人伝の成立. 中国文史論叢 5. 2009（3）：33-55.

343. 西尾和子．太平廣記と太平御覧の境界——晉書と南史を手がかりに．和漢語文研究 7．2009（11）：56–78.

344. 葭森健介．魏晋の頌徳碑に関する覚書．伊藤敏雄編．魏晋南北朝史と石刻史料研究の新展開—魏晋南北朝史像の再構築に向けて—．2009（2）：32–46.

345. 仙石知子．明清小説に描かれた不再娶．東方学 118．2009（7）：98–114.

346. 仙石知子．醒世恒言巻三十六蔡瑞虹忍辱報仇に描かれた孝と貞節．中国女性史研究 18．2009（1）：1–21.

347. 香坂昌紀．清代の漕船土宜に関する一考察——乾隆五十四年、湖広漕船土宜案を中心に—．東北学院大学論集：歴史と文化 44．2009：1–25.

348. 向井佑介．北魏の考古資料と鮮卑の漢化．東洋史研究 68（3）．2009（12）：516–528.

349. 向正樹．元朝初期の南海貿易と行省——マングタイの市舶行政関与とその背景—．待兼山論叢 43．2009：29–54.

350. 新井晉司．趙友欽の天文學．東方学報．京都大学人文科学研究所，2009（3）：55–89.

351. 小川裕充．五代・北宋絵画の透視遠近法——伝統中国絵画の規範—．美術史論叢 25．2009：25–60.

352. 小嶋芳孝．渤海平地城の検討．扶桑：田村晃一先生喜寿記念論文集（青山考古 25・26）．2009（7）：421–444.

353. 小幡みちる．道教石刻からみた北魏道教について．東洋文化研究．学習院大学，2009（3）：1–28.

354. 小林春樹．漢書、元后伝・王莽伝の構成と述作目的．東洋研究 172．2009（7）：41–68.

355. 小林晃．鄭真輯四明文献の史料価値とその編纂目的——全宋文、全元文補遺の試み—．北大史学．北海道大学，2009（12）：22–48.

356. 小林晃．南宋寧宗朝における史彌遠政権の成立とその意義．東洋学報 91（1）．2009（6）：35–64.

357. 小林隆道．宋代使帖文書の様式と機能——蘇州玄妙観天慶観尚書省劄并部符使帖を事例に—．史滴 31．2009（12）：102–132.

358. 小林隆道．宋代“備准”文書と情報伝達——朱熹紹熙州県釈奠儀図、文公潭州牒州学備准指揮の分析から—．九州大学東洋史論集 37．2009（3）：58–92.

359. 小林隆道．北宋前半期における財政文書管理——三司火災による文書焼失とその復旧過程の考察から—．早稲田大学大学院文学研究科紀要第 4 分冊 55．2009：57–70.

360. 小林文治．前漢初期における県の軍事組織について．史觀 161．2009（9）：16–33.

361. 小林義廣．欧陽脩と母親鄭氏．名古屋大学東洋史研究報告 33．2009：27–49.

362. 小林岳．大唐の章懷太子李賢について．早稲田大学高等学院研究年誌 53．2009（3)：81-114.

363. 小寺敦．先秦秦漢の傳世文獻にみえる“讓”について：先秦儒家系文獻を軸として．東洋文化研究所紀要 156．2009（12)：1-180.

364. 小松原ゆり．欽定巴勒布紀略の成立と乾隆帝の対チベット認識．日本西蔵学会会報 55．2009（7)：39-49.

365. 熊野弘子．黄帝内経における養生と気—先秦・漢代の諸文献と比較して—．關西大學中國文學會紀要 30．2009（3)：95-122.

366. 玄幸子．中村不折旧蔵勾道興撰搜神記紙背文献について．高田時雄編．敦煌寫本研究年報 3．京都：京都大學人文科學研究所西陲發現中國中世寫本研究班，2009（3)：115-132.

367. 玄幸子．S. 5692に見える亡名和尚絶學箴に関連して一ある僧のノートからみる敦煌仏教の実相—．西北出土文献研究 7．2009（3)：79-88.

368. 岩崎力．五代のタングートについて（下）西夏建国前史の再検討（4)．中央大学アジア史研究 33．2009（3)：37-86.

369. 岩田啓介．ラサン=ハン即位前後の青海ホシュート部——清朝とジューン=ガル部の狭間で—．社会文化史学 52．2009（5)：49-74.

370. 塩沢裕仁．白居易の暮らした洛陽——その主要遺跡と水環境—．白居易研究年報 10．2009：100-134.

371. 塩卓悟．宋代食羊文化と周辺国家—北宋と遼・西夏との関係を中心に—．宋代史研究会編．“宋代中国”の相対化（宋代史研究会研究報告 9)．東京：汲古書院，2009（7)：87-114.

372. 野間文史．左伝研究序説．東洋古典學研究 28．2009（10)：1-18.

373. 野田俊昭．南朝の清議・郷論．産業経済研究 50（1)．2009（6)：1-32.

374. 葉山恭江．南柯太守伝の時空と語りの枠——生き直させられた夢—．集刊東洋学 102．2009：1-21.

375. 伊東貴之．中国近世思想史における個と共同性・公共性．中国哲学研究 24．2009：55-97.

376. 伊藤美重子．敦煌寫本雜抄に關する諸問題．土肥義和編．敦煌・吐魯番出土漢文文書の新研究．東京：東洋文庫，2009（3)：405-426.

377. 伊藤敏雄．樓蘭出土の魏晉期書信の書式をめぐって一上書きと冒頭部分を中心に—．土肥義和編．敦煌・吐魯番出土漢文文書の新研究．東京：東洋文庫，2009（3)：45-66.

378. 伊藤幸司．日明交流と雲南——初期入明僧の雲南移送事件と流転する虎丘十詠—．仏教史学研究 52（1)．2009（10)：26-47.

379. 伊原弘．宋・元代の南京城—宋代建康府復元作業—．比較都市史研究 28（1)．

2009（6）：31–56.

380. 櫻井智美．元代カルルクの仕官と科挙——慶元路を中心に—．明大アジア史論集 13．2009（3）：173–187.

381. 永田知之．杜家立成雑書要略初探—敦煌書儀等との比較を通して—．高田時雄編．敦煌寫本研究年報 3．京都：京都大學人文科學研究所西陲發現中國中世寫本研究班，2009（3）：37–57.

382. 友田真理．山東省濟寧市出土風伯・胡漢交戰畫像石試釋．中国出土資料研究 13．2009（3）：131–162.

383. 余欣．重繪孩提時代——追尋兒童在中古敦煌歷史上的踪跡（嬰戲篇）．高田時雄編．敦煌寫本研究年報 3．京都：京都大學人文科學研究所西陲發現中國中世寫本研究班，2009（3）：103–113.

384. 與座良一．熙豊年間の軍制改革——保甲法と将兵法を中心として—．鷹陵史学 35．2009（9）：1–21.

385. 與座良一．北宋の将兵法について．東洋学報 91（3）．2009（12）：335–361.

386. 原田正俊．日本の禅宗と宋・元の仏教——生活規範と仏事法会—．アジア遊学 122．2009（5）：16–24.

387. 早川貴司．南北朝仏教における法華一乗思想の受容：光宅寺法雲を中心に—．印度學佛教學研究 58（1）．2009（12）：169–174.

388. 増井寛也．マンジュ国四旗制初建年代考．立命館東洋史學 32．2009：1–30.

389. 増田知之．明代嘉靖—萬曆年間の江南地方における法帖刊行の實態とその變遷—．東方学 118．2009（7）：61–79.

390. 斎藤史範．明代、建文・永楽年間の進士合格者とその出身地．桜文論叢．日本大学，2009（2）：515–536.

391. 張安福、杉井一臣訳．唐代シルクロード（絹の道）の農民の生活世界．研究論集．河合文化教育研究所，2009（3）：133–145.

392. 張麗波．車馬画像鏡に見る太陽の馬車—後漢・六朝から倭国へ—．聖徳大学言語文化研究所論叢 17．2009：357–408.

393. 張娜麗．出土文書と文化・宗教吐魯番本爾雅注について．土肥義和編．敦煌・吐魯番出土漢文文書の新研究．東京：東洋文庫，2009（3）：365–389.

394. 張澤珣．画像から石碑刻まで——北魏道教造像碑の芸術を論ず（民族藝術学の諸相）—．民族芸術 25．2009：177–188.

395. 趙水森．洛陽出土魏晋南北朝墓志的発現収蔵与著録研究．伊藤敏雄編．魏晋南北朝史と石刻史料研究の新展開—魏晋南北朝史像の再構築に向けて—．2009（2）：108–126.

396. 眞鍋俊二．呉兢撰貞観政要について．関西大学法学論集 59（3・4）．2009（12）：559–590.

397. 鄭炳林．敦煌：晚唐五代中外文化交融與碰撞．高田時雄編．敦煌寫本研究年報3．京都：京都大學人文科學研究所西陲發現中國中世寫本研究班，2009（3）：11–23.

398. 鄭潔西．万暦時期に日本の朝鮮侵略軍に編入された明朝人．東アジア文化交渉研究2．2009（3）：339–351.

399. 鄭潔西．万暦二一年日本に潜入した明朝の間諜．東アジア文化環流2（2）．2009（7）：116–137.

400. 鄭亮、井上徳子訳．漢唐時代中原からの西向求法が西域文化に与えた影響．研究論集．河合文化教育研究所，2009（3）：21–29.

401. 中純子．隋唐宮廷音楽史試探（2）唐代初期の宮廷音楽．中国文化研究25．2009：13–20.

402. 中村圭爾．晋南朝墓誌と公文書．伊藤敏雄編．魏晋南北朝史と石刻史料研究の新展開—魏晋南北朝史像の再構築に向けて—．2009（2）：59–78.

403. 中村圭爾．魏晉南北朝における公文書行政．六朝學術學會報10．2009（3）：135–144.

404. 中村圭爾．六朝における官僚制の叙述．東洋学報91（2）．2009（9）：161–192.

405. 中島樂章．元代の文書行政におけるパスパ字使用規定について．東方学報．京都大学人文科学研究所，2009（3）：91–138.

406. “中國古鏡の研究”班．前漢鏡銘集釋．東方学報．京都大学人文科学研究所，2009（3）：139–209.

407. 中田美繪．五臺山文殊信仰と王權——唐朝代宗期における金閣寺修築の分析を通じて—．東方学117．2009（1）：40–58.

408. 中田裕子．唐代六胡州におけるソグド系突厥．東洋史苑72．2009（1）：33–66.

409. 仲畑信．史記の“術士”の解釈について——“坑儒”の記録とその解釈—．アジア史学論集2．2009（6）：37–51.

410. 椎名一雄．漢代爵制的身分秩序の構造—“庶人”と民爵賜与の関係—．大正大学東洋史研究2．2009（4）：93–118.

411. 佐藤貴保．西夏語文献における“首領”の用例について——法令集天盛禁令の条文から—．環日本海研究年報16．2009（2）：12–24.

412. 佐藤貴保．ロシア蔵西夏文天盛禁令第2585号断片について．西北出土文献研究7．2009（3）：89–101.

413. 佐原康夫．中国における都城の理念と東アジア．舘野和己編．古代都城のかたち．東京：同成社，2009（6）：129–151.

414. 佐々木愛．明代における朱子学的宗法復活の挫折—丘濬家礼儀節を中心に—．社会文化論集．島根大学，2009（3）：45–62.

415. 佐々木正治．陂塘水田模型からみる中国漢代西南地域の水利と稲作．中国水利

史研究 38. 2009 (10): 1-13.

(二) 国外中国近现代史研究参考文献 (英文)

1. Ashiwa Yoshiko, Wank, David L. Making religion, making state: The politics of religion in modern China. Stanford: Stanford University Press, 2009.

2. Benton Gregor, Gomez Terence Edmund. The Chinese in great britain, 1800—present: economy, transnationalism, identy. Houndmills: Palgrave Macmillan, 2008.

3. Bergère, Marie - Claire. Shanghai: China's gateway to modernity. Stanford: Stanford University Press, 2009.

4. Borowy, Iris. Uneasy encounters: The politics of medicine and health in China, 1900—1937. Frankfurt am Main & New York: Peter Lang, 2009.

5. Bradley, James. The imperial cruise: A secret history of empire and war. New York, N. Y.: Little Brown and Co., 2009.

6. Chan Adrian. Orientalism in sinology. Bethesda: Academica Press, 2009.

7. Chao Yüan-ling. Medicine and society in late imperial China: A study of physicians in Suzhou, 1600—1850. New York: Peter Lang, 2009.

8. Clayton Cathryn H. Sovereignty at the edge: Mancau and the question of Chineseness. Cambrige Mass: Harvard University Asia Center, distributed by Harvard University Press, 2009.

9. Crespi John A. Voices in revolution: Poetry and the auditory imagination in modern China. Honolulu: University of Hawai' I Press, 2009.

10. Duara Prasenjit. The global and regional in China's nation - formation. London, New York: Routledge, 2009.

11. Ehrlich M. Avrum. Jews and judaism in modern China. Oxon, U. K.: Routledge, 2009.

12. Hayot Eric. The hypothetical mandarin: Sympathy, China and the fate of modern human. New York: Oxford University Press, 2009.

13. Hsia Florence C. Sojourners in a strange land: Jesuits and their scientific missions in late imperial China. Chicago: University of Chicago Press, 2009.

14. Hsieh Chiao-min, Hsieh Jean Kan. Race the rising sun: A Chinese university's exodus during the second world war. Lanham, Md.: Hamilton Books, 2009.

15. Keevak Michael. The story of a stele: China's nestorian monument and its reception in the West, 1625—1916. Hong Kong: Hong Kong University Press, 2008.

16. Künnemann Vanessa, Mayer Ruth. Trans - pacific interactions: The United States and China, 1880—1950. New York: Palgrave Macmillan, 2009.

17. Langellier John P., Chappel Mike. US armed forces in China, 1856—1941. Oxford, New York: Osprey, 2009.

18. Larson Wendy. From Ah Q to Lei Feng: Freud and revolutionary spirit in 20th century China. Stanford: Stanford University Press, 2009.

19. Liang Qizi. Leprosy in China: A history. New York: Columbia University Press, 2009.

20. Naden Corinne J. Mao Zedong and the Chinese revolution, greensboro. N. C.: Morgan Teynolds Pub., 2009.

21. Soothill William Edward. China and the West: A short history of their contact from the ancient times to the fall of the Manchu dynasty. Yardley, Pa.: Westholme, 2009.

22. Sugathan Ratnamuthu, Yadav, Jamji. Mao Tsetung: great helsman of the masses. Delhi: Farsight Publishers and Distributors, 2009.

23. Tao Zhijian. Drawing the dragon: Western European reinvention of China. Bern, New York: Peter Lang, 2009.

24. Thompson Larry Clinton. William Scott Ament（梅威良）and the boxer rebellion: Heroism, hubris and the "ideal missionary". Jefferson, N. C.: McFarland and Co., 2009.

25. United States, Office of Naval Intelligence. The people's liberation army navy: A modern navy with Chinese characteristics. Suitland, MD.: Office of Naval Intelligence, 2009.

26. Wakeman Frederic E., Jr.. Telling Chinese story: A selection of essays. selected and edited by Lea H. Wakeman, Berkeley: University of California Press, 2009.

27. Yoshida, Takashi. The making of the "rape of nanking": History and memory in Japan, China and The United States. Oxford University Press, 2009.

审稿人：张国刚

执笔人：陈怀宇　王宪明　陈　涛

世界历史部分

摘要

本年度世界史学科介绍四个研究领域：史学观念的“记忆转向”、“希腊化”、日本史、印度史。

“记忆转向”指的是在当代历史研究中，历史学和“记忆”的重新衔接，这是历史学观念和方法的一个新转向。在早期历史学著述中，“记忆”与历史学密切相连，“记忆”是历史著述的基本素材。兰克改变了这种情况，他强调文字史料与档案，这样，历史学就与记忆分开了，“记忆”不被看做是书写历史的资源。但第二次世界大战后，兰克的“客观”和“科学”的历史学遭遇挑战，“二战”中有很多情况没有文字记录（比如大屠杀和慰安妇），但不能因此就否认那些事实，于是人们认为“记忆”也是书写历史的依据。进而，“二战”后一些新独立的国家没有文字记载的历史，于是，为书写这些国家的历史，“记忆”就成为素材。“口述史”的兴起标志着史学与“记忆”的重新组合，有人认为，“二战”以后史学的发展不但有所谓“语言学的转向”（linguistic turn），也有一个“记忆的转向”（memory turn）。

“希腊化”长期被西方学者认定为古典希腊文化的延续和向东方的传播，因此是“西方文明”的一部分。“二战”后这种观点受到挑战，有人指出希腊文化只存在于希腊人后裔所控制的城市生活中，乡村则在当地原有文化的笼罩下。希腊化世界其实存在着城市和乡村的两极对立，希腊人和非希腊人在这一世界中并存，双方没有形成融合，只存在非希腊人的被同化。但这种看法又被其他学者质疑，其他学者认为希腊文明和各种当地文明不可避免会出现融合，问题是融合的程度有多大；城乡的对立尽管存在，但具有共同特征的希腊化文明也还是存在的。这些争论从一个侧面折射出当代历史学家的思考，即“西方文明”和“非西方文明”之间究竟是什么关系。

20世纪90年代以来，日本古代史研究出现的变化是，从探讨天皇制的形成转变为寻找多种权力之间的关系，着重探讨古代权力的多元性质。中世史研究把日本史放到亚洲海域交流及亚洲史中进行理解，认为日本内部的变化与亚洲整体历史变化有关。在近世史（即近代早期史）方面，近年来出现了摆脱“脱亚型近世史观”的趋向，克服以往认为日本在亚洲特殊、与欧洲近似的观点。在近代史（明治维新至“二战”）方面，其核心议题是“国民国家”（即“民族国家”），并在三个方面取得进展：(1) 近代天皇制，包括天皇的战争责任及天皇与社会的关系；(2) 近代民族主义与战后民主主义的关系；(3)“文化”问题，如性别、知识、感情与记忆等。在现代史方面，日本学术界普遍认为存在危机，因为战争责任问题迄今未解决，而人口多数已转变为战后出生者，由此就出现了民族意识与历史意识之间的矛盾，历史学也因此产生回避问题、设置禁区等现象。

印度的历史编纂学是由英国学者开始的，但在殖民主义时期，印度被看成是落后、愚昧、停滞、不发达的社会，需要接受西方的开化。如此强烈的殖民主义偏见引起印度学者的不满，在早期印度学者的著述中，印度史镀上了强烈的民族主义色彩。独立后，马克思主义史学范式被广泛采用，由此而带动了“新史学”的发展。历史学家开始探讨印度历史的发展与变化，从而否认农村公社经久不变的观点。他们认为封闭的村社经济在公元前后的几百年中已被逐渐破坏，印度经历了“自上而下”的封建化过程。有些学者认为，印度社会经历了与欧洲不同的发展阶段，它从部落社会转化为农民社会、再转变成工业社会。最近30年，马克思主义史学范式受到冲击，印度教民族主义和“庶民研究”形成气候。印度教民族主义试图将历史建构在宗教与神话的基础上，要求改写教科书。“庶民研究”受到“从底层看历史”的启发，但又与其有很大不同。90年代以后，该学派有些人转向“认同政治”、“文化多元主义”等当代西方观念，但他们离印度的史学传统越来越远，对印度历史研究的影响也渐趋微弱。

Abstract

This year we concentrate on four fields: "memory turn" in the concept of history, Hellenistic studies, Japanese history and Indian history.

"Memory turn" refers to a re-union of history and memory, which marks a new turn in the concept and method of historical research. In early times "memory" was closely linked with historical writings because historians at the time wrote their books primarily according to oral materials in which personal and collective "memories" played important roles. But situation changed when Leopold von Ranke paved the way to "scientific history". Ranke stressed the absolute importance of "hard" materials-those first-hand and tested materials of which written or printed government documents are the best sorts. Yet after the Second World War Ranke's concept of "objective and scientific history" was challenged by the fact that many un-recorded events during the war (for example, the holocaust in German case and "comfort women" in Japanese case) could not be denied as un-happened simply because they were not recorded. In this way "memory" was recovered to report those un-recorded events as parts of history. The same was the case when a great number of newly independent countries came to the world. Many of them were lacking in written history. To meet this need "memory" materials were woven into their historical writings. Against this background "oral history" was accepted by historians, which marked a new union of history and memory.

In "Hellenistic" studies, the western academics have so long believed that "Hellenistic" was the extension and spreading to the East of the Hellenic cultures which composed a part of the Western Civilization. But after the Second World War this view was challenged. People would say that Hellenic cultures existed only among descendents of the Greeks who dominated the urban life in towns while the country life was primarily covered by indigenous cultures. They would also say that Hellenistic world was a world of two poles; though the Greeks and the non-Greeks both lived in this world they had hardly interchanges. Other people suspected this view. They argued that integration of the Greek with non-Greek cultures was inevitable and the only question unresolved was to what extension they could integrate to each other.

After 1990s historians of ancient Japanese history changed their interests from the transition of tenno system to interactions of multiplied political powers with stress on the pluralistic nature of ancient authorities. The medieval studies tended to make a new understanding of the age, with which Japanese history was viewed within a wider scope of oceanic and Asian history. In the study of early modern time academic focus was shifted from "Japanese peculiarity" to "East-Asia universality", with which the traditional view of "off-Asia theory" was fading away. With "modern history" (from Meiji Restoration to the Second World War) scholars are now highly interested in those topics concerning public spheres, imperial expansions, democratic developments and &c. Achievements were clearly seen in three directions: (1) situation of modern monarchy including the emperor's war responsibility; (2) links between pre-war nationalism and post-war democratization; (3) "cultural problems" including gender, knowledge, passion, memory and so on.

Systematical historical studies in India began during the colonial time under the auspices of British scholars, but in their books India was described as a backward, ignorant, stagnant and undeveloped country and should be enlightened by the westerners. Such strong bias produced powerful reaction from the Indian scholars thus their earlier historical writings were coloured by extraordinarily strong nationalism decorated with Hinduism. After independence a Marxist explanation was used in historical writing, which gave a vigorous momentum to "new history". Historians began to inquire into changes and developments in Indian history and repudiate the view that rural communities remained never changed. They began to maintain that self-closed village economy had been damaged during the first centuries of the Christian time when Indian society was "feudalized" in a top-to-bottom way, which was different from a European pattern. Some scholars even argued that Indian history experienced its own stages—from tribal society to agrarian society then to industrial society. The transitional process is still going on. But in the last 30 years Marxist explanation was challenged and two new tendencies, Hindu nationalism and "popular studies" became dominating. As ideology Hindu nationalism based its historical view on religion and myths, demanding a break-through from the "Congress-Communist cultural hegemony" and the revision of textbooks as the first step. Demands as such provoked reaction from other historians and serious debates started ever since. The school of "popular studies" was influenced by the concept of "viewing history from bottom" as provoked by western historians. In 1990s some historians of this school turned to those topics as "politics of identity" and "cultural pluralism" which were popular in the contemporary west. Yet, by doing this they moved apart from the tradition of Indian historiography and began to loss their influence little by little in historical studies.

一、概述

本年度的世界史部分介绍四个领域，第一是史学观念上的一个转变——即所谓的“记忆转向”，第二是“希腊化”研究，第三和第四分别是日本史和印度史。

我们每年都会介绍当代史学观念与方法上的一些变化，为的是让读者尽可能了解历史学在第二次世界大战后发生了哪些根本性转变。观念和方法的变化经常引起“史学革命”，人们对历史的理解不同了，开始寻找新的角度，对“什么是历史”有了新的想法，试图用新方法来表述历史。一般人容易认为：“历史”是固定不变的，既然它是过去的事实，那么只需要“实事求是”就可以了。可是专业历史学者们懂得，“历史事实”恰恰是争议的焦点，也是理解和书写历史的关键所在。“历史事实”作为一种特殊的存在，它具有不可重复性，可是历史学却承担着恢复“历史”的责任，就是要恢复“历史事实”。于是如何看待这样一种特殊的“事实”、其本质是什么、是否可以恢复、如何恢复等，就成了人们不断思考的问题。观念和方法的变化，都反映着思考路径的差异。下文谈到的“记忆转向”问题，其要害就在于我们是否承认“历史事实”可以被恢复，以及用什么去恢复。“记忆”在一段时间中被认为主观色彩太重，因此不可被“科学的”历史学接受，可是一旦人们感觉到哪怕最“坚实”的文字材料都难免带有主观性、至少在理解它的时候必然掺入主观性，那么“记忆”与“档案”会有多大区别呢？这样就产生了所谓的“记忆转向”，人们认为“记忆”也是对历史的恢复，由此便产生“口述史”这一类新方法、新领域。可是这样产生的“历史”是“事实”吗？于是又回到那个老问题：我们是否可以知道历史的真实？

从其他几个领域的介绍中也可以看出观念和方法的变化。比如“希腊化”研究，过去人们从“西方中心论”出发，认为这是西方文明向东方传播的一段历史，西方文明成为时代的主流。现在“西方中心论”受到批驳，由此出现“融合论”和“同质论”之争，以及关于“延续论”的讨论，这些讨论不再把希腊文明作为“希腊化”的主体，而更多地强调外来的希腊文明与各地的本土文明之间的关系，试图描述一个斑斓多彩的世界。由此可见，观念的变化引起了研究角度和方法的变化，在日本史和印度史研究中，“国民国家”研究和“庶民研究”的出现，也说明了这种情况。必须指出，观念、方法的变化不意味着历史学的“进步”，其实一些“后现代”思想对历史学造成的破坏，要比其建树更大。“后现代”的“解构”利刃，将许多东西肢解得一无所有，历史学也受到它的侵害。“后现代”并非一无是处，但任何见解一旦走极端，就必定变得很荒唐。我们在了解当代外国历史学动态的时候，一定要注意这一点。

二、若干领域的学术动向

（一）“记忆转向”和史学观念的变革

20世纪70年代以来，全球范围的历史研究开始产生一系列重要变化，其影响到今天非但没有减弱，反而更加显著。这些变化，不但影响了人们对“历史”的态度，同时也影响了研究历史的方式。如果要将两者稍微加以区分，前者是有关历史进程、走向和趋势的看法，而后者指的是“史学”，也即人们如何回忆过去并对这一回忆加以记述、分析和解释。回顾过去就是历史记忆，这是历史研究的起点，因此“记忆”（memory）与“史学”（history或historiography）之间存在着千丝万缕的联系。20世纪70年代以来史学界所产生的变化之一，就是人们对“记忆”与“史学”产生出一种新认识，这一新认识在当今的历史研究中反映十分明显，有人指出，“二战”以后史学的发展，不但有所谓“语言学的转向”（linguistic turn），也有一个“记忆的转向”（memory turn）。前者产生于20世纪70年代，后者则在20世纪80年代以后成为热点。①

要解释和界定这一“记忆转向”，有必要回顾一下记忆与史学之间的传统关系。记忆是史学的起点，指的是史学源起于一种保存记忆的愿望，中外皆同。中国有“结绳记事”的古话来形容史学的诞生；西方的“史学之父”希罗多德在其《历史》中开章明义地指出，他之所以写作该书，是因为他希望保存人们对希波战争的记忆，希望“人类的丰功伟业，不会因为时间的久远而被遗忘”。由此看来，记忆与历史之间，既相互依存，又相对紧张。具体而言，记忆——也即有关过去的回忆——对于人类社会的延续及个人的生存至关重要。中国有“鉴往知来”的古训，而西方的哲人对于记忆之于人类的重要性也有许多警语，如培根（Francis Bacon）说过“历史使人明智”，乔治·桑

---

① Geoffrey Cubitt. History and memory. Manchester：Manchester University Press，2007.

塔亚纳（George Santayana）则强调："不能记住历史的人，注定会重蹈覆辙。"

可是，虽然史学最初是帮助人们记忆的工具，但一旦史学成为一门学问以后，它又企求建立自己的独立性和自主性，因此就不满足于与记忆相等同。我们甚至可以说，近代史学诞生的一个前提，就是将史学与记忆做明确的划分。简言之，要想了解当代史学的"记忆转向"，可能首先应该知道为什么史学与记忆曾一度分开，明白其经过和原因。

史学与记忆在近代的分离主要表现在两个方面。第一是史学虽然从广义上说也是记忆的表述或再现，但史家写作历史还有一个目的，就是希望通过回顾过去，能更好地了解现在、展望未来。上面引述的一些古训和哲言都是极好的例子，因此无需详述。到了近代，史家研究历史又加上一个宏伟的目标，那就是分析、解释并预测人类历史的整体走向，为了这个目的，就有不少人开始探寻历史的规律，希图描绘古往今来的历史共同演变。这一努力不但见之于黑格尔、马克思、孔德等哲学家的著作，而且也激发了不少史学家，如英国的阿克顿（Lord Acton）在主编《剑桥近代史》的时候，就提出该书的目的是要为写作一种放之四海而皆准的"普世史"（universal history）做铺垫。换言之，阿克顿想要建立一种普世的记忆，为所有的人所接受，虽然他承认，这样的普世史在他那个年代还无法完成。① 德国的兰克（Leopold von Ranke）也认为，人类历史有其内在的"一致性"，因此他在晚年就致力于写一部世界历史即普世史。这些近代史家都相信历史的演进过程背后，存在着一种内在的规律性和一致性，而史家的任务就是发现一种"宏大叙述"（grand narrative），然后将其适当地、科学地展现出来。由此，史学与记忆之间就产生了鸿沟，因为记忆虽然可以分享，但它属于个人，是主观的；它受时空的限制，常常属于一个时代，属于一个特定的文化、政治和经济共同体。甚至性别的区分也会造成记忆的不同，因此，就记忆的特征而言，可以说没有一个放之四海而皆准的，超越时空、文化、地域、语言的共同记忆。

史学与记忆的另一个分离表现在方法层面，我们可以借用柯林伍德（Robin G. Collingwood）的表述来加以形容。柯林伍德说，如果某人说"我上周写信给某某"，这只是一个记忆的表述，而不是历史的表述。但如果这个人说"我没有记错，因为这里有对方的回信"的话，那就变成一个历史的表述

---

① Lord Acton. Longitude 30 West：A Confidential Report to the Syndics of the Cambridge University Press，New York：1969. 另见 E. H. Carr. What is history? New York：Knopf，1962：3.

了。① 显然，对于柯林伍德来说，记忆与史学的区别在于后者必须要有证据。的确，史学在近代的根本变化，在于史家研究方法的改进，兰克被誉为“近代科学历史学之父”，就是因为他强调历史研究必须建立在确凿的、经过核实的一手材料之上。而且，到了兰克的年代，史家已经掌握了一系列检验史料真伪的手段，因此，他们就更想将史学与记忆分别开来了。

那么，为什么自20世纪末至今天，记忆又开始与史学联手了？更准确地说，为什么史家愿意降低身段，开始研究记忆了？答案也可以从两个方面来看，第一，有关记忆的研究是二战后发展起来的显学，相对其他学科，史家研究记忆开始得较晚。第二，记忆研究之所以引起史家的重视，又与史学本身在战后的诸种变化相关，这些变化主要是指史家对史学研究态度的变化，而这些变化之所以产生，又与战后世界文化氛围的转变有密切的联系。

记忆研究在战后兴盛与第二次世界大战的爆发及其特点有关。一般而言，战争让人记忆深刻，希波战争促使希罗多德写作《历史》就是一个例子。第二次世界大战又有一个特点，就是希特勒德国的种族灭绝政策，也就是“屠犹”（Holocaust）。屠犹的规模史无前例，不但让受害者或幸存者不堪回首，也让其他人为之欷歔。不过虽然不堪回首，但在战后，犹太幸存者及各种犹太团体使用了种种力量推动对这一事件的研究。就史学界而言，目前发行的《史学与记忆》（History and Memory）杂志，就是由以色列的特拉维夫大学编辑、美国印第安纳大学出版社发行的。屠犹只是二战中的一件事，历史上还有不少相似的暴行。近年来，南京大屠杀也成为记忆研究的一个热点，美籍华裔作家张纯如（Iris Chang）的《南京大屠杀》（The Rape of Nanking）一书，在1997年出版后引起了许多反响。张在书中直截了当地指出，南京大屠杀是一场“被遗忘的种族大屠杀”，并将这句话作为书的副标题。这个例子也表明，记忆研究不是史家的专利，相反，有学者指出，记忆研究（memory study）虽然以跨学科为特征，但其主要的研究者来自文学、电影和文化研究等注重“再现”（representation）的领域。② 记忆研究的素材也往往超越文献资料而尤其注意实物（博物馆、纪念碑、陵园等）和口述回忆（采访录、回忆录等）。

换言之，如果史学观念本身没有发生变化，史家仍然专注于政府档案，认为它是基本的史料，那么，记忆研究在史学界就无法展开。有趣的是，战后史

---

① R. G. Collingwood. The idea of history. Oxford：Clarendon Press，1961：252-253.

② Katharine Hodgkin，Susannah Radstone，eds. Contested pasts：The politics of memory. London：Routledge，2003：3.

学产生了一系列变化，为史家转向记忆研究提供了条件和准备。这里要强调的是，当今史家从事记忆研究，并不主要是为了随大流，而是与学科发展的“内在理路”有不少关系。举例来说，如果说记忆研究的一个方法就是进行采访，搜集口述资料，那么，史家在这方面既有传统，又有创新。古代史家的写作基本上都取自口述的史料，而二战后口述史的兴起更早于记忆研究的兴盛。口述史的兴起得益于两个方面，一是战后西方殖民主义终结，原来的殖民地走向独立，这些国家本没有历史记载的传统，因此文献史料缺乏。但在民族国家的建立过程中，历史著述又是重要的一环。因此史家便从事口述史料的整理和研究，为写作民族史发掘、掌握和提供素材。而在发达国家，20 世纪 60 年代蓬勃开展的学生运动、人权运动，又促使史学研究平民化，一些原来名不见经传的人物和事件，也成为历史研究的对象。口述史料的整理和运用以及在此基础上写作口述史，就慢慢形成风气，并进而成为现代史学的一个重要分支。

由此看来，口述史的研究为史家从事记忆研究提供了前提。当然，两者之间又有许多差异，特别是在研究对象和方法等方面，此处无法详述。[①] 我们更关心口述史兴起的背景及其反映的历史意识的变化，应该说，口述史的兴起与社会史、大众史学（public history）和新文化史的兴盛有内在的联系。简单而言，如果史家仍然像 19 世纪的兰克那样，坚持认为史学研究必须以“硬邦邦”的一手史料（最好是政府的档案）为基础，那么，口述史就无从兴起，当今的记忆研究也无法进入史学的殿堂。因此，史学观念的变化是记忆研究与历史研究，特别是口述史研究联手的主因。而史学观念的变化，又是思想文化变动的产物。

首先，二战的爆发和战后世界秩序的变动使人们对历史进程的认识有了新的感受，原来认为民族国家之间的竞争能引领世界历史的演进。但残酷的现实却是，这一竞争引发了两次世界大战，造成了大量的伤亡，也导致世界秩序的变化，其表现是英法等国的衰落、美国的兴起及美苏的争霸等。英法等老牌殖民国家的衰落又导致后殖民时代的来临，孕育了第三世界的崛起。这一崛起，到今天可以说是方兴未艾、势不可挡，表现为民族独立运动的开展、亚洲四小龙的发达和当今中国大陆和印度的经济腾飞，以前西方国家纵横捭阖、主宰世界的局面一去不复返了。既然政治家、军事家、外交家已无法像从前那样影响历史的进程，那么，史家的眼光也渐渐从他们身上转移

---

① 有关口述史与记忆研究的关系，参见 Paula Hamilton，Linda Shopes，eds. Oral history and public memories. Philadelphia：Temple University Press，2008.

开了。

其次，20世纪60年代以来的人权运动、反战运动展现了社会力量的重新组合以及社会的结构性变迁，社会史的兴起和历史研究在战后的社会科学化反映了这一趋势。史家把眼光从精英人物身上转到了社会大众，并相信社会大众才是历史运动的动因。研究社会史和大众史学，必须突破原来有关史料的观念，尝试运用新的、政府档案以外的史料。于是口述史料就开始为人们所重视，由此而推动了口述史、大众史学和记忆研究之间的密切互动。① 当然，史学界开展记忆研究，并不局限在口述史和大众史学等领域。

第三，史家能接受和运用口述史料也是一个渐进的过程。如上所述，口述史研究与记忆研究之间起初存在一种复杂的关系，既相互支持，又相互抵触。这是因为史家整理口述史料，往往建立了一套严格的规范，以求做到整理者（采访者）在整理的过程中，不把自己的观点和态度强加在被采访者的身上。这种做法仍然反映了近代史学的传统——史家希望其著作能让历史说话，尽量不带作者主观的意见。兰克被人尊崇为"客观史家"，就是因为他主张"如实直书"。但记忆的研究，主观性和现实性都很强。就史料而言，往往是受害者的回忆，可以让人声泪俱下。即便是纪念碑、纪念馆等建筑物，其中的设计也明显反映了建造师或者营造者的主观意念。如果史家对史料的态度一仍其旧，那么记忆研究也就无法在史学界登堂入室。有趣的是，在后现代主义思潮的冲击下，兰克等人所标榜的"客观史学"已成为明日黄花，不再为人所信奉。而且，有学者指出，如果我们专注文献档案材料，有许多课题就无法研究，像二战中日军所建立的慰安妇制度，这一制度在档案里语焉不详，而慰安妇也长期以来不愿出来作证，如果史家对史料的态度不变，一味强调档案史料，那么对这一课题不但无法深入了解，甚至还会转而支持日本右翼人士的观点，否认日军强迫妇女做慰安妇的历史事实。② 因此，记忆与口述回忆、采访等虽然带有个人性（individuality）、时间性（temporality）和主观性的特点，但并不因此而阻碍它们成为有价值的史料。有学者甚至认为，当代史家之所以研究记忆，即所谓历史学的"记忆转向"，正因为记忆不像历史事实那样"客观"和

---

① 有关口述史与记忆研究之间的联系，见上引 Hamilton, Shopes. Oral history and public memories. 有关公共史与记忆研究，见 David Glassberg. Public history and the study of memory. The Public Historian, 1996, 18 (2): 7-23.

② 日本东京大学的社会学家上野千鹤子以慰安妇的研究为例，尖锐地指出了日本实证史学的弊病。见 Ueno Chizuko, The politics of memory: Nation, individual and self. History and Memory, 1999, 11 (2): 129-152.

"硬邦邦";史学界"记忆转向"所突出的,正好是史料的不确定性和主观性和史家如何从现在出发再现历史。① 上述特征都反映了后现代主义对历史研究和著述的影响,从后现代主义立场出发,有人已经提出"记忆"应该取代原来的"传统"(tradition)、"民俗"(folklore)和"神话"(myth)等观念,因为这些其实都并不客观存在,只是依靠记忆或通过记忆才打造出来的。②

如果要用最简单的话来总结史学界的"记忆转向"所揭示的史学观念变化,那就是近代史学的前提,是要把过去与现在隔离开来。史家虽然在现在回顾、研究过去,但其目的是让读者通过阅读其作品,重新回到过去。这一态度无法容忍"现在主义"(presentism)的治史态度。而当今史学的记忆研究,则不但容忍过去与现在的交融,而且还把这种交融和互动亦视为历史现实的一部分。用 James E. Young 的话来解释,就是"一旦我们把目击者的回忆、他们回忆中的确实或不确实的部分以及他们回忆中的解释的成分一并加以考虑的话,我们会对受害者的遭遇有一种更深入的了解。这些对于过去的叙述已经成了他们人生的一部分,因此,他们如何叙述他们的遭遇,也就成了历史现实的一个部分了"③。换言之,剔除口述史料中的主观成分,已经不再是史学研究的必要前提了。

最后,当今史学界的"记忆转向",也得益于记忆研究在其他学科的发展。特别要指出的是社会学家 Maurice Halbwachs(1877—1945)在 20 世纪初提出的"集体记忆"(collective memory)这个概念以及在此以后其他人对之不断提出的商榷和修正。有人主张用"公共记忆"(public memory)来取代"集体记忆",还有人主张去掉"集体"或"公共"这些形容词,因为记忆虽然看起来是个人的,但其实都是在特定的集体、文化等场域形成的。④ 但无论如何,这些修正的工作,都有助于推动人们加深对记忆的了解和认识。而其中最重要的一点是,自"集体记忆"这个概念提出以后,人们开始注意到记忆形成的各个层面以及记忆形成这一过程在民族建构、族群构成和文化变迁等方面所扮演的重要角色。记忆研究在这些层面所取得的成果,引人注目,也吸引了

---

① Patrick H. Hutton. History as an art of memory. Hanover, VT: University Press of New England, 1993. 另可参见 Robert Perks, Alistair Thomson, eds. The oral history reader. London: Routledge, 2006: 211-332,特别是第三部分的有关论文。

② Gil Eyal. Identity and trauma: Two forms of the will to memory. History and Memory, 2004, 16 (1): 8. 又可参见上引 Hutton. History as an art of memory.

③ James E. Young. Between history and memory: The uncanny voices of historian and survivor. History and Memory, 1997, 9 (1): 55.

④ 参见 Cubitt. History and memory. 此书对于记忆与史学关系的探讨,十分周全。

史学家，因为这些问题，一直是近代以来史学研究的核心课题。因此，史学与记忆今日再度联手也似乎是势所必然。

（二）近年来国外希腊化研究的概况与发展趋向

1. “希腊化”研究的由来与沿革

“希腊化”（Hellenistic）是古史研究中经常出现的一个专业术语，用于指从亚历山大征服（前334）到埃及托勒密王朝灭亡（前30）之间约三个世纪的这一历史时期，在这一时期，以东地中海为中心，西起埃及，东至印度河，北濒黑海、里海、咸海，南临印度洋、阿拉伯海、波斯湾、红海这一广袤之地，都曾经或者在不同程度上遭受过亚历山大及其后继者们的征服和统治，或者受到这些征服者所带来的希腊文化的强烈影响。这就是所谓的“希腊化世界”（the Hellenistic World）。

现代学术界使用的“希腊化”一词是近代德国学者德罗伊森（1808—1884）创造的。1836—1843年，他出版了成名之作《希腊化史》（Geschichte des Hellenismus，Hamburg）①，首次提出了“希腊化”的概念，他的Hellenismus一词既是指这个时代，更是指这一时期希腊文化的传播及其与东方文化的融合，正是这种融合为基督教的产生提供了沃土。德罗伊森的这一名词很快就得到西方学术界的认可和采用，但在英文中却找不到一个合适的词与之对译，“Hellenism”可能与之最为接近，但此词已有特定的含义，即指希腊古风和古典时期的文化。为了变通，学术界就采用了“Hellenism”的形容词形式“Hellenistic”以示区别，“the Hellenistic”也就有了与德语“Hellenismus”同样的含义，翻译成中文，就是“希腊化”或“希腊化的”。

德罗伊森的“文化融合论”在20世纪50年代以前是希腊化研究中的主流观点，代表人物除了德罗伊森以外，主要有罗斯托夫采夫（M. I. Rostovetzeff，1870—1952）、塔恩（W. W. Tarn，1869—1957）等。各家表述的重点或有差异，但总的看法是：亚历山大及其后继者对东方的征服和统治，使希腊文化传播到东方，并和当地的文化交流融合，形成了一种新的具有统一特色的文化，即以普通希腊语、希腊艺术、希腊城市为主要载体的希腊化文化或希

① Johann Gustav Droysen. Geschichte des Hellenismus. Tübingen，1952/1953. 此为重印版。其中的第1卷《亚历山大大帝史》（Geschichte Alexanders des Grossen，Berlin）实际上早在1833年就已经出版。1836年起，他把关于亚历山大及其继承者以及后辈继任者（Epigony）的3卷历史合为1部，以《希腊化史》之名出版。1885年，该书经修订后再版。有法译本。

腊化文明。① 这种观点在二战后受到强烈质疑，20 世纪 80 年代以后，沃尔班克（F. W. Walbank，1909—2008）和格林（Peter Green）等人提出“文化并存论”，即在这个希腊人统治的世界内，希腊人和当地人、希腊文化和当地文化实际上处于相互并立的地位上，整体上统一的、同质的文化或文明并不存在。② 20 世纪 90 年代以后，另一种新观点引起学界注意，这就是“延续论”，它强调希腊化时代是古典时代的继续发展，比如希腊化时期的希腊城邦与古典时期相比，其基本的自治特征仍然存在。从目前的情况看，德罗伊森、罗斯托夫采夫、塔恩的“融合说”固然受到质疑，但“并存说”和“延续说”也无力否认与古典时代迥然有别的希腊化世界的存在，无法否认希腊文化这一时期的向外传播，无法否认希腊文化与东方文化的结合，无法否认这一时期的文化碰撞、交流所带来的深远影响和巨大后果。可以毫不夸张地说，现在国际上希腊化时代的研究，已经证明了这一时代是古典希腊到罗马帝国之间的过渡，是沟通东西方文化大交流、大融合的桥梁。没有这一时代及希腊化世界的存在，就不会有今天的欧亚大陆的历史文化格局。

2006 年奥斯丁（M. M. Austin）在《从亚历山大到罗马征服的希腊化时代》第 2 版“前言”中说：“希腊化时代的研究原来处于古典研究的边缘地位，现在已经得到了与其他时代同样的重视。”③ 这样的估价应该是客观的、适当的。自德罗伊森开创希腊化研究以来，已经过去了 170 多年，但直到 20 世纪 80 年代以前，真正终身致力于希腊化研究的学者还是寥寥无几，最著名的也就是英国的沃尔班克和法国的普罗（C. Preaux，1904—1979），后者因用法语写作而不大为世人所知。但从 20 世纪 90 年代开始，希腊化研究的面貌大为改观，参与的学者明显增多，各类成果犹如雨后春笋般涌现出来。最明显的证据就是不同语种希腊化研究系列丛书的陆续出版，其中由美国加州大学出版社出版的系列丛书《希腊化的文化与社会》最为著名，到 2010 年已经出版 51 部专题著作，格林的《从亚历山大到亚克兴：希腊化时代的历史演进》是其

---

① 罗斯托夫采夫的观点很有代表性，详见 M. I. Rostovtaeff. The social and economic history of the hellenistic world，3 vols. Oxford：Clarendon Press，1941，“Preface”.

② F. W. Walbank. The hellenistic world，glasgow. William Collins Son & Co. Ltd，1981：60-78；Peter Green. Alexander to actium：The historical evolution of the hellenistic age. Berkeley：University of California Press，1990：312-315.

③ M. M. Austin. The hellenistic world from alexander to the Roman conquest：A selection of ancient sources in translation. Second augmented edition，Cambridge University Press，2006：xxv.

中的第一部。[①] 现已出版的著作中涉及希腊化时期的历史变迁、王朝更迭、伟人沉浮、社会经济、宗教信仰、哲学流派、文学艺术、民族身份认同以及各种考古发现、钱币碑铭资料的解读等等，可以说包罗万象，涵盖了这一时期在这个希腊人为中心的世界内的各种社会文化现象。

与此同时，还有几部影响较大的希腊化时代的通史性著作出现，如沃尔班克的《希腊化世界》[②]，希普利的《亚历山大之后的希腊世界，公元前 323—前 30 年》[③]，沙穆的《希腊化文明》[④]，以及涉及希腊化时代内容的《剑桥古代史》第 2 版的第 6 ~ 9 卷[⑤]。普罗的《希腊化世界：希腊和东方》[⑥]，威尔的《希腊化世界政治史》[⑦] 也获得较高的评价。

近年来一些资料集陆续出版，其中最有名的是奥斯丁编译的《从亚历山大到罗马征服的希腊化时代》（古代史料译选）。除此之外，相继出版的还有伯斯坦编译的《从伊普苏斯之战到克列奥帕特拉七世之死》（希腊罗马翻译文献之三）[⑧]，罗兹和奥斯本主编的《希腊历史铭文，公元前 404—前 323 年》[⑨]，巴格诺尔和德罗主编的《希腊化时期历史资料译文》[⑩]。新近整理翻译出版的楔形文字文献《巴比伦天文日志及其相关文书》也颇有参考价值，它提供了一些以前所不知道的信息。[⑪] 到现在为止，可以说所有古典与希腊化时期主要

---

① Peter Green. Alexander to actium: The historical evolution of the hellenistic age. Berkeley: University of California Press, 1990: 312-315.

② F. W. Walbank. The hellenistic world. revised edition, London, Fontana, and Cambridge, Massachusetts: Harvard University Press, 1981.

③ G. Shipley. The Greek world after alexander. 323-30 BC. London & New York, 2000.

④ François Chamoux. Hellenistic civilization. translated by Michel Roussel. Malden: Blackwell Publishers Ltd, 2003.

⑤ Cambridge Ancient History VI, 2nd edn, 1994; VII. 1, 2nd edn, 1984; VII. 2, 2nd edn, 1990; VIII, 2nd edn, 1989; IX, 2nd edn. , 1994.

⑥ C. Preaux, Le monde hellénistique: la Grèce et l' orient de la morte d' Alexandre à la conquête romaine de la Grèce (323-146 av. J. -C.), 2 vols. Paris, 1978.

⑦ Will, E. , Histoire politique du monde hellénistiquee: 323-30 av. J. -C. 2 vols. , Nancy, 1967.

⑧ Burstein, S. M. The hellenistic age from the battle of Ipsos to the death of Kleopatra VII (Translated Documents of Greece and Rome, 3). Cambridge, 1985.

⑨ P. J. Rhodes, Robin Osborne, eds. Greek historical inscriptions (404-323BC). Oxford University Press, 2003.

⑩ Roger S. Bagnall, Peter Derow, eds. The hellenistic period: Historical Sources in Translation. New edition, Blackwell Publishing Ltd. 2004.

⑪ 参见 A. Sachs, H. Hunger. Astronomical diaries and related texts from babylonia. Vol. I. Vienna: Verlag der Osterreichischen Akademie der Wissenschaften, 1988.

作家的原始文献都有英文的翻译版，这些资料集为以英语为工作语言的学者提供了极大的便利。近几十年来国际学术界（包括我国）悄然兴起的希腊化研究在很大程度上与可读资料的增多有关，当然，要想达到国际希腊化研究的前沿，还需要掌握原始文献的古文字，如希腊语、拉丁语、埃及象形文字、巴比伦楔形文字，甚至中伊朗语（巴克特里亚语）与印度的梵语与佉卢文等。

2. 近年希腊化研究的重点与热点

（1）关于"融合论"和"同质论"。这"两论"实际上是同一个问题，只有在承认希腊文化和东方文化充分交流融合的前提下，希腊化世界的同质性才会显现出来。既然希腊—马其顿人统治东方长达三个世纪，希腊文化和东方文化在某种程度上的融合就不可避免，因此，融合的争论不在有无，而在程度和范围。沃尔班克在他的《希腊化世界》一书中，以"希腊化世界：一个同质文化吗?"为题专门讨论这个问题。在他看来，希腊化世界的同质性或希腊性（Greekness）是存在的，但这只存在于希腊人的主流社会中，当地人是不可能进入这一社会的，在埃及和亚洲的广大乡村，他们的文化与以前一样，依然保持着当地的传统。但沃尔班克也承认，由于帕提亚人的崛起，割断了巴克特里亚和印度的希腊人与希腊化生活主流的联系，为了对付来自北方游牧民族的威胁，这些地方的希腊人和当地人建立了较为紧密的合作关系。因此，希腊化世界的同质性问题需要区别对待。①

法国著名希腊化史学者普罗也持有类似的观点。她认为：希腊化世界存在着由国王主导的希腊人的城市文化和由庙宇、乡村所组成的当地人世界的两元对立。希腊化时代并没有产生一个像德罗伊森等学者所说的新的混合文明，希腊人和非希腊人在这一世界对立并存，平行活动，除了宗教方面，几乎没有什么深入的相互交流，没有二者的融合，只有非希腊人的被同化。②

奥斯丁在其《从亚历山大到罗马征服的希腊化时代》2006 年第 2 版"前言"中，虽然高度评价德罗伊森是"希腊化史的近代创始人"，但他否认统一的希腊化世界的存在，认为它的差异性要大于统一性。③

目前，沃尔班克和普罗的观点获得更多人认可。但无可否认的是，只要学术界仍然把希腊化时代或希腊化世界这些表示这一时空范围的特性的概念作为

---

① F. W. Walbank. The hellenistic world. pp. 60–78.

② 这里关于普罗观点的介绍，主要参考舍尔文–怀特（S. M. Sherwin–White）对《希腊化世界：希腊和东方》一书的评论。见 The journal of hellenic studies, Vol. 103, 1983: 212–214.

③ M. M. Austin. The hellenistic world from alexander to the Roman conquest: A selection of ancient sources in translation. Second augmented edition, pp. 3–4.

古代历史上的一个研究单位，实际上也就承认了希腊化文化的多元性和统一性。希腊化文化或文明的中心不在东方的乡村，而在东方的城市。这些城市主要是希腊人或希腊化了的当地人的聚居地，因此，希腊化文化实际上是城市文化、城市文明，考虑这一文化或文明的性质时，主要是看这些城市文化或文明的特性以及它们的共性。作为军事征服建立起来的异族统治，他们的文化不可能在短期内渗透到整个统治区域，改变那里已经存在数千年的文化传统。因此，两种文化层面的并存是客观存在的，但出于统治与生存的需要，二者的努力融合、适应也是必然的。这一时期的文化与古典时期希腊文化的最大不同不是成果的多少，而是其中含有一定的、明显的东方文化因素。德罗伊森的“希腊化”一词应该是对那个时代、那个世界文化特性的概括，但如果由此认为那个世界的所有民族都希腊化了，同质化了，这显然也不符合历史事实。

（2）关于“延续论”。“延续”包括两个方面，一是就希腊化时代与希腊古典时代的关系而言，二是就希腊化世界内部的发展而言。

应该说，历史发展的阶段性既是一种客观存在，也是历史学家的主观感受。生活在那个时代的希腊人无疑都感到了世界的扩大以及由此带来的一系列新问题。但对于原来希腊城邦的那些希腊人而言，只不过城邦的自主权和个人的生活机遇有所变化而已，其他的一切似乎都依然如旧。如果说，以前他们在对外关系上要受雅典、斯巴达甚至底比斯或波斯人的制约，现在则要受到亚历山大及其后继者建立的几个王朝的影响和控制，即便那些由国王们新建立的城市，其内部的市政制度、文化传统也尽量保持了原来城邦的基本特征，虽然它们本质上已经由主权独立的城邦变成了国王治下的城市。在文化上，希腊化时期实际上也是古典时代的延续。雅典依然是哲学、戏剧、雕塑艺术的中心，但亚历山大里亚和帕加马后来居上，成了地中海两个最大的文化中心。这些文化成果都是以希腊语言、希腊文化形式为载体，但吸收了大量的已有数千年传统的东方文化因素。没有巴比伦的天文观测记录，没有埃及的数学与几何，就没有亚历山大里亚的天文学、地理学、物理学、数学等学科。希腊化时代相对于古典时代，既是继承，也是发展，更是创新。

“延续论”的代表作首推希普利的《亚历山大之后的希腊世界》。此书主要的观点就是强调希腊化时代是古典时代的延续，而非独立的创新时代，希腊化世界在他看来与过去没有任何明显的断裂，它的许多方面都是前已有之，创新是例外。但此观点受到评论者的质疑，认为作者不应该忽视这个时代富有特色的文化互动以及它的独创性。①

沙穆的《希腊化文明》承认希腊化时代的独特性和对罗马帝国、西方文明的影响，但同时也强调在希腊化君主制统治的环境中，希腊城市仍长久地保持了古典时代的模式，在本质上没有任何变化。他认为，虽然希腊化时代是个人创造历史的时代，但希腊人的城市日常生活依然如旧。市民社会并非像一般人认为的那样，彻底衰落，仅剩下一个空壳。他对希腊化时代的总体评价是：它既非一个衰落的时代，也非由盛世到乱世、由雅典到罗马、由希腊语东方到拉丁语西方的过渡。这个时代不论在任何转折时期，还是在所面临的任何问题上，都是创造与延续并存，坚持传统与乐见新奇并存，怀旧复古与面向未来并存。这是一个色彩斑斓的时代，也是一个巨人辈出的时代。如果没有他们，我们将不知道自己是谁，我们的希腊遗产将会出现深深的遗憾。② 这里有必要指出的是，不论新老城市，政治上的独立自主事实上均不复存在。这是希腊化时期的所谓城邦或城市与古典时代的"polis"的根本区别之处。作者的"城市模式延续论"似乎有矫枉过正之嫌。

在学界重视希腊化时代与希腊古典时代延续性的同时，格林更多地注意到了希腊化时代和希腊化世界本身内部政治、经济、文化各自发展的连续性。格林在其《从亚历山大到亚克兴：希腊化时代的历史演进》一书的"前言和鸣谢"中说明了自己写这部书的动机和原则。他首先对德罗伊森等宣扬的希腊文化传播论进行了猛烈的抨击，认为希腊文化对东方的传播作用被过分夸大了。希腊文化、风俗、文学、艺术、宗教在征服的土地上的传播是一种有意识的、理想化的、使命般的宣传，这种说法本身就是一个有害的神话，更不要说对亚历山大及其后继者这些征服者的颂扬了。编造这些神话的目的就是为了在道德上证明希腊—马其顿人的大规模帝国式剥削压迫的合理性。作者坦率承认自己是一个修正主义者，他写作此书的目的之一就是要修正这种亚历山大及其后继者有意识地把希腊文化带给野蛮人的传统说法，并对这种文化扩散的影响、本质和范围进行一次更为实事求是的描述。

为达此目的，他为本书的写作制定了几项原则：首先，强调希腊化时代在这三个世纪中的直线式、历时性和演进性的发展。其次，要重视希腊化时代文化发展的各个重要方面，从动态的而非静态的、更非永恒的角度，对它们进行

① E. S. Gruen. Into the limelight. The Classical Review, New Series, Vol. 51, 2001 (1): 109-112.

② 关于该作者的上述观点，详见 François Chamoux. Hellenistic civilization. pp. 67, 166-167, 393-395.

评价。再次，对希腊化世界各个方面要尽量保持叙述的连续性，避免不必要的中断或碎化。最后，要避免只见树木不见森林，因小失大，以偏概全，这是希腊化研究中的通病，原因在于实证资料有限，一叶知秋或窥一斑而知全豹的原则在这里不适用。①

（3）关于希腊化时代的起止时间。希腊化时代的起始时间众说纷纭，但以公元前 334 年亚历山大东征和前 323 年亚历山大之死两种说法较为普遍；终结时间比较一致，以前 31 或 30 年托勒密埃及的灭亡为界。然而，在沃尔班克主编的《剑桥古代史》第 7 卷和他的名著《希腊化世界》中，下限却是含糊不清的。新版《剑桥古代史》第 7 卷的第 1 分册虽然冠以《希腊化世界》之名，但并非整个希腊化时代的历史都包括于其中，而是从公元前 323 年写到公元前 217 年。他依据波利比阿的看法，认为从这一年起，整个文明世界的事务交织在一起，最后在半个世纪多一点的时间内都归于罗马的一统之下。也就是说，此后地中海世界历史的主角不是希腊化各王国，而是逐渐东扩的罗马共和国。②

（4）关于巴克特里亚和印度希腊人的历史定位。巴克特里亚与印度西北部都曾是波斯帝国的属地。亚历山大征服这些地区后曾设置总督，留下驻防军。塞琉古王国建立后，统治了巴克特里亚，但将印度西北部割让给了印度的孔雀帝国。不过，从孔雀帝国阿育王发布的希腊语诏令看，当时仍有一部分希腊人留在孔雀帝国的境内（今阿富汗坎大哈地区）。公元前 3 世纪中期，巴克特里亚总督狄奥多托斯宣布独立，脱离塞琉古王国。前 2 世纪初（约前 180 年前后），巴克特里亚希腊人侵入印度，曾经控制了远到印度河以东的地区。由于受到北方游牧民族（其中包括来自中国西北的大月氏人）的压迫，巴克特里亚的希腊人在前 145 年（也有约 130 年之说）前后退入兴都库什山以南的印度西北部。这些希腊人虽然或自相争斗，或受到外来民族，如帕提亚人、斯基泰人（《汉书·西域传》中的“塞人”）、月氏人的挤压，但仍然残存到公元前后。对于这批孤悬东方的所谓巴克特里亚希腊人和印度希腊人的历史如何评价和归属，两种观点营垒分明。塔恩早在 1938 年《巴克特里亚和印度的希腊人》初版的“前言”中，就明确提出：将印度的希腊人作为印度历史的一部分是不幸的，也是毫无意义的。他们的活动区域是希腊化世界的组成部分，

---

① Peter Green. Alexander to actium: The historical evolution of the hellenistic age, pp. xv–xviii.

② Walbank, F. W., A. E. Astin, M. W. Frederiksen, R. M. Ogilvie, eds.. The Cambridge ancient history, vol. VII. 1; The hellenistic world, 2nd edn. Cambridge, 1984, Preface, xi.

他们的历史是塞琉古王国历史的一个分支，他们的国家可以视为第五个希腊化国家。总之，他们的历史应该属于希腊化研究而非印度历史研究的范畴。[①] 但这一观点遭到了印度本土学者纳拉因的反对。恰好在塔恩逝世之年的 1957 年，纳拉因出版了他的《印度希腊人》，对塔恩的观点进行批驳，主张印度希腊人的历史属于印度而非希腊化国家。[②] 纳拉因参与了《剑桥古代史》第 8 卷的编撰，在他执笔的第 11 章《巴克特里亚和印度的希腊人》中，利用最新的考古资料，再次系统论述了两地希腊人的历史变迁。[③] 由于塔恩的去世，这一论点无人应战，成了一方的宣示。不过，在笔者看来，这场争论的焦点恐怕不在资料本身，而在历史学家的立场。塔恩的观点形成于二战以前，难免从西方文明扩张的角度来看待这些希腊人的历史。纳拉因的观点形成于二战后印度独立时期，是从民族主义的角度来看待这一段历史。现在除了巴基斯坦山区的个别部落声称他们是亚历山大或希腊人的后裔之外，已经很难听到任何关于印度希腊人后裔下落的消息了。

3. 希腊化研究的未来发展趋势

从目前的情况看，未来的发展可能会表现在以下几个方面。

（1）研究的资料和证据将会更多地依靠考古发掘。由于希腊化时期的文献记载保存至今的相对稀少，地下出土的资料对于希腊化研究就显得尤为重要。一个多世纪以来的考古成果，尤其是像埃及托勒密时期的纸草文献、亚历山大里亚古城的水下考古，塞琉古王国境内的杜拉—欧罗波斯希腊殖民地遗址、底格里斯河畔塞琉西亚城遗址，帕提亚都城尼萨、巴克特里亚希腊式城市阿伊·哈努姆的遗址，特别是在今日中亚、阿富汗、巴基斯坦、印度境内其他犍陀罗雕塑艺术遗迹、塔克西拉遗址、希印双语币和碑铭、石刻（如著名的阿育王诏令）等的发掘、发现，都曾大大深化了希腊化文化的统一性和多元性的研究，也使得巴克特里亚—印度希腊人的历史面貌得以大致复原。新的考古资料有可能给希腊化的研究带来新的突破。现在，相关的考古发掘仍在进行，相信在欧美学者和本地学者的合作努力下一定会有新的发现。

（2）古史研究与现实关注的联系将会更加紧密。“一切历史都是当代史”，近代以来希腊化研究的学术史也同样如此。因为希腊化研究的主导权或主要研究者从来都掌握在西方或欧美学者手中，欧美学者是把东方作为他们的参照

① W. W. Tarn. The Greeks in the Bactria and India. Introduction, pp. xx-xxi.

② A. K. Narain. The Indo-Greeks. Oxford: the Clarendon Press, 1957: 10.

③ A. E. Astin, F. W. Walbank, M. W. Frederiksen, R. M. Ogilvie, eds.. The Cambridge ancient history, vol. VIII; Rome and the Mediterranean to 133 BC., 2nd edn. Cambridge, 1989: 388-421.

系——“他者”来进行研究的，因此亚历山大的东征象征着近代西方文明向全球、特别是向东方的扩张。“希腊化”一词本身就隐含希腊文化的优越论或欧洲文化中心论。德罗伊森、罗斯托夫采夫、塔恩等虽然都没有公然否定东方文化的悠久历史和辉煌成果，但都难以摆脱他们所处时代的影响。即使是二战后“后殖民时代”的希腊化研究者，尽管对前辈们的结论进行了严肃的修正，但对“希腊化”一词的沿用说明他们仍然承认“希腊性”（Greekness）是这一时代的基本特征。对于东方地区的历史学家，尤其是印度的历史学家，希腊文化的影响固然存在，但早已与当地文化融为一体。其结果不是东方文化的希腊化，而是希腊文化的东方化。上述塔恩与纳拉因的对立实际上是殖民主义和民族主义的对立，是殖民时代和非殖民化时代的对立。① 近年来，有学者提出希腊化时代是人类历史上最重要的全球化时代之一，此说不仅言过其实，而且有回归德罗伊森体系之嫌。②

亚历山大东征的历史教训也引起了学者们的注意。美国发动阿富汗战争后不久，休斯敦大学霍尔特教授③就著书以亚历山大当年在巴克特里亚（包括今日阿富汗在内）、印度西北部的地区艰难征服为例，说明凡是外族入侵阿富汗，最终都难免失败的结局。作者还举了近代英属印度、当代苏联侵入阿富汗均遭惨败的例子来证明自己的推断。④ 他的研究成果不仅受到学术界的重视，而且通过美国电视“历史频道”和英国的BBC等媒体广为传播。他关于亚历山大在东方的战役的研究还受到美国军方的注意，被列为国家阿富汗军事研究所的讲授课程。

（3）研究将会进一步深入和细化，地区性研究不平衡的现象将会有所改观。希腊化时代、希腊化世界、希腊化文明作为一个独立的研究对象已经在学

---

① 参见 Rachel Mairs. Hellenistic India. New Voices in Classical Reception Studies, 2006（1）：20-30.

② 参见伯斯坦：《世界历史上的希腊化时代》的“内容简介”和主编阿达斯的“前言”（Stanley M. Burstein. The hellenistic period in world history, Essays on global and comparative history. American Historical Association, Washington, DC, 1996. http://www.historians.org/pubs/Free/BURSTEIN.HTM）

③ 霍尔特教授是国际著名古希腊罗马学者之一，主要从事亚历山大、希腊化时代、希腊钱币学等领域的研究。近年著作有：《深入白骨之地：亚历山大在阿富汗》（Into the land of bones: Alexander the Great in Afghanistan. University of California Press, 2005）；《亚历山大和大象徽章的秘密》（Alexander the Great and the Mystery of the elephant medallions. University of California Press, 2003）；《发出雷电的宙斯：希腊化巴克特里亚的形成》（Thundering Zeus: The making of hellenistic Bactria. University of California Press, 1999）。

④ Frank Lee Holt. Into the land of bones: Alexander the Great in Afghanistan. Introduction, pp. 1-22.

术界得到普遍的承认。现在关于这一时代整体研究的著作不下数十部，随着新资料的发现、新的研究手段和方法的运用，新的研究成果将会不断地出现，特别是在全球化、现代化风靡世界的背景之下，具有多元文化特征的希腊化文化或文明会受到越来越多的学术关注。而且，随着民族主义的复兴，原来被囊括于希腊化世界范围之内的国家和地区也会对希腊化时代与本地区历史的关系产生兴趣，从而鼓励本土学者加入这一研究，欧美学界垄断希腊化研究话语权的局面可能会有所改变。

整体研究的基础是个案研究，希腊化研究日益向具体问题发展，如希腊化时期各类城市的区别，三大王国在面对不同统治环境和对象时所采取的政策的差异，希腊人和当地人的关系，希腊化时期与希腊古典时期的关系，希腊文化和罗马文化的关系，巴克特里亚希腊人的历史地位，印度希腊人的归属，以及文学、哲学、造型艺术、自然科学、工程技术等问题，都是应该而且有望进行更多探讨的方面。如此诸多层面的深入探讨，有可能会影响到对希腊化时代整体定性的重新评估，而各地区研究不平衡的问题（如对埃及托勒密王朝的研究相对较多）也会得到一定程度的解决。

（三）日本史研究的最新成果和动态

1. 日本学术界有关日本近代以前历史的研究

日本历史学界将近代以前的日本历史分为古代、中世、近世三个时期，古代史是12世纪以前的日本史。近些年来，古代史研究的主要侧重点包括古代国家成立时期法治国家与地域社会的关系、王权结构与秩序等领域，例如2008年度历史学研究会大会古代史分会在“古代国家的秩序与观念”的专题下，由关根淳提出“古代的天皇制与政变、国家”报告，从政治斗争史的角度分析古代天皇制的确立及其律令制国家的成立。该报告叙述了由于天皇地位的提高，国家及其秩序得到确立、古代国家和王权统治正当化的过程，与王权统治相关的意识形态随之确立，显示了古代社会对天皇、国家的认同；① 2009年度，古代史分会在“古代地域社会结构与整合”专题下，由荒井秀规和三原康之分别提出“律令国家的地方统治以及国土观”和“村落社会的展开与农事惯例”报告。前一个报告从班田收授制的实施及以王土思想为背景的国土观两个方面，分析了天武朝后期律令制国家成立前后两级地方行政机构国、评的变质以及律令国家统治地方的形态，后一个报告通过分析8到10世纪农村的祭祀田地活动以及劳动力构成方式，在阐明村落社会变化的同时，深入揭

---

① 历史学研究会编．历史学研究增刊第846号．2008（10）．

示古代村落社会所具有的普遍性。① 两个报告均注重古代社会及国家的“整合”，在此基础上具体分析国家与地域社会的关系。

实际上，20 世纪 90 年代中期以后，日本历史学界古代史研究的方法、观点等均出现新的动向，尤其在王权、古代国家形成等领域。例如在王权研究方面，过去多侧重从大王制向天皇制的形成过程本身，90 年代以后则强调“古代王权是以大王、天皇为中心，包括与构成其他王权者的互补、对立关系的多元结构”，同时“在探讨世界各地区历史性、多样性存在的国王制、君主制之间的共通性、差异性的基础上，比较研究日本型王权——天皇及天皇制，并把握其本质”。但这种研究方法及其观点也存在进一步完善的必要，即在如何把握多元结构中各政治主体之间的关系、如何把握统治阶级完整性与他们之间相互矛盾这两个方面，都需对古代王权进行动态式研究。②

中世史研究领域涵盖 12 世纪到 16 世纪的日本史，近年的研究继承了 20 世纪末学术界对日本中世史的批判性研究，在庄园制、地域社会、在地领主等方面提出许多新观点。例如，2008 年度历史学研究会中世分会在“中世社会的构成及其解决纠纷”专题下，由镰仓佐保和永井英治分别提出“庄园制的形成与武士家族统治的整合”以及“从南北朝到室町时期的权力与解决纠纷”报告。前者以摄关、院政时期到镰仓幕府前期的私人领地及庄园制形成为对象，分析了其对武家社会形成的影响；后者从诉讼制度及其实施的角度，深入分析了镰仓幕府后期到室町幕府时期幕府解决纠纷方式的变化。③ 2009 年度的中世分会在“中世权力和城市统治”的专题下，由秋山哲雄和三枝晓子分别提出“镰仓与镰仓幕府”和“室町幕府的京都统治”研究报告。前一个报告通过镰仓及幕府的关系分析城市统治与人员交流，阐明镰仓与幕府的有机联系在中世社会中的地位。后一个报告具体分析以京都为统治基地的幕府与对京都具有较大影响力的延叡寺之间围绕支配京都展开的斗争，在此基础上阐明权力对城市统治的真实形态。④

从整体上看，20 世纪 90 年代以来的中世史研究更多地强调了亚洲海域交流以及亚洲史中的日本，认为国内政治的变化并非来自日本历史发展自身的因果关系，而试图到亚洲整体历史的变化中去寻找背景。换句话说，过去

---

① 历史学研究会编. 历史学研究增刊第 859 号. 2009 (10).

② 荒木敏夫. 日本古代的王权、国家与社会——研究的回顾与今后的课题. 历史科学协议会编. 历史评论第 618 号. 2001 (10).

③ 历史学研究会编. 历史学研究增刊第 846 号. 2008 (10).

④ 历史学研究会编. 历史学研究增刊第 859 号. 2009 (10).

的中世史研究多侧重单个领域，例如，蒙古征日及其影响、怀良亲王与足利义满对明朝册封日本国王的反应等，但目前的研究则注重以跨国家、跨海域的海上居民（倭寇、漂流民等）为中心的交流与日本国家及地域权力的关系，甚至出现了日本形成武人政权的主要原因是日本处在亚洲文明的边缘地带、近代天皇统率军队的制度来自东亚地区武人政权的传统等新观点。今后需要深入研究的课题是，如何将这种区域史的研究方法运用到亚洲各国中世史的比较之中去。①

自 20 世纪末国际冷战体制崩溃、全球化趋势明显之后，日本近世史研究也发生了诸多变化，在对以德川幕府为中心的研究中，从强调具有日本特殊性的“封建论”转变为强调具有世界普遍性的“前近代论”，从注重幕藩体制的“国家论”转变为注重精神权威的“天皇论”，从侧重幕府将军专制的“强者逻辑”转变为侧重社会公议的“共生逻辑”。进入新世纪以后，在“近世国家与地域社会”的视角下，对民众意识形态的结构及其形成与变化、民众生活状态等也进行了深入探讨。例如，2008 年度历史学研究会近世分会在“近世的政治统治与学问·知识·信息”主题下，由松方冬子和金森正也分别提出“近世后期长崎输入‘西方近代’信息及知识的翻译”和“近世后期的藩政与学问——从宽政到天保时期秋田藩的教学政策与政治改革”研究报告。前者以 19 世纪四五十年代的长崎为中心，探讨了日本社会对“近代西方”信息的接受；后者以 19 世纪后半期秋田藩的教学政策以及政治改革为对象，分析了地方权力运动结构的本质。②

2009 年度，近世分会在“近世社会的变化——商品经济与地域社会”的专题下，由多和田雅保、曲田浩和分别提出“围绕山林利用的地域变化”和“近世中后期产业、流通的发展与伊势湾地域——以知多半岛酿造业为中心”报告。前者以元禄、享保时期信浓国伊那郡上饭田村为中心，分析了地域的形态及其变化；后者从流通、消费的观点出发探讨了 18、19 世纪尾张知多造酒业的发展过程。③ 两个报告在具体阐明地域社会发生变化的同时，探讨其变化的主要原因，为全面认识近世社会提供了一个新视角。

值得注意的是，近些年来日本的近世史研究逐渐摆脱“脱亚型近世史观”的束缚，克服以往认为日本在亚洲具有特殊性、与欧洲近似的基本观念。在此

---

① 木村茂光日本中世史观的现在. 日本史研究会编. 日本史研究第 526 号. 2006（6）.

② 历史学研究会编. 历史学研究增刊第 846 号，2008（10）.

③ 历史学研究会编. 历史学研究增刊第 859 号. 2009（10）.

基础上，有学者提出“政治文化论”，即从汉字与地域文字并用的信息传递系统、超越地域的儒道释普遍观念、仁政德治的政治观、平等主义的安民思想、身份制的国际关系理念等角度去探讨亚洲各国近世史中的共同要素。①

2. 日本学术界有关日本近代以后历史的研究

日本学术界将日本近代以后的历史分为近代史和现代史，前者从1868年的明治维新到1945年第二次世界大战结束，后者为战后的历史。进入新世纪后，随着政治、经济、社会体制以及历史意识的急速变化，日本历史学界日益关注与现状分析密切相关的课题，例如公共性、帝国、民主主义等，而且实现了从马克思主义占主流的“战后历史学”向历史研究方法论趋向多元化的“现代历史学”的转变，其核心观念是“国民国家论”（日本概念中的“国民国家”即欧美所说的“民族国家”）。

“国民国家论”推动了日本近代史的研究，尽管学者们在这个问题上存在很大的分歧，有些人重视导致近代化失败的日本特殊性，也有人强调近代国民国家的普遍性，但至少在三个领域研究取得了较大的进展。“国民国家论”的一个重要研究领域是近代天皇制。昭和天皇去世以后，有关资料相继公开，天皇的战争责任以及天皇与社会的关系问题再次成为研究的热点，藤原彰的《饿死的英灵们》（青木书店，2001年）、吉田裕的《日本的军队——士兵们的近代史》（岩波新书，2002年）等均探讨了“天皇军队”的实态与性质，②藤原彰并且指出：“太平洋战争的特征是日本军队的过半数死亡者并非在战斗中死亡、即所谓名誉的战死，而是死于饥饿，……靖国英灵实际上是垂死挣扎在饥饿地狱里的亡魂。”③

“国民国家论”另外一个重要研究领域是近代民族主义问题。尽管战后初期以丸山真男为首的学者推动了战后民主主义思想的发展，但他们没有意识到殖民扩张的严重性，因此没有看出民族主义对民主主义构成障碍，从而将福泽谕吉的“脱亚论”看做是东西方文化间的相互调和。对此，大隅和雄与平石直昭主编的《思想史家丸山真男论》（鹈鹕社，2002年）、小林正弥主编的《丸山真男论——主体作为、法西斯主义、市民社会》（东京大学出版会，2003年）、小熊英二的《“民主”与“爱国”——战后日本的民主主义与公共性》（新曜社，2002年）等著作对丸山真男的民主主义思想及对民族主义的论

---

① 深谷克己. 背负“现代”的近世史观. 日本史研究会编. 日本史研究第526号. 2006（6）.

② 黑川绿. 实现“转换”的日本近代史研究. 历史科学协议会编. 历史评论第632号. 2003（10）.

③ 藤原彰. 饿死的英灵们. 青木书店，2001：3.

述进行了再评价，例如，小熊英二认为，“所谓战后思想是具有战争体验的战后知识分子的思想，是将战争与战败语言化、思想化的过程”，他从90年代前后的民族主义立场出发，将“民主”与“爱国”共存的战后民主主义划分为三个阶段，把丸山等知识分子的民族主义看成是“对抗国家的民族主义”。①

“国民国家论”的第三个重要研究领域是“文化”。2001年到2003年，岩波书店出版了小森阳一等人主编的10卷本《岩波讲座：近代日本文化史》，其论述的“文化”是指“当事人被强制在人为的历史、社会、政治的特殊环境中”，通过对这种“文化”的探讨，研究近代持续的抗争与协调、战略与战术等，其内容涉及性别、少数派、卫生、城市、宇宙、感性、近代知识、感情与记忆等等，② 其中对“少数派”（例如阿伊努族、部落民、城市下层等）的研究，作为最能体现国民与国家矛盾的领域，成为历史学研究的新重点。尤其在城市下层问题研究方面出版了一批著作，例如小林文丈的《城市下层的社会史》（解放出版社，2003年）、成田龙一的《近代城市空间的文化经验》（岩波书店，2003年）、大石嘉一郎及金泽史男的《近代日本城市史研究——地方城市再构成》（日本经济评论社，2003年）等。大石嘉一郎及金泽史男在批判成田龙一“作为方法的城市史”的基础上，提出应该“明确包括大城市与地方城市在内的多层次构成过程，阐明城市发展过程中的类型化”，从政治经济学的角度对其进行结构分析，以寻找其中的公共性和普遍性。③

作为上述领域研究的持续，2009年度历史研究会大会近代史分会在“帝国秩序与无政府主义的形成——抵抗、合作的想象力”主题下，由梅森直之提出了“日本思想史中的无政府主义——以早期社会主义思想的关系为中心”报告，将无政府主义作为对抗资本主义的力量之一，具体分析了大杉荣与石川三四郎等人的思想，认为其本质是超越阶级、民族、人种、性别，与对抗资本主义的运动密切相关。④

“国民国家论”的价值在于提出了超越东方与西方、全球与区域相对立的视角，从而为日本近代史研究做出了不小成绩，但在方法论上并没有为新历史学展示明确的发展方向，因而有关“国民国家”的发展趋势及其研究仍会持续下去。

---

① 小熊英二．“民主”与“爱国”——战后日本的民主主义与公共性．新曜社，2002：826．

② 小森阳一等主编．岩波讲座：近代日本文化史序言．岩波书店，2001．

③ 大石嘉一郎、金泽史男．近代日本城市史研究——地方城市再构成．日本经济评论社，2003：7．

④ 历史学研究会编．历史学研究增刊第859号．2009（10）．

日本学术界认为，战后史的研究处在一种危机之中，因为冷战结束后，由于战争责任问题尚未解决，社会主体成员却变为战后出生者，因此就出现了民族意识继承与问题意识继承之间的矛盾，历史学也产生了“政治洁癖主义”和“学问官僚化”倾向。前者从特定的政治价值规范判断文化及所有非政治领域，设置较多的研究禁区，后者指在严密的教育行政体制下，限制了研究者的想象和解释空间，由此妨碍了民族之间的和解以及学术研究的多样化。

上述倾向也体现在历史学研究会的年度大会上，例如，2009 年度大会现代史分会在“‘富裕社会’城市政治中出现的参与和对抗”专题下，由沼尻晃伸提出了题为“高速经济增长前期水的利用与居民、企业、自治体——以静冈县三岛市为事例”报告，通过对因联合大企业过度利用水源而导致三岛市严重缺水的分析，阐明居民生活与共同性、居民组织与工厂的对抗及其对自治体政策的影响。① 对此，有批评者指出：不可无视 20 世纪 60 年代日本的“富裕中的贫困”问题，当社会整体脱离贫穷后，受歧视的部落民、在日朝鲜人、下等旅馆住宿者等贫困人群仍然存在，对此不仅学术界没有进行分析，而且一般国民更是没有注意到。②

作为现代史的研究方向，有学者提出应将这些问题作为重要课题来研究，如：如何区别冷战结束后观念上的社会主义与权力现象上的社会主义，如何评价充满特殊性的战后日本史，如何从冷战支配结构去分析战后史等。③

3. 欧美学术界有关日本历史的研究

美国学术界研究日本历史的跨度较大，即使在古代史领域也有不少专家学者。例如，南加利福尼亚大学历史系副教授 M. S. Adolphson 最近出版了《权门——前近代日本的僧侣、公家、武士》，该书分析了镰仓时代的地方国制、社会结构等。同一大学的 Piggott 教授是日本古代史及中世史专家，曾出版过古代王权的形成、发展及其与寺社势力关系的著作。④ 在美国的其他大学，还有研究“14 世纪南北朝战争”、“公家社会的赠答惯例”、“镰仓时代的太子信仰”、“亲鸾的太子信仰”、“10 世纪末法思想与社会”、“中世后期的佛教与社会”、“圣德太子的传略及其王权”、“法然的末法观念”、“平安时期的佛教美术”、“中世纪前期的战争”、“石山本愿寺的共同体”、“前野家‘武功杂记’

---

① 历史学研究会编. 历史学研究增刊第 859 号. 2009 (10).

② 历史学研究会编. 历史学研究第 861 号，2009 (12).

③ 川岛高峰. 回顾 90 年代的日本现代史——冷战的责任及冷战后责任. 历史科学协议会编. 历史评论第 618 号. 2001 (10).

④ The emergence of Japanese kingship. Stanford Universiyu Press, 1977.

的真实性”、“逆修的佛教文化”等课题的日本古代史、中世史学者。①

美国学术界研究日本近世历史的学者也不少，尽管赖肖尔等人提倡的“现代化论”在20世纪70年代以后影响衰弱，但80年代研究近世日本人口及农民起义的著作、论文较多。进入新世纪前后，美国学术界对日本近世史的研究主要有两大趋势，即对近世到近代的过渡研究以及对近世史的整体研究。从具体的研究课题来看，除近世日本特定地域的经济研究、政治体制、自然灾害、农民起义以及森林保护的生态学外，对日本近世思想史的研究十分突出。例如，在后结构主义理论基础上提出“德川意识形态”独特概念的 Hermen Ooms、研究“水户学”的 Julien Victor Koschmann、研究“国学”的 Harry D. Harootunian 、研究山县大弐的 Bob Tadashi Wakabayashi 等日本近世思想史专家。但这些学者目前大多转到古代史或近现代史领域，即使在2001年发表《美国的江户思想史研究30年》的 Hermen Ooms 也转到日本古代宗教方面。

美国研究日本近现代史者较多，近些年来主要集中在男女性别研究、殖民地与帝国问题、大众文化等三个方面，其中又以性别研究最多。在性别研究方面，首先是对日本女性地位及其特殊性的研究，例如“市川房枝的研究”等；其次是同性恋研究，其中包括“男色与武家社会”、“明治大正年间的女同性恋”等；另外还有对女性污秽的研究，例如日本传统对女性生育及生理等现象的歧视意识，其中包括对日本民俗学家柳田邦男的批判等。在殖民地和帝国问题方面主要集中在殖民地对本土的影响，即通过本土与殖民地的比较研究发现两者之间的相互影响；另外是对朝鲜人、台湾人的认同研究，即殖民地居民如何看待自己的同一性问题。在大众文化研究方面主要集中在漫画、动画、宝塚歌剧、演歌、爵士乐等领域。伊利诺伊大学芝加哥分校 E. Taylor Atkins 教授的博士论文为1920年后日本的大众音乐史，其后一直研究日本的爵士乐。值得一提的是，过去美国研究日本历史的主流是政治史、经济史、外交史、工人运动史等，而且直接阅读原始资料，其水平不低于日本学者，甚至在医学史方面超过日本学术界。但最近发生较大变化，例如，曾任哈佛大学历史系主任的 Andrew Gordon 教授是日本工人运动史的专家，但最近几年研究起20世纪前半期日本中产阶层的消费生活，而且主要集中在钢琴、缝纫机、收音机等耐久消费品上。

在法国，研究日本历史的学者大多集中在传统的古代和进入早期全球化时

---

① 今谷明. 欧美日本史研究的现状与动向. 人间文化研究机构国际日本文化研究中心编. 日本研究第35号. 2007（5）.

代的近现代史领域，而且大多与中国史研究相结合。从研究的时代上看，半数以上的学者为近现代史，三分之一的学者研究近世史，研究古代史者寥寥无几。从研究题目上看却比较分散，既有近世日欧交流史、日本教育史、近代工业技术史、平安贵族社会史、工人运动史等传统课题，也有包括古代阴阳道、城市计划史、近现代美术史、幕末媒体、黑社会、教科书等在内的新课题。

荷兰研究日本的历史较长，但研究者相对较少，而且主要集中在莱顿大学。该大学日本学科的定员8人，其中分为近现代史、中世文学、当代电影、佛教史、日语等。W. J. Boot教授曾留学日本，他的有关德川家康神格化的博士论文引起日本学术界的注目，近些年来主要研究江户的国学者荷田在满。

德国研究日本的历史也较长，早在1910年大学中已出现了日本史讲座。尽管近些年来的研究力量有所减弱，但其研究内容仍然较为传统，除少数研究性别史、媒体史等新课题外，大多仍然为政治史、近世文学史、宗教史、近代哲学史、工人运动史、近代经济史、明治教育史、中世庄园史等传统题目。

（四）近代以来印度史编纂中的范式与问题

一般认为，系统的印度史的编纂始于英国人统治时期。在此之前，印度缺乏完整的王朝历史的记录，更遑论近代意义的历史编纂。自近代以来的印度史编纂先后受殖民主义、民族主义、马克思主义、后殖民主义等思潮的影响，形成不同的印度史编纂范式。整个印度史编纂的历史既是各种史学范式轮番更替支配权的过程，又呈现出各种范式共存相互争鸣的特征。

1. 殖民主义史学范式与印度文明史研究的开端（1750—1950）

殖民地时期，印度史编纂开始于对印度的过去——印度文明的认识。最早在此领域作出贡献的是东方学学者。

撰写印度古代历史多少是由于英国东印度公司的建立而在18世纪时开始的。该公司最初是一个贸易机构，以后不断在南亚扩张，到19世纪中叶建立起庞大的英印帝国。日益增多的行政职责促使公司的官员们去熟悉印度人民的法律、习俗和历史，他们之中的不少人，像查尔斯·威尔金斯、科尔布鲁克和威廉·琼斯，对印度的文学和文化表现出强烈的兴趣。为了鼓励对印度的研究，主要在威廉·琼斯的努力之下，于1784年成立了孟加拉亚洲学会。到19世纪中叶，对于印度的过去所怀有的知识上的好奇心，已经不再局限于来到印度的公司官员了，许多欧洲的大学都对印度的文化产生了兴趣，一些学者在那里从事梵文和有关科目的研究，最著名的早期东方学家与印度学家是从未到过印度的马克斯·穆勒（Max Muller）。

像马克斯·穆勒这些早期的东方学家都以赞赏的口吻说到一成不变的印度

农村公社。他们认为，印度是那些专事玄奥的沉思默想而很少关怀尘世生活的哲人的国度，印度的社会被描绘成如同田园诗一般，不存在任何紧张的关系或者社会的不睦。他们当时为英国国内疾速的工业化所造成的变革感到不安，发现印度是一个理想“乌托邦”，因而对印度文明带着一种赞赏的态度。①

然而穆勒及其同时代人的想法在 19 世纪的英国并未找到合适的土壤，因为那里的知识界占有支配的地位的并不是东方学者，而是以查尔斯·格兰特为首的基督教传教士，以及功利主义者，其典型的代表人物是詹姆士·米尔(James Mill)。

基督教传教士们对待印度几无同情之心，在他们看来，印度教“充其量只是人类愚蠢的产物，而最坏则是恶魔的灵感造成的结果”。按查尔斯·格兰特的说法，印度人民因为印度教而生活在“堕落的”境况之中，印度教是欺诈、伪证、自私、社会分裂、妇女地位低下、淫乱等种种罪恶的根源。他认为，只有通过改信基督教才能拯救他们。格兰特自己虽然并不是传教士，但却是教会的重要人士，对于 19 世纪教会有关印度的思想与著述，有着持久而有力的影响。②

功利主义者们也与基督教会一样，对印度抱着敌对的态度，从詹姆士·米尔最初出版于 1817 年的三卷本《英属印度史》(History of British India) 中可以清楚地看出这种情况。米尔把印度历史划分为三个时期，即印度教时期、穆斯林时期和英属时期，就这样在印度的历史编纂学中播下了教派偏见的种子。他对印度文化加以不适当的谴责，而且设想当代的和古代的印度同样都是野蛮的，反理性的。按他的说法，印度的文明对政治的价值漠不关心，因而印度始终被一系列的专制统治者统治着，印度的社会从发端之初起就停滞不前，因而是有碍进步的，只有英国的法规才能使之改弦易辙。③

米尔的《英属印度史》是海利伯雷学院和其他学校规定使用的教科书之一，英国官员们在来到印度之前就在这些学校接受培训。所以，很有可能英国行政官员们有关印度的史学著述在相当大的程度上反映出该书的影响。

最著名的英国官员兼古代印度历史学家是文森特·史密斯 (Vincent Smith)，他于 1869 年以一名印度文官的身份来到印度，任职直到 1900 年。他回国后出版了《早期印度史》(Early history of India，1904) 和《牛津印度史》

---

① Romila Thapar. Early India, from the origins to 1300 AD. University of California Press, 2002. 3.

② D. N. Jha. Ancient India, an introductory outline. New Delhi, 1977: 2.

③ D. N. Jha. Ancient India, an introductory outline, New Delhi, 1977: 3.

（Oxford History of India，1919）。[1] 与米尔相比，史密斯对印度所怀的敌对情绪较少，但他认为，印度有长期暴虐的专制统治的传统，是英国人结束了这种传统，言下之意是说印度人不适于自己管理自己。他们撰写印度早期历史旨在为维护英国统治提供历史的依据，支持英国对印度资源进行掠夺。实际上，这导致了对历史证据进行严重的歪曲。

对于英国有关印度早期历史所持观点的主要挑战当然来自于印度学者，他们自觉或不自觉地受到印度改良主义领袖及日益增长的民族主义与政治觉醒的影响。印度早期民族主义者班基姆·昌德拉宣传说，印度教的复兴对于印度作为一个国家所经历的发展是极为重要的。“梵社”的创始人达雅南达·萨拉斯瓦蒂发出了“返回吠陀去”的号召。印度学者们于是认为，印度雅利安人乃是人类文明的创始者，而印度则是文明的摇篮。他们自然要把印度的文化推溯到更加古老的年代。B. G. 提拉克（Tilak）把吠陀经的年代确定为公元前第三千纪，而 A. C. 达斯（Das）则把《梨俱吠陀》中某些圣歌确定在某一地质年代。

随着 1905 年孟加拉分割之后政治的激进化和与之同时民族主义的增长，印度的史学著述明显地变成了当时政治的侍婢。部分是针对帝国主义者对印度的过去所持观点提出反驳，部分是作为向树立民族自尊心迈出的一步，印度历史学家们以饱满的热情，努力将印度过去的形象修饰一新。印度教文化被抬高为其他亚洲文化的先驱，这便支持了泛印度教主义的理论。印度历史的古代时期被认为是一个繁荣而普遍富足的时期。社会的不平等现象被掩盖起来，印度社会被描绘成社会和谐与和平的楷模。笈多时代受到了特别的赞美，被认为是印度历史上的黄金时代，这种观点在今天的印度大多数教科书里仍可以见到。民族主义历史学家美化古代印度也就意味着美化印度教的印度。他们主张自己文化和文明的优越性，并努力贬抑西方文明。所以，在某种意义上说，他们的著述似乎一直是与维韦卡南达（Svami Vivekananda）和其他印度教复兴主义者的思想联系在一起。

2. 马克思主义史学范式与新史学在印度的发展（1950—1980）

殖民统治的结束标志着印度史学范式的转变，印度史学发展进入一个新的阶段，殖民主义史学受到批判，一种新的史学范式逐渐在印度史编纂中被学者们采用，那是一种马克思主义史学范式。其最杰出的代表人物是 D. D. 高善比（Kosambi）。

---

① D. N. Jha. Ancient India，an introductory outline，New Delhi，1977：3.

高善比的史学观点主要体现在《印度历史研究导论》(1956)和《古代印度的文化和文明历史概况》(1965)两部著作中。[①] 他认为，历史是按年代顺序对生产方式及其变化的表达，而任何有关"个人的"或"神话"的歌功颂德的印度历史应该作为如同"某些火车时刻表"或罗曼蒂克的虚构来看待。因此，他将人们的生活作为文化的本质内容，在他看来，所有的历史基本上是经济史，他力图依据生产方式的变化来解释印度的历史发展。高善比并不赞同一些马克思主义者所认定的"亚细亚社会的不变性"的观点，也强烈质疑"五种生产方式阶段论"在印度历史上的实用性。他认为，封闭的农民村社经济在公元初的几百年里已经遭到破坏，当时的国王们已开始将他们在土地上的财政和行政权力转移给他们的下属首领们，而获得权利的首领们逐步与农民建立起直接的联系，他称这一过程为"自上而下"的印度封建化过程，这一过程在笈多帝国时期达到高级发展阶段。在以后阶段，随着国王不断将土地封赠给宗教团体或个人以及官僚，土地上的贡赋不用上交国王，而是作为受赠者的收入，因而在国王与农民中产生出一个中间阶层，他们成为土地所有者，他称此为"自下而上"的另一种封建化过程。

R. S. 萨尔玛（Sharma）的《印度封建主义：300—1200》(1965)继续使用马克思主义的理论与概念，依据历史材料探讨封建制度的起源以及在穆斯林入侵前印度封建社会的政治和经济状况。在他看来，印度封建主义的产生与欧洲不同，它开始于国王将土地封赠给有学问的婆罗门、庙宇和修道院。封赠的盛行导致地方自主性的增强和村社经济的自给自足性，妨碍了商业的发展，导致城镇的衰败。印度封建制度的实质在于农民被奴役，与欧洲颇为相似的农奴制在公元6、7世纪在北印盛行起来。[②] I. 哈比比（Irfan Habib）在《莫卧儿印度的农村制度》(1963)及其主编的《剑桥印度经济史》第一卷（1200—1750）(1982)中，[③] 对印度中世纪的人口、农业生产技术、农业状况、耕作方式、生产组织、农村关系、村庄社会、财产权利、土地税收制度、城镇经济、手工业和商业状况做了具体的描述与分析，肯定莫卧儿时期印度经济社会变化的各个方面。

---

① Kosambi, D. D.. Introduction to the study of Indian history. Bombay, 1956; Kosambi, D. D.. The culture and civilization of ancient India in historical outline. New Delhi, 1965.

② Sharma R. S.. Indian feudalism: 300-1200, Delhi, 1965.

③ Irfan Habib. Agrarian system of Mughal India, 1556-1707. Bombay, 1963; Tapan Raychaudhuri and Irfan Habib, eds. Cambridge economic history of India, vol 1. (1200-1750). Cambridge University Press, 1982.

马克思主义在印度学术界的传播与运用还促进了大批历史学家使用社会科学的方法来研究印度的社会与经济问题。跨学科研究日益盛行，在一个学科领域提出的问题会让另一个学科的研究者发生兴趣。新的历史研究路径较少强调编年和王朝史重建，而是更多地放在理解过去社会的性质上。社会史现在认为：在印度过去的多重社会中，关于不同血缘和性别关系的形式的研究非常重要，这些研究受到人类学研究的鼓励，也受到性别研究的历史学家的推动。妇女、低级种姓、边缘群体和不可接触者现在进入历史叙述，有时作为重要的活动者。

罗米拉·塔帕尔（Romila Thapar）可以被看做印度新史学的代表人物之一。在《历史与偏见》（1975）、《早期印度：从起源到公元1300年》（2002）等著述中，她旗帜鲜明地批判殖民主义史学所散布的“雅利安族优越论”、“东方专制论”和“印度社会发展停滞论”等刻板式概念和相关理论，指出所谓的“亚细亚生产方式”及其“土地国有”、“国家管理水利”、“东方专制”的论点并不符合印度实际。依据对史料的细致分析，她大胆提出印度历史是部落社会转变为农民社会，再变为工业化社会一系列的过渡。这种过程，不限于古代，甚至直至今天也未完全结束。在过渡过程中，社会思想（“社会规范”）也随之发生变化。①

3. 近30年来印度史编纂中的新范式与新问题（1980—2009）

从20世纪70年代末80年代初开始，马克思主义史学范式受到了两种不同倾向的思潮的冲击：印度教民族主义和“庶民研究”。

早在印度人民党（BJP）政府上台之前，由全国教科书编辑委员会（NCERT）提供的供学校使用的印度历史教科书就已经成为令人关注的焦点。70、80年代，由国大党政府主持下编写的教科书受到了印度教民族主义势力的攻击，后者将前者视为是“马克思主义对印度历史的歪曲”。在1977—1980年的人民党政府时期，时任总理的德赛号召反对马克思主义在印度学术界的渗透，要重新书写印度历史。结果，R. S. 萨尔玛（Sharma）于1977年出版的《古代印度》（Ancient India），首当其冲地于1978年7月从中央中等教育局的教学大纲中被剔除，理由是该书质疑印度神话中事件和人物的可信性，反对将它们写入历史。罗米拉·塔帕尔（Romila Thapar）的中世纪历史研究也遭到批

① 陈洪进. 罗米拉·塔帕尔的史学思想. 南亚研究. 1981（2）：65-66.

评，说她对穆斯林给予了过多的同情，而对印度教复兴主义持漠然态度。① 20年后，随着1998—2004年期间代表印度教民族主义势力的印人党上台执政，印度教民族主义的意识形态再一次在印度史学界泛滥。2000年，印人党政府发表了一份关于学校教育新政策的声明，力图改变历史教科书，宣称目标是将印度史的编写从原来的王朝史和印度国大党——印度共产党的文化霸权中解放出来，表达一种更为精确的印度历史和印度文化。实际上，这是公然鼓励用印度教民族主义的意识形态来任意编纂历史。印人党政府及追随其政策的历史学家的做法在印度历史学界激起强烈的抗议浪潮，面对印度教民族主义势力的挑战，印度最有影响的历史学家组织——印度历史学会于2000年1月召开大会，会上通过一项详细的决议，表示对新的历史教学大纲的关注。第二年在阿姆利则召开的历史学家大会上，印度历史学会执委会决定建立一专门委员会来审查新编历史教科书。2002年，体现印度教民族主义意识形态的新教科书由全国教科书编辑委员会批准出版；作为回应与反击，2003年，印度历史学会出版了由哈比比（Irfan Habib）、加斯瓦尔（Suvira Jaiswal）、慕克吉（Aditya Mukerjee）等历史学家编写的题为《新编教科书中的历史错误索引》，详细列举出教科书中多达99处的谬误。② 于是围绕教科书编写，印度历史学家形成两大阵营，展开激烈的论战。依据印度的制度，教科书只具推荐参考性质，并不具有强制执行力。尽管一切进步的印度历史学家都反对将印度历史的编写意识形态化，但由于印度教民族主义势力在印度根深蒂固，印度历史的编纂不能不受其影响。

20世纪80年代以来，对世界学术界产生一定影响的是印度的另一股学术潮流，这股学术潮流现在被称为“庶民研究”。“庶民研究”学派的最初代表人物是印度历史学家兰吉特·古哈（Ranajit Guha），他以研究殖民地时期的历史见长。在评价殖民地历史上，长期存在两种不同的观点。一种观点以一些英国学者为代表，他们认为，印度人参与民族主义运动所考虑的，不是许多历史学家所认为的争取独立，甚至也不是在国家层面上获得越来越多的权力。相反，在地方一级的印度人是为了自己的利益，而在各地寻求英印当局的支持。

① Lee Kwang-su. Hinduism, political power and the history textbook. Asia Studies (South Korea), 2009 (5): 44-45.

10 Lee Kwang-su. Hinduism, political power and the history textbook. Asia Studies (South Korea), 2009 (5): 41.

② Seal, A., ed.. Locality, province and nation: Essays on Indian politics 1870 to 1940. Cambridge University Press, 1973: 24-27.

通常情况下，在村、县或省内相互敌对的各种派系，都寻求与英印政府的联系以巩固自己的地位。那些不能获得与英国人联系的派系就成了反对派。印度人的斗争只是反映了当地的问题并展开权力竞争，而不是反对英国在印度的统治本身。① 另一种观点则是许多印度学者的主张，印度历史学家比潘·钱德拉(Bipan Chandra) 是其中重要代表人物。20 世纪 70 年代，他在著名的尼赫鲁大学担任教授。在钱德拉及其同事看来，殖民时期的印度历史，是民族主义力量与殖民主义势力之间的一场伟大战争。钱德拉引用了马克思的著作以及拉美的依附和不发达理论，认为殖民主义是一种倒退力量，它扭曲了印度社会和政治的发展。印度独立之后出现的社会、政治和经济弊病，包括普遍贫困、宗教和种姓冲突，都可以归罪于殖民主义政治经济学。在他看来，民族主义是一种"建设性"的力量，是殖民主义的对立面，通过动员印度人起来与英国人抗争，它统一并催生了"印度人民"。甘地、尼赫鲁这样的民族主义领袖，就是这种反对帝国主义、追求民族统一运动的创始人。钱德拉认为，殖民者与"印度人民"在利益和意识形态上的冲突是英属印度的最主要矛盾，其他冲突如阶级、种姓冲突，都从属于这一主要矛盾，民族主义史学也应该这样处理他们。②

很明显，对于南亚次大陆那些亲身体验殖民统治、渴望自由和独立的印度学者而言，剑桥版的"没有理念和理想"的民族主义政治，从来就不是事实。另一方面，民族主义历史学家讲述的故事——即殖民主义与民族主义之间有过一场"道德战争"——也变得越来越脆弱，因为印度和其他地方的年轻学者在研究中发现了新的材料。因此，随着 20 世纪 70 年代之后学术研究的推进，这两种叙事都遇到了愈来愈多的麻烦。比如，在 20 世纪二三十年代甘地发起的群众运动中，民族主义领导精英对穷人（农民、部落和工人）进行了动员，与此相关的新材料表明，最大的民族主义政党——印度国大党遭遇了强烈反对，农民和工人倾向于越过民族主义者的政治议程，抗议自己所受到的压迫——不仅来自于英国人，也来自本地的统治群体；民族主义领导人则准备重拳打压这种倾向，坚持温和路线的领导人竭力防止斗争走上阶级冲突的激进化

① Seal, A., ed.. Locality, province and nation: Essays on Indian politics 1870 to 1940. Cambridge University Press, 1973: 24–27.

② Bipan Chandra. Nationalism and colonialism in modern India. New Delhi: Orient Longman, 1979: 5.

道路。①

在这样的基础上，以兰吉特·古哈为代表的《庶民研究》学派开始兴起。受英国史家 E. P. 汤普森和霍布斯鲍姆的从底层看历史的启发，庶民研究学派将历史研究的对象扩展到在历史中无法说话的殖民地底层的造反的农民、罢工的工人、殖民地政权中的底层警察、底层小职员，将他们视为印度历史的真正主人。《庶民研究》的核心的理论创新与英国的从底层看历史的史学家们不同，兰吉特·古哈并不将农民的反抗视为“前现代”行为，而是认为印度的农民政治反抗从属于另一种评判标准，具有现代性，不然何以解释今日以农民政治行动为主体的印度民主政治？这就涉及对现代性的界定。也就引出以帕尔塔·查特吉（Partha Chatterjee）为代表的更多融合了后现代理论和后殖民主义评论色彩的对殖民地时期西方殖民话语霸权的批判。兰吉特·古哈也融入这一庶民研究的范式转换之中，提出了印度资产阶级在建立知识和话语霸权方面的历史性失败。

从 1982 年古哈发表纲领性文件《论殖民地印度史编纂的若干问题》② 到 2005 年，庶民研究学派的学者们撰写并出版了 12 卷的《庶民研究》。③ 随着该学派队伍的扩大以及与国际学术界的接轨与相互影响，以 20 世纪 90 年代为界，形成具有不同特征取向的两个时期。前一时期以古哈为首，这一时期的《庶民研究》受马克思主义影响很大，且具有以下三个显著的特点：一是对底层人民尤其是对农民自主性的重建，二是对民族主义及民族主义史学的批判，三是对知识与权力关系的拷问。90 年代后，该学派的一些重要代表人物放弃了以往对政治史、经济史和历史研究中阶级分析方法的侧重，转向“认同政治”、“文化多元主义”等在西方学术界更为流行的问题。庶民研究完成了从后马克思主义到后现代主义、从社会史到文化史的转变。庶民研究学派似乎同西方流行话语接近，但离印度的史学传统却渐行渐远。对印度历史研究的影响越来越微弱。

---

① Seal, A., ed.. Locality, province and nation: Essays on Indian politics 1870 to 1940. Cambridge University Press, 1973: 24-27. 这一点在甘地所倡导的非暴力主义以及其领导的不合作运动得到集中的体现。甘地反对农民对地主，工人对资本家展开的暴力斗争。1922 年，当曹里曹拉事件发生后，甘地不顾党内其他人的意见，坚决地下令停止了运动。

② Ranajit Guha. On some aspects of the historiography of Colonial India. in Ranajit Guha ed., Subaltern Studies I, Oxford University Press, 1982.

③ Ranajit Guha eds. Subaltern studies. Delhi: Oxford University Press. 其中第 1 卷至 6 卷（1982—1989）为 Ranajit Guha 主编，第 7 卷至第 12 卷（1992—2005）分别为 Partha Chatterjee, Gyanebdra Pandey, David Arnold, David Hardiman, Shahid Amin, Dipesh Chakrabarty 等人主编。

综上所述，今天，上述各种史学范式在印度史学著作中都可以见到。殖民统治早已结束，但殖民地时期的一些重要的史学著作仍受到人们的尊重，人们不能接受殖民主义学者的某些观点与立场，但他们对史料的整理和解读仍是今天印度历史工作者宝贵的遗产。从 20 世纪 80 年代以来，受国际大气候的影响，马克思主义史学范式在印度也受到冲击，但独立以来，马克思主义史学在印度社会经济史研究领域的骄人成绩受到了全世界学术界同仁的赞赏和肯定，马克思主义史学研究仍是今日印度学术界的一支重要力量。尽管近些年出现了像教派主义史学这样的逆流，但印度历史学界的主流仍是积极健康的，随着印度的崛起，他们正以更加自信的态度书写自己国家和民族的过去。下面引用的一位印度历史学家在一次国际会议上的发言很好地表达了当今印度历史学家们的态度和信心：

"对过去做一实事求是的总结评价是非常必要的，不仅仅具有历史价值。由殖民主义历史学家和民族主义历史学家创造的许多概念都需要质疑。我们必须形成一条独立的路径来书写我们自己的历史，这对恰当理解现状是需要的，而不是服务于国家的现实需要。历史学家不应将自己捆绑在政治的战车轮子上，必须据实表述事实，而不要涉及感情和骄傲。需要的是逻辑的分析，使用最新的证据和最新的技术。现在是我们从殖民时期的历史写作的理论中解脱的时候了，以自信书写我们自己的历史。"①

三、趋势与展望

历史学观念的变化往往和史学家生活的现实有关，比如"记忆转向"，就是二战结束后历史学家对战争中发生的情况和战后世界发生的变化而做出调适的结果。人们发现，有些出现过的事是不被记录的，比如战争中纳粹德国的屠犹、日本军中的慰安妇；战后诸种民众运动、殖民地的解放斗争等，都不见得能找到文献记载。如果按照"科学史学"的要求，只有对所有的历史都能够提供确凿无疑的文字材料（特别是政府档案）时才能加以确认，那么有些历史就被湮没了。于是，非文字的素材开始用于历史学写作，其中包括回忆、叙述等，这些素材显然不会非常准确，但的确能填补不少空白的历史。这种认识改变了历史学家的观念，也部分修正了历史学的方法。

---

① T. R. Sareen. British writing on India：A study of colonial historiography，提交 2000 年马来西亚沙巴召开的"第 16 届亚洲历史学家大会"论文。

接下来的问题是：既然“记忆转向”携带着不准确的成分，因此历史写作的真实性就受到挑战；那么“科学史学”就一定准确吗？其实不尽然。档案和文献也不会百分之百地真实和确切，所以，历史学的真实性一直是一个逻辑的悖论。由此，“后现代”就走极端，把历史学视为与文学一样，只是“创作”。但走极端总是不好，“后现代”的“创作”论高见，差不多就是“聪明反被聪明误”。

其他几个部分，即希腊化、日本史、印度史研究部分，其观念和方法的变化也同样反映着历史和现实的关系。比如希腊化研究曾经把希腊化认定为西方文化向东方的传播，近年中发生的变化改变这种看法，而重视希腊文明与各本土文明的关系研究，这种转向，恰恰反映着历史学家对“西方中心论”的反思，当然，这种反思又是近几十年世界格局发生重大变化所引发的，“西方”已不再能主宰世界了。日本史学界把日本史放在更大的东亚海域交流及亚洲史框架中进行观察，也明显反映着全球化的现实影响及“全球史”的视野，这种观察方法在以“民族国家”为书写框架的近代历史学中，是不可想象的。印度独立后经历了两次大的史学范式转变，都和印度自身的发展道路转换有关，独立本身决定了印度史研究必定要抛弃殖民主义范式，而独立后早期发展中的“社会主义”倾向，又是“马克思主义史学”与“新史学”的土壤。20世纪八九十年代印度发生向“市场经济”的转换，教派冲突和宗教原教旨主义也甚嚣尘上，在这种背景下，历史学也发生新的范式转变，其特点就是教派主义，还有与“马克思主义”拉开距离；从更大的背景看，这种转变也与印度在国际上逐渐与美国接近大体同步。

历史与现实不可分割，历史学家的思考也必然受他所生活的时代影响；“后现代”学者试图否定这一点，而且声势不小，影响也不小。不过历史学终究有它自身的逻辑，认识这一逻辑，是认识历史的第一步。

推荐参考文献

“‘记忆转向’和史学观念的变革”部分：

1. Geoffrey Cubitt. History and memory. Manchester: Manchester University Press, 2007.

2. Katharine Hodgkin, Susannah Radstone, eds. Contested pasts: The politics of memory. London: Routledge, 2003.

3. Paula Hamilton, Linda Shopes, eds. Oral history and public memories. Philadelphia:

Temple University Press, 2008.

4. Patrick H. Hutton. History as an art of memory. Hanover, VT: University Press of New England, 1993.

5. Robert Perks, Alistair Thomson, eds. The oral history reader. London: Routledge, 2006.

6. Dominick LaCapra. History and memory after Auschwitz. Ithaca: Cornell University Press, 1998.

7. David Glassberg. Public history and the study of memory. The Public Historian, 1996, 18 (2): 7-23.

8. Alon Confino. Collective memory and cultural history: Problems of method. American Historical Review. 1997, 102 (5): 1386-1403.

9. Susan Crane. Writing the individual back into collective memory. American Historical Review. 1997, 102 (5): 1372-1385.

"近年来国外希腊化研究的概况与发展趋向"部分:

1. Astin A. E. , Walbank, F. W. , Frederiksen, M. W. , Ogilvie R. M. eds. The cambridge ancient history. vol. VIII: Rome and the Mediterranean to 133 BC. . Cambridge. 1989 (2).

2. Austin M. M. . The hellenistic world from alexander to the Roman conquest: A selection of ancient sources in translation. Second augmented edition, Cambridge University Press, 2006.

3. Bagnall R. S. , P. Derow, eds. . The hellenistic period: Historical sources in translation. New edition, Blackwell Publishing Ltd. 2004.

4. Bugh G. R. ed. . The cambridge companion to the hellenistic world. Cambridge University Press, 2007.

5. Burstein S. M. The hellenistic age from the battle of ipsos to the death of kleopatra VII (translated documents of Greece and Rome, 3). Cambridge, 1985.

6. Cartledge, P. , Peter Garnsey, Erich Gruen eds. Hellenistic constructs: Essays in culture, history and historiography. Berkeley: University of California Press, 1997.

7. Chamoux F. . Hellenistic civilization. translated by Michel Roussel, Malden: Blackwell Publishers Ltd, 2003.

8. Erskine A. ed. . A companion to the hellenistic world. Maldon, Oxford, Calton: Blackwell Publishing Ltd. , 2005.

9. Green, P. ed. . Hellenistic history and culture. Berkeley: California University Press, 1993.

10. Green, P. . Alexander to actium: The historical evolution of the hellenistic age. Berkeley: University of California Press, 1990.

11. Holt, F. L. . Into the land of bones: Alexander the Great in Afghanistan. Berkeley: University of California Press, 2005.

12. Narain, A. K.. The Indo - Greeks: Revisited and supplemented. Delhi: B. R. Pub. Corp., 2003.

13. Ogden, D. ed.. The hellenistic world: New Perspectives. London: Gerald Duckworth & Co. Ltd and The Classical Press of Wales, 2002.

14. Rostovtzeff M. I.. The social and economic history of the hellenistic world. vols. 3. Oxford at the Clarendon Press, 1941.

15. Shipley G.. The Greek world after Alexander, 323-30 BC. London, New York, 2000.

16. Tarn W. W.. Hellenistic civilisation. London: Edward Arnold LTD, 3rd edn, 1952.

17. Tarn W. W.. The Greeks in the Bactria and India. Cambridge University Press, 1951.

18. Walbank, F. W. A. E. Astin, M. W. Frederiksen, R. M. Ogilvie, eds.. The Cambridge ancient history, the hellenistic world. vol. VII. 1: 2nd edn., Cambridge. 1984.

19. Walbank F. W.. The hellenistic world. Glasgow: William Collins Son & Co. Ltd, 1981. (Walbank, F. W.. The hellenistic world. revised edition, London, Fontana and Cambridge, Massachusetts: Harvard University Press, 1992.)

“日本史研究的最新成果和动态”部分：

1. 小森陽一ほか. 岩波講座　近代日本の文化史. 岩波書店, 2001.

2. 藤原彰. 飢餓した英霊たち. 青木書店, 2001.

3. 吉田裕. 日本の軍隊　兵隊たちの近代史. 岩波新書, 2002.

4. 大隅和雄、平石直昭. 思想史家丸山真男思想論. ぺりかん社, 2002.

5. 小熊英二. 民主と愛国戦後日本のナショナリズムと公共性. 新曜社, 2002.

6. 小林正弥. 丸山真男論主体的作為、ファシズム、市民社会. 東京大学出版会, 2003.

7. 小林文丈. 都市下層の社会史. 解放出版社, 2003.

8. 成田龍一. 近代都市空間の文化経験. 岩波書店, 2003.

9. 大石嘉一郎、金沢史男. 近代日本都市史研究　地方都市からの再構成. 日本経済評論社, 2003.

10. 峰岸純夫. 日本中世史の再発見. 吉川弘文館, 2003.

11. 大石嘉一郎. 日本近代史への視座. 東京大学出版会, 2003.

12. 朝尾直弘. 畿内からみた幕藩制社会. 岩波書店, 2004.

13. 田中彰. 日本近代史の再探討. 札幌大学経済学部付属地域経済研究所, 2004.

14. 藪田貫. 日本近世史の可能性. 校倉書房, 2005.

15. 門脇禎二. 邪馬台国と地域王国. 吉川弘文館, 2008.

16. 村井章介. 人のつながりの中世. 山川出版社, 2008.

17. 大津透. 日本古代史を学ぶ. 岩波書店, 2009.

“近代以来印度史编纂中的范式与问题”部分：

1. Iqbal Husain ed. Karl Marx on India. New Delhi：Tulika Books，2006.

2. Sharma，R. S. eds. Survey of research in economic and social history of India. Delhi：Ajanta Publisher，1986.

3. Kosambi，D. D. . Introduction to the study of Indian history. Bombay，1957.

4. Romila Thapar. Early India，from the origins to 1300 AD. University of California Press，2002.

5. Ranajit Guha. On some aspects of the historiography of Colonial India. in Ranajit Guha ed.，Subaltern Studies I，Oxford University Press，1982.

6. Lee Kwang-su. Hinduism，political power and the history textbook. Asia Studies（South Korea），2009（5）：39-55.

7. T. R. Sareen. British writing on India. A study of colonial historiography.（提交2000年马来西亚沙巴召开的“第16届亚洲历史学家大会”论文。）

8. Romila Thapar. Early Indian History and the Legacy of D D Kosambi. Economic and political weekly，Vol. 43，July26-August 01，2008（30）.

执笔人：第二节“一”，王晴佳；第二节“二”，杨巨平；
第二节“三”，王新生；第二节“四”，王红生；
其他部分和全章统稿：钱乘旦

第十章
文　学

摘要

本章主要介绍2009年外国高校及文学界的文学创作、文学研究和文学批评的发展状况，综述2009年度各国文学学科的主要关注和热点问题，对当年创作和研究的重大成果进行梳理和总结，并指出该学科发展中的最新动向与问题。

2009年度外国文学的前沿理论研究在三个领域中表现活跃：第一，文学达尔文主义。这一理论以进化论和进化心理学的研究成果为基础，运用科学的实证方法来研究文学作品，改变了文学批评的范式。第二，文学的创伤叙事研究。作为叙事学研究的一个新分支，创伤叙事研究吸收了创伤心理学的发展成果，探讨了创伤文本如有关大屠杀证词中的伦理取向和语言再现创伤过去的可能性。第三，生态后现代主义研究。作为后现代文化思潮的一个重要走向，它在回顾人与自然的关系及世界对人类行为的各种回应后，提出了未来社会中生态构建的一系列图景。

本章回顾了2009年文学创作和研究方面取得的主要成果，按地域和文化姻缘分为美国文学、欧洲文学、亚洲文学、拉丁美洲与非洲文学四个部分进行归纳总结，指出国外文学对现代社会中各种类型的群体表现出特别的关注。主要见于四个方面的题材：第一，战争阴影下的人性。2009年世界文学中有多部作品涉及战争主题，展现出战争阴影下普通人的生活，进而引发现代人对战争和普通人性的思考。第二，衰老与死亡。2009年世界文坛上多部以老年和死亡为主题的文学作品受到人们的关注。这些作品通过生老病死来凸显对人性本身的思考。第三，社会灾难警示。2009年的世界文学对人类社会普遍面临的重大问题进行关注，邪教威胁、恐怖主义、生态灾难等分别成为一些重要作品的主题。第四，城市化社会中的边缘人。城市化和全球化的发展加剧了社会矛盾，加速了人的异化，造成了一批有心理疾病的边缘人，心理健康正逐渐彰显其重要性。

2009 年的外国文学发展有几个方面的动态值得注意：第一，中国与世界文学圈。2009 年，中国十分重视同世界文学界的沟通和交流，参与和组织了一系列中外文学交流活动，中国作家和华裔作家的一些作品在世界文坛产生了一定的影响。第二，文学的市场挑战。受金融危机的冲击，文学书市整体萧条，出版商在 2009 年试图通过电子书和重要作家的遗作等手段来激活书市，但其效果并不明显。第三，文学的政治因素。2009 年的世界文坛依然与政治因素关系密切。在如何对待纳粹文献、如何评价有亲纳粹历史的作家等问题上争议不断；国际冲突、言论自由、政治对文学的影响等也成为世界文坛热门话题。第四，女性文学的强势崛起。2009 年是女性作家大放异彩的一年，她们囊括了全世界几个最重要的文学奖项，竖起了女性文学的大旗，使女性文学不再是一种附属的“亚文化”，而成为世界文学的中坚力量。

Abstract

This chapter is a survey of the overall situation and development in the area of creative writing, literary studies and criticism in universities and other institutions related to the literature in the world in 2009. The report focuses on some key concerns and hot issues in the discipline, summarizes the major achievements in both literary production and studies, and highlights some noticeable trends in the development.

The recent interest in literary theories mainly displays itself in the following four areas: (1) literary Darwinism, which, by employing concepts from evolutionary biology and evolutionary psychology as its basic theoretical principles, fundamentally alters the paradigm within which literary study is now conducted; (2) literary trauma study, which gains momentum from trauma psychology and narrative study, and examines the ethics of representing trauma in testimonial literature, such as the Holocaust writings, and the capacity of language to articulate the experience of trauma; (3) ecological postmodernism, which, as an important component of postmodernist cultural ideologies, reviews the relationship between man and nature, and the responses of the world to our actions and visualizes some possible patterns of ecological construction for the future.

The representative literary works and literary studies in 2009 are listed and briefly commented on in four divisions according to their countries of geographic location or cultural linkage, namely, the literatures in North America, in European countries, in Asia, and in Latin America and Africa. Thematically, the world literatures in 2009 demonstrate particular concern over different groups of people living in the contemporary world, and is accordingly divided into the following topical areas: (1) life of the grass roots in the shadow of war, with many works of world literature depicting people's reactions to life troubled by violence and bloodshed, discussing the nature of modern war, human weakness and strength displayed in time of war; (2) senility and death, as two thematic concerns, groping its way into the view of many established authors who write to reveal people's psychological changes responsive to the fluctuations of life, declining health and ultimate death; (3) warnings of serious social and environmental disasters, with writers focusing on such issues as the spread of evil cults, the raging terrorism, and the threat of environmental destruction that might to a great degree destabilize the world and the psyche of the people; (4) the marginalized people tormented by the feeling of being neglected, with works, keenly aware of the flaws of the society, emphasizing the fact that urbanization and globalization worsen the alienation of people and their mental health.

The development of the world literatures in 2009 reveals some tendencies that call for attention: (1) closer association of China and the world literature, with the year witnessing many important cultural events taking place to promote the communication between the world literati and its Chinese counterpart, as well as the better reception of the Chinese writers and their works on the world literary stage; (2) the further market orientation of literature, with the continued slump in the book market, publishers resorting more to popularizing e-books and publishing copyright-free classics to cut expenses and revitalize book purchase; (3) more political engagement in literature, with a lot of discussions concerning, for example, attitudes toward Nazi documents, pro-Nazi writers and other works fraught with political overtones, as well as regional conflicts, the infringement upon the right of free speech, and the influence of politics over literature; (4) greater literary achievements by women, with women writers sweeping many prestigious awards in literature in 2009 and stepping out from a "subculture" of female writing to play the core role in the creative world.

一、发展概况

（一）2009 年外国文学发展在理论研究方面出现了许多值得关注的话题

文学研究在几个领域表现活跃，如文学的达尔文主义研究、文学的创伤叙事研究和解构主义视角下的生态批评等。文学正在以开放的姿态吸收其他学科的研究成果，如生物学、社会心理学和创伤心理学等领域的研究成果。学科的融合撞击出新的火花，为阐释经典文本、解读当代作品提供了崭新的视角。

（二）文学创作和批评表现出对经济恢复期的政治动荡、环境恶化、老年问题、心理创伤等社会问题的深切关注

不少新老作家的获奖作品直接或间接地反映了社会动荡所引发的一系列问题，如恐怖主义、生态灾难、家庭矛盾和边缘人群心理失衡等。即便如此，深陷困境的普通人在文学作品中依然彰显了内心的力量和人性的光辉。

（三）通俗文学在巩固其市场的同时正获得越来越多批评家的认可

通俗文学作品一直是畅销书榜上的翘楚，它们不仅以丰富的情节和优美的文字取胜，而且渐渐加入很多社会批判，如女性歧视、道德瓦解、法律不公、环境破坏等，因而越来越多的通俗文学在给读者带来阅读愉悦的同时，也走入了文学批评家的视野。

（四）政治事件在文学作品中的再现以及对文学创作的影响

大量反映纳粹时期历史、二战影响以及国际局势冲突的作品出版。同时当下的政治环境也在影响着作家的境遇和读者的阅读倾向，更有不少群体希望通过研读文学作品挖掘出抵抗某种政治影响的力量。

（五）受金融危机影响，文学书市持续萧条

金融危机的影响仍在蔓延，文学书市整体萧条。出版商使出浑身解数，试图通过推广电子书、重印经典、推出免费作品和出版重要作家遗作等方法来挽救文学市场，但效果并不明显。

二、前沿关注

（一）文学的达尔文主义研究

文学达尔文主义是近几十年来西方文学理论界出现的一种截然不同的声音。它以演化论和演化心理学的研究成果为基础，运用科学的实证方法来研究文学作品。依据达尔文的自然选择理论，社会生物学家用人的生物特征解释其社会行为，认为，追求优良基因的延续和种族进化是很多社会行为的深层动机。这一观点在20世纪80年代末得到了演化心理学的进一步认证。研究表明，人性是在演化过程中形成和发展的，朝着适应生存和繁衍的方向转变。

文学达尔文主义学者试图通过阅读文学作品来寻找人类行为的内在模式。代表人物有美国的文学批评家约瑟夫·卡罗尔。他在宣言性著作《演化论与文学理论》① 中详细描绘了人类行为系统，并绘制了人性动机结构图，试图为文学批评提供一个可供参考的理论模式。他指出，人类行为都围绕着生育、成长、繁衍和死亡等领域，背后有两种推力：身体冲动（somatic effort）和繁衍冲动（reproductive effort）。在卡罗尔的文集《文学达尔文主义》② 中，他说明了之所以有意识地将达尔文的原则用于文学研究，是因为这一视角可以扩展人们的认识视野。

紧随其后，美国一批生物学家、人类学家以及文学评论家合编了第一部文学达尔文主义文集《文学动物：进化论与叙述的本质》③。哈佛大学著名生物学家爱德华·威尔逊（Edward Wilson）在该书序言中指出，将人性和文学作品联结在生物学的根基上，这将是知识史上一个重大事件。将研究推向高潮的是美国学者乔纳森·高兹夏尔。他通过互联网上的问卷调查分析了各地民间故事数据库，从演化论的角度重新阐释了“英雄救美”这一反复出现的文学主题。④

在具体实践中，文学达尔文主义拓宽了批评视野，为文学经典加上了新的注解。在《包法利夫人的卵巢》⑤ 一书中，巴拉什从演化的角度来理解女性择偶，解释了为什么这位知名奸妇的偷情对象，个个比她不起眼的丈夫出色。《伊利亚特》向来被视为批评理论的试金石，高兹夏尔对其进行演化式分析，认为，故事焦点不是皇室权威而是皇室遗传。每次荷马式袭击都涉及杀男夺

---

① Joseph Carroll. Evolution and literary theory. Missouri: University of Missouri Press, 1994.

② Joseph Carroll. Literary darwinism: Evolution, human nature, and literature. New York: Routledge, 2004.

③ David Wilson. The literary animal: evolution and the nature of narrative. Illinois: Northwestern University Press, 2005.

④ Jonathan Gottschall. The rape of troy: evolution, violence, and the world of homer. New York: Cambridge University Press, 2008.

⑤ David Barash & Nanelle Barash. Madame Bovary's Ovaries: a darwinian look at literature. California: Delta, 2006.

女，男人们关心的只是繁殖后代。[①] 卡罗尔运用演化理论分析《傲慢与偏见》，走出了女人想从男人身上获利的狭隘观点，指出了人的生物本能在特定文化环境下的表达方式。

随着文学达尔文主义的发展，反对的声音开始出现。纽约宾汉顿大学生物学家威尔森（David Sloan Wilson）认为，它限制了从文化等开放式层面对文本阐述的空间。英国克里大学教授亚米格尼（David Amigoni）怀疑，数字、图标与统计是否真正能代表文学的价值。文学评论想找的是意义的模式，而不是一个生命的贯穿理论。近年来，反对的声音逐渐式微，越来越多的大学英语系开设文学达尔文主义课程，新的著作涌现。正如英国作家伊恩·麦克尤恩（Ian McEwan）所言，凡能唤醒文学研究，并显示出所有文学之共通人性本质的文学批评都是有意义的。

（二）文学的创伤叙事研究

近一百年来世界上发生了大量创伤性事件，如两次世界大战、种族冲突、9·11恐怖袭击和各种自然灾害等。这些事件给受害者留下精神创伤的同时，也对后人的历史想象和世界观产生莫大影响。可以说，整个20世纪的历史文化构成都与创伤有着密切的关系。

创伤理论的研究始于弗洛伊德的心理分析。他认为，当一种经验在很短的时期内给心灵带来过度刺激时，受伤者无法通过正常途径谋求适应，就会产生幻觉等干扰性病症甚至精神失常；而创伤恢复的关键在于找到病源所在，让受伤经历从病人的潜意识回到意识中来。在此基础上，卡鲁斯（Cathy Caruth）提出了创伤传播理论，她认为，创伤经历可以通过口述、交谈和写作等方式感染到有着同样历史和种族背景的群体。与之呼应，法雷尔（Kirby Farrell）和费尔曼（Shoshana Felman）提出了"后创伤文化"这一概念，即一个族群历史上的创伤经历决定了其当下每个个体的身份特征和文化特征。创伤研究的重心从探讨创伤的原因和防治向文化层面转移。

20世纪末，大批美国及欧洲学者开始从事创伤研究，他们关注的重点之一是大屠杀幸存者的"证词"。著名学者利奥塔（Jean-Francois Lyotard）认为，"奥斯威辛"这样的历史创伤是无法再现的，因这一极端事件超出了任何道德伦理底线，人们丧失了对它的解释能力。法国学者哈布瓦赫则认为，"证词"不等于对历史事件的真实回忆，而是人们根据当下所面临的问题对过去

---

① Jonathan Gottschall. The rape of troy: evolution, violence, and the world of homer. New York: Cambridge University Press, 2008.

有选择的重构。[①] 美国历史学家塔尔与哈布瓦赫不谋而合，她把创伤性事件的表述看成一种文化编码，指出这类事件在不断的书写和重写中被符号化，最后变成一种形式重于内容的叙事。[②]

围绕文学作品如何再现创伤经历这一课题，学者们展开论战。较早给予回应的是新历史主义学者海登·怀特（Hayden White）。他把创伤叙事者同实证主义历史学家和现实主义作家区分开来，强调情节结构在创伤叙事中的重要性，认为，每种结构都隐含了一种诠释框架及相应的意识形态，弥补了简单罗列事件所带来的文本单一性。美国哲学家贝雷尔·兰则吸取了罗兰·巴特（Roland Barthes）的“不及物写作”观点，提倡一种消除作者和文本之间距离的直接表达，认为，只有当作者处于事件当中来讲述创伤经历时才能保存其真实性。[③] 英国学者安妮·怀特海德则持弗洛伊德的创伤经验滞后性论点，指出了文学创伤叙事的特殊时间结构。创伤经历在事后不同的时间和地点被体验，过去不断侵袭现在，模糊了时间界限，因而闹鬼、着魔、重复记忆及叙事碎片化等叙事技巧经常出现在创伤文学中。[④]

近年来，创伤研究出现了新的转向，不少学者开始探讨媒体在创伤事件发生时及发生后所扮演的角色。英国学者卡普兰指出，新闻报道和影视作品对创伤事件的阐释，极大程度地影响了人们对事情的认识和文学表达的走向。[⑤] 此外，越来越多的评论家认为，创伤文学应承担一定的社会责任，作者在表现创伤事件时要有一定的情感投入和伦理取向，创伤小说的写作和阅读过程本身就可以成为创伤治疗的一个部分。[⑥] 多年来，创伤研究不断从文学理论中汲取灵感，它反过来也印证了文学理论由美学探索转向话语形成机制研究这一转变过程，为文学研究提供了新的分析视角。

（三）生态后现代主义研究

生态批评是研究者针对当今世界所面临的生态危机问题而提出的一种文学批评方法，它突破了文学研究的既有疆域，将目光延伸到整个人类社会与自然

---

① Maurice Halbwachs. On collective memory. Chicago: U of Chicago Press, 1992.

② Kalí Tal, Words of Hurt. Reading the literature of trauma. Cambridge: Cambridge UP, 1996.

③ Berel Lang. Act and idea in the nazi genocide. New York: Syracuse University Press, 2003.

④ Anne Whitehead. Trauma fiction. Edinburgh: Edinburgh University Press, 2004.

⑤ E. Ann Kaplan. Trauma culture: the politics of terror and loss in media and literature. New Jersey: Rutgers University Press, 2005.

⑥ Dominick Lacapra. History and its limits: human, animal, violence. New York: Cornell University Press, 2009.

世界。20 世纪 90 年代早期，随着文学和文化研究的发展，生态批评开始兴起，“并同结构主义、新历史主义、女性主义以及后殖民理论这些已被普遍接受的研究方法平分秋色”①。就生态批评所关注的内容而言，其发展经历了三个阶段：第一阶段，其重点在于文学如何再现自然与环境方面；第二阶段，主要研究以自然为素材的文学作品的历史、发展、成就及其风格；在第三阶段，批评者试图创建一种生态诗学，不断加强生态批评的理论建设。

近年来，生态研究的学者们力图拓宽学科视野，探寻新的批评范畴并着力发掘生态批评的深层价值。其中，最具开拓性的探索是生态批评和后现代主义理论的联姻。从时间上来讲，生态批评方兴未艾的时候恰逢后现代主义的衰落。后现代主义强调多元修正、打破二元对立及等级制度。为了契合生态研究的视角，后现代主义者创造了一套行之有效的话语体系，用来重新审视二元对立模式，特别是自然/文化二元模式。在自然和文化复杂的关系中，生态批评者拒绝将文本看成是独立的语言结构体，“这种姿态包含了对文化‘文本’及其物质所指的批判性重估”②。在对待人类作用和主观能动性方面，生态批评试图超越后现代主义所强调的不确定性、破碎性以及无休止的意义延迟。此外，这种批评模式还撼动了人类/自然二元模式，其中人类总是和自然相对立，并具有至高无上的地位。理论层面上，生态批评反对突出人类主体的独立自主特性并对断裂性持否定态度，它将关注点转向个体在本质上的相互联系性，正是这种联系消解了自我与自然/人类他者之间的等级对立。可以说，由于生态批评的介入，人们开始尝试对文学作品进行生态式阅读，这种方式开拓了文学的功能，使之超越美学和道德范畴，向文学的社会和政治功能方向拓展。正如美国“过程研究中心”主任小约翰·B. 科布所指出的，“生态学为后现代世界观提供了最基本的要素”③。同时，“生态运动是一种正在形成的后现代世界观的主要载体”④。

生态批评在现今阶段更多关注其“建设性”。生态后现代主义的主要代表人物查伦·斯普瑞特奈克（Charlene Spretnak）认为，虽然激进的否定性后现代哲学占据了大多数学术领域，但辩证否定的建设性后现代哲学代表着一种踏实的、

---

① Gersdorf, Catrin and Sylvia Mayer. Nature in literary and cultural studies: defining the subject of ecocriticism-an introduction. Nature in literary and cultural studies: transatlantic conversations on ecocriticiam. Vol. 3 Eds. Catrin Gersdorf and Sylvia Mayer. Amsterdam: Rodopi, 2006. 9.

② Ibid, 11.

③ 余谋昌. 生态哲学. 西安：陕西人民教育出版社，2000：29.

④ 余谋昌. 生态哲学. 西安：陕西人民教育出版社，2000：13.

具有强烈生态感的、精神的后现代主义方向——“生态后现代主义”①。斯普瑞特奈克的生态后现代主义是后现代主义阵营中的一支生力军，也是后现代主义在当代的新发展。在斯普瑞特奈克看来，真正的后现代“应该反对现代意识形态从肉体、自然和大地的逃离”，“它将是一种有根的、生态的和精神的后现代主义”。② 生态后现代主义与建设性的后现代主义是密切联系在一起的，它是建设性后现代主义的重要组成部分。生态后现代主义代表了一种全面的文化观念革新，鲜明地突出了生态精神对于人类文明的建设性价值，将生态文化作为可以拯救现代文明危机的全新文明类型并致力于各个文化领域中的重新构建工作。“自文艺复兴运动以来，人类主体特权的重要体现就是对自然的征服，所以，对人类主体特权的剥夺，在逻辑上指向对自然权利的恢复，解构性后现代主义对主体主义、人类中心主义、进步主义的否定可以为生态主义的建构开路。”③

综合生态后现代主义的研究成果，其主要特点总结如下：它明确地将生态精神定位为一种文化精神，是对现代性的超越，属于后现代主义文化中最具有建设意义的部分；它是自然科学、神学、哲学等各个领域共同探索的综合成果，而以有机联系的世界观和恢复精神价值的“世界的复魅”为其文化精神的核心；作为一种建设性的文化精神，生态后现代主义注重文化观念的可实践性，政治、经济、艺术领域中的实践活动是推动其成熟的重要力量。④

生态批评在发展的同时，也面临着尴尬的境地：一方面，生态危机越发严重，有关生态主题的创作越发受全球关注，如全球热播的超级大片《2012》和《阿凡达》，都反映生态危机的主题；然而另一方面，生态批评领域的研究却有些停滞不前，重复劳动颇多，生态领域的理论术语容易流于“泛化”。因此，寻找新的研究路径是目前生态批评研究最为迫切的任务。

三、文学创作与研究的重大成果

（一）美国文学

几位成名作家推出新作或获得文学大奖。菲利普·罗斯发表小说《羞辱》⑤，

---

① 查伦·斯普瑞特奈克．真实之复兴：极度现代的世界中的身体、自然和地方．张妮妮译．北京：中央编译出版社，2001：279.

② 转引自王治河．后现代哲学思潮研究．北京：北京大学出版社，2006：304.

③ 王晓华：《后现代主义话语谱系中的生态批评》，《文艺理论研究》2007年第1期。

④ 王茜．生态文化的审美之维．上海：上海人民出版社，2007：19.

⑤ Philip Roth. The humbling. Boston：Houghton Mifflin Harcourt，2009.

故事讲述一个江郎才尽的老演员，虽然经历各种艳遇，但未能改变其空洞人生，最终举枪自杀。多产的乔伊斯·卡罗尔·欧茨推出长篇小说《天堂的小鸟》①，表达了欧茨一贯的暴力与激情交织的主题。托马斯·品钦出版小说新作《隐患》,② 与其复杂难解的《V》③ 和《万有引力之虹》④ 等作品相比，《隐患》较少迷宫般的叙事，具有更强的可读性。故事讲述 20 世纪 70 年代洛杉矶一个经常吸食大麻的私家侦探的故事。E. L. 多克托罗发表新作《霍默与兰利》⑤，以真实人物为主线，展现了 20 世纪初至 70 年代末的美国历史画卷。美国女作家玛丽莲·罗宾逊以长篇小说《家》⑥ 获得 2009 年奥兰治小说奖。曾以小说《骏马》（*All the Pretty Horses*）和《路》（*The Road*）先后获得 1992 年国家图书奖和 2007 年普利策奖的科马克·麦卡锡（Cormac McCarthy）获得美国笔会颁发的终身成就奖——第二届笔会/索尔·贝娄奖。1986 年凭小说《白噪音》（*White Noise*）曾获美国全国图书奖的唐·德里罗（Don Delillo）获得 2009 年度共同财富杰出服务奖中的文学奖。

其他一些重要作品值得关注。美国非裔作家迈克尔·托马斯以其小说处女作《人往低处走》⑦ 获得 2009 年 IMPAC 都柏林文学奖。小说以第一人称讲述黑人作家潦倒困顿的生活，是一则美国梦破灭的故事。女作家伊丽莎白·斯特鲁特以《奥利芙·吉特里奇》⑧ 获得 2009 年普利策小说奖。约瑟夫·奥尼尔获 2009 年笔会/福克纳小说奖，获奖作品《荷兰》⑨ 讲述的是居住在纽约的一名荷兰裔证券分析师及其家人在“9·11”恐怖袭击后所受到的精神压力和心理创伤。琳恩·诺塔奇凭其剧作《毁灭》⑩ 获得 2009 年普利策戏剧奖，作品讲述的是刚果妇女在内战中所承受的苦难。女作家艾丽思·霍夫曼发表小说《斯托里姐妹》⑪。非小说类作品中，美国总统奥巴马以回忆录《父亲的梦

---

① Joyce Carol Oates. Little bird of heaven. New York: Ecco Press, 2009.
② Thomas Pynchon. Inherent vice. New York: Penguin Press, 2009.
③ Thomas Pynchon. V. Philadelphia: J. B. Lippincott Company, 1963.
④ Thomas Pynchon. Gravity's rainbow. New York: Viking Press, 1973.
⑤ E. L. Doctorow. Homer & langley. New York: Random House, 2009.
⑥ Marilynne Robinson. Home. New York: Farrar, Straus and Giroux, 2008.
⑦ Michael Thomas. Man gone down. New York: Grove Press, 2007.
⑧ Elizabeth Strout. Olive Kitteridge: A novel in stories. New York: Random House, 2008.
⑨ Joseph O'Neill. Netherland. New York: Pantheon, 2008.
⑩ Lynn Nottage. Ruined. New York: Theatre Communications Group, 2009.
⑪ Alice Hoffman. The story sisters. New York: Three Rivers Press, 2009.

想》[1] 获得大英图书奖的年度传记奖。威廉·帕特森出版的《弗兰纳里·奥康纳传》[2]，被公认为唯一完整的奥康纳传记。耶鲁大学出版社出版《间谍们：克格勃在美国的兴衰》[3]，披露惊人事实：美国作家海明威曾一度名列苏联克格勃的美国特务花名册上，但因为海明威未能提供任何情报而被苏联放弃。

在通俗文学领域，丹·布朗推出《失落的符号》[4]。惊悚小说家斯蒂芬·金出版新作《穹顶之下》[5]。畅销传记作家蓝迪·塔拉波雷利发表传记《玛丽莲·梦露的隐秘人生》[6]，试图深入挖掘促成梦露悲剧人生的种种因素。汉娜·帕库拉出版宋美龄新传《末代皇后：蒋介石夫人与现代中国的诞生》[7]，讲述宋美龄充满戏剧性的一生。关于已故流行歌王迈克尔·杰克逊的传记——伊恩·海尔佩林所著的《除去假面：迈克尔·杰克逊的最后岁月》[8] 登临《纽约时报》畅销书榜。2009 年是侦探小说鼻祖埃德加·爱伦·坡诞辰 200 周年，C. J. 鲍克斯的《蓝色天堂》[9] 获得这一文类的最佳小说奖。

诗歌领域中，W. S. 莫温以诗集《天狼星的影子》[10] 获得2009 年普利策诗歌奖，这是他第二次荣获此奖。《天狼星的影子》是莫温迄今最优秀的作品，具有强烈的自传色彩。诗人基斯·沃尔德罗普以诗集《超验研究：三部曲》[11] 获全国图书奖，诗集以拼贴手法，把诗歌与哲学联系在一起，充分显示了新世纪超验主义的精髓。共出版过 21 部诗集的女诗人和小说家芳妮·豪（Fanny Howe）获露丝·里利（Ruth Lilly）诗歌奖。女诗人琼·瓦伦丁（Jean Valentine）获得美国诗歌学院颁发的2009 年度华莱士·史蒂文斯奖，该学院认为，

---

① Barack Obama. Dreams from my Father: a story of race and inheritance. New York: Three Rivers Press, 2004.

② Brad Gooch. Flannery: a life of flannery O'conner. New York: Little, Brown and Company, 2009.

③ John Earl Haynes, Harvey Klehr, and Alexander Vassiliev. Spies: the rise and fall of the KGB in america. New Haven: Yale University Press, 2009.

④ Dan Brown. The lost Symbol. New York: Doubleday, 2009.

⑤ Stephen King. Under the dome. New York: Scribner, 2009.

⑥ J. Randy Taraborrelli. The secret life of Marilyn Monroe. New York: Grand Central Publishing, 2009.

⑦ Hannah Pakula. The last empress: madame Chiang Kai-shek and the birth of modern china. New York: Simon & Schuster, 2009.

⑧ Ian Halperin. Unmasked: the final years of Michael Jackson. New York: Simon Spotlight Entertainment, 2009.

⑨ C. J. . box, Blue heaven. New York: Minotaur Books, 2009.

⑩ W. S. Merwin. The shadow of sirius. Port Townsend: Copper Canyon Press, 2009.

⑪ Keith Waldrop. Transcendental studies: a trilogy. Berkeley: University of California Press, 2009.

瓦伦丁的诗歌创造了一个直接、惊悸和奇异的梦中世界，兼具道德视野、灵活的技巧和强烈的美感。

2009年，美国文学失去了几位重要的作家。著名作家约翰·厄普代克（John Updike）去世，他的“兔子”四部曲在全球文学界有非常重要的影响。同年去世的还有以《茶点与同情》（*Tea and Sympathy*，1953）为代表作的著名剧作家罗伯特·安德逊（Robert Anderson）和女性主义作家玛里琳·弗仑奇（Marilyn French），后者的代表作《女洗手间》（*The Women's Room*，1977）全球销售量超过两千万册。

（二）欧洲文学

1. 英国文学

女作家希拉里·曼特尔凭借历史小说《狼厅》① 获得2009年度英国布克奖小说奖和美国批评家协会奖。作家西蒙·范·布伊以其小说集《爱情始于冬天》② 获得第五届弗兰克·奥康纳国际短篇小说奖。集子收入5篇小说，讲述的都是濒于自弃的边缘人的故事。英国科幻小说家尼尔·盖曼以《墓地的故事》③ 获得2009年美国纽伯瑞儿童文学奖。小说讲述了一个孤儿被鬼魂抚养成人的故事。其他值得关注的作品包括日裔英国作家石黑一雄的第一本短篇小说集《夜曲——关于音乐和黄昏的五个故事》④，分别由五个第一人称叙事者讲述遭遇不幸后退而求其次的故事。石黑一雄曾以《盛世遗踪》（*The Remains of the Day*）获1989年的布克奖。女作家A. S. 拜厄特出版小说《孩子们的书》⑤，以1895年到第一次世界大战结束期间的英格兰南部为背景，通过三个家庭讲述了孩子教育中父母理想破灭的过程。

2009年的英国文坛出现了数本优秀传记作品。著名传记作家塞利娜·黑斯廷斯出版毛姆传记《萨默塞特·毛姆的秘密生活》⑥。英国作家杰拉尔德·马丁出版西班牙语版的《加西亚·马尔克斯传》⑦。英国著名俄苏史学家罗伯特·谢伟思推出《托洛茨基传》⑧，把俄国十月革命的主要领导人托洛茨基塑

---

① Hilary Mantel. Wolf hall. London: Fourth Estate, 2009.

② Simon Van Booy. Love begins in winter: five stories. New York: Harper Perennial, 2009.

③ Neil Gaiman. The graveyard book. London: Bloomsbury, 2008.

④ Kazuo Ishiguro. Nocturnes: five stories of music and nightfall. New York: Alfred A. Knopf, 2009.

⑤ A. S. Byatt. The children's book. London: Chatto & Windus, 2009.

⑥ Selina Hastings. The secret lives of somerset maugham: a biography. London: John Murray, 2009.

⑦ Gerald Martin. Gabriel garcía márquez: una vida. Bogotá: Vintage Espanol, 2009.

⑧ Robert Service. Trotsky: a biography. Massachusetts: Belknap Press of Harvard University Press, 2009.

造成一个极度冷血无情之人，引起了伦敦左翼知识分子的不满。伦敦大学退休教授迈克尔·斯莱特出版狄更斯新传《狄更斯：写作的一生》。[①] 斯莱特是一位资深的狄更斯研究专家，他的传记着重关注狄更斯小说创作和其他创作相互影响的紧密关系，揭示了以往研究忽略的内容。

诗歌领域，苏格兰女诗人卡洛尔·安·达菲（Carol Ann Duffy）接替退休的安德鲁·莫申（Andrew Motion），成为英国桂冠诗人。苏格兰诗人唐·帕特森以其诗歌选集《雨》[②] 获得英国最著名的诗歌大奖前进奖。英国诗人和剧作家托尼·哈里森（Tony Harrison）获得首届笔会/品特奖。哈里森关心世事，敢于直言，曾以反映煤矿罢工的长诗《V》（*V*，1985）成名。皈依佛教的 D. H. 嘛驮牙槃度（D. H. Maitreyabandhu）在英国情诗大赛中获胜，获得济慈—雪莱奖。

与英国文学渊源深厚的爱尔兰，在文学成就上从来让人刮目相看。旅美爱尔兰小说家科勒姆·麦凯恩以小说《让伟大的世界旋转》[③] 获得 2009 年度美国全国图书奖，通过描写 20 世纪 70 年代纽约的世态万状，影射 30 年后的“9·11”事件。作家塞巴斯蒂安·巴利以小说《秘密手稿》[④] 获得 2009 年科斯塔小说奖，作品讲述了百岁老人在疯人院的人生回忆。著名荒诞派戏剧大师、1969 年诺贝尔文学奖得主贝克特的《塞缪尔·贝克特书信集》第一卷[⑤] 在英国出版，全书的另外三卷将陆续出版。爱尔兰诗人、1995 年诺贝尔文学奖得主西默斯·希尼（Seamus Heaney）获 2009 年度大卫·科恩（David Cohen）文学奖，此奖旨在表彰英国和爱尔兰在世作家的终身文学成就。

2. 法国文学

近几年法国文学奖项的评选标准日渐多元，越来越多的移民作家和有关异域题材的作品走进人们视野。塞内加尔裔女作家玛丽·恩迪亚耶的移民悲情小说《三个女强人》[⑥] 获得了 2009 年度最大文学奖项龚古尔奖。作者以意识流的形式表现女主人公们的内心世界。她们在寻找自我、保卫尊严的战斗中因共同的反抗而心心相印。美第奇奖则由加拿大作家达尼·拉费雷尔领走，他的新

---

① Michael Slater. Dickens: a life defined by writing. New Haven and London: Yale University Press, 2009.

② Don Paterson. Rain: poems. London: Faber and Faber, 2009.

③ Colum McCann. Let the great world spin. New York: Random House, 2009.

④ Sebastian Barry. The Secret scripture. London: Faber and Faber, 2008.

⑤ Samuel Beckett. The letters of samuel Beckett: Volume 1, 1929—1940. Eds. Martha Dow Fehsenfeld, Lois More Overbeck, and Dan Gunn. London: Cambridge University Press, 2009.

⑥ Marie NDiaye. Trois femmes puissantes. Paris: Gallimard, 2009.

作《回乡之谜》① 讲述了作者回乡参加父亲葬礼的途中对自我身份的反思。拉费雷尔借用近似俳句的形式道出了他经历的苦难，再现了家乡的美丽和同胞们的对生活的期待。另外两项大奖，法兰西学院奖和雷诺多奖，分别颁发给了文坛老将皮埃尔·米雄和学界"坏小子"弗雷德里克·贝格伯德。米雄一向以在有限的空间里进行细致的描绘著称，最新小说《十一个》② 以卢浮宫里一幅反映法国大革命领导人的油画为描绘对象，通过丰富的想象力把虚构和历史糅合在一起。贝格伯德的自传体小说《法国小说》③ 取材于他本人吸毒被抓后短暂的铁窗生涯，作者以类似忏悔录的形式将他的童年和各种传奇事件重新编织起来，读来饶有趣味。

2009 年的法国文学出现了好几部反思父辈生活和亲情关系的佳作，像费米娜奖得主格温内勒·奥布里的小说《无人》④，描写了作者父亲患精神分裂的痛苦往事，以淡淡的文字描摹了一位在苦难中成长起来的女性形象；畅销书作家马克·莱维在《所有未言之事》⑤ 中以女性视角审视了一段父女关系，因其曲折的情节和浪漫的笔触而畅销 70 万册；法兰西学院院士多米尼克·费尔南德斯则以矛盾的心情出版了揭示父亲真实面貌的《拉蒙》⑥，通过文献资料试图弄明白一个拥护社会主义的左翼作家迅速转向右倾的原因；奥利维耶·亚当的小说《反向风》⑦ 讲述了主人公在妻子离奇失踪后，如何用父爱带着两个孩子熬过痛苦的一年。

法兰西学院一直是法国举足轻重的学术机构，今年因莫里斯·德吕翁（Maurice Druon）去世和罗伯-格里耶（Alain Robbe-Grillet）不愿遵守学院传统，而重新接纳新成员。他们分别是身兼作家、医生和外交家的让-克里斯托夫·吕芬和作家弗朗索瓦·韦耶尔冈斯。两人都曾获得龚古尔奖。前者代表作《红色巴西》⑧，讲述了一对孤儿兄妹受骗加入法国殖民船队，远征小岛的故事，对殖民时代欧洲人的行为进行了反思。后者代表作为《伴母三日》⑨，故事把作者在现实生活中遇到的写作困境搬到小说里，以看似漫不经心的文字表

---

① Dany Laferrière. L'enigme du retour. Paris: Grasset & Fasquelle, 2009.

② Pierre Michon. Les onze. Paris: Sodis, 2009.

③ Frédéric Beigbeder. Un roman francais. Paris: Grasset & Fasquelle, 2009.

④ Gwenaelle Aubry. Personne. Paris: Mercure de France, 2009.

⑤ Marc Levy. Toutes ces choses qu'on ne s'est pas dites. Paris: Robert Laffont, 2008.

⑥ Dominique Fernandez. Ramon. Paris: Grasset & Fasquelle, 2009.

⑦ Olivier Adam. Des vents contraires. Paris: Olivier, 2009.

⑧ Jean-Christophe Rufin. Rouge Brésil. Paris: Gallimard, 2002.

⑨ Francois Weyergans. Trois jours chez ma mere. Paris: Grasset & Fasquelle, 2005.

达了陪伴母亲的三天里作者内心的微妙变化。2009 年，人类学大师、结构主义之父克洛德·列维－斯特劳斯（Claude Lévi－Strauss）在巴黎去世，享年 100 岁。

3. 德国文学

德国文学界 2009 年最大的亮点当属凭借小说《呼吸钟摆》[①] 获得诺贝尔文学奖的赫尔塔·米勒。米勒是位多产作家，主要关注罗马尼亚独裁统治下被摧残的人性，以及政治流亡者的无归属感。《呼吸钟摆》就是以二战时苏联的劳改营为背景，这里的点点滴滴像拼贴画一样聚合在一起。饥饿主宰着一切，人们仅剩的一点道德感在它面前完全沦丧。米勒认为文学应当表达现世生活，作品的意义在世界里而不在语言中，所以她的作品政治倾向相当显著。

对历史的回顾、对转型期德国民众生活的关注，一直是德国作家的一个重要切入点。在柏林墙倒塌 20 周年之际，三位出身民主德国的作家埃里希·勒斯特、莫妮卡·马龙和乌韦·特尔坎普集体获颁德意志民族奖。他们的作品富于批判精神，代表三代人，反映德国历史的多个断面。勒斯特的《大地裂隙》[②] 和马龙女士的《宁径 6 号》[③] 都检视了体制的荒谬。特尔坎普以半自传长篇小说《塔》[④] 描述了一个知识分子家庭所目睹的民主德国消失的全过程。三位作家的共同之处在于以小世界作为叙事场，巧妙地将具有社会性的述史语言与日常生活结合在一起。同样，2009 年德国图书奖获奖作品卡特琳·施密特的《你不会死》[⑤] 也是有关德国统一前后的时代记忆，这次历史叙述被巧妙地编织进了一位病人的记忆碎片中。

曾经的毕希纳奖得主阿诺德·施达德勒（Arnold Stadler）发表了颇具地域特色的故乡颂三部曲之最后一部《曾经在这个世界上，然后也就如此》[⑥]，以半自传的手法回顾了作者艰辛的童年生活和迷失的青年时代，表达了对德国民众宗教热情渐渐淡薄的哀叹和惋惜。比勒·雷维察洛夫的黑色幽默小说《阿珀斯托洛夫》[⑦] 是德国文坛又一部讲移民生活的力作，以第二代移民的视角展现了保加利亚和德国的文化差异。

---

① Herta Müller. Atemschaukel. München：Hanser，2009.

② Erich Loest. Durch die erde ein riss. Hamburg：Hoffmann und Campe，1981.

③ Monica Maron. Stiller zeile sechs. Frankfurt：Fischer Taschenbuch Verlag，2001.

④ Uwe Tellkamp. Der turm. Frankfurt：Suhrkamp，2008.

⑤ Kathrin Schmidt. Du stirbst nicht. Köln：Kiepenheuer & Witsch，2009

⑥ Arnold Stadler. Einmal auf der welt. Und dann so. Frankfurt：Fischer，2009.

⑦ Sibylle Lewitscharoff. Apostoloff. Berlin：Suhrkamp Verlag，2009.

德语文学中的两位奥地利作家取得了杰出的成就。彼得·汉德克（Peter Handke）因其在戏剧创作中的杰出贡献获得了弗朗茨·卡夫卡奖。他以先锋者身份进入文坛，剧作消除了演员与观众、演出与现实间的距离。代表作《卡斯帕》①，成为德语戏剧中被排演次数最多的作品之一。主人公是个自闭少年，在权威意识形态对其施行的折磨与规训下，连仅有的一点自我也被剥夺殆尽。另一位奥地利作家瓦尔特·卡帕赫（Walter Kappacher）以其伤感而不绝望的文字获得毕希纳奖。新作《飞翔的宫殿》② 是有关写作困境的故事：一位创作中遇到瓶颈的作家，试图回到故乡寻找灵感，但战后村子萧索的氛围让他更加沮丧，最后精神和身体都濒临崩溃。

4. 俄罗斯文学

2009 年是俄罗斯通俗文学的丰收年。侦探小说家列昂尼德·尤泽弗维奇凭借小说《鹤与精灵》③ 荣获俄罗斯国家文学奖一等奖。尤泽弗维奇主要从事侦探题材的创作，擅长将推理、爱情、打斗等时尚元素与道德、历史、哲理等文化传统元素结合在一起，消弭了严肃文学与大众文学的界限。在俄国人最爱图书调查中，布尔加科夫毫无争议地以小说《大师和玛格丽特》④ 在排行榜上力拔头筹，而后苏联时代的唯一进榜作品是鲍里斯·阿库宁（Борис Акунин）的推理小说。

一些反思俄罗斯发展史的严肃作家仍然笔耕不辍。俄语布克奖得主叶莲娜·奇若娃的新作《女人们的时代》⑤ 是描写战后列宁格勒女性生活的长篇小说。奇若娃的语言非常有特色，使用了许多宗教和民间故事中的旧语，借用老俄语让女祖辈们的精神复生。历史学家海伦·拉帕波特的新作《密谋者：流亡中的列宁》⑥ 是一本关于列宁流亡期间的传记，聚焦于俄国革命导师 17 年的流亡岁月，生动描写了俄国侨民的生活，以及布尔什维克在列宁的领导下如何建立苏维埃社会主义的过程。安德烈·格拉西莫夫凭《草原神》⑦ 获俄罗斯国家畅销书奖。小说继承了俄罗斯现实主义传统和战争小说传统，讲述了一群游离于国家利益和民族战争之外，富有同情心的乡村居民。弗·马卡宁反映车

---

① Peter Handke. Kaspar. Berlin：Suhrkamp Verlag，1968.

② Walter Kappacher. Der fliegenpalast. Salzburg：Residenz Verlag，2009.

③ Леонид Юзефович. Журавли и карлики. Москва：Журнал，Дружба народов，2008.

④ Mikhail Bulgakov. Мастер и Маргарита. Moscow：Russky Vestnik，1869.

⑤ Елена Чижова. Время женщин. СПб，“Звезда”，2009（3）.

⑥ Helen Rappaport. Conspirator：Lenin in Exile. London：Hutchinson，2009.

⑦ Андрей Геласимов. Степные боги. Москва：Издательство Эксмо. 2008.

臣战争的长篇新作《阿桑》① 是一部反映当代俄国社会问题和民族矛盾的严肃之作，得到了评论界的普遍关注。它展现了后殖民语境下民族主义思潮在当代俄罗斯的整体态势。

2009 年是大作家索尔仁尼琴（Александр Солженицын）去世一周年，俄罗斯以一系列的展览、出版和舞台演出为其举行了隆重的纪念活动。他撰写的有关俄国历史的代表作也陆续被教育和科学部列入全国中学课程，以加深学生对俄国历史的理解。同样被缅怀的还有美国俄裔作家弗拉季米尔·纳博科夫（Vladimir Nabokov），在他诞辰 110 周年之际，美俄两国学界都举办了一系列活动，来纪念纳博科夫在文学和文化领域作出的贡献。

5. 其他欧洲国家文学

阿尔巴尼亚大作家、首届布克国际奖得主伊斯梅尔·卡达莱（Ismail Kadare）以其跨越民族界限的叙述获得阿斯图里亚斯亲王奖。卡达莱对阿尔巴尼亚的传统和巴尔干特质有深刻体察，其作品广涉历史，探讨极权主义的伤害，尤以《梦宫》② 最为明显，故事发生在一个虚构的国度，名为“睡梦办”的机构通过掌控所有公民的梦境来管理他们，把极权伸入大众生活的每个角落。他的新作《多余的晚餐》③ 秉承一贯的主题，回顾了阿尔巴尼亚人民所受的苦难。

瑞典推理小说在近年的欧洲畅销书榜上一枝独秀，其中最受欢迎的当属施蒂格·拉尔森（Stieg Larsson）的遗作“千禧”三部曲：《恨女人的男人们》④、《玩火姑娘》⑤ 和《空中碎阁》⑥，被译成多种语言，在全球售出 2 700 万册。小说延续北欧推理小说的社会批判传统，从罪案调查入手，转而揭露瑞典当代社会中的女性歧视、道德瓦解、法律不公等社会问题。

诺贝尔文学奖得主葡萄牙作家若泽·萨拉马戈（Jose Saramago）在小说新作《该隐》⑦ 中用措辞强烈的言语猛烈攻击《圣经》，将其称为“残暴与人性至恶的细目”。另外一位诺贝尔文学奖得主、已故西班牙大作家卡米略·何塞·塞拉（Camilo José Cela）则被裁定剽窃罪名成立。他生前的小说《圣安德

---

① Владимир Маканин. Асан. Москва：Издательство Эксмо，2008.

② Ismail Kadare. Nenpunesi i pallatit te endrrave. London：Harvill Press，1999.

③ Ismail Kadare. Le diner de trop. Paris：Fayard，2009.

④ Stieg Larsson. Män som hatar kvinnor. Stockholm：Månpocket，2006.

⑤ Stieg Larsson. Flickan som lekte med elden. Stockholm：Pirat Förlag，2007.

⑥ Stieg Larsson. Luftslottet som sprängdes. Stockholm：Norstedts，2007.

⑦ Jose Saramago. Cain. Argentina：Alfaguara，2009.

烈斯的十字架》[1] 有多个段落改写自玛丽亚·德尔·卡门·福尔莫索（María del Carmen Formoso）一篇送去参赛但未能发表的手稿。

意大利作家克劳迪奥·马格利斯（Claudio Magris）因致力于“不同文化的共生与协作”获得了德国书业和平奖。其代表作包括《微观世界》[2] 和《多瑙河》[3]。他通过创作提醒人们警惕欧洲的“政治民粹主义”，并批评了在欧洲大城市中出现的当地人和移民之间的无形壁垒。

6. 加拿大和澳大利亚文学[4]

近年来，越来越多的加拿大作家进入西方主流文学界，获得了世界声誉，但2009年的主要成就由女性作家获得，如刚捧得布克国际奖的艾丽丝·门罗（Alice Munro）和已斩获多项文学大奖的玛格丽特·阿特伍德（Margaret Atwood）。门罗的成名作《快乐荫影之舞》[5] 绘制了一组加拿大乡村生活的田园写生画，再现了作者少女时代的小镇生活。短篇小说集《你以为你是谁?》[6] 由一系列彼此独立但又相互关联的故事组成，讲述了女主人公为争取自主而做出的抗争。她向世人证明，短篇作家同样能够让读者体味人生大戏。布克国际奖褒奖了她对短篇小说创作作出的杰出贡献。阿特伍德继《羚羊与秧鸡》[7] 之后，又推出了一部关注生态的科幻小说《洪疫之年》[8]，再次将读者的目光吸引到环境恶化等社会问题上。华裔女作家张翎推出了新作《金山》[9]，进一步奠定了她在北美华文文学中的重要地位。小说通过方氏家族的盛衰流变，写出了近代以来中国移民的坎坷经历。作品时间跨度横贯满清时期到21世纪，地域跨度从中国广东的一个小乡村延伸到温哥华，绘制了一幅近代中国人如何走过历史、走向世界的图景。

非小说类作品中较有影响的是著名女学者、反全球化积极分子娜奥米·克莱恩的《休克主义：灾难资本主义的兴起》。[10] 该书获得由英国华威大学创设

---

① Camilo José Cela. La cruz de san andrés. Barcelona: Planeta, 1994.

② Claudio Magris. Microcosmi. Milano: Garzanti, 1997.

③ Claudio Magris. Danubio. Milano: Garzanti, 1999.

④ 由于文化渊源的关系，也为了陈述方便，本书将澳大利亚和加拿大的相关内容归在本节。

⑤ Alice Munro. Dance of the happy shades. Toronto: McGraw-Hill Ryerson, 1968.

⑥ Alice Munro. Who do you think you are? Toronto: Macmillan, 1978.

⑦ Margaret Atwood. Oryx and crake. New York: Nan A. Talese, 2003.

⑧ Margaret Atwood. The year of the flood. New York: Nan A. Talese, 2009.

⑨ 张翎. 金山. 北京：人民文学出版社，2009.

⑩ Naomi Klein. The shock doctrine: the rise of disaster capitalism. Toronto: Metropolitan Books, 2007.

的首届华威奖。克莱恩考察了伊拉克战后被外国资本瓜分的现实，继而回溯海啸后的斯里兰卡、飓风后的新奥尔良，发现灾难成了资本家大发横财的契机，而贫民既无力从灾难中复苏，又受到大公司接管经济后的第二轮打击，在新一轮盘剥中失去住房和土地。

澳大利亚作家理查德·弗兰纳根曾因在《古尔德的鱼书》① 中创造性地再现了英国人在澳大利亚早期的殖民史和当地原住民的文化而蜚声文坛。2009年他推出的新作《热望》②，再次以塔斯马尼亚地区为背景，讲述了同一时期发生在英国和殖民地的两段爱情故事。另一位澳洲作家大卫·马洛夫带着小说《赎金》③ 在十多年后重返文坛，再次以其精湛的语言艺术获得文学界好评。故事取材于荷马史诗中的《伊利亚特》，讲述普里阿摩斯不忍儿子赫克托尔的尸体受阿喀琉斯侮辱，前来乞求赎回儿子尸体。马洛夫借经典为骨架，以当今社会现实为血肉，重新反思人性、尊严、伤痛等永恒的主题。

（三）亚洲文学

1. 日本文学

2009 年，日本文坛最令人瞩目的事件就是村上春树继《海边的卡夫卡》④之后时隔 7 年又推出了上下两集的长篇小说《1Q84》⑤。其融合纯文学和大众娱乐小说于一体的风格，吸引了日本媒体和读者的广泛关注，日本书市也在半年当中推出了多本研究《1Q84》的专著。村上春树在作品中通过对那些随波逐流成为犯罪者的叙写，表现出他们的生活处境与内心恐惧。作者的创作初衷来源于他对奥姆真理教毒气事件受害者的实地采访，这段经历使作者深切感到现代社会充满了迷雾和幻象，他希望通过写作，创造出能够同外部体制及其造成的“精神囚笼”相对抗的“物语”，将“真实”展现给读者，从而“加深和拓展了人们的心灵”。小说中，作者采用双向叙事方式，分别在单数章节和双数章节讲述两个相互关联的故事。单数章节中展现了美丽、敬业的女主人公青豆不为人知的冷峻杀手的另一面；偶数章节讲述了数学老师天吾因改写小说《空气蛹》而卷入一连串不可思议事件的故事。作者采用“1Q84”的书名以表达对奥威尔的未来小说《1984》的尊敬，两部作品共同的主题都在于对集权体制的揭露和抵抗。

---

① Richard Flanagan. Gould's book of fish. New York：Grove Press，2001.

② Richard Flanagan. Wanting. New York：Atlantic Monthly Press，2009.

③ David Malouf. Ransom. London：Chatto & Windus，2009.

④ 村上春樹. 海辺のカフカ. 新潮社出版，2002.

⑤ 村上春樹. 1Q84. 新潮社出版，2009.

今年日本文坛最具权威的芥川奖和直木奖的获奖作品，都以家庭生活为中心，关注现实，表现“生、死、爱”等主题。矶崎宪一郎凭借《最终的栖身处》① 获得第 141 届芥川奖，故事描述卷入多次婚外恋的主人公长达 20 年的婚姻生活，作者采用实验性的手法，将小说的“时间轴”清晰地展现在读者眼前，表现出回归家庭的主题。同届直木奖由北村薰以作品《鹭与雪》② 获得。小说讲述了昭和初期，士族小姐花村英子与她聪慧的女司机一起破案解谜的故事。

2009 年，许多日本中坚作家不约而同地把目光放在了对人性和战后的日本出现的种种社会问题的反思上。备受中国读者关注的日本作家宫本辉发表长篇小说《骸骨楼的庭院》③，描述一个发生在“骸骨楼”的爱心故事，主人公在二战退役后精心照顾一群战争孤儿，最后却蒙受不白之冤。作者通过当年孤儿们的回忆，将视线投向了战争留下的阴影和战后苦难的岁月，并试图唤醒人们心中对善良和自尊的向往。桥本治的作品《巡礼》④ 同样与战争主题有关，通过一名杂货店老板长子对自己半生的倒叙式回忆，讲述了战争前后的人生巨变。高村薰出版了《牵着太阳的马》⑤，故事由一名刑警处理的两个不相干的刑事案件构成，借这两个案件深入探讨奥姆真理教教义，揭示出战后日本人颓废的精神世界，透视出战后日本社会体系的破绽。曾创作《白色巨塔》⑥ 和《浮华世家》⑦ 的女作家山崎丰子推出四卷本长篇小说《命运之人》⑧，以 20 世纪 70 年代初外务省机密泄漏案件为背景，讲述了记者弓成亮太在采访日美就归还冲绳问题的谈判时，通过非正常手段窃取国家机密并公之于众，因而受到不公正待遇的故事。作者借主人公人生的巨大转折，揭露了战争遗留给人们的伤痛。奥泉光以战争时期人们的疯狂面貌为主题的新作《神器》⑨，获得为纯文学设立的第 62 届野间文艺奖。实力派奇谈小说家辻原登推出了长篇巨著《被原谅者》⑩，作品以 20 世纪日俄战争前后一位医师的出轨事件为中心，反

---

① 磯崎憲一郎. 終の住処. 新潮社出版，2009.
② 北村薫. 鷺と雪. 文藝春秋出版，2009.
③ 宮本辉. 骸骨ビルの. 講談社出版，2009.
④ 橋本治. 巡礼. 新潮社出版，2009.
⑤ 高村薫. 太陽を曳く馬. 新潮社出版，2009.
⑥ 山崎豊子. 白い巨塔. 新潮社出版，1969.
⑦ 山崎豊子. 華麗なる一族. 新潮社出版，1973.
⑧ 山崎豊子. 運命の人. 文藝春秋，2009.
⑨ 奥泉光. 神器. 新潮社出版，2009.
⑩ 辻原登. 許されざる者. 每日新聞社出版，2009.

映了战争与叛乱等主题。

2009 年日本文坛迎来“无赖派”文学的代表作家太宰治的百岁诞辰，他的遗作《人间失格》① 是“无赖派”文学的代表作品。作者以个人经历为蓝本，采用自我嘲笑式的叙述，展现了主人公大庭叶藏因身体病弱而放纵堕落，最终身陷其中难以自拔的悲剧人生。书中处处弥漫着的悲观压抑的气氛，表现出战后日本人与社会的萎靡不振。

2009 年，日本中青年作家相继推出新作。被称为“日本文坛王子”的岛田雅彦发表了长篇神话小说《徒然王子》②，书中描写了王子逃出宫廷、走进严酷的现实世界，从而获得前世今生各种体验的故事。作者最大限度地发挥文学的自由想象，具有很强的感染力。山田咏美出版了成长小说《学问》③，正面提出少女的性欲问题，探讨了都市青年在日本经济快速发展时期遇到的新的社会问题。名噪文坛的直木奖获奖女作家角田光代发表作品《睡在森林中的鱼》④，通过描写现代女性所面临的问题、人际关系的困惑以及心灵创伤，表现出现代社会中道德失范的现状。女作家鹿岛田真希在新作《零的王国》⑤中，刻画了一个堂吉诃德式的悲剧人物，将陀思妥耶夫斯基笔下的“梅什金公爵”重现于现代日本社会。曾因创作《午夜凶铃》⑥ 而享誉世界恐怖文坛的铃木光司推出长篇恐怖新作《边缘》⑦。作品以 2012 年主人公对“藤村家失踪事件”真相的调查为线索，展现出人类信仰的磐石彻底崩溃的“根源性的恐怖”。小说将恐怖元素同科学和哲学理念融合在一起，颠覆了传统的恐怖小说概念。

2009 年，日本文学新作的主题呈现出多元共生的特点。直木奖女作家村山由佳凭借小说《双重幻想》⑧ 获得 2009 年度的中央公论文艺奖、岛清恋爱文学奖和柴田炼三郎奖。小说描写了当红女作家无法忍受和丈夫在一起的压抑生活，而后为了体验性爱冲破道德约束，最终却付出了自由的代价。小说情节融入作者个人经历，凸显出人性的多元色彩。2008 年凭借小说《乳与卵》获

① 太宰治. 人間失格. 筑摩書房出版，1948.
② 島田雅彦. 徒然王子. 朝日新聞出版，2009.
③ 山田詠美. 学問. 新潮社出版，2009.
④ 角田光代. 森に眠る魚. 双葉社出版，2008.
⑤ 鹿島田真希. ゼロの王国. 講談社出版，2009.
⑥ 鈴木光司. リング. 角川書店出版，1991.
⑦ 鈴木光司. エッジ. 角川書店出版，2008.
⑧ 村山由佳. ダブル・ファンタジー. 文藝春秋出版，2009.

得芥川奖的女作家川上未映子推出新作《天堂》①，以简朴的文风表现强弱、善恶对立的价值观。此外，她 2007 年的诗集《尖端、刺或被刺都不错》② 获得第 4 届中原中也奖。出生在中国台湾的日本作家东山彰良以小说集《路边》③ 荣膺日本第 11 届大薮春彦文学奖，小说讲述了丧失理想的主人公的自我放逐生活，其荒唐做派与凯鲁亚克笔下“垮掉的一代”极为相似，展现了现代都市年轻人在社会现实中的无奈、挣扎和抗争。

另外，日本文坛推出了一些颇具风格的推理小说。第一届岛田庄司推理小说奖首奖由中国台湾作家宠物先生（本名王建闵）凭借作品《虚拟街头漂流记》④ 获得。小说以 2008 年的台北西门町为背景，描写了一起发生在虚拟空间里的真实杀人案，其“逻辑性”和“思索性”的特点类似于欧美传统推理小说，为日本推理小说的主流“本格派”注入了新的活力。第六届书店图书大奖被女作家湊金枝凭借推理小说《告白》⑤ 摘得。作品透过女教师对在校女生溺死真相的调查，展现了当事人邪恶的内心世界。同获该奖的还有和田龙的历史小说《傀儡之城》⑥。社会派推理小说鼻祖松本清张迎来百岁诞辰，他擅长在推理小说中融入写实因素，从而揭露社会的阴暗面和虚妄性，展现了日本社会的本质和人生百态，开创了日本社会派推理小说的先河。

2. 其他亚洲国家文学

曾获 2008 年度的英国布克奖的印度青年作家阿拉温德·阿迪加继长篇小说《白虎》之后，2009 年又推出短篇小说集《两次刺杀之间》⑦，其中的 14 篇短篇小说都以一个虚构的现代印度小城市基图尔为背景，以 1984 和 1991 年的两次政治谋杀事件为主线，描述了从中央集权时代的结束到经济高速发展时代的来临之间，现代印度普通人的日常生活和烦恼。作品以丰富的主题，细腻的文风塑造了不同经济、政治、宗教和年龄阶层的人物形象。巴基斯坦女作家卡米拉·沙姆西 2009 年推出了她的第 5 部长篇小说《烧焦的影子》⑧。作品前半部描写第二次世界大战期间女主人公田中裕子与德国人相爱，最终未婚夫死

---

① 川上未映子．ヘヴン．講談社出版，2009.

② 川上未映子．先端で、さすわさされるわそらええわ．青土社出版，2007.

③ 東山彰良．路傍．集英社出版，2008.

④ 宠物先生．虚拟街头漂流记．皇冠文化出版有限公司出版，2009.

⑤ 湊金枝．告白．双葉社出版，2008.

⑥ 和田竜．のぼうの城．小学館出版，2007.

⑦ Aravind Adiga. Between the Assassinations. New York：Simon & Schuster Inc，2009.

⑧ Kamila Shamsie. Burnt shadow. London：Picador，2009.

于原子弹爆炸的经历，后半部则讲述了田中与一个穆斯林的爱恨情仇。作者通过对女主人公人生经历的描述，向读者展现了长达65年间的全球政治、经济、文化与宗教冲突。2009年2月，剑桥大学尼古拉斯·德朗士教授将以色列著名作家阿摩司·奥兹（Amos Oz）2007年的小说《咏叹生死》①（又译《把生死写成押韵的诗行》）译成英文，在英国面世。小说讲述了一位中年作家在某天夜晚从一家咖啡馆到一个文化中心的8个小时的旅程，小说场景不断转换，具有心理现实主义小说特征。

（四）拉丁美洲与非洲文学

1. 拉丁美洲文学

2009年，墨西哥诗人、小说家何塞·埃米略·帕切科获得了西班牙语世界最高文学奖塞万提斯奖。他迄今已出版诗集十数部。《夜元素》②、《火之眠》③ 和《不要问我时光如何流逝》④ 等，被认为是墨西哥最重要的“50年代后一代”诗人，而他的小说再现了墨西哥城的世风以及中下层百姓困顿的生活。帕切科的作品在秉承传统的基础上体现出现代元素，突出了对人类荒谬行为和人的现实状况的批评，迄今为止获得了西语世界几乎所有重要的诗歌奖项，包括2009年的索菲娅王后伊比利亚美洲诗歌奖、2005年的加西亚·洛尔伽奖、2003年的奥克塔维奥·帕斯奖，以及2004年的阿方索·雷耶斯奖和巴勃罗·聂鲁达奖。旅居西班牙的智利作家波拉尼奥以遗作《2666》⑤ 获得了2009年美国全国书评人协会（NBCC）奖的小说奖。波拉尼奥性情古怪，生活颠簸潦倒，他将反叛的个性融化成小说风格，将流亡和吸毒的经历等注入了小说内容。《2666》主要关注的就是暴力、死亡、人性的丧失和道德的颠覆。作者运用反讽、幽默的语言以及诸如悬念、情色、谋杀等叙述手段，构筑了环环相扣的故事情节，通过墨西哥边境小镇的一桩连环妇女奸杀案，把五个表面上毫无关联的事件组接在一起，意在告诉读者：这个世界实际上是一个混乱无序的地狱——伦理道德被破坏，每一个人都是孤独而不被理解的。

另外，哥伦比亚作家威廉姆·奥斯皮纳以长篇小说《桂皮之国》⑥ 获得了

---

① Amos Oz. Rhyming life and death. London: Chatto and Windus publishers, 2009.

② José Emilio Pacheco. Los elementos de la noche. México: Universidad Nacional Autónoma de México, 1963.

③ José Emilio Pacheco. El reposo del fuego. México: Fondo de Cultura Económica, 1966.

④ José Emilio Pacheco. No me preguntes cómo pasa el tiempo. México: Mortiz, 1969.

⑤ Roberto Bolaño. 2666. Barcelona: Anagrama, 2004.

⑥ William Ospina. El país de la canela. Bogotá: Editorial Norma, 2008.

罗慕洛·加列戈斯小说奖。小说带有自传色彩，通过一个 25 岁西班牙与印第安混血青年的成长经历，讲述了 19 世纪秘鲁一支西班牙远征队的故事。另一位哥伦比亚小说家埃韦利奥·罗塞罗以所著《队伍》[①] 一书获得英国的《独立报》外国小说奖。小说描述了一个原本过着闲适生活的山村退休教师在内战期间不断目睹暴力事件而后精神崩溃的悲剧故事。

拉丁美洲文坛还有很多其他重要作家也在 2009 年推出了新作。巴西作家保罗·科埃略 2007 年的《孤独的胜利者》[②] 两年后被翻译，在英语世界广为流传。故事发生在嘎纳电影节的 24 小时内，描述了追逐声名的虚幻与疯狂。智利著名女作家伊莎贝尔·阿连德在新作《海底之岛》[③] 中，塑造了一个不甘为奴、奋起反抗，勇于为自身权益进行斗争并最终成为胜利者的女性形象。另外，胡利奥·科塔萨尔的遗作《预料不到的文集》[④] 在作者去世 25 年之后出版，作品收集了很多作者生前未出版的零散文字。

2009 年，乌拉圭失去了一位 20 世纪最重要的作家和诗人马里奥·贝内德蒂（Mario Benedetti）。贝内德蒂一生多产，出书逾 60 种，小说以描写城市中产阶级生活见长，主题涉及自由、希望、爱情与孤独，而诗歌也在整个西班牙语世界得到广泛传诵。另外，古巴著名诗人、小说家、散文家辛蒂奥·比铁尔（Cintio Vitier）、委内瑞拉诗人西尔瓦·埃斯特拉达（Silva Estrada）、哥伦比亚诗人马里奥·里维罗（Mario Rivero）、巴西著名剧作家奥古斯托·博阿尔（Augusto Boal）、智利名作家阿尔方索·卡尔德隆（Alfonso Calderón）、阿根廷女诗人玛丽亚·埃尔维拉·华雷斯（María Elvira Juárez），厄瓜多尔诗人豪尔赫·恩里克·阿杜姆（Jorge Enrique Adoum）等一大批优秀的文学创作者的先后离开，使拉美文学和文化事业遭受重大损失。

2. 非洲文学

2003 年诺贝尔文学奖得主南非作家 J. M. 库切于 2009 年推出新作《夏日》[⑤]，该著作与《男孩》[⑥] 和《青春》[⑦] 并称库切的“自传体小说三部曲”。在《夏日》中，作者想象的另一个自我约翰·库切在计划创作《夏日》时突

---

① Evelio Rosero. Los ejércitos. Barcelona: Tusquets, 2007.

② Paulo Ceolho. The winner stands alone. New York: Harper/Collins, 2009.

③ Isabel Allende. La isla bajo el mar. Barcelona: Plaza & Janés, 2009.

④ Julio Cortázar. Papeles inesperados. México: Alfaguara, 2009.

⑤ J. M. Coetezee. Summertime. London: Harvill Secker, 2009.

⑥ J. M. Coetezee. Boyhood: scenes from provincial life. London: Secker & Warburg, 1997.

⑦ J. M. Coetezee. Youth: scenes from provincial life II. New York: Viking, 2002.

然离世，传记作家文森特根据约翰的零碎手稿，计划完成他未竟的工作，从而展现了库切32岁到37岁间的生活轨迹及其内心深处的痛苦、欢欣与迷惘。行文中，库切通过“他传”（auto-biography）手法，把过去的自我当做客体进行研究，并采用“自白”的手法，执著于自我真相的探究，以期呈现自我的相对真实。2009年，现居美国的尼日利亚作家E. C. 奥松杜（E. C. Osondu）以短篇小说《等待》（*Waiting*）赢得了有“非洲布克奖”之称的第十届凯恩非洲文学奖，小说以简练的语言描写了难民营中靠救济生活的少年们困苦难熬的无聊日子。“等待”被领养是这些流离失所的孩子唯一的希望，也是他们最终的绝望。作者以耳目一新的方式刻画出后殖民时代的动乱，从侧面反映出战争带给人们的苦难。

2009年，非洲文坛失去了两位重要的小说家。苏丹大作家塔依卜·萨利赫于2009年2月去世，享年80岁。萨利赫的小说大多描述阿拉伯及非洲民众寻求自我认知的艰辛历程，尤以对20世纪60年代殖民主义穷途末路、独立运动风起云涌时期的描写最为精彩。他的杰作《北迁季节》① 触及的正是文明之间的碰撞。小说以一个苏丹知识分子在西方生活的回忆，展现了苏丹母国和欧洲新居两种文明之间的冲突。另外，曾因反对种族隔离制度而入狱的南非诗人丹尼斯·布鲁图斯（Dennis Brutus）于2009年12月去世，享年85岁。布鲁图斯积极投身政治，参与创建了民间体育组织南非体联，以抗议官方的白人体育机构，1963年被捕，他曾在狱中写出两本著作：《警笛、指节套环、靴》②和《从南非监狱写给玛莎的信及其他诗歌》③。1966年，他被迫离开祖国，心中一直牵挂着故土。新南非成立后，他致力于反对世界金融组织和呼吁采取有力行动以对抗全球变暖。在他去世前三个月，纽约反战者联盟授予布鲁图斯和平奖。

四、世界文学的主要关注点

当今世界危机重重。伊拉克战争和“9·11”事件的影响尚未退去，金融危机仍在蔓延。恐怖主义、环境恶化、自然灾难给全世界一次次心理重击；而

① Al-Tayyib Salih. Season of migration to the north. Portsmouth, NH: Heinemann, 1969.

② Dennis Brutus. Sirens knuckles and boots. Moss Landing: Mbari Productions, 1963.

③ Dennis Brutus. Letters to martha and other poems from a south african prison. London: Heinemann Educational Books, 1968.

老龄问题、家庭矛盾日益突出，逐渐成为全世界亟待解决的严峻问题。受此影响，2009 年的世界文学重点关注的正是深陷困境的凡俗众生，探讨逆境中人性的质地，彰显日常生活中人格的力量。

（一）战争阴影下的人性

虽然第二次世界大战已经过去了半个多世纪，但世界并不太平，局部战争和冲突从未中断，战争的威胁一直是整个人类必须面临的问题。2009 年世界文学中有多部作品涉及战争主题，但却不能称其为战争小说，因为其关注点不在于战争本身，其主人公也不是士兵。战争仅仅为作品提供背景，从而展示战争阴影下普通人的生活，进而引发对战争和普通人性的思考。

2009 年的日本文坛推出了多部以战争为背景的小说。作家宫本辉的长篇小说《骸骨楼的庭院》以二战结束为背景。退役回乡的屋主在他的楼房发现一群战争孤儿，逐渐与孩子们产生亲子般的情谊，但善良的屋主最后却蒙冤而死。小说以进入中年的孤儿们的回忆，展现二战后日本严峻的社会现实以及战争给人性带来的阴影。作品以对战争的深刻思考获得日本当年第 13 届司马辽太郎奖。奇谈小说家辻原登的小说《被原谅者》则以 20 世纪日俄战争为背景，讲述一位在外国学习的医师的故事，作品突出战争、叛乱、爱情、阴谋、死亡等话题。女作家山崎丰子的小说《命运之人》，讲述了日本新闻史上首位“国家机密”泄露者戏剧化的人生，折射出战争给人的心灵和肉体带来的创伤。奥泉光的作品《神器》以荒诞的虚构描写了战时人们的疯狂面貌。2009 年，“无赖派”文学的代表作家太宰治迎来了他的百岁诞辰，其遗作《人间失格》以作者自身经历为蓝本，描写了主人公大庭叶藏在放纵中走向堕落的故事，以自谑的态度表现出战后日本社会与现代人精神世界的双重萎靡。

巴基斯坦女作家卡米拉·沙姆西的小说《烧焦的影子》描写的也是战争中人物的命运。哥伦比亚小说家埃韦利奥·罗塞罗的小说《队伍》讲述了一个山村退休教师在内战期间不断目睹烧杀和绑架的故事。2009 年，尼日利亚作家 E. C. 奥松杜（E. C. Osondu）以短篇小说《等待》（*Waiting*）获得第十届凯恩非洲文学奖，小说描写了难民营少年等待搭救时的悲惨生活，从侧面反映出战争给人们带来的恐惧和灾难。俄国女作家叶莲娜·奇若娃的《女人们的时代》描写战后列宁格勒的女性生活。经历了内战、肃反和大围城，能依靠的男人们都死了，老太太们的生活只能依靠昔日的信念支撑。阿尔巴尼亚作家伊斯梅尔·卡达莱的小说《多余的晚餐》以冷静而不失滑稽的语言，结合巴尔干的民间传说，讲述了阿尔巴尼亚在二战期间被命运摆布的历史。

（二）衰老与死亡

在社会动荡年代，老人往往是首当其冲的受害者；即使在和平岁月，老人也是社会中最大的弱势群体。对老人而言，他们活跃的生活已成为过去，伴随着精力的衰退和生活的艰难，是内心的孤独无依和彷徨无助，而后者是他们刻骨铭心的痛苦。社会问题的突出和人口老龄化的加剧，使得2009年世界文坛上多部以老年和死亡为主题的文学作品受到人们的关注，这些作品通过人的生老病死，来凸显对人性本身的思考。

菲利普·罗斯发表小说《羞辱》，讲述一名60多岁的男演员突然丧失了演戏的天分，连续几次失败之后彻底放弃演出生涯。他内心无法接受此事，陷入严重的精神抑郁。妻子忍无可忍之下，离家出走。此后他曾进入精神病院治疗，并遭遇各种艳遇，但这些并未能够改变其空洞人生。他再也无法忍受与家人和周围人紧张的关系，最终举枪自杀。老人与精神病院的主题在爱尔兰作家塞巴斯蒂安·巴利的小说《秘密手稿》中得到更加集中的体现。该作品获得2009年科斯塔小说奖，作品中百岁老人在疯人院回忆了他的坎坷人生。小说3个主要人物都是老人，都孑然一身，孤苦伶仃：罗珊一生坎坷，在精神病院度过了大半辈子，没有任何亲友，甚至连年龄都难以确定；格林大夫刚刚遭受丧妻之痛，处于极度的孤独苦闷之中；约翰·凯恩在幼年时就成了孤儿，一生在精神病院打杂工，无亲无友，身患重病，注定孤老终身。

两部美国作家的"老人"作品获得了重要文学奖项。女作家玛丽莲·罗宾逊以长篇小说《家》获得2009年奥兰治小说奖。《家》是其2005年普利策小说奖获奖作品《基列家书》的姊妹篇，故事仍然发生在基列镇，昔日的牧师如今卧病在榻，余日不多。女儿和儿子相继回到镇上，照料老父。深深的父爱，也成为儿女在孤独中疗治心灵创伤的良药。美国女作家伊丽莎白·斯特鲁特获得2009年普利策小说奖的作品《奥利芙·吉特里奇》，虽然也提及一些重要的政治事件，如伊拉克战争和"9·11"事件，但这些大事件仅仅给小说设定了背景，"真正的沉重都是日常的、个人的：爱的逝去、日益衰老和死亡的迫近"[①]。古稀之年、孑然一身的奥利芙虽然也拥有生活的快乐和意义，但内心的孤独和衰老的压力却挥之不去。

2009年还有另外一些以老人和死亡为主题的作品引起人们的关注。法国作家莱维新作《所有未言之事》讲述了女儿在父亲死后对父女关系的重新审

---

① 陈广兴．普利策小说奖凸显老人关怀——从伊·斯特鲁特的《奥利芙·吉特里奇》获奖说起．外国文学动态，2009（5）：32．

视。无独有偶，德国作家比勒·雷维察洛夫的《阿珀斯托洛夫》通过一对姐妹护送父亲遗体从德国回保加利亚的故事，表达了两姐妹对父亲的复杂感情。德国女作家卡特琳·施密特的长篇小说《你不会死》获得德国图书奖，小说中女主人公虽然大难不死，但丧失语言能力和部分记忆，因此重获语言、寻回记忆便成为主人公所面临的难题。

（三）社会灾难警示

2009 年的世界文学对人类社会普遍面临的重大问题进行探讨，邪教威胁、恐怖主义、生态灾难、神父侵犯儿童事件等分别成为一些重要作品的主题。

从社会影响的角度来说，2009 年世界文学最重要的作品当数村上春树的《1Q84》。小说中以那些随波逐流成为犯罪者的反英雄为主人公，深入探讨了战后 60 余年日本社会中的信仰、道德等一系列沉重话题。1995 年 3 月，东京发生奥姆真理教地铁投放沙林毒气事件，受害者达 3 800 人。《1Q84》就是通过男女主人公的经历，去探讨奥姆真理教的邪恶本质。男女主人公都具有双重身份，都通过自己的第二身份与奥姆真理教发生关系，而作者对奥姆真理教的思考也体现在他塑造的人物的命运中。原教旨主义和邪教是当今世界所面临的重要社会问题，对其反思的需要是促成《1Q84》热销的部分原因。

2009 年有两部反思“9·11”事件的作品引起了关注。约瑟夫·奥尼尔的《荷兰》获 2009 年笔会/福克纳小说奖，作品讲述了“9·11”恐怖袭击给纽约一个家庭带来精神压力和心理创伤，导致主人公汉斯和妻子关系紧张，在妻子携儿子离开纽约后，汉斯试图通过板球和交友走出困境，结果却陷入更深的生活泥潭。旅美爱尔兰小说家科勒姆·麦凯恩以小说《让伟大的世界旋转》[①]获得 2009 年度美国全国图书奖，小说通过描写 20 世纪 70 年代纽约的世态万状，影射 30 年后的“9·11”事件。小说描述了 1974 年发生在双子楼的高空走钢索事件，并借此表明，即使在最惨烈的悲剧中，人类也有能力从中找到意义。

玛格丽特·阿特伍德发表了《洪疫之年》，小说继承了其前一部作品《羚羊与秧鸡》的主题，关注环境的恶化、大公司对社会各方面的控制和人性的堕落等问题。与《羚羊与秧鸡》一样，《洪疫之年》从描绘毁灭性灾难的场景开始，然后回溯灾难发生前的那个腐败的世界。不同之处是，前作主要揭露唯利是图的大公司给生态带来的毁坏，而新作聚焦中下层百姓的无知带来的恶

① Colum McCann. Let the great world spin. New York：Random House，2009.

果。人类的愚昧和贪婪引发了致命的自然灾难，而无制约的科学试验，导致了各种奇形怪状的基因拼接生物。灾难过后，仅有的两名幸存者开始反思人类的愚行与命运。

老记者林登·麦金泰以小说《主教的人》① 获得了加拿大最重要的年度文学奖——吉勒奖。小说围绕一个敏感的话题展开：天主教牧师对孩童实施性虐待并在事后极力掩盖丑闻。作品涉及牧师个人欲望与职业道德之间的冲撞。主人公必须面对尘封的往事，在孤独与痛苦中，他突然顿悟：隐藏已久的欲望和问心有愧的秘密要么导致大彻大悟，要么完全毁坏一个人的爱心和平静。无独有偶，小说发表不久，即逢加拿大一宗与小说颇为类似的现世丑行曝光，从反面证实了小说的现实批判意义。

（四）疏离世界里的边缘人

女性、少数族裔、老人等都是传统意义上的弱势群体，但弱势群体并不一定生活在疏离的世界里。同样，边缘人并不一定属于弱势群体。弱势群体由社会身份和客观条件定义，边缘人则由个体的生活方式和精神状态定义。城市化、信息化、全球化的发展加速了人的异化，心理健康正逐渐彰显其重要性。2009 年世界文学出现了一些关注边缘人生活和心理的作品。

英国作家西蒙·范·布伊以其小说集《爱情始于冬天》获得第五届弗兰克·奥康纳国际短篇小说奖。《爱情始于冬天》收入五篇小说，塑造了几个濒于自弃的边缘人形象，关注他们的心灵创伤和精神痛苦。这部集子中的人物都极度孤独，总是在缅怀逝去的亲人，回想昔日的童年，似乎不属于当下的世界。但由于他们能够用毫无心机地语言讲述自己内心的恐惧和渴望，因此往往能够奇迹般地找到真爱。可见小说反映的不仅仅是孤独，更是在强调沟通和交流的重要性。

日本作家桥本治的作品《巡礼》描写战后 60 年间的日本人民的生活和人性的荒芜。主人公是杂货店老板的长子，在战时度过了少年时代，年轻时曾追求平凡的幸福，但他失去了家人，自己也在人生道路上迷失，逐渐被社会遗忘，整日在自家堆积垃圾，在遭邻里投诉之后，他离家开始对四国 88 个寺庙朝拜巡礼。故事主人公的变化和日本战后历史相重合，作家借堆积垃圾的行为反映出战后现实的冷酷。东山彰良的《路边》表现现代社会中难以融入主流社会的年轻人，主题和风格都与美国 20 世纪 60 年代的“垮掉的一代”相似。

---

① Linden MacIntyre. The bishop’s man. Ontario：Random House，2009.

五、问题与展望

（一）中国与世界文学圈

经济的全球化必然导致文学的全球化，2009 年，中外文学交流在各个层面稳步展开。中国一如既往地积极介绍、翻译和引进外国文学作品，密切关注世界文学动态。几年前热销《哈利·波特》的时候，中国被纳入同步销售的全球市场；2009 年全球畅销《失落的符号》，中国迅速推出了汉译本。赫尔塔·米勒获得诺贝尔文学奖，中国各大媒体对此进行了大量的报道，并就诺贝尔奖的运作方式，特别是其中的政治因素的作用掀起了新一轮的讨论。

中国作家在 2009 年也摘取了两项国际大奖。苏童以小说《河岸》获 2009 年度的曼氏亚洲文学奖。其英文版本（*The Boat to Redemption*）于 2010 年出版。曼氏亚洲文学奖意在表彰“未以英语出版过的亚洲小说”。由于此次苏童的竞争对手都是名不见经传的新手，因此他的获奖并无悬念可言。2009 年 10 月中国诗人多多（栗世征）战胜了多位享有世界声誉的著名作家，如日本的村上春树、加拿大的玛格丽特·阿特伍德和迈克尔·翁达杰、以色列的 A. B. 耶合舒亚和美国华裔作家哈金，获得了纽斯塔特国际文学奖。纽斯塔特奖的品位和声誉很高，创设于 1969 年，由俄克拉荷马大学及其《当代世界文学》杂志主办，每两年颁发一次。在该奖 39 年的历史上，已有 27 位得主、候选人和评委获得了诺贝尔文学奖。多多是得到此奖的第一位华人。对于有强烈诺贝尔文学奖情结的中国来说，纽斯塔特国际文学奖的成功获得，似乎也预示着我们离国际文坛越来越近。中国作家杨显惠的小说集《夹边沟记事》以《上海女人》为标题在美国出版。[①] 小说集的英文标题虽然显得令人不明所以，但副标题“中国劳改农场的生存故事”却揭示了小说的内容。但其封面上的旗袍红唇女郎则完全与时代不符，很显然是不了解中国文化的西方出版商的促销手段。《华盛顿邮报》和《纽约时报》等头牌大报刊文对其进行了评论，其纪实性与西方的阅读期待相当吻合。旅美中国女作家李翊云发表英文长篇小说《漂泊者》[②]，讲述 20 世纪 70 年代末在中国一个名叫泥河镇的地方发生的故

① Xianhui Yang. Woman from Shanghai: tales of survival from a Chinese labor camp. New York: Pantheon, 2009.

② Li Yiyun. The vagrants. New York: Random House, 2009.

事，主要内容是“文化大革命”之后的社会状况。李翊云2005年曾以短篇小说集《千年敬祈》（*A Thousand Years of Good Prayers*）获弗兰克·奥康纳奖。

2009年还有一些华裔文学作品引起关注。华裔女记者白晓红2008年出版的《中国私语》①，调查了中国移民在英国遭受的剥削和压迫，进入了英国最重要的政治图书奖——奥威尔奖的2009年度决选名单。旅英中国作家马建以小说《北京植物人》（*Beijing Coma*）② 进入2009年度英国《独立报》外国小说奖的6人决选名单。虽然两部作品最终都未能获奖，但能够进入重要奖项的最后名单已经很不容易。华裔美国女作家邝丽莎的小说新作《上海女郎》③ 畅销美国。小说讲述一对姐妹从上海到美国的坎坷历程。

中国经典作家仍然是西方汉学界关注的重点。美国汉学家、加州大学尔湾分校历史系教授华志坚在《时代》周刊撰文，称鲁迅为“中国的奥威尔”④。华志坚是在为企鹅经典文库的《阿Q正传及其他中国故事》⑤ 撰写的书评中说这一番话的。他认为鲁迅的作品已经深深融入了中国民族文化，是绝对不可或缺的伟大作家。企鹅出版社2005年以10万美元的高价购买了姜戎的《狼图腾》的英文版权，2008年出版了朱文的小说集《我爱美元》。华志坚认为企鹅此次出版的鲁迅小说全集是该出版社历史上最重要的经典作品之一。

2009年中国作家走出国门，积极参与国际文学交流活动。中国首次以主宾国身份参展第61届法兰克福国际书展。此次书展出席的嘉宾中，除了刚刚获得诺贝尔奖的赫尔塔·米勒，还有德国的君特·格拉斯、加拿大的玛格丽特·阿特伍德、意大利的马格里斯等诸多重量级作家。中国也派出了包括余华、苏童、毕飞宇、莫言等50余位精英作家的豪华阵容。西方作家在书展上纷纷携新作以赚取影响，例如玛格丽特·阿特伍德推出小说《洪疫之年》，赫尔塔·米勒带来了新作《呼吸钟摆》。相比之下，中国并没有重量级作家推出新作。而且中国的展出似乎更加突出电影、美术、木板水印等内容，略有主题偏移之嫌。但不管怎样，参加书展增进了交流与合作。

2009年9月中国作家代表团由作协主席铁凝带队，赴美国旧金山参加

---

① Hsiao-Hung Pai. Chinese whispers: the true story behind Britain's hidden army of labour. London: Penguin, 2008.

② Ma Jian. Beijing coma. New York: Picador, 2009.

③ Lisa See. Shanghai girls. New York: Random House, 2009.

④ Jeffrey Wasserstrom. China's Orwell. Time. 2009-12-7.

⑤ Lu Xun. The real story of Ah-Q and other tales of China: the complete fiction of Lu Xun. Trans. Julia Lovell. New York: Penguin Press, 2009.

“第一届中美文学论坛”，双方从“全球化与文学”、“民族文学、政治与世界”、“翻译、文化交流与国际社会”、“阅读、写作与公众领域”四个方面展开对话。中国作家莫言2009年3月在美国俄克拉荷马大学接受了该校美中关系研究所设立的首届华语文学奖。中国女作家残雪2009年赴美访问，为其3月上市的小说《五香街》① 英译本促销，在纽约和耶鲁大学朗诵了作品，并与耶鲁著名文学教授哈罗德·布鲁姆座谈。

很多世界著名作家走进了中国。首先，中国设立的两个国际文学奖项的获奖作家分别来华领奖。大江健三郎获得人民文学出版社与中国外国文学学会主办的“21世纪年度最佳外国小说·2008微山湖奖”，他2009年1月赴北京领奖，并举行签售活动。他称从12岁起就开始阅读鲁迅，并深受影响。1960年的中国之行促成了他的巨大转折。获2009年度该奖的是德国作家马丁·瓦尔泽（Martin Walser）的《恋爱中的男人》(*Ein liebender Mann*，2008)② 和巴西作家奥古斯托·库里（Augusto Cury）的《卖梦人》（*O Vendedor De Sonhos*，2008)③。瓦尔泽于2009年12月专程赴京领奖，并发表题为“文学传递的信息”的演讲。青海湖国际诗歌节组委会主办了首届“金藏羚羊国际诗歌奖”，该桂冠被阿根廷诗人胡安·赫尔曼（Juan Gelman）摘得。授奖辞中说：半个多世纪以来，胡安·赫尔曼先生一直坚守对诗歌的承诺与对社会的承诺，一方面坚持诗歌的写作与创新，另一方面维护社会正义、反对军事独裁。赫尔曼于2009年8月来华领奖，并发表了演讲。美国印第安女作家红衫德尔菲娜（Delphine Red Shirt）2009年在北京签售《蚁山之珠》（*Bead on an Anthill*：*A Lakota Childhood*），该书由人民文学出版社出版。阿拉伯世界的大诗人阿多尼斯（Adonis）访华，3月15日在北京外国语大学朗诵了诗歌。阿多尼斯原名阿里·艾哈迈德·萨义德·阿斯巴尔（Ali Ahmad Said Asbar），已出版20余部诗集，他将现代主义的形式与阿拉伯传统的苏菲神秘主义结合，使诗歌创作呈现出全新面貌。

（二）文学市场的挑战

受金融危机的冲击，文学书市继续不景气态势。2009年对日本出版业来说，又是非常艰难的一年，创下20年来的销售最低纪录。虽然村上春树的长篇新作《1Q84》售出224万册，而且日本出版业拼命增加新书品种，比2008

---

① Can Xue. Five spice street. Trans. Karen Gernant and Chen Zeping. New Haven & London: Yale University Press, 2009.

② Martin Walser. Ein liebender mann. Hambur: Rowohlt Verlag, 2008.

③ Augusto Cury. O Vendedor De Sonhos, São Paulo: Editora Academia de Inteligência, 2008.

年增加了整整一倍，但还是不能改变日本图书市场惨淡经营的事实。日本杂志业同样举步维艰，2009 年杂志发行量大幅下滑，有 170 多家杂志停刊。2009 年，金融危机使得很多欧美大学出版社出现财政危机，濒临倒闭。英国剑桥出版社也宣布裁员 160 人，而跨国出版业巨头哈泼柯林斯关闭了两家子公司。英国的“理查德和朱迪书友会”与美国“欧普拉书友会”一样，在文学市场具有点石成金的影响力，一部作品一旦获其推介，定会立即畅销。但 2009 年因转型失败，“理查德和朱迪书友会”被迫取消，使得英国出版业丧失了最大的摇钱树。

与严肃文学书市的萧条相比，流行文学在 2009 尚有不错表现。其中最大的赢家无疑是丹·布朗。他的《失落的符号》甫一出版，就成为超级畅销书，首印就达到 650 万册。他的上一部作品《达·芬奇密码》[1] 目前已在世界各地卖出了 7 000 万册。然而就是超级畅销的《失落的符号》在英美也疯狂降价促销。沃尔玛、标靶、亚马逊等零售业巨头纷纷降价，以超低价格推出图书，引发恶性竞争。

电子书已经高调出场，例如，2009 年韩国书业的电子书销售获得了 36.5% 的增长。但电子书市场似乎隐含着非常深重的市场灾难。亚马逊 Kindle 格式电子书的销量，在圣诞节当天首次超过了该公司的纸书销量。但有以色列和美国的程序员相继宣布，他们已经破解亚马逊 Kindle 电子书的数字版权保护系统（DRM），从而使得亚马逊的电子书可以在任意一台电脑上阅读。由于亚马逊的电子书有近 40 万种，几乎包括了《纽约时报》畅销书榜的所有图书，这或许意味着几乎所有的《纽约时报》畅销书可以通过互联网无限制地免费传播。同时一些免费网站的存在使得作家和出版商损失惨重。例如创办于 2007 年、总部在旧金山的网站 Scribd. com 就可以免费下载大量的畅销作品，《哈利波特》的作者 J. K. 罗琳（J. K. Rowling）联合其他作家和出版商，曾对该网站提出抗议。

为了促进销售，一些作家和出版社打起了免费电子书的主意。美国畅销书作家詹姆斯·帕特森（James Patterson）决定把自己的小说《天使实验》（*The Angel Experiment*，2005）放入亚马逊供人免费阅读，希望人们在免费阅读后，购买该系列的其他 5 部小说。兰登书屋也将一些系列作品的首部制成免费电子书推出，虽然也的确收到了一定的促销效果，但毕竟不是长久之计，仅是出版商的实验而已。

---

① Dan Brown. The Da Vinci code. New York: Doubleday, 2003.

为了分得文学图书市场一杯羹，多家出版社在2009年不约而同地推出重要作家的遗作，希望能够拯救金融危机下惨淡经营的文学书市。就美国文学来说，几部重要的文学遗作在2009年出版。约翰·厄普代克于2009年1月27日去世，其诗集《终点》①、短篇小说集《父亲的眼泪》② 和《枫树故事》③ 在其身后陆续出版。海明威《流动的盛宴》④ 出版了"复原"版，海明威的孙子肖恩·海明威（Seán Hemingway）对1964年的版本⑤进行了修改，其改动内容主要涉及海明威的第二任太太波琳（Pauline Pfeiffer），即肖恩的奶奶。已故俄裔美国作家弗拉基米尔·纳博科夫的小说《劳拉的原型》⑥ 出版，小说由纳博科夫手写于138张卡片之上，是一部未竟之作，探讨渴望重获年轻爱情的主题。虽然评论界有诸多负面评价，但可借此一窥大师的晚年心态。已故作家库尔特·冯内古特的遗作短篇小说集《看小鸟》⑦ 于2009年出版，收入冯内古特未发表过的短篇小说14篇。马克·吐温未发表过的短篇小说和格拉厄姆·格林（Graham Greene）未完成的推理小说《空椅子》（*The Empty Chair*）在英国老牌文学杂志《岸》（*Strand*）上连载。

由于金融危机的原因，日本著名无产阶级作家小林多喜二的经典小说《蟹工船》⑧ 在出版80年之后，连续两年成为炙手可热的畅销书。《资本论》在2008年热销日本，2009年日本推出《资本论》的卡通版，在日本国内热销，引起西方媒体的密切关注，而且中、韩等国也已经引进出版。此外，《共产党宣言》和其他马克思主义的作品都在日本推出了卡通版。在金融危机的冲击下，日本民众迫切想从马克思著作中寻找破解疑惑的答案和生存的启示。委内瑞拉总统乌戈·查韦斯在国内掀起声势浩大的"社会主义阅读革命"，在全国分发免费图书。由于委内瑞拉的书价非常高，由国营出版社发行免费图书，进一步加剧了外国出版商在委内瑞拉的经营困境。

（三）文学的政治因素

二战虽然已经过去了半个多世纪，但其阴影依然存在。在如何对待纳粹文

---

① John Updike. Endpoint and other poems. New York：Alfred A. Knopf，2009.

② John Updike. My father's tears and other stories. New York：Alfred A. Knopf，2009.

③ John Updike. The maples stories. New York：Everyman's Library，2009.

④ Ernest Hemingway. A moveable feast：the restored edition. Eds. Seán Hemingway and Patrick Hemingway. New York：Scribner，2009.

⑤ Ernest Hemingway. A moveable feast. New York：Scribner，1964.

⑥ Vladimir Nabokov and Dmitri Nabokov. The original of Laura. New York：Alfred A. Knopf，2009.

⑦ Kurt Vonnegut. Look at the birdie：unpublished short fiction. New York：Delacorte Press，2009.

⑧ 小林多喜二. 蟹工船·黨生活者. 新潮社出版，1929.

献方面，充满了争议。德国南部巴伐利亚州于2009年1月16日发出命令，禁止出版商重印纳粹时代报纸并公开销售，此前英商主办的周刊《见证者报》(*Zeitungszeugen*)曾完整印过希特勒当权之日的报纸，并销售一空。出版商虽称重印纳粹报纸意在让今日读者重温过去，勿忘历史。但是否应该重印纳粹文献，依然是个富有争议的问题。与此相对，德国犹太人中央理事会改变一贯立场，决定支持重印希特勒臭名昭著的《我的奋斗》。《独立报》2009年8月10日报道，该理事会秘书长斯特凡·克拉默（Stephan Kramer）公开呼吁"出版附加学术评注的《我的奋斗》"，希望通过一个加以历史批评的版本，来阻止新纳粹分子从中得益。① 二战后，德国禁止出版否认大屠杀和宣扬纳粹的著作，《我的奋斗》因此一直不获出版。学术界对此意见不一，支持者认为，再版该书可以帮助新一代德国人更好地认清纳粹本质，但反对者则认为解除对《我的奋斗》长达60年的禁令不仅无助于解释纳粹政权的本质，而且会带来诸多问题。但是否解禁，法律尚未做出回答。

一些作家因为在二战期间的亲纳粹立场，而导致对其评价的复杂化。2009年是挪威历史上最重要的作家之一、1920年诺贝尔文学奖得主克努特·汉姆生（Knut Hamsun）诞辰150周年。挪威政府本拟举行隆重纪念活动，却因为汉姆生亲纳粹的历史而不得不谨慎行事。汉姆生曾对纳粹德国大唱赞歌，并号召国人放弃抵抗。因此如何既批判他的政治观点，又纪念他的文学遗产，是摆在挪威人面前的棘手难题。这在世界文学史上并非独此一例，美国诗人庞德（Ezra Pound）和美国批评家保罗·德曼（Paul de Man）都有过亲纳粹的历史，从而在批评界引发相似的难题。

当前的国际局势，特别是巴以冲突，直接影响到一些重要的文学事件。2009年巴勒斯坦文学节于5月23—28日举行，有来自世界各地的20位作家参加。然而由于以色列的军事占领，巴勒斯坦人无法在自己的国家自由旅行，而且，虽然文学节的议题无关政治，仅仅涉及文学主题和技巧，但开幕式还是在以色列士兵的干涉下被迫终止。日本作家村上春树于2009年2月前往以色列，接受授予他的第24届耶路撒冷文学奖。此前一些支持巴勒斯坦的团体呼吁，村上春树不应该前往领奖，认为耶路撒冷奖所宣扬的"社会中的个人自由"与以色列的具体做法相互矛盾。村上春树在国内还遭到日本非政府组织的抗议。村上春树的领奖本是一件文学盛事，却因为政治力量的介入而变得复杂，

---

① Tony Paterson. German Jews want mein kampf reprinted: country divided by call to republish Hitler's Anti-Semitic autobiography. The Independent. 2009-8-10.

从而引发人们对文学与政治的思考。

言论自由从来都是文学界的话题。土耳其最高上诉法院在 2009 年推翻了该国作家奥尔罕·帕慕克（Orhan Pamuk）“侮辱土耳其国格”一案的撤案判决，这就意味着 2006 年诺贝尔文学奖得主可能再次被送上法庭。2005 年 2 月，帕慕克在接受瑞士周刊《杂志》（*Das Magazin*）的采访时说“三万库尔德人和一百万亚美尼亚人在土耳其被杀害”，从而触怒了土耳其民族主义势力，并被告上法庭，但因技术原因而被撤诉。如果帕慕克败诉，他将向原告支付赔偿。这使人想起 1989 年伊朗宗教领袖以《撒旦的诗篇》（*The Satanic Verses*，1988）渎神和背教为由，根据宗教法律判处印裔英国作家萨尔曼·拉什迪（Salman Rushdie）死刑。在死刑令发布 20 年后，伊朗于 2009 年重申死刑令的有效性，引发英国各大媒体的大讨论。《撒旦的诗篇》的日文版译者已被杀害，意大利语和挪威版的译者亦遭袭击，繁体中文版《魔鬼诗篇》的译者署名为“佚名”。这两起事件不由得让人深刻反思言论自由的限度与多元文化中宗教情感和民族情感的关系问题。

一些作家的国籍归属问题引发了争议。2009 年 5 月捷克的马萨里克大学为米兰·昆德拉举办了国际研讨会，但昆德拉本人拒绝参加。昆德拉 1929 年出生于捷克斯洛伐克的布尔诺。1975 年移居法国，1981 年加入法国国籍。他不仅背井离乡，而且放弃母语，转而以法语写作。他本人自视为法国作家，并坚持认为自己的作品应被归入法国文学的范畴。俄罗斯和乌克兰也在这一问题上争议不断。2008 年，因为年久失修，契诃夫在克里米亚半岛上的老别墅垮塌，俄乌两国便为谁来支付修房费用而争执不下。接着又为布尔加科夫（Mikhail Bulgakov）的国籍归属，发生论战。2009 年是果戈理诞辰 200 周年，乌克兰和俄罗斯围绕他的归属问题展开激烈的争夺战。果戈理以俄语创作，但出生在乌克兰，作品也多带有乌克兰背景。2009 年是肖洛姆·阿莱汉姆（Sholom Alechem）诞辰 150 周年，但他的境遇却与上述作家相反——作为一个主要用现代希伯来语和现代犹太语写作的跨国作家，因为语言的阻隔、身份归属的错综复杂，俄国文学史和美国文学史对其都不加提及。

文学有时候与政治人物直接发生关系。法国前总统瓦莱里·吉思卡尔·德斯坦创作了小说《王妃与总统》①，以第一人称讲述了一位法国总统与某位英国王妃的情感故事。英法媒体一片哗然，猜测前总统与已故戴妃是否真有过一

① Valéry Giscard d' Estaing. La princesse et le president. Paris: Editions de Fallois, 2009.

段情缘。出版于1678年，由拉法耶特夫人创作的爱情小说《克莱芙王妃》① 成了法国人民抵制萨科奇的新武器。事情源于萨科奇在谈到教育改革、国家改革时多次以这本小说为例，认为在学校教授这部小说是没有意义的，引来舆论对其文化修养的批评。萨科奇事后虽然试图补救，但因改革引发的诸多社会矛盾引起了民众不满，大家通过对这部小说的研读、改编电影等方式来表达抗议。

（四）女性文学的强势崛起

2009年是女性文学大放异彩的一年，她们囊括了全世界几个最重要的文学奖项。2009年诺贝尔文学奖由德国女作家赫尔塔·米勒凭借最新小说《呼吸钟摆》获得。《呼吸钟摆》讲述了二战时发生在苏联劳改营中的故事，反映了斯大林政权对罗马尼亚日耳曼少数民族的迫害。从个人经历来看，赫尔塔·米勒具有强烈的政治“背景”：父亲和叔叔在武装党卫队服役，母亲在苏联劳改营接受过惩戒，生活中充满诸如秘密警察监视、审查、禁书和流亡等不幸插曲。她有二十多部作品面世，早期作品主要关注罗马尼亚独裁统治下被摧残的人性，以及政治流亡者的无归属感。早期的代表作如《低地》②、《令人窒息的探戈》③、《曾几何时，狐狸就是猎人》④ 和《心兽》⑤ 等，无一不是以齐奥塞斯库铁腕统治下的罗马尼亚为背景，记录极权政府对于个人的压迫、控制和反抗者的努力和无奈。因此对于米勒获奖，众多媒体把原因归结为她作品的反极权政治主题和她本人文化流散者的身份。尽管如此，她后期代表作如《警卫拿起梳子》⑥、《住在发髻中的女人》⑦ 和《持杯子的苍白男子》⑧，更多地以游戏的方式表现了暴力、流亡、困境和思乡等主题。米勒扎实的语言功力、丰富的想象和新颖的叙事是其作品的魅力所在。尽管作品内容阴郁，但语言优美，悲凉中充满着幽默的智慧。

2009年度以布克奖命名的三个文学奖全部被女性收入囊中：英国布克奖由希拉里·曼特尔凭借历史小说《狼厅》获得，俄语布克奖被叶莲娜·奇若

① Madame de La Fayette. de La Princesse de Clèves. Paris: chez Claude Barbin, 1678.
② Herta Müller. Niederungen. Berlin: Rotbuch-Verlag, 1984.
③ Herta Müller. Drückender Tango. Bukarest: Kriterion-Verlag, 1984.
④ Herta Müller. Der Fuchs war damals shon der Jager. Reinbek bei Hamburg: Rowohlt, 1992.
⑤ Herta Müller. Herztier. Reinbek bei Hamburg: Rowohlt, 1994.
⑥ Herta Müller. Der Wächter nimmt seinen Kamm. Reinbek bei Hamburg: Rowohlt, 1993.
⑦ Herta Müller. Im Haarknoten wohnt eine Dame. Reinbek bei Hamburg: Rowohlt, 2000.
⑧ Herta Müller. Die blassen Herren mit den Mokkatassen. München: Hanser, 2005.

娃以小说《女人们的时代》获得，布克国际奖被加拿大女作家丽丝·门罗以其短篇小说创作获得。曼特尔的获奖作品《狼厅》以16世纪英王亨利八世统治下的都铎王朝为背景，讲述了首席国务大臣托马斯·克伦威尔的政治生活及其内心世界，让读者能够感同身受，体会克伦威尔在窘迫的环境中以狼的面目奋力突围，以及他在阴冷的外表下涌动的人性的力量。奇若娃的获奖小说《女人们的时代》描写战后列宁格勒的女性生活，描述苦难环境中女性的坚韧。门罗的短篇小说多从自己和他人的生活中寻找灵感，挖掘普通女性的情感遭遇，能够激起女性读者共鸣。

美国女作家伊丽莎白·斯特鲁特获得2009年美国文学大奖普利策奖小说奖。获奖作品《奥利芙·吉特里奇》2008年被《大西洋月刊》评选为年度最佳图书。小说揭露小镇生活平淡无奇的表象之下，隐藏着刻骨的痛苦与悲伤。塞内加尔裔女作家玛丽·恩迪亚耶以小说《三个女强人》获得了法国文学的最大奖项龚古尔奖，成为十多年来获得龚古尔文学奖的唯一女作家，更是龚古尔奖历史上第一位黑人女性得主。获奖小说《三个女强人》由三个相对独立的部分组成，讲述了三名黑人女性在家庭、爱情和移民方面的不幸遭遇。小说一经出版便受到法国主流媒体一致好评，在2009年龚古尔文学奖评选首轮中即胜出。卡特琳·施密特凭长篇小说《你不会死》，一举击败诺贝尔奖新得主赫尔塔·米勒，获得德国图书奖。获奖小说《你不会死》讲述女主人公在大病之后，如何重获部分丧失的语言能力和记忆，将集体的历史记忆和个人的创伤记忆主题结合在了一起。在日本文坛，女作家村山由佳凭借小说《双重幻想》获得2009年度的中央公论文艺奖、岛清恋爱文学奖和柴田炼三郎奖，小说描写了当红女作家移情别恋，体验“性爱极限”并付出自由代价的人生经历，凸显出人性的多元色彩。青山七惠以短篇小说《碎片》获得了第35届川端康成文学奖最年少奖项，作品描写了父女二人在采摘樱桃之旅中由生疏转为渴望交流的内心变化，具有一种“静静的爆发力”。

在诗歌领域，女性也有不俗的表现。苏格兰女诗人卡洛尔·安·达菲接替退休的安德鲁·莫申，成为英国桂冠诗人，任期10年。她是历史上首位女性、首位来自苏格兰人、首位双性恋的英国桂冠诗人。达菲的诗歌关注压迫、性别和暴力等主题，其相对直白的语言使她很受学生群体的喜欢。美国女诗人和小说家芳妮·豪获露丝·里利（Ruth Lilly）诗歌奖。美国女诗人琼·瓦伦丁（Jean Valentine）获美国诗歌学院颁发的2009年度华莱士·史蒂文斯奖。两项专为女性作家设立的文学奖的获奖作品也引起人们的关注。格温内勒·奥布里（Gwenaelle Aubry）以小说《无人》赢得法国头号女性文学奖费米娜奖。小说来自奥布里的个人经历，再现了她父亲终生承受的躁狂性精神疾病之痛苦。书中没有泪水涟涟和撕心裂肺情感奔泻，写作过程于作者是心灵的释放，她从父亲的经历中找到生活的动力。美国女作家玛丽莲·罗宾逊（Marilynne Robinson）以长篇小说《家》获得2009年奥兰治小说奖，《家》是其2005年普利策小说奖获奖作品《基列家书》的姊妹篇，故事仍然发生在基列镇，讲述家人之间的平凡事，笔法细腻。

从2009年的杰出成就来看，女性文学不再是女权主义批评家伊莱恩·肖瓦尔特（Elaine Showalter）所谓的"亚文化"，而成了世界文学的中坚力量，无论是其成就本身，还是其社会接受程度，与男性文学比毫不逊色。女性文学的题材、主题、语言、风格的独特性虽然需要继续研究，对女性形象在文学表达中的歪曲和歧视虽然需要继续关注，但女性文学本身的地位，似乎已经成为一个毋需辩驳的事实。

推荐参考文献

1. Armstrong, Philip. What Animals Mean in the Fiction of Modernity. London: Routledge, 2008.

2. Boyd, Brian. On the Origin of Stories: Evolution, Cognition and Fiction. Massachusetts: Harvard University Press, 2009.

3. Bracken, Patrick. Trauma: Culture, Meaning, and Philosophy. London; Philadelphia: Whurr, 2002.

4. Buell, Lawrence. The Future of Environmental Criticism: Environmental Crisis and Literary Imagination. Oxford: Blackwell, 2005.

5. Craps, Stef. Trauma and Ethics in the Novels of Graham Swift: No Short-Cuts to Salvation. Brighton & Portland: Sussex Academic Press, 2005.

6. Davoine, Françoise, and Jean-Max Gaudillière. History Beyond Trauma: Whereof One Cannot Speak, Thereof One Cannot Stay Silent. New York: Other Press, 2004.

7. Di Prete, Laura. "Foreign Bodies": Trauma, Corporeality, and Textuality in Contemporary American Culture. London and New York: Routledge, 2006.

8. Dutton, Denis. The Art Instinct: Beauty, Pleasure, and Human Evolution. Oxford: Oxford University Press, 2009.

9. Edkins, Jenny. Trauma and the Memory of Politics. Cambridge, UK; New York: Cambridge University Press, 2003.

10. Fromm, Harold. The Nature of Being Human: From Environmentalism to Conscious-

ness. Baltimore: Johns Hopkins University Press, 2009.

11. Gersdorf, Catrin and Sylvia Mayer. Nature in Literary and Cultural Studies: Transatlantic Conversations on Ecocriticiam. Vol. 3 Eds. Catrin Gersdorf and Sylvia Mayer. Amsterdam: Rodopi, 2006.

12. Gottschall, Jonathan. Literature, Science, and a New Humanities. New York: Palgrave Macmillan, 2008.

13. Greenberg, Judith. Trauma at Home: After 9/11. Lincoln: U of Nebraska Press, 2003.

14. Keniston, Ann. Literature After 9/11. London: Taylor & Francis, 2007.

15. Machann, Clinton. Masculinity in Four Victorian Epics: A Darwinist Reading. Surrey: Ashgate, 2009.

16. Martindale, Colin, and Paul Locher, and Vladimir M. Petrov, eds. Evolutionary and Neurocognitive Approaches to Aesthetics, Creativity, and the Arts. New York: Baywood, 2007.

17. Nixon, Rob. Environmentalism and Postcolonialism. Postcolonial Studies and Beyond. Ed. A. Loomba, S. Kaur, M. Bunzl, A. Burton, and J. Esty. Durham, NC: Duke UP, 2005: 233-51.

18. O'Brien, Susie. "Back to the World": Reading Ecocriticism in a Postcolonial Context. Five Emus to the King of Siam: Environment and Empire. Ed. Helen Tiffin. Amsterdam: Rodopi, 2007: 177-200.

19. Robins, Charles Edwards. New York Voices: The Trauma 9/11. Madison: Psychosocial Press, 2003.

20. Saunders, Judith. Reading Edith Wharton through A Darwinian Lens: Evolutionary Biological Issues In Her Fiction. Jefferson, North Carolina: McFarland, 2009.

21. Sontag, Susan. Regarding the Pain of Others. 1st ed. New York: Farrar Straus and Giroux, 2003.

22. Swirski, Peter. Literature, Analytically Speaking: Explorations in the Theory of Interpretation, Analytic Aesthetics, and Evolution. Austin: University of Texas Press, 2010.

23. Vermeule, Blakey. Why Do We Care about Literary Characters? Baltimore: Johns Hopkins University Press, 2010.

推荐网址

1. http://www.complete-review.com/authors/mullerh.htm
2. http://nobelprize.org/nobel_prizes/literature/laureates/2009/

3. http://www.danbrown.com/
4. http://www.thelostsymbol.com/
5. http://www.freemasonlostsymbol.com/
6. http://washington.org/visiting/experience-dc/the-lost-symbol
7. http://www.regent.edu/acad/schcou/trauma/index.htm
8. http://cne.literatureresearch.net/

主持专家：戴炜栋
执笔人：虞建华　陈广兴　王弋璇　刘启君

第十一章

艺　术　学

摘要

本章综合介绍了国外学者2009—2010年度在艺术史、音乐学、电影研究、戏剧和舞蹈研究方面取得的重要研究成果，在对之进行尽可能全面的梳理过程中，指出了国外学者本年度研究所关注的核心问题与研究方法，以显示其学术创新点和发展趋势。

世界范围内的艺术文化研究，突破了原来以西方为中心的模式，将视野扩展到了整个世界，对一些经常被忽视的艺术现象予以应有的关注，力图完整地呈现世界艺术的整体版图。美术领域的视觉文化研究依然是学科发展的新动力，而传统的目录编撰、文艺复兴研究，在本年度也取得了重要成就；跨学科趋向尤为凸显，音乐学科除了保持对古典音乐作品分析的优势外，很大一部分新的学术成果得益于跨学科研究方法的有效使用；而电影、戏剧和舞蹈的研究也是如此。科学与人文学科的结合一直是艺术研究者所追求的目标，他们在研究中运用日新月异的科学技术以及脑神经理论、认知理论等，在各方面都有新的学术突破；新媒体促使人们对表演媒介与形式及其传播方式进行反思，同时对当今形势下，尤其是互联网时代的艺术欣赏与传播进行了严肃的考察。由于“世界艺术研究”（World Art Studies）的兴盛，亚洲和中国艺术日益成为关注的焦点，而从东西交流的角度进行探究是其具有共性的方法。

Abstract

This chapter is a summary of the major results of the scholarly researches achieved from 2009 to 2010 in the field of the arts, which is generally called "Artology" in this country. As a field as such, it covers art history, musicology, drama and choreography studies. This report intends to bring attention to the main issues debated in the intellectual world of the academic year, in order to point to the theoretical orientations, trends and chief innovations in the development of art studies.

During the course of this academic period, it is emphasized that the related trends of World Art Studies and Visual Culture continue to play the penetrating role in the direction of the field developments. By breaking the barrier of Eurocentered tradition its scope of research has been enlarged to the former ignored and marginalized culture and sub-culture outside the Euro-American world, such as Africa, Far East, and Latin America, etc. With the shifting of attention, the traditional methodologies have been challenged, and the interdisciplinarity becomes to play an ever-more important role in art studies. For instance, cognitive neuroscience is applied to analyze dance action and visual arts. Different modes of research from different disciplines have been borrowed by scholars in this field to make new contributions to their studies. These disciplines include the traditional ones, such as sociology, anthropology, history, literary theory and philosophy, as well as such newly emerged fields as culture studies, media and communication studies, both of which have helped change the direction of the development of art studies, from which have derived some important achievements.

一、发展概况

2009—2010 年度国外艺术学研究的成果可以从两个方面加以归纳。一是传统研究方法和内容日益精进，二是在新开辟的一些研究路径、研究领域中，学者们不断取得令人刮目相看的研究成果。当然，这两者之间并非截然分开：传统路径上的研究者不可能不受到新思潮的影响，而且他们的许多成果正在这些新思路的启发下产生；同时，那些流行思潮的拥护者也不能不依靠原有研究传统所奠定的深厚基础。可以说，艺术研究领域中的许多成果就是在这种新旧思路的紧张关系中获得。

在 2009 年度的发展报告中，我们指出了“世界艺术史”观念对艺术史、音乐、电影、戏剧和舞蹈研究都产生了重要影响，启发了这些领域的研究者将目光放到欧洲以外其他地区的文化中，研究异域文化中的各种艺术形式。此外，就如何研究非西方的艺术形式进行了多方面的讨论，尤其对西方的研究方法是否在对象变化了的情况下依然有效这一问题进行了深刻反思。在对本年度研究成果的考察中不难发现，几乎所有学科都有对非西方艺术的研究文章或专著。其中主要是对非洲艺术、拉丁美洲艺术和亚洲的艺术，如尼日利亚和阿根廷电影、拉丁美洲的音乐等，甚至是一些极其边缘的艺术形式，如对菲律宾同性恋迪吧中的男性舞蹈演员等非西方的艺术形式进行研究。虽然他们在研究方法上多采用了西方的理论，但这种成熟的西方研究方式、研究理论的确也能引出一些值得深思的问题，同时也在不断检验和修正着这些理论。

无论是对传统领域的研究，还是新内容的考察，跨学科的研究方法是本年度艺术学研究中的突出现象。虽然从历史角度而言，跨学科的研究早已有之，但随着各种学科本身的发展，跨学科研究的成果不断推陈出新。在对美术、音乐、舞蹈的研究中，人文与科学技术的结合成为当前研究者思考的重要内容，而本年度就有诸多探讨此方面的研究论文、研究成果。例如，认知和神经科学在艺术研究中的应用日渐增多，本年度就有研究电影与认知科学关系的著作，而《戏剧评论》在 2009 年第 2 期就专门汇集了一些论文，探讨认知与舞蹈的关系问题。另外，在美术研究中，尤其是对美术技法和作品年代的鉴定方面，科学技术的发展成为推进研究的重要因素。除了科学与人文学科的结合外，人文学科内部的相互影响更是不断推进。社会学、人类学、文学等传统学科与艺术研究之间的密切关系自不待言。同时，一些新的理论，如视觉文化研究、女性主义、后殖民主义都成为艺术研究的重要方法和思考维度，甚至美术、电影、音乐、舞蹈、戏剧各自原有的理论和方法之间也在相互借鉴并发生影响。其结果是，借助其他学科的方法和新的理论，传统研究领域中许多已经达成共识的东西受到了挑战，而原来无法解释的问题，新的研究方法却能另辟蹊径，给出令人满意的答案。

我们在承认新方法和新理论，以及其他学科对艺术研究的价值的同时，也发现有些新方法是在出现新的研究对象和艺术形式之后而产生，对此前艺术的研究未必适用。许多历史悠久、研究传统深厚的学科，如音乐学和艺术史，原有的研究方式依然是本领域发展的基石，它们的成果更值得尊敬，也更有价值。本年度在美术研究领域编辑出版的大量作品目录就是最明显的例子，还有对一些古代作品的详细考察研究，都是一些扎实而基础的研究工程。另外，在对古典音乐的考察中，音乐史研究和作品分析一直是构成学术成果的主要内容。

当然，随着新媒体和互联网的发展，音乐、舞蹈、电影的创作、传播欣赏形式都在发生变化，学术研究也应对此作出积极回应，思考新环境下艺术生存的状况，开辟诸多新的研究主题，如本年度对冷战时期音乐的探讨等。在本年度国外学术成果的研究中，哲学与艺术的关系一直是艺术学的重要研究课题。西方新马克思主义的一批人物，如阿多诺、本杰明、卢卡奇等人的思想都成为阐释艺术的重要理论资源，更不用说德勒兹、巴迪欧等人对电影研究的价值。这让我们放眼观看国外本年度纷繁复杂的学术成果的同时，最后回归到那些伟大的思想家身上，发现他们对艺术学研究的推动和贡献，以及他们在思想史、艺术史上的无限价值与无穷魅力。

二、主要学术成果和理论创新

（一）美术研究

2009年，艺术史家协会将本年度最佳艺术图书奖颁给了克里斯·斯普林（Chris Spring）所写的《当代非洲艺术》（*Angaza Afrika: African Art Now*）。克里斯现任不列颠博物馆非洲馆藏部主任，主要负责收藏当代非洲艺术。从这本获奖的图书中能依稀看出当今美术研究的思想倾向，即对非西方艺术研究的重视，这一点在以前的报告中不止一次提到。同时，在以前的报告中还指出了视觉文化研究在当代美术研究中的显学地位。2010年5月27—29日在伦敦威斯敏斯特大学召开了 2010 年度视觉文化研究大会，会议邀请来自世界各地的学者就视觉文化研究与其他学科之间的互惠关系进行了研讨。主要考察了视觉文化研究与艺术史、设计研究、传媒等学科的关系，视觉文化研究对艺术和人文学科中跨文化研究的影响，以及视觉文化研究给大学、艺术院校、博物馆教育方面带来的益处等。总之，通过与相关学科的关系比较，突出视觉文化研究在当代的意义。而本年度出版的《视觉文化史：从 18 世纪到 21 世纪的西方文明》（*A History of Visual Culture*：*Western Civilization from the 18th to the 21st Century*）则将视觉文化现象追溯了启蒙时代，更重要的是，作者认为视觉文化史就是观念史，不但在时间上指明了视觉文化的悠久历史，而且从思想上指出了视觉文化的重要性。作者指出，最近兴起对视觉文化的追捧虽是新的潮流，但视觉文化本身是有历史的。从启蒙运动起直到工业时代、殖民时代、今天的全球化时代，视觉文化一直左右着人们的思考和解释世界的方式。虽然如此，具有深厚传统的美术史学科依旧在传统的研究领域中不断深入探索。现将本年度国外美术研究的主要成果详述如下。

在西方美术史界，无论是大学艺术史教授还是美术博物馆界学者，都非常看重艺术品目录（catalogue）的编撰。从 20 世纪后半叶到今天，如果列数西方美术史界的重要学术成果，必然包括那些大部头的艺术品目录。这些目录主要包括公共和私人博物馆的艺术品收藏目录（collection catalogue）、各种类型的展览目录（exhibition catalogue）和艺术家个人作品目录（即所谓的作品集或全集等）（catalogue of raisonnés）。收藏目录是对私人或公共博物馆内的艺术藏品进行系统的编目记录，在西方的历史中，早期的收藏目录都成为重要的历史资料。其实，在我国也有为藏品编目的悠久传统，并且这些目录都成为后世研究美术史的重要资源。20 世纪后半叶随着博物馆展览文化的蓬勃发展，编撰展览目录成为每次展览前必须的工作，这既出于学术目的，更是为了方便参观者进一步了解展品。每次特展都会邀请知名专家共同编撰目录，因为其信息全面、内容权威，而且反映着最新的学术成果，所以也成为重要的研究参考资料。除了收藏和展览目录之外，有些艺术史家甚至不惜花费大量精力和时间，对某个艺术家的作品进行详细编目，这既是其重要的学术成果，也是其学术研究的基础工作，同时为学界研究这位艺术家提供了最主要的参考材料，也反映了一个时期艺术史界研究的成果。

一般来说，现代学者编撰的艺术品目录应涵盖最新的所有关于某件艺术品的文献资料，如果是个人艺术家作品集，还应包括艺术家生平，如果是博物馆收藏目录，那么就应该有关于博物馆和收藏的简史。对具体作品，一般由两部分组成，即印刷精美的图片，简短而不失学术水准的文字说明。这些文字一般包括作品名、创作年代、作品尺寸、收藏地、收藏流传经过、绘画技法、画面内容介绍、风格分析、图像志研究、作品保存状况、展览情况，以及学术界争论的问题，如归属、复制品、伪作、解释等，最后还要列出所有重要的参考文献。可以说，一部作品目录就是一部严肃的艺术史，它包含了“鉴定”这一重要的要素，以及相关的历史文化内容，借鉴了所有本领域内最全面和权威的研究成果，才构成一本综合的参考典籍，这也是博物馆和大学艺术史家集体智慧的体现。

世界上许多博物馆很早就有编写收藏和展览目的传统，但由于编写者水平、资金、时间所限，质量良莠不齐。在法国，一流的艺术史家都潜心于展览目录的编撰，其成果也最有分量和权威性。美国对此虽然起步较晚，不过近些年有后来居上的态势。对艺术品目录如此详细的说明并非空穴来风，而是有实际材料为依据，本年度国外美术史研究中一个很重要的成就是作品目录的编撰。艺术史家蒂莫西·施罗德（Timothy Schroder）为牛津阿什莫尔博物馆收藏的金银器所编写的目录《阿什莫尔博物馆藏不列颠和欧洲大陆的金银器》（*British and Continental Gold and Silver in the Ashmolean Museum*），可谓付出了艰辛劳动。此书编辑了将近 20 年，许多学者专家都参与了这项浩大的工程。除了编者本人外，几任博物馆馆长也投入了大量工作，还有博物馆工作人员、志愿者，他们花了大量精力和时间，完成了校对、登记编号、核实等各项繁琐的工作，以及影像处理，如修复、清洗、拍照等。

本年度另一部耗时长久的作品目录是《詹姆斯·恩索尔作品集》（*James Ensor, The Complete Paintings*）。詹姆斯·恩索尔在世的时候，人们就开始编辑他的作品，直到 60 年后的今天仍在继续。詹姆斯的作品很多，包括绘画、蚀刻画、石版画、素描等，其造型艺术集就已经出版了 5 册。从 1963 年奥斯陆建立蒙克博物馆以来，编辑一部蒙克作品全集就一直是这家博物馆几代馆长们的目标。他们不断收集其他私人和公共收藏的蒙克作品的影像资料，但由于缺乏资金，出版作品集的事情一再搁浅。直到最近，在两位画商（Kaara Berntsen 和 Jens Faurschou）的赞助下才得以实现。经过艰辛的努力，终于在本年度诞生了世界上首部《爱德华·蒙克作品全集》（*Edward Munch: Complete Paintings*）。此外，本年度的个人艺术家作品集还有如大都会博物馆欧洲绘画部主管沃尔特·利特克（Walter Liedtke）编辑的《维米尔作品集》（*Vermeer: The Complete Paintings*）。《居斯塔夫·莫罗作品集》（*Gustave Moreau: Catalogue sommaire des dessins du musée Gustave Moreau*）是由巴黎居斯塔夫·莫罗博物馆编辑完成，此书的出版取代了 1983 年出版的同类目录。新版本不但在装帧设计上更加美观，而且采用半页大图取代了原来邮票大小的黑白图片，同时根据最新研究成果，修正了每幅作品的文字描述，提供了最近的参考文献。

不列颠博物馆作为世界上最大的综合性博物馆之一，在收藏目录的编撰方面也有重要贡献。2009 年出版了由学者多拉·桑顿（Dora Thornton）和提摩西·威尔逊（Timothy Wilson）编撰的《不列颠博物馆收藏意大利文艺复兴时期的陶瓷目录》（*Italian Renaissance Ceramics, a Catalogue of the British Museum Collection*）。这本收藏目录本来计划在 1987 年不列颠博物馆意大利陶瓷展览时出版，但由于种种原因，这一计划并没完成。当时还在不列颠博物馆工作的提摩西·威尔逊（Timothy Wilson）写了另外一本薄的《意大利文艺复兴时期的陶瓷艺术》一书予以替代。这本小书从此以后成为这一领域内最具权威性的导读性作品。之后，提摩西·威尔逊到牛津阿什莫尔博物馆工作，期间也为博物馆收藏编辑了藏品目录。后来不列颠博物馆文艺复兴馆藏部主管多拉·桑顿（Dora Thornton）继续了此项工作。不列颠博物馆所收藏的意大利陶瓷数目可观，内容丰富，在世界上首屈一指。《不列颠博物馆收藏意大利文艺复兴时期的陶瓷目录》中收录 496 件藏品，并配有精美图片。此目录综合借鉴了近些年科学实验和分析研究的最新成果，以及二战后随着档案文献的不断发现，考古发掘和科学研究手段的进步而获得的很多新发现和鉴定结果；同时，还详细考察了每件藏品的收藏流传的过程和收藏家等，并附有这一领域重要的研究著作的目录。可以说，多拉·桑顿所编写的此本目录是当前这一领域内的权威著作。

另外，本年度还有一些展览目录出版，此处不再一一罗列。① 总之，从上文的分析中不难发现，编撰一部艺术品的目录难度较大，既要做大量繁琐的工作，也需要有极高的专业水准。一部优秀的目录代表了当前此领域内最杰出的研究成果，同时将在很长一段时间内都是这方面的权威参考资料。任何学者研究与此相关的艺术品、艺术家，都将以此为研究的基点。

除了在目录编撰方面的重要成就外，本年度在北方文艺复兴时期艺术的研究方面也成绩斐然。由艺术史家凯瑞尔·斯通（Cyriel Stroo）主编出版的《低地国家艾克兄弟之前的绘画》（*Pre-Eyckian Paintings in the Low Countries*）试图对北方凡·艾克之前的画家进行综合研究。此书是荷兰 15 世纪研究中心、

---

① Phillip van den Bossche. In & out of amsterdam: travels in conceptual art, 1960—1976. Museum of Modern Art, 2009.

比利时列日公国和皇家文化遗产研究院合作研究的首部成果。其中研究了比利时公共博物馆收藏的10幅绘画作品，第一册是作品图集和相关文字信息，第二册是研究论文，讨论了一些相关的重要问题，如金色在这些作品创作中的重要意义，装饰浮雕的技法研究，锦缎和镶嵌物的使用情况等。研究论文中大都集中在对技法、材料的考察上，通过先进的仪器，研究者获得了一些新发现。在对这些作品的研究中，油画何时出现是一个相当重要的问题。研究者在此书中认为，虽然油彩颜料在当时已经出现并使用，但使用方式仍然是古式的，所以，油画的出现和使用一直要到凡·艾克及同时代的人发现油彩特性，才用它来制造一种幻觉效果。不过关于这一点，本书的观点有些陈旧。因为最近许多学者都认为，黏合材料，包括油彩、蛋白质、蛋胶等在凡·艾克之前的一代艺术家中就开始使用了，而在20世纪80年代对迈尔奇瓦·布罗耶德拉姆（Melchior Broederlam）在第戎的镶板画的研究中发现，蛋白质黏合颜料用在底层，而油彩已开始作罩色使用。① 在对最早油画材质使用情况的研究中，很多学者发现，在凡·艾克之前已经在使用油彩作画，这方面近些年最重要的研究成果是2003年出版《早期尼德兰绘画中技法研究的最新成果》，有学者在对四联作品的研究证明，在凡·艾克之前已经出现使用以松子油为主要原料的油彩画。② 综合这些研究成果来看，原来认为凡·艾克发明了油彩作画方式是值得怀疑的。

汉斯·梅姆林（Hans Memling，1435—1494）是15世纪弗兰德斯的画家。自从1994年在比利时布鲁日的格罗南热博物馆举办梅姆林逝世500周年纪念展后，梅姆林就成为了很多艺术史家研究的课题。巴巴拉·G. 莱恩（Barbara G. Lane）是研究梅姆林的专家，此前曾写过许多文章讨论梅姆林，2009年出版的《汉斯·梅姆林：15世纪布鲁日的大师绘画》（*Hans Memling: Master Painter in Fifteenth-Century Bruges*）是其研究的集大成之作。此书分为四部分，第一部分讨论梅姆林艺术的源起和所受的艺术训练。作者详细考察了梅姆林与魏登之间可能存在的关系。瓦萨里和奎齐亚迪尼都认为他曾受训于布鲁塞尔大师，但作者对这些材料都进行了谨慎的考察而并没有对他们的关系给出定论。第二部分讨论的梅姆林在布鲁塞尔的工作室及其接受赞助的情况。接着对梅姆林受赞助创作早期荷兰画的具体情况以及三次重要的委托绘画工程进行了考

---

① Till-Holger Borchert. Book review. in Burlington Magazine, 2010 (2), pp. 101-102.

② 参见 Melanie Gifford. Interpreting analyses of the painting medium: a case study of a Pre-Eyckian alterpiece. in M. Faries and R. Spronk (eds.): Recent Development in the Technical Examination of Early Netherlandish Painting. Methodology, Limitation and Perspectives, Turnhout, 2003: 107-166.

察。最后分析了梅姆林受邀为意大利赞助人作画，以及他的作品在意大利引起的巨大反响。作者在此深入讨论了意大利艺术家对北欧绘画的态度和争论细节。在结论中，作者对梅姆林的作品和创作时间进行重新鉴定与研究，修正了15 年前编撰一部作品目录。

萨塞塔（Sassetta，约 1392—1450）是 15 世纪最杰出的锡耶纳画家。波格圣塞波尔克罗祭坛画是萨塞塔于 1437 年到 1444 年为波格圣塞波尔克罗的圣弗朗西斯科教堂所画的四联祭坛画。2007 年秋天，由八国专家组成的专家小组在意大利的小城波格圣塞波尔克罗举行了为期两周的研讨会，主题就是探讨这幅四联祭坛画。本年度出版的《萨塞塔》集合了这些学者的研究成果，撰稿人是当时的专家小组成员，他们都是艺术史、绘画技法和保存修复等方面的专家。其中，第一册讨论了萨塞塔的命运，接受创作这幅祭坛画的使命，祭坛画当时在教堂的具体空间位置，复原祭坛画，画面含义和技法等。第二册主要进行绘画技法的考察，根据不同祭坛画的不同部分进行深入而细致的讨论。

浪漫主义者认为，伦勃朗直接将自己对《圣经》的深刻理解转移到画布上，同时对犹太人给予极大同情。很多艺术史家研究了伦勃朗艺术与《圣经》插图画、宗教图像印刷品之间的关系，以及伦勃朗笔下的宗教形象，包括绘画、素描、蚀刻中的宗教形象等。由密西根大学艺术史教授谢利·帕洛夫（Shelley Perlove）和宾夕法尼亚大学艺术史教授拉里·希尔弗（Larry Silver）合著的《伦勃朗的信仰：荷兰黄金时代的教堂、寺庙》一书研究了伦勃朗笔下的全部宗教形象，并探讨了伦勃朗的艺术与宗教以及当时神学家间的争论等复杂问题。1637 年，荷兰钦定《圣经》的翻译出版达到了高潮。伦勃朗的作品体现了当时一些重要的宗教问题，以及其不断深入研究《圣经》，还依照传统的圣保罗思想对新旧约进行分类。同时他和当时的荷兰人一样喜欢对《圣经》中的“上帝的选民”故事和荷兰的社会之间进行比较，包括对上帝的契约规定的领导的合法性进行评论。伦勃朗详细阅读《圣经》、加尔文的评论，以及其他神学理论家的著作。除了基督教外，伦勃朗同时还受到当时犹太教的影响；这些问题都时常出现在他读《圣经》的笔记中，以及绘画作品中。他通过画笔下的人物，以及他的心灵、记忆和想象创作出生动的教堂和基督教形象。

世界重要的艺术史学术期刊《艺术史》杂志 2010 年第一期以专辑的形式讨论了西方美术与舞台戏剧之间的关系。早期的戏剧从建筑、绘画和其他视觉艺术中吸取了众多元素用以丰富舞台表演，如公元前 5 世纪雅典戏剧舞台上的木质脚手架来自建筑领域，18 世纪为表现无限深远空间而采用的背景幕布等。

同时绘画艺术也表现舞台场景，如绘画中描绘升起的舞台幕布，从舞台演员处吸收到作品中的动作、服饰等，或是直接描绘出整个舞台场面。威尼斯绘画在这方面表现得尤为突出，如委罗内塞在《利维的家宴》中描绘《圣经》故事场景就使用了舞台背景，还有学者认为，提香的《光荣的受苦》（*Crowning with Thorns*）场景也曾发生在舞台上，16 世纪佛兰德斯的绘画中也有很多相类似的现象存在。这种相互借鉴和利用的现象在艺术史上非常多，这就不得不让人们思考两者间如何相互影响，以及如何转化吸收，因为这其中不仅仅是两种媒介和表现内容的简单链接。

过去对舞台戏剧与视觉艺术之间关系的研究主要有两种方法：一是两种艺术之间的实际关系，二是在表现戏剧性（theatricality）方面两者之间的差异。第一种方法主要从历史角度考察某种具体的艺术品如何使用舞台要素，这在建筑史的研究中比较多见，如通过绘画来考证建筑形式，当然作为前提的假设是绘画中所描绘的建筑与实际建筑一致。戏剧性的概念比较复杂，一种是指技术上的东西，所有构成舞台的要素；第二种方法是指一种社会和道德现象，即在观众面前表演，包含了非自然、游戏、缺乏自发性、艺术表现等内涵。在本专辑的开篇，有一篇文章从戏剧的情节、演员、舞台空间和观众几方面结合其他艺术（包括绘画、建筑、雕塑、园林、城市整体效果）进行考察研究。① 在研究戏剧和艺术的关系中，人们还要思考几个概念，如复制、自我参照性、自我意识，以及完整复原。本专辑共有 12 篇文章，都在讨论舞台戏剧与艺术的关系。探讨的内容也各不相同，如在《挂毯和神秘戏中的"戏剧性"及其在绘画中的延续》一文中，作者劳拉发现，神秘戏中反映耶路撒冷被毁的戏剧《主的复仇》，同样出现在挂毯上。她认为，这两种媒介的再现方式十分类似，都要吸引观者的参与，要观众注意描述事件的艺术手法，其特点与"戏剧性"有某种联系——挂毯激起人们观看神秘剧的经验，同时又提供了另一种模仿古典的模式；而绘画中的复仇主题限定在行动的瞬间，吸引观者的参与。②

艺格敷词源自西方早期的修辞学，是对事物对象的详细描述，后发展到专指对艺术品的文字描述，以语词来再现图像。它一直影响着美术史的写作形式。《艺术史》期刊 2010 年第一期上有雅斯·埃尔斯那所写的《作为艺格敷

① Caroline van Eck and Stijn Bussels. The visual arts and the theatre in early modern europe. Art History, Vol. 33, No. 2, 2010: 209-223.

② Laura Weigert. "Theatricality" in tapestries and mystery plays and its afterlife in painting. Art History, Vol. 33, No. 2, 2010: 224-235.

词的艺术史》，作者在此文中认为，对作品的描述是将实物转化为文字，以满足艺术史写作的修辞模式，同时要背离突破实物对象，成为物质之外的文字图画。作者认为，对作品进行描述往往会受到描述物体的类型、模式的影响；也会受描述者主观的左右，也就是在描述某件具体作品时会受到描述者内心思想影响产生描述上的偏见，而这可以被视为描述策略的不同以及风格的差异。所以，作者认为，艺术史的写作过程和著作一样重要，对写作过程也需要有所明示和研究。①

本年度美术研究成果中对德国艺术史及相关现象的研究值得在此详加说明。在《剑桥考古学报》上刊登了一篇研究旧石器时代德国南部手工艺的作品。作者在此论文中探讨了德国西南部后期旧石器时代文化中的可移动艺术（mobiliary art）的社会记忆功能，旧石器时代社会生活中文化记忆和交流的不同特点和功能。作者认为，雕塑是文化记忆的反映，与丰富多彩的日常生活之间有着复杂多变的关系。那些动物形象并非是集体观念的被动反映和再现，而应看做是个人生活积极的产品。作者个人对这些雕塑的含义和相关的文化记忆非常关心。他还进一步认为，这些小件雕塑是社会思想意识在个人观念和生活中的反映。这些古代雕塑与当时的思想意识形态、技术实践、物质要素紧密结合，与社会记忆之间有一种互动的复杂关系。可见，作者的观点受到当代德国学者、埃及学专家扬·阿斯曼（Jan Assmann）的影响，抛弃了将古代雕塑与人类实践经验完全分开的技术进化论、生态学的观点。②

包豪斯是根据一战期间担任德军海军军官的瓦尔特·格罗皮乌斯的构想建设而成。它作为学校是世界上独一无二的，而曾在其中任教的艺术家都非常杰出，成为现代艺术的大师，他们有建筑家、画家、手工艺大师，他们的目的都是想通过努力使工业为人类艺术服务。包豪斯的原则是要把美、简约、实用、批量生产融为一体，而这完全不同于以前设计所遵循的精细法则。虽然这所学校只从 1919 年持续到 1933 年，就被迫从魏玛国迁至德绍后至柏林，面临很多反对和困难，但它对世界艺术和手工艺产生了深远影响。学者尼古拉斯·福克斯·韦伯（Nicholas Fox Weber）的著作《包豪斯小组：六位现代主义大师》（*The Bauhaus Group*：*Six Masters of Modernism*）主要讨论了 6 位艺术家的生平，生动地呈现了包豪斯的发展历史。这 6 位艺术家分别是：建筑师瓦尔特·格罗

① Jaś Elsner. Art history as ekphrasis. Art History, Vol. 33, No. 1, 2010: 10-27.

② Martin Porr. Palaeolithic art as cultural memory: a case study of the aurignacian art of southwest Germany. Cambridge Archaeological Journal, Vol. 20, No. 1, 2010: 87-108.

皮乌斯（Walter Gropius）、密斯·凡德罗（Ludwig Mies van der Rohe）；画家保罗·克利（Paul Kless）、瓦西里·康定斯基（Wassily Kandinsky）、约瑟夫·亚伯斯（Josef Albers）；纺织设计师安妮·阿尔伯斯（Anni Albers）。正如作者所言："本书集中讨论了这一流派中的6位艺术家，他们超越了自己时代、地区，成为永远被人们传诵的天才。本书尽量将他们刻画成普通人，描绘他们如何产生并实现自己的梦想，他们的成就前无古人、后无来者。"

另一个与德国有关的主题并不那么光彩，研究的是二战时期纳粹头子赫尔曼·戈林的艺术劫掠与收藏。纳粹对艺术品的劫掠是历史上臭名昭著的盗窃活动。国家社会主义运动期间，纳粹开始大范围劫掠财产，首先从帝国内的犹太人开始，接着蔓延至整个欧洲。近些年赔偿问题吸引了很多人关注，寻找证据也成为了博物馆方面的重要事务。本年度西方出版了两部主要对二战期间劫掠文化财产活动背后的指使者赫尔曼·戈林进行研究的重要学术专著。一本是英语世界出版的《超越贪婪之梦：赫尔曼·戈林的收藏》（*Beyond the Dreams of Avarice：The Hermann Goering Collectio*）。另一本是在德国柏林出版的《赫尔曼·戈林的收藏："第三帝国"时期的收藏家、艺术和贪欲》（*Die Kollektion Hermann Goring：Der Eiserne Sammler，Kunst und Korruption im 'Dritten Reich'*）。纳粹德国空军元帅（后晋升为纳粹德国帝国元帅）赫尔曼·戈林（Hermann Göring，1893—1946）是德国纳粹党的二号人物，希特勒指定的接班人，同时也是一位疯狂的艺术收藏家。第三帝国期间，他建立了惊人的个人艺术品收藏，陈列在风格豪华的私宅卡琳宫（Carinhall）内，战后这些藏品收归国有。此人收藏范围非常广泛，包括稀有动物、宝石、书籍、家具、挂毯、工艺品、雕塑、绘画等。这些藏品价值连城，戈林为了得到这些艺术品不惜手段和金钱。从其收藏中，还可以直接看出他的艺术趣味——非常痴迷早期荷兰、弗兰斯绘画，以及德国绘画和法国洛可可雕塑、绘画等。《赫尔曼·戈林的收藏："第三帝国"时期的收藏家、艺术和贪欲》的作者汉恩·克里斯琴·洛尔（Hanns Christian Löhr）在书中考察了赫尔曼·戈林获取这些艺术品的手段、作品的原属地和相关信息，以及此人如何获取金钱以满足其收藏欲望，如何掩盖罪恶行径等。作者还讨论了德国工业主义者对此人收藏的协助、当时对劫掠艺术品行径的合法解释，以及在卡琳宫内的陈列展览情况。作者还编辑了赫尔曼·戈林的绘画收藏目录，指出其中约有150幅作品下落不明。而第一部书的作者南希·N. 耶德（Nancy N. Yeide）更是编撰了赫尔曼·戈林的全部收藏目录，对每件作品进行详细研究，这些目录将成为未来研究者推进研究的重要文献资料。

波普艺术家安迪·沃霍尔作为美国艺术成就的重要代表，也成为本年度艺术史和艺术家传记讨论的中心，其中有三部著作专门讨论沃霍尔。一是詹姆斯·罗森奎斯特（James Rosenqiust）和戴维·多尔顿（David Dalton）的《零度下的绘画：艺术中的生命》（*Painting Below Zero*：*Notes on a Life in Art*），另一部是托尼·谢尔曼（Tony Scherman）和戴维·多尔顿（David Dalton）合著的《天才安迪·沃霍尔的波普艺术》（*Pop*：*The Genius of Andy Warhol*），第三部则是阿瑟·C. 丹托（Arthur C. Danto）的新作《沃霍尔》（*Andy Warhol*）。

波普艺术家首先拒绝承认甚至谩骂艺术是个人"情感"的表现这一观点。当沃霍尔将坎贝尔公司的罐头瓶图像用丝网印刷在画布上呈现出来时，艺术创作的动力就从不可言说的潜意识层转变为一种明确的消费目的。波普艺术最早被认为是带有反讽性质、非个人、不包含情感的创作。虽然波普艺术已出现半个多世纪，但依然是许多艺术研究者探讨的主题。《零度下的绘画：艺术中的生命》的作者之一詹姆斯·罗森奎斯特本人就是美国著名波普艺术的代表人物，他与里奇·登斯坦、安迪·沃霍尔等人共同推动了美国当代艺术的发展。此书是写罗森奎斯特的回忆录，书中坦诚、幽默、真实地讲述了其艺术活动，描绘了从抽象艺术到波普艺术的内在转变历程。所以，此书也是我们了解 50 多年前美国视觉文化全景的重要文献。

戴维·多尔顿曾协助詹姆斯·罗森奎斯特完成《零度下的绘画：艺术中的生命》。同时他自己也和另一位音乐批评家托尼·谢尔曼一起合作讲述另一面的波普艺术家沃霍尔。他们主要记述了沃霍尔从 1961—1968 年间的艺术生涯，此间是沃霍尔艺术创作的高峰期，描绘了一个真实生动的艺术家及其艺术演变过程。沃霍尔重新定义了艺术的含义，他作为一位成功的波普艺术家，拉近了高雅艺术和低俗艺术之间的距离。他的创作包括漫画书、画报、好莱坞电影海报、超市货物等。

而作为重要学术著作的《沃霍尔》，则是当代知名的哲学家、艺术批评家阿瑟·C. 丹托长期以来一直想讨论的话题。这部书是"美国肖像"丛书之一。此丛书将沃霍尔与乔治·华盛顿、舞蹈家兼演员弗雷德·阿斯坦（Fred Astaire）并列，作为美国历史和文化的代表。丹托在某种程度上将沃霍尔看做一位哲学家。他回顾了 1964 年 4 月，沃霍尔在纽约斯得堡美术馆举办的第二场个人展，沃霍尔在展览现场堆了一大堆空的看上去如同超市纸箱的胶合板箱子，而在展厅门口，"布里洛盒子"（Brillo Box）雕塑几乎堆到了天花板。"对我来说这是一次改变思想的参观，"丹托写道，"它将我的兴趣转向了艺术哲学。"但他的"艺术的终结"观认为，沃霍尔的出现使得艺术史的叙述出现暂停。此时，我们需要停下来，思考一个古老的问题——“什么是艺术”。因为在沃霍尔看来，任何事物都可以成为艺术（art can be anything），并且此观点曾一度相当流行。那么为何波普艺术一直以来拥有如此大的影响力？丹托敏锐地提出此与政治有关。我们肯定还记得：1959 年，赫鲁晓夫与尼克松展开了一场“厨房辩论”。当时的副总统尼克松向世界展示了美国人日常生活的舒适和便捷，从百事可乐到凯迪拉克，同时也向世界宣布美国是消费的天堂。从而，橱柜里的生活用品成为价值观的象征，厨房成为美国人的推崇和实现梦想的地方。同时，这种观念也播撒到波普艺术中，尤其在波普艺术发展的早期，艺术家大量使用日常生活用品图像作为创作主题。当丹托看到沃霍尔的箱子，不但改变了自己的艺术观念，也改变了自己的哲学生涯。此书展现了沃霍尔艺术世界的语境、文化问题、创作计划和美学观念。丹托将沃霍尔描绘成美国的偶像，同时也展现了自己的批评才能和哲学想象。丹托本身在艺术理论界和批评界是一位偶像级人物，丹托认为，沃霍尔能成为美国人心目中的偶像，是因为他创作的主题来自日常生活，普通美国人都能理解，他作品中几乎每一件东西都是直接来自美国人的日常生活，普通人的趣味和价值观曾与高雅艺术完全分离，而现在却紧密结合在一起。难怪大卫·卡里尔评论此书是“极具独创性的一本著作……可以说是丹托这些年在人们期待中创作出的一部伟大的著作”。

观念艺术运动是过去 50 年里世界艺术的重要组成部分，也是把握艺术史不能回避的艺术流派。索菲·理查兹（Sophie Richards）在其专著《揭秘：观念艺术家的国际网络，1967—1977——画商、展览与公共收藏》（*Unconcealed: The International Network of Conceptual Artists 1967—1977. Dealers, Exhibitions and Public Collections*）中研究了观念艺术在欧洲的发展状况，此书是由其博士论文改编而成。不幸的是，索菲在博士毕业后不久就去世了。此书是由其导师修订而成。索菲采访了一些重要的观念艺术家，并在对其观念艺术基本信息进行大量搜集和整理的基础上写成此书，他详细分析了各个观念艺术展览，以及许多重要的艺术家和展览照片。此书证明，观念艺术在欧洲是一个独特的现象，是“反商业”的，而并非为画商而创作。露西·利帕德（Lucy Lippard）在很多年前就有过一段著名评论，她说：“希望‘观念艺术’能够避免一般的商业化，避免具有破坏性的现代主义‘进步’观念，这些想法大多不现实。似乎在 1969 年……还没有人，哪怕有很多公众对小说痴迷，也不会掏钱购买，至少大部分人如此……；这些艺术家似乎被迫从商业和市场专制的束缚中解放出来。"①。作者并未试图对观念艺术作出解释，正如本书序言所述，它并不"关注观念艺术品德"，而是关注艺术的外部世界。

二战后，英国景观与民族身份、国家重构问题有着密切关系。学者凯瑟琳·乔利韦特（Catherine Jolivette）在 2009 年度出版的《不列颠 1950 年代的景观、艺术和身份》（*Landscape, Art and Identity in 1950s Britain*）一书中提出：英国人的身份认同不只是反映在景观形式的转变中，而且景观反过来也形成了英国人的民族身份。前数十年发展起来的景观预示促成了英国人自信、自足特质的转变。艺术家、政治家和普通民众都认为，景观画中有自己的影子，同时反过来依照此形式改变其他景观。凯瑟琳从广义的角度考察了景观的角色，这里的景观包括油画作品、印刷品、雕塑、摄影、广告、流行杂志、艺术家传记等视觉文化现象。她还考察了各种文献材料，包括报纸、广播、采访艺术家、书信、展览档案等，进而讨论了景观艺术与各种社会要素之间的关系，包括妇女在当代社会的角色、移民艺术家的地位、科技的发展、英国文化在国外的推广等。

西方学者对中国以及亚洲其他国家的美术、视觉文化研究在本年度也不乏一些有意义的研究成果。如现在多伦多大学执教的中国美术史学者裴珍妮（Jennifer Purtle）就撰写了《视觉方式：1640 年前后中国的观看之道》（*Scopic Frames: Devices for Seeing China in 1640*）一文，探讨了中国晚明时期传统绘画的观察形式，即散点透视的经验在面对外来西方的观看模式和概念化视觉形式的挑战时，如何唤醒当时人们对中国传统观看模式的推崇。裴珍妮首先考察了晚明时期中国版画及其表现的艺术视觉经验，以及当时中国文人对西方透视学的兴趣，而这种比较兴趣的结果是强化了中国传统观看模式的功能。她在此文中指出，17 世纪中国和欧洲在视觉观看方面的相互影响，改变了双方原有的观看模式、策略和观念。② 此外，《从通商口岸开放到二战期间的现代亚洲视觉文化的考察》（*Looking Modern: East Asian Visual Culture from the Treaty Ports to World War II*）一书从多角度考察了东亚从 19 世纪到 20 世纪前半叶现代的视觉文化。此书是一本论文集，其内容主要来自芝加哥大学艺术史系东亚艺术中心举办的两次研讨会所提交的论文。内容包括 19 至 20 世纪东亚视觉文化，主要是日本和中国的现代视觉文化，包括摄影、电影、流行文化、女性

---

① Lucy Lippard. Six years: the dematerialization of the art object from 1966 to 1972. London and New York, 1997.

② Jennifer Purtle. Scopic frames: devices for seeing China 1640. Art History, Vol. 33, No. 1, 2010: 54-73.

角色的转变、商业艺术以及西方的冲击等；并对东亚视觉文化的现代性进行阐释，等等。此书试图通过一种跨学科的研究视野，重新考察和理解当时的社会文化。

（二）音乐学研究

音乐学是在国外发展较成熟的学科，在研究内容与研究方法上都已经建立起自己完整的体系。随着学科发展的需要和整体学术语境的改变，原来建立的这些研究模式逐渐被打破。不仅研究范围日益扩大，内容越来越丰富，而且研究方法也不拘一格，既受到其他学科的影响，又有音乐学研究者主动开始反思本学科的研究策略。每年召开的跨学科音乐学研讨会（The Conference on Interdisciplinary Musicology）就是这方面绝好的例证。此研讨会召集各方面专家学者，研究音乐学与相关学科之间的关系及其相互合作的可能性。此处列举一些相关学科的名目，就可一睹当代音乐学跨学科研究的丰富性，它们包括声学、美学、人类学、考古学、艺术史和艺术理论、生物学、计算机、文化研究、教育、人种志、历史、语言学、文学理论研究、数学、医学、音乐理论和作品分析、心理学、符号学、统计学、治疗学等，通过这些不同学科之间的合作，推动科学与人文学科之间的合作，理论与实践的结合，进而从整体上推进音乐学的发展。

本年度国外音乐学研究成果首推对古典音乐史的研究。学者不仅在古典音乐研究方面取得了众多成就，同时也从某些侧面解决了一些重要的学术问题。例如，古希腊乐理对中世纪赞美诗颂唱的影响一直无法获得明确解释，而本年度出版的著作中给出了令人信服的答案。再如从新的角度对一些古典作品的重新阐释，使得人们对一些作品的理解更加明了、深入，同时对一些作品的思想和风格来源有了新的解释。例如，19世纪早期意大利的歌剧由哥特式的主题占据主流位置，研究者通常认为，这一现象的产生是因为当时意大利作曲家被席卷欧洲其他地区的浪漫主义运动影响。但对具体历史真相却没有较为明确的解释，学者玛丽娜·埃瑟的论文通过对意大利浪漫主义歌剧代表人物葛塔诺·多尼采蒂（Gaetano Donizetti）的作品分析指出，他的歌剧实际上是对原来歌剧进行了哥特式风格的改编而成。①在音乐作品研究之外，学者们将目光投向了音乐与政治、与民族之间的关系上，本年度在这方面最突出的成就表现在美国音乐家协会对冷战时期音乐的研究，以及对拉丁美洲音乐的考察。下面将此

① Melina Esse. Donizetti's gothic resurrections. 19th Century Music, Vol. XXXIII, No. 2, 2009: 81-109.

内容作一简单勾勒，如需详细研读，可依据提供的参考文献查找材料。

许多音乐学家，甚至是中世纪音乐的研究专家可能会由于语言的障碍和这些古代流传下来的文献资料中的概念与现今使用的相异性，使他们无法真正接触和理解古代音乐。而俄亥俄州州立大学音乐学教授查尔斯 M. 阿特金森（Charles M. Atkinson）迎难而上，在其 2009 年度出版的著作《批评的核心：早期中世纪音乐中的音制、调式、乐谱》（*The Critical Nexus*：*Tone-system*，*Mode*，*and Notation in Early Medieval Music*）一书中，集中考察了古代音乐对中世纪早期音乐理论的发展是否存有重要影响这个问题。他从独特的角度研究了音制、调式和乐谱的发展历史，从希腊和拉丁文献中查找许多重要资料与赞美诗圣咏中的特点进行细致比对，试图寻找到古代音乐与中世纪音乐两者之间存在的一致性。查尔斯教授详细研究了早期中世纪音乐理论及其在素歌（格里高利圣咏）中的应用；综合研究了中世纪音乐理论家接受了古代乐理术语和概念后将其应用到当时音乐（基督教赞美诗圣咏）中时所遭遇到的困难；考察了中世纪音乐家如何将古希腊和拉丁乐理系统进行重新阐释，融合到当时的音乐创作中去，从而产生了新的素歌形式。在研究过程中，他不但解释了早期中世纪音乐的音调问题，而且解决了最早格里高利圣咏乐谱的来源问题，即人们都认为受到神的启发而作的赞美诗圣咏，那么，为何还需要加以变化以适应实际的调式系统？为了揭开这个谜团，查尔斯教授在此书中进行了条分缕析的细致讨论，从古希腊和谐理论，到罗马赞美诗的各种不同形式中寻找根源，并参考了大量 6 世纪到 12 世纪的音乐理论文献。通过细致而广泛的考察，查尔斯教授发现，文人所倡导的音制来自古希腊的和声传统，但并不适合赞美诗的记谱方式，这一差异导致了新理论的诞生。通过考察音制、调式和记谱的改变和最终的采纳，查尔斯教授发现了调式对中世纪音乐家的意义，以及他们的乐理系统如何突破其原有的局限，而这些都是重要的学术研究成果和发现。同时，查尔斯教授还通过对 6 世纪到 12 世纪一些重要音乐文献的详细考察，对古典和声音乐理论和中世纪基督教的音乐实践建立了一种中心二分法。他对音调系统进行了全新阐释，考察了这一系统与旋律、乐理和记谱法之间的关系，并提出了更广泛、更具原创性的观点。

14 世纪西方田园诗大量使用寓言故事和象征手法，这使得现代人理解这些诗歌有相当的困难。一般人把鸟类看做纹章的象征，因而，许多人在理解 14 世纪意大利的作曲家波伦亚的雅各布（Jacopo da Bologna）的田园诗《骄傲的老鹰》（*Aquil' altera*）时，就认为这首诗要么为婚礼而写，要么为庆祝登基大典而作。埃琳娜·埃伯拉莫夫-凡·瑞克（Elena Abramov-van Rijk）撰写的一篇文章①则严肃地指出，此种判断过于武断。作者认为，雅各布这首诗的内容、风格与诗歌表达的观点、艺术形象都是当时流行的内容，尤其突出表现在动物寓言集或相关内容的诗歌中。这些象征内容，实际上是对人类智慧的赞扬，而此种象征意义对当时读者、听众来说并不难理解。因此，田园诗也为理解 14 世纪音乐作品中所体现的思想提供了重要的认识与理解的工具。那些音乐作品在当时意大利文化的特定背景中，与诗歌形式相互呼应，这就是所谓互文性（intertextuality）的一种表现和实践。

音乐被认为是最典型的短暂性艺术，同时也被认为是最能激发人们对时间经验的感受，因为它通过主题的不断复现让听众不断感受到与世界之间本来短暂的相互关系。早在西方浪漫主义时期，从席勒、弗施莱尔马赫、叔本华，到尼采、柏格森、普鲁斯特等都已经开始对音乐这种特性加以强调。到了 19 世纪晚期，出现了多种表现时间短暂的音乐表现技法，从瓦格纳多个主题交织运用的技巧到勃拉姆斯的主题变奏曲等，但最能体现时间经验的作品显然是套曲曲式。这种曲式会不断重复和回到前面的主题，并有所变化，具有一种复杂的短暂时间模式，暗示出一种音乐时间的表达。本尼迪克特·泰勒（Benedict Taylor）的论文《门德尔松 A 小调四重奏（作品第 13 号）中的套曲曲式，时间和记忆》（*Cyclic Form*，*Time*，*and Memory in Mendelssohn's A-Minor Quartet*，*Op. 13*）就探讨了此问题。一般认为套曲曲式出现在 19 世纪晚期，但本尼迪克特认为早在 19 世纪 20 年代套曲曲式就已成型，其开创人就是年轻的费利克斯·门德尔松。作者分析了套曲曲式的形式以及门德尔松的创造，尤其是套曲曲式与时间经验和记忆的关系，甚至就套曲曲式与浪漫主义运动之间的关系进行了探讨，并将套曲曲式与普鲁斯特的小说进行了比较。

德彪西晚年四年的创作时间恰值第一次世界大战爆发的四年，这一时期的作品既反映战争时期的历史事件，又体现他渴望创造一些新成就，奠定其在音乐史上的地位。虽然此间德彪西创作的音乐作品很少，但它们却代表着其艺术生涯中的最高成就，都是音乐史上的杰作。《德彪西晚期作品风格》（*Debussy's Late Style*）一书通过对音乐作品的细致分析，和对音乐学和文化史的研究，生动地解读了德彪西晚期作品的音乐特色和思想之间的关系，尤其集中讨论了这些作品如何反应战争期间巴黎独特的社会文化背景等。作者玛丽安娜·惠尔登（Marianne Wheeldon）主要从五个方面分析了德彪西晚期作品的风格：一是德

---

① Elena Abramov-van Rijk. The Madrigal Aqil' altera by Jacopo da Bologna and intertextual relationships in the musical repertory of the Italian Trecento. Early Music History, No. 28, 2009: 1-38.

彪西晚期作品的历史和文化背景，二是法国民族引以为豪的德彪西奏鸣曲中独特发明，三是德彪西作品中令人着迷的钢琴表现技巧，四是战争和越来越差的身体状况对其内心、音乐作品的影响，五是虽然德彪西晚期的作品本身对音乐界有着巨大冲击力，但在今天，这些作品的受欢迎程度远远不及其早年作品。

马勒的音乐中包含的各种声音元素在一些人看来影响其作品的统一性和统一的叙述过程。本年度出版的研究马勒音乐的著作《马勒的声音：诗歌与交响乐中的表现与讽刺》（*Expression and Irony in the Songs and Symphonies*）解决了这个问题。作者朱利安·约翰逊（Julian Johnson）对马勒全部作品的叙事过程进行了分析研究，她认为，马勒的叙事过程是在一系列辩证的关系中前行——如天才情感主导要素和表演技巧，严肃而纯洁的表达与故意的戏谑，直觉的本性和经过思考的创作，纯粹的表现和分析批评，社会和个人，现代性和复古。马勒的这种矛盾特征体现了他作为德国人和波西米亚犹太人的双重身份。马勒在其创作的乐曲中不断反抗传统的音乐风格和音乐分类法，在它们之间任意穿梭，这让其同时代的人不知所措、无法理解。朱利安深入而细致地研究了马勒的交响乐、诗歌及其所留下的文字资料，认真分析了马勒的音乐作品如何表现自己的艺术理念、建构自己的音乐创作思路。朱利安认为，马勒的音乐反映出他所受到的其他音乐传统的影响，和有意识地从其他相关素材中吸取的音乐元素，这使得马勒通过自己神秘的声音逐渐形成独具特色的音乐形式。

阿多诺在评论马勒的作品时说，“它们记述的是音乐内容本身，它们吟诵着自己”①。而朱利安却将马勒的作品描述为一个艺术过程，认为，在他的乐曲中讽刺与表现不断相互穿插过程是“自相矛盾的，马勒作品在这一过程中将自己表现为是真实的表达，这种表达来自一种神秘的原始力量，同时也重视自身的艺术特色。”朱利安认为，从表现和讽刺之间的辩证关系中获得的张力是马勒音乐作品的精神所在。作者通过对马勒音乐作品中激情四射的内容表达的分析，对作品音乐风格的独特研究，并将其作品放在文化和历史的背景中加以阐释，把 18 世纪晚期浪漫主义的讽刺与 20 世纪的解构思想结合起来，从而认为，在马勒的这些音乐作品中渗透着某种紧张关系。而这种紧张关系让先前的批评家十分迷茫，不易理解，却在后现代社会与观众中间获得了共鸣；进而说明马勒的音乐思想是一种激进的自我意识的觉醒，他的音乐作品也让人们反思现有分类法的正确性和有效性。

---

① Theodor Adorno. Mahler: a musical physiognomy, trans by Edmund Jephcott, University of Chicago Press, 1992, p. 76.

西方音乐学研究的重要学术刊物《19 世纪音乐》（*19th Century Music*）在 2009 年第 2 期上刊登了一篇文章,[①] 分析了贝多芬作品中的“政治音乐”作品，它们向来被认为在风格、美学和贝多芬思想意识方面不一致而受到研究者的忽视。作者尼古拉斯·马修（Nicholas Mathew）把贝多芬的这些作品放到 19 世纪早期的维也纳背景下进行重新解读。当时公共生活中非常流行的“亨德尔式的崇高”，即当时美学思想和大合唱都在某种程度上受到亨德尔清唱剧的影响，同时也与海顿晚年的合唱作品有关。通过重新研究维也纳当时的政治性合唱文化，作者认为，当代对崇高音乐所具有力量的理论研究变成了对音乐影响社会能力的理论研究。作者以亨德尔音乐影响下的社会文化背景来重新讨论贝多芬的音乐，他发现：首先，贝多芬交响曲的合唱美学背景完全被忽视。通过对原有演出背景和贝多芬交响曲中时代特点的分析，他指出，这些交响曲应该被看做是对亨德尔大合唱曲的管弦乐的改编。其次，他认为，由贝多芬研究专家指出并被夸大的贝多芬政治性作品与当时“权威”的康德式的人类自由的崇高之间的区别可能站不住脚。再次，贝多芬时代的维也纳文化中合唱与交响曲之间的联系不但能解释贝多芬作品的政治源头，而且也能解释贝多芬交响曲中不断出现的政治思想。作者还借助阿尔都塞的权力和主体性理论，认为贝多芬交响乐所引起的听众强烈的主体性感觉，部分是借助音乐，听众将外部合唱中对政治权利的表达转化为内部、交响曲的形式。通过这些分析，人们就可以理解为什么贝多芬音乐中既有令人恐惧又有振奋人心的因素，既有权威又有自由的音乐元素。

瓦格纳的《尼伯龙根的指环》是由四部分组成的大型歌剧，被誉为世界歌剧之最，曾在 1995 年北京国际音乐节上演，轰动一时，2010 年 9 月份由德国科隆歌剧院在世博会期间于上海大剧院演出。对于这部作品的研究也不断推陈出新，2009 年，J. P. E. 哈珀-斯科特（J. P. E. Harper-Scott）在《19 世纪音乐》杂志上的一篇文章分析了瓦格纳作品中的艺术特色和中世纪艺术思想之间的关系。[②] 瓦格纳许多作品都取材于中世纪的文学故事，研究者从其歌剧脚本的诗学风格中就有大量发现。其中，剧本中一个结构特点是叙述结构的相互穿插（narrative interlace structure），这在中世纪文学、艺术甚至手写本的组织结构上都非常普遍、易见。这种穿插次结构取代了亚里士多德提倡的古典式戏

---

① Nicholas Mathew. Beethoven's political music, the handelian sublime, and the aesthetics of prostration. Vol. XXXIII, No. 2, 2009: 110-150.

② J. P. E. Harper-Scott. Medieval romance and wagner's musical narrative in the ring. 19th Century Music, Vol. XXXIII, No. 3, 2009: 211-234.

剧结构，即时间、地点和事件的统一性，主张一种突变、无法解释的神秘性、多元的动机交织这样一种戏剧结构方式。这种模式在戏剧中的频繁运用，导致人们对现实和自身的看法与古典时期完全不同：古典时期，人们认为人类的经验来自一些已知的结果，是可以预测的；“现代”观点则指出，其实人类的命运是断裂、矛盾的，由一些偶然、意外的因素决定。瓦格纳在歌剧中融合了这种交织穿插的结构设计，可以说，此点在音乐作品中体现得更加突出和复杂。瓦格纳歌剧作品《尼伯龙根的指环》在结构和哲学思想上与中世纪之间的关系最为明显，它融合了新浪漫主义和变化了的申克分析法，以及瓦格纳本身对作品线索相互穿插的创作方法的钟情。作品以一种存在主义（existentialist）而非实在主义（essentialist）的观点分析人类的本性。瓦格纳为我们提供了一种极具智慧的思考方式，并且这种思考人类的方式随着瓦格纳艺术的发展而日趋成熟、日益重要。

弗洛伊德的精神分析法及其思想曾对艺术界产生了诸多重要影响，这其中也包括音乐。阿诺德·勋伯格（Arnold Schoenberg）1909 年创作的独角戏《期待》（*Erwartung*）一直被认为是一件带“精神分析”特色的作品。学者亚历山大·卡彭特（Alexander Carpenter）就专门撰文分析了勋伯格和弗洛伊德之间的关系。① 作者通过详细分析《期待》这部作品的细节和主题，探讨作品创作的背景和历史，从而试图寻找出勋伯格与弗洛伊德之间的关联，进而得以分析弗洛伊德及其精神分析理论到底在多大程度上影响了勋伯格的音乐创作和美学观。

欧洲学者们除了对西方古典音乐情有独钟外，也并未忽视世界其他国家的音乐文化现象。其中 2009 年《音乐季刊》（*The Musical Quarterly*）的最后一期集中谈论了一个大家似乎都非常熟悉的话题——什么是拉丁美洲音乐，或具体言之，即拉丁美洲民族的历史、身份与音乐之间的关系。② 一般人提起拉丁美洲的音乐，都会想到探戈、桑巴、伦巴、墨西哥流浪乐队音乐等。此专题并非讨论哪些音乐属于拉丁音乐，哪些不是，而是从地理、历史和文化角度对不同的拉丁美洲音乐加以考察，对拉丁美洲音乐这一术语的含义进行了深入分析和界定，为人们提供一种新的思考视角。拉丁美洲社会与西方世界之间在历史上的紧密联系，以及民族的多样性，使得西方传统研究音乐史的两分法，即西方

---

① Alexander Carpenter：Schoenberg's Vienna，Freud's Vienna：Re-examining the connections between the monodrama erwartung and the early history of psychoanalysis. The Musical Quarterly，Vol. 93，No. 1，2010：144-167.

② The Musical Quarterly，Vol. 92，No. 3-4，2009.

音乐和非西方音乐的分类法无法应用到对拉丁美洲音乐的研究中。同时，历史音乐学与民族音乐学，古典音乐与世界音乐这些机械的两分法都阻碍了对拉丁美洲音乐的理解。所以，本期文章的作者们能够突破原有分类法的束缚，从更宽泛的学科和专业领域出发来讨论拉丁美洲音乐。其中，学者丽贝卡·博登海姆尔（Rebecca Bodenheimer）撰文考察了古巴当代社会和音乐中展现独具地方特色的情感。丽贝卡在文中追溯了从殖民地时代以来的地方主义思想，通过对两首流行的廷巴（timba）歌曲和一首伦巴舞曲的文本分析，试图说明如何在音乐中表现地方身份。由此，丽贝卡得出结论：古巴的舞蹈音乐和伦巴已成为民族主义话语霸权的批评场所。① 另一篇论文讨论了阿根廷探戈歌王卡洛斯·加德尔（Carlos Gardel）的神话及其对哥伦比亚探戈文化的影响。作者尤其是对哥伦比亚第二大城市梅德辛的发展与它在20世纪中叶作为探戈音乐的中心之间的关系进行了深入分析，指出探戈音乐在地方身份建构中的重要作用。同时作者还继续就探戈如何融入不同文化中，突破种族、阶级和性别的差别与不同地方社会文化结合的过程进行了细致而缜密的研究。② 在《阿根廷19世纪晚期到20世纪早期的吉他》一文中，作者梅拉尼考察了吉他作为民族乐器在阿根廷人民的精神世界中的重要象征意义。作者发现，吉他不仅是阿根廷人生活中非常重要的演奏乐器，而且在文学和视觉艺术中也频繁出现。吉他由于长期是乡下人使用的乐器而被鄙视，但到了19世纪80年代，吉他逐渐成为阿根廷的民族乐器。作者在文章中考察了这个历史过程，借助文化史、文本分析和音乐学的方法，深入分析了吉他在音乐、文学、视觉艺术中的兴起及其与当时的意识形态和政治潮流之间的关系。③

冷战与艺术之间的关系一直是历史学家们研究的重要话题，虽然冷战已远去，但人们对此话题的研究却一直没有中断过。2009年《音乐学杂志》连续两期都讨论了这个问题。从20世纪70年代始，历史学家们就已经开始关注冷战和抽象表现主义艺术之间的紧密联系，如克莱门特·格林伯格（Clement Greenberg）和罗森伯格（Harold Rosenberg）就以现代主义者的身份对抽象表现主义风格给出了全新阐释，认为此种艺术风格是对形式主义的彻底反叛。这

---

① Rebecca Bodenheimer. “La Habana no aguanta más”: regionalism in contemporary Cuban society and dance music. The Musical Quarterly, Vol. 92, No. 3-4, 2009: 210-241.

② Carolina Santamaría-Delgado. Tango's reterritorializtion in Medellín: gardel's myth and the construction of a tanguero local identity. The Musical Quarterly, Vol. 92, No. 3-4, 2009: 177-209.

③ Melanie Plesch. The topos of the guitar in late nineteenth-and early twentieth-century Argentina. The Musical Quarterly, Vol. 92, No. 3-4, 2009: 242-278.

些历史学家和批评家也为音乐学领域探讨艺术风格和政治之间的关系提供了崭新的视角。在 20 世纪 80 年代晚期和 90 年代早期冷战即将结束之时，特别是美国的历史学家开始以极大的热情投入到这一问题的研究中去，提出了现在为学界熟知的概念——“冷战文化”。这些研究成果使得人们不再仅仅将冷战看做是两个超级大国之间简单的国家利益的冲突。冷战所涉及的内容远远超过地理政治的范围，越来越多的西方历史学家相信，冷战更是一场观念和信仰的冲突。①

相对于艺术史、历史研究和美国研究中对冷战的关注程度而言，音乐学中研究冷战期间音乐问题的专著相对较少，因为这一研究最近才成为热门话题。20 世纪 70 年代，马丁·布罗迪（Martin Brody）对作曲家米尔顿·巴比特（Milton Babbit）进行研究，在其研究论文中最早讨论了冷战期间的音乐问题——他依照艺术史对抽象表现主义的研究模式，认为米尔顿·巴比特的创作不是为形式而形式，而是与政治有着密切关系。从 20 世纪 90 年代至今，研究冷战期间的音乐逐渐升温，许多音乐史家都加入了讨论的队伍。在此期间，出版了大量研究论文和专著，美国音乐学协会还成立了冷战与音乐研究小组（Cold War and Music Study Group），专门研究这一阶段的音乐史。这一组织在 2007 年和 2008 年分别召开了第一次和第二次学术年议，这些会议的论文就构成了 2009 年两期《音乐学杂志》的内容。学者除了总结过去对冷战音乐的研究状况，鼓励大家继续从事这方面的研究外，他们主要就冷战文化中的复杂情况进行了重新考察和评价，对此间的音乐史进行了多角度、跨学科的研究。所以，《音乐学杂志》的编辑在前言中宣告“冷战音乐研究即将出版”。

在对冷战期间艺术的研究中，最重要的研究成果是：证明了权力与观念之间的直接联系。这方面最明显地表现在国家主导下的文化项目建设。在本专辑中，由斯蒂芬·A. 克里斯特（Stephen A. Crist）撰写的文章就考察了美国音乐家戴夫·布鲁贝克（Dave Brubeck）冷战期间在政府支持下的音乐文化之旅，包括去西欧、波兰、土耳其、印度和前苏联宣传美国式的民主。② 此外，艺术与核军备竞赛之间的关系也是讨论冷战期间艺术问题的重要主题之一。总之，以冷战为背景，分析由此衍生出来的文化现象是研究者需要面对和努力解决的主要内容。虽然“冷战”不能回答一切问题，但它的确对战后音乐分类

---

① Peter J. Schmelz. Introduction: music in the Cold War. The Journal of Musicology, Vol. 26, No. , 2009, p. 4.

② Stephen A. Crist. Jazz as democracy? dave brubeck and Cold War politics. The Journal of Musicology, Vol. 26, No. 2, 2009: 133-174.

等影响巨大。通过学者们的研究，可以了解到所谓民族主义、现代主义、社会主义、现实主义和后现代主义等音乐都与冷战有着某种密切联系。在本专辑中，学者们所论及的音乐作品、音乐家范围非常广泛，他们或直接或间接地探讨了冷战时期的音乐史问题。不过，有些遗憾的是，这些讨论还没有涉及欧美之外其他地区有关此问题的音乐研究。①

本年度出版的与冷战相关的音乐研究有《音乐中的自由：解冻时期的非官方苏联音乐》（*Such Freedom, if Only Musical: Unofficial Soviet Music during the Thaw*），其作者是华盛顿大学音乐学副教授彼得 J. 施梅尔茨（Peter J. Schmelz）。

随着斯大林于1953年去世和“解冻时期”（the Thaw）的到来，在赫鲁晓夫执政时期，苏联社会文化形势和思想界出现了暂时的自由局面。一批知识分子和艺术家抓住这个有利时机推动了苏联文化艺术的发展，其中，音乐的发展最为突出。苏联音乐学院的学生至少能够使用各种媒介、乐器创作新的音乐形式，而其中表现的许多内容原来是被禁止的，或者至少需要经过审查。当时，一批国外的演员和作曲家来到苏联，给年轻的苏联人带来了新的作品和表演。在20世纪60年代，一批重要的作曲家如沃空斯基（Andrey Volkonsky）、爱迪生·杰尼索夫（Edison Denisov）、阿尔弗雷德·施尼特凯（Alfred Schnittke）、阿尔沃·帕尔特（Arvo Pärt）、索菲亚·古拜杜丽娜（Sofia Gubaidulina）、西尔韦斯特罗夫（Valentin Silvestrov）也尝试着用各种新的技巧来创作音乐，包括十二音阶、即兴创作等。此时的观众也被这些新鲜的演出和作品吸引，内心也极为渴望摆脱原来千篇一律的社会主义现实主义音乐。这些由年轻的作曲家创作的“非官方”音乐处于合法与非法的灰色地带。作者通过采访许多还健在的音乐作曲家和表演家，以及对大量一手资料的研究和对作品的深入分析，生动地还原了当时的历史情境。可以说，此书是首部研究这一期间苏联音乐史的重要著作，对战后艺术运动、冷战时期的音乐、苏联音乐，以及俄罗斯文化和社会史都有深入讨论。剑桥大学的音乐学学者玛丽娜·弗

① 具体论文包括：Joy H. Calico. Schoenberg's symbolic remigration: a survivor form Warsaw in Postwar Weste Germany; Laura Silverberg. Between dissonance and dissidence: socialist modernism in the German Democratic Republic; Leslie A. Sprout. the 1945 stravinsky debates: nigg, messiaen, and the early Cold War in France. The journal of musicology, Vol. 26, No. 1, 2009; Stephen A. Crist. Jazz as democracy? dave brubeck and Cold War politics. The Journal of Musicology; Robert Fallon. Birds, beasts, and bombs in messiaen's Cold War mass; Lisa Jakelski. Górecki's Scontri and Avant-Garde music in Cold War Poland; Phil Ford. Music at the edge of the construct. The Journal of Musicology, Vol. 26, No. 2, 2009.

罗洛娃-沃克（Marina Frolova-Walker）在谈到彼得副教授的这本著作时说，这是她近十年来所读到的令其满意的研究俄罗斯音乐的著作之一，也是最优秀的一部。

众所周知，欧美的许多基督教教堂内都会配置一架管风琴。提起管风琴，大部分人都情不自禁地将其与基督教礼拜仪式联系起来。但从 19 世纪早期开始，管风琴与德国犹太教之间有着十分密切的联系。当时，出现了大量犹太作曲家和演奏家，许多欧洲大型的犹太教堂也安装了管风琴，如柏林的新犹太大教堂和布达佩斯的大犹太教堂。犹太启蒙运动之后，管风琴就一直被视做是宗教改革运动的重要工具，因此也成为许多宗教政策争论的焦点和犹太礼拜仪式重要组成部分。蒂娜·福豪夫（Tina Frühauf）在 2009 年度的研究著作《德国—犹太文化中的管风琴及其乐曲》（*The Organ and Its Music in German-Jewish Culture*）为人们理解管风琴的历史及其在德国犹太文化中的重要地位给出了权威而翔实的解答。此书考察了一个长期被人忽视的问题，即管风琴在犹太教音乐和德语世界犹太人圈的音乐生活中的角色问题。作者探析了管风琴在犹太文化中的历史，从早期耶路撒冷塔尔穆德时期开始一直到 19 世纪管风琴成为欧洲犹太人宗教和世俗生活中的必须乐器。这样，作者考察了管风琴如何融入德国犹太教，并使得犹太教在启蒙运动后发生了重要改变，将管风琴看做是犹太团体、东正教和宗教改革派区别的象征物。有了此种区别之后，新编写的犹太教礼拜仪式管风琴音乐具有一种跨文化的特点，它融合了 19、20 世纪德国包括犹太音乐在内的各种传统音乐元素，形成了独特的管风琴音乐风格。此书还讨论了以色列和美国的犹太社区的管风琴音乐，讲述了当代犹太人生活中管风琴的价值，从而全面呈现管风琴在犹太民族中的使用情况。作者将文献研究和音乐分析、接受史、社会和民族志等方法相结合，探讨犹太人的管风琴文化，使人们更好地理解德国犹太人身份的建立，以及流散海外时的转变等情况。此书研究资料丰富，内容翔实，不但研究了众多犹太管风琴的演奏者，而且考察了很多管风琴制作者的文献档案，提供了真实可信、较为全面的历史图景，让人们重新认识了作为乐器的管风琴，而且也对犹太管风琴研究家和作曲家，以及犹太教音乐文化有了深刻理解。可见，此书具有极高的学术价值。

此外，西方学者本年度有关现代流行音乐的研究也取得了颇为显著的成绩。学者蒂莫西·怀斯（Timothy Wise）在《音乐季刊》上的一篇《吉米·罗杰斯与山区约德尔的记号现象》就讨论了美国乡村音乐之父吉米·罗杰斯的音乐特色。① 罗杰斯的歌曲融合了布鲁斯、约德尔、民谣等艺术手法，深受美国人喜爱，其唱法最有特色的是把传统的约德尔（Yodel）唱法与当地山区歌曲结合起来，发展出了一套具有山区约德尔风格（Hillbilly Yodel）的唱法和艺术表现手法。本文作者在此研究论文中试图就以下两个问题给出答案，即罗杰斯的约德尔风格中最突出的特点是什么，约德尔旋律与歌曲中表达的情感和抒情主题又是如何协调的。另外，伊莱贾·沃尔德（Elijah Wald）的专著《甲壳虫乐队如何破坏了摇滚：另一种美国流行音乐史》（*How the Beatles Destroyed Rock' N' Roll*：*An Alternative History of American Popular Music*），研究了围绕这一乐队的诸多问题，主要是从20世纪初到70年代这一段时期美国的音乐史。伊莱贾在此书中讲述了20世纪流行音乐的状况，并指出为什么人们会喜欢这些流行音乐。他认为，到了20世纪50年代，主要的流行音乐都处于平庸状况，直到猫王艾尔维斯·普莱斯利（Elvis Presley）出现后这一状况才得以改善。虽然他承认，摇滚为流行乐注入了新的血液和新的音乐观念，但他也认为艾尔维斯和佩里之间存在很多相似处，比如年轻人对此二人都感兴趣。同时，伊莱贾犀利地指出，披头士晚期创作的作品并非像人们所认为的要推动摇滚乐的发展，而是要将其从跨越种族界限的、混杂的舞蹈音乐，转向一种适合白人的、节奏平稳的艺术音乐。他提出的这种新颖而富有创见的论断为进一步思考摇滚乐提供了新的思路，值得我们借鉴。总之，这是一部别样的流行音乐史，伊莱贾提出了许多新的看法和思考方式，这些都值得音乐研究者关注。

现在很少有人继续通过广播、磁带来听音乐，甚至买音乐CD的人也日益减少，音乐消费者和音乐公司之间的关系日益紧张，因为更多的人通过网络免费听音乐。格雷格·科特（Greg Kot）的《网络时代音乐状况的分析考察》（*How the Wired Generation Revolutionized Music*）一书就考察了网络影响下的西方流行音乐的生存状况。作者探讨了从有了录音带后录音公司与听众之间的矛盾，到音乐出版公司攻击音乐试听，Napster的流行和垮台，直到iPod的流行，以及音乐公司、广播公司和音乐会等音乐工业逐渐走向末路。格雷格还讨论了一些音乐家如普利斯（Prince），以及Radiohead乐队和Wilco乐队如何在数字时代茁壮成长，虽然他们并未采取与网络积极合作的态度。格雷格通过一些大的音乐公司如何走向破产的历程的个案研究，证明了美国音乐工业界的自大、拒绝与时俱进，不积极应对现实，而是卑劣地称消费者为“窃贼”。在格雷格

① Timothy Wise. Jimmie Rodger and the semiosis of the hillbilly yodel. The Musical Quarterly, Vol. 93, No. 1, 2010: 8-44.

看来，公司的负责人没有跟随上时代步伐，不信任新的技术带来的变革，那么他们永远只能停滞在听广播时代，并被时代抛弃。

最后介绍两篇与中国有关的西方音乐学研究文章，一篇是研究西方音乐理论对亚洲和中国的最早影响，另一篇讨论了当今炙手可热的中国籍音乐家谭盾的音乐成就。戴维·R. M. 欧文的论文《欧洲音乐书籍在早期现代亚洲的流传与使用》对欧洲音乐作品在当时的中国、日本和菲律宾的流传、使用情况进行考察研究。① 欧洲现代早期的一些音乐产品伴随着探险者、军队、商人和使团逐渐传到亚洲，现在发现了当时流传下来的大量音乐论说文章和乐谱，既有出版物，又有手稿。此文正是通过对这些历史文献的研究，考察了当时的音乐传播状况。为了获得使团将欧洲音乐传播到亚洲较为确切的数据，作者详细地作了几个个案研究，主要是针对 17 世纪欧洲音乐作品和理论在亚洲当地的印刊传播情况进行考察，其中包括：第一，亚洲发现最早的欧洲乐谱印刷品，1605 年由日本的 Nagasaki 的耶稣会士刊刻印发。第二，1713 年，在康熙帝的授意下，刊印了介绍欧洲音乐的理论著作《律吕纂要》。此书是由葡萄牙耶稣会士徐日升（Thomas Pereira）所撰，介绍西方的五线谱、音阶、音程、拍子、节奏、记谱法等基本乐理常识。徐日升去世后，意大利遣使耶稣会士德里格（Teodorico Pedrini）继续他的工作，成为康熙时期宫廷中重要的音乐家。他主要负责向皇帝介绍西方乐理并演奏音乐，同时又编辑了《律吕正义续编》。徐日升和德里格不仅深谙西方乐理、乐器，而且深入学习中国乐理知识。他们将五线谱的记谱方式介绍到中国，对中国音乐发展来说，有着一定的贡献。康熙帝本人也曾试着用五线谱来谱写中国乐曲。但五线谱在当时终究还是没能取代中国传统的公尺谱。第三，一本 116 页的音乐评论手稿。据考证，此手稿是由 17 世纪马尼拉的一位耶稣会士编撰而成，书中反映了当时欧洲的音乐理论，并简要评论了当地的音乐现状。戴维 R. M. 欧文的研究间接参考了我国学者王冰的研究成果，② 虽然转引中有些讹误，但他从东西文化交流的角度，为研究中国音乐史和音乐交流史提供了一个宏观的视野。

2006 年，上演了谭盾和张艺谋合作的歌剧《秦始皇》。此部歌剧完全超越

---

① David R. M. Irving. The dissemination and use of European music books in early modern Asia. Early Music History, No. 28, 2009: 39-59.

② 作者参考了 Catherine Jami. Tomé Pereira (1645—1708), clockmaker, musician and interpreter at the Kangxi Court: portuguese interests and the transmission of science. Luís Saraiva and Catherine Jami (eds.). The Jesuits, the Patroado and East Asian Science (1552—1773). Singapore and Hackensack, NJ, 2008，以及王冰：《〈律吕纂要〉之研究》，载《故宫博物院院刊》，2002 年第 4 期。

了风格、文化、性别、美学的界限，挑战了传统歌剧的批评方法和分类原则。这部歌剧所具有的特性，以及与传统歌剧间的复杂关系，使人们不得不去关注其中体现出的中国、欧洲、美国实验剧传统和东方舞台表演中的浪漫主义、现代主义、后现代主义模式。W. 安东尼·谢泼德 W. Anthony Sheppard 撰文研究了这部歌剧及其上演的情况，作者认为，19 世纪意大利歌剧作曲家吉亚卡摩·普契尼（Giacomo Puccini）的歌剧《图兰朵》的主题来自中国，而且在此歌剧中展现了多元的风格，这些都是谭盾《秦始皇》创作风格的源起。他还认为，要研究谭盾这部作品，还应参考哈罗德·鲍尔斯（Harold Powers）来研究《图兰朵》的模式[①]。在 W. 安东尼·谢泼德看来，谭盾是利用东方传统戏曲元素和主题材料来满足观众的期望。或具体言之，谭盾此部歌剧直接受到一些曾借鉴、吸收中国戏曲传统因素的西方歌剧，以及近年来西方对中国戏曲逐渐接受的深刻影响，这都为他提供了一个可以吸收、利用的文本背景和比较视角。所以，当前歌剧的创作往往会选择借鉴、吸收传统元素，以及改编原来高票房歌剧。[②]

（三）电影研究

国外本年度的电影研究的重点主要表现在两个方面，一是美国好莱坞电影由于其在世界电影史和当前国际电影界的领军地位，成为电影研究者关注的中心，研究成果突出。同时，由于以美国为主导的英语世界在国际学术中所占的优势，对好莱坞电影历史、作品和产业技术的研究成为一门显学。虽然从 20 世纪 60 年代西方兴起电影研究以来，就不断有人从各方面对好莱坞进行研究，但本年度出版的几部专著都从各自的角度对好莱坞电影进行新的探讨，为全面理解好莱坞电影业提供了不同的途径。二是对过去较少受学界关注的国家和地区电影加以研究，此中包括对捷克和斯洛伐克电影的研究、对近些年异军突起的阿根廷电影业的研究等。这些对历史和当代电影中常被忽略的一些电影团体、地区电影的研究能够逐渐补全整个世界电影的图景，让读者了解更多相关电影文化信息的同时，又能为不同地区的电影提供新的电影经验和知识。另外在对这些不同地区电影的研究中，由于对象的特殊，不仅能检验西方主流电影理论的有效性，而且也能通过对各地区电影的深入思考，为电影理论和作品分析提供新的思路，推动电影研究的发展。

---

① William Ashbrook and Harold Powers. Puccini's turandot：the end of the great tradition. Princeton University Press，1991.

② W. Anthony Sheppard. Blurring the boundaries：Tan Dun's tinte and the first Emperor. The Journal of Musicology，Vol. 26，No. 3，2009：285-326.

二战后，好莱坞电影进入了繁荣期，此后一系列的变故和危机改变了美国电影业，导致其一度受挫。然而，在21世纪初，好莱坞在世界范围内的绝对地位依然不可动摇。今天，在全球经济中，美国娱乐业的产品可以说无处不在。那么，在这样一个与以前工作室完全不同的大型跨国媒体公司时代，好莱坞如何在索尼、杰尼斯娱乐株式会社（NewsCorp）、维亚康姆（Viacon）等国际影视娱乐公司的夹击中获得继续发展的空间呢？电影制作、市场发展和消费中又有怎样的机制、管理办法？在过去的70年中，好莱坞在哪些方面发生了变化？学者巴里·朗福德（Barry Langford）在其新著《后经典时代的好莱坞：1945年以来的历史、风格和意识形态》（*Post-Classical Hollywood: History, Film Style, and Ideology Since* 1945）中给出了令人信服的答案，并就后经典时代好莱坞电影这一概念进行了分析，对其所具有的解释的有效性和历史合法性、价值作了解读，让人们进一步深入理解了40年代发展至今的好莱坞。在考察好莱坞电影发展史的同时，他还从社会和政治角度进行分析，指出了好莱坞讲述故事的独特方式。可以说，巴里·朗福德的著作为人们提供了一个新的解读当代经久不衰的艺术形式的有效方法。

在对好莱坞电影的研究中，许多学者已经开始关注20世纪70到80年代美国电影所发生的变化，其中大部分研究文章的视角主要集中在以下三个方面：关注影片中社会意识的传播，对一些重要人物有影响力的思想进行研究，以及集中讨论耗资巨大的大型影片等。而2009年，詹姆斯·肯德里克（James Kendrick）出版了题为《好莱坞血案：1980年代美国电影中的暴力》（*Hollywood Bloodshed: Violence in* 1980*s American Cinema*）的重要论著。此书采取了更为具体的视角，细致比较了80年代电影和此数十年之前影片中的暴力镜头，以及电影中出现的此种暴力镜头与里根时代美国文化之间的关系。

詹姆斯特别关注了美国电影协会重新制定级别评选系统制定之事。他认为这些评级标准的重新修订使得一些导演如山姆·派金帕（Sam Peckinpah）、阿瑟·潘（Arthur Penn）能够更为自由地拍摄暴力电影。詹姆斯还发现像《日落黄沙》（*The Wild Bunch*）和受其影响的其他类似影片——《出租车司机》（*Taxi Driver*）、《现代启示录》（*Apocalypse Now*）等，它们通过激起观众内心的不舒服之感来激发他们的兴趣，这与20世纪80年代的暴力电影有着明显区别。在80年代，电影有些类似写实，暴力电影业丧失了其原有智慧和情感力量，导演们试图学习70年代电影在思想意识和美学上的成功之处，但存在很多矛盾以致遭到众多反对。当时曾红遍一时的70年代大腕导演威廉·弗莱德金（William Friedkin）、山姆·富勒（Sam Fuller），在80年代则逐渐被边缘化了。詹姆斯·肯德里克通过暴力电影这面镜子，折射出20世纪80年代美国在政治和意识形态上的不稳定状态。通过对一些个案的深入研究，发现当时电影工业的戏剧性转变，在里根时代，电影拍摄中对血腥场面的描绘反映了电影与社会之间的紧密关系，以及好莱坞试图寻找不仅能通过暴力电影获利，而且能符合当时兴起的保守主义思想两者之间的平衡点。当大众的关注点转向权利、越来越强调家庭伦理、军队扩建、“金钱文化”等问题时，电影制作就会面临一个叙事方面的两难境地：曾是电影业的主要经济来源的暴力电影，此时遭到主流观众的拒绝。在此种境况下，电影界找到了一种包装暴力电影的新手法，可以使电影继续通过这类主题吸引观众，而不招致观众的强烈抗议。电影界开始推崇70年代的一批具革命精神的导演，他们中的大多数通过暴力电影挑战意识形态，并转向了新的电影时代。80年代是娱乐界联合、优秀影片层出不穷、大规模生产的上升时期，该时期的暴力电影虽没有减少血腥场面，但已经不是通过残忍暴虐的场面，而是通过动作使观众精神紧张、获得不快的感官刺激来作为电影中的暴力元素。詹姆斯分析了当时电影业在这些方面的转变，以及源于80年代保守主义社会氛围下，电影的其他相关方面出现的变化，以及对恐怖电影的拒绝和努力寻找新的可为大众接受的形式。许多研究者往往关注70年代导演们拍摄的新美国电影中的暴力影片，或者是90年代昆汀·塔伦蒂诺和罗伯特·罗德里格兹等人的偶像剧的兴起，而詹姆斯则关注80年代电影界出现的变化，他的研究让我们得以理解暴力影片为何向偶像剧方向发展。詹姆斯的此项研究成果不仅是本年度研究电影的重要学术著作，而且是社会批评的研究大作，并与此前研究电影与政治环境关系的两本重要著作遥相呼应。①

另一部研究美国好莱坞电影的著作，讨论的是技术问题，即《好莱坞电影中的灯光：从默片时代到黑色电影》(*Hollywood Lighting from the Silent Era to Film Noir*)。灯光在好莱坞电影中有着极为重要的功能，不仅可以增强电影的吸引力、加强电影中动作行为的清晰效果，而且能激起观众更为丰富的情感。作者帕特里克·基廷（Patrick Keating）考察了这个向来不为研究者重视的艺术形式，他的研究对象从默片时代的背景灯（glowing backlights）开始一直到黑色电影的光影结合效果。他坚信好莱坞电影中的灯光有着独特的价值，具有很强的艺术作用。帕特里克详细分析了一批重要的经典电影作品，解释了其中

① 此前两部重要的电影研究著作是：Robin Wood. Hollywood from Vietnam to Reagan. Columbia University Press，1986；Jonathan Rosenbaum. Movie wars：how Hollywood and the media limit what movies we can see. Chicago Review Press，2002.

特色和电影摄影师在灯光上的独特创见。这些电影摄影师在早期不被重视，认为是可有可无的工人，后来逐渐变成专门的技师，他们可以很好掌握和平衡故事、摄影棚和演员之间的关系。帕特里克通过许多实例证明：并不仅仅是风格决定了好莱坞电影讲故事的形式，其实灯光的作用也很巨大——影棚时代灯光并非是不重要和看不见的。在帕特里克看来，电影摄影师发挥着多种作用，协调电影所需的各种要素，他大力肯定了电影摄影师的价值，认为他们不只是让现实变得更加迷人，而且体现了一种重要的图像表现艺术。

我们都有被电影感动、触动的经验，那么是什么促使把看电影变成抒发情感的渠道？美国凯尔文学院电影研究教授卡尔·普兰廷（Carl Plantinga）的研究新作《感动观众：美国电影与观看经验》（*Moving Viewers: American Film and the Spectator's Experience*），就从美学、观看心理学和电影在文化中的地位等几个视角探索了此问题，并给出答案。卡尔·普兰廷通过对好莱坞电影中主流影片的深入考察，讨论了“消极情绪中的自相矛盾”，以及作为仪式幻想的主流叙述模式，进而研究电影的情感实质并说明电影情感如何为了修辞目的而进行表达。卡尔使用认知科学和哲学美学的理论证明电影为何会在不同的观众中间产生相类似的情感。可以说，卡尔的这部著作是 2009 年度一部很重要的研究认知电影理论的著作。在 1996 年，曾出版一本论文选，可以说是最早提出、并且广泛而深入地讨论过认知电影理论的首部学术著作①，而认知电影理论几乎动摇了原来精神分析对观看研究的主导地位。认知电影理论界学者认为认知心理学比弗洛伊德的精神分析对从观看电影角度来研究人类心理模式提供了更为有效的模式。卡尔赞同精神分析电影理论的目标，也试图要让自己的研究与原来对认知电影理论的假设保持一定的距离，即认为观看电影行为属意识层而不是无意识层。他认为，关于电影对观众的有效冲击力的研究可以用“认知—知觉”的理论来解释说明，因为这个理论既强调观看电影的认知过程，又强调观看电影经验中发生在意识层之下的知觉内容。显然，卡尔对电影效果的认知层面研究与此前占据主流地位的精神分析理论不同。而且我们也能发现在此书中，卡尔十分支持观看的经验，以及肯定其他理论家所批判的在电影观赏中产生的“愉悦”感受。因此，他在没有完全接受弗洛伊德对无意识的解释的基础上，试图为观看电影的非意识层面的内容加以正名。在此书的前半部分，卡尔主要是建构自己的基本理论框架，以示如何通过这些理论来解释

---

① David Bordwell and Noel Carroll (eds.). Post－theory: reconstructing film studies. University of Wisconsin Press, 1996.

观众对一些主流电影的有效反应的基本特点。在这些章节中，卡尔探讨了一些电影理论界的重要话题，如电影叙事如何引发情感反应，我们作为观众与电影虚构世界中的人物角色间的关系等。在此书的后半部分内容中，卡尔讨论了一些有趣的话题——如电影是否能够激发读者的内疚感和羞愧心，以及如何解释这种内心感受。在卡尔看来，观众体验到内疚或羞愧的方式，与观众在观看恐怖电影时可能产生的恐惧心理，或一对情侣克服困难终成眷属时感到快乐的方式不同。首先，他认为电影观众的内疚和羞愧感是一种“元情感”；其次，认为这种感觉是一种“联觉效果”，电影通过音乐、灯光、演员的处境的真实再现等一系列手法，传达出内疚和羞愧经验的诸多特点。虽然在观看过程中，观者没有真正觉得内疚和羞愧，但他们在观看电影的情境中感受到了这种情感状态的各种特点，所以形成一种类似的心理效果。

乔治·伯特林尼（Giorgio Bertellini）的著作《早期美国影片中的意大利：异族，异域，和风景》（*Italy in Early American Cinema*：*Race*，*Landscape*，*and the Picturesque*）体现了跨学科研究在电影研究中的有效性。博学的乔治·伯特林尼穿梭于社会史、艺术史、人类学、电影理论和历史之间，内容涉猎广泛、视野开阔且观点新颖。作者研究了意大利人和美国意大利人的历史、文化和思想意识，特别对纽约1900至1910年期间意大利移民文化进行了深入分析。他追溯了美国电影一个世纪以来与意大利和意大利移民之间的复杂关系，分析了前摄影时代的美学，即如画的电影美学追求及其传播。如画的观念曾与北欧风景画相关，表现了一些远处山水的迷人景致和异国风情的如画山水风景，而这些如画的景致则成为地中海地区国家的象征。作者从《教父II》中表现的如画背景开始分析这种美学追求如何进入到19世纪美国的绘画中以及20世纪早期美国的电影中。本书详细解读了美国早期电影如何表现不同的故事情节，从电影场景中传达出完全不同的思想，来反映不同民族的命运。

除了对美国电影的研究外，本年度还出版了两部研究意大利电影的著作。彼得·邦德内拉（Peter Bondanella）的《意大利电影史》（*A History of Italian Cinema*）研究了从默片时代到今天意大利电影的发展状况。彼得·邦德内拉在1983年曾写过一本有关意大利电影的专著①，对战后意大利电影做过详细研究，本书可以说是在前书的基础上扩展而成。作者细致梳理和分析了电影发展与大众文化发展之间的关系，以及与大公司和产业发展之间的关系，意大利

① Peter Bondanella. Italian cinema: from Neorealism to the present. Frederick Ungar Publishing Co., 1983.

电影业与国外少数商业企业控制之间的角逐，民族电影中的本民族特色，电影发展经验与社会的关系，电影风格及其与所讲述故事之间的关系，以及这些电影所产生的意义等在电影发展史上所必须面对和解决的重要问题。本书整体框架独特，细节考察详实，认为新现实主义电影是“第七种艺术革命的分水岭”，指出罗伯托·罗西里尼（Roberto Rossellini）在1954年拍摄的《罗马不设防》（*Rome*，*Open City*）是一部具有里程碑意义的作品，完全反应了电影创作时代的道德和心理的社会氛围，是时代的象征，因此它代表着意大利新现实主义电影的诞生。

意大利帕多瓦大学电影史与电影批评教授吉安·皮耶罗·布鲁内塔（Gian Piero Brunetta）是意大利电影方面最具权威的历史学家，近30年来一直从事意大利电影史的研究。他在2009年度出版了《意大利电影史：从诞生到21世纪的意大利电影导读》（*The History of Italian Cinema*：*A Guide to Italian Film from Its Origins to the Twenty-First Century*）一书。在许多学者看来，这部书超越了电影研究的范围，用一种传统的历史文献形式呈现意大利电影发展的光辉历史。可以说，此书是目前研究意大利电影最全面的著作，它不仅对意大利电影进行整体概览，而且为研究意大利电影提供了众多综合性的参考资料。他细致分析了包括大约1 500部影片，以及对许多知名导演进行批评论述，还阐释了各种电影类型，如恐怖片、喜剧、西部片，甚至包括常被忽略的法西斯时代的电影等。他极为严肃地分析了意大利电影产业的形成，以及对意大利文化的影响和对世界的影响，涉及电影产业中的社会、政治、技术要素等。因此，他的研究可以让我们对意大利电影中的演员、摄影师、电影批评和制片商等各方面有一个较为全面的认识。在此著作中，吉安·皮耶罗·布鲁内塔认为意大利电影不仅是世界上伟大的电影产业，而且是主要的“20世纪的艺术形式”。

近些年德国电影在国际上影响力日渐增大，在国际电影节上德国电影渐渐崭露头角，如从2002年以来就有3部影片获得奥斯卡最佳外语片奖，还有2部获得提名奖。英语界著名电影杂志《视听》（*Sight & Sound*）在2006年12月的一期中，整本杂志都在阐释德国电影的内容。德国电影似乎开始复苏，再次进入了人们的视野。在2010年第二期的《影视季刊》（*Quarterly Review of Film and Video*）中，马科·埃布尔发表一篇专门讨论德国上世纪90年代一个鲜为人知的电影制作团体——“科隆小组（Kölner Gruppe）”的研究论文。他在此文中介绍了这一组织及其他们的电影作品，又分析了这些电影作品中所关注的政治问题。马科·埃布尔认为在战后这样一个大背景下，这些地下电影制作人非常关心当时的政治，并对政治有着自己的看法。当时，这些地下电影制作团体除了“科隆小组”，还有我们熟知的“柏林派”。“柏林派”在电影美学上有比较统一的风格，但这一流派的电影制作条件相同，关注的内容类似。所以，马科·埃布尔认为从此角度来看，“科隆小组”所拍摄的电影要比“柏林派”显得更加“言行一致”。马科·埃布尔的这篇研究论文正是从电影制作人和所处环境出发，考察“科隆小组”在德国电影发展历史上的价值。同时他在对“科隆小组”影视作品的分析中，认为他们的电影并非纯粹为了拍摄而拍摄，也不是对现实的真实记录，而是要表达对生命和真理的认识，展现他们心中的“乌托邦”理想。①

在德国出生，后流亡到美国的著名电影理论家齐格弗里德·克拉考尔（Siegfried Kracauer）曾在《从卡里加利到希特勒：德国电影中的哲学史》（*From Caligari to Hitler*：*A Psychological History of the German Film*）（1947 年初版）一书中认为魏玛时期的电影预言了纳粹的兴起。在 2009 年度，加利福尼亚大学著名德国电影研究专家安东·卡尔斯（Anton Kaes）推出了一部重要的研究著作——《弹震症电影：魏玛文化与战争之痛》（*Shell Shock Cinema*：*Weimar Culture and the Wounds of War*），将弗里德·克拉考尔之前的研究向前推进了一大步。他在此部著作中，深入研究了这段时期的电影史，试图寻找一些新的角度来考察魏玛时期人们对电影的狂热与一战之间的关系，以及战败后对德国人民造成的创伤。他认为当时的一批经典影片，如《卡里加里博士的小屋》（*The Cabinet of Dr. Caligari*）、《吸血僵尸》（*Nosferatu*）、《尼伯龙根》（*The Nibelungen*）、《大都会》（Metropolis）等，虽然没有直接描写战争场面、士兵参战的故事，但它们与战争均有某种密切联系，是从侧面表现战争带来的悲惨后果。这些电影反映了这个民族在战争中受到的严重心灵创伤，对此，官方从未正式承认。安东·卡尔斯借用一战期间鉴定士兵因战争而受到神经伤害的术语“弹震症”（shell shock）来隐喻魏玛时期电影中表现的心理伤害。他考察了罗伯特·威恩（Robert Wiene）、弗里德里希·威尔海姆·茂瑙（F. W Murnau）、弗立茨·朗（Fritz Lang）等当时重要的导演，以及他们作品中描绘人们患偏执病、恐慌症，害怕受到侵害等病态症状，以及一些连环杀人狂魔、疯子科学家、病态的年轻人。他把细节深入分析与广泛的材料收集结合起来，向我们展现了弹震症电影如何将极端的心理状态转变为视觉表现形式，如何通过应用一些独特手法克服当时电影拍摄的局限，如何通过最先进的电影语言推

① Marco Abel. Underground film of Germany in the age of control societies：the cologne group. Quarterly Review of Film and Video，Vol. 27，No. 2，2010：89-107.

动后来灰色电影的发展，以及对今天电影不可估量的影响。

在欧洲电影史上，捷克斯洛伐克的电影业一度在世界电影业界引起轰动，但对其的研究一直并不多。本年度史塔福郡大学电影和媒体研究中心彼得·黑姆斯（Peter Hames）教授出版了《捷克和斯洛伐克电影：主题与传统》（*Czech and Slovak Cinema*：*Theme and Tradition*）一书。本书作者长期从事这一课题研究，曾在2005年编辑出版了一部关于捷克电影的著作①。书中汇集了作者近些年来研究捷克和斯洛伐克电影的历史、喜剧、现实主义电影、政治、大屠杀、抒情性、滑稽戏和前卫、超现实主义、动漫片等问题。而这部书也将成为研究捷克和斯洛伐克电影史极具影响力的重要著作。彼得·黑姆斯将社会主义之后的战时电影与战后电影的发展联系起来，考察了主题、类型和视觉风格，以及贯穿于不同时期和政治环境中的电影风格和传统。他认为捷克和斯洛伐克电影在中欧电影史上具有独一无二的重要地位。他的研究有可能使东欧的电影在英语世界的影响发生改变，并且可能促使东欧电影成为学者研究、讨论的热点话题。

德国新马克思主义学者乔治·卢卡奇（Geory Lukays）的名字一般不会与电影联系在一起，在20世纪的西方世界，无论是马克思主义者还是非马克思主义者都视其著作为经典。然而，今天随着后结构主义等新思潮的兴起，大部分学者已对此类著作渐渐失去了兴趣。但学者琼-皮埃尔·戈恩斯（Jean-Pierre Geuens）认为卢卡奇主张的艺术美学形式与当时社会组织结构有一定关系的观点在今天的电影研究中还是非常有效的研究手法。卢卡奇坚信重大历史事件“必然会在当时人的意识中反映出来，因此也会反映在当时的诗人和思想家的意识中”；琼-皮埃尔对此观点极为赞同，认为此观点在今天依然可以“光芒四射”。我们都知道，卢卡奇认为19世纪西方小说演变是和当时资本主义的日常生活有着紧密关系。让-皮埃尔接着此说法，认为此观点可运用到今天的电影研究中。在他的研究论文中，琼-皮埃尔回顾了卢卡奇的三个重要概念——异化、具体化、整体性，以及这些概念与当前电影之间的关系。在解释卢卡奇思想的同时，也借助美国新派马克思主义学者的代表弗雷德里克·詹姆逊（Fredric Jameson）的思想来分析近年来美国好莱坞电影制作现象。他认为我们不能简单地从美学角度来阐释近年来好莱坞电影的剪辑制作，而是要看到这些影片需要为哪种行为与目的服务——比如，首先是使观看者内心产生自发

---

① Peter Hames (ed.). The Czechoslovak new wave. University of California Press, 1985.

的操控。可见，他的此种观点与卢卡奇对小说的看法极为类似。①

除了对欧洲电影从历史和理论角度进行考察之外，很多学者把研究的视野放在非西方电影上，或是探讨两种文化之间的交流沟通在电影中的反映上。如学者斯特西·韦伯-费韦（Stacey Weber-Fève）撰文讨论了由法籍突尼斯导演拉贾·阿马里（Raja Amari）拍摄的电影《生生不息》（*Satin rouge*），分析突尼斯妇女在现代社会中的境遇。② 从20世纪50年代晚期到60年代早期，突尼斯从法国殖民统治下独立后，建立了独立的现代民族国家。此时，西方很多政治家、艺术家和思想家就已开始关注突尼斯妇女问题，他们借助不同的艺术手法和媒体展现突尼斯的妇女形象。法籍突尼斯导演拉贾·阿马里运用现代手法挑战了深入突尼斯人心的传统信仰体系，他通过一位后殖民时代妇女的性别建构和当代妇女身份的建构过程强调文化价值和态度。阿马里的电影同时也提出一系列重要的问题，即在当代突尼斯社会中妇女拥有怎样的身份和如何表现自己。斯特西在深入细致地研究认为拉贾·阿马里的影片之后，认为阿马里在电影中突出的妇女家务和自我性别呈现之间的矛盾为她提供了一个很好的批评视角。作者在文中考察了当代北非电影中表现妇女的可能性，同时也分析阿马里在电影中所用的摇镜头、画框手法的艺术表现方式，认为这两种手法突破了传统表现突尼斯家庭妇女的方式。

对新媒体经济学的最好诠释，不是对电影、电视的研究，而是对现象的分析。影视在非洲传播很广，非常流行，处处都吸引了大批的观众。学者皮埃尔·巴罗特（Pierre Barrot）研究了当代非洲民众对影视狂热关注这一文化现象。在《瑙莱坞：尼日利亚的影视现象》（*The Video Phenomenon in Nigeria*）一书中，作者考察了尼日利亚影视工业在近十几年迅速兴起与发展，从1992年到2005年约有7 000部新的影片诞生，但大部分投资较少、品质较差、拍摄速度过快。当然，其中也不乏有一些优秀故事片，同时也推出了一些影星。这类影片情节非常长，基本是对流行电影、主流电影和电视节目的直接复制。皮埃尔·巴罗特通过采访出品人、演员、发行人等，分析了这一没有国外投资的本土产业的活力和激情，认真而细致地考察了这些影视获益巨大的产业及相关现象和经验。尼日利亚的影视几乎传遍了非洲大陆，皮埃尔认为这一现象与

---

① Jean-Pierre Geuens. Georg Lukács and contemporary film praxis. Quarterly Review of Film and Video, Vol. 26, No. 3, 2009: 216-225.

② Stacey Weber-Fève. Housework and dance as counterpoints in French-Tunisian filmmaker Raja Amari's Satin rouge. Quarterly Review of Film and Video, Vol. 27, No. 1, 2010: 1-13.

非洲悲观主义（Afro-pessimism）完全不同，这一现象说明了非洲电影产业和文化复兴的可能性，以及影视在非洲电影观众支持下发展的可能性。

过去的20多年内，最令世人称奇的是阿根廷在国际电影界的异军突起，它们是在国家经济最糟糕的情况下创造了电影业的奇迹。长期沉寂的阿根廷电影在90年代晚期以独立的姿态稳稳地建立了在世界电影界不可动摇的地位。虽然国际上的许多杂志报纸都在报道和讨论阿根廷电影的神奇故事，但学术专著几乎未涉足对此一现象的讨论，也未对阿根廷电影的发展史进行研究与反思。然而，2009年度在英语世界中，陆续出版了两本有关此主题的专著。一是冈萨洛·艾格勒（Gonzalo Aguilar）的《另一个世界：新阿根廷电影》（*Other Worlds: New Argentine Film*）。此书详细考察了阿根廷电影发展的背景，包括年轻一代批评家试图用类似小说批评的形式进行电影批评、影视学校的空前发展、独立国家电影机构发展出的新的生产方式、1994年电影法的颁布以及重新举办的国家电影节的重要作用等，这些都为阿根廷电影新的制作人创造了平台。作者不但分析了社会文化背景，而且还对一些重要的电影人进行了研究，并将他们与70、80年代的导演进行比较研究。另一本是乔安娜·佩奇（Joanna Page）的《当代阿根廷电影的危机和资本运作》（*Crisis and Capitalism in Contemporary Argentine Cinema*）。此书同样关注阿根廷电影崛起的社会、政治环境，但主要问题集中在讨论具体经济状况与电影之间的关系。乔安娜认为电影中反映的犯罪、移民、种族隔离等问题都与粗放的新自由经济政策的冲击有关。正如此书书名所揭示的，她采用了马克思主义的观点对主体性、记忆和观众等进行全新阐释。她认为，阿根廷电影记述了民族国家的危机的同时，也对民族的重构做出了一定贡献。她对阿根廷民族身份的重建和电影中表现出的私人空间与政治之间的关系研究尤其有启发意义。同时，作者敏锐地指出当代电影批评理论与“第三世界”电影创作之间存在较大差距，以及诸如“全球化”、“跨民族”等术语用在对“第三世界”电影批评中存在诸多问题。所以，乔安娜在对阿根廷电影的研究中，并未直接将一些惯常使用的理论、术语直接套用在对阿根廷这样的国家制作的电影的批评中，而是在谨慎的思考和重新鉴定之后进入批评。乔安娜的此种研究思路对我们研究中国电影和思考我们自己的问题有较大的借鉴意义。

在对中国电影的研究中，本年度也有值得注意的一些论著。美国伊利诺斯大学亚洲电影研究教授戴维·德泽（David Desser）借助美国学者弗雷德里克·詹姆逊（Fredric Jameson）的理论，认为所有第三世界的文本都可被视作

"民族的寓言",① 并将其应用到对香港电影的研究中。戴维·德泽在其研究论文《三合一与时代变迁：香港电影的民族寓言》中首先从物质层面考察了香港电影产生的具体环境、技术、电影人和电影产业，以及香港电影的发展史，进而对香港影片的"寓言"特点进行了考察。他不但接受了詹姆逊"民族的寓言"观点，而且将"寓言"概念进一步扩展：认为每一部电影即是本身制作的"寓言"，因为电影的创作模式、表达的诗学、电影文本中历史和文化的标识，电影在当地的接受以及不同地区之间的转化等，都属一种"寓言"现象。戴维·德泽以此为视角，分析了一批重要的电影作品，阐释香港影片如何体现民族寓言性。经过细致分析和研究，他最终认为"民族寓言"是香港电影研究的最有效方法。②

张艺谋2002年导演的电影《英雄》从投资、影星到优美的场景、神奇的情节，都触动了中国文化、民族、政治中的关键问题，在国内外都获得了巨大成功。因此，《英雄》被认为是首部在全球取得成功的华语大片。英国利兹大学传媒研究中心亚洲国际传媒教授格雷·D. 罗恩斯利（Gary D. Rawnsley）和传播研究所研究员蔡明烨（Ming-Yeh T Rawnsley）③ 合作编撰了《全球化的中国电影：〈英雄〉中的文化和政治》（*Global Chinese Cinema*：*The Culture and Politics of 'Hero'*）一书。此书是一本论文集，文章从不同角度分析了《英雄》在国际上受欢迎的原因，探讨了电影与观众产生共鸣的要素，还分析了中国国家统一、寻找文化身份认同、在新中国环境中的政治和美学价值的表现、性别取向、性、爱情、暴力等关键性问题。此书试图证明中国电影和电影产业的逐渐崛起与国际社会间的紧密关系，如中国与西方世界，中国电影业与中国经济之间的互动关系对电影业发展的影响，以及好莱坞与亚洲艺术家和技术人员之间的广泛合作关系等。总之，此书对最近中国社会、流行文化和文化产业的发展进行了深刻而有意味的思考。

（四）戏剧研究

正如此前报告所言，本节所涉及的戏剧不仅仅局限于狭义的戏剧概念，而

---

① Fredric Jameson. Third world literature in the era of multinational capitalism. Social Text, No. 15, 1986: 65-88.

② David Desser. Triads and changing times: the national allegory of Hong Kong cinema, 1996—2000. Quarterly Review of Film and Video, Vol. 26, No. 3, 2009: 179-193.

③ 2006年，英国利兹大学传媒研究中心亚洲国际传媒教授格雷·D. 罗恩斯利（Gary D. Rawnsley）和传播研究所研究员蔡明烨（Ming-Yeh T Rawnsley）曾合作撰写《中国的政治交流：身份的建构与反思》（Political communications in greater China: the construction and reflection of identity）。

是涵盖了大部分的舞台表演（包括了英文所谓的 drama，theatre，performance），同时由于对象的复杂性，在与音乐、舞蹈之间可能存在着分类模糊的状况。其中部分原因是由于戏剧本身融合多种艺术元素，其次现代很多实验剧、先锋剧都试图借助多种媒介来表现，所以原有艺术分类的界线就愈加模糊。对于此点，有必要在此先予以说明。

在去年的报告中，曾重点指出英国大戏剧家莎士比亚的戏剧文本和舞台演出依然是当前戏剧研究的重要话题。这一点在今年依然未变，可以说从这位伟大的戏剧大师身上，研究者有取之不尽的资源，这不仅仅是由于莎士比亚戏剧本身的丰富性，而且由于随着历史的演进，他的戏剧不断在全世界上演，不同地区文化对莎士比亚戏剧的接受和改编过程，构成了更加丰富的研究资源。所以在一定程度上说，莎士比亚戏剧的传播史和演出史要比他的戏剧本身更需要研究。

在本年度莎士比亚戏剧的研究中，首先值得指出的是学者罗伯特·布鲁斯汀（Robert Brustein）的著作《被玷污的缪斯：莎士比亚及其时代的偏见和傲慢》（*The Tainted Muse*：*Prejudice and Presumption in Shakespeare and His Time*），此书是研究莎士比亚及其时代的又一本重要学术著作。在书中，罗伯特深入分析莎士比亚戏剧和其时代偏见，为我们理解莎士比亚提供了全新、深邃的思考视角。通过分析莎士比亚的个人偏见，打破了原来笼罩在这位大师身上的神秘色彩，拉近我们与经典的距离。罗伯特集中讨论了莎剧中体现出的一些偏见，如厌女症（misogyny）、杰出人物统治论（elitism）、对女人气（effeminacy）的厌恶、种族歧视（racism）等，并与马洛（Marlowe）、米德尔顿（Middleton）等人的戏剧进行比较，细致地考察了莎士比亚这些偏见与同时代人的思想的关系，进而分析莎士比亚同时代的文人在戏剧中又是如何表现同样的主题，以及不同的艺术家们如何通过自己的媒介和方式表达当时的偏见。除了对这些主题进行研究外，作者还从剧本中对戏剧家个人的性格和立场进行分析，指出这种偏见是贯穿于莎士比亚的一生，只是不同时期表现的程度不同而已。罗伯特认为，莎士比亚是其时代思想中具有的那些偏见的典型代表。值得称赞的是，罗伯特不仅分析与莎士比亚同时代其他人之间的异同，和其独特的表达偏见的方式，更重要的是没有将莎士比亚局限在他那个年代，而是与不同时代相类似的情况进行了比较分析，指出其中的普遍性和莎士比亚的特殊性。总之，罗伯特在书中时常提出一些新颖观点，虽然讨论的仅是一些边缘问题，但对深入理解莎士比亚具有重大意义。《被玷污的缪斯：莎士比亚及其时代的偏见和傲慢》一书雄辩地告诉人们，虽然已经出版了成千上万、视角多种多样的莎士比亚戏剧的研究著作，但仍需更多的学者对此进行研究。

印度德里大学副教授本曼·曲伟迪（Poonam Trivedi）与日本爱知教育大学英语教授南雄太（Minami Ryuta）合著的《莎士比亚在亚洲》（*Re-playing Shakespeare in Asia*）一书主要研究西方莎士比亚戏剧在亚洲的接受、欣赏、改编、同化和篡改等问题。他们用重新演出、重新撰写来形容莎士比亚在亚洲演出和接受的情况。从美学、戏剧、文化和政治等方面出发，考察这些因素对莎士比亚戏剧的影响。通过对一些跨文化演出中的关键问题的思考，回答了在文本、类型和性别等方面如何进行转化，以及莎士比亚戏剧如何介入亚洲文化中的民族性、身份和后殖民等问题。他们还讨论了不同文化之间如何交流和融合，以及在世界范围内重演莎士比亚戏剧的深层内涵，尤其关注在日本、中国、印度、韩国、新加坡、印尼、菲律宾等国家一些重要导演指导、排演的莎士比亚戏剧情况，指出在亚洲上演莎士比亚戏剧不仅促进本土戏剧形式的复兴和发展，而且产生了可进入国际市场的新的文化资本。同时在2009年，经过修订重新出版了曾于1999年出版的《莎士比亚与日本舞台》（*Shakespeare and the Japanese Stage*）。与之前所介绍的著作类似，其主要研究了莎士比亚戏剧在日本的接受情况。此书是一本论文集，是由日本和西方研究莎士比亚专家合作撰写的研究莎士比亚重要作品的著作，讨论日本和西方人对莎士比亚的理解之间的相互关系，以及传统和现代舞台表演中莎士比亚戏剧的变化等。

英国维多利亚时代有一位大学者、艺术批评家，经常出入剧院，对莎士比亚的戏剧非常痴迷，他就是约翰·拉斯金（John Ruskin）。2010年出版的研究论文集《约翰·拉斯金和维多利亚剧场》（*John Ruskin and the Victorian Theatre*），探讨的就是拉斯金积极参与维多利亚时代流行戏剧演出以及他对戏剧的影响。不同研究者通过拉斯金对哑剧、情节剧、莎士比亚悲剧、绘画和舞台的评论，从侧面反映出维多利亚晚期伦敦西城的戏剧状况；尤其是通过拉斯金这面镜子，生动地为我们还原了戏剧史，也为我们研究戏剧提供了崭新的视角。

用编者的话来说，此书的目的在于研究拉斯金多元的身份和其丰富的文字，考察其“文字、图像、舞台，以及真实和虚构的戏剧空间，这些内容一起生动反映出了维多利亚晚期的艺术表现方式”。编者在前言指出，拉斯金正是在1854年参观了皇家学院艺术展后，对霍尔曼·亨特（Holman Hunt）的《唤醒良知》（*The Awakening Conscience*）深表赞同，并得到启发，由此影响了他的艺术观。所以，拉斯金在他的绘画和戏剧批评中对图像故事性极为重视。此书的撰稿者虽然研究视角不同，但都试图将拉斯金在舞台表演和视觉文化研究之间建立起关系。在对拉斯金的研究中，雷切尔·迪金森（Rachel Dickinson）指出拉斯金一贯持有的女性的纯洁和儿童的天真观念如何影响了他对《灰姑娘》等戏剧的评价；并认为哑剧能体现、抓住“真实的本质”（the essence of what is real）。另一作者安塞尔姆·海因里希（Anselm Heinrich）主要研究拉斯金观念对国家剧院最终建立起到的巨大作用。但其中也有矛盾之处，如拉斯金看重艺术的道德教育功能，而剧场却是一个商业和娱乐中心，此点也是此书作者们所关注的重要问题。在对19世纪创作的戏剧《威尼斯商人》的生动解读中，理查德·福克斯（Richard Foulkes）证明拉斯金一贯强调的视觉写实主义与舞台设计方式之间的一致性（舞台背景大部分都依照对威尼斯城市景致调查的一手资料而设计）。而19世纪50年代出版的《威尼斯之石》（*The Stones of Venice*）一书，虽然一度激起了读者的强烈反响，但并没有成为舞台设计的“基石”。最值得人们思考的是，“拉斯金反复提及城市在堕落的话题，而这在戏剧表演中认为是可以获得补救的”，但事实上，在这两者之间存在明显矛盾——舞台背景只是将观众从想象中带回到16世纪晚期的威尼斯，并没达到拉斯金所强调的通过威尼斯经验教训来教育19世纪的人们。此书分为两部分，第一部分探讨的主题是拉斯金与戏剧，第二部分则是剧场与视觉艺术。

麦克米伦出版社一直十分热衷戏剧研究著作的出版。本年度他们组织出版了一套名为“剧场与……”系列丛书，其目的在于讨论“剧场如何激活世界，以及世界如何推动剧院发展”。浏览一下本系列的内容，我们不难发现所讨论话题之丰富和范围之广，同时也会发现这些主题涵盖了当今剧场和表演研究的主要话题，如全球化、道德和人权等。根据计划，除了已出版的《剧场与城市》（*Theatre and The City*）、《剧场与道德》（*Theatre and Ethics*）、《剧场与全球化》（*Theatre and Globalizatio*）。本系列还将陆续出版《剧场与感情》、《剧场与博物馆》、《剧场与建筑》、《剧场与教育》、《剧场与跨文化》等。这一系列图书为我们提供了当前研究剧场和表演方面的重要主题，这些问题的研究才刚刚开始，还需继续深入。这样，能使我们更为深刻地认识剧场、表演与相关各种人类生活之间的相互关系。

《剧场与道德》一书围绕古代、现代、后现代的剧院哲学与实践展开。作者从索福克勒斯的戏剧《菲罗克忒忒斯》开始，分析了“我该如何表演?”这一问题如何被提出，并成为舞台演出中的关键问题。他认为此问题是舞台与道德之间关系的连接点，也是此书讨论话题的始发处。如果舞台是“伪装之家”，那么剧场就并非是为道德生活提供一个模棱两可的教导，而是对道德提出了挑战，这点值得我们深入思考。作者还对全球化理论和美学形式及社会过程之间的关系进行分析，并对一些重要观念，如全球化、地方主义、世界主义，结合舞台表演和流行文化中的例子进行详细阐释，他强调全球化是一个经济现象，与演出和表演中的世界主义传统相对。

现代城市与剧场和舞台表演之间的关系经常是戏剧研究中的有趣话题，尤其是现代城市的发展离不开演出，而剧场舞台文化则在一定程度上是一个城市文化和身份的象征。《剧场与城市》一书的目的在于探索“我们如何能有效利用城市中的剧场，认识它们对我们生活和社会体验的改变，以便让更多的人从城市生活中受益”。此书的内容主要围绕三个领域展开，即城市的戏剧化再现，剧场的物质条件，舞台表演为演员和观众所提供的表演机会。作者通过一些具体案例分析，强调对城市文化生活的理解需通过文化唯物主义与表演分析之间在方法论上的相互融渗来实现。作为美国第三大都会，芝加哥是主要的金融、文化、制造业、期货和商品交易中心之一，也一直是公认的演出、政治和建筑的实验场。学者洛伦·克鲁格（Loren Kruger）从三个方面考察了芝加哥的艺术和政治运动。他认为经过多年发展，芝加哥已经产生了独具特色的城市戏剧表演理论和实践。① 同样，多伦多向来被誉为是“创造力十足”的城市，孕育了各种艺术和文化形式，在城市的许多地区和街道都出现了许多地下艺术创作和表演场所，而此是表演艺术的天堂。②

法国的城市剧场非常发达，从20世纪70年代到90年代，剧院作为公共服务性机构存在，从90年代到本世纪前10年，国家和政治圈又开始对剧院加以重视，关注剧院、艺术家的时代似乎在逐渐回归。此文研究的核心是探讨公共剧院在历史上所扮演的角色，分析其如何不断与“民主化的失败”进行抗争，避免受到1968年五月事件的影响，以及社会政治的发展和文化政治区域化。通过分析，作者发现，在经济和社会发展多变的情况下，恢复公共剧院，通过舞台表演可产生、保持一种集体记忆。③

“观看行为”（spectatorship）越来越成为西方研究舞台和表演艺术的关键词。最近出版的戏剧研究著作均认识到在数字消费时代，舞台、表演以及观众的角色都发生了重要转变。任何研究舞台表演的学者都会涉及“观众”（audi-

---

① Loren Kruger. Cold Chicago：uncivil modernity，urban form，and performance in the upstart city. The Drama Review，Vol. 53，No. 3，2009：10-36.

② Laura Levin and Kim Solga. Building Utopia：performance and the fantasy of urban renewal in contemporary Toronto. The Drama Review，Vol. 53，No. 3，2009：37-53.

③ Marion Denizot. Crise de légitimité du théâtre public et mobilisation des idéaux de la décentralisation. Revued' histoire du théâtre，No. 4，2009：343-358 ence)，但“观看者”（spectator）一般认为是隐藏在“观众”背后的沉默的观察者。丹尼斯·肯尼迪（Dennis Kennedy）在2009年度出版的学术著作《观看与表演：观众的现代性与后现代性》（*The Spectator and the Spectacl*：*Audiences in Modernity and Postmodernity*），研究了隐藏在背后的“观看者”。此书的研究主题包括“观众”与导演兴起、前卫艺术运动、旅游之间的关系，电影对现场表演和体育运动的影响等，内容十分丰富，涉及前卫艺术的思想意识，到跨文化的演出，甚至体育盛事。丹尼斯在书中指出“观看者”和“观众”是模糊、难以明确界定的概念，因为它们的构成要素不同，不同的人有不同的体验。即使在传统的表演中，无论在舞台、电影、电视，还是运动会上，我们都很难对“观众”作出确定、权威的定义，并加以讨论；因为每个人的经验和理解在不同场合下可以完全不同，所以任何尝试分析“观众”的努力都令人难以信服。“观众”的概念在现代社会逐渐遭到怀疑，因为它既是“观看”的“因”，也是“观看”的“果”。丹尼斯将“观看”追溯到前卫表演时代，指出“观看”与“观众”之间具有的矛盾关系：表演者想去改变、惊吓观者；而消费者并不愿被教育或受到惊吓。丹尼斯一直将莎士比亚的戏剧作为考察的对象，从借助莎士比亚戏剧来表现冷战思想意识，到视莎剧为旅游商品，再到跨文化表演中服务于不同的政治和艺术目的等。他还借助莎剧及出现的变化来反思“观者”在舞台表演和电影之间的异同。最后丹尼斯考察了主观性，对兴起的体育盛会进行了饶有趣味的思考，并将体育盛会看作是“观众”表达的一种形式。

如果说丹尼斯·肯尼迪将研究的重点放在过去时，那么《观看的类型》（*Modes of Spectating*）一书则将视野投射在当前与未来的数字文化中。此书的16篇文章都在讨论一个话题，即随着参与性“观看”与技术上的进步对感官认知的加强之间关系的复杂化，（数字）表演艺术“观看”方式逐渐出现了转变。此书考察了新的艺术形式和技术媒介对“观看者”经验的影响。这些新的视觉工具不仅影响了“观看者”“观看”的方式，而且他们的“观看”方式反过来决定了艺术生产。此书分析了年轻人如何使用游戏和电视媒体来娱乐，以及“观者”如何影响视觉世界。这种跨学科的研究方式，汇集了从游戏、摄影、雕塑到表演艺术等不同的例子和观点，为研究媒体和艺术提供了很好的思想资源。

随着媒介在认知和神经科学应用方面的发展，以及过去十多年来大量相关论著的出版，有学者预言21世纪是大脑研究的世纪，所以，出现了对人类情感、动机、行为、身份和思考方式的研究，这些基础性研究为其他学科研究和应用提供了理论上的准备。近些年，脑科学、认知科学、神经科学逐渐开始进入人文学科领域，包括视觉艺术。我们在去年的报告中，就曾提到神经艺术史是人文学科中最新、最令人激动的研究领域之一。艺术史界著名学者约翰·奥涅斯在2008年就出版了《神经学艺术史》一书，考察神经系统与视觉艺术之间的关系。在表演和具体舞蹈动作研究中也开始探索与认知之间的关系。《戏剧评论》(*The Drama Review*) 2009年第2期专门汇集了一些论文探讨此问题。现任美国戏剧研究协会（American Society for Theatre Research）主席的朗达·布莱尔（Rhonda Blair），近些年就一直从事此相关问题的研究。开始，她较为关注科学如何帮助人类理解舞蹈作品的问题；最近她将研究集中于演员表演中如何把想象、动作和语言与移情、模仿联系起来，以塑造成功的角色，并与搭档在演出期间获得完美配合。所有的神经和认知科学都将人看作是一个整体，身、心不可分。所以，此种理论要求我们思考的是“表现出的内心”（embodied mind）、“有意识的身体”（conscious body）；这些都是近期西方研究舞蹈者的重要概念。早在19世纪末期，西方就出现了一位用现代方法研究舞蹈动作的重要学者——康斯坦丁·斯坦尼斯拉夫斯基（Konstantin Stanislavski，1863—1938)，他受到reflexologists（行为主义者的早期称呼）影响。当他的表演遇到“瓶颈”状态时，就会向科学寻找解决之道，探寻如何使演员的动作更加连贯一致，更具感染力，以及更能引起观者的注意力。① 在分析认知神经科学与舞蹈动作之间关系时，作者认为目前两个领域非常有价值，具体来说就是整合（conceptual blending）与浓缩理论（compression)，以及对移情的研究。这两个领域为研究演员的演出提供了重要理论基础，这也是斯坦尼拉夫斯基方法中的关键因素。所以作者具体分析了两方面与表演、想象之间关系，以及导演和演员需要思考的新问题和表演方式。②

这一期的《戏剧评论》文章，包括了对纽约先锋戏剧的代表伍斯特剧团（Wooster Group）实验剧与认知科学关系的研究。此剧团一般会选取一些家喻户晓的名作剧本，重新组织情节结构，借鉴其他形式的舞台元素来表演。学者埃米·库克（Amy Cook）就专门撰文讨论了伍斯特剧团在2007年上演的《哈姆雷特》，它既非电影，也非古典剧的重新编排上演，而是探索介于电影和戏剧之间的表演空间，处于媒介和现场之间，自我和他者之间的一种演出形式。

---

① Rhonda Blair. Cognitive neuroscience and acting: imagination, conceptual blending, and empathy. The Drma Review, Vol. 53, No. 2, 2009: 93-94.

② Rhonda Blair. Cognitive neuroscience and acting: imagination, conceptual blending, and empathy. The Drama Review, Vol. 53, No. 2, 2009: 93-103.

作者在此文中分析了这种表演形式中的镜像神经元及其对理解作品的价值。① 此外在《体验未来》一文中，讨论了在表演中通过美学体验实现未来。依据德国历史学家科泽勒克（Reinhart Koselleck，1923—2006）的观点，将“经验”看做当前的过去，把“期望”看做现代的未来；作者乔伊（Joy Kristin Kalu）为了建构一种历史可能性理论，考察了不同时期、不同层面和表演的潜在性之间的关系，认为每次表演都构成了一种空间的可能性，因为它穿行于过去与未来之间。纽约伍斯特小组创作表演的《哈姆雷特》，成为乔伊分析表演中审美地体验未来的最佳例证。《哈姆雷特》的舞台表演是对很久以前电影版《哈姆雷特》的舞台重复，揭示了过去与未来在时间上的复杂关系。② 还有一篇文章讨论的是 2008 年春季在多伦多上演的一场实验剧——《立体城市》（*Vertical City*）。它融合了各种表演元素，由七位不同背景的艺术家共同演绎，包括身体表演、空中演出、音乐乐曲和舞蹈表演。这次演出的首要目的是为了突破原来的表演“习惯”，实现不同艺术之间的融合。其次是为了改变观众的观看习惯和原有对各种舞台演出的关注点。正是从这场演出的主要目的出发，此文作者借助认知理论对人类认识和记忆的研究，以及在表演艺术中的应用；分析了这场演出中的表演艺术问题，以及未来演出在这方面可能的发展空间与需要注意的问题。③

随着数字文化的到来，及其对媒体和艺术的影响；德国媒体研究者从 20 世纪 80 年代晚期开始提出一种跨媒体的表演研究和分析概念。④ 他们关注的对象包括现有的各种媒体和艺术形式之间的合作，它们之间融合后所发挥的新功能，以及这些新的合成媒体和艺术对观众的接受带来的冲击。在这些媒体和艺术形式的合作中，安娜-玛丽·布瓦韦尔（Anne-Marie Boisvert）、马侬·奥利尼（Manon Oligny）托马斯·伊斯雷尔（Thomas Israel）（三位分别是舞蹈

---

① Amy Cook. Wrinkles, wormholes, and Hamlet: the Wooster Group's Hamlet as a challenge to Periodicity. The Drama Review, Vol. 53, No. 2, 2009: 104-119.

② Joy Kristin Kalu. Experiencing expectation: perceiving the future in performance. Theatre Research International, Vol. 34, No. 2, 2009: 166-172.

③ Pil Hansen and Bruce Barton. Research-based practice: situating vertical city between artistic development and applied cognitive science. The Drama Review, Vol. 53, No. 2, 2009: 120-136.

④ 提出这一观点的著作主要包括：Karl Prümm. Intermedialität und multimedialität. Theaterzeitschrift, Vol. 22, No. 4, 1998; Franz-Josef Albersmeier. Theater, film und literatur in Frankreich: medienwechsel und intermedialität. Wissenschaftliche Buchgesellschaft, 1992; Jürgen E. Müller. Intermedialität formen moderner kultureller kommunikation. Nodus Publikationen, 1996; Jörg Helbig. Intermedialität theorie und praxis eines interdiziplinären forschungsgebiets, Schmidt, 1998.

家、编舞和电影制作人）综合演绎了当代著名女摄影家兼导演辛蒂·雪曼（Cindy Sherman）的艺术，成为此文分析研究的对象。作者关注的不仅是这些艺术家，更重要的是这些不同的媒介、艺术形式的独特性。在作者看来，由于这种多媒介的表演形式引发了对艺术与媒介本身的反思，产生了对其专门研究的理论——“跨媒体表演/分析”（intermedial performance/analysis）理论。跨学科和多视角的文化与跨媒体表演研究缺乏分析的严密性，但是研究艺术家的跨学科兴趣，以及使用各种媒介却必须使用此种视角与方法。因此要做好这方面的研究，必须通过跨学科、跨媒体和多元文化的研究方法，进行个案研究，将这些概念具体化。这种“跨媒介表演/分析”中的交互循环形式与后现代艺术丧失独立性是同步的，在对这一具体演出的研究中，作者围绕着两个舞蹈、一个短暂的影片、辛蒂·雪曼的摄影，以及演出背景等进行深入思考。①

哲学与舞台表演之间的关系既体现在哲学家本人对表演的思考，也体现在研究者借助哲学思想来阐释舞台戏剧。《阿兰·巴迪欧的戏剧》（*The Thratre of Alain Badiou*）一文恰恰综合了这两种类型。阿兰·巴迪欧（Alain Badiou）是当今法国哲学界炙手可热的人物。作者研究了巴迪欧的哲学思想与演出之间的关系。首先，他分析了巴迪欧的主要分类，如事件和角色，这与表演在理论上是一致的。其次，讨论了巴迪欧本人与演出之间的关系，戏剧在其哲学思想中占据了重要位置。最后，马丁认为，要理解巴迪欧的思想必须回到柏拉图。柏拉图在此文中并未被看作是戏剧的敌人，而是一位与戏剧有千丝万缕联系的哲学家，其哲学的产生在某种程度上与剧场有关。马丁在此文提出了用“具戏剧特质的柏拉图主义”（dramatic Platonism）来指称这一思想传统，而巴迪欧则是柏拉图和这一思想在现代最有影响力的代表。② 安托南·阿尔托（Antonin Artaud）被誉为法国戏剧界的哲学家，而吉尔·德勒兹（Gilles Deleuze）则是研究戏剧的哲学家，两者之间的思想关联显然是非常有意义的话题。③ 学者本杰明·魏舒茨（Benjamin Wihstutz）的文章《对结局的预期：论观看和此在的短暂性》从存在主义的角度讨论了预期观看与表演的短暂性之间的关系。作者借助海德格尔的概念“死亡预期”（Vorlaufen），认为任何对戏剧结局的预

---

① Johan Callens. Anne-Marie Boisvert, Manon Oligny, and Thomas Israel: three artists in search of Cindy Sherman. The Drama Review, Vol. 54, No. 1, 2010: 39-58.

② Martin Puchner. The thratre of Alain Badiou. Theatre Research International, Vol. 34, No. 3, 2009: 256-266.

③ Laura Cull. How do you make yourself a theatre without organs? deleuze, artaud and the concept of differential presence. Theatre Research International, Vol. 34, No. 3, 2009: 243-255.

期都反应了对当下的反思能力，作者在文中考察了现场艺术表演如何将当下的“此在”（Dasein）带入观众视野中。①

国外学者除了对西方发达的戏剧传统以及先锋实验戏剧的研究之外，同时也对非西方的戏剧文化进行了不同视角的考察。这其中就包括对非洲剧作家吉古恩·瓦·西昂戈（Ngugi wa Thiong'o）戏剧的研究。在过去30年中，肯尼亚作家吉古恩·瓦·西昂戈是非洲籍作家中最富民族独立意识和本土文化保护主义的作家，一贯主张恢复非洲原住居民的语言、宗教和文化的自我表达权，要夺回被殖民者涂改的“民族原型”，这些话题都成为后殖民主义研究的重要问题。西昂戈的文学作品中存在大量有关口头记述和本土舞蹈戏剧表演的内容，以及一些艺术家在非洲社会中的记述，因此这些内容一直是研究西昂戈作品的学者所关注的重要部分。在《吉古恩·瓦·西昂戈戏剧中民族主义的性别和情色》一文中，作者通过西昂戈作品中所记述的情况，研究具体演出中观众和表演的各种细节。但他认为，仅对这些内容进行研究还不够，在西昂戈戏剧作品中的表演方式和技巧同样需要研究。因为翻译的原因，一些很重要的性别含义在翻译的过程中消失了。作者埃文通过对西昂戈戏剧中的象征语言、性别和民族政治之间进行穿插研究，认为西昂戈通过一些性的双关语作为本土和政治独立的隐喻；同时，西昂戈的戏剧作品通过使用非洲的本土语言实现了某种解放，以及使得性别角色获得了一种真正回归。②

印度传统的多样性和演出所用语言与平时所用不同，使得印度戏剧文化异常复杂。在《后独立时代印度戏剧的研究和出版情况》一文中，作者详细深入地考察印度戏剧研究和出版情况，是对印度戏剧学术史的研究。此文分析了戏剧学术研究如何出现、为何以及何时、何地出现等情况，以及大学内戏剧专业的设立，戏剧研究博士培养的发展等问题，深入、全面地分析和总结了印度舞台戏剧的研究史。此文按时代顺序将研究主题分为两部分：第一个时代从1947年印度独立到20世纪90年代间印度戏剧的学术状况，这一时期学术的主导思想是以新经济思想和社会文化价值解放为主。第二个时代是2000年以后，戏剧研究的思路是关注现代性理论和实践，主题包括形式、风格、空间、表演性等问题，并涉及一些突出的社会问题。作者发现，在印度这样一个多元文化的国家，戏剧研究和出版状况异常复杂。作者预言，受国际学术环境的影

---

① Benjamin Wihstutz. Anticipating the end: thoughts on the spectator and the temporality of dasein. Theatre Research International, Vol. 34, No. 2, 2009: 109-115.

② Evan Maina Mwangi. Gender and the erotics of nationalism in Ngugi wa Thiong'o's drama. The Drama Review, Vol. 53, No. 2, 2009: 90-112.

响，在对当前和未来戏剧研究的研究中必然会涉及“全球化、公共性（communalism）、恐怖主义（terrorism）和原教旨主义（fundamentalism）”等问题。同时，作者在写作中论及了社会、创作和学术的责任，使我们不由得思考一个老问题——戏剧的学术研究可能、能够以及应该做些什么。①

《国际舞台上的韩国人》探讨了在20世纪90年代中期国际化进程中韩国文化受到的影响以及导演在音乐剧创作中体现的国际化因素。作者以Ho-Jin Yoon的音乐剧《末代女皇》(The Last Empress)（1995）为例，分析了韩国人的民族观念以及在20世纪90年代经济崛起的时候在国际舞台上获得认可的愿望。《末代女皇》（1995）是在西方上演的首部韩国题材音乐剧，作品以百老汇风格创作而成。作者把音乐剧放在社会、文化和舞台表演的交叉背景中，以区域和全球的视野，批评性地考察了传统韩国文化的美学特征，以及如何将戏剧创作成全球性产物，并在国际市场上成功推销。作者认为，创作发展和戏剧本身是全球化和民族特色的相互融合，即两者之间的相互作用产生了一种新的变异，使得“全球化”概念变得无意义，成为服务民族荣誉毫无意义的所指（signifier）。②

本年度还发表了一些研究中国戏剧的文章，如刘思远（音译）（Siyuan Liu）在《现代中国戏剧源起的性别扮演》一文中对早期中国话剧中的男扮女装的现象进行了源流上的考察。在20世纪早期，日本首先出现的西方风格戏剧新派剧（shinpa），其中的男性演员扮演女性角色源于日本17世纪开始的传统剧歌舞伎（kabuki）中的男扮女装的“女形”（onnagata），以及欧洲的情节剧表演方式。新派剧中性别角色的表演影响了早期的中国话剧。中国青年留学生在日本东京学习了这种表演形式，之后在1910年的上海流行起来。当时的中国人不但接受了这种演出形式，而且对现代中国妇女的形成产生了一定影响。作者认为，早期中国话剧中男扮女装的演出形式既受到日本新派剧的影响，同时也从传统戏曲中吸取了表演形式；但在“五四”新文化运动后，女性角色逐渐开始由女演员来出演。从某种意义上说，这是西方性别观念间接对中国的影响。所以，20世纪初的中国被认为是西方现代性别观念进入中国并开始在现实中发生影响的时代。但作者同时也指出，性别身份在日本新派剧和中国现代话剧中的情况实际上很复杂，不能简单将其视为在东西方、传统与现

---

① Ravi Chaturvedi. Theatre research and publication in India: an overview of the post-independence period. Theatre Research International, Vol. 35, No. 1, 2010: 75.

② Hyunjung Lee. Performing Korean-ness on the global stage. Theatre Research International, Vol. 35, No. 1, 2010: 54-65.

代之间的二元对立关系中生成的一种新事物。①

(五) 舞蹈研究

本年度国外舞蹈研究成果颇丰，其中首先体现在对舞蹈的科学研究中。随着科学实验和理论的不断发展，舞蹈研究积极将这些理论吸纳进自己的研究方法中，并借鉴其他相关学科的成果，进而在本领域的研究中产生新成果，比如对身体运动的研究，身心学与舞蹈的关系、舞蹈教学、采用实验法研究舞蹈，等等。这些研究方法是对舞蹈的技术分析，当然这并不能与舞蹈者的思想分离。此外，也从社会文化的角度分析不同地区、民族的舞蹈现象和历史。这些分析方法与当前的流行理论密切结合，不但使一些传统话题值得重新审视，而且也开辟出许多新的研究领域和话题。这方面突出表现在对欧洲之外舞蹈文化的研究，当然西方某些重要思想家的哲学思想对舞蹈研究的价值从来没被人遗忘过。

“如果没有思想做裁决的话，没有人会从经验中知道身体能做什么和不能做什么，”这是斯宾诺莎《伦理学》中的一句话。法国哲学家吉尔·德勒兹也曾问过相类似的问题：“身体能做什么？”这些问题引发人们对身体潜在创造力进行思考。身体是舞蹈的主要表现媒介，同时也是舞蹈研究者研究的中心内容。2009 年 5 月，在纽约大学提斯克艺术学院（Tisch School of the Arts）召开一场以“理论和实践中舞者身体”（The Performing Body in Theory and Practice）为主题的研讨会。学者的讨论和论文最后都刊登在《舞蹈研究学刊》2010 年的第一期上。作者们分析了舞蹈和舞蹈相关的实践，认为在舞蹈的表演过程中要坚持传统和有限度的主观性表达；并对“身体表达”与表现之间关系进行了热烈讨论，同时也从科学和哲学的角度分析了舞蹈和相关实践。

首先是来自柏林自由大学戏剧和舞蹈研究教授加布里埃尔·布兰兹塔特（Gabriele Brandstetter），他在论文中考察了 20 世纪早期俄罗斯芭蕾舞团（Ballets Russes）到后现代舞蹈中体现的假设、局限、拟人标准和表现的问题。作者并未分析通常学者所关注的仿生舞蹈中的拟态和模仿问题，而是讨论了具体情境下舞蹈的运动模式。加布里埃尔借助意大利当代哲学家阿冈本（Georgio Agamben）的理论，考察动物和人之间通常认为存在的鸿沟、界限，通过分析西方舞蹈中动物形象的舞蹈表现形式，作者对人类的此种分类法提出质疑。可

---

① Siyuan Liu. Performing gender at the beginning of modern Chinese theatre. The Drama Review, Vol. 53, No. 2, 2009: 35-50.

以说，通过作者的探讨研究，扩展了西方舞蹈中主体性的范围。①

学者伊莎贝尔·吉诺特（Isabelle Ginot）讨论了身心学（somatics）的认识论价值。身心学是西方近些年来兴起的一门新学科，它通过身体与心智的相互作用，达到身体的平衡、放松，以此来恢复身体和治疗疾病的一种方式。随着体验和经验的累积，逐渐形成许多不同派别的身体疗法和技巧，如奥地利演员兼歌剧家亚历山大（F. Matthias Alexander，1869—1955）提出的“亚历山大技巧”（Alexander Technique）、物理学家费登克莱斯（Moshe Feldenkrais，1904—1984）提出的“功能整合”（Functional Integration）和“动中觉醒”（Awareness Through Movement）等。作者对二人的技术和理论进行考察，分析身心学的修辞策略；同时还研究了身体改良运动以及在当代哲学中的发展，并将其与美国哲学家理查德·舒斯特曼（Richard Shusterman）的身体美学（somaesthetics）进行比较，提出一种全新的身心学认识论。虽然作者并未直接讨论舞蹈，但舞蹈作为人体的一种运动而存在，因此，舞蹈与作者讨论的话题密切相关。②

玛莎·葛莱姆（Martha Graham）是美国女舞蹈家、编导、教师和理论家，美国现代舞的创始人之一。学者亨利埃塔·班纳曼（Henrietta Bannerman）在文章中分析了其所有舞蹈作品中角色、性别、身份的模糊性。她认为玛莎·葛莱姆舞蹈中有浓厚的先入为主的女性主义的思想成分，从其表演技巧中发现在强调女性性别特征和身份的同时，恰恰违背了女性主义立场，产生了其始料未及的效果。③ 卡丽·诺兰（Carrie Noland）的论文研究的是美国现代舞另一位重要代表人物——摩斯·肯宁汉（Merce Cunningham），他以抽象舞蹈的表现性在世界上产生重要影响。作者将摩斯舞蹈的表现性与阿多诺的理论结合，分析其舞蹈实践，并将作为舞台情感再现形式的舞蹈表现与本体固有感觉、位置移动和其他时空中的表现技法上的原初主观状态的情感表达进行比较，重新对舞蹈情感表达的类型进行分类。④

---

① Gabriele Brandstetter. Dancing the animal to open the human：for a new poetics of locomotion. Dance Research Journal，Vol. 42，No. 1，2010：3-11.

② Isabelle Ginot. From Shusterman's Somaesthetics to a radical epistemology of somatics. Dance Research Journal，Vol. 42，No. 1，2010：12-29.

③ Henrietta Bannerman. Martha Graham's house of the pelvic truth：the figuration of sexual identities and female empowerment. Dance Research Journal，Vol. 42，No. 1，2010：30-46.

④ Carrie Noland. The human situation on stage：merce cunningham，theodor adorno，and the category of expression. Dance Research Journal，Vol. 42，No. 1，2010：47-60.

在过去几十年中，时常会有一些学者借助哲学家的思想来解读舞蹈实践，每一种哲学视角都能为理解舞蹈作为艺术形式是如何表达以及表达了什么等问题提供一种新的思考角度。本年度出版的著作《关系图景：运动、艺术和哲学》（*Movement*, *Art and Philosophy*）一书对运动、感知、身体、图像、时间、空间、节奏等都进行了全新、系统的思考，同时还激活了一些美学、哲学上的古典问题，即动力如何转变为形式，形式如何表现力量，运动如何展现自己，运动初始的时空形式等。加拿大康卡迪亚大学研究员艾瑞·曼宁（Erin Manning）在此书中阐述了一种新的运动哲学，此与传统认为运动仅是空间的改变不同；她通过舞蹈、电影、艺术和新媒体组合而成的棱镜，考察了感觉与思想的关系，肯定了运动的源起（即运动中心的起始点）。作者提出了“预加速”的概念，使人们能够实际把握运动如何产生有关联的间隔，以实现位移的过程，通过此来帮助我们理解关于运动源起的观念。

作者从舞蹈和与此有关联的运动中讨论运动的开始原理，描绘了编舞实践，认为编舞是对运动中身体的编排，而非仅是身体位置的挪移。她考察了德国导演莱妮·里芬斯塔尔（Leni Riefenstahl）拍摄的《奥林匹亚》中的运动影像，以及通过摄影技术来理解人体生物力学或运动的科学家艾提安-朱尔斯-马莱（Etienne-Jules Marey）、加拿大动画大师诺曼·麦克拉伦（Norman McLaren）等人的运动影像，以及当代探索澳大利亚土著艺术家的点画(dot-painting)；并考察了语言，后提出了预发音理论（prearticulation)，即语言的有效性依靠运动思想的概念。此书是一本超前的实验法研究著作，通过具体案例，探讨各种潜在、显现的复杂关系。作者采用了“怀特海式的视角”，承认阿尔弗雷德·诺思·怀特海（Alfred North Whitehead）理论的重要性，及其对 20 世纪晚期过程哲学的影响，尤其是对吉勒·德勒兹（Gilles Deleuze)、菲力克斯·瓜达里（Felix Guattari）的影响。此书是一本真正的跨学科的研究著作，并非讨论某一学科的问题，而是讨论学科之间可能存在的关系。可以说，它对新媒体、哲学、舞蹈、电影和艺术史研究者来说，具有较大的借鉴意义与价值。

除了对舞蹈中身体和运动这些老话题的重新考察和解释之外，本年度的研究成果中还不能不提到两部有关芭蕾舞的著作，同时我们还发现这两部书都与芭蕾舞教学有关。罗里·福斯特（Rory Foster）是美国德堡大学荣誉退休舞蹈教授，一位资深的芭蕾舞教育家和演员，熟悉各种芭蕾舞教学手法。他在 2009 年出版的《芭蕾教学法：教学的艺术》（*Ballet Pedagogy*: *The Art of Teaching*）一书涵盖了舞蹈的各个领域，包括芭蕾舞发展历史、教学历史、如何防止受伤、人体解剖、人体运动学、舞蹈语言、音乐等。国际上通用的芭蕾舞教学法中，比较有名的如布农维尔（Bournonville）、瓦加诺娃（Vaganova）、切凯蒂（Cecchetti）、英国皇家舞蹈学院的教学法，这些教学法都是传授芭蕾舞艺术表现技巧的有效手段。在罗里看来，芭蕾舞教师应该熟悉各种教学手段，知晓如何利用这些教学手段达到教学目标，而不仅仅拥有良好的技术。因而，他研究的主要对象是如何教，而不是教什么。他相信有效的教学技术不是来自那些受过良好训练的舞蹈家。

迪安·斯皮尔（Dean Speer）是美国重要芭蕾舞团的编导，其2009年度出版的新作《论技术》（*On Technique*）研究了18位西方知名的芭蕾舞大师、学生和艺术指导的职业生涯和思想。他与这些芭蕾舞教师面对面交谈，向他们请教一些重要问题，如"当我们说一个人技术精湛的时候，到底指的是什么?""你是如何成为一位杰出的舞蹈家?"这些艺术家都是世界一流的芭蕾舞演员或教师，其中包括大西洋西北芭蕾舞团艺术总监彼得·波尔（Peter Boal）、旧金山芭蕾舞团首席女演员班妮·阿诺德（Bene Arnold）等，他们对芭蕾舞表演和艺术教育的实质都有深刻的认识。

城市民间舞是文化和政治研究的典型范例，纽约大学历史、社会和文化研究教授丹尼尔斯·J. 沃克维奇（Daniel J. Walkowitz）在其2009年度新作《城市民间舞：英国民间舞与现代美国的民族政治》（*City Folk: English Country Dance and the Politics of the Folk in Modern America*）一书中分析了英国乡村舞如何反映20世纪自由主义思潮的变化，涵盖了现代社会、中产阶级、角色、表演等诸多问题，讨论了它们与民间舞蹈之间的变化关系。作者记述了英国民间舞的历史以及一些重要的舞蹈家，如塞西尔·夏普（Cecil Sharp）以及其他一些主要的女性舞蹈家。通过她们，英国乡村舞这一舞蹈形式才得以流传了近两个世纪。作者从舞蹈分析、人种志、自传等方面入手，分析了当代民间舞蹈的状况。此书记述了从18世纪英国城市和农村舞蹈一直到英国乡村舞在20世纪的美国发生的转变，不仅讲述了民间舞的发展史，而且对民间舞的传统进行了考察。作者认为，民间舞在美国的发展与政治上的自由主义、"老左派"之间具有互动关系。他将民间舞放到更广阔的大环境下考察，如从美国进步时代的改革到学校运动，从消费文化的变化到现代化的计划，国际中产阶级社会等。此书追溯了民间舞的传播，集中讨论了英国民间舞、国际民间舞。作者将民间舞与美国社会、国际政治联系起来考察，通过对文献资料的考察、口头叙述、舞蹈团体的人种志考察，让舞蹈家和身体本身说话。从盎格鲁-撒克逊传统到冷战时期的民族主义，直到20世纪70年代美国反正统文化运动。可见，此书考察了现代美国民间舞的复兴之路。

美国是现代舞的发源地，其舞蹈形式也非常丰富，其中很重要的一个原因是它融合了世界不同地区、民族的文化，在吸收消化的同时，催生了新的文化生长点，产生了新的文化成就。踢踏舞可以作为美国现代舞和新的文化成就的典型代表。康斯坦斯·瓦利斯·希尔（Constance Valis Hill）的《美国踢踏舞：文化史的考察》（*Tap Dancing America*）一书考察了不同时期的踢踏舞表演，内容涵盖了艺术发展史的方方面面，包括舞蹈形式、著名舞蹈家以及重要的历史时刻等，并且深入考察了舞蹈发展史中的种族、性别、个人发明、节奏等问题，以及阶级、文化、种族、性别与美国流行艺术之间的关系。此书是一本丰富、充满智慧的关于踢踏舞的发展史著作，也是首本综合性研究美国独特艺术形式的历史著作。踢踏舞形成于 20 世纪 20 年代，当时爱尔兰移民和非洲人把各自的民间舞带到美国，逐渐融合形成了新的舞蹈形式。康斯坦斯在书中探讨了音乐、社会的复杂关系，分析了踢踏舞与非洲的爱尔兰吉格舞（jig）、跳和飞（buck-and-wing）、朱巴舞（juba）之间的关系，当代杰出的舞蹈家及其表演，如节奏踢踏舞王格雷戈里·海因斯（Gregory Hines）、女爵士踢踏舞者（Brenda Bufalino）、丹尼尔·沃克（Dianne Walker）、塞翁·格洛文（Savion Glover）等。康斯坦斯本身也是一位著名的爵士踢踏舞者、编舞和舞蹈研究者，他的此部研究著作的时间跨度从 1900 年 5 月 30 日，黑人舞蹈家比尔·“柏贞格”·罗宾逊（Bill“Bojangles”Robinson）和哈利·温斯顿（Harry Winston）在纽约布鲁克林比照戏院（Bijou Theatre）的一场舞蹈“比武”开始，一直持续到当代。作者详细描述了踢踏舞的音乐风格、踢踏的形式，从 20 世纪初的跳和飞的舞蹈形式、源自黑人音乐的拉格泰姆（ragtime），到三四十年代的爵士节奏踢踏舞，比博普爵士乐灯，再到 90 年代的嘻哈音乐影响下的新形式。作者在详细考察了踢踏舞的发展史之后，指出踢踏舞长期被认为是“男人的游戏”的论断不妥，其实在踢踏舞的发展史上曾经出现过具有很大影响力的女性踢踏舞者，以及在 20 世纪七八十年代踢踏舞复兴时代出现了许多优秀的女性踢踏舞编舞。

《看不见的联系：舞蹈、编舞和互联网社区》（*Invisible Connections: Dance, Choreography and Internet Communities*）是首部关注互联网上的舞蹈的研究著作，它讨论了互联网和社区技术如何对舞蹈、表演创作、演出作品提供新的平台，以及远程合作、对话如何影响舞蹈和演出等问题。作者通过研究艺术实践者和理论家、传播和技术理论家的成果，以及参考了一系列全球性互联网社区的编舞项目，讨论了“这些技术如何能帮助实现表演者和观看者之间的创造性合作？在互联网社区内分享创作过程如何丰富艺术家的表现和便于观看者学习？舞蹈的物质性和编舞同时在互联网上实现，这一点如何对笛卡尔的身、心二元论提出挑战？”等关键问题。

对西方文明之外的舞蹈研究，本年度也有新的突破。苏珊·A. 里德（Susan A. Reed）的《舞蹈与民族：斯里兰卡的表演、意识与政治》（*Dance and the Nation: Performance, Ritual, and Politics in Sri Lanka*）是舞蹈人种志具里程碑意义的著作，也是近些年来南亚研究、舞蹈研究的重要文本。此书结合了国家政治经济、美学形式、仪式、政治实体，提出了众多重要的伦理道德问题，是非常翔实和系统的人种志研究著作。斯里兰卡作为“舞蹈的民族”，其跳舞超越了纯粹的地方仪式表演。作者用深邃的洞察力和同情心研究了舞蹈与性别、社会等级身份之间的关系，考察了舞蹈与民族形成的意义。舞蹈一般源于农村、寺庙、宫廷仪式，之后转变为世俗形式，服务于新的民族目的。在舞台表演、舞蹈比赛、节日庆典中，舞蹈成了伦理道德的象征，以及民族身份的标志。而康提舞蹈（Kandyan dance）被认为是斯里兰卡的国舞，作者在此书中对康提舞从多方面进行分析，指出其美学、政治上的复杂性。康提舞是僧伽罗（Sinhala）族历代传跳的舞蹈，后受到国家支持。该舞蹈是康提地区部落村寨举行宗教仪式时祈神者的舞蹈形式，跳舞者是世袭贵族阶层的男性。国家独立后，舞蹈被国家接受并作为僧伽罗文化的象征，并允许所有人都可跳这种舞蹈。作者分析了此舞蹈的历史，以及从宗教仪式转变为舞台表演的过程；并将舞蹈研究放置到与后殖民民族主义与民族政治中加以考察，分析特权的世袭舞者与妇女舞者。

此外，也有学者对一些不为社会关注的舞蹈群体进行了学术上的研究。如《菲律宾社会中的猛男舞、男扮女装以及新自由主义思潮》一文讨论了菲律宾社会中的一群特殊舞蹈群体。在菲律宾的男同性恋俱乐部有一种男性表演的舞蹈叫猛男（Macho）舞，但跳舞者本人并非是同性恋者。作者在文中将其视为菲律宾从费迪南德·马科斯（Ferdinand Marcos）专政向今天多民族资本主义转化过程中的政治文化的某种间接表现，猛男舞者的身体也被看做是菲律宾民族国家的文化政治转变的象征。①

三、结语

美术、音乐学、电影、舞蹈和戏剧研究虽各自有相对独立的学术传统与研

① Rolando B. Tolentino. Macho dancing, the feminization of labor, and neoliberalism in the Philippines. The Drama Review, Vol. 53, No. 2, 2009: 77-89.

究方法，但各学科之间向来相互借鉴、相互影响，本年度的成果同样显示出其间深刻的一致性，包括跨学科性和研究范围的世界性。读者若有兴趣深入了解最新的研究趋势，可进一步参阅本文所提供的文献书目。

推荐参考文献

美术研究：

1. Arthur C. Danto：Andy Warhol，Yale University Press，2009.

2. Barbara G. Lane：Hans Memling：Master Painter in Fifteenth-Century Bruges，Harvey Miller Publisher，2009.

3. Catherine Jolivette：Landscape，Art and Identity in 1950s Britain，Ashgate Publishing，2009.

4. Chris Spring：Angaza Afrika：African Art Now，Laurence King Publishing，2008.

5. Cyriel Stroo（ed.）：Pre-Eyckian Paintings in the Low Countries，2 Vols.，Brepols Publishers，2009.

6. Dora Thornton and Timothy Wilson：Italian Renaissance Ceramics，a Catalogue of the British Museum Collection，2 vols，British Museum，2009.

7. Gerd Woll：Edward Munch，Complete Paintings，Thames and Hudson，2009.

8. Hanns Christian Löhr：Die Kollektion Hermann Goring：Der Eiserne Sammler，Kunst und Korruption im ‘Dritten Reich’，Gebr. Mann Verlag，2009.

9. James Rosenquist with David Dalton：Painting Below Zero：Notes on a Life in Art，Alfred A. Knopf，2009.

10. Jane Kromm and Susan Benforado Bakewell（eds.）：A History of Visual Culture：Western Civilisation from the 18th to the 21st Century，Berg Publishers，2010.

11. Jennifer Purtle and Hans Bjarne Thomsen：Looking Modern：East Asian Visual Culture from the Treaty Ports to World War II，Art Media Resources，2009.

12. Machtelt Israëls（ed.）：Sassetta：The Borgo San Sepolcro Altarpiece，2 Vols.，Harvard University Press，2009.

13. Marie-Cécile Forest，Samuel Mandin and Aurelie Peylard：Gustave Moreau. Catalogue sommaire des dessins du musée Gustave Moreau，Musée Gustave Moreau and Réunion des Musées Nationaux，2009.

14. Nancy N. Yeide：Beyond the Dreams of Avarice. The Hermann Goering Collection，Laurel Publishing，2009.

15. Nicholas Fox Weber：The Bauhaus Group：Six Masters of Modernism，Alfred A.

Knopf, 2009.

16. Phillip van den Bossche: In & Out of Amsterdam: Travels in Conceptual Art, 1960—1976, Museum of Modern Art, 2009.

17. Shelley Perlove and Larry Silver: Rembrandt's Faith. Church and Temple in the Dutch Golden Age, Pennsylvania State University Press, 2009.

18. Sophie Richards: Unconcealed: The International Network of Conceptual Artists 1967—1977. Dealers, Exhibitions and Public Collections, Ridinghouse, 2009.

19. Timothy Schroder: British and Continental Gold and Silver in the Ashmolean Museum, 3 vols., Ashmolean Museum, 2009.

20. Tony Scherman and David Dalton: Pop: The Genius of Andy Warhol, Harper/HarperCollins Publishers, 2009.

21. Xavier Tricot: James Ensor. The Complete Paintings, Hatje Cantz, 2009.

音乐学:

1. Charles M. Atkinson: The Critical Nexus: Tone-system, Mode, and Notation in Early Medieval Music, Oxford University Press, 2009.

2. Elijah Wald: How the Beatles Destroyed Rock 'N' Roll: An Alternative History of American Popular Music, Oxford University Press, 2009.

3. Greg Kot: Ripped: How the Wired Generation Revolutionized Music, Scribner, 2009.

4. Julian Johnson: Mahler's Voices: Expression and Irony in the Songs and Symphonies, Oxford University Press, 2009.

5. Marianne Wheeldon: Debussy's Late Style, Indiana University Press, 2009.

6. Peter J. Schmelz: Such Freedom, if Only Musical: Unofficial Soviet Music during the Thaw, Oxford University Press, 2009.

7. Tina Frühauf: The Organ and Its Music in German-Jewish Culture, Oxford University Press, 2009.

电影研究:

1. Anton Kaes: Shell Shock Cinema: Weimar Culture and the Wounds of War, Princeton University Press, 2009.

2. Barry Langford: Post-Classical Hollywood: History, Film Style, and Ideology Since 1945, Edinburgh University Press, 2010.

3. Carl Plantinga: Moving Viewers: American Film and the Spectator's Experience, University of California Press, 2009.

4. Gian Piero Brunetta: The History of Italian Cinema: A Guide to Italian Film from Its Origins to the Twenty-First Century, trans. by Jeremy Parzen, Princeton University Press, 2009.

5. Giorgio Bertellini：Italy in Early American Cinema：Race，Landscape，and the Picturesque，Indiana University Press，2009.

6. Gonzalo Aguilar：Other Worlds：New Argentine Film，Palgrave Macmillan，2009.

7. James Kendrick：Hollywood Bloodshed：Violence in 1980s American Cinema，Southern Illinois University Press，2009.

8. Joanna Page：Crisis and Capitalism in Contemporary Argentine Cinema，Duke University Press，2009.

9. Paisley Livingston：Cinema，Philosophy，Bergman：On Film as Philosophy，Oxford University Press，2009.

10. Patrick Keating：Hollywood Lighting from the Silent Era to Film Noir，Columbia University Press，2009.

11. Peter Bondanella：A History of Italian Cinema，Continuum，2009.

12. Peter Hames：Czech and Slovak Cinema：Theme and Tradition，Edinburgh University Press，2009.

13. Pierre Barrot：Nollywood：The Video Phenomenon in Nigeria，Indiana University Press，2009.

戏剧研究：

1. Alison Oddey and Christine White：Modes of Spectating，Intellect，2009.

2. Dan Rebellato：Theatre and Globalization，Palgrave Macmillian，2009.

3. Dennis Kennedy：The Spectator and the Spectacle：Audiences in Modernity and Postmodernity，Cambridge University Press，2009.

4. Jen Harvie：Theatre and The City，Palgrave Macmillian，2009.

5. Nicholas Ridout：Theatre and Ethics，Palgrave Macmillian，2009.

6. Poonam Trivedi and Minami Ryuta：Re-playing Shakespeare in Asia，Routledge，2009.

7. Robert Brustein：The Tainted Muse：Prejudice and Presumption in Shakespeare and His Time，Yale University，2009.

8. Takashi Sasayama，J. R. Mulryne and Margaret Shewring：Shakespeare and the Japanese Stage，Cambridge University Press，2010.

舞蹈研究：

1. Constance Valis Hill：Tap Dancing America：A Cultural History，Oxford University Press，2010.

2. Daniel J. Walkowitz：City Folk：English Country Dance and the Politics of the Folk in Modern America，New York University Press，2010.

3. Dean Speer：On Technique，University Press of Florida，2010.

4. Erin Manning：Relationscapes：Movement，Art and Philosophy，MIT Press，2009.

5. Rory Foster：Ballet Pedagogy：The Art of Teaching，University Press of Florida，2010.

6. Sita Popa：Invisible Connections：Dance，Choreography and Internet Communities，Routledge，2010.

7. Susan A. Reed：Dance and the Nation：Performance，Ritual，and Politics in Sri Lanka，University of Wisconsin Press，2009.

执笔人：曹意强　薛军伟

第十二章

新闻学与传播学

摘要

本章针对2009年国外高校新闻学与传播学学科的发展状况进行综述，主要的研究样本来自两方面：一方面来自国外（尤其是欧美地区）比较权威的学术期刊，另一方面来自全球新闻学与传播学三大学术组织——国际传播学会（ICA）、美国新闻与大众传播教育学会（AEJMC）和国际媒介与传播研究学会（IAMCR）2009年年会上发表的论文。

本章首先对新闻学与传播学在2009年的学科发展状况进行简要回顾。在对理论焦点与方法、学术机构与交流、队伍建设与教育培养等方面进行综述时，我们发现，世界新闻学与传播学研究比2008年拓展了主题范围，在历史媒介问题方面也展现出开放、综合、多样、创新等特征。

2009年，新闻学与传播学原有的各大分支学科都在基础理论与研究方法建设上进行了有益尝试，并收获了丰硕成果。其中有多个领域倍受重视，成为2009年度的研究热点，本章对其中的青少年与媒介、传播史、传播政策与规制、传播技术研究、全球传播与社会变迁、健康传播、政治传播、流行文化、受众研究等具体领域进行了综述。

最后，本章在研究2010年世界各主要新闻学与传播学会年会的议程以及国外主要出版社有关新闻学与传播学研究著作出版计划的基础上，分析和展望了未来几年国外新闻学与传播学的发展趋势，并指出，国外高校新闻学与传播学的研究在2010年将在“动静结合”中呈现加速度融合发展的趋势。

Abstract

This chapter reviews the latest studies on journalism and communication science in the universities of foreign countries. The research samples include those academic essays on the key journals published in foreign countries and academic papers presented on the 2009 annual conference of three major international associations for journalism and communication studies: International Communication Association (ICA), Association for the Education on Journalism and Mass Communication (AEJMC) and International Association for Media and Communication Research (IAMCR).

The first part of this chapter briefly introduces the major characteristics of the disciplinary development of journalism and communication in 2009. While it examines the theoretical focuses, methodology, institutions and education, this chapter reveals that the horizon of global studies on journalism and communication has been wider and new thoughts on old topics have emerged.

The second part of this chapter makes a detailed summary of the focused research topics on journalism and communication science, which includes adolescents and media, communication history, communication policy and law, communication technology, global communication and social change, health communication, journalism studies, political communication, popular culture and popular communication, audience studies, etc.

Based on the programs of 2010 annual conference of ICA and publication catalogs of some academic publishers, the last part of this chapter foresees the trends of the studies on journalism and communication. The academic research will accelerate in a dynamic and multi-disciplinary direction.

一、发展概况

新闻学与传播学在世界范围内已成为不可忽视的显学，这是一个不争的事实。新闻学与传播学日新月异的发展，一方面得益于传播科技的进步、媒介产业的发展与社会信息化的提升进程，另一方面则是因为其本身具有多学科的开放性、综合性和交叉性，作为学科融合交汇点的新闻学与传播学自然呈现出欣欣向荣之势。

纵观过去一年的新闻学与传播学研究可以发现：学术研究的开放性、综合性、多样性、创新性特征十分显著，而在这样一种众声喧哗的丰富性中，又可以清晰地看到一种颇为成熟的学科内部一贯秉持的学术传统。

本章从下面三个方面对 2009 年新闻学与传播学的发展概况进行综述。

（一）理论焦点与方法

1. 新闻学部分

新闻学的研究通常具有突出的实用性和业务性，这在很大程度上是为了回应新闻业界发展的社会需求。不过，在与传播学的结合进程中，新闻学的研究视野也有了显著的拓展，关注范围更加广泛，大量的非新闻类的研究内容开始“入彀”，对社会政治层面关注的广度和深度也不断增强。

具体而言，2009 年国外新闻学研究一方面紧跟新媒体的发展而产生大量的关于在线新闻话题的讨论，并适应社会时事和国际形势的变化继续深入探讨战争新闻与政治新闻；另一方面注重从宏观社会群体利益的角度继续展开新闻伦理的深入研究。前者更多地反映了新闻学的业务实践的特性，后者则更多秉承了一种新闻学的人文情怀和社会关切。

新闻伦理研究探讨的是新闻传播活动中涉及的伦理关系问题。在一个价值和伦理备受冲击的时代，新闻从业人员在伦理和道德上的守持需要经受各个层面的拷问。作为社会关注的焦点，政治新闻和战争新闻的研究（包括发展中国家的政治新闻和战争冲突研究）方兴未艾、热潮不减，在过去一年的相关研究中，其理论深度和关注内容的丰富性令人瞩目。新媒体的崛起使新闻生态发生了深刻的格局变迁，对于网络新闻、电子新闻的探讨回应了这一现实层面的深刻变化。

2. 传播学部分

2009 年，国外传播学研究的理论焦点主要涵盖以下领域：

（1）青少年与媒介研究。主要关注青少年的媒介使用行为以及媒介对于青少年这一特殊群体的影响。

（2）传播史研究。全球化以及西方资本主义的文化霸权是传播史研究的现实支点，同时十分注意对特定地域传播史的梳理与挖掘。

（3）传播政策与规制研究。作为当代传播学研究的重要领域，传播规制研究在过去一年中深刻回应了全球化和数字化的潮流趋势，试图捕捉众多政策调整和格局变化背后的逻辑。

（4）传播技术研究。对传播现象从技术角度切入进行研究依然具有重要意义，2009 年的传播技术研究深刻体现了从现象到影响的学术成长和转向过程。

（5）全球传播与社会变迁研究。主要关注全球化时代的传播与社会变迁、转型以及“民主化”之间的联系。

（6）健康传播研究。公共卫生与健康传播无论是在学术还是社会层面都是当今时代的重要议题。其研究方向与视角包括健康传播的媒介、效果、特殊群体和特殊议题，以“叙事医学”为代表的医患关系以及健康传播的文化研究。

（7）政治传播。以传播的视角关注公民参与和民主建设，其中应用研究和媒介对政治参与的影响研究是重点。

（8）流行文化研究。其聚焦主题包括性别与流行文化、流行文化与社会变迁、流行文化与身份认同、全球化时代的流行文化、集体记忆与流行文化等。

（9）受众研究。2009 年国外的传播受众研究依然延续着以受众调查和实验方法为主流的“结构的”和“行为的”研究传统，但是很多时候，研究触及了更深更广的社会层面，同时具有鲜明的媒介融合的时代特点。

3. 研究方法

新闻学与传播学在研究方法上，定量分析（尤其是内容分析）依然是主流，研究者往往通过数据来概括趋势和规律，娴熟的统计分析和严谨的实验操作让新闻传播的研究更具规范性和社会科学色彩。

在我们目力所及的范围内，使用调查统计方法的学术作品的数量蔚为壮观，几乎到了“言必谈数据”的地步。值得注意的是，即使对一些传统上思辨性很强的诸如道德伦理方面的议题，论者也偏爱以调查和实验的方法对其提供经验支撑。这一方面反映了传播学研究规范性的提升（某种程度上是进入门槛的提升）以及经验主义对整个传播学相关领域的大肆收编；另一方面我们似乎也该为其中缺失了社会学家米尔斯所说的“一种心智的品质”和“社会学的想象力”而心怀隐忧，毕竟“技术”不能涵盖“方法”，碎片化的结论也不能整体投射现实映像。

（二）学术机构与交流

学术机构、学术期刊和国际学术会议是推动新闻学与传播学研究发展的重要引擎。

世界上最著名的几个传播学学术联盟——国际传播学会（ICA）、美国传播学协会（NCA）、美国新闻与大众传播教育学会（AEJMC）和国际媒介与传播研究学会（IAMCR）等，以学术共同体的姿态不断促进传播学不同领域的理论探讨，推动传播学的研究发展。在这个过程中学会组织本身也得到了壮大，以国际传播学会（ICA）为例，目前已经发展成为拥有 4 200 多人、成员来自 80 多个国家、包括 24 个部分和利益群体在内的、组织结构多样化的国际学术团体。

这些联盟组织通过主持出版期刊、年鉴和召开年会，为繁荣新闻学与传播学的学术研究提供了阵地、平台以及保证学术水准的组织机制，出版的期刊纷纷被社会科学引文索引（SSCI）收录，对学界和业界产生重大影响。这些国际学术组织召开的年会也成为各国新闻学与传播学者交流切磋、互通有无、聚焦前沿的绝佳舞台。例如，美国传播学协会（NCA）于 2009 年 11 月 12 日至 16 日在芝加哥召开的第 95 届年会，以“话语的稳定与变革”为主题，密切关注了本学科所面临的机遇与挑战。

（三）队伍建设与教育培养

西方国家在新闻学与传播学教育方面起步早、体系全、优势大，无论在理念还是实践上都值得我们学习借鉴。

西方新闻学与传播学教育的典型特征是专业实践性强，要求严格，在学科建设上具有显著的社会科学特征，国际化程度也非常高。

全球范围内的媒体研究热潮为新闻学与传播学的教育、研究提供了绝佳的契机，相关专业的本科生和研究生的入学人数持续增长，显示出一派欣欣向荣的景象。这对包括中国在内的世界范围的新闻学与传播学教育和研究从业者来说，是机遇，更是挑战：新闻学与传播学教育不应做被动卷入、随波逐流的幸运儿，而要力争成为引领风潮、洞悉先机的弄潮儿。

当今的新闻学与传播学教育已经逐渐由单一的媒介视角转为文化的多元共融，可以预见，未来的新闻学与传播学研究也必然是学科分类和文化视野不断杂糅交叉的过程，而培养基本功扎实、理论视野宽阔的复合型传媒人才将是新闻学与传播学教育在今后相当长的历史时期内所面临的巨大挑战。

二、主要学术成果和理论创新

以下从十个领域综合提炼2009年国际新闻学与传播学界的主要理论热点和学术创新：

（一）青少年与媒介

随着技术的渗透，媒体对于新技术的运用日臻成熟，互联网的普及率日渐提高，个人接触媒体的机会也越来越多。其中，媒介对于青少年的影响成为诸研究者关注的重点。《青少年与媒介期刊》（*Journal of Children & Media*）成为青少年与媒介研究的重要理论根据地。

在青少年与媒介的研究中，大体可以看出两个主要向度：一方面是青少年对于媒介的使用，另一方面是媒介对于青少年的影响。而具体的研究领域则集中于青少年的电视接触与使用、互联网的使用和危险、媒介对青少年的影响以及青少年的性别认同等几个方面。

1. 青少年的电视接触与使用

针对青少年接触和使用电视的研究主要包含两个方面，即青少年主动收看电视和对青少年收看电视的干预。

例如，澳大利亚拉筹伯大学的学者海伦·司寇特瑞斯和凯瑟琳·麦克迪在《澳大利亚学前儿童的电视收看习惯和时间使用》一文中，调查了澳大利亚学前儿童时间使用情况，并特别关注了儿童们所观看的电视节目、视频和DVD类型。研究发现，平日，儿童会更多地观看教育类电视节目，周末时更多地观看趣味性节目。不看电视的时候，儿童则更多进行普通游戏或户外活动。儿童看教育类节目和他们花在户外活动的时间成正相关的关系，而看电视和阅读则成普遍的负相关。①

德克萨斯州立大学的布里吉特·维特瑞普在《父母们所不知道的孩子对媒介的使用》一文中指出，父母们对自己孩子收看电视的时间和内容并不了解。研究还发现，社会地位较低的家庭中父母对于孩子的收视习惯了解得更

---

① Skouteris, Helen & Katherine McHardy. Television viewing habits and time use in Australian preschool children. Journal of Children & Media, Jan 2009, Vol. 3 Issue 1: 80-89.

少，干预得也更少。①

德国路德维格-马克思梅廉斯大学大众传播与媒介研究所的萨斯基亚·博金和塔比·博金在《父母对电视的干预》一文中，以德语国家父母看电视调台的收视习惯为例，调查了影响电视调节的若干因素。他们发现，主动地、限制地调节和儿童在父母陪同下收看电视节目，是瑞士德语地区最主要的调节方式。虽然在不同的决定因素中有细节上的差异，但是父母对电视的态度、家庭的互动和孩子的年龄成为电视调节形式的核心决定因素。②

2. 互联网的使用和危险

随着互联网接入的便利及其在众多家庭中的普及，青少年对互联网的接触逐渐增多。新闻学与传播学界除了研究互联网的使用情况，还研究了不同的性别对互联网使用的影响；同时，还发现互联网带来的危险也威胁着青少年健康。

例如，都柏林技术学院的海伦·麦奎兰和布莱恩·奥尼尔在《青少年互联网使用的性别差异》中分析了整个欧洲的青少年所体现出的网络使用差异，并在男女青少年不同经历的基础上构建了解释性框架。作者对互联网使用的性别平等问题、男女性别的认同、使用能力上的差别和偏男性的网络活动等方面都进行了探讨。③

而塔图大学的卡尔默斯·韦罗妮卡、皮勒·普鲁曼·文格尔费尔迪、安德拉·希鲍克以及爱沙尼亚国家博物馆的皮勒·然诺在《对比视角下爱沙尼亚学龄少年的在线内容创造性实践》一文中采用定量分析方法，对 8 个欧洲国家的 713 个样本进行了数据分析，发现创造“在线内容”的因素包括孩子年龄、电脑和网络的适用以及同龄人的干预和支持等。这项研究为分析青少年学生在线内容创造性实践提供了经验型的基础。④

关于网络对青少年带来的危险，布鲁塞尔自由大学的宙克·鲍文斯等四位学者在《共担的责任》中对比分析了 20 个国家在机遇和危险方面的实证

---

① Vittrup, Brigitte. What us parents don't know about their children's television use. Journal of Children & Media, Jan 2009, Vol. 3 Issue 1: 51-67.

② Böcking, Saskia & Tabea Böcking. Parental mediation of television. Journal of Children & Media, Aug 2009, Vol. 3 Issue 3: 286-302.

③ McQuillan, Helen & Brian O'Neill. Gender differences in children's Internet use. Journal of Children & Media, Nov 2009, Vol. 3 Issue 4: 366-378.

④ Veronika, Kalmus, Pille Pruulmann-Vengerfeldt, Pille Runnel & Andra Siibak. Online content creation practices of estonian school children in a comparative perspective. Journal of Children & Media, Nov 2009, Vol. 3 Issue 4: 331-348.

研究结果，旨在研究造成各国儿童在上网时面临的风险的主要因素。文章说明了各国青少年在网络使用上的差异，并且试图去寻找儿童上网安全方面的合作。①

而奥斯陆大学媒介与传播研究所的伊丽莎白·斯塔克斯鲁德和伦敦政治经济学院的索尼娅·利文斯通针对网络使用的危险发表的《青少年和在线危险》一文提供了不同的视角。文章研究了儿童在浏览网页内容和感知风险之后的反应。研究发现，对儿童上网的风险研究经常促使风险防范政策的出台。然而，现在的网络危险防范变成了一种过度的保护，以至于限制了儿童在网络中所进行的探索，而这种探索在其他领域却被社会鼓励。文章同时指出，青少年在接触潜在风险的时候是能够积极地适应或接受的。②

青少年对电子技术的使用通常都被保守地等同于他们基于技术基础之上的认同——现在的年轻人已经离不开电子游戏、社交网站和短信息了。而《悬置、混乱和野蛮》一书对这个现象进行了更深入的探讨。这项研究由“约翰、凯瑟琳-麦克阿瑟基金会”资助，在加州大学伯克利分校和南卡罗莱纳州立大学完成。这本著作整合了23个不同的个案研究，包括当前的数字青年文化、青少年之间的认同以及青少年与成年人的关系等诸方面。该研究将目光集中于日常的家庭环境、同龄人的互动以及青少年与媒介的关系等，不仅分析青少年在技术使用上的趋势，而且更深入地探讨了青少年使用经验的结构和框架。③

3. 媒介对青少年的影响

媒介对青少年的影响一直是广大学者的研究焦点。2009年，该领域在研究媒介暴力影响的同时，也扩展到广告研究。随着消费主义时代的来临，广告无处不在，对于消费者的刺激也越来越强烈，因此，广告对青年人的影响效果也进入研究者的视线。

荷兰阿姆斯特丹大学的埃斯特·罗曾达尔、摩尼克·毕根和帕托·沃根伯格三位学者在《青少年对于广告的认知防卫降低了他们对于广告产品的需求

---

① Bauwens, Joke, Bojana Lobe, Katia Segers & Liza Tsaliki. A shared responsibility. Journal of Children & Media, Nov 2009, Vol. 3 Issue 4: 316–330.

② Staksrud, Elisabeth & Sonia Livingstone. Children and online risk. Information, Communication & Society, Jun 2009, Vol. 12 Issue 3: 364–387.

③ Mizuko, Ito. Hanging Out, Messing around, and geeking out: kids living and learning with new media (John D. and Catherine T. MacArthur Foundation Series on Digital Media and Learning). The MIT Press, 1st edition. 2009, November 30th.

吗?》中对 296 名青少年进行了调查。回归互动分析显示，在所有的认知防卫类型中，理解广告的劝服对于减少广告对年长儿童产品需求的影响力是有效的；但是对于年少儿童来说，理解这些劝服反而增加了广告的影响力。①

明尼苏达州立大学的劳拉·所罗门、詹尼斯·邦恩、布莱恩·弗林、约翰·沃登、足利高丸和佛蒙特州立大学的菲莉斯·皮里等几位学者在《用于青少年禁烟的大众媒介》中研究了大众媒介对青少年吸烟的影响。研究者在三年的时间里跟踪了 2 030 名青少年吸烟者，通过实验组和控制组的实验对比，发现大众媒介在青少年禁烟和预防吸烟中的作用是很明显的。②

比利时 K. U. 勒芬大众传播研究学院的马鲁克·勒马尔和珍·范登·保科专门研究了青少年人际暴力和电视之间的关系。回归分析显示，电视暴力内容的展示和基于精神原因的人与人之间的暴力表现呈现积极的正相关。③ 这一研究也符合我们广泛接受的“媒介对青少年的暴力行为有影响”的观点，但是此研究将注意力聚焦于青少年使用暴力的缘由，角度比较新颖。

纽约州立大学的社会心理学教授史蒂芬·柯什在 2009 年底出版的《媒介和青少年：一种发展的视角》中进行了综合的回顾和批判，并为读者呈现出与媒介对婴儿、儿童和青少年的影响效果有关的理论成果，着重强调其采取的是一种发展的视角。在这种视角中，青少年被分为“认知的”、“情绪的”、“身体的”和“社会性的”等几类，从而提供了一种更明晰的理解。作者以独特而宽广的视角研究了青少年媒介消费的量度和原因、在发展中媒介分类的利弊影响、媒介对青少年影响的理论，以及如何去降低媒介对青少年的不利影响等热点议题。④

4. 青少年的性别认同

女性主义和性别研究最近几年可谓是风生水起。在这样的大趋势下，对于青少年在媒介接触中的性别认同、性别角色扮演等问题的研究也日渐兴盛。此

---

① Rozendaal, Esther, Moniek Buijzen & Pattl Valkenburg. Communications: The European Journal of Communication Research, Sep2009, Vol. 34 Issue 3: 287-303.

② Solomon, Laura J., Janice Y. Bunn, Brian S. Flynn, Phyllis L. Pirie, John K. Worden & Ashikaga Takamaru. Mass media for smoking cessation in adolescents. Health Education & Behavior, Aug2009, Vol. 36 Issue 4: 642-659.

③ Lemal, Maruke & Jan Van den Bulck. Television and children's moral reasoning: Toward a closed-end measure of moral reasoning on interpersonal violence. Communications: The European Journal of Communication Research, Sep2009, Vol. 34 Issue 3: 305-321.

④ Kirsh, Steven J.. Media and youth: A developmental perspective. Wiley Blackwell, 2009, December 14th.

类研究将主要注意力放在了广告中青少年的性别认同等方面。

例如，来自荷兰的两位学者约翰内斯·宾杰斯和洛斯·詹森在《荷兰青少年对广告中性别形象的判断》一文中，以荷兰96名8—12岁的儿童作为样本进行了定量研究。研究者们让儿童去判断一系列用于广告宣传的具有性别特征的相片。研究发现，孩子们更喜欢类型化的图片，这些图片让他们感觉更加现实也更像广告。同时，该研究还得出了不同于传统观念的新结论，即相较于甜蜜的女孩造型，那些坚强的女孩造型更受孩子们喜欢。这似乎可以看做是女性主义对青少年的潜在影响。①

又如，沃斯特大学的珍妮·勒温琼斯和芭芭拉·米特拉的研究《英国小学儿童及其在电视广告中的性别角色》从父权制引出话题，试图探求针对小学阶段儿童的广告中的性别分化是否依然存在于英国。对广告细节内容的分析研究表明，特殊产品特征的使用、活动水平和类型、画外音和侵犯性揭示了性别的差异。广告在销售指定商品给儿童的同时，也灌输了性别意识形态。②

（二）传播与传播史

2009年国外对于传播与传播史的研究并不多，主要集中在以下方面：

1. 对于传播全球化发展史的研究

该研究是传播史领域的一个重要方面。学者的研究焦点是全球化与西方化的关系和西方资本主义在全球化过程中的文化霸权等。

其中，卡尔顿大学的学者德韦恩在《传播与帝国：对于“常识”的批判以及全球化媒介历史新的理论范畴综述》中，对1860—1930年的全球传播研究方法做了四个方面的批判性评估：①“反控制”模式；②“传播与文化圈”范畴；③“信息全球化”模式；④本文所提出的新角度——将全球媒介置于“全球资本主义现代化帝国”语境下进行探讨。作者在文中概述了全球媒体在19世纪的发展，然后考察了学术文献中的主流观点和对控制模式的反抗过程，以试图解释这段历史。作者指出，这个解释过程有可能被乌尔里希·贝克（2005）所提出的“方法论的民族主义”以及国际关系理论中的现实主义观点所削弱。德韦恩还从“文化圈”谈到“信息全球化”，就这些分析角度提出了自己的见解：①20世纪之交学者所强调的国际

---

① Beent jes, Johannes W. J. & Loes Janssen. Dutch children's judgments of gender stereotypical pictures in advertisements. Journal of Children & Media, Jan2009, Vol. 3 Issue 1: 68-79.

② Lewin-Jones, Jenny & Barbara Mitra. Gender roles in television commercials and primary school children in the UK. Journal of Children & Media, Jan2009, Vol. 3 Issue 1: 35-50.

主义与帝国主义动态的相互作用以及两者之间日益增长的依存关系；②全球媒体产业的世界性特点；③跨越国家界限的全球媒介系统；④全球化媒介在1873—1874 年纽约和南美的金融危机中扮演的角色；⑤全球化媒体与地方媒体的关系是否通过“反控制”与“全球化控制”模式得到最好的解释，对此，南美可发挥试金石的作用。①

德韦恩与另外一位学者罗伯特·派克合著的文章《1910—1930 年间全球化媒介与自由国际主义帝国》，讨论了技术的发展与媒介全球化的关系。文章指出，新技术的发展，特别是无线电的发展和全球性经济的繁荣在 20 世纪 20 年代引起了媒体兼并和收购的热潮。这种经济逻辑被技术决定论、民族团体爱国主义以及国家安全所削弱。20 世纪 20 年代末期，全球化媒介业务经历了大量重组，反映和加剧了早期媒介全球化的瓦解。同时，一个建立在反抗全球化传播、邪恶的民族主义以及相对专制基础上的新的地缘政治经济制度开始形成。②

2. 对于特定地域的传播理论发展的概述

对特定地区传播理论的发展进行探讨也是学者研究的重点之一。研究方式主要是将该地区理论的发展与当地特定的政治、经济、文化环境相联系，在此基础上提出其与西方主要国家传播理论的联系和区别。

最近 20 年，该领域兴起了一股调查研究亚洲传播理论的高潮。一些有影响力的学者将他们的注意力集中于这个领域。例如，在《发掘亚洲传播理论的渴望：历史的一个分支》一文中，作者迪萨纳亚克试图阐述其早期在亚洲传播理论方面的一些研究。他的研究焦点在于古典印度的传播观念与拓宽传播话语边界之间的关联。在对古典印度传播观念进行研究之后，他指出了古典印度与现代西方人类传播观念之间的亲缘关系及区别。③

3. 对于研究方法的探讨

学者研究的另一个层面是对研究方法的讨论。在《压抑的起源 分裂的结果：焦点访谈法在传播的社会和知识的历史中的应用》一文中，作者彼得·

---

① Dwayne Winseck. Communication and empire: a critique of “conventional knowledge” and an outline of a new theoretical approach to global media history, Conference Papers—International Communication Association, 2009 Annual Meeting,: 1-32, 32.

② Dwayne Winseck & Robert M. Pike, The global media and the empire of liberal internationalism, Circa 1910—1930, Media History, Feb2009, Vol. 15 Issue 1: 31-54, 24.

③ Wimal Dissanayake. The desire to excavate Asian theories of communication: one strand of the history. Journal of Multicultural Discourses, 2009, Vol. 4 Issue 1: 7-27.

西蒙森指出：20世纪20年代以来，访谈法在传播研究实践中极大地帮助了研究者们理解“集体”。从个人历史调查（personal history questionnaires）到小组座谈（panel studies）再到焦点访谈（focused interviews），对传播感兴趣的研究者实践了多种访谈并将其方法整理出版。于是，访谈法成为了调查社会和知识历史的一种手段。其中，作者详细梳理了焦点访谈法在传播研究中应用的历史：20世纪40年代，焦点访谈法的概念产生于精神分析的背景下。文中还描绘了其压抑的起源：一方面作为治疗性表达（therapeutic expression）和民主对话（democratic conversation）的方法，另一方面作为集中宣传（centralized propaganda）和精英控制（elite control）的手段。①

另外，慕尼黑大学学者安德烈亚斯·朔伊在《书写学科的历史：一种传播历史研究的社会科学研究方法》中探讨了知识、科学的社会维度以及环境的相互关系，反映出学科发展的不同层面，提供了一个系统的研究范畴，并讨论了历史性的研究与理论上的推论过程（theoretically deduced proceeding）是否协调。在对德国和美国的大众传播史料编纂法进行简单讨论之后，作者发展出一套综合规律的史料编纂学模板，使之符合社会科学的需要，并认为，之前美国和德国的史料编纂仅仅是传记、知识或制度的历史（biographical, intellectual or institutional histories）。作者还从科学研究的角度出发，认为史料编纂学应当建立在对历史研究、主题以及可用资料选择的整体构架之上。也由此提出了一个科学社会学（a sociology of science）角度的综合模型：除了传记历史、知识历史和制度历史之外，不同科学的和社会的背景也需要被考虑在内，例如环境的影响等（见图12-1）。

最后，作者安德烈亚斯提出了方法论上的思考：历史研究与理论是否兼容？即社会科学与史料编纂学是否相协调？他指出，社会科学是在理论和模型的基础上提供理解和说明，在这个过程中，假设被检验，理论和研究是相互联系的；历史研究是寻找历史源头，审慎评估历史资料，以及在历史话题的语境中进行讨论。他还认为，从社会科学的角度看，在传播研究的史料编纂上使用理论推导模型（theoretically derived model）是可行的。②

---

① Peter Simonson. Repressed Origins, Schizophrenic results: the focused interview in the social and intellectual history of communication, Conference Papers—International Communication Association, 2009 Annual Meeting: 1.

② Andreas Scheu, Writing the history of the discipline: a sociology of science approach to the history of communication research, Conference Papers—International Communication Association, 2009 Annual Meeting: 1-24.

A model of the history of scientific disciplines

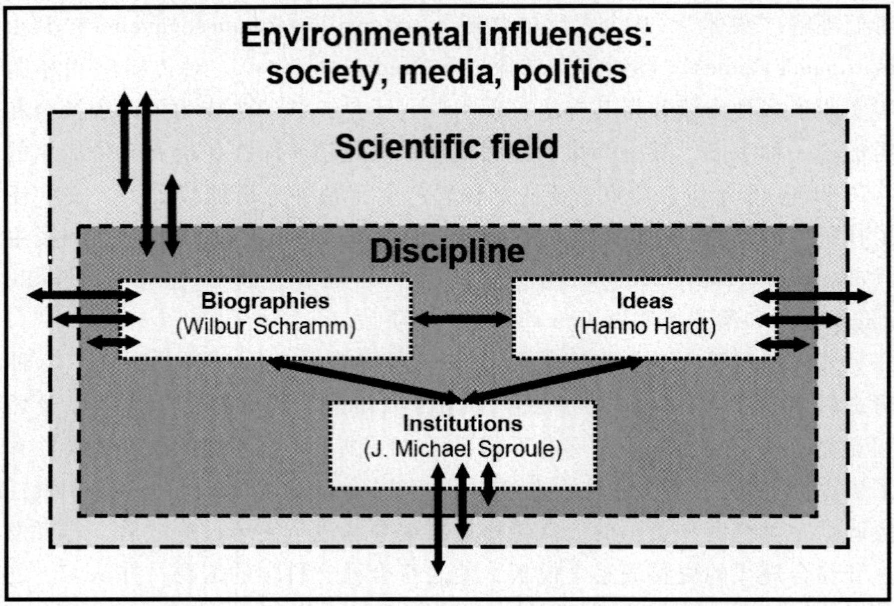

图 12-1 环境影响、社会、媒介与政治

（三）传播政策与规制研究

关于传播政策与规制的研究一直是当代传播学的重要研究领域。自 20 世纪末以来，在各种传播技术尤其是数字技术和网络技术迅猛发展的背景下，传播政策与规制的调整与变革更是引起西方学者的广泛关注和深度思考。我们通过全文数据库网络检索系统 EBSCOhost 之下的大众传播外文期刊论文数据库“Communication & Mass Media Complete”，分别以“Communication Policy or Communication Law or Communication Regulation（传播政策与规制）”和“Media Policy or Media Law or Media Regulation（媒体政策与规制）”作为关键词，对数据库内在 2009 年一年期间发表的文章进行搜索，发现该两组关键词下的文献量分别是 86 篇和 124 篇。

依据文献内容分析，国外学术界关于传播政策与规制的研究大体上是沿着三个方向展开的：一是在传播技术与国际环境发生新变化的过程中，分别以北美洲、非洲及欧洲国家为分析对象，探索各国的国家信息与通信政策的有效变革途径，也可称之为国家通信政策的适应性调整研究；二是在全球化加速与新媒体竞争加剧的环境下，研究各国传统媒介在所有权、经营管理及市场结构上发生的政策变化，也可称之为各国传统媒介产业格局的发展变化研究；三是在以数字技术和网络技术为代表的传播技术飞速发展的影响下，研究互联网、数字媒体等不同形态的新媒体发展管理与规制政策，也可称之为各种新媒体发展的业态政策研究。

1. 各国国家通信政策的适应性调整研究

各国国家通信政策的研究一直居于传播政策和规制研究领域的重要位置。2009 年，西方学者将各国国家通信政策的研究置于传播技术发展与国际环境变化的新形势下，主要结合北美洲、欧洲、非洲、拉丁美洲等国家的具体案例展开分析，重点探讨了各国信息与通信政策如何进行有效的适应性调整问题。在案例分析中，主要以美国为考察对象。

例如，华盛顿特区办公室电信产业顾问理查德·惠特运用最新经济学思维中的理论知识创建概念架构，为美国决策者提供了一些具体实现途径，以此解决目前在通信法律与管制中存在的争论。他重点阐述了政府主导的“适应性决策”的一般概念、指导原则、公共政策设计空间的大纲以及为决策人所使用的适应性工具，还讨论了美国联邦通信委员会（简称 FCC）在制度上和组织上所面临的挑战。①

也有些学者以奥巴马新政府下的美国联邦通信委员会为视角探讨了 FCC 的改革问题，这其中包括学者凯文·瑞安的关于美国联邦通信委员会对通信体制的《管理模式与管理框架的改革》。② 他在其文章中提出，随着多种通信体系的发展，FCC 当下的管理模式落后且不再可行了。于是，瑞安便从规制的公众目标的评估角度出发提供了五种管理模式，并且还就美国 1996 年的电信法案提出了管理框架的创新途径。此外，学者迈克尔·利尔蒙斯在其《奥巴马新政府领导下的美国联邦通信委员会针对大众传媒政策所采取的新措施》的文章中，针对电视广播从模拟信号转变成数字信号等一些情况，提出了大众传媒政策的新变化。

除了以美国为研究对象外，西方学者也就其他国家在新形势下对各国的传播政策应当采取的适应性调整提出自己的见解。例如，学者肯尼塞勒斯将墨西哥的通信政策置于国内政治环境与国际新秩序都发生变化的新的现实背景下，探讨了墨西哥通信政策和通信规制尤其是在电信方面所必定发生的演变。他不仅指出在北美安全繁荣战略合作关系语境下，墨西哥通信运营商必须遵守北美

---

① Whitt, Richard S. Adaptive policymaking: evolving and applying emergent solutions for U. S. communications policy, Federal Communications Law Journal, May 2009, Vol. 61 Issue 3: 483-590, 108.

② Ryan, Kevin. Communications regulation—ripe for reform. Communication law conspectus, 2009, Vol. 17 Issue 2: 771-819, 49.

标准和北美规制，而且提出墨西哥通信政策与通信规制在新语境下所面临的挑战。此外，学者安德烈斯就拉丁美洲传播政策及其实施的有效性问题提出了自己的见解，并指出国家传播政策的目标在于指导专业化体制在国家传播管理中的实施，认为在设计与执行传播政策过程中，政策的实现是由市民参与的不同标准来确定的。①

2. 各国传统媒介产业格局的发展变化研究

关于各国传统媒介产业战略格局的发展变化研究，2009 年的国际学术界主要从全球化加速、新媒体竞争加剧以及去管制要求的新媒介环境三个角度出发，讨论了广播电视等传统媒介在所有权、经营管理以及市场结构等方面所面临的政策变化。其中，以"媒介所有权"方面的研究为重中之重。具体来说，围绕媒介所有权问题而展开的议题主要有：交叉所有权（Cross Ownership）问题，外资所有权（Alien Ownership）问题，媒介合并与媒介多样性（Media Concentration and Diversity）问题，以及媒介所有权对新闻内容和公共利益的影响，等等。在研究方法上，主要运用了比较研究和案例分析法，而在欧美国家仍以案例分析法为主。

针对报刊与广播电视的交叉所有权问题，学者乔纳森·奥巴尔认为，1975 年制定的"禁止在同一城市同时拥有一份日报和一家广播电视台"这一规则一直是传媒集团的眼中钉，也是传媒集团合并过程中争议性问题的焦点。然而，就在距上一次修正案失败的三年多后，美国联邦通信委员会再次投票决定修改这项规则。文章在分析由 FCC 出台的关于"修改交叉所有权规则"报告的基础上，明确指出美国联邦通信委员会在坚持有失偏颇的主张和利益相关者的意见时，忽视了那些能驳倒对方主张的大量实证数据。②

针对外资所有权问题，学者格雷格·斯诺德格拉斯撰写了《外资所有权限制的商业解决途径》。文章通过对美国广播电视经营许可证的发放历史和美国六大媒介产业的集中化问题的回顾与分析，揭示了美国对外资所有权的反对和对广播电视台的控制，并进一步提出了在广播电视执照方面的消除规则、企

① Cañizález, Andrés. The validity of communication policies in Latin America. Media Development, 2009, Vol. 56 Issue 4: 46-50.

② Obar, Jonathan A. Beyond Cynicism: a review of the FCC's reasoning for modifying the newspaper/broadcast cross—Ownership Rule. Communication Law & Policy, 2009 (Autumn), Vol. 14 Issue 4: 479-525.

业重组和公司分立等潜在解决方案。①

媒介合并与媒介多样性的问题，一直处于激烈的探讨之中。学者娜塔莎·加斯特在《评估媒介合并与媒介多样性：欧美国家的新途径与新措施》一文中不仅重点分析了传播政策制定过程中作为价值冲突来源的媒介产品的双重性、基本思想观念以及相关的制度环境，指出新引入欧美国家的传播政策和规制旨在减少所有权规制、促进竞争及应对媒介融合的挑战，而且还介绍和探讨了一些尚未成熟的新方法和新措施，以此帮助政策制定者应对价值冲突、经验实证需求以及非经济方式评估媒介多样化等各种挑战。最后作者再次强调作为传播政策制定的基本指导要素——“规范性要求”的重要性。② 又如，学者埃德温·贝克着重分析了2008年底公布的一份关于媒介合并对观点多元化的影响的技术性报告。该报告指出，影响只存在于各种相关语境中，并且观点多元化与正当的媒介所有权规制政策之争是毫不相干的。根据报告中的这一结论，作者深入探讨了反对合并所有权的真正原因，并指出该结论错在哪里。③ 还有些学者从大众传媒政策的影响来分析媒介合并问题。例如学者路易斯·阿沃莱达斯在《西班牙广播的保护主义与合并——西班牙四省区的比较》一文中分析了西班牙四省区首批获得无线电台执照的裁决，提出“政府许可”成为西班牙广播体系形成的关键因素。同时，文章还关注到政府所执行的颁发执照的条件，以此证实是否存在政治保护主义，以及裁决是如何影响西班牙广播合并进程的。④

关于媒介所有权对新闻内容和公共利益的影响，学者劳拉·史密斯撰写了文章《合并与新闻内容：论广播所有权政策如何影响地方新闻和公共利益》，试图在文章中揭示所有权整合对杰克逊维尔和佛罗里达的新闻节目产生什么样的长期影响。因此，作者以60个新闻节目和1 048个新闻报道为研究对象进行实验设计，比较分析了杰克逊维尔和佛罗里达两家电台各自独立时制作的新闻内容与合并后由双头垄断制作的新闻内容，最后还回答了“两家电台的资

---

① Snodgrass, Greg. Business solutions to the Alien Ownership Restriction. Federal Communications Law Journal, Mar2009, Vol. 61 Issue 2: 457-482.

② Just, Natascha. Measuring media concentration and diversity: New approaches and instruments in Europe and the US. Media, Culture & Society, Jan2009, Vol. 31 Issue 1: 97-117.

③ Baker, C. Edwin. Viewpoint diversity and media ownership. Federal Communications Law Journal, May2009, Vol. 61 Issue 3: 651-671.

④ Arboledas, Luis. Clientelism and concentration in the Spanish Radio: Comparison between four autonomous communities. Revista Latina de Comunicación Social, Dec2009, Vol. 12 Issue 64: 1-17.

源合并是否转化成了更高质量的地方报道”这个问题。①

除此之外，有些学者以全球化、新媒体以及去管制等各种媒介环境的新变化为视角，讨论了传统媒介产业因此受到的影响，以及在政策上应如何帮助和拯救传统媒介。关于媒介环境变化给传统媒介产业带来的影响，学者彼得·汉弗莱斯分别以法国、德国和英国为研究对象，比较分析了全球化、新媒体以及去管制对各国的国家文化政策中广播电视方面的影响。其研究内容主要涉及公共服务广播、媒介所有权规制、补助与投资及其配额安排，并就以上内容提出了相应的措施与见解。② 对于政策上应如何帮助和拯救传统媒介，纳特·艾夫斯与艾玛·霍尔两位学者以美国和欧洲的大众传媒政策为焦点，探讨了拯救各国传媒业的方案与措施。他们提出，欧洲政府出台了有助于报纸出版商与电子媒介竞争的政策，例如，帮助它们与使用者协商向网络搜索引擎付费，而美国联邦贸易委员会则就网络对新闻传播的影响召开了听证会。③ 学者克里斯蒂娜·阿贝洛在《美国联邦通信委员会潜在的转变》一文中，着重探讨了在传播政策上，FCC 将会采取的新措施和新方案。例如，FCC 要求广播公司为政治问题的各方提供平等播出时间的公平原则、媒介所有权多样化以及对广播电视不良行为的规制等。④

3. 各种新媒体发展的业态政策研究

对于各种新媒体发展的业态政策研究，2009 年国际学术界讨论的重心是网络媒体管理规制和数字媒体发展政策这两方面。而学者们较多地围绕这两个方面在实际使用与实践行为过程中遇到的具体问题而展开研究。例如，网络虚假信息传播对传播自由的负面作用、网络数字鸿沟对社会与经济分层的冲击、网络色情对青少年的不良影响等。文章一般都以一定的政策建议收尾。此外，还有对互联网传播法律的具体探讨。

例如，托德·沃夫森和默瑟·布赖恩两位学者就网络数字鸿沟问题，撰写

---

① Smith, Laura K.. Consolidation and news content: how Broadcast Ownership Policy impacts local television news and the public interests. Journalism & Communication Monographs, 2009 (Winter), Vol. 10 Issue 4: 387-453.

② Humphreys, Peter. Globalization, regulatory competition, and audiovisual regulation: the French, German, and UK cases. Conference Papers—International Communication Association, 2009 Annual Meeting: 1-31.

③ Ives, Nat & Emma Hall. Can Europe rescue the media biz, and if so, can the U. S. do so, too? Advertising Age, 2009 November 30th.

④ Abello, Cristina. Changes in store at the FCC. News Media & the Law, 2009 (Winter), Vol. 33 Issue 1: 13-14.

了《为了更好的线下生活而上网》一文。他们以接触网络和不接触网络这两组人群为研究对象，研究了美国费城低收入居民和非洲裔美国人的家庭宽带网络的拥有情况，并在文中指出，费城当地政府虽然试图解决提供宽带服务的问题，但还是因为没有惠及大多数当地居民而以失败告终。① 与此同时，针对宽带网络的政策研究，其他学者也纷纷提出相关见解。比如安德烈·霍普莱特·塔皮亚、艾莉森·鲍威尔与朱莉奥·安琪·奥尔蒂斯三位学者指出，大多数现有的无线网络工程不是由政府驱动的自上而下式的尝试，就是由志愿者或社区组织发起的自下而上式的项目。但是，目前在加拿大和美国实行的无线网络工程都以失败告终，并没有实现增强信息共融的目标。他们认为，现行的政策架构或许对这一失败负有一定责任，实现混合式公共宽带的政策途径不能只依靠自上而下或是自下而上，而要建立能支持混合式公共宽带发展的政策框架。②

针对数字媒体的发展规制问题，学者布莱恩·奥尼尔以欧洲地区为视角研究了数字音频广播（DAB）Eureka-147。他在文章中指出，数字广播就像模拟技术一样，已经是新媒体的旧形式之一了。事实上，数字广播技术在最近25年里获得了飞速发展并找到了许多技术解决方案，其中就有数字音频广播（DAB）Eureka-147。作者不仅追溯了数字音频广播于20世纪80年代在欧洲的研发起源、发展政策以及欧洲公共服务广播的传统，而且也展望了数字音频广播在欧洲的发展前景。文章还从当代视角来分析数字音频广播的最初使命——“通过音频、文字和视频内容提供大量的交互信息和娱乐服务”，并指出这一使命尽管是富有远见的，但它也呈现出了对融合误读的趋势和落后于当代媒介消费模式的态势。③

（四）传播技术研究

正如麦克卢汉所说，媒介即信息。随着技术的推陈出新，信息传播面貌发生着改变，人们的媒介使用习惯也逐步建立。最终，我们往往会在反思时发现，技术作为支持社会更好运行的工具，对社会的反作用力往往超出人们的预期。在今天这样一个媒介融合的时代，媒介技术变革所塑造的新型沟通模式、所引发的心理变化，以及所产生的社会影响等问题都值得学者们深入思考。学

---

① Wolfson, Todd & Bryan Mercer. Getting Online for a Better Off-Line Life. May2009, Vol. 22 Issue 5: 10-10.

② Tapia, Andrea Hoplight, Alison Powell & Julio Angel Ortiz. Reforming policy to promote local broadband networks. Journal of Communication Inquiry, Oct2009, Vol. 33 Issue 4: 354-375.

③ O'Neill, Brian. DAB Eureka-147: a European vision for digital radio. New Media & Society, Feb2009, Vol. 11 Issue 1/2: 261-278.

者们站在各自的角度，以多样的知识背景和研究方式，对传播技术这一议题进行了研究。

近年来，新媒体的技术进步不断为新型传播模式提供可能性。通过对2009年文献的梳理，我们发现，对传播技术的研究已经逐渐走出对新技术催发的现象的描述，而更加关注技术进步对社会各领域和层面的影响。

1. 传播技术的社会功能和影响

在传播学的发展过程中，社会问题和传播议题所共同引发的社会影响一直是传播学者关注的重要方面。传播学者在讨论传播技术问题时，往往也持有一种批判的意识。这在一定程度上是因为学者们相信技术的发展对社会中的个体，进而对整个社会产生巨大的冲击力。世界各地的学者们或是以规范性的研究取向，或是以经验性的研究取向，对在传播技术发展的直接或间接作用力下的现代社会中的诸多问题进行了探讨。

在传播技术与城市现代化的问题上，韩国学者金洙哲（音译）在《信息社会》期刊上发表文章，① 主要探讨在韩国本土的语境中，以社会历史的视角，如何看待移动传播技术对首尔城市的地理、社会含义的塑造和再塑造。

传播技术在发展过程中，也时常会受到社会思想因素的投射式影响。这些影响帮助和深化了传播技术的发展。其中比较有代表性的是日本学者安倍晋三清在《媒体互动的神话：日本的科技、传播和监测》中的观点。他认为，自20世纪80年代，日本进入了信息社会，媒体互动的强大力量似乎已经形成某种神话，各种媒体互动形式（尤其是SNS）在新媒体上蓬勃发展。而在“9·11”事件后，随着社会对公共安全的需要愈加强烈，一种监视的逻辑逐渐流行起来，并占据着社会思想的主导地位。作者以这样的思路来考察社会监视和媒体互动的关系，并试图提出“好客”（hospitality）这一概念，形成与社会监视对应的逻辑。②

2. 传播技术与民主政治

互联网的发展曾带给国内学者们对民主政治加速进行的想象。在国际学界，新型传播技术与政治进程等话题也一直备受关注。

在技术的进步与政治的进步是否能保持一致的问题上，美国学者安德鲁·芬伯格的观点具有一定的代表性。他在《通信技术的批判理论：关于特殊组

---

① Kim, Soochul. Information Society, Oct/Dec2009, Vol. 25 Issue 5: 353-359.

② Abe, Kiyoshi. The myth of media interactivity: technology, communications and surveillance in Japan. Culture & Society, Mar2009, Vol. 26 Issue 2-3: 73-88.

的介绍》一文中指出，新技术对民主的影响不一定表现在对政治规范和惯例的影响上，而是更多地体现在新技术能超越地理限制，集合了零散分布在各地的人们，以此形成“公众”。①

3. 传播技术与经济

谈及传播技术的发展与经济的关系，学者们往往有两种取向。一种是经验取向，即描述传播技术在经济活动中的表现和作用等现象。在这一方面，瑞士学者施皮罗斯·阿尔瓦尼蒂斯和希腊学者欧里庇德斯·卢基斯在文章《信息传播技术、人力资本、职业组织和劳动生产率：基于希腊和瑞士企业级数据的对比研究》② 中运用实证法，调查了瑞士和希腊的不同公司运用信息传播技术（Information and Communication Technology，简称 ICT）等资本形式对企业生产力所产生的实际作用。他们发现，瑞士企业在运用新技术和新生产模式时，具有相对成熟和有效的方法。

另一种取向是，随着传播技术的发展，经济因素对传播媒介有了更多形式的介入，对此，很多学者提出质疑。比较有代表性的是奥地利萨尔斯堡大学的学者克里斯蒂安·福克斯所写的文章《信息传播技术与社会：政治经济学对互联网批判的贡献》。③ 文中，作者坚持采用政治经济学的视角，提出“批判网络理论（Critical Internet Theory）”。作者认为，在互联网经济中，网络通过向媒介使用者提供免费的使用平台，来扩大网站的影响力，而网站广告也由此增多。这一过程中，新媒体和广告所发挥的是一个意识形态合法化的作用。此外，文章还介绍了“互联网专业消费者商品（Internet Prosumer Commodity）”的概念。

4. 传播技术与文化的互动影响

传播技术的直接使用者可能是企业、社会组织或个人，在他们接受和使用传播技术的过程中，会结合已有的文化习惯来操作传播技术。因此技术虽然是客观的，但使用者是主观的，技术必须结合使用者的文化习惯才能更好地发挥作用。

---

① Feenberg，Andrew. Critical theory of communication technology：introduction to the special section. Information Society，Apr2009，Vol. 25 Issue 2：77-83.

② Arvanitis，Spyros & Euripidis N. Loukis. Information and communication technologies，human capital，workplace organization and labour productivity：a comparative study based on firm-level data for Greece and Switzerland. Information Economics & Policy，Feb2009，Vol. 21 Issue 1：43-61.

③ Fuchs，Christian. Information and communication technologies and society：a contribution to the critique of the political economy of the Internet. European Journal of Communication，Mar2009，Vol. 24 Issue 1：69-87.

学者林灿初（音译）和路易莎·哈的文章《亚文化和通信信息技术在高校中的使用》，试图以一种基于规范性分析的经验研究方式，对机构性的传播活动和文化因素如何影响传播信息系统（CIS）在高校中的利用进行了研究。文中提到，工作任务和文化的不同特点会影响对技术的使用方式，而这些特点又可能促成一个机构内不同部门的亚文化的形成。其中，文化因素与技术使用是一个互动的过程。①

5. 传播技术对个体社会行为的影响

在传播技术与社会个体间关系的问题上，学者们往往从心理学和社会学的角度入手来对传播技术的影响加以考察。

加州州立大学的塔柔·皮尔斯在《社交焦虑和技术：青少年的面对面交流与技术交流对比》一文中主要探讨了青少年对新媒体社交技术的使用，并提出“社交焦虑（Social Anxiety）”概念。② 研究结果显示，存在社交焦虑情况的人（即在与人面对面交流时感到不舒服的人），会更倾向在网络上或通过短信与人聊天；而不存在社交焦虑的人则倾向于在网络上结交好友。同时，研究进一步发现，相较于男性，女性更多表现出这种社交焦虑，因而更倾向于使用电子传播工具来与人沟通。

此外，在梳理该部分文献的过程中，我们还发现了两个趋势和特点：

一是书评数量占文献总量的比例较大。2009 年，在传播技术研究领域，除期刊上的学术文摘外，我们收集到的 SSCI 文献中还有大量对专著的书评文章。也就是说，对传播技术的研究在 2009 年也不断地向纵深发展，并呈现出更细化的主题。

二是研究取向的融合。不论是传统学派的传播学研究，还是批判学派的传播学研究，都存在经验性研究和规范性研究的分水岭。在 2009 年传播技术领域的文献中，经验性研究和规范性研究都产生了一批新成果，同时也出现了一种融合的观点，即对于应用新传播技术的机构来说，自身文化也对技术的运用产生影响。这就需要一种在规范性研究基础上的经验解读，比如前文提到的《亚文化和通信信息技术在高校中的使用》就是在这样一种观点下进行的研究。

---

① Lin, Canchu & Louisa Ha. Subcultures and use of communication information technology in higher education institutions. Journal of Higher Education, Sep/Oct2009, Vol. 80 Issue 5: 564-590.

② Pierce, Tamyra. Social anxiety and technology: face-to-face communication versus technological communication among teens. Computers in Human Behavior, Nov2009, Vol. 25 Issue 6: 1367-1372.

（五）全球传播与社会变迁

近年来，随着全球传播的持续发展，社会变迁进一步深化。2009年秋英国社会学学者约翰·汤普森来华讲学时更把这种日益深化的社会变迁称为“传播革命”。虽然2009年学界对“全球传播”的研究依然是热点，但我们所能收集的论文专著多以个案研究为主，少有对此的综合性论述。其中，国际上对这场“革命”的研究主要集中于“嘲笑式新闻（Satire）”、女性传播等方面。

1. 对嘲笑式新闻（Satire）的研究

2009年，美国最受欢迎的节目并不是那些类似于《新闻联播》的“硬新闻”（hard news）节目，而是一个名叫《乔恩斯图尔特每日秀》（The Daily Show with Jon Stewart）的“假新闻”（the fake news）节目。该节目的内容就是讽刺、嘲笑当日正规节目中所播报的新闻内容。其同类节目还包括由史蒂芬·科尔伯特主持的《科尔伯特报告》（The Colbert Report）。

这类“嘲笑式新闻”诞生于2001年美国“9·11”恐怖袭击事件之后。在“战争”的名义下，美国新闻界对政府的监视和批判逐渐式微。美国国内所剩下的质疑声音，除了所谓“异见者”（Noah Chromsky），就是这些“假新闻”节目。

《嘲笑式电视：后网络时代的政治与喜剧》就对这些嘲笑式新闻节目做了深入的分析研究。该书从历史角度梳理了嘲笑类节目在美国的发展历程。1957年《今夜秀》（The Tonight Show）热播，2004年，《乔恩·斯图尔特每日秀》（The Daily Show）播出后反响热烈。而真正让该档节目主持人乔恩·斯图尔特成为美国政治评论界中心人物（Go-to Public Figure）的事件，却是他参加的美国有线新闻网（CNN）另一档政治辩论节目《交叉火力》（Crossfire）。节目中，作为嘉宾的斯图尔特当场批评了主持人过于偏差的立场，认为这个节目“正在伤害美国政治”。该期节目反响强烈，在美国视频分享网站Youtube上的浏览量超过百万次，最后，斯图尔特批评的这档节目被取消，黯然谢幕。

《丑陋的战争和漂亮的包装：CNN和福克斯新闻（FOX NEWS）如何制造伊拉克战争的高级概念》一书从美国本土角度反思了美国两大新闻媒体对伊拉克战争所进行的美化包装。① 书中对美国CNN和福克斯新闻——这两个“最具有意识形态影响的保守电视频道”的战争实况报道做了内容分析，并与

---

① Jaramillo, Deborah L.. Ugly war, pretty package: how CNN and Fox News made the invasion of Iraq high concept. Indiana University Press, 2009.

好莱坞大片进行对比。作者指出，伊拉克战争成为了一个“被媒体化的事件”(Mediated Event)，展现了新闻媒体的消费主义倾向。

2. 女性传播

《对话电视：妇女、谈话节目与现代“自反性”(Self-reflexivity)》一书关注了近几年尤为火爆的以《奥普拉脱口秀》为代表的女性脱口秀节目。① 该书采用了社会语言学、对话研究、社会学等多个研究理论和方法对女性传播进行了分析。

该书在大量媒体文化研究的基础上，驳斥了传统所认为的“电视是消极互动媒体”(passive participation)的观点，也不认同“观众只是坐在电视机前的‘沙发土豆’(couch potatoes)”等说法。作者认为，欣赏节目本身就是一种观众与内容的互动，即内容就是“活动文本”(texts-in-action)。

该书还指出，作者所在国“英国”的女性脱口秀节目的主要观众是家庭主妇，因此这类节目都在上午或靠近中午时播出。尽管该节目形态自1959年诞生至今已有近60年历史，但今天的英国却依旧缺乏像《奥普拉脱口秀》那样的优秀节目。

3. 对“明治维新”等东亚案例的研究

对重大事件的回顾始终是新闻传播界研究的重点之一。《明治维新：帝王、大众传播与保守革命》将目光放在了日本“明治维新”这个老话题上。② 明治时期，西方曾提出要给“野蛮的东方带来文明”(Bringing civilization to the despotic Orient)，这与当今各发展中国家所遭遇的情况有相似之处。因此，该书研究明治维新也对今天的“中东民主化”问题和中国如何应对西方有一定的启发价值。

作者还认为，对于现在的一些“预设观念”有必要进行修改或者重新考虑，同时也不要对既有工作进行否定。同时，该书不仅希望让读者了解明治维新的微妙细节，也希望能更多传播母语非英语的学者的观点，以免这些学者在“只读英文书”的学者群中“消失”。

(六) 健康传播

健康传播是西方应用传播学的热门领域，这与世界范围内人类社会对公共卫生与健康的愈发重视是分不开的。对健康的关注和渴求是人类的永恒主题，

---

① Helen Wood. Talking with television: women, talk shows, and modern self-reflexivity (feminist studies and media culture). University of Illinois Press, 2009.

② Swale, Alistair D.. The Meiji Restoration: monarchism, mass communication and conservative revolution. Palgrave Macmillan, 2009.

因此，健康传播代表着一种美好的社会期许。

从学术研究的角度看，大众传媒在促进公众健康中的作用、人际传播与大众传播在医学研究成果向大众健康知识转化过程中的不同效果、新媒体在健康传播中的巨大潜力等议题都成为健康传播的研究热点。健康传播以传播为轴，连接着自我个体传播、人际传播、组织传播和大众传播这四个不同的传递层次，研究议题十分广泛，有着明显的社会学视野和价值取向。

1. 健康传播媒介研究

健康传播致力于提高大众健康水平，其社会目的就在于有效提高社区或国家居民的生活质量和健康水准。

而当今健康信息的传播扩散越来越离不开社会媒体。作为一种通过互联网得到信息和受到关注的传播方式，网络社会媒体起着举足轻重的作用。《美国的社会媒体使用：健康传播的含义》一文认为，鉴于参与性极强的互联网使用和社会媒体的涌现带来了传播图景的快速变迁，更好地理解这些科技和它们对健康传播的影响就显得很重要。促进健康传播的要义在于有效利用社会媒体。调查显示：约 69% 的美国成年人 2007 年曾经上网。在互联网用户中，有 5% 参加过在线调查小组，7% 开过博客，23% 使用过社会交际网络站点。从总体上看，独立于教育、种族/民族或医疗服务的社会媒体正在渗透到越来越多的美国人当中。但是，社会媒体使用率的提高就各年龄组的情况而言并不均匀。因此，在制定利用社会媒体的健康传播计划时要考虑目标人群的年龄，以确保信息传达到目标受众。虽然互联网使用存在种族/族裔和健康状况方面的差距，但这些特点并不会影响社会媒体的使用。同时，以社会媒体为代表的新技术可能会改变整个美国的传播模式。①

互联网还可以实现健康信息的在线定制。有学者指出：互联网在健康消费者和医生之间的沟通中起到了越来越大的作用。2009 年，有 73% 的美国成年人上网，其中 79% 的人在网上搜索健康信息。这项研究预示了健康消费者在网上较大程度地接受定制信息的前景。作者考察了用来传递定制内容的渠道，描述了在网络中定制信息的水平。通过对 497 个健康网页的内容分析，仅发现少量提供免费的个人化的定制健康信息的网页。定制的内容在 13 个网页上有提供，而其中大多数是为了达到对个人信息进行收集的目的。健康风险评估的

① Chou, Wen-Ying, Sylvia Hunt, Yvonne M. Beckjord, Ellen Burke. Moser, Richard P. Hesse & Bradford W.. Social media use in the United States: implications for health communication. Journal of Medical Internet Research, 2009, 11. 4: 9.

网页更多地包含定制的反馈而不是其他话题。从这些分析中呈现的模式展示了网上健康信息使用者可以接近相当数量的含有满足他（她）们需要的定制信息的网页。①

还有学者对以治疗为主题的博客进行了内容分析。在《与癌症作斗争的表述：对“治疗博客”的内容分析》一文中，作者指出，个人越来越多地通过互联网来接触相关的健康资讯以及将他们的故事、意见和建议放在网上。支持者们说，网上信息填补了医疗空白，博客已经可以作为一个帮助癌症病人与疾病斗争的工具加以推广。该文是对癌症博客的内容分析，它描绘了癌症博主的肖像：主要是中年妇女，她们会以一种日记体的风格来记录与医生的交流、她们的遭遇和症状。尽管她们也会表达自己的恐惧，但也普遍保持着乐观的心态以及战胜疾病的信心。在这些治疗博客中，家人和朋友的形象占据突出地位。尽管博客受到博主的极大重视，但实际上这些博客在“线上社区”中得到的反馈非常有限，这也使得博客作为癌症患者之间对话方式的有效性成为了一个疑问。②

2. 健康传播效果研究

具体到微观层面，健康传播的目的在于以健康知识带来个体态度和行为的改变，健康传播在个体层面的效果实际上可以理解成说服效果。

对于健康传播的说服效果而言，有至关重要的两个因素：一是患者接收信息时的心理状态和主体结构，二是传播技巧对说服效果的影响，即信息的内容和结构对传播效果的影响。关于前者，《理解乳腺癌患者的感知：健康信息搜寻行为和被动的信息接收》一文认为：关键是要从患者的角度理解他们的信息需求，尤其是当患者是具有不同文化或健康素养水平的时候。在一项对患乳腺癌幸存者的跨部门的调查中，研究对象被划分为活跃的信息寻找者、被动的信息接收者和/或信息的使用者。受试者按照信息使用的阶段进一步被分类，从不了解或了解现有可用信息，到使用或不使用信息来进行健康决策。调查结果表明：大多数都是活跃的信息寻找者，也有不少是被动的信息接收者；尽管互联网和其他新媒体增长迅速，医疗服务提供者仍是主要的健康信息来源；人际传播的地位往往远远超过任何互联网或传统的印刷和广播媒体，而且这其中

---

① Suggs, L. Suzanne & Chris McIntyre. Are we there yet? An examination of online tailored health communication. Health Education & Behavior, 2009, 36. 2: 278-288.

② Forster, Lisa. Expressions of coping with cancer: a content analysis of "blog for a cure". Conference Papers—International Communication Association, 2009: 1-37.

还存在重要的跨文化差异。①

关于后者，《缓和心理抵抗：说服中信息诱导移情的作用》探讨了在说服中由信息引起的移情作用。信息引起共鸣被视为一种见解——行动的过程，这一过程由情感、认知和联想组成。研究者将289名受试者随机分配到一组来观看5个公益广告（广告以随机顺序播放）。结果表明：移情对于说服效果具有独特的贡献，其作用超出了个人对信息的情感和认知反应。除了对说服效果的直接影响，移情同样可以通过减轻心理逆反来间接影响说服效果。这对提高健康传播的效果很有启发。②

3. 以“医患关系”为核心的人际健康传播研究

“医患关系”是健康传播研究中的重要议题，医生和患者之间人际传播的效果对于健康传播的效果具有深远影响。从2009年度国外健康传播领域的论文来看，有相当数量的文章在叙事医学（narrative medicine）的范畴内探讨以医患关系为核心的人际健康传播。

叙事医学要求医师去见证和聆听患者的苦难，以同情心去理解、接受患者和倾听他（她）们的故事，不仅要去看病，更重要的是读懂一个人。而绝大多数现代医学缺乏的恰恰正是医生的情感投入。③《叙事医学和朋友的故事》一文的作者认为，通过让医生听病人讲故事，他（她）们可以更好地感知病人的身体和精神之间的动力。④ 叙事医学说白了就是“以讲故事来疗伤”。⑤

《叙事道德的适用性》一文的作者认为同情是使用叙事疗法所需的工具，而这一工具是受到个体差异影响的、从属于人格特质的。医疗工作人员必须与病人保持情感距离的观点应该受到质疑。⑥ 正如叙事医学的权威丽塔·卡戎博

---

① Longo, Daniel R., Bin Ge, M. Elise Radina, Allen Greiner, Casey D. Williams, Gregory S. Longo, Dawne M. Mouzon, Ana Natale - Pereira & Debbie Salas - Lopez. Understanding breast - cancer patients' perceptions: Health information-seeking behaviour and passive information receipt. Journal of Communication in Healthcare, 2009, 2. 2: 184-206.

② Shen, Lijiang. Mitigating Psychological Reactance: the role of message-induced empathy in persuasion. Conference Papers—International Communication Association, 2009: 1-35.

③ Bochner, Arthur P.. Vulnerable medicine. Journal of Applied Communication Research. 2009, 37. 2: 159-166.

④ Rawlins, William K.. Narrative medicine and the stories of friends. Journal of Applied Communication Research, 2009, 37. 2: 167-173.

⑤ Harter, Lynn M., Arthur P. Bochner. Healing through stories: a special issue on narrative medicine. Journal of Applied Communication Research, 2009, 2. 2: 113-117.

⑥ Thompson, Teresa L.. The applicability of narrative ethics. Journal of Applied Communication Research, 2009, 37. 2: 188-195.

士所深刻指出的那样：应把叙事医学作为一种验证患者的身体症状的手段来使用。现代通信技术在带来某些便利的同时，也带来了关闭医生和患者之间气脉相通的空间这个最大恶果。① 也因此，医生成为了病人讲述的超脱了医院环境的故事中的人物，讲述成了一个有争议的、对话的和具有审美品格的行为。②

叙事医学的意义在于将人际健康传播的内容丰富为有情感投入维度的信息流动，这实际上是在努力避免西方医学中“只见树木不见森林”的分析诊疗的弊端，正视和肯定健康传播中患者的主体丰富性。

4. 健康传播与文化研究

该领域的研究议题聚焦于健康传播的文化内涵、文化差异和人文特质。研究致力于将健康传播抽离出形而下的药医疾患，并上升到文化分析和文化比较的高度，关注健康传播背后的文化现象。

在《北美土著人群的有效健康传播》一文中，作者关注了一个特殊的群体：生活在北美和夏威夷的美洲原住民。对他（她）们而言，有效的传播行为包括抽出时间进行谈话和通过讲故事、举例和比喻来间接地传递信息，以及通过沟通中的倾听和幽默来构建关系。现代医学通过有效率地快速移动来了解症状、作出诊断、传递健康信息，以帮助尽可能多的病人。美洲原住民可能无法理解他（她）们在现代医疗社会中受到的对待，也可能无法相信或遵从医生建议的治疗方式。作者认为研究美洲原住民和那些对待他（她）们的人之间的有效沟通是必要的，因为生活在北美和夏威夷的原住民相对于其他少数群体面临着更大的危及生命的疾病危险。文章还检视了美国原住民的医疗保健，探讨了其中存在的问题以及这些问题的潜在影响，并提出了改善这方面的健康传播的措施。③

有论者别具匠心地选择了非洲公共健康领域内的宗教为研究对象，考察了非洲宗教中是否存在对艾滋病污名化的现象。对此问题，有公共卫生领域的学者认为，宗教信息中保守的性道德助长了对艾滋病的污名化，然而也有人坚持认为宗教团体其实是有利于制止污名化的。文章权衡了这两派观点，之后检查了各自的经验证据。文章的结论是：几乎没有完善的经验研究来评估宗教团体

① Charon, Rita. Narrative medicine as witness for the self-telling body. Journal of Applied Communication Research, 2009, 37. 2: 118-131.

② Harter, Lynn M. Narratives as dialogic, contested, and aesthetic performances. Journal of Applied Communication Research, 2009, 37. 2: 140-150.

③ Kalbfleisch, Pamela J. Effective health communication in native populations in North America. Journal of Language & Social Psychology, 2009, 28. 2: 158-173.

对艾滋病的污名化。作者认为要说清这个问题，需要进行对教徒个人、宗教组织以及总体人口中的污名化现象的比较研究，同时还要研究宗教和非宗教组织的艾滋病污名化问题。①

5. 健康传播的其他研究

（1）健康传播的伦理研究。有学者对公共卫生领域内的功利主义做法提出了批评和质疑。《健康传播的伦理：公益广告中突出主题的内容分析》提出了诸多疑问：以性形象来物化妇女以达到吸引注意的目的，这是正当的吗？文化刻板印象——尽管可以用以有效地面向目标受众推动健康信息传播——是可以接受的吗？为了传播一个重要信息而使用可怕的图形、图像和强烈的情感诉求是合理的吗？呼吁个人责任能牺牲社会因素吗？作者进行的研究评估了公共健康传播中伦理问题存在的程度。它将格特曼和萨蒙（2004）讨论的 8 个道德主题减少为在卫生公益广告中最普遍出现的三个道德信息，包括个人责任、言语恐吓以及可视化内容中对妇女的性成见。作者认为相关从业人员和研究人员需要帮助健康传播的创建者来理解个人责任、恐惧和妇女成见主题的害处。②

（2）健康传播中的社会营销研究。在《社会营销与健康传播：从人物到地点》一文中，作者富有创见地提出了将健康传播与社会营销概念相结合的主张，以营销的观念来更有成效和更具可持续性地推进健康传播的开展。

作者指出了社会营销在健康传播中的重要角色，认为将社会生态理论与社会营销相结合，可以帮助公共健康专家识别环境的、人际的与人口上的传播障碍，提升公共健康水平。另外，还可以利用市场细分战略来提供符合群体社会规范的疾病预防信息。③

（七）新闻学研究

2009 年国外新闻学的理论与实务研究秉承了西方惯有的实用主义与经验主义思想，侧重研究新闻在各种不同媒介环境中的实践操作与社会影响。在全球化时代的背景之下，这些研究既从宏观理论视角分析了媒体伦理，也从微观

---

① Miller, Ann Neville. Religion in the African Public [Health] Square: The case of HIV-related stigma. Journal of Communication & Religion, 2009, 32.2: 268-288.

② Coleman, Renita & Lesa Major. Ethical health communication: a content analysis of predominant themes in public service advertisements. Conference Papers—International Communication Association, 2009: 1-30.

③ Daniel, Katherine Lyon, Jay M. Bernhardt & Doğan Eroğlu. Social marketing and health communication: from people to places. American Journal of Public Health, 2009, 99. 12: 2120-2122.

角度涉及了公共利益、公共服务、政治或宗教冲突，以及由新媒体如推特(Twitter)、博客等所引发的在线新闻等话题。

1. 新闻伦理研究

新闻伦理研究主要是基于新闻传播对社会和个人所产生的影响这一根本立场所展开的研究，着重探讨新闻传播活动中所涉及的伦理问题。2009 年，新闻伦理研究的新问题是在全球化的传播视野中，分析影响新闻伦理的具体因素，包括财政、娱乐和技术等。

有研究者撰文指出，新闻与娱乐的融合，令传统新闻的重要性下降。随着新闻议程的限制和新闻内容的不断变化和混合，媒体之间的竞争变得日趋激烈。受众对媒体的关注度取决于新闻和娱乐的合并，这也是当前新闻、公共关系和新闻营销的基础。①

在此基础上，有研究者从历史进程来分析媒介伦理的变化趋势。一个研究小组对 2002 年至 2007 年 400 名美国记者进行专业评估。结果表明，普遍的新闻人员削减和更高的工作负载都对新闻工作造成威胁，其中一些新闻工作者的专业信仰还发生了轻微的转向。其结果是在五年的跨度里，在这个媒体广为揭露伦理沦丧的时代，记者在伦理问题上变得更为谨慎。②

目前有必要重新分析“道德义务”在这个日益全球化的世界中的概念及国际危机方面的问题，以及媒体记者和消费者所履行的角色。有文章分三个部分探讨这个问题。首先是关于伦理与人际关系的哲学思辨。这些想法扩展到全球人道主义危机以及那些遥远的困境者。第二部分的主题缩小，主要解决个人层面上的义务。该话题探讨作为媒介的受众，为什么不能总是以道德的方式行动。经济和心理学等领域成为分析道德行为的预测模型。最后一层是研究媒体生产，并分析媒介受众如何阅读和理解国际新闻，从而促进市民伦理的行为。

此外，还有研究人员从新闻伦理实践角度，从诠释学等理论维度来分析媒介伦理。娜塔丽·芬顿在 2009 年出版的《新媒体、旧新闻：新闻与民主的数字化时代》一书中提出了一个疑问：新通信技术是振兴公共领域的工具，还是一个非公开非民主新闻媒体的商业工具？它们是否损害新闻实践的本质？新媒体又是否能更多、更有效地让记者做公共新闻？随着媒体环境及其技术的巨大变化，今天在界定公共利益时所面临的最紧迫任务之一是审问新闻的本质。

---

① Turner, Graeme. Millennial journalism. Journalism, Jun2009, Vol. 10 Issue 3: 390-392.

② Beam, Randal A. Weaver, David H. Brownlee & Bonnie J. Changes in professionalism of U. S. Journalists in the Turbulent Twenty-first Century. Journalism & Mass Communication Quarterly, 2009 (Summer), Vol. 86 Issue 2: 277-298.

这不仅影响到新闻的未来，也影响对民主的实践。在对新闻实践经验深入调查的基础上，本书从不同的新闻背景探讨了技术、经济和社会变化是如何重新调整新闻的，这些变革的结果是使当今数字时代充满了具有活力的民主实践。其结果也回答了“为什么现在对新闻的理解比以往任何时候都重要”等议题。

关于公民权利，2009年的研究焦点就是公民知情权与公民隐私权之间的冲突，以及职业角色与公民道德之间的制衡关系。在本质上，其实是对新闻专业主义以及新闻对社会影响力的进一步讨论。一些研究者撰文分析公众对于这两种权利的理解，新闻记者在面对这两种公民权利时的抉择，以及欧美等国家对于公民知情权与隐私权所做定义的历史变迁。

在《关于犯罪的问题：公众到底有多少知情权》一文中，作者认为，在考虑犯罪报道以及犯罪审判的制衡中，公众知情权有着重要的意义。互联网的主流媒体对犯罪报道起了很大的作用。此外，互联网还把记者置身于国际范围内——这要求记者承担新的法规以及道德的后果。这加剧了公众知情权的度量的争夺问题。这些变化引发了人们对把关是否影响互联网犯罪的覆盖面的思考。2007年5月，媒介关于英国女孩马德琳·麦卡恩失踪的报道显示了在线访问是如何增加伦理和法律的相关论题的，受众想看的信息是否会与公民知情权的度量相冲突。有文章阐述了互联网是如何影响犯罪报道和网络把关之间的制衡的。[①]

关于公民知情权，还有文章用媒介使用者和媒介生产者的分类方式来进行分析。而随着网络的不断升级，公民知情权的媒介范围也在扩大。有研究者撰文认为，在线社交网络、微博、推特等已经成为一种应对突发新闻事件的传播手段，但是记者依然应该坚守自己的道德准则，不应该随意发表自己的政治意见。

2. 政治新闻与战争新闻

政治新闻和战争新闻一直是国际社会关注的焦点。自从“9·11事件”以来，恐怖主义、国际冲突等事件在现代媒体中的影响力不容忽视。事实上，政治新闻在新闻学研究中不能算是一个新鲜的话题，近些年，政治及战争新闻始终是新闻学研究的热门议题。在2009年的研究中，研究者们在报纸的框架理论、议程设置等理论的基础上，扩大了政治新闻学的研究范围，分析了伦理、人们的选择以及性别区分和地方文化等相关因素所带来的影响。同时，网络的

---

① Cameron-Dow, Joy. The question of crime: How much does the public have the right to know? Pacific Journalism Review, Oct2009, Vol. 15 Issue 2: 71-84.

出现，令政治新闻有了更多的报道空间，也使研究内容随之更加丰富。

《数字化时代的新闻：尼日尔三角洲冲突中的尼日利亚新闻框架》一文用报纸框架理论分析了冲突新闻，包括记者依赖的新技术的主要来源，以及这种做法的道德意义。关于和平与冲突的报告，在分析方法的框架范围内，作者演示了尼日利亚记者如何构建一个法律和秩序的框架冲突。①

此外，发展中国家的战争新闻与政治冲突也是2009年国外新闻学研究界所关注的热点问题之一，地方区域冲突的普遍性和特殊性是学者间讨论的焦点。

3. 在线新闻学/电子新闻学

新媒体在现代社会正起到越来越重要的作用，随着应用技术的日益成熟，以网络、手机等为代表的“第四媒体”深刻地改变了媒体惯有的传播方式以及人们接触信息的习惯。新媒介对报纸、广播、电视等传统媒介产生了强大的冲击力，一举成为公众获取信息的重要平台。

近几年的新闻学研究中，在线新闻学（online journalism）和电子新闻学（electronic journalism）一直是国外新闻学研究的焦点问题。2009年，国际业界对这一焦点的研究主要集中于在线新闻的技术角度、组织结构、内容效果等方面。

2009年，托尼·哈尔卡普所著的《新闻学：原理与实践》是一本指导新闻学理论和新闻实践的教材，书中25%的内容完全引用最新资料。凭借创新的文本构思，书中创造性地把新闻实践与理论结合起来。书中探讨了21世纪新闻学“融合”的特征，并讨论了许多具有代表性的嵌入式在线新闻实践的案例。在线新闻逐渐成为了记者工作的重要组成部分。书中提到了更多关于博客在线记者的见解、视频和音频、互动地图和其他在线新闻的使用方式。

还有研究文章探讨了互联网博客的媒体技术的兴起与相机和互联网功能，使任何人都有可能成为一名记者，并提供新闻。文章解释了在以色列实行的一种印刷媒体和电视媒体可同时使用的便捷的新闻传播形式。

《从互联网应用研究分析网络新闻价值的影响力》讨论了对荷兰和佛兰德斯记者的互联网应用研究。文章从记者使用互联网的差异性以及互联网对记者新闻价值观的影响等角度来探讨问题。研究显示，电子邮件、网站和搜索引擎

---

① Obijiofor, Levi. Journalism in the digital age: the Nigerian press framing of the Niger Delta Conflict. African Journalism Studies, 2009, Vol. 30 Issue 2: 175-203.

是记者每天的基础应用。同时，互联网已经被用来改善记者工作条件。①

尽管网上新闻仍是以突发新闻报道为主，新流派却在不断涌现。网络新闻与传统新闻相比有很大不同。《线上专题新闻》一文探讨了专题新闻在网络报纸上的特征。美国在线报纸《棕榈滩邮报》（palmbeachpost. com）和挪威在线报纸《瑞典日报》（dagbladet. no）在网络上运用了不同的方法和不同的新闻生产方式。分析表明，这两种方法导致传统的显示功能、新闻和在线沟通的话语存在冲突。它进一步说明，网络新闻体裁的发展是一个复杂的过程，矛盾性显著，在线新闻编辑室一直在努力寻找传统媒介受众和新媒体受众之间的区别。②

在《政治中的青年媒体、青年声音和青年人》一文中，作者从自身经验出发，努力让公众关注青年的政治和社会意义，以及美国的青年媒体对这方面活动的变革所起到的作用。作者曾经试图竞选一个国家代表的位置，但是因为他的年龄过低而失败了。作者试图说明，随着青年媒体的影响，青年人的政治选举能力正在加强。该文章还阐述了青年媒体技术和政治参与之间的联系。③

还有文章探讨了互联网、记者与受众三者之间的互动关系，并具体探索了新闻工作者对网络环境的影响及其在社会中的作用。

（八）政治传播

政治传播一直以来都是传播研究的重要部分。其在关注应用研究的同时，对于公民的政治参与与民主社会的建设也具有重大意义。政治传播与传播基础理论结合密切，受众研究、效果研究等传播学的重要研究领域对于政治传播实践具有重大指导作用。2009 年，在 EBSCOhost 的大众传播外文期刊论文数据库中以 political 与 politics 为关键词的 SSCI 期刊文献共有 138 篇。

纵观 2009 年政治传播研究的发展，基础理论与研究方法建设成果丰富，应用研究及媒介对政治参与的作用仍然是两大重点领域。值得注意的是，互联网作为一种新的信息环境，正在改变着人们的政治信息获取方法与政治参与行为，很多著作探讨了这一点。对于民间话语的考察也成为亮点之一，提示我们在关注应用研究这一主流外，还要注重文化研究方向的拓展。

---

① Hermans, Liesbeth, Maurice Vergeer, Leen d'Haenens. Internet in the daily life of journalists: explaining the use of the Internet by work-related characteristics and professional opinions. Journal of Computer-Mediated Communication, Oct2009, Vol. 15 Issue 1: 138-157.

② Steensen, Steen. Online feature journalism. Journalism Practice, Jan2009, Vol. 3 Issue 1: 13-29.

③ Payton, Tony. Youth media, youth voice & youth in politics. Youth Media Reporter, 2008, Vol. 2 Issue 1-6: 233-235.

1. 基础理论与方法建设

基础理论方面的深化和拓展主要体现在意见领袖、叙事与赋权、观念沟假说、议程设置理论和选择性接触理论等主题上。

意见领袖的研究方面，肖恩·里奇通过对日本这一高度分层的社会的选举研究，发现由社会上层而来的政治讨论可以增加投票的相似性，但并不会增加政治知识。相对的，与圈内意见领袖的讨论却能够增加政治知识。①

美国学者沙乌尔·申哈弗将叙事理论用于政治研究，将政治叙事研究与政治行为研究结合起来，认为政治行为能够赋权给构建了它们的政治叙事。他将总统辩论中的结束语作为政治家引用的叙事，将投票记录作为人们赋予政治家权力的指标，探索了作为文本手段的叙事结构所构建的连续性，与公众赋予使用了这些叙事的政治家的权力之间的关系。②

美国学者道格拉斯·布兰克斯·海德曼提出观念沟假说，证明意识形态比教育更能预测如全球变暖是否存在等观念。观念沟会随着时间在保守派与自由派之间增大。③

议程设置理论的新发展则包括了影响议程设置效果的两层力量以及议程设置与第三者效果的结合。两层效果指出，在选举中，第二层的候选人特性对于公众的议程设置效果要比社会问题的突出性更明显。在试验中，测试候选人的个性感知比测试候选人在特定问题上的立场更能预测其投票意图；而对于传递媒介有关候选人特性的议程而言，负面信息的作用则更明显。依佳·哈克等学者的研究表明，从第三者效果出发，一部分大众媒介议程设置的作用在于告知受众"其他人认为什么是重要的"。议程设置效果模型表明，感知在媒介影响中起到重要作用。④

学者盖瑞特的研究证明，人们在寻求能加固自身观念的政治信息的同时，并没有系统性地回避挑战性观点。这一观察与一般的假定，即强化寻求与避免

---

① Richey, Sean. Hierarchy in political discussion. Political Communication, Apr/Jun2009, Vol. 26 Issue 2: 137-152.

② Shenhav, Shaul R.. We have a place in a long story: Empowered narratives and the construction of communities. The case of US presidential debates. Narrative Inquiry, 2009, Vol. 19 Issue 2: 199-218.

③ Hindman, Douglas Blanks. Mass media flow and differential distribution of politically disputed beliefs: the belief gap hypothesis. Journalism & Mass Communication Quarterly, Winter2009, Vol. 86 Issue 4: 790-808.

④ Huck, Inga, Oliver Quiring & Hans-Bernd Brosius. Perceptual phenomena in the agenda setting process. International Journal of Public Opinion Research, Summer2009, Vol. 21 Issue 2: 139-164.

挑战在本质上是与选择性接触相关的两个不同方面。① 对选择性接触的党派倾向的考察表明，基于党派倾向的选择不仅体现在有争议的事件上，还体现在软新闻上，比如犯罪和旅行；而新媒体的采用和受众信息可选择性的增加可能扩大新闻受众的两极分化。

研究方法方面，关注了调查对象猜测的趋向，他们可能将其道德化为自身是否了解社会问题，从而猜测答案。在测量媒介使用的模型中，是应该对不同媒介分开测量还是测量一个整体的使用也得到了探讨。

2. 媒介与公民政治参与

对于媒介与公民政治参与的研究，则考察了特定节目类型、媒介渠道、公民传播能力等对公民政治知识获取与政治参与的意义。达万·沙阿等学者提出，传播能力作为合格公民的基础，在个体社会化为市民的过程中发挥着重要意义。② 对于政治喜剧和娱乐脱口秀等节目类型的考察，证明了政治喜剧节目能够促进政治知识的获取，但是其娱乐性质也产生了对于政治的不信任等结果。

尤其值得关注的，是互联网作为新兴的媒介渠道对于政治传播的意义。网络能否促进政治参与，成为政治参与和表达的自由空间，或者以其匿名性与虚假信息给公民政治参与造成难题？通过对“新纳粹”（neo-Nazi）和“环境主义者”（environmentalist）两类论坛的参与者的线上与线下行为的考察，学者马格达莱纳研究了在线网络论坛的线下影响，指出在控制了极端主义、政治讨论和媒体应用后，政治参与随在线参与的增加而增加；线下核心联系，如家庭、朋友的不同政治倾向缓和了线上论坛的调动性。③ 美国学者简·辛格追溯了十年之间，互联网如何从外围进入政治、公共和媒介注意的中心；提出在互联网环境下，传统的把关人角色仍然有必要性。④ 学者阿龙·赫斯考察了美国视频分享网站 YouTube 上的反对禁烟广告运动，证明其虽然“恶搞”了禁烟广告并有成员间的讨论，但是因为其网站的结构所限和对于 YouTube 的娱乐性

① Garrett, R. Kelly. Politically motivated reinforcement seeking: Reframing the selective exposure debate. Journal of Communication, Dec2009, Vol. 59 Issue 4: 676-699.

② Shaha, Dhavan V., Jack M. McLeoda & Nam-jin Leea. Communication competence as a foundation for civic competence: processes of socialization into citizenship. Political Communication, Jan/Mar2009, Vol. 26 Issue 1: 102-117.

③ Wojcieszak, Magdalena. "Carrying online participation offline"—Mobilization by radical online groups and politically dissimilar offline ties. Journal of Communication, Sep2009, Vol. 59 Issue 3: 564-586.

④ Singer, Jane B.. Role call: 2008 campaign and election coverage on the websites of leading U. S. newspapers. Journalism & Mass Communication Quarterly, Winter2009, Vol. 86 Issue 4: 827-843.

使用使反响减小。事实上，视频网站的轻蔑和取乐的气氛不是一个可以民主讨论严肃政治话题的场所。① 关于网络群体与政治对话的研究，对在线讨论空间有助于暴露政治分歧提出了质疑。对博客和宣传类网站的考察则提醒我们注意政治消息的可靠性和倾向性。

3. 应用研究领域

在政治传播学的应用导向的研究中，效果研究、政治修辞、选举策略、受众研究是主要课题。《感动效果：情感在政治思考和行动中的作用》和《政治头脑：情感在决定国家命运中的作用》两本书讨论了情感在政治活动中的意义并提出了反思。美国学者摩根·玛丽埃塔对当前总统辩论中的神圣化修辞进行了考察，指出绝对论者的优势即在于神圣化的修辞指向无可争议的信仰而非理性分析的因果；这一修辞植根于至高无上的权威和道德义愤中，能够激起更大的政治忠诚并提高候选人在选民心目中的形象；其对1976—2004年总统选举辩论的语言分析证明，与共和党频繁使用神圣化修辞相比，民主党对神圣化修辞使用较少，并且主要依赖于数据和计划而不是被保护的观念和界限，因此在绝对论者的支持上不及共和党人。② 化身经典形象、礼貌的表现等选举策略也得到了考察。而美国学者廷克汉姆、拉里和埃弗里对于青年和老年选举人的研究，检验了是否较老的人更容易被各类政治广告打动，发现年轻人事实上更易态度转变而最老的选举者表现了最大的行为转变。③

4. 民间话语的政治作用

民间话语在2009年也得到了考察。美国学者贾森·爱德华·布莱克考察了19世纪原住民对美国印第安人清除政策的抵抗，并特别关注一些印第安部落的修辞。他发现，这些修辞暴露了美国政府驱逐印第安人的非法和伪善，说明在殖民地语境中，抵抗的修辞学如何明确有力地表达。④ 肯尼亚等非洲国家，口头文化发达，肯尼亚学者丹尼尔·欧奇·欧文乔考察了其谚语艺术如何被政治家与党派应用，以达到阐明其政治哲学、拉拢投票者和反对竞争对手的

---

① Hess, Aaron. Resistance up in smoke: analyzing the limitations of deliberation on YouTube. Critical Studies in Media Communication, Dec2009, Vol. 26 Issue 5: 411-434.

② Marietta, Morgan. The absolutist advantage: sacred rhetoric in contemporary presidential debate. Political Communication, Oct/Dec2009, Vol. 26 Issue 4: 388-411.

③ Tinkham, Spencer F., Ruthann Weaver Lariscy & Elizabeth Johnson Avery. Political advertising and the older electorate: Recall, comprehension and persuasive impact. Journal of Advertising, Summer2009, Vol. 38 Issue 2: 105-119.

④ Black, Jason Edward. Native resistive rhetoric and the decolonization of american indian removal discourse. Quarterly Journal of Speech, Feb2009, Vol. 95 Issue 1: 66-88.

目的。[①] 这些研究开拓了政治传播的视野，关注了政治传播的文化研究维度，对于考察民间的政治传播实践具有重要意义。

（九）流行文化

流行文化传播与人们的日常媒介实践结合紧密，经由流行文化趋势分析而得出更广阔的社会政治、经济、文化发展脉络是传播通往更广泛的社会研究的良好路径。流行文化的经济效益也是着眼点之一。2009年的流行文化研究聚焦几大主题：性别与流行文化，传统社会的变迁中的流行文化的作用，移民与种族融合背景下的流行文化与种族身份认同，全球化的流行文化，流行文化与集体记忆，流行文化中的典型形象的转变等。

1. 性别与流行文化

流行文化作品中，尽管广告等社会化媒介仍然扮演着传统意义上的性别社会化的角色，但是流行文本中对于传统性别角色的反抗努力不断呈现。强力女性主义成为美国文化的一支，卡通、电视节目等流行文化中的英雄女性形象与女孩权力（Girl Power）日益凸显，并且从品牌和营销等方面得到了强化。[②]

女性主义杂志同样得到了深入的考察。梅根·马叙里耶通过对1970年代女性杂志《克莱奥》（*Cleo*）的分析，提出了流行女性主义的概念，以此阐释年轻女性如何理解女权主义运动的巨大挑战。[③]《流行文化中的女性特质与女性主义转型》则考察了女权主义的女性杂志在女性特质与男女平等主义的转型中的作用。对于女性杂志的研究过去主要关注这些流行文化产品对于女性认同的负面作用，即它们塑造了特定的女性特质并误用男女平等主义的观念，对于抵抗性的女性杂志的研究却很少。通过对《突击搜查》（*Bust*）杂志的案例分析，作者认为，其运用幽默作为反抗与控制的手段，运用语言的力量来反抗权威的社会控制。[④]

青少年流行文化中，对于男性形象的塑造得到了考察。斯科特·麦金农考察了20世纪50年代澳大利亚受众对于美国青少年电影的接受。通过对历史采

---

① Orwenjo, Daniel Ochieng. Political grandstanding and the use of proverbs in African political discourse. Discourse & Society, Jan2009, Vol. 20 Issue 1: 123-146.

② Hains, Rebecca C.. Power feminism, mediated: girl power and the commercial politics of change. Women's Studies in Communication, Spring2009 Special Issue, Vol. 32 Issue 1: 89-113.

③ Le Masurier, Megan. Desiring the (Popular Feminist) Reader: Letters to Cleo during the Second Wave. Media International Australia (8/1/07 current), May2009, Issue 131: 106-116.

④ D'Enbeau, Suzy. Feminine and feminist transformation in popular culture. Feminist Media Studies, Mar2009, Vol. 9 Issue 1: 17-36.

访、自传和澳大利亚媒介报告的梳理，作者试图将电影作为当地正在发展中的文化的一个要素，当地文化越来越以年龄而不是国家为特征。在作者看来，过去以战争作为主要象征的男性特质经由一系列的美国电影及其明星而变得更加复杂而富有歧义，这引起了澳大利亚成年男性的关注。①

2. 传统社会的变迁中流行文化的作用

流行文化给传统社会带来的触动与改变得到了考察，在此基础上学者们探讨了流行文化可能给传统社会的发展带来的积极意义，并与发展传播学的思路相结合。

《沙特阿拉伯的真人秀电视节目、性别与诚实》考察了一档泛阿拉伯地区的真人秀节目《明星学院》(Star Academy)。这档节目中所产生的对于诚实的争论造成了当地更广泛的社会斗争与政治斗争。作者马尔万·克莱蒂认为《明星学院》之所以在沙特广受争论，是因为这个节目颠覆了沙特社会规范的宗教基础，它以倡导女性媒介 (Women's Agency)、文化融合和个人取向的诚实为特征。②

《非洲的流行文化与社会变迁：以尼日利亚的视频工业为例》则考察了尼日利亚涌现的视频工业。作者阿德达育·拉低格布鲁·阿巴通过对电影作品的分析，考察其社会评价及可能带来的社会变化，认为电影工业可能会激发社会变迁，但是其商业性质与戏剧化的内容或许会起到阻碍效果。③

3. 移民与种族融合背景下的流行文化与种族身份认同

移民问题伴随着全球流动日益凸显，在多种族共居的城市系统中，各种族如何保持其文化传统又如何创造或遵循社会共有文化规则以实现社会的正常运转，这一命题得到了学者们的广泛关注。新兴的互联网信息环境与种族融合的历史阶段是这一命题的宏观背景。2009 年流行传播研究则主要关注流行文化中的移民形象，对这一形象的对抗表达，移民自身的文化实践与对媒介的感知，流行文化对于种族紧张的调节作用等问题。

学者金·阿力塔乌恩考察了欧亚混血人种在流行文化中的呈现，其形象塑造由殖民地话语的“怪物”转变为商业话语的异国情调和美，但对于混血人

---

① McKinnon, Scott. How to be a man: masculinity in Australian teen culture and American teen movies. Media International Australia (8/1/07 current), May2009, Issue 131: 127-135.

② Kraidy, Marwan. Reality television, gender, and authenticity in Saudi Arabia. Journal of Communication, Jun2009, Vol. 59, Issue 2: 345-366.

③ Abah, Adedayo Ladigbolu. Popular culture and social change in Africa: the case of the Nigerian video industry. Media, Culture & Society, Sep2009, Vol. 31 Issue 5: 731-748.

群的描述还是充斥着人种偏见。① 学者乔纳丹·卡帕斯·欧格则考察了在伦敦居住的菲律宾人通过媒介新闻报道与卡拉OK进行的身份建构。通过将公共知识主题与流行文化主题相联系，作者认为看似无意义的歌唱实践实际包含了对象征界限的建立与抹除。通过民族志与定性访问，作者发现收看新闻在促进朴素的国家主义的同时也促进跨国家主义，而卡拉OK则主要用于维持故土情节。②

《不要恨玩家，去恨游戏：〈魔兽世界〉中劳工的种族化》一文观察到了流行的网络游戏中的种族主义，也探索了新兴的网络文化这一流行传播的新视域。作者中村丽莎发现，在现实空间中极力避免涉及的种族主义或种族冲突，在网络游戏中却公开而且普遍地存在。这反映了身份虚拟化所引发的问题，同时也引发了作者对于信息化资本主义所存在的问题的思考。虚拟世界中玩家无实际财产被认为是对信息化资本主义的一大挑战。中村丽莎指出，只要亚洲玩家被作为游戏文化中不受欢迎的外来工作者，由网络游戏而产生的其他延伸空间就很有可能继续将亚洲文化描述为威胁到虚拟世界的美好和魅力的文化。③

4. 全球化的流行文化

伴随着全球化推进，同质性成为流行文化的一大趋势。艾伯特·莫兰考察了媒介的全球化，并提出了是否会出现世界语言系统的问题，指出随着电视节目形式的贸易的增多，语言的同质性也随之增强。④

吕运宰（音译）考察了区域性的跨国流行文化流动问题，以此来说明文化融合现象中的复杂问题，并对文化的全球化议题给予启示。根据他对“韩流”的考察指出，亚洲国家从历史和文化相近的邻国输入文化增多，而非从政治经济更强势的国家输入。全球文化变革中，中间国家可以找到其适位市场并将自身定位为一个文化中介者。⑤

---

① Haritaworn, Jin. “Caucasian and Thai make a good mix”: Gender, ambivalence and the “mixed-race” body. European Journal of Cultural Studies, Feb2009, Vol. 12 Issue 1: 59-78.

② Ong, Jonathan Corpus. Watching the nation, singing the nation: London-Based filipino migrants' identity constructions in news and Karaoke practices. Communication, Culture & Critique, Jun2009, Vol. 2 Issue 2: 160-181.

③ Nakamura, Lisa. Don't hate the player, hate the game: the racialization of labor in world of warcraft. Critical Studies in Media Communication, Jun2009, Vol. 26 Issue 2: 128-144.

④ Moran, Albert. When TV formats migrate: the languages of business and culture. Media International Australia (8/1/07 current), May2009, Issue 131: 16-29.

⑤ Ryoo, Woongjae. Globalization, or the logic of cultural hybridization: the case of the Korean wave. Asian Journal of Communication, Jun2009, Vol. 19 Issue 2: 137-151.

5. 其他

除了上述四点之外，一些流行文化研究中的闪光点也引起了我们的注意——比如关于流行文化中典型形象的研究，丽贝卡·万佐分析了喜剧中超级英雄所代表的精神的流变，从而对政治与社会意识形态做了拓展分析。①

媒介在集体记忆的形成和协商中发挥的作用也得到考察。学者宝拉·汉密尔顿探讨了不同形式的媒介是如何通过将个人记忆变成公共记忆来改变个人记忆与集体记忆之间的关系的。电视和网络作为相互依赖的文化形式，在个人和集体、性别、世代记忆之间起着重要的调解作用。新的流行文化的技术，特别是新的数字化媒体的相互作用创造了新的“公共”，在促进民主化和个人记忆的同时，也孕育了比以往时代更大的集体组织。②

（十）受众研究

作为大众传播的核心概念之一，受众研究历来是传播学研究中不可或缺的组成部分。在受众研究中，受众（audience）、媒介使用者（media user）和媒介消费者（media consumer）是三个各自体现不同维度视角的概念：“受众”是最笼统的概念，是多维视角的受众，包括公众、消费者、技术使用者、意义的解读者等多层含义；“媒介使用者”更偏重于技术使用，这个概念本身蕴含着传播客体到传播主体的历史变迁意味；“媒介消费者”则偏重于市场概念。其中可能隐含着以消费者主权代替公民主权的倾向，即所谓从“一人一票”到“一元一票”。

2009 年，国外的传播受众研究依然延续着以受众调查和实验方法为主流的“结构的”和“行为的”研究传统，但是很多时候研究触及了更深更广的社会层面，同时具有着鲜明的媒介融合的时代特点。

1. 媒介融合与受众参与

自从 1978 年尼葛洛庞帝提出媒介融合（Convergence）的概念，这一观察传媒业演变的新视角就以其独特的洞察力名闻传媒业界和学界。进入 21 世纪以后，以数字技术的成熟为诱因，媒介融合越来越由发展前景变为业界现状。在这个大背景下的受众研究，自然不能对媒介融合的时代强音充耳不闻。

媒介融合带来的是新闻信源结构与新闻传播主体的变化。受众由此获得了

---

① Wanzo, Rebecca. The superhero: meditations on surveillance, salvation, and desire. Communication & Critical/Cultural Studies, Mar2009, Vol. 6 Issue 1: 93-97.

② Hamilton, Paula. Remembering Changi: public memory and the popular media. Media International Australia (8/1/07 current), May2009, Issue 131: 136-146.

前所未有的参与新闻传播的能力，并日益形成积极主动的主体特征。在《主动受众的工作理念：对于媒介融合产业中的积极参与的进一步研究》一文中，作者在指出数字化时代和媒介融合时代中生产和接受的界限日益混淆的事实的同时，也呼吁学者们在当今的媒介产业环境下，应该密切关注文化融合背景下“主动受众”概念的重要意义。作者继而进一步将“主动受众”观提升为媒体管理人员应该具有的“工作观念”。①

2. 特殊受众群体研究

受众研究向来关注特殊群体的信息传受活动，这些群体或者是基于人口统计学特征（例如大学生受众、老年受众、农村受众、城市受众等），或者是基于接触的媒介类型（例如报业受众、广播受众、广告受众、新媒体受众等）而聚合成类。作为两种分类标准的交叉产物的青少年广告受众研究，在特殊受众群体研究中占有相当的比重。

《作为消费者社会化代理人的电视广告中父母与青少年的互动作用》一文就聚焦于青少年在家庭环境中接受的来自广告的影响。作者把电视广告视为消费者社会化的代言人，在此语境下研究了父母和青少年之间在电视广告上的互动，以及广告对青少年购买决策的影响。文章还考虑到了年龄和性别的影响，抽取了包括240名9、10、11年级的高中生样本（100个女生，140个男生）。结果表明：男性青少年相对于女性青少年更容易被电视广告和父母的建议所影响。此外，16～18岁之间的青少年更乐意欣赏电视广告并根据广告做出购买决策。青少年的年龄和性别不仅影响到他（她）们与父母关于电视广告的互动，而且影响他（她）们看待广告的方式。②

3. 受众心理研究

受众心理是影响和制约新闻传播活动的重要因素之一，受众的需求变化，受众的传播、接受与反馈行为都与主体的心理结构紧密相关，受众心理研究也是受众研究中引人关注的部分，具有重要的理论意义和实践意义。

选择性心理作为受众在传播活动中，对所接触的各种信息和传播媒介与方式本身进行选择时表现出的积极的思维现象和行为结果，依然被视为受众心理研究的重要基石。

---

① Sundet, Vilde Schanke & Espen Ytreberg. Working notions of active audiences: further research on the active participant in convergent media industries. The Journal of Research into New Media Technologies, 2009, 15. 4: 383-390.

② Özmete, Emine. Parent and adolescent interaction in television advertisements as consumer socialization agents. Education, 2009, 129. 3: 372-381.

《寻找另一种方法：对态度一致和态度不一致的政治信息的选择性接触》的作者运用计算机采集了156个被试的数据，研究了在媒介信息与受众态度一致和态度不一致的情况下受众的选择性接触行为。实验的第一部分，参与人表明自己在政治和新闻方面的兴趣点以及持有的政治态度。实验的第二部分，参与人浏览网上论坛中关于4个问题的8篇文章，其中每一个问题都有两篇观点相左的文章对应。实验者通过特殊的软件把被试者的选择性接触行为记录下来，并根据受试者自身的态度立场进行"态度一致"和"态度不一致"的编码。结果表明，态度一致的接触占有压倒地位，不管是什么样的具体问题，被试者的阅读时间都增加了36%以上。① 这再次证明了受众在接触大众传播的活动中，总是倾向于接触与自己既有的立场、观点、态度一致或接近的媒介内容，而有意无意地回避那些与自己既有倾向相左的媒介内容，因而这种选择性接触行为更容易在强化受众既有的态度和立场方向上起作用，而不是导致它们的改变。

有论者还从偏见角度研究了受众的接受行为，《种族态度对消费者评价黑人色彩广告的影响：是否代言人的肤色能产生不同?》一文就从种族态度的视角探讨了高偏见程度和低偏见程度的白人对印刷广告中的黑人女性代言人的反应。通过对263个白人学生样本的实验表明：高偏见程度的白人认为自己与广告中的黑人无甚相似之处，而低程度偏见的白人则不然。高偏见程度的白人还评价广告中的黑人女性缺乏吸引力和可靠性。而对黑人色彩比较淡的广告则基本没有显示差异。②

4. 受众隐私权保护

随着信息采集和数字测量技术的飞速发展与大面积商业应用，受众越发变得无处遁身，保护受众隐私作为传播伦理问题日益受到重视，而受众的隐私权保护也被提上学术议事日程。

在《太多的信息：互联网是否挖得太深了?》一文中，作者以可贵的反思精神指出数字化测量工具大行其道，却很少考虑人们对这些设备是否愿意接受。不加限制地发展这些复杂的测量工具，结果就是给受众的隐私安全带来巨

---

① Knobloch - Westerwickm, Silvia & Jingbo Meng. Looking the other way: Selective exposure to attitude-consistent and counterattitudinal political information. Communication Research 36. 3 (2009): 426-448.

② Watson, Stevie, Penelope F. DeJong & Jennifer L. Slack. Impact of racial attitudes on consumers' evaluations of black character advertisements: Does spokesperson skin color make a difference? Communication Research Reports 26. 2 (2009): 91-104.

大的威胁和挑战。为了进行实证研究，作者设计了一套问卷来确定人们对于与电视和互联网调查有关的隐私问题的态度和行为，通过互联网回收了 2 900 份问卷，并通过数据分析揭示了人们对待隐私问题的态度和行为模式上存在的独特人口格局。①

同样作为实证研究的成果，《消费者隐私关切和对监控程度的偏爱》关注的是移动广告对消费者隐私安全的影响。作者基于社会契约理论，提出了一个结合了一系列心理因素（如先验的负面经验、信息隐私的考虑、觉知的普遍性、信任的风险）与信息监管程度偏好的研究模型。对 510 名日本手机用户的调查显示，之前有过信息泄露负面经验的手机用户具有更高的隐私关注，能感知到更多的风险，这会让他（她）们倾向于赞同更为严格的移动广告管控措施。这种被感知的普遍存在的风险（或曰风声鹤唳）和信息需求的敏感加深了对隐私的关切和对信任的负面影响。②

三、发展趋势及展望

对于 2010 年国外高校新闻学与传播学发展趋势的预测，可以根据 2010 年世界各主要新闻学与传播学学术组织的年会议程以及国外几个主要的人文社会科学学术型出版社的出版计划来进行分析判断。

2010 年正值全球最大的新闻学与传播学学术组织——国际传播学会的第 60 届年会。在历经了一个甲子的发展壮大之后，2010 年第 60 届年会的主题被设置为“传播问题：政治、文化和技术挑战（Matters of Communication：Political，Cultural & Technological Challenges)”。笔者撰写本文之时，国际传播学会已经在官方网站上公布了 2010 年的会议议程，除了各个学术流派（Division）组织的常规论坛研讨之外，还有近二十场特别专题研讨（Sponsored Sessions)。在议程中可以非常醒目地发现一些热点研究领域和话题：

首先，对于中国、印度等亚洲国家的媒介、传播与社会发展的研究已经愈发成为全世界学者关注的主要话题。比如在本次年会上，将会有一个历时一整天的专题研讨——“全球传播中的中印挑战（The‘Chindia’Challenge to Glob-

① Kachhi，Dinaz & Michael W. Link. Too much information：Does the Internet dig too deep？Journal of Advertising Research，2009，49. 1：74-81.

② Okazaki，Shintaro，Hairong Li & Morikazu Hirose. Consumer privacy concerns and preference for degree of regulatory control. Journal of Advertising，2009，38. 4：63-77.

al Communication)”，以及“亚洲传媒素养新发展（Media Literacy Education in Asia：New Developments)”等多个特别设置的专场论坛，这标志着对亚太地区，特别是对中国等亚洲发展中国家传播与社会发展的研究正在引起世界性的广泛关注，而这种关注也将随着该地区经济、政治的发展持续升温。

其次，从目前的议程设置来看，传播技术、跨文化传播、媒介与女性研究等近几年备受关注的研究领域仍然方兴未艾，就国际传播学会 2010 年年会上这些研究领域所发表的论文而言，无论是从数量上还是从所关注问题的广度及深度上，都明显呈现出了加速度的发展。一方面，这为本研究团队下一年度撰写报告提供了重要的参考文本；而另一方面，我们也由此可以看出国外高校新闻学与传播学研究的关注点与全球化社会发展中的热点问题还是密切相关的。

再次，学科融合的趋势愈发明显。新闻传播领域内的跨学科研究日益成为主流，国际传播学会 2010 年年会中的很多分场论坛实则很难将其具体归类为某一个流派，甚至某一个领域。比如某一专场论坛的主题是：“在线社会资本：未来研究的议程（Online Social Capital：An Agenda for Future Research）。”

从目前国外各主要出版社的新闻学与传播学学术著作出版计划来看，2010 年国外新闻学与传播学研究的一个最大的特色在于很多经典教材将在这一年推出新的版本。近几年来，随着世界信息传播行业的飞速发展，新闻学与传播学的经典教材翻新速度不断加快，比如由荷兰阿姆斯特丹大学著名学者丹尼斯·麦奎尔撰写的名作——《麦奎尔大众传播理论》将在这一年推出第六版，密苏里大学国际研究中心的托马斯·麦克菲尔撰写的《全球传播：理论、利益方与趋势》也将在这一年推出第三版。这反映出国外高校新闻学与传播学研究对于学科基础理论研究和学科知识体系更新仍然高度重视。

另外，2010 年“风险与危机传播（Risk and Crisis Communication)”必将成为国外高校新闻学与传播学最为关注的话题之一，几乎每个出版社都计划出版关于这一题材的著作。比如著名的 Routledge 出版社拟在 2010 年出版学者罗伯特·希斯的大部头著作《风险与危机传播手册》（Handbook of Risk and Crisis Communication)。

总体而言，有充分的证据可以表明，国外高校新闻学与传播学的研究在 2010 年呈现出“动静结合”的发展态势——所谓“动”的一面，是密切关注我们所生存的这个动态变化世界中的各种与媒介传播相关的前沿问题，并且充分借鉴各种相关人文社会科学学科的理论来进行解析，从而形成研究成果；而所谓“静”的一面，则是指凝固沉淀，不断将新的研究成果融入到学科理论框架之中，将经典论著推陈出新，充分体现“传承”与“创新”的结合发展。

推荐参考文献

1. Adler, Ronald B. & George Rodman, Understanding Human Communication (10th edition), Oxford University Press, 2008.

2. Boyd, Andrew. Broadcast journalism: techniques of radio and TV news, Oxford: Focal Press, 2001.

3. Bromley, Michael & Tom O'Malley, A journalism reader, London: Routledge, 1997.

4. Brooks, Brian S. Journalism in the information age: a guide to computers for reporters and editors, Boston: Allyn and Bacon, 1997.

5. Burns, Lynette Sheridan. Understanding journalism, London: SAGE, 2002.

6. Curran, James & Michael Gurevitch (ed.) Mass Media and Society (4th edition), Hodder Arnold Publication, 2005.

7. De Burgh, Hugo. Investigative Journalism: Context and practice, London: Routlege, 2000.

8. De Tarde, Gabriel. On communication and social influence, University Of Chicago Press, 1969.

9. Garnham, Nicholas. Emancipation, the Media, and Modernity: Arguments about the Media and Social Theory, NY, 1980.

10. Gray, Jonathan, Jeffrey P. Jones & Ethan Thompson. Satire TV: Politics and Comedy in the Post-Network Era, NYU Press, 2009.

11. Hastedt, Glenn. One World, Many Voices: Global Perspectives on Political Issues, Prentice Hall College Div, 1994.

12. Hutchins, Robert M. A Free and Responsible Press, The University of Chicago Press, 1947.

13. Innis, Harold A. Empire and communications, Clarendon Press, 1950.

14. Innis, Harold A. The Bias of Communication, University of Toronto Press, 1968.

15. Jaramillo, Deborah L. Ugly War, Pretty Package: How CNN and Fox News Made the Invasion of Iraq High Concept. Indiana University Press, 2009.

16. Kovach, Bill & Tom Rosenstiel. The Elements of Journalism: What Newspeople Should Know and the Public Should Expect, Three Rivers Press, 2007.

17. Lasswell, Harold D. Propaganda Technique in the World War, Knopf, 1927.

18. Lazarsfeld, Paul F. The People's Choice, NY: Columbia University Press, 1988.

19. Lippmann, Walter. Public Opinion, Free Press, 1966.

20. Lowery, Shearon A. Milestones in Mass Communications Research: Media Effects, Longman Group United Kingdom, 1978.

21. Mattelart, Armand. La communication-monde. Histoire des idées et des strategies, La Découverte, 1999.

22. McLuhan, Marshall. The Mechanical Bride: Folklore of Industrial Man, Beacon Press, 1967.

23. McLuhan, Marshall. Understanding Media: The Extensions of Man, The MIT Press, 1994.

24. McNair, Brian. News and journalism in the UK, New York: Routledge, 2003.

25. McPhail, Thomas L. Global communication: theories, stakeholders, and trends, Boston: Allyn and Bacon, 2002.

26. McQuail, Denis & Sven Windahl, Communication Models: For the Study of Mass Communications, Longman Publishing Group, 1995.

27. McQuail, Denis. McQuail's Mass Communication Theory (5th edition), CA: Sage Publications Ltd, 2005.

28. McQuail, Denis. Sociology of Mass Communication, Penguin, 1974.

29. Mosco, Vincent. The Political Economy of Communication, Sage Publications Ltd, 1996.

30. Noelle-Neumann, Elisabeth. The Spiral of Silence: Public Opinion—Our Social Skin, University Of Chicago Press, 1993.

31. Park, Robet E. The Immigrant Press and Its Control, Harper & Brothers, 1922.

32. Peters, John Durham. Speaking into the Air: A History of the Idea of Communication, University Of Chicago Press, 2001.

33. Quinn, Stephen & Vincent Filak (ed.) Convergent Journalism an Introduction: Writing and Producing Across Media, Focal Press, 2005.

34. Rogers, Everett M. History Of Communication Study, Free Press, 1997.

35. Schramm, Wilbur. Four Theories of the Press, University of Illinois Press, 1963.

36. Schramm, Wilbur. Mass Communication, University of Illinois Press, 1966.

37. Schramm, Wilbur. The Science of Human Communication, Basic Books, Inc, 1963.

38. Severin, Werner J. Communication theories: Origins, methods, uses, Longman, 1988.

39. Swale Alistair. The Meiji Restoration: Monarchism, Mass Communication and Conservative Revolution. Palgrave Macmillan, 2009.

40. Watson, James & Anne Hill, A dictionary of communication and media studies, London: Hodder & Stoughton, 1997.

41. Wood, Helen. Talking with Television: Women, Talk Shows, and Modern Self-Reflexivity. University of Illinois Press, 2009.

42. Wiener, Norbert. The Human Use of Human Beings, Da Capo Press, 1988.

43. Wilkinson, Jeffrey S., August E. Grant & Douglas Fisher, Principles of Convergent Journalism, Oxford University Press, 2008.

国际传播学会（ICA）网站：http://www.icahdq.org/

美国新闻与大众传播教育学会（AEJMC）网站：http://www.aejmc.org/

国际媒介与大众传播研究学会（IAMCR）网站：http://www.iamcr.org/

执笔人：胡正荣　张　龙　龚伟亮　徐轶英　冯　岩　赵乐平

感谢研究生陈　曦、周洪鹏、张晓燕、韩秉志、陈　晨协助查阅资料

第十三章

语 言 学

摘要

2009 年度的语言学研究在形式语言学、功能语言学、社会语言学和神经语言学等许多领域继续呈现繁荣发展的局面。

虽然形式语言学本身有不同的流派，但其主流无疑仍是以乔姆斯基为领军人物的广义生成语法学说。而其中原则与参数思想一直是其理论建构和分析实践的基石。本年度的形式语言学领域，最简方案框架下的核查和合并等技术手段修正和广泛运用、空语类问题、移位问题、功能范畴、论元结构、轻动词问题继续主导主流研究的走向。轻动词方面，随着研究的深入和研究角度的变化，轻动词的内涵一直在发生重大的变化。在形式音系学方面，结构语言学严格区分音系和语音。而语音学的重要性没有得到充分的认识。最近几年，音系学研究逐渐向语音学靠拢，试图在语音的发音层面上解释音系现象，并有重要研究成果发表。功能语言学研究的根本立场是从语言的交际功能来探讨和解释语言形成的机制与运行的规律，且大多数实践者极为重视利用真实自然的语料。2009 年度功能语言学的发展呈现两个突出特点：（1）理论建设的发展，尤其是“复杂适应系统”理论在语言学研究上运用；（2）跨语言的功能类型比较。另外还有其他一些值得注意的趋势体现在 2009 年的国际语用学大会论题上。社会语言学近年来的发展不但大大带动了整个语言学的发展，而且逐渐超越了语言学的界限，呈现了多方向的跨学科发展趋势。2009 年度的社会语言学研究仍然保持多个方向平行发展的主要面貌；语言变异、言语互动、双语和多语、言语社区、城市语言、语言规划等研究方向都有一些值得注意的动向。2009 年度的神经语言学各项研究在许多方面都有进步。从研究的语言行为主体来看，研究者除了继续探讨失语症患者和正常人大脑语言功能之外，聋人手语的语言机制也被关注。此外，从语言的加工通路来看，研究者重视了跨通道的对比研究。另外，学者们继续加强了理论与实证的互证研究，例如，对于手语语音大脑表征的研究结果可以有助于解决语言起源问题，而动词和形容词意义可以分为语法相关义和语法不相关义的神经语言学研究结果也能够对理论语言学家们提出的意义二分的理论假设进行验证，从而能够推动该理论的完善和发展。

Abstract

In the year 2009, various forms of achievements have been recorded in various areas of linguistic studies. In this chapter, we have done a general survey of linguistic advances in its sub-fields of formal linguistics, functional linguistics, sociolinguistics, and neuro-linguistics.

As the main stream of formal linguistics, generative grammar has seen important publications. The core pillar of modern generative grammar is the Principles and Parameters theory, which has been reformulated into various frameworks of the so-called 'Minimalism'. Some topics continue to attract attentions from leading scholars in the field: the nature and classification of empty categories, the nature and conditions of movement, functional categories, argument structure and the nature and distribution of light verbs. In generative phonology, the Optimality Theory has developed to be the main stream since 1993 when it was first proposed by Prince and Smolensky (1993), which can be seen in the numbers of important publications. However, what is the most remarkable about phonological works produced recently are those that have attempted to explain phonological phenomena from the perspective of phonetic principles. In clear contrast with formal linguistics, functional linguistic approaches seek explanations of language structure from outside of language itself, and most functionalists emphasize the significance of natural language corpus, the study of texts and discourse. We also have seen more theoretical works in functional linguistics, especially the application of the Complex Adaptive System (CAS) theory to the study of language and linguistics, cross-linguistic typological and functional comparisons. Modern sociolinguistics has been seeing several stages of development since it comes out about half a century ago in the United States, has come to be an important area of linguistic inquiry. Its development and achievements in recent years not only have made its great contribution of our overall understanding of language and language use, but also have gone beyond linguistics, benefiting interdisciplinary studies. In the year under review, more important works were published in the areas of bilingualism and multilingualism, speech community, language surveys in urban areas, and language planning. In neurolinguistic studies, with the help of advanced theoretical linguistic theories, neurolinguists have expanded their scope of investigation to even more aspects of language such as sign languages. We also have seen two-way justification of neurolinguistics and theoretical linguistics on topics, such as grammatical meanings of verbs and adjectives, the nature of sign language, and the origin of language among others.

一、发展概况

2009 年，语言学研究在形式语言学、功能语言学、社会语言学和神经语言学等许多领域都有许多新的进展。

在形式语言学领域，最简方案框架下的核查和合并等技术手段修正和广泛运用、空语类问题、论元结构、轻动词问题继续主导主流研究的走向。在轻动词方面，随着研究的深入和研究角度的变化，轻动词的内涵一直在发生重大的变化，尤其是因为句法学家对它的关注、重视和研究，它已经从一般的语义虚化的动词发展到对句法结构的建构起着关键作用的一种语类。轻动词理论的发展也对揭示语言表面现象掩盖下的一些句法机制，解释一些以往研究中纠结的语言事实起着非常重要的作用。在形式音系学方面，结构语言学严格区分音系和语音。由于语言学家重视语言的计算性，因此音系和句法、词法、语义成为语言学的核心成分，语音学的重要性没有得到充分的认识。最近几年，音系学研究逐渐向语音学靠拢，试图在语音的发音层面上解释音系现象，并有重要研究成果发表。

2009 年度功能语言学的发展呈现出两个突出特点：（1）理论建设的发展，尤其是“复杂适应系统”理论在语言学研究上运用；（2）跨语言的功能类型比较。另外还有其他一些值得注意的趋势体现在 2009 年的国际语用学大会论题上。

2009 年度的社会语言学研究仍然保持多个方向平行发展的主要面貌；但 2008 年以来的交叉和融合的势头继续，是一个向好趋势。语言变异、言语互动、双语和多语、言语社区、城市语言、语言规划等研究方向都有一些值得注意的动向。

2009 年度的神经语言学各项研究在许多方面都有进步。首先，从研究的语言行为主体来看，研究者除了继续探讨失语症患者和正常人大脑语言功能之外，聋人手语的语言机制也被关注。其次，从语言的加工通路来看，研究者重视了跨通道的对比研究。另外，学者们继续加强了理论与实证的互证研究，例如，对于手语语音大脑表征的研究结果可以有助于解决语言起源问题，而动词和形容词意义可以分为语法相关义和语法不相关义的神经语言学研究结果也能够对理论语言学家们提出的意义二分的理论假设进行验证，从而能够推动该理论的完善和发展。

二、主要学术进展

本章从“形式语言学”“功能语言学”“社会语言学”和“神经语言学”几个部分，以其学术进展，尤其是其热点问题，进行简要报告和述评。

(一) 关于形式语言学的研究

1. 形式语法学

轻动词问题是近年来形式语法学界的热点话题之一。在此领域，2009 年度又有多篇研究成果发表，其中较有分量的是 Ishii (2009)。

“轻动词” (light verb) 这一术语的来源可以追溯至叶斯伯森 (Jespersen, 1965)。他首次创造了这一概念并用来指称英语中诸如下列“V+NP”结构中的动词（下画线部分）。

(1) have a rest, a read, a cry, a think
take a sneak, a drive, a walk, a plunge
give a sigh, a shout, a shiver, a pull, a ring

在这类短语结构中，语义主要是由紧跟在动词之后的名词表达的。相比之下，动词的语义很轻，对整个短语的语义几乎没有什么贡献，所以称为“轻动词”。本质上看，这是语义学意义的“轻”。而将轻动词这一术语引入形式语法理论则是 Grimshaw 和 Mester (1988)。其在利用生成语法理论分析日语中的 suru 结构时，将轻动词这一概念引入形式句法的分析中。从句法特征来看，动词 suru 对主语的题元角色没有任何的限制，其主语可以是生命体也可以是非生命体。此外，它对句中主目语的数量和类型也没有任何的影响，它唯一的作用是给其直接宾语赋格。Grimshaw 和 Mester 还观察到，suru 结构中的主目语的题元角色似乎与充当 suru 直接宾语的名词短语（也称为动词性名词，verbal noun）有很大的关系。例如：

(2) John-wa Bill-to aiseki-o shita.
约翰—话题标 比尔—跟 共用桌子—宾格标 suru—过去式
“约翰跟比尔共用一张桌子。”

如果说是名词短语 aiseki 分别给主目语 John 和 Bill 分配的题目角色，这就违背了乔姆斯基所提出的题元标记的局域性条件 (locality condition)，亦即题元标记必须在其题元角色分配者的最大句法投射之内完成。而上例中的主目语

John 和 Bill 都不在名词短语 aiseki 的最大投射之内。[1] 为了解决这一问题，Grimshaw 和 Mester 提出了“主目语转移”（argument transfer），亦即动词性名词将分配题元角色的能力转移给了轻动词，自身就丧失了这一能力；轻动词获得了题元角色分配的能力之后，转而给句中的主目语分配题元角色。以（2）为例，这一过程可以表示如下例。

（3） a. suru“做”〈宾格〉

b. aiseki“桌子共用”（施事，受事）

c. aiseki“t 桌子共用”（施事，受事）+suru“do”（施事，受事）〈宾格〉

（3a）和（3b）代表的是“主目语转移”这一过程发生之前的轻动词和动词性名词各自的句法表现：圆括号代表题元角色的分配，尖括号代表的是赋格，（3c）表示的是“主目语转移”的过程。Grimshaw 和 Mester 指出，“主目语转移”这一过程只出现在题元结构不完整的轻动词结构中，因为只有这样的结构才能给转移的论元提供位置。

Miyagawa（1989）利用语言事实进一步支持了 Grimshaw 和 Mester 的“主目语转移”假设。Miyagawa 观察到，日语有一类轻动词结构中包含了非宾格动词性名词，这类非宾格动词性名词必须和轻动词合并，否则句子就不合法。例如：

（4） a. TANZYOO“birth”

TANZYOO-suru/? * TANZYOO o suru

b. KAITOO“thaw”

KAITOO-suru/? * KAITOO o suru

c. ZYOOHATU“evaporation”

ZYOOHATU-suru/? * ZYOOHATU o suru

d. TOOTYAKU“arrival”

TOOTYAKU-suru/? * TOOTYAKU o suru

---

① 在日语中，如果是名词短语分配题元角色的话，得到题元角色的名词的后面就会相应地带上名词性格标记-no（见下例），而上文中例（2）中没有这一标记。这说明名词短语分配题元角色的能力被抑制了。这样的名词被称为“题元不透明性”（Θ-opaque）名词。Grimshaw 和 Mester 认为，只有这样的名词才可以用于轻动词结构中。

John-no Mary-e-no hanashi.

约翰-跟 玛丽-对-跟 谈话

“约翰对玛丽的谈话。”

e. RYUUKOO "popularity"

RYUUKOO-suru/? *RYUUKOO o suru

这是因为如果非宾格动词性名词不和轻动词合并的话，轻动词给非宾格动词性名词赋宾格，那么根据 Burzio 假设，轻动词也一定要分配外题元角色，但是由于非宾语动名词不分配外题元角色，它也就无法向轻动词传递题元角色，这就导致了轻动词没有题元角色可以分配，句子便不合法。相反如果二者合并的话，轻动词不派格，也就不用分配外题元角色了，这样的句子便是合法的。

也有许多学者试图利用其他的理论假设来解决日语轻动词结构中的题元分配问题。Hasagawa（1991）、Kageyama（1991）和 Saito 和 Hoshi（2000）就提出了融合（incorporation）的设想。以 Saito 和 Hoshi（2000）为例，他们从最简方案的一些基本假设出发，认为题元理论应用在逻辑式中，轻动词和充当其宾语的名词短语在逻辑式中进行了融合，然后给句中主目语分配题元角色。Ishii（2009）也在最简方案的框架下重新分析了日语中的轻动词结构。他认为日语的轻动词结构中包含了功能性语类轻名词 *n* 构成的轻名词短语 *n*P，以（2）为例，这一短语结构可以表示为下列例句：

（5）[$_{nP}$ John[[$_{NP}$ Bill-to aiseki] *n*]]

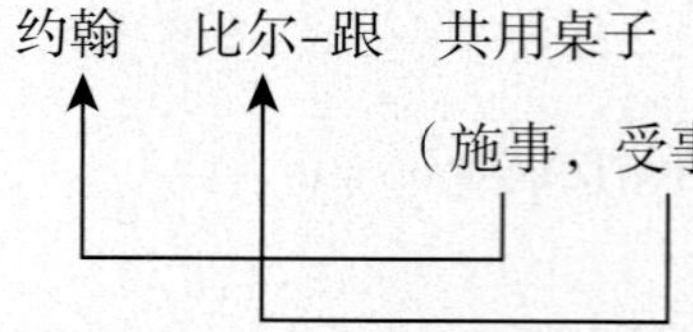

轻名词 *n* 以 NP 作为其补足语，外主目语 John 出现在 *n*P 的标志语位置上，而内主目语 Bill 则出现在 NP 之内。John 和 Bill 都是通过动名词 aiseki 来获得题元角色的，这也就满足了乔姆斯基的题元分配的局域性条件。

在 Grimshaw 和 Mester（1988）之后，轻动词理论被广泛应用到其他语言中的一些特殊句法结构的分析中。比如，Rosen（1989）分析了罗马语中的"V+V"形式的致使动词结构；Ahn（1990）分析了韩语中由 *hata*（"搞/做"）构成的三种轻动词结构，并在比较了日语和韩语的轻动词结构后，指出真正的轻动词不仅不分配题元角色，也不具备赋格的能力；Mohanan（1994）讨论了印地语中的由"N+V"构成的复杂谓语形式结构；Butt（1995）也分析了乌尔都语中的"V+V"的复杂谓语结构。但是与此同时，不少学者也否认轻动词结构的存在。Matsumoto（1996）就认为日语中许多提升动词和控制动词也表

现出跟轻动词 *suru* 相同的句法特征，因此，所谓的轻动词结构实质上是一种提升和控制结构。Kuo（2008）也认为没有轻动词和重动词之分，所谓的轻动词是可以分配题元角色的，轻动词结构实质上是由内部话题化（internal topicalization）引起的残余成分移位（remnant movement）而形成的结构。Grimshaw 和 Mester 所观察到的轻动词结构中的一些特征如名词短语不能话题化、被动化和在分裂结构中进行移位，实质是违反了残余成分移位的限制而引起的句法现象。

20 世纪 90 年代中期，乔姆斯基在提出的最简方案中吸收了轻动词这一概念，轻动词的内涵也相应地发生了改变。乔姆斯基（1995，1998，1999）将轻动词标记为 *v*，它既不表达语义，也没有语音形式。在句法结构里，轻动词跟标句词 C 一样被看做“核心功能性语类”（core functional categories），作为语段（phase）的中心语，它是从词汇矩阵（lexical array）中直接输出进入运算过程中的。它自身带有不可解释性 ψ-特征（即人称和数的特征），这一特征可强可弱。在树形图上，乔姆斯基的轻动词概念可表达为下列例句：

（6）

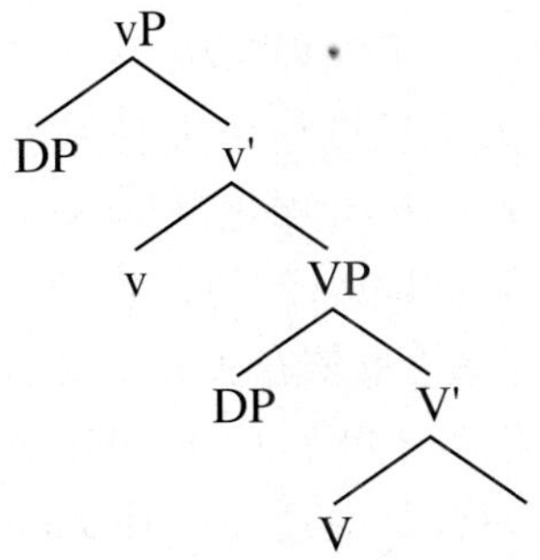

乔姆斯基对于轻动词的这一定义主要是建立在 Larson 提出的“VP-壳”假设与 Hale 和 Keyser 对于题元关系和事件结构的构造（configuration）理论的基础之上的。

Larson（1988）的“VP-壳”假设的初衷是解决英语中双宾句的句法生成。这一假设规定了一个谓词的句法结构只能有一个 VP 投射，并且一个谓词只能带一个补足语，这样一来就维持了短语结构投射的双分支原则（避免了专为双宾句而特许三分支）。从“VP-壳”假设出发，下列双宾句的结构图在句法投射上增加了一个 VP 的投射。

（7）a. John sent a letter to Mary.

b.

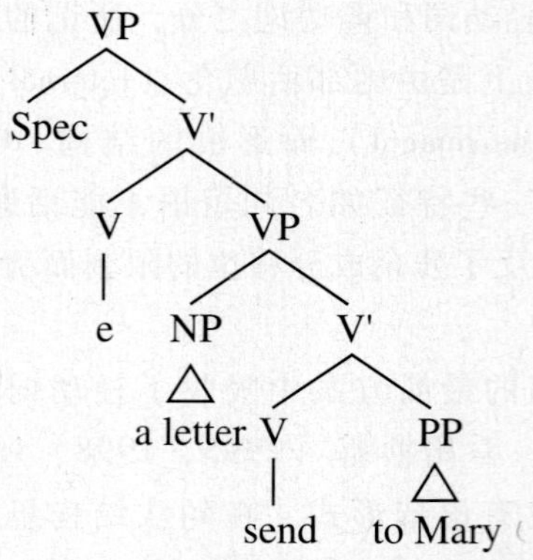

在 Larson 的这一 VP 嵌套结构中，上层中心语 V 如同一个空语类，并没有实质性的语音和语义内容，它只是给动词中心语的移位提供一个位置。Larson 的这一假设被 Hale 和 Keyser 用来分析一些词汇项的句法生成。Hale 和 Keyser（1991，1993，1997，1999）指出，谓词的事件结构和名词短语的题元地位都是由它们所进入的句法构造决定的。他们利用句法手段分析了一些派生动词的生成机制，为这类动词的题元结构和句法属性提供了一个纯句法的解释。他们设想这类派生动词首先在词汇—句法层面（l-syntax）里投射生成一个词汇关系结构（lexical relational structure，LRS），在这个关系里进行句法演算生成主目语结构，然后再投射到句子—句法层面（s-syntax）。① 在派生动词的关系结构中，涉及由词根和没有语音形式的空动词并合（conflation）的过程。② 词根是由动词的语义特征所允准的，二者之间建立了一种约束依存关系。在词汇-句法中，由于中心语空动词没有语音形式，在语音式（PF）中无法解读，因此便引发了并合的过程（Hale & Keyser 2002）。词根是空动词的补足语，二者并合后，空动词不再空了，因为它享有了词根的语音形式。例如下列例句（8）中的派生动词的 LRS 的结构图分别为例（9）中各图。

（8） a. The cow *calved*.

b. The screen *cleared*.

c. She *shelved* the book.

---

① Hale 和 Kayser 用“l-syntax”来表示表征词汇的句法结构的层面，“s-syntax”则用来表示将 D-结构和 S-结构联系起来的层面。

② 为了与乔姆斯基在最简方案中用到的术语“合并”（merger）区分开，我们将“conflation”翻译为“并合”。

（9）

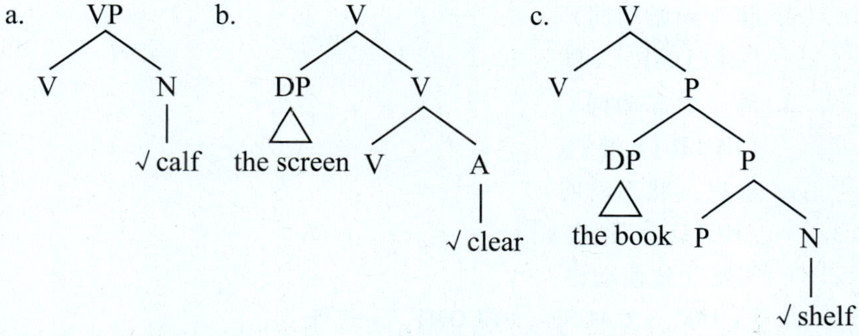

（8a）句中由名词派生过来的动词 calve 是由名词词根 calf 和空动词并合而形成的。根据这类派生动词的句法表现，在 LRS 中，空动词中心语只投射包含补足语的结构，而不投射标志语的位置。处于标志语位置上的主语属于外主目语，因而排除在主目结构的构造之外。而在（8b）中由形容词派生过来的动词 clear 的 LRS 中，空动词 V 与形容词词根并合以后，再投射一个标志语的位置，即是其内主目语的位置，这符合非宾格动词的句法特征。由名词派生过来的动词 shelve 的 LRS 首先是名词词根 shelf 和它的语音形式为空的介词中心语的并合，接着再与空动词并合得到派生动词。由此可以看出，乔姆斯基对于轻动词内涵的界定，在形式上继承了 Larson 提出的“VP-嵌套”结构，而在其句法作用上，他摒弃了 Hale 和 Keyser 的词汇—句法和句子—句法之分，将轻动词的运算从词法中挪到了词库中。

黄正德（1997）从生成语义学的“词汇分解”（lexical decomposition）出发，对轻动词作出了崭新的诠释。他认为 Hale 和 Keyser 关注的只是一些派生动词的词汇关系结构。事实上，所有的动词类型都应该假设有类似的结构，它们都是某个抽象动词的补足语。这个抽象动词表达了事件性，被称作“事件性谓词”（eventuality predicate）。事件性谓词也称体谓词（aspectual predicates），是没有语音形式的空语类，亦即轻动词。在句子表达的事件结构中，动词充当事件性谓词的补足语。在他的这一假设下，所有的动作动词（包括非作格动词和及物动词）都是轻动词 DO 的补足语，起始动词是轻动词 BECOME 或 OCCUR 的补足语。状态动词是轻动词 BE 或 HOLD 的补足语，致使动词则是轻动词 CAUSE 的补足语。

（10）a. 哭（动作动词）

[x DO [x 哭]]

b. 看书（动作动词）

[x DO [x 看书]]

c. 胖（起始动词）

[BECOME [x 胖]]

d. 胖（状态动词）

[HOLD [x 胖]]

e. 喜欢（状态动词）

[HOLD [x 喜欢 y]]

f. 气死（致使动词）

[x DO [x CAUSE [BECOME [y 气死]]]]

事件性结构是直接投射到 D-结构中的，并且动词中心语移位作为一种常规的句法操作作用于从 D-结构到 S-结构的投射中。黄正德具体分析了汉语中的四种构式，作为语言事实来支持这种事件结构。

第一种构式：使役结构

(11) a. 那件事激动得张三流出了眼泪。

b. 那件事 [$_{VP}$ CAUSE [$_{VP}$张三激动得流出了眼泪]]

动词“激动”在深层结构中处于双重 VP 结构中的轻动词 CAUSE 之下，当动词提升并占据轻动词 CAUSE 的位置时，就获得了表层形式。句子的表层结构是经历动词中心语移位至轻动词的位置而得到。由此可见，汉语中的一些动词如“激动”、“醉”等具备的使役义是从句法层面推导实现的，这与英语中的使役动词如“break”、“excite”不同，后者在词库中就具备了使役义。

第二种构式：领属宾语结构

(12) a. 他们绑了我的票。

b. 他们 [$_{VP}$ DO [$_{VP}$我 [绑 票]]]

这类句式中的底层结构是一个“VP-嵌套”结构。上层 VP 中的轻动词是表示行为的 DO，下层 VP 中的核心动词“绑”提升到了 DO 的位置，便形成了表层结构。

第三种构式：涉及事件量化的结构

(13) 他看了三天的书。

在这类句式中，一般包含表达持续态（或频率）的短语。从语义上来讲，它们表达的是动作或事件的量化，但是从句法上来看，它们却和不表达事件的具体名词组成一个成分结构，这也就是黄正德（1991）所提到的“形义错配”(syntax-semantics mismatch）的句式。根据黄正德（1997）的分析，在底层结构中，“看书”首先经过动名化（gerundive nominalization），然后动作“看”

再经历中心语移位至更高的事件性谓词 DO 的位置，其结构图如下：

（14）

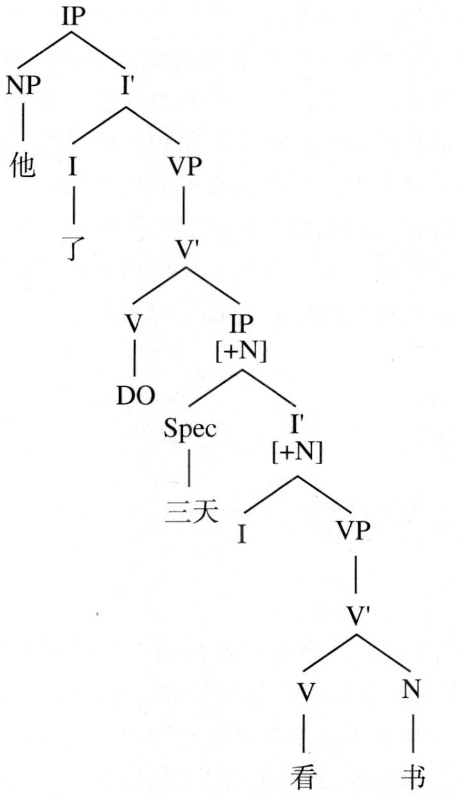

在这一结构中，量化短语“三天”修饰动名化短语“看书”。

第四种构式：属格施事结构（genitive agent construction）

（15）a. 你好好的教你的英文吧。

b. 你好好［$_{VP}$ DO［$_{VP}$你的英文吧］］

内嵌于轻动词 DO 下面的 VP 同样是一个名物化结构，下层 VP 中的核心动词“教”移动到 DO 的位置，便形成表层结构。黄正德还进一步指出，日语中的动词 suru 就是轻动词的语音实现形式。事件性谓词或轻动词是一个二元谓词，以（2）为例，它选择施事“John”作为其主语，动名化短语“Bill-to aiseki”作为其补足语。轻动词和其补足语结合形成一个抽象的复合谓词（composite predicate）。这一抽象的复合谓词就负责给主目语 John 和 Bill 分配题元角色。

从黄正德对于轻动词的定义我们可以看出，轻动词的语义不再空洞，它表达了事件性的种种类型，并对事件性的构成起着重要的作用。同时，轻动词的语音形式可以为空，也可以得到实现。

林宗宏（2001）继承了黄正德关于“轻动词即是事件性谓词”的说法，并将轻动词的内涵进一步扩大化和具体化，走得更远。他认为轻动词是表达不同类型的事件性的谓词。从句法上看，它们既可以是有语音实现形式的动词，也可以是没有语音实现形式的动词；从语义上看，它们则是组成不类型的事件性的谓词。事件性有不同的类型，可以表示动作、致使、体验、被影响；同样地，事件性也可以处在某个位置，某个时间点，可以以某种方式来执行，或以某种工具来完成。事件性可以是正在进行，状态的变化或仅仅是存在，所有的这些都可以组成事件性。它们都是潜在的轻动词。林宗宏主要利用轻动词理论来研究汉语动词的主目语结构和主宾语选择的问题。先看下列例句。

（16）a. 老王开了一辆宝马。

b. 高速公路上开着一辆宝马。

c. 这辆宝马开得我全身冒汗。

（17）a. 开那辆宝马

b. 开左手

c. 开左边

d. 开好玩

如上例所示，动词“开”对于主语和宾语的题元角色都没有选择性，它可以带上表示施事、方位和致使者的主语主目语，也可以带上表达受事、工具、方位和理由的宾语主目语。因此，林宗宏认为在汉语句法中，主语和宾语的题元角色都不是由主要动词选择的，而是通过轻动词引入句法中的。轻动词在短语结构的建构和主目语的允准上起着非常重要的作用，汉语句法是轻动词句法。他具体总结了汉语中的轻动词，其中选择主语的轻动词除了黄正德提出的 DO，CAUSE 以外，还包括 EXIST，PROCEED，INCLUDE 和 OCCUR；选择宾语的轻动词有 USE，AT 和 FOR。除此之外，体标记“着、了、过”和补语标记“得”也是轻动词。

林宗宏还指出，语言中短语结构的事件性决定了句子中主目语得到允准的方式。短语结构的事件性是通过轻动词建立起来的，因此主目语是通过轻动词得到允准的。在汉语中，轻动词存在于句法层面，因此主目语是在句法层面通过轻动词得到允准的。英语中的轻动词存在于下层句法（sub-syntactic level）①，

① 林宗宏这里所说的“下层句法”（sub-syntactic level）即是 Hale 和 Keyser 所说到的词汇—句法（l-syntax）。

主目语也是在这个层面得到允准的。英语和汉语的轻动词代表了两个极端，日语则处在两种语言中间。日语中的选择主语的轻动词存在于句法层面，而选择宾语的轻动词则存在于句法下层，因此，主语主目语是在句法层面得到允准的，宾语却是在下层句法得到允准的。

蔡维天（2007）指出汉语由于其分析性（analyticity）的关系，许多词项和语法关系均呈离散式的渐层分布。他利用 Rizzi（1997）对于句法结构的三分法，即将句法结构分为“标句词层—屈折层—词汇层”来测量包括轻动词在内的一些词项和句式，目的在于希望构建出一套合理可行的语法理论模型，作为以后田野工作的检验标。他认为汉语的轻动词至少应该分成内轻动词（inner light verbs）和外轻动词（outer light verbs）两类。两类轻动词可以没有语音上的实现形式，称为隐性内/外轻动词；也可以在语音上得到实现，称为显性内/外轻动词。其中外轻动词即是黄正德提出的轻动词 CAUSE，它主要是表达事件的致使关系（event causation）。例如：

（18）a. 那把刀切得我直冒汗。

　　b. 那把刀 CAUSE 我切得直冒汗。（隐性外轻动词）

（19）那把刀让我切得直冒汗。（显性外轻动词）

另一类是跟动态动词和对比焦点连用的内轻动词，其语义诠释的范围较广，包括工具、地点、受益者等，以（20）为例，其中很可能有一个隐性的轻动词 USE，并吸引主要动词“切”向上移位。

（20）a. 你切那把刀，我切这把刀。

　　b. 你 USE 那把刀切，我 USE 这把刀切。（隐性内轻动词）

（21）你用那把刀切，我用这把刀切。（显性内轻动词）

蔡维天认为内外轻动词的一个重要区别是外轻动词投射在句法结构的补语层，而内轻动词则投射在句法结构的词汇层，二者的这一区分也在语言事实上得到了证实。首先，动词复制句中的动词复制只会作用在内轻动词之上，而与外轻动词无关，如下例：

（22）a. *那把刀切我切得直冒汗。（*外轻动词+动词重复）

　　b. 我切那把刀切得直冒汗。（内轻动词+动词重复）

其次，只有隐性外轻动词其后结构可以带结果补语或期间补语；隐性内轻动词则无法做同样的动作，无论是带结果补语还是带期间补语，例如：

（23）a. 那把刀切得我**直冒汗**。（隐性外轻动词+结果补语）

　　b. 这本书看了我**一下午**。（隐性外轻动词+期间补语）

（24）a. 我用那把刀切得**很累**。（显性内轻动词+结果补语）

b. *我切得那把刀**很累**。（*隐性内轻动词+结果补语）

（25） a. 你用那把刀切得**五分钟**。（显性内轻动词+期间补语）

b. *你切那把刀**五分钟**。（*隐性内轻动词+期间补语）

2. 形式音系学

在形式音系学方面，本章特别注意到在语言学主流刊物上发表的三篇论文，分别是 Bauer（2008），Beddor（2009）以及 Zhang and Lai（2010），这三篇重要论文的共同点是都从语音角度探讨一些常见的音变现象。

音系学中弱化（lenition）这一概念非常含糊，而学者认为是弱化的音系现象也相当地混杂。弱化是常见的共时和历时音变现象，包括很多从表面上看很不相同的音变。Bauer（2008）检讨这一概念的理论依据及其实例，提出一个新的看法。在介绍 Bauer 的解释之前，我们先看 4 则弱化音变的例子（根据 Hock 1986 和 Bauer 2008 简化而得）。

（26） a. t t →t(* t →t t)

b. t →θ(* θ →t)

c. t →d/V_V(* d →t /V_V)

d. d →t/V_#(* t →d /V_#)

（26a，26b）是历时音变的例子，（26c，26d）是共时音变的例子。从语言的历史演变上看，长辅音变短，短辅音不变长（26a），说明长音为强（fortis），短音为弱（lenis）。塞音变擦音，擦音不变塞音（26b），说明塞音为强，擦音为弱。在元音之间，清辅音浊化而浊辅音不清化（26c），在词尾的位置上，浊辅音清化而清辅音不浊化（26d）。（26c）在现代语言中的例子很多，比如英语词干-sume 的-s-，在以辅音结尾的前缀后为清音［s］（consume），在以元音结尾的前缀后为浊音［z］（presume）。（26d）的例子也不少，德语、俄语的浊辅音在词尾清化（Kenstowicz、Kisseberth 1979），新加坡英语也有类似的音系变化（Bao 1998）。辅音的浊音程度往往和位置有关，比如英语的浊辅音，在元音之间最强，在词首次之，在词尾清化（Giegerich 1992）。

辅音的强弱和清浊是不同的概念。清浊取决于声门的功能，而强弱则取决于发音过程的综合力度。一般说来，弱辅音对应浊辅音，强辅音对应清辅音。虽然辅音的浊化（即弱化）和清化（即强化）是相反的音变过程，学界普遍认为例（26）所列的语音演变，包括（26c，26d），都可以理解成弱化。（26c，26d）两例说明弱化的语音机制是一个悬而未决的课题。许多历史语言学家和音系学家用罗列的手段界定弱化，不在发音上下定义。这点 Bauer 在论文中有详尽介绍。

在正常情况下，发某个音时，所有的发音器官（声门、软腭、舌头等）

都必须完成其指定的任务，早期生成音系学把音位定义成区别性特征的同时束（simultaneous bundle）正是这个意思。但是同时束只是一种理论建构，实际发音时发音特征并不都是同时完成的。基于这个发音事实，Bauer 认为弱化是在特定环境中发音过程没有完全达到指定的目标（undershoot）所致。这种（未）达标的解释否认语音有绝对的弱和强，发音器官所做的功在本质上是相对的，而相对的强弱和音系环境有密切关系。还是用（26c，26d）为例。就辅音（C）的清浊而言，在 VCV 中 C 的浊化比较容易——声门不颤动要困难些。当清辅音在 V_V 位置时，声带拉紧度不足，气流经过声门时，声带产生振动，造成浊化。换句话说，声带的动作没有“达标”。同样道理，在 VC#的环境中，C 的浊流动作有所欠缺，造成 C 的清化。为什么历史音变中有塞音变擦音的实例，却没有擦音变塞音的实例呢［即（26b）］？那是因为在塞变擦（如 t →θ）过程中，舌冠没有和齿龈接触，形成狭窄通道，气流通过时产生波动，形成擦音。例（26）所列各例各不相同，但是都可以从发音不达标得到解释。Bauer 文中还举出其他例子，包括同化（assimilation），这里就不一一罗列了。

发音不达标是共时的发音特点，导致历时的弱化音变。这并不矛盾，发音不达标现在有，过去也有；现时语言中的弱化音变是历史上发音不达标累积的结果。虽然 Beddor 和 Bauer 所研究的音系现象不同，但是他们的课题有相似性，都尝试从共时的发音角度出发解释历时音变。

Beddor 研究元音鼻化现象，可以概括如下：

（27）VN → Ṽ

这一音变很普遍。在许多现代汉语方言中，中古汉语的 VN 变成 Ṽ。鼻化也可以认为是弱化的一种，不过 Bauer 没有在他的文章中讨论鼻化现象。

Beddor 认为元音和鼻辅音（VN）的协同发音（coarticulation）是鼻音音系化的原因。过程可以作如下描写：因为协同发音的需要，V 在 N 前鼻音化，产生 Ṽ 这一自由变体；随着年代的推移，元音上的鼻音渐渐取代后面的鼻辅音，鼻辅音随之消失，鼻音在元音上成了有区别功能的特征，完成例（27）所显示的音变。Beddor 的研究有一个基本假定，即软腭动作的时间基本稳定。在说 VNC 的过程中，软腭动作提前至 V，造成部分 V 鼻化，部分 N 消除鼻音，如图所示（斜线代表软腭下垂，气流进鼻腔）：

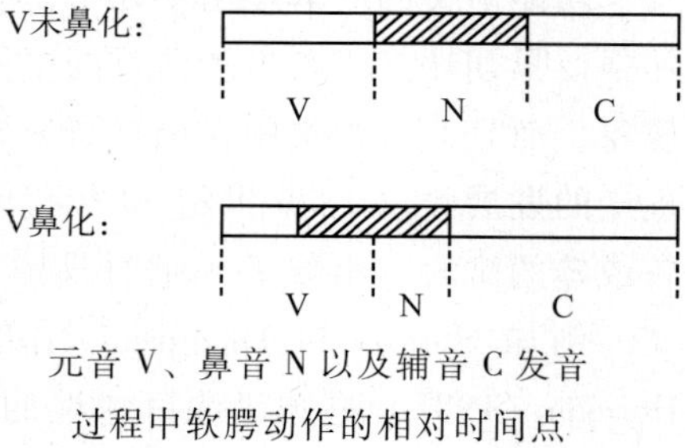

元音 V、鼻音 N 以及辅音 C 发音过程中软腭动作的相对时间点

为了证明协同发音是历时元音鼻化的共时基础，Beddor（2009）做了发音和听觉实验。实验参与者都是以英语为母语的美国人，录音用的词类似 bent/bend/bet/bed 等系列词，重点是检讨 bent/bend 的鼻音 N（即/n/）对元音 V（即/ε/）的影响，以及 $\tilde{V}$ 和 N 之间的关联性。结果发现 $\tilde{V}$ 的鼻化和 N 的长度成反比：$\tilde{V}$ 鼻化越长，N 就越短；相反，$\tilde{V}$ 的鼻化越短，N 就越长。听觉实验的结果是，$\tilde{V}$ 和 N 上的鼻音信息要么基本相同，要么 $\tilde{V}$ 上的鼻音信息比 N 更加突出。也就是说，说话的人软腭动作提前，造成 V 的鼻音化；而听话人则把注意力集中在 V 上，忽略 N。声学分析和听觉实验都证明协同发音在 VN $\rightarrow$ $\tilde{V}$ 音变上所起的作用。

Bauer 和 Beddor 寻找历时音变的共时发音机制，而 Zhang 和 Lai 则探讨共时音变的语音基础，所用的音变实例是普通话的三声变调。三声变调是汉语音系中最受关注的语音变化，可以作如下表述（Zhang and Lai 2010）：

（28） a. 213 →35/_ 213

b. 213 →21/_ 55，35，51

这两个变调有不同程度的音系性，（28a）明显高于（28b）。为了探索三声音变的语音特点，作者设计了两组词组，分别由现有词和虚拟词掺合而成。这些词由说普通话的人念，用来测试并对比这两类词的 F0 轨迹、三声调形降升点以及音节的长度。测出的数据相当复杂，但是在复杂的数据中，还是可以看出一些实质性的差异。其最主要的结论是在虚拟词中，（28b）的使用比较一致，而（28a）的使用往往有很大的任意性。Zhang 和 Lai（2010）认为三声变调规则在试验中的不同表现说明（28a）的音系性高于（28b），不容易受共时语音效应的干扰。

（二）关于功能语言学的研究

1. 功能主义理论

功能主义的发展经历了几个比较显著的变化时期，整体趋势是理论建设的加强。早期功能主义者所注重的多为那些在形式主义的框架内无法解释的具体现象，而且大多数集中在语法研究要不要把语义考虑进去方面。美国功能主义理论的发展经过了 20 世纪 70 年代的开创，到了 80 年代和 90 年代已经进入比较成熟的阶段，出现了一批对具体语法现象进行功能主义分析的高水平的论文。例如 Hopper 和 Thompson（1980，1984）对及物性和词类性质的阐述，Haiman（1983）有关语法镜像性的研究，DuBois（1987）关于竞争因素的研究，Chafe（1987）关于信息对语法的影响等。近年来功能主义开始加强会话语法的研究，出现了受会话分析学派影响而产生的交际互动语言学（Ochs, Schegloff, Thompson 1996；参看 Biq 2000，张伯江 2005 的介绍）以及所谓的"基于用法的功能主义"（Usage-based functionalism, Bybee & Hopper 2001）。2006 年《语言》杂志 82 卷 4 期上刊登的 Joan Bybee 的题为"从用法到语法：大脑对重复的反应"（From usage to grammar: The mind's response to repetition），对美国功能语言学在一个时期的发展进行了高度的概括和系统的综述。这些进展为 2009 年功能主义理论的进一步发展打下了坚实的基础。不过直接影响到功能语言学理论新近发展的却是来自于语言学之外的理论，即"复杂适应系统"理论。

《语言学习》（Language Learning）杂志在 2009 年 12 月份出版了一个专辑，纪念该刊发行 60 周年。这个专辑的首篇文章题目为"语言作为一个复杂适应系统"（Language as a Complex Adaptive System），由 10 位作者共同署名。这篇文章是以"立场论文"（position paper）的形式出现的——通常情况下，立场文章一般是在专业杂志上发表的纯粹申明理论立场的作品——可见作者和杂志对这篇文章的重视。这篇文章和该专辑的出版是基于 2008 年在密西根大学召开的一次语言学会议，这次会议专门讨论了"语言作为一个复杂适应系统"的问题。

"复杂适应系统"（CAS）是信息工程理论的一个特殊概念。这一理论由计算机科学家约翰·霍兰（John Holland）于 1994 年在圣塔菲研究院（Santa Fe Institute）工作期间提出。霍兰目前工作的地点在密西根大学，他参加了这次会议，并且是十位作者之一。当年正逢霍兰 80 岁，因此除了纪念刊物出版 60 周年之外，组织者也把该期杂志呈献给他。

复杂适应系统理论要解释的现象是，大大小小的系统（语言、经济、生物等）是如何形成和演变的。复杂适应系统理论的基本思想是这样的：系统可以看做由多个成员构成的，这些成员是具有适应性的能动主体（adaptive agent），可以跟环境以及其他主体相互交流、相互影响。在交互作用的历史过程中，主体之间相互学习和适应，甚至改变自身的结构和行为方式，由局部、个体的适应、改变而逐渐形成新的大系统。复杂适应系统理论已经提出多年，语言学界之前也有不少介绍，例如霍兰（Holland 等，2005）对语言习得的研究，王士元（2006）以此理论对汉语的解释等，但是系统地利用复杂适应系统理论发挥功能主义语言学思想的做法，这个专辑尚属首次。

"立场论文"的作者们结合复杂适应系统理论阐释语言系统，其中的思路我们不难看出其与美国功能主义学派立场的相似性。具体说法包括这些：

(1) 语言系统的能动主体是言语社区中的说话人；(2) 言语系统具有适应性，因为说话人的言语行为取决于每个人过去的言语交际历史，而当前和过去的言语经历共同起作用影响说话人未来的言语行为；(3) 任何语言使用者的言语行为都是一系列竞争因素相互作用的结果，包括感知限制因素以及跟社会动因有关的因素；(4) 语言结构的涌现 (emergence) 是语言经验、社会互动和认知机制等多种因素相互影响的结果。

作者们强调，复杂适应系统理论的一大优势是可以把以前人们没有注意联系在一起的各类现象给予统一解释，例如母语习得、二语习得、历史语言学、心理语言学、语言演变、语言的计算机模拟等，其中都能看到复杂适应系统的特征。

论文作者们从几个重要方面阐述了复杂适应系统理论对语言现象的解释。第一，语言与社会互动。作者们强调，语言固然受认知因素制约，但是认知活动并不一定需要语言，而社会互动却不能脱离语言。因此语言的主要作用可说是在于促进人们之间的社会交流。人类生活中很多活动是协调式活动，离开了语言，人与人之间的协调就很难实现。第二，从“用法”到“语法”。基于用法的语法理论认为，人们对语言结构的认知组织 (cognitive organization) 直接来源于个人过去的言语使用史。语言的基本单位是各类“格式” (constructions)。这些格式可大可小，它们是形式和意义的结合体 (form-meaning pairing)。有多项证据证明语言的经验性：人们的语言选择并不是从所有可能的组合中任意选择的，各种组合可以有不同的出现频率；常见组合常常以板块 (chunk) 形式表现出来，这在发音上有明显证据。研究语言的历史变化必须考虑语词单位组合的常见性，因此词汇和语法的界限不是那么明确。语言的变化虽然起始于具体的组合，但是长期的反复使用可以造成语言系统内部出现宏观演变以及跨语言范围内的相似类型。第三，语言的发展变化来自于相似情境下语言的重复使用，多次重复可以造成语言格式在神经感官中的固定化，从而出现可预期性和羡余性，继而导致语言的改变，因此就有了如语音上的省略、弱化等。甚至可以说，从人们把语词串联在一起那个时刻起，语言变化的可能性就存在了。变化机制无非是序列处理 (sequential processing)、范畴化 (categorization)、固定 (conventionalization) 和推断思维 (inference-making) 等。第四，母语和二语习得。从复杂适应系统理论的观点看，母语和二语的习得无非是一个在交际过程中学习格式 (constructions) 的过程。这和以往所认为的自上而下式的规则习得的说法完全不同。按照这种新的说法，儿童以他们生活经历中接触的格式为基础分析语言规律并以之创造语言。二语习得也跟语言单位的频率有关：学习初期通常呈一对一的情况，即囫囵吞枣式的学习，后来学习者对语言格式加以分析并作分门别类，最终达到成分分析的层次。总体来说，语言习得是个人一生的过程，并不是一蹴而就的，因为所有的语言用法都跟语言使用的过去历史有关。

这篇集体创作的理论立场文章的重要意义在于把近年来跟功能主义语言学有关的各个分支如话语语法、格式语法、语言变化、语言习得等从系统理论的高度作了详细的阐述。各个语言学领域的研究不再被看成毫不相关的分支。这对今后功能语言学理论的发展有着重大的意义。

2. 跨语言的功能类型比较

语言学中较有成效的比较研究当属语言共性和类型学的研究。从格林伯格等所提出的语序规律（Greenberg 1963, Hawkins 1983）到科姆里（Comrie 1981）和 Bybee（1994）等人的语法系统研究，语言共性和类型学的研究成果为我们了解世界语言的构成和分布提供了极其有用的信息。但是这些研究有一个共同的问题是，所用语料多为语言学家人工构造的脱离语境的单句、单词，而脱离语境的语料经常不能反映语言运用的实际，或者只能提出一些有争议的问题而不能给出有效的解决方案。

一个相关的例子是关于位移动作表达式（motion expression）的类型学研究。Talmy（1991，2000）根据位移事件表达的方式把语言分成两种类型：一种是动词中心（verb-framed）语言，即位移动作的相关内涵都由动词本身表达，例如，西班牙语 salí-（跑）出，一个动词，既有“出去”的意思又有“跑着”的方式意义；另一种是卫星成分（satellite-framed）语言，即动作的相关成分是通过动词的辅助成分表达的，例如同样的意思在英语中要说成 run out，用 run 表示跑的意思，用非动词性成分 out 表示位移的方向。这种分类有一定的意义，可以帮助我们了解世界语言在这方面的差异以及语言习得的过程等。然而这个分类也带来了一定的问题。例如像汉语这样的语言有大量连动式，连动结构（如“跑出”）中两个动词连成一片，一个表示方式，另一个表示路径，很难判断应该是哪种类型的语言。长期以来，人们只凭语感对这个问题争论不休（参看 Chen/Guo 2010 的总结）。因为什么是常见性、典型性很难凭语感来决定，Slobin（2004）、Talmy（1985）等人因此主张应该根据语言运用的实际来决定语言类型，而不是只凭语感来决定。Chen/Guo（2010）考察了汉语的口语和书面语中的实际用法，以经验材料证明汉语属于均势框架语言（equipollently-framed language）的理由，为解决这个有争议的问题提供了新的视点。

另一类经验性的比较研究是基于功能本身的研究，而不是先有了结构类型再去寻找经验材料来验证。这里可以以复合句的研究为例。复合句式（即多个单句相互联系在一起）一直是话语分析和语法研究中的一个重要问题。早期的话语分析一般是从独白式叙事体出发，考察主句和从句在篇章中的作用（例如它们分别在表达前景和背景信息中的作用，参看 Longacre，1985；Thompson，1987；Diessel 2001 等）。近年来，对于复句的研究逐步扩大到对话语体中。其中以 C. Ford 的研究影响最大。在 Ford 考察的各类复合句中，因果复句（causal clause）的用法很有意思，因为这个格式跟汉语里的现象有诸多平行的地方，值得我们进行比较（宋作艳、陶红印 2008）。

Ford（1993，1994）在考察英语中的因果复句时发现，在英语会话中，because（或其缩略形式，cause）引导的原因从句几乎总是出现在表结果的主句之后。Ford 认为，原因从句之所以后置是因为交际中的互动结构（interaction structure）的作用。按照她的说法，后置原因从句主要是用来消除可能的争议（contestability），比如说话人之间产生了分歧（disagreement）或者说话人给出了消极的回答（dispreferred response），为了避免引起争议，说话人会马上用一个原因从句来说明原因，使谈话能够继续顺利进行下去。此后 Ford 又做了两项比较研究，其中 Ford 和 Mori（1994）比较了英语和日语口语中的因果复句，结果表明因果复句的顺序在两种语言中呈现出很大的相似性：大部分原因从句是后置的，而且后置原因从句都伴随着非预期（dispreference）因素。Ford（1994）则进一步考察了美国英语口语和书面语中的小类，包括自然会话（casual conversations）和经过编辑的书面文本（edited text）。结果发现书面文本中的底层规则与自然会话中是一样的，即原因从句通常出现在非预期的表达语境中。

显然 Ford 等人对表原因句式的解释是交际语用方面的原则。这些结论对汉语是否适应呢？在以往的汉语研究文献中，偏正复句中的状语从句（adverbial clause）前置一直被看做默认顺序，表原因的从句自然也不例外（赵元任 1968），如“因为下雨，所以不来了”。部分学者也注意到了原因从句后置的现象（Li/Thompson，1981），但一般认为这类用法是事后补充（Chao，1968），基本上对了解汉语整体的语法格局无关宏旨。针对原因分句的用法我们曾经利用口语、书面语和汉英双语语料库的统计对比分析（宋作艳、陶红印，2008、2009），发现汉语话语中的因果句式有很多有趣的现象。汉语和英语在整体上类似，即表原因的从句后置现象也是优势语序，这跟以往的发现非常不同。我们也发现这是由语言交际中的互动、协调等根本因素所决定的。前置原因从句主要是为因果关系的论证提供背景知识；后置原因从句主要是对前文做出解释说明，消除负面因素，使得交流可以顺利进行，也即是说，Ford 等人提出的非预期（dispreference）因素在汉语里也得到了证实。

汉英原因从句的话语语法表现给了我们下述启示：首先，不同的语言可以在话语策略上有相似性，这启发我们更多地从互动因素上寻找不同语言的相似点。其次，不同的语言结构特征可能导致话语表现细节上的不同。例如，汉语关联词及其结构上的搭配要求造成汉语后置句式比英语的出现频率略低。但整体来说，语用作用对复句序列的影响还是有跨语言的共同之处的。

最后我们来看看零形指代方面的跨语言比较。零形指代一般被看做东亚语言的一个特征，在汉语中尤其常见，但是以往的研究较少基于自然谈话的材料对多种语言进行比较。最近几年的一系列研究使得这种情况有所改变。Oh（2005，2006）主要研究英语自然会话中零形回指的功能，并对东亚语言做了比较。大多数东亚语言的零形回指都似乎和话题连续有关，也就是说，比较有连续意义的成分一般在后面再次出现时通常以零形式表达。陶亮（1996）也提到，汉语谈话中零形回指有时候跟一个回归式（return-pop）所指有关，即一个所指在中间经过一段不相关的材料后，再次回到话题位置，这时候用零形所指能够把它的连接性体现出来。英语的零形所指用法一般比东亚语言少见，因此不太引人注意。但是 Oh 发现，零形指代在英语谈话中也是一个重要手段。其作用可以概括如下。一是把当前的谈话标志为二次重说；二是标明主题的回归；三是标记事件高潮；四是避免明确提到一些已经出现的所指。这几种用法其实在汉语里面也有，因此我们可以推测，汉语和英语的区别大概不是质的区别而更是量的区别。Oh 的研究说明，以前曾经拿来作为区别语言类型的重要特征，其实在有些所谓缺乏的语言的口语中也不一定缺乏，而且这些特征都是跟谈话互动的某些方面有关的。

3. 2009 年国际语用学大会所体现的发展趋势

2009 年国际语用学大会在墨尔本召开，有近千人参加会议。从会议的论题可以看出目前功能语言学及语用学研究的一些新趋势：第一个值得注意的趋势是把话语分析的方法用于非主要语言。在会话分析领域，英语通常是研究得最为透彻的语言，其次是英语之外的一些印欧语言，如法语、西班牙语等。这次国际语用学会议有几个分会场讨论如何把话语研究方法扩大到小语种上，特别是土著语言。例如有一个分会场就专门讨论澳洲土著语言的会话策略。Rod Gardner，Richard Fitzgerald 和 Ilana Mushin 等人讨论了土著语言的话论转移规则。他们首先回顾了 Sacks 等人于 1974 年提出的话论转移的普通规则。由于这些规则是在英语的基础上提出来的，是否适用于其他语言和文化一直都有争议。在 Gardner 等人所举澳洲土著语言的例子中，会话中间常常有长时间的停顿，或者有过多的同时发话，看上去系统迥异。不过他们最终的结论是，这些超常现象是跟语境中的当前需要有关的，并不能代表另一种全新的话论转移系统。另外有一个分会场讨论澳洲土著语言中的传信范畴及其标记系统。还有一个分会场讨论了新西兰和太平洋岛屿国家的语言意识的演变。另外还有若干论文讨论了印尼语中的省略用法和条件句在日常会话中的使用等。第二个趋势是对多语现象的研究。随着全球化趋势的增强，多语和全球沟通正在成为人们日常生活中一个密不可分的部分。这方面涉及的问题在多个分会场中都能看到。一个分会场讨论了西班牙服务业用语问题，涉及的问题有当地文化和语言习惯跟全球化意识形态之间的冲突与协调以及集体单位的文化和个人习惯的协调等。另一个分会场讨论了多语使用者在全球企业工作申请中语言的选择。另外一个分会场讨论了新移民到国外和城市以后语言的选择。还有一个分会场讨论了在香港的环境下医疗服务行业多语的运用和选择。第三个趋势是对具体话题和语境中文化和语言结构问题的研究。例如一个分会场的话题是日本饮食文化中有声语言和肢体语言的运用。发言者讨论了日语饮食文化中的词汇选择问题，即饮食话语中不同词汇风格的选择如何对说话人欲表达的立场、身份产生影响。也有的发言讨论了在对饮食产品进行评价时不同谈话人如何协调立场，这包括日常生活中对饮食产品的评价和电视烹饪节目中的评价等。

（三）关于社会语言学的研究

1. 语言变异

“语言变异与变化”研究方向的一个重要贡献是对语言为什么变化和怎样变化的解释，它同时也提供了对稳定的语言变异的解释。但不管是“进行中的变化”，还是稳定的变异，其共时表现都是语言变异；因此，将这一研究方向简称为“语言变异”应该是合理的。

语言变异研究中，成果最多的一直以来都是语音方面的研究。其中，“社会语音学”（sociophonetics）是近年来的一个新发展。与传统语音变异研究不同之处是，它应用了实验语音学的手段，因此，社会语音学可以说是社会语言学与实验语音学的交叉或结合（Foulkes 2006）。社会语音学可以避免语音研究中使用感官观察手段所可能造成的偏差，使语音变异的测定更加客观化和系统化。

早期的语音变异研究建立在“发音语音学”（articulatory phonetics）的基础上，采用的主要是从人类语言学和方言学那里继承来的记音和转写的方法来处理语料，因此，对于变异的解释一般局限于“言语产生”（speech production）的视角。例如，自然语流中某些音素未实现的现象被解释为省力原则驱动的“省略”（omission）现象。但是，社会语言学的变异研究不仅要考虑变异产生的发音机制，更要考虑语言变式怎样在言语社区中传播的问题：变异的形式需要从一个讲话人传递到另一个讲话人，这里就有“变式能否被感知”的问题。因此，“言语感知”（speech perception）也成为了语言变异学者的研究内容。其中，对语音变式的感知产生了一些重要成果。

由于受到语音合成技术的局限，语音感知的研究以前局限于实验音系学和心理语言学的领域，注重田野调查的社会语言学者往往不掌握相应的技术和设备。这种情况目前已大有改善。随着 Praat 等桌上语音软件的普及，语音合成对变异语言学家来说也不再是技术难题。与此同时，变异语言学家也开始认识到感知对变异研究的重要性：“什么样的语音差异能够被感知”，“那些标示社会信息的亚音位差异在多大程度上被听话人所感知”，“这些语音差异的感知对所有的听话人都是一样的吗”，“母语方言是否影响语音感知的归类”，诸如此类的问题，目前已经是变异语言学者不能再回避的问题了（Thomas，2002；Hay & Drager，2007）。

由渥太华大学主办的“第 38 届变异研究新方法研讨会”（NWAV38）于 2009 年 10 月 22 日到 25 日在加拿大渥太华召开，会议上发表了通过匿名评审的 140 篇论文，涉及语言变异研究的方方面面，自然也包括了社会语音学的研究。特别值得一提的是，其中有 11 篇涉及了语音感知的内容。其中，针对“差异是否被感知”的问题的最多：这些文章的题目（中译）分别是《模仿和对变异的感知》、《地域性元音位移的产生和感知——元音时长和共振峰轨迹的影响》、《被监测中的语音变化：论未被察觉的合并》、《元音省略、分音符和音节首音：法语中滑音的形成》、《听觉轨迹信息在语音合并研究中的使用》。其次是针对“差异承载的社会信息的感知”的问题和“听话人方言背景对感知的影响”的问题：前者包括《论音位差异丢失中社会因素的作用》和《俄克拉荷马语音的感知》等论文；后者包括《区域性元音位移对前元音感知的影响》和《经验和母语变体对非母语元音感知的影响》等论文。另外，论文《“他太聪明了！”——测大学会话中听众对短语结束后停顿的感知和讲话人的风格》是关于语音怎样传达个人特征信息的一项感知研究。

从认知（cognition）角度解释语言变异，讲话人的感知能力（perceive/identify ability）的研究是不可或缺的（Labov，即出）。因此，社会语音学的感知研究是 2009 年的一个比较重要的动向。

2. 言语互动和言语社区

将言语互动的研究提升到社区的层次，是一个重要进步。这一点在 2008 年的《社会中的语言》(*Language in Society*) 上围绕特鲁吉尔 (Trudgill 2008) 关于新方言形成机制的论文的辩论中体现了出来。关于新方言形成机制，特鲁吉尔等 (Trugill、Coupland、Tuten、Mufwene 2008) 认为言语互动和言语适应是新方言变体形成的最根本原因，而反对派 (Bauer、Schneider、Holmes & Kerswill, 2008) 则认为认同是其中最重要的因素。

围绕这一主题的辩论在 2009 年继续进行。Baxter 等 (2009) 在《语言变异与变化》(*Language Variation and Change*) 上发表了题为《语言变化建模：评估特鲁吉尔关于新西兰英语产生的理论》的论文。在这篇论文中，作者结合演化论，建立了一个基于语言使用的语言演变定量模型。根据该模型，讲话人在言语互动中会考虑所在社区其他成员使用特定变式的频率，并且会在自己的言语互动中应用这一信息。特鲁吉尔认为语言变式的传播是一个基于互动的简单概率性选择，Baxter 等 (2009) 将其称之为“中性互动选择”(neutral interactor selection)。他们认为，“中性互动选择”只适用于解释新西兰英语形成初期的高频变式的传播；如果单纯基于语言变式的“中性互动选择”，新西兰言语社区不可能在短短的 50 年间形成。文章的结论是：新西兰历史上移民人数的骤减，聚居隔离的取消以及本地社会分化的产生都推动了新西兰言语社区的建立。如果说 2008 年的“认同派”是通过证明语言认同在语言变化中的作用而反对特鲁吉尔“互动决定论”的话，Baxter 等 (2009) 则是用定量建模的方法对特鲁吉尔的观点和关于新西兰英语的结论直接提出了挑战。

上述研究充分说明社区层次的言语互动的重要性，而脱离了社区背景的个别人的言语互动的社会意义会变得无法解释。从这一点我们可以引入关于言语社区研究方向的讨论。尽管 2008 年召开的“第 37 届变异研究新方法研讨会”以“……社区”为主题，2009 年我们并没有看到针对言语社区的研究广泛地开展起来。但是，值得注意的是在《语言学习》(*Language Learning*) 上发表的一篇文章，Blythe 和 Croft (2009) 的《演化视角下言语社区》。这篇文章的两位作者是《语言变化建模：评估特鲁吉尔关于新西兰英语产生的理论》一文的第二作者和第三作者，他们因此也继续了前文中的讨论。除了批判“中性互动选择”外，Baxter 等 (2009) 同时提出了“加权互动选择”(weighed interactor selection)，但这篇文章的篇幅主要用于否定“中性互动选择”，并没有对“加权互动选择”进行充分的论证。在《语言学习》的这篇文章上，Blythe 和 Croft (2009) 对“加权互动选择”的阐释才得以展开。

与“中性互动选择”不同，“加权互动选择”是指，讲话人选择某个变式不是简单的概率性选择，他们的言语行为除了受互动频率的影响外，也受特定讲话人对变式的价值判断的影响。具有较高社会地位的讲话人所使用的变式，往往被较低社会地位的讲话人模仿；所以变式的传播不再是变式使用频率的简单函数，而包含了“社会声望”的权重因素。论文的作者将这一机制融合到一个包含更多有关因素（人口、时间、记忆等）的模型并将其数学化。通过该数学模型的检验，“加权互动选择”的结果比“中性互动选择”更准确地模拟了新西兰英语形成的过程。

Blythe 和 Croft（2009）宣称他们的宏观理论框架是上文所提到的“复杂适应系统”理论。同时，文章申明的研究问题是对“语言变化”的解释。但是，可以看出，无论是“复杂适应系统”，还是新西兰早期移民讲话人的变式选择，都是关于讲话人的活动和组织系统的模型。这样看来，该文已经如“言语社区理论”（徐大明 2004）所指出的那样，其研究对象不再是语言形式，而是讲话人怎样通过对语言形式的选择所形成的社会组织活动。虽然，为了在语言学期刊上发表，不得不宣称他们的研究是对“语言”的解释；事实上，更直接的是——如文章题目所示——对“言语社区”的解释。

3. 双语和多语

作为双语学界影响最大的系列国际会议，第七届国际双语学研讨会（International Symposium on Bilingualism 7）于 2009 年 7 月在荷兰乌特勒支大学召开。这次会议由乌特勒支大学语言学研究院主办，出席会议的有来自世界各地的 500 多位学者。为期四天的大会包括 6 场主题报告，分属 21 个主题的 99 场分组报告会和多场论文海报展示会。6 场主题报告分别是：来自全印度言语与听觉研究院的 Shyamala Chengappa 的“双语和多语如何影响交际能力缺陷的评估和管理”，荷兰提尔堡大学的 Guus Extra 的“超越整合：在多语的欧洲面对渐增的语言多样性”，荷兰内梅亨大学的 Pieter Muysken 的“语言接触模型”，英国爱丁堡大学 Antonella Sorace 的“双语人的语言发展：多视角数据的整合”，美国密歇根大学 Sarah Thomason 的“儿童与成人，谁是言语接触变化的中介”，来自西班牙巴塞罗那大学的 Nuria Sebastian-Galles 的“幼儿双语习得与成人双语习得”。分组会议的主题包括：“接触引起的语言变化”，“语言政策和意识形态”，“双语社区和移民的社会语言学研究”，“双语的神经语言学和心理学研究”，“语码转换的语法研究和社会语言学研究”，“双语言语处理以及语言的死亡、保持和转移”，等等。分组报告会中有两场的主题与中国有关，它们分别是“中国的城市化、语言接触和社会双语”和“与汉语接触引发的语言变化”。

可以看出，虽然第七届国际双语学研讨会上发表的论文范围很广，涉及多方面的主题，但大部分主题都涉及社会语言学的内容，如语言接触、语言变化、语言认同、语言意识、语言政策等。特别是“接触引起的变化”是本次会议上多次出现的一个主题。

《国际双语学学报》（*International Journal of Bilingualism*）2009 年发表了一期以“祖籍语双语”（Heritage Language Bilingualism）为题的专辑。祖籍语双语是指移民的后代通过继承父辈语言而形成的祖籍地语言和居住地主流语言的双语。专辑中的论文涉及祖籍语的早期习得，祖籍语双语人的双语能力的发展和两种语言间的相互干扰等内容。《国际双语学学报》2009 年另一期专辑的主题是“前苏联疆界范围内的语言接触”（Language Contact in the Post-Soviet），其中收录了俄语与科米语（Ima Komi）、哈萨克语、爱沙尼亚语、泰米尔语以及白俄罗斯语接触的案例研究。《国际双语学学报》2009 年另外两期的内容涉及语码转换、二语感知、先后双语习得等专题，涉及的语言有汉语、法语、西班牙语、巴斯克语等，涉及的社区包括西班牙、加拿大、葡萄牙、中国香港等地的双语社区。

可以看出，双语的研究还是紧密围绕社区、国家、政治、移民等主题，以社会语言学为主要视角。

4. 城市语言

2009 年 6 月 18 日至 20 日，第七届城市语言研讨会在香港召开，由香港城市大学语言资讯科学研究中心、复旦大学中文系和荷兰莱顿大学亚洲研究国际学院联合主办。本次会议的主题是“基于语言接触的语言演变及身份认同转换——中国及欧洲的城市化进程”。来自中国内地与香港、比利时、意大利、日本、马来西亚、荷兰等国家和地区的多位知名学者到会，国家语言文字工作委员会副主任、教育部语言文字信息管理司司长李宇明，比利时皇家海外科学院院长、布鲁塞尔自由大学教授 Hugo Baetens-Beardsmore 分别为大会作了“论语言资源”和“欧洲多语学生的双语认同对学习成绩的影响”的主题演讲。会上报告的城市语言调查涉及香港、台北、上海、南京、包头、长沙、常熟等多个中国城市和一些欧洲城市，包括多方面的内容：德国俄裔移民的民族方言、意大利华裔的语码转换和语言选择、语言转移以及语言层叠重整现象、三亚与南宁的语言转移、上海技术移民和销售人员的普通话使用情况、湘西南苗族“平话”的语言维持和隐性流失等。

本次会议举行了多场分组第七届国际双语学研讨会上“中国的城市化、

语言接触和社会双语”的报告会，报告的题目包括：“普通话扩散和城市双言制形成的机制”、“华南双语模式的发展——广州和深圳的语言使用调查”、“过渡性三言制与语言转用——加速的中国城市化和语言规划”、“语言接触的语言认同效应——常州市高中生个案研究”、“上海学龄前儿童的语言学习和语言使用”等。

可以看出，中国和欧洲学者合作推动的城市语言研究方兴未艾，正在蓬勃发展。与此同时，世界其他地区的城市语言研究也在同步展开。《社会语言学学报》（*Journal of Sociolinguistics*）2009 年发表了数篇关于城市语言的研究论文，涉及以下内容：美国纽约市东城/r/发音和地区认同的建立，美国华盛顿唐人街商业化的汉语使用，关于美国东南部的城市开拓者的话语分析研究，印尼爪哇城市中的符指过程、互动和种族，等等。

5. 语言规划

数字化正悄然地影响着人类的生活，带来了语言生活的变化。当代语言规划必须面对语言科技所带来的机遇和挑战。语言规划专业的三个主要期刊《语言规划的当前问题》（*Current Issues in Language Planning*）、《语言问题和语言规划》（*Language Problems and Language Planning*）和《语言政策》（*Language Policy*）2009 年都发表了这方面的论文。

《语言规划的当前问题》2009 年以“语言规划、信息技术和通信技术”为主题出版专辑，收录了《冰岛的语言科技：政策与实践的比较》，《阿尔及利亚的手机用什么语言？——来自短信的证据》，《信息和通讯技术对日本书写政策的影响》，《美国改善移民使用公共服务设施的举措：语言信息获取政策及政策的执行》，《对教学语言的规划——意大利南部使用 Web 2.0 的个案》和《IT 时代“双语能力”的新内涵》等 6 篇论文。①

《语言问题和语言规划》2009 年有 2 篇论文讨论了维基百科（Wikipedia）对语言生活的影响，论文题目分别是《新技术与术语化压力——布列塔尼维基百科，从术语消费者到潜在的术语创造者》和《维基百科和非通用语》。前者以维基百科对布列塔尼语的影响为个案，讨论了互联网对非通用语种专业术语体系的影响；后者研究了维基百科上以不同语言列出的词条的数量及其影响因素，包括语言标准化、语言地位、互联网普及情况、语言使用者的人数和语言态度等。

---

① 《语言问题和语言规划》等均为英文期刊，这里列出的论文题目皆由本文作者从英文翻译至中文。

《语言政策》2009 年分别以“全球的联系：语言政策和国际呼叫中心”和“传媒、多语和语言政策”为主题出版了两个专辑。呼叫中心是一个信息服务机构，国际呼叫中心由跨国公司或国际组织建立，通常由一批服务人员利用计算机通讯技术，处理来自企业、顾客的电话垂询。国际呼叫中心一般具备同时处理大量来话的能力，还具备主叫号码显示，可将来电自动分配给具备相应（语言）技能的人员处理，并能记录和储存所有来话信息。作为一个依赖语言使用的行业，呼叫中心成为考察语言政策的形成、接受或反抗的过程的理想场所，国际呼叫中心也是观察中心内部语言政策如何与不同国家的语言政策互动，如何与更广阔的全球化政治、经济互动的理想场所。该专辑所发表的论文通过案例分析提出并讨论了上述问题。与此同时，在全球化，信息化和数字化潮流推动下的现代传媒业已然不可回避多语问题。在这样的背景下，“传媒，多语和语言政策”的专辑适时而出。论文作者们从宏观、中观和微观三个层次切入，从语言政策执行者视角讨论了多语环境下传媒语言使用的规范化问题。

可以看出，语言规划研究的学者们已然面对新技术、新媒体的挑战，适时地关注当代语言生活中的新问题。与此同时，我们也注意到他们所面对的语言现象的特征：由于现代技术的协助，语言的使用和语言的传播越来越少地受到地理空间的限制，因此，传统的语言地域观和语言规划的地域观都已受到挑战。

（四）关于神经语言学的研究

语言是人脑最为高级的功能，所以脑科学研究的最高水平就是语言的认知研究，就是要揭示语言的神经机制；同时当语言学研究的目的从描写人类语言行为发展到解释人类语言能力的时候，语言学也就不可逆转地走上了认知科学的道路，语言学由此迅速逼近语言神经机制和脑功能的研究，最终形成了跨学科的神经语言学。神经语言学最早是伴随着失语症学的研究而逐步发展起来的，但神经语言学的研究宗旨是探讨语言与大脑的关系，进而揭示语言本身的性质和规律。因此，当雅柯布逊和卢利亚等语言学家与神经科学家之间的有效沟通开始建立之后，神经语言学研究才有了语言学的目的，才走上了独立发展的道路。20 世纪下半叶，在生成语法等当代先进的语言理论的推动下，以及一系列新的有关神经科学的无创伤技术方法被运用到神经语言学的研究中，神经语言学得以迅速发展。目前，神经语言学已经进入了较为成熟的发展阶段，不仅取得了丰硕的研究成果，而且在学科体系中具有十分重要的地位。首先，学术界充分认识到理论语言学的研究方法多是理论上的演绎，理论语言学的理论假设必须通过神经语言学的定量实证研究才能得到检验和修正，最终升华为真正的理论。其次，各种学派的语言学理论都逐渐走向语言的神经机制研究，向神经语言学靠拢。生成语法学派最早提出语言学的研究目的是要揭示人类的语言能力，其创始人乔姆斯基认为只有脑和语言关系的研究才真正涉及语言能力，指出“没有任何原则性的方法可以将语言学和神经语言学区别开来，这正如没有原则性的方法区分化学与物理化学一样”（斯特梅尔、乔姆斯基，2003）。近年来，功能和认知学派也将研究旨趣转向了语言神经机制的研究。比如兰姆在20世纪最后十年致力于大脑神经科学的学习，将其认知语言学的研究“升格”为神经认知语言学（兰姆，1999）。Lakoff 和 Feldman 在 20 世纪末也开始研究语言的神经理论，他们通过构建概念和语言结构的详细的计算神经模式，试图解决如何从神经元中计算出思维和语言，并且预言下一个突破将是语法的神经理论（Lakoff & Johnson，1999）。第三，从世界语言学杂志排名来看，神经语言学专业期刊在前50名中占据重要地位，其中《脑与语言》（Brain and language）、《神经语言学杂志》（Journal of neurolinguistics）分别排在第一和第十二位（杨亦鸣 2010）。可见，在国际语言学界，神经语言学已经成为一门核心和领先的科学。

在这样一个大的学科发展背景下，2009 年的神经语言学研究在诸多方面都取得了的进展，其中的一个重要方面是手语的神经机制研究得到重视。此前神经语言学界主要关注健听人有声语言的神经加工机制，但是手语是聋人进行交际的自然语言，也存在健全的语言模式，因此，要想全面揭示语言与大脑的关系，手语神经机制的研究是不容忽视的。2009 年的手语神经语言学研究获得了一些重要结论，这在一定程度上扩大了神经语言学的研究视野。另外，对大脑词库的正字法表征系统进行跨通道的对比研究，以及对词义进行分类的研究也是近年来神经语言学研究中的热点问题，并在 2009 年取得了一定的进展。下面将对这些热点问题及主要进展进行介绍。

1. 手语的神经语言学研究

目前的神经语言学研究主要关注的是健听人有声语言的理解和生成机制。然而，如果语言采取另外一种输入/输出模式，那么其神经基础是否会发生变化？聋人手语的研究可以很好地澄清这个问题，并有助于更全面地了解语言与大脑的关系。因此，手语神经机制的研究近年来逐渐成为神经语言学研究的一个重要方向。

在手语的神经语言学研究中，研究者主要是将手语的产出和理解与有声语言进行对比，探索手语的大脑神经基础。大部分的研究认为，手语的神经基础与有声语言的神经基础在很大程度上是类似的，都是左脑优势，由大脑前部区域负责语言生成、后部区域负责语言理解。例如，对脑损伤手语患者的研究发现，左半球受损的手语患者语言加工严重受损，而右半球损伤的手语患者的语言能力则完好（Atkinson 等，2005；Marshall 等，2004）。神经影像学的研究结果也表明左半球在手语加工中起关键作用，不管是用左手，还是用右手，手语生成主要依靠左半球额下回（San Jose-Robertson 等 2004），而手语理解则激活了左半球额上回和额下回（Corina 等，2007；Capek 等，2008）。

然而，最近的一项研究在手语的大脑半球表征问题上提出了新的观点。Hickok 等人（2009）指出，之前的研究中手语之所以能在大脑左半球引起更强的激活，可能因为实验中所使用的手语形式表达的是词汇范畴信息，但在手语中还存在一种广泛使用的、可以表征客体实际空间关系的手语形式，称为“范畴词”（classifier），在手语表达中可以起语法功能的作用，对于手语范畴词的加工能够引起大脑右半球的激活。Hickok 等（2009）考察了聋人失语症患者生成词汇手语和范畴手语的脑加工机制，结果表明，大脑左半球受损的手语患者在语言生成任务中出现了更多的词汇错误，而右脑受损的手语患者则在手语范畴词的生成方面有更多的错误。Hickok 等认为这主要是因为手语范畴词表征更多的空间信息，所以会在右脑引起增强的激活。但是由于范畴词作为手语的语言成分时具有一定的语法功能作用，所以从 Hickok 等人的研究中还不清楚语法信息是否会在手语范畴词右脑的激活中起作用。实际上，在目前手语的研究中，学者们更多关注的是手语词汇的研究，而对于手语其他组成部分，如手语语音、语义、语法、语用、语篇神经机制的研究还比较少。

近一两年来，一些学者开始探索手语语音、语义、语法的神经机制，这在一定程度上推动了手语神经语言学的发展。Capek 等人（2009）使用 ERP 技术对美国手语语义和句法加工的神经机制进行了研究。实验采用违反范式，结果表明，手语语义违反诱发了 N400 成分，而手语的句法违反诱发了一个早期的前部负波和 P600 成分。该结果与健听人有声语言语义和句法违反的研究结果相似，似乎表明手语与有声语言有着类似的语义和句法神经加工机制。

与有声语言相比，手语的最大特点是没有语音形式，在手语中，与“义”相结合的不是声音，而是手势。但是这些手势作为语言符号与“义”相结合的外在表现形式，其作用和有声语言的声音又是类似的。手语的手势也可以分解为一些“语音”成分，例如手形、手的运动、手的位置、手掌/手指方向和非手控特征等，这组成了手语的语音系统，这些语音成分之间也存在着类似于有声语言中的自主音段及层级关系（Sandler & Lillo-Martin，2006）。但是，手语的语音系统和有声语言的语音系统之间仍不可避免地存在一些差别。例如，有声语言"声音"的组合具有线条性的特点，而手语"手势"中的手形、位置等特征是同时呈现的，具备更多的同时性特征（Sandler，2008）。因此，手语语音加工的大脑神经基础是否与有声语言语音加工的大脑神经基础相同就成为关注的焦点。MacSweeney 等人（2008）运用 fMRI 技术对英语聋人手语和英语健听人有声语言的语音神经加工机制进行了对比研究。实验使用语音相似性判断任务，即有声语言任务是判断视觉呈现的两幅图片所代表的英语单词是否押韵，手语任务是判断视觉呈现的两幅图片所代表的手语的手势位置是否相同，基线任务为判断图片是否相同。研究结果显示，手语和有声语言的语音加工都激活了左侧额-顶区。由于手语和口语加工涉及不同的语言输入/输出通道，因此实验结果也表明在某种程度上支持语音加工的神经网络是跨通道的。但是负责有声语言听理解的颞上回在手语任务中未见激活，这似乎说明手语语音加工是不同于有声语言语音加工的。然而，在刘俊飞（2009）的 fMRI 研究中，使用了与 MacSweeney 等人（2008）类似的实验设计，探索汉语聋人的手语语音加工机制。实验结果发现，聋人手语任务不仅在左脑顶叶和额叶引起了广泛激活，而且在负责有声语言听理解的颞上回后部也引起了激活。该研究表明，中国手语语音的接受和理解与有声语言具有共享的神经基础。当然，目前对于手语语音的加工还是初步的，手语语音是否具有特异性的大脑神经基础还需要更多的实验研究进行验证，弄清楚这个问题也将有助于揭示语言起源和语言能力的本质。

总的来看，手语也是一种健全的语言模式，同样包含词汇、语音、语义、语法等各个部分，只有对这些方面进行研究，才有助于真正揭示手语的神经机制。目前学术界在这些方面的研究才刚刚起步，许多问题还有待于深入探讨。

2. 大脑词库正字法表征系统的神经语言学研究

从 20 世纪 80 年代开始，人们开始关注大脑词库正字法表征的研究，发现大脑词库中包含了独立于语音表征和语义表征的正字法表征系统（Morton，1982）。但是多年来人们对于大脑词库正字法表征系统的研究多局限于阅读或书写等单一的加工通道，例如，Coltheart 等人（1993、1994、2001）从阅读通路研究正字法表征系统，提出了阅读的双通路模型；而 Beouvois Derouesne（1981）从书写通路研究正字法表征系统，并在阅读的双通路模型的基础上，提出了书写的双通路模型。阅读和书写的双通路模型在一定程度上具有相似的加工过程，例如都具有共享的语义系统、形音转换规则、音形转换规则等，更有学者将两者的加工机制放在一个共同的加工模型中去解释，认为阅读和书写有共同的认知中心。

然而，在实际应用中，阅读和书写并不相同，人们总觉得书写要比阅读更加困难，在大多数情况下，同一个字形所对应的读音有限，而同一个音节则会和多个不同的字形所对应。有些研究也发现，人的阅读能力和书写能力之间的差距很大（Holmes & Castles，2001）。那么这些现象是否就意味着人们阅读和书写加工时会存在不同的正字法表征系统呢？因此，阅读和书写基于的是共享正字法表征系统还是各自具有独立的正字法表征系统，就成了神经语言学研究中极富争议的问题（Rapcsak 等，2007）。

早期的一些学者基于对脑损伤患者的研究结果，提出了双正字法表征系统模型的观点，即认为在阅读和拼写的加工过程中，阅读加工时的正字法输入系统和书写加工时的正字法输出系统在大脑中具有不同的表征，这两个表征系统的信息在加工中可以分别被提取，也可能由于脑损伤而分别被破坏（Ellis 1993）。例如，Patterson（1986）对一名脑损伤患者进行测查发现，该患者可以拼写不规则单词，但是却不能运用储存的正字法信息对单词进行朗读加工。而 Hanley 和 Kay（1992）对另一名脑损伤患者的测查结果则正好相反，这名患者可以根据词汇通路的词库表征进行阅读加工（如把“feather”读为“further”），但是拼写时却完全按照音形对应规则输出（如会把“circle”拼写为“serkel”）。Tainturier（2006）测查了一名阅读障碍患者的阅读和书写能力，发现该患者保存了阅读规则词和不规则词的能力，有严重的书写障碍，不规则词的拼写能力受到很大损害。在这些研究中，阅读的正字法表征和书写的正字法表征表现出分离现象，支持了双正字法表征系统模型的观点。但是在另一些类似的研究中却没有发现阅读和书写正字法表征系统分离的现象。Funnell（1992）报告了两例青年发展性阅读障碍患者，他们的书写能力有缺陷，会出现大量的拼写错误，在阅读时也不能区分错误的拼写和正确的拼写。Holmes 和 Carruthers（1998）对正常成年人的研究也发现，对于不能拼写的单词，被试无法选择正确的拼写形式来改正他们自己的拼写错误，而且比起其他语音相似拼写错误，他们更倾向于将自己的拼写错误判断为正确。因此，在阅读和书写加工时，可能并不存在双正字法表征系统。

近年来，一些学者提出了单正字法表征系统模型的假设，认为在词汇通路中阅读输入和书写输出时激活的是同一个正字法表征词库（Burt & Tate，2002；Holmes & Mariko，2005；Rapcsak 等，2007）。Holmes 和 Mariko（2005）以正常人为被试组从行为学角度验证了拼写与阅读共享一个正字法表征系统。他们让被试首先进行拼写任务，并采用覆盖方法将被试输出的单词隐藏起来，不让被试有机会看到他们自己的拼写，因此被试在拼写时不能用正字法输入表征系统的信息来检查他们的拼写。在拼写完成之后，再要求被试阅读并判断其拼写任务输出的准确性。如果被试在阅读检查后对自己的拼写不满意，可以改正。研究结果与 Holmes 和 Carruthers 所得出的结论一致，表明正常成年被试阅读和书写的认知加工是基于相同的正字法表征系统的。Conrad（2008）比较了小学二年级的学生在拼写和阅读特定的词时的正字法表征情况，实验刺激包括经过书写和阅读练习的熟悉的词和不熟悉的新词。实验结果表明，被试在阅读和书写加工中发现了正字法表征词库信息的转换。相比较不熟悉的新词，被试能够更好地书写出他们在阅读练习时接触过的词，也能更好地阅读出在书写练习中接触过的词。这样的结果说明，大脑词库中建立起的正字法表征系统可以同时为阅读加工和书写加工提供认知基础，阅读和书写具有共享的正字法表征系统。上述结论主要是基于行为学实验，最新的一项研究成果以失语症病人为被试进一步从神经机制的角度对阅读和书写加工的共享机制进行了验证（Rapcsak 等，2009）。该研究考察了外侧裂周皮质受损的语音性失读症和失写症病人的书面语和口头语的具体临床表现，发现其病灶部位和语言功能受损的对应表现主要是语音中枢模块的受损，而不是阅读和书写的认知模块受损，支持了书面语言加工的共享模型，阅读和书写具有相同的语言认知处理中心。

综上所述，目前对于大脑词库正字法表征系统的研究取得了一定的进展，即越来越多的研究已经表明在阅读和书写加工时运用了共享的正字法表征系统。但是该方面研究主要是基于正常人的行为学实验和脑损伤病人的临床心理测查，对于正常人神经机制的考察还十分少见。因此，运用神经电生理学技术或者神经影像学技术考察正常人在阅读和书写加工过程中正字法表征的神经机制，将有助于对进一步推进此问题的研究。

3. 实词语义分类的神经语言学研究

目前，在大多数探讨词语语义分类神经机制的研究中，学者们所关注的主要是词语的词汇义或概念义，例如，一些学者从名词的具体性出发，发现了具体名词和抽象名词的分离现象（Perani 等，1999；Binder 等，2005；Sabsevitz 等，2005），即根据名词指称的概念是否具体所区分出的具体名词和抽象名词能够激活大脑不同的皮层区。Kemmerer 等（2008）使用 fMRI 技术研究了动词意义的神经基础，发现关涉“动作”、“运动”、“连接”、“状态改变”和“工具使用”等不同语义成分的动词激活了不同的脑区。

Pinker（1989）提出了“语法相关语义子系统假说”（grammatically relevant semantic subsystem hypothesis，GRSSH），从一个新的角度研究了词语语义

分类的问题。该假说认为，动词意义中包含两种语义成分和语义关系，一种与动词的语法行为相关，如“致使”（cause）、“方式”（manner）、“状态变化”（change of state）、“运动”（motion）等，这些语义成分会影响开放词类的句法特点；而其他大部分语义信息和动词的句法行为不相关，是“不可见”的信息，只是使词语表达无限丰富的细节和特定的概念。因此，根据 GRSSH 假说，动词的意义可以区分为语法相关义和语法不相关义两类。

为了验证语法相关语义子系统假说（下文简称为 GRSSH），Kemmerer（2000a）对 3 名脑损伤患者进行测查研究，结果发现，其中两名患者在执行语法相关语义任务时有缺陷，而另一名患者在执行语法不相关语义任务时有缺陷，这种脑损伤患者所表现出来的选择性障碍支持了假说。Kemmerer（2000b）进一步将该假说扩展到形容词语义分类的研究中，通过失语症测查对英语形容词排序的语义制约机制进行了实验研究，发现形容词的意义也可以分为语法相关义和语法不相关义两部分，从而证明了根据是否与语法相关进行的语义分类适用于不同的词类中，具有一定的普遍性。

然而，这些研究主要是基于失语症病人的行为表现对 GRSSH 假说进行验证，而动词或形容词语法相关义和语法不相关义的区分能否得到神经加工机制和脑区表征上的支持，则仍需要探讨。近年来，Kemmerer 等人对该问题进一步研究，并取得了一定的进展。Kemmerer（2007）使用 ERP 技术研究了形容词排序语义制约的神经加工机制问题。实验要求被试对名词前三种形容词序列——正常顺序（如 a big brown dog）、相反顺序（如 a brown big dog）、矛盾顺序（如 a small big dog）——的可接受度进行判断，结果发现形容词的语法相关义和语法不相关义诱发出明显不同的神经电生理学反应。这不仅表明语法相关义和语法不相关义对形容词排序有不同的作用，而且证明了语法相关义和语法不相关义具有不同的神经加工机制。Kemmerer（2009）重点考察了与形容词序列加工相关的脑区，结果发现，左侧额下回后部和左顶叶下部在对影响形容词排序的语义加工中起重要作用。作者认为，左侧额下回后部在形容词语法相关义的加工中起关键的作用，而左侧顶叶下部与形容词语法不相关义加工有关，主要同空间意象图示相关，该脑区在一定程度上会使得在形容词排序语义制约中起关键作用的“形式—功能”投射更为容易。Kemmerer（2010）总结了近年来动词语义加工的神经影像学研究，从神经解剖学的角度较为全面、细致地讨论了语法相关义和语法不相关义的神经机制问题。Kemmerer 对近年来的这些研究进行比较后认为，动词的语法不相关义特征会部分地被投射到大脑左半球主要运动区与前运动皮层，该脑区的镜像神经元负责加工该类语义特征；动词的语法相关义特征会部分地被投射到左额下回的皮层，由该脑区的镜像神经元负责加工。

上述这些研究都为语法相关义和语法不相关义语义二分的观点提供了神经机制上的证明，同时也为今后这方面的研究提供了一个很好的思路，即这种语义二分是否在名词等其他实词语类中也存在，是否在所有的词类中具有普遍性，这值得进一步研究。

三、发展趋势及展望

（一）形式语言学

在形式语言学方面，虽然乔姆斯基本人认为语法分析中的最简方案作为一个理论体系远远不够成熟，但是这一理论仍然被许多学者看做形式语法的发展过程的一个新阶段，且它在分析实践上，确实也在某些方面显示了自己的对比优势，而且符合形式语法孜孜追求的简化语法系统，从而解释了儿童母语习得容易性这个终极理念。但其关键技术手段如“合并”、“核查”，虽然广为采用，但是明显存在解释能力过强的问题。随着理论本身的发展和进步，这些关键技术手段必须进行适当的限制才有可能达到排除所有非法语句，包容所有合法语句这一语法理论的预定效果。至于另一热门议题轻动词，其概念和相关分析方法的运用也同样存在着许多问题，理论建设和分析实践都有待后人继续努力。比如，就其基本概念来说，虽然学者们在结构树中给轻动词同样安排了一个具体且重要的句法位置，但是对何为轻动词，不同学者的解释差异极大。Larson 和乔姆斯基等学者心目中的轻动词实际上是空动词，只有句法属性，没有语音和语义内容。而黄正德等学者则是从事件结构分离出几个语义要素，并分别赋予不同的轻动词，所以轻动词不仅有句法属性，还有语义内容，只是其语义内容比较“虚”和“泛”而已。事实究竟如何，有待进一步深入研究和清晰界定。在音系学研究中，整个理论主流处在一个新旧交替的十字路口。二十年来的发展渐渐地遇到了难以突破的瓶颈，研究往往局限于概念的重新组合和演绎，既没有发现新的音系现象，也没有对既有的现象做出新的诠释。上面我们简单地介绍了最近两年欧美语言学界用语音学方法研究音系学的尝试。Bauer（2008）从发音角度阐明弱化这一含糊的音系概念，并对差异很大的弱化现象提出一致的语音学解释。Beddor（2009）和 Zhang and Lai（2010）则用实验手段研究语音变化的声学以及听觉基础。传统音系学不关注语音实例的具体特征，特别是声学特征（如元音的振幅），而着重语音在分布和变化上的规则。虽然不是所有的音系规律都和发音有关，但是有些音系现象是可以从语音学的角度加以解释的。毋庸置疑，语音实验手段会给音系学研究带来新的视野并提出新的研究课题和解释方式。

（二）功能语言学

在功能语言学方面，其发展趋势及展望可以概括下列两点：（1）功能语言学的理论建设在2009年得到了显著的发展，这主要归功于复杂适应系统理论的推动。接下来的主要任务应该是加强在分支领域研究基础上的综合理论研究。Bybee等在一系列著作中（Bybee，1985、2001、2007；Bybee等，1994）已经对句法、形态学、音系学的功能语言学视点做了令人信服的讨论，其他领域，例如语言习得、语料库语言学等如何和普通功能语言学理论结合还是一个值得进一步努力的方向。（2）功能主义研究方法在非主流语言上的运用。虽然墨尔本的国际语用学大会上已经出现了不少有关澳洲土著语研究的报告，可说令人耳目一新，但是这种表面上的兴旺现象很可能跟会议在澳洲召开有关。应该说这方面的研究整体上的差距还很大。相信更多的基于真实语料的对非主流语言的话语类型学研究可以为丰富功能语言学理论、改善研究方法等提供新的动力。

（三）社会语言学

在社会语言学方面，2009年社会语言学的发展总体上仍然是向好的趋势，而且有一些新的特征：语言变异研究中开始重视语音感知的测定；言语互动和变式传播被提升到社区层次来讨论；双语研究明确提出了“接触引发的变化”的研究重点；城市语言研究的范围日趋扩大；语言规划开始面对新媒体的挑战。与此同时，目前也存在一些重要的问题，今后的发展应该解决这些问题：（1）“复杂适应系统”理论在语言学界的介绍和应用可以进一步展开，而且可以结合“言语社区理论”，抛开“为语言而语言”的遮羞布，将研究重点和研究对象明确为“讲话人系统”和“言语社区”，这样才能发挥社会语言学的特色，为语言学做出更大贡献。（2）面对市场化、城市化、全球化、信息化的“新现代化”浪潮，应用语言学似乎领先理论语言学，对变化了的语言现实和语言生态比较及时地作出了反应；而理论研究似乎还是以对静态、封闭和单维的语言形式系统的解释为主要目标。在这样的形势下，社会语言学者应该利用其优势，积极引进和吸收其他学科的先进成果，为创建更加符合现实情况的语言学理论做出贡献。

（四）神经语言学

在神经语言学方面，各项研究在许多方面都有进步，但是也存在一些不足之处，需要我们在今后的研究中加以注意和改进。首先，研究的群体还不够全面。虽然聋哑人的语言机制已经被逐渐关注，但是还有许多特殊群体的语言机制研究仍没有被重视，例如帕金森病患者、阿尔茨海默病患者等，他们的大脑病灶不一定与脑部语言中枢相关，但其语言受损情况有时非常严重；发展性阅读障碍患者语言障碍的机制和原因目前也知之甚少。所以今后应对神经语言学的研究对象加以扩展。而且，对手语的研究目前也不够成熟，主要集中在手语词汇方面，但语音、语义、语法、语用、话篇等方面的研究仍然鲜有涉及，这些方面也需要在今后的研究中大力拓展。其次，在某一具体的神经语言学研究中，技术手段的运用仍然比较单一。但是失语症测查法、神经电生理技术、神经影像学技术都有自身局限性，研究中只利用一种手段往往不能全面考察语言现象的神经机制。因此，在今后的神经语言学研究中，研究者一方面要根据自己的研究目的选择更适合的技术手段，另一方面是要加强对各种技术手段的综合运用，充分利用不同技术的优势，对同一个问题进行多角度考察，这样，得出的结果才更全面、更可靠。另外，从目前神经语言学的研究现状来看，中国的神经语言学研究与国外研究相比差距还比较大，对许多重要问题的研究深度不够，还没有形成一个完整的体系。因此，对汉语神经语言学的研究也亟须加强，这样才能推动神经语言学的发展。

推荐参考文献

1. Ahn, Hee-Don. 1990. On Light Verb Constructions in Korean and Japanese. In Hajime Hoji (eds.) Japanese/Koren Linguistics. Standford: CSLI Publications.

2. Atkinson J., Marshall J., Woll B., et al. 2005. Testing Comprehension Abilities in Users of British Sign Language Following CVA. Brain and Language, 94: 233-248.

3. Bao, Zhiming. 1998. The Sounds of Singapore English. In Joseph Foley et al. (eds.) English in New Cultura Contexts: Reflections from Singapore. Singapore: Oxford University Press.

4. Bauer, Laurie. 2008a. Lenition Revisited. Journal of Linguistics, 44 (3): 605-624.

5. Bauer, Laurie. 2008b. A Question of Identity: A Response to Trudgill. Language in Society, 2: 270-273.

6. Baxter, G., Blythe, R., Croft, W., et al. 2009. Modeling Language Change: An

Evaluation of Trudgill's Theory of the Emergence of New Zealand English. Language Variation and Change, 21: 257-296.

7. Beauvois M. F., Derouesne J., 1981. Lexical or Orthographic Agraphia. Brain, 104: 21-49.

8. Beckner, Clay, R., Blythe, Joan Bybee, et al. 2009. Language Is a Complex Adaptive System: Position Paper. Language Learning Supplemental Issue, 1: 1-26.

9. Beddor, Patrice S. 2009. A Coarticulatory Path to Sound Change. Language, 85 (4): 785-821.

10. Binder J. R., Westbury C. F., McKienan K. A., et al. 2005. Distinct Brain Systems for Processing Concrete and Abstract Concepts. Journal of Cognitive Neuroscience, 17: 905-917.

11. Biq, Yung-O, 2000. Recent Developments in Discourse-and-Grammar. Special issue of Chinese Studies, 12: 357-394.

12. Blythe, A. Richard and W. Croft. 2009. The Speech Community in Evolutionary Language Dynamics. Language Learning, 59 (1): 47-63.

13. Burt J. S., Tate H. 2002. Does a Reading Lexicon Provide Orthographic Representations for Spelling? Journal of Memory and Language, 46: 518-543.

14. Butt, Miriam. 1995. The Structure of Complex Predicates in Urdu. Standford: CSLI Publications.

15. Bybee, Joan L. 1985. Morphology: A Study of the Relation between Meaning and Form. Amsterdam: John Benjamins.

16. Bybee, Joan, Revere Perkins and William Pagliuca. 1994. The Evolution of Grammar: Tense, Aspect and Modality in the Languages of the World. Chicago: University of Chicago Press.

17. Bybee, Joan. 2001. Phonology and Language Use. Cambridge: Cambridge University Press.

18. Bybee, Joan, and Paul J. Hopper (eds.). 2001. Frequency and the Emergence of Linguistic Structure. Amsterdam: John Benjamins.

19. Bybee, Joan. 2006. From Usage to Grammar: the Mind's Response to Repetition. Language, 82 (4): 711-733.

20. Bybee, Joan. 2007. Frequency of Use and the Organization of Language. Oxford: Oxford University Press.

21. Capek C. M., Waters D., Woll B., et al. 2008. Hand and Mouth: Cortical Correlates of Lexical Processing in British Sign Language and Speechreading English. Journal of Cognitive Neuroscience, 20: 1220-1234.

22. Capek C. M., Grossi G., Newman A. J., et al. 2009. Brain Systems Mediating Semantic and Syntactic Processing in Deaf Native Signers: Biological Invariance and Modality Spe-

cificity. PNAS, 21: 8784-8789.

23. Chafe, Wallace. 1987. Cognitive Constraints on Information Flow. In Tomlin, Russell (eds.) Coherence and Grounding in Discourse. Amsterdam/Philadelphia: John Benjamins.

24. Chao, Y. R. 1968. A Grammar of Spoken Chinese. Berkeley: University of California Press.

25. Chen, Liang, and Jiansheng Guo. 2010. From Language Structures to Language Use: A Case from Mandarin Motion Expression Classification. Chinese Language and Discourse: An International and Interdiciplinary. Journal, 1 (1): 31-65.

26. Chomsky, Noam. 1995. The Minimalist Program. Cambridge, Mass.: MIT Press.

27. Chomsky, Noam. 1998. Minimalist Inquiries. MIT Occasional Papers in Linguistics 15. Department of Linguistics and Philosophy, Massachusetts Institute of Technology.

28. Chomsky, Noam. 1999. Derivation by Phase. MIT Occasional Papers in Linguistics 18. Department of Linguistics and Philosophy, Massachusetts Institute of Technology.

29. Coltheart M., Curtis B., Atkins P., et al. 1993. Models of Reading Aloud: Dual-Route and Parallel-Ddistributed-Processing Approaches. Psychological Review, 100: 589-608.

30. Coltheart M., Rastle K. 1994. Serial Processing in Reading Aloud: Evidence for Dual-Route Models of Reading. Journal of Experimental Psychology: Human Perception and Performance, 20: 1197-1211.

31. Coltheart M., Rastle K., Perry C., et al. 2001. DRC: A Dual-Route Cascaded Model of Visual Word Recognition and Reading Aloud. Psychological Review, 108: 204-256.

32. Comrie, Bernard. 1981. Language Universals and Linguistic Typology: Syntax and Morphology. Oxford: Blackwell and Chicago: University of Chicago Press.

33. Conrad N. J. 2008. From Reading to Spelling and Spelling to Reading: Transfer Goes Both Ways. Journal of Educational Psychology, 100: 869-878.

34. Corina D., Chiu Y. S., Knapp H. 2007. Neural Correlates of Human Action Observation in Hearing and Deaf subjects. Brain Research, 1152: 111-129.

35. Coupland, Nikolas. 2008. The Delicate of Identity in Face-to-Face Accommodation: A Response to Trudgill. Language in Society, 2: 267-270.

36. Diessel, Holger. 2001. The Ordering Distribution of Main and Adverbial Clauses: A Typological Study. Language, 77 (3): 433-455.

37. DuBois, John W. 1987. The Discourse Basis of Ergativity. Language, 63 (4): 805-855.

38. Ellis A. W. 1993. Reading, Writing and Dyslexia: A Cognitive Analysis. UK: Erlbaum.

39. Ford, Cecilia E. 1993. Grammar in Interaction: Adverbial Clauses in American English Conversation. Cambridge: Cambridge University Press.

40. Ford, Cecilia E. 1994. Dialogic Aspects of Talk and Writing: Because on the Interactive-Edited Continuum. Text, 14 (4): 531-554.

41. Ford, Cecilia E. and Junko Mori. 1994. Causal Markers in Japanese and English Conversations: A Cross-Linguistic Study of Interactional Grammar. Pragmatics, 4 (1): 31-62.

42. Funnell, E. 1992. On Recognizing Misspelled Words. In Sterling C. M. and Robson C. (eds.) Psychology, Spelling and Education. Clevedon, UK: Multilingual Matters.

43. Giegerich, Heinz, J. 1992. Englishphonology: An Introduction. Cambridge: Cambridge University Press.

44. Greenberg, Joseph H. 1963. Some Universals of Grammar with Particular Reference to the Order of Meaningful Elements. Universals of Grammar. Cambridge, Mass.: MIT Press, pp. 73-113.

45. Grimshaw, Jane and Armin Mester. 1988. Light Verbs and Θ-Marking. Linguistic Inquiry, 19: 205-232.

46. Haiman, John. 1983. Iconic and Economic Motivation. Language, 59 (4): 781-819.

47. Hale, Kennth and Samuel J. Keyser. 1991. On the Syntax of Argument Structure. Lexicon Project Working Papers. Center for Cognitive Science, Massachusetts Institute of Technology.

48. Hale, Kennth and Samuel J. Keyser. 1993. On the Argument Structure and the Lexical Expression of Syntactic Relations. In The View from Building 20: Essays in Linguistics in Honor of Sylvain Bromberger. Cambridge, Mass.: MIT Press. pp. 51-109.

49. Hale, Kennth and Samuel J. Keyser. 1997. On the Complex Nature of Simple Predicators. In Alex Alsina, Joan Bresnan, and Peter Sells (eds.) Complex Predicates. Standford: CSLI Publications. pp. 29-66.

50. Hale, Kennth and Samuel J. Keyser. 1999. A Response to Fodor and Lepore, 'Impossible Words?' Linguistic Inquiry, 30: 453-466.

51. Hale, Kennth and Samuel J. Keyser. 2002. Prolegomenon to a Theory of Argument Structure. Cambridge, Mass.: MIT Press.

52. Hanley J. R. and Kay J. 1992. Does Letter-by-Letter Reading Involve the Spelling System? Neuropsychologia, 30: 237-256.

53. Hasagawa, Nobuko. 1991. On Head Movement in Japanese: the Case of Verbal Nouns. Proceedings of Sophia University Linguistic Society. Tokyo: Sophia University Linguistic Society.

54. Hawkins, John A. 1983. Word Order Universals. New York: Academic Press.

55. Hay, J. and K. Drager. 2007. Sociophonetics. Annual Review of Anthropology, 36: 89-103.

56. Hickok G., Pickell H., Klima E., et al. 2009. Neural Dissociation in the Production of Lexical Versus Classifier Signs in ASL: Distinct Patterns of Hemispheric Asymmetry. Neuropsy-

chologia, 2: 382-387.

57. Hock, Hans Henrich. 1986. Principles of Historical Linguistics. Berlin: Mouton de Gruyter.

58. Holland, J. H., Gong, T., Minett, J. W., et al. 2005. Language Acquisition as a Complex Aadaptive System. In J. W. Minett and W. S. -Y. Wang (eds.) Language Acquisition, Change and Emergence. Hong Kong: City University of Hong Kong Press. pp. 411-435.

59. Holmes V. M., Carruthers J. 1998. The Relation between Reading and Spelling in Skilled Adult Readers. Journal of Memory and Language, 39: 264-289.

60. Holmes V. M., Castles, A. E. 2001. Unexpectedly Poor Spelling in University Students. Scientific Studies in Reading, 5: 319-350.

61. Holmes V. M., Mariko L. B. 2005. Single or Dual Representations for Reading and Spelling? Reading and Writing, 18: 257-280.

62. Holmes, Janet & Paul Kerswill. 2008. Contact is Not Enough: A Response to Trudgill. Language in Society, 2: 273-277.

63. Hopper, Paul and Sandra A. Thompson. 1980. Transitivity in Grammar and Discourse. Language, 6: 251-299.

64. Hopper, Paul, and Sandra A. Thompson. 1984. Lexical Categoriality in Universal Grammar. Language, 60 (4): 703-752.

65. Huang, C. -T. James. 1991. On Verb Movement and Some Syntax-Semantics Mismatches in Chinese. Proceedings of the 2nd International Symposium of Chinese Languages and Linguistics. Taipei: Academia Sinica.

66. Huang, C. -T. James. 1997. On Lexical Structure and Syntactic Projection. Chinese Languages and Linguistics. Taipei: Academia Sinica. pp. 3: 45-89.

67. Ishii, Toru. 2009. On PF-LF Mismatch in the Japanese Light Verb Construction. Language and Linguistics, 10: 629-667.

68. Jespersen, Otto. 1965. A Modern English Grammar on Historical Principles, Part VI: Morphology. London: Geroge Allen and Unwin Ltd.

69. Kageyama, Taro. 1991. Light Verb Constructions and the Syntax-Morphology Interface. In Heizo Nakajima (eds.) Current Englishl Ingustics in Japan. Berlin and New York: Mouton de Gruyter.

70. Kemmerer D. 2000a. Grammatically Relevant and Grammatically Irrelevant Features of Verb Meaning Can Be Independently Impaired. Aphasiology, 14: 997-1020.

71. Kemmerer D. 2000b. Selective Impairment of Knowledge Underlying Prenominal Adjective Order: Evidence for the Autonomy of Grammatical Semantics. Journal of Neurolinguistics, 13: 57-82.

72. Kemmerer D., Weber-Foxa C., Pricea K. 2007. Big Brown Dog or Brown Big Dog?

An Electrophysiological Study of Semantic Constraints on Prenominal Adjective Order. Brain and Language, 100: 238-256.

73. Kemmerer D. , Gonzalez-Castillo J. , Talavage T. Patterson S. , et al. 2008. Neuroanatomical Distribution of Five Semantic Components of Verbs: Evidence from fMRI. Brain and Language, 107: 16-43.

74. Kemmerer D. , Tranel D. , Zdanczyk C. 2009. Knowledge of the Semantic Constraints on Adjective Order Can Be Selectively Impaired. Journal of Neurolinguistics, 22: 91-108.

75. Kemmerer D. , Gonzalez-Castillo J. 2010. The Two-Level Theory of Verb Meaning: An Approach to Integrating the Semantics of Action with the Mirror Neuron System. Brain and Language, 112: 54-76.

76. Kenstowicz, Michael and Charles Kisseberth. 1979. Generative Phonology: Description and Theory. San Diego: Academic Press.

77. Kuo, Pei-Jung. 2008. Light Verb Constructions as a Case of Remnant Movement. Proceedings of the 20th North American Conference on Chinese Linguistics. Ohio: The Ohio State University.

78. Labov, W. Forthcoming. Principles of Linguistic Change, Vol. 3: Cognitive and Cultural Factors. Oxford: Blackwell.

79. Lakoff, G. and Johnson, M. 1999. Philosophy in the Flesh. New York: Basic Books.

80. Larson, Richard. 1988. On the Double Object Construction. Linguistic Inquiry, 19: 335-391.

81. Li, Charles N. and Sandra A. Thompson. 1981. Mandarin Chinese: A Functional Reference Grammar. Berkley and Los Angeles: University of California Press.

82. Lin Tzong-hong. 2001. Light Verb Syntax and the Theory of Phrase Structure. PhD Dissertation. University of California, Irvine.

83. Longacre, Robert. 1985. Sentences as Combinations of Clauses. In Shopen, Timothy (eds.) Language Typology and Syntactic Description, Vol. 2. Cambridge: Cambridge University Press. pp. 235-286.

84. MacSweeney, M. , Waters D. , Brammer M. J. , et al. 2008. Phonological Processing in Deaf Signers and the Impact of Age of First Language Acquisition. Neuroimage, 40: 1369-1379.

85. Marshall J. , Atkinson J. , Smulovitch E. , et al. 2004. Aphasia in a User of British Sign Language: Dissociation between Sign and Gesture. Cognitive Neuropsychologia, 21: 537-554.

86. Matsumoto, Yo. 1996. A Syntactic Account of Light Verb Phenomena in Japanese. Journal of East Asian Linguistics, 5: 107-149.

87. Miyagawa, Shigeru. 1989. Light Verbs and the Ergative Hypothesis. Linguistic Inquiry, 20: 659-668.

88. Mohanan, Tara. 1994. Argument Structure in Hindi. Standford: CSLI Publications.

89. Morton J. 1982. Disintegration the Lexicon: An Information Processing Approach. In Mehler J., Walker E., Wrolstad M. and Bouma H. (eds.) Processing of Visible language. New York: Plenum.

90. Mufwene, Salikoko S. 2008. Colonization, Population Contacts, and the Emergence of New Language Varieties: A Response to Peter Trudgill. Language in Society, 2: 254-59.

91. Ochs, E., E. Schegloff, and S. Thompson (eds.) 1996. Interaction and Grammar. New York: Cambridge University Press.

92. Oh, Sun-Young. 2005. English Zero Anaphora as An Interactional Resource. Research on Language and Social Interaction, 38 (3): 267-302

93. Oh, Sun-Young. 2006. English Zero Anaphora as an Interactional Resource II. Discourse Sstudies, 8 (6): 817-846.

94. Patterson K. 1986. Lexical But Nonsemantic Spelling? Cognitive Neuropsychology, 3: 341-367.

95. Paul Foulkes. 2006. Sociophonetics. In K. Brown (eds.) Encyclopedia of Language and Linguistics (2nd eds.). Amsterdam: Elsevier Press. pp. 495-496.

96. Perani D., Cappa S. F., Schnur T., et al. 1999. The Neural Correlates of Verb and Noun Processing. Brain, 122: 2337-2344.

97. Rapcsak S. Z., Henry M. L., Teague S. L., et al. 2007. Do Dual-Route Models Accurately Predict Reading and Spelling Performance in Individuals with Acquired Alexia and Agraphia? Neuropsychologia, 45: 2519-2524.

98. Rapcsak S. Z., Beeson P. M., Henry M. L., et al. 2009. Phonological Dyslexia and Dysgraphia: Cognitive Mechanisms and Neural Substrates. Cortex, 45: 575-591.

99. Rizzi, Luigi. 1997. The Fine Structure of the Left Periphery. In L. Haegeman (eds.) In Elements of Grammar. Dordrecht: Kluwer.

100. Sabsevitz D. S., Medler D. A., Seidenberg M, et al. 2005. Modulation of the Semantic System by Word Imageability. Neuroimage, 27: 188-200.

101. Saito, Mamoru and Hiroto Hoshi. 2000. The Japanese Light Verb Construction and the Minimalist Program. In Roger Martin, David Michaels & Juan Uriagereka (eds.) Step by Step: Essays on Minimalist Syntax in Honor of Howard Lasnik. Cambridge: MIT Press.

102. Sandler W., Lillo - Martin. 2006. Sign Language and Linguistic Universals. Cambridge, UK: Cambridge University Press.

103. Sandle W. 2008. The Syllable in Sign Language: Considering the Other Natural Modality. In Barbara Davis and Kristine Zajdo (eds.) In The Syllable in Speech Production. New York: Taylor Francis. pp. 379-408.

104. San José-Robertson, L. Corina D., Ackerman D., et al. 2004. Neural Systems for

Sign Language Production: Mechanisms Supporting Lexical Selection, Phonological Encoding, and Articulation. Human Brain Mapping, 23: 156-167.

105. Schneider, Edgar W. 2008. Accommodation Versus Identity? A Response to Trudgill. Language in Society, 2: 262-67.

106. Slobin, D. I. 2004. The Many Ways to Search for a Frog: Linguistic Typology and the Expression of Motion Events. In S. Strömqvist & L. Verhoeven (eds.) Relating Events in Narrative: Typological and Contextual Perspectives. Mahwah, NJ: Lawrence Erlbaum Associates. pp. 219-257.

107. Song, Zuoyan, and Hongyin Tao. 2009. A Unified Account of Causal Clause Sequences in Mandarin Chinese and Its Implications. Studies in Language, 33. 1: 69-102.

108. Tainturier M. J., Schiemenz S., Leek E. C. 2006. Separate Orthographic Representations for Reading and Spelling? Evidence from a Case of Preserved Lexical Reading and Impaired Lexical Spelling. Brain and Language, 99: 8-219.

109. Talmy, Leonard. 1985. Lexicalization Patterns: Semantic Structure in Lexical Forms. In T. Shopen (eds.) Language Typology and Lexical Description, Vol. 3: Grammatical Categories and the Lexicon. Cambridge: Cambridge University Press. pp. 36-149.

110. Talmy, Leonard. 1991. Path to Realization: A Typology of Event Conflation. Proceedings of the Berkeley Linguistics Society, 17: 480-519.

111. Talmy, Leonard. 2000. Toward a Cognitive Semantics, Vol. 2: Typology and Process in Concept Structuring. Cambridge, Mass.: MIT Press.

112. Tao, Liang. 1996. Topic Discontinuity and Zero Anaphora in Chinese Discourse: Cognitive Strategies in Discourse Processing. In Barbara Fox (eds.) Studies in Anaphora. Amsterdam: John Benjamins. pp. 487-513.

113. Thomas, E. 2002. Sociophonetic Approaches of Speech Perception Experiments. American Speech, 77: 115-147.

114. Thompson, Sandra A. 1987. 'Subordination' and Narrative Event Structure. In Russell Tomlin (eds.) Coherence and Grounding in Discourse. Amsterdam and Philadelphia: John Benjamins. pp. 435-454.

115. Tsai, W.-T. Dylan. 2007. Two Types of Light Verbs in Chinese. Paper presented in IACL-15/NACCLE-19, Columbia University.

116. Tuten, Donald N. 2008. Identity Formation and Accommodation: Sequential and Simultaneous Relations. Language in Society, 2: 259-262.

117. Zhang, Jie and Yuwen Lai. 2010. Testing the Role of Phonetic Knowledge in Mandarin Tone Sandhi. Phonology, 27 (1): 153-201.

118. 兰姆. 兰姆教授谈神经认知语言学. 程琪龙译. 外语教学与研究, 1999 (2).

119. 刘俊飞. 中国手语语音加工的神经基础——一项基于手语语音相似任务的 fMRI

研究. 徐州师范大学硕士毕业论文，2009.

120. 斯特梅尔，乔姆斯基，沈兴安等. 乔姆斯基在线访谈：语用学的性质和相关问题. 语言科学，2003 (1).

121. 宋作艳，陶红印. 汉英因果复句顺序的话语分析与比较. 汉语学报，2008 (4).

122. 王士元. 语言是一个复杂适应系统. 清华大学学报：哲学社会科学版，2006 (6).

123. 徐大明. 言语社区理论. 中国社会语言学，2004 (1).

124. 杨亦鸣，徐杰. 语言学应该调整为一级学科. 语言科学，2010 (1).

125. 张伯江. 功能语法与汉语研究. 语言科学，2005 (6).

执笔人：徐大明　徐　杰　杨亦鸣　包智明　陶红印

附记：本章形式语言学语法学部分由徐杰（华中师范大学）执笔，王娟（华中师范大学）协助，形式语言学音系学部分由包智明（新加坡国立大学）执笔，功能语言学部分由陶红印（加州大学洛杉矶分校）执笔，社会语言学部分由徐大明（南京大学）执笔，神经语言学部分由杨亦鸣（徐州师范大学）执笔。全章最后由徐杰统稿。在此过程中，张璟玮、刘芳、田源、张莹等学者以不同的方式提供了资料和帮助。本课题的相关调研活动还得到了教育部人文社会科学重点研究基地重大项目“语法原则与汉语特殊句式”（批准号：2009JJD740011）的支持。执笔人在此一并鸣谢！

第十四章

教　育　学

摘要

本报告综述了 2009 年国外高校教育学科发展的焦点话题和优秀成果。具体而言，通过对部分前沿性、代表性教育学学术期刊的梳理，分别总结了教育政策、教育管理与领导力、课程学、学习与教学、教育测量与研究方法、教育与学校评估、职业教育与咨询、高等教育学以及教学与教师教育九个方向年度发展的热门议题。围绕管治与去管治以及质量保障体制等问题，全球教育政策研究者在过去的一年里展开了大量的研究，从宏观、微观等不同层面，反思了各自国家的政策实践并各抒己见。教育领导力方向的进展突出体现在对所谓的 21 世纪技能（21st Century Skills）概念与实践的讨论上。在课程学界，有关国民教育的研究在 2009 年达到一个小高潮。在欧洲一体化、经济全球化的大背景下，欧洲乃至世界很多国家的学者开始探讨国民教育课程怎样界定一种超国度的地域性国民概念（特别是所谓“欧洲国民身份”）的方法，并探讨民族国家应该怎样响应这一挑战。对发生于多媒体学习环境中的认知和教学过程的探索是关注学习与教学的学者在 2009 年的一大研究焦点。教育测量与研究方法的进展主要体现为对基于项目反应理论的测评技术在具体测评应用中的考察、调整和完善。教育与学校评估专业的发展突出表现在三个方面，一是对已有的教育评估或学校评估的某些传统认识的挑战，二是对领域内某些改革效果的再认识，三是对某些评估研究方法的改进。职业教育与咨询领域内的新进展围绕着抗逆能力、职业适应力、建构主义职业课程、教育过剩与额外角色行为等概念展开。探讨专业排行榜、校企关系等问题成为 2009 年高等教育学研究的热门话题。教学与教师教育方向在去年比较集中的研究问题之一是录像技术对于教师教育或教学的影响。本报告的最后一部分总结列举了美、英两国教育研究会 2009 年的优秀成果获奖者及获奖作品。

Abstract

This report summarized the development of the subject of education in foreign universities and colleges as well as outstanding achievements in the field in 2009. In particular, through review of selected edge cutting influential academic journals, developments in the following subfield of education was summarized: education policy, educational administration and leadership, curriculum studies, learning and instruction, measurement and research methods, school research and evaluation, vocational education and consulting, higher education, and teaching and teacher education. Research in the field of education policy focused on governance and de-governance and quality assurance issues. Progress in the subject of educational leadership highlighted on the concept and practice of the so-called 21st Century Skills. Curriculum studies showed a special concern with the citizenship education in the past year. Under the background of Europeanization and globalization, scholars in the Europe and even across the world started to explore how citizenship curriculum can help to define and foster a regional citizenship (such as an European identity in particular) beyond the country level, and how multi-national countries should respond to such challenges. Investigating the cognitive and learning processes happened in multi-media learning environments is one of the major concerns of researchers and practitioners in the subject of learning and teaching academics. Progress in educational measurement and research methods is mainly exemplified by adaption and improvements of specific Item Response Theory-based techniques applied in the measurement applications. Research in school evaluation and assessment had three themes, one is challenging some traditional understanding or well accepted practices in the field, another is reconsidering the effectiveness of some reforms in the field, and the last one is improvements of some research or assessment methods. Research in vocational education and consulting centered around concepts of resiliency, career adaptability, vocational courses with constructivism approaches, and over-education and extra role behaviors. Research on college ranking and the relationship between college and enterprises constitutes the hot topics in higher education studies. One of the focuses of research in teaching and teacher education last year is the applications of video technologies for teacher education or teaching. The last part of this report lists the AERA's and BERA's outstanding achievement awards in 2009.

一、导言

本报告旨在综述2009年国外高校教育学科发展概况。高校教育学科的发展主要体现在各高校教育学专家、学者的科研成果中，而其科研成果又集中展现于专业学术期刊论文或学术奖励成果两个方面。故综述的重点对象是能代表最新研究进展、最高学术水平、最广泛影响力的教育学期刊和教育学最高级别的学术奖励。

根据此研究思路，本报告所选期刊均为教育学各分支学科有较广泛影响力的SSCI来源期刊，具有一定的学术权威性。综述所选论文基本能够反映出教育学分支学科在2009年度的研究焦点；而教育学科发展的优秀成果主要介绍了美国、英国教育研究会各专业分会公布的2009年度获奖者和获奖作品。在报告的最后一部分则是根据文献综述，展望了教育学科的发展趋势。

二、重要进展

（一）教育政策

民主社会教育政策应该在何种模型下构念，这是西方教育政策研究者普遍关心的一个话题。尽管理论家和决策者同意学校应该是民主的，但这到底意味着什么却没有定论。Perry① 基于平等、多样、参与、选择以及团结等关键概念，为分析民主社会的教育政策建立起一个概念模型。这一模型有助于民主社会教育政策的设计、评估、比较和分析。它还有助于分析平等、多样、参与、选择、团结五个概念之间的相互关系，以及它们互相冲突与补充的途径。通过提供五个民主价值的一种整体观，该模型能够帮助决策者及分析家平衡教育政策的不同要求。该模型增进了有关教育体系针对不断变化的理论和经济、政治、社会力量持续调整方式的理解，并因此可能解释并预测教育变革。

在教育界，有人把当前美国所处的时代称为“后不让一个儿童掉队时代”(post-NCLB era)。基于前人的作品和政治学家提出的倡议及决策的理论见的，

---

① Perry, L B. Conceptualizing education policy in democratic societies. Educational Policy, 2009, 23(3), 423-450.

DeBray-Pelot 和 McGuinn① 提出了一个考察“后不让一个儿童掉队时代”的教育政策的理论框架。他们描述了自1965年以来四十余年在国家层面驱动教育决策的关键政治动因以及关键人物，并使用这一框架检验过去十年间国家教育政策领域的演变，还以此解释了20世纪90年代教育格局的变革及其导致的2001年出台的NCLB法案，甚至还分析了该法案本身如何改变了国家的教育政策。该论文还提出了对未来联邦教育政策和政治的建议。

美国教育政策的焦点一直是以学生的学业为主。然而 Elias② 指出：美国教育政策存在着关注点的重大缺失。如果不尽早弥补教育日程中存在的这一缺失部分，孩子们终究会被落下。Elias 认为当前的教育系统并没有根据民主社会需要的国民的复杂角色准备学生。来自研究和实践的越来越多的证据建议重构社会情感与性格发展（SECD）和学业学习二位一体的教育。Elias 在论文中综述了为建立高效的社会和学术准备儿童需要哪些技能，能有效整合 SECD 和学业学习的学校的特征以及采取这种整合的主要理由。文章在结尾还就将社会情感与性格发展（SECD）置于教育决策的首要考虑因素举例并提出建议。

择校权问题在英美等许多西方国家引起广泛争议。择校权的倡议者大多声称研究一致表明私立学校教育券能导致学业成绩的提升。Lubienski 及其同事③综述并批判了这些基于当地的教育券项目的研究，并将其与全美范围公立和私立院校的代表性样本的大规模分析的发现加以对照。研究结果显示教育券项目的前提——私立学校的学业表现优越的假设是不成立的。Lubienski 及其同事留意到前人所使用的某些方法论的固有局限，特别是把“随机分配”作为研究择校计划中的学业成绩问题的“黄金准则”的不足之处。该论文对支持择校权者所谓研究结论一致的说法提出了强有力的挑战。

2008年美国23个州的高中毕业生被要求通过高中结业考试（High School Exit Examinations，简称 HSEE）以获得正规的高中文凭。该政策的支持者宣称它能改进学生的学业成绩，而批评者则认为它降低了教学质量且没有提升学业成绩。通过搜集具有全美代表性的数据展开对学业成绩的时间趋势的分析，

---

① DeBray-Pelot E & McGuinn P. The new politics of education: analyzing the federal education policy landscape in the post-NCLB era. Educational Policy, 2009, 23 (1), 15-42.

② Elias M J. Social-Emotional and character development and academics as a dual focus of educational policy. Educational Policy, 2009, 23 (6), 831-846.

③ Lubienski C, Weitzel P, Lubienski S T. Is there a “consensus” on school choice and achievement? Advocacy research and the emerging political economy of knowledge production. Educational Policy, 2009, 23 (1), 161-193.

Grodsky 及其同事①的研究检验了 1971 至 2004 年间简单的（最低能力）与较难的州结业考试对学生的数学及阅读学业成绩的影响。数据分析还检验了高中结业考试对不同种族/民族、社会经济地位以及平时学业成绩不同的学生可能存在的不同效应。结果显示，各州的高中结业考试对拥有不同数学或英语能力学生的学业成绩没有产生任何影响。据此看来，HSEE 则是一项可有可无的测评。对于是否该在各州继续推行该测试，教育决策者应持更为审慎的态度。

围绕着管治与去管治以及质量保障体制等问题，全球教育政策研究者在过去的一年里展开了大量的研究，从宏观、微观等不同层面，反思了各自国家的政策实践并各抒己见，下面仅举数例。

国际学生测评项目（PISA）已经成为经济合作与发展组织（OECD）实施的一项主要且全球具影响力的教育测评项目。该项目比较了成员国及其他国家教育系统的表现。Grek② 讨论了 OECD 在设立 PISA 过程中扮演的角色及其管理与成效。论文提供了 PISA 在芬兰、德国和英国的影响的三个例子，随后通过检视欧洲主要的决策者如何看待 PISA 及其效应，集中探讨它在国际上的影响。该论文的结论是：PISA 通过对欧洲及其他国家教育系统的直接影响，已经变成一种以数字管治欧洲教育领域的间接但是非常具有影响力的新政治技术工具。

Ozga③ 认为英国在数据的产生和使用方面是欧洲最领先的国家。她的论文研究了英国教育管治不断变换的形式与数据的激增和使用之间的关系。该文将中央教育部门、地方教育当局以及学校之间不断变化的关系与基于数据的监控系统和表现管理的增长与发展联系起来，并暗示数据的大量增长已经导致了管治关系的不平衡，并产生了高度集权的掌舵现象。近年通过“智能责任制”平衡掌舵现象的尝试引发了网络原则以及通过自评达至自我规管，并产生了一种“去规管”（de-governing）的假象，但实际上中央仍通过其数据管理与使用维持着对全局的控制，而地方政府则依旧处于边缘地位。

---

① Grodsky E, Warren J R, Kalogrides D. State high school exit examinations and NAEP long-term trends in reading and mathematics, 1971—2004. Educational Policy, 23 (4), 589-614.

② Grek S. Governing by numbers: The pisa “effect” in europe. Journal of Education Policy, 2009, 24 (1), 23-37.

③ Ozga J. Governing education through data in England: from regulation to self-evaluation. Journal of Education Policy, 2009, 24 (2), 149-162.

Croxford 及其同事①综述了苏格兰质量保障与评估特别是学校的自我评估政策的发展历程及最新动向。该论文审视了质量保障与评估的自我评估概念的历史、构成要素以及督导团在建立自我评估中的角色。此外，该文还总结并讨论了作为在欧洲框架内推销苏格兰与众不同的教育身份的一种手段的自我评估模型。论文还讨论了督导团常设国际会议作为传输自我评估观念的主论坛角色，它表明了团体网络在推进欧洲化进程中扮演的角色。

近年，通过伙伴关系进行管治已经变得越来越普遍且在当今已经在一系列政策领域有所反映。Dahlstedt② 分析了在千禧年前后瑞典的教育政策如何以合作伙伴方式进行的管治。通过将福柯的理论观点作为出发点，该文分析了瑞典教育政策中对合作伙伴的呼吁。该文讨论了瑞典教育政策中使用伙伴关系这一概念的某些长期后果，并特别注重包容/排斥以及民主性再生等议题。作者认为伴随着以合作伙伴进行管治的思想的诞生，政治蓝图被重新绘制。例如，国家的角色正在越来越多地让位于各种自愿的及独立的个体和协会，从而成为与个体和协会合作互动的一个搭档，而不再是高高在上的指导机构。

Lofdahl 和 Perez Prieto③ 对瑞典某中型城市 10 所学前学校自拟的规划与评估文件进行了研究。这些文件主要来自 1999—2005 年，在此期间瑞典的学前学校在执行其第一个课程，并可能需要进行包括去集权化、市场化以及竞争在内的若干变革，这一切都对可见性（visibility）提出了新的要求。该研究的整体目标是考察并描述在操演性（performativity）时代上述文件的内容含义和篇章逻辑与教师专业精神的关系。上述文件被作为强调了这些学前学校的实然和应然状态的院校陈述加以分析，由此作者将这些文件本身作为一种管治方式看待。基于技术与定位的理论概念的分析不仅展现了教师如何通过这些文件的描述既被控制又自我控制，而且展现了他们如何自我定位为高度专业的人群并拒绝被操控。分析的结论之一是：教师职业正在变革中，一种新的成为专业人士的方式可能会有利于其自我定位。

---

① Croxford L, Grek S, Shaik F J. Quality assurance and evaluation (QAE) in Scotland: promoting self-evaluation within and beyond the country. Journal of Education Policy, 24 (2), 179-193.

② Dahlstedt M. Governing by partnerships: dilemmas in swedish education policy at the turn of the millennium. Journal of Education Policy, 2009, 24 (6), 787-801.

③ Lofdahl A & Perez Prieto H. Between control and resistance: planning and evaluation texts in the Swedish preschool. Journal of Education Policy, 2009, 24 (4), 393-408.

Simola 及其同事①追溯了芬兰义务教育的质量保障与评估（QAE）的发展轨迹。研究的核心问题是：芬兰是否有独特的质量保障与评估模式？该研究的结论是：严格地讲，芬兰的 QAE“模式”是一种修辞夸大；然而，同样不正确的结论是认为芬兰的质量保障与评估的点点滴滴都只反映了激烈的权力下放过程中的无意效应。芬兰人对 QAE 的某些问题表现出静默的一致认同，并且是基于反感原则而非有意识的、明确表达的原则。芬兰人对于排名的敌意加之一种散漫官僚的传统以及被市政自治强化的对 QAE 采取的一种发展性的途径已经被融入国家以及地方层面的政策，这些政策对于抵制考试与排名的跨国政策相当有效。然而，值得引起注意的是，在芬兰，不论是国家还是地方层面的 QAE 政策所代表的都是有意识、无意识以及偶发因素的混合。

Reid 的研究②揭示了澳洲的高校如何被澳洲大学质量代理机构（AUQA）约束并作为商业实体运行。文章分析了 AUQA 颁布的旨在对澳洲大学展开听证的指导手册。作者使用批判性话语分析理论作为分析框架，使得指导手册这一语体能够在社会和政治语境中得以分析。文章分析了该手册前后几个版本所使用的语言的变化，推论了 AUQA 指导手册如何构想大学以某种商业实体运作。研究显示这一手册完全缺失对全球化和数码大学的描述。与关于让大学成为灵活的、全球化的实体的说辞相反，Reid 发现澳洲的大学被构想为表面上独立于政府但却被囿于政府操控范畴之中的地方化的商业体。

Ishimine 及其同事③则检视了澳大利亚关于儿童早期教育及抚育（ECEC）质量的政策。它考察了现存的全国质量保障体系—质量改进及认证体系（QIAS）及其在幼儿托管中心的应用。澳大利亚新近当选的联邦政府已经表现出对改进 ECEC 的质量的极大兴趣并暗示了政策的改变。虽然国际研究强调过程质量的重要性，但澳大利亚的政策和实践一直都聚焦于结构质量。此外，ECEC 的质量定义存在模棱两可的地方，更糟糕的是澳大利亚对此问题的研究又比较匮乏。基于国际以及本国的研究，作者指出了当前基于结构质量的 QIAS 的五个局限。该论文强调了以基于实证的过程质量引导当前澳大利亚幼

---

① Simola H, Rinne R, Varjo J, Pitkanen H & Kauko J. Quality assurance and evaluation (QAE) in finnish compulsory schooling: a national model or just unintended effects of radical decentralisation? Journal of Education Policy, 2009, 24 (2), 163-178.

② Reid I C. The contradictory managerialism of university quality assurance. Journal of Education Policy, 2009, 24 (5), 575-593.

③ Ishimine K, Tayler C, Thorpe K. Accounting for quality in australian childcare: a dilemma for policymakers. Journal of Education Policy, 2009, 24 (6), 717-732.

儿抚育质量政策改革的迫切性。

在单一的管理组织——高等教育委员会（TEC）指导下，新西兰后义务教育开始了一体化进程。TEC 成立的宗旨是发展一种单一的、协调的高等教育系统。为此，最不正规、组织最松散的成人与社区教育（ACE）被特别要求发展成为与源于高等教育战略的外界价值观相一致的项目。通过使用帕佩尔（Popper）的整体性抑或渐进变革的概念，Slater① 认为这种大规模的变革是有潜在危险的，因为这些政策可能会导致偏离本意的危害性的后果，而这些后果在现代的复杂社会里又非常难于纠正。尤其是成人与社区教育更可能被彻底改变以致在高等教育一体化进程中丧失曾经使它取得成效的很多特质。

（二）教育管理与领导力

在刚刚过去的一年，国外高校从事教育领导力研究的学者探讨的焦点之一便是所谓的 21 世纪技能（21st Century Skills）。作为对美国 21 世纪技能运动加以概括总结的一项研究，Johnson② 在其论文中指出，自从 2002 年以来，“面向 21 世纪技能伙伴关系”（Partnership for 21st Century Skills）一直是重点倡导将 21 世纪技能融入教育的领军组织。该组织的“21 世纪学习的框架”（Framework for 21st Century Learning）作为数百位利益相关者之间的共识性结果，描述了学生要成功地工作和生活必须掌握的技能、知识和专业领域。Johnson 还在其论文中以大量篇幅详尽阐述了该伙伴关系的每一个目标。

罗瑟翰（Rotherham）和惠灵翰（Willingham）③ 在其研究中一针见血地指出学生在 21 世纪需要的技能并不是真正意义上的新技能。批判性思维、解决问题的能力、信息素养和全球意识在整个人类进步的历史中都是很重要的，至少在不同社会的精英中一直如此。他们强调 21 世纪技能的倡导者，往往低估了在内容有意义的情境下教授这些技能所面临的挑战的严重性。为了使 21 世纪技能运动推动学校的进步，就必须在课程、教师培训和评估方面推行重大变革。

Clark④ 的论文为我们展现了 21 世纪技能运动的一个成功案例——位于纽约的贝思佩奇联盟的自由学区以当前几乎所有的问责标准评估都是优秀的。然

① Slater G. The development of adult and community education policy in New Zealand: insights from popper. Journal of Education Policy, 2009, 24 (6), 697-716.

② Johnson P. The 21st century skills movement. Educational Leadership, 2009, 67 (1), 11.

③ Rotherham A J & Willingham D. 21st century skills: the challenges ahead. Educational Leadership, 67 (1), 16-21.

④ Clark T. 21st century scholars. Educational Leadership 2009, 67 (1), 66-70.

而，管理人员和教师担心，在把学生培养成 21 世纪的思想者方面，他们做得还不够。受 21 世纪技能伙伴课程架构的启发，该区的高中发展了一种让学生构建记录一系列心灵拓展经历的令人难忘的电子档案的机会，该活动在正常的课程学时之外进行，通常在下午、晚上、周末或者假期。学生完成活动可以获得学分，且为了取得 21 世纪学者文凭需积累 100 个学分。一年之后，该活动赢得了学生的热情参与和社区的大力支持。

Cookson① 在其论文中指出西方传统智慧的线性文化的精华——公元前五世纪的苏格拉底式智慧和当前的数字视像文化可以融为一体，从而创造一种新的与 21 世纪认知和表达的要求相一致的学习和智力环境；批判性反思、实证性推理、集体智慧和元认知作为 21 世纪思想的四个元素可以构成教育新方法的基础。在 21 世纪的学习将可能在一种新的取代线性的、受限于课本的传统学校文化的电子学习环境中开展。这样的一种“学习球体”新环境的特征是关注可以自由获取的知识、苏格拉底式对话、根本性问题、体验学习以及合作解决问题。

Azzam② 的论文记述了与肯罗宾逊爵士（Sir Ken Robinson）关于 21 世纪技能核心概念之一——创造力问题的一次访谈。在这次采访中，创意专家肯罗宾逊爵士阐释了为何创造力是 21 世纪技能的关键。他认为真正的创造过程涉及批判性思维以及富有想象力的见解和新思路。此外，创造力是一个过程，不是一个单一事件，而这需要持续性评价。它关乎每个人，是我们所做的一切，而且它是有组织的，是一门学科。创造力和创新可以帮助我们解决当前面临的挑战并重新使我们充满激情。为了不再“有系统地将人们与其自身才能疏离”，学校需要创造性地教学并为创造力而教学。

（三）课程学

在课程学界，有关国民教育的研究在 2009 年达到一个小高潮。正如 Keating 及其同事③所指出的“国民教育已经与民族国家的合法性捆绑在一起，而其他制度和国民概念则成为对国家课程的内容乃至对传统的国民教育的目的和假设的一种重大挑战”。在欧洲一体化、经济全球化的大背景下，欧洲乃至世界很多国家的学者开始探讨国民教育课程怎样界定一种超国度的地域性国民概

① Cookson P W. What would socrates say? Educational Leadership, 2009, 67 (1), 8-14.

② Azzam A M. Why creativity now? A conversation with Sir Ken Robinson. Educational Leadership, 2009, 67 (1), 22-26.

③ Keating A, Ortloff D H, Philippou S. Citizenship education curricula: the changes and challenges presented by global and european integration. Journal of Curriculum Studies, 2009, 41 (2), 145-158.

念（特别是所谓“欧洲国民身份”）的方法，并探讨民族国家应该怎样响应这一挑战。

欧盟和其他欧洲机构在过去50年推行了范围广泛的教育倡议，以培育欧洲国民身份，使欧洲“更接近人民”。然而，这些努力的成效令人质疑。在欧盟，教育政策（特别是，课程政策）是由基层（subsidiarity）原则管辖的：国民教育课程由各成员国进行设计，欧盟的投入非常有限。Keating① 的论文探讨了欧洲国民教育倡议是否对国家一级的课程有影响以及欧洲国民的概念如何由国家国民教育方案界定和建构。该文通过在爱尔兰共和国的课程改革个案，以质的、社会历史方法对上述问题加以探讨。该案例说明，欧洲国民以一种逐步深化、拓展的方式在爱尔兰的课程中被概念化。但是，这仍然是欧洲国民的一种狭义概念，一个最终会对国家国民和欧洲国民的前景都产生很有限影响的概念。

在英国，最近几十年间社会要求学校发展更欧洲的和更全球导向的教学法和课程，以及用后民族（post-national）的知识、技能和立场武装儿童和青少年的呼声一直未曾间断。Marshall② 专门撰文阐释了与欧洲和全球国民意识教育有关的政府议程和相关承诺，讨论了后民族观念中国民教育的一些关键问题，以期能由此制定一个针对富有争议的后民族国民概念本质的研究议程（该研究议程特别留意欧洲和全球国民概念），并探讨这些概念是如何与教育中的某些说法相矛盾的。本文结论认为应考虑能对相关问题和矛盾提供更透彻理解的新的国民理论、课程和教学法。该论文虽然直接关系到英国，但某些辩论有更广泛的适用价值。

在欧洲，前人对于国民教育课程的研究往往注重国家层面对欧盟倡议的反应与执行，忽视了地方行为者与国家和超国家行为者的复杂关系。Engel 和 Ortloff③ 则通过对传统上地方教育控制力量较强大的德国和西班牙进行比较性分析，探讨了国民教育政策的欧化过程。该论文利用来自访谈和对国民教育课程、教材以及政策文件进行的详尽的框架分析的证据，具体考察了加泰罗尼亚

---

① Keating A. Nationalizing the post-national：reframing european citizenship for the civics curriculum in Ireland. Journal of Curriculum Studies，2009，41（2），159-178.

② Marshall H. Educating the european citizen in the global age：engaging with the post-national and identifying a research agenda. Journal of Curriculum Studies，2009，41（2），247-267.

③ Engel L C & Ortloff D H. From the local to the supranational：curriculum reform and the production of the ideal citizen in two federal systems，Germany and Spain. Journal of Curriculum Studies，2009，41（2），179-198.

和巴伐利亚的国民教育课程，探索了当地的教育理念和实践、区域政策当务之急、中央国家一级的国民教育政策、与国民身份和移民相关的德国和西班牙的联邦政策以及欧盟教育倡议之中的“理想国民”的概念。

课程问题往往和政治问题密切相关。对许多国家而言，国民教育问题既是课程问题，更是政治问题。欧洲一体化程度的加剧和有关欧洲教育政策的不断出台，助长了关于“欧洲认同”和“欧洲国民”的含义及其与国民/国家认同之关系的政治、学术争辩。特别是在塞浦路斯这样一个由身份认同、国籍、政治认同等问题引发种族冲突和战争等棘手的社会政治难题的国家，这些争辩尤为激烈。作为欧盟成员，塞浦路斯必须回应重新审视国民身份和认同这两个概念的要求。为了应对日益增长的解决现存分裂的国际、国内压力，塞浦路斯也必须重新面对有关国民身份和身份认同的讨论。Philippou① 的论文探讨了欧洲国民身份是如何在希族塞人的政策、课程、国民教育的教科书中得以构建的以及国民身份相对于国家身份是如何定位的。研究发现：虽然“欧洲”提供了一个介绍课程革新的框架，并且该框架被越来越多的政策文件援引，但很多教学大纲和教材中并没有充分体现欧洲国民这一概念。“欧洲”这个概念被民粹主义的话语以将民族中心主义和欧洲中心主义两者合法化的方式霸占，而这并不能缓解塞浦路斯现存的民族—国民和国家认同的紧张局势。

Piattoeva 的研究②则分析了自 20 世纪 80 年代末以来政局巨变导致芬兰和苏联立法和政策文件中宣称的国民教育的正式目标所发生的变化。构架对芬兰国民教育之分析的一个中心问题是：由于芬兰最近卷入欧洲一体化进程，基于国家的国民性是否变得过时。对俄罗斯的分析目的是考察苏联解体后，国籍问题对于俄罗斯是否变得更为重要。Piattoeva 的研究还考察了在芬兰和俄罗斯的政治变革之后的 20 年，“国籍”是否具有了新的含义。该研究的结果表明：芬兰在放弃了国家和民族的密切联系的同时，并未返回到独立前的民族的文化性概念。这些变化使芬兰能够走向对国民概念的多层次理解。然而，对芬兰而言，民族国民身份仍然是其他国民性和身份层面的核心。与在芬兰最近的事态发展相反，在俄罗斯，有关国家完整性和国家统一的话语已变得更为主流。俄罗斯旨在通过鼓励爱国主义和强化俄罗斯语的地位的方式将国民性加之于俄联

---

① Philippou S. What makes cyprus European? Curricular responses of Greek-Cypriot civic education to “Europe”. Journal of Curriculum Studies, 2009, 41 (2), 199-223.

② Piattoeva N. Citizenship and nationality in changing europe: a comparative study of the aims of citizenship education in Russian and finnish national education policy texts. Journal of Curriculum Studies, 2009, 41 (6), 723-744.

邦各成员国。

虽然所有教育事业都由目标和手段组成是再明显不过的，两者之间的关系却不简单。McCowan① 的论文提出了一种在国民教育方面理解这一关系的框架。该文以质的方法对巴西的三项教育尝试进行了研究：失地运动的学校、贝洛奥里藏特市的多元学校框架，以及由选举庭进行的未来教育计划投票。论文对上述每一种情况都进行了包括文献分析、访谈和观察的案例研究。研究结果发现：对每一个案例中目标和手段之关系的分析都指向了两个关键词：一个是"接近度"，指的是目标和手段在何程度上相分离或一致；另一个是"理据"，指的是手段被选取的缘由。McCowan 在论文的结论中指出了他提出的框架对于理解课程的启示。

（四）学习与教学

当今的学习与教学毋庸置疑地与多媒体及互联网有着千丝万缕的关联。而发生于多媒体学习环境中的认知和教学过程至今也还有很多未知环节在强烈吸引着关注学习与教学的研究者进行探索。下面就简要介绍该主题研究在去年的一些进展。

Scheiter 及其同事②在研究中报告了考察写实性录像资料与可视化示意图对于"细胞复制"学习的相对有效性的两个实验。实验一中，有 37 名大学生观看了写实录像资料或者可视化示意图。学生的课堂任务评分及其多项选择考试的表现以及图片测试均清楚地展示了可视化示意图的优越性。在另一个实验中，83 名学生被以四种不同的顺序展现上述两种视像资料。不论他们是看了两遍可视性示意图还是先看示意图再看写实录像，或先看写实录像再看示意图，学生均展示出了相同的表现。而观看两遍写实录像的学生的学习成效却大大低于其他组别的。

新技术的发展早已使得文字能够与互动或非互动的图片自由结合。Rasch 和 Schnotz 研究③的目的是考察：（1）给文字加上图片总体上对学习有益还是会产生不利效应；（2）图片的互动性是如何影响学习的；（3）图片的可视化形式是否会影响学习者的思维模式；（4）可视化的形式是否改变了互动性效

---

① McCowan T. Towards an understanding of the means-ends relationship in citizenship education. Journal of Curriculum Studies, 2009, 41 (3), 321-342.

② Scheiter K, Gerjets P, Huk T, Imhof B, Kammerer Y. The effects of realism in learning with dynamic visualizations. Learning and Instruction, 2009, 19 (6), 481-494.

③ Rasch T & Schnotz W. Interactive and non-interactive pictures in multimedia learning environments: effects on learning outcomes and learning efficiency. Learning and Instruction, 2009, 19 (5), 411-422.

应。100 名大学生被随机分为五个组别。在前四个组中，关于不同时区及日期的文字与互动或者非互动的不同可视形式的图片结合。第五组展现的是纯文字。研究结果表明：加入图片对学习既无正面影响，也无负面效应。然而，就学习成效而言，纯文字的学习材料比图文结合的更好。互动性对于完成某些学习任务有益，而对于完成另外一些任务无益。可视化形式对于参与者与图片的互动有影响，但对于学习结果无影响。该论文还进一步指出本研究发现对于多媒体设计的启示及今后的研究方向。

Boucheix 和 Schneider① 通过两个实验考察了学习者如何根据电脑屏幕上的讲解来理解三个滑轮系统的运作。该研究检验了静止抑或动画讲解对第一个实验 62 名大学生之理解的效应，其后还检验了对动画讲解播放的操控对第二个实验 45 名大学生的效应。对于学生理解的测定是通过包含三项理解指标的测验完成的。第一个实验显示动画以及整合的按顺序排列的静止图像均对理解有帮助。第二个实验表明：整体而言，动画播放的控制对理解的效应不够显著。然而，对于空间和机械推理能力较低的学生而言，对动画播放的控制对于理解有显著效应。

Seufert 及其同事②研究的两个实验中分别使用了 34 名和 78 名被试，实验检验的是记忆策略技巧和工作记忆容量这两个能力倾向性变量对多媒体学习的影响及其可能的补偿效应。实验结果显示上述能力倾向与实验处理的交互作用对于理解和学习迁移影响显著。记忆策略技巧和工作记忆容量因学习任务与要求的变化而对多媒体学习产生不同影响。

多媒体学习涉及工作记忆中听力—文字和视觉—图像通道的平行加工。通过整合多通道信息的方式，学生能够获取新知识。然而，知识建构的过程可能取决于学习任务对学习者认知系统所强加的负担。《学习与教学》2009 年 10 月专辑的主题便是基于一系列多媒体教学平台的互动性知识建构中的认知负担。Verhoeven 及其同事③认为该专辑的多篇研究结果表明：多媒体学习中的认知负担取决于学习者的先验知识、动机以及加工策略，也取决于学习任务的要求。其他重要因素还应包括目标设立和立场选取、互动性动画效应、环境支

① Boucheix J M & Schneider E. Static and animated presentations in learning dynamic mechanical systems. Learning and Instruction, 2009, 19 (2), 112-127.

② Seufert T, Schutze M, Brunken R. Memory characteristics and modality in multimedia learning: an aptitude-treatment-interaction study. Learning and Instruction, 2009, 19 (1), 28-42.

③ Verhoeven L, Schnotz W, Paas F. Cognitive load in interactive knowledge construction. Learning and Instruction, 2009, 19 (5), 369-375.

撑以及合作的可能性等。

通过对认知负担理论（Cognitive Load Theory）略加改动以期适用于学习者操控媒体的学习情境，Scheiter 及其同事①研究了在超媒体环境（hypermedia environment）中，学习者个性对于信息利用策略、认知负担以及学习成果的影响。对基于 79 名学生的数据进行聚类分析，发现了五种学习者个性群。进一步的分析显示：有着更优越的个性（较多的先验知识、较复杂的认识论信念、对于学习持较积极态度、对认知以及元认知策略有较好的使用）的学习者相对其他学习者而言，倾向于展现出一种更具适应性的利用例子的行为，所感受的认知负担较轻，并且能更准确地解决问题。

Krause 及其同事②的研究检验了合作性学习及反馈是否能辅助情境化的、基于例题的在线统计知识的学习。研究将“社会情境”因素区分为个体与合作两种，将“反馈干预”区分为有无两种。被试为 137 名大学生。结果显示反馈干预明显地支持学习。对于有较少先验知识的学生而言，反馈能带来更明显的好处。合作没有增益学习成果，然而在学习过程中，小组的表现优于个体表现。此外，研究发现合作学习提升了表现及能力的自我效能感，该文作者认为这可能是由于集体的效能感对于自我效能感产生了晕轮效应。

（五）教育测量与研究方法

教育测量与研究方法的进展主要体现为对基于项目反应理论的测评技术在具体测评应用中的考察、调整和完善。这包括对题项参数稳定性的考察、对分数线估计值稳定性的考察及建议、评估专家对考生答题表现的判断与 ICC 之吻合度的若干指标以及考察多点计分题项在哪个分数层面上涉及了 DIF 效应的方法等。此外，该领域内的研究也关注小到如何处理小组测评的个人贡献差异大到对诸如 NAEP 等大型测评项目的评估研究的述评。

对于使用项目反应理论的操作性考试而言，当某题项在实测卷中出现的位置与实验用卷不同时，题项参数的稳定性会受到威胁。Meyers 及其同事的研究③利用了美国某州的测评对受制于题项位置变化、考试水平、考试内容以及

---

① Scheiter K, Gerjets P, Vollmann B, Catrambone R. The impact of learner characteristics on information utilization strategies, cognitive load experienced, and performance in hypermedia learning. Learning and Instruction, 2009, 19 (5), 387-401.

② Krause U M, Stark R, Mandl H. The effects of cooperative learning and feedback on e-learning in statistics. Learning and Instruction, 2009, 19 (2), 158-170.

③ Meyers J L, Miller G E, Way W D. Item position and item difficulty change in an IRT-based common item equating design. Applied Measurement in Education, 2009, 22 (1), 38-60.

题型等因素的拉氏题项难度参数（Rasch Item Difficulty，以下简称 RID）的变化进行了建模。作为对真实数据分析的一种跟进，他们进行了一项模拟研究来测评题项位置变化对等值的效应。该研究结果显示：题项位置变化显著地影响了 RID 的变化。

目前已有大量研究比较了安高福（Angoff）标准设定及其他标准设定方法，但是鲜有研究基于内部标准评估标准设定过程。Chis 和 Williams 的研究①以概化理论为框架评估了分数线估计值的稳定性。为了测量内部一致性，该研究还以实证性的条件答对人数百分比为参照，比较了以安高福方法估计的答对人数百分比。在该研究中，每位标准设定专家对处于达标最低能力水平的考生能答对每道题的百分比分别作出独立估计，随后他们讨论估值的差异并对自己的估计作出修改。对差异的讨论降低了专家与专家和专家与试题交互效应相关的方差成分，但并未改善专家批判与实证性估值之间的一致性。接着专家们收到部分试题的考生表现信息，随后的专家评定显示了与实证性条件答对人数百分比一致性的显著提升。该论文还特别强调应对试题难度给专家估值造成的影响加以关注。

诸如安高福（Angoff）等标准设定方法依赖于专家对题项特征的主观判断。而基于项目反应理论的项目特征曲线（ICC）对题项特征进行的是实证性估算。Hurtz 和 Jones 的研究②评估了专家判断与 ICC 之吻合度的若干指标，即评判专家对目标考生预期答题表现之估计精度的方法。模拟数据被用于比较在两阶段标准设定模拟情境中，与不同目标能力水平充分吻合以及吻合度差的专家评判。上述指标被用于一套有着 66 道考题、有四个能力水平分界线的真实专家评判，以展现这些指标对于理解专家评判“适切度”的相对有用性。基于对模拟数据与真实数据的分析，Hurtz 和 Jones 建议应使用基于专家估计与 ICC 绝对偏差的适切度指标，而避免使用基于标准误差的适切度指标。该论文还提出了有关在未来的研究与实践中使用这些指标的建议。

对多点计分差异性题项功能（DIF）的测评通常会提及所测特性在试题层面上表现出的组间差距，但不会明确在哪个分数层面上涉及了 DIF 效应。Pen-

---

① Clauser B E，Harik P，Margolis M J，McManus I C.，Mollon J，Chis L，Williams S. An empirical examination of the impact of group discussion and examinee performance information on judgments made in the angoff standard-setting procedure. Applied Measurement in Education，2009，22（1），1-21.

② Hurtz G M & Jones J P. Innovations in measuring rater accuracy in standard setting：assessing “fit” to item characteristic curves. Applied Measurement in Education，2009，22（2），120-143.

field 及其同事[①]以差异性步骤功能（Differential Step Function）为框架通过考察多点反应变量每个步骤所测特性的组间差距对此问题加以解决。多点反应变量跨步骤的 DSF 效应模式可以有几种不同形式，且这些不同形式对于 DIF 侦测的敏感性有不同的影响，对于 DIF 效应成因的最终解释也有影响。该论文提出了一种 DSF 形式的分类法，建立了使用 DSF 的不同形式来查找并修改试题内容的指导方案，并且提供了使用 DSF 及 DIF 以获取对多点计分试题组间测量对等性测评的程序性规则。

使用小组作业考评学生的主要挑战之一便是考虑组员之间所作贡献的差异，这样给每个组员的打分才能够真正反映其表现。Zhang 和 Ohland 的研究[②]通过评估给小组作业的组员计分的不同方法，解决了给小组作业计分的有效性问题。研究对蒙特卡罗模拟数据以及真实测试数据进行了分析。所考察的四种计分方法为：组内调整法、部分调整法、组间调整法以及预期贡献调整法。所有的方法都使用了基于自我贡献评价及其他组员评价的权重因子。研究结论表明：如果要计算小组成绩并将其用于评估个体表现就必须考虑个体的差异性。基于组员及个人的自评可以成为改善小组成绩效度的有效途径。在所研究的四种计分方法中，最有效并被作者推荐使用的是根据组内以及组间的贡献差异全面作出分数调整的方法。

应美国国会的要求，对全美教育进步测评（NAEP）项目的评估于 2004 年展开。Davis 和 Buckendahl[③] 总结了 2004 年至 2008 年 NAEP 评估项目的设计与相关研究。相关研究明确了来自关键利益相关者的意见和建议，并把对当前教育政策问题的回应作为首要任务。该论文为人们提供了该评估设计的一个概览、该设计所涉及的每一个研究的摘要以及它对国会咨询进行回应的线索。

（六）教育与学校评估

教育与学校评估专业的发展突出表现在三个方面，一是对已有的教育评估或学校评估的某些传统认识的挑战，二是对领域内改革效果的再认识，三是对某些评估研究方法的改进。

---

① Penfield R D，Alvarez K，Lee O. Using a taxonomy of differential step functioning to improve the interpretation of DIF in polytomous items：an illustration. Applied Measurement in Education，2009，22（1），61-78.

② Zhang B & Ohland M W. How to assign individualized scores on a group project：an empirical evaluation. Applied Measurement in Education，2009，22（3），290-308.

③ Davis S L & Buckendahl C W. An overview of the 2004—2008 NAEP evaluation：design and research studies. Applied Measurement in Education，2009，22（4），317-320.

对传统认识误区挑战的研究涵盖甚广，包括对入读社区学院是否会影响学生学士学位的获取、作业量与学习效果的关系、留级是否对学生有不利影响、督学与学习成绩的关系等。

在美国一些年轻人选择在社区学院修读两年课程然后再转读正规大学获取学士学位。这样一种做法因能为学生节约很多学费，而使社区学院成为打算完成学士学位的学生的重要入口。但是对转学机制持质疑态度的人怀疑由入社区学院开始攻读学士学位的道路是否会让这些学生付出额外代价。对此，Long 和 Kurlaender① 比较研究了在俄亥俄州公立高等教育系统入读社区学院的学生与条件相似但一开始就入读四年制高校的学生的结果。通过一个详细的数据库，作者追踪了 9 年的结果并使用多种策略来处理倾向性分数（冒险/保守、乐观/悲观）匹配和工具变量问题。结果表明即使考虑了倾向性分数和工具变量后，最初入读社区学院的学生比最初入读四年制学院的学生在 9 年内完成学士学位的概率要低 14.5%。

尽管人们一般相信家庭作业是校内学习的一项重要补充，研究尚未完全明确作业与学业成绩之间的关系。Dettmers 及其同事②分析了作业时间与数学成绩之间的定量关系。其使用的是基于 40 个国家 9 791 所学校 231 759 名参加了 2003 年国际学生测评项目（PISA）测验的学生的数据。多层次分析发现几乎在所有的国家，校均作业时间与数学学业成绩都呈正相关。但是一旦控制了学生的社会经济背景和学校的排名，这种正相关关系的强度就显著下降。在学生层面，40 个国家作业的时间和其数学学业成绩之间不存在相关关系。该研究结果凸显了在有关学生作业的研究中使用多层次分析以及控制干扰变量的必要性。

让成绩不合格的学生留级这种做法曾经一度成为基础教育的普遍做法，但近年来却遭遇来自社会的广泛质疑。前人研究文献对留级究竟给学生学业带来何种影响也说法不一。为此，Allen 及其同事③以元分析的统计方法检视了留级对于学业成绩的效应并探究了该效应的系统影响因素。通过使用多层次建

---

① Long B T & Kurlaender M. Do community colleges provide a viable pathway to a baccalaureate degree? Educational Evaluation and Policy Analysis, 2009, 31 (1), 30-53.

② Dettmers S, Trautwein U, Ludtke O. The relationship between homework time and achievement is not universal: evidence from multilevel analyses in 40 countries. School Effectiveness and School Improvement, 2009, 20 (4), 375-405.

③ Allen C S, Chen Q, Willson V L, Hughes J N. Quality of research design moderates effects of grade retention on achievement: a meta-analytic, multilevel analysis. Educational Evaluation and Policy Analysis, 2009, 31 (4), 480-499.

模，该研究在内（个体的差异）外（研究与研究之间的差异）两个水平探查了1990—2007年发表的22个关于留级研究的207个效应的大小。其中“研究设计的质量”是外部变量，个体变量是留级发生年级的中位数和留级后学年数的中位数。研究发现：研究设计的质量与较正面的效应相关联。留级后的学年数与留级效应负相关。本研究的结论对广为接受的留级对学业成绩有负面影响的观点形成了一个挑战。

对教育改革成效进行实证性评价的研究包括对综合性学校改革（Comprehensive School Reform）、为全体学生的大学准备课程（College Preparatory Curriculum for All）、改革导向的教学（Reform Oriented Instruction）以及标准为本的问责制（Standard Based Accountability）等领域内近年涌现的新动向、新实践的量化考评研究。

在20世纪80年代末到21世纪初，美国的学校、校区、各州以及联邦政府曾以大量的资源致力于推行综合性学校改革（CSR）。随着超过16亿美元的联邦财政通过综合学校改革示范（CSRD）以及紧接其后的CSR项目进行分配，各州和各校区采纳了以综合性学校改革作为其最差级别学校的一种核心改革的方略。时至今日，针对CSR的联邦资助已经枯竭，这项政策也渐渐被人们置于脑后，然而明确评估这批CSR资助对于学校的影响的研究却是非常匮乏。Gross和Goldhaber在其研究中①回顾了这项联邦改革倡议及其对德克萨斯州学生的效应。通过使用非实验研究的分析技术，他们发现了CSRD资助对于学生阅读表现的效应没有达到统计显著水平，而其对于学生数学表现的效应则随不同的学生类型而存在变异。

当前在美国存在着一个普及旨在使所有高中毕业生做好上大学的准备的高中课程的全国性运动。Allensworth及其同事②评估了芝加哥的一项政策，根据该政策，芝加哥停办了补救辅导班，并对所有学生开设了大学预备课程。基于一种中断的时间序列同质设计与多重比较，该研究发现此项政策减少了由入学成绩、种族/民族、特殊教育的地位造成的九年级课程上的不平等。虽然有更多的学生在读完九年级时拿到了线性代数和大学初级英语的学分，但不及格率却上升了，学生的成绩等级略有下降，考试成绩没有改善，学生也并没有更容

① Gross B, Booker T K, Goldhaber D. Boosting student achievement: the effect of comprehensive school reform on student achievement. Educational Evaluation and Policy Analysis, 2009, 31 (2), 111-126.

② Allensworth E, Nomi T M N, Lee V E. College preparatory curriculum for all: academic consequences of requiring algebra and english I for ninth graders in Chicago. Educational Evaluation and Policy Analysis, 2009, 31 (4), 367-391.

易被大学录取。总之，在高中新生中普及高校准备课程能带来的裨益非常之有限。

Le 及其同事①认为：在过去 20 年中，旨在改善数学和科学教育的几个主要倡议之一便是被称为“改革为导向”的教学法。虽然过去的研究暗示了这种方法可以提高学生的成绩，改革为导向的教学法和学业成绩却只有较弱的相关度。这一结果可能部分归因于检验改革为导向的教学的有限的时段（通常是 1 年）。Le 及其同事的研究探讨在 3 年期间，学生的数学和科学成绩与改革导向的教学的关系。结果显示：一般而言，更多地接受改革为导向的教学与较高的学生成绩之间的关联没有达到统计显著水平。然而，该关联随着接受此种教学的时间的增长而加强。同数学和科学的选择题测试成绩相比，改革为导向的教学显示出与开放性试题之间存在较强的正向关系。它与问题解决技能成绩的相关也高于与数学的程序性技巧之间的相关。

旨在改善学校表现的标准为本的问责制（SBA）的推行通常关注测验部分，而忽视能力的构建。于 2000 年在南非由政府制度化的 SBA 正是这样一个例子。在 2000—2003 年，随着 SBA 的推行，高级证书的通过率大幅攀升。然而 Taylor② 的分析却显示：这一效果主要是通过四种措施操控测试结果得到的。这四种措施是：排除高风险的考生、鼓励考生参加较易得到好成绩的考试、降低试题的难度标准以及在评卷过程中提高原始分。然而，南非其他改善学校的项目却显示当能力构建要素与问责制措施结合时，是有可能显著改善学校的表现的。

很多研究之所以能取得更客观、更合理的结论与所使用的研究方法特别是数据分析方法的改进是分不开的。下面所列举的几个研究更是突出说明了在本专业方向的研究中，数据分析方法的重要性。

在检验教育增值模型的信效度时，Van de Grift③ 认为：在入学与离校时学校学生总体的不稳定不仅是一个数据缺失问题，也往往是某些学校教育问题的必然可见的一种结果。因而在出现此类问题时应该不仅以处理缺失数据的方法

---

① Le V N, Lockwood J R, Stecher B M, Hamilton L S, Martinez J F. A longitudinal investigation of the relationship between teachers'self-reports of reform-oriented instruction and mathematics and science achievement. Educational Evaluation and Policy Analysis, 2009, 31 (3), 200-220.

② Taylor N. Standards-based accountability in south Africa. School Effectiveness and School Improvement, 2009, 20 (3), 341-356.

③ van de Grift W. Reliability and validity in measuring the value added of schools. School Effectiveness and School Improvement, 2009, 20 (2), 269-285.

解决，也要把它作为教育质量的一种指标。当前即便是修正了学生前测、性别、智力、年龄、社会经济地位以及族裔背景造成的误差的最优越的教育增值模型，也只是对探察拥有最高学生原始分和最高学生成绩增幅的学校有效。对于探察只有极少数成绩落后生的学校，该模型只有微弱效力；而对于预测学校的公平性和效率，该模型则是比较糟糕。

对效应大小（effect size）的报告已成为教育研究近年来的一项重大进步。然而，由于未考虑成本，用以解释效应大小的标准（即：小、中、大）能为教育管理和决策提供的参考信息非常有限。Harris 的研究①提出了基于以经济为本的决策框架并考虑了决策情境的诸多前提而确立的成本—效益标准的方法。要成为一种大的效应，效应与成本之比必须大于等于替代性方案的效应成本比。该论文还通过讨论与班级人数、早教以及其他干预相关的证据说明成效比的计算，探讨了这些证据能怎样用于发展成本效应比的标准，并讨论了这些标准对研究者及决策者的用途。成本效应标准的发展旨在鼓励将成本效应分析作为政策分析的一个标准组成部分，以提供更多的证据来提升成本效应的效度，并最终改善政治决策。该文作者还认为美国最近的医疗政策的成本效益研究说明了教育成本效益标准的潜在价值。

Luginbuhl 及其同事②探究了荷兰的小学督查对于考试分数的效应。在该研究中督查指的是对学校教育质量的测评。作者使用了两种途径估算督查的效应。第一种分析基于一种标准的固定效应模型，结果表明：督查微弱地改善了学校的表现——考试成绩的升幅为一个标准差的 2% ~3%。然而该固定效应模型可能会因样本选择的偏差而失效。第二种分析采用了随机选取学校样本的方式。该样本原本是为了编纂荷兰教育年度报告而进行的一个随机抽样。通过采用第二种途径进行分析，作者发现督查对于小学学生的成绩无碍，但也似乎无力改善其成绩。换言之，在荷兰进行的对小学的督查行为在整体上不对小学生的成绩产生任何影响。对于本研究两种不同的数量分析方法得出完全不同的结论，给人们对研究方法的选择再次敲响了警钟。

（七）职业教育与咨询

年轻人教育程度的提高与年轻人可从事的高质量的工作的相对稀缺使得教

① Harris D N. Toward policy-relevant benchmarks for interpreting effect sizes: combining effects with costs. Educational Evaluation and Policy Analysis, 2009, 31 (1), 3-29.

② Luginbuhl R, Webbink D, de Wolf I. Do inspections improve primary school performance? Educational Evaluation and Policy Analysis, 2009, 31 (3), 221-237.

育过剩成为一个社会问题。Agut 及其同事①探索了教育过剩与额外角色行为（工作内容创新与职业提升策略）的关系以及在这些关系中个人主动性和内在的工作价值观的直接、修正角色。通过对 638 名年轻的西班牙裔雇员的数据分析，作者发现了教育过剩与工作内容创新和职业提升策略之间的负相关。个人的主动性和内在的工作价值观同额外角色行为呈正相关。此外，高水平的内在工作价值观与个人主动性是排除教育过剩对额外角色行为负面影响的修正因素。

尽管文献经常探讨建构主义的职业理论，该理论与教育实践的关联却鲜有讨论。Grier-Reed 及其同事②的研究关注通过增强职业自我效能感并减轻紊乱的职业思绪从而为落后的有着多样化文化背景的大学生充电的一种建构主义课程的潜在功效。通过使用前测—后测设计，某美国中西部大型高校某建构主义职业课六个班的 75 名落后的本科生完成了职业决策自我效能感量表（删减版）（CDSE-SF）以及职业思绪量表（CTI）。样本由 45% 有色人种学生、55% 白人学生构成。数据分析使用了多元方差分析及后继的单变量分析，研究发现：CDSE-SF 在后测中的分数比前测明显提高，而 CTI 的后测成绩显著比前测降低。这些结果暗示：对于强化落后的文化多样性大学生，建构主义课程可能是一种有效的教育工具。其工作机制是增强其职业自我效能感并降低其自我贬抑的想法，特别是与决策困惑和奉献焦虑相联系的想法。

职业发展与学生的学业发展以及社会发展应该是三位一体的，且论述在该范畴内学生的需求被认为是专业学校顾问的一项重要责任。然而，目前论述学生职业发展的文献比较匮乏。Rivera 和 Schaefer 的研究③对学校职业发展的文献进行了一个简要的概括，并描述了一个始于六年级的融合于学校课程之内、由全体教师通力实施的校级职业发展项目。文章讨论了该项目的可资借鉴之处并对项目的发展提出了建议。

尽管职业发展领域对工作与婚姻之关系的兴趣日趋浓厚，且这些研究往往

---

① Agut S, Peiro J M, Grau R. The effect of overeducation on job content innovation and career-enhancing strategies among young spanish employees. Journal of Career Development, 2009, 36 (2), 159-182.

② Grier-Reed T L, Skaar N R, Conkel-Ziebell J L. Constructivist career development as a paradigm of empowerment for at-risk culturally diverse college Students. Journal of Career Development, 2009, 35 (3), 290-305.

③ Rivera L M & Schaefer M B. The career institute: a collaborative career development program for traditionally underserved secondary (6-12) school students. Journal of Career Development, 2009, 35 (4), 406-426.

闪烁着女权主义思想的火花，妇女的一些关键体验却仍未在职业发展领域的主流话语中得以揭示。许多妇女已经并且将继续把母亲作为一种职业，然而各种职业发展理论却没有这么做。Schultheiss① 针对现实从历史、社会文化和政治三个维度提出了将母亲作为女性的职业的理论框架，并从女性的母亲工作角度讨论了现有的职业理论。此外该文还以婚姻的文化范式为理论背景探讨了与女性工作相关的关键议题。

Zikic 和 Hall 研究②了成人的职业探索。与前人压倒性的对职业探索的观点形成对照，该研究呈现了对职业探索的一种更复杂的、平衡的观点，讨论了职业探索的一些障碍以及职业探索这一概念对不同人群的可应用性。他们比较了自愿、被迫进行职业探索的不同，并讨论了两性关系如何成为职业探索的障碍、职业探索的不同结果，最后呼吁对个体职业咨询的一种更具整体性的观点。

在年轻人的职业发展方面，社会和前人研究大多强调决策的重要性。人们期望年轻人能在教育、职业和工作的种种备选项中作出尽可能好的决策。有关职业发展和职业咨询的文献虽然也承认与决策连带的种种问题，但仍强调帮助年轻人做出“明智的”职业决策的重要性。van Vianen 及其同事③通过论述指出：职业咨询师可以支持顾客对职业信息的直觉，并帮助他们形成一种对自我和环境的积极的、灵活的观念，而弱化其对于职业决策的责任和不可逆转性的关注。他们认为职业理论与实践应该以职业适应能力为焦点而不是过于看重职业决策。

抗逆能力（resiliency）和求职技巧是青少年求职成功的重要影响因素。然而前人的文献却鲜有关于这两个变量的定量研究。Fleig-Palmer 及其同事④在研究中，将抗逆能力和求职技巧作为求职和再就业的预测变量构建了统计模型。该研究讨论了抗逆性对于求职者的重要性，尤其是它对于年轻人、少数族裔以及迁徙定居的夫妇或伴侣的重要性。由于抗逆能力是一种状态变量，Fleig-Palmer 等学者还提供了用以帮助求职者提升抗逆能力的建议。该研究提供的理

① Schultheiss D E P. To mother or matter：can women do both? Journal of Career Development，2009，36（1），25-48.

② Zikic J & Hall D T. Toward a more complex view of career exploration. Career Development Quarterly，2009，58（2），181-191.

③ van Vianen A E M，De Pater I E，Preenen P T Y. Adaptable careers：maximizing less and exploring more. Career Development Quarterly，2009，57（4），298-309.

④ Fleig-Palmer M M，Luthans K W，Mandernach B J. Successful reemployment through resiliency development. Journal of Career Development，2009，35（3），228-247.

论框架以及发展抗逆能力的具体建议有望能对求职者产生积极正面的影响。

(八) 高等教育学

在高等教育质量日益受到关注以及形形色色的高校排行榜不断出台的今天，有关高校排名的研究也成为高等教育学研究的一个引人注目的方向。

在此类研究中虽不乏对单个研究生培养项目排名进行研究的文献，但此前并无文献全面地研究《美国新闻与世界报道》（*U. S. News & World Report*）的研究生院排名。Sweitzer 和 Volkwein[①] 使用概念模型研究了与《美国新闻与世界报道》商科、教育、法律及医药研究生院和职业学院的同行评估打分相联系的变量。该研究的核心问题是全美顶级研究生院及职业学院在不同专业上声望的相关度如何？这与之前有关院校声望的研究结果一致吗？数据的来源是《美国新闻与世界报道》数据、ISI 科学网（ISI Web of Science）信息和院校网页。研究结果表明《美国新闻与世界报道》研究生院知名度排名同模型相关指标（特别是招生规模、入学分数线以及教员人均发表作品）之间存在稳定的关系。

高校的年度排名和高校随后的招生指标之间存在一定的因果关系，是已有研究曾验证过的。然而，前人文献尚未交待清楚的两个问题是：(1) 其对各种不同类型院校（即大型公立大学抑或小型人文学院）的影响有何差异，(2) 在控制了影响录取结果的其他因素后，这种影响是否还保持不变。通过使用美国顶级院校从 1998 年到 2005 年秋季的招生数据，Bowman 和 Bastedo[②] 发现，对于上述不同类型的所有被研究的院校而言，走上《美国新闻与世界报道》排名头版，都会造成下一年的各项招生指标实质性地提升。此外，排名的上下变动，对排名前 25 的院校有强烈的影响，对公立大学尤其如此。相比之下，小型文科院校的录取结果，特别是排在 26 至 50 名的小型文科院校则更多地受学费的影响。

高校如何在管理问责制盛行的时代生存、发展，是当今的高等教育学研究者普遍面临的一个问题。为赢得有效率、有效果的质量提升，欧洲大学已经逐渐采用在私营组织中常用的策略、结构、技术、管理工具以及价值体系。虽然

---

① Sweitzer K & Volkwein J F. Prestige among graduate and professional schools: comparing the "U. S. news'" graduate school reputation ratings between disciplines. Research in Higher Education, 2009, 50 (8), 812-836.

② Bowman N A & Bastedo M N. Getting on the front page: organizational reputation, status signals, and the impact of "U. S. news and world report" on student decisions. Research in Higher Education, 2009, 50 (5), 415-436.

一些研究表明此种管理主义对大学雇员的工作表现质量有益，另外一些研究却认为管理主义适得其反地造成了低效率，这就是所谓的“管理主义矛盾”。Smeenk① 及其同事通过对欧洲六国（比利时、芬兰、德国、荷兰、瑞典、英国）的调查数据，检验了决定着管理主义和工作表现关系的一种潜在矛盾背后的两种推理。该结果倾向支持这样一个假想——管理主义至少在这六国对工作表现质量有一定的积极作用。换言之，其研究认为，对欧洲大学而言，所谓“管理主义矛盾”是不存在的。涉及高校与企业关系的另一个可能给我国高教管理者带来启示的研究是 Manjarres-Henriquez 及其同事②基于对两所西班牙大学的个案研究。该研究评估了校企关系（University-Industry Relationship）是否对大学教师的科研成果有附加效应。结果发现只有当研发合同占某教师获资助总额的一小部分时，与企业的研发合同和学术研究活动对于科研成果的效应才是协同性的。这暗示着校企关系对教师科研成果的正面作用主要来自它能为研究活动提供认知、技术或经济方面的补充性资源。如果教师没有从事研究并将其主要精力致力于发展校企关系方面的活动，其科研成果会受到负面影响。

在高校课程与教学论方面，通识教育课程是近年在业界的讨论焦点之一。通识教育的要求通常包括约 30% 的本科课程，因此代表了美国高校学生学术体验的重要特征。前人的研究还没有充分考查通识教育最重要的若干模型的起源、这些模式在各高等教育机构的分布以及通识教育的要求产生变化的原因。Brint 及其同事③的研究描述并分析了 1975—2000 年美国四年制高校的通识教育要求。他们展示了在整个 25 年间持续存在的四个通识教育模式。他们将这些模式标签为“核心课程分布领域”、“传统的人文学科”、“文化和伦理”和“国民/功利”模式。他们表明，这些模式中有两个是在 2000 年左右出现的。这些新模式的增加是通识教育的一个重要转变。通识教育的另一个转变是新的科目要求的增加，特别是在基本的学术技能、性别和种族/民族多样性以及非西方文化等领域。作者认为这些在课程层次上的变化反映了通识教育对高等教

---

① Smeenk S, Teelken C, Eisinga R, Doorewaard H. Managerialism, organizational commitment, and quality of job performances among european university employees. Research in Higher Education, 2009, 50 (6), 589-607.

② Manjarres-Henriquez L, Gutierrez-Gracia A, Carrion-Garcia A, Vega-Jurado J. The effects of university-industry relationships and academic research on scientific performance: synergy or substitution? Research in Higher Education, 2009, 50 (8), 795-811.

③ Brint S, Proctor K, Murphy S P, Turk-Bicakci L, Hanneman R A. General education models: continuity and change in the U. S. undergraduate curriculum, 1975—2000. Journal of Higher Education, 2009, 80 (6), 605-642.

育扩张和多样化等深层次动力的反应。作者在总结部分讨论了他们的研究对制度理论（Institutional Theory）进一步发展可能带来的影响，特别是对制度变化分析可能产生的影响。

现代技术对高校发展的影响也反映在相关研究中。首先技术给教师提供了更丰富的教学方式的选择。Dey 及其同事①在研究中比较了某传统课堂与通过互联网录像形式向学生讲授物理知识的不同学习效果。基于在某自然的教育情境中进行的一项实验，结果显示录像形式的教学信息能被更好地转变到实际应用情境，同时，学生也更认同个性化的录像展现。多媒体与计算机不仅影响着高校的课堂和教学，对于行政管理人员的工作也产生了不可忽视的影响。Lin 和 Ha② 以混合研究（质的研究和定量研究）的方法探讨了某高校的组织成员对以计算机为介质的通信与信息系统的使用。它比较了人文学科学术单位、专业学术单位、行政单位在大学里对技术使用的差异。研究结果发现了大学中的亚文化影响着组织成员对技术使用价值的看法及对技术的使用。具体而言，专业学术单位的成员对技术的看法最正面，其报称对技术的使用也位居三种组织单位之首。此外工作任务的依赖性和组织支持有助于技术的使用。

如何对高校教师实行有效领导也是领域内一个有着普遍共性的难题。当今很多国家高校的院系领导都必须面对由兼职和临时教员激增、教学科研压力日增、适应新技术和新教学法、学术资本主义的抬头以及为女性和有色人种服务等因素对教师领导工作造成的挑战。Kezar 和 Lester③ 以独特的视角关注高教研究中经常被忽视的对“草根教员”（特别是兼职教师、临时教员）的领导问题。他们在研究中着重描述了院校行政人员采取的支持底层教师领导力的行动以及相应的校园环境。作者的研究表明：虽然很多条件抑制了教师领导力，某些校园条件或特征可以克服处于不断变动中的压力，这包括把领导力变成服务，营造校园人脉网络，处理不正常的院系机制，培养角色榜样，支持质疑或挑战决策的教师，确保灵活性和自主权，并改变临时教员的合同以包括服务和领导力条款。不止兼职教师引起高校研究者的注意，作为很多高校的一个组成

---

① Dey E L, Burn H E, Gerdes D. Bringing the classroom to the web: effects of using new technologies to capture and deliver lectures. Research in Higher Education, 2009, 50 (4), 377-393.

② Lin C & Ha L. Subcultures and use of communication information technology in higher education institutions. Journal of Higher Education, 2009, 80 (5), 564-590.

③ Kezar A & Lester J. Supporting faculty grassroots leadership. Research in Higher Education, 2009, 50 (7), 715-740.

群体，非全日制学生也同样吸引了学者的目光。Nelson 及其同事①的研究目的有两个：一是帮助人们对大学非全日制学生在学经验的认识；二是确定非全日制学生的存在对全日制学生大学体验的环境性影响。作者们经过挑选，聚焦于一种有效的教育实践——师生互动，因为理论和实证文献已相当一致地表明师生互动对学生在大学期间认知和情感方面的进步是有积极效果的。作者在其研究中关注单一的学习成果——学生自我报告的通识教育方面的收获。通识教育的成绩覆盖诸如清晰有效地写和说、批判性和分析性思维、与他人有效地工作等领域，它考量的是社会对所有的大学毕业生都寄以期望的很多具体成果。在这项研究中，研究人员发现，非全日制的大四学生与教师的互动比同级的全日制学生少。他们还发现，全日制和非全日制的大四学生关于通识教育收获的自我汇报只有相当小的差异。研究结果支持这样一种看法：大比例招收非全日制学生的院校有着较低的专注学业的导向，并且这些院校的制度文化对全日制学生产生了负面影响。研究结果还表明，增加非全日制学生的师生互动将有利于这些学生消除与全日制学生在自我报告的通识教育收益方面存在的微小差距。加强非全日制学生与教师的互动还会给全日制学生带来好处。该论文还讨论了对今后研究的启示及未来针对该主题的有价值的研究方向。

（九）教学与教师教育

美国绝大多数阅读方法课几乎都没有改变准教师的实际课堂教学，因为准教师往往没有机会以有组织的、支持性的、密切督导的方式对新的教学法加以练习。这种训练的匮乏导致了他们在大学课程中不能产生很强烈的自我效能感。因为读写课程没能帮准教师以新的方式看待读写能力发展，新教师仍旧沿袭数十年的读和写的旧的教学方法。这种"因循守旧"的教学方法对于有学业危机的学生特别具有危害性。Wasserman② 的研究比较了在同一所大学由同一名教授讲授的为培养小学教师而开设的两门读写课。其中一门课将在岗学习（service-learning）作为教学过程的一个内在成分。在另一门课中，准教师给班上同学讲样课。本研究的假想是：对学业水平低、背景差异大的小学学生练习新的教学法的（即：在岗学习）准教师在一种高度结构化的在岗学习体验

---

① Nelson L, Thomas F, Cruce T M. Individual and environmental effects of part-time enrollment status on student-faculty interaction and self-reported gains. Journal of Higher Education, 2009, 80 (3), 290-314.

② Wasserman K B. The role of service-learning in transforming teacher candidates' teaching of reading. Teaching and Teacher Education: An International Journal of Research and Studies, 2009, 25 (8), 1043-1050.

中将会形成比另一门课的准教师（即：准教师在这门课中进行角色练习）更高的自我效能感，并且因而表现出对课程内容的更多的落实。实验结果表明：将在岗学习融入开发良好的读写课能显著地提升准教师的自我效能感，而这又导致其后的教学更多、更好地落实课程内容。

教学及教师教育方向的研究多关注教学法或师资发展，但英国学者 James 和 McCormick① 却认为：旨在帮助中小学生发展学习自主性的“学习如何学习”（LHTL）要求教师发展新的课堂实践，所以教师“学习如何学习”也同等重要。TLRP 的“学习如何在课堂、学校和网络中学习”项目研究了在英国的 40 所小学和初中是怎样发展了新实践的。研究中以教师和学生问卷搜集了定量的数据，质的数据来自与抽样班主任、学校项目统筹员以及课堂教师的访谈。数据还包括一些听课录像资料。研究发现：除非教师根本性地改变课堂任务和课堂气氛的性质，否则外在的限制使教师难以提升学生的学习自主性。无论如何教师要想成功，就需要学校管理和领导方面的支持。研究表明学校政策、教师专业学习及其提升学生学习自主性的能力之间存在统计上的强相关关系。此外，通过与本校及外校教师联络进行的教师学习也很重要。

录像技术虽然早在几十年前就被应用于教育领域，但在当前科技高速发展的时代，仍对教学或教师教育起到重大影响，这从下文列举的 2009 年有关学报上的几项研究便可印证。

Tan 和 Towndrow 的研究②提出的主要观点是在科学科实践的形成性测评中以数码录像技术促成师生互动及教师学习。该论文报告了教师、研究者如何合作检验了一位生物科教师当前的教学法实践，并试图（通过创新任务设计）创造能大力推进对学习行为更互动、更即兴的测评的课堂环境。该研究使用了数码录像回放技术作为反思该教师及学生具体体验的引子或催化剂。研究结果表明此种数码录像引发了科学科实践中师生互动的变化，并帮助了该教师对其专业学习的反思。

Kucan 及其同事③的研究中使用的测量工具是录像观看任务（VVT）。它

---

① James M & McCormick R. Teachers learning how to learn. Teaching and Teacher Education: An International Journal of Research and Studies, 2009, 25 (7), 973-982.

② Tan A L & Towndrow P A. Catalyzing student-teacher interactions and teacher learning in science practical formative assessment with digital video technology. Teaching and Teacher Education: An International Journal of Research and Studies, 2009, 25 (1), 61-67.

③ Kucan L, Palincsar A S, Khasnabis D, Chang C I. The video viewing task: a source of information for assessing and addressing teacher understanding of text-based discussion. Teaching and Teacher Education: An International Journal of Research and Studies, 2009, 25 (3), 415-423.

测量了教师对“互惠教学”和“质疑作者”两种阅读理解教学法不断加深的理解过程。VVT包括教师们在观看录像期间所作评论的录像片段，它还包括一系列引导教师在观看录像后进行反思的问题。教师针对录像所作的评论和反思表明VVT捕捉了教师的初始概念并敏感地反映了教师经过上述两种具体教学法的专业发展后，其对阅读理解教法在认识上的变化。

在教师发展方面，教师是否能充分留意并解释课堂互动的显著特征是衡量教师专业品味的指标之一。Sherin和Van Es的研究①考察了数学教师在被称为“录像俱乐部”的一种基于录像的专业发展学习后是否增益了其专业品味。该研究的分析基于为时两年的录像俱乐部的数据。在这两年中教师每个月相聚观看并讨论彼此课堂录像的片段。正如录像俱乐部聚会、录像俱乐部以外的访谈和教师的教学实践所显示的，研究发现参与录像俱乐部能影响教师的专业品味。这些发现表明专业品味是考察教师录像学习的一个重要的角度。此外，本文表明录像俱乐部有潜力通过聚会之外的方式支持教师学习。

尽管录像早就被用于捕获微观的教学片段、展示课堂个案及评审教学实践，录像注释工具的最新发展可能有助于拓展并加强教师自我反思。Rich和Hannafin②的研究比较了问世不久的录像注释工具并描述了其应用以支持并改革教师的自我反思。他们认为：此类工具运用可验证的证据使得记录以及检验教师在专业发展方面随着时间推移而发生的变化成为可能。录像注释工具提供了支持教师分析和反思自我教学以及将所摄录像与相关的学生和教学证据相联系的潜力。

Santagata的研究③描述了针对五个差等学校六年级数学教师连续实施两年的某个基于录像的专业发展项目的理论框架、研究基础、结构和内容。研究首先总结了在第一年里教师对录像提示进行反应时遭遇的困难。有困难的问题包括：教师对于数学目标主题的基本理解，对学生理解的了解以及分析学生作业(进行正误判别以外的分析）和推理的能力。接着研究描述了在第二年根据教师需要对项目进行的修改。该描述围绕设计基于录像的教师专业发展项目的三个原则展开：关注具体课程内容的理解，架构学生思维的分析，对关于教学与学习过程的探寻与反思建模。

---

① Sherin M G, van Es, E A. Effects of video club participation on teachers' professional vision. Journal of Teacher Education, 2009, 60 (1), 20-37.

② Rich P J & Hannafin M. Video annotation tools: technologies to scaffold, structure, and transform teacher reflection. Journal of Teacher Education, 2009, 60 (1), 52-67.

③ Santagata R. Designing video-based professional development for mathematics teachers in low-performing schools. Journal of Teacher Education, 2009, 60 (1), 38-51.

除了录像手段外，网络技术也日益广泛地被应用于教师专业发展。Dede 及其同事①在研究中就积极探索了在线教师专业发展的一个研究日程。基于对已有教师在线专业发展（oTPD）的文献综述以及 2005 年秋于哈佛大学召开的 oTPD 大会，其论文聚焦于教师在线专业发展需要研究的关键领域。该领域的文献回顾揭示出这一领域的很多著述都是基于非正规的观察及指标，而不是依据严谨的、科学的分析得出的。这些作品大多描述了专业发展的项目或经验教训，但却没有提供参与者、背景、研究问题、数据搜集方法或分析策略的详尽信息。唯有更为严谨的 oTPD 研究才能够让项目发展者了解应该包括哪些最优的设计特性，教育者才能清楚哪个项目将有助于学生的学习和教师的改变，项目资助者才能得到投资方向的充分指引。Dede 及其同事对该领域系列研究的建议将指引教师在线专业发展迈向基于实证的概念框架，从而对理论以及模型构建提供强有力的解释。

三、优秀成果

（一）美国教育研究会 2009 年度优秀成果

1. 教育管理、组织与领导力

该分会威廉·戴维斯奖（William Davis Award）的得主是薇薇安·罗宾逊（Vivian Robinson）、克莱尔·罗伊德（Claire Lloyd）和肯·罗维（Ken Rowe）。其杰出学位论文奖桂冠由维奇·帕克（Vicki Park）摘得。杰出学位论文提名奖获得者是丽萨·肯斯勒（Lisa Kensler）、科提斯·布鲁尔（Curtis Brewer）和李思丽·黑泽尔-布赛（Leslie Hazel-Bussey）。乔治·赛欧哈里斯（George Theoharis）获该分会 2009 年度新秀学者奖。

2. 课程研究

该分会 2009 年度终身成就奖被颁予美德兰·格鲁迈特（Madeleine R. Grumet）博士。杰出学位论文奖的获得者为普渡大学奥玛瑞·戴桑（Omari Dyson）博士，为其赢得该荣誉的是所著论文《费城黑豹的生活与工作：其社会转型努力的课程与教学法启示》（*The Life and Work of the Philadelphia Black Panthers: The Curricular and Pedagogical Implications of Their Social Transformation Efforts*），该学位论文委员会主席为艾瑞克·麻鲁斯基（Erik Malewski）博士。

---

① Dede C, Ketelhut D J, Whitehouse P, Breit L, McCloskey E M. A research agenda for online teacher professional development. Journal of Teacher Education, 2009, 60 (1), 8-19.

杰出学位论文提名奖获得者为佐治亚南方大学的安吉拉·黑纳斯（Angela Haynes），所著学位论文题为《静静的醒悟：南方新郊区祖母桌上的纺纱线锤》（*A Quiet Awakening: Spinning Yarns from Granny's Table in the New Rural South*）、亚利桑那州立大学赛道·振森（Thuy Dao Jensen）的《唯禁欲课程中的处女观》（*Visions of Virginity in the Abstinence-Only Curriculum*）。

该分会2009年还颁发了一系列杰出图书奖，这包括被课程研究分会图书奖评选委员会誉为"儿童文学对课程理论的贡献（Contributions of Children's Literature to Curriculum Theory）"的2008年由位于纽约的Routledge公司出版、Peter Appelbaum所著的《大老师的儿童书：阅读与写作课程理论》（Children's Books for Grown-up Teachers: Reading and Writing Curriculum Theory）；被誉为"理论、实践与政策交汇处教师、孩子与合作研究者对于校园生活之意义的商讨（Negotiation of Meaning of Lives in Schools with Teachers, Children and Co-Researchers at the Intersection of Theory, Practice, and Policy）"的2006年由纽约Routledge公司出版、D. Jean Clandinin等人所著的《谱写种种身份：对师生相互融汇之生活的叙事性探究》（*Composing Diverse Identities: Narrative Inquiries into the Interwoven Lives of Children and Teachers*）；被誉为"本领域的概要：实践、情境及政策中的课程探究（*A Compendium of the Field: Curriculum Inquiry in Practice, Context, and Policy*）"的由F. Michael Connelly等人所著，Sage公司2008年出版的《课程与教学论手册》；被称为是"对2010至2060年教育领域的预测性再想象（Speculative Reimagination of the Field of Education from 2010 to 2060）"的由Kieran Egan所著、2008年由耶鲁大学出版社出版的《教育的未来：重新想象我们的学校》（*The Future of Education: Reimagining our Schools from the Ground up*）；被誉为"在多样性、积极实践者背景中为了社会正义的课程研究（Curriculum Studies for Social Justice in Diverse, Activist Practitioner Settings）"的由He和Phillion编辑、信息时代出版社于2008年出版的《教育社会正义的个性的、热情的、参与性的探究》（*Personal ~ passionate ~ participatory Inquiry into Social Justice in Education*）；被誉为是"日本教科书中的战争记忆和民粹主义的课程史（Curriculum History of War Memory and Nationalism in Japanese Textbooks）"的由Nozaki所著Routledge在2008年出版的《战后日本的战争记忆、民粹主义与教育（1945—2007）：日本历史教科书的争议及家永三郎诉讼案》（*War Memory, Nationalism and Education in Postwar Japan*, 1945—2007: *The Japanese History Textbook Controversy and Ienaga Saburo's Court*）；被誉为是"与学生基于学校的课程探究社会激进主义"（Social Activism in School-

Based Curriculum Inquiry with Students）的由 Brian D. Schultz 所著哥伦比亚大学教师学院出版社 2008 年出版的《接踵发生的神奇的事：来自某都市课堂的经验教训》（*Spectacular Things Happen along the Way: Lessons from an Urban Classroom*）。

3. 学习与教学

该分会 2009 年研究生奖获得者是 Gita Taasoobshirazi。Jan Hawkins 奖得主是 Susan A. Yoon。Sylvia Scribner 奖获得者为 Michael Cole 及人类认知比较实验室（The Laboratory of Comparative Human Cognition）。

4. 测量与研究方法

2009 年该分会量化博士论文奖获得者是 Li Cai。Robert L. Linn 杰出演讲奖获得者是 Robert Mislevy 博士。教育测量与研究突出贡献奖获得者是《教育的认知诊断测量》的作者 Jaqueline Leighton 和 Mark Gierl 博士。

5. 咨询与人的发展

旧金山大学副教授 Christine Yeh 在《咨询心理学学报》发表的论文"贫穷、丧失及心理弹性：中国移民青年的故事"（*Poverty, Loss, and Resilience: The Story of Chinese Immigrant Youth*）获得该分会 2009 年咨询方向的杰出研究奖。

获该分会人的发展方向杰出研究殊荣的是萨克雷门多州立大学助理教授 Juliana Raskauskas 和 Ann Stoltz 在《发展心理学》发表的论文"青少年女性传统与网际欺负行为的关系"（*Relations between Traditional and Internet Bullying among Adolescent Females Youth*）。

咨询方向的博士学位论文奖得主是爱达荷大学的助理教授 Sachin Jain，其毕业论文题为《受制于中介学习和元认知技能的考试焦虑与数学焦虑》（*Test Anxiety and Mathematics Anxiety as a Function of Mediated Learning Experience and Metacognitive Skills*）。

人的发展方向的博士学位论文得主是路易斯维尔大学助理教授 Kathleen Moritz Rudasill，其毕业论文题目是《师生关系的质量：儿童的气质与师生互动的角色》（*Teacher-Child Relationship Quality: The Roles of Child Temperament and Teacher-Child Interactions*）。

6. 教育社会学

该分会 2009 年杰出论文奖得主为德克萨斯大学奥斯汀分校的 Curtis Brewer。职业新人奖桂冠由亚利桑那州立大学的 Brian M. Brayboy 摘得。密歇根州立大学的 Angela Calabrese Barton 获导致教育的社会背景变革之研究奖。南加州大学的 Etta Ruth Hollins 获得教育的社会背景研究杰出贡献奖项，即终身成就奖。加州大学洛杉矶分校的 Frederick Erickson 同样赢得该分会本届终身成就奖殊荣。

7. 学校研究与测评

迈阿密—戴德郡校区的 Steven Urdegar 的学位论文《超越保真度：教育行为及其影响因素与学生学习成果的关系》（*Beyond Fidelity*：*Relating Educational Practices and Their Determinants to Student Learning Outcomes*）荣获博士学位论文奖。研究方法进步奖的得主是奥斯汀独立校区的 Marshall Garland，给他带来该荣誉的是其题为《高等学校招生的决定因素：来自 2007 届 AISD 的证据》（*The Determinants of Postsecondary Enrollment*：*Evidence from the AISD Class of* 2007）的研究。西弗吉尼亚查尔斯顿 Edvantia 公司的 Susan Voelkel 和 Kimberly S. Cowley 荣获该分会 2009 年教育项目评估奖。该分会 2009 年教学研究或替代性报告奖的得主是芝加哥大学芝加哥中小学改革会的 Nicholas Montgomery，其获奖作品为《开始转型：学校个案之报告》（*Making The Transition*：*Individual School Reports*）。该分会测评培训或统计总结奖项的赢家是北卡罗来纳州威客郡公立中小学的 Bradley J. McMillen，为其带来该荣誉的是其旨在帮助校长理解如何获取并使用校级数据的培训录像《QuickPlace 简介》。

8. 职业教育

该分会 2009 年新人最佳论文奖由 Fleurie Nievelstein 及其同事凭论文《学习解决临床案例：指导支持的效应》（*Learning to Solve Clinical Cases*：*The Effects of Instructional Support*）获得。该分会知名研究者奖项 2009 年的得主是美国内用药委员会的 Brian Hess 及其同事，获奖论文为《为临床医生的实践设立表现标准的一种方法》（*A Methodology for Setting Performance Standards for Physicians in Clinical Practice*）。

9. 高等教育

密苏里大学的 Barbara Townsend 因对社区学院的长期出色研究而荣获该分会 2009 年示范研究奖。获得该奖项第二名的是南伊利诺伊大学的 Saran Donohoo，为其带来此项荣誉的是其论文《关于种族的反思：影响法国和美国高等教育的平权法案政策》（*Reflections on Race*：*Affirmative Action Policies Influencing Higher Education in France and the United States*）。

10. 教学与教师教育

该分会 2009 年博士学位论文奖由密歇根州立大学的 Suzanne M. Wilson 赢取；传承奖桂冠由洪堡州立大学的 Nikola Hobbel 摘得；威斯康星大学麦迪逊

分校的 Mary Louise Gomez 获得本年度的职业中期奖。佐治亚大学的 Mary M. Atwater 获教学与教师教育示范研究奖；科罗拉多州立大学的 Louise Jennings 获教师教育中的多样性问题研究创新奖；早期职业研究奖的本届得主是科罗拉多大学的 Jennie Whitcomb。哈伯曼基金会（Haberman Foundation）的创立者 Martin Haberman 以及 K 分会的前主席 Christine E. Sleeter 博士荣获该分会 2009 年传承奖。

（二）英国教育研究协会 2009 年度优秀成果

1. 中小学、早教、社会关怀与健康教育研究组别

该组别 2009 年的获奖者是白金汉郡委员会中学英语科的学校改进顾问、剑桥大学研究生文凭在读生林赛·托马斯（Lindsey Thomas），她的行动研究项目涉及创造一个虚拟的学习环境来分享对诗歌的感受并发展创作能力。白金汉郡八所学校的 10 年级学生参加了该研究项目。学生们用维基创立一些诗歌并对其加以评论、表述自己的感受或对诗歌进行阐述。在使用维基创作自己的诗歌之前，学生们还参加了前桂冠诗人安德鲁莫顿（Andrew Motion）的讲习班。最后，地方当局还将这些诗歌的最终版本结集出版。

林赛认为该项目的目的是让学生对其所读和所写进行反思性、批判性和个性化的反应。她还认为在地方当局以电子诗集的方式出版这些诗歌之后，学校开始表现出采纳电子学习带来的可能性的意愿。

2. 16 岁及以上教育研究组别

该组别 2009 年的获奖者是皮特·博伊德（Pete Boyd）、吉姆·哈里斯（Kim Harris）和简·莫瑞（Jean Murray）。为其带来该项荣誉的是他们发展并出版的教师教育大学新任教师学术就职指导手册。除了团队成员的独立研究外，由 50 多位教师教育工作者参加的全国专题研讨会为该指导手册的出版也作出了贡献。该项目由高等教育院教育学科中心的 ESCalate 资金支持。获奖者之一坎布里亚郡大学学习与教学部的皮特表示该项目受启发于获奖者的个人经历及支持新任同事的需要。

推荐参考文献

1. Applied Measurement in Education, volume 22. ISSN: 0895-7347. Lawrence Erlbaum Association Inc. Philadelphia: PA, USA.

2. Career Development Quarterly, volume 57. ISSN: 0889-4019. National Career Develop-

ment Association. Columbus: OH, USA.

3. Career Development Quarterly, volume 58. ISSN: 0889-4019. National Career Development Association. Columbus: OH, USA.

4. Educational Evaluation and Policy Analysis, volume31. ISSN: 0162-3737. Sage Publications Inc. Thousand Oaks: CA, USA.

5. Educational Leadership, volume 67. ISSN: 0013-1784. Association for Supervision & Curriculum Development. Alexandria: VA, USA.

6. Educational Policy, volume 23. ISSN: 0895-9048. Corwin Press Inc. Thousand Oaks: CA, USA.

7. Educational Policy, volume 24. ISSN: 0895-9048. Corwin Press Inc. Thousand Oaks: CA, USA.

8. Journal of Career Development, volume 35. ISSN: 0894-8453. Sage Publications Inc. Thousand Oaks: CA, USA.

9. Journal of Career Development, volume 36. ISSN: 0894-8453. Sage Publications Inc. Thousand Oaks: CA, USA.

10. Journal of Curriculum Studies, volume 41. ISSN: 0022-0272. Routledge Journals, Taylor & Francis Ltd. Oxfordshire: OX, ENGLAND.

11. Journal of Education Policy, volume 24. ISSN: 0268-0939. Routledge Journals, Taylor & Francis Ltd. O Oxfordshire: OX, ENGLAND.

12. Journal of Higher Education, volume 80. ISSN: 0022-1546. Ohio State University Press, Columbus: OH, USA.

13. Journal of Teacher Education, volume 60. ISSN: 0022-4871. Corwin Press Inc. Thousand Oaks: CA, USA.

14. Learning and Instruction, volume 19. ISSN: 0959-4752. Pergamon-Elsevier Science Ltd. Oxford: OX, ENGLAND.

15. Research in Higher Education, volume 50. ISSN: 0361-0365. Springer. New York: NY, USA.

16. School Effectiveness and School Improvement, volume 20. ISSN: 0924-3453. Routledge Journals, Taylor & Francis Ltd. O Oxfordshire: OX, ENGLAND.

17. Teaching and Teacher Education: An International Journal of Research and Studies, volume 25. ISSN: 0742-051X. Pergamon-Elsevier Science Ltd. Oxford: OX, ENGLAND.

执笔人：朱　宇　邬大光

第十五章

心　理　学

摘要

本文首先概括介绍了2009年度国外心理学研究的整体情况，之后对2009年度在各个研究领域国外心理学发展的具体进展情况进行介绍，最后分三个专题重点介绍了2009年度国外心理学研究的重大问题。

绪论部分，文章对本年度国外心理学研究的整体进展进行了概括性的分析。

第二部分，文章介绍了国外心理学重要领域研究的进展。主要分认知心理领域、人格与社会心理领域、情绪与健康心理研究领域、发展与教育心理领域四大领域进行介绍。认知心理领域的研究主要介绍感知觉研究、记忆与注意及其认知神经研究、语言心理研究、思维与问题解决研究以及内隐加工研究五个方面的研究进展；社会与人格心理领域的研究主要介绍社会认知研究、社会行为研究、人际关系研究以及人格研究四个方面的研究进展；情绪与健康领域的研究主要介绍情绪及其影响因素研究、心理健康研究以及心理治疗研究等三个方面的研究进展；发展与教育心理领域的研究主要介绍儿童发展影响因素研究以及学业成就影响因素研究两个方面的进展。

第三部分，文章分三个专题介绍了2009年国外心理学研究的重大问题。专题1介绍了社会心理学中关于社会经济处境不利对个体发展影响的研究，包括社会经济处境不利概念模型和分析模型的研究、社会经济处境不利与个体发展之间关系的研究、社会经济处境不利发生时段与个体发展关系的研究、社会经济处境不利影响人的发展的中介机制研究、社会经济处境不利影响人的发展的调节过程研究，以及社会经济处境不利与人的发展之间动态和相互作用模型的研究。专题2介绍了认知生理基础的研究，包括祖母细胞假设的生物似然性研究、海马在预期和想象中的作用研究、神经系统结构可塑性的研究、表观遗传学的研究，以及认知神经修复的研究。专题3介绍了关于压力与自我调节的研究，包括压力反应的神经生化研究、压力反应的认知神经研究、压力反应的社会心理影响因素研究、压力反应机制的模型研究，以及压力反应的药物与心理干预研究等。

Abstract

This chapter mainly deals with the development of psychological researches in universities all over the world in 2009, characterized by four main fields of cognition, social psychology, emotional and healthy study, and development psychology. We divided our report into two main parts, the first one is about the development of magnitude research areas of psychology; the second one is about some important problems which researchers pay their attention on.

First, we summarize the great change about the study of psychology in the past year.

Second, we introduce the researches on cognition, social, emotional and healthy study, and development psychology. The study of cognition psychology including perception, memory, attention, language processes, concepts and categories. The study of social psychology including social cognitive, personality development, social behavior, and interpersonal relationship. The study of development psychology including children and development and study achievement.

Then, we choose social psychology, cognitive physiology and mental healty to show important questions which researchers pay their attention on last year. These studies not only integrate all the great fruit of psychology, but also combine with the studies of other subjects, which syncretize technicality and applicability together, and incarnate the value of psychology and the development direction of cross-subjects study. These changes provide wide area for the development of psychology. In section 1, we introduce something about the influence of lower family socioeconomic position to the development of children. In section 2, we have introduced the research progress and the method progress on the basis of cognitive physiology. In section 3, we introduce something about the new research about mental healty which mainly foucus on the study of stress.

一、研究进展

2009年度，国外心理学研究在各个领域都有重要的进展，认知心理领域、人格与社会心理领域、情绪与健康领域与发展心理领域的研究不断深入，取得了大量令人注目的成果。本年度国外心理学研究主要表现出以下的特点或趋势：

首先，认知神经科学的方法广泛应用，推进了心理学各个领域研究的深入进展。许多研究者将神经科学的方法应用到心理学研究领域，从而为揭示认知过程的奥秘提供了新的途径。随着学科交叉与学科融合的趋势进一步增强，跨学科的研究方法全方位进入心理学各个研究领域，使各个领域的研究问题、研究范式、研究深度与研究结果的解释力都发生了深刻的变化。这一趋势对心理学基础研究的影响尤为显著，认知生理基础研究的广度和深度同步增强就是其重要体现。本年度认知生理基础的研究内容主要集中在：祖母细胞假设的生物似然性研究、海马在预期和想象中的作用、海马的结构可塑性及其功能等方面。研究方法上的创新主要体现在表观遗传学和认知神经修复等研究方法的开展上。

其次，注重应用元分析方法对以往的相关研究进行整体梳理。本年度多个领域的研究中都应用了元分析的方法，对以往的研究结果进行总结、整合与分析，从而整合以往众多的研究由于时间、空间、被试或者控制变量不同而出现的不同结果与结论，在更高的层面揭示所探讨的心理现象的规律。

第三，更为关注对与社会生活密切相关问题的探讨，越来越显示出心理学研究对社会经济发展的应用价值。本年度研究对与社会发展与社会生活密切相关的问题表现出高度的关注，例如，在发展心理领域，高度关注了社会经济不利对发展的影响问题；在心理健康领域，高度重视压力与自我调节的研究，情绪与心理健康的关系研究；在社会心理领域，十分注意人际关系的研究，注意对喝酒、饮食等日常行为的研究。

下面对2009年度国外心理学研究进展进行具体介绍，首先介绍认知心理领域、人格与社会心理领域、情绪与健康领域及发展与教育心理领域等重要领域研究的进展，然后分专题介绍本年度三个重大问题的研究。

二、重要领域研究进展

2009 年，国外心理学的研究在认知心理领域、人格与社会心理领域、情绪与健康领域及发展与教育心理领域都有重要进展。

（一）认知心理领域

1. 感知觉的研究

感知觉一直以来都是认知研究的热点，本年度关于感知觉的研究重点主要有两个方面：一方面是关于嗅觉、空间知觉和力量知觉等具体感知觉的研究；另一方面是关于类别对知觉的影响研究。

从以往的嗅觉研究来看，嗅觉一直以来都被认为是一种多维的感觉，是由上千种不同的感受器将气味转换成特定的气味属性而共同形成的。而本年度有研究者提出，对于人类而言嗅觉可以是单维的，因为人们虽能区分出无数的气味，却只能用语言命名其中的极少数，尤其是能判断一种味道是否让人愉悦。因此，研究者提出在后续的嗅觉研究中可以将愉悦度作为考察嗅觉的重要维度。①

从空间认知研究来看，已有的空间认知理论认为，在空间的再定位中存在几何模块假设，即当个体在一个空间中迷失方向需要重新找到方位时，会更倾向于根据空间的整体几何形状来帮助定位，大量的老鼠走迷宫实验支持了该假设。在此类实验中，当一只迷失方向的老鼠被放置在一个长方形场地，并且该场地的每个角落都有一个独特的地标时，老鼠会忽略地标等局部的非几何图形线索，而更多利用场地整体的几何形状来定位。而本年度有研究者通过操纵场地的视觉特征的变化，计算模拟了老鼠走迷宫的路线，结果发现，当构成环境的视觉特征中最突出的是整体格局时，老鼠会采用认知地图策略，对环境的整体格局进行分析并优先加工几何模块信息；而当最突出的是局部特征时，老鼠则会采用刺激——反应联结策略，优先加工地标等局部的显著信息。因此，研究者提出，影响空间认知的是构成空间环境的视觉特征，而几何模块仅是影响空间认知的一种特征。②

① Yaara Y, Noam S. An odor is not worth a thousand words: From multidimensional odors to unidimensional odor objects. Annual Review of Psychology, 2010, 61: 219-241.

② Denis S, Ricardo C, Thomas S, Angelo A, Wulfram G. Is there a geomatric module for spatial orientation? Insights from a rodent navigation model. Psychological Review, 2009, 116 (3): 540-566.

力量知觉是指人们对物件相互作用的过程中所存在的力量关系的一种视知觉，是感知觉研究中的一个新热点，White 认为，人们往往都是将自己与物体直接接触过程中所感知到的力量的施与受的关系推论到对物体间相互作用的力量知觉当中。在实验中，White 让被试观看两个物体发生碰撞的动画，然后分别判断两个物体是力量的施加者还是承受者。结果表明，在物体撞击事件中，人们倾向于将处于主动地位的运动物体看成是力量的施加者；反之，除非人们有充分的理由相信处于被动地位的静止物体会反击处于主动地位的运动物体，否则人们通常也是将静止物体看成是力量的承受者。①

已有的大量研究表明人们对刺激的分类会影响其对刺激的知觉，而本年度研究者从语音知觉的磁性效应出发进一步探讨了这种影响。磁性效应是指当一组语音越接近一种语音类别原型时，人们知觉到的这两组语音间的差别就越小，该效应在元音知觉中尤为典型。研究者认为磁性效应是人们试图在噪音背景下以最佳方式处理知觉统计问题而导致的，因为听者对语音进行归类的偏向会帮助其更好地推测说话者要表达的内容。研究者进一步采用贝叶斯计算模型对磁性效应中的知觉歪曲量、元音类别关系和噪音进行了数据模拟，其中，知觉歪曲量是指元音间知觉距离和物理距离的差距。模型模拟的结果支持了研究者的观点，新模型整合了包括理性模型在内的几种关于知觉磁性效应的解释，同时也为其他领域中的类别效应提供了一个理论框架。②

总而言之，本年度的感知觉研究既包含具体感知觉现象的研究，也有对影响知觉的类别因素的考察，研究结果丰富，对于后续研究有着重要启示。

2. 记忆与注意的研究

本年度关于记忆的研究还是集中在长时记忆、短时记忆、情景记忆、外显记忆与内隐记忆等传统分支领域，其中长时记忆的加工过程，包括编码、保持、提取和遗忘等是研究的一个重点。在长时记忆的保持方面，记忆的巩固和再巩固受到广泛的关注，一些研究者认为，长时记忆的内容会随着提取次数的增加而得到更好的保持，如记忆增强、联想记忆；另一些研究者则发现，长时记忆会在保持的过程中发生改变，出现错误记忆、后视偏差等。Hardt 等人提出，这两种不同的结果与提取的时间间隔有关，长时记忆每次被提取时，储存在记忆中的内容会因为再次激活而处于一种不稳定的状态，这些不稳定的记忆

① White P A. Perception of forces exerted by objects in collision events. Psychological Review, 2009, 116 (3): 580-601.

② Naomi H F, Thomas L G, James L M. The influence of categories on perception: explaining the perceptual magnet effect as optimal statistical inference. Psychological Review, 2009, 116 (4): 752-782.

内容会受到新的信息的影响从而使得已经存在的记忆增强或减弱。当提取间隔很短时，相同的记忆内容会因为连续的重复而得到巩固；当提取间隔变长时，记忆内容会发生衰退，只有一部分得到巩固，其他部分被改变或遗忘。① 来自认知神经科学方面的研究表明，这种记忆的巩固与海马及海马和新皮层的相互作用有关。② 另外，大量研究表明，海马在调节关于言语细节的记忆方面起到重要的作用。③

除了长时记忆巩固方面的争论和融合之外，外显记忆与内隐记忆是记忆研究的另一个重点。以往的研究认为外显记忆和内隐记忆是两个独立的记忆系统，因为它们在行为、神经心理学和神经影像学三个层面都表现出分离。但近期有研究者发现，这两种记忆会受到一些共同因素的影响，存在一些共同的记忆表征。另一些研究者则认为外显记忆和内隐记忆的表征是共享的，但在提取上由于任务不同因而所激活的记忆表征也不同。他们认为记忆是以情景结点和概念结点的形式表征的，外显记忆的任务通常要求这两种结点同时激活并形成联结，内隐记忆的任务则只要求概念结点的激活，从而使得这两种在表征上相同的记忆表现出分离。④

关于注意的研究主要集中于空间注意探测上，尤其注重探讨视觉空间注意探测研究的实验范式。研究者们使用掩蔽任务和不确定性任务这两种范式使实验结果不同；同时，在反应时和正确率这两个行为指标方面，不同研究选择不同的行为指标得出的结论也不同。一些研究者认为，在注意探测任务中，从知觉表征的形成到最后做出反应的整个过程都会受到注意的影响，注意线索、掩蔽刺激和空间不确定性三者之间的相互作用导致了实验结果的不同。Smith 等人还提出了一个理论模型来解释这个过程，将注意、知觉编码、视觉掩蔽、视觉短时记忆和反应决策纳入一个整体的动力体系中。在该模型中，信息首先经过视觉编码暂时保存在视觉短时记忆中，这个过程受到注意的监控，注意加速了记忆形成的过程从而使反应时变短、正确率提高，掩蔽刺激出现在靶子之前减少了靶子的空间不确定性，使得正确率提高，但不会对反应时产生影响。同

① Oliver H, Einar O E, Karim N. A bridge over troubled water: Reconsolidation as a link between cognitive and neurosientific memory research traditions. Annual Review of Psychology, 2010, 61: 141-167.

② Szu-Han W, Richard G M. Hippocampal-Neocortical interactions in memory formation, consolidation, and reconsolidation. Annual Review of Psychology, 2010, 61: 49-79.

③ Oliver H, Einar O E, Karim N. A bridge over troubled water: Reconsolidation as a link between cognitive and neurosientific memory research traditions. Annual Review of Psychology, 2010, 61: 141-167.

④ Lynne M R, Heekyeong P, Paul D K. Memory systems do not divide on consciousness: Reinterpreting memory in terms of activation and binding. Psychological Bulletin, 2009, 123 (1): 23-29.

时，这个理论模型还将基础注意过程进行量化，来解释不同的反应时和正确率。①

3. 语言心理的研究

本年度关于语言的研究主要包括以下两个方面：一方面是关于言语工作记忆、词汇决定、语义表征等语言加工过程的研究；另一方面是从婴儿语言发展阶段来探讨语言的获得机制。其中，关于语言加工的研究是本年度语言研究中的热点问题。

首先，言语工作记忆任务一直以来都被认为是探讨语言产生中提取过程的典型任务，但是先前研究却很少结合言语产生的机制对其进行理论解释。本年度有研究者整理和分析了言语工作记忆和言语产生两个领域中关于言语信息加工顺序机制的相关理论和研究，发现言语产生的领域特殊性理论模型和言语工作记忆的研究中都会涉及位置、词汇和语音相似性制约等高度相似的概念，并且这些概念都被用于解释言语信息的系列加工顺序效应。因此，研究者提出可以应用言语产生的领域特殊性模型来解释言语工作记忆中言语信息加工顺序的机制。②

其次，关于语义表征问题。本年度有研究者新提出通过同时整合经验数据和分布式数据这两类统计数据来探讨语义的表征问题。研究者认为经验数据主要来自对客体世界的经验以及由感受器获得的感觉运动数据，而分布式数据描述的则是口语和书面语之间词汇的统计分布，两类数据都是语义信息的重要数据来源，而人类的语义表征正来自于这两类数据的最佳统计组合。研究者还运用贝叶斯的概率模型详细证明了人们是如何通过将两类数据视为单一整合的统计分布并学习这种内在统计结构而学会单词语义的。与只从一种数据出发或是将两种数据分开来看的方式比较，这种整合的方式能更好地测量语义表征，不是因为它采用了更多的数据，而是因为它采用了两类性质不同而又密切相关的数据，语义表征的学习正是根据存在于经验数据和分布式数据内和数据间的统计结构。③

再次，关于词汇决定问题。Ratcliff 等人 2004 年明确提出词汇决定主要是

---

① Philip L S, Roger R. An integrated theory of attention and decision making in visual signal detection. Psychological Review, 2009, 116 (2): 283-317.

② Daniel J A, Maryellen C M. Verbal working memory and language production: Common approaches to the serial ordering of verbal information. Psychological Bulletin, 2009, 135 (1): 50-68.

③ Mark A, Gabriella V, David V. Integration experiential and distributional data to learn semantic representations. Psychological Review, 2009, 116 (3): 463-498.

一个决策过程而不是识别过程，因此他们用词汇输出的漂移扩散模型（drift-diffusion model）来对其进行解释。而本年度有研究者提出没有必要对词汇识别的知觉过程和词汇决策过程进行严格的区分，因为二者可以形成一个统一整合的解释。该观点当前得到了很多理论观点的支持，且研究者在 Ratcliff 等人收集到的反应时分布数据的基础上加入额外的噪音源后，通过贝叶斯读者模型进行数据模拟，也得到了数据拟合的支持证据。贝叶斯读者模型比漂移扩散模型使用的参数更少，却为词汇识别和决策提供了一种整合的解释。同时该模型也可以被理解为贝叶斯扩散模型，而漂移扩散模型只是其中的一个特例。①

语言获得机制也是语言研究中长期以来一直探讨的问题。本年度有研究者在回顾了大量在语音知觉、语音发展、单词学习、语素句法获得和双语等领域中关于发展阶段的实验研究后，从生物遗传背景出发，结合语言发展研究以及相邻学科中的基因遗传学和动物交流系统的比较学研究等新进展，对该问题进行了探讨。研究者通过整合来自行为、认知神经和进化等多方面的证据，提出了一个整合的观点，将先前的统计学习观、基于规则的先天获得观和知觉学习观三种理论观点统一起来。该整合观点认为，先前的三种理论提出的三种机制，对应了语音输入刺激的不同属性，如：当学习者遇到的是未分段的语音流时，采用的是统计计算；当语音流已分好段，采用的则是规则的提取和概括。总之，先前的三种观点是相互补充和相互制约的关系。②③

总之，本年度关于语言心理的研究中，无论是语言加工的研究还是语言获得的研究都强调一种整合的观点：工作记忆和语言产生的整合，经验数据和分布式数据的整合，词汇识别和决策过程的整合，不同语言获得观点的整合等，这对于后续的理论建构有着重要的启示。

4. 思维与问题解决的研究

思维与问题解决的研究一直是心理学研究中一个热门主题，随着研究的不断深入，对问题的探讨也更加细致。本年度中，国外心理学关于思维与问题解决的研究主要从酝酿与问题解决的研究、创造力的研究和推理的研究几个方面展开：

（1）酝酿（incubation）与问题解决的研究。

---

① Dennis N. Putting it all together：a unified account of word recognition and reaction-time distributions. Psychological Review，2009，116（1）：207-219.

② Judit G，Jacques M. Speech perception and language acquisition in the first year of life. Annual Review of Psychology，2010，61：191-218.

③ Ashby F，Maddox W. Human category learning. Annul Review of Psychology，2005，56：1-30.

酝酿期指的是进一步尝试去解决问题前，暂时从未解决的问题中转移开的一段时间。酝酿的研究是当前问题解决研究的一个热点，有研究者认为要对酝酿效应进行研究，需要一个综合的和量化的方法，为此，他们通过元分析的方法检验了问题类型、线索、酝酿任务和酝酿期对酝酿作用大小的影响。元分析着重处理两个问题：第一，酝酿效应是否存在？第二，影响酝酿效应主要的因素是什么？对于第一个问题，研究者在每一个研究中计算了酝酿效应的大小；对于第二个问题，作者用上面提到的一些变量作为预测，采用加权的最小二乘法计算。① 研究者通过元分析发现：酝酿效应确实存在，并且确实受到一些变量的影响。个体在解决创造性问题时比在解决语言类和视觉类问题时的酝酿效应更显著，准备期长产生的酝酿效应相应的就大，但是需要高认知注意的任务却只能产生一个较小的酝酿效应；在问题解决中是否呈现误导的线索对酝酿效应没有显著影响，这个结果与先前 Smith 等人认为酝酿效应是通过忘记不合适的信息而产生的观点是不一致的。②

（2） 创造力的研究。

尽管大多数研究者都同意，创造力指的是产生新颖的、有价值的产品、观点或者问题解决的方法的能力，但是，目前心理学家在新颖性和有价值这两个标准上还难以达成统一的说法。尽管这样，近年来创造力研究在理论上和方法上还是获得了很大的进展，尤其是 fMRI 的使用促进了“创造性大脑”方面的研究。研究发现，创造力的高低受很多因素的影响，包括神经生物因素，认知、情感和行为训练因素，个性差异（内外向），动机因素，智力因素，性别差异，精神病理学因素，社会因素等。研究者认为，内部动机，如兴趣、乐趣、满意、工作挑战性等对创造力的影响尤其显著。③ 不少研究者在理论研究方面获得了可喜的结果，同时也在应用领域作出了贡献，越来越多的学者把注意力转向工作场所中的创造力。对创造性行为更深入的了解需要更多的学科综合进行研究，这是基于创造力一种系统的观点。

（3） 推理的研究。

归纳推理研究上，研究者探讨了以下问题，第一，背景知识如何影响归纳

---

① Sio U N, Ormerod T C. Does incubation enhance problem solving? A meta-analytic review. Psychological Bulletin, 2009, 135 (1): 94-120.

② Smith S M, Blankenship S E. Incubation effects. Bulletin of the Psychonomic Society, 1989, 27 (4): 311-314.

③ Beth A H, Teresa M A. Creativity. Annual Reviews of Psychology, 2009, 61: 569-598.

推理。Mcdonald 等①（2003）提出了假设评价模型（Hypothesis Assessment），Heit②（1998）主张用贝叶斯模型（Bayesian Analysis），Medin 等③（2003）提出了相关理论（Relevance Theory）。三方面理论就该问题的争论仍然非常激烈。第二，儿童是否具有运用因果关系进行归纳推理的能力。④ Hayes 和 Thompson（2007）等研究表明 5 岁的儿童具有运用因果关系进行归纳推理的能力，并提出了儿童因果归纳推理模型。第三，归纳推理是否依赖类别知识，即人们进行归纳推理时，是否按照 SCM 模型（Similarity－Coverage Model，SCM）的主张，先行归类，然后再运用已有的类别知识对新特征进行推理，或者按照 FBIM 模型（Feature-Based Inductive Model，FBIM）的主张，直接地进行特征推理。⑤

贝叶斯推理研究上，有研究者进行了贝叶斯推理的发展性研究，同时考察了数字表征方式和个体发展水平两个因素对贝叶斯推理的影响。儿童的贝叶斯推理取决于数字的表征方式，当信息以概率形式呈现给小学生时，贝叶斯后验概率的估计能力趋向于零。当同样的信息以自然频数形式呈现时，贝叶斯推理成绩出现增长趋势。Brase ⑥ 使用了“入学面试”任务，发现数字运算能力高的被试更倾向于将模糊的几率格式理解为频率格式，而数字运算能力低的被试更倾向于理解为概率格式。Chapman 和 Liu ⑦利用贝叶斯推理的“医学问题”和“汽车问题”任务进一步研究频率促进效应的普遍性，结果发现，贝叶斯推理非常难，即使达到中等程度的正确率也要有两个必不可少的条件：频率格式表征和推理者具备较高的数字运算能力。

5. 内隐加工测量的研究

---

① McDonald J，Frank D M，Samuels M，Castillo J. Categorical induction as hypothesis assessment. The psychological record，2003，53：121-142.

② Heit E. A bayesian analysis of some forms of inductive reasoning. M. Oaksford & N. Chater（Eds.），Rational models of cognition. Oxford：Oxford University Press，1998：248-274.

③ Medin D L，Coley J D，Storms G，Hayes B. A relevance theory of induction. Psychonomic Bulletin and Review，2003，3：16-517.

④ Hayes B K，Thompson S P. Causal relations and feature similarity in children's inductive reasoning. Journal of Experimental Psychology：General，2007，136：470-484.

⑤ Peter A W. Property transmission：An explanatory account of the role of similarity information in causal inference. Psychological Bulletin，2009，135（5）：774-793.

⑥ Brase G L. Frequency interpretation of ambiguous statistical information facilitates Bayesian reasoning. Psychonomic Bulletin and Review，2008，15：284-289.

⑦ Chapman G B，Liu J. Numeracy，frequency，and bayesian reasoning. Judgment and Decision Making，2009，4：34-40.

本年度关于内隐加工进行的一项重要研究就是探讨内隐加工的测量问题。De Houwer 等人（2009）明确提出了内隐加工测量的定义，并提出内隐测量需要满足的三个标准。之后，Bertram Gawronski 等人、Brian A. Nosek 等人以及 Jan De Houwer 等人就内隐测量的定义及其三个标准展开了激烈的讨论。

De Houwer 等人（2009）认为，内隐加工测量是一种以自动化的方式获得测量结果的测量，① 他们提出，在判断一个测量是否是内隐测量时，要按照三个检验标准：一是所得的结果是否由所测心理属性引起（简称"what"标准），二是要检验所测心理属性引起测量结果的这个过程的性质是怎样的（简称"how"标准），三是加工过程是否是自动化的（简称内隐标准）。

内隐测量不仅仅是一个测量而且是内隐的，De Houwer② 等人（2006）变为"自动化"这个词是对"内隐"这个术语最好的理解。这两个词都是用来描述心理过程的特点的。例如，被试在没有特定目标、没有足够的认知资源、没有足够的时间的情况下，对启动刺激、过程本身及结果在无意识条件下进行的加工过程可以称之为自动化过程。从这个角度来说，一个内隐测量可以被定义为在没有特定目标、意识，没有充足的认知资源或时间的情况下，由所测心理特质引起的测量结果。这个定义暗含着内隐测量过程有一定程度上的自动化。

Nosek 等人也参与了内隐加工测量的讨论，他们主要分析了目前内隐测量中应用非常广泛的两种测验：内隐联想测验（IAT）与情感启动测验（AP）；同时，分析了"内隐"这个概念，分析了 De Houwer 等人将其等同于自动化的观点；他们提出，内隐是一个描述性的概念，并不等同于自动化，内隐的特征与自动化的特征并不相同，在他们看来，所有的测验既包含自动化成分也包含非自动化成分，也就是说没有哪一个测验是完全自动化的。③

（二）社会与人格领域

本年度在社会与人格心理领域的重要进展主要是关于社会认知的研究、社会行为的研究、人际关系的研究与人格研究等几个方面。

1. 社会认知的研究

本年度关于社会认知方面，研究者重点探讨了社会信息的选择加工、对人

---

① De Houwer J, Teige-Mocigemba S, Spruyt A, Moors A. Implicit measures: A normative analysis and review. Psychological Bulletin, 2009, 135: 347-368.

② De Houwer J. What are implicit measures and why are we using them. In R. W. Wiers & A. W. Stacy (Eds.), The handbook of implicit cognition and addiction. 2006: 11-28.

③ Nosek B A, Greenwald A G. (Part of) the case for a pragmatic approach to validity: Comment on De Houwer, Teige-Mocigemba, Spruyt, and Moors. Psychological Bulletin, 2009, 35: 373-376.

的认知与对他人社会行为的理解、日常生活判断与决策的偏差，以及行为经济学等方面。

在社会信息的选择加工方面，社会环境中多种多样的信息往往无法得到人们同等的关注，人们往往倾向于选择那些与自己先前就有的观点一致的信息，而对那些相反的信息则不那么愿意面对。本年度研究者用元分析评估了对信息的捕捉是遵从追求准确的动机还是趋利避害的防御性动机。① 在研究中包含与当事人态度、信念和行为一致的信息和不一致的信息，结果发现当事人更为偏好一致性信息，而且当事人对这些态度信念和行为的信心越高，或者其心胸敞开程度越低时，那些非一致性信息越难以被选择加工，这些都支持了人们在进行社会信息选择时更偏向于防御动机，会忽略与先前信念不一致的信息，从而在信息选择阶段就造成了信息不对等，进而形成了社会偏见。

对人的认知方面。以往的研究集中于该过程中的认知加工，包括信息选择、对知觉信息的解释，以及最终形成的心理表征。然而个体形成对他人的印象往往不是孤立的，常常受到二者的互动以及社会互动交际中传递的信息的影响。本年度的研究进展在于将人物放在社会背景中探讨其认知模式，研究者提出并验证了一个分布式的社交认知理论模型，其中包含三个层次的信息：当事人自身、互动的双方，及所嵌入的社会网络。② 该模型假设当事人会联结以双方为中心的社会网络及第三方资源所获得的信息，对双方互动中的印象等相关信息进行解释，继而形成表征，不仅如此，这个基于社会背景的理论模型还包含了对人物识别中的偏见进行纠正的可能性。

理解他人的行为是社会认知的重要方面。动作模仿和目的论是解释行为理解的两个大相径庭的理论。前者认为个体能够理解行为取决于是否能够产生该行为即是否能激活镜像神经元，后者则认为理解行为依靠推理加工过程而不需要自身能够产生该行为。当前来自猴子、猩猩及人类的研究发现它们主要用以下几种方式理解行为的意义：（1）通过行为的表面形式、目标特征和意图；（2）通过环境的细节推测何时作出反应会受到约束或不受约束；（3）在一定的情境中，对目标即将引发的行为进行预测；（4）即使他们在心理上无法模

---

① Hart W, Albarracin D, Eagly A H, Brechan I, Lindberg M J, Merrill L. Feeling validated vrsus being correct: A meta-analysis of selective exposure to information. Psychological Bulletin, 2009, 135 (4): 555-588.

② Smith E R, Collins E C. Contextualizing person perception: Distributed social cognition. Psychological Review, 2009, 116 (2): 343-364.

拟做出这些行为，仍然也会预测该行为最可能的结果。① 这些证据挑战了动作模仿论，支持了目的论，即理解他人行为需要从行为手段、潜在目标和环境限制提取信息进行推理。

关于人们日常生活中的判断偏差的研究。有研究发现，当前社会信息的发布经常采用数字的形式加以明晰化，例如在医疗和保健领域常常用死亡率和发病率标明治疗方案和药品的风险，但是很多人却并不具有从这些数字中获得有效信息进行决策的能力，只能够将更多的注意力转向那些文字中传递的情感维度，引起较多的判断偏差。② 事实上，研究者根据来自各个领域中判断偏差的研究发现，人们在日常环境中面对各样复杂多变的事件，却倾向于建构一个天真简单的模型，并据此进行推断。比如，同一个事件连续发生两次以上，大脑会自发地、不可控制地期待第三次。这些情况普遍发生在随机策略、窍门、彩票、运动表现、股票价格中，例如赌徒谬误和手热现象。有研究者对这个模型提出了解释，认为随机性、意图性、控制、目标复杂性可能是该框架的核心特征，并用马尔科夫加工过程对该模型进行了解释。③

在行为经济学方面。传统的效用被定义为期望价值和可能发生概率的乘积，但是最近行为经济学家增加了时间间距这一变量，作为计算跨期决策中边际效用的模型。时间变量是导致效用打折的一个关键因素，对此，有研究者对其进行标准化处理，用指数、指数函数、双曲线、双曲线面对延迟实现中时间调节作用建模，该模型能够预测效用大小和决策不同阶段的效用非一致性，符合边际效用递减以及效用即时性，能够较好地解释金钱效用的决策和暂时性距离公式，并且可以扩展到空间距离等其他维度。④

2. 社会行为的研究

本年度在社会行为研究方面，尤其注重对酗酒行为、饮食行为等日常生活行为的研究。

酗酒（binge drinking）是一个临床上对酒精过量的定义，已经被列为美国

---

① Hauser M, Wood J. Evolving the capacity to understand actions, intentions, and goals. Annual Review of Psychology, 2010, 61: 303-324.

② Reyna V F, Nelson W L, Han P K, Dieckmann N F. How numeracy influences risk comprehension and medical decision making. Psychological Bulletin, 2009, 135 (6): 943-973.

③ Oskarsson A T, Van Boven L, McClelland G H, Hastie R. What's next? Judging sequences of binary events. Psychological Bulletin, 2009, 135 (2): 262-285.

④ Killeen P R. An Additive-Utility Model of Delay Discounting. Psychological Review, 2009, 116 (3): 602-619.

三大可预防的致死原因之一，在近年来成为社会行为领域研究的一个突出热点。首先，流行病学研究证明了酗酒引发严重的酒精相关问题，尤其是男青年的发生率呈上升趋势，与那些没有饮酒问题的青年相比，这些年轻的酗酒者往往具有一个短型的5羟色胺基因。其次，酗酒者相对于非酗酒者在大脑额叶加工和工作记忆操作方面表现出更大的神经认知缺陷，ERP研究发现那些血液酒精含量在0.50到0.85 g/kg之间的人，N1，MMN，P300三个成分的波幅明显低于正常人，这可能反映了中枢神经系统的脱抑反应及前额叶的加工障碍。在这些研究的基础上，研究者2009年从酒精摄取量、时间间隔和上次酗酒的时间对酗酒者进行了更为完善的定义：酗酒者是那些在过去6个月中曾经至少一次酗酒并导致两小时后血液酒精含量达到0.08BAC及以上（男女比例为5∶4）的人。①

对固定居留地的美籍印度人的酒精滥用问题也成为研究者争论的焦点，有研究曾发现，与非美籍印度人及那些非固定居留地的美籍印度人相比较，那些固定居留地的美籍印度人的酒精滥用问题更为严重，这可能是其社区中标准生活强化物（SLRs）如就业、住房、卫生保健等问题导致的，据此为政府提出了改善建议。另有研究者则对其进行了批评，认为这种结论只是基于对部分文献的回顾，社区基础设施的薄弱不足以构成对酒精问题的影响，这些偏见更多来源于人们对美籍印度人社区的刻板印象。对此，原文研究者也对这个问题进行了回应，展开了争论，②③ 在这个过程中可以看到，对现有理论的争议、批评以及对新理论的发展及实证检验深化了对该问题的认识。

在饮食方面，除了食物的色香味影响人们的摄食行为之外，习惯化可能是更为关键的影响因素。动物和人类习惯面对重复出现的食物线索表现出大量的相似性行为和生理反应，这些习惯与食物摄取总量有关。对于一个孩子来说，说服他接受一个原本不吃的食物的最好方法莫过于让他每天坚持吃一点，而不是晓之以理。对食物习惯化的研究对象涵盖了啮齿类、灵长类以及人类，使用的反应指标包括惊跳反射、肌肉触发、唾液分泌以及饮食行为动机行为等；其

---

① Courtney K E, Polich J. Binge drinking in young adults: Data, definitions, and determinants. Psychological Bulletin, 2009, 135 (1): 142-156.

② Beals J, Belcourt-Dittloff A, Freedenthal S, Kaufman C, Mitchell C, Whitesell N, et al. Reflections on a proposed theory of reservation-dwelling American Indian alcohol use: Comment on Spillane and Smith. Psychological Bulletin, 2009, 135 (2): 339-343.

③ Spillane N S, Smith G T. On the pursuit of sound science for the betterment of the American Indian community: Reply to Beals et al. Psychological Bulletin, 2009, 135 (2): 344-346.

研究范式包括去习惯化、刺激特异性、多样性、干扰项、长时程习惯化等。未来的研究应该关注如何采用习惯化治疗肥胖症以及厌食症等饮食障碍。①

3. 人际关系的研究

本年度关于人际关系的研究重点是对爱的研究和人际拒绝的研究。

关于爱的研究是心理学中的一个热门话题，近年来关于这一领域研究成果的飞速增长反映了研究者日益意识到对爱的研究的重要意义。

一些人类学家和社会心理学家常常将爱视为一种普遍的文化现象。他们认为至少有一种爱的关系，例如浪漫的爱，是在任何时期任何社会群体当中都存在的。关于爱的种类，以往的研究有很多不同的观点：Cpsta 等人提出了关于爱的三种维度：伙伴的爱、浪漫的爱和同情的爱，在此基础上，有研究者又提出了第四种爱的维度即成人依恋的爱（adult attachment love），每一种不同的爱可以与不同的原因相联系，因此，随着时间的流逝，由于社会和心理环境关系的变化（如一些意外原因或参与者的感情等），爱的关系也会发生变化。②本年度，Ellen Berscheid 综述了以往的研究，并从上述四个维度对爱的关系进行了总结与分析。她指出，造成以往研究中对爱的定义进行解释的一系列困难是由于对爱的关系中的各种影响因素缺乏研究所导致的。对爱的关系产生影响的因素极为复杂，在研究过程中对于上述四种爱的关系中的影响因素需要做进一步的考察，在每一类爱的关系中，哪些因素是存在的，哪些因素是缺乏的，这些因素的存在和缺乏会对爱的关系造成何种影响，这些因素与不同的原因相联系，随着时间的推进会对不同类型爱的关系的发展造成不同的影响。③

人际拒绝的研究包括对歧视、偏见和排斥等方面的研究，也是本年度研究的热点。从他人处获得的积极和消极反应都会对个体的自我感觉、对他人的知觉和他们的人际关系产生影响，④ 或者说，他人的反应对个体的思维、情感、动机、行为以及他们的心理和生理健康都产生影响。早期关于儿童对同伴拒绝的反应的研究显示，同伴拒绝不仅使孩子们蒙受苦恼，同时也导致了长期的消极情绪和不良行为结果。⑤ 另有大量的研究讨论了关于恋爱关系中的拒绝现

---

① Epstein L H, Temple J L, Roemmich J N, Bouton M E. Habituation as a determinant of human food intake. Psychological Review, 2009, 116 (2): 384-407.

② Berscheid E. Searching for the meaning of “love”. See Sternberg & Weis, 2006: 171-183.

③ Ellen B. Love in the fourth dimension. Annual Review of Psychology, 2010, 61: 1-25.

④ Buckley K E, Einkel R E, Leary M R. Recation to Acceptance and Rejcetion: Effects of Levels and sequence of relational evaluation. Journal of Experimenal Social Psychology, 2004, 40: 14-28.

⑤ Pristein M J, Aikins J W. Cognitive moderators of the longitudinal association between peer rejection and asolescents' depressive symptoms. Journal of Abormal Child Psychology, 2006, 32: 147-158.

象，以及引起拒绝的众多因素。最近的研究关注被陌生人拒绝和排斥的人的情感、自我评价、社会判断和行为等。①② Laura 等人近期提出了一个新的模型来解释关于歧视、偏见和排斥等方面的问题，有助于理解人们对社会接受的威胁感以及他们对一系列社会拒绝行为的反应。该模型的逻辑起点是：对人际拒绝的研究应始于不同的社会拒绝现象如歧视、偏见、忽视、同伴拒绝、恋人分手、排斥和背叛等，而人们在不同情境下对这些行为的反应则体现了对于拒绝的体验的变化。在这一过程中，一些即时性的可以随环境而发生变化的因素是需要更多关注的，③ 这也为以后关于社会拒绝的研究提出了新的方向。

4. 人格研究

关于人格的研究一直是心理学研究的重点，近几十年来，人格心理学家将更多的精力关注于体现个体特殊性的社会和情感功能上。他们指出，每个人的一生都是建立在一个一般变化规律上的发展过程，其发展既是持续不断的，又受到社会文化等因素的制约。在过去的 40 年里，人格心理学家们在确认和区分众多的个体心理特征上取得了大量的成就，如：关于大五人格因素的研究、关于动机和价值的研究、关于自我框架（self-schemata）特征的社会认知研究④以及关于毕生人格发展的影响因素研究等。本年度关于人格研究的突出进展是对毕生人格发展的研究。

当前，关于毕生人格发展的研究主要关注人格发展的持续性和变化性。其角度主要有以下三个：从个体行为的角度进行研究，从自我管理的角度进行研究，及从个体自我报告的角度进行研究。首先是个体行为的角度，大量的成人和婴儿研究的结果显示，社会行为模式上广泛的不同预示了早期气质对成人人格特点长期的发展性影响。而另一些研究者则从动机研究出发为人格理论的研究提供了第二种角度，这种角度强调个体从童年期就开始具有的清晰性的或稳定的目标及对这些目标与自我管理的结合。在青春期和青年早期这一阶段中，正如上面第三个角度中所说的，开始从自我的理解和个人体验出发来解释生命的意义，也就是说个体开始学会进行自我报告。

---

① Williams K D, Forgas J P, von Hippel W. The social outcsat: Ostracism, social exclusion, rejection, and bullying. New York: Psychology Press, 2005.

② Abrams D, Hogg M A, Marques J M. The social psychology of inclusion and exclusion. New York: Psychology Press, 2005.

③ Laura S R, ichman, Mark R L. Recations to Discrimination, Stigmatization, Ostracism, and Other Forms of Interpersonal Rejection: A Multimotive Model. Psychological Review, 2009, 116 (2): 365-385.

④ Mischel W. Toward an integrative science of the person. Annual Review of Psychology, 2004, 55: 1-22.

研究者从上述三个角度进行了大量的研究。尤其在针对个体行为角度进行的研究中，关于大五因素模型及 Clark 等人提出的大三因素模型的研究一直是焦点所在。①② 不论研究者支持上述哪一种模型，大部分的人格心理学家都将人格特质看作是基础，是个体心理的基本单元，并认为某些特质，如外倾性和一致性等，描述了研究者所观察的不同个体的外显行为所得到的跨时间、跨情境的最基本、最稳定的差异。同时，研究者也认为，一些特质表现了人格广泛的差异性和一致性，甚至某些差异在婴儿期的早期阶段就已开始出现，也就是说，只要人开始作为社会的成员出现，其社会行为的基本差异就被观察并记录下来了。③

人格心理学家们并不仅仅满足于对特质的研究，许多研究者开始关注 Mc-Adams④ 等人提出的特性适应观点，这一观点包括动机、目标、计划、努力、策略、价值、美德、架构以及一系列其他的主要反映动机的人格结构。基于此，很多人格心理学家宣称，人类有自我规划和自我动机调节的能力，他们围绕着自己的目的来组织生活。⑤ 从自我报告角度进行研究的研究者关注自我管理和目标分层，个体从青春期开始从自我观察的角度出发来解释生命的意义，将他们对自我、目的和意义的理解相结合。也就是说，研究者需要关注个体在自我报告过程中显示的自己要成为什么样的人，为达到这一目的他们怎样将目的融入生活，以及在这一过程中个体怎样将自己的过去、现在和未来相结合来考虑问题。在现代社会，人们在青春期后期和青年期早期开始形成他们的角色认同，他们开始挑战成人社会的想法和规则，并努力在成人社会中占据一席之地。

（三）情绪与健康领域

1. 情绪及其影响因素的研究

一直以来情绪都是心理学研究的热点，2009 年关于情绪及其影响因素的

---

① John O P, Robins R W, Pervin L A. Handbook of Personality: Theory and Research. NewYork: Guilford, 2008b.

② Charles S C, Jennifer C. Personality and coping. Annual Review of Psychology, 2010, 61: 679-704.

③ Dan P M, Bradley D. Olson. Personality development: Continuity and change over the life course. Annual Review of Psychology, 2010, 61: 517-542.

④ McAdams D P. The Redemptive self: Stories Americans live By. New York: Oxford University Press, 2006.

⑤ Freund A M, Riediger M. Goals as building blocks of personality and development in adulthood. See Mroczer & Little, 2006: 353-372.

研究不乏亮点。

关于情绪机制的研究。Soussignan 等①通过对比同卵双生和异卵双生的双胞胎在社会情感发动和情绪管理方面的差异，探讨了遗传和环境因素在情绪发展中的作用，结果表明，婴儿早期的环境因素和社会情景对于遗传引起的情绪唤醒和情绪管理方面的差异有调节作用。Carmona 等②综述了情绪神经机制的有关研究，强调应该重视前庭觉在情绪机制中的作用，提出了解释眩晕、呕吐和负性情绪之间关联的思路，并指出进一步探究的方向，如情绪与运动错觉等。

社会性和情绪的“陈酿效应”研究。过去几十年关于人的发展的研究，一维的老化衰退模式被终身发展模式所取代。不可否认老年人在生理功能和认知能力方面出现下降，但是他们却体验到与年轻人同样的甚至更高水平的情绪的康乐平和，这引起众多研究者的兴趣。Susan 等③提出了“社会性和情绪的‘陈酿效应’”（social and emotional aging），指的是社会性、情绪与身体机能、认知能力等不同，不会随着年老而退化，甚至可能更加适应社会环境，体验到更多的喜乐宁静。Susan 等综述前人的研究，认为老年人具有较多积极情绪体验的原因有：(1) 经验的积累使得老年人监控调适情绪的能力增强。(2) 生命期限变短的感觉使老年人更能专注于生活中有意义的方面和有价值的事情。(3) 老年人积累了更多的社会关系资源，能更好地驾驭自己的社会环境，利用社会规则，尤其是能更明智地取舍选择，从而保持较高水平的心理健康。(4) 进入老年，认知资源倾向于有选择性的分配，注意和记忆倾向于选择和保留积极的材料。然而，如果老年人遭遇无法回避的重大负性生活事件时，其生理应激反应可能更加强烈，这种情景下，无助和孤立感出现并会大大加剧创伤，严重影响他们的身心健康。简而言之，日常情况下，老年人的社会功能和情绪状态不亚于甚至优于年轻人，但是在长期和重大的应激状态下，这种优势就大打折扣了。

关于愤怒和厌恶情绪的研究。近年关于愤怒产生的机制，研究者进行了激

---

① Soussignan R, Boivin M, Girard A, Perusse D, Liu X, Tremblay R E. Genetic and environmental etiology of emotional and social behaviors in 5-month-old infant twins: Influence of the social context. Infant Behavior Development, 2009, 32 (1): 1-9.

② Carmona J E, Holland A K, Harrison D. W. Extending the functional cerebral systems theory of emotion to the vestibular modality: A systematic and integrative approach. Psychological Bulletin, 2009, 135 (2): 286-302.

③ Charles S T, Carstensen L L. Social and emotional aging. Annual Review of Psychology, 2009, 61: 383-409.

烈的讨论，提出了一些建设性的理论构想，但是目前的研究仍存在很大的分歧。Caver & Harmon-Jones 认为：愤怒是和欲求的或趋近的动机系统有关，而焦虑则和厌恶的或回避的动机系统关联。① Tomarken & Zald 通过检验 Caver 等的研究，认为准确的结论是愤怒具有接近和回避两种特性；而且，在情感层次结构的背景下观察到的证据表明，愤怒的非特定成分主要是和厌恶或回避的动机系统有关，而其特定成分是和欲求或趋近动机系统紧密关联。为此他们进行了 fMRI 和 PET 的研究，但是结果并不理想。随后，Watson 等在情感层次结构的框架指导下进行相关的实证研究，研究结果表明，愤怒的非特定成分主要是和回避系统有关，而它的特定成分与趋近系统有很大关联。由此他们提出愤怒并不是一个单一结构模型，而是具有 NA/PA（negative affect/positive affect：消极情感/积极情感）和 BIS/BAS（behavioral inhibition system/behavioral approach system：行为抑制系统/行为趋近系统）的双重模型。然而，大量的心理测评数据表明，愤怒与焦虑等消极情绪密切相关，与积极情绪相关很弱，而以上模型并不能对此作出令人满意的解释。关于对愤怒的研究方法，Watson 认为还存在一些不足之处。② 首先，现在对愤怒的研究都是在较低情感强度下进行的，研究范围太窄，不具有代表性。其次，对于愤怒的诱发在实验研究上还没有统一的范式。再有，针对回忆过去愤怒体验的研究，在情绪的心理测量中，对最近两周内的情绪体验的回忆会产生何种情绪尚未明确。

厌恶是人类普遍具有的情绪，人们一直没有停止对厌恶情绪的探讨。很多研究声称厌恶是疾病出现的一个先前信号，厌恶情绪可以保护免受疾病。许多研究者对此进行理论上的讨论，但是此方面的实证研究还很少。本年度有研究者③对已有与厌恶有关的研究进行了系统的梳理，提出了 14 个假设，并对其进行详细的评估。研究结果表明，在理论上有充分理由接受厌恶可以防止感染疾病的假设，当然对该假设应该进行更多的实证研究。另外，此研究还表明社会规范有规避疾病的作用，违背社会规范可以引发厌恶情绪，最终实现规避疾病。这提示以后的研究可以尝试在一定的道德背景下，进行厌恶情绪的研究。

---

① Carver C S, Harmon-Jones E. Anger is an approach-related affect: Evidence and implications. Psychological Bulletin, 2009, 135 (2): 183-204.

② Watson D. Locating anger in the hierarchical structure of affect: Comment on Carver and Harmon-Jones. Psychological Bulletin, 2009, 135 (2): 205-208.

③ Oaten M, Stevenson R J, Case T I. Disgust as a disease-avoidance mechanism. Psychological Bulletin, 2009, 135 (2): 303-321.

本年度关于情绪及其影响因素的研究有不少令人鼓舞的进展。如情绪的遗传和环境影响因素研究，情绪的脑机制和前庭系统的功能研究，等等，许多研究者通过系统的实验进行深入分析，提出了自己独特的观点以及理论模型，对该领域未来的实证研究、理论研究和研究结果的应用有着重要的启示。

2. 心理健康的研究

心理健康一直是心理学研究的焦点，涉及的领域很广。2009 年关于心理健康的研究在很多方面均有突破性的进展，下面对本年度心理健康的研究进展进行介绍。

歧视及环境因素与心理健康的关系研究。被歧视感指的是对他人的消极态度、评价或者不公正对待行为的体验。[①] Elizabeth 等[②]选择了 134 项针对被歧视感和心理健康之间关系的研究进行了元分析。他们发现，被歧视感显著损害了生理和心理健康。个体体验到歧视后，容易产生应激反应和不健康的行为，从而损害心理和生理健康。应激反应和不健康的行为模式是歧视-健康模型中的中介因素，而社会支持、应对方式和团体认同感则是模型的调节变量。Alexandra等通过一项大型的元分析研究对环境与心理病理的关系进行了重新思考，[③] 分析了共享环境对于儿童青少年普遍存在的心理问题的影响，包括对品行问题（conduct problems，CP）、对立违抗问题（oppositional defiant problems，ODP）、注意缺陷/多动问题（attention-deficit/hyperactivity problems，ADHP）、抑郁问题、焦虑问题和广泛性的内化性问题、外化性问题等的影响，发现共享环境和家庭环境确实影响到了儿童青少年的心理健康，唯一的例外是 ADHP。同时还分析了包括性别、调查对象（自我报告、老师、父亲、母亲）、年龄（1-5，6-10，11-18）、评估方法（访谈法、问卷法）等对研究结果的影响。结果显示，调查对象的不同、评估方法的不同以及研究对象的年龄不同均对研究结果有显著影响。

心理障碍对暴力行为的影响研究。长期以来，人们一直认为精神疾病和暴

---

① Banks K H，Kohn-Wood L P，Spencer M. An examination of the African American experience of everyday discrimination and symptoms of psychological distress. Community Mental Health，2006，42（6）：555-570.

② Pascoe E A，Smart R L. Perceived discrimination and health：a meta-analytic review. Psychological Bulletin，2009，135（4）：531-554.

③ Burt S A. Rethinking environmental contributions to child and adolescent psychopathology：A meta-analysis of shared environmental influences. Psychological Bulletin，2009，135（4）：608-637.

力之间有联系。并且，这种观点具有跨文化的一致性。① 但没有经验性的证据支持这种假设，对康复的精神病人纵向研究的结果也不支持这种观点。② 然而，近期通过一系列的研究发现，大部分的精神障碍，包括精神病，对于病人的暴力行为影响很小。③④ Kevin 等⑤对既往的研究进行了元分析，发现这种联系依赖于大量的调节变量。同时，Kevin 等对精神错乱和暴力之间的研究做了定量的回顾，基于 166 个独立的数据集，对来自 204 个研究的 885 个效应的大小进行计算和评估，结果表明，精神错乱可以使暴力行为增加 49% ~68%。然而，各种研究对于精神错乱和暴力行为间关系的描述差异很大。调节分析表明，这种差异源于研究方法，比如研究取样（社区 vs. 精神病院）、样本类型和样本的选择过程（随机选择 vs. 不随机 vs. 匹配选择 vs. 未标明的选择），精神错乱的界定和测量方法（诊断 vs. 症状水平测量、症状类型评估）、暴力的界定和测量方法、对照组（外化的精神错乱 vs. 内化的精神错乱 vs. 正常人群）等都会对两者间的关系产生影响。

认知损伤与精神障碍的研究。认知损伤是精神障碍的一个重要特征，⑥⑦ 尽管之前的研究认为认知损伤和非情感性精神障碍中的精神病理的不同维度之间不存在显著相关，但是有证据表明两者间存在微妙关系，⑧ 这种关联为大脑功能的改变提供了重要线索。精神病的四个维度分别是积极的、消极的、紊乱的和抑郁的（positive，negative，disorganized，and depressive）。每个维度都依

---

① Monahan J. "A terror to their neighbors": Beliefs about mental disorder and violence in historical and cultural perspective. Bulletin America Acadamic Psychiatry Law, 1992, 20 (2): 191-195.

② Bonta J, Law M, Hanson K. The prediction of criminal and violent recidivism among mentally disordered offenders: A meta-analysis. Psychological Bulletin, 1998, 123 (2): 123-142.

③ Appelbaum P S, Robbins P C, Monahan J. Violence and delusions: Data fròm the MacArthur Violence Risk Assessment Study. America Journal of Psychiatry, 2000, 157 (4): 566-572.

④ Steadman H J, Mulvey E P, Monahan J, Robbins P C, Appelbaum P S, Grisso T, Roth L H, Silver E. Violence by people discharged from acute psychiatric inpatient facilities and by others in the same neighborhoods. Archives of General Psychiatry, 1998, 55 (5): 393-401.

⑤ Douglas K S, Guy L S, Hart S D. Psychosis as a risk factor for violence to others: A meta-analysis. Psycholoical Bulletin, 2009, 135 (5): 679-706.

⑥ Fioravanti M, Carlone O, Vitale B, Cinti M E, Clare L. A meta-analysis of cognitive deficits in adults with a diagnosis of schizophrenia. Neuropsychological Review, 2005, 15 (2): 73-95.

⑦ Heinrichs R W, Zakzanis K K. Neurocognitive deficit in schizophrenia: a quantitative review of the evidence. Neuropsychology, 1998, 12 (3): 426-445.

⑧ Kerns J G, Berenbaum H. Cognitive impairments associated with formal thought disorder in people with schizophrenia. Journal of Abnormal Psychology, 2002, 111 (2): 211-224.

据先前的研究，由一系列的症状综合而成。[①②③] 依据治疗研究的经验，认知损伤发生在六个方面，分别是推理和问题解决（reasoning and problem solving），加工速度（speed of processing），注意/警觉（attention/vigilance），工作记忆［working memory（verbal）］，言语学习和记忆（verbal learning and memory），视觉学习和记忆（visual learning and memory）。[④] Dominguez 等人[⑤]对涉及 5 009 人的 58 个研究进行了系统的回顾，这些研究描述了精神病的精神病理维度和终生患有非情感性精神病的个体的认知损伤间的联系。结果显示，消极、紊乱维度和认知大部分领域的损伤有显著相关，但是和认知缺陷的相关比较微弱（$r=-0.29 \sim 0.12$）。精神病的四个维度相关模型在神经认知各个领域都是很稳定的，并且不受性别、年龄和疾病急缓等因素的影响。另外，消极维度和语言流畅性间有显著相关，紊乱维度和推理与问题解决、注意/警觉间均有显著相关。

物质滥用与注意偏向及主观渴望的关系研究。物质滥用（substance abuse）是指大量反复使用与医疗目的无关的依赖性药物或物质，包括成瘾性及习惯性药物，引起了生理依赖性和心理依赖性，停止或减量则发生戒断反应，损害了社会功能。研究表明，有物质滥用经历的人的注意很容易被与药物有关的线索所独占（attention bias，注意偏向）。[⑥⑦] 可以通过视觉探测任务（the visual probe task）、Stroop 实验、眼动和 ERP 测量其注意偏向。通过对 68 个相互独立的数据集进行元分析，Field 等对物质滥用与注意偏向及主观渴望

---

① Donohoe G，Corvin A，Robertson I H. Evidence that specific executive functions predict symptom variance among schizophrenia patients with a predominantly negative symptom profile. Cognitive Neuropsychiatry，2006，11（1）：13-32.

② McGorry P D，Bell R C，Dudgeon P L，Jackson H J. The dimensional structure of first episode psychosis：an exploratory factor analysis. Psychological Medicine，1998，28（4）：935-947.

③ Grube B S，Bilder R M，Goldman R S. Meta-analysis of symptom factors in schizophrenia. Schizophrenia Research，1998，31（2-3）：113-120.

④ Buchanan R W，Davis M，Goff D，Green M F，Keefe R S，Leon A C，Nuechterlein K H，Laughren T，Levin R，Stover E，Fenton W，Marder S R. A summary of the FDA-NIMH-MATRICS workshop on clinical trial design for neurocognitive drugs for schizophrenia. Schizophrenia Bulletin，2005，31（1）：5-19.

⑤ Dominguez M. de G，Viechtbauer W，Simons C J，van Os J，Krabbendam L. Are psychotic psychopathology and neurocognition orthogonal? A systematic review of their associations. Psychological Bulletin，2009，135（1）：157-171.

⑥ Field M，Munafo M R，Franken I H. A meta-analytic investigation of the relationship between attentional bias and subjective craving in substance abuse. Psychological Bulletin，2009，135（4）：589-607.

⑦ Robbins S J，Ehrman R N. The role of attentional bias in substance abuse. Behavior Cognitive Neuroscience Review，2004，3（4）：243-260.

的关系进行了评估。通过这些数据集，主观渴望和注意偏向的相关系数被计算出来，影响注意偏向和主观渴望之间联系的因素通过分层分析被确定下来。元分析研究表明，注意偏向和主观渴望之间的相关显著，尽管相关还不高（$r=0.19$）。分层分析表明，面对非法的药物如吗啡时，注意偏向与主观渴望的联系要比面对酒精和烟草等物质时强。对注意偏向进行直接测量（眼动法和事件相关电位法）时，这种联系的强度要比进行间接行为测量时（视觉探测任务、Stroop 任务）大。渴望越强烈，这种联系就越大。在接受治疗和未接受治疗的个体之间，这种相关的大小并没有表现出显著的差异。这些结果显示，注意偏向和主观渴望间的确存在联系，尽管这种联系通常不明显并且似乎受多种因素的影响。该研究表明，样本大小可能会是以后研究中需要考虑到的问题。

艾滋病患者的心理研究。随着艾滋病患者在全世界的迅猛增长，心理学界对艾滋病的关注程度与日俱增。患有艾滋病就意味着承受很多的潜在压力源。以往对于艾滋病患者应对方式的研究形形色色，标准和量表也很不一致。Judith等①对严重疾病患者的应对方式的相关研究进行了元分析，总结了 18 种与艾滋病有关的应对方式。研究结果也表明，在某些情况下，应对策略的效果受到环境因素的影响，比如确诊的时间和 HAART（highly active antiretroviral therapies，高效抗逆转录病毒治疗，又称鸡尾酒疗法的介入）等。

3. 心理治疗的研究

本年度心理治疗领域的研究有许多值得关注的进展，尤其是关于睡眠与情绪障碍治疗的研究，以及关于心理治疗是否能够延长癌症病人生命的研究，都非常有应用价值。

关于睡眠与情绪障碍治疗的研究。近年来，关于睡眠与情绪关系的研究受到许多研究者的青睐。研究者提出，在睡眠过程中情绪与情绪事件记忆会发生分离，通过睡眠人们就可以对情绪发生遗忘，而对事件加强记忆，并且情绪与事件记忆的脱离过程如果在第一次睡眠中没能得到处理，在以后的睡眠过程中将继续进行。Walker 等综述了睡眠在情绪的脑加工进程中的作用，② 构想了一个“睡眠依赖的情绪加工探索性模型”（a heuristic model of sleep-dependent emotional processing），提出理论预测：情绪记忆的效果与快速动眼（REM）睡眠的次数和潜伏期有关；抑郁症病人快速动眼睡眠的增加，将会增强负性情绪

① Moskowitz J T, Hult J R, Bussolari C, Acree M. What works in coping with HIV? A meta-analysis with implications for coping with serious illness. Psychological Bulletin, 2009, 135 (1): 121-141.

② Walker M P, van der Helm E. Overnight therapy? The role of sleep in emotional brain processing. Psychol ogical Bulletin, 2009, 135 (5): 731-48.

记忆。据此，Walker 等提出了基于睡眠干预的情绪障碍治疗的思路，譬如抑郁病人快速动眼（REM）睡眠非正常增加，那么就要有选择地降低抑郁病人快速动眼睡眠从而有利于其康复。

关于心理治疗是否能够延长癌症病人生命的研究。心理治疗是否能延长癌症病人的生命，对这个问题目前的研究存在很大的分歧，近年研究者对此进行了激烈的讨论。①②③④⑤ 引发如此激烈争论的原因可能不仅仅是该问题本身，这涉及心理治疗的作用及其机制问题。一些研究者认为，并没有证据证明心理治疗可以延长癌症病人的生命，他们甚至建议终止向该领域的研究提供研究经费。而另一方则认为恰恰是心理治疗使得患者更愿意接受身体治疗，并就心理治疗延长癌症病人生命的机制提出生理心理学的解释：癌症病人病情的变化状况与应激、内分泌系统、免疫系统密切相关，心理治疗正是通过影响它们来改变癌症病人的病情。这一领域的进一步研究，可能会有更有价值的发现。

（四）发展与教育心理研究领域

本年度关于发展与教育心理领域研究的重要进展主要在儿童发展的影响因素研究、个体学业成就研究这两方面。

1. 儿童发展的影响因素研究

（1）儿童虐待经历对记忆发展的影响。近年来，儿童虐待与记忆发展的关系得到了研究者的广泛关注。儿童虐待（child maltreatment）是指对儿童有义务抚养、监管及有操纵权的人做出的足以对儿童的健康、生存、生长发育及尊严造成实际或潜在伤害的行为，包括各种形式的躯体或情感虐待、性虐待、忽视及经济剥削等。⑥ 研究发现，儿童虐待经历主要通过由虐待所导致的认知、社会情绪及神经心理后果来影响儿童的记忆发展。

---

① Kissane D. Beyond the psychotherapy and survival debate: The challenge of social disparity, depression and treatment adherence in psychosocial cancer care. Psychooncology, 2009, 18 (1): 1-5.

② Boesen E H, Johansen C. Impact of psychotherapy on cancer survival: Time to move on? Current Opinion in Oncology, 2008, 20 (4): 372-377.

③ Kissane D W. Letting go of the hope that psychotherapy prolongs cancer survival. Journal of Clinical Oncology, 2007, 25 (36): 5689-5690.

④ Dimeo F, Thiel E. Does psychotherapy affect the survival of cancer patients? More questions than answers. Journal of Clinical Oncology, 2007, 25 (35): 5664-5; author reply 5665-6

⑤ Coyne J C, Stefanek M. Palmer S C. Psychotherapy and survival in cancer: The conflict between hope and evidence. Psychol ogical Bulletin, 2007, 133 (3): 367-394.

⑥ Goodman G S, Quas J A, Ogl C M. Child maltreatment and memory. Annual Review of Psychology, 2009, 61: 325-351.

首先，虐待的认知后果对儿童记忆发展的影响。虐待的认知后果主要体现在被虐儿童的智力、语言、执行功能等方面的发育迟滞。① 研究表明，认知发展迟滞对被虐儿童记忆发展的阻碍主要体现在短时记忆能力上，而对被虐儿童记忆能力的总体水平不会产生较大影响。②

其次，虐待的社会情绪后果对儿童记忆发展的影响。虐待的社会情绪后果主要体现在被虐儿童的情绪调节障碍、社交障碍、心理问题等方面。情绪调节障碍和心理问题会影响注意聚焦和情绪调节策略，进而影响记忆的发展。有研究表明，与无被虐经历的被试相比，有被虐经历的被试对消极情绪信息的反应更快、关注更久，从而体现出对负面信息的记忆力较强。③ 而另一些研究则表明，有些儿童在长期受虐过程中，形成了对负面情绪信息的防卫性逃避策略，表现为对负面信息的识别和再认能力较差，从而阻碍了其对负面信息的编码和提取能力。④

另外，有研究者关注虐待产生的神经心理变化对儿童记忆发展的影响。研究表明，部分心理问题（如 PTSD 等）的产生会导致与记忆相关的神经结构（如前额叶、海马等）的变化，从而在生理基础上影响受虐儿童记忆能力的发展。⑤

（2）社会经济地位对儿童发展的影响。社会经济地位对儿童发展的影响是本年度的研究热点。研究者提出，贫困是一个由收入低下、物质匮乏、单亲家庭、少数民族、移民、低教育水平等相关条件构成的环境网络。这个网络中的各个因素之间相互依赖、相互影响。⑥

根据生态学理论，儿童成长的相关环境，包括家庭、物质资源、校外环境、学校、邻里及同龄人等，都是贫困影响儿童发展的中介因素。研究表明，家庭收入与儿童发展水平并不呈正相关，中等程度的家庭收入水平最有利于儿

---

① Carrick N C, Quas J A, Lyon T D. Maltreated and nonmaltreated children's evaluations of emotional fantasy. Child Abuse Neglect, 2010, 34 (2): 129-134.

② Alexander K W, Quas J A, Goodman G S. Theoretical advances in understanding children's memory for distressing events: The role of attachment. Development Review, 2002, 22: 490-519.

③ Masten C L, Guyer A E, Hodgdon H, McClure E B, Charney D S, et al. Recognition of facial emotions among maltreated children with high rates of post-traumatic stress disorder. Child Abuse Neglect, 2008, 32: 139-153.

④ Mikulincer M, Shaver P R. Adult attachment and affect regulation. In Handbook of Attachment, ed. By Cassidy J, Shaver, P. R. New York: Guilford, 2008, 503-531.

⑤ Carrion V G, Weems C F, Reiss A. L. Stress predicts brain changes in children: A pilot on gitudinal study on youth stress, posttraumatic stress disorder, and the hippocampus. Pediatrics, 2007, 119: 509-516.

⑥ Aletha C H, Alison C B. Human development in societal context. Annual Review of Psychology, 2010, 61: 411-437.

童的发展。[1] 家庭结构和家庭稳定性均对儿童发展具有重要的意义，但家庭稳定性比家庭结构的作用更大：不稳定的双亲家庭（离异、再婚频繁）比稳定的单亲母亲家庭对儿童认知、社会发展的负面影响更强。[2]

关于儿童发展适时性和发展领域性的研究表明，由于发展适时性的作用，儿童的认知发展领域比社会发展领域更易受到童年早期贫困的负面影响。认知发展方面，在童年早期经历过贫困的儿童比在青少年时期才经历贫困的同龄人，其学业发展更受影响；社会性发展方面，在童年初期、中期及青少年时期经历贫困均会造成儿童的社会偏差行为和情感障碍。[3]

另外，尽管大多数研究采用了单向因果推断的模式——儿童成长的环境影响儿童的发展，但有研究者提出，发展中的儿童和其所经历的环境之间是相互作用的。

（3）性别特征形成对儿童发展的影响。性别特征形成（gender typing）是指个体形成被文化认同的、适合于其所属性别的认知、行为、个性、情绪反应和信仰的过程。[4] 性别特征形成对儿童发展的影响主要体现在社会认知和社会行为这两方面。性别特征形成的一般规律及对儿童发展的影响如下：

首先，性别的识别与性别标签的运用。研究表明，婴儿在 3、4 个月时能够区分不同性别的面孔，6 个月时能够区分不同性别的声音，10 个月时能将特定性别的面孔和物品相联系，18 至 24 个月时就能辨别不同性别和运用性别标签。[5] 有研究发现，对性别标签使用得越好的儿童，其性别角色行为（如游戏和玩具选择）形成得越早，[6] 并且，儿童性别标签的形成与其自我意识的发展

---

① Mayer S E. What money can't buy: Family income and children's life chances. Cambridge, MA: Harvard University Press, 1997.

② Ginther D K, Pollack R. A. Family structure and children's educational outcomes: Blended families, stylized facts and descriptive regressions. Demography, 2004, 41: 671-696.

③ Votruba D E. Economic disparities in middle childhood development: Does income matter? Development Psychology, 2006, 42: 1154-1167.

④ Carol L M, Diane N R. Patterns of gender development. Annual Review of Psychology, 2009, 61: 353-381.

⑤ Quinn P C, Yahr J, Kuhn A, Slater A M, Pascalis O. Representation of the gender of human faces by infants: A preference for female. Perception, 2002, 31: 1109-1121.

⑥ Zosuls K M, Ruble D N, Tamis-LeMonda C S, Shrout P E, Bornstein M H, Greulich F K. The acquisition of gender labels in infancy: Implications for sex-typed play. Developmental Psychology, 2009, 45: 688-701.

相联系。①

其次，性别刻板印象的形成。研究表明，儿童在两岁时出现性别刻板印象的萌芽，三岁时具有初步的性别刻板印象，五、六岁时刻板印象的发展达到顶峰。从学龄前到小学四五年级，儿童性别刻板印象的内容基本一致：女孩漂亮、穿裙子、喜欢玩娃娃，而男孩头发短、顽皮、喜欢运动。儿童性别刻板印象的形成促进了其性别角色行为的发展，大多数儿童会按照性别刻板印象进行社会活动。

最后，性别偏见的表现。研究表明，儿童在学龄前时开始形成内群体偏爱，并逐渐意识到两性间社会地位的差异。这种内群体偏爱和对两性地位差异的意识使儿童在社会活动中表现出性别偏见：违反性别界限、性别角色行为规则的儿童，会受到同性别儿童的嘲笑和排斥。

2. 个体学业成就的研究

教育心理学中存在众多与学业成就发展有关的理论。近年来，有研究者提出，学业成就发展领域主要涉及了两类心理学理论：第一类是阐述“学习是什么”的理论，第二类是阐述“学习者如何学习”的理论。第一类理论中，描述了学习者与其学习环境中不可控因素之间的普遍联系，强调的是学习环境对学习者的塑造。而第二类理论中，描述了学习者如何有效运用学习策略进行学习，强调的是学习者对学习环境的塑造。研究者认为，只有将这两类问题加以区分，才能更为清晰地认识、理解和指导个体学业成就的发展。

这种区分对于学业成就研究的方法学领域也具有指导性意义。以往研究中多采用 SBBG（snapshot，bookend，between-groups）的方法，有学者提出，这种方法只适合研究第一类问题，而不适合研究第二类问题。② 近年来，微观发生法在学业成就发展中的应用得到了越来越多的学者的关注。该方法能够最大化地追踪随时间变化的因果联系，从而更好地探索个体的学业成就发展进程，研究第二类问题。③ 研究者指出，将这两种方法相融合是促进学业成就研究的最佳途径。

影响个体学业成就的因素包括认知、动机和社会家庭背景等方面。近年

---

① Baldwin D A, Moses L K. The ontogeny of social information gathering. Child Developmet, 1996, 67: 1915-1939.

② Roediger H L. Relativity of remembering: Why the laws of memory vanished. Annual Review of Psychology, 2008, 59: 225-254.

③ Siegler R S, Crowley K. The microgenetic method: A direct means for studying cognitive development. American Psychologist, 1991, 46: 606-620.

来，关于学业成就影响因素的研究主要集中在如下三个方面：

第一，班级规模对学业成就的影响。班级规模对学业成就的影响作用是以学生归属感、学习参与度、社会参与度为中介的。① 关于班级规模与学生学业成就关系的研究由来已久，Smith 和 Glass 早在 1980 年时就发现，班级规模与学生学业成就呈非线性关系，15 人以下的班级规模对学生学业成就的发展最有利。② 然而，近年来，有研究发现，不同年龄阶段和不同社会经济地位的儿童对班级规模的需求感不同：小班教学更适合三至八年级的学生，不适合幼儿园儿童；③ 低社会经济地位的学生比中高社会经济地位的学生在小班教学中更受益。④ 还有研究表明，小班教学在提高平均学业成就表现的同时，也会增加优等生和劣等生之间的差距。⑤

第二，人格特质对学业成就发展的影响。近年来，有研究者运用元分析方法探讨了大五人格模型中的人格特质和学业成就发展之间的关系。大五人格模型包括神经质、外向性、开放性、宜人性和责任感这五个维度。研究表明，个体在接受初等教育时，责任感、宜人性和开放性这三种人格特质对学业成就发展均具有一定的预测力；而在接受中、高等教育时，责任感对学业成就发展的预测力最强，且不受智力因素的影响。⑥ 这说明，人格特质能够独立于智力因素直接影响个体学业成就的发展。

第三，社会经济地位对学业成就的影响。近年来，有不少学者认为，美国大学入学考试 SAT（Scholastic Assessment Test）不能有效预测学生入学后的学业成就，且发现学生的 SAT 成绩与其家庭的社会经济地位呈高相关。针对这一社会问题，本年度，Sackett 等人采用元分析的方法，检验了学生的社会经济地位、入学考试 SAT 成绩及入学后学业成就发展三者之间的关系。

---

① Blatchford P, Moriarty V, Edmonds S, Martin C. Relationships between class a multimethod analysis of English infant schools. Ameican Education Research Journal, 2002, 39: 101-132.

② Smith M L, Glass G V. Meta-analysis of research on class size and its relationship to attitudes and instruction. Ameican Education Research Journal, 1980, 17: 419-433.

③ Milesi C, Gamoran A. Effects of classsize and instruction on kindergarten achievement. Educational Evaluation and Policy Analysis, 2006, 28: 287-313.

④ Krueger A B. Experimental estimates of education production functions. Quarterly Journal of Economics, 1999, 114: 497-532.

⑤ Konstantopoulos S. Do small classes reduce the achievement gap between low and high achievers? Evidence from project STAR. Elementary School Journal, 2008, 108: 275-291.

⑥ Arthur E P. A meta-analysis of the five-factor model of personality and academic performance. Psychological Bulletin, 2009, 135 (2): 322-338.

结果发现：（1）学生的社会经济地位与其入学考试SAT成绩呈正相关（$r=0.42$）；（2）入学考试SAT成绩能够预测入学后学业成就的发展；（3）当控制了社会经济地位的作用时，SAT成绩与入学后学业成就发展的相关度仅由$r=0.47$减少至$r=0.44$。这说明，学生入学考试的SAT成绩是能够直接预测其入学后的学业成就发展的，这种预测作用与学生的社会经济地位无关。①

三、本年度国外心理学研究的重大问题

本部分重点介绍本年度国外心理学研究的三个重大问题：社会经济处境不利与人的发展研究，认知过程的生理基础研究，压力与自我调节研究。

（一）社会经济处境不利与人的发展研究

人的发展是在个体生理特征与环境因素的相互作用下，个体持久的行为或感知模式在生命历程中发生的变化。因此，人的发展深深根植于个体所处的社会环境。长期以来，以美国为代表的西方社会在制定经济和社会政策时假定，个体应对自己的贫富和成败承担主要责任。这种假定忽视了个体所处社会环境对人的发展的不利影响。2009年，以贫困或低社会经济地位为代表的社会处境不利因素对人的发展的影响受到了广泛关注。这些研究表明，贫困个体几乎在所有发展领域都处于劣势地位。② 这种劣势地位在长期持续贫困下要比在短暂贫困下更为明显，在极度贫困下要比在轻微贫困下更为明显。其相应的研究主要体现在以下几方面。

一是社会经济处境不利概念模型和分析模型的创新。首先，在概念模型方面，家庭贫困或低社会经济地位被认为是由相互联系、相互影响的多种社会位置特征（如低收入、物质剥夺、单亲家庭结构、低受教育水平、少数民族群体成员及移民地位等）构成的网络的一部分。根据这种观点，理解各种情境因素怎样联合和相互作用与理解它们的独特效应同样重要。③ 与概念模型相对

① Sackett P R., Kuncel N R, Arneson J J, Cooper S R, Waters S D. Does socioeconomic status explain the relationship between admissions tests and post-secondary academic performance? Psychological Bulletin, 2009, 135 (1): 1-22.

② Hackman D A, Farah M J. Socioeconomic status and the developing brain. Trends in Cognitive Sciences, 2009, 13: 65-73.

③ Huston A C, Bentley A C. Human development in societal context. Annual Review of Psychology, 2010, 61: 411-437.

应，在统计模型的选择方面，我们不仅需要分解出与贫困有关的不同成分的独特效应，还需要考虑与贫困有关的各种成分的累积效应。在这方面，累积风险模型假定，与贫困有关的各种成分的影响更多取决于各种成分的总数目而不是任何具体的成分。该模型符合“各风险因素的总效应大于各风险因素的效应之和”的哲学观点。另外，研究者认为也有必要区分“绝对贫困”和“相对贫困”两大概念。绝对贫困是指家庭收入水平低于某个国家或地区制定的贫困线标准，而相对贫困是指家庭收入高于某个国家或地区制定的贫困线标准，但生活状况依然艰难。

二是社会经济处境不利与人的发展之间关系的理论创新。首先，Greenfield 提出了社会变迁与人的发展理论。[①] 该理论旨在阐述不断变化的社会人口学因素怎样塑造文化价值观和学习环境，从而改变人的发展的路径。目前，全世界社会人口特征变迁的趋势表现为：从农村居住向城市居住转变，从家庭的非正规教育向正规的学校教育转变，从仅能维持生存的经济向商业化社会转变，从低技术环境向高技术环境转变。这些社会变迁使文化价值观朝个体主义方向变化，使发展路径朝更加独立的社会行为和更为抽象的认知变化，从而最终影响人类的发展。另外，在社会经济处境不利与个体的发展是否存在真实的关系方面，以往研究者曾提出两大理论来进行解释。社会影响理论（social causation theory）认为，贫困或低社会经济地位会增加家庭压力并减少家庭对儿童发展的投资，进而对整个家庭及儿童发展产生不利影响。根据该理论，贫困对儿童发展的不利影响是真实的。相反，社会选择理论（social selection theory）则认为，个体在基因、人格、动机以及其他方面的差异既将人们“选择”到贫困之中，同时又对儿童发展产生不利影响。根据该理论，贫困对儿童发展的不利影响是虚假的。自然研究和实验研究发现，家庭收入会影响儿童的学业成就和社会情绪发展，至少在低收入范围内如此；通过增加收入使家庭走出贫困可以使儿童发展得到微弱改善。这些研究也发现，某些个体差异既使人们陷入贫困，同时又对个体发展产生不利影响。因此，两种理论都得到实证研究的支持。在此基础上，Conger 和 Donnellan 提出了社会经济背景下人的发展的相互作用观点，对两大理论进行了整合[②]，并形成了图 15-1 所示的交互作用模型。该模型认为低社会经

① Greefield P M. Linking social change and developmental change: Shifting pathways of human development. Developmental Psychology, 2009, 45: 401-418.

② Conger R D, Donnellan M B. An interactionist perspective on the socioeconomic context of human development. Annual Review of Psychology, 2007, 58: 175-199.

济地位可能通过加剧家庭压力、降低父母心理功能或者通过减少父母对儿童的投资等过程对儿童发展产生负面影响；同时，个体在童年时期的个人特征也会对其今后的社会经济成败产生关键性的影响。总之，社会经济地位和个人特征之间存在复杂的、动态的相互作用。

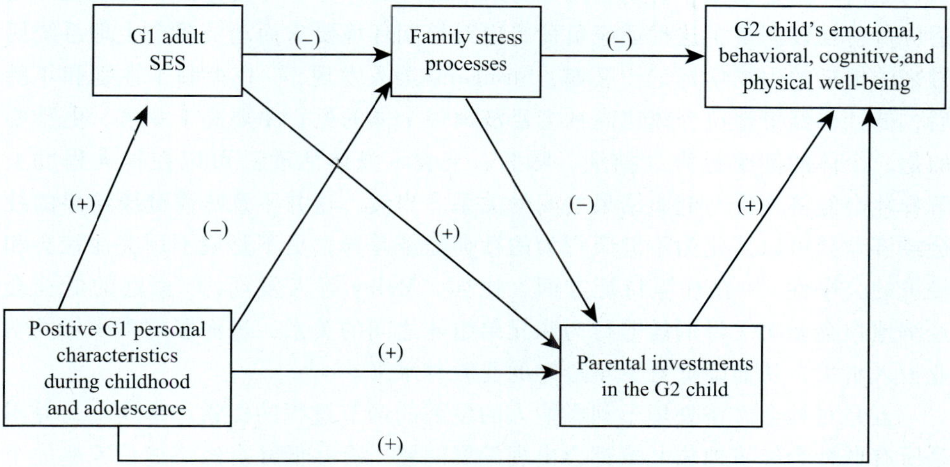

图 15-1 交互作用模型 见：Conger & Donnellan (2007)

三是对社会经济处境不利发生时段和个体发展领域的关注。由于心理特征、情境因素、时间利用等方面的发展变化，贫困在不同发展阶段可能有不同的影响。[①] 研究发现，早期贫困似乎对儿童的学业成就发展轨迹和学业生涯具有重要影响，而早期和后期贫困似乎都会影响儿童的社会偏差行为。例如，就学业结果而言，研究者发现，从出生到五岁时的家庭收入比五岁后的家庭收入可以更好地预测个体的受教育水平；就社会偏差行为而言，研究者发现，童年早期贫困和中期贫困的预测作用大体相当。[②] 这些发现表明，家庭收入和不同发展领域可能存在不同的发展路径。

四是对社会经济处境不利影响人的发展的中介机制的探索。研究者认为，社会经济处境不利本身并不会影响个体发展，而是通过一系列中介过程来起作用的。中介变量是社会经济处境不利影响人的发展的内在或实质性原因。研究

① McLoyd V C, Kaplan R, Purtell K M, Bagley E, Hardaway C R, Smalls C. Poverty and socioeconomic disadvantage in adolescence. In R. M. Lerner & L. Steinberg (Eds.), Handbook of Adolescent Psychology, Vol. 2: Contextual Influences on Adolescent Development. 3rd ed. New York: Wiley, 2009: 444-491.

② Votruba-Drzal E. Economic disparities in middle childhood development: Does income matter? Developmental Psychology, 2006, 42: 1154-1167.

者识别出许多中介变量来理解社会经济处境不利与人的发展之间的关系，这些变量大体上包括个体自身的特征以及他们所处的家庭、学校、同伴、社区、教堂、健康服务等社会生态背景的特征。比如，在个体特征方面，Evans 和 Schamberg 发现，① 童年时期的贫困与成年时期的工作记忆呈负相关，而且，这种纵向联系是以童年时期长期压力水平的过高作为中介变量的，长期压力用适应负荷加以测量，这种适应负荷是应对长期环境要求而动员多个生理系统所带来的损耗的生物学标记。又如，Stringhini 等人发现，② 在控制了性别和年龄后，低社会经济地位个体比高社会经济地位个体的死亡率要高 1.6 倍。更重要的是，个体的健康行为（抽烟、喝酒、节食、身体活动）可以在很大程度上解释社会经济地位与健康结果之间的关系。当然，这并不意味着健康结果的社会经济差异可以简化为不健康行为的社会经济差异，更不是说不用关注社会和经济的公平性。③ 在环境特征方面，比如，Melby 等人发现，④ 家庭的低社会经济地位会影响父母的教养行为和兄弟姐妹之间的关系，进而影响青少年的学业投入水平，从而降低青少年最终的受教育水平。

五是对社会经济处境不利影响人的发展的调节过程的探索。事实上，并不是所有低社会经济地位儿童都会出现发展问题，有些低社会经济地位家庭的个体会发展得比高社会经济地位的个体更好（韧性现象），有些高社会经济地位家庭的个体也会发展得比低社会经济地位的个体更差（脆弱现象）。因此，虽然低社会经济地位平均而言对人的发展是有害的，但它对不同个体发展的影响也存在差别，即社会经济处境不利与人的发展之间存在调节作用。调节作用探讨的是社会经济处境不利影响个体发展的关系强度和方向在何种条件下会更强或更弱。Gallo 等人提出的储备能力模型（reserve capacity model）认为，⑤ 自身储备能力（如控制感）和人际环境中的储备能力（如社会支持）可能是社会经济处境不利与健康结果之间的重要调节变量。

---

① Evans G W, Schamberg M A. Childhood poverty, chronic stress, and adult working memory. Proceedings of the National Academy of Sciences, 2009, 106: 6545-6549.

② Stringhini S, Sabia S, Shipley M, Brunner E, Nabi H, Kivimaki M, Singh-Manoux A. Association of socioeconomic position with health behaviors and mortality. JAMA, 2010, 303: 1159-1166.

③ Dunn J R. Health behavior vs the stress of low socioeconomic status and health outcomes. JAMA, 2010, 303: 1199-1200.

④ Melby J N, Conger R D, Fang S, Wickrama K A S, Conger K J. Adolescent family experiences and educational attainment during early adulthood. Developmental Psychology, 2008, 44: 1519-1536.

⑤ Gallo L C, de los Monteros K E, Shivpuri S. Socioeconomic status and health: What is the role of reserve capacity? Current Directions in Psychological Science, 2009, 18: 269-274.

六是对社会经济处境不利与人的发展之间的动态和相互作用模型的关注。比如，Lugo-Gil 和 Tamis-LeMonda 发现，① 家庭资源和教养方式质量对 14、24 和 36 个月时儿童的认知成绩具有独特贡献，家庭资源对每个年龄儿童认知成绩的影响受到教养方式的中介。在控制了先前的教养方式质量、家庭资源和儿童认知成绩之后，教养方式质量仍然与 24 和 36 个月时儿童的认知成绩有关。类似的，在控制了模型中其他变量的作用之后，儿童先前的认知成绩与后来的教养方式质量有关。这些发现强调了儿童认知成绩、教养方式和家庭经济资源之间的动态相互作用，从而融合了经济学和发展心理学的理论。

（二）认知过程的生理基础研究

近年来，随着科学技术的发展和跨学科研究的兴起，许多研究者将神经科学的方法应用到心理学研究领域，从而为揭示认知过程的奥秘提供了新的途径。以下介绍本年度关于认知过程的生理基础研究的几方面重大进展。

1. 祖母细胞假设的生物似然性研究

对于知识表征的解释主要有“定位表征”和“分布表征”这两种理论。定位表征理论认为一个信息加工的单位（或单元）只表达一个概念，而一个概念也只由一个单位（或单元）来表达；而分布表征理论则认为一个概念由多个单元互相作用的关系来表达。祖母细胞假设（grandmother cells hypothesis）来源于前者，指在人类和动物的大脑中，对于每一个熟悉的图像都有唯一的一个（群）神经元与之对应，即人脑中存在一个神经元对“祖母”的面孔产生反应。② 这一假设自提出之日起就受到了众多研究者的质疑。然而，近年来，研究者们采用单细胞电生理记录法在动物实验和人类实验中发现，祖母细胞假设和定位表征理论存在生物学上的证据，即具有生物似然性。在低等动物实验研究中发现，丽蝇的 H1 神经元对水平运动具有特异性的感知功能、③ 大鼠具有特异性的方位感知神经元和运动神经元；④ 在猴类和人类被试的研究中发

---

① Lugo-Gil J, Tamis-LeMonda C S. Family resources and parenting quality: Links to children's cognitive development across the first 3 years. Child Development, 2008, 79: 1065-1085.

② Gross C G. The genealogy of the “grandmother cell”. The Neuroscientist, 2002, 8: 512-518.

③ Steveninck R D, Bialek W. Reliability and statistical efficiency of a blowfly ovement-sensitive neuron. Philosophical Transactions of the Royal Society of London: Series B. Biological Sciences, 1995, 348: 321-340.

④ Houweling A R, Brecht M. Behavioral report of single neuron stimulation in somatosensory cortex. Nature, 1985, 451: 65-68.

现，大脑中存在着对物品、手，及人脸具有特异性反应的神经元。[1][2][3] 值得一提的是，Quiroga 等人采用单细胞记录法，对癫痫病人在观看名人、动物、物品和建筑的图片时颞叶细胞的反应进行了记录。[4] 结果发现，患者颞叶的细胞有选择地对不同物品或人物图像作出反应。其中一位患者大脑中的某个细胞对美国前总统克林顿的各种图像有反应，另一位患者大脑中的某个细胞对著名女演员珍妮弗·安尼斯顿的各种图像有反应。

2. 海马在预期和想象中的作用研究

预期未来和回忆过去是否依赖于相同的脑区？许多心理学研究者在认知行为实验中发现了这一可能性。[5] 而近年来，这一设想在认知神经科学研究中得以证实。PET 和 fMRI 研究表明，回忆过去和预期未来的脑区激活模式大致相同，都包括了海马及其所投射的皮层结构。病理学研究表明，海马区域损伤的病人，不仅会丧失记忆力，也会损害其预期和想象力，表现为对虚构的事件不能加以细节性的想象。[6][7] 另外，在啮齿动物的空间导航（spatial navigation）研究中发现，海马细胞群的自发放电模式能够反映其即将行进的位置和即将做出的动作。[8] 以上证据表明，海马在预期和想象中起着重要的作用，是预期未来和回忆过去所共同依赖的脑区。这些发现为进一步地揭示记忆、想象及预期的生理机制奠定了基础。

3. 神经系统结构的可塑性研究

---

① Gross C G, Bender D B, Roch-Miranda C E. Visual receptive fields of neurons in inferotemporal cortex of monkey. Science, 2009, 166: 1303-1306.

② Brincat S L, Connor C E. Underlying principles of visual shape selectivity in posterior inferotemporal cortex. Nature Neuroscience, 2004, 7: 880-886.

③ Young M P, Yamane S. Sparse population coding of faces in the inferotemporal cortex. Science, 1992, 256: 1327-1331.

④ Quiroga R Q, Reddy L, Kreiman G, Koch C, Fried I. Invariant visual representation by single neurons in the human brain. Nature, 2005, 435: 1102-1107.

⑤ D'Argembeau A, Van Der L M. Phenomenal characteristics associated with projecting oneself back into the past and forward into the future: Influence of valence and temporal distance. Conscious and Cognition, 2004, 13: 844-858.

⑥ Shimamura A P, Janowsky J S, Squire L R. Memory for the temporal order of events in patients with frontal lobe lesions and amnesic patients. Neuropsychologia, 1990, 28: 803-813.

⑦ Rosenbaum R S, Gilboa A, Levine B, Winocur G, Moscovitch M. Amnesia as an impairment of detail generation and binding: Evidence frompersonal, fictional, and semantic narratives in K. C. Neuropsychologia, 2009, 47: 2181-2187.

⑧ Moser E I, Kropff E, Moser M B. Place cells, grid cells, and the brain's spatial representation system. Annual Review of Neuroscience, 2008, 31: 69-89.

20世纪中早期，众多神经科学研究者认为，哺乳动物的脑结构在个体出生后就会表现出稳定的不可再塑性。然而，随着科学技术的发展和研究的深入，研究者们逐渐发现哺乳动物的大脑不仅具备功能可塑性，还具有结构可塑性。近年来，有研究者通过神经发生检测、树突结构及树突棘分析等技术发现，海马结构也具有终生的结构可塑性。① 来自动物实验和临床医学的证据表明，压力状态、学习记忆、环境强化等均是影响海马结构可塑性的重要因素：持续的压力状态会阻碍海马结构中新神经元的生成；② 具有一定难度的、有效的学习记忆能够促进海马结构中新神经元的生成；③ 大鼠在自由宽松的野外环境比在实验室环境中其海马神经元的生长速度更快。④ 海马的结构可塑性既受个体认知功能的影响，也势必会影响个体认知功能的表达，从而作用于动物和人类的学习记忆、情绪反应、压力调节以及社会行为等方面。

4. 表观遗传学的研究

表观遗传学（epigenetics）是与遗传学（genetic）相对应的概念。遗传学是研究基于基因序列改变所致的基因表达水平变化的学科；而表观遗传学则是研究基于非基因序列改变所致的基因表达水平变化的学科。近年来，表观遗传学研究表明，社会环境能够影响到基因表达水平，出现基于非基因序列改变所致的基因变化，如DNA甲基化和染色质构象变化等。⑤

有学者提出，环境对基因表达的这一影响，对于解决人格特质形成的"先天论"与"后天论"之争具有一定的启发意义。"先天论"认为，人格特质的形成主要取决于遗传因素；而"后天论"认为，人格特质的形成主要取决于个体成长的环境。以往的生物学研究为"先天论"提供了支持：进化论认为大脑的发展与其他器官的发展一样，都会遵循生物进化的规律，因此受到大脑活动所控制的人格特质也应由遗传所决定；行为基因学发现，人格和心理

---

① Benedetta L，Elizabeth G. Structural plasticity and hippocampal function. Annual Review of Psychology，2010，61：111-140.

② Ulrich-Lai Y M，Herman J P. Neural regulation of endocrine and autonomic stress responses. National Review of Neuroscience，2009，10：397-409.

③ Aimone J B，Wiles J，Gage F H. Computational infiuence of adult neurogenesis on memory encoding. Neuron，2009，61：187-202.

④ Tashiro A，Makino H，Gage F H. Experience-specific functional modification of the dentate gyrus through adult neurogenesis：a critical period during an immature stage. Journal of Neuroscience，2007，27：3252-3259.

⑤ Harper L V. Epigenetic inheritance and the intergenerational transfer of experience. Psychological Bulletin，2005，131：340-360.

健康的变化与基因组水平的变化相关，这为人格特质的“先天论”提供了进一步的证据。然而，表观遗传学关于“社会环境能够影响到基因表达水平”的研究结果提示我们，环境不仅能够直接影响个体的人格特质的培养，还能够通过影响基因表达，间接地对人格特质的形成和改变产生影响。① 这一结果为强调社会环境作用的“后天论”提供了支持。因此，人格特质的发展，既是基因与环境双重作用的结果，也是基因与环境相互作用的结果。表观遗传学在心理学中的应用，无疑将会加深心理学中对于遗传和环境在个体发展中作用的认识。

5. 认知神经修复的研究

认知神经修复（cognitive neural prosthetics，CNP）是由神经科学、计算机科学等学科相结合的一门新兴学科。近年来，认知神经修复在心理学，特别是在认知神经科学中也逐渐得到了研究者的重视。认知神经修复通过记录个体的运动感觉和认知状态，借助外界装置，使得个体能够只需“计划动作”而无需“执行动作”。② 这一技术不仅对于帮助瘫痪病人、截肢病人具有重要的意义，对于探索人类认知过程的生理基础更具有重要的意义。

心理学研究和临床医学研究表明，瘫痪病人和截肢病人在丧失了执行动作的能力之后，仍然具备计划动作的能力。神经科学研究者通过对正常人和病人在计划动作时的脑区细胞活动状态的研究，破译了个体在进行计划动作时的脑区细胞活动模式。③ 基于此，研究者对瘫痪病人和截肢病人可以进行如下的认知神经修复：（1）将含有解码算法的电极植入病人脑中，通过电极记录病人的脑区细胞活动状态；（2）电极中的解码算法将神经元活动信号转化为控制信号；（3）控制信号无线地传导至外接辅助装置；（4）外接辅助设备接收到控制信号进而发出动作。④

有研究者试图通过认知神经修复技术，揭示人类的想象运动决策、前向估计、执行功能、注意、记忆、学习等认知功能的生理基础。认知神经修复学与心理学，特别是认知神经科学的结合，将是人类打开“心理”这一黑匣子迈

---

① Zhang T Y, Meaney M J. Epigenetics and the environmental regulation of the genome and its function. Annual Review of Psychology, 2010, 61: 439-466.

② Andersen R A, Hwang E J, Mulliken G H. Cognitive neural prosthetics. Annual Review of Psychology, 2010, 61: 169-190.

③ Serruya M D, Hatsopoulos N G, Paninski L, Fellows M R, Donoghue J P. Instant neural control of a movement signal. Nature, 2002, 416: 141-142.

④ Taylor D M, Tillery S I H, Schwartz A B. Direct cortical control of 3D neuroprosthetic devices. Science, 2002, 296: 1829-1832.

出的一大步。

（三）压力与自我调节的研究

压力是人无力应对觉知到的（真实的或想象的）躯体和精神威胁时所产生的一系列的生理心理反应。压力会引起神经生理、认知情绪以及行为等多方面的反应，从而影响人们的身心健康。因此过去几十年来，关于压力的反应机制及其相关影响因素的研究一直是社会心理学和临床心理学关注的焦点。2009年度对压力的研究主要集中在压力反应的神经生化研究、认知神经研究、社会心理影响因素研究、压力反应机制的模型研究以及心理药物干预研究等五个方面。

一是压力反应的神经生化研究。糖皮质激素、促肾上腺皮质释放激素（CRH）和精氨酸加压素（AVP）是压力适应必不可少的成分，但如果持续过多地分泌，就会引起严重的临床症状。有研究表明，急性压力下的糖皮质激素水平升高促进记忆，但是，长期持久的糖皮质激素水平升高会损害认知活动，特别是损害陈述性记忆的提取。[①] 经历长期工作压力或严重心理创伤事件后的压力激素调节会使表观遗传（epigenetic）发生改变；[②] 早期的童年创伤可以导致下丘脑-垂体-肾上腺皮质（HPA）轴调节受损和皮质醇增多，进而增加了发展成情感性精神障碍的风险。[③] Dedovic 等[④]总结了大脑脑区与压力 HPA 轴之间的联系，结果发现，从脑干结构到边缘系统以及前额叶皮质等，每一个调节区域对皮质醇激素的调节还依赖于一些特定因素，如压力的性质、被试的性别以及早期生活经验等，因此，他提出，研究压力的神经生化机制需要考虑压力性质、被试性别等因素。

二是压力反应的认知神经研究。这个方面的研究主要集中在压力对注意、记忆等认知活动的影响以及相关神经机制的研究等方面。对处境不利儿童的注意研究发现，与较高社会经济地位的儿童相比，较低社会经济地位的儿童前额

---

① Leon-Carrion J, Atutxa A M, Mangas M A, Soto-Moreno A, Pumar A, et al. A clinical profile of memory impairment in humans due to endogenous glucocorticoid excess. Clinical Endocrinology, 2009, 70 (2): 192-200.

② Wahlberg K, Ghatan P H, Modell S, Nygren A, Ingvar M, et al. Suppressed neuroendocrine stress response in depressed women on job-stress-related long-term sick leave: a stable marker potentially suggestive of preexisting vulnerability. Biological Psychiatry, 2009, 65 (9): 742-747.

③ Spinelli S, Chefer S, Suomi S J, Higley J D, Barr C S, Stein E. Early-life stress induces long-term morphologic changes in primate brain. Archives of General Psychiatry, 2009, 66: 658-665.

④ Dedovic K, Duchesne A, Andrews J, Engert V, Pruessner J C. The brain and the stress axis: The neural correlates of cortisol regulation in response to stress. NeuroImage, 2009, 47: 864-871.

叶皮层（在注意中起到关键作用）的激活水平低，同时，其工作记忆、认知灵活性以及语义流畅性等执行控制功能较差。① 与以往研究相似的是，研究发现，压力对记忆产生损伤作用，如产前心理压力损害了年轻女性的工作记忆成绩，② fMRI 研究还发现，急性压力引起了与工作记忆有关的背外侧前额叶皮层（DLPFC）的脑区激活水平的降低。③ 与此同时，压力虽然引起皮质醇增多，但对黄体期的女性的记忆提取却没有造成显著损伤。④ 这说明，压力对女性认知活动的影响可能还与其内在的激素分泌有关。Schwabe 等⑤总结了压力对记忆的影响，他认为，压力不仅在质的方面影响记忆，还在量的方面影响着记忆。他指出，压力对记忆量的影响取决于压力的持续时间以及药物作用导致糖皮质激素的升高，压力在质的方面影响记忆，主要是通过调节"认知的（cognitive）"记忆和"习惯的（habit）"记忆的使用来影响学习的方式。

三是压力反应的社会心理影响因素研究。学术界对经历生育、离婚、工作等压力的人群的压力反应的社会心理影响因素进行研究，得出比较一致性的结论：性别、社会支持、应对策略、自我评价、人格特质等因素影响人们的压力反应。研究发现，压力反应存在性别差异，如与男性相比，女性在压力影响下更倾向于友好的态度和行为；⑥ 压力应对也存在性别差异，女性更多选择情绪聚焦的应对策略，而且，女性使用情绪聚焦策略（如情绪表达）改善了压力导致的抑郁心境，但男性却没有；⑦ 良好的社会支持如高质量的亲子关系促进了青少年对压力的生理调节；⑧ 在压力应对过程中，自我评价在其中起着重要

---

① Kishiyama M M, Boyce W T, Jimenez A M, Perry L M, Knight R T. Socioeconomic disparities affect prefrontal function in children. Journal of Cognitive Neuroscience, 2009, 21: 1106-1115.

② Entringer S, Buss C, Kumsta R, Hellhammer D H, Wadhwa P D, Wuest S. Prenatal psychosocial stress exposure is associated with subsequent working memory performance in young women. Behavioral Neuroscience, 2009, 123: 886-893.

③ Qin S, Hermans E J, van Marle H J F, Luo J, Fernandez G. Acute psychological stress reduces working memory-related activity in the dorsolateral prefrontal cortex. Biological Psychiatry, 2009, 66: 25-32.

④ Schoofs D, Wolf O T. Stress and memory retrieval in women: No strong impairing effect during the luteal phase, Behavioral Neuroscience, 2009, 123: 547-554.

⑤ Schwabe L, Wolf O T, Oitzl M S. Memory formation under stress: Quantity and quality. Neuroscience and biobehavioral Reviews, 2010, 34: 584-591.

⑥ Smeets T, Dziobek I, Wolf O T. Social cognition under stress: Differential effects of stress-induced cortisol elevations in healthy young men and women. Hormones and Behavior, 2009, 55: 507-513.

⑦ Howerton A, van Gundy K. Sex differences in coping styles and implications for depressed mood. International Journal of Stress Management, 2009, 16: 333-350.

⑧ Willemen A M, Schuengel C, Koot H M. Physiological regulation of stress in referred adolescents: the role of the parent-adolescent relationship. Journal of Child Psychology and Psychiatry, 2009, 50: 482-490.

作用①，自我肯定能削弱交感神经系统对自然性压力的反应；② 人格特质也对压力反应产生一定影响，如高敌意特质的吸烟者在压力下更容易持续吸烟；③ 情绪也是影响压力反应的一个重要因素，研究发现，压力后情绪失调是压力与随后症状变化之间的一个中介影响因素，④ 急性压力反应时，某些情绪调节策略预测了皮质醇的增加；⑤ 问题聚集的应对方式有利于促进压力后的情绪调节；⑥ 动机在压力反应中起中介作用，如工作压力导致倦怠就是以动机为中介的⑦。

四是压力反应机制理论模型的修改和补充。Denson 等⑧采用元分析的方法将与压力反应的相关因素聚成五类：（1）认知评估；（2）基本情绪；（3）沉思与忧虑；（4）社会威胁；（5）整体心境状态。结果发现，除了整体心境状态与压力效应大小无关外，其他均与压力效应大小有关。研究表明，那些改变认知评估和情绪状态的应对策略将有助于压力后的长期健康。据此，他认为特定的压力源、认知评价、情绪等导致个体出现特定的生理反应，并提出了压力的特定整合模型（integrated specificity model of stress）。Belsky 等⑨对素质—压力模型（diathesis-stress model）提出修改，认为表型气质特征、表型倾向以及特定基因功能更具有弹性，从而使个体对积极或消极的环境刺激的反应具有

---

① Kammeyer-Mueller J D, Judge T A, Scott B A. The role of core self-evaluations in the coping process. Journal of Applied Psychology, 2009, 94: 177-195.

② Sherman D K, Bunyan D P, Creswell J D, Jaremka L M. Psychological vulnerability and stress: The effects of self-affirmation on sympathetic nervous system responses to naturalistic stressors. Health Psychology, 2009, 28: 554-562.

③ Kahler C W, Leventhal A M, Colby S M, Gwaltney C J, Kamarck T W, Monti P M. Hostility, cigarette smoking, and responses to a lab-based social stressor. Experimental and Clinical Psychopharmacology, 2009, 17: 413-424.

④ McLaughlin K A, Hatzenbuehler M L, Hilt L M. Emotion dysregulation as a mechanism linking peer victimization to internalizing symptoms in adolescents. Journal of Consulting and Clinical Psychology, 2009, 77(5): 894-904.

⑤ Lam S, Dickerson S S, Zoccola P M, Zaldivar F. Emotion regulation and cortisol reactivity to a social-evaluative speech task. Psychoneuroendocrino, 2009, 34: 1355-1362.

⑥ Ben-Zur H. Coping styles and affect. International Journal of Stress Management, 2009, 16: 87-101.

⑦ Rubino C, Luksyte A, Perry S J, Volpone S D. How do stressors lead to burnout? The mediating role of motivation. Journal of Occupational Health Psychology, 2009, 14: 289-304.

⑧ Denson T F, Spanovic M, Miller N. Cognitive appraisals and emotions predict cortisol and immune responses: A meta-analysis of acute laboratory social stressors and emotion inductions. Psychological Bulletin, 2009, 135: 823-853.

⑨ Belsky J, Pluess M. Beyond diathesis stress: Differential susceptibility to environmental influences. Psychological Bulletin, 2009, 135: 885-908.

更多的可塑性或易感性。

五是压力反应的药物与心理干预。本年度对与压力有关的物质滥用给予了高度关注。研究发现，物质滥用如酗酒、吸毒等与压力有关。有的研究①发现，药物成瘾被试表现出不适应的应对方式以及较低的社会支持，如果进行干预降低其不适应/回避的应对以及提高社会支持，就会使成瘾被试的压力反应降低。另外，本年度将认知行为干预等方法运用到精神科门诊病人以及其他临床病人，取得一定疗效。Bulmash 等②采用认知行为治疗、人际心理治疗、抗抑郁药物治疗等方法对抑郁门诊病人进行干预，发现低自我批评人格特质的病人在经历极端生活事件后比高自我批评人格特质的人治疗效果好。Biegel 等③将静观减压（Mindfulness-based stress reduction）的方法扩展到精神科门诊的青少年治疗，结果发现，治疗组降低了焦虑、抑郁以及躯体痛苦的症状，并提高了自尊以及睡眠质量。Tavakoli 等④研究自信训练以及表达性的写作对于外国留学生的文化适应压力的影响，结果发现，自信训练促进了情绪调节，但表达性写作的作用是混合性的，它一方面引起了积极的情绪，另一方面却增加了思乡和害怕之情。Antoni 等⑤对接受乳腺癌治疗的妇女进行认知行为压力管理的团体干预研究，结果发现，干预组表现出较好的心理社会适应以及生理适应。在与压力有关的心理障碍的药物干预研究中，2009 年度，Rupprech 等⑥取得了突破性的进展。他们发现，XBD173 能够快速防止实验室大鼠惊恐行为的发生，而这些大鼠不会出现耐受性或有害的副作用，接着，他们在 70 位健

---

① Hyman S M, Hong K A, Chaplin T M, Dabre Z, Comegys A D, Kimmerling A, Sinha R. A stress-coping profile of opioid dependent individuals entering naltrexone treatment: A comparison with healthy controls. Psychology of Addictive Behaviors, 2009, 23: 613-619.

② Bulmash E, Harkness K L, Stewart J G, Bagby R M. Personality, stressful life events, and treatment response in major depression. Journal of Consulting and Clinical Psychology, 2009, 77: 1067-1077.

③ Biegel G M, Brown K W, Shapiro S L, Schubert C M. Mindfulness-based stress reduction for the treatment of adolescent psychiatric outpatients: A randomized clinical trial. Journal of Consulting and Clinical Psychology, 2009, 77: 855-866.

④ Tavakoli S, Lumley M A, Hijazi A M, Slavin-Spenny O M, Parris G P. Effects of assertiveness training and expressive writing on acculturative stress in international students: A randomized trial. Journal of Counseling Psychology, 2009, 56: 590-596.

⑤ Antoni M H, Lechner S, Diaz A, Vargas S, Holley H, Phillips K, McGregor B, Carver C S, Blomberg B. Cognitive behavioral stress management effects on psychosocial and physiological adaptation in women undergoing treatment for breast cancer. Brain Behavior and Immunity, 2009, 23: 580-591.

⑥ Rupprecht R, Rammes G, Eser D, Baghai T C, Schuele C, Nothdurfter C, et al. Translocator protein (18 kD) as target for anxiolytics without benzodiazepine-like side effects. science, 2009, 325: 490-493.

康男性中进行相关研究发现，XBD173 可快速启动一种抗焦虑反应且不会在长期使用之后出现戒断症状。这表明，这种叫做 XBD173 的配体可能成为一个安全及快速起效的抗焦虑症的良好的候选药物。

2009 年关于压力的研究从神经生化、认知神经、社会心理影响因素以及干预策略等方面丰富和深入了以往的研究，压力反应的模型也得到了修改和补充。可以预期，随着学科融合和交叉发展，随着新的技术手段的应用，未来的研究将逐步揭示压力反应的社会—心理—生理机制，探索出有效的相关心理障碍的预防干预策略。

推荐参考文献

1. Aimone J B, Wiles J, Gage F H. Computational influence of adult neurogenesis on memory encoding. Neuron, 2009, 61: 187-202.

2. Aletha C H, Alison, C B. Human development in societal context. Annual Review of Psychololy,2010, 61: 411-437.

3. Andrews P W, Thomson J A. The bright side of being blue: Depression as an adaptation for analyzing complex problems. Psychological Review, 2009, 116 (3): 620-654.

4. Andersen R A, Hwang E J, Mulliken G H. Cognitive neural prosthetics. Annual Review of Psychology, 2010, 61: 169-190.

5. Beth A H, Teresa M A. Creativity. Annual Reviews of Psychology, 2009, 61: 569-598.

6. Biegel G M, Brown K W, Shapiro S L, Schubert C M. Mindfulness - based stress reduction for the treatment of adolescent psychiatric outpatients: A randomized clinical trial. Journal of Consulting and Clinical Psycholog, 2009, 77: 855-866.

7. Bonnefon J F. A theory of utility conditionals: Paralogical reasoning from decision-theoretic leakage. Psychological Review, 2009, 116 (4): 888-907.

8. Burt S A. Rethinking environmental contributions to child and adolescent psychopathology: A meta-analysis of shared environmental influences. Psychological Bulletin, 2009, 135 (4): 608-637.

9. Campolongo P, Roozendaal B, Trezza V, Hauer D, Schelling G, et al. Endocannabinoids in the rat basolateral amygdala enhance memory consolidation and enable glucocorticoid modulation of memory. Proceedings of the National Academy of Sciences, 2009, 106 (12): 4888-4893.

10. Carver C S, Harmon - Jones E. Anger is an approach - related affect: evidence and implications. Psychological Bulletin, 2009, 135 (2): 183-204.

11. Carrick N C, Quas J A, Lyon T D. Maltreated and nonmaltreated children's evaluations of emotional fantasy. Child Abuse Neglect, 2010, 34 (2): 129-134.

12. Chapman G B, Jingjing L. Numeracy, frequency, and bayesian reasoning. Judgment and Decision Making, 2009, 4: 34-40.

13. Charles S C, Jennifer C. Personality and Coping. Annual Review of Psychology, 2010, 61: 679-704.

14. Dan P M, Bradley D O. Personality development: Continuity and change over the life course. Annual Review of Psychology, 2010, 61: 517-542.

15. Dennis N. Putting it all together: A unified account of word recognition and reaction-time distributions. Psychological Review, 2009, 116 (1): 207-219.

16. Denis S, Ricardo C, Thomas S, Angelo A, Wulfram G. Is there a geomatric module for spatial orientation? Insights from a rodent navigation model. Psychological Review, 2009, 116 (3): 540-566.

17. Dominguez M de G, Viechtbauer W, Simons C J, van Os J, Krabbendam L. Are psychotic psychopathology and neurocognition orthogonal? A systematic review of their associations. Psychological Bulletin, 2009, 135 (1): 157-171.

18. Douglas K S, Guy L S, Hart S D. Psychosis as a risk factor for violence to others: A meta-analysis. Psycholoical Bulletin, 2009, 135 (5): 679-706.

19. Dunn J R. Health behavior vs the stress of low socioeconomic status and health outcomes. JAMA, 2010, 303: 1199-1200.

20. Eby L T, Maher C P, Butts M M. The intersection of work and family life: The role of affect. Annual Review of Psychology, 2009, 61: 599-622.

21. Ellen B. Love in the Fourth Dimension. Annual Review of Psychology, 2010, 61: 1-25.

22. Entringer S, Buss C, Kumsta R, Hellhammer D H, Wadhwa P D, Wuest S. Prenatal psychosocial stress exposure is associated with subsequent working memory performance in young women. Behavioral Neuroscience, 2009, 123: 886-893.

23. Epstein L H, Temple J L, Roemmich J N, Bouton M E. Habituation as a determinant of human food intake. Psychological Review, 2009, 116 (2): 384-407.

24. Evans G W, Schamberg M A. Childhood poverty, chronic stress, and adult working memory. Proceedings of the National Academy of Sciences, 2009, 106: 6545-6549.

25. Gallo L C, de los Monteros K E, Shivpuri S. Socioeconomic status and health: What is the role of reserve capacity? Current Directions in Psychological Science, 2009, 18: 269-274.

26. Greefield P M. Linking social change and developmental change: Shifting pathways of human development. Developmental Psychology, 2009, 45: 401-418.

27. Gross C G, Bender D B, Roch - Miranda C E. Visual receptive fields of neurons in

inferotemporal cortex of monkey. Science, 2009, 166: 1303-1306.

28. Goodman G S, Quas J A, Ogl C M. Child maltreatment and memory. Annual Review of Psychology, 2009, 61: 325-351.

29. Hackman D A, Farah M J. Socioeconomic status and the developing brain. Trends in Cognitive Sciences, 2009, 13: 65-73.

30. Hauser M, Wood J. Evolving the capacity to understand actions, intentions, and goals. Annual Review of Psychology, 2010, 61: 303-324.

31. Huston A C, Bentley A C. Human development in societal context. Annual Review of Psychology, 2010, 61: 411-437.

32. Jacob F. Bayes and the simplicity principle in perception. Psychological Review, 2009, 116 (4): 875-887.

33. Judit G, Jacques M. Speech perception and language acquisition in the first year of life. Annual Review of Psychology, 2010, 61: 191-218.

34. Kahler C W, Leventhal A M, Colby S M, Gwaltney C J, Kamarck T W, Monti P M. Hostility, cigarette smoking, and responses to a lab-based social stressor. Experimental and Clinical Psychopharmacology, 2009, 17: 413-424.

35. Kammeyer-Mueller J D, Judge T A, Scott B A. The role of core self-evaluations in the coping process. Journal of Applied Psychology, 2009, 94: 177-195.

36. Kishiyama M M, Boyce W T, Jimenez A M, Perry L M, Knight R T. Socioeconomic disparities affect prefrontal function in children. Journal of Cognitive Neuroscience, 2009, 21: 1106-1115.

37. Kissane D. Beyond the psychotherapy and survival debate: The challenge of social disparity, depression and treatment adherence in psychosocial cancer care. Psychooncology, 2009, 18 (1): 1-5.

38. Lane R D, Wager T D. The new field of brain-body medicine: What have we learned and where are we headed? NeuroImage, 2009, 47: 1135-1140.

39. Laura S R, Mark R L. Recations to discrimination, stigmatization, ostracism, and other forms of interpersonal rejection: A multimotive model. Psychological Review, 2009, 116 (2): 365-385.

40. Leon-Carrion J, Atutxa A M, Mangas M A, Soto-Moreno A, Pumar A, et al. A clinical profile of memory impairment in humans due to endogenous glucocorticoid excess. Clinical Endocrinology, 2009, 70 (2): 192-200.

41. McLoyd V C, Kaplan R, Purtell K M, Bagley E, Hardaway C R, Smalls C. Poverty and socioeconomic disadvantage in adolescence. In R. M. Lerner & L. Steinberg (Eds.), Handbook of Adolescent Psychology, Vol. 2: Contextual Influences on Adolescent Development (3rd ed). New York: Wiley, 2009: 444-491.

42. Naomi H F, Thomas L G, James L M. The influence of categories on perception: explaining the perceptual magnet effect as optimal statistical inference. Psychological Review, 2009, 116 (4): 752-782.

43. Nosek B A, Greenwald A G. (Part of) the case for a pragmatic approach to validity: Comment on De Houwer, Teige-Mocigemba, Spruyt, and Moors. Psychological Bulletin, 2009, 35: 373-376.

44. Oliver H, Einar O E, Karim N. A bridge over troubled water: Reconsolidation as a link between cognitive and neurosientific Memory Research Traditions. Annual Review of Psychology, 2010, 61: 141-167.

45. Pascoe E A, Smart R L. Perceived discrimination and health: A meta-analytic review. Psychological Bulletin, 2009, 135 (4): 531-554.

46. Philip H. Winne, John C. Nesbit. The psychology of academic achievement. Annual Review of Psychology, 2010, 61: 653-678.

47. Reyna V F, Nelson W L, Han P K, Dieckmann N F. How numeracy influences risk comprehension and medical decision making. Psychological Bulletin, 2009, 135 (6): 943-973.

48. Rosenbaum R S, Gilboa A, Levine B, Winocur G, Moscovitch M. Amnesia as an impairment of detail generation and binding: Evidence frompersonal, fictional, and semantic narratives in K. C. Neuropsychologia, 2009, 47: 2181-2187.

49. Schwabe L, Wolf O T, Oitzl M S. Memory formation under stress: Quantity and quality. Neuroscience and Biobehavioral Reviews, 2010, 34: 584-591.

50. Soussignan R, Boivin M, Girard A, Perusse D, Liu X, Tremblay R E. Genetic and environmental etiology of emotional and social behaviors in 5-month-old infant twins: Influence of the social context. Infant Behavior Development, 2009, 32 (1): 1-9.

51. Stringhini S, Sabia S, Shipley M, Brunner E, Nabi H, Kivimaki M, Singh-Manoux A. Association of socioeconomic position with health behaviors and mortality. the Journal of the American Medical Association, 2010, 303: 1159-1166.

52. Szu-Han W, Richard G M. Hippocampal-neocortical interactions in memory formation, consolidation, and reconsolidation. Annual Review of Psychology, 2010, 61: 49-79.

53. Spillane N S, Smith G T. On the Pursuit of Sound Science for the Betterment of the American Indian Community: Reply to Beals et al. Psychological Bulletin, 2009, 135 (2): 344 -346.

54. Ulrich-Lai Y M, Herman J P. Neural regulation of endocrine and autonomic stress responses. National Review of Neuroscience, 2009, 10: 397-409.

55. Wahlberg K, Ghatan P H, Modell S, Nygren A, Ingvar M, et al. Suppressed neuroendocrine stress response in depressed women on job-stress-related long-term sick leave: A

stable marker potentially suggestive of preexisting vulnerability. Biological Psychiatry, 2009, 65 (9): 742-747.

56. Yaara Y, Noam S. An odor is not worth a thousand words: From multidimensional odors to unidimensional odor objects. Annual Review of Psychology, 2010, 61: 219-241.

57. Zhang T Y, Meaney M J. Epigenetics and the environmental regulation of the genome and its function. Annual Review of Psychology, 2010, 61: 439-466.

58. Zosuls K M, Ruble D N, Tamis-LeMonda C S, Shrout P E, Bornstein M H, Greulich F K. The acquisition of gender labels in infancy: Implications for sex-typed play. Developmental Psychology, 2009, 45: 688-701.

执笔人：莫　雷　张　卫　郑希付　范　方　曲　琛　刘志雅
王雨函　王婷婷　李董平　徐贵平　王立卉

第十六章

图书馆学、情报学

摘要

基于对2009年国外图书馆学情报学领域的主要研究项目，主要学协会、机构的学术活动，重要学术会议，主要期刊论文与会议论文的研究重点等研究主题的分析，本课题将2009年国外图书馆学情报学的研究进展聚焦为用户研究、数字资源长期保存、开放获取、数字交流、信息技术、信息服务、社会网络、知识组织、信息素养和开放存储等10个子领域。

有关图书馆用户和信息服务的研究继续成为国外学者关注的重点。主要涉及信息行为的基础理论、用户信息行为的研究方法与工具、特定对象的行为研究、用户社群的构成与分化、用户与信息系统、用户满意度和用户隐私。通过对用户的研究，有助于图书馆优化信息组织、信息系统的设计和信息服务模式。

数字资源长期保存的研究深受关注。两个国际知名的数字资源保存组织——数字保存中心和数字保存联盟分别发布数字资源保存政策的相关研究报告。2009年此方面的研究涉及：数字资源长期保存政策、研究数据的长期保存、网页存档、电子期刊的长期保存、数字保存的生命周期、数字资源长期保存的工具与标准，以及数字资源长期保存的法律问题。

开放获取是一个实践问题，是科研人员从科研过程中提出来的。2009年在开放获取的实践中，非发达国家和发达国家的非核心研究机构纷纷制订开放获取政策。与此相对应的，开放获取的研究集中在开放获取论文的影响力、政策制订问题、开放存储的形式差异、开放获取期刊的经济模式选择、开放获取本身的经济研究以及对开放学术交流模式的关注。

数字交流包括数字学术出版和学术交流。数字学术出版正在挑战传统的学术出版，改变原有进程和模式，以适应新的环境。数字学术出版的出现，使人们对信息进行复制、传播、控制和出版的能力发生了显著变化。国外 2009 年度其研究主要体现在数字学术出版模式的成本效益分析、电子书刊使用的调查、开放获取电子期刊的文献计量分析、开放学术交流模式、数字学术交流与图书馆等。

信息技术主要指被应用于数字图书馆的各项信息技术。2009 年的数字图书馆技术研究更多的含有第二代数字图书馆的理念。高性能的计算、语义 Web 技术、网络数据链接、内容挖掘等技术的探索和应用为数字图书馆的构建和服务提供了新的思路，以方便用户为核心的知识服务成为未来研究的热点。

为用户提供优质的信息服务是图书馆资源建设的重要目标。如何提升图书馆的信息服务始终是国外图书馆学情报学界关注的内容。2009 年，国外有关信息服务的研究主要集中于图书馆服务与数字科研环境、图书馆多元文化服务、图书馆服务调查与评估、参考咨询与学科馆员等方面。

社会网络的研究包括社会网络理论和社会网络分析。社会网络分析方法将研究对象视为网络节点，研究对象之间的关系作为网络链接，运用社会网络理论来对网络结构和网络行为等进行分析、解释甚至预测。2009 年，国外这方面的研究主要涉及社会网络理论、社会网络伦理、用户与社会网络、社会网络分析与应用等。

在语义网技术的驱动下，一方面，本体的研究和实践有了飞速的发展。由于本体能表示某一领域知识的标准化的术语，并能够为机器所理解，因而经过一段时间的本体研究后，本体被应用到了信息处理的多个领域。另一方面，元数据标准继续成为数字图书馆互操作的重要形式。

国外学者在 2009 年对信息素养的研究涉及信息素养的定义、概念、教学方法、用户信息行为和信息素养教育评估等方面。为了充分揭示用户信息素养的水平，有关学者以用户信息查询行为为切入点，结合背景信息的搜寻、用户的元认知能力、用户自身的认知能力、图书馆的目录查询系统与用户的交互等，为图书馆提升用户信息素养提供新的研究方向。

从国外的研究现状来看，当前国外围绕开放存储的理论研究集中于：开放存储的资源收集、建设模式、系统支撑、服务开展、管理政策、标准规范、知识产权和长期保存等方面，有关开放存储建设成效的评估、开放存储愿景实现所面临的挑战、开放存储行为的影响因素等内容也开始引起国外学者的进一步重视。

综观国外 2009 年图书馆学情报学的研究情形，对比国内的研究现状，可以看出，国内图书馆学情报学的研究，无论是在国外研究态势跟踪、基础理论研究、前沿技术研究、标准研究，还是在服务评价、研究合作等方面，均存在一定不足，需要继续进一步加强。随着世界新情况的不断发展，图书馆学情报学面临新的发展。就目前情况来看，图书馆学情报学显现以下的发展趋势：①Web2.0技术以面向大众、方便用户为重点；②知识组织方式迈向语义化；③多媒体资源标引技术广受关注；④以用户为中心，提供个性化知识服务。

Abstract

Based on investigation of major programs, association and society's academic practice, conference topic, periodicals and proceeding in library and information science abroad, it sums up that in 2009 the study of library and information science abroad focus on user studies, long-term preservation of digital resources, open access, digital communication, information technology, information services, social networks, knowledge organization, information literacy, and open access repositories.

Library users and information services research continue to be the focus of attention of foreign scholars. It mainly involves basic theory of information behavior, research methods and tools of information behavior, information behavior of specific object, the composition and differentiation of user community, users and information systems, user satisfaction and user privacy. Via the study of users, it can help library world optimize library information organization, information systems design and information service model.

Long-term preservation of digital resources, has deeply concerned about. Two internationally renowned digital resource preservation organizations-Digital Curation Center and the Digital Preservation Coalition had separately published research report about the policy of preservation of digital resources. Research in this area in 2009 involved: long-term preservation of digital resources policy, research data to be long-term preserved, web archiving, long-term preservation of electronic journals, digital preservation of the life cycle, tools and standards for long-term preservation of digital resources, and legal issues of long-term preservation of digital resources.

Open access is a matter of practice, which is proposed by researchers during research process. In 2009, non-core research institutions, from non-developed countries and developed countries, have developed open access policy. Correspondingly, the open access research focused on the impact of open access, OA policy making, form differences of OA storage, economic model choice of open access journals, economic research of open access and academic exchange on the open mode.

Digital exchange includes digital academic publishing and academic exchange. Digital academic publishing is challenging traditional scholarly publishing and change processes and models of scholarly publishing to adapt to the new environment. With the emergence of digital scholarly publishing, that people duplicate information, communicate information, control information, publish information has a significant change. Study abroad on academic scholarly publishing in 2009 reflects cost and benefit analysis of digital scholarly publishing, the use of electronic books in different countries, quantitative analysis of open access electronic journal, the open mode of academic exchange, digital academic exchange and library.

Information technology is the one that has been used mainly in digital library. In 2009 study on digital library technology involves the concept of second-generation digital libraries. The exploration and application of high-performance computing, semantic web technologies, network data links, and content mining, has provided new thinking for the construction and service of digital library. knowledge services, with the core concept of bringing convenience to users, will be one of the hot research spots in the future.

Providing users with high-quality information services is an important goal of library resources construction. How to enhance the library's information service has always been attention in the foreign library and information science world. In 2009, the foreign research of information services is focused on: library services and digital research environment, library multicultural services, investigation and evaluation of library services, reference librarians with subject areas.

The research social network includes social network theory and social network analysis. As for the method of social network analysis, study object is a network node, and the relationship among subjects is the network link. On that basis, the analysis, interpretation and prediction of network structure and network behavior are studied with the help of social network theory. In 2009, research in this area abroad mainly related to social network theory, social network ethics, users and social networks, social network analysis and applications.

With the development of the semantic web technology, on the one hand, ontology research and practice has developed rapidly, for ontology can represent the standardized terminology in certain areas and be understood by machines, and after a period of ontology research, ontology has be applied to many areas of information processing. On the other hand, metadata standards, continue to be an important form of interoperability of digital libraries.

Foreign scholars in 2009 on information literacy related to information literacy definitions, concepts, teaching methods, information behavior and assessment of information literacy education, and so on. In order to fully reveal the level of users in Information Literacy, taking users' search behavior as the research perspective, combining with background information search, users' metacognitive ability, users' cognitive abilities, the library's catalog query system and user interaction etc., academics had study how to improve information literacy with the help of library information service.

With the analysis of the foreign research status in open access repositories, the current research focus on open access repositories abroad including: resource collection of open access information, construction mode, system support, service, management policies, standards, intellectual property rights and long-term preservation. Obviously, the assessment effectiveness of open access repositories, challenges of vision to open access repositories, open access repositories behavior of factors, is beginning to arouse further attention of foreign scholars.

Looking at the study development in library and information science abroad in 2009, comparing with research status at home, we can see, the domestic library and information science research, not only in trend tracking of study abroad, fundamental research, advanced technology, standard, but also in the service evaluation, research cooperation and so on, have certain deficiencies, and need to continue strengthening. With the continuous development of the new situation, the library and information science are facing new development. As things stand, library and information science of the development trends show the following: (1) Web2. 0 technology will go to the mass and become user-focused, (2) Knowledge organization go to be semantic, (3) Tagging of multi-media information resources will be attended, (4) With the concept of user-centered, providing personalized knowledge service is the mission of library world in the future.

一、发展概况

（一）概述

图书馆学情报学的学科发展和应用研究与社会经济发展、信息技术进步、用户信息需求密切相关。2009年，国外图书馆学情报学的研究更是充分体现了这一点。围绕用户研究、数字资源长期保存、开放获取、数字交流、信息技术、信息服务、社会网络、知识组织、信息素养和开放存储等论题，国外学者积极进行探索，并取得了一系列的研究成果。

与前两次的写作相比，课题组今年对写作指导思想、资料获取来源、写作技法等做了科学合理的调整。在研究主题的选择上，课题组力争对国内图书馆学情报学界关注的研究主题在国外的进展中有所体现，而国外图书馆学情报学界关注的研究主题，即便国内目前可能仍未有学者涉及，也要有所引介。在之前的写作积累上，逐步实现主要研究结构的稳定性，全面性和覆盖性，基本形成一个未来比较稳定的研究进展框架。在资料获取来源上，今年的写作进一步拓展渠道，评介对象将不再仅仅局限于会议论文与期刊论文，而是通过调研2009年发表的期刊论文与会议论文，重要会议主题，重大项目，学协会、研究机构与高校院系的学术活动，力求更为全面地反映2009年国外图书馆学情报学的研究概貌。

（二）2009年主要研究项目

研究项目是揭示国外图书馆学情报学最新研究动向的可靠依据。从当前的发展实践分析，欧盟和美国在图书馆学情报学研究项目的建设上走在世界前列。2009年，欧盟和美国国家科学基金会（NSF）均进一步加大在图书馆学情报学方面的项目研究投入。

1. 欧盟FP7于2009年资助启动的项目

欧盟FP7于2009年启动了11项与数字图书馆相关的研究项目。这些项目包括：通信与社会参与：面向交互与学习的合作技术，非洲印刷型文化遗产的保存与共享新方法研究，数字文化遗产网络：ERA-NET——支持数字文化遗产研究基础架构的合作，DynaLearn：面向学习型概念系统知识的智能工具，公众与专业决策的卓越性：基于浸入认知与情感强化战略与工具的特定实践与处理基础，可扩展的智能学习组织，保持仿真环境的可移动性，保存PRIME，响应式的开放学习环境，提升大规模的多学科研究的技术研究，可变革的、可适用的、响应式的、吸引人参与的环境。①

2. 美国 NSF 于 2009 年资助的项目

1994 年，美国 NSF 投资 240 万美元开发六个数字图书馆的项目（DLI-Ⅰ，1994—1998）；到 1998 年，NSF 继续投资，启动了 DLI-Ⅱ（1998—2002），进一步扩大美国数字图书馆建设的影响，以实现数字图书馆项目从单纯的技术开发到多元化的开发（包括对技术、内容、标准化、用户的研究等）；2000 年，NSF 资助启动了 NSDL（2000—2006），全面推动数字图书馆在科研领域的全面发展。2009 年，NSF 继续加大对数字图书馆的资助力度，共计资助 35 项图书馆学情报学领域的项目。重点包括，ChemEd DL：拓展面向化学教育的独特方法，ChemEd 数字图书馆的 Wiki 词典，NSDL 中 K-12 资源内容整合与教育质量的评估研究，NSDL 资源在课堂教学的特色挖掘；OCKHAM 图书馆网络：将 NSDL 整合进传统图书馆服务中，PARI 数字资源的全国性传播；基于网络的社区学院学习：教员学术、数字科研、开放课堂；计算机科学教育的参考咨询：推送、吸引、嵌入与维持，将面向分析科学的网络实践社群嵌入分析科学数字图书馆，进一步加强基于实时数据集、计算与统计分析的 STEM 教育，扩展 NSDL 项目的影响；数学合作开发：进一步推进 NSDL 内容与知识整合在数学示范实践的应用，数字资源维持的案例研究，网络视频信息的专利信息挖掘；问生物学家：面向在社群网络中成长的一代人的问题解答与内容开发，支持个性化与社群导航的 NSDL 服务。②

（三）2009 年主要学协会、机构的学术活动

2009 年，以国际图联（IFLA）、联机计算机图书馆中心（OCLC）、美国情报科学与技术协会、美国国会图书馆、英国联合信息系统委员会等为代表的主要图书馆学协会、组织机构，通过举办学术会议、启动研究项目，继续拓展、提升图书馆学情报学的研究领域。

1. IFLA

2009 年国际图联年会重点关注的是图书馆在文化传承中的功能。在数字阅读、数字资源保存、语义网搜索等多方面给予了关注。2009 年的年会主题是“图书馆创造未来：建立在文化遗产基础之上”。此次年会主要议题包括：数字图书馆的未来——用户前景与机构策略，未来的图书馆——10 年后我们

---

① CORDIS. Find a project, 2010-07-21. http://cordis.europa.eu.

② NSF. Award Search, 2010 - 07 - 21. http://nsf.gov/awardsearch/afSearch.do? d - 49653 - p = 1&ProgEleCode=744&SearchType=afSearch&d-49653-o=1&Search=Search&d-49653-s=4&page=4#results.

将身处何方，将图书馆提上议事日程——国际图联与经济危机；数字时代的国家图书馆：领导与合作，学术研究型图书馆的热点问题，为不同年龄段的图书馆员和信息工作者创造积极的工作环境，发扬和保存国家书目——对文化遗产的宣言，新原则、新规则、新编目，UNIMARC 与编目未来，文化遗产的统计。

2. OCLC

2009 年，OCLC 的主要学术活动包括：发布支持 Unicode 的新版本 CONTENTdm；提高图书元数据工作流程的效率——NISO 与 OCLC 发布了揭示图书供应链中机遇的白皮书；提供“出版商元数据服务”，以增强题名元数据在供应链中的应用；OCLC 的 QuestionPoint 和 Mosio 的 Text a Librarian 宣布开展虚拟咨询协作；OCLC 的研究图书馆组织（RLG）网络化名称规范咨询小组（Partners Networking Names Advisory Group）发布了有关网络化名称规范的研究报告——Networking Names。

3. 美国情报科学与技术协会（ASIS&T）

ASIS&T 将 2009 年的年会主题设计为：多元化世界的信息机会及机构库的成功因素与新方向、协作、元数据、信息存取、人类信息安全行为、ICT（信息与通信技术）在政治中的影响、健康信息行为、信息技术趋势、信息搜寻行为、信息检索。

4. 美国图书情报教育协会

该协会 2009 年的年会主题是：Transforming LIS Education for the 21st Century：i-CREATE。会议从国际化教育、性别问题、历史视角、教学方法、青年人服务、多元文化与种族、技术服务、信息伦理等方面进行了探讨。

5. 美国研究图书馆协会（ARL）

ARL 发布研究型图书馆发展的环境扫描报告（*Transformational Times：An Environmental Scan Prepared for the ARL Strategic Plan Review Task Force*）。该报告从 ARL 战略的三个层面（学术交流、影响研究型图书馆的公共政策及图书馆在教学科研活动的角色）对研究型图书馆未来 5 年内所面临的威胁和挑战进行了全面深入的分析。

6. 英国联合信息系统委员会（JISC）

JISC 启动了信息环境研究框架下的“仓储与保存项目”（Repositories and Preservation Programme），并发布报告《不同出版模式的经济意义——成本效益观察》（*Economic Implications of Alternative Scholarly Publishing Models：Exploring the Costs and Benefits*）。

7. 美国国会图书馆

美国国会图书馆重视对云计算技术的应用。2009 年 7 月，美国国会图书馆宣布启动为期一年的实验性项目，通过为纽约公共图书馆的数字图像馆藏和生物多样性遗产图书馆的过刊提供永久性存取，对云计算技术在数字内容的永久性存取方面的应用进行检测。

此外，2009 年美国 ALA 年会研讨主题包括：开放获取与学术交流、工作人员认证问题等。ISSI 于 2009 年举办了第 12 届会议。其主题是：跟踪和评估交叉科学、CiteSpace 软件与科学地图应用。

（四）2009 年重要学术会议

2009 年，一些重要的图书馆学情报学会议顺利举行。这些会议的研究主题，为我们了解国外图书馆学情报学的研究前沿和研究热点提供了有价值的线索。下面就比较重要的学术会议作简要介绍。

1. DC2009

此次会议议题为：链接数据（linked data）与语义互操作。研讨报告涉及语义互操作、知识分类体系、SKOS、图书馆编目、链接数据的功能与技术问题、链接数据战略与政策、本体设计与互操作、映射与整合。

2. 俄罗斯数字图书馆会议

此次会议议题涉及：信息表示的模型与方法、基于知识表示的元数据、本体与设备、虚拟研究环境、数字图书馆的技术标准、数字图书馆的工具与数字馆藏创新、互操作与信息整合、网格环境下的数字图书馆、工作文本的技术与方法、多媒体与半结构化信息。

3. JCDL2009

数字图书馆顶级会议。此次会议议题涉及：信息新手与专家交互、网络化服务与数字图书馆、个性化数字图书馆、数字图书馆的社会建构、信息可视化、检索与浏览、数据挖掘与抽取、企业级信息构建、分布式信息系统、信息行为与需求研究、信息政策与版权法、现有系统的深入分析、教育方面的数字馆藏、数字图书馆课程开发、数字保存的系统与算法、信息交互的理论模型。

4. Open repository 2009

第四届国际开放仓储会议。此次会议议题涉及：RDA、DataONE、仓储工具、云计算在开放仓储中的应用等。包括：许多轻量级视角瞄准复杂仓储应用：将快速应用开发（Rapid Application Development）技术应用于 Fedora；管理科学数据：DataONE（一个新的分布式组织与网络基础平台），用 LibraryFind整合机构库到共享的平台，Dspace1.5 到 2.0 之路，基于云计算的开放档案存储体系结构，SWORD 的未来、仓储工具——微软研究与学术信息系统。

5. ICSD2009

语义网与数字图书馆国际会议。此次会议议题涉及：数字图书馆怎样支持语义网功能，语义网技术如何提升数字图书馆。具体包括：下一代 OPACs、语义搜索、本体利用、元数据标准、互操作与 Crosswalks、语义与书目数据库、软件代理的组织与检索、语义 Web 服务、数字对象的标准与规范、词表与分类法的发展、数字图书馆的多语言问题、传统知识组织体系（如 DDC、UDC 或 MeSH）应用、使用智力资本支持真正的语义搜索与推理。

6. code4lib 2009

此次会议议题涉及：编程、开放源码软件和工具使用，FRBE 模型讨论，LibX2.0 社区平台，编码器创建应用程序来处理数据，互操作性、可移植性、可扩展性，数据共享，语义网，推动开源源码和开放式数据发展。

7. iPres2009

数字长期保存国际会议。此次会议议题涉及：数字资源长期保存经济学，预测长期保存费用，成本，编辑模型和框架的分布。开放数据：获取和保存的法律和机构模式；数字资源长期保存技术，组织发展；保护数据，访问环境；建立一种软件保护方法。

8. 信息构建

此次会议议题涉及：扩大我们的视野，鼓励同行和业界专家聚在一起进行广泛的讨论。讨论主题围绕信息作为相当广泛的实践技术与工具，以创造更好的用户体验进行。

9. ODCE2009

俄亥俄数字空间教育会议。此次会议议题涉及四大板块：21 世纪的教学、学生的成功，俄亥俄正在向前迈进，转化技术，P-20 教育。

10. RCIS2009

2009 信息科学研究的挑战国际会议。此次会议议题涉及：数据库；信息系统；网络系统；业务流程建模，分析与设计；智能代理；知识管理；本体；数据中的知识发现。

11. DigCCurr 2009

数字管理国际峰会。此次会议议题涉及：建立全球数字图书馆、为团队有效和高效地使用交互模式提供建议、数据管理的挑战、创建元数据的数据库、社会科学数据文档评价模型、版权、基于 XML 的经济分析检索系统、模块化存储服务、保存工作流程、数字保存。

12. IATUL2009

理工大学图书馆国际协会年会。此次会议议题涉及：图书馆创新，创新的挑战，服务创新，知识创新文化；利用文本使用模式建立学术文章推荐服务；通过 LibQual 评估图书馆质量；各种工具的使用。

13. MTSR09

元数据与语义研究会议。此次会议议题涉及：元数据基础（元数据的类型和元数据的使用，元数据的价值和成本，元数据使用的质量评价，元数据的可重用性），元数据管理的语言和框架（元数据和语义 Web、知识管理、软件工程、本体和基于本体的知识管理系统），技术问题（元数据存储、集成、提取和导航的技术问题，学习对象管理的技术）。

14. SIGIR2009

信息检索特别兴趣组会议。此次会议议题涉及：搜索功能，分类和聚类，2.0，检索模型，语言和语言处理，检索效率，Web 检索，信息提取，检索模型，点击模型，互动搜索，多媒体（音乐、图像、标签），分布式检索，行业跟踪者，评估、评价和测量，二代 Web 检索，垃圾邮件过滤。

（五）2009 年主要期刊论文与会议论文的研究重点

借助 ISI Web of Science 收录的 52 种图书馆学情报学期刊，检索 2009 年国外图书馆学情报学的 articles，review，book review，proceedings paper 等各类型文献，除去与图书馆学情报学领域不相关的 book review 后，获得 2009 年国外图书馆学情报学相关的英文研究文献 2 614 篇。在此基础上进行主题的统计分析。可知，2009 年，国外图书馆学情报学的主题主要集中在数字信息技术、用户研究、信息检索、图书馆管理、指标研究、图书馆战略与环境、各类型图书馆、数字图书馆、信息系统、引文分析、信息素养、图书馆资源、数字学习、社会网络、资源建设、信息伦理和元分析等。

二、主要学术成果和理论创新

基于对 2009 年国外图书馆学情报学领域的主要研究项目，主要学协会、机构的学术活动，重要学术会议，主要期刊论文与会议论文的研究重点等研究主题的分析，本课题将 2009 年国外图书馆学情报学的研究进展聚焦为用户研究、数字资源长期保存、开放获取、数字交流、信息技术、信息服务、社会网络、知识组织、信息素养和开放存储等 10 个子领域。

（一）用户研究

2009 年，有关图书馆用户和信息服务的研究继续成为国外学者关注的重点。主要涉及：用户信息行为的基础理论、用户信息行为的研究方法与工具、特定对象的行为研究、用户社群的构成与分化、用户与信息系统、用户满意度和用户隐私。通过对用户的研究，有助于图书馆优化信息组织、信息系统的设计和信息服务模式。

1. 用户信息行为的基础理论

信息行为主要是指在图书情报学视角中的整个信息活动范围中人类的行为。人类行为的研究是心理学的重要内容，信息行为的主要基础理论来自于心理学和图书情报学的交叉。2006 年 Spink 和 Cole 提出了人类同时处理多个信息任务的人类信息行为整合框架（integrated HIB framework）。[①]

Reijo Savolainen 对比分析了以信息搜寻活动和共享条件下的小世界（small world）和信息场（Information grounds），集中讨论了空间因素和社会因素构成小世界和信息场。[②] 两种方法都是从物理空间来讨论空间要素。小世界结构强调将空间要素作为一种约束，但是信息场的结构则强调将空间因素作为一个开放的场地。至于社会因素，小世界结构集中于标准约束下的信息搜寻与分享，描绘了居民在较长一段时间内生活在相对封闭的环境中，外来者进入时需要遵循内部人已经设立的行为规则；相反，信息场中强调其他人的共同出现作为一个偶发的信息搜寻和分享的机会，在信息场中人可以自发自由公开地选择集聚的地点如购物场所进行信息搜寻与分享，遵循一定规则的压力很小。Chatman 和 Fisher 强调这两个因素的不同，但是 Reijo Savolainen 认为这两个因素可以看做互相补充的关系。

Iris Xie 指出信息任务是信息检索的内在驱动力。信息任务可以分解为工作任务和检索任务两个层次，工作任务导致信息检索任务，信息检索任务决定用户的检索行为。工作任务从性质（常规的、有代表性的、非同寻常的）、阶段（确定重点前、重点形成、重点确定后）和时间限制（非常紧急、紧急、不紧急）三个维度来描述。检索任务从组织（自我产生的任务、被分配的任务）、类型（更新信息、寻找特定信息、寻找共同特征的条目）和灵活性（很

---

① Spink Amanda, Charles Cole. New directions in human information behavior. Dordrecht: Springer, 2006: 137–154.

② Savolainen Reijo. Small world and information grounds as contexts of information seeking and sharing. Library & Information Science Research, 2009, 3 (1): 38–45.

灵活、灵活、不灵活）三个维度来描述。信息搜寻与检索的过程中涉及的决策主要有：预计搜索的范围，检索策略和检索过程中目标的转换。预计搜索的范围主要由工作任务的性质和搜索任务的种类影响。工作任务的阶段和搜索任务的种类是导致参与者使用不同信息搜寻策略的原因。多数搜索目标的转换和工作任务的阶段有关，特别是在确定重点之前的阶段。同时，搜索任务的灵活性，描绘了搜索目标转换的范围。工作任务和搜索任务的维度分析和它们对信息搜寻与检索过程的影响说明这些维度之间不是孤立的，维度和个人、语境和环境属性都是相关的，它们共同决定了用户的信息搜索与检索过程。①

G. Genevieve 等人指出，元认知是影响信息过程质量和水平的重要特征。网络搜索的元认知技能分为模式训练、计划、监视、评估、迁移等五种，元认知技能的应用可以归纳为认知、理解、任务和技术四个相关的维度。元认知的类型和使用的维度之间交叉构成了 20 个子区间。通过使用克里特量表对英国谢菲尔德大学的学生和老师的在线调查和分析，发现总体上年纪大的人使用元认知更多，并且元认知技巧的子领域也是最多的。但是年纪大的人在搜索时缺乏速度和自信，主要是他们不愿意事先计划好。在性别方面，女性使用元认知的水平没有显著突出，但是在元认知的任务-监测子领域表现得更加出众。同样女性在搜索的时候也表现得不够自信。在学科领域方面，科学家在搜索、记忆和理解方面表现得高度自信，但是在计划方面表现得很差，然而在搜索的时候缺乏计划并不代表不能进行高效的搜索活动。艺术家和管理工作人员表现出高度的计划性，但是在记忆和理解技巧使用方面得分很低。

2. 用户信息行为的研究方法与工具

恰当地使用研究方法和工具可以极大地方便学术研究，新的方法和工具往往可以促进学科的发展。Isto Huvila 提出了一种新的定性分析方法用于研究个人与集体的信息行为。I-ChinWu 等人则提出了研究和跟踪用户动态信息需求的模型并进行了实证研究。

1999 年 D. H. Sonnenwald 提出信息视野（information horizons）作为分析信息行为的理论框架，之后他和同事在信息视野理论和用户驱动的信息视野地图的基础上发展了一种收集数据的方法。Isto Huvila 利用用户的信息视野地图作为一种数据分析的工具，通过对芬兰和瑞典的考古学家进行访问的非结构化数据的分析，绘制了信息视野分析地图（Analytical information horizon maps）。根

---

① Xie Iris. Dimensions of tasks: influences on information-seeking and retrieving process. Journal of Documentation, 2009, 65 (3): 339-366.

据正式工作职责、工作场所和环境、交互目标和活动的原则，将考古学家的工作分解为学术教育、考古发掘、文物研究、公共信息传播、学术研究、文化遗产管理和基础研发（开发考古方法和技术、分析方法等）七个工作角色。首先对考古学家进行多轮访谈，对设计到的工作角色分配数字编号，对考古学家随机分配 A-Z 的字母。然后将每一个人谈话中每一句话涉及的工作角色用数字进行标注，对每句话按照事先的字母编码标注被访者。在分析和构建研究者的信息视野地图时，用虚线框表示容器、实线框表示进入点信息资源、虚线阴影框表示末端信息资源，用虚线箭头连接有先后顺序的资源，用实线强调资源之间的链接，用虚线表示双向的资源使用关系。首先对同一个工作角色即工作角色编码一样的访谈笔录进行抽取，根据抽取的内容分析工作角色涉及的信息资源及其相互关系，构建基于工作角色的信息视野地图。然后将标注有同一个字母和同一个数字的笔录抽取出来，根据这些内容分析和构建一个人充当一个工作角色的信息视野地图。实证研究表明个人的特定工作角色的信息视野和集体的工作角色的信息视野地图非常一致，使用个人信息资源对工作角色都没有实质上的影响，所以特定工作角色的信息视野是工作角色信息行为模式的可行展示。更进一步，研究者绘制的地图包括信息资源、通过多种数据收集方法获得的相互关系和搜索者未查阅有用的资源。由于分析视野范围地图的推断功能，所以分析信息视野地图作为一个不使用信息视野方法收集研究数据的数据分析工具是有效的，是一种解释信息行为方面的多维数据的切实可行的方法。这种方法绘制出来的地图提供了个人和集体信息地图的关键的、综合的和可对比的展示框架，是一种可视化、相互连接和结构化个人信息资源使用和分享的模式。①

信息或者信息资源的共享性和复制性是信息或者信息资源存储检索的重要前提。但是 IDC2004 年的研究报告显示，公司内部数据大约 90% 只被使用了一次。知识密集型企业如果不能及时获得和有效地重复使用信息和知识，那么积累的信息没有意义，重新创造已有的知识导致产品成本提高。I-Chin Wu 等人指出，随着文档在知识管理系统中的堆积，快速地找到用户需要的信息至关重要。现行的基于任务的配置文件和考虑用户搜索行为的推送战略可以在一定程度上满足用户的信息需求。但是不能随着时间的变化跟踪用户的动态信息需求，及时调整系统的服务，而用户的需求在任务执行的过程中经常出现变化。

---

① Huvila Isto. Analytical information horizon maps. Library & Information Science Research, 2009, (31): 18-28.

I-Chin Wu 等人提出了一个便于隐含关联性反馈算法和合作过滤（collaborative filtering）应用的主题变化监测模型研究和跟踪用户的动态需求。用户的需求随着时间和社会环境的变化而变化。在研究用户的需求的时候需要考虑时间和社会因素（通过集体行为模式变化来体现）。用户获取的文档可以反映需求，而且最近使用的文档比先前的文档更能反映工作人员当前的任务。在个人主题变化检查过程中，知识管理系统可以根据用户最近获得的文档来调整用户的任务配置文件。通过在 IRF 算法中引入时间递减因子，体现被请求的文档对于配置文件的影响随着距离现在时间越长变得越弱。用户的信息行为可以总结为与任务相关的主题，而每一个主题都对应着一个文献集合。在集体主题变化监测过程中，将用户检索的文献集合与主题对应的文献集合之间的相似度，作为每个时刻用户与主题之间的关系，可以获得用户相关主题随着时间变化的相似度矩阵。利用矩阵可以发现和目标用户相似的其他的用户。在对类似用户的配置文档及其随着时间的变化情况的基础上进行建模，抽取出合作配置文档。合作配置文档中体现了类似用户的相关主题及其随着时间的变化过程，这可以用来预测目标用户下一阶段的信息需求。这样检索系统就在用户的检索过程中动态地捕捉到了用户的动态信息需求。根据合作配置文档修改目标用户的配置文件，提高系统的检索质量。①

3. 特定对象的行为研究

2009 年，有国外学者从特定对象出发，选取这些对象主体的信息行为作为研究对象，开展用户信息行为的研究。而特定对象主要涉及网络用户、学生、老年人、艺术家等信息行为群体。

（1）网络用户的信息行为

社会认知论认为用户、行为和环境三者是互为因果。信息用户的行为是用户因素（如知识背景、信息素养等）和环境（如现实环境、网络信息技术等）的函数。信息用户的行为研究主要包括信息需求认识和表达行为、信息查询行为、信息选择与存储（下载）行为、信息加工行为、信息吸收与利用行为和信息交互行为等六种类型。

网络技术的新发展和网络形态影响网络用户的信息行为。I-Ping Chiang 等人以流行的 Web2.0 应用为网站是否为 2.0 网站的判断标准，以用户浏览网站

---

① Wui-Chin, Liu Duen-ren, CHANG PEI-CHENG. Learning dynamic information needs: a collaborative topic variation inspection approach. Journal of The American Society for Information Science And Technology, 2009, 60 (12): 2430-2451.

中 2.0 网站的权重为用户 Web2.0 度，研究发现网络用户中年轻人和女性的 Web2.0 度更高，Web2.0 度与用户行为量（浏览页面的数量）、行为的速度（每页浏览的时间）和行为的集中度（网站间浏览页面的基尼系数）成相关。① 博客、社会网络网站、微博等作为 Web2.0 的主要形式受到了很大的追捧，大量真实的用户和详细的个人资料吸引了商家的眼光。顾客消费的品牌意识和购买决策越来越受到网络交流和社会网络服务的影响，消费者使用微博等网络交流技术时，也将其作为可信的信息、见解的可信来源。Bernard J. Jansen 等人从消费者网络口碑的角度研究了 Twitter 用户的微博行为，研究发现 19% 的微博内容提及了品牌，在表达的时候微博内容的语言结构和自然语言表达的语言模式非常接近。接近 20% 的品牌相关的评价包含了对公司、产品或者品牌情感的表达，超过 50% 的是正面评价，有 33% 是对公司或者产品的批评。大约有 60% 的评价在一周左右会改变，所以微博的品牌行为随时间流动，需要连续不断的管理。统计结果表明不同行业的品牌敏感度存在差异。Bernard J. Jansen 等人指出微博可以作为消费者口碑交流的在线工具并且微博可以作为公司整个市场战略的一部分。②

当用户的已有知识不足以解决所面临的问题或者任务的时候就产生了信息需求。任务的不同往往导致不同的检索信息的策略。Jeonghyun Kim 认为用户的任务有事实任务、解释任务、探索任务三类。从任务的维度上来说，任务分为工作任务和搜索任务两个维度。从工作任务维度看，影响的因素有动机、结构、复杂度；从搜索任务维度看，影响的因素有搜索目标、搜索主题、结构、信息需求的类型、复杂度。用户的信息检索策略包括方法、目标、模式三个维度。方法维度包括存取方式如检索、扫描、链接等和抽取方式如选择、捕捉（capture）等，目标维度是指目标信息包括元信息（Meta-info）即搜索出来的网页和网页的属性、信息即网页的内容和工具，模式维度包括特定搜索、识别和使用等方面。Jeonghyun Kim 利用信息检索策略的不同维度总结出 14 种检索策略，通过对研究生的信息行为研究发现：在进行事实任务检索的时候，使用的最多是“扫描—信息—特定检索”、“检索—元信息—特定搜索”、“扫描—元信息—特定检索”、“选择—元信息—特定搜索”。学生在检索事实信息的时候的策略是在搜索引擎中搜索特定的关键词，然后一个一个页面浏览直到找到

---

① Chiang i-Ping, Huang Chun-yao, Huang Chien-wen. Characterizing web users' degree of web 2.0-ness. Journal of The American Society for Information Science and Technology, 2009, 60 (7): 1349-1357.

② Jansen Bernard J, Zhang Mimi, Sobel Kate, et al. Twitter power: tweets as electronic word of mouth. Journal of The American Society for Information Science And Technology, 2009, 60 (11): 2169-2188.

需要的信息。在进行解释任务的时候，使用最多的是“扫描—信息—识别”的策略，其次是“链接—元信息—识别”、“选择—元信息—特定检索”和“搜索—工作—特定检索”。解释任务的搜索模式是从一般到特殊，先从有引导作用的信息然后定位到大概的范围之内进行仔细的检查。但是在完成探索任务时，用户使用的信息检索策略都比其他两个任务少，表明被研究者没有学透信息检索。总体来说，在进行检索的时候“扫描—信息—识别”使用得最多，其次是“扫描—元信息—识别”。更进一步，Jeonghyun Kim 还提出了对信息检索系统设计有帮助的三种信息检索任务的信息检索策略转换模式，用来总结用户在完成不同任务和不同阶段使用的策略及其相互关系。①

Bernard J. Jansen 等人则研究了信息检索过程中用户构建和重复构建的查询式，指出网络搜索中重构查询式可以分为六种状态，包括：①新的查询：开始一个查询或者查询一个新的主题；②系统辅助：采用系统建议的辅助策略再检索；③更改内容：检索新的信息内容形式，如网页、图像、音频、新闻和视频；④扩展查询（generalizatoin）：减少检索词的数量；⑤重构：使用同样数目的词条并且两次查询至少有一个检索词是一样的；⑥专门化：使用更多检索词对同一主题再检索。通过对检索日志数据的分析发现，用户大多时候都属处于新查询的状态，其次是重组、系统辅助和转化。这说明多数用户在开始检索时对检索式的构造不明晰，对系统的辅助策略持开放态度。用户的专门化状态也占到了一定比例，用户更关心检准率。用户在新查询状态最可能转为转化和系统辅助，处于更改内容时，最可能转向系统辅助，处于泛化状态后最可能是转化，用户采取转化策略后最可能转化为重组和扩展查询，使用系统辅助之后用户很可能更改内容再执行查询。从状态的转化概率来看，用户在最开始的时候喜欢使用系统辅助，用户在使用系统辅助之后最喜欢更改搜索的内容，更改搜索内容之后也最可能使用系统辅助。采用 n-gram 建模方法描述用户从状态过渡到另一个状态的可能性，用来预测下一个状态。通过历史数据建立一至四阶段预测模型，并且从预测的精确度、数据集的覆盖面和复杂性三方面评价。结果表明，查询式重组和系统辅助可以解释所有重组的 45%，一阶段模型（即利用一次检索状态预测下次的检索行为）和二阶段模型（利用前两次状态预测第三次的检索行为）能够最好地预测，总体达到 28% ~40%，有些模式

① Kim Jeonghyun. Describing and predicting information-seeking Behavior on the web. Journal of The American Society For Information Science and Technology, 2009, 60 (4): 679-693.

达到 70%。这说明 n-gram 方法可以用来改进搜索系统和搜索辅助。①

（2）学生的信息行为

随着信息技术在教育和学习中应用和发展，学生的信息素养已经成为学习能力的一部分，信息素养的好坏直接影响到学习成绩和学生的综合素质。Heidi Julien 和 Susan Barker 通过对加拿大高中理科教育课程（开发学生信息素养的课程）和学生实际的信息素养的研究发现互联网是学生最常用的信息源。他们使用 Google 最多是将其直接当做互联网，作为满足学术和个人信息需求的主要工具。由于经常使用互联网，学生对关键词检索很熟练。在被调查者中，仅有 38% 的表示通过学校的科学课程的经验来学习如何选择信息，29% 通过非学术的个人经验。在评估信息时，学生通过以找到的信息能否解决问题来判断信息的相关性，42% 的学生通过对比多个信息源，识别资源的可信度（如是否有参考链接）。Wikipedia 也受到学生的欢迎，Google 搜索后一般将 Wikipedia 的网页排在最前面，但是学生认为 Wikipedia 是开源的，所以也只是一个可供比较的信息源。部分学生认为规范的大学网站、课本都是值得信赖的信息源。尽管学生对信息查找和评估的技能表示自信，但是总的来说，学生对信息评估不熟练，评估信息可信度的原则如权威性、准确性、客观性、时效性和覆盖面学生并没有提及。学生对通过控制检索词来改进详细度和准确度非常不熟练。学生不理解搜索引擎如何判断资源的相关性，也对 Google 的局限性和限于一个搜索引擎的危害不了解。总的来说，学生实际上没有熟练掌握信息搜索和重要的评估技巧。在老师应试教育的压力下不集中于真正要教授的内容，学校对学生缺乏信息素养负有较大责任。将信息能力培养的责任推脱给高中以后的教育阶段不能确保公民有足够的能力完全参与到 21 世纪的生活、工作和他们的个人生活中。②

Urquhart 和 Rowley 指出影响学生信息搜寻行为包括宏观因素和微观因素。宏观因素包括信息源设计、信息和学习技术的基础设施、信息获取、组织领导、文化、政策和资助等。微观因素包括信息素养、搜索策略、信息行为变化中的学术角色、学科与课程、教学方法、支持和训练。David Nicholas 等通过对虚拟学术研究项目，四年的网络日志挖掘发现学生与众不同的信息搜寻行为

① Jansen Bernard J, Booth Danielle L, Spink Amanda. Patterns of query reformulation during web searching. Journal of The American Society For Information Science and Technology, 2009, 60 (7): 1358-1371.

② Julien Heidi, Barker Susan. How high-school students find and evaluate scientific information: a basis for information literacy skills development. Library & Information Science Research, 2009 (31): 12-17.

方式，可以预见他们的行为和学术界其他成员的不同，包括学术界以外的学者。在使用方面，学生是使用会话和查看网页最多的群体。学生比大学教师搜索电子期刊更活跃，重点也更加广泛。可能因为频繁使用搜索引擎，学生会同时执行很多会话，但是每个会话浏览的页面很少。但是学生使用电子图书时一个会话阅读的页面比员工多，主要是由于经济原因学生依赖电子书。在重度使用方面（一个会话一次浏览超过 21 个页面），成为重度使用者的可能性实际上随着学术地位提高而提高。学生们喜欢对他们浏览的领域进行评价，完全自由地阅读全文，但是教职员更喜欢看文摘。在搜索与导航方面，本科生和研究生最有可能通过图书馆连接学术数据库，说明图书馆作为“hot link”热链接的重要性。由于数据库设计的差异，学生使用的方式存在差异（如有的喜欢主题浏览，有的喜欢简单搜索等）。在电子书使用方面，教职员比学生更多喜欢使用作者搜索。在线阅读方面，由于经济原因，本科生比研究生、教师更加依赖于电子资源，大约有一半或大多数都是使用电子资源。在学科方面，教师和学生之间也存在差异。总的来说，使用电子资源越多会对简单搜索越依赖，学生在进入更高的学习阶段的时候搜索能力和技巧也相应提高，对水平搜索的偏好超过垂直搜索。大量的浏览和阅读似乎是许多人的正常模式，但是在线阅读的只是偶尔实现，很多时候是线下阅读，某些情况下或者根本就没有阅读。David Nicholas 等也认为随着社会网络网站和博客的流行，毫无疑问地会对学生式信息搜寻行为起到定型的作用。①

Sook Lim 通过对美国大学本科学生的网络调查发现，大约有 1/3 的学生为了学习目的使用 Wikipedia。学生倾向于使用 Wikipedia 快速地核查事实，查找背景信息。学生不期望找到最好的信息，但是希望找到有一定质量的信息。这说明 Wikipedia 已经足够满足用户的信息需求。有趣的是学生倾向正面评价 Wikipedia 的使用经验，但是对 Wikipedia 信息质量的评价却更低。在一定程度上，他们对信息质量的感知和对信息质量的评估的自信度都是中等水平。学生使用 Wikipedia 的经验、使用 Wikipedia 的感情倾向、信任 Wikipedia 上陌生信息的倾向和信息效用如易用、方便和有效都和学生预期结果正相关。对 Wikipedia 使用的结果预期越好，使用得越多。但是，只有信息效用和被访者对 Wikipedia 的好感对是否使用 Wikipedia 产生显著影响。Sook Lim 还建议教育者

---

① Nicholas David, Hamid Paul Huntington, Jamali R, et al. Student digital information-seeking behaviour in context. Journal of Documentation, 2009, 65 (1): 106-132.

和图书馆员应该提供更好的Wikipedia使用指南。①

Claire Warwick等人通过对本科阶段的信息管理学生在学术研究工作中的信息行为跟踪研究，指出学生不愿意使用一系列复杂的信息源，更喜欢使用互联网。学生信息搜寻的主要驱动因素是快速地满足工作的要求（如解决作业）。学生使用增长的技能来满足保守的信息策略，尽可能地保持已经建立起来的信息搜寻策略，付出最少的信息搜寻努力来完成任务。使用图书馆资料的时间成本限制阻碍了对这些资源的吸收。只有在完成任务时必须要采用新的信息发现和选择方法时才会使用新方法，在选择任务时也会尽量选择对新方法需求最小的任务。学生由于不同的要求驱动使用不同的信息源，但是即使是在关键词搜索失效的情况下仍然很不情愿使用检索策略。在评价资源的相对有用性的时候也缺乏自信。②

（3）老年人的信息行为

处在第四纪（the fourth age）的人是指85岁以上的老人，或者年纪较大同时存在身体健康问题或残疾、行动能力欠佳的群体。W. Kirsty和A. Terryl指出第四纪的老年人在这个阶段对信息素养更加依赖，但能力却越来越弱。尽管在第四纪信息需求和信息源的要求比较少，但是对于这一阶段的人的最大满足感是非常重要的。美国图书馆协会（ALA）定义信息素养“是个人对信息需求的理解和识别的能力，以及定义、定位、评价和有效利用所需的信息”。但是，研究者从由于残疾虚弱阻碍其信息搜寻行为的参与者中总结发现，信息素养强调额外信息的获得增加了社会网络和交流中的角色，这和信息素养的含义相违背，其定义在第四纪老年人信息需要的背景下需要调整。人们不以信息分享而聚集在一起但却把信息共享的地方叫做信息场（Information grounds），无论是主动创造与否，这对于信息传播非常重要。互联网及其辅助技术和老年人的信息素养也有很大的关系。研究表明，第四年龄段的人很少获得新的信息能力技巧，但是保持一个健康的关系系统即便利的交流是非常重要的。所以对于失去的信息能力的补偿也是非常重要的，需要对老人进行帮助和辅导，如帮助不能打字的老人等。公共图书馆网络在退休社区建立分支，图书馆员不仅仅是

---

① Lim Sook. How and why do college students use wikipedia?. Journal of The American Society for Information Science And Technology, 2009, 60 (11): 2189-2202.

② Warwick Claire, Rimmer Jon, Blandford Ann, et al. Cognitive economy and satisficing in information seeking: a longitudinal study of undergraduate information behavior. Journal of the American Society for Information Science and Technology, 2009, 60 (12): 2402-2415.

代理信息搜寻者，还可以鼓励代际之间的互相帮助，这对老人和年轻人都有好处。①

（4）艺术家的信息行为

艺术家是一个比较特殊的群体，由于工作需要创造性和难以捉摸的灵感，行为方式也不同于常人。William Hemmig 认为职业艺术家搜寻信息的目的一般包括寻找灵感，寻找特定的视觉元素，了解关于材料与技术的知识，了解市场和职业生涯导航，了解当前艺术节流行趋势。通过对宾夕法尼亚州和新泽西州的特拉华河流域的职业视觉艺术家的信息行为进行了研究发现，艺术家灵感来源用得最多的非图书馆的资源，主要来自于自然发生的事情、个人生活经验、其他艺术家的作品和除此之外的人造物体。但是其他的信息源都不能被忽略，有一些信息源总体使用不是很多，但是对于大多数艺术家来说每一个信息源在一定程度上都是很有用的，周围的任何东西都有可能用来激励或者帮助艺术家把艺术品变得更加完美。视觉元素也大多来自图书馆之外的信息源，如想象的图片、艺术照、图书馆的艺术照片图册。艺术家们使用的材料和技术信息的来源非常不一致，每一个被某个艺术家认为不相关的信息源至少会被另一个艺术家认为是很重要的信息来源。使用得最多的信息源有图书馆的期刊、实验、同行交流、杂志、供应商的邮件和网站、电话等。从信息源来看，比起阅读来学习，艺术家更喜欢通过观察和实践来学习。在市场和职业信息方面，艺术家非常注重通过社会网络获得信息，而且相当一部分人不拥有自己的画廊，也不认为代表自己的画廊很重要。他们的信息一般来自艺术家组织邀请、杂志、期刊、报纸和同事等。独立的艺术家的信息需求非常特殊，需要大量和艺术没有认知关系的信息。艺术家被动的信息获取姿态，和在考察获取特定视觉元素的时候艺术家无法忽略任何一种信息源的心理，限制了艺术家对信息获取的方式和时间；在信息获取的方式上，浏览占据了主要地位。不同的艺术家群体的信息需求有一定的差别，例如，年轻的艺术家比年老的艺术家使用的信息源更多，但是年长的艺术家更加看重信息源对他们的重要性，他们也能更好地区分对他们最重要的信息源。在电子信息资源的使用方面，代际之间出现了较大的增长。使用电子资源最多的是20—39岁的艺术家，60岁以上的用得最少。总的来说，尽管职业艺术家之间存在很多细节差异，但是他们的行为存在一个可

---

① Williamson Kirsty, Asla Terryl. Information behavior of people in the fourth age: implications for the conceptualization of information literacy. Library & Information Science Research. 2009, 31: 76-83.

辨别的模型。①

4. 用户社群的构成与分化

由于数字技术广泛应用与全球金融海啸的影响，用户群的人口构成发生了变化，而用户的具体专业背景及信息行为差异等因素又使用户群产生了分化。首先，数字技术的应用使得大多数研究人员成为“数字一代”。数字时代的用户和以前文本信息环境下的用户的代沟越来越明显。其次，新的经济形势下，学校的人口构成发生了变化。经济危机使得失业率不断攀升，导致失业人口（成人）大量流向学校，寻求职业发展和资格认证，学生的组成呈现“跨代现象”（multiple-generation）。不同代际的学生共同学习，他们的代际差异逐渐模糊。② 第三，不同的专业背景，使得用户群体面临着不同的研究任务，具有不同的服务要求，因而也导致了用户群体的分化：目前大多使用电子期刊及文章的自然科学家和计算机科学家组成的群体今后可能会使用更多的分布式与可变的互联网资源；由艺术和人文科学的研究人员组成的群体，则通过传统的专题性资源以及其他的印本资源来满足自身需求；年轻的学生或研究人员越来越多地使用图书馆外部信息管理服务，如 GoogleScholar、Moodle。

5. 用户与信息系统

用户对信息系统的接受与使用，受到自身主观因素和外部社会因素的多重影响，国外研究者对于这些影响因素的研究赋予了较多关注。（1）信息系统领域，对于用户系统使用态度的研究逐年增加，但在态度对信息与信息通信技术使用行为意图的影响研究上并没有形成一致和结论性的成果。P. Zhang 等认为态度的概念、具体使用和时间的变化引起了这种研究的不一致性。他们对以往的相关研究文献进行了纵向的比较研究。H. W. Kim 等设计了一个模型，用以解释用户抗拒新系统的原因。他们发现转换成本增加了用户对新系统的抗拒，转换成本的矛盾可在其他使用经验（同事意见和自我效能的变化）和用户抗拒因素之间得以调解，感知价值和组织支持也可以减少用户抗拒。（2）在用户持续利用信息系统问题上，A. O. de Guinea 等认为目前有关这一问题的研究建立在传统计划行为和理性行为理论基础之上，强调行为习惯的作用，没有考虑到具体的行为意图。但另外一些文献中提到的无意识行为（行

---

① Hemmig William. An empirical study of the information-seeking behavior of practicing visual artists. Journal of Documentation, 2009, 65 (4): 682-703.

② ACRL 2009, Strategic Thinking Guide for Academic Librarians in the New Economy, 2010-03-10. http://stephenslighthouse.sirsidynix.com/archives/2009/04/acrl_strategic.html.

为并非自觉控制）和情感对行为的影响则表明计划行为和理性行为理论并不是研究信息系统持续利用问题的最佳理论基础。① （3）随着移动信息系统研究越来越热，图书馆是否应该开展短信服务，以加强用户服务？对此，T. T. Goh 等设计了模型，调查研究用户对基于短信服务的图书馆目录系统的潜在意识信念和使用意图。研究结果显示，55.2% 的人具有使用 SMS 系统的意图。② （4）计算机安全技术在全球性的经济与社会中越来越重要。T. Dinev 等比较研究了韩国和美国用户安全技术的行为。他们依据计划行为理论和国家文化维度与指标，设计了一个用户行为理论模型，研究国家文化差异因素对用户使用安全技术的影响。研究表明在信息安全技术背景下，文化因素减缓了行为模型中各要素的联系强度。因此，在多元文化共存的全球网络环境下，为了制定和发展有效的信息安全政策、实践方案与技术，文化因素必须得到重视。③

6. 用户满意度

国外研究者对图书馆服务、馆藏、服务的传递、信息系统等方面的用户满意度评价进行了研究。（1）S. Tamura 等利用 Miwa 信息行为语法模型框架（framework of Miwa's Information Behavioural Grammar model），调查分析了日本公共图书馆商业信息服务的用户满意度。④ D. S. Chung 等通过全州性调查发现，网络社区上的互动新闻服务对用户满意度具有积极影响，个性化特征，如内容提交、与编辑往来、电子邮件链接等，都对用户满意度具有重要的积极影响。⑤ （2）C. M. K. Cheung 等认为过去信息系统用户满意度研究，主要采取传统的“关键驱动因素分析”（key-driver analysis）方法，假设自变量线性对称地影响用户满意度。但满意度模型中各因素的关系较为复杂，以完全对称和线性模型来考察用户满意度存在较多的误差。在前人基础上，他们检验了非线性不对称

---

① de Guinea A O, Markus M L. Why Break the habit of a lifetime? rethinking the roles of intention, habit, and emotion in continuing information technology use. Mis Quarterly, 2009 (3).

② Goh T T, Liew C L. SMS-based library catalogue system: a preliminary investigation of user acceptance. Electronic Library, 2009 (3).

③ Dinev T, et. User behaviour towards protective information technologies: the role of national cultural differences. Information Systems Journal, 2009 (4).

④ Tamura S, et. Satisfaction and the perception of usefulness among users of business information service in Japan. Information Research-an International Electronic Journal, 2008 (4).

⑤ Chung D S, Nah S. The effects of interactive news presentation on perceived user satisfaction of online community newspapers. Journal of Computer-Mediated Communication, 2009 (4).

性用户满意度模型在互联网门户背景下的准确性。① C. S. Ong 等则设计了测量工具，分析用户对于问答系统的满意度，以作为从用户角度设计问答系统的参照。②

7. 用户隐私

用户的隐私信息是一种特殊的信息类型，如何保护、利用和管理成为人们讨论的焦点。（1）用户使用社交网站时，会留下许多认证的隐私信息。B. Debatin 等通过调查 Facebook 用户的隐私意识与使用 Facebook 所感知的益处和存在风险，发现用户虽然自称了解隐私问题，但却上传了大量个人信息。用户往往将隐私侵犯的错误归咎于他人，而不是自己。隐私被侵犯后，用户更多地改变隐私信息设置，而少数人则只是听闻他人的隐私受侵，对自己的隐私信息并不采取保护措施。用户这种宽松的态度可能建构在高满意度、使用模式和类似第三者作用心理机制的结合基础上。作者建议我们改变用户态度，更安全地使用社会网络服务。③ 面对社会网络的用户隐私保护问题，S. Weiss④ 和 J. T. Child 等⑤分别提出隐私威胁模型（Privacy threat model）与博客隐私管理方法（Blogging Privacy Management Measure，BPMM），探讨用户隐私保护和管理的机制。J. Domingo-Ferrer 等则提出 h（k）-隐私信息撷取（h（k）-private information retrieval），以有效保护用户在搜索引擎中的查询记录。⑥（2）用户的隐私信息也具有一定的利用价值。C. M. Angst 等认为可以将用户健康信息（包括极为隐私的信息）进行数字化加以利用。他们将用户信息保密行为和详细描述可能性模型（elaboration likelihood model，ELM）结合，研究用户对自己健康信息保密的态度变化与行为选择，探讨这种利用方式的可行性。⑦

---

① Cheung C M K，Lee M K O. User satisfaction with an internet-based portal：an asymmetric and nonlinear approach. Journal of the American Society for Information Science and Technology，2009（1）.

② Ong C S et. The measurement of user satisfaction with question answering systems. Information & Management，2009（7）.

③ Debatin B et. Facebook and online privacy：attitudes，behaviors，and unintended Consequences. Journal of Computer-Mediated Communication，2009（1）.

④ Weiss S. Privacy threat model for data portability in social network applications. International Journal of Information Management，2009（4）.

⑤ Child J T et. Blogging，communication，and privacy management：development of the blogging privacy management measure. Journal of the American Society for Information Science and Technology，2009（10）.

⑥ Domingo-Ferrer J et. H（k）-private information retrieval from privacy-uncooperative queryable databases. Online Information Review，2009（4）.

⑦ Angst C M，Agarwal R. Adoption of electronic health records in the presence of privacy concerns：the elaboration likel ihood model and individual persuasion. Mis Quarterly，2009（2）.

（二）数字资源长期保存

与数字资源长期保存相关的长期保存政策、研究数据的长期保存、网页存档、电子期刊的长期保存、数字保存的生命周期、数字资源长期保存的工具与标准，以及数字资源长期保存的法律问题等得到关注。

1. 数字资源长期保存政策

2009 年，数字资源保存政策的研究依然深受关注。两个国际知名的数字资源保存组织——数字保存中心（Digital Curation Centre，DCC）和数字保存联盟（Digital Preservation Coalition，DPC）分别发布数字资源保存政策的相关研究报告。DCC 对英国研究理事会和高等教育机构的保存政策状况进行了分析，指出这些机构在制定和执行保存政策时存在定位不清、责任不明、执行不力和更新不及时等问题，并就此提出了补救性策略。[①] DPC 着重调研了联合信息系统委员会（Joint Information Systems Committee，JISC）数字化项目的保存政策和规划制定情况，并在 4 月份向 JISC 提交了最终研究报告。报告对保存政策和规划制定过程可能潜在的法律、技术等方面的风险进行了分析，并从单个保存项目和 JISC 整体保存两个层次为保存政策和规划的制定提出了若干建议。这些政策研究虽以个案方式呈现，但仍具有普遍适用和借鉴意义。此外，"网络服务下的保存与长期获取"（Preservation and Long-term Access through Networked Services，PLANETS）项目也对欧洲 200 多个机构的保存政策、资源现状和仓储能力等保存状况进行了调查，这次调查被认为是迄今为止规模最大的一次。[②]

2. 研究数据的长期保存

研究数据的长期保存在国际、国家和机构层面上都取得重要进展。从国际上看，非盈利组织"生命科学数据保存国际协会"的成立意味着生命科学数据的长期保存开始进入国际范围的合作实践。研究数据的长期保存受到欧盟的重视，欧盟资助的 PARSE. Insight 项目发布了科学数据长期保存路线图草案报告，报告详解了保存基础设施的构成及共建共享之道。欧盟数字资源保存（Digital Preservation Europe，DPE）联盟也对科学数据的保存及其开发利用给

---

① Jones Sarah. A report on the range of policies required for and related to digital curation. [2010-03-15]. http://www. dcc. ac. uk/webfm_send/129.

② Sinclair Pauline, Billenness Clive, Duckworth James, etc. Are you ready? assessing whether Organisations are prepared for digital preservation. 2010-03-18. http://escholarship. org/uc/item/8dd2m5qw.

予了充分肯定。① 加拿大从国家战略的高度对研究数据的保存予以关注。加拿大研究数据中心指出加拿大在科学数据长期保存上存在不足，并提出加拿大应尽快实施科学数据保存的国家战略。② Angevaare 和 Beagrie 等人撰写的两篇论文则从机构层面对科学数据的保存和管理进行了讨论。

3. 网页存档

2009 年，网页存档新工具不断面世。美国国家数字信息基础设施与保存项目（National Digital Information Infrastructure and Preservation Program，NDIIPP）资助的 Web-at-Risk 项目发布了名为“网页存档服务”的管理工具。Library Trends 发文介绍了这一成果，并对该项目的前景进行了展望。NDIIPP 与 OCLC 合作研发了一套基于 Arizona 模型的开源网页存档工具——“网页存档工作平台（Web Archives Workbench，WAW）”，WAW 可以通过摄取网页构建仓储库。哈佛大学图书馆启动了新的网页存档收集服务项目 WAX。WAX 运用开源工具调查了各种网页存档技术及网页存档元数据。2009 年，存档网页的公众服务受到重视。芬兰国家图书馆网页档案馆和冰岛国家图书馆网页档案馆先后向公众开放。另外，博客对网页存档的影响和域名收割方法的探讨也值得关注。③④

4. 电子期刊的长期保存

2009 年，e-Depot 与 Portico 在电子期刊保存方面取得新的突破。e-Depot 宣布将与 DOAJ 的运营者 Lund 大学图书馆合作保存部分 DOAJ 的 OA 期刊。⑤ 这是世界上首次大规模开展针对 OA 期刊的长期保存活动，因而备受瞩目。LIBER Quarterly 也刊文对 e-Depot 的发展历史、运营机制和工作流程进行了全面介绍。文章同时还论述了电子期刊保存责任的归属，指出国家图书馆在这方

---

① DPE. Digital preservation for long-term environmental monitoring. 2010-03-18. http://www.digitalpreservationeurope.eu/publications/briefs/dp_for_longterm_environmental_monitoring.pdf.

② Research Data Canada. 2010-03-20. Stewardship of research data in canada: a gap analysis. http://data-donnees.gc.ca/eng/news/gap_analysis.html.

③ DPE. Considerations for the preservation of blogs, 2010-03-21. http://www.digitalpreservationeurope.eu/publications/briefs/preservartion_blogs.pdf.

④ Pymm Bob, Wallis Jake. Archiving the web: does whole-of-domain archiving = information overload? 2010-03-21. http://www.information-online.com.au/sb_clients/iog/data/content_item_files/000001/PresentationB8.pdf.

⑤ DOAJ. Long-term preservation of open access journals secured, 2010-03-21. http://www.doaj.org/doaj?func=loadTempl&templ=090401.

面义不容辞。① Portico 主导者 Ithaka 与 JSTOR 合并组建新的 Ithaka 的消息颇受关注。刊载于 *Library Trends* 的另一篇文章则对 Portico 模式进行了介绍，同时还强调了把握需求对成功运营电子期刊保存项目的重要性。② 除此以外，电子期刊长期保存权益的研究也取得进展。S. Rogers 对电子期刊长期保存权益进行了分析，并调查了新西兰诸多图书馆的许可协议。调查发现新西兰大部分图书馆的资源许可协议都没有长期保存权益的条款。

5. 数字保存的生命周期

2009 年，数字保存生命周期在保存元数据、数据迁移、互操作和持久链接等方面都有新的研究成果产生。在保存元数据方面，美国国会图书馆和仓储支持工程（Repositories Support Project，RSP）连续发布的两篇 PREMIS 解释文档引起关注。两篇解释文档的发布旨在增进公众对 PREMIS 保存元数据标准的理解。包括对 PREMIS 语义单元的进一步阐释，以及 PREMIS 实际应用的介绍。③ 在数据迁移方面，《数字图书馆》（*Digital Library*）杂志刊文对美国国会图书馆数据迁移活动和资源摄取的整个过程进行了描述，重点对整个迁移过程进行了解构分析，并强调了“表单服务”（Inventory Service）和自动化在数字资源保存过程中的重要作用。“表单服务”有利于对数字对象的追溯，而自动化可以降低数据迁移过程中人为错误带来的风险。④ 在互操作方面，DCC 发表文章阐释互操作在数字保存中的重要作用，讨论了互操作的不同层次，以及互操作标准相互冲突之处。文章也列举了使用互操作数据集的种种益处。⑤ 在永久链接（Persistent linking）方面，DPE 发表了两份专题简报。其中一份着重介绍了一种可用于视听系统的唯一标识符。这种标识符与其他标识符的不同之处在于它不但可以帮助提高检索效率，而且还能够整合资源的不同片段。另外

---

① Ras Marcel. The KB e-depot: building and managing a safe place for e-journals. Liber Quarterly, 2009, 19 (1): 44-53.

② Kirchhoff Amy J. Expanding the preservation network: lessons from portico. Library Trends, 2009, 57 (3): 4476-4489.

③ Higgins Sarah. PREMIS data dictionary for preservation metadata, 2010-03-21. http://www.rsp.ac.uk/pubs/PREMIS_V-2-1-2009-03.pdf.

④ Littman Justin. A Set of transfer-related services. D-Lib Magazine, 2009, 15 (1/2). http://www.dlib.org/dlib/january09/littman/01littman.html.

⑤ DCC. Interoperability, 2010-03-21. http://www.dcc.ac.uk/resources/briefing-papers/introduction-curation/interoperability.

一份则介绍了如何在电子政务中运用 URLs 管理公共信息。① 《数字图书馆》杂志的一篇文章则对永久标识符链接基础设施工程（Persistent Identifier Linking Infrastructure, PILIN）的一项研究成果进行了介绍。PILIN 创建了一份包括 6 个要素的政策备忘录，通过该备忘录资源提供者、资源管理者和资源使用者可以方便管理各种标识符。② 这将为保存系统吸纳重要唯一标识符提供实质性的帮助。

6. 数字资源长期保存的工具与标准

2009 年，国际互联网保存联盟（International Internet Preservation Consortium, IIPC）发布了 WARC 文档格式，该格式也是一个新的 ISO 文档格式标准。基于 ARC 格式，WARC 可以存储所有类型的数字文档。WARC 可以把网页存档过程中的所有文档聚集起来，使得存储和交换变得更加容易。③ 为确保存储数据的安全性和稳定性，一般建议把数据保存在性能优良的信息安全管理系统（Information Security Management Systems , ISMS）中。DCC 的标准观察报告对一个专门指导 ISMS 构建的 ISO 标准进行了介绍和解释。报告概述了该 ISO 标准的优越之处，并指出了该标准执行方面的一些问题。*Library Trends* 刊载的一篇文章对各种数字资源保存工具的发展做了概述，另一篇文章则着重介绍了 NDIIPP 资助的 ECHO DEPository 项目，该项目旨在研发各种工具以支持数字资源保存活动，如网页存档工具和仓储互操作工具等。此外，ECHO DEPository 项目还将探究数字资源保存对象之间的语义关系，以帮助降低保存风险。④

7. 数字资源长期保存的法律问题

2009 年，针对数字资源保存法律相关问题的研究热度不减。DCC 出版了一份关于数字保存法律问题的观察报告。报告指出了科学数据互操作的重要性和科学数据再利用方面的法律限制。报告强调了科学共享（Science Commons）计划对科学研究交流的推动作用，并回顾了结构化数据库涉及的版权问题。同

---

① DPE. Persistent Identifiers systems in the Public Administration sector, 2010-03-21. http://www.digitalpreservationeurope.eu/publications/briefs/persisten_identifiers_for_public_administration.pdf.

② Nicholas Nick, Ward Nige, Blinco Kerry. A policy checklist for enabling persistence of identifiers. D-Lib Magazine, 2009, 15 (1/2). http://www.dlib.org/dlib/january09/nicholas/01nicholas.html.

③ IIPC. WARC file format published as an international standard, 2010-03-21. http://netpreserve.org/press/pr20090601.php.

④ Dubin David, Futrelle Joe, Plutchak Joel, etc. Preserving meaning, not just objects: semantics and digital preservation. Library Trends, 2009, 57 (3): 595-610.

时，报告还对国际版权纠纷和科学共享领域的新举措进行了介绍。[①] 2009年召开的第6届国际数字对象保存会议（International Conference on Preservation of Digital Objects，IPRES）对开放数据保存的法律问题进行了关注。IPRES2009对开放数据保存涉及的许可协议、知识产权、保密隐私和信息披露等法律问题进行了全面的介绍和分析。同时，也分析比较了现有的开放许可（Open access license）模式，指出现存的这些许可模式并不能有效解决开放数据保存面临的现实困境。[②]

（三）开放获取

开放获取是一个实践问题，是科研人员从科研过程中提出来的。2009年在开放获取的实践中，最突出的特点之一是非发达国家和发达国家的非核心研究机构纷纷制订开放获取政策。与此相对应的，开放获取的研究集中在开放获取论文的影响力、政策制订问题、开放存储的形式差异、开放获取期刊的经济模式选择、开放获取本身的经济研究以及对开放学术交流模式的关注。这些研究的目的是为了解决过去几年里开放获取实践中产生的疑问、应对反对者的质疑、指导开放获取实践。

1. 开放获取评估与影响力

开放出版所提供的以文章为单位的论文评价体系为学术成果评估方法的探讨提供了另一种可能。以论文而不是以期刊为单位评估论文的影响力的研究不断出现，计算被引率存在更广泛的方法，如blog、网页、其他媒体的使用次数、标签、专业团体的评论等。对于研究成果的影响力和相关度的评价几乎可以完全放到出版之后进行。通过同行评议内容的科学性、方法的可信度、表述上的恰当性的严格审核，论文会被很快地出版。一旦论文出版，论文的影响力和相关度就取决于学术界的论文层面的评估。[③]

Johan Bollen等对39种影响力评估方法进行了分析，结论显示，科学影响力的理念是一个多维体系，单一的指标无法全面地衡量科学影响力，尽管有些测量指标比其他指标更合适。最常用的引文影响因子这一指标不能被定位为测

---

① DCC. Legal watch papers，2010-03-21. http://www.dcc.ac.uk/resource/legal-watch/science-commons/.

② Altman Micah. Open data：legal and institutional models for access and preservation，2010-03-21. http://maltman.hmdc.harvard.edu/presentations/ipres_v7.pptx.

③ Mark Patterson PLoS journals-measuring impact where it matters，2009-07-13，2010-04-02. http://www.plos.org/cms/node/478/.

量体系的核心，在使用时应谨慎全面考虑。Alma Swan① 归纳了开放获取的引文优势方面的研究成果。围绕现有研究，从研究方法到研究内容方面，归纳开放获取引文领域的主要研究问题。这一研究列举了开放获取引文研究的研究方法和主要结论。

开放获取更有助于提高高质量论文的影响力。② 开放获取能够提高论文的影响力这一优势是客观存在的而不是作者人工干预的结果（如作者将高质量的论文开放获取），研究将自愿的自存储与强制性自存储进行对比，共选取2002—2006 年发表的 1984 种期刊上的 27 197 篇论文作为样本。研究显示，开放获取的这一优势对自愿自存储和强制自存储的影响是一样的。此外，开放获取的这一优势与其他影响引文的因素无关（如论文发表的时间、期刊的影响因子、共同作者数、参考文献的数量、学科领域、论文类型、作者国别等），并且这一优势在被引率最高的论文上表现得最大。开放获取的优势大小与论文的质量密切相关，就像被引率高低也与论文本身的质量相关一样。用户会自我选择使用和引用哪篇文章，OA 只是使论文的获取相较于订购获取更为容易了。

2. 开放获取政策研究

制订和实施强制性开放获取政策的机构不断增加，但由于实施时间较短，强制性开放获取政策的效果尚未得到时间的检验，对于是否采取强制性开放获取仍存在质疑。

康奈尔大学信息专家 Stuart Basefsky 对机构知识库采取强制性存储政策作为机构知识库持续发展的机制表示怀疑，对机构知识库的发展前景并不乐观，认为社交性的学术研究服务将取代机构知识库，并提出图书馆应利用新技术重新设计学术研究支撑服务，如服务的邮件推送、网页导航、博客作为服务手段之一、机构知识库新增信息推送、捕获科研相关的关键网站、过滤无用信息标识重要信息等。美国国会议员 John Conyers 也曾于 2008 年 9 月提出 H801 议案建议终止 NIH 强制性开放获取的权利③，这也激起了开放获取倡导者和美国

---

① Swan A. The open access citation advantage: studies and results to date. Technical Report UNSPECIFIED, School of Electronics & Computer Science, University of Southampton, 2009.

② Gargouri Yassine, Hajjem Chawki, etc. Self-Selected or mandated, open access increases citation impact for higher quality research, 2010-04-02http://users.ecs.soton.ac.uk/harnad/Temp/yassart.pdf.

③ Re-introduction of the bill to kill the NIH policy, 2009-03-02, 2010-04-07. http://www.arl.org/sparc/publications/articles/re-introduction-of-the-bill-to-kill-the-nih-policy.shtml.

Alliance for Taxpayer Access 组织的反对，最终这一议案没有通过。还有人①质疑，如果不强制性要求存储，机构知识库中的内容几乎为空，而集中性的知识库如 arXiv、CiteSeerX 等没有强制性要求存储，内容却很丰富。

先 Gold 还是先 Green？而对于实践开放获取究竟先选择哪条路径仍是争论的焦点，是制订开放存储政策（甚至是强制性政策）还是先实行开放出版，如以机构形式支持作者在开放获取期刊或以开放发表形式在传统期刊上发表开放获取论文。Peter Suber、Steven Hanard 等开放获取领域的核心研究者认为一个机构不应该把有限的经费放到 OA 出版经费上，而应首先制订开放存储政策，特别是强制性开放存储政策，在机构知识库中存储本机构成员发表的研究论文。②

Steven Hanard③ 介绍了制订强制性开放获取政策需要考虑的因素。随着全世界采取强制性开放获取政策的大学的数量不断增加，选择最为有效的强制性政策是确保政策实施成功与否的重要因素，在政策制订过程中需要明确区分哪些是必须的，哪些是推荐的。目前，最有效且应用最广泛的 OA 政策是要求作者经过同行评议后的最终论文手稿在被录用后必须立即存缴到机构知识库中，但对这些论文的获取只是建议存缴后立即开放获取，而据 RoMEOd 项目统计，已有 63% 的期刊同意存缴后立即开放获取。④

3. 开放获取期刊

除了开放出版的影响力研究之外，开放获取期刊的经济模式及相关问题是研究的热点。Knowledge Exchange 与英国 JISC、德国 DFG、荷兰 DEFF、丹麦 SURF 合作研究比较了开放获取期刊的三种经济模式，⑤ 研究放弃了在开放获取期刊出版中需要支付的成本这一常规角度，转而审视期刊出版者在市场中的

---

① American scientist open access forum archives—2009 (#98), 2009-02-08, 2010-04-07. http://listserver. sigmaxi. org/sc/wa. exe? A2 = ind09&L = american - scientist - open - access - forum&D = 1&0 = D&F = l&S = &P = 16699.

② On throwing money at gold OA without first mandating Green OA, Again, 2009-03-28, 2010-04-07. http://openaccess. eprints. org/index. php? /archives/557-On-Throwing-Money-At-Gold-OA-Without-First-Mandating-Green-OA,-Again. html.

③ Hanard Steven. Designing the optimal open access mandate, 2010-04-01. http://openaccess. eprints. org/index. php? /archives/719-Designing-the-Optimal-Open-Access-Mandate. html.

④ Journal policies-summary statistics so far, 2010-04-01. http://romeo. eprints. org/stats. php.

⑤ Knowledge exchange briefing paper on journal business models, 2009-11-09, 2010-04-08. http://www. knowledge - exchange. info/Admin/Public/DWSDownload. aspx? File =% 2fFiles% 2fFiler% 2fdownloads% 2fOpen+Access% 2fKE_Briefing_Paper_on_Journal_Business_Models. pdf.

定位以及他们的经济模式在研究成果传播中的经济利益。还有学者对论文处理费（APC）进行案例研究，[①] 研究为什么开放获取要收取论文处理费有时是合理的。文章重新分析了美国细胞生物学会、订购型出版商细胞分子生物学以及科学出版经济组织。就细胞分子生物学这一期刊来说，论文处理费能够弥补期刊运营成本的61%，其中印刷费占了期刊总体花费的32%，并进一步解释了如何通过收取文献处理费来开放获取，同时减少印本，重视电子版。对于如何建设好开放获取期刊，[②] 开放获取期刊应在以下方面做出改进：订阅更容易、将 RSS feeds 作为开放获取期刊的默认设置、支持开放 ID。

4. 开放获取的法律问题

是否应该废止学术作品的版权？[③] 哈佛大学法学院的 Steven Shavell 提出学术作品是否应该取消版权的探讨。从文字作品的版权的传统理念考虑，版权是对作者创作成果的一种保护，似乎是有限地适用于学术领域。对于一个学术作品没有版权的世界，学者们仍将通过现有的出版形式获得学术尊重。然而，如果是这种情况，出版商就很有可能为出版作品而向作者收取费用，因为学术作品没有版权将使出版商无法从读者那里获得利润。如果这些出版的费用由作者承担，将会降低作者出版作品的愿望。但如果出版费用是由作者所在的大学或者基金会资助，将不会降低作者出版作品的意愿（甚至有可能增加）。中止学术作品的版权有可能创造更大的社会利益。如果是这样，若要取消学术作品的版权不必修改现有法律中的根本原则，只需做极小的改动，因为开放获取运动能够有效地实现这一目标。这一观点引起了热烈的探讨。也有学者认为，尽管作品保留版权与版权改革都受到公众的欢迎，但对于广义的 Green OA（开放存缴）来说都不必需的；建议保留版权或版权改革也是没有必要的，或者应该为开放获取设定一个先决条件，版权问题只是减缓了开放存缴的进程，但理念已经为全球学术界所了解。

5. 开放获取经济问题

2009 年，开放获取的经济运行问题是开放获取研究中的新热点，各重要

---

① Morrison Heather. Molecular biology of the cell, or, why open access by article processing fee sometimes just makes sense, 2009-01-07, 2010-04-07. http://poeticeconomics.blogspot.com/2009/01/molecular-biology-of-cell-or-why-open.html.

② Baker Gavin. How to improve OJS: a reader's perspective, 2008-12-31, 2010/04/07. http://www.gavinbaker.com/2008/12/31/how-to-improve-ojs-a-readers-perspective/.

③ Steven Shavell. Should copyright of academic works be abolished? 2010-04-01. http://cyber.law.harvard.edu/sites/cyber.law.harvard.edu/files/Copyright%207-17HLS-2009.pdf.

机构对自身实施开放获取的成本和效益问题进行了研究，最为典型的是以John Houghton为首的研究团队所做的研究。在给JISC的报告中，分析了开放获取作为新的学术出版模式的成本和效益。报告预计，通过将付费获取转换成开放获取，英国每年将能够节省8 000万英镑，而将付费获取转换成开放获取自存储，每年将节省1.15亿英镑。研究成果的获取越广泛，仅政府部门和高等教育机构每年就将额外创造价值1.72亿的经济效益。此外，John Houghton还对荷兰和丹麦的开放获取效益进行了研究，并进行了三个国家间的比较。

（四）数字交流

数字交流包括数字学术出版和学术交流。伴随着信息与通信技术的进步，数字学术出版正在挑战传统的学术出版，改变原有进程和模式，以适应新的环境。数字学术出版的出现，使人们对信息进行复制、传播、控制和出版的能力发生了显著变化。进入2009年，数字学术出版又有哪些研究进展呢？我们以2009年度信息科学、图书情报领域SSCI期刊以及2009年国际电子出版会议为数据源，总结了2009年度数字学术出版领域若干主题的研究成果。国外2009年度的研究主要体现在数字学术出版模式的成本效益分析、电子书刊使用的调查、开放获取电子期刊的文献计量分析、开放学术交流模式、数字学术交流与图书馆等。

1. 数字学术出版模式的成本效益分析

英国JISC EI-ASPM项目组于2009年1月发布了《不同出版模式的经济意义——成本效益观察》报告。[①] 该报告针对主要数字学术出版模式的成本和潜在收益进行了研究。报告提出基于“资助研究项目—开展研究活动并交流研究成果—出版学术作品—促进成果传播、检索和保存—研究出版作品并应用相关知识”的学术交流生命周期模型，运用该模型对数字学术出版模式的成本进行了核算和比较，同时分析了其潜在收益。研究认为，综合考虑学术交流活动的全过程，开放存取出版和自存档较订购付费模式而言将获得更为可观的效益。为此，应当积极推进出版模式向开放获取出版和自存档方向发展。澳大利亚J. W. Houghton认为，在当前的过渡时期开放获取的网络收益相对较低，但从长期来看，更多的开放获取和自存档将获得可观的网络收益。

2. 电子书刊使用的调查

斯普林格电子产品管理与推广部W. Velde与O. Ernst研究了斯普林格2007

---

① Economic implications of alternative scholarly publishing models: exploring the costs and benefits, 2010-03-30. http://eprints.vu.edu.au/15222/1/EI-ASPM_Report.pdf.

年、2008 年电子书的使用情况。① 2007—2008 年，斯普林格电子书的用户从 25 万增加到 41 万。研究发现，提升电子书利用率主要源于图书馆编目系统、Google 搜索引擎和摘要索引数据库三个方面。斯普林格 20% 的电子书占据了 53% 的全文下载量。其中，化学与材料科学、工程科学、地球环境科学、数学与统计学、物理与天文学、计算科学、生物化学与生命科学下载率位居前列。在调查土耳其、希腊、德国 2007—2008 年的销售发现，斯普林格电子书在土耳其、希腊、德国出现持续增长，其增长率分别为 60%、15% 和 484%。同时，土耳其和希腊印本书的增长分别是德国印本书市场的 5 倍和 4 倍。数据表明，在电子书迅猛增长的一些国家，其印本书同样在增长。为此，斯普林格近期发起了按需印刷折扣的 Mycopy 计划。研究认为，印本书和电子书在未来将同时存在，并且将对二者形成优势互补。英国联合信息系统委员会（JISC）L. Estelle 等人通过深度日志分析和定标比超分析研究了大英电子书瞭望台项目，该项目作为英国研究电子书的最大项目，调查涉及 20 000 多名用户，其目标是向英国高校学生提供大量电子教科书的免费获取，在此基础上监测他们的使用行为和态度。② 通过深度日志分析发现，电子书使用的高峰时段是 10 点至 14 点，1/4 的用户高峰时段是 18 点至 8 点。基于此，图书馆应提供 7×24 小时的电子书访问服务。而 85% 的用户使用电子书每页停留不到一分钟，且使用没有规律的统计结果则表明，用户若想持续认真地阅读，他们仍然会选择购买印刷版；电子版仅适合于应急或远程需要。研究表明，由于印刷版和电子版教科书分别用于不同的场合，电子版将不会影响印刷版的销售。来自印度的 B. Kaur 等人则研究了印度技术研究所图书馆用户对于电子期刊的使用情况。调查发现，由于用户访问电子资源的意识不断提高，电子期刊的使用正在持续增长，用户获取电子期刊不选择去图书馆，而更喜欢宿舍和研究室。印度阿里格尔穆斯林大学图书情报学系 A. M. Khan 等研究了该校与巴纳拉斯印度大学两所印度中部高校研究学者使用电子期刊的行为。③ 调查发现，两所高校研究学者使用电子期刊呈现出相似的特点，大部分研究学者有使用电子期刊的意识，

---

① Velde W V, Ernst O. The future of ebooks? will print disappear? an end user perspective. Library Hi Tech, 2009, 27 (4): 570-583.

② Estelle L, Milloy C, Rowlands I, et al. Understanding how students and faculty really use e-books: The UK national e-books observatory, 2010-03-30. http://conferences.aepic.it/index.php/elpub/elpub2009/paper/viewFile/79/36.

③ Use of e-journals by research scholars at Aligarh Muslim. University and Banaras Hindu University. The Electronic Library, 2009, 27 (4): 708-717.

他们获取电子期刊的首选途径是 Google 搜索引擎，其次是 Yahoo！搜索。A. M. Khan 认为，两所高校研究学者在研究工作中广泛引用电子期刊，表明电子期刊的使用可以提高研究的质量。调查显示，较印本期刊而言，研究学者认为电子期刊更加省时便捷和易于使用，两所大学也将进一步扩大和改善电子期刊的使用。

3. 开放获取电子期刊的文献计量分析

印度 B. Mukherjee 研究了图书情报学领域开放获取期刊。该研究以 2000—2004 年图书情报学领域 17 种完全开放获取电子期刊为样本。统计发现，2000—2004 年发表了 1 636 篇文献，平均每年增加 23. 75 篇论文。从作者构成来看，合著作者较少，男性多于女性。来自研究所的作者对于开放获取更加有兴趣，且他们多来自发达国家。从研究主题来看，研究几乎覆盖图书情报学所有领域。有 90. 1% 的论文包含参考文献，平均每篇论文的参考文献为 24 条；其中，38. 53% 的参考文献是超链接。分析表明，图书情报学领域的开放获取电子期刊作为学术交流过程中一个活跃的媒介正在快速发展。丹麦皇家图书情报学院 T. F. Frandsen 则对生物学领域开放获取期刊的作者进行了文献计量分析。研究通过多元线性回归统计表明，在作者构成上，开放获取与缴费模式二者无明显差别；而来自发展中国家的作者引用开放获取文献较发达国家作者更低，并不热衷于开放获取期刊。①

4. 开放学术交流模式

英国联合信息系统委员会委托 Key Perspective 调查公司对英国各高等教育机构在不断变化中的学术交流实践的成本和效益模型进行研究②，旨在达到两个目的：（1）为高等教育机构的管理者提供关于变化的学术信息交流实践所需的成本和效益方面的信息，特别是重点关注其中研究论文的开放获取的成本和效益；（2）由英国相关的高等教育机构提供真实数据和相关背景，设计一套方法用来对不同类型的英国高等教育机构进行案例研究。最终研究构建了一套模型，研究机构应用这一模型可以预计本机构所采取不同学术交流模式的经济效果。

5. 数字学术交流与图书馆

长久以来，高质量的期刊论文一直在传统学术交流中占据核心位置。学者

---

① Frandsen T F. Attracted to open access journals: a bibliometric author Analysis in the field of biology. Journal of Documentation, 2009, 65 (1).

② Swan Alma. Modellling scholarly communication options: costs and benefits for universities-report to the JISC, 2010-03-30. http://ie-repository.jisc.ac.uk/442/.

们不仅通过学术期刊了解学科的前沿动态，更将论文的发表数量和发表期刊质量作为认定学术水平和资历的根本依据。20 世纪 90 年代后，随着科技的发展，学术交流的形态变得更加多元化，各种数字交流形式获得了广泛的应用和关注。然而，J. F. Cheverie 等人在访谈出版界的资深学者的过程中发现，与传统学术成果相比，数字形式的学术成果在职称评定、升职等活动中普遍不受重视，而事实上，学术成果的评价体系应该随着学术交流方式的变化而升级。他们认为，Web2.0 使得学术成果从静态的形式走向互动，提升了学术交流的效率，同时也满足了学者对多样化学术成果资源的需求，而评价体系与交流形式的脱节，导致青年学者为了职称晋升而刻意迎合旧有传统，无法充分利用科技发展带来的便利。但他们也意识到数字学术交流目前还存在一些问题，比如缺乏客观、普遍接受的数字学术成果评价方法等。因此，在充分认可数字资源在学术交流体系中重要性的同时，还需要进一步研究适应新型交流形式的评价方式。图书馆应该在这个过程中积极发挥作用，充分利用新技术和新资源，从资源的收集者转型为资源的推送者，从而提升数字学术交流的质量。

除了收集外部信息资源外，经过一段时间的发展，图书馆对机构存储库的建设也积累了一定经验。H. Muir 通过对其所属机构学者的调查访谈，总结了他们对使用机构存储库的顾虑，包括对操作系统的陌生、知识产权、资源可见度以及对开放资源的不了解等；并据此提出消除这些顾虑，吸引更多用户的方案，如加强机构知识库的开放性、增加可见度、提供可靠的长期保存服务、为作者自动生成简历中的已发表论文部分等等。① 很多图书馆对研究数据存储做出了探索，G. K. W. Wong 介绍了其所在机构在数据结构、元数据方案、文件格式等方面的经验，并对目前这一领域较知名的几家机构存储库作了介绍。② Purdue 大学的 E-data 项目由分布数据管理中心（Distributed Data Curation Center）负责，通过搭建基于 Fedora 模型的平台，由学科馆员使用标准化的需求调查表收集学者们对研究数据的需求，并与大学的 IT 部门合作着手数据存储的研究工作，为未来工作的开展打下坚实的基础。在 Johns Hopkins 大学，数据存储工作使整个机构存储模式发生了改变。新的模式按照 OAI-ORE 协议搭建，机构存储库的工作将着眼于完整的出版流程，而数据存储则是其中的重

---

① Muir H E. Reserach: the institutional repository experience at Queen Margaret University, Edinburgh. SCONUL Focus, 2009, 46: 51-54.

② Wong G K W. Exploring research data hosting at the HKUST Institutional Repository. Serials Review, 2009, 35 (3): 125-132.

要组成部分。Monash 大学采取了不同的策略，分别建设用于交流出版的机构存储库和用于保存的机构存储库，以解决各环节对数据的不同需求。前者的元数据较简单，对象数量较多，更新频繁，并有研究支持功能，但保存数据较少。后者则具有完整的元数据，对象数量少，更新较慢，保存功能完善。

（五）信息技术

信息技术主要指被应用于数字图书馆的各项信息技术。数字图书馆在经历了互联网时代、Web 时代、Web2.0 时代后，正在悄然走进新的发展阶段。随着计算机和网络技术迅猛发展、知识组织方法改进、新兴技术的推广，数字图书馆构建思路也在与时俱进。2009 年的数字图书馆界对于新概念、新理论的提出更加理性和实际，开始转入各种新技术的实践探索和原型系统的构建。如果将以数字资源的检索、查询、浏览为主要服务方式的数字图书馆称为第一代的话，那么 2009 年的数字图书馆研究更多地含有第二代数字图书馆的理念。高性能的计算、语义 Web 技术、网络数据链接、内容挖掘等技术的探索和应用为数字图书馆的构建和服务提供了新的思路，以方便用户为核心的知识服务成为未来研究的热点。2009 年 4 月，联合国教科文组织（UNESCO）①、美国国会图书馆及其他图书馆发布了公开免费利用的全球数字图书馆（WDL）网站，这一数字图书馆以高质量的、反映 UNESCO 成员国家的文化历史遗产为特色。② 2009 年的数字图书馆技术更注重实用性，传统的成熟技术与新兴的热点技术互为补充。

1. 可视化的导航检索和面向服务的体系架构

传统的检索方法在进行信息展示时较为单一，无法按用户的需求进行调整，其检索效果有一定的局限性。因此近来的数字图书馆界将重点转向了分面检索和用户推荐等相关技术和方法的研究，以可视化和智能导航为基础的交互式界面成为数字图书馆检索的主要方式。佐治亚理工学院在 2009 年的 JCDL 会议上展示了他们设计的分界检索系统，该系统利用形式化的实体关系模型和关系化数据模型来展示概念化数据，以加强检索效果。③ 美国天主教大学与北卡罗来纳大学的图书馆和信息管理系共同推出了 OPAC 分面系统，它能够根据

---

① UNESCO，2010-04-06．http://portal.unesco.org/ci/en/ev.php-URL_ID=28549&URL_DO=DO_TOPIC&URL_SECTION=201.html.

② World Digital Library，2010-04-06．http://www.wdl.org/en/about/background.html.

③ Clarkson Edward C，Navathe Shamkant B，Foley James D．Generalized formal models for faceted user interfaces．Proceedings of the 9th ACM/IEEE-CS joint conference on Digital libraries，2009：125-134.

用户的使用反馈信息来调整检索效果和组织检索结果的展示，使用户在最短的时间内获取到所需的信息。2009 年的检索技术在研究和实践上更加倾向于大众化服务，针对不同的用户群提供特定的检索服务，① 同时各种检索服务还与最新的 3G 网络结合，使用户利用手机、掌上电脑等各种手持设备就能获取到所需的信息。在服务提供的过程中，用户的参与程度对检索效果的提升也起到重要作用，各系统在开发过程中不断加入用户的体验，获取用户的使用习惯和偏好，建立用户模型，然后定期将用户感兴趣的信息发送给用户，节省用户的浏览时间，提高其获取信息的效率。②③ 系统的设计也逐渐过渡到面向服务的架构，清华大学计算机系的李东等人在 2008 年的 ICADL 会议上介绍了利用 SOA 技术开发的数字图书馆个性化服务系统。④ 该框架实现了个性化服务所需的各种组件，并通过工作流将各种服务进行组配，为用户提供合适的服务。

2. 深入到内容层面的 Tag 云技术

2009 年的 ECDL 会议上 Jennifer 等人提出的可视化索引系统，其思路是利用标签云（tag cloud）和颜色标签（color tag）来标识资源。⑤ 德国学者 Thomas 结合信息检索目标，在传统词频统计分析（TF-IDF）基础上，提出文档内容标签云的构建方法。⑥ 英国 Swanwea 大学对用户批注与文档空白的大小关系做了深入的研究和评价。⑦ 美国弗吉尼亚理工学院开发了图形标注和检索工具

---

① Halvey Martin, Vallet David, Hannah David, et al. ViGOR: a grouping oriented interface for search and retrieval in video libraries. Proceedings of the 9th ACM/IEEE-CS joint conference on Digital libraries, 2009: 87-96.

② Yang Chenxing, Wei Baogang, Wu Jiangqin, et al. CARES: a ranking-oriented CADAL recommender system. Proceedings of the 9th ACM/IEEE-CS joint conference on Digital libraries, 2009: 203-212.

③ Murata Masaya, Toda Hiroyuki, Matsuura Yumiko, et al. Query-page intention matching using clicked titles and snippets to boost search rankings. Proceedings of the 9th ACM/IEEE-CS joint conference on Digital libraries, 2009: 105-114.

④ Dong Li, Xing Chunxiao, Lin Jin, et al. Personalized digital library framework based on service oriented architecture. Proceedings of the 11th International Conference on Asian Digital Libraries: Universal and Ubiquitous Access to Information, 2008: 351-354.

⑤ Pearson Jennifer, Buchanan George, Thimbleby Harold. Creating visualisations for digital document indexing. Proceedings of the 13th European Conference on Digital Libraries. LNCS 5714. Berlin: Springer-Verlag, 2009: 87-93.

⑥ Gottron Thomas. Document word clouds: visualizing web documents as tag clouds to aid users in relevance decisions. Proceedings of the 13th European Conference on Digital Libraries. LNCS 5714. Berlin: Springer-Verlag, 2009: 94-105.

⑦ Jennifer P, George B, Harold T. Improving annotations in digital Documents. Proceedings of the 13th European Conference on Digital Libraries. LNCS 5714. Berlin: Springer-Verlag, 2009: 428-432.

SuperIDR，支持用户对选定的图形部分进行标注、描述、检索、共享。① 此外，还有英国的巴斯大学（The University of Bath）和格拉摩根大学（University of Glamorgan）推出的EnTag项目，该项目提出利用受控词汇构建社会化标注系统，以提升参与者的工作效率和信息共享的效果。②

3. Mashup技术与移动终端设备结合

Mashup的理念起源于Paul Rademacher在2005年创建的Housingmap网站。他将在线房屋租赁网站Craiglist的数据源位置展示在Google Map地图中，构建了Mashup模式的雏形。后来众多的知名网站如Flickr、Amazon等纷纷推出自己的服务模式，鼓励用户创造性地重组已有资源，构建自己的Mashup产品。这一资源和服务的重组理念得到了数字图书馆领域的认同，时至今日各种相关的应用服务不断涌现。2009年挪威科技大学（NTNU）提出并建立了一个位置感知的融汇服务系统，其前端接入移动手持设备，通过GPS定位获取用户当前位置信息，中间层采用Mashup技术，根据用户位置通知服务器查询该位置附近信息服务设施，然后连接、获取、组织各种分散的资源与服务，将融合后的结果在最短时间内反馈给用户。此外该系统还可以提供公交服务，根据用户所处的位置指导用户选择公交线路。③ 美国德州农工（A&M）大学借助于用户的参与，将社会化标签和用户模型融合到参考书目的构建中，为专业人士提供高质量的书目信息。④ 社会化标签和Mashup技术的广泛使用使得数字图书馆真正融入到大众的生活中，成为基础设施的一部分，并由此产生了一种新型的门户“脸谱网”。这一研究在2009年广受关注，美国哈町大学（Harding University）开发了相应的Facebook框架，它能够利用浏览器来获取用户的活动信息，进而从中抽取Fackbook数据⑤。Vivo是2009年另一个广受关注的社

---

① Uma M, Edward A F, Yinlin Ch, et al. Superimposed image description and retrieval for fish species. Proceedings of the 13th European Conference on Digital Libraries. LNCS 5714. Berlin: Springer-Verlag, 2009: 285-296.

② Golub Koraljka, Moon Jim, Tudhope Douglas, et al. EnTag: enhancing social tagging for discovery. Proceedings of the 9th ACM/IEEE-CS joint conference on Digital libraries, 2009: 163-172.

③ Olsen Bjarne Sletten, Sølvberg Ingeborg T. Gaining access to decentralised library resources using location-aware services. Proceedings of the 13th European Conference on Digital Libraries. LNCS 5714. Berlin: Springer-Verlag, 2009: 388-391.

④ Alhoori H, Alvarez O, Furuta R, et al. Supporting the creation of scholarly bibliographies by communities through online reputation based social collaboration. Proceedings of the 13th European Conference on Digital Libraries. LNCS 5714. Berlin: Springer-Verlag, 2009: 180-191.

⑤ McCown Frank, Nelson Michael L. What happens when facebook is gone. Proceedings of the 9th ACM/IEEE-CS joint conference on Digital libraries, 2009: 251-254.

交系统，它是由美国康奈尔大学联合其他大学和机构利用美国国家卫生研究院划拨的 1 220 万美元联邦资金计划筹建的一个专业社交系统，以联系全美各地的生物医学研究人员。①

4. 分布式的数字资源长期保存策略

数字资源保存的研究开始于 20 世纪 90 年代末期，在 21 世纪初得到了飞速的发展，并形成了一些有影响力的数字资源保存项目，如荷兰国家图书馆的 e-Depot 项目，美国的 National Digital Information Infrastructure and Preservation Program 项目、英国的 DPC 项目等都是较为成功的应用案例，为该领域的研究积累了丰富的经验。早期的保存研究主要针对个体的数字图书馆进行，资源较为集中，存储方式单一。随着各种技术的发展，数字信息的表现形式和资源种类越来越丰富，图片、音频、电影、动画等多媒体资源的保存成为研究和讨论的重点。ECDL2009 也针对数字资源长期保存召开了专题研讨会，对 Web Archive中的多维数据、时间演化等方面进行了深入的探讨。英国的政府网页档案项目利用 URL 地址重写技术，将现有政府网站中出现的出错页面重定向到存档的原始 Web 页面。② 文献③研究了术语的监测和展示方法，按时间顺序抽取相关术语，并通过概念地图来展示术语的演化过程。除了 Web 数据以外，网络虚拟信息环境的兴起也为数字图书馆界提供了新的展示空间和服务渠道。自从林登实验室于 2003 年向公众开放了 Second Life 虚拟空间④，作为一种互联网 2.0 的尝试性应用，"Second Life"给网民和组织提供了一个能够自由发挥的网络平台。图书馆界利用"Second Life"虚拟空间的尝试也早已开始。目前，全球已有大约 400 多个图书馆在这个虚拟空间中建立了服务社区。为了将虚拟世界的信息完整地保存和真实地再现，各种方案不断涌现，文献⑤研究了这种虚拟世界的存档方法，通过创建用户视角的映像将可视化信息全部记录下

---

① Brown Bob. Facebook for scientists gets millions in funding, 2010-04-08. http://www.networkworld.com/news/2009/102009-facebook-scientists-funding.html.

② Spencer A, O'Reilly B, Vasile G. Past and present: using the UK government web archive to bridge the continuity gap. IWAW2009, Oct. 2009, pp. 38-42.

③ Tahmasebi N, Ramesh S, Risse T. First results on detecting term evolutions. IWAW2009, Oct. 2009, pp. 50-55.

④ Second life, 2010-04-06. http://secondlife.com/.

⑤ Antonescu M D, Guttenbrunner M, Rauber A. Documenting a virtual world-a case study in preserving scenes from second life. IWAW2009, Oct. 2009, pp. 5-9.

来，从而保存用户感兴趣的场景和内容。文献①研究了 Web 存档系统中敏感信息的揭示方法，由信息创建者或者提供者制定敏感信息的保存策略，以此来判断该资源是否被隐藏，限制用户进行浏览。为了提升数字图书馆的服务效果，适应互联网发展的趋势，将云计算的理念用于数字图书馆也成为一个热门的话题。② 基于 Apache hadoop 的开放云计算平台，被广泛地应用于数字图书馆的资源收集、信息存储和海量计算之中。③ 如何利用好 Apache Hadoop 开放云计算平台，值得引起国内同行的关注。这方面的研究主要有德国 Max-Planck Institute for Informatics 推出的分布式数字 Web 保存架构④及其与葡萄牙共同研究的异构数字信息保存方法⑤。此外美国的奥多明尼昂大学（Old Dominion University）计算机系的研究还对利用保存的数字资源建立小世界网络做了深入研究。⑥

5. 三维虚拟现实技术逐步登上技术舞台

随着网络和三维技术的发展，一些采用三维技术模拟现实场景的应用也随之出现。2008 年 6 月，Zoomii 的网上虚拟书店推出，该网站的作者 Chris Thiessen 是加拿大的一位图书爱好者，他在整理自己书架的过程中受到启发，利用虚拟技术将自己的书店放到了网上。用户访问书店如同走进了摆满图书的实体书店，可以查看周围的环境信息、用鼠标缩放和翻动感兴趣的图书，然后再决定是否购买。另一项值得关注的项目是 2009 年的 JCDL 会议上有关“第二生命”的虚拟数字图书馆研究。研究者将虚拟现实技术用到了会议的“Poster Session”环节中，利用 3D 技术实现了会议信息的共享，帮助无法参与

---

① Hiiragi W, Sakaguchi T, Sugimoto S. A policy-based institutional web archiving system with adjustable exposure of archived resources. IWAW2009, Oct. 2009, pp. 20-26.

② Morris Carol Minton. Cloud computing, big data, and open access at EDUCAUSE 2009. D-Lib Magazine, 2010 (1), 2010-04-06. http://www.dlib.org/dlib/january10/morris/01morris.html.

③ Hadoop Apache, 2010-04-06. http://hadoop.apache.org/.

④ Anand Avishek, Bedathur Srikanta, Berberich Klaus, et al. EverLast: a distributed architecture for preserving the web. Proceedings of the 9th ACM/IEEE-CS joint conference on Digital libraries, 2009: 331-340.

⑤ Antunes Gonçalo, Barateiro José, Cabral Manuel, et al. Preserving digital data in heterogeneous environments. Proceedings of the 9th ACM/IEEE-CS joint conference on Digital libraries, 2009: 345-348.

⑥ Cartledge Charles L, Nelson Michael L. Unsupervised creation of small world networks for the preservation of digital objects. Proceedings of the 9th ACM/IEEE-CS joint conference on Digital libraries, 2009: 349-352.

会议的研究者更加真实地了解会议情况。① 此外，2009 年的 ECDL 会议上德国的 Rene Bernd 等人演示了他们研究的 PROBADO 系统。该系统整合了各种多媒体文档和不同的用户偏好信息，并通过 3D 模型来展示描述信息和检索结果，成为德国国家科技图书馆个性化服务的一种新方式。②

为了向世界展示中国的灿烂文明，国内的研究机构也开始利用虚拟现实技术来提供观赏和研究服务。“超越时空的紫禁城”是 IBM 和北京故宫博物院的合作项目，它将世界级的文化和先进的技术创新融合在一起，是世界上首个致力于民族文化遗产的在线虚拟世界。该项目将整个宫殿的三维复制品搬到了网上，提供了简单易用的交互界面，使游客、志愿者、维护人员和自动化场景的角色互动交流，被称为“虚拟紫禁城”③。游客可以选择观看活动，也可以参与活动，以便深入了解相关的内容，甚至可以跟随导游进行游览，从而对“紫禁城”产生新的认识。虚拟现实技术出现和应用，标志着一种新的 Web 交互方式的诞生。未来的数字图书馆必然会将虚拟现实技术融入其中，为用户提供全方位的体验和服务。

（六）信息服务

为用户提供优质的信息服务是图书馆资源建设的重要目标。如何提升图书馆的信息服务始终是国外图书馆学情报学界关注的内容。2009 年，国外有关信息服务的研究主要集中于图书馆服务与数字科研环境、图书馆多元文化服务、图书馆服务调查与评估、参考咨询与学科馆员等方面。

1. 创造性地重新设计图书馆的功能和服务

世界经济的动荡引起了图书馆服务发展方向的变化。由于高等教育经费逐渐减少，有些学术机构质疑大型学术图书馆继续存在的价值，图书情报界人士开始思考经济衰落时期图书馆服务应该进行怎样的变革。ACRL《新经济形势下学术图书馆馆员战略思考指南》白皮书指出经济危机给高等教育带来巨大影响，各项资金投入明显减少。那么在这种新的财政限制下，为了满足新兴的用户需求，图书馆应当如何创造性地重新设计其功能和服务，以在节约成本的

---

① Lee Spencer J, Fox Edward A, Marchionini Gary, et al. Virtual DL poster sessions in second life. Proceedings of the 9th ACM/IEEE-CS joint conference on Digital libraries, 2009: 473-474.

② Bernd Rene, Blumel Ina, Krottmaier Harald, et al. Demonstration of user interfaces for querying in 3D architectural content in PROBADO3D. Proceedings of the 13th European Conference on Digital Libraries. LNCS 5714. Berlin: Springer-Verlag, 2009: 491-492.

③ The Forbidden City: Beyond Space and Time, 2010-04-09. http://www.beyondspaceandtime.org/FCBSTWeb/web/index.html#link=about.

前提下对学生和教职员工提供支持？图书馆员的工作将发生怎样的改变？图书馆能否为低收入背景或有困难的学生提供支持，使他们走向成功？美国总统奥巴马指出："全球经济形势下，高等教育不再是获得机遇的途径，而是前提。知识是最有价值的能力。"他呼吁"每一个美国人至少要参加一年以上的高等教育或职业培训"，这一倡议对于社区学院、营利性教育机构以及四年制大学的生源将产生重大影响。在这一背景下，有学者开始研究在员工数量不变或减少的情况下，为了给学生提供更多的支持，这些院校的图书馆应当如何制订计划？图书馆应当如何为跨代（multiple-generation）学生群体服务？①

2. 图书馆服务与数字科研环境

学术交流与实践近年来经历了剧烈变化，云计算、开放获取出版和在线社会网络等的发展影响着研究实践。对于研究团体来说，数字科研与学术的良好机遇是与巨大挑战并存的。研究人员淹没在海量原始数据和出版信息之中，面对传播和共享他们研究成果众多的方式而难以抉择。这些选择对知识产权、潜在用户、绩效评估方法、服务再利用和资源长期保存都具有重要影响。与此同时，许多学术图书馆则提供重要的、创新性的服务与资源以支持新形式的研究、出版和信息管理，所以必须重新审视新研究环境下学术图书馆的作用。②《米尼奥大学（葡萄牙）2020 年未来发展宣言书》指出，图书馆应该不断关注对于它们服务的社区成员所提供的信息和数字的附加值。在研究过程中建设、管理和维护数据库中各种形式和各个阶段产生的信息，提升它们的透明度和可获得性，并保证它们的保存和管理，这些都将是未来研究型图书馆最重要的任务。③《OCLC：网络环境下的学术信息实践》报告强调，研究型图书馆的服务必须积极地向数字工作环境逐步转换。除了极少数特殊情况以外，在几乎所有的领域中，好的图书馆服务将以学术研究人员在其研究工作的各个阶段中查找和利用其所需要的数字信息的能力为主要的评判标准。在研究型图书馆相关服务的设计过程中，重要的已不是什么服务需要被数字化，而是怎样在一个比较长的时期内逐步地将所有服务整合到一个数字化的科研平台中去。④《支

---

① ACRL 2009. Strategic Thinking Guide for Academic Librarians in the New Economy, 2010-03-10. http://stephenslighthouse. sirsidynix. com/archives/2009/04/acrl_strategic. html.

② Support for the research process: an academic library manifesto, 2010-03-10. http://www. oclc. org/research/publications/library/2009/2009-07. pdf.

③ 全球研究型图书馆发展战略. 图书情报工作动态，2009（2）.

④ OCLC：网络环境下的学术信息实践. 图研参考，2009（3）. http://www. nlc. gov. cn/service/fuwudaohang/tyck/2009/200903z_2. htm.

持研究过程：学术图书馆宣言》报告中还提出了在迅速变化的学术研究环境中图书馆的十项行动任务。① 《变革的时代：ARL 研究型图书馆发展的战略环境扫描》也针对当前的数字科研环境提出了 6 项研究型图书馆在研究、教学和学习中作用的发展趋势。②

3. 图书馆多元文化服务

2009 年 10 月在巴黎举办会议期间，UNESCO 全球大会签署了《IFLA 多元文化图书馆宣言》（IFLA Multicultural Library Manifesto）。宣言指出面对文化与语言多样性问题，图书馆服务应该遵守每个人都具有获取信息与知识基本自由和公平权利的承诺，尊重文化的特性与价值。宣言中还提出了多元文化图书馆服务的原则、任务、核心行动等。③ 该宣言的签署将有利于多元文化和语言的传承，与第 75 届 IFLA 大会的主题相呼应，也为图书馆的多元文化服务指明了方向。

4. 图书馆服务调查与评估

2008 年 ARL 图书馆评估会议主题是：建立有效的、持续的、实用的评估。会议主旨报告强调图书馆应重视对用户群体的深入理解，重视开发影响成功的关键测评因素。Town 提出，图书馆必须与每个用户保持更"密切"的关系，更多地参与到用户所属群体之中。关键的评价指标是图书馆在用户生活和工作流中发挥了多大的作用。理想的评估是：诚挚、有效地接近用户群体，接近用户需求、行为和智慧的海洋，邀请用户参与和分享评估经历。在具体的图书馆服务调查中，K. Bell 等发现图书馆服务类型与电子资源使用情况密切相关，图书馆延伸服务是有效改善、提高和促进资源使用的方式。④ A. Masson 则通过调查，评价图书馆的虚拟学习环境为学习者带来的增值服务的影响，以及这种效果对图书馆员——研究人员之间关系的作用和利用虚拟研究环境为研究者提供信息服务的作用。⑤ Texas A&M 大学图书馆专门设立公共服务图书馆

---

① Support for the research process: an academic library manifesto, 2010-03-10. http://www.oclc.org/research/publications/library/2009/2009-07.pdf.

② ARL. Transformational times: an environmental scan prepared for the ARL strategic plan review task force. 2010-03-10. http://www.arl.org/bm~doc/transformational-times.pdf.

③ The IFLA multicultural library manifesto, 2010-03-10. http://archive.ifla.org/VII/s32/pub/Multicultural Library Manifesto.pdf.

④ Bell K, et. The impact of library services in primary care trusts in NHS North West England: a large-scale retrospective quantitative study of online resource usage in relation to types of service. Health Information and Libraries Journal, 2009 (2).

⑤ Masson A. VRE library services learning from supporting VLE users. Library Hi Tech, 2009 (2).

长一职，以用户视角检查专著采访政策、程序和工作流程，还要研究其他行业和图书馆的最佳实践案例，并加以修改应用到自身图书馆服务之中。①

5. 参考咨询与学科馆员

国外 2009 年有关参考咨询与学科馆员的研究，主要涉及两方面：（1）经济因素导致虚拟参考服务处于紧缩阶段，控制成本、实行成本—效益分析势在必行。L. Eakin 等描述了一个合作虚拟参考咨询的成本模型，模型内容包括了图书馆提供虚拟参考咨询服务时的所有成本。② 图书馆在控制参考咨询成本的同时，也要对参考咨询服务的质量进行提高与评价。S. Kamaralzaman 等通过对马来西亚十所公立大学图书馆参考咨询服务质量问题进行问卷调查，证明图书馆采用以 ISO 9001：2000 标准为基础的质量管理体系后，其服务质量有了明显提升。③ 而 M. Ishihara 则制定了一个参考咨询服务质量评估框架，包括四个方面：评估构成要素、评估范围、评估标准和评估方法与措施。④（2）Ahmad Bakeri Abu Bakar 通过调查发现马来西亚高校教学人员更喜欢以电子邮件等电子交流方式与图书馆员沟通。图书馆具有利用这种方式与教学人员保持长久和有效联系的前景。在这种联系方式下，每一名参考馆员都有相对应的负责对象，他们就像是每一个教学人员的专门联络员。为此，学科馆员们别无选择，只能提升自身能力，不断满足用户需求，达到用户所期望的满意值，同时必须改善、保持与用户的联系，加强与他们的合作。⑤ ARL 的《研究图书馆问题》(*Research Library Issues*) 第 265 期集中刊发了五篇以学科馆员为专题的文章，讨论的主题就是建立新形式的联系，尤其是与教职员工之间的联系的需求，以适应教学研究人员不断变化的工作内容，持续改进其学习成果、研究过程，以及相关的沟通与交流等。

（七）社会网络

社会网络的研究包括社会网络理论（Social Networks Theory）和社会网络

---

① VanDuinkerken W. Bringing public services experience to technical services: improvements in practice. Library Collections Acquisitions & Technical Services, 2009 (2-3).

② Eakin L, Pomerantz J. Virtual reference, real money: modeling costs in virtual reference services. Portal-Libraries and the Academy, 2009 (1).

③ Kamaralzaman S, Kaur K. Quality management of reference services in malaysian public university libraries. Libri, 2009 (2).

④ Ishihara M. A framework for evaluating reference services and methods for quality evaluation. Library and information science, 2009 (61).

⑤ Abu Bakar A B. Perceived value of satisfaction with services provided to faculties among liaison librarians. malaysian journal of library & information science, 2009 (1): 451-463.

分析（Social Networks Analysis）。社会网络理论试图解释网络的运行，一般定义为“解释现象之间关系的理论”，“关于现象之间关系的内部联系和一致的逻辑”和“变量之间关系的复杂集合”。社会网络分析是一种研究网络行为的方法。

1. 信息学科类期刊对社会网络理论和社会网络分析的研究

Barbara Schultz-Jones① 通过文献调查分析，发现信息学科类期刊对社会网络理论和社会网络分析都进行了研究，但侧重于后者。从学科角度看，社会科学、商业与管理、信息科学、医药与健康是研究社会网络理论和社会网络分析最多的领域。从研究方法上来说，自我中心分析（egocentric analysis）方法通过甄别和发现个体单元的视角中的联系来开发网络。整体网络（whole networks）方法通过实现设置整体网络的链接数量，依据边界来决定网络。这两种方法的研究目标都是网络的信息交换的发展，可以研究许多行为的属性和模式。从使用数据的角度看，绝大多数研究都使用横截面数据，很少一部分研究者使用了纵向数据。从多学科的角度看，主要的研究趋势是详细地展现对各种动态关系的探索和发现对社会网络构成和行为的理解，研究的属性集和网络环境相关。研究最多的是组织环境，私有组织的研究多于公共组织；其次是教育背景，包括各个层次的教育机构；接下来是日常生活场所，包括家庭单元、亲属关系网络、城市青少年、老年人、少数民族、街头流浪人员；第四个研究重点是医药领域，包括医院、内科实践、社区健康门诊、长期健康机构；在线环境的研究主要考察虚拟社区和社会网络网站、个体与恐怖或者犯罪活动的结盟；研究最少的是自然习性和图书馆。从学科领域来说，社会科学研究了图书馆之外的八种网络环境，信息科学领域不包括犯罪和自然习性，商业和管理领域不研究犯罪、图书馆和自然习性，教育学科研究涉及所有的社会网络环境，计算机科学集中于在线环境。图书馆相关的研究只有信息科学涉及。信息科学领域研究影响方面最多，主要研究出版网络。其次是人文学科，研究集中于引文和共著模式。计算机科学和商业与管理领域、社会科学中研究网络的关系、背景和系统的价值占主导地位。医药与健康主要研究网络的价值和扩散因子。科学领域主要研究价值和影响。对信息搜寻研究最多的是信息科学领域。但是信息科学中有一些主题比较特殊：①图书馆员或者图书馆作为网络结构中的看门人的角色；②网络结构变化对信息网络的影响；③信息的存取如何影响网络

① Schultz-Jones Barbara. Examining information behavior through social networks-an interdisciplinary review. Journal of Documentation, 2009, 65 (4): 592-631.

的发展；④网络位置和结构如何方便或者约束信息传递；⑤分析网络链接范围最大化和接收不同信息的可能性；⑥分析网络的结构维度来引入 ICTs，调查计算机媒体通信和信息系统。从研究的重点问题来看，首先主要的研究集中于从网络位置获得的影响或者价值，考察网络结构，假设的演员的各种角色，网络链接的反馈，着重理解角色和表达的价值（如社会资本、能力 、信任、经济优势、支持和发展潜力）之间的交互。其次，许多研究集中于网络扩散传播信息或者资源的活动，包括知识的运动、信息、语言、疾病、传染性习惯和情感表达行为。第三，另外一些研究强调个体单元对其他个体的相关影响，包括集体冒险、战略联盟、引文分析、顾问联盟。

2. 社会网络理论

M. Smith 等人提出了隐性关系网络（Implicit Affinity Networks，IAN）的概念。典型的社会网络或显性关系网络（Explicit Affinity Networks，EAN）是基于人与人之间明确的和有定义的关系（如博客的互相链接、用户的评论等），而隐性关系网络是基于个体之间的自然联系的模式（比如不存在相互链接的属于不同博客圈的博客可能内容都是同一个主题或者观点）。每个人都有自己的属性和属性值（离散化的值），每个属性都能捕捉一些个体的信息。通常来说个体的属性的数量和属性的值都不尽相同。通过使用属性和属性值可以计算个体之间的相似度作为隐性关系的得分。如此形成的网络可以用来捕捉动态的多面的有着共同特征的或者属性的个体之间的联系。通过可视化的隐性关系网络和显性关系网络构成的混合图，可以发现潜在的社会资本和子社区。①

Anria Sophia van Zyl 从社会网络和 Web2.0 技术二者的相互融合的视角提出了社会网络 2.0。他认为社会网络 2.0 是指通过使用新兴的 Web2.0 技术来支持维持现有人际关系；发展潜在的人际关系，帮助将潜在的联系转变为或强或弱的联系的网站或者应用程序。衡量社会网络 2.0 的标准有三个：首先，必须能够支持社会网络，包括建立现有人际关系的数字表达和链接，能帮助发现潜在的人际联系，能够帮助将潜在的联系转化为或强或弱的关系。其次，必须支持两个以上的基于计算机媒介的交流模式，具体有“一对一”、“一对多”和“多对一”三个模式。再次，必须允许社会反馈，一个成员的贡献由其他用户来评价。社会网络 2.0 给组织带来的积极影响有：①及时更新被链接用户的联系信息。②可以甄别专家、机会和潜在的商业合作伙伴。③提高生产力和

① Smith M，Giraud－Carrier C，Purser N. Implicit affinity networks and social capital. Information Technology Management. 2009，10：123－134.

工作流程的效率。④以可搜索的格式存储组织积累的知识和经验。⑤更有效地恰当高效地使用基于计算机中介的交流技术。⑥影响组织的信念，通过改进客户关系、创新提高品牌价值。社会网络 2.0 对组织的消极影响有：①成为社会工程攻击的信息源。②从事推销的和恶意的作者会建立伪造的页面。③员工在社会网络耗费过多精力导致生产效率降低。④用户的不可信内容使得可信信息和敏感信息遭受潜在损失。⑤使用宽带、服务器和网络设备等造成资源浪费。⑥故意的破坏行为和误导信息、粗心大意和过失都会损害组织的声誉。①

3. 社会网络伦理

1986 年管理信息科学专家 Mason 提出了信息伦理的 PAPA 分析框架：①信息隐私权（Privacy）：个人拥有隐私之权利及防止侵犯别人的隐私；②信息准确性（Accuracy）：人们享有准确信息的权利及确保信息提供者有义务提供准确信息；③信息产权（Property）：信息生产者享有对自己所生产和开发的信息产品的产权；④信息资源存取权（Accessibility）：人们享有获取所应该获取的信息的权利，包括对信息技术、信息设备及信息本身的获取。② 社会网络网站的激增已经改变了人类的联系、合作和日常生活，也使人类面临许多新的伦理困境。这些要求重新考虑新的社会契约来支配伦理行为，有效地保护社会网络网站用户的权利。James L. Parrish Jr. 认为 Mason 的框架虽然提出比较早，但是仍然是有用。通过分析一些社会网络网站事件，James L. Parrish Jr. 提出了社会网络网站用户保护自我和他人权利的四条原则：①在社会网络网站分享信息的时候，不仅需要考虑一个人的个人信息的隐私，同时也需要考虑其他与被分享的信息相关的人的隐私。②当在社会网络网站分享信息的时候，希望分享信息的人有责任在分享前核实信息的准确性。③当在社会网络网站分享信息的时候，分享者不应该分享可能后悔而想撤销的信息，在未得到当事人同意的情况下，不应该发布他人的看法或者观点。信息只要一旦被分享，就不可能撤销。④社会网络网站使用者有责任在允许他人或者程序获得分享的信息之前确认他们的可靠性和真实性。③ Shannon Vallor 指出美德伦理学（Virtue ethics）在解决信息技术特别是社会网络技术伦理中有着独一无二的适应性，现实交流

---

① Van Zyl Anria Sophia. The impact of Social Networking 2.0 on organizations. The Electronic Library, 2009, 27 (6): 906-918.

② Mason R O. Four ethical issues of the information age. MIS Quarterly, 1986, 10 (1): 5-12.

③ James L. Parrish Jr. PAPA knows best: principles for the ethical sharing of information on social networking sites. Ethics Inf Technol, 2010-03-28. http://www.springerlink.com/content/dt189011t240851x/fulltext.pdf.

中的耐心、诚实和共鸣三种美德有助于改善现有社会网络中的伦理困境。①

Stefan Weiss 指出各种社会网络的应用使得个人真实的身份信息空前剧增和集聚，信息的误用和滥用会损害个人用户的隐私，同时也会威胁到社会网络应用服务的商业模式。通过对法律领域、个人信息安全与隐私保护技术领域和社会网络应用服务开发的商业领域的专家的德尔菲法调查发现，社会网络应用中隐私保护机制开发关键的三个问题：首先，没有对个人身份信息使用和扩散进行控制。可能的解决方案是制定完整透明的个人身份信息使用策略，这要求网络设计和开发人员要进行隐私保护设计。其次，对个人信息的存取不透明，用户不了解自己信息的处理过程。可能的解决方案是提供有自动符合保险功能的隐私政策，这需要让隐私信息的处理透明和开放。再次，没有授权的第三方个人信息的滥用。可能的解决方案是主动自动的风险通信技术，即需要给用户提供简单的隐私入侵通知。社会网络应用中大量真实的信息可以带来潜在的商业利益。社会网络应用服务之间通过包含个人身份信息的数据移植共享，来减少用户再次注册填写信息的麻烦，以社会网络为平台加入第三方应用获得商业利益。但是这些应用的背后隐藏着个人身份信息滥用和泄漏的巨大风险。Stefan Weiss 提出的隐私威胁模型包含三个维度：个人隐私偏好设置维度，包括公开、特定公开范围和私密三个级别；公共存取容易度，包括安全、严格和公开；用户自我控制程度，包括所有可控、部分可控、不能控制。这个模型可以用来评估个人隐私信息受到的危险程度。②

Myspace 作为出名的社会网络网站吸引了许多年轻人特别是学生用户。Zaineb De Souza 和 Geoffrey N. Dick 认为影响学生在 Myspace 网络上透露自己真实信息的因素有同辈的压力、发出信号、信任、隐私风险近视、网站设计、对待隐私的随意态度。同龄人的压力（由于周围的人使用 Myspace 分享信息所以自己也透露信息）、在网络上展示自己光鲜的一面和网站的交互设计是影响学生透露自己信息的三个主要原因。其他因素如对网站的信任，认为网站及其成员会保护自己的隐私；对隐私风险的近视（忽略）和对待隐私的无所谓的态度实际上没有影响学生的信息透露行为。这可能是因为学生对 Myspace 和网友根本不信任，但是在网络上分享信息的决策瞬间并没有考虑隐私的问题。用户

---

① Vallor Shannon. Social networking technology and the virtues. Ethics Inf Technol, 2009 (8). http://www.springerlink.com/content/q44802g2h371565x/fulltext.pdf.

② Stefan Weiss. Privacy threat model for data portability in social network applications. International Journal of Information Management, 2009, 29: 249-254.

仍然在网站透露信息主要是出于与同龄人交往的压力。Zaineb De Souza 和 Geoffrey N. Dick 指出实际生活中更重视隐私的人在网络上透露的敏感信息也更少，年龄更小的孩子更倾向于透露更多的敏感隐私。孩子和家长的看法不一样，孩子的行为和家长认为的适当的行为往往不一致。在网站上分享敏感信息的孩子都有着相同的特征，他们在网络上与人交往的时候没有明确的目的，不知道自己想做什么。社会网络网站可能会影响这一代人的行为，应该增强孩子的意识，建立网络行为规范，进行技术上的良好引导。①

4. 用户与社会网络

用户间的交互形成一定的关系体系，这种关系体系影响着用户的信息行为，并对信息的传播、社会的发展起到作用。（1）基于社会网络分析而建立的社交网站在当今社会大行其道，那么它能够为用户增加社会资本（Social Capital）吗？S. Valenzuela 等通过调查发现，Facebook 的使用同学生生活满意度、社会信任、公民责任行使和政治参与具有积极关系。②（2）为信息添加标签是用户参与资源建设的一种方式，这种分类能强化馆藏资源的主题获取，但是并不能取代传统的词汇控制方法。③ E. Chung 等认为以用户为中心的标引系统在使用用户提供的标签时，应当考虑用户在使用该标签时的功能与任务，而不仅是依靠统计数字作为标签分析的依据。（3）社会网络还影响着用户对信息系统的使用。T. A. Sykes 等将网络密度（network density，反映个人得到的帮助）和网络中心性（network centrality，反映个人提供的帮助）结合起来，作为系统应用的关键预测因素。（4）在 4G 无线网络中，多跳网络通信（Multi-hop Communications）将起到重要作用，而用户参与是多跳网络发挥作用的关键。但是，网络用户不愿意把自己的数据贡献出来，让别人来消费。个人理性与整个网络的福利存在固有的矛盾，它减少了多跳网络通信的可行性。

5. 社会网络分析与应用

社会网络分析方法将研究对象视为网络节点，把研究对象之间的关系作为网络链接，运用社会网络理论来对网络结构和网络行为等进行分析、解释甚至

---

① De Souza Zaineb, Dick Geoffrey N. Disclosure of information by children in social networking-not just a case of "you show me yours and I'll show you mine". International Journal of Information Management, 2009, 29: 255-261.

② Valenzuela S, et. Is there social capital in a social network site? facebook use and college students' life satisfaction, trust, and participation. Journal of Computer-Mediated Communication, 2009 (4).

③ Rolla P J. User tags versus subject headings can user-supplied data improve subject access to library collections? Library Resources & Technical Services, 2009 (3).

预测。社会网络分析方法借助以数理背景的复杂系统科学为基础理论，和以此从公理化的角度发展网络理论。社会科学网络研究的对象主要是社会中的网络现象，以对网络的观察和解释为主。在网络时代社会网络理论的最大影响莫过于社会网络网站的繁荣，它提供了现实社会的数字化，同时创造了新的虚拟社会。

Mike Thelwall 发现 Myspace 的在线交流对线下关系存在影响。Myspace 改善了用户在除性别之外的种族、宗教信仰、年龄、国家、婚姻状况、对待孩子的态度、性别取向、加入 Myspace 的原因等方面的同质性。Myspace 也存在着失衡，妇女和年轻人在评论者中的比例失调，评论者比被评论者有更多的朋友。总的来说传统的同质性的来源在活跃的 Myspace 的公共联系上仍然发挥着主要作用。① Mike Thelwall 指出 MySpace 的英语评论和正式的书面英语不同。主要原因是需要表达的意思很难快速地转化成标准的书面语言，如表达感情或者强调。Myspace 的评论几乎很少完整地使用正式英语，一般是标准拼写、显然地偶发错误、俚语、句子片段、印刷俚语和感叹词的组合体。一些新的拼写看起来已经平常了，如用 u 表示 you，用 ur 表示 your，用:) 表示微笑、haha 等。虽然实践中使用了一些新的编码，但是由于部分编码是为了乐趣而特意使用的（如双写单词中的 i），所以不太可能形成新的正式的 Myspace 语法。Mike Thelwall 指出语法和拼写的变化给未来的搜索、自然语言处理和信息检索带来了挑战，以前的规则的文本预测模式不能有效地处理这种情况。② Michael Gaffney 和 Pauline Rafferty 通过对演唱会参加者、社会网络网站使用者和独立的唱片公司的调查发现，用户会使用社会网络网站来发现音乐，但是很少使用大众分类法的方法来搜索音乐。当用户使用大众分类法的时候，大多数人是为了方便自己的检索而不是试图帮助整个网站的用户来检索。社会网络网站对独立音乐的发现有较大的影响。数字发行对专辑的标签有很大冲击，有助于方便音乐的发现，但是给营销带来困难。③

Pietro Panzarasa 等人通过对在线社区纵向网络数据的分析，探索了用户的行为和社会交互模式，研究了社会网络性质的演进，发现系统在早期阶段随着中心节点主导结构的兴起呈现小世界特性，作者还考察了中心节点作用、先行

---

① Thelwall Mike. Homophily in myspace. Journal of The American Society for Information Science and Technology, 2009, 60 (2): 219-231.

② Thelwall Mike. Myspace comments. Online Information Review, 2009, 33 (1): 58-76.

③ Gaffney Michael, Rafferty Pauline. Making the long tail visible: social networking sites and independent music discovery. Program: electronic library and information systems. 2009, 43 (4): 375-391.

者优势、集群性的性别差异等方面。[①] Junseok Hwang 等人使用社会网络分析方法研究了 Web2.0 服务网络和演进的规则，发现 Web2.0 服务网络遵循优先连接规则最后演化成一个无标度网络。但是指数的值较典型的优先链接和无标度系统小，类似的低指数网络有可能因外部环境的改变而改变的。[②] Daning Hu 等人使用动态社会网络分析方法研究由人和交通工具构成的大型毒品共同犯罪网络发现，彼此熟悉和交通工具联系是形成网络的主要原因，年龄、种族和性别的同质性不能很好地预测网络连接的发生。[③] Christopher C. Yang 等人使用分形视图分析了恐怖分子的社会网络，通过调节链接度，交互的可视化网络图可以很好地甄别恐怖分子中的关键人物和与其他人的交互行为模式。[④]

（八）知识组织

在语义网技术的驱动下，一方面，本体的研究和实践有了飞速的发展。由于本体能表示某一领域知识的标准化的术语，并能够为机器所理解，因而经过一段时间的本体研究后，本体被应用到了信息处理的多个领域。另一方面，元数据标准继续成为数字图书馆互操作的重要形式。

1. 本体研究

Enrique 提出了在欧洲的银行监管系统中，应用以 OWL 语言信息提交模型，以完善知识分享系统。[⑤] Ye Kang 等提出在金融机构使用本体来进行危机蔓延管理，以深入了解危机蔓延，增进相关金融机构信息交流和知识共享，它使用 3 种不同的本体，即静态本体、动态本体和社会本体，来处理不同应用领域的信息。静态本体用于表示金融市场的静态信息和定义金融机构危机蔓延管理的基本概念；社会本体用于表示金融机构的社会结构，包括危机蔓延的渠道；动态本体用于处理危机蔓延过程中的知识。通过本体的应用，提升了金融机构的危机蔓延管理中信息和知识的分享，支持了危机蔓延管理设计的知识库

---

① Panzarasa Pietro, Opsahl Tore, Carley Kathleen M. Patterns and dynamics of users' behavior and interaction: network analysis of an online community. Journal of The American Society for Information Science and Technology, 2009, 60 (5): 911-932.

② Hwang Junseok, Jörn Altmann, Kim Kibae. The structural evolution of the web 2.0 service network. Online Information Review, 2009, 33 (6): 1 040-1 057.

③ Hu Daning, Kaza Siddharth, Chen Hsinchun. Identifying significant facilitators of dark network evolution. Journal of The American Society for Information Science and Technology, 2009, 60 (4): 655-665.

④ Yang Christopher C, Sageman Marc. Analysis of terrorist social networks with fractal views. Journal of Information Science, 2009, 35 (3): 299-320.

⑤ Bonson-Ponte E, Escobar-Rodriguez T, et al. Towards an ontology-based network for banking supervision. Online Information Review, 2009, 33 (5): 943-955.

发展，支撑了不同机构的合作。①

Maucicio 展示了巴西第二大能源机构在知识管理项目中构建和评价本体的应用案例。在制定和实施公司级的质量管理政策时，需要从公司不同的来源获取信息，构建相应的本体能帮助信息系统模型收集和组织质量管理知识。通过实践证明，本体在知识管理的很多方面能够发挥作用，如特定知识的保存，支持信息系统中的知识管理和互操作，在内容评估的时候实现内容的一致性。② Oscar 论述了在电影领域构建以本体为基础的问答系统。系统容许用户使用自然语言从规范的本体中检索信息，以填补用户表述和带有逻辑表达的正式知识表示之间的差异。此方法是依靠收集用户的提问，通过分析、转换和聚合，形成同一信息的不同表示群簇。信息群簇用 SPARQL 与相应的用户提问相关联，形成用户查询数据库。当用户用自然语言提问会被一个引擎所处理，引擎在新的提问和信息群簇间进行推理，同时又将新的提问与 SPARQL 表达相关联。③ Chi 和 Chen 讨论了应用本体和语义原则来分析新闻的特点以实现知识推理、新闻分发。将新闻转化为带有一些属性的本体实例，如人员、地点、时间，并抽取出来作为断言的属性，再通过语义规则语言根据实例中的属性和已知事件间的语义关系来推断新的事件。④

随着各学科领域可获取信息的迅速增长，许多方法，如文献聚合和信息可视化，被用来帮助用户管理信息。然而，大多数的方法不能直接从文献集合中抽取重要概念和揭示文献之间的关系。Zheng 等提出了一个名为“clonto”的方法通过确认重要的概念，自动形成本体，来处理文献集合以反映文献间的关系。当给出一个文献集合，Clonto 能采用语义分析确认重要的概念，从文献中获取概念，利用 WordNet 自动生成一个文献集合本体，文献通过重要概念连接到本体。根据 2 个资源集合的测试，试验结果证明：Clonto 能确认重要概念，产生 4 种聚合算法。而且由 Clonto 产生的本体显示了重要的信息概念

---

① Ye K，Wang S S，et al. Ontologies for crisis contagion management in financial institutions. Journal of Information Science. 2009，35（5）：548-562.

② Almeida M B，Barbosa R R. Ontologies in knowledge management support：a case study. Journal of the American Society for Information Science and Technology，2009，60（10）：2 032-2 047.

③ Ferrandez O，Izquierdo R，et al.（2009）. Addressing ontology-based question answering with collections of user queries. Information Processing & Management 45（2）：175-188.

④ Chi Y L，Chen H C. Ontology and semantic rules in document dispatching. Electronic Library，2009，27（4）：694-707.

结构。①

本体应用的一个亮点是欧盟 STERNA 项目，它公布了一系列基于语义的数字图书馆技术方案，引起了同行的高度关注。STERNA 基础架构是通过元数据的 RDF 模型和用 SKOS 格式描述的网络参考模型对成员网站的内容进行分布式语义检索。整个系统分为三部分：最基础是语义检索，用于实现对不同成员网站的分散异构数据库的检索；网络工具集，用于内容拥有的机构整合和丰富现有的内容和元数据，并链接到用 SKOS 的参考模型；API 层，用于每个成员网站实现 STERNA 系统的检索功能。其采用的语义架构最大的好处在于“动态”的知识组织和扩展，使其具有了更强的“可持续发展”的能力。②③

2. 元数据标准成为数字图书馆互操作的重要形式

数字图书馆建设过程中使用的元数据越来越多，各种元数据之间的互操作已成为数字图书馆互操作的重要途径。实现数字图书馆中元数据互操作的一种有效方法是建立有关领域的元数据标准，并在元数据标准中明确地定义可以使用的元数据元素。在欧盟第七框架 IST（Information Society Technologies Programme）项目基金支持下，DELOS 于 2009 年创建了数字图书馆互操作研究工作组④，该工作组的目标是用主要的资金流和宽泛的数字图书馆组织打造一个强大的联盟，解决数字图书馆的互操作问题，完成世界各地的专家知识和现有知识库的整合，从而满足大众的知识需求，促进数字图书馆互操作的标准化。

近来受到广泛关注的数字图书馆互操作协议是 OAI-ORE（Open Archives Initiative Object Reuse and Exchange，OAI-ORE）⑤，这一协议的目标在于定义对 Web 资源聚合体进行描述和交换用的标准。OAI-ORE 项目于 2006 年 10 月发起，2008 年 10 月发布了 OAI-ORE 规范的 v1.0 版本。2009 年的 JCDL 会议

---

① Zheng H T, Borchert C, et. Exploiting corpus-related ontologies for conceptualizing document corpora. Journal of the American Society for Information Science and Technology, 2009, 60 (11): 2 287-2 299.

② Heerlien M, Nederbragt H.. Methodology for content enrichment. 2009-11-05. http://www.sterna-net.eu/images/stories/documents/sterna_del_2.2.2_methodology_final.pdf.

③ Wester J, Nederbragt H. RNA-project: Using things like thesauri and taxonomies in real cases! 2007-10-07. http://www.rnaproject.org/media/34572/rna%20report%20-%20c%20using%20things%20like%20thesauri%20in%20real%20cases.pdf.

④ Open archives initiative, object reuse and exchange, 2010-04-06. http://www.openarchives.org/ore/.

⑤ DL.org 1st workshop: digital libraries: interoperability, best practices & modeling foundations, 2010-04-08. http://www.dlorg.eu/index.php/dl-org-events.

上美国伊利诺伊大学信息科学系的 Jerome P. McDonough 对 METS（Metadata Encoding & Transmission Standard）和 OAI-ORE 之间互操作存在的问题进行了深入的探讨，并提出了一种新的映射方法，使得映射效果大大提高。① 文献② 对 Latex、Word、PowerPoint 格式的文本进行了分析，并设计了相关类型的元数据提取算法，为获取高质量的元数据元素提供了思路。

（九）信息素养

2009 年，国外学者对于信息素养的研究涉及信息素养的定义、概念、教学方法、用户信息行为和信息素养教育评估等方面。为了充分揭示用户信息素养的水平，有关学者以用户信息查询行为为切入点，结合背景信息的搜寻、用户的元认知能力、用户自身的认知能力、图书馆的目录查询系统与用户的交互等，为图书馆提升用户信息素养提供新的研究方向。

1. 信息素养教育

国外学者对于信息素养的研究涉及信息素养的定义、概念、教学方法、用户信息行为和信息素养教育评估等方面。（1）关于信息素养定义与概念，J. T. Nichols 提出了“三方向”信息素养概念模型，理解学生阅读、写作、思考、信息查找与信息素养基本构成要素③；T. Koltay 强调文摘撰写能力是信息素养的重要方面④；C. Yates 等人提出老年人健康信息素养问题⑤。（2）在信息素养教学方法方面，P. Godwin 认为 Web 2.0 为图书馆员提供了一套提高学生信息素养的工具，为网络一代提供了新型、互动的参与信息素养的方式。⑥ M. Adolphus 认为虚拟学习环境中的信息素养教育是事半功倍的教学良方，这种教学方式的出现具有其合理性。很多高校认为让学生远离 Google 是很重要的，但实际上高校教育者们又不太愿意将宝贵的教学时间让给图书馆员进行信

---

① McDonough Jerome P. Aligning METS with the OAI-ORE data model. Proceedings of the 9th ACM/IEEE-CS joint conference on Digital libraries, 2009: 323-330.

② Edvardsen Lars Fredrik Høimyr, Sølvberg Ingeborg Torvik, Aalberg Trond, et al. Automatically generating high quality metadata by analyzing the document code of common file types. Proceedings of the 9th ACM/IEEE-CS joint conference on Digital libraries, 2009: 29-38.

③ Nichols J T. The 3 directions: situated information literacy. College & Research Libraries, 2009 (6).

④ Koltay T. Abstracting: information literacy on a professional level. Journal of Documentation, 2009 (5).

⑤ Yates C, Partridge H, Bruce C. Learning wellness: how ageing Australians experience health information literacy. Australian Library Journal, 2009 (3).

⑥ Godwin P. Information literacy and web 2.0: is it just hype?. Program-Electronic Library and Information Systems, 2009 (3).

息素养教育。学生数量的增长与图书馆员数量的增长在比例上是不协调的。多样的教学媒介如视频和动画，能够迎合不同的学习模式——视觉的、听觉的或者动感的。Y 一代学生喜欢网络教学方式，他们的学习模式更偏向于看图，而不是线性阅读或听讲。① （3）关于用户的信息行为，M. Gross 等人利用信息素养测试（Information Literacy Test）测试学生的信息意识和信息素养能力水平。结果显示，学生对于信息素养的一般性观点集中于结果而不是过程，集中于自身获取信息能力的认知与意识和信息源偏好，个人兴趣是信息查询成功的关键所在。② K. Williamson 等提出研究"第四年龄"（老龄人口）群体的信息素养需求。虽然该阶段人们的信息需求和使用的信息源都比较少，但是弱势阻碍目标信息查找的信息环境具有特殊性，研究人员应该从中发现信息素养对这种环境的影响。③ （4）信息素养教育评估是信息素养研究的重点。2008 年图书馆评估会议，信息素养评估是其中一个重要议题，相关人士交流了实施可持续的信息素养评估的经验。④ A. Walsh 通过文献梳理，对各种信息素养评估方法进行汇总与评述。⑤ M. Oakleaf 将评估循环和学习评估理论引用到信息素养教育领域，提出信息素养教育评估循环（Literacy Instruction Assessment Cycle），为未来信息素养评估提供一个模式。⑥ M. Oakleaf 和 N. Kaske 提出六个引导性问题，帮助图书馆员选择最佳评估方法，这六个问题是：我们已经准备好了进行信息素养评估吗？为什么进行评估？与评估相关的人需要什么？评估能让我们得到想知道的内容吗？评估的成本是多少？评估对机构的影响是什么？⑦

2. 信息查询行为

信息查询行为可以反映用户信息素养的水平。有关学者从以下角度对用户的信息查询行为开展研究：（1）信息技术和数字信息资源的激增给用户的研

---

① Adolphus M. Using the web to teach information literacy. Online，2009（4）.

② Gross M，Latham D. Undergraduate perceptions of information literacy：defining，attaining，and self-assessing skills. College & Research Libraries，2009（4）.

③ Williamson K，Asla T. Information behavior of people in the fourth age：implications for the conceptualization of information literacy. Library & Information Science Research，2009（2）.

④ Bussert L，Phelps S，Diller K. Voices of authentic assessment：stakeholder experiences implementing sustainable information literacy assessments. Proceedings of the 2008 Library Assessment Conference，2008/8/5.

⑤ Walsh A. Information literacy assessment：where do we start? Journal of Librarianship and Information Science，2009（1）.

⑥ Oakleaf M. The information literacy instruction assessment cycle A guide for increasing student learning and improving librarian instructional skills. Journal of Documentation，2009（4）.

⑦ Oakleaf M，Kaske N. Guiding questions for assessing information literacy in higher education. Portal-Libraries and the Academy，2009（2）.

究活动带来了困扰，数字时代的研究活动似乎比以往要困难很多。华盛顿大学信息学院《寻找背景信息：关于数字时代的研究活动，大学生们如是说》研究报告指出：研究活动对于大学生而言如此复杂的原因，主要在于背景信息的搜寻方面。背景信息对于大学生正确理解、有效实施并合理安排研究活动的优先次序而言起着关键性的作用。报告将学生研究活动中需要搜寻的背景信息划分为四大类：整体概况（Big Picture）、语言（Language）、情境（Situational Context）和信息搜集（Information-gathering Context）。（2）在基于网络检索情景下，用户的元认知能力（metacognitive skills）具有重要作用。元认知是"反映或调节认知活动的任一方面的知识或认知活动"。G. Gorrell 等通过测试谢菲尔德大学的 405 名学生和工作人员，认为在学科范围内，用户的元认知能力大体类似；但是根据年龄、性别和专业的不同，元认知能力则具有较大差异。①（3）用户自身的认知能力是影响其信息查询效率和行为的内在因素，而信息查询系统的引导作用以及搜索引擎的品牌效应则是外在因素。在多用户虚拟学习环境下，B. C. Nelson 等研究了系统引导与用户自我效能间的关系。② B. J. Jansen 等则通过实验发现，搜索引擎的品牌在搜索引擎选择、检索结果评价、各环节评价、登录页面评价四个过程中起到作用。③（4）图书馆的目录查询系统（OPAC）是用户检索信息的重要途径，而未来 OPAC 应该具有怎样的功能才能满足用户的需求呢？W. Tam 等研究了谢菲尔德大学来自不同国家的留学生对下一代 OPAC 的需求。研究发现，学生期望下一代 OPAC 中的功能应该为他们节省时间、易于使用和具有相关性较强的检索结果。另外，推荐功能与检索结果导航功能正是用户所期望的。而 Web 2.0 功能，例如 RSS 和参与功能却并不为用户所欢迎。④

（十）开放存储

作为一种重要的开放存取资源，开放存储的建设与发展对促进资源共享、扩大学术交流具有重要价值。据知名国际开放存储组织 Registry of Open Access Repositories 公布的数字，截至 2010 年 3 月上旬已经有来自 83 个国家共 1 530

---

① Gorrell G, Eaglestone B, Madden A. Towards "metacognitively aware" IR systems: an initial user study. Journal of Documentation, 2009 (3).

② Nelson B C, Ketelhut D J. Exploring embedded guidance and self-efficacy in educational multi-user virtual environments. International Journal of Computer-Supported Collaborative Learning, 2008 (4).

③ Jansen B J, et. Brand and its effect on user perception of search engine performance. Journal of the American Society for Information Science and Technology, 2009 (8).

④ Tam W, et. Student user preferences for features of next-generation OPACs a case study of University of Sheffield international students. Program-Electronic Library and Information Systems, 2009 (4).

家机构注册成为其会员。从国外的研究现状来看，当前国外围绕开放存储的理论研究集中于：开放存储的资源收集、建设模式、系统支撑、服务开展、管理政策、标准规范、知识产权和长期保存等方面，有关开放存储建设成效的评估、开放存储愿景实现所面临的挑战、开放存储行为的影响因素等内容也开始引起国外学者的进一步重视。

1. 知识库

知识库的建设已有近 20 年的历史，从早期的 arXiv 到 21 世纪的 PubMed Central 以及各机构纷纷建设并应用的机构知识库。哪种类型的知识库、哪类服务能够最优地支撑数字学术信息交流也是近来关注的问题。知识库分为学科知识库、研究知识库、国家知识库系统、机构知识库。

在知识库的建设过程中有两个问题需要重视。内容方面，组织有序的高质量的知识内容是至关重要的；服务方面，面向专门学术团体的高附加值的服务也是至关重要的，只有当知识库提供专门的服务支持新知识的生产时才有可能成为对研究人员来说最有用的资源和工具。在知识库的建设过程中面临三方面的挑战：（1）内容的存缴，（2）内容的获取和使用服务，（3）内容的长期保存和服务的可持续性。①

2. Overlay 出版

Overlay 出版是学术出版交流过程逐步向松散化和分布式方向演化发展而形成的新出版模式。在第十三届国际电子出版会议（ELPUB2009）上，意大利 N. Cavalli 围绕 Overlay 出版的概念与功能进行了研究。② Overlay 期刊是一种基于开放获取知识库的开放获取期刊，它按照一定的内容筛选标准，从多个数字仓储中选择论文，经过编辑或同行评审，以在线期刊的形式发布提供服务。与一般开放获取期刊相比，Overlay 期刊不出版任何原始论文，而是从开放获取出版载体中获取现存论文。N. Cavalli 通过列举《电子出版广角》、《计算机科学逻辑方法》、《机械知识研究学报》、《物理学虚拟期刊》等体现 Overlay 出版模式的期刊进行了阐述。从功能角度来讲，Overlay 期刊首先是免费交流功能，其次是知晓与存档功能。研究认为，随着学术交流出版模式的发展，新的

---

① Armbruster Chris, Romary Laurent. Comparing repository types: challenges and barriers for subject-based repositories, research repositories, national repository systems and institutional repositories in serving scholarly communication, 2009-11-23, 2010-04-01. http://papers.ssrn.com/sol3/papers.cfm?abstract_id=1506905.

② Cavalli N. Overlay publications: a functional overview of the concept, 2010-03-30. http://conferences.aepic.it/index.php/elpub/elpub2009/paper/view/91/42.

学术交流出版体系将由各种交流载体所组成，不仅有研究论文和专题论文，同时还有数据集、预印本、书目以及其他载体，这些松散的交流载体通过互操作（例如 OAI-PMH 或 ORE）实现整合交流。Overlay 出版服务在这一过程中将扮演具体的学术交流功能，实现更加灵活的学术交流功能整合。

三、存在问题与展望

（一）当前国内研究存在的主要问题

综观国外 2009 年图书馆学情报学的研究情形，对比国内的研究现状，可以看出，国内图书馆学情报学的研究，无论是在国外研究态势跟踪、基础理论研究、前沿技术研究、标准研究，还是在服务评价、研究合作等方面，均存在一定不足，需要继续进一步加强。

（二）未来展望

随着世界新情况的不断发展，图书馆学情报学面临新的发展。就目前情况来看，图书馆学情报学显现以下的若干发展趋势：

1. Web2.0 技术以面向大众、方便用户为重点

当前 Web2.0 的许多理念已经深入到数字图书馆的建设中。JISC 于 2008 年资助了“Towards implementation of Library 2.0 and the e-Framework”项目，目标是在当前信息环境下，解决如何有效集成和利用 Web2.0 技术构建 Library 2.0 的问题。Web2.0 技术的大量使用为数字图书馆的建设和研究带来了新的方式，图书馆的用户已经不仅仅是资源的消费者，同时也是内容的建设者和组织者。Web2.0 技术使得现在的数字图书馆成为一个强有力的社会网络，尤其是社会化标签 Tag 和 Mashup 的使用一直是近年来数字图书馆领域研究的热点，但相关研究主要停留在概念层面，部分应用研究也主要针对如何在图书馆门户网站、检索结果呈现等页面中增加 RSS feed、Wiki 讨论、用户评论、标签以及发布 Blog 服务等方面。2009 年的数字图书馆界依然将这两种技术广泛运用，并加入了新的技术和服务理念来构建原型系统。

2. 知识组织方式迈向语义化

随着数字图书馆技术蓬勃发展，对知识组织体系的要求也越来越高，以强调概念关联为核心的一些知识组织体系如词网（WordNet）、概念图、主题地图、本体等开始成为研究和应用的热点。特别是语义 Web 技术和基于 Ontology 的知识组织已引起国内外数字图书馆界和计算机界的特别关注，成为数字图书

馆知识组织的一个新兴的研究与应用领域。一些国际著名的会议如 JCDL2006、JCDL2008 等将语义数字图书馆作为一个独立的主题，利用语义 Web 相关技术来解决数字图书馆面临的各种问题。语义数字图书馆系统构建在语义 Web 技术基础之上，以机器可理解的方式描述各种类型的信息资源，以不同元数据（Metadata）为基础集成信息资源，得到高质量的有意义的语义互联信息。语义 Web 和内容挖掘分析为主的数字图书馆称为第二代数字图书馆，2007 年国际数字图书馆与语义 Web 大会第一次召开，讨论数字图书馆与语义 Web 技术的结合问题。2009 年该会议召开第二次会议，语义数字图书馆再次成为会议讨论的热点。以 RDF（S）、SKOS、OWL 本体等知识组织方式为代表的语义 Web 技术逐渐成为第二代数字图书馆的主流技术。在 2009 年召开的国际数字图书馆与语义 Web 大会上许多研究者应用将两者密切结合。第一代数字图书馆的知识组织系统主要以 WordNet 等本地的词汇网络为基础，其概念和术语的更新受到一定的限制，而第二代数字图书馆的知识组织系统将研究重点放在网络化概念链接系统，以 Wikipedia、LOD、DBpedia、FOAF 等为代表的链接网络组织系统得到了广泛的应用。W3C 于 2007 年启动了关联开放数据项目 LOD（Linking Open Data），截至 2009 年 7 月，LOD 云图中已经有 100 多个开放数据集合，包括 4.7 亿个 RDF 三元组，以及 1.4 亿个 RDF 内部链接。而且，关联数据正在迅速发展中，包括 MIT、HCLS、BBC、IEEE、国会图书馆、英美政府等大学、研究机构、媒体服务机构、传统出版机构、图书馆以及政府部门等纷纷加入到关联数据出版行列。美国杨百翰大学（Brigham Young University Provo）利用链接技术将家谱数据库中的个人信息以及与该人物有关的作品、信件等资源建立联系，帮助研究者发现历史人物的相关信息。香港城市大学信息系统系的研究者利用图中的链接来提升机器学习的效果。

3. 多媒体资源标引技术广受关注

为用户提供文本化的数字信息一直是数字图书馆的核心服务，然而随着各种多媒体信息的制作和增加，用户迫切地需要多媒体信息的检索和获取，因此多媒体资源的标引和检索成为数字图书馆近来研究的热点内容。传统的音乐信息查询主要采用基于歌词或乐谱内容的检索、基于用户哼唱片段的检索、基于节奏的检索、基于音乐纪录片段的检索等。为了支持网络环境下异构音乐数据源的集成检索，德国波恩大学音乐数字图书馆项目 PROBADO 提出一个多模型集成检索方法，以音乐对象的多种属性信息作为检索点，将分面检索的结果进行分类、合并，最后形成集成查询结果，从而提升检索系统的适应范围，提高音乐信息查询的准确率。2008 年由英国和新西兰合作开发的音乐分析网络化环境（NEMA）通过 Web 服务技术建立了一个开放性可扩展的资源框架，将世界上音乐信息检索、计算音乐学以及人文学研究领域 6 个先进的研究项目及其辅助工具整合到一起，从而为相关信息的发现、获取、重用提供了方便。MONK 项目是 2007—2009 年由美国梅隆基金会提供赞助的一个数字化平台，用来帮助人文科学的专家们发现和分析他们所研究文献的各种模式。MyExerriment 是 2008 年由英国曼彻斯特大学和南安普敦大学共同完成的一个科研项目，该项目旨在开发一个虚拟实验环境，使科研人员间能够实现研究记录和工作流程的数据共享。NESTER 项目是 2008 年 4 月至 2009 年 9 月，欧洲委员会资助由欧洲和俄罗斯合作研究的一个嵌入式网络和控制系统方面的项目，从而打开双方在该领域研究探索的新局面。Meandre 是一个语义 Web 技术驱动的密集型数据流执行环境，2008 年美国伊利诺伊大学发布了 Meandre 第一版，从而为密集型数据的计算提供了一个平台。

4. 以用户为中心，提供个性化知识服务

以用户为中心，提供个性化知识服务的数字图书馆是数字图书馆发展的必然趋势，它从根本上改变了信息服务的内涵和模式。面向服务的技术架构、语义 Web 服务、分布式网格计算以及云计算等技术的采用使得数字图书馆焕发出新的生机。同时随着 3G 网络服务的大力推广，未来的数字图书馆系统可以运行在各种移动设备中，更方便、更快捷地服务于用户，此时的数字图书馆已不再是简单的数目查询和文献传递的提供商，而是能够提供综合知识服务的智能决策支持系统。

了解国外图书馆学情报学的最新研究进展，有利于拓展国内图书馆学情报学研究者的学术视野。由于新技术发展日新月异，图书情报领域的业务活动涉及面日益宽广。因此，图书馆学情报学的研究对象与研究边界也在不断发展、演化。虽然笔者力图全面揭示出 2009 年国外图书馆学情报学的全部研究新动向与热点，但恐因所获得的文献有限不一定能够充分、完整和客观地反映出 2009 年国外图书馆学情报学理论研究的全貌，加之本文作者水平有限，文中持有的观点肯定存在不少偏颇，不妥当和不完善之处在所难免，敬请各位专家同仁批评指正。

推荐参考文献

1. Swan Alma. Modellling scholarly communication options: costs and benefits for universi-

ties-report to the JISC, 2010-07-22. http://ie-repository. jisc. ac. uk/442/.

2. Hanard Steven. Designing the optimal open access mandate, 2010 - 07 - 22. http://openaccess. eprints. org/index. php? /archives/719-Designing-the-Optimal-Open-Access-Mandate. html.

3. Armbruster Chris, Romary Laurent. Comparing repository types: challenges and barriers for subject-based repositories, research repositories, national repository systems and institutional repositories in serving scholarly communication, 2009-11-23, 2010-07-22. http://papers. ssrn. com/sol3/papers. cfm? abstract_id=1506905.

4. Steven Shavell. Should copyright of academic works be abolished? 2010-07-22. http://cyber. law. harvard. edu/sites/cyber. law. harvard. edu/files/Copyright% 207-17HLS-2009. pdf.

5. Mark Patterson. PLoS journals-measuring impact where it matters, 2009-07-13, 2010-07-22. https://www. plos. org/cms/node/478/.

6. Bollen Johan, Van de Sompel Herbert, Hagberg Aric, Chute Ryan. A principal component analysis of 39 scientific impact measures, 2010-07-22. http://www. plosone. org/article/info:doi/10. 1371/journal. pone. 0006022.

7. Gargouri Yassine, Hajjem Chawki, etc. Self-selected or mandated, open access increases citation impact for higher quality research, 2010-07-22. http://users. ecs. soton. ac. uk/harnad/Temp/yassart. pdf.

8. ACRL 2009 Strategic Thinking Guide for Academic Librarians in the New Economy. http://stephenslighthouse. sirsidynix. com/archives/2009/04/acrl_strategic. html.

9. Gorrell G, Eaglestone B, Madden A. Towards "metacognitively aware" IR systems: an initial user study. Journal of Documentation, 2009 (3).

10. Kang Y, Kim S. Understanding user resistance to participation in multihop communications. Journal of Computer-Mediated Communication, 2009 (2).

11. Zhang P, Sun H S. The complexity of different types of attitudes in initial and continued ICT use. Journal of the American Society for Information Science and Technology, 2009 (10).

12. Tamura S, et. Satisfaction and the perception of usefulness among users of business information service in Japan. Information Research-an International Electronic Journal, 2008 (4).

13. Debatin B, et. Facebook and online privacy: attitudes, behaviors, and unintended consequences. Journal of Computer-Mediated Communication, 2009 (1).

14. Scholarly information practices in the online environment—themes from the literature and implications for library service development. http://www. oclc. org/research/publications/library/2009/2009-02. pdf.

15. ARL. Transformational times: an environmental scan prepared for the ARL strategic plan review task force. http://www. arl. org/bm ~ doc/transformational-times. pdf.

16. VanDuinkerken W. Bringing public services experience to technical services: improve-

ments in practice. Library Collections Acquisitions & Technical Services, 2009 (2-3).

17. Walsh A. Information literacy assessment: where do we start?. Journal of Librarianship and Information Science, 2009 (1).

18. Approaches for large scale digital library infrastructures by example, tutorial at ECDL 2007 (Abstract), 2010-04-06. http://www.ecdl2007.org/tutorials.php.

19. Risse Thomas, Approaches for large scale digital library, tutorial at RCDL 2007, 2010-04-06. http://www.l3s.de/~risse/RCDL2007_tutorial.pdf.

20. Building digital libraries on-demand by sharing content, services and computing resource, tutorial at ECDL 2007 (Abstract), 2010-04-06. http://www.ecdl2007.org/tutorials.php.

21. Angevaare Inge. Taking care of digital collections and data: "curation" and organisational choices for research. Liber Quarterly, 2009, 19 (1): 1-12.

22. Beagrie Neil, Beagrie Robert, Rowlands Ian. Research data preservation and access: the views of researchers. Liber Quarterly, 2009 (60). http://www.ariadne.ac.uk/issue60/beagrie-et-al/.

23. Seneca Tracy. The web-at-risk at three: overview of an NDIIPP web archiving initiative [J]. Library Trends, 2009, 57 (3): 427-441.

24. Hswe Patricia, Kaczmarek Joanne, Houser Leah, etc. The web archives workbench (WAW) tool suite: taking an archival approach to the preservation of webcontent [J]. Library Trends, 2009, 57 (3): 442-460.

25. Harvard University Library, 2010-03-21. http://wax.lib.harvard.edu/collections/home.do.

26. Jansson Leena. Finland's internet archive, 2010-03-21. http://www.kansalliskirjasto.fi/extra/bulletin/article4.html.

27. Genevieve G, Barry E, Nigel F, et al. Towards "metacognitively aware" IR systems: an initial user study. Journal of Documentation, 2009, 65 (3): 446-469.

28. Chung E, Yoon J. Categorical and specificity differences between user-supplied tags and search query terms for images. An analysis of Flickr tags and web image search queries [J]. Information Research-an International Electronic Journal, 2009 (3): 232-245.

29. Sykes T A, et. Model of acceptance with peer support: a social network perspective to understand employees' system use. Mis Quarterly, 2009 (2): 263-310.

30. Kang Y, Kim S. Understanding user resistance to participation in multihop communications. Journal of Computer-Mediated Communication, 2009 (2): 178-192.

31. Zhang P, Sun H S. The complexity of different types of attitudes in initial and continued ICT use. Journal of the American Society for Information Science and Technology, 2009 (10): 321-342.

32. Kim H W, Kankanhalli A. Investigating user resistance to information systems implemen-

tation: a status quo bias perspective. Mis Quarterly.

33. JISC digitisation preservation survey, 2010-03-18. http://digipressurvey.jiscinvolve.org/about/.

34. PARSE Insight. PARSE. Insight, DeliverableD2. 1, Draft Road Map, 2010-03-18. http://www.parse-insight.eu/downloads/Parseinsight_draft_roadmap_20090327.pdf.

35. Rogers Sam. Survey and analysis of electronic journal licenses for long-term access provisions in tertiary New Zealand Academic Libraries. Serials review, 2009, 35 (1): 3-15.

36. Caplan Priscilla. Understanding PREMIS, 2010-03-21. http://www.loc.gov/standards/premis/understanding-premis.pdf.

37. DPE. UMID-unique material identifier, 2010-03-21. http://www.digitalpreservationeurope.eu/publications/briefs/UMID_Unique%20Material%20Identifier.pdf.

38. DCC. Information security management: the ISO 27000 (ISO 27K) series, 2010-03-21. http://dcc.ac.uk/resources/briefing-papers/standards-watch-papers/information-security-management-iso-27000-iso-27k-s. http://dcc.ac.uk/resources/briefing-papers/standards-watch-papers/information-security-management-using-bs-100122009.

39. Bollen Johan, Van de Sompel Herbert, Hagberg Aric, Chute Ryan. A principal component analysis of 39 scientific impact measures, 2010-04-02. http://www.plosone.org/article/info:doi/10.1371/journal.pone.0006022.

40. The end of institutional repositories & the beginning of social academic research service: an enhanced role for libraries, 2009-6-19, 2010-04-07. http://www.llrx.com/features/socialacademicresearch.htm.

41. Scaling to global OA: parallel local green/gold is OK, but gold alone first, no way, 2009-03-14, 2010-04-07. http://openaccess.eprints.org/index.php?/archives/549-Scaling-to-Global-OA-Parallel-Local-GreenGold-Is-OK,-But-Gold-Alone-First,-No-Way.html.

42. Hanard Steven. Conflating open access with copyright reform: not helpful to open access, 2010-04-02. http://openaccess.eprints.org/index.php?/archives/618-Conflating-Open-Access-With-Copyright-Reform-Not-Helpful-to-Open-Access.html.

43. Economic implications of alternative scholarly publishing models: exploring the costs and benefits, 2009-1-27, 2010-04-07. http://www.jisc.ac.uk/publications/reports/2009/economicpublishingmodelsfinalreport.aspx.

44. Mukherjee B. Scholarly research in LIS open access electronic journals: a bibliometric study. Scientometrics, 2009, 80 (1): 167-194.

45. Kaur B, Verma R. Use and impact of electronic journals in the indian Institute of Technology, Delhi, India. The Electronic Library, 2009, 27 (4): 611-622.

46. Cheverie J F, Boettcher J, Buschman J. Digital scholarship in the university tenure and promotion process: a report on the Sixth Scholarly Communication Symposium at Georgetown Uni-

versity Library. Journal of Scholarly Publishing, 2009 (4): 219-230.

47. Kules Bill, Capra Robert, Banta Matthew, et al. What do exploratory searchers look at in a faceted search interface, Proceedings of the 9th ACM/IEEE-CS joint conference on Digital libraries, 2009: 313-322.

48. Bederson Benjamin B, Alex Quinn, et al. Designing the reading experience for scanned multi-lingual picture books on mobile phones, Proceedings of the 9th ACM/IEEE-CS joint conference on Digital libraries, 2009: 305-308.

执笔人：孙 坦 黄国彬 刘细文 张智雄 初景利
郑建程 宋 文 刘 峥 李 麟 刘晓丹

第十七章

国际问题研究

摘要

作为一门相对独立的学科，诞生于第一次世界大战结束之后的国际问题研究（又称国际关系学、国际政治学等）迄今已有90余年的历史。在其发展过程中，逐渐形成了国际关系理论、国际安全、国际政治经济学、非传统安全和全球化研究等分支领域。2009年国外高校的国际问题研究在既有研究的基础上又取得了一些新发展。

在国际关系理论方面，学术界对沃尔兹的结构现实主义理论从各个角度进行了重新审视，涉及不少过去为人们所忽视的方面。现实主义、自由主义、建构主义阵营内部的理论精细化工作也在进一步进行。作为一种对外政策理论的新古典现实主义、民主和平论及国际制度框架内的实证研究，以及将认同作为一个变量的考察和测量，都代表了理论的新进展。更多学者从事以问题为导向的实证研究。一些中层理论，如单极体系下国家的外交行为、联盟的特征，以及观念和情绪对国际关系的影响等，得到更多的探讨。

在国际安全研究中，围绕着战争与和平、政策—手段和恐怖主义这三大议题领域，国外学者们在2009年中也取得了持续性的进展，这体现在他们所提出的大量新观点、新视角和新问题上。总体而言，当今国际范围内的国际安全研究存在着一些重要趋势。学者们更多关注国际安全问题的国内政治动因，关注多边参与背景下冲突地区的和平进程以及失败国家的国家重建，关注非正规冲突和恐怖主义的内在逻辑与相应对策，以及关于多种政策手段在安全议题上的综合运用。在很大程度上，这些趋势体现了冷战后时代国际安全问题的现实特征。

2009年国际政治经济学研究呈现的特点是：学术界围绕国际政治经济学美国学派和英国学派的分歧问题所展开的持续争论，使得方法融合的趋势进一步加强；学者们围绕全球金融危机的地区、国别影响以及历史比较问题展开研究，以求更好地了解当前危机的根源；对全球化问题进行反思；继续对贸易政治（特别是保护主义问题）、“民主和平”论等相关问题进行“科学”探讨。这些研究成果虽然仍处于初步探索阶段，但对于夯实国际政治经济学研究的基础具有重要意义。

在非传统安全领域，关于非传统安全研究的边界问题争论依然激烈，短期内很难形成共识；学者们的研究重点正在向非传统安全领域中的具体问题倾斜，包括环境与气候变化、能源、粮食、水资源，以及国际公共卫生等，而2009年底哥本哈根气候变化大会的召开，使得气候安全和气候治理的研究在国外非传统安全的研究中所占比重更大；非传统安全中不同问题之间的关联性研究也正在引起学者们更大的兴趣；量化研究和跨学科研究越来越多地应用于非传统安全的研究。

就全球化研究而言，2008年9月爆发至今的全球金融危机使国际学术界、政策界首次出现了“全球化是否终结?”的质疑之音。在未来可预见的一段时期内，国外学术界有关金融危机与全球化的关系、全球化的前景与路径等问题的争论将继续进行。其次，随着全球化的扩展，非国家行为体在全球政治中的地位与作用进一步凸显，有关全球化与非国家行为体的研究议程将得到更多的关注和进一步的深化。最后，随着全球化的内容从经济全球化逐步向全球治理等其他领域扩展，全球治理中的一些具体议题如恐怖主义、移民、环境治理等将受到国外学术界更多的关注。

总的来看，2009年国外高校的国际问题研究呈现出这样几个发展趋势：第一，以问题为导向的学术研究进一步加强，围绕单极霸权、恐怖主义、气候与环境变化、金融危机等现实问题的研究走向深入；第二，学术研究的层次有从国际体系回落到国家、个人和跨国行为体的趋势；第三，在各个研究领域中，实证性的研究都受到重视，并进一步迈向精细化，方法论的意识得到加强；第四，跨学科研究方法的使用愈加明显，安全、政治、经济、环境和全球化研究之间多有交叉；第五，在各个分支研究领域，都出现了重视国际政治与国内政治互动的趋势。

Abstract

As a relatively independent discipline founded after the end of WWI, International Studies or International Relations (IR) by now has a history over ninety years, during which it has developed into such sub-areas as IR Theory, International Security, International Political Economy, Non-Traditional Security, and Globalization Studies. The year 2009 saw new developments in all these areas.

In the area of IR theory, scholars began to revisit and re-evaluate Waltz's Structural Realism from different perspectives, touching upon not a few aspects which had been neglected before. Theories are becoming further sophisticated in realist, liberal, and constructivist camp, respectively. The Neo-Classical Realism, positive researches done in the framework of democratic peace theory and international institutionalism, and the measuring of identity as a variable, all represent the new theoretical development. More scholars are now working on problem-oriented positive research. Some middle-level theories, such as the diplomatic behaviour of a nation under a unipolar system, the characteristics of alliance, and the impact of ideas and emotion on international relations, are drawing more concern.

Regarding International Security, foreign scholars have also continually made developments in such issue areas as war and peace, international strategic studies, and terrorism in 2009, which are reflected in a variety of new arguments, new perspectives, and new questions raised by scholars. Generally speaking, there are some significant tendencies in International Security. Scholars have paid more attention to the domestic political causes of international security problems, to the peace process of regional conflicts and national-building of failing states in the context of multilateral participation and settlement, to the internal logic and corresponding tactics of terrorism and irregular war, and to the comprehensive use of multiple policy instruments. In a large sense, these tendencies reflect the realistic features of the international security problems in the Post-cold War era.

In 2009, some of the most prominent features of International Political Economy (IPE) are the following: Firstly, the persistent debate between the American School and the English School has strengthened the trend of methodological convergence in IPE. Secondly, in order to better understand the origins of the current financial crisis, scholars began to study the impact of global financial crisis on specific regions and countries on one hand, and conduct historical comparison on the other hand. Thirdly, the academe is reflecting on the globalization issue. And finally, scholars are keeping on with the "scientific" investigation on issues such as trade politics (especially protectionism) and democratic peace theory. These scholarships are still at the initial stage, but they are significant to build up the basis of IPE.

In the area of non-traditional security, there is a hot debate on the research boundary of this sub-field among the scholars, and it is hard for them to form a consensus in a short time. Scholars' research focuses are moving to various specific issue areas, such as climate change and environmental issues, energy, food, water resources, and international public health issues, while the 2009 Copenhagen Convention has given more weight to climate security and governance research in the foreign non-traditional security area. The linkages among the different issue areas are drawing more interest of scholars. In terms of research method, quantitative analysis and inter-disciplinary approach are increasingly applied to the research of non-traditional security.

Regarding globalization studies, the global financial crisis starting in 2008 has pushed scholars and policy-makers to question for the first time whether this is the end of globalization. In the foreseeable future, debates on the relations between financial crisis and globa lization, and the prospects and approaches of globalization in the foreign academic world will persist. Secondly, with the development of globalization, the position and functions of non-state actors will be improved in the global politics, and the research agenda related to globalization and non-state actors will be deepen and draw more concerns. Finally, with the contents of globalization gradually enlarging from economic dimension to other aspects such as global governance, many specific issues, for instance, terrorism, immigration, and environmental governance will deserve more attention of the academe.

Generally speaking, research in the field of international studies in foreign universities in 2009 displays the following characteristics. First of all, problem-oriented research has been strengthened to some extent, and research on such practical problems as uni-polar hegemony, terrorism, climate change and environmental issues, and financial crisis has been further elaborated. Secondly, the level of analysis has shown a tendency of moving from the level of international structure to the level of state, transnational actors, and individuals. Thirdly, in all IR research areas positive research has been emphasized and become more sophisticated, with an improvement of the sense of methodology. Fourthly, the use of interdisciplinary approach is becoming more widespread than before, and there is much intersection among the fields of security, politics, economics, environmental issues, and globalization studies. Finally, in all IR research areas there is a tendency to emphasize the interaction between international politics and domestic politics.

国际问题研究（International Studies）在国外人文社会科学中通常被称作国际关系学（International Relations）或国际政治学（International Politics），属于政治学的范畴，在一些国家被视为政治学的一个分支领域。国际关系学作为一个相对独立的学科的创立，一般可以追溯到第一次世界大战结束之后。具体而言，是以 1919 年在英国威尔士大学设立第一个国际政治学的讲座教授的席位为标志的。经过 90 余年的发展，国际问题研究已经成为人文社会科学领域中一个十分活跃的学科。一方面，国际问题研究或曰国际关系学一直坚持将国家间的战争与和平、冲突与合作作为本学科研究的核心问题；另一方面，它又不断适应国际社会和世界政治的发展与变革的要求，对自身的研究对象、研究范围和研究日程进行调整，并从政治学、历史学、法学、哲学、社会学、经济学、心理学和地理学等学科中积极汲取养料，在理论和方法上多有借鉴，形成了跨学科研究的特征。在学科发展的过程中，国际问题研究逐渐形成了国际关系理论、国际安全和国际政治经济学等分支领域。近年来，非传统安全和全球化研究也日益受到学界的重视。与去年的报告保持一致，本章将依据国际问题研究领域 2009 年出版的主要学术期刊和著作，继续从国际关系理论、国际安全、国际政治经济学、非传统安全研究和全球化研究等五个方面，介绍本年度国外高校国际问题研究的最新成果及其发展趋势。

一、国际关系理论

自从 1999 年亚历山大·温特（Alexander Wendt）发展和完善社会建构主义的国际关系理论以来，体系层面的宏理论（Grand Theory）范式之争尽管没有明确的结论，但已经基本告一段落。2009 年，很多学者以问题为导向继续努力完善已有的国际关系理论。现实主义理论方面，学者们围绕结构现实主义和现有国际关系理论的若干重要概念继续展开争论。现实主义学者从 20 世纪 90 年代后期以来将国际政治理论转变为外交政策理论的努力也取得了一项重要成果，并出版了一部文集《新古典现实主义、国家和对外政策》，较为全面地探讨了新古典现实主义这一研究纲领的进展，涵盖了其中有代表性的几种理论。①

在自由主义阵营内部，布鲁斯·拉塞特（Bruce Russett）考察了民主和平

① Steven E. Lobell, Norrin M. Ripsman, and Jeffrey W. Taliaferro, eds. Neoclassical realism, the state, and foreign policy. Cambridge: Cambridge University Press, 2009.

论在伯罗奔尼撒战争这一案例中所具有的解释力。罗伯特·基欧汉（Robert Keohane）等学者把民主制度和多边主义相结合来推动新自由制度主义对国际制度的研究。① 两位著名的自由主义国际关系理论家海伦·米尔纳（Helen Milner）和安德鲁·莫拉夫斯克（Andrew Moravcsik）主编的《世界政治中的实力、相互依赖和非国家行为体》将新自由主义国际关系理论继续向前做了推进。作者们认为，在一个越来越全球化的世界中，国家、军事实力、冲突和无政府状态正在越来越让位于非国家行为体、非军事实力、相互依赖、国际制度与合作。该书涵盖的实证研究领域涉及维和行动、保护妇女权益、发展中国家在环境谈判中的发言权，以及亚洲区域合作的前景等。②

在建构主义方面，如何对认同（identity）这样一个建构主义理论中的核心概念进行测量是长期以来困扰学者们的一个难题。2009年出版的由拉维·阿卜杜拉（Rawi Abdelal）等四位学者主编的《测量认同：社会科学家指南》一书，对该领域而言是一个重要贡献。③ 在该书中，来自不同学科领域的学者对测量认同的一些重要方法进行了系统的考察和评估，包括调查、内容分析（content analysis）、认知图谱（cognitive mapping）、话语分析（discourse analysis）与民族志，以及实验方法等，并将这些方法应用于美国政治、比较政治和国际关系等研究领域。该书的出版，有助于将认同和身份研究建立在更为坚实的经验性研究的基础之上。

在非主流的国际关系理论研究中，《批判理论家与国际关系》和《性别与国际安全：女性主义视角》两部著作值得一读。《批判理论家与国际关系》一书对国际关系领域的32位批判理论家做了相当全面的介绍，这是到目前为止的第一本。这里所指的批判理论涉及马克思主义、后马克思主义、法兰克福学派、诠释学、现象学、后殖民主义、女性主义、后结构主义、结构理论等。④《性别与国际安全：女性主义视角》一书则试图界定性别与国

---

① Bruce M. Russett. Democracy, war and expansion through historical lenses. European Journal of International Relations, Vol. 15, No. 1, March 2009, pp. 9-36; Robert O. Keohane, Stephen Macedo, and Andrew Moravcsik. Democracy-enhancing multilateralism. International Organization, Vol. 63, No. 1 (January 2009), pp. 1-31.

② Helen Milner and Andrew Moravcsik, eds. Power, interdependence, and nonstate actors in world politics. Princeton: Princeton University Press, 2009.

③ Rawi Abdelal, Yoshiko M. Herrera, Alastair Iain Johnston, and Rose McDermott, eds. Measuring identity: a guide for social scientists. Cambridge: Cambridge University Press, 2009.

④ Jenny Edkins and Nick Vaughan-Williams, eds. Critical theorists and international relations. New York: Routledge, 2009.

际安全领域的关系，从而开创国际安全研究的女性主义研究纲领。一直以来，这一领域在国际安全理论研究中被忽视。作者们认为，性别对于研究国际安全来说是非常重要的，不管是就概念、实证还是规范来说都是如此。这些学者批判和重构了国际安全领域的关键概念，发掘女性作为安全行为体所扮演的角色，从而提升了女性主义安全研究和一般性安全研究之间的对话质量和范围。①

总的来看，2009 年的国际关系理论是学者们继续在深度探索中艰难前进的一年。虽然没有特别重大的理论创新，但是上述理论知识的修正和积累仍然值得我们重视。就具体研究成果而言，2009 年的国际关系理论界围绕以下几个问题的争论比较引人关注。

在过去一年的国外国际关系理论研究中，对美国学者肯尼思·沃尔兹结构现实主义的再研究构成了一个显著的亮点。《国际关系》杂志 2009 年第 2 期为此出版了一期特刊，从沃尔兹的理论立场、方法论和具体的理论概念等方面进行了全面的探讨，提出了许多新的、令人感兴趣的观点。在第 3 期中，又有两篇文章专门讨论了沃尔兹的现实主义理论。

1. 沃尔兹的理论背景及其与其他理论的关系

奥利·韦弗尔（Ole Wæver）对沃尔兹的《国际政治理论》一书给予了高度评价。他认为，《国际政治理论》一书是成功的，尤其是在从事安全研究的学者中得到广泛的认同。这部著作使现实主义重返国际关系学科的中心，也成功激发了使这门学科更加科学化的渴望。同时，结构现实主义的一些具体观点也被广泛接受，其中包括国际体系中极数目的影响、两极相对于多极的优势等。但是，他也指出了结构现实主义的三个失败之处：即在军备和干涉方面，不能从理论中推导出相应的政策警示；面对核武器扩散的无动于衷；以及沃尔兹自己对于理论本质的理解。更为重要的是，韦弗尔对沃尔兹的理论建构学说进行了厘清。他认为，作为实证主义者，沃尔兹实际上持有激进的反经验主义立场。沃尔兹坚持认为，理论和现实的距离越远越好，理论只是智力工具，以及理论本身的重要性，这些都使得新现实主义在很大程度上同反思主义一致，也就是说，理论本身并不具有客观性，只是观念的建构而已。②

---

① Laura Sjoberg, ed. Gender and international security: feminist perspectives. New York: Routledge, 2009.

② Ole Wæver. Waltz's theory of theory. International Relations, Vol. 23, No. 2 (June 2009), pp. 216-217.

另外两位学者迈克尔·弗利（Michael Foley）和迈克尔·威廉姆斯（Michael Williams）则敏锐地发现了沃尔兹理论中隐含的国内自由主义假设。前者认为，结构现实主义的理论有可能基于一个广泛的自由主义概念框架。原因在于，作为自主进程的国际结构的概念建立在构成单元的参与需求之上。沃尔兹式的现实主义积极、含蓄地处理了美国在国际体系中的参与问题。沃尔兹表明，这个世界不是充满了道德或者不道德建构的东西，更不用说某种宏大的目标渴望，它仅仅是设定了外交政策决定者必须遵循的一套背景关系。因此，对于美国的自由主义者和美国政府来说，国家有可能采取一种稳定和持续的国际参与形式，而不是在剧烈的政策转变或者被动的孤立中摇摆不定。① 在迈克尔·威廉姆斯看来，20 世纪 50 年代的古典现实主义对于文化、现代性、民主和外交政策的过分关注，导致人们认为来自国际关系的压力要求在外交和国际关系中压制民主政治的作用。与古典现实主义不同，沃尔兹的结构现实主义提供了一个对于国内自由主义者来说也能够接受的分析框架，即国际无政府状态和外交政策的压力并不一定损害民主国家的前景。沃尔兹认为国际结构难以改变，从国际关系的角度来说是悲观主义，但是从自由民主国家主导当前国际体系结构的角度来说，则是自由主义者所乐见的。②

2. 结构现实主义对国家理性和国家身份的看法

进攻性现实主义者约翰·米尔斯海默（John J. Mearsheimer）指出，肯尼思·沃尔兹的结构现实主义理论并不需要假设国家是理性的行动者。许多人认为，现实主义者包括沃尔兹在内都采用了国家理性的假设，但这些观点是错误的。相反，沃尔兹使用“选择的进程”来说明“那些遵循成功实践的国家更常常会崛起到世界的顶峰”，而那些不这样做的国家会被时代所抛弃。从本质上说，沃尔兹理论预言，国家常常忽略势力均衡的逻辑、缺乏战略谋划，从而受到国际体系的惩罚；另一方面，那些采取理性行为的国家常常因为它们的明智行为而得到奖赏。③

格奥尔基·索伦森（Georg Sørensen）则指出，沃尔兹的结构现实主义

---

① Michael Foley. Bring realism to American liberalism: Kenneth Waltz and the process of a cold war adjustment. International Relations, Vol. 23, No. 3 (September 2009), p. 325.

② Michael C. Williams. Waltz, realism and democracy. International Relations, Vol. 23, No. 3 (September 2009), pp. 337-338.

③ John J. Mearsheimer. Reckless states and realism. International Relations, Vol. 23, No. 2 (June 2009), pp. 241-242.

过分忽略了国家本身的特征，尤其是国家身份。他认为，结构现实主义对于当前的势力均衡及其对世界政治的影响可以提供重要的洞见，但是它未能分析国家身份的变化及其对于国际关系的含义。国家不是“类似的单元”，无政府状态也不总意味着自助。一个更丰富的结构概念应该包括经济实力、政治—军事实力和国际规范，从而使我们能够更好地理解国际性因素影响一国国内结构的方式。国家身份的因素尤其有助于我们观察发展中世界的弱国和经合组织中的后现代国家。在弱国当中，传统的安全困境被翻转过来：不再是国内秩序和国际威胁，相反是国内威胁和国际秩序；在后现代国家当中，由于建立了安全共同体，其外部的暴力威胁已大大降低。①

3. 结构现实主义对于人性和性别作用的看法

学者们对沃尔兹的人性观有着非常不同的解读。一位学者认为，沃尔兹的人性观和其他现实主义者没有什么区别，虽然结构现实主义的理论表面上把人性的假设排除出去了。尼塔·克劳福德（Neta Crawford）指出，在《人、国家与战争》和《国际政治理论》中，沃尔兹本质上拥有和其他现实主义者一样的人性假设：人性是固定不变的，人们不能完全信任他人，以及决策者是理性的计算者，着眼于促进狭隘的自我利益；而且，对于沃尔兹来说，人性在决定世界政治上至少和无政府结构一样重要。②

另一位著名的国际关系学者克里斯·布朗（Chris Brown）则认为，沃尔兹并没有以上这些明确的人性判断。他指出，沃尔兹之所以把人性从理论中排除出去，是因为我们不能理解它。而理性选择现实主义者把人性作为一个外生变量则是相信他们自己理解它，并因此界定了利益的性质和内容。沃尔兹的结论仅仅是——虽然我们不能（或者起码还没有）理解人性——我们的悲惨处境很可能是我们人性的产物。这把我们带回到奥古斯丁的悲观主义，从而与理性选择现实主义者和其他建构主义者区别开来。因此，布朗认为，沃尔兹并不相信凭借人或者国家的理性就可以实现自己真正的利益，也不相信人性是建构而成的。③

沃尔兹的一位学生则认为，女性主义发展到现在所遇到的困难，可以通

---

① Georg Sørensen. “Big and important things” in IR: Structural Realism and the Neglect of Changes in Statehood. International Relations, Vol. 23, No. 2 (June 2009), p. 223.

② Neta C. Crawford. Human nature and world politics: rethinking “Man”. International Relations, Vol. 23, No. 2 (June 2009), p. 271.

③ Chris Brown. Structural realism, classical realism and human nature. International Relations, Vol. 23, No. 2 (June 2009), pp. 266-267.

过沃尔兹对于层次分析法、理论和现实之间关系的论述而得到解答。人性层次包括性别的作用，不可能与国际关系之间建立一种有说服力的直接的线性因果关系。她指出，不管男人和女人之间有什么样的差别——我们知道有一些——它们对于国家行为不会是决定性的。① 因此，希图让女性掌握政权从而实现世界和平的"女性和平主义"是靠不住的。这位学者并指出，合适的关注点应该是那些可以变化的因素。我们可能难以改变人性，但是我们充分了解国内制度等背景因素对于人性的表现选择来说是非常重要的。总的来说，我们需要对沃尔兹的三个层次都予以重视，而不是仅仅依赖于一个层次。②

二、具体领域的理论进展

在过去的一年中，国际关系理论家们围绕一些具体问题，试图发展出更好的中层理论或者说"理论岛"，从而解释这些问题背后的因果关系。总的来看，这些理论上的努力主要着眼于单极世界下国家的外交行为，和国际关系学者正在进行的把国际政治理论转变为外交政策理论的大方向紧密相连。这些具体领域的理论进展，对于国际关系的进一步开拓来说是非常重要的。

1. 单极与霸权问题研究

围绕着单极、霸权和美国地位的争论，仍然是 2009 年美国国际关系理论学者们所关心和关注的焦点。这是一个理论性和现实性兼具的重要领域。在这个领域里，现实主义者们分化成为三个阵营：单极稳定论者、势力均衡现实主义者，以及威胁均势论者。其中，虽然布鲁克斯（Stephen Brooks）和威廉·沃尔福思（William Wohlforth）主张单极稳定性，但这与霸权国是否衰落并不直接相关。霸权国由于生产力的发展和技术的革新从而获得了经济领导地位，但是，随着时间的推移，知识、技术和管理技能的扩散会导致其他大国追上，而领导的代价也会加剧霸权国的衰落。在 2009 年，现实主义学者沃尔福思对单极、大国竞争和战争的因果关系作了进一步探讨。③ 自由主义学者伊肯伯里

---

① Jean Bethke Elshtain. Woman, the state, and war. International Relations, Vol. 23, No. 2 (June 2009), p. 297.

② Ibid. p. 302.

③ William C. Wohlforth. Unipolarity, status competition, and great power war. World Politics, Vol. 61, No. 1 (January 2009), pp. 28-57.

(G. John Ikenberry)、沃尔福思以及另一位重要的现实主义学者马斯坦杜诺(Michael Mastanduno)在2009年的一篇论文中承认，霸权不会无限制地延续下去。①

另外一位重要的现实主义学者克里斯托弗·莱恩(Christopher Layne)在2009年第1期的《国际安全》杂志上对美国霸权进行了全面而深入的探讨。他批判说，虽然约瑟夫·奈和法立德·扎卡里亚(Fareed Zakaria)相信美国可以通过运用软实力(Soft Power)来维持其在国际政治中的关键性地位，但是，美国的软实力可能远没有扎卡里亚等所设想的那样足以捍卫美国的压倒性优势。因为，其一，全球金融和经济危机已经使美国软实力的支柱之一——美式自由市场资本主义以及更一般意义上的自由主义(经济上和制度上的)本身——丧失了信誉；其二，美国并不是唯一掌握软实力的国家，中国等国家的软实力也正在兴起并形成挑战。他指出："具有讽刺意义的是，正是在国际制度的领域内，一个真正的后美国世界可能正在形成，也是最先让我们感受到多极世界影响的地方。在2009年4月的伦敦G20峰会上，中国和其他新兴大国主张改革国际制度，给他们以更大的发言权，减少美国和欧洲的特权。"② 莱恩预言，新自由制度主义的霸权之后学说和制度制约(Institutional Lock In)理论将经受现实世界的考验。单极和美国霸权是否会在接下来的20年中结束是当前国际关系学界争论的主题。如果答案是"是"的话，国际政治看起来将会十分不同；尤其当美国霸权的终结导致了去全球化的话，接下来将是民族主义、重商主义、地缘政治不稳定和大国竞争上升的年代。③

在2009年第2期的《欧洲国际关系杂志》中，伊安·克拉克(Ian Clark)从英国学派的角度对霸权所做的阐释也值得关注。在一般性印象中，英国学派的学者很少发展出来一种关于霸权的系统说明，而大多数以"反霸权的"假设开端。通过和大国的角色类比，以及将英国学派的其他原则加以延伸，克拉克在文中发展了霸权是国际社会的一种潜在制度的英国学派的论点。这一霸权论点不仅强调大国的物质实力，还包括它们所拥有的社会承认程度。相应地，这样一种关于霸权的论点和英国学派把战争看成是一种制度相类似。在霸权制度之下，弱者在其中也能拥有绝对收益，虽然强者得到的更多，而霸权的成功

---

① G. John Ikenberry, Michael Mastanduno, and William C. Wohlforth. Unipolarity, state behavior, and systemic consequences. World Politics, Vol. 61, No. 1 (January 2009), p. 4.

② Christopher Layne. The waning of U. S. Hegemony—myth or reality? a review essay. International Security. Vol. 34, No. 1 (Summer 2009), pp. 165-166.

③ Ibid. pp. 171-172.

维持有赖于强者最低限度地遵循合法性的规则或者制度。①

作为社会建构主义的代表性学者之一，玛莎·芬尼莫尔（Martha Finnemore）从社会结构的角度考察了霸权国所受到的社会性制约。她认为，关于主权、自由主义、民族自决和严格边界的社会规范结构随着时间推移而发生了变化，在罗马帝国体系、神圣罗马帝国体系和美国的单极体系中创造了非常不同的政治动态。② 在她看来，有三种社会机制限制了单极国家，塑造了霸权国运用自己实力的范围：即合法化（需要其他国家的承认）、单极力量的制度化，以及霸权国为应对合法化和制度化所频繁出现的言行不一与虚伪以对。

2. 联盟问题研究

哈佛大学教授斯蒂芬·沃尔特（Stephen Walt）在2009年第1期的《世界政治》杂志上讨论了单极世界下的联盟问题。他指出，单极世界意味着单极国家比两极或者单极下的其他大国拥有更大的行动自由。今天，在对联盟的需求程度方面（例如，不管是用来合法化一个特定的行动路线还是提供海外设施），单极国家拥有比以前多得多的空间。③ 一般来说，单极世界的出现减少了中小国家可以支配的杠杆，促使它们寻找其他的维系联盟的途径。弱国不能通过威胁进行联盟重组或者警告强国单独作战可能会被击败来影响主导大国的行为。单极世界还意味着弱国缺乏其他有吸引力的盟友选择，而单极国家也不太会担心可能的背叛或者失败。因此，单极世界的出现从根本上改变了被抛弃（Abandonment）和被拖累（Entrapment）这对孪生困境。④ 沃尔特并且指出，追随强者的行为在单极世界里比在其他体系下更为常见，但仍然是有条件的，即单极国家愿意做出可靠的约束性保证。⑤

另外一位学者维克多·车（Victor Cha）发展了关于联盟的“权力动态平衡”（Powerplay）的理论。他的核心问题是：为什么美国战后在东亚地区选择了双边主义而不是在其他地区的多边主义？为什么没有建立起一个亚洲的北

---

① Ian Clark. Towards an English school theory of hegemony. European Journal of International Relations. Vol. 15, No. 2 (June 2009), pp. 206-207.

② Martha Finnemore. Legitimacy, hypocrisy, and the social structure of unipolarity: why being a unipole isn't all it's cracked up to be. World Politics. Vol. 61, No. 1 (January 2009), pp. 59-61.

③ Stephen M. Walt. Alliances in a unipolar world. World Politics. Vol. 61, No. 1 (January 2009), p. 94.

④ Ibid. p. 98.

⑤ Ibid. p. 125.

约?[1] 他认为，双边主义作为主导性东亚安全架构的兴起，是基于战后美国对这一地区战略规划的权力动态平衡的考虑。权力动态平衡是用来对较小盟国的行为进行最大控制的不对称联盟理论。美国在东亚创建了一系列的双边同盟，其目的之一在于遏制苏联的威胁。与之相一致的另外一个理由在于约束反共产主义的盟友，不要对其敌人采取进攻性的行为，从而把美国拉入到一场不必要的大战中去。[2] 对于亚洲的威权主义领导人，美国确实担心，他们难以预测，并且可能采取这样的行动来增强国内的合法性和赢取美国更大的支持。[3]

3. 观念与情绪问题研究

在观念与国际关系的结合方面，有的学者采用建构主义的理论和方法，[4] 有的学者采用现实主义和建构主义相结合的方法。这一领域在 2009 年也出现了一些值得关注的研究成果。

美国宾夕法尼亚大学助理教授迈克尔·霍洛维茨（Machael C. Horowitz）在 2009 年第 2 期的《国际安全》上系统探讨了宗教对于国际战争的影响。他指出，考虑到战争的非物质动机，宗教激发的战争可能会持续更长、比其他战争形式损失更大。因此，在安全研究中，不仅要关注物质能力、政体类型这样的因素，其他诸如族群、语言和宗教等认同建构因素的作用也一样值得分析、探究。[5] 他选取了十字军东征这一案例，认为十字军圣战虽然被证明是无效且代价巨大的，但十字军骑士在数个世纪里继续选择圣战表明，“在某些形势下，宗教可能是一个潜在的影响国际冲突的重要变量。宗教动机可能影响到国家选择何时参战、战斗方式以及战争的结束方式”[6]。

杰弗里·勒格罗（Jeffrey Legro）对于实力和观念的结合做了进一步的探讨，他关注的核心领域是国家认同的变迁。在 2009 年第 1 期的《欧洲国际关系杂志》中，他提出了两个更具体的结合观念和实力的假设。首先，其他国家的相对实力可以否定一国观念或者认同所产生的期望，例如，如果中国和美国反对的话，北朝鲜不可能成为一个核国家。其次，相对实力可能在培育和巩

---

① Victor Cha. Powerplay：origins of the U. S. Alliance system in asia. International Security. Vol. 34，No. 3（Fall 2009），p. 161.

② Ibid. p. 158.

③ Ibid. p. 163.

④ 例如，参见 Nicole Deitelhoff. The discursive process of legalization：charting islands of persuasion in the ICC case. International Organization，Vol. 63，No. 1（January 2009），pp. 33-65.

⑤ Machael C. Horowitz. Long time going：religion and the duration of crusading. International Security. Vol. 34，No. 2（Fall 2009），p. 163.

⑥ Ibid. pp. 192-193.

固某种新的观念成为正统方面发挥作用。勒格罗指出，关键的是，要超越本体论的争论，把集体认同和国际压力结合起来，不同的结合将产生不同的结果。①

戴维·钱德勒（David Chandler）考察了全球性意识形态所具有的政治参与含义。全球意识形态的框架把政治的全球化作为一个外在给定的变量。关于领土政治的削弱，这一框架给出了一种十分不同的解读：向全球政治的转变仅仅是一种抽象意义上的自由或者政治行为。事实上，当我们开始“全球参与”的时候，我们还远不是有能力塑造全球环境的政治主体。当我们开始全球参与的时候，我们就会参与更少的社会关系，更少的社会调节，我们的行为也会变得缺乏战略和策略，没有清晰的目标。因此，政治的全球化表达的是这样一个事实，即我们的政治参与正在越来越抽象和理想化，越来越缺乏社会根基、越来越不具体。②

另外两位学者试图开拓有关情绪（emotion）的国际关系理论研究。他们的研究基于两个假设：首先，情绪是一种价值的理性尺度，并不是我们所直觉的完全主观的；第二，情绪虽然大多数在个体层面上表达，但内在是社会性和关系性的。情绪的经历可能是个体的，一旦表达出来，它就是向别人的表达，以对方可以理解的语言来表达。③ 激进组织包括基地组织通过对伊斯兰教的独特解读，利用了中东地区的一些反美和反西方情绪。而西方人通过自己的行为，实际上加强了这种情绪，促进了一种统一的穆斯林认同。④

三、国际安全

对于2009年国外学者在国际安全领域发表的主要成果，本综述大体分为以下几个有所重叠的基本议题：1. 战争与和平问题，主要涉及国际关系中对抗、暴力和战争（包括具有国际安全意义的国内冲突）的动因和影响，以及和平得以实现的途径。2. 政策—手段问题，主要涉及处理国际安全问题的战略、政策和手段的动因和绩效。3. 恐怖主义问题。鉴于关于国际安全的著述

① Jeffrey W. Legro. The plasticity of identity under anarchy. European Journal of International Relations. Vol. 15, No. 1 (March 2009), pp. 38-59.

② David Chandler. The global ideology: rethinking the politics of the "Global Turn" in IR. International Relations. Vol. 23, No. 4 (December 2009), pp. 544-545.

③ Khaled Fattah and K. M. Fierke. A clash of emotions: the politics of humiliation and political violence in the middle east. European Journal of International Relations. Vol. 15, No. 1 (March 2009), pp. 69-70.

④ Ibid. p. 87.

汗牛充栋，本综述只涉及理论性或具有较强理论内涵的研究，对于国际安全热点问题的“时事性”探讨未予纳入。

（一）战争与和平问题

在格雷戈里·赫斯（Gregory D. Hess）主编的论文集中，多位学者从政治经济学的角度探讨了战争的原因和后果。① 关于民主对国际和平的意义，布鲁斯·拉塞特（Bruce Russett）从历史的视角考察了关于民主和平论的各个假设，解释了为什么它们在当代能够得到更好的支持。他还考察了该类假设：民主国家能够更有效地使用武力，所以更可能成功地推行军事扩张。② 丹尼斯·瑞伊（Denis Rey）认为，选举规则影响着一国对于多边主义国际合作的积极性。政党的数量、比例代表制、强党的控制、议会主义等都影响着对多边主义的态度。选举规则体现民意的水平越高，越关注公共物品的分配，一国就越倾向于多边主义。③ 迈克尔·穆索（Michael Mousseau）则认为，国内经济特征而非民主对国际和平具有决定意义。从 1961 年到 2001 年，民主国家间发生了很多冲突，但在有着“契约密集型”（contract-intensive）经济即多数民众有机会参与市场的国家间，从未发生严重的军事冲突。在这种经济体中，个人习惯于尊重他人的选择并认同法律面前的平等，他们对内要求实行自由民主，对外尊重各国的权利和国际法。因此，对于全球和平，促进经济自由而非传播民主更具积极意义。④ 均势常常被看成关系到国际体系稳定的经典因素。对于威廉·沃尔福斯（William C. Wohlforth）等人先前对均势理论的历史性验证，梅特·埃尔斯特鲁普-桑吉奥瓦尼（Mette Eilstrup-Sangiovanni）指出了概念、理论假设和历史论据上的缺陷。⑤ 沃尔福斯等人随之作出回应。⑥ 革命性或改变

---

① Gregory D. Hess, ed. Guns and butter: the economic causes and consequences of conflict. Cambridge, MA: MIT Press, 2009.

② Bruce M. Russett. Democracy, war and expansion through historical lenses. European Journal of International Relations. Vol. 15, No. 1 (March 2009), pp. 9-36.

③ Denis Rey. The electoral conditions of economic cooperations: how democracies select their leaders affects their foreign policy. New York, NY: Edwin Mellen Press, 2009.

④ Michael Mousseau. The social market roots of democratic peace. International Security, Vol. 33, No. 4 (Spring 2009), pp. 52-86.

⑤ Mette Eilstrup-Sangiovanni. The end of balance-of-power theory? European Journal of International Relations. Vol. 15, No. 2 (June 2009), pp. 347-380.

⑥ William C. Wohlforth, Richard Little, Stuart J. Kaufman, David C. Kang, Charles A. Jones, Victoria Tin-Bor Hui, Arthur M. Eckstein, Daniel Deudney and William J. Brenner. The comedy of errors? A reply to mette eilstrup-sangiovanni. European Journal of International Relations. Vol. 15, No. 2 (June 2009), pp. 381-388.

现状的对外政策常常引发国际冲突。为什么某些国家会长期推行该政策？以伊朗为案例，马克西米利安·特哈利（Maximilian Terhalle）认为，其原因在于革命性思想与国内政治的相互联系。对于伊朗融入地区和国际政治，意识形态保守派对关键的宪法性职位的控制和对革命思想的追求造成了重要影响。① 结合麦金德的思想及其影响，盖里·卡恩斯（Gerry Kearns）论述了地缘政治理念与帝国式扩张的关系。② 里卡·库西斯托（Riikka Kuusisto）认为，西方大国当代的"战争叙事"采用了两种情节：一是英雄史诗性的，比如针对海湾战争、科索沃战争和反恐战争；二是悲剧性的，波黑危机和卢旺达危机是例证所在。两种脚本都有着明显缺陷，而另一种新的情节即"喜剧情节"对于解决众多冲突更具积极意义。③

针对核威慑有利于维护地区核对手之间和平的看法，丁肖·米斯特里（Dinshaw Mistry）研究了南亚地区的两次重大军事危机。他认为：首先，核威慑对于结束危机没有关键意义，美国的外交努力等其他因素为当事方提供了及时的撤出战略。其次，假如上述因素不存在，军事冲突有着核威慑难以防止的重大升级风险。④ 马休·福尔曼（Matthew Fuhrmann）的研究指出，国家间出于和平目的的核合作也会促进核武器的扩散，世界上不存在能够防止核扩散的和平性核合作。得到和平性核援助的国家更可能启动军用核计划并研发成功核武器，尤其在面临安全威胁的情况下。⑤ T. V. 保罗（T. V. Paul）的著作充分地探讨了不使用核武器传统的起源和影响。⑥ 对于生物武器与国际安全的关系，格雷戈里·科布伦茨（Gregory D. Koblentz）提供了迄今最权威的一部论著。⑦

为什么有的国家选择结束战争，有的国家则拒绝和平？根据大量的案例研

---

① Maximilian Terhalle. Revolutionary power and socialization: explaining the persistence of revolutionary zeal in Iran's foreign policy. Security Studies. Vol. 18, No. 3 (July 2009), pp. 557-586.

② Gerry Kearns. Geopolitics and empire: the legacy of halford mackinder. Oxford: Oxford University Press, 2009.

③ Riikka Kuusisto. Comic plots as conflict resolution strategy. European Journal of International Relations, Vol. 15, No. 4 (December 2009), pp. 601-626.

④ Dinshaw Mistry. Tempering optimism about nuclear deterrence in South Asia. Security Studies, Vol. 18, No. 1 (January 2009), pp. 148-182.

⑤ Matthew Fuhrmann. Spreading temptation: proliferation and peaceful nuclear cooperation agreements. International Security, Vol. 34, No. 1 (Summer 2009), pp. 7-41.

⑥ T. V. Paul. The tradition of Non-Use of nuclear weapons. Stanford, CA: Stanford University Press, 2009.

⑦ Gregory D. Koblentz. Living weapons: biological warfare and international security. Ithaca, NY: Cornell University Press, 2009.

究，丹·莱特尔（Dan Reiter）认为两个因素具有决定性意义：对于力量对比和对手决心的认知，以及对于对手可能不遵守终战协议的担心程度。① 关于战争终结的讨价还价模式认为，如果交战各方有着相互重合的讨价还价空间，战争就会走向结束。那么，该空间如何、何时以及为何出现？以一国决定对外政策的精英群体为视角，伊丽莎白·斯坦利（Elizabeth A. Stanley）的研究结论是：有三种障碍不利于战争的结束。一是“偏好障碍”，即领导人认为延续战争比结束战争更有利；二是“信息障碍”，即领导人不知道他们应该结束战争；三是“引诱障碍”，即领导人想结束战争但又做不到。这三种障碍有可能是相互作用的。假如它们导致战争延续，那么要终结战争，就需要改变决策群体的预期，而该群体构成的改变是一个重要途径。②

国内冲突的发生、影响和终结是国际安全研究的重要方面。斯图尔特·考夫曼（Stuart J. Kaufman）认为，为敌对提供依据的关于群体认同的叙事是种族冲突的重要根源，它们造就了对立双方间不可调和的要求，并使得各方认为对方只会屈服于武力。这些叙事使强硬派领导人得以利用情感象征去阻挠妥协。③ 埃里克·米兰德（Erik Melander）的研究指出，各种族间相互混合的定居模式造成的安全困境有可能诱使某一方抢先动武，从而引发种族战争。④ 一种流行的观点是，由于相互排斥的认同、强国的袖手旁观等因素，今天的国内冲突更具暴力性，平民在丧生者中也占据了更高比例。对此，米兰德与马格努斯·奥伯格（Magnus Öberg）和乔纳森·哈尔（Jonathan Hall）进行了系统研究。他们认为，在意识形态性冲突衰落、全球化对政府形成制约、大国卷入减少等背景下，上述认识并不正确。⑤ 对于国内武装反叛活动的跨国化，埃迪安·萨勒扬（Idean Salehyan）作了充分的论述。⑥ 阿什拉夫·加尼（Ashraf

---

① Dan Reiter. How wars end? Princeton. NJ: Princeton University Press, 2009.

② Elizabeth A. Stanley. Ending the Korean war: the role of domestic coalition shifts in overcoming obstacles to peace. International Security. Vol. 34, No. 1 (Summer 2009), pp. 42-82.

③ Stuart J. Kaufman. Narratives and symbols in violent mobilization: the palestinian-israeli case. Security Studies, Vol. 18, No. 3 (July 2009), pp. 400-434.

④ Erik Melander. The geography of fear: regional ethnic diversity, the security dilemma and ethnic war. European Journal of International Relations, Vol. 15, No. 1 (March 2009), pp. 9-36.

⑤ Erik Melander, Magnus Öberg, and Jonathan Hall. Are "New Wars" more atrocious? Battle severity, civilians killed and forced migration before and after the end of the cold war. European Journal of International Relations. Vol. 15, No. 3 (September 2009), pp. 505-536.

⑥ Idean Salehyan. Rebels without borders: transnational insurgencies in world politics. Ithaca. NY: Cornell University Press, 2009.

Ghani）和克莱尔·洛克哈特（Clare Lockhart）的著作进一步解释了该问题：对于拯救动乱频仍的“失败国家”，为什么过去的很多努力不成功？合理的途径应该是什么？① 在很多人士看来，在动乱地区推行民主是促进国家重建和实现和平的基本途径。奥利弗·里奇蒙德（Oliver P. Richmond）和杰森·弗兰克斯（Jason Franks）的著作从民主化、自由市场意义上的改革和发展、人权、公民社会和法治等方面对“自由和平”理论作了细分，并结合具体案例论述了其实践。② 莫妮卡·托夫特（Monica D. Toft）的著作指出，第三方的保证不是使内战真正终结的最好途径，军事胜利尤其是反叛方的胜利更易于缔造持久和平，治安领域的改革对长治久安具有关键意义。③ 蒂姆·穆里提（Tim Murithi）考察了伦理在和平进程中的角色。他将道义哲学和国际关系领域结合起来，分析了关于谈判、斡旋、宽恕以及和解的伦理。④ 冲突中的某一方或双方常常是由多个派别或行为体组成的。温迪·皮尔曼（Wendy Pearlman）指出，如果某个行为体支持或反对和平进程，其原因不仅在于该行为体对于和平进程成果的利弊之判，也在于各行为体之间的权力之争。在冲突一方的内部，如果对于本方意愿如何得到合法代表或体现缺乏制度化安排，内部竞争动机最有可能影响各行为体对和平进程的态度。另外，内部竞争是否导致某行为体支持或反对和平进程也取决于它在内部权力关系中的地位。⑤ 有观点认为，如果对于内战不已的国家进行领土分割，这有利于实现和平。尼古拉斯·桑巴尼斯（Nicholas Sambanis）和约纳·舒霍费尔-沃尔（Jonah Schulhofer-Wohl）认为，对于该观点的量化研究有着重要缺陷，受制于数据处理、案例选择和方法论上的局限。基于新的数据系统和经验研究，他们认为，领土分割总体上不可能减少内战重现的风险，而且在某些情况下还具有刺激作用。⑥ 另有一些学者进行

---

① Ashraf Ghani and Clare Lockhart. Fixing failed states a framework for rebuilding a fractured world. Oxford：Oxford University Press，2009.

② Oliver P. Richmond and Jason Franks. Liberal peace transitions：between statebuilding and peacebuilding. Edinburgh：Edinburgh University Press，2009.

③ Monica D. Toft. Securing the peace：the durable settlement of civil wars. Princeton，NJ：Princeton University Press，2009.

④ Tim Murithi. The ethics of peacebuilding. Edinburgh：Edinburgh University Press，2009.

⑤ Wendy Pearlman. Spoiling inside and out：internal political contestation and the middle east peace process. International Security，Vol. 33，No. 3（Winter 2009），pp. 79-109.

⑥ Nicholas Sambanis and Jonah Schulhofer-Wohl. What's in a line? is partition a solution to civil war? International Security，Vol. 34，No. 2（Fall 2009），pp. 82-118.

了相关讨论。①

对于性别因素或女性与冲突、安全的关系，一些学者尤其是女性学者进行了更深入的研究。劳伦·威尔考克斯（Lauren Wilcox）认为，性别因素影响着人们对于攻防平衡关系的判断，从而可能造成进攻崇拜。首先，对于技术的感知和运用有赖于有着特定性别内涵的意识形态，后者刺激了一战中的灾难性战略。其次，性别因素是民族主义的一个不可缺少的部分。民族主义将效忠国家的英雄行为定性为男子气概，从而促进了进攻性政策。再者，通过使用防御性语言，对于“保护”的性别意义上的解读将进攻政策合法化。② 桑德拉·麦克埃沃伊（Sandra McEvoy）认为，传统的安全研究忽略了一个特殊的群体：行使政治暴力的女性。以北爱尔兰的冲突为案例，她研究了这类女性对于冲突解决的影响，其结论是：北爱冲突之所以持续，部分地是由于参与暴力的忠英派妇女被排除在了和平进程之外。③ 瓦莱丽·赫德森（Valerie M. Hudson）等人认为，妇女的人身安全状况对于国家的安全状况有着积极影响。她们提出了“妇女与安全”理论，利用生物学、社会学和心理学的理论构建两者间的因果关系，并通过有关数据和方法论证明两者间存在着明显正相关的关系，还认为女性的人身安全比民主、经济发展和文化认同等因素能够更好地预测国家的安全性。④ 海蒂·赫德森（Heidi Hudson）探讨了如何发挥妇女和妇女组织在和平进程中的作用。⑤ 梅根·麦肯齐（Megan MacKenzie）从性别角度探讨了在后冲突时代的和平进程中对于“士兵”和“受害者”角色的建构问题。她认为，在后冲突时代中，主持和平进程的机构体现了不愿将女性参战者视为“士兵”的倾向。男性通常被安全化了，被看成是和平进程的关键要素；而女性，即便是那些在冲突中身为武装人员的女性，则被非安全化和忽视了。⑥

---

① Michael C. Horowitz, Alex Weisiger and Carter Johnson. The limits to partition. International Security, Vol. 33, No. 4 (Spring 2009), pp. 203-210.

② Lauren Wilcox. Gendering the cult of the offensive. Security Studies. Vol. 18, No. 2 (April 2009), pp. 214-240.

③ Sandra McEvoy. Loyalist women paramilitaries in northern Ireland: beginning a feminist conversation about conflict resolution. Security Studies. Vol. 18, No. 2 (April 2009), pp. 262-286.

④ Valerie M. Hudson, Mary Caprioli, Bonnie Ballif-Spanvill, Rose McDermott and Chad F. Emmett. The heart of the matter: the security of women and the security of states. International Security. Vol. 33, No. 3 (Winter 2009), pp. 7-45.

⑤ Heidi Hudson. Peacebuilding through a gender lens and the challenges of implementation in Rwanda and Côte d'Ivoire. Security Studies. Vol. 18, No. 2 (April 2009), pp. 287-318.

⑥ Megan MacKenzie. Securitization and desecuritization: female soldiers and the reconstruction of women in post-conflict sierra leone. Security Studies. Vol. 18, No. 2 (April 2009), pp. 241-261.

（二）政策—手段问题

在对外使用武力时，国家可能采用特定的战争方式。安托瓦内·布斯克（Antoine J. Bousquet）研究了科学与战争的关系。他认为，科学领域的观念和理论被应用于战争实践，从而缔造了“科学的”战争方式，这也反映了将战争暴力视作理性的政策工具的意图。他列出了在历史上先后出现的四类科学的战争方式：机械型、热动力型、控制论型和混沌型，在围绕有序或无序、集中或非集中、可预测或不可预测的核心问题上，各类战争方式有着明显差异。①

对于出于人道主义目的的军事干预所存在的问题，迈克尔·纽曼（Michael Newman）结合具体实践进行了深入的分析。② 围绕着大国何时以及为何要通过军事干预去改变他国的体制和社会，伊丽莎白·桑德斯（Elizabeth N. Saunders）探讨了行政当局的领导人在决策中的角色。她认为，领导人对于他国的国内特征是否主要威胁来源的判断影响着关于军事干预的决定，也影响着军事干预的方式。③ 公众舆论是影响一国对外军事行为的重要因素。以美国的相关案例为依托，马休·鲍姆（Matthew A. Baum）和蒂姆·格罗林（Tim J. Groeling）探讨了该问题：公众对于政府的对外军事卷入的态度是如何形成的？他们认为，媒体系统地歪曲了公众作出判断所需的信息，其原因更多地在于记者的职业兴趣而非政策本身的是非曲直。他们提出了一个名为“战略偏见”（strategic bias）的理论，将对外政策的沟通过程看成媒体、政治精英和公众之间的三轨互动。④

对于政治体制与战争胜利之间的关系，存在着所谓的“民主制胜”理论，即认为民主制度更有利于带来战争的胜利。比如，民主国家的领导人由于担心战败导致自己下野去职，对于发动战争会更加谨慎；民主国家中的言论自由和信息开放也更有利于减少决策的失误。亚历山大·唐斯（Alexander B. Downes）认为，现有的数据难以很好支持该理论。而且，民主国家领导人在发动或升级战争时未必对胜利表示乐观。林登·约翰逊政府对于越南战争的升级就是如此。国内政治对该决定发挥了重要作用，约翰逊担心从越战抽身会

① Antoine J. Bousquet. The scientific way of warfare: order and chaos on the battlefields of modernity. New York, NY: Columbia University Press, 2009.

② Michael Newman. Humanitarian intervention: confronting the contradictions. New York, NY: Columbia University Press, 2009.

③ Elizabeth N. Saunders. Transformative choices: leaders and the origins of intervention strategy. International Security, Vol. 34, No. 2 (Fall 2009), pp. 119-161.

④ Matthew A. Baum and Tim J. Groeling. War stories: the causes and consequences of public views of war. Princeton, NJ: Princeton University Press, 2009.

引发国内的连锁反应，进而妨碍他的“伟大社会”计划。① 克里斯托弗·盖尔皮（Christopher Gelpi）、彼得·费沃（Peter D. Feaver）和杰森·莱夫勒（Jason Reifler）研究了美国公众是否支持对外使用武力，以及伤亡问题具有怎样的影响。他们认为，决定性因素是公众对于成功的预期。如果公众认为使用武力将获得成功，他们就会予以支持，即便付出高昂的伤亡代价。②

以科索沃战争为例，丹尼尔·莱克（Daniel R. Lake）进一步探讨了空权的政治作用。对于米洛舍维奇的屈服，不少人士强调空中打击的效力，也有观点认为地面入侵的威胁比空袭起到了更大作用。丹尼尔·莱克则认为，随着危机的发展，南斯拉夫国内对于米洛舍维奇统治的不满不断上升，这是米洛舍维奇屈服的主要原因，空权的作用则不如其支持者所言的那么强大。③

布伦特·斯特林（Brent Sterling）考察了长城、筑垒防线之类的“战略性屏障”对于国家安全的影响。他认为，尽管很多这样的防线在短期内是有效的，但就成本、战略观、备战状况以及与邻国的关系而言，也对修建这些屏障的国家产生了很大影响。④

对于如何应对不同于传统的常规战争的“反叛乱”作战，戴维·阿科（David H. Ucko）的著作堪称重要。⑤ 西蒙·穆尔登（Simon W. Murden）也结合美国在伊拉克和阿富汗的军事实践，探讨了如何在当今安全环境中打击分散的“叛乱”行为体的问题。⑥ 私人保安企业的兴起是当代国际安全中的一个重要现象。对于这类企业的监管问题，西蒙·切斯特曼（Simon Chesterman）和齐亚·莱纳尔特（Chia Lehnardt）予以了一个全面的阐述。⑦

蒂莫西·莱曼（Timothy C. Lehmann）以一战后的美日关系为案例，探讨

---

① Alexander B. Downes. How smart and tough are democracies? reassessing theories of democratic victory in war. International Security, Vol. 33, No. 4 (Spring 2009), pp. 9-51.

② Christopher Gelpi, Peter D. Feaver and Jason Reifler. Paying the human costs of war: American public opinion and casualties in military conflicts. Princeton, NJ: Princeton University Press, 2009.

③ Daniel R. Lake. The limits of coercive airpower: NATO's "Victory" in Kosovo revisited. International Security, Vol. 34, No. 1 (Summer 2009), pp. 83-112.

④ Brent L. Sterling. Do good fences make good neighbors? what history teaches us about strategic barriers and international security. Washington, DC: Georgetown University Press, 2009.

⑤ David H. Ucko. The new counterinsurgency era: transforming the U.S. military for modern wars. Washington, DC: Georgetown University Press, 2009.

⑥ Simon W. Murden. The problem of force: grappling with the global battlefield. London: Lynne Rienner, 2009.

⑦ Simon Chesterman and Chia Lehnardt, eds. From mercenaries to market: the rise and regulation of private military companies. Oxford: Oxford University Press, 2009.

了经济交往与大战略的关系，解释了为什么互为对手的国家会进行经济交往，并提出了一种新的现实主义理论。他认为，经济交往可以是一种利用对方经济弱点的战略考虑。① 克里斯蒂娜·戴维斯（Christina L. Davis）研讨了国家利用经济和安全纽带在国际关系中讨价还价的行为。政府可以通过对他国提供经济利益来促进安全合作，也可在经济谈判中利用紧密的安全关系作为杠杆。但是，国内政治压力可能制约这种利用。首先，所提供的经济利益很可能只能来自不损及当权阶层关键利益的领域。其次，立法机构的介入会促使政府趋于将安全纽带作为获得经济利益的讨价还价杠杆。②

斯塔西·戈达德（Stacie E. Goddard）以1864—1871年间普鲁士发动的若干对外战争为例，研讨了下列问题：为什么国家的扩张有时不会招致其他国家结成制衡性的同盟？传统的解释主要围绕国际体系的多极性和国内政治方面的因素，作者则强调了普鲁士为其扩张寻找根据的"合法化战略"的作用。该战略主要表现为三种方式：显示对扩张的自我约束、设置言辞陷阱（rhetorical trap）、增加本体性安全（ontological security）。③

对于身为债权者的国家在多大程度上可利用该地位对财政上有赖于它的他国施加压力，丹尼尔·德莱兹纳（Daniel W. Drezner）以中美关系为例作了研究。他认为，债权国将金融权力转化为政治权力的能力多少被夸大了。中国的金融地位增加了它的威慑力，但对其强制力的影响甚微。在债权方（或债务方）相互协作的情形下，金融权力能够发挥最大作用。④

彼得·斯特克（Peter M. R. Stirk）的著作补充了以往学界对军事占领问题的研究的明显不足。它将军事占领作为一种治理形式加以论述，评估了过去两百年中军事占领的主要发展趋势，并分析了占领方所面临的各种困难和挑战。⑤ 安德鲁·阿拉托（Andrew Arato）考察了在被占领国家制定民主宪法的问题。他比较了美国占领下的伊拉克以及二战后美国占领期间的德国和日本的

---

① Timothy C. Lehmann. Keeping friends close and enemies closer: classical realist statecraft and economic exchange in U.S. interwar strategy. Security Studies. Vol. 18, No. 1 (January 2009), pp. 115-147.

② Christina L. Davis. Linkage diplomacy: economic and security bargaining in the Anglo-Japanese alliance, 1902-23. International Security. Vol. 33, No. 3 (Winter 2009), pp. 143-179.

③ Stacie E. Goddard. When right makes might: how prussia overturned the european balance of power. International Security, Vol. 33, No. 3 (Winter 2009), pp. 110-142.

④ Daniel W. Drezner. Bad debts: assessing China's financial influence in great power politics. International Security, Vol. 34, No. 2 (Fall 2009), pp. 110-142.

⑤ Peter M. R. Stirk. The politics of military occupation. Edinburgh: Edinburgh University Press, 2009.

立宪过程，指出了其中存在的困难和失误之处，认为正确的立宪方法有助于增进民主化，并提出了自己的相关主张。①

（三）恐怖主义问题

对于恐怖主义的产生、持续和消亡，理查德·英格利希（Richard English）给出了一个新的历史性阐述。② 为什么个人会参与弱者针对强者的抵抗活动，包括恐怖行为？一种解释是，其原因在于对自身利益的考虑，是为了寻求地位、金钱、保护等各种回报。另一种解释是，其原因在于对社会认同的寻求，是出于群体价值、互惠性规范和对于过程而非结果的偏向。尼科尔·阿尔戈（Nichole Argo）将这两种解释作了相互验证，其结论是：参与抵抗尤其是暴力活动的意愿与群体性取向有着正相关关系，与个人的自身利益则呈现出负相关关系。③

阿萨夫·莫格哈达姆（Assaf Moghadam）解释了近年来自杀性袭击事件迅速上升的现象。对此已存在着某些解释，比如认为这是为了摆脱外来占领，或是为了与其他政治团体争夺民众的支持。通过对近30年来的自杀性袭击的定性和定量研究，作者认为两个相互联系的因素助长了自杀性袭击的“全球化”：基地组织向全球性恐怖组织的转变及其激进意识形态的吸引力。④ 林德赛·奥鲁克（Lindsey A. O'Rourke）解释了为什么从事自杀性攻击的女性越来越多？其答案是：首先，对使用女性自杀式袭击者的组织而言，这种袭击方式有着很好的效果。其次，与上述相关，恐怖组织越来越多地使用妇女作为自杀式袭击者。再者，为了征召女性为自杀袭击服务，恐怖组织有意识地改变了话语，迎合她们特定的个人动机。另外，驱动男性袭击者的动机和环境同样也驱动了女性袭击者。而且，与现有认识相反，女性袭击者会支持而非回避自身社会中基于性别的行为规范。所以，这些淡化性别差异的举措会增加女性袭击者的数量。⑤

对于伊斯兰教圣战思想，包括它与当代伊斯兰激进主义的联系，德文·斯

---

① Andrew Arato. Constitution making under occupation: the politics of imposed revolution in Iraq. New York. NY: Columbia University Press, 2009.

② Richard English. Terrorism: how to respond. Oxford: Oxford University Press, 2009.

③ Nichole Argo. Why fight? examining self-interested versus communally-oriented motivations in palestinian resistance and rebellion. Security Studies. Vol. 18, No. 4 (October 2009), pp. 651-680.

④ Assaf Moghadam. Motives for martyrdom: Al-Qaida, Salafi Jihad, and the spread of suicide attacks. International Security. Vol. 33, No. 3 (Winter 2009), pp. 46-78.

⑤ Lindsey A. O'Rourke. What's special about female suicide terrorism? Security Studies. Vol. 18, No. 4 (October 2009), pp. 681-718.

普林格（Devin R. Springer）、詹姆斯·雷金斯（James L. Regens）和戴维·埃杰尔（David N. Edger）利用大量的阿拉伯语文献，作出了更为透彻的阐释。[①] 对于与受辱感相关的情感因素对中东地区伊斯兰主义的影响，哈立德·法塔赫（Khaled Fattah）和费尔克（K. M. Fierke）的研究有开创性意义。[②] 费萨尔·德维伊（Faisal Devji）对包括基地组织在内的军事伊斯兰运动作了全新但又颇具争议的解读。他认为，该运动将穆斯林认同为体现人性的"被动受害者"，它有着与和平主义和环保主义等意义上的其他人道主义运动同样的人道主义目标。[③] 对于使用大规模毁灭性武器的恐怖主义，斯蒂芬·毛里尔（Stephen M. Maurer）主编的著作提供了迄今最充分的论述。[④]

反恐研究通常都强调，扩大温和派阵营对于孤立和打击极端主义者具有重大意义。广为接受的观点是，对于有可能成为温和派的人群即"潜在温和派"，政府应通过加强与他们的接触使其向自己靠拢。阿琼·乔杜里（Arjun Chowdhury）和罗纳德·克莱伯斯（Ronald R. Krebs）认为，上述方法未考虑到，温和派需要首先建立和维护在自身政治群体中的合法性。如果温和派与当局的政治互动相对不那么频繁，这或许更有利于他们的成长。政府的某些战略，包括言辞上特定的批评之举，更能够促进温和派在自身环境中的合法性。[⑤]

斩首策略旨在通过消灭领导人来促成恐怖组织的衰解。那么，该策略在多大程度上有用？杰娜·朱尔丹（Jenna Jordan）认为，恐怖组织的年龄、规模和类型对于斩首策略的成功具有重大意义。当一个组织正处于成长中时，领导人的离去对它的消极影响很可能不大。对于斩首策略，意识形态组织更容易受到影响，宗教组织则极具抵抗力。而且，数据表明，斩首举动没有增加组织以超出组织解体的基线速度灭亡的可能性。领导人未遭清除的组织比遭到清除的组织更可能分裂。对于很多组织，尤其是较大、较老、宗教和分裂主义的组织

---

① Devin R. Springer, James L. Regens, and David N. Edger. Islamic radicalism and global jihad. Washington, DC: Georgetown University Press, 2009.

② Khaled Fattah K. M. Fierke. A clash of emotions: the politics of humiliation and political violence in the Middle East. European Journal of International Relations. Vol. 15, No. 1 (March 2009), pp. 9-36.

③ Faisal Devji. The terrorist in search of humanity: militant islam and global politics. New York, NY: Columbia University Press, 2009.

④ Stephen M. Maurer, ed. WMD Terrorism Science and Policy Choices. Cambridge, MA: MIT Press, 2009.

⑤ Arjun Chowdhury and Ronald R. Krebs. Making and mobilizing moderates: rhetorical strategy, political networks, and counterterrorism. Security Studies. Vol. 18, No. 3 (July 2009), pp. 371-399.

而言，斩首的边际收益是弊大于利。①

关于民主和恐怖主义的关系，系统研究少之又少。莉萨·布鲁克斯（Risa Brooks）的论文奠定了某些基础。其两大主要结论是：首先，民主与恐怖主义的辩论带来的不是一个而是众多研究议题；其次，民主或政治参与的扩大不会简单地导致恐怖主义的减弱，关键是正确理解什么情况下民主会减少暴力。②

弗兰克·佛利（Frank Foley）以英国和法国为案例探讨了该问题：面对类似的恐怖主义威胁，不同国家为什么可能采取明显不同的组织性改革？他认为，英法在情报和司法领域的反恐举措上的差异是出于它们不同的组织运行惯例和体制间规范，组织和体制因素对于反恐的效力具有重大影响。③ 奥德里·克罗宁（Audrey K. Cronin）认为，历史经验表明，任何恐怖主义运动都会走向终结，而且常常比人们想象的要快。对于其中的机理，他给出了细致的分析。④

对于国际安全中的重要问题，2009 年还出现了不少具有很好的总结性价值但又不乏新意的著作。它们有助于我们更方便地全面了解相关议题，而且有些著作本身就是很好的教科书。⑤

---

① Jenna Jordan. When heads roll：assessing the effectiveness of leadership decapitation. Security Studies. Vol. 18，No. 4（October 2009），pp. 719-755.

② Risa Brooks. Researching democracy and terrorism：how political access affects militant activity. Security Studies. Vol. 18，No. 4（October 2009），pp. 756-788.

③ Frank Foley. Reforming counterterrorism：institutions and organizational routines in Britain and France. Security Studies. Vol. 18，No. 3（July 2009），pp. 435-478.

④ Audrey K. Cronin. how terrorism ends：understanding the decline and demise of terrorist campaigns. Princeton，NJ：Princeton University Press，2009.

⑤ 比如：Jacob Berkovich and Richard Jackson. Conflict resolution in the twenty-first century：principles，methods，and approaches. Ann Arbour，MI：university of Michigan，2009；Manus I. Midlarsky，ed. Handbook of war studies III：the intrastate dimension. Ann Arbour，MI：University of Michigan，2009；Michael. E. O'Hanlon. The science of war：defense budgeting，military technology，logistics，and combat outcomes. Princeton，NJ：Princeton University Press，2009；Alan Collins，ed. Contemporary security studies，Second Edition，Oxford：Oxford University Press，2009；Michael Quinlan. Thinking about nuclear weapons：principles，problems，prospects. Oxford：Oxford University Press，2009；Jacob Bercovitch and Scott Sigmund Gartner. International conflict mediation：new approaches and findings. London：Routledge，2009；Glenn Palmer，ed. Causes and consequences of international conflict：data，methods and theory. London：Routledge，2009；Page Wilson. Aggression，crime and international security：moral，political and legal dimensions of international relations. London：Routledge，2009；Nigel Dower. The ethics of war and peace. Cambridge：Polity，2009；Peter R. Neumann，Old & new terrorism. Cambridge：Polity，2009；Rachel Stohl and Suzette Grillot. The international arms trade. Cambridge：Polity Press，2009；United States Institute of Peace. Guiding principles for stabilization and reconstruction. Washington，DC：United States Institute of Peace Press，2009.

四、国际政治经济学

2009年，西方国际政治经济学（IPE）研究表现出以下几个方面的特点：（1）围绕国际政治经济学英美学派的分歧问题，学术界继续展开争论，方法融合的趋势通过讨论更加明显；（2）围绕全球金融危机的地区、国别影响以及历史比较问题展开研究，以求更好地了解当前危机的根源；（3）对全球化问题进行反思；（4）继续对贸易政治（特别是保护主义问题）、“民主和平”论等相关问题进行“科学”探讨。这些研究成果跨国、跨时段研究的性质十分明显。尽管仍处于初步探索的阶段，但是，它们对于夯实IPE研究的基础具有重要的意义。

（一）英美学派大论战的继续：对美国“单一”学术文化的批判

由美国学者本杰明·科恩（Benjamin Cohen）2008年引发的关于IPE英美学派分歧的论战在2009年得以延续，IPE领域中诸多重量级学者加入争论，使得论战朝向深度发展。① 2008年争论中涉及的一些学科根本问题通过争论变得更加清晰。

戴维·莱克（David Lake）认为所谓“美国学派”就是以正在出现的“开放经济政治学”（OEP）为代表的“利益—制度”研究。他对两个学派的认识论作了对比，认为美国学派是一种强调“局部均衡”的分析方法（partial equilibrium analysis），英国学派则是一种强调“整体均衡”的分析方法（holistic approach）。作为美国学派的代表人物之一，他为该学派辩护的色彩更明显些。他提出，要承认OEP研究计划的“进步”本质，但是也呼吁弥补而不是完全消灭这两个学派之间的分野。②

罗伯特·基欧汉则从对比新旧IPE研究产生的大背景入手，强调国际关系现实的变化给理论和学科创新带来的影响。他分析指出，20世纪六十至七十年代刚刚产生的IPE研究主要探讨了经济相互依赖的政治影响，当时的分析方法较为松散但颇具创造性。他认为，开放经济政治学代表着所谓新IPE研究即美国学派，它在分析方法上更加“严格”，具有将比较政治经济学与国际政治

① Benjamin J. Cohen. The transatlantic divide：why are American and British IPE so different? Review of International Political Economy. Vol. 14，Iss. 2（May 2007），pp. 197-219.

② David A. Lake. TRIPs across the Atlantic：theory and epistemology in IPE. Review of International Political Economy. Vol. 16，Iss. 1（Feb. 2009），pp. 1-48.

经济学融入同一分析框架的优点。但他也强调，OEP 的缺点是不够重视利益“建构”的过程以及政策如何受制于国际力量扩散化的过程等问题，对于是否需要着重研究世界政治中的主要变化持相当犹豫的态度。显然，基欧汉从新旧 IPE 的发展中得到了启示，他呼吁 IPE 学者要加强对当前全球政治经济最新现实的研究，要抓住全球范围内正在发生的那些“真正的经济发展”，这些发展包括中国崛起、金融和能源市场快速变化带来的风险、国家之外行为体的作用，以及互联网对分析“权力”、“力量”概念的影响等关键问题。①

彼得·卡赞斯坦（Peter J. Katzenstein）在某种程度上呼应了基欧汉的看法。他主要点评了美国 IPE 研究向 OEP 分析框架过渡的优缺点。他提出，OEP 显然有其优点，但是它对于行为体与利益的看法较为狭隘，忽视了其他理论可能的贡献，其他的理论也同样有助于深入了解“偏好”的形成及其发挥作用的机制问题。不过，他不同意杰曼（Germian）对所谓“哈佛帮”的批评。② 卡赞斯坦指出，在 IPE 兴起之初哈佛大学的学者和毕业生确实发挥了关键作用，但美国学派统领 IPE 研究，主要还是由研究生教育体制和学科主导杂志造成的。他强调，这场跨大西洋的学术争论是必要的，要鼓励更务实、更多元化的“以问题为导向”的研究倾向。③

亨利· 法莱尔（Henry Farrell）和玛莎·芬尼莫尔（Martha Finnemore）的论文则从美国学派的本体论（ontology）和方法论之间的不相衔接来解释美国学派存在的问题。他们认为，需要更多地了解有关因果关系的种种说法以及它们与方法论工具之间的关系。只有这样才能更好地建立有关社会的科学知识，更好地弥补实证与规范之间的鸿沟。总之，要拓展思路，以务实态度对待科学哲学，修正美国学派的不足，只有如此才能提出对英国学派有意义的借鉴。④

其他一些学者对科恩的论断及美国学派持更加批评的态度。安娜·林德（Anna Leander）提出，科恩对于 IPE 美国学派与英国学派的划分“过于狭窄”，排斥欧洲大陆等世界其他地区，认为英美才是理论发展的中心区域是错误的。她提出，当前最重要的是扩大 IPE 的研究视野，唯有如此才能保证该领

---

① Robert O. Keohane. The old IPE and the new. Review of International Political Economy. Vol. 16, Iss. 1 (Feb. 2009), pp. 34-46.

② Randall D. Germain. The “American” school of IPE? a dissenting view. Review of International Political Economy. Vol. 16, Iss. 1 (Feb. 2009), pp. 95-105.

③ Peter J. Katzenstein. Mid-Atlantic: sitting on the knife's sharp edge. Review of International Political Economy. Vol. 16, Iss. 1 (Feb. 2009), pp. 122-135.

④ Henry Farrell, Martha Finnemore. Ontology, methodology, and causation in the American school of international political economy. Review of International Political Economy. Vol. 16, Iss. 1 (Feb. 2009), pp. 58-71.

域的研究质量，服务于现实，体现出学科的活力。不过，她也承认，完全摆脱英美学派的分野也不现实，因为鉴于政治、学术和国际原因，英语研究文献仍然起到巨大的作用。①

海基·帕托马基（Heikki Patomäki）在论文中指出，科恩的方法论分野根本上是虚假的，其划分标准受到过时的“科学”观的误导。他提出 IPE 未来的发展将主要遵循“美国实证主义”的研究路径并辅之以英国学派的“道德判断”和“正义感”。这种看法是片面的，并不是只有采用实证主义的方法才能预测未来。作者提出，应当将 IPE 的研究放入 18 世纪以来围绕政治经济学所产生争论的大背景下加以解读，不能仅限于英、美两国的研究。新政治经济学在政治学、社会学、工商研究等学科中的兴起，挑战了新古典经济学的正统霸权。现实中的危机对学科发展有很大的影响，如大萧条促进了凯恩斯学派的发展，IPE 今后的发展也一样，将取决于在决策者中占主导地位的思想。②

有不少学者表达了对以美国学派为代表的“单一”学术文化一统天下的不满。这种不满情绪不仅存在于英国学派学者中，还存在于美国学术界内部。对于美国单一学术文化的批评显然增加了我们对于美国学术文化的了解。

凯瑟琳·麦克纳马拉（Kathleen R McNamara）提出，美国 IPE 研究日益出现“思想单一文化”（intellectual monoculture）的现象，自由主义、理性主义及定量方法一统天下，严重背离了此前该学科所具有的多元色彩。她分析指出，单一思想文化的形成在 IPE 研究培养和位居前列的国际关系杂志的“入门”评审方面表现得最为突出。尽管多元色彩仍然存在，但是其前景很不乐观。她的担心是，当前这种情况决定了 IPE 研究无法对于当前世界经济中发生的剧烈变化和出现的一些关键问题给予适当的回应。③ 尼古拉·菲利普斯（Nicola Phillips）呼吁大家关注美国 IPE 学派中理论、方法论和实证性的多元主义的逐渐死亡这一令人担忧的现象。他列举这种现象产生的原因：学术杂志编辑对于单一方法理论的偏爱，以及作者们更具刊物倾向的自我选择。基于此，他认为无法通过检索所谓“最高”杂志来获取有关对于 IPE 研究的代表性看法。他特别强调，IPE 研究与美国国际关系学科联系过于紧密，导致 IPE

---

① Anna Leander. Why we need multiple stories about the global political economy. Review of International Political Economy, Vol. 16, Iss. 2 (May 2009), pp. 321-328.

② Heikki Patomäki. How to tell better stories about the history and future of global political economy. Review of International Political Economy. Vol. 16, Iss. 2 (May 2009), pp. 309-320.

③ Kathleen R. McNamara. Of intellectual monocultures and the study of IPE. Review of International Political Economy. Volume 16, Iss. 1 (Feb. 2009), pp. 72-84.

多元方法的萎缩以及方法论单一文化（methodological monoculture）的发生。①

发展问题研究的代表性人物、新西兰籍英国学者罗伯特·韦德（Robert Wade）也参加了论战，并旗帜鲜明地批评了美国学派所代表的IPE“科学化”发展的倾向。韦德一针见血地指出，当前的IPE研究渐渐地演变成所谓的“常规科学”（normal science），以自由主义为范式、以计量分析和数学模型为基本方法，呈现出与“新古典经济学”相近似的诸多特点。他强调，IPE学者应从经济学发展史中吸取教训，不要重蹈新古典经济学的覆辙。两次世界大战之间的时期，经济学呈现出多元化发展的繁荣局面，但是，后来逐渐步入了新古典主义经济学一统天下的局面。新古典主义的内在偏见极其明显：强调自我调试的系统和美国霸权，反感任何关注收入和力量不平等的努力，以及反对国家保持对于边界控制之内的国内安排的自主权。此外，IPE研究范式与问题的形成与经济学一样，受到各种形式的“赞助人”的巨大影响，他们包括大学管理机构、政府官员、工商团体及各种基金会的影响。② 应当说，韦德的批评一语中的，值得美国学术界深思，对于整个IPE学术界都有启发意义。

（二）方法论的融合：英美学派在方法论上的相互靠拢

尽管英、美学派对彼此孰优孰劣仍然存在争议，但是，我们看到IPE研究两个学派在方法论上的“合流”已逐渐显现。健康的争论本身会促使一个多元化的研究共同体的出现。这种方法论的相互融合的动力很多，但是，毫无疑问，经过2008年迄今的金融危机，美国实力的相对衰落是一个重要原因。正如基欧汉提倡的，自我标榜“科学性”与“美国地位”的美国学派骨干学者也不得不面对当今世界复杂而深刻的变化，这种变化必然会对其研究产生影响。当然，这种价值观、心态与方法论的调整是需要时日的。

方法论与研究视角的融合在2009年体现在一些典型的成果上。比如，马库斯·维逊（Markus Wissen）研究了“规模”因素的政治经济影响。他认为，对“规模”问题的讨论有助于我们从“空间”方面更好地理解“国家地位”（statehood）的转变。其主要优点是强调“过程”中规模的作用，有助于克服诸如“多层次治理”等静态概念带来的局限性。作者指出，“规模”概念需与“霸权”概念、民族国家及社会与自然的关系等相结合加以综合考察。他通过

---

① Nicola Phillips. The slow death of pluralism. Review of International Political Economy. Vol. 16, Iss. 1 (Feb. 2009), pp. 85-94.

② Robert Wade. Beware what you wish for: lessons for international political economy from the transformation of economics. Review of International Political Economy. Vol. 16, Iss. 1 (Feb 2009), pp. 106-121.

世贸组织 TRIPS 协定关于遗传资源知识产权保护的"再规模化"（"rescaling"）这一案例来阐述这一综合方法的运用。①

其他一些学者从利益集团与地区一体化的视角对国际政治经济学的相关问题进行了研究，方法的综合性色彩也是比较明显的。比如，本·斯奈德（Ben Ross Schneider）提出，多元化的私人利益集团存在于所有经济体包括多数发展中国家。他认为当前的研究主要从经济与社会的视角对这一现象进行了解释，但是，他提出政治和政策的解释同样是重要的。他对私人工商组织的规模、利益目标的多元化及对全球化的反应等几项指标进行了跨国比较研究，发现商业团体与国家行为体之间的战略互动十分重要。② 劳拉·古姆兹-麦拉（Laura Gómez-Mera）对于地区一体化的国内根源问题进行了研究。她认为，1995 年以来南方共同市场合作中出现的问题，用有关成员国国内政治的因素加以解释最为合适。她首先指出，20 世纪 90 年代末和 21 世纪初，阿根廷和巴西之间贸易与外交关系显著恶化，国家与社会关系同国内分裂这两个国内层次的机制形成了两者对于区域合作的政策偏好。作者研究了阿根廷和巴西在 1995 年汽车业危机、1999 年鞋业争端与 2001 年共同对外关税问题上的冲突等三个重要的贸易纠纷案例，指出 20 世纪 90 年代末两国经常背离地区机制不仅反映国内社会的压力，而且也是国家决策者对宏观经济与政治考虑的结果。国家政府内不同机构在权限划分问题上的争执也进一步削弱了各成员国共同承诺开展地区合作行动的一致性。③

（三）反思金融危机的影响：后危机时期改革方向的比较

随着经济全球化的加速发展，地区和全球性的金融危机、经济危机成为威胁全球经济和社会政治稳定的越来越重要的问题。对本次全球金融危机前近十年来出现的金融危机，特别是亚洲金融危机（1997—1998 年）、俄罗斯金融危机（1998 年）、土耳其金融危机（2000 年、2001 年）等进行反思，自然成为 IPE 研究的重要课题。不过，我们看到，《国际政治经济学评论》对危机影响的研究远比美国学派阵地《国际组织》的反应及时与系统，这在一定程度上也说明了两个学派之间的差异。

---

① Markus Wissen. Contested terrains: politics of scale, the national state and struggles for the control over nature. Review of International Political Economy. Vol. 16, Iss. 5 (Dec 2009), pp. 883-906.

② Ben Ross Schneider. A comparative political economy of diversified business groups, or how states organize big business. Review of International Political Economy. Vol. 16, Iss. 2 (May 2009), pp. 178-201.

③ Laura Gómez-Mera. Domestic constraints on regional cooperation: explaining trade conflict in MERCOSUR. Review of International Political Economy. Vol. 16, Iss. 5 (Dec 2009), pp. 746-777.

杰弗里·斯达西（Jeffrey Stacey）比较了不同国家在金融危机后采取的改革措施，试图回答这样一个关键问题：在亚洲金融危机后，为什么某些新兴市场国家能够推行比另外一些国家更先进的经济改革政策呢？他认为，这两类国家危机经验相似，经济发展阶段相似，都面临外部行为体的政治压力与市场压力，最重要的是，它们都试图避免再次发生类似的危机。通过比较研究，作者从国内治理结构方面找到了根源。他的结论是，如果危机前国内"善政"结构是"正面"的，那么这类新兴国家似乎更有可能在危机后实施一系列重大的改革。如果以前"善政"结构是"否定"的，那么，危机之后推行监管政策改革的失败风险将大为增加。也就是说，危机后改革的成果与民主程度的高低（民主程度是衡量善政结构的重要指标）有很大的关系。如果国内监管改革不到位，那么全球金融危机可能会再次传染给这些国家，更遑论改革国际金融体系了。①

张晓克（Xiaoke Zhang）分析了 1997—1998 年亚洲金融危机后马来西亚与中国台湾市场化改革的命运。他指出，尽管发生了这场金融危机，但以市场为导向的制度化改革得以巩固与加快。他提出了一个有意思的问题，其金融市场的变化并未像某些预言预测的那样：它们的金融体制向英美资本主义模式靠拢，相反却表现出大大不同于金融自由主义的诸多特点。文章批评了市场主导"趋同论"及历史制度主义分析范式，强调了国际结构性力量与国内私人、公共行为体利益联盟之间的政治互动关系对金融体制改革的影响力，他认为正是这一互动过程塑造了马来西亚和中国台湾地区的金融、证券市场不同于新自由主义模式改革的特性。②

尼尔·罗宾逊（Neil Robinson）研究了 1998 年金融危机对俄罗斯经济开放与经济发展的影响，提出了观察俄罗斯政治经济的许多重要看法，值得重视。他指出，危机过后俄罗斯经济是增长而非衰退，危机并未扩大任何外国经济机构或行为体在俄罗斯经济中的作用。他分析了出现这一令人惊讶结果的原因，包括 20 世纪 90 年代俄罗斯经济结构的特点、金融中介在俄罗斯经济中的有限作用，以及其后不断上升的石油价格等因素。他的看法是，金融危机的影响主要表现在政治方面，中央政府重建了政治权威，控制了重大经济利益与资源。这一变化对解决国家财政困难（1998 年危机的主要根源）有所助益，但

① Jeffrey Stacey. Creative destruction? after the crisis: Neo-liberal 'Remodeling' in East Asia. Review of International Political Economy. Vol. 16, Iss. 3 (Aug 2009), pp. 485-513.

② Xiaoke Zhang. From banks to markets: Malaysian and Taiwanese finance in transition. Review of International Political Economy. Vol. 16, Iss. 3 (Aug 2009), pp. 485-513.

无法解决俄罗斯存在的资金不足、经济过于依赖能源出口等结构性问题。作者最后提出，虽然“资源诅咒”（resource curse）问题迄今得以避免，但由于对政治领导人的权力缺乏限制，今后仍有可能出现因“资源诅咒”带来的种种困难。①

齐亚·于尼斯（Ziya Önis）认为2001年土耳其金融危机带来了新一轮新经济自由主义结构性调整，监管体制改革成为重点。作者指出，土耳其2000年、2001年经历了连续两次的金融危机，特别是2001年危机造成生产崩溃与失业率急剧上升，同时由于危机对收入分配产生了很大的影响，从而冲击了广大工薪阶层。作者认为，2001年危机后土耳其推进新自由主义经济改革主要取决于四大关键因素：（1）国际货币基金组织、世界银行施加影响；（2）通过监管改革重新建立了国家与国内金融部门之间的关系；（3）土耳其对外国直接投资开放；（4）土耳其以加入欧盟为目标推动实施欧盟模式改革。以上内外因素共同作用导致了土耳其政府对金融监管体系的重大改革。不过，作者仍然认为，尽管土耳其政府按照国际规范对银行业加以更加严格的监管，但其金融业仍较为脆弱。②

（四）跨国机制与国内政治：欧洲一体化与“公开黑名单”的影响

跨国机制对国内政治的约束性作用继续成为《国际组织》杂志关注的焦点。这里，“跨国机制”既包括地区一体化的发展，也包括国际组织。

詹姆斯·卡帕拉索（James A. Caporaso）和悉尼·塔罗（Sidney Tarrow）考察了欧洲一体化对欧洲“社会市场”模式的影响问题。作者在文献回顾中指出，现有不少研究认为，欧洲一体化的发展大大强化了欧盟范围的市场结构，强化了跨国公司对于国家与社会权力的限制。甚至有人指出，欧洲市场的统一威胁到各国历史上建立起来的以“社会市场”为基础的社会谈判框架。但是，作者的研究否定了以上论断。他们依据卡尔·波拉尼（Karl Polanyi）和约翰·鲁杰（John Ruggie）有关市场的社会基础的观点，研究了欧洲法院对欧洲新兴市场关键部门劳动力流动问题的判决，得出的结论是：欧洲法院的裁决并未去掉市场的“内嵌”式社会结构（disembedding），而是开启了一个

① Neil Robinson. August 1998 and the development of Russia's post-communist political economy. Review of International Political Economy. Vol. 16, Iss. 3 (Aug 2009), pp. 433-455.

② Ziya Önis. Beyond the 2001 financial crisis: the political economy of the new phase of Neo-liberal restructuring in Turkey. Review of International Political Economy, Vol. 16, Iss. 3 (Aug 2009), pp. 409-432.

新的社会与政治安排，欧洲法院鼓励这一新的安排，欧盟立法也对之加以支持。① 显然，这是一个引人关注的结论，与人们通常的印象相反。对全球化的反对声音不少来自于这种先入为主的印象。

萨曼（J. C. Sharman）研究了国际组织开列的“公开黑名单”（public blacklisting）对于成员国行为的约束作用。作者研究了经济合作与发展组织（OECD）和金融行动特别工作组（the Financial Action Task Force）采取重叠审查方式，让有关国家执行代价高昂的金融改革的情况，涉及7个受影响的“避税天堂”国。作者采用建构主义的分析框架，认为将有关国家列入“黑名单”是一种言语行为的形式，改变了有关国家在投资者中的“声誉”，通过引发实际或预期的资本外逃而对有关国家产生了压力。在“黑名单”的威胁下，有关国家为防止未来的经济损失，力争将自己从“黑名单”当中剔除出去。但是要做到这一点，有关国家必须遵守国际组织规定的严格监管标准。②

（五）政党政治、国家兴衰与“金融化”问题

全球化与主权国家、国内政治对全球化发展的反应一直是最近10年IPE研究重点关注的话题。在2009年的研究成果中，有不少集中总结全球化高峰期的经验。

布里安·博古恩（Brian Burgoon）从国内政党政治的角度研究了工业化国家对经济全球化的反应规律。他分析了23个经济合作与发展组织国家在1960至2003年间所有全国大选的政党政纲的情况，内容涉及发展对政党的支持或反对有关政治和经济封锁的措施、反民主的民族主义政策建议等。其中，还研究了极右翼政党选举成功的原因与影响的问题。研究对国际贸易、资本开放、移民流动等所有导致政治经济反弹的因素进行了定量分析，得出的结论包括：当国家的福利补偿措施比较温和时，移民、资本流动与开放程度等只会有限地增加选民对开放经济的反弹；但当国家补偿大幅度提高并减少本国公民承受的全球化经济风险时，这些因素则会减少反弹的强度。最后，作者对比了当前全球化浪潮与19世纪末被称为“黑暗政治”的全球化发展，得出的结论是两个时期间相似性很少，国家福利保障等措施可能有助于解释保护主义政策与当代

---

① James A. Caporaso and Sidney Tarrow. Polanyi in Brussels: supranational institutions and the transnational embedding of markets. International Organization, Vol. 63 (2009), pp. 593-620.

② J. C. Sharman. The bark is the bite: international organizations and blacklisting. Review of International Political Economy. Vol. 16, Iss. 4 (Oct. 2009), pp. 573-596.

全球化中表现出的自由主义倾向之间的差异。①

艾斯平·莫（Espen Moe）继续探讨了曼瑟尔·奥尔森关于国家兴衰与利益集团的关系研究。奥尔森的研究结论是，国家的兴衰在本质上是与在经济体中既得利益的成长、发展交织在一起的。莫根据自己的研究，提出奥尔森的分析框架必须与约瑟夫·熊彼特的理论框架相结合，才能使我们更有成效地研究经济长期变革的结构性进程。在这一分析框架下，作者重点研究了英国、法国、德国、美国和日本等五个产业领先阶段五个核心产业的情况，对为什么某些国家比其他国家在历史上更能获得产业的领先地位等问题作了分析。作者的结论是，为了获得产业的领先地位，国家必须防止既得利益集团堵塞经济与产业结构的调整，而无法做到这一点的国家将会被锁定在昨天的技术和产业中，从而经历长期停滞和衰退。②

埃利奥特·波斯纳（Elliot Posner）的研究则提出了一个全新的问题，即欧盟的扩大，迫使美国对欧洲金融监管模式做出了让步，从而形成了一个所谓美欧“共管”的模式。他指出，在对证券市场跨境监管方面，过去的国际合作方式严重向美国官员的偏好倾斜，欧洲同行只能被动接受美国的方式。但是，在20世纪最后十年，美国证券市场监管当局在其他地区发挥其不对称影响的情况已很少见。作者研究的问题是，美国官员为什么会更加包容欧洲当局发挥更大的影响力？这种变化为什么会发生在2002年和2003年，这两年美欧加强了跨大西洋的主权共享安排吗？作者的结论是，正是欧盟内部的体制变革改写了北大西洋监管杠杆的平衡，从而成为改变跨大西洋合作模式的主要因素，也就是说，欧盟内部监管权力的集中化发展改变了美国、欧洲公司与有关当局的期望，增加了华盛顿加强跨大西洋政策协调与妥协的动力。③ 这一重要结论与国际政治经济学现实主义流派的观点一脉相承，即认为只有力量平衡发生变化，才会导致国际权力分配格局的变化。

狄尔·范特里克（Till van Treeck）研究了当前经济全球化的重要现象之一：资本主义经济“金融化”的问题。所谓“金融化”的问题，正如不少政

---

① Brian Burgoon. Globalization and backlash: Polanyi's revenge? Review of International Political Economy. Vol. 16, Iss. 2 (May 2009), pp. 145-177.

② Espen Moe. Mancur Olson and structural economic change: vested interests and the industrial rise and fall of the great powers. Review of International Political Economy. Vol. 16, Iss. 2 (May 2009), pp. 202-230.

③ Elliot Posner. Making rules for global finance: transatlantic regulatory cooperation at the turn of the millennium. International Organization. Vol. 63 (2009), pp. 665-699.

治经济学重要文献声称的，发达资本主义国家的最近转变主要体现在金融部门，有些研究者甚至提出金融变革是资本主义变革的主要动力，这就是所谓的“金融化”问题。作者提出了一个有启发性的思路，即从宏观经济层面加强对“金融化”问题的研究。在实物投资重要性下降、金融业务重要性增加的情况下，宏观经济对于利润的制约作用尚未引起足够的重视。他将宏观经济方法与现有的一些理论观点进行了比较，如利润产生新模式的实证分析模型、不同资本主义模式方法、英国“社会审计”（social accounting）学派理论，以及法国“规制主义”（regulationist）理论等。最后，作者通过对美、德两国“金融化”发展案例的比较，对其提出的宏观经济框架进行了说明。①

全球金融危机中中国加速崛起成为时下议论的焦点。但是，遗憾的是，《国际组织》和《国际政治经济学评论》2009 年发表的论文中专论这一现象的只有一篇。作者马克·比森（Mark Beeson）认为，中国显著的经济崛起、美国金融市场最近的动荡，不可避免地使得人们对中美两国各自的命运问题产生兴趣。他提出，中国加入世界贸易组织标志着美国的影响和优势的鼎盛时期。加入世贸组织以来，中国地位稳步提升，中国成立第一个主权财富基金，在救助美国金融机构方面发挥重要作用即是明证。作者的基本看法是，如果中国继续增加影响力，那么，将给美国以及现存地缘政治秩序产生更大的影响。②

（六）贸易政治研究的深化：保护主义与开放贸易的国内动力探寻

国际贸易政治仍然是 IPE 学者深化研究的问题。原因是多方面的，全球化首先表现在贸易的整体开放上，而开放贸易自然对国内政治产生重大冲击，从而反过来影响全球化的进程；其次，从学术的角度讲，贸易问题更容易进行量化分析，这是 IPE 学者偏爱贸易政治研究的重要原因。

基绍尔·加万德（Kishore Gawande）等人对不同国家的贸易与社会福利政策进行了比较研究。他们的看法是，政府决策的权力具有“再分配”的功能，能将收入重新分配到强大的社会利益集团手中。贸易政策从根本上说具有“再分配”的性质，因此贸易政策实际上反映了政府对福利问题的态度。研究发现，一些国家政府对整体福利的关注超过其他一些国家，他们的结论是：这种差异主要是由经济、政治和体制等内生因素的差异导致的。作者采用了定量

---

① Till van Treeck. The political economy debate on “Financialization” ——a macroeconomic perspective. Review of International Political Economy. Vol. 16, Iss. 5 (Dec 2009), pp. 907-944.

② Mark Beeson. Trading places? China, the United States and the evolution of the international political economy. Review of International Political Economy. Vol. 16, Iss. 4 (Oct 2009), pp. 729-741.

方法对不同政府福利政策以及影响福利政策的政府行为差异的政治、体制因素进行了论证。①

亚历山大·归辛格（Alexandra Guisinger）集中研究了选民的个人偏好对于贸易政策的影响程度。他采集了2006年美国国会中期选举中36 501位潜在选民的调查数据，探讨选民在2006年中期选举中的投票行为与2005年国会通过的《中美洲自由贸易协定》在任参议员的投票行为之间的关联度。他得出的结论是，两者间的关联度相对较低，选民对其民意代表的政策立场与投票行为了解很少，选民的贸易政策偏好对在任议员的投票倾向影响有限。基于此，作者认为，这一研究结果对目前流行的“选民驱动型”贸易政策模型提出了挑战。②

爱德华·曼斯菲尔德（Edward D. Mansfield）与戴安娜·姆兹（Diana C. Mutz）则从模型比较上研究了民众态度对开放贸易政策的影响问题。作者认为，现存研究主要集中于检验两个模型：一是要素禀赋和赫克歇尔-俄林模型（the Heckscher-Ohlin model），一是特定要素或李嘉图-瓦伊纳模型（specific factors or Ricardo-Viner model）。两个模型都认为，贸易偏好是由贸易对一个人收入的影响程度决定的。两个模型的区别在于，要素禀赋模型更强调一个人的贸易偏好主要受到其个人技能的影响，而特定要素模型则假定，贸易偏好主要受到个人工作的产业状况的影响。作者提出，经过研究反映美国人贸易态度的两次全国性调查发现，有关数据无法支持这两个模型作出的预测，唯一的例外可能涉及教育程度的影响。初步检验表明，教育程度和民众对开放贸易的支持有直接的相关性，学术界往往认为这种关联性是对赫克歇尔-俄林模型解释的支持。但是，进一步的分析表明，教育因素的影响要次于人们对于开放贸易对本国经济竞争力的担心。也就是说，民众对美国整体经济状况的看法比对自身状况的担心更重要。③

五、非传统安全研究

2009年，国外非传统安全的研究呈现出继续发展的态势，涉及的领域非

① Kishore Gawande, Pravin Krishna and Marcelo Olarreaga. What governments maximize and why: the view from trade. International Organization. Vol. 63 (2009), pp. 491-532.

② Alexandra Guisinger. Determining trade policy: do voters hold politicians accountable? International Organization. Vol. 63 (2009), pp. 533-557.

③ Edward D. Mansfield and Diana C. Mutz. Support for free trade: self-interest, sociotropic politics, and out-group anxiety. International Organization. Vol. 63 (2009), pp. 425-457.

常广泛，主要包括能源安全、粮食安全、经济安全、环境与气候安全、卫生安全、反恐问题以及国际跨国犯罪等。在世界金融危机的背景下，有关金融安全的论述大量出现；面对日益紧迫的气候变化挑战，有关气候安全、粮食安全和能源安全的研究进一步深化。与 2008 年相比，2009 年国外非传统安全的研究呈现出一些新的特点。限于篇幅，以下围绕环境与气候变化、能源、粮食、水资源，以及国际公共卫生等问题做简要述评。

（一）环境安全与气候安全

2009 年，围绕年底举行的哥本哈根气候变化峰会，气候变化议题持续升温，成为全球关注的焦点。2009 年因此被称为国际“气候变化年”。在国外非传统安全研究领域，气候安全问题也成为毫无争议的一大研究焦点。

2009 年国外的气候安全研究取得新进展，主要体现在三个方面。第一，气候安全研究的对象更多地转向发展中国家。加拿大国际可持续发展研究所的学者布朗（Oli Brown）等人对中东和非洲地区的气候与安全问题进行了深入考察。在题为《地球升温、紧张升级：气候变化与中东暴力冲突的风险》的报告中，作者对 2050 年前中东地区的气候与安全问题进行了比较全面的研究。报告指出，大量气候模型显示，至 2050 年，中东地区的气候将变得更热、更加干燥、更加难以预报。中东地区是当今世界最动荡、最缺水的地区。气候变化正在以多种形式对中东地区的安全构成威胁。其一，气候变化可能加剧本地区围绕稀缺的水资源的争夺，使和平谈判的前景更加复杂。其二，气候变化加剧粮食危机，使被占领土问题的解决难度更大。其三，气候变化可能影响经济发展，加剧贫困和社会动荡；其四，气候变化可能导致气候难民的增加，使中东地区本已严重的难民问题雪上加霜。其五，随着人们对气候变化将导致资源减少这一认知的增强，一些战略性的自然资源日益“军事化”。其六，在气候变化问题上的不作为可能导致阿拉伯国家对西方和以色列的不满与不信任增加。最后，报告还提出了包括加强地区合作等一系列对策。① 在另一份题为《非洲的气候变化与安全》的研究报告中，作者提出了气候变化可能对非洲大陆安全构成的五大威胁：水资源短缺加剧、粮食安全受损、大规模移民、加剧贫困和国家的脆弱性以及气候变化更加异常，并提供了对策建议，包括加强预测和预报、降低气候变化风险、加强适应气候变化的能力，以及将应对气候变

① Oli Brown and Alec Crawford. Rising temperatures, rising tensions: climate change and the risk of violent conflict in the Middle East. http://www.iisd.org/pdf/2009/rising_temps_middle_east.pdf.

化纳入各级治理体系之中。①

第二，有关气候变化与武装冲突之间的关系得到进一步的辨析和厘清。美国学者詹姆斯·李（James R. Lee）的著作《气候变化与武装冲突：热战和冷战》系统分析了气候变化与冲突之间关系的演变，考察了气候变化对安全的影响，认为气候变化已经并将继续导致两种不同的冲突，即“冷战”和“热战”。在南北半球，气候变暖可能引发国家之间因争夺新的资源和土地而爆发冲突，这就是所谓“冷战”；而在赤道地区，由于气候变暖加剧干旱和对稀缺资源的争夺，国家内部的冲突将加剧，这就是所谓“热战”。作者强调，冲突并非不可避免，主要取决于国家、国际组织和公众如何对气候变化做出反应。②

第三，研究应对气候变化威胁的视角进一步扩展，全球气候治理成为研究热点。著名的《全球治理》杂志2009年第4期几乎用了全部的篇幅探讨加强全球气候治理以维护全球气候安全的必要性、挑战和途径。美国学者埃斯蒂（Daniel C. Esty）提出，当前以联合国环境规划署为中心的全球环境治理架构存在严重的碎片化问题，完全不能适应应对气候变化的需要，必须重新建构。成立全球环境组织是一个主要途径。全球环境组织必须树立五大原则，即可持续发展原则、污染者付费原则、共同但有区别的责任原则、辅助性原则和善治的原则。③ 印度气候变化谈判大使萨兰（Shyam Saran）在《全球治理与气候变化》一文中强调，公平是全球气候治理的核心。全球气候治理的成功取决于发达国家与发展中国家能否在减缓和适应问题上达成一致。④ 新西兰气候变化谈判大使马赛（Adrian Macey）则指出，目前的全球气候治理机制效率低下，碎片化现象严重。在哥本哈根气候变化谈判中，减排问题最关键。要在减排问题上取得进展，温室气体主要排放国应组成气候20国集团首先达成共识。⑤ 此外，澳大利亚国立大学的学者埃利奥特（Lorraine Elliott）针对现有的有关气候与安全的研究依然以国家为中心，很少有人从人类安全视角对气候安

---

① Oli Brown and Alec Crawford. Climate change and security in Africa. http://www.iisd.org/pdf/2009/climate_change_security_africa.pdf.

② James R. Lee. Climate change and armed conflict: hot and cold wars. London: Routledge, 2009.

③ Daniel C Esty. Revitalizing global environmental governance for climate change. Global Governance. Vol. 15, Iss. 4 (Oct-Dec 2009). pp. 427-434.

④ Shyam Saran. Global governance and climate change. Global Governance. Vol. 15, Iss. 4 (Oct-Dec 2009), pp. 457-460.

⑤ Adrian Macey. Climate change: governance challenges for Copenhagen. Global Governance. Vol. 15, Iss. 4 (Oct-Dec 2009), pp. 443-450.

全进行研究这一现象，尝试从人类安全的角度对气候安全进行了考察。①

在 2009 年从政治和安全角度研究气候变化的成果中，一本绝对不能被忽略的著作就是当代著名思想家吉登斯（Anthony Giddens）的《气候变化的政治》。该书的出版引起比较广泛的社会反响。正如作者所言，这不是一本有关“气候变化”的著作，而是一本有关“气候变化的政治”的著作。作者开篇即提出“吉登斯悖论”。所谓“吉登斯悖论”主要指这样一种困境：气候变化问题尽管是一个后果非常严重的问题，但对于大多数公民来说，由于它们在日常生活中不可见、不直接，因此，在人们的日常生活计划中很少被纳入短期考虑的范围。而一旦当气候变化的后果变得严重、可见和具体，例如，2008 年中国发生的大雪灾便直接与气候变化有关，从实践的角度来看，我们就不再有行动的余地了，因为一切都太晚了。全球如何应对气候变化？吉登斯提出了如下建议：首先要采用一些间接方式，如采取提高能效的激励措施等方式将气候变化纳入日常生活；其次要避免政治上的两极化，即支持与反对的严重对立；再次要给企业、消费者和政治领导人以激励，并作出行动导向和创新性的努力，最后要将气候变化纳入地缘政治格局。②

在环境安全领域，美国学者在研究视角和研究内容上进行了一些新的探索。德特拉斯教授（Nicole Detraz）提出了从性别角度研究环境与安全的主张。她认为，过去有关环境与安全的研究视角主要有三种，即环境冲突、环境安全和生态安全。这三种视角都存在不同程度的缺失。为了更全面地反映环境与安全的关系，她提出了性别导向的环境安全研究视角，重点讨论环境问题对女性带来的不安全以及女性在维护环境安全中的作用。③ 美国学者肯康卡（Ken Conca）多年来一直从事环境问题对冲突与和平的影响研究。2009 年他与合作者发表了关于环境问题与战乱地区建立和平之间关系的研究成果。他提出的研究问题是：环境问题是有助于战乱频仍社会的和平重建还是恶化现存的紧张局势？经过考察联合国环境规划署所做的多个冲突后灾难控制项目，他的结论是，如果处理得当，环境挑战有助于动荡地区的战后重建；如果处理不当，环

---

① Lorraine Elliott. “Human securitising” the climate security debate. Asia Security Initiative Policy Series. Working Paper No. 2, March 2010. http://www.rsis.edu.sg/NTS/resources/research_papers/MacArthur_working_paper_Lorraine%20Elliott.pdf.

② Anthony Giddens. Politics of climate change. Cambridge, MA: Polity, 2009.

③ Nicole Detraz. Environmental security and gender: necessary shifts in an evolving debate. Security Studies. Vol. 18, No. 2 (2009), pp. 345-369.

境问题将加剧动荡地区的紧张局势。①

随着人类基因工程技术的飞速发展，与环境安全密切相关的生物安全问题在2009年也继续受到学术界的重视。美国学者坎贝尔（James Campbell）对生物安全的未来发展进行了分析，强调生物安全的未来取决于两大因素：一是国际社会如何应对在传染性疾病研究领域基因工程技术快速的全球扩张，二是全球性的监控和公共卫生政策能否得到切实执行。而这一切又有赖于对当代生物医学技术的深入把握。② 英国学者凯勒（Alexander Kelle）则探讨了合成生物学与生物安全的关系，指出合成生物学已成为当今世界生命科学中最具活力、发展最迅速的学科，同时也带来了巨大的社会问题和风险，值得高度关注。③

（二）能源安全

能源安全仍然是2009年国外非传统安全研究的重点之一。从全球、地区和国家层面研究能源安全的成果大量涌现。④ 在能源安全领域，如何强化全球能源治理以应对全球能源挑战受到国外学者的关注 。比利时学者莱塞奇（Dries Lesage）探讨了八国集团2005年鹰谷峰会之后在全球能源治理中所扮演的角色。作者指出，2005年后，八国集团在应对全球能源安全方面动作频频，发布了多个雄心勃勃的能源行动计划，改革了国际能源署，使其在过去仅负责监控国际油价的基础上工作范围有所扩大。八国集团还在建立提高能效的国际组织方面发挥了关键作用。但总体而言，八国集团还无法真正担当起全球能源治理的领导。内部分歧、履约监督机制的缺乏和一些主要国家缺席八国集

① Ken Conca and Jennifer Wallace. Environment and peacebuilding in war-torn societies: lessons from the UN environment programme's experience with postconflict assessment. Global Governance. Vol. 15, Iss. 4 (Oct-Dec 2009), pp. 485-504.

② James Campbell. The future of biosecurity. International Journal of Risk Assessment and Management. Vol. 12, Iss. 2-4 (2009), pp. 248-261.

③ Alexander Kelle. Synthetic biology and biosecurity: from low levels of awareness to a comprehensive strategy. EMBO Reports. Vol. 10 (Aug 2009), pp. 23-27.

④ 参见 Roger H. Attenberg. Global energy security. New York: Nova Science Publishers, Inc., 2009; Gal Luft and Anne Korin, eds. Energy security challenges for the 21st century: a reference handbook, Santa Barbara, Calif. Praeger Security International, 2009; Adrian Dellecker and Thomas Gomart. Russian energy security and foreign policy. New York, NY: Routledge, 2009; Ligia Noronha and Anant Sudarshan, eds. India's energy security. New York, NY: Routledge, 2009; Hongyi Lai, ed. Asian energy security: the maritime dimension. New York: Palgrave Macmillan, 2009; Ruchita Beri and Uttam Kumar Sinha, eds. Africa and energy security: global issues. Local Responses. New Delhi: Academic Foundation in Association with the Institute of Defense Studies and Analyses. 2009.

团是其中的主要原因。①

吉登斯也探讨了气候变化和能源安全之间的关系。他采用了许多新的概念来处理二者之间的关系。比如，他提出“突前”（foregrounding）的概念，指采用各种政治设计使气候变化问题处于政治议程的核心；又比如，他提出“经济粘合”（economic convergence）的概念，指低碳技术、生活方式、商业模式和经济竞争力的部分重合。②

（三）粮食安全

2009年在粮食安全研究领域一个重大的进展是世界上第一份专门研究粮食安全的学术杂志《粮食安全》由国际植物病理学学会创刊。该杂志在2009年出版的四期文章中，对粮食安全进行了内容广泛的多学科研究。第一期重点对粮食安全概念的提出和演变进行了梳理，并从治理、市场功能和公共产品的提供等视角对当前的世界粮食危机进行了分析。第二期集中讨论了导致粮食不安全的多种因素，包括荒漠化、洪水、偏远国家对现代技术的适应、粮食作物的季节性、传统粮食的脆弱性以及一些文化禁忌等。在第三期中，世界粮食价格的上涨、未来世界粮食安全面临的威胁以及非洲地区面临的粮食安全困境是主要的话题。大力发展农业技术是第四期的主题。该期强调，20世纪发达国家的农业发展和发展中国家的绿色革命都得益于农业技术的进步，21世纪的全球粮食安全在很大程度上同样取决于现代农业技术的发展。③

（四）水安全

近年来，水安全问题始终是国外非传统安全研究的一个重点。2009年，国家是否会为争夺水资源而开战，成为水安全研究领域的争论焦点。2009年联合国水开发署发布了一份题为《变化世界中的水资源》的报告，强调水问题已经对全球集体安全构成威胁。报告称，据估计仅非洲地区，至2020年，由于气候变化，大约7 500万至2.5亿人将受到气候变化带来的水资源短缺的影响。由于气候变化对水资源的负面影响越来越大，一些脆弱国家正面临来自水资源短缺的日益增大的安全风险，国家之间为水资源发生冲突的风险在增加。④ 英国学者芭拉碧（Wendy Barnaby）在《自然》杂志上撰文对此提出质

---

① Dries Lesage, Thijs Van de Graaf, and Kirsten Westphal. G8's role in global energy governance since the 2005 gleneagles summit. Global Governance. Vol. 15, Iss. 2 (Apr-Jun 2009), pp. 259-278.

② Giddens, Politics of Climate Change.

③ 参见 Food Security 2009 年第1-4期。

④ World Water Assessment Programme. 3rd UN World Water Development Report, 2009, http://www.unesco.org/water/wwap/wwdr/wwdr3/pdf/WWDR3_Water_in_a_Changing_World.pdf.

疑。她在题为《国家会为水资源开战吗?》一文中强调，国家不会为水资源发生战争，它们将通过贸易和国际协议解决水资源短缺的问题。文章认为，合作是国家之间处理跨国河流问题的主要方式。水问题是国际合作之源，而非战争之因。世界上现有263条跨国河流，1948—1999年期间，在各国围绕这些河流采取的1 831项行动中，合作的行动占67%，冲突性的占28%，剩余的5%属于中性。在这50年中尚未出现为水资源而正式开战的例子。无论是中东地区的战争还是印巴之间的冲突，都与水资源无关。① 这一观点在《自然》杂志上又引起了进一步的争论，支持和反对者均有。②

(五) 国际公共卫生安全

自1994年联合国开发计划署发表题为《人类安全的新视野》的人类发展报告并将卫生问题纳入人类安全范畴以来，有关公共卫生与安全之间的相互关系的研究开始兴起并日益发展。2009年，在卫生安全领域的研究中，卫生问题在哪些方面威胁国家安全和如何实现全球卫生治理的创新是两个重点研究问题。英国学者凯（Adrian Kay）和威廉姆斯（Owain Williams）主编的《全球卫生治理：危机、制度及其政治经济学》一书对卫生问题引发的国家安全含义进行了系统分析。该书认为，卫生对国家安全的影响主要体现在三个方面。第一，卫生问题对国际稳定构成威胁，表现在卫生危机对全球经济产生巨大影响；贫困和疾病的爆发会导致大规模移民，成为地区动荡的不稳定因素；军队可能受到一些传播性疾病的日益增加的影响；疾病的爆发，特别是艾滋病的流行可能会降低一些国家参加维和行动的政治意愿。第二，卫生问题对国内安全构成威胁，表现在：大规模的疾病流行将重创经济，导致贫富悬殊扩大，加重社会不满情绪，最后引发社会动荡；疾病的流行会削弱公众对政府的信任和支持，导致政府的社会治理能力下降。第三，卫生危机可能对大规模人群的生命构成威胁。人们死于疾病是不幸的，但这还不足以构成国家安全的问题。只有当遭遇疾病威胁的人数达到一定数量时，卫生问题才可能成为国家安全问题。③

那么，如何才能更好地维护国际公共卫生安全呢？加拿大学者库珀（Andrew Cooper）等人提出，必须创新现有的全球卫生治理体制。他们认为，现存的以世界卫生组织为中心的全球卫生治理机制未能满足全球控制疾病流行

① Wendy Barnaby. Do nations go to war over water? Nature. Vol. 458 (2009), pp. 282-283.

② Wendy Barnaby. These letters respond to the essay "do nations go to war over water?" Nature. Vol. 459 (7 May 2009), p. 31.

③ Adrian Kay and Owain Williams, eds. Global health governance: crisis, institutions and Political Economy. UK: Palgrave Macmillan, 2009.

的需求，应该进行体制创新。创新举措包括：建立公私伙伴关系，鼓励非政府组织发挥更大作用，建议设立全球公共卫生研究基金等。①

从国外学术界对非传统安全的研究现状来看，与 2008 年相比，2009 年以下四个趋势仍在持续发展。首先，关于非传统安全研究的边界问题争论依然激烈，短期内很难形成共识；其次，研究的重点正向非传统安全领域中的具体问题倾斜，部分学者已不急于建构非传统安全的理论框架，而是在具体问题领域积极开展学术争论和深入研究；再次，非传统安全中不同问题之间的关联性研究正引起学者们更大的兴趣；最后，量化研究和跨学科研究越来越多地应用于非传统安全的研究。以上趋势显示了非传统安全研究的蓬勃生机与活力。如果说有什么变化的话，那就是在研究的广度和深度上有一定进展。此外，2009 年气候安全和气候治理的研究在国外非传统安全的研究中所占比重更大，成为重中之重。这与 2009 年底召开的哥本哈根气候变化大会不无关系。

六、全球化研究

2009 年国外学界的全球化研究主要关注以下三个方面的问题：金融危机对全球化的影响，非国家行为体与全球化的相互作用，以及全球治理中的一些具体议题如恐怖主义、移民、环境治理、区域化合作等。

（一）全球化与金融危机

2008 年 9 月华尔街爆发的金融风暴迅速蔓延全球，形成自 20 世纪 30 年代"大萧条"以来最严重的世界性金融与经济危机。全球金融危机对全球化进程本身以及全球化研究都产生了重大影响。国际学术、政策界针对全球金融危机对全球化的影响、全球化的前景与路径等问题展开了激烈的争论。其中一种代表性的观点认为全球金融危机昭示了全球化时代终结的开始。美国著名智库、政治风险咨询公司欧亚集团主席伊恩·布雷默（Ian Bremmer）在最近出版的《自由市场的终结》一书中提出自由市场正在走向终结，国家资本主义正在上升的观点。布雷默指出，全球化尽管尚未终结但却逐步异化，逐渐丧失其在过去几十年中所具有的推动全球经济增长最重要动力的地位。他认为，在过去四十年间，全球化条件下的自由市场是各国经济增长的最主要条件，但过去 18 个月内的全球经济危机表明，以中国为代表的"国家资本主义"正在成为全

① Andrew Cooper and John Dirton. Innovation in global health governance, Surrey. UK: Ashgate, 2009.

球经济增长中至关重要的力量。尽管这种国家资本与自由市场吊诡的结合既利用又违背了自由市场经济的原则，但却推动了经济增长，西方各国也将或多或少地采取这种含有“国家资本主义”因素的制度。布雷默指出，这样的趋势或许并不意味着全球化的马上终结，但至少表明全球化作为唯一的、具有统治性的塑造人类生活和经济未来的力量的终结的开始。全球化在可预见的将来依然重要，但不再是全球经济增长的基本动力。①

俄罗斯学者尤里·亚科维茨（Yuri Yakovets）根据历史周期理论学派的观点对当前经济危机之下的全球经济与历史发展趋势进行了分析，认为全球经济危机是不可避免的，当前的全球经济危机不仅标志着全球化这一大趋势的总体退潮，而且揭开了2025—2050年间一种新型的后工业文明的序幕。②

美国前财政部副部长罗杰·奥特曼（Roger C. Altman）在《外交》杂志撰文，指出金融危机使全球化出现了明显的退潮，并将对全球地缘政治带来深远影响。奥特曼认为，当前的经济危机表明，自由市场资本主义和放松管制的时代已经结束，国家干预、重新管制以及贸易保护主义的新时期正在到来。全球化本身正在发生深刻的逆转。单一世界市场中的全球贸易、资本流动和移民随着危机的深化不断下降。在应对当前危机方面，八国集团和二十国集团并无良策，伴随着美国单极体系终结的是美国经济模式的普世性正在减弱，与此同时中国及其发展模式的影响力越来越大。奥特曼认为，为使全球化回到正轨，奥巴马总统必须利用其独特的地位，向美国及世界民众阐述开放市场和自由贸易的好处。③

在关于全球化和金融危机关系的争论中，《外交政策》杂志主编莫西斯·奈依姆（Moisés Naím）代表另一种观点，直接将矛头指向全球化，认为全球化才是导致当前全球金融危机的原因。奈依姆认为，全球化同时也是日益严重的经济、贸易不平等以及安全匮乏的原因，但当前经济危机并非全球化的终结。各种经济行为体仍然联系紧密，经济危机并不会减缓它们在国际舞台上的活动。由于私有经济活动的下降，公共资金在国际层面的流动正在蓬勃发展。奈依姆指出，全球化是一个多样化的、基础广泛的强大力量，目前的大规模经济危机并不会导致全球化的大大减缓乃至永久逆转。今天的全球化是不可逆转

① Ian Bremmer. The end of the free market: who wins the war between states and corporations? New York: Portfolio Hardcover, 2010.

② Yuri Yakovets. The retreat of globalization and the transformation of world economy. International Affairs. Vol. 55, No. 5 (2009), p. 60.

③ Roger C. Altman. Globalization in retreat. Foreign Affairs. Vol. 88, No. 4 (Jul/Aug 2009), pp. 2-8.

的，也比以往更加个性化，因此尽量减少全球化带来的负面代价才是人们应当努力的方向。但令人忧虑的是，引导国际一体化进程、解决各个问题领域内的国际危机，以及更好地管理全球公共产品的努力并未奏效。无论人们面对的共同问题是气候变化、核扩散、禽流感还是其他全球性挑战，最危险的问题是全球共同治理行动的必要性与国际社会行动能力之间的差距。①

全球化和金融危机之间的这种复杂互动机制也体现在当前崛起大国所面临的不同层面的机遇和挑战上。美国哥伦比亚大学著名的东亚问题专家金淳基（Samuel S. Kim）分析了中国在全球化与全球经济危机的双重大背景下所面对的巨大机遇与挑战。金淳基指出：中国经济迅速崛起的原因主要在于中国成功把握了全球化这一冷战后的关键趋势。金淳基从中国如何应对冷战结束后发轫的全球化力量开始，考察了中国的分析家与决策者是如何将全球化的承诺与风险进行概念化与探讨。他还从全球化的经济、安全和软实力方面检视了不断变化的全球化与中国相关政策的相互作用，最后勾勒出在全球危机的态势下中国领导人面临的一系列重大挑战，包括如何做出战略决策，如何辨析各种全球化挑战的轻重缓急，如何重新定义国家作为一个高效的、有很强适应力的、能够胜任的角色。②

美国前驻斯里兰卡大使、战略与国际研究中心（CSIS）南亚研究项目主任特里茜塔·沙福尔（Teresita G. Schaffer）则以印度为例，指出金融危机给崛起大国提供了经由全球治理增强国际影响力的机遇。沙福尔认为，金融危机之前美国与印度已经建立了良好的双边关系，但在多边关系领域，特别是在联合国和世界贸易组织框架内，多边环境使它们遇到了共同的困难。为解决这些困难进行的多边努力创造了美国和印度能够增进利益共享的有效手段。沙福尔指出：在金融危机成为全球主要议题的今天，国际金融合作是印度这样的崛起大国最有希望成功增强影响力的领域；扩大全球合作是美印得以重塑此前建立的伙伴关系的重要方法。沙福尔从两个角度考察了这种可能性：一是借助国际组织产生的高度结构化的世界，二是介入由参加气候变化辩论的机构和民间网络所组成的松散混合结构。沙福尔认为，在这两种环境中，美国和印度都具有很大的利害关系，且其利益具有相当的一致性。在沙福尔看来，唯一的挑战是：在不同的外交政策风格与利益结构下，美印应当如何协调它们关于全球领导的

---

① Moisés Naím. Globalization. Foreign Policy, No. 171 (Mar/Apr 2009), pp. 28-32.

② Samuel S. Kim. China and globalization: confronting myriad challenges and opportunities. Asian Perspective. Vol. 33, No. 3 (2009), pp. 41-81.

理解及其由此产生的政策。[1]

美国国家情报委员会专家马修·巴罗斯（Mathew J. Burrows）和詹妮弗·哈里斯（Jennifer Harris）在《华盛顿季刊》撰文讨论了金融危机对全球地缘政治的影响，强调了崛起大国的历史机遇。[2] 巴罗斯和哈里斯二人都是引起广泛关注的国家情报委员会报告《全球趋势 2025》的主要撰写者之一。他们指出，该报告完成之际正值金融危机发生之时，因此国家情报委员会需要对正在发生的从气候变化到主权财富基金的崛起等种种紧迫问题做出预测。这一报告预测，随着中国和印度等崛起大国 2025 年在经济上超过老七国集团，新的多极世界秩序将会形成。与此同时，美国传统的合作伙伴欧洲和日本由于人口老龄化趋势不断加剧，经济增长日益受到严峻挑战。该报告认为，虽然崛起大国希望获得相应的国际地位，但在承担国际责任问题上会采取谨慎态度，尽管气候变化、能源安全、核扩散、大规模杀伤性武器与恐怖主义等国际议程与其息息相关。[3]

（二）全球化与非国家行为体

“谷歌（Google）事件”提示我们：随着全球化的扩展，非国家行为体在全球政治中的作用和地位日益凸显。[4] 杰德·米勒（Jade Miller）认为，在当今的全球化政治经济之中，国家—公司间外交（例如跨国公司与其经营所在国之间的博弈）和民族国家之间的外交处于同等重要的地位。尽管国家必须致力于保证跨国公司在其国内的商业环境以保证其利益，但国家拥有应对公司外交失败的资源，并以此维持国家在世界舞台上依然具有支配地位的形象。米勒的研究对 2006 年 2 月国会关于美国四家跨国公司（谷歌、微软、雅虎和思科）在中国经营的听证会证词进行了批评性的文本分析。米勒认为当政府无法用硬权力（如立法）制约跨国公司时，软权力（如映像、说服、形象等）就成为政府约束跨国公司行为最有效的工具。[5]

意大利学者艾莱娜·帕里奥蒂（Elena Pariotti）则提出软法律、人权与非

---

① Teresita G. Schaffer. The United States, India, and global governance: can they work together? The Washington Quarterly. Vol. 32, No. 3 (July 2009), p. 71.

② Mathew J. Burrows and Jannifer Harris. Revisiting the future: geopolitical effects of the financial crisis. The Washington Quarterly. Vol. 32, No. 2 (April 2009), p. 27.

③ Ibid.

④ Steven Mufson and Peter Whoriskey. Google incident illustrates dilemma for foreign companies in China. Washington Post. January 15, 2010.

⑤ Jade Miller. Soft power and state-firm diplomacy: congress and IT corporate activity in China. International Studies Perspectives. Vol. 10, No. 3 (August 2009), pp. 285-302.

国家行为体三者互动的问题。她认为在全球化的时代，法律的特点是在一个不断减少层次的框架内，法律与非国家行为体的相互作用日益增加。这一特点与人权保护的国际可执行性密切相关。诸如跨国公司这样的非国家行为体对人权承担了扩大的义务，并且这种义务已经到达了法律与道德的边界。正是在这种情况下，软法律的影响随之产生。帕里奥蒂试图评估软法律是否以及在何种程度上是一种加强跨国公司对人权的法律责任的正确途径。法律与道德在人权保护上有着不同的作用，在消极义务方面，软法律工具对跨国公司行为的约束和改变可能削弱传统法律的影响；与之相反的是，在积极责任方面，软法律可以在约束和促进跨国公司人权保护上发挥更大的作用。①

有的学者认为，全球化背景下的非国家行为体已不再是单独的跨国公司或者非政府组织，而是呈现一种网络状的结构。譬如德国学者佩提拉·杜布纳（Petra Dobner）强调全球公共政策网络在全球政治决策过程中日益增长的影响力。② 杜布纳认为，全球公共政策网络包括各国政府、国际组织、公民社会和私营企业等各种国家与非国家行为体；在结构上，这一网络不同于传统的等级制组织，但其主要职能包括谈判、协调、规则制定与实施，实际上承担了正式的国际组织和政府间合作的典型任务。全球公共政策网络的权力与所获认可的地位都是基于其成员的专业性或者基于其在国内或国际层面的正式位置，以及其个体之间的相互联系。尽管这种全球公共政策网络提供了诸多功能，可以有效地解决问题，但其潜在的合法性仍有待坚实的规范理论证明。仅仅效率本身是不能被视为正式的民主合法性的，这种合法性尚未在全球公共政策网络的经验或理论方面得到证明。因此，涉及全球公共政策网络的核心问题受到了跨越国界的挑战，必须构建一个非国家行为体的全球性宪法协议规则。杜布纳认为应当解决的挑战包括：首先，能否将非国家行为体置于一个全球的宪政式制度之下？其次，如果有可能这样做，应该如何完成这一制度建设？最后，那些全球性议题的解决是否可以在这种制度框架下超越民族国家的框架？③

俄裔美国学者马瑞亚·奥米利切娃（Mariya Y. Omelicheva）总结了过去十

---

① Elena Pariotti. International soft law, human rights and non-state actors: towards the accountability of transnational corporations?" Human Rights Review. Vol. 10, No. 2 (Jun 2009), pp. 139-155.

② Petra Dobner. On the constitutionability of global public policy networks. Indiana Journal of Global Legal Studies. Vol. 16, No. 2 (Summer 2009), pp. 605-619.

③ Ibid.

余年学术界对非国家行为体在全球民主化进程中的作用和角色的研究。① 她首先详尽解释了全球公民社会的概念并指出界定这一概念的困难，然后提出新的检验全球公民社会与民主化之间联系的分析框架，并运用这一分析框架检验实证研究所取得的成果。随后她对这一分析中所得结果差异的本质及其来源进行了讨论，并对如何推动这一重要研究领域提出若干建议。奥米利切娃认为全球公民社会与民主化这一研究领域需要进一步丰富概念，并采取理论与实证研究相结合的路径。她指出以具有说服力的方式阐述全球公民社会与民主化的关系将是改善这一领域研究的途径之一。②

荷兰学者马提斯·范利文（Mathijs van Leeuwen）提出了国际发展组织和捐助机构如何通过支持本土公民社会促进冲突地区和平建设（peace building）的问题。他通过对不同国际组织在非洲、中美洲等地区的案例研究，提出了“和平伙伴”这一在全球治理领域颇具独创性和实用性的新视角，并对和平建设进程中非政府组织和当地政治的互动提出了建议。③

法国学者雷蒙·萨那（Raymond Saner）等提出，随着后冷战时期国际行为体的极大多元化，其背后的多重角色冲突使得国家和非国家行为体之间的谈判很难取得真正的成功，这导致了进一步发展谈判理论的必要。萨那等学者认为，在当今全球化的世界中，谈判与冲突已经逐渐超越了国家对国家的单一维度，国家正面临经济行为体或民间社会行为体等诸多非国家行为体的挑战，因此有必要对这种谈判格局中多重角色的融合以及不同利益的重叠进行进一步的理论分析和归纳。④

（三）全球治理的其他议题

当今全球化的代表性因素不再仅仅局限于经济全球化，而是扩展到全球治理等领域。针对全球治理、全球安全等领域的诸多问题，国外学者进行了不少具有开创性的研究。

关于全球化和恐怖主义，阿拉伯裔美国学者贾买尔·纳萨尔（Jamal R. Nassar）给出了明确的定义，并对这两个概念的历史和政治背景进行了详细

---

① Mariya Y. Omelicheva. Global civil society and democratization of world politics：a bona fide relationship or illusory liaison? International Studies Review. Vol. 11，No. 1（March 2009），pp. 109-132.

② Ibid.

③ Mathijs van Leeuwen. Partners in peace：discourses and practices of civil-society peace building. Surrey，U. K.：Ashgate，2009.

④ Raymond Saner and M. Varinia Michalun，eds. Negotiations between state actors and non-State actors：case analyses from different parts of the world. Netherlands：Republic of Letters，2009.

考察。纳萨尔以巴勒斯坦和北爱尔兰的关键案例为研究重点，并将这两个案例的教训应用到伊拉克、阿富汗、刚果、车臣以及哥伦比亚等案例分析当中，试图在国际层面上理解全球化和恐怖主义产生与运作的机制。纳萨尔在对西方霸权进行深刻批判的同时，也表达了通过全球相互依存解决恐怖主义这一梦魇的希冀。① 斯蒂芬·哈特尼特（Stephen John Hartnett）和劳拉·斯滕格里姆（Laura Ann Stengrim）从全球化的角度提供了美国发动伊拉克战争的一种解读。哈特尼特和斯滕格里姆的研究从全球化的经济困境出发揭示了美国发动伊拉克战争背后深刻的政治经济原因，并以美国对伊拉克的占领和重建作为未来全球化发展的个案，认为这预示着美国试图按照其自身的形象塑造后“9·11”的世界。他们同时也考察了反战运动与反全球化运动的相互关系。② 洪叶光（Yee-Kuang Heng，音译）与肯尼斯·麦克唐纳（Kenneth McDonagh）将社会风险理论应用于反恐战争，由布什时代的反恐话语转而讨论全球合作和全球化下的新问题议程。③ 他们认为，布什时代的反恐战争以戏剧性的高调军事行动和对国际社会非友即敌的划分为主要特点，完全忽略了各种正在兴起的打击全球恐怖主义的多边主义合作进程。他们建议，在后布什时代应力图纠正这种失衡的思维与行动框架，并将风险理论与全球治理及全球安全议题有机融合，从而产生新的全球安全架构。④

关于全球化下的后殖民主义和移民问题，国外学术界也进行了热烈的讨论。其中萨科兰·克里什纳（Sankaran Krishna）的研究回顾了整个20世纪的后殖民时代霸权遇到的抗争，从早期现代化叙事开始追溯新自由主义全球化与后殖民主义这两种相互竞争观点的根源。通过对后殖民主义与文化研究理论的娴熟运用，克里斯纳试图在全球层面展现物质、制度、政治和文化力量之间复杂而深刻的内在联系。⑤ 英国著名地理学家约翰·阿格纽（John Agnew）则通过对移民和货币这两组关键变量的分析对全球化与国家主权之间的关系作出了独到的阐释。阿格纽指出，那种认为面对压倒性的全球化进程国家主权不断受

---

① Jamal R. Nassar. Globalization and terrorism: the migration of dreams and nightmares. Lanham, Maryland: Rowman & Littlefield Publishers, 2009.

② Stephen John Hartnett and Laura Ann Stengrim. Globalization and empire: The U. S. invasion of iraq, Free Markets, and the Twilight of Democracy. Tuscaloosa, Alabama: University of Alabama Press, 2009.

③ Yee-Kuang Heng and Ken McDonagh. Risk, global governance and security: the other war on terror. Routledge, 2009.

④ Ibid.

⑤ Sankaran Krishna. Globalization and postcolonialism: hegemony and resistance in the twenty-first century. Lanham, Maryland: Rowman & Littlefield Publishers, 2009.

到削弱的观点是夸大其词且具有误导性的。国家主权的实践从来不是完全局限于领土疆界之内，全球化的网络与资本、信息、劳动力流动也并没有取代以领土划分疆界的世界。阿格纽通过探讨关于主权的地理学思考路径以及主权实践的不同形式，试图建构一个不同于通常的非此即彼的认识主权与全球化关系的知识框架。① 瑞恩库·沈（Rinku Sen）则通过讲述一个美国普通移民的故事入手，分析了美国政客、学者、媒体、民粹主义组织对非法移民的抵制倾向，对当前美国国内针对全球化进程中的移民问题两极分化的辩论做出了批评性的评价，并指出解决美国移民问题需要新的讨论、规划与行动的框架。②

在全球环境治理这一问题领域中，弗兰克·比尔曼（Frank Biermann）等欧洲学者主编的《全球环境治理中的国际组织》一书，通过对世界银行、联合国环境规划署以及经济合作与发展组织等案例的定量与定性研究，重点就气候变化、生物多样性和国际环境发展资金的政策等问题对国际组织在全球环境治理中发挥的作用进行了比较分析。这一研究是目前国外学术界对国际组织与全球环境治理关系的比较系统的论述。③

在全球化与区域合作方面，韩国学者金南克（Nam-Kook Kim，音译）主编的文集探讨了当前全球化趋势和世界秩序的主要特点、民族国家的具体命运、全球化对人权的威胁，以及与单边霸权的冲突。这一研究比较了欧洲在全球化趋势下的地区一体化经验，并与亚洲的现实进行了比较，进而探讨在亚洲能够产生一个和平稳定的框架以实现亚洲区域一体化的条件，以及这种框架的具体原则和亚洲区域社会的可能形式。④

七、小结

以上述五部分的介绍为基础，关于 2009 年国外高校国际问题研究的发展状况我们可以作出如下总结：

---

① John Agnew. Globalization and sovereignty. Lanham, Maryland: Rowman & Littlefield Publishers, 2009.

② Rinku Sen. The accidental American: immigration and citizenship in the age of globalization. San Francisco, California: Berrett-Koehler Publishers, 2008.

③ Frank Biermann, Bernd Siebenhüner, and Anna Schreyögg eds. International organizations in global environmental governance. Oxford, U. K.: Routledge, 2009.

④ Nam-Kook Kim ed. Globalization and regional integration in Europe and Asia. Surrey, U. K.: Ashgate, 2009.

在国际关系理论方面，学术界对沃尔兹的结构现实主义理论从各个角度进行了重新审视，涉及不少过去为人们所忽视的方面。现实主义、自由主义、建构主义阵营内部的理论精细化工作也在进一步进行。作为一种对外政策理论的新古典现实主义、“民主和平”论及国际制度框架内的实证研究，以及将认同作为一个变量的考察和测量，都代表了理论的新进展。更多学者从事以问题为导向的实证研究。一些中层理论，如单极体系下国家的外交行为、联盟的特征，以及观念和情绪对国际关系的影响等，得到更多的重视。

在国际安全研究中，围绕着战争与和平、政策—手段和恐怖主义这三大议题领域，国外学者们在 2009 年也取得了持续性的进展，这体现在所提出的大量新观点、新视角和新问题上。总体而言，当今国际范围内的国际安全研究存在着一些重要趋势。学者们更多关注国际安全问题的国内政治动因，关注多边参与背景下的冲突地区的和平进程与失败国家的国家重建，关注非正规冲突和恐怖主义的内在逻辑和相应对策，以及关于多种政策手段在安全议题上的综合运用。在很大程度上，这些趋势体现了冷战后时代国际安全问题的现实特征。

2009 年国际政治经济学研究所呈现的特点是，学术界围绕国际政治经济学美国学派和英国学派的分歧问题所展开的持续争论，使得方法融合的趋势进一步加强；学者们围绕全球金融危机的地区、国别影响以及历史比较问题展开研究，以求更好地了解当前危机的根源；对全球化问题进行反思；继续对贸易政治（特别是保护主义问题）、“民主和平”论等相关问题进行“科学”探讨。这些研究成果虽然仍处于初步探索阶段，但对于夯实 IPE 研究的基础具有重要意义。

在非传统安全领域，关于非传统安全研究的边界问题争论依然激烈，短期内很难形成共识；学者们的研究重点正在向非传统安全领域中的具体问题倾斜，包括环境与气候变化、能源、粮食、水资源，以及国际公共卫生等，而 2009 年底哥本哈根气候变化大会的召开，使得气候安全和气候治理的研究在国外非传统安全研究中所占比重更大；非传统安全中不同问题之间的关联性研究也正在引起学者们更大的兴趣；量化研究和跨学科研究越来越多地应用于非传统安全的研究。

就全球化研究而言，2008 年 9 月爆发至今的全球金融危机使国际学术、政策界首次出现了“全球化是否终结？”的质疑之音。在未来可预见的一段时期内，国外学术界有关金融危机与全球化的关系、全球化的前景与路径等问题的争论将继续进行。其次，随着全球化的扩展，非国家行为体在全球政治中的地位与作用进一步凸显，有关全球化与非国家行为体的研究议程将得到更多的关注和进一步的深化。最后，随着全球化的内容从经济全球化逐步向全球治理等其他领域扩展，全球治理中的一些具体议题如恐怖主义、移民、环境治理等将受到国外学术界更多的关注。

总的来看，2009年国外高校的国际问题研究呈现出这样几个发展趋势：第一，以问题为导向的学术研究进一步加强，围绕单极霸权、恐怖主义、气候与环境变化、金融危机等现实问题的研究走向深入；第二，学术研究的层次出现了从国际体系回落到国家、跨国行为体和个人的趋势；第三，在各个研究领域中，实证性的研究都受到重视，并进一步迈向精细化，方法论的意识得到加强；第四，跨学科研究方法的使用愈加明显，安全、政治、经济、环境和全球化研究之间多有交叉；第五，在各个分支研究领域，都出现了重视国际政治与国内政治互动的趋势。

推荐参考文献

1. Abdelal, Rawi, Yoshiko M. Herrera, Alastair Iain Johnston, and Rose McDermott, eds. Measuring Identity: A Guide for Social Scientists. Cambridge: Cambridge University Press, 2009.

2. Agnew, John. Globalization and Sovereignty. Lanham, Maryland: Rowman & Littlefield Publishers, 2009.

3. Biermann, Frank, Bernd Siebenhüner, and Anna Schreyögg eds. International Organizations in Global Environmental Governance. Oxford, U. K.: Routledge, 2009.

4. Bousquet, Antoine J.. The Scientific Way of Warfare: Order and Chaos on the Battlefields of Modernity. New York, NY: Columbia University Press, 2009.

5. Carlsnaes, Walter, Thomas Risse and Beth A. Simmons, eds. Handbook of International Relation. London: SAGE Publication, 2002.

6. Cronin, Audrey K.. How Terrorism Ends: Understanding the Decline and Demise of Terrorist Campaigns. Princeton, NJ: Princeton University Press, 2009.

7. Devji, Faisal. The Terrorist in Search of Humanity: Militant Islam and Global Politics. New York, NY: Columbia University Press, 2009.

8. Edkins, Jenny, and Nick Vaughan-Williams, eds. Critical Theorists and International Relations. New York: Routledge, 2009.

9. English, Richard. Terrorism: How to Respond. Oxford: Oxford University Press, 2009.

10. Freyberg-Inan, Annette, Ewan Harrison, and Patrick James, eds. Rethinking Realism

in International Relations: Between Tradition and Innovation. Baltimore: The Johns Hopkins University Press, 2009.

11. Ghani, Ashraf and Clare Lockhart. Fixing Failed States: A Framework for Rebuilding a Fractured World. Oxford: Oxford University Press, 2009.

12. Giddens, Anthony. Politics of Climate Change. Cambridge, MA: Polity, 2009.

13. Hess, Gregory D. ed. Guns and Butter: The Economic Causes and Consequences of Conflict. Cambridge, MA: MIT Press, 2009.

14. Kay, Adrian, and Owain Williams, eds. Global Health Governance: Crisis, Institutions and Political Economy. London: Palgrave Macmillan, 2009.

15. Keohane, Robert, ed. Neorealism and Its Critics. New York: Columbia University Press, 1986.

16. Lobell, Steven E. Norrin, M. Ripsman, and Jeffrey W. Taliaferro, eds. Neoclassical Realism, the State, and Foreign Policy. Cambridge: Cambridge University Press, 2009.

17. Maurer, Stephen M, ed. WMD Terrorism Science and Policy Choices. Cambridge, MA: MIT Press, 2009.

18. Midlarsky, Manus I ed. Handbook of War Studies III: The Intrastate Dimension. Ann Arbour, MI: University of Michigan, 2009.

19. Milner, Helen, and Andrew Moravcsik, eds. Power, Interdependence, and Nonstate Actors in World Politics. Princeton: Princeton University Press, 2009.

20. Murden, Simon W. The Problem of Force: Grappling with the Global Battlefield. London: Lynne Rienner, 2009.

21. O'Hanlon, Michael E. The Science of War: Defense Budgeting, Military Technology, Logistics, and Combat Outcomes. Princeton, NJ: Princeton University Press, 2009.

22. Paul, T V. The Tradition of Non-Use of Nuclear Weapons. Stanford, CA: Stanford University Press, 2009.

23. Reiter, Dan.. How Wars End? Princeton, NJ: Princeton University Press, 2009.

24. Reus-Smit, Christian and Duncan Snidal, eds. The Oxford Handbook of International Relations. Oxford: Oxford University Press, 2008.

25. Salehyan, Idean. Rebels without Borders: Transnational Insurgencies in World Politics. Ithaca, NY: Cornell University Press, 2009.

26. Sjoberg, Laura, ed. Gender and International Security: Feminist Perspectives. New York: Routledge, 2009.

27. Schmidt, Brian C. The Political Discourse of Anarchy: A Disciplinary History of International Relations. New York: State University of New York Press, 1998.

28. Toft, Monica D. Securing the Peace: The Durable Settlement of Civil Wars. Princeton, NJ: Princeton University Press, 2009.

29. Waltz, Kenneth N. Theory of International Politics. New York: Random House, 1979.

30. Waltz, Kenneth N. Man, the State, and War: A Theoretical Analysis. New York: Columbia University Press, 1959.

31. Wendt, Alexander. Social Theory of International Politics. Cambridge: Cambridge University Press, 1999.

32. European Journal of International Relations, 2009.

33. Food Security, 2009.

34. Foreign Affairs, 2009.

35. Foreign Policy, 2009.

36. Global Governance, 2009.

37. International Affairs, 2009.

38. International Organization, 2009.

39. International Relations, 2009.

40. International Security, 2009.

41. International Studies Perspectives, 2009.

42. International Studies Review, 2009.

43. Review of International Political Economy, 2009.

44. The Washington Quarterly, 2009.

45. World Politics, 2009.

执笔人：王缉思　于铁军　宋　伟　梅　然
王　勇　张海滨　王　栋

第十八章

交叉学科

摘要

在对2009年国外交叉学科发展情况进行简要概述的基础上，着重从学术会议、学术刊物、学术论文、学术著作、学术奖项、学术名家等六个方面展示国外交叉学科研究的新进展。

发展脉络大体可以分为交叉学科实践和交叉学科理论两大方面。从交叉学科实践的角度说，在加拿大举办的“CHESS学科交流互动会议”，具有一定的代表性。CHESS一词，是计算机科学、人文学科、工程学、教育学、经济学、社会科学与自然科学等领域的缩写，这是一场以计算机科学为纽带，自然科学与人文社会科学的文理大跨度互动。《交叉科学评论》“计算机科学与文化遗产的交叉研究”专刊，交叉学科应用特点也很鲜明。该专刊以“元数据”为核心，以标注、检索、私人化三个关键词为主线，揭示出现代科学技术给人类文化遗产研究带来的翻天覆地的变化。从交叉学科理论的角度说，在美国举办的“交叉学科哲学国际研讨会”是一个明显的例子。该研讨会提出的当前交叉学科研究面临的11大问题，浓缩了当前交叉学科理论界关注的基本问题。《分析跨学科性：拓扑学和指标》等论文把拓扑学引用到交叉学科理论研究中，令人耳目一新。《牛津跨学科学手册》、《社会科学中的跨学科关系》等著作的出版，是交叉学科长期探索的结晶。

本章通过学术会议、学术刊物、学术论文、学术著作等，展现了交叉学科实践应用和理论探讨的新进展。本章还对交叉学科研究领域的第一个奖项——“博尔丁奖”作了介绍。这一奖项的设立，是交叉学科研究发展史上的标志性事件，对促进交叉学科发展有重要而深远的意义。在交叉科学研究的名人栏中，介绍的是美国交叉学科评价专家波特教授。

最后，对照国外近年新进展，结合中国实际，分析了中外差距及国外交叉学科研究发展给我们带来的启发和思考。

Abstract

Based upon a brief introduction on academic development of foreign interdisciplinary science in 2009, this chapter shows the latest progress of foreign interdisciplinary research from six aspects, including academic conferences, academic journals, academic literature, academic books, academic awards, and typical scholars.

The development of interdisciplinary science involves two parts: interdisciplinary practice and interdisciplinary theory. In view of interdisciplinary practice, a representative is the CHESS Interaction Conference held in Canada. CHESS is an acronym from Computer Science, Humanities, Engineering/Education/Economics, Social and Natural Sciences. This conference illustrates an intensive interaction between natural sciences and humanities/social sciences which is connected by computer science. The special column of Computer Science Meets Cultural Heritage in *Interdisciplinary Science Reviews* (ISR) also exhibits a distinctive interdisciplinary practice. This column takes metadata as the core, and annotation, retrieval and personalization as key words, revealing the tremendous changes pertaining to human cultural heritage evoked by modern science and technology. In view of interdisciplinary theory, a representative is the Philosophy of Interdisciplinarity International Workshop held in the US. The workshop came up with 11 major issues faced by current interdisciplinary research, which summarized the basic problems deserving attention from interdisciplinary theory. The paper of *Analyzing Interdisciplinarity: Typology and Indicators* introduces typology into disciplinary theory research. The publication of *Oxford Hand book of Interdisciplinarity* and *Interdisciplinary Relationships in the Social Sciences* are fruits of long-term academic exploration of interdisciplinarity.

Through academic conferences, academic journals, academic papers, and other academic works, this chapter shows new developments associated with interdisciplinary practice and theory. This chapter also introduces the first award in interdisciplinary research— "Boulding Award". The setup of this award is a landmark event in development history of interdisciplinary research, which is of profound significance for promoting interdisciplinary research development. The famous column in this chapter introduces Professor Alan L. Porter, an American interdisciplinary assessment expert.

Finally, based on the comparison of recent new research progress in other countries and the consideration of Chinese realities, this paper analyzes the gap between China and foreign countries in terms of interdisciplinary research, as well as all related suggestions and reconsiderations.

一、发展概述

交叉学科的浪潮，正在冲击着当代科学和教育的各个领域，其范围之广、程度之深，远远超出了我们的想象。

你知道 CHESS 在交叉学科领域是什么意思吗？是“象棋”？不是的。这个词是计算机科学、人文学科、工程学、教育学、经济学、社会科学与自然科学等学科（Computer Science，Humanities，Engineering/Education/Economics，Sciences）的缩写。2009 年 8 月，在加拿大萨斯喀彻温大学举办了“CHESS 学科交流互动会议”。此次会议汇集了来自计算机科学、人文学科、工程学、教育学、经济学、社会科学与自然科学等领域的专家，体现了自然科学、工程技术和人文社会科学的大跨度互动。此次会议的精神激励人们去思考不同学科之间的联系，探讨不同领域学者交流互动的方式和方法。

“第五届国际网络—信息—科学计量学（WIS）研讨会暨第十届 COLLNET 会议”于 2009 年 9 月在中国大连理工大学召开。该会议围绕“科学知识图谱与全球科技合作网络”这一主题，在科学计量学、信息计量学、网络计量学以及科学政策学等领域展开了深入广泛的跨学科研讨，反映了国际科学计量学界在引文分析基础上，运用多学科、多样化的计量研究手段，特别是可视化的知识图谱方法探索科学技术活动的新进展，体现了国际网络-信息-科学计量学跨学科合作的新境界。

2009 年，像上述以交叉学科为特色的学术研讨，层出不穷。例如：以“批判”为主题的社会科学与人文科学跨学科研讨会，以“古代科学语言的可译性”为主题的语言文学和科学历史跨学科研讨会，以“达尔文”为主题的自然科学与社会科学跨学科研讨会，以“变化的空间性”为主题的性别学、文学、人类学、哲学、建筑学、政治学、语言学、历史、物理和数学、旅游文学、民族学、方志学跨学科研讨会，以“人口贩卖问题”为主题的社会科学、经济学和商业、法律、新闻、妇女和性别研究、公共卫生、数学和统计、教育跨学科研讨会，以“1759 年”为主题的历史学、政治学、军事学、科学、文学、艺术学、哲学跨学科研讨会，等等。

与上述交叉学科实践问题的研讨同步，交叉学科基本理论研讨也在不断深入。2009 年 9 月在美国佐治亚理工学院举办的“交叉学科哲学国际研讨会”就是一个明显的例子。该研讨会提出了诸如“交叉学科研究”的含义究竟是什么，可以从哲学观点予以探讨的交叉学科的问题都有哪些，跨学科、超学科、横断学科、后学科及类似概念之间是否有显著差异等11大问题，浓缩了当前交叉学科理论界关注的基本问题。

研究生代表着交叉学科的未来。本章我们特别介绍了几个由研究生组织或主持的交叉学科学术会议，例如：剑桥大学“2009交叉学科研究生研讨会”，萨塞克斯大学“过渡问题交叉学科研讨会”，科罗拉多大学“文化、语言与社会实践研讨会”等，这些会议虽然没有国际高层学术会议那样大的影响力，但洋溢着研究生的青春活力和朝气，象征了交叉科学的事业薪火相传。

提及2009年跨学科研究论文的亮点，“计算机科学与文化遗产的交叉研究”引人注目。《交叉科学评论》2009年第2、3期合并出专刊，对上述议题进行了深入探讨。可以用三个关键词来概括这期专刊：标注、检索、私人化，这期专刊就是以这三条主线分别展开讨论。这三条主线并不是互相平行的，而是通过“元数据（metadata）”这个关键词把三条线紧密联系在一起。通过元数据，我们可以描述人类文化遗产，比如书籍、绘画、音乐等信息资源或数据本身的特征和属性，规定文化遗产数字化信息的组织、定位、发现、证明、评估、选择等功能。更重要的是，元数据是不同学科领域进行跨学科合作的纽带，在科学共同体中，这个概念被学术界普遍接受。计算机科学已经越来越接近艺术、人文和社会科学领域，在文化遗产的传承方面，计算机科学更是发挥了它强大的数字处理能力。

当今人类的生活实践中，工程渗透在政治、经济、文化建设的方方面面，人们被各种有形、无形的工程网络紧紧地联系在一起。当艺术突破了原来的精神领域，进入人们改造自然的物质领域，这就为工程技术的发展注入了新鲜的血液，反之亦然。艺术是工程的导向学科。《交叉科学评论》2009年第4期的《瑙姆·加博雕塑概念中的轻质结构原则》一文站在艺术和工程交融的高度，讨论了工程原理和雕塑形式的艺术融合。俄罗斯出生的艺术家加博（Naum Gabo）经常采用新材料和技术，通过新材料和技术的运用展示了他的艺术空间概念是如何向轻盈、均衡和平衡的雕塑表现力发展。加博雕塑具有的这些审美和结构亲和力概念显示了他的雕塑技术是如何受到现代工业化社会影响从而形成独特的雕塑美学观念的。正是在跨学科的思维催化下，加博把艺术与工程完美地融合在一起，构建了全新的加博雕塑美学新视角：精确地传递轻盈、均衡和平衡的美学。

2009年，交叉学科理论研究，即“跨学科学”研究得到长足发展，许多研究人员基于交叉学科研究的实践，对跨学科研究的普遍规律进行了探讨。例如：梁昶熏发表《跨学科研究关系的网络分析：韩国政府研究与开发资助项目》，作者研究了科学技术中跨学科研究关系的网络拓扑结构，并调查了跨学科关系和研究成果质量间的联系。作者以韩国科学与工程基金资助的跨学科研究项目为实例，分析了跨学科研究背后隐藏的网络结构。又如：胡妥涅米发表《分析跨学科性：拓扑学和指标》，作者认为科研基金机构和从事科学研究的学者们越来越关注研究中的跨学科性如何定义和识别，但跨学科研究的复杂性使得研究者们很难对其下一个定义。作者试图通过示范一种新的拓扑学和定性指标来分析研究文献中的跨学科性。再如：里维耶尔发表《跨学科性与科学影响力间的关系》，深入分析了跨学科性对论文科学影响的作用。特别值得关注的是，《社会科学中的跨学科关系》、《跨学科研究的政治学：美国大学项目转型论集》、《创造跨学科校园文化：关于强度和可持续性的一个模型》、《牛津跨学科学手册》四部著作的出版，代表了交叉学科理论研究的新成就。

回顾 2009 年交叉学科进展，3 位传奇学者进入我们的视野，他们的一生与交叉学科研究结下不解之缘。

其中一位传奇学者成为国际知名的《交叉科学评论》“今天和明天系列”专刊的主角，这就是英国的语言学家、哲学家、作家奥格登（Charles Kay Ogden，1889—1957），他在 20 世纪上半叶曾编辑过一个“今天和明天”系列文章，这个系列的最大的特色就是把科学技术和社会生活、现实和未来紧密的联系在一起，以大胆的想象、超前的推测，展望了科学发展给人类社会可能带来的各种各样的问题。如今，这些系列文章跨越世纪时空，再次进入人们的视野，并引起今人的热议。孔子说“温故而知新”，《交叉科学评论》正是以“温故”的方式，面向未来，以跨学科的视野，探讨伴随科学进步而来的现代人类和后现代人类思想的变化，令人耳目一新。

我们关注的另一位传奇人物是博尔丁（Kenneth Ewart Boulding，1910—1993），他将经济学与宗教学结合，从宗教信仰出发，努力超越传统经济学，建立能体现宗教观念的经济学领域，如赠与经济学、和平经济学等。他在美国加州帕洛阿尔托“行为科学高级研究中心”仅用 11 天就口述了一本名为《形象：生活与社会中的知识》的书。他甚至还写过十四行诗。为了对跨学科研究领域的杰出学者进行表彰，美国整合研究协会（Association of Integrative Studies，AIS）在 1990 年，以跨科学研究的先驱和美国整合研究协会早期的支持者博尔丁的名字命名了跨学科研究领域的第一个奖项——博尔丁奖（The Boulding Award）。这一奖项的设立，是跨学科研究发展史上的标志性事件，对促进交叉学科发展有重要而深远的意义。为此，本章辟有专题，介绍“博尔丁奖”的设立及获奖人的简况。

我们关注的第三位学者是一位健在的交叉学科名人，这就是波特（Alan L. Porter）。他是美国佐治亚理工学院教授，跨科学评价与计量专家。波特教授早在1979年就开始发表《实验性技术评估——跨学科团队活动过程探索》、《整合跨学科研究的结构》等论文，为跨学科研究发展做出了杰出贡献。2003年，投资4 000万美元、为期15年的美国大型跨学科研究项目“凯克未来计划”启动。波特教授担任了该项目与跨学科评估有关的学术顾问，并陆续发表了多篇跨学科评价和文献计量方面的重要文章，把自己的跨学科研究生涯推向巅峰。

二、主要学术成果和创新

（一）从学术会议看交叉学科研究进展

1. 迈向知识可视化的国际学术盛会

由全球国际合作研究组织 COLLNET（柏林）与大连理工大学网络—信息—科学经济计量实验室（WISE LAB）联合主办，中国科学学与科技政策研究会和汤森路透集团协办的“第五届国际网络—信息—科学计量学（WIS）研讨会暨第十届 COLLNET 会议”（Fifth International Conference on Webometrics, Informetrics and Scientometrics（WIS）& Tenth COLLNET Meeting）于2009年9月14日—16日在中国大连理工大学召开。这是国际 WIS&COLLNET 系列会议首次在中国举办。世界科学计量学权威、“SCI 之父”加菲尔德（Eugene Garfield）博士作为特邀嘉宾参加了本次会议，这是加菲尔德第一次参加 COLLNET 会议。

参加本次会议的有三位国际科学计量学最高成就奖普赖斯奖获得者，以及来自美国、德国、英国、法国、俄罗斯、中国、印度、韩国、日本、伊朗和土耳其等20个国家的百余名科学计量学、信息计量学和网络计量学专家学者。

这次会议围绕“科学知识图谱与全球科技合作网络”主题，在科学计量学、信息计量学、网络计量学以及科学政策等领域展开了深入广泛的跨学科研讨，反映了国际科学计量学界在引文分析基础上，运用多样化的计量研究手段特别是可视化的知识图谱方法探索科学技术活动的新进展，显示出这是一次迈向知识可视化的国际学术盛会。

第一次参加 COLLNET 会议的加菲尔德博士为大会做了“荣誉报告”，讲述了关于 SCI 数据库的发展历程、数据检索与科学计量学、科学研究之间的关系。本次大会的主席克雷奇默（H. Kretschmer）教授论证了作者合作的双变量数学模型。大连理工大学“长江学者”讲座教授陈超美（Chaomei Chen）教授从共引网络和可视化知识图谱的角度详细地阐述了科学发现的结构与时间属性，并提出了计算与解释科学发现的理论框架。普赖斯奖获得者、美国科学计量学家怀特（H. D. White）教授指出了文献可视化存在的用户交互的友好界面问题，尤其是图谱与文本的融合问题。国际科学计量学与信息计量学学会秘书长、普赖斯奖获得者、著名科学计量学家格伦采尔（W. Glanzel）教授论述了统计模型中科学计量指标的稳定性与鲁棒性。美国德雷塞尔大学信息科学与技术学院院长冯斯科（D. Fenske）教授指出了自从 2000 年以来 iField 的迅速涌现，并阐述了它的发展方向以及对未来科学计量学与情报学研究的冲击。著名信息可视化专家、美国亚利桑那大学的陈炘均（Hsin-chun Chen）教授报告了世界纳米技术创新及知识的可视化图谱方面的研究成果，阐述了应用多层次自组织图谱对纳米技术领域文献、专利的分析所展示的全球竞争格局与中美差异。印度信息计量学专家桑盖姆（S. L. Sangam）探讨了科学计量学与信息计量学的发展历程以及研究前沿领域。

这次大会交叉学科特色鲜明，论题共分为 12 个部分：对某一作者及其论文的研究；科学计量学在医学中的应用，文献的科学计量和文献计量，科学交流和合作，科学图谱与知识可视化，万维网与网络计量学，科学计量学的理论方法，面向国家（中国、印度）的研究，引文分析及相关科学计量学方法，面向技术的研究，跨学科的研究与发展，其他交叉学科性研究等。各国学者聚集一堂，围绕以上论题展开了热烈的跨学科交流与探讨。①

2. CHESS 学科交流互动会议（Chess Interactions Conference）

2009 年 8 月 17 日—20 日，加拿大萨斯喀彻温大学物理学与工程物理学系举办了 CHESS 学科交流互动会议。这次会议汇集了来自计算机科学、人文学科、工程学、教育学、经济学、社会科学与自然科学的专家，是一次真正的学科交叉互动会议。这次会议的精神激励人们去思考不同学科之间的联系，探讨将大家联系在一起的根本性的问题：是否存在驱动着自然过程的一种统一原则/元素/方法？社会学是如何影响金融市场的？航空运输业的关键性的功能集成是什么？CHESS 会议探讨了不同学科的共同主题和方法论。为使在 CHESS 诸

① 林德明，刘则渊. 第五届国际网络—信息—科学计量学研讨会暨第十届 COLLNET 会议述要. 科学学研究，2009（11），1756-1757.

学科中对共同主题与方法论的探索富有成效，会议举办方为每一个学科都制定了一套固定的主题，可遵循这些主题探讨它们的共性问题。这些固定的主题如下：计算机科学：量子计算、量子纠缠、模糊逻辑、计算机代数、社会中的计算。人文学科：经济社会学、金融市场社会学、组织的隐喻与管理、科学与历史。工程学、教育学、经济学：偏好建模、理性信念、理性预期、与为“经济人”建模有关的问题、物理学与社会科学（经济物理学）。物理学、数学及相关科学：复杂系统、物理学与生命科学中的结构与对称、认识论、科学哲学、科学中的隐喻、理论与实验中的统计法。社会科学：在人类行为中测试物理现象、数学心理学中的问题、偏好悖论的建模、知识的来源、经济现象建模中的随机分析的替代物、社会科学中的偏微分方程。

3. 交叉学科哲学国际研讨会（Philosophy of Interdisciplinarity International Workshop）

美国亚特兰大市佐治亚理工学院公共政策学院于2009年9月28日—29日主办了交叉学科哲学国际研讨会。

自20世纪70年代初以来，“交叉学科”已成为一种流行标签，添加了这一标签的研究项目不计其数。人们期待交叉学科会带来益处——通过跨越传统学科界限进行合作来解决问题，此外，从另一个角度看，一些道德的和社会的问题处于科学、技术和社会的交叉地带，这些问题导致了技术评估、全球变化研究和可持续性研究的确立，从而都推动了交叉学科的发展。交叉学科的项目理所当然地得到支持、资助与评价。然而，对交叉学科的研究也有许多概念上的与实践上的问题。我们相信，这些问题为“交叉学科哲学”的研究和发展准备了条件。

为在科学哲学与技术哲学的传统中发展这种交叉学科哲学，本次研讨会集中讨论了下列11个问题：(1) 与“学科研究”相对比，“交叉学科研究”的含义究竟是什么？如何将交叉学科研究与单学科的研究、理论和方法论相区分？(2) 可以从哲学观点予以探讨的交叉学科的问题都有哪些？对这些问题的特定的哲学解答可能是什么？(3) “跨学科（Interdisciplinarity）”、“超学科（transdisciplinarity）”、“横断学科（crossdisciplinarity）”、“后学科（post-disciplinarity）”及类似概念之间是否有显著差异？(4) 如何测定学科交叉的程度？(5) 如何评价交叉学科研究的质量？哪些可以作为成功的交叉学科的良好指标？(6) 我们如何才能确保交叉学科研究项目的质量？(7) 如何处理在传统学科中形成的不同的规范标准所造成的冲突？(8) 在知识表述和问题表达上是否有学科差异，如果存在差异，如何处理？(9) 我们是否需要一种交叉学科的“元语言”来改善交流，或者如何在学科语言之间进行翻译？(10) 学科研究是否由价值观决定的，这些价值观在交叉学科的背景中是否会引起冲突？(11) 交叉学科理论会是什么样子？

这次研讨会的目的是既提供一次认真讨论的机会，又发起横跨大西洋的长期合作。其目标是形成一个工作于交叉学科环境和/或致力于哲学研究的学者们的国际网络。

4. 批判：交叉学科一日会议（Critique：an Interdisciplinary Day Conference）

一个对“批判”的概念进行评判的为期一天的交叉学科会议于 2009 年 6 月 26 日在英国拉夫伯勒大学社会科学系举行。主要发言者是迈克尔·比利希（Michael Billig）、保罗·奇尔顿（Paul Chilton）、利利·乔利亚拉基（Lilie Chouliaraki）和安德鲁·塞耶（Andrew Sayer）。

批判和具有批判态度是整个社会科学和人文学科的主要观念，但它们很少得到讨论和审视。我们说的“批判”是指什么？具有“批判态度”的意思是什么？尽管这个主要的概念对于批判性话语分析学者们提出的语言和符号过程的整个研究方法十分重要，然而，直到最近，它得到的（批判性）注意和解释仍少得令人吃惊。这种相对的缄默状态引起了不同的学者——对于作为分析方法的批判性话语分析，既有赞成的又有反对的——以各种不同的解释的可能性来填充这一空白。

批判性话语分析是对语言与符号过程在社会生活中的角色进行审视的一种异质与多学科的研究方法，发言者正是着眼于这种异质性来进行选择的。这次会议的 4 名发言者来自不同的学科和专业：社会学、社会心理学、语言学和媒体研究。每位发言者都概述了他们对批判性分析采取的研究方法，说明“具有批判态度”在社会研究中的持久的重要性。在为期一天的会议中，只确定 4 名主要发言人的优点是将用于提出问题、进行讨论（和批判）的时间增加到最大限度，并从互补性的不同学科方法中确定有用的相似之处与进行相互得益的交流的可能领域。

这次会议的发言主题为：迈克尔·比利希教授（拉夫堡大学社会科学系社会科学教授）：“批判的语言”。保罗·奇尔顿教授（兰开斯特大学语言学与英语系）：“批判的视角”。利利·乔利亚拉基教授（伦敦经济学院媒体系媒体与传播学教授）：“作为实践智慧的批判：伦理学与批判性话语分析”。安德鲁·塞耶教授（兰开斯特大学社会学系）：“批判性社会科学的关键是什么？”

5. 古代近东、埃及和希腊的早期学者们的著述：古代科学语言的可译性（Writings of Early Scholars in the Ancient Near East，Egypt and Greece：Zur

Übersetzbarkeit von Wissenschaftssprachen des Altertums)

交叉学科领域的国际会议——古代近东、埃及和希腊的早期学者们的著述：古代科学语言的可译性——于 2009 年 7 月 27—29 日在德国美因茨大学举行。会议的组织者是德国法兰克福大学历史系安妮特·伊姆豪森（Annette Imhausen）教授和德国美因茨大学埃及学和古代近东研究所塔尼亚·波梅雷宁博士（Dr. Tanja Pommerening）。

在过去的 40 年中，古代科学史（包括古埃及和美索不达米亚的文化史）的编纂工作已经发生了根本变化。由于方法论与目的的变化，人们已将重点放在对古代的科学概念进行认识与重构上，这些概念与“相似”的现代概念往往大相径庭。作为以有益的方式揭示这些变化的手段，这次会议集中讨论了翻译的问题。

翻译受到译者的文化信仰的直接影响，那么，如何才能用现代语言表达与现代概念相异的古代概念？这些差异又如何才能为现代读者所理解？当前，一些误导科学史家、科学家或数学家的译文也许仍然被个别文化的语文学家认为是正确的。

这次会议的目的首先是探讨翻译古代科学文本的有关问题，其次是创立一种方法论的框架，以提高未来的翻译质量。为了实现这一目标，本次会议将从事语文学或者科学史研究（埃及学、亚述学、古典文学、古代科学文本的编辑者和使用这些文本的学者）的主要代表人物和初级研究人员会聚一堂。

与会者们首先对确定古代个别科学的特色以及如何可以将它们区别于非科学文本进行了尝试，然后使用了特定的实例，以便能够进行交叉学科的和跨文化的讨论。

6. 科学与社会中的达尔文：交叉学科研讨会（Darwin in Science and Society：an Interdisciplinary Symposium）

“科学与社会中的达尔文：交叉学科研讨会”于 2009 年 9 月 4—5 日在瑞士苏黎世大学伊尔切凯尔校园举行。

2009 年不仅是达尔文这位杰出的科学家诞辰 200 周年，而且是他的主要著作《论物种起源》发表 150 周年的年份。为了纪念这个具有双重意义的日子，瑞士的有关高校举办了科学与社会中的达尔文：交叉科学研讨会，会议讨论重点是：一方面在文科和理科之间，另一方面在人文学科与社会科学之间，在进化论的解释与进一步发展上的相互交叉、相互影响。

整个研讨会共分为六个分会场，主题分别为“走近达尔文”、“追溯达尔文：科学与社会科学之间就达尔文的概念进行交流的历史与前景”、“古生物学前沿描述"、"生物学前沿描述"、"认识论Ⅰ"、"认识论Ⅱ"。

7. 变化的空间性：地点与空间的动态边界（Shifting Spatialities：the Dynamic Boundaries of Place and Space）

2009 年 10 月 2 日—3 日，美国得克萨斯州休斯敦莱斯大学英语系主办了一年一度的交叉学科研讨会，这次研讨会的主题是"变化的空间性：地点与空间的动态边界"。在过去的几年中，莱斯大学人文学科与社会科学的许多系之间进行了交叉学科的对话。这次会议是这一趋势的继续。研讨会的主讲人是哥伦比亚大学文学教授沙伦·马库斯博士（Dr. Sharon Marcus）。他认为，随着国家公民成为跨国公司的消费者，我们作为空间居民的角色变得越来越复杂。我们的文学、我们的信仰、我们的身体都证明，我们发现可以用种种不同的方式去占领后现代景观的不断变动的领地。既回顾往昔又展望未来，有助于我们发现种种真实的和想象的途径，以使我们的文化以更丰富、更明确的方式得到发展。会议的着眼点是审视空间性与范围广泛的不同学科之间的联系，包括女性主义、性欲、性别、文学、人类学、哲学、建筑学、表演、政治学、语言学、历史、物理和数学。会议论文的论题范围包括社区规划，跨国公司的角色，重新设置的国界，文学所创造的真实与想象的社区，身体、性欲与限度，表演研究与第四堵墙，学院的学科空间，旅游文学，民族的与种族的界限，方志学等。

8. 中大西洋大区中的德语族群：1700—1800 年的跨文化接触与冲突（German-Speaking People in the Greater Mid-Atlantic Region：Cross-Cultural Contacts and Conflicts，1700—1800）

交叉学科会议"中大西洋大区中的德语族群：1700—1800 年的跨文化接触与冲突"于 2009 年 10 月 7—10 日在德国美因茨大学举行。

2009 年是德国首次向英属北美殖民地大规模移民的 300 周年纪念。到 18 世纪末，大约有十多万德国人（大多来自德国南部各州）背井离乡，来到中大西洋地区的殖民地。在新成立的共和国的多民族人口中，德语族群构成了非英国血统中最大的一支。这次交叉学科会议的目的，就是研究 17 世纪末至 18 世纪末期间这个族群的社会—政治史、宗教史、文化史和文学史中的新的方面。会议将研究地区重点放在中大西洋大区，认为它是多种文化接触与冲突的最主要的地区。

除去（重新）解释移民本身的方式与背景，这次交叉学科会议尤其感兴趣的内容是探索各种不同的讲德语的移民团体一旦在中大西洋大区定居下来时所经历的跨文化接触与冲突的种种不同方式。在他们周围有多种多样的民族与文化团体——有讲英语的贵格会教徒、苏格兰和爱尔兰的长老会教徒、非洲奴隶，还有美洲土著人口，他们与这些团体是如何相互影响或者冲突的？这些遭遇对由旧世界输入的宗教的、文化的、法律的还有经济的惯例产生了什么影响？他们的传统惯例又如何反过来影响了他们所遇到的民族的（文学的）文化？这些遭遇与冲突在范围广泛的现存文化人工制品中留下了哪些痕迹？

尽管认识到讲德语的人们的地区差异具有持久的重要性，会议还是尝试探讨语言接触与跨语言交流（这些接触与交流是由翻译和使用多种语言的能力所促进的）是如何在想象的和实际的团体中起中介作用的。在这方面，各种不同的意识形态的以及物质的网络也饶有趣味，它们将讲德语的民族与旧世界联系起来，从而充当了沟通渠道。跨大西洋贸易关系（包括印刷品贸易）以及虔敬派教徒团体间的密切的跨大西洋的联系，对中大西洋大区讲德语的文化起着极其重要的作用。在这个文化背景中，与会人员对更多地了解这一作用尤其感兴趣。

在探索这些问题时，会议也力求更清楚地阐明这些文化的嫁接过程是如何导致了在讲德语的民族的极其不同的支系中少数民族与宗教少数群体的身份的（重新）形成。会议的发言主要围绕下列主题展开：移民、殖民化与定居，跨文化接触与冲突，身份形成与民族化，宗教，跨大西洋的网络。

9. 第一届人口贩卖问题交叉学科年会：“我们的所知与需知”（First Annual Interdisciplinary Conference on Human Trafficking：“What We Know and What We Need to Know”）

第一届人口贩卖问题交叉学科年会：“我们的所知与需知”，于2009年10月29—31日在美国内布拉斯加大学林肯分校举行。

这次会议的目的是将来自多个学科的研究人员以及负责打击人口贩卖工作的政府和非政府机构人员聚集一堂，制定出一个研究日程。

有些人取得了某些研究结果，得出了一些自己的想法，或者对研究人口贩卖问题感兴趣，这次会议为他们提供了一个机会，使其能够接触到下列人员：该领域的其他研究人员；忙碌在打击人口贩卖一线的人们，他们在工作中亲眼看到人口贩卖所造成的后果；为打击人口贩卖工作提供资金并将为知识创造、评估和方法论创造工作提供资金的政府机构和其他人员。

这次会议为需要对人口贩卖问题进行的研究或者为这项研究提供资助的人们提供了一个机会，使其可以与各国从事打击人口贩卖工作的人们，以及对提供研究有关人口贩卖问题的知识和方法感兴趣的学者接触。会议鼓励与会者讲述所面临的问题，尤其是研究人员可以提供专业知识和以扎实的研究为基础的知识的那些问题，并帮助制定今后的研究日程。

会议包括三个会期，每个会期都举行一次全体会议，在全体会议前后有多个分组会议，用于宣读论文和进行陈述。

这次会议是由内布拉斯加大学林肯分校工商管理学院、艺术与科学学院、新闻学学院、内布拉斯加大学林肯分校图书馆与学术会议部进行交叉学科的合作而召开的。

10. 以交叉学科的视角探讨多义性：语言学、文学研究与修辞学（Interdisciplinary Perspectives on Ambiguity：Linguistics，Literary Studies and Rhetoric）

“以交叉学科的视角探讨多义性：语言学、文学研究与修辞学”国际研讨会于 2009 年 11 月 5—7 日在德国蒂宾根大学举行。多义现象为语言学、文学研究以及修辞学提供了一个有趣的和有争议的研究领域。一个特别有益的探究领域是在文本、言语、手势和图像中多义性的判定与产生。

这次会议的目的是将这些视角的促进因素汇集在一起，在交叉学科的对话中集中研究多义性的各个方面。会议探讨了以下问题：如何处理和解决多义性？多义性是如何产生的？多义性如何能够产生？多义性的交流价值是什么？

与会者从下述方面讨论了这一问题：公开演说中在句法、语义学、语用学与心理语言学交汇处的省略与多义性；文学文本中语言学多义性与多义的题材之间的关系（例如狄更斯的小说作品中《远大前程》全文最后一个句子的不同版本，或者在霍桑的《红字》中字母 A 成为一个多义的符号）；在词前水平与词汇水平上误听与曲解的词在语言处理模型中的地位；除语言符号的多义性之外，所指的多义性，如概念上的图底效应及其在语言中的表现形式；视觉符号系统中的多义性，例如图像、电影或基于手势的文本。

11. 世界主义的理念：交叉学科的对话（The Idea of Cosmopolitanism：Interdisciplinary Dialogues）

2009 年 12 月 3—5 日，荷兰乌得勒支大学人文学科中心主办了为期三天的会议“世界主义的理念：交叉学科的对话”。这次会议上进行了“乌得勒支和约”客座教授的第二次任职仪式。2009 年秋，这一职位由保罗·吉尔罗伊教授（Professor Paul Gilroy）担任。

这次会议旨在对近年来涉及世界主义的广泛问题进行陈述与辩论。这些问题包括从哲学和法律的角度来审视关于平等与差异的激进的论点到与媒体有关的干预。要将世界主义与社会理论和多维的全球化的过程联系起来，需要对世界主义本身作出新的、进一步的理解。它也需要对全球化——作为一个过程——和作为一种概念的世界主义作出更清楚、更有充分根据的区分。这就使得人们可以探讨全球化的可疑的副作用。电影和纪录片被越来越多地用来创造一个批判性公共领域的方式，用来攻击与抵抗全球资本和军事干预的霸权模式。在这次会议期间，人们对这一现象进行了研究。这就意味着，会议希望在关于世界主义的理念的辩论中不仅涉及人文学科与社会科学，而且涉及媒体研究与政治理论。此外，由于这次会议的召开基于即将到来的1713年西班牙、英国、法国和低地国家在乌得勒支市签署和约的300周年纪念，将焦点对准乌得勒支和约，就使得与会者可以以历史的视角并着眼于该和约对当今的影响来探讨国际法的那些非常个别的和地方化的问题。

会议涉及的主题有：比较世界主义的种种实践，世界主义、后殖民主义与人权，世界主义、身份、媒体与传播，等等。

这次会议是作为由利华休姆信托（Leverhulme）基金提供资助的为期三年的研究项目“在世界主义与帝国之间：欧洲、人权、主权”（由英国伦敦大学伯克贝克学院负责协调）及荷兰科学研究组织和英国文化协会（NWO-British Council）提供资助的为期两年的研究项目“世界主义、身份与媒体”（由伦敦政治经济学院的Polis和乌得勒支大学人文学科中心负责协调）的一部分而组织的。会议的联合组织者为：人文学科中心（乌得勒支大学）、伯克贝克学院（伦敦大学）、利华休姆信托研究网、荷兰科学研究组织和英国文化协会人文学科国际基金。

12. 1759：交叉学科会议（1759：an Interdisciplinary Conference）

由英国女王大学18世纪研究中心主办的为期3天的“1759：交叉学科会议”于2009年4月15—17日举行。

2009年是1759年的事件与出版物的250周年——按照弗兰克·麦克林恩（Frank McLynn）所说，这一年应当“在英国历史中和1066年一样著名”。为纪念这一时刻，女王大学18世纪研究中心主办了以1759年为主题的交叉学科会议。这次会议及时为讨论和从学术上重新评价在英国的和全球的历史、文学和观念中这一至关重要的瞬间的所有方面提供了机会。

在国际范围内，1759年代表了七年战争①的转折点和英国为对法国实行殖民统治而做出的努力的转折瞬间，当时，英国陆军和海军所取得的胜利使诸如老皮特（Pitt the Elder）、沃尔夫将军（General Wolfe）等人成为民族英雄。在文

① 七年战争（seven Years' war），指（1756—1763年，由欧洲主要国家组成的两大交战集团（即英国—普鲁士同盟与法国—奥地利同盟）在欧洲、美洲、印度等地域和海域进行的争夺殖民地和领土的战争。

学领域，这一年也出版了 3 部典型的观念小说：伏尔泰（Voltaire）的《老实人》（Candide），塞缪尔·约翰逊（Samuel Johnson）的《阿比西尼亚王子传》（The Prince of Abissinia）（后来称 Rasselas），以及劳伦斯·斯特恩的《项狄传》（Tristram Shandy）的前两卷。在道德哲学和美学理论领域，亚当·斯密（Adam Smith）出版了《道德情操论》（The Theory of Moral Sentiments），而爱德华·扬格出版了《试论独创性作品》（Conjectures on Original Composition），亚历山大·杰拉德（Alexander Gerard）出版了《论审美趣味》（Essay on Taste），埃德蒙·伯克（Edmund Burke）出版了《崇高与美的观念起源的哲学探索》（A Philosophical Enquiry into the Origins of our Ideas of the Sublime and Beautiful）的第二版。在文化与商业的其他领域，1759 年大英博物馆也向公众开放了，约翰·哈里森（John Harrison）完成了第 4 台航海天文钟（最终荣获经度委员会奖），《百科全书》受到正式压制，韩德尔（Handel）与威廉·柯林斯（William Collins）逝世，阿瑟·吉尼斯（Arthur Guinness）在都柏林成立圣詹姆士的酿酒厂。

这次会议使人们能够对所有这些与 1759 年有关的话题和周年纪念日以及它们之间的关系从学术上重新审视。这次会议广泛跨越学科界限，试图发现它们之间新的交叉点，旨在对英国历史、帝国历史和“全球”的 18 世纪中极其重要的一年作出新的阐释。会议针对这样的问题展开：如果说 1759 年不仅在政治和军事方面而且在文学、文化和思想上是关键性的一年，那么这些事件与成就之间有什么联系，我们如何能够——从历史、文化和理论上——说明它们在这一特定瞬间的同时出现？这次会议本着那一时期本身的精神，对历史、文学、科学、哲学和艺术之间的关系进行更普遍的探究，同时对学术式的“周年纪念”和集中研究历史上单独的一年的优点与局限进行自我反省式的辩论。

这次会议有 3 名主讲人：多伦多大学托马斯·基默（Thomas Keymer）教授（“纸上战争”）、约克大学尼古拉斯·罗杰斯（Nicholas Rogers）教授（“从弗农到沃尔夫：18 世纪中叶英国的大西洋世界中的帝国与身份”）、剑桥大学鲁思·史密斯博士（Ruth Smith）（“1759 年的韩德尔和他的公众”）。

下面是三个以研究生为主导的交叉学科会议，从一个侧面反映了研究生积极参与交叉学科探索的趋势。

13. 剑桥大学 '09 交叉学科研究生会议（Interdisciplinary Graduate Conference '09）

你的研究如何迎接未来的挑战？怎样才能向社会的、政治的和科学的研究现状提出挑战？如何通过交叉学科的交流推进知识的增长？在你的领域中究竟是什么构成了“进步”?

2009 年 6 月 25—26 日，剑桥大学主办了一个为期两天的学术会议——交叉学科研究生会议（IGC09)。与会者为来自各个研究领域的研究生。这次会议的召开使不同院系的研究生们欢聚一堂，共同推动交叉学科的交流。

这次会议的主题涉及人类学、艺术、生物学、生物医学、经济学、能源、环境、历史、身份与地点（国界、全球化、国籍等)、语言学、数学、音乐（心理学、音乐与科学、人种音乐学等)、哲学、物理学、政治（人权、国际关系与法律、社会正义等)、技术（自动化、安全、材料等）等诸多学科领域。

作为剑桥大学建校 800 周年庆祝活动的一部分，这次会议也涉及了研究生自身的过去、现在与未来。

14. 过渡：交叉学科会议（Transitions: an Interdisciplinary Conference)

英国萨塞克斯大学人文学院研究生科研中心 2009 年年会“过渡：交叉学科会议”于 2009 年 6 月 11 日在佩勒姆酒店举行。会议为期一天。

这次交叉学科会议是由该中心的研究生们组织的，其目的是将新近毕业于各种不同领域的研究人员/学生聚集一堂，分享和交流他们的跨学科研究心得。除去可以得到对正在进行的研究的反馈外，这次会议还旨在扩大研究生的研究视野，丰富研究生的知识领域与反思现今的研究方式。它使与会者能够对学术研究的当前趋势和新的发展进行研讨与评价，并将其与当代交叉学科的发展联系起来。

会议就 8 个主题进行了 4 次专题小组讨论，这 8 个主题是：语言、意义与变化，艺术、生活与前卫，身份、东方与西方，竞争的力量，重新评价视觉，幻想、哲学与身体，传媒与公共领域，记忆、经验与日常生活。

15. 第二届文化、语言与社会实践会议（CLASP Ⅱ)

2009 年 10 月 2—4 日，在美国科罗拉多大学博尔德分校举行了第二届文化、语言与社会实践会议。这是科罗拉多大学博尔德分校文化、语言与社会实践课程第二届 CLASP（CLASP 即文化、语言与社会实践 Culture, Language and Social Practice 的缩写）半年度会议。这次会议针对的问题是语言与文化和社会的关系。它涉及的主要学科有社会语言学、语言人类学、会话分析、批判性话语分析、双语和语码转换现象、语言社会化、叙事研究、口头艺术与表演、语言与读写能力、语言全球化。

科罗拉多大学 CLASP 课程是针对语言的社会文化与社会政治分析感兴趣的学者开设的交叉学科的论坛。CLASP 会议完全是由这一课程的研究生们组织的。

会议的研讨会的主题分别为：会话分析，探索社会学理论和社会语言学理论的联系，扎根实践理论，作为社会文化语言学家进行人种志研究，构建元话语交流，对语言与男子气概的人种志干预：来自多种语言的新德里的例子，参照问题与转换结构：对语法与互动的交叉点的探索，走向公共语言学。

（二）从学术刊物看交叉学科研究进展

在前两卷报告中，我们介绍了英国曼尼（Maney）出版社《交叉科学评论》（*Interdisciplinary Science Reviews*，以下简称 ISR）杂志 2007、2008 年的主要内容。2008 年末 ISR 编辑团队有了调整，新的团队仍然秉承“两门或更多门学科交叉”并努力促进科学与艺术、人文交融的办刊主旨。上任伊始，团队对 ISR 的内容、读者群等进行了新的调整定位：ISR 要立足于广阔的社会和文化的视角，在科学技术历史和当代的发展脉络中阐释科技与人文之间的交叉融合，焦点是不同学科在跨学科思维下的概念重构和交融。创刊伊始，不同学科的理性思考和论辩的模式被确立后，ISR 就不再讨论单一学科领域内的专业知识，而是希望学者们以深入浅出的专业术语来反思本学科与其他学科的对话和交流问题。ISR 愿意倾听来自不同学科研究实践的不同声音，跨学科的对话和交流是 ISR 的主旨。ISR 坚信，不同学科思想交流会迸发出创造的火花。

ISR 不仅面对科学、技术、社会、人文各个学科领域的专业研究者，也面向非专业的读者。理想的 ISR 论文模式是：既得到本学科领域的专家的认可，也要能激起非专业读者的阅读渴望和思考的热情。

2009 年 4 期 ISR 全部以专刊形式出版，其中 2、3 两期合刊出版。2009 年的期刊内容主要包括以下几个部分：

1. 科学与未来

2007 年 9 月 29 日在伦敦大学国王学院（King's College London）召开了一个主题为“人类和后现代人类：文化起源和未来（Human and Post-Human：Cultural Origins and Futures）”国际学术研讨会，这也是《交叉科学评论》2009 年第 1 期“今天和明天系列（The Today and To morrow Series）”专刊的由来。

这次会议的召开，让我们重新认识了一个传奇人物——查尔斯·凯·奥格登（Charles Kay Ogden，1889—1957），他是英国语言学家、哲学家、作家，也是 20 世纪刊物出版界一位非常有影响的人物。20 世纪上半叶，他创立并编辑了五大系列：国际图书馆（70 卷），文明的历史（50），今天和明天（150），为您的科学和袖珍心灵（50）。

1926—1931 年间，奥格登编辑了一个发人深省的议题——“今天和明天”系列。这个系列有 150 篇文章，最大的特色就是把科学技术和社会生活、现实和未来紧密联系在一起，内容涵盖了当时的科学与社会研究的各种热门话题。其中约有 30 篇文章是讨论科学与人类未来的，这些内容直到现在都被认为非常有科学价值，比如对相对论、宇宙黑洞、量子力学、孟德尔基因遗传学等问题的研究。这个系列呼吁作者大胆的想象，特别是对于科学的大胆想象，这也从另一方面表明了这个系列的科学价值所在。在很多方面，这个系列涉及了后来被斯诺（C. P. Snow）称为两种文化的问题：科学与人文的分裂。随着现代科学综合化、整体化和跨学科化的趋势日益明显，科学与人文的分裂已经成为现代科学发展的桎梏，时代的发展对两种文化的交融提出了要求。爱因斯坦曾经说过：“我们的问题不能由科学来解决，而只能由人自己来解决。”确实，研究科学技术本身及其对社会的影响，需要考虑人文、社会因素。融合了科学文化与人文文化的“第三种文化”的构建是科学整体化趋势的迫切要求。“今天和明天”系列在斯诺发表演讲之前的几十年就开始关注科学与人文的分裂问题，实属难能可贵。

2007 年“人类和后现代人类：文化起源和未来”国际学术研讨会主议题即缘起奥格登的“今天和明天”系列。在这次会议中，来自不同学科领域的学者们以当今的科学视角重新解读了奥格登的“今天和明天”系列。这也是《交叉科学评论》2009 年第 1 期“今天和明天系列”专刊的由来。

20 世纪 20 年代是一个百家争鸣的科学大讨论时期，当时的人们极具想象力，在科幻小说中已经勾画了机器人、克隆的原型。《交叉科学评论》2009 年第 1 期刊发的《机器人、克隆、发条男：20 世纪早期文化和科学中的后人类鸡肋》（*Robots, Clones and Clockwork Men: the Post-Human Perplex in Early Twentieth-Century Literature and Science*）一文的作者帕特里克（Patrick Parrinder）是一位文化学者，同时也是一位科幻作家。在文章中，作者首先回顾了机器人的诞生以及关于机器人的科幻小说的发展历程，接着分析了源于 20 世纪 20 年代早期，由现代派的革新者们创造的所谓“后人类”的概念。“后人类”表达了强烈的文化特质，引发了广泛的讨论，赫胥黎（Thomas Henry Huxley）在《勇敢新世界》（*Brave New World*，1932，见奥格登“今天和明天系列”第 1 卷）中预言了一个如果不能称之为后人类但至少可称之为新人类的克隆个体生命的诞生。就像莫尔（T. More）的乌托邦（Utopia），这些遗传工程学的文化和政治意义超过了它本身的生物学意义。人类历史上的生物技术表明了人类非凡的技术异化的修正能力。在这篇文章中，作者用雅各布·爱泼斯坦

（Jacob Epstein）于 1913—1914 年创作的著名雕塑“金属躯干”（Torsoin Metal）作为案例，分析了后现代的“几何、机械、技术的人像重构”，探讨人类向“后人类”转化的趋向，帕特里克认为转化的手段可能是技术，但也可能就是生物学本身。

图 18-1　金属躯干

图 18-1 就是英国著名雕塑家爱泼斯坦创作的雕塑——金属躯干。爱泼斯坦本人曾经说过，这座半人半机器的青铜雕塑是“一个属于现在和未来的人物，全副武装、居心险恶。它没有任何人性，只是个可怕的弗兰肯斯坦式怪物，代表着自我异化之后的后现代我们——后现代人类”。

在《今天和明天系列中的科学、未来学：物质、意识，时间和语言》（*Science and Futurology in the ToDay and ToMorrow Series'*：*Matter*，*Consciousness*，*Time and Language*）一文中，作者以一位英语语言学家的视角对未来学展开了讨论，未来学是一门设想未来世界发展的新兴交叉学科，未来学和自然科学的交叉会产生什么激动人心的发现呢？为了研究这个问题，作者分析了奥格登“今天和明天系列”中的怀特（L. L. Whyte）的著作《阿基米德，物理学的未来》（*Archimedes*，*or the Future of Physics*，1927），作者不仅就物理学、化学、生物学的交叉融合做了展望，而且介绍了对某些曾经被认为是科学真理的新物理学理论的颠覆，诸如对牛顿经典力学中时间和实践的可逆性概念的全新诠释。就物质与意识的相对关系，怀特考虑了后相对论物理学的走向。作者还追踪了当代语言和文学理论的发展进程，他认为，就像奥格登“今天和明天系列”中的某些观点，阿基米德面临的问题——如何勾画能理解后人类时代的人类语言的未来也是当今人类面临的问题。

“今天和明天系列”最大的特色就是跨学科的拓展研究方法，来自不同学科领域的学者就20世纪科学大讨论的议题继续展开讨论。在20世纪20年代，科学日益显示出它无与伦比的强大力量，人们正陶醉于科学辉煌的今天，似乎没有人去担忧科学的未来。一个世纪前的科学争鸣至今还在回响，这些回声揭示了一个多世纪前发生过的科学大讨论对今天而言是多么重要。生活在科学未来中的“后现代人类”要承受怎样的改变。

2. 计算机科学与文化遗产的交叉研究

ISR第2、3期合刊出版，是关于“计算机科学与人类文化遗产（包括考古学和自然历史学等）的交叉与融合”的专刊。可以用这样几个关键词来概括这期专刊：标注、检索、私人化（annotation、retrieval、personalization），这期专刊就是以这三条主线分别展开讨论。这三条主线并不是互相平行的，而是通过“元数据（metadata）”这个关键词紧密联系在一起。何为元数据？简而言之，就是关于数据的数据（data about data）。元数据是所有组织系统的基础，在许多领域有其具体的定义和应用。在本期专刊中，我们可以把元数据理解为：提供关于文化信息资源或数据的一种结构化的数据，是对文化数据信息资源的结构化描述。通过元数据，我们可以描述人类文化遗产，比如书籍、绘画、音乐等方面的信息资源或数据本身的特征和属性，规定文化遗产数字化信息的组织、定位、发现、证明、评估、选择等功能。更重要的是，元数据是不同学科领域进行跨学科合作的纽带，在科学共同体中，这个概念被学术界普遍接受。

标注是本期专刊最具代表性的一根主线，其任务包括元数据对象的自动化和计算机辅助。罗伊特·丹姆（Luit Dam）等人的《音像档案自动标注建议：评估方面》（*Automatic Annotation Suggestions for Audiovisual Archives: Evaluation Aspects*）一文，分析了在大量和日益增长的档案数据的背景下，计算机从需要归档的文献中自动生成注释建议的问题。自动标注可以减少耗时费力、成本高昂的人工标注工作。对计算机学者来说，编程的问题也许容易解决，然而对文化遗产的不甚了解是他们必须面对的跨学科挑战。例如，就图书馆的某些古代典籍而言，如果编程人员对典籍并不了解，他们如何保证计算机自动生成的注释与原文相符？他们如何把人工注释与那些档案中规定的注释要求进行比较？如果与人工标注不同，那么它就是错误的吗？为了解决这个问题，作者构建了一个评估系统：元数据标注建议系统，比如建议语义上十分相似的注释被视为相关匹配的宽松评估措施等。

当文化遗产遇到计算机技术时，如何保证文化遗产数据的真实面貌、在元数据的计算机转化过程中不失真，是难点所在，也是其跨学科的特性所在。我们相信文化遗产与计算机科学的交叉是一项成功的跨学科合作，目前的研究成果也体现了这个跨学科的合作研究对文化遗产的传承是一种有利的催化剂，并不会对文化遗产的传承产生不良影响。

检索在数字图书馆系统的建设中可以被列为终极目标，通过计算机的搜索引擎可以让人们和文化遗产有直接的交互，这也是本期专刊的第二根主线。《文化遗产中的信息检索》（*Information Retrieval in Cultural Heritage*）一文讨论了把现代化信息检索技术应用于文化遗产领域的机遇和挑战。首先，作者分析了信息检索领域的跨学科性。其次，作者讨论了数字化的文化遗产如何实现信息检索的方法，并用案例加以说明。就信息检索而言，它不仅涉及计算机搜索引擎的设计，也涉及数据库、数据分类以及图书馆管理学等领域，如何在图书馆的信息管理系统中把所涉及的学科无缝地融合在一起是个难题。当计算机科学的跨学科拓展领域到达图书馆学时，在二者的学科交叉点上会有哪些激动人心的新发现？答案就是文化遗产的图书馆信息化检索技术。

除了图书馆中的典籍，民歌也是人类文化遗产中一个重要的组成部分。民族音乐、计算机科学二者有学科交叉地带吗？通常，对于研究对象或研究方法都类似的学科来说，两门学科距离偏小，即共域太大，会导致学科交叉的动力不足。共域越大，学科交叉的必要性就越小；而两门学科知识距离越大，即共域越小，学科交叉的动力就越大，新的知识生长点就越容易出现①。在传统的单一学科的视野中，计算机科学与民族音乐似乎是两个毫不相关的学科，其共域趋于零，二者交叉的新成果会是什么呢？《将民歌旋律模式化》（*Modelling Folksong Melodies*）一文对此展开了讨论。在20世纪下半叶，民族音乐学家收集了7 000多首荷兰民谣录音，并将其统称为绿色的菩提树（Onder de groene linde），它是研究民歌音乐的独特资源。这些录音保存于阿姆斯特丹（Amsterdam）的弥敦（Meertens）研究所。鉴于其元数据的规模、组成和质量的要求，自动搜索和对歌曲进行编序就很有必要。不仅仅是使用元数据，其音乐内涵的数据化表现也是必需的。把这些民谣的旋律和内涵元数据化，就需要音乐学和计算机科学的跨学科合作。无论是音乐学还是计算机科学，作为单一学科是无

① 刘仲林. 现代交叉科学. 杭州：浙江教育出版社，1998：89.

法完成这样的目标的。计算音乐学是一门新兴的学科领域，目前正处于起步阶段，其发展前景必将令人瞩目。

私人化是本期专刊的第三根主线，即通过计算机手段来实现数据的私人化，满足使用者的个性化需求。互联网改变了现代人的生活，不同的用户总可以在互联网上寻找到一块属于自己的乐园。Web 2.0 是人们眼中的旨在改善协作、信息共享和互操作性的万维网第二代，在博物馆的数据处理中，通过对它进行跨学科的方法移植，可以构建个性化的在线和现场博物馆参观（*Cultivating Personalized Museum Tours Online and On-Site*）系统，这也是计算机科学和人类文化遗产的跨学科合作成果。目前，越来越多的人会在实际参观博物馆前花时间在网上查阅相关的资料，比如参观内容的选择等，做好前期准备，并在参观博物馆后寻找相关信息，回味参观过的部分并发现错过的部分，对不同的参观者而言，这些需求可能完全不能实现。博物馆馆长们如何满足参观者的这种个性化需求呢？Web2.0 可以！集成的博物馆数字网络系统可以确保以更加个性化、集约化和专业化的方式去改善参观者的博物馆参观经验。换言之，为增加博物馆的参观流量，应该构建一种结合博物馆网址（在线）和博物馆物理空间（现场）的身临其境的博物馆环境。在这种情况下，文化遗产信息简报（Cultural Heritage Information Presentation，简称 CHIP）项目可以满足参观者的个性化需求，该项目向用户提供实现工具，让他们做自己的博物馆馆长，例如，浏览在线收藏、计划符合自身艺术兴趣的个性化博物馆参观、获取一些关于值得一看的艺术作品的建议并快速找到博物馆参观路线。这是《个性化的在线和现场博物馆参观》（*Cultivating Personalized Museum Tours Online and OnSite*）一文作者的跨学科研究成果。在这篇文章中，作者还介绍了新增加的 CHIP 工具，这些工具主要具有如下功能：一个基于网络和用户兴趣的博物馆旅游助手和在博物馆物理空间内（博物馆现场）使用的将旅游信息转换到移动设备（PDA）的移动向导。为使用户们与这些在线和现场的工具产生多种互动，动态用户模式的建立是必须的。在互联网上，用户根据自己的个性需求保存个人背景、艺术作品的分级和艺术概念、计划或进行过的博物馆参观。在博物馆参观现场，则是将这些保存过的在线用户模式转化为移动向导可以解析的格式。当用户在博物馆现场对艺术品进行评价时，在线用户模式就会被更新，而且当参观结束时，它也会与在线用户模式同步。这种方式可以改进博物馆参观的“良性循环”，将在线和现场的个性化博物馆经验紧密相连。

计算机科学已经越来越接近艺术、人文和社会科学领域，在文化遗产的传承方面，计算机科学更是发挥了它强大的数字处理能力。有计算机科学家指出：文化遗产数字领域扩展的一个薄弱环节就是元数据的代码编写工作，因为当文化遗产通过元数据变成人们直接面对的数字形式的时候，他们总是期望能一下子处理好这些庞大的数据，这也是计算机科学家和图书馆馆长、博物馆馆长们面临的跨学科的挑战。就像这期专刊的议题——艺术、人文和科学能真正完美地交叉和融合吗？无论对计算机专家们，还是对人类遗产的管理者们而言，这都是一项全新的跨学科尝试，即把计算机科学的方法跨学科移植到人类文化遗产的管理和传承中。2005 年，这个尝试终于初步变为可能，荷兰科学研究组织（Netherlands Organisation for Scientific Research）组建了一个特殊的跨学科合作研究项目——文化遗产的可持续路径（Continuous Access to Cultural Heritage）。确切地说，这是荷兰文化遗产行业和荷兰科学研究组织的两个分支——自然科学、人文科学的跨学科合作研究。这个项目的每个小组都有一个博士研究生、博士后研究者及一个项目协调人。为了保证跨学科合作研究的顺畅性，每个研究小组都有工作人员参与到文化遗产研究机构的实际工作中。前期的研究成果鼓舞人心，跨学科合作的威力再一次显现出来。

3. 跨学科障碍

自然界及人类社会本身固有的复杂性既是促进跨学科研究的一个推动力，同时也是跨学科研究在自身发展道路上不得不面对的障碍。处在自然界中的人类面对的是非常复杂的系统，这个复杂性系统会受到种种可预知或不可预知的子系统或外来力量的影响，再加上复杂性导致的意外事件的发生，要想揭示大自然无穷的奥秘，就需要不同学科的参与，需要子系统、跨学科以及二者的知识集成，才有可能揭示出真相①。

第 4 期的《论细胞情报：全细胞生物学案例》（*On Intelligence in Cells：the Case for Whole Cell Biology*）一文中，作者以分子生物学家的视角，用全细胞生物学作为案例，分析了他在跨学科研究中所遭遇的障碍。生物学的研究越来越离不开计算机科学的参与，传统生物学需要变革。在研究细节方面，目前计算生物学——这门典型的交叉学科领域却仍然没有把整个细胞作为有机体。实际上，人体的活体细胞是一个被协调过的但基本上是自治的实体，自然界的独立细胞具有与显著的决策和智能性紧密关联的建设性活动的能力。在传统的细胞学研究中，大脑被认为控制着体内的一切。但研究者发现，人体的大部分细胞是大脑看不到的，并且对大脑的监管也完全漠视。在脑神经科学理论的启发下，运用计算机工具，一个新奇的大脑模式有可能被创建出来：在这里，神经

① Klein J. Thompson. Prospects for transdisciplinarity. http://www.elsevier.com/locate/futures.

元被认为是能自己“思考”的有禀赋的实体。大脑不是“超级计算机”，而是一个包含它们的整个社会。我们应该还原分子生物学和遗传学的基本机制并设置一个更现实的角度：细胞作为机体，有最首要的作用。大脑的研究涉及许多学科领域：脑神经学，分子生物学，计算机科学，生理学，等等，纵然有这么多的学科领域共同参与其中，对于神秘的大脑，我们仍然知之甚少。作者认为，这是脑科学的复杂性导致了跨学科合作的障碍，如何突破障碍，也许全细胞生物学为我们指明了一条出路。

不仅是脑科学，社会问题的复杂性也导致了此类问题只有通过高品质的策略、实践和科学技术的整体跨学科合作才能得到解决。组建跨学科的研究团队，对利用自然科学和社会科学的学科优势，增强协调、信息交流和跨学科产出大有裨益。然而，这个过程中的协调、信息交流往往不尽如人意，在具体跨学科合作项目的管理中仍存在这样或那样的困难。应该如何突破跨学科合作的交流障碍？《多学科管理：向 SUBR：IM 学习》（*Managing Multidisciplinarity：Lessons from SUBR：IM*）一文对此展开了分析。作者介绍了 SUBR：IM 这样一个跨学科合作团队，可持续布朗菲尔德再生：综合管理（SUBR：IM—Sustainable Brownfield Regeneration：Integrated Management）的管理经验。作者分析了建立宽泛基础团队的过程和策略，并认为跨学科合作研究的管理机构——理事会需要对实现真正的跨学科合作所遭遇的障碍有很深的认识，例如学科不相称性、体制的制约和内部阻力等。本文在聚焦单一案例研究时，探讨了能突破这些跨学科障碍的对策，包括更好的团队建设、更有效的内部结构和招募比例合适的学术人员组合等。

当代科学以大规模、多点化、跨学科化为主要特点，这对于解决复杂的科学问题很有必要，因为它可以达到单一学科无法实现的目标。例如，促进公共健康。健康科学研究是跨学科研究特点最为突出的一个领域，国外也有学者将跨学科研究领域分为四大块，健康科学就是其中的一块。在《大规模研究和健康目标：“新”营养科学的可行性问题建设》（*Large-scale Research and the Goal of Health：Doable Problem Construction in “New” Nutrition Science*）一文中，作者通过大规模、多点化科学实践（multi-sited scientific practice）的分析，对“新”营养科学的可行性问题建设提出了质疑。为了能够分析多点化、跨学科化科学实践的解决方案，作者首先介绍了可行性的概念，并且修改了这个概念，使之适合多点化研究实践。营养基因学问题研究的可行性暗示着健康目标需要被分化成不同的健康标准，作者通过研究发现营养基因学大规模、多点化科学实践的策略并不一定有助于公共健康目标，“新”营养科学的可行性问题建设可能只是某些学者一厢情愿的事情。

人类面临着越来越多的单一学科无法解决而需要跨学科的合作研究才能解决的难题，比如环境生态问题。土地的使用、环境与发展的跨学科研究需求日益增长，而了解复杂的人类自然关系需要采取综合的办法，单一学科的研究已经无法应对。虽然跨学科的必要性得到大多数人的承认，但在实践中，传统的学科仍享有巨大的科学认知地位。那么，我们如何跳出单一学科的框框去思考科学的未来走向？《跳出框框去思考：环境和开发研究方案教学和研究的跨学科整合》（*Thinking Outside the Box*：*Interdisciplinary Integration of Teaching and Research on an Environment and Development Study Programme*）一文，以环境、发展研究方案的教育和科研的跨学科整合为案例，介绍了跨学科方法是如何应用于一个国际教育与研究项目的。在跨学科的合作中，一个重要挑战就是如何协调跨学科和专业化的平衡关系，根据学生综合评估，一个基于以问题为导向的团体工作和专业研究团队的具体模式已经被开发，成功地填平了这个鸿沟。丹麦、泰国、马来西亚、南非、斯威士兰、博茨瓦纳之间的国际合作机制已揭示了执行跨学科方案的结构性和文化性障碍。通过年度交流学生领域课程取得的长期良好的人际关系来解决这些障碍是非常有必要的。

现代科学高度分化基础上产生的高度整合化、跨学科化的趋势，使得跨学科研究已经成为现代科学研究领域新的范式，一场全新的跨学科范式革命必将把现代科学的发展推上一个新的高度。

4. 工程与人文

近代以来，自然科学的革命性变化已经彻底地改变了人类生活的基本面貌。作为自然科学载体的工程活动是重要而复杂的社会实践过程，也是社会存在和发展的基础。当今人类的生活实践中，工程渗透在政治、经济、文化建设的方方面面，人们被各种有形、无形的工程网络紧紧地联系在一起。与此同时，人类又陷入新的困境和危机之中，特别是由自然科学的突飞猛进和人文社会科学的缓慢进展所造成的“思想力”发展的“剪刀差”，使得人类的价值理性越来越难以驾驭急剧膨胀的工具性力量①。

艺术一直是一个充满想象力的领域，没有想象力就没有艺术，而工程更以令人目不暇接的迅猛发展速度实现了人类的改造自然的想象。当艺术突破了原来的精神领域，进入人们改造自然的物质领域，就为工程技术的发展注入了新鲜的血液，反之亦然，艺术是工程的导向学科。对工程师而言，艺术在某种程

---

① 徐长福．理论思维与工程思维．天津社会科学，2000（2）：39-40．

度上比科学知识更重要，因为在工程领域需要借用艺术的非语言思维形式，而这种非语言的思维形式对工程本身的影响至关重要。对此，著名的工程专家、中国工程院副院长杜祥琬曾指出："既然工程是人策划的，必然会体现出决策人和设计者的价值观和哲学理念，如果在理念上发生偏差，就建不出好工程。"

ISR 第 4 期的《瑙姆·加博雕塑概念中的轻质结构原则》(*Principles of Lightweight Structures in the Sculptural Conceptions of Naum Gabo*）一文，站在艺术和工程交融的高度，讨论了工程原理和雕塑形式的艺术融合。在俄罗斯出生的艺术家加博（Naum Gabo）经常采用新材料和技术，通过新材料和技术的运用展示他的艺术空间概念是如何向轻盈、均衡和平衡的雕塑表现力发展的。这些原则与结构优化概念遥相呼应，在这里，最小的重量设计是通过去除多余的材料实现的。不仅雕塑方面符合这一概念，加博与 20 世纪的建筑和工程共同的审美和结构观念——具体表现为透明度、开放空间、效率和轻巧的设计——也保持一致，表现出了对于大自然完美秩序的崇尚。加博的雕塑具有的这些审美和结构亲和力概念显示了他的雕塑技术是如何受到现代工业化社会影响从而形成独特的雕塑美学观念的。加博还从科学工程师米歇尔（A. G. M. Michell）的理论中形成了对工程学新的理解。正是在跨学科的思维催化下，加博把艺术与工程完美地融合在一起，构建了全新的加博雕塑美学新视角：精确地传递轻盈、均衡和平衡的美学。

（三）从学术论文看交叉学科研究进展

在对国外期刊的调研中，主要调研了施普林格（Springer）数据库期刊和英国的 Maney 出版的网络版期刊、剑桥在线期刊（Cambridge Online Journals）和牛津在线期刊（Oxford Online Journals）等数据库，我们针对 2009 年和 2010 年上半年所发表论文的标题中含有跨学科（Interdisciplinary）一词的那些文献进行检索，重点关注国外跨学科的总体进展、方法、政策和教育，获得一批与"跨学科"论题相关的论文。由于篇幅有限，此处重点介绍几篇代表作及其观点。

1. 从整体角度而言，宏观分析的代表作是梁昶熏（Chang Hoon Yang）在《科学计量学》(*Scientometrics*，2010，83：77-79）发表的《跨学科研究关系的网络分析：韩国政府研究与开发资助项目》（*A Network Analysis of Interdisciplinary Research Relationships：the Korean Government's R&D Grant Program*）。作者研究了科学技术中跨学科研究关系的网络拓扑结构，并调查跨学科关系和研究成果质量间的联系。研究利用网络分析来评估韩国科学与工程基金资助的跨学科研究项目；分析结果揭示了跨学科研究背后隐藏的网络结构。

研究表明，某些学科具有较强的跨学科性，它们是跨学科研究的集中领域。但是这些研究领域的质量并不是最高的，跨学科关系和研究质量间的联系也相对较弱。另一方面，某些跨学科性较弱的研究领域往往要求掌握专业的研究能力和多方面的知识资源，因为这些对开展具有国际水平竞争力的高品质的研究项目至关重要。这证明了研究成果的质量的提高不仅可以通过使用激励手段或压力促进各个领域间的相互依赖来实现，还可以通过不断提高每个领域特定的专业研究能力来实现，而这些往往是其他研究领域难以企及和复制的。作者研究调查了韩国各科学技术领域间的跨学科网络是如何形成的。通过调查研究领域同现的矩阵，来探讨跨学科合作的网络拓扑结构。这种网络分析方法提供了系统的分析工具，以用来揭示跨学科研究关系背后的结构，并监督旨在促进不同学科研究的跨学科研究项目的有效性。

对科学研究中的跨学科进行界定，国际上的代表作是胡妥涅米（Katri Huutoniemi）在《政策研究》（*Research Policy*，2010，39：79－88）发表的《分析跨学科性：拓扑学和指标》（*Analyzing Interdisciplinarity*：*Typology and Indicators*）一文。作者认为，科研基金机构和从事科学研究的学者们越来越关注研究中的跨学科性如何定义和识别，但跨学科研究的复杂性使得研究者们很难对其下一个定义。作者试图通过示范一种新的拓扑学和定性指标来分析研究文献中的跨学科性。作者提出一个概念性的框架，试图实现建立一个基于更深层次的跨学科知识的具体有效方法的需要。作者使用这种概念框架的范例，调查了由芬兰国家基金机构资助的研究提案；具体分析了这些研究提案中的跨学科性比例，并将其用来识别具体类型的跨学科研究。

里维耶尔（Vincent Larivière）对跨学科性与科研文章的科学影响力关系进行了研究。他在《美国信息科学与技术学会杂志》［*Journal of the American Society for Information Science and Technology*，2010，61（1）：126－131］发表了《跨学科性与科学影响力间的关系》（*On the Relationship Between Interdisciplinarity and Scientific Impact*）一文，分析跨学科性对论文科学影响的作用。里维耶尔使用2000年Web of Science上发表的所有文章，将既定文章的跨学科的程度定义为，它们所引用其他学科期刊文献的百分比。里维耶尔的研究结果表明，虽然总体而言，文章的跨学科水平和它们的引用比例间没有明确的相互关系，但是在某些学科中，跨学科性程度高意味着引用比率高。而其他一些学科，随着引用比率的下降，跨学科性呈现了上升趋势。在所有学科中有一点是显而易见的：较高的学科性和较高的跨学科性的文章其科学影响度通常较低。这表明跨学科性可能存在一个最适宜的度，超出这个度，研究就显得过于分散，达不到这个度，研究则流于大众化而失去了影响力。最后，里维耶尔指出，跨学科性和科学影响力间的关系主要是由被引用学科的特点决定的。如果引用引文密集型的学科的文章，则更有可能被那些学科再次引用，因而获得较高的引用分数，而引用了引文非密集型的文章则相反。

2. 在跨学科研究的实践上，代表作是布罗托（Vanesa Castán Broto）等发表在《环境科学和政策》（*Environmental Science & Policy*，2009，12：922-933）上的文章《在学科的相互作用中实现跨学科性：研究者经验之谈》（*Practising Interdisciplinarity in the Interplay between Disciplines*：*Experiences of Established Researchers*）。作者探讨跨学科研究的实践及其在可持续研究背景下与制度的关系。制度，即传统、准则、协调人类行为的正式的约束手段。这些制度协调着研究的执行。作者研究的中心是学科制度下学科相互作用间的跨学科研究。提出了在学科的相互作用中实现跨学科性的观点。研究通过对与9名颇有建树的研究者的定性访谈的分析，提出了这些观点，这些研究者均关注环境可持续性。分析还识别了参与跨学科研究者的动机，讨论了跨学科研究实践的重要特征。研究结果表明，跨学科研究实践依赖学科制度，作为理论和方法论的参考。但是，研究也指出了跨学科研究实践与传统的学科研究实践间的矛盾。

关于跨学科研究的实践，另一篇代表作是多德森（M. V. Dodson）在《生物化学和生物物理学研究评论》（*Biochemical and Biophysical Research Communications*，2010，391：1155-1157）上发表的《多视角探讨跨学科研究团队的形成》（*Perspectives on the Formation of an Interdisciplinary Research Team*）。作者指出，研究基金竞争的日趋激烈，迫使研究者们必须打破单一实验室或者单一研究焦点的思维，并开发跨学科研究团队以应对真实世界的挑战。团队成员可能同在一个机构，还可能来自同一区域，还可能是国际合作。然而，大家都必须对同一话题具有相同的热情，超越个人研究的中心。此外，对参与跨学科研究团队的年轻研究者的职业发展应给予特别关注。尽管有时候可能条件简陋，但即使是在资金短缺的情况下，通过跨学科合作取得的巨大成就仍然是有显著意义的。

对于如何打破传统单一的系、学院设置的障碍，进行跨学科科研实践，斯通（Tammy Stone）等人在《高等教育革新》（*Innovation Higher Education*，2009，34：321-329）上发表了《实例：发起跨学科项目作为学院签名区域》（*Launching Interdisciplinary Programs as College Signature Areas*：*an Example*）一

文。文章指出，越来越多的行政管理者开始关注如何激发并支持教学人员创造跨学科项目，来应对研究和基金的变化，以及满足公众需要。本文在科罗拉多丹佛大学进行研究，示范一种识别和发起一系列签名跨学科项目的方法，创造克服个人、系部和学院层次障碍的大学多样化环境。

作者还描述了丹佛大学文艺和科学学院发起的旨在促使教学人员关注创造跨学科研究、课程、公众参与项目的运动，这一切的实现，是通过创造一个学院中的“签名区域”（即参与跨学科课题研究的科研人员、教学人员所共同授权成立的一个虚体的服务中心，统一管理、协调课题研究中所涉及的人员、经费等）作为学院的荣誉区域。

3. 在跨学科教育上，文章较多，研究的角度也多，比较有代表性的是斯卑尔脱（Elisabeth J. H. Spelt）在《教育心理学评论》（*Education Psychology Review*，2009，21：365-378）上发表的《系统综述：跨学科高等教育教与学》（*Teaching and Learning in Interdisciplinary Higher Education*：*a Systematic Review*）。作者指出，跨学科高等教育旨在发展跨学科的技能，如跨学科思维。在当前的综述研究中，跨学科思维被定义为综合两种或两种以上的学科知识、推进认知方式的能力，这种方式是单一学科思维所无法认识的。它被看成是一种复杂的认知技能，由一系列亚技能构成。作者通过对 4 个科学文献数据库的系统调研，完成了文献综述，并且做了批判分析。综述表明，到目前为止，对跨学科高等教育教与学的科学研究还十分有限，还停留在探索阶段。作者研究推进跨学科思维必要的亚技能的认识，以及推动跨学科思维发展的典型条件，为跨学科高等教育理论和实践的发展提供了平台。

另一篇代表作是霍利（Karri A. Holley）在《高等教育革新》（*Innovation Higher Education*，2009，34：331-344）上发表的《在变化中变革的高等教育跨学科战略》（*Interdisciplinary Strategies as Transformative Change in Higher Education*）。作者通过在美国 21 个研究型大学进行个案调查所获得的数据，综述了这些机构为满足跨学科知识日益增长的需要做出的努力，以及这些变化给机构审视自身的方式带来的重大变化。研究结果表明，执行跨学科改革不仅仅应通过机构工作组织的变化和其使用的设备来完成，而且应通过与跨学科改革相关的机构文化的变化来实现。

4. 在对跨学科的应用上，不少学者提出了很多见解，文章的数量也最多，比如在跨学科论文的评价上，保塔索（Marco Pautasso）在《欧洲评论》（*European Review*，18（2）：227－237）上发表的《同行评议跨学科论文》（*Peer Reviewing Interdisciplinary Papers*）指出，跨学科研究日益活跃，是因为当代的许多问题只有通过多视角、多学科的合作才可能成功解决。多种科学领域的共同特点是同行评议，即评估和完善提交给杂志、会议和论坛的文章。尽管已有单学科文章的同行评议指南，也有如何评价跨学科论文的经验研究，我们仍然需要对关于跨学科研究论文的同行评议进行总结。

在文章中，作者论述了一系列相关问题，如评议者如果不熟悉论文中涉及的领域，便很难胜任论文的评估。我们讨论跨学科论文跨学科性、合理性、创新、影响和关注度的评估。此外，还包括跨学科论文与期刊的适合程度，新的跨学科领域的用词要易于理解，并且平衡各个学科的文献。富有建设性的跨学科评议者应当像跨学科科学家一样虚心开明，而得到的回报也应当超过现有水平。

同样具有代表性的文章有克劳斯·迈因策尔（Klaus Mainzer）在《欧洲评论》（*European Review*，17（2）：219–236）上发表的《21世纪复杂性的挑战：一项跨学科引进》（*Challenges of Complexity in the 21st Century*：*an Interdisciplinary Introduction*）。文章指出，非线性复杂系统理论在自然科学中被证明是一种解决问题的方法，从宇宙和量子系统到细胞生物和大脑，甚至在现代工程科学中，可以开发自组织系统来管理复杂的网络和进程。人们现在已经意识到，很多生态、社会、经济和政治问题同时也具有综合的、复杂的和非线性的本质。

作者提出，现代进化经济学也可以在复杂系统和非线性动力学的框架中塑造。作者从历史角度出发，从社会、经济、金融和政治体系复杂管理的非线性动力学中能得出什么，自组织是否一种可以接受的处理公司、机构和组织复杂性的策略等问题出发，提出系统的危机需要系统的解决方法，需要以新的视角去认识经济人的事实微观经济行为，通过人文学、认知和社会科学的方法，进行现代复杂性的跨学科研究。

这方面的大多数文章都是探讨跨学科在相关学科的应用，如布朗（Adam D. Brown）在《国际政治、文化和社会杂志》（*International Journal Politics Culture Society*，2009，22：117–124）上发表了《导论：记忆研究是否可能成为跨学科研究的领域?》（*Introduction*：*Is an Interdisciplinary Field of Memory Studies Possible?*）。作者指出，在过去30年中，记忆研究日渐成为学术研究的热门话题。因此，众多学科都开始研究并教授“记忆”的概念，从自然和社会科学、人文学到艺术。此外，过去的30年中，关于对记忆的理解及记忆的功能方面的文章、学术期刊、会议、学生和研究人员的数量都在增加。同时，从事记忆研究的学者也开始寻求多学科间的合作。学术机构、期刊书目、特别会议，至少有一类学术期刊开始寻求推进跨学科间的合作。人们常常把关于记忆跨学科研究的认可称为“记忆研究”。

虽然记忆研究的特别范式或目标仍然不明晰，众多学者认为通过创新的方法看待与记忆相关的个人或社会问题，传统的学科间的合作有可能推进记忆的研究。他们关注是否存在记忆研究这一学科领域，以及这样一个领域的跨学科研究是如何塑造学术研究框架的。

（四）从学术著作看交叉学科研究进展

1.《社会科学中的跨学科关系》

阿尔定学报（Aldine Transaction）2009 年出版了穆拉夫·萨瑞夫（Muzafer Sherif）和卡洛琳·萨瑞夫（Carolyn Sherif）的著作《社会科学中的跨学科关系》(*Interdisciplinary Relationships in the Social Sciences*)（图 18-2）一书。本书分四部分，汇集了 19 篇关于社会科学领域交叉学科的研究文献。第一部分是“愿景开发”，包括《跨学科协调的有效检验：回顾与展望》，《自然环境中的理论导向研究：社会心理学两个世界的最优值》，《社会学研究的理论与实践偏差》，《相邻问题分析：社会组织的系统理论方法》，《社会科学的奥秘和相互关系：人类学与社会学案例》。第二部分是“主要研究领域”，包括《对小世界问题的跨学科思考》，《人类福利的生物基础：一个跨学科问题》，《国民态度的形成：社会心理学视角》，《现象学与跨文化研究》，《人格研究和社会科学》，《增长、发展和政治里程碑》。第三部分是“跨学科视角”，包括《社会科学视野中的地理学的边缘》，《人文地理学和相邻学科》，《语言学和社会科学》，《精神病学和政治科学之间的关系》，《历史与社会学合作发展的障碍：社会学视角》，《历史和理论：衰减的需求》。第四部分是“组织之谜”，包括《对社会科学中跨学科研究的思考》，《学科的本位主义和全知的鱼鳞剖面模型》。

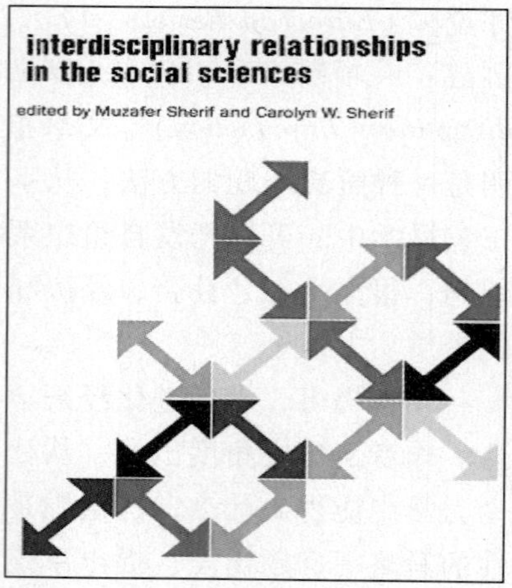

图 18-2 《社会科学中的跨学科关系》

这些文章选择各个不同领域专家的论述，其中包括经济学家、地理学家、心理学家、政治学家、社会学家、人类学家及其他领域的学者。通过跨学科的合作去解决原本由于各自学科领域的割据而造成实际上得不到解决的问题。本书每个章节对各个学科之间的理论交叉部分进行解读：例如群体互动、政治态度和群体内部关系，这就为学科交叉合作提供了一个有效的模式，因为学科交叉合作的一个重要步骤就是搭建一个跨学科讨论的平台。本书使得社会科学家们能够清晰地认识现阶段及未来交叉学科发展的方向。

2.《跨学科研究的政治学：美国大学项目转型论集》

坦尼亚·奥格斯伯格（Tanya Augsburg）、斯图尔特·亨利（Stuart Henry）和杰弗森（N. C. Jefferson）等人的新作《跨学科研究政治学：美国大学项目转型论集》（*The Politics of Interdisciplinary Studies：Essays on Transformations in American Undergraduate Programs*）（图 18-3）2009 年由麦克法兰出版公司（McFarland Company, Inc.）出版。这本文集强调了跨学科大学研究项目的普遍性及其在高等教育中的最新进展，也阐述了这些项目在私立大学的课程中未能长期存在的原因。作者从三个层面讨论了这个问题及其相关议题。首先回顾了这些变化受政治经济学影响的方式，然后讨论了从大学中获取的实际案例，最后讨论了通过跨学科研究教育大学生的新方式。

图 18-3　《跨学科研究的政治学：美国大学项目转型论集》

全书分为两个部分，第一部分是跨学科项目的历史，包括《专科学院的政治生命周期：迈阿密的西部大学项目》，《没有围墙的大学里个性的退化》，《没有围墙的大学里个性化学位的转移》，《教育人民：韦恩州立大学跨学科研究部》，《凤凰：阿帕拉齐亚大学的灰烬到涅槃》，《从刀口到刀板：旧金山州立大学的跨学科中心》，《旧金山州立大学的跨学科研究：个人视角》。第二部分是新的研究方向，包括《旧金山州立大学的跨学科学和师资培训》，《得克萨斯-阿灵顿大学的实验创新到可持续学术项目的转换》，《埃默里大学学术圈中的跨学科学》，《拐点：乔治马森大学的新世纪大学》，《跨学科运动的障碍和措施：以马萨诸塞大学为例》，《加拿大的合作视角：阿尔伯特大学的跨学科研究办公室》。

3.《创造跨学科校园文化：关于强度和可持续性的一个模型》

克莱因（Julie Thompson Klein）的《创造跨学科校园文化：关于强度和可持续性的一个模型》（*Creating Interdisciplinary Campus Cultures：a Model for*

Strength and Sustainability）（图 18-4）一书 2010 年由旧金山的乔西·巴斯出版社（Jossey-Bass）出版。该书共 224 页，由美国大学联盟合作支持。

随着学术界和资助机构对跨学科学的兴趣逐渐增加，本书的重要性也陡然提高。创造跨学科校园文化为研究者提供了一个熟悉概念框架的系统方法，也提供了关于实际战略的一套组合。本书内容包括五章：（1）规划跨学科变革的国家动力，（2）连接国家和地区版图，（3）跨学科学的平台，（4）强化项目强度和可持续性，（5）对跨学科生涯生命周期的监督。最后是结论，对神秘性的回击和实践操作的定位。

图 18-4 《创造跨学科校园文化：关于强度和可持续性的一个模型》

图 18-5 《牛津跨学科学手册》

4.《牛津跨学科学手册》

由弗罗迪曼（Robert Frodeman）、克莱因（Julie Thompson Klein）和米查姆（Carl Mitcham）等人主编的《牛津跨学科学手册》（*Oxford Handbook of Interdisciplinarity*）（图 18-5）一书 2010 年 6 月由牛津大学出版社出版。

跨学科学在新世纪进入了新的发展阶段，《牛津跨学科学手册》是跨学科学的一个主要的新参考工具，也是跨学科学在学术和社会领域的重要性不断提高的一个重要标志。随着跨学科学在学术圈外的重要性迅速提升，学者、政策制定者和大众都在寻求组织整合学术研究和各级教育中产生的大量知识的方式方法。《牛津跨学科学手册》对当前跨学科研究、教育、管理的状态，学科和跨学科领域中关于问题解决的知识做了概要回顾，在学术共同体和全社会之间建立了沟通。全书分 37 章，14 个案例，对跨学科学迈入新世纪、新阶段时的知识整合情况做了简要介绍。

这项开创性的工作给出了目前为止最广泛的跨学科和超学科论述。这本手册的作者集合了许多跨学科研究、教育以及跨学科学制度层面的全球领先思考者，还包括跨学科知识如何与社会需求相结合的方法。

手册的入选内容都由北美和欧洲跨学科学领域的专家提供，涉及的问题和案例非常广泛。跨学科学领域德高望重的学者对本书进行了编辑，享有声望的咨询委员会提供了支持，因此可以确保手册的高质量和广泛的覆盖面。

（五）从学术奖项看交叉学科研究进展

当代科学的发展越来越依赖多种学科的综合、渗透和交叉，在以往学科高度分化的基础上又表现出跨越学科边界和学科相互交叉的趋势。学科交叉的演进和交叉学科的发展，日益成为当今时代不可阻挡的滚滚洪流，在科学发展和社会进步中扮演着愈来愈重要的角色。美国国家科学院协会（Association of National Academy）2004 年出版的《促进跨学科研究》（*Facilitating Interdisciplinary Research*）白皮书开篇就指出，跨学科研究是人类进行的最具成效、最鼓舞人心的一种探索活动，它能提供一种产生新知识的对话和联系形式。

美国的“博尔丁奖”（The Boulding Award）是跨学科研究领域的最高奖，从 1990 年设立到现在已有 20 年，我国至今未见对“博尔丁奖”的介绍，故这里将介绍博尔丁奖及其得主的学术成就（由于篇幅关系，本卷介绍其中 3 位获奖者，下卷再介绍另 3 位获奖者）。

1. 博尔丁奖介绍

为了对跨学科研究领域的杰出学者进行表彰，美国整合研究协会（Association of Integrative Studies，AIS）在 1990 年以跨科学研究的先驱和美国整合研究协会早期的支持者博尔丁的名字命名了跨学科研究领域的第一个奖项——博尔丁奖。这一奖项的设立标志着跨学科研究进入一个新的发展阶段，并且逐渐走向成熟。该奖迄今仍然是跨学科研究领域的最高奖，已颁发四次，共有六位学者获此殊荣。这些学者都是跨学科研究领域的翘楚，他们的研究思路和成果也在很大程度上代表了跨学科研究领域的现有成果、存在的问题和未来走向。

该奖授予在跨科学研究方面推动观念变革，建立学科交叉规范，为学科交叉做出重要和持久贡献的学者。迄今为止，博尔丁奖的得主都是跨学科研究领域的翘楚。不论是对交叉学科概念的澄清与深化，还是促进跨学科研究的学术进展与公众认知，他们都在各自的教学、研究和学科整合中做出了不俗的成就。由于博尔丁奖的颁奖对象是特别优秀的跨学科研究学者，颁奖周期并不固定。

博尔丁奖评委会包括由美国整合研究协会理事会任命的三名协会成员。没有在评委会任职过的历届协会主席在适当的时候会被优先推举到评委会工作。评委会成员每三年调整一次，每次有一位成员离任，由另一位新成员继任。

博尔丁奖的评选标准是①：

(1) 创建了学科与学科或专业与专业之间的新奇但可以被确证的重要联系。(2) 开启了重要的制度或社会变革，或推动自觉意识的提高，带来了跨学科认识的深化。(3) 创造性地提出了对“跨学科”的重要新认识或新理解，这些认识或理解具有普遍意义并可以被证实。

博尔丁奖的评选程序为：

美国整合研究协会成员每年都会向博尔丁奖评委会提名候选人。博尔丁奖评委会成员不得提名候选人，评委会成员在离任前不得被提名。从 2002 年 2 月开始，评委会每年审查提名候选人，并且向理事会推荐最多三位被提名者（也可以决定当年不推荐），同时说明推荐理由。美国整合研究协会理事会决定是否授予推荐候选人博尔丁奖。

2. 历届获奖者及其学术成就（上）

• 1990 年博尔丁奖获得者：博尔丁

图 18-6 博尔丁

肯尼思·艾瓦特·博尔丁（图 18-6），1910 年出生于英国利物浦一个普通的劳动者家庭。18 岁进入牛津大学化学系，不久转到经济学系，师从著名经济学家莱昂内尔·罗宾斯（Lionel Robbins）学习经济学。21 岁时就在当时凯恩斯任主编的《经济学季刊》（*Economic Journal*）上发表论文。1937 年到美国，在哈佛大学和芝加哥大学从事研究工作，随后在苏格兰爱丁堡大学短期任教。他在多个国家及大学教过书。1948 年起定居美国，先后在密歇根大学、科罗拉多大学等校任教，成就斐然。1967 年从科罗拉多大学退休。他在 1949 年获得有“小诺贝尔经济学奖”之称的“约翰·贝茨·克拉克奖”，1962 年被美国学术团体理事会评为美国十大教

① 感谢美国整合研究协会业务经理 Phyllis Cox 提供的博尔丁奖评选相关信息。

授之一，1968 年当选美国经济学会会长，1979 年当选为美国文理研究院院长，先后获得 13 个大学的名誉学位。1993 年在美国逝世。

博尔丁不仅是一位经济学家，还是教育家、和平运动领袖、诗人、宗教神秘主义者、虔诚的贵格会教徒、系统科学家和跨学科哲学家。博尔丁毕生致力于开发新的研究领域并用新方法来从事研究。博尔丁的学术兴趣涉及经济学、生态学、政治学、社会学、社会心理学、哲学等领域。博尔丁在经济学领域最大的贡献是他在 1941 年出版的《经济分析》（*Economic Analysis*）一书，该书是萨缪尔森（Paul Samuelsson）的《经济学》出版之前最畅销的教科书，曾 4 次重印，被 150 多所大学采用。博尔丁出版于 1981 年的《进化经济学》（*Evolutionary Economics*）一书是相关领域的奠基之作。1956 年，他在加州帕洛阿尔托“行为科学高级研究中心”仅用 11 天就口述了一本名为《形象：生活与社会中的知识》（*The Image：Knowledge in Life and Society*）的书，这本书在当今的品牌战略和形象设计中广为引用。

博尔丁在 20 世纪 60 年代出版了《一门科学——生态经济学》（*A Science：Ecological Economy*）一书，在书中正式提出“生态经济学”的概念。博尔丁还提出“太空船经济理论”，指出地球只是茫茫太空中一艘小小的宇宙飞船，人口和经济的无序增长迟早会使船内有限的资源耗尽，而生产和消费过程中排出的废料将使飞船受到污染，毒害船内的乘客，此时飞船会坠落，社会随之崩溃。为了避免这种悲剧，必须改变这种经济增长方式，要从“消耗型”转为“生态型”，从“开环式”转为“闭环式”。经济发展目标应以福利和实惠为主，而并非单纯地追求产量。这就是所谓循环经济思想的源头。

博尔丁从未把自己的学术研究局限在某个专业领域，而是一直在不停地跨越，大胆地整合，不懈地为提高人类福利而进行学术研究和社会实践。博尔丁从经济学入手，超越传统的均衡分析，开创了进化经济学，将经济学应用于分析人的爱恨情仇；奠定了生态经济学的理论基础；构建了一般系统理论的概念框架；首先提出“精神资本”（Psychic capital）一词，丰富了社会心理学理论；描绘了和平学的理论愿景；为社会学和哲学增加了丰富的内容。1979 年的美国社会科学跨学科全国大会上，博尔丁发表的主题演讲获得积极的反响。在博尔丁教授的积极推动和大力支持下，美国整合研究协会在这次大会上成立。1990 年，美国整合研究协会设立博尔丁奖，并把第一枚奖章授予博尔丁教授，以表彰他为该协会和交叉科学领域做出的贡献。

• 1993 年博尔丁奖获得者：博伊尔

博伊尔（Ernest Leroy Boyer）（图 18-7），1928 年生于美国俄亥俄州的代

顿市，后来进入弥赛亚学院（Messiah College）学习，两年后转往格林威尔大学（Greenville University）学习并从那里毕业。博伊尔在南加州大学获得硕士和博士学位。在40年的职业生涯中，博伊尔先后担任西部大学联盟委员会主任，加州大学圣巴巴拉分校（UC-Santa Barbara）协调教育中心主任，纽约州立大学校长，尼克松、福特、卡特政府的全国教育委员会委员，随后又担任美国教育部长，卡耐基教育促进基金会主席。博伊尔毕生从事教育教学工作，直到1995年辞世。

图 18-7 博伊尔

博伊尔是美国20世纪七八十年代领先的教育倡导者和改革者。他积极支持学科的整合与联系，创立了帝国学院（Empire College），积极支持和鼓励教育教学，不懈地为教育和学术而奔走。在任纽约州立大学校长期间，他不仅建立了帝国州立大学（这是一个没有校园的学校，成年人不需要来上课也可以攻读学位），而且还着手创办了三年制文科学士项目，设立了一个新的杰出教学教授等级，奖励教员的教育工作和研究。此外，他还建立了实验性的三年制艺术课程本科学位，设立了杰出教学教授职位以表彰教育和科研工作出色的教员，并且与苏联合作设立首个学生交换项目。

博伊尔从未停止对教育的思考，从教育实践中不断进行反思，写出了多份有分量的报告。在《重思学问：教授职位的优先权》（*Scholarship Reconsidered: Priorities of the Professoriate*）中，他区分了四种正统的学问，即发现、整合、应用和教学。这份报告引起了全国性的争论，影响到许多大学重新评价他们的教员。在任卡耐基基金会主席时，他与阿瑟·莱文（Arthur Levine）合作了《对共同学习的探索：通识教育的目标》（*A Quest for Common Learning: the Aims of General Education*），这份报告提出大学阶段的通识教育要进行跨学科整合。他的另一份报告对学科之间更大程度的整合发出了号召。博伊尔提倡在学校教师和行政部门之间进行关于教学方法和内容的对话，他在卡耐基基金会时写了很多关于改变教育面貌的报告。博伊尔还重视基础教育，提出对教育改革中的问题要进行讨论。他的报告《学院：美国大学生的体验》（*College: the Undergraduate Experience in America*）出版于1987年，在这份报告中，博伊尔强调学生在毕业前要积极进行社区服务，所有师生都应该不断超越、追求卓越。他特别强调要在新入学大学生的教育项目中投入更多资源，对新生进行培训和引导，为学生提供社区服务项目，社区服务项目对所有的参与者都有益。另一份报告《基础学校：一个学习社区》（*The Basic School: a Community for*

Learning）由卡耐基基金会在 1995 年出版。这份报告强调一个学生正式学习第一年的重要性。报告的主要观点是希望公众能够理解学校是一个有远见的社区，教师是领导者，家长是合作者。博伊尔提出要对艺术教育给予足够的重视。在这份报告的影响下，基础学校网络（The Basic School Network）应运而生。16 所公立和私立学校开设了这一类的实验项目。博伊尔与学校行政部门和教员一起怀着对基础学校的信念而工作。他们创造课程教育的新方法，强调语言和艺术的重要性，积极协调学生与家长的关系。基础学校网络现在已成为美国教育的中心和隶属机构，成功提高了基础教育效率。为了表彰博伊尔对教育教学和跨学科研究的杰出贡献，美国整合研究协会授予他第二届博尔丁奖。

• 1993 年博尔丁奖获得者：加夫

加夫（Jerry Gaff）（图 18-8），1958 年毕业于德波大学，从雪城大学获得心理学博士学位，曾任教于五所教育机构，并担任哈姆莱大学文学院院长和执行主席。加夫现为美国大学联盟的高级学者，他领导了许多全国性的大学通识教育强化项目，并设立其他类似的项目支持教师的职业发展。他还是美国大学联盟学术更新网络的发起人。

图 18-8　加夫

雷蒙德大学（Raymond College）是太平洋大学下属的一所创新型大学。20 世纪 60 年代，加夫在这里当老师的时候写作并出版了《集群大学》（*The Cluster College*, 1970）一书，这是第一部系统分析和评价交叉科学实验性大学的著作。20 世纪 70 年代，他推动了对教师进修的重新界定，其中包括教师的成长和他在《面向教员成长》（*Toward Faculty Renewal*, 1975）中提到的学术共同体中的成员的成长。他在许多机构倡导制度更新项目，提高教学、写作、演讲和咨询水平，由此建立了许多教师发展中心。20 世纪 80 年代，他主要从事课程研究，帮助许多机构强化核心课程。加夫在课程开发方面出版了许多著作，其中包括《当代通识教育》（*General Education Today*, 1983），《大学课程新体验：对通识教育改革成就和深入发展的评估》（*New Life for the College Curriculum: Assessing Achievements and Furthering Progress in the Reform of General Education*, 1991），《强化基础：有效通识教育项目的十二项原则》（*Strong Foundations: Twelve Principles of Effective General Education Programs*, 1994）。从 1993 年开始，他领导了面向未来教员项目，获得了诸多研究型大学和学术群体的认可，并提出了模型项目，为大学毕业生在各种各样的大学做研究、教学和服务工作提供指导。

目前加夫已出版 21 本著作，《教学环境：对有效大学教育中最佳工作环境的研究》（*The Teaching Environment：a Study of Optimum Working Conditions for Effective College Teaching*，1971）、《通过提高教学质量革新制度》（*Institutional Renewal through the Improvement of Teaching*，1978）。《大学课程新体验：对通识教育改革成就和深入发展的评估》等专著都产生了重大的影响。加夫与他人合著的《大学课程手册：目标、结构、实践与变革综合指南》（*Handbook of the Undergraduate Curriculum：a Comprehensive Guide to Purposes，Structures，Practices，and Change*，1997）使大家认识到跨学科通识教育的社会主流及其与其他创新的关系。加夫与他人合作出版的著作还有《构建我们需要的能力》（*Building the Faculty We Need*，2000）、《2000 年的通识教育新状况：全国调查概况》（*The Status of General Education in the Year* 2000：*Summary of a National Survey*）（2001）、《变革中的通识教育课程：高等教育新的方向》（*Changing General Education Curriculum：New Directions for Higher Education*，2004），等等。此外，《大学课程手册》（*Handbook of the Undergraduate Curriculum*）也是对大学课程进行改革和探索的上佳之作。

2005 年 4 月 4 日，美国通识教育与文科学会（Association of General and Liberal Studies）在印第安纳州的绿堡（Greencastle，Ind.）以他的名字命名了杰瑞·加夫教育奖（The Jerry G. Gaff Faculty Award）。该奖每年颁发一次，旨在表彰那些为通识教育和文科做出杰出贡献的学者，在通识教育和文科教育中展现了领导力、取得杰出教学成果的学者，以及在课程开发、创新和实施通识教育与文科教育中取得杰出成就的学者。

为了表彰加夫在通识教育和教师成长方面的杰出贡献，美国整合研究协会在 1993 年授予他博尔丁奖。

（六）从学术名家看交叉学科研究进展

1. 美国跨科学评价与计量专家阿兰·波特教授简介

波特（图 18-9）是美国佐治亚理工学院（Georgia Institute of Technology）公共政策学院（School of Public Policy）与工业及系统工程研究中心（Industrial & Systems Engineering）教授，北京理工大学特聘教授。波特教授主要的研究方向是技术预测和评价，并且对跨学科评估和计量分析有深入的研究。他于 1967 年在加州理工学院获得化学工程学士学位，1972 年在 UCLA 获得工程心理学博士学位。1974 年进入华盛顿大学执教，1975 年在佐治亚理工学院的工业及系统工程研究中心执教，直到近年荣誉退休。同时，他也是公共政策的名誉教授，并在1991年至1993年担任佐治亚理工学院技术政策和评价中心（Technology Policy and Assessment Center）的管理工作。

图 18-9 波特教授

波特博士在佐治亚理工学院、巴西、南美、墨西哥和博茨瓦纳等地教授过《新兴技术分析》、《竞争技术情报》、《技术预测和评估》等课程。他发表了160余篇论文，出版过多本专著，包括《技术评价和影响分析指南》（*A Guidebook for Technology Assessment and Impact Analysis*, 1980）、《科学、技术和国家政策》（*Science, Technology, and National Policy*, 1981）、《综合影响评估》（*Integrated Impact Assessment*, 1983）、《办公自动化对秘书就业的影响》（*The Impact of Office Automation on Clerical Employment*, 1985）、《影响评估的方法和经验》（*Methods and Experiences in Impact Assessment*, 1986）、《跨学科分析与研究》（*Interdisciplinary Analysis and Research*, 1986）、《当代影响评估》（*Impact Assessment Today*, 1986）、《国际影响评估》（*International Impact Assessment*, 1987、《技术预测和管理》（*Forecasting and Management of Technology*, 1991）。

时下，波特教授的兴趣包括在电子科学技术数据库中进行半自动的电脑拓展搜索。这种"文本挖掘"技术用来概括研究领域、决定竞争要点以及产生"创新指标"。他最近的研究项目包括《国家竞争力高技术指标》（美国国家自然科学基金）、《多路径提升技术分析的应用》（NSF，创新管理研究中心）、技术机遇分析（美国国防部高级研究计划局DARPA，美国陆军）

波特博士还是《技术分析与战略管理》杂志的副编辑。他联合组建了国际影响评估协会（International Association for Impact Assessment），并且先后担任《影响评估快报》（*Impact Assessment Bulletin*）的编辑、秘书、执行理事和主席。

2. 波特教授早期的跨科学研究

波特教授早在1979年就开始关注跨学科研究，并开始发表论文。先后发表了《实验性技术评估——跨学科团队活动过程探索》（*Experimental Technology Assessment - Explorations in Processes of Interdisciplinary Team Research*, 1979）、《整合跨学科研究的结构》（*Frameworks for Integrating Interdisciplinary Research*, 1979）、《跨学科研究——执行与政策问题》（*Interdisciplinary Research——Performance and Policy Issues*, 1981）、《技术评估中的跨学科整合》

(*Interdisplinary Integration within Technology Assessment*, 1981)、《当前政策及执行中的跨学科研究经验》(*Interdicsiplinary Research Current Experience in Policy and Performance*, 1983)、《跨学科研究新定义：聚焦多技术问题研究的 STRAP 框架》(*Interdisciplinary Research Redefined*: *Multi - Skill*, *Problem - Focused Research in the STRAP Framework*, 1984)、《引用类型分析—描述跨学科研究的一种方法》(*Citation Class Analysis-an Approach to Characterizing Interdisciplinary Research*, 1984)、《横断学科研究的一种指标》(*An Indicator of Cross-Disciplinary Research*, 1985)、《跨学科研究同行评议刍议》(*Peer-Review of Interdisciplinary Research Proposals*, 1985)。

3. 波特教授与凯克国家未来计划

2003 年，美国凯克基金会①（W. M. Keck Foundation）投资 4000 万美元资助美国科学院协会（由美国国家科学院、国家工程院、国家医学院以及国家研究理事会四家单位组成），建立一个为期 15 年、旨在促进跨学科研究的美国科学院协会凯克未来计划（National Academies Keck Futures Initiative, NAKFI）。NAKFI 项目致力于推动基础科学、工程技术以及医学等各大学科门类内和门类间的跨学科研究，促进美国跨学科研究事业的深入和发展。NAKFI 的目标包括改进跨学科研究的环境，破除相关的体制和系统上的壁垒。目前有三项举措。第一，NAKFI 每年邀请 100 位各个领域、不同知识背景的卓越学者参加"智囊团"会议，讨论当今自然科学和社会发展当中最棘手的问题，并通过奖励启发性思想，激发与会者创造新思想和新方法。这个会议的宗旨之一是开放性，任何想参加的学者都可以通过申请加入进来。会议的组织者试图用这种新的模式促进合作研究，同时他们也时刻提醒自己：整体永远大于部分之和。第二，NAKFI 资助在会议中产生新想法和新学术联系的学者。第三，建立国家科学院协会交流奖（National Academies Communication Awards）以奖励那些在交流和普及科学、工程以及医学跨学科知识给大众方面做出了卓越贡献的人。

波特教授担任了此项目与跨学科评估有关的学术顾问，并陆续在《研究评论》(*Research Evalution*) 和《科学计量》(*Scientonmetrics*) 等杂志上发表了多篇跨学科评价和文献计量方面的文章，如：《跨学科研究：含义、量度和训练》(*Interdisciplinary Research*: *Meaning*, *Metrics and Nurture*, 2006),《测量研究人员的跨学科性》(*Measuring Researcher Interdisciplinarity*, 2007),《如何衡

① http://www.keckfutures.org/about/study.html.

量一个特定研究体的跨学科性?》(*How Interdisciplinary Is a Given Body of Research*?, 2008),《如何衡量纳米技术领域的跨学科性?》(*How Interdisciplinary Is Nanotechnology*?, 2009),《科学变得更加跨学科化了吗? 计量和图示随时间变化的 6 个研究领域》(*Is Science Becoming More Interdisciplinary? Measuring and Mapping Six Research Fields over Time*, 2009)。(最后两篇文章在去年的报告中已经做过介绍,在此不赘述。)

在《跨学科研究:含义、量度和训练》① 一文中,波特教授提到 NAKFI 的研究有三个方面:制衡学科专业化和孤立化发展的跨学科研究现状,新问题的提出,搭建语言、文化以及思想和制度习俗的交流平台。作者认为跨学科研究(IDR)兴起于 20 世纪 70 年代、兴盛于 80 年代,并经历了 90 年代的沉寂期,之后,在当下越来越受到重视。例如,始于 2003 年的美国国家医学院路线图(U. S. National Institutes of Health Roadmap)给予 IDR 非常大的关注。但是,如何控制住学术界对于跨学科研究概念过度泛化的趋势,不让跨学科研究变成流于形式的“时髦概念”,仍是需要关注的问题。比如,考察大学管理者在各种情况下探询有关 IDR 研究进展时,缺乏有效合理的量化评价数据支持,而且管理者最终需要了解在多个层次——科学政策、体制战略、实验室以及个体培训层次上,在多个层次面——学术界、工业研发领域以及政府和非政府组织层面上,应当如何有效促进 IDR。

针对这几方面的挑战,文章也从澄清跨学科研究(IDR)概念、如何计量跨学科以及如何促进跨学科三方面展开。第一,跨学科的定义应该具有可操作性,不应该太书卷气,而是要为 NAKFI 建立有效的操作性参数以及其他可以促进 IDR 的努力。文章基于《促进跨学科研究》(*Facilitating Interdisciplinary Research*)对 IDR 的定义,认为 IDR 研究是一种由团队或个人从两个或两个以上专业知识或研究实践的实体中,整合了各种观点、概念理论,工具、技术以及信息、数据的研究模式。第二,跨学科的计量需要在多个层次上开展。首先需要在国家层面上考察基础跨学科 R&D 的投入产出关系并与整个自然科学的基准进行对比。其次应该可以计量比较一个具体的研究领域和其他的领域的整合性相差多少。甚至,应该可以精确到计量一个学科、一个学者、一篇文章,研究他们的跨学科整合属性。第三,关于影响跨学科研究的因素,罗西尼(Rossini, 1979)和波特(1981)提出了四种整合方法,即一般小组学习(集

---

① Porter Alan L, Roessner J. David, Cohen Alex S, Perreault Marty. Interdisciplinary research: meaning, metrics and nurture. Research Evaluation, 2006, 15 (3): 187-195.

中式小组交流)、建模（共享智能传媒工具使个体都能有所贡献和获取）、子团队和对合作、领导进行整合。文章按照环境因素——资助、专业定位、体制支撑以及管理IDR的因素——团队、认知、难题处理（Problem scoping）和技术分类，罗列各种影响跨学科的因素。比如，体制支撑中奖励框架因素描述说，需要建立一种平衡，让学科和跨学科合理连接在一起。再比如，团队因素中领导权描述说，发展领导IDR的技能，包括对人际关系和思维整合方面的能力。

《测量研究者的跨学科性》① 一文提出，两种计量方法可以帮助测量一个给定研究实体的跨学科性。这两种方法都是利用知网学科分类（Web of Knowledge Subject Categories，SCS）作为分析的关键工具。文章从其中收集了两组丰富的样本，以此判断个体学科之间彼此的联系有多紧密。包括“整合性”测量——I值，代表一篇文章引用的不同学科文献的多样性，“专业性”——S值，代表一个研究实体发表所在学科的学科广度。

文章严格基于美国科学情报研究所（Institute for Scientific Information，ISI）知网学科分类的搜索统计，对单一作者或者作为团队的作者进行研究。与其他学者将合作理解为IDR的本质、将联合署名的文章作为研究对象不同，文章将对不同学科知识进行整合理解为IDR的本质，所以剔除了联合署名的文章。对一个给定研究者来说，我们可以搜索给定时间段内他发表的文章总数、文章发表的杂志所在的学科分布、引用其他文章的学科分布以及被其他学科引用的学科分布。而且，为了评估NAKFI项目是否对跨学科研究产生影响，该文样本时间段选在了以2003年为中点，前后各三年，总共六年。对43个学者的分析显示，这些研究者广泛从多个领域吸收知识，整合水平非常高。此种分析方法为定量认识跨学科学者乃至评价学者研究跨学科性提供了参考性的方法。

在《如何衡量纳米技术领域的跨学科性?》② 一文中，波特教授谈到，近年来，促进横断学科研究颇受人瞩目，尤其是纳米科学和纳米技术领域。虽然政策方面的论述强调纳米技术实际是综合性的，但有分析反对说，纳米技术就是将物理、化学等其他相关联性很弱的学科放进相对传统的单学科体制里的一个松散混合物罢了。波特教授发展了用来计量和图示化交叉学科交叉本质和程

---

① Porter Alan L，Cohen Alex S，Roessner J David，Perreault Marty. Measuring researcher interdisciplinarity. Scientometrics，2007，72 (1)：117-147.

② Porter Alan L，Youtie Jan. How interdisciplinary is nanotechnology?. J Nanopart Research，2009 (11)：1023-1041.

度的经验测量法。本文的研究结果对于组织、资助、机制等研究有支撑作用。研究中，波特教授通过对跨学科领域的文章和参考文献使用“科学全景图示”的方法，将文章都纳入主学科目录中，从而定位了横断学科间联系的本质。波特教授发现，纳米研究领域的发展速度正在放慢，而且其结构也正在发生变化（例如，化学相关的活动正在增加），结论是纳米技术研究包含多个学科，并从各个学科多样性的知识源里吸取知识。纳米研究领域的整合性紧密、发展快，但这仅仅是最近显示出的（So is much of science these days）。量化以及图示化纳米领域的活动显示出广义上的材料科学的主导核心。另外，分析和图示表明，纳米研究广泛地吸取了其他领域的知识，并没有收缩到很窄小的区间中。

4. 波特教授近期的工作和关注点

近期，波特教授仍然与佐治亚理工学院的教授们以及英国苏塞克斯大学（University of Sussex）伊斯梅尔·拉弗斯（Ismael Rafols）一道，关注对跨学科研究的“计量和图示”研究，并且正在筹建一个类似主题的网站（http://www. idr. gatech. edu/test/）。

此外，波特教授还参加了佐治亚理工学院哲学系和公共政策中心联合建立的跨学科哲学网络①（Philosophy of Interdisciplinary Network）研究小组，并在2009年9月28—29日举行的会议中发言。（http://www. philosophy. gatech. edu/pin. php）2010年4月22—24日参加在美国芝加哥Wyndham酒店举行的“团队科学学研讨会”。（http://scienceofteamscience. northwestern. edu/）

三、发展趋势及启示

从20世纪20年代“跨学科”这一概念诞生，到60年代“跨学科学”新领域的崛起；从20世纪70年代国际跨学科学会或协会的出现，到90年代专门的跨学科研究奖项的设立，交叉学科时代正在向我们大步走来。站在21世纪的高度，我们可以看到，打破学科割据的版图、重构知识的大厦已是大势所趋，全世界范围内兴起的交叉学科研究犹如一轮喷薄欲出的朝阳，熠熠闪光，绚烂夺目。

最新出版的《牛津跨学科学手册》认为，20世纪产生了4 000多个学科。

① http://www. philosophy. gatech. edu/pin. php.

前些年，国外出版了一部学科名称辞典，共收录词条 30 000 多条，虽然其中不乏“一科多名”和“名不副实”的现象，但这一数量仍令人震惊！可以想象，如果这些学科彼此交叉融汇，将会得到大量的跨学科成果。事实上，当代交叉学科研究正在实现从个别到普遍、局部到整体、被动到主动、个案到制度的全方位发展。

通过本章对 2009 年前后国际交叉学科学术会议、学术刊物、学术论文、学术著作、学术奖项、学术名家等内容的多层次、多角度介绍，我们可以对国外波澜壮阔的交叉科学发展大潮有个粗略的了解。

一些“旧瓶装新酒”的交叉科学新词大量涌现，仿佛是交叉科学“大潮”卷起的一朵朵“浪花”，新奇而引人注目。例如，在英文中 CHESS 本来是“象棋”的意思，现在却有了跨学科的新义，即对计算机科学、人文学科、工程学、教育学、经济学等学科的交叉缩写。又如，“Brownfield”直译是褐色地带，人名是布朗菲尔德，如今又有了一个环保科学的新义：被废物处理、工业制造、加油站等污染的土地。再如，Nexialist 本来是范沃格特（A. E. Van Vogt）科学幻想小说《空间小猎犬的太空之旅》中的一个人物，现在也成了与“跨学科”密切相关联的新词，网上甚至出现了“Nexialist 学院”，而这个词至今没有合适的中文翻译。层出不穷的跨学科新词不断涌现，反映了交叉学科研究“百家争鸣”、“群雄并起”的局面正在悄然酝酿之中。

从 2009 年《交叉科学评论》（ISR）杂志发表的文章来看，杂志主要探讨了科学与未来、计算机科学与文化遗产的交叉、工程与人文的交叉等问题，可以明显看到，学科交叉的一个趋势是学科交叉的跨度进一步增大，横跨自然科学和人文科学的交叉研究逐渐成为跨学科研究的热点，比如计算机科学与文化遗产、工程与人文的交叉研究。在传统的单一学科的视野中，计算机科学与音乐、工程与人文似乎是毫不相关的学科领域，一个是求真、严肃的理性思维实践，而一个是求美的感性思维实践，二者有交叉共域吗？答案是肯定的，我们知道，学科交叉的共域越小，交叉的动力就越大，新的知识生长点就越容易出现。通过上述的 CATCH 项目我们也可以看到，跨学科研究填平了自然科学与人文社会科学之间的鸿沟，拉近了传统学科部类之间的距离，使得科学知识体系越来越成为一个有机的整体。同时，自然科学与人文社会科学的全面交融也加强了科学知识与社会实践的联系，推动了科学技术的一体化进程。

跨学科研究已经成为科研原创的重要推动力量，表现出越来越重要的作用。但是我们不得不面对这样的现实：现代科学是建立在学科分化基础上的，传统单一学科的研究范式仍然根深蒂固，尽管跨学科研究已经对其产生强大的冲击力，但“即使是最积极的领导者也必须与束缚跨学科研究的障碍做斗争”。在美国，有71%的研究人员和90%的研究机构管理者认为，自己所在的机构存在着跨学科研究的重大障碍①。对跨学科合作中遭遇的障碍和藩篱，ISR也给予了极大的关注。除2009年之外，ISR在2007年刊发的文章中也对此作了反思。在跨学科研究方兴未艾的今天，对跨学科本身的反思，尤其具有必要性与迫切性。如何消除跨学科研究障碍，更好地促进跨学科的合作研究，在科学一体化的今天显得尤为必要，这对我们国家的科研实践也具有重大的借鉴意义。中国正面临着国家创新体系建设的攻坚战，若要打好这场战役，改变中国科研原创严重缺失的现状，争取在21世纪中叶跻身科技发达国家行列、达成创新型国家建设的目标，促进跨学科研究深化发展是关键性的要素之一。跨学科研究已经成为现代科研新的研究范式，从“单学科范式”到“跨学科范式”转换，不仅是科学的革命，也是我国科研和管理领域的一场革命。

由于长期的学科割据的观念和体制束缚，目前我国的交叉科学研究离国际先进水平还有相当大的差距。我国科研和教育体制没有摆脱传统的以“学科”为中心的模式，“跨学科研究”由于在体制中没有“名正言顺的”地位，往往被视为“不务正业”，长期被忽视和边缘化。虽然各种文献和报告上，“交叉科学”或“跨学科”的词汇很时髦，也有少量模仿国外的跨学科研究的探索案例，但从总体上说，传统观念和体制没有转型，我国交叉科学发展面临的仍是“只闻楼梯响，不见人下来”的尴尬局面。

我国与国外的一个重要差距，是在交叉学科基本理论研究方面的差距。国家只重视某些具体的交叉学科项目，忽视对交叉科学理论和发展战略的研究，致使我国跨学科研究，总是跟随国外亦步亦趋，缺乏自己整体的战略部署和前瞻性探索。2003年，美国科学院协会设立投资4 000万美元、为期15年的凯克未来计划项目，该项目全面调查美国跨学科研究现状和问题，探讨促进美国跨学科发展的战略和方法，全局观点鲜明。在我国，科研体制是文理分家，项目按单个学科申报，尚没有申报跨学科理论和战略研究的平台。1985年，北京召开了全国首届交叉科学学术研讨会，但直到25年后的今天，第二届会议仍然没有召开。联系到我国一贯缺席国际跨学科理论与方法问题的学术研讨会，我国在全局研究和理论探讨方面的落后状态，可以说是已见端倪。再者，过去一年中美国出版多部交叉学科研究性著作，如前面介绍的《牛津跨学科学手册》、《社会科学中的跨学科关系》、《跨学科研究的政治学：美国大学项

① Facilitating Interdisciplinary Research. http://www.nap.edu/catalog/11153.html.

目转型论集》、《创造跨学科校园文化：关于强度和可持续性的一个模型》等，跨学科主题鲜明，题材多样，视野宽阔，学术理论性强，密切结合实际。我国跨学科理论研究在 20 世纪 90 年代曾出现一个小高潮，10 年中出版著作近 10 部；进入 21 世纪，完全陷入低潮，过去 10 年，仅出现凤毛麟角的个别著作。世界范围内的跨学科理论和方法研究日新月异，我国的研究却几乎止步不前，其中存在的观念和体制的障碍，是值得深入反思的。

在本章中，我们介绍了“博尔丁奖”，该奖虽然是 20 年前设立的，但在我国可能是首次介绍。作为跨学科研究领域的最高奖项，博尔丁奖见证了世纪之交跨学科研究的发展历程，博尔丁奖的获奖成果为我们深入探讨跨学科研究提供了重要的参考。有的获奖人为跨学科事业贡献了毕生精力，从早期跨越学科的边界和学科整合的尝试，到跨学科校园文化的建设和师资力量的培训，再到重建知识框架，参与社会实践，我们不难看到跨学科事业的曲折和艰难。如果中国也设立专门奖励交叉科学研究贡献的奖项，那将会成为中国交叉科学步入深化发展新时期的一个标志。

推荐参考文献

1. http://www.continental-philosophy.org/2009/02/17/call-for-papers-for-cambridge-universitys-interdisciplinary-graduate-conference-09/.

2. http://discoursology.net/2009/02/21/critique-an-interdisciplinary-day-conference/.

3. http://www.bshs.org.uk/news/item/3358.

4. https://ocs.usask.ca/ocs/index.php/chess/conference/index/.

5. http://www.akademien-schweiz.ch/schwerpunkte/dialog/.

6. http://gsa.rice.edu/content/interdisciplinary-symposium-rice.

7. http://www.ianas.uni-mainz.de/Tagungen/CfP_Mainz_Conference_Oct.%202009.pdf.

8. http://www.torontophotoseminar.org/? page_id=88.

9. http://www.allconferences.com/conferences/2009/20090225163650/.

10. http://eventseer.net/e/9066/.

11. http://www.uu.nl/NL/faculteiten/geesteswetenschappen/centreforthehumanities/nieuws/Pages/2009123-theideaofcosmopolitanisminterdisciplinarydialogues.aspx.

12. Parrinder P, Robots Clones, Clockwork Men. The post-human perplex in early twentieth-century literature and science. Interdisciplinary Science Reviews, 2009, 34 (1): 56-67.

13. Wang Y, etc. Cultivating personalized museum tours online and on-site. interdiscipli-

nary science reviews, 2009, 34 (2-3): 139-153.

14. Gazendam L, etc. Automatic annotation suggestions for audiovisual archives: evaluation aspects. Interdisciplinary Science Reviews, 2009, 34 (2-3): 172-188.

15. Sargent M. Sixty years of science in Mainland China. Interdisciplinary Science Reviews, 2009, 34 (1): 117-122.

16. Catney P, Lerner D N. Managing multidisciplinarity: lessons from SUBR: IM. Interdisciplinary Science Reviews, 2009, 34 (4): 290-308.

17. Chang Hoon Yang. A network analysis of interdisciplinary research relationships: the Korean government's R&D grant program. Scientometrics, 2010 (83): 77-79.

18. Huutoniemi Katri. Analyzing interdisciplinarity: typology and indicators。Research Policy, 2010 39: 79-88.

19. Larivière, Vincent. On the relationship between interdisciplinarity and scientific impact. Journal of the American society for information science and technology, 2010, 61 (1): 126-131.

20. Broto, Vanesa Castán. Practising interdisciplinarity in the interplay between disciplines: experiences of established researchers. Environmental science & policy, 2009 (12): 922-933.

21. Dodson M V. Perspectives on the formation of an interdisciplinary research team. Biochemical and Biophysical Research Communications, 2010 (391): 1155-1157.

22. Stone Tammy. Launching Interdisciplinary programs as college signature areas: an Example. Innovation Higher Education 2009 (34): 321-329.

23. Spelt Elisabeth J H, etc. Teaching and learning in interdisciplinary higher education: a systematic review. Education Psychology Review, 2009 (21): 365-378.

24. Holley Karri A. Interdisciplinary strategies as transformative change in higher education. Innovation Higher Education, 2009 (34): 331-344.

25. Pautasso Marco. Peer reviewing interdisciplinary papers. European Review, 2009, 18 (2): 227-237.

26. Mainzer Klaus. Challenges of complexity in the 21st century: an interdisciplinary introduction. European Review, 2009, 17 (2): 219-236.

27. Adam D. Brown. Introduction: is an interdisciplinary field of memory studies possible?. International Journal Politics Culture Society, 2009 (22): 117-124.

28. http://www. units. muohio. edu/aisorg/.

29. Rapport D J. In memory of Kenneth E Boulding. Ecological Economics, 1996 (17): 67-71.

30. Rapport D J. The 2000 Kenneth Boulding Memorial Award. Ecological Economics, 2001 (36): 361-364.

31. Rafols Ismael, Meyer Martin. Diversity and network coherence as indicators of interdisci-

plinarity: case studies in bionanoscience. Scientometrics, 2009.

32. Porter Alan L, Roessner J D, Cohen Alex S, Perreault M. Interdisciplinary research: meaning, metrics and nurture. Research Evaluation, 2006, 15 (3): 187-195.

33. Porter Alan L, Youtie, Jan. How interdisciplinary is nanotechnology?. J Nanopart Research, 2009 (11): 1023-1041.

34. Porter Alan L, Roessner J David, Cohen Alex S, Perreault Marty. Measuring researcher interdisciplinarity. Scientometrics, 2007, 72 (1): 117-147.

执笔人：刘仲林　李本正　赵晓春　程　妍
魏　巍　刘小宝　裴世兰　陈　晨

第十九章

方法论研究

摘要

课题组从2009年开始，打破了年度和框架的约束，采用“全景式”和“主题式”相结合的手法，在每年国外方法论研究总体概览的基础上，结合方法论的不同形态和不同层面，从不同视角对近几年比较流行的研究方法具体进行逐个分析和介绍，以期逐渐展示方法论的整体性、系统性、立体性和交互性。

2009年人文社会科学方法论研究整体发展概述分为两部分：(1) 一部分是著作出版，包括方法论研究元理论探索和具体研究方法以及方法论应用；(2) 另一部分是学术期刊发表的方法论文章，包括方法论专业杂志、哲学杂志和其他人文社会科学领域的杂志。

我们重点从隐喻的视角介绍隐喻的分析方法。首先从隐喻的定义、起源及发展入手，全面分析了隐喻的存在的合法性和必然性，认为隐喻是科学共同体所运用的一种理性、对话性的特殊的认识论与方法论工具。接着，文章重点从隐喻的意向性、语境化、动力学三方面揭示了隐喻的特征。从隐喻的方法论本质来讲，隐喻是理解与选择的统一、经验与概念的统一、语义结构与隐喻域之间的统一、理性和非理性的统一。最后，文章介绍了隐喻方法论的修辞学和哲学意义。另外，从隐喻方法论的发展趋势及其发展的方向，我们可以看出隐喻广阔的发展空间和美好的发展前景。

Abstract

As the contains of annual and framework is broken from 2009, an approach of combining "panoramic" and "thematic" is adopted in the base of annual overall survey methodology study abroad. Combining the different forms of methodology and the different levels of methodology, we post the general overview of more popular methodology from a different perspective in recent years to demonstrate the methodology of progressive holistic, systematic, three-dimensional and interactive.

This chapter, for 2009's research, is divided into two parts: (1) one part is about those books publishing, including the methodology of meta-theoretical exploration and practical application of research methods and methodology. (2) the other part is about those articles published in academic journals, including the methodology of professional journals, magazines and other philosophical areas of humanities and social sciences journals.

We will introduce the metaphor analysis from the perspecitve of metaphor here. First of all, beginning from the definition, origin and development of metaphor, we comprehensively analyze the legitimacy of the existence and inevitability of metaphor. We will think that metaphor is a special methodological tool of rational, dialogue by the use of the scientific community. Then, the article will revealed the characteristics of metaphor focus from the metaphor intentionality, context-based, dynamic. Metaphor is the unity of understanding and choice, the unity of experience with the concept, the unity of semantic structure and metaphor domain, and the unity of rational and irrational from the nature of metaphor in terms of methodology. We will describe the methodology of metaphor and philosophical rhetoric. We will find the direction of the development of broad space from the trends of methodology.

一、概述

（一）出版专著情况

2009年出版了大量有关方法论研究的专著，其中部分是对于方法论研究元理论的探索，如科学哲学方法论研究和现象学哲学方法论研究；多数是对于在某一专门的人文社会科学领域某种特殊方法的具体应用。在这些专著中，研究主题为经济学和社会学领域方法的为数最多，涉及的其他领域包括考古学、艺术学、法学、传播学、宗教学等。对定性研究方法的探讨是比较显著的一个焦点。

1. 方法论研究元理论探索

（1）一般哲学方法论研究

英国伦敦学院出版公司（London College Publications）出版了《逻辑、方法论与科学哲学：第十三届国际会议论文集》（*Logic, Methodology and Philosophy of Science: Proceedings of the Thirteenth International Congress*）。该论文集收集了于2007年8月在北京召开的第十三届国际逻辑、方法论与科学哲学学术会议的重要论文，包括四个部分：逻辑、一般科学哲学、特殊科学的哲学问题、科学与社会。文集同时收录了三个特别主题：宇宙学、弗洛伊德与精神分析、中国传统医学。该文集论文作者都是当今世界上该领域的著名专家，论文集中地反映出了当前学术界逻辑、方法论与科学哲学研究的最新成果。

美国洛杉矶的智者出版社（Sage Press）出版了阿尔韦森·马茨（Alvesson Mats）的《反思性方法论：定性研究的新展望》（*Reflexive Methodology: New Vistas for Qualitative Research*）。该书共350页。作者阿尔韦森是兰德大学企业管理学教授，他认为对于科学研究而言，反思性是最为基本的，正是反思性给研究者提供了解释其研究结论时所需要的视角。作者首先对于科学哲学中的重要传统进行了论述，在此基础上令人信服地指出了反思性方法论的四个主要层次：扎根理论（Grounded Theory）、解释学、批判理论、后结构主义与后现代主义。该书对这些不同层次进行了比较，给出了一种更为广阔的定性研究方法视域。在这种视域中，经验性研究与理论关涉得以更好地实现具有创造性的互动。

（2）现象学哲学方法论研究

智者出版社出版了约翰纳·史密斯（Jonathan A. Smith）的《解释的现象

学分析：理论、方法与研究》（*Interpretative Phenomenological Analysis*：*Theory*, *Method and Research*）。该书共 225 页，分为三部分十三章，结构为：第一章“导论”；第一部分“从事解释的现象学分析——理论与方法”：第二章“解释的现象学分析之理论基础”，第三章“涉及一种解释的现象学分析研究”，第四章“收集数据”，第五章“分析”，第六章“书写”；第二部分“解释的现象学研究”：第七章“健康与疾病”，第八章“性别与性征”，第九章“心理痛苦”，第十章“生活转换与身份”；第三部分“解释的现象学分析的当下主题”：第十一章“有效性评价”，第十二章“解释的现象学方法与其他方法的关系”，第十三章“结论及对未来发展的反思”。解释的现象学分析是一种近年来发展起来的定性研究方法，主要致力于考察人们如何澄清自己生活的意义。例如，一个解释的现象学分析研究者可能对于人们如何理解生活转变中诸如开始工作、养育孩子、失去父母等事件的意义，或者对于移民国外和接受基因测试时如何做出决定感兴趣。该书考察了解释的现象学分析最为核心的理论视角——现象学、解释学和意符系统，并通过具体案例使读者熟悉解释的现象学分析的各个步骤。

美国杜肯大学出版社（Duquesne University Press）出版了阿米迪奥·吉奥尔吉（Amedeo Giorgi）的《心理学中的描述现象学方法：一种改良的胡塞尔式径路》（*The Descriptive Phenomenological Method in Psychology*：*a Modified Husserlian Approach*）。该书共 233 页，讨论了心理学中定性研究的现象学基础，认为这一基础来自现象学哲学、科学和心理学的交叉；挑战了经验主义中长期存在的心理学科学实践基础的假定，指出一种更广义的科学的现象学理论的哲学能够促进心理学理论的进一步发展。作者阿米迪奥·吉奥尔吉来自赛布鲁克研究生院和研究中心（Saybrook Graduate School and Research Center），是影响深远的名著《作为一种人文科学的心理学》（*Psychology as a Human Science*）一书的作者，也是《现象学心理学杂志》（*Journal of Phenomenological Psychology*）的创始人。他坚定地认为，在一种人文主义的心理学的定性研究中，胡塞尔的现象学哲学和科学理论作为一种理论基础，比传统的经验主义具有更大的优势。在该书中，他以对于嫉妒经验的细致描述为例论证了现象学方法对于心理学以及其他社会科学现象之分析所具有的重要价值和意义。

（3）其他

纽约劳特里奇出版社出版了奇库米·塔舒奥卡（Kikumi K. Tatsuoka）的《认知评价：规则空间方法导论》（*Cognitive assessment*：*an introduction to the rule space method*）。该书共 330 页，属于“多元应用丛书”系列（Multivariate applications book series)。作者奇库米·塔舒奥卡是美国哥伦比亚大学师范学院人类发展系的荣誉退休教授，是用于认知诊断评价的规则空间方法与矩阵 Q 理论发展的先驱。该书对于测试结果分析提出了一种全新的方法论，该方法的核心在于将不可观察的知识和技能变量转化为可观察且可测量的属性。全书共分十章：第一章“测试数据的维度与异常反应模式”，第二章“参数适于人的统计学”，第三章“通过发展一种关联矩阵 Q 的认知建模”，第四章“创生自矩阵 Q 的知识空间”，第五章“一个分类空间：项目反映理论中作为人参数 Q 的笛卡儿式产物的规则空间”，第六章“分类规则”，第七章“规则空间决定规则与特性把握概率”，第八章“伴有不同在先概率的在后概率及其对于特性把握概率的影响”，第九章“项目、人的可靠性及其与经典测试理论的关系”，第十章“特性确认，通过引入项目与测试属性编码的矩阵 Q”。

2. 研究方法及方法论应用

(1) 经济科学研究方法及方法论应用

德国柏林的施普林格·沃拉格（Springer Verlag）出版社出版了西萨里奥·赫纳迪兹（Cesáreo Hernández）、玛塔·博萨达（Marta Posada）、阿道夫洛佩兹-帕里迪斯（Adolfo López-Paredes）编辑的《人工经济学：经济学中的生成方法》(*Artificial Economics: the Generative Method in Economics*)。该书共 268 页，属于“经济学与数学讲义丛书”，是 2009 年 9 月 10—11 日在西班牙巴利亚多利德（Valladolid）举办的人工经济学学术会议论文集。该书共分为七部分，收录论文 21 篇。第一部分为“宏观经济学”，收录论文 3 篇：吉安弗兰克·居里奥尼（Gianfranco Giulioni）的《低利率政策的潜在劣势：银行流动资产的不稳定性》，居里亚·卡奇安（Giulia Canzian）、艾多阿多·加菲奥（Edoardo Gaffeo）和罗伯托·坦波利尼（Roberto Tamborini）的《计算机实验室中的凯恩斯：基于代理的 MEC，MPC，LP 模型》，菲利普·凯鲁（Philippe Caillou）和迈克尔·希巴格（Michele Sebag）的《集中化学术型劳动力市场的傲慢与偏见》；第二部分为“产业组织”，收录论文 3 篇：维尼·赞得勃良（Wayne Zandbergen）的《美国国防市场的集中：1996—2006 年的阶段性分析》，埃里克·居尔奇（Eric Guerci）、穆罕默德·阿里·拉斯提加（Mohammed Ali Rastegar）和希尔瓦诺·辛克提（Silvano Cincotti）的《自由化意大利能源市场中经营者的投标策略》，约西·桑托斯（Jose I. Santos）、里卡多·德尔奥尔莫（Ricardo del Olmo）和贾维尔·帕贾里斯（Javier Pajares）的《垄断性竞争中的选择过程》；第三部分为“市场动力学与拍卖”，收录论文 3 篇：罗伯托·塞尔沃尼（Roberto Cervone）、史蒂芬诺·加拉沃提（Stefano Galavotti）

和马可·里加尔兹（Marco LiCalzi）的《减价买主与涨价卖主的双重拍卖中的对称均衡》，阿萨其昂·莫考恩（Asuncion Mochon）等的《基于代理的计算经济学方法的多单元拍卖分析》，马奇耶·拉提克（Maciej Latek）和博古米尔·卡明斯基（Bogumil Kaminski）的《社会习得与定价模糊》；第四部分为“金融”，收录论文3篇：卢西亚·米利奥尼（Lucia Milione）和帕奥罗·皮里贾（Paolo Pellizzar）的《共同基金流与“诺丁汉警长”效应》，芭芭拉·拉凯（Bàrbara Lacay）和吉尔伯特·派菲（Gilbert Peffer）的《金融市场中基于多代理的宏观历史时期模拟的框架基础》，安德里亚·提格里奥（Andrea Teglio）、马可·罗伯托（Marco Raberto）和希尔万科·辛克提（Silvanco Cincotti）的《利用基于代理的金融市场方法解释普通股超额返还》；第五部分为“金融市场”，收录论文3篇：Yuji Karino 和 Toshiji Kawagoe 的《人工金融市场中的泡沫与碰撞》，奥利维尔·布兰多伊（Olivier Brandouy），菲利普·马希厄（Philippe Mathieu）和伊莱纳·沃利钦科（Iryna Veryzhenko）的《单一金融交易的事后最优策略计算》，约西·安东尼奥·帕斯库尔（José Antonio Pascual）和贾维尔·帕加瑞斯（Javier Pajares）的《交易额、价格、返还和金融资产流动性之间关系的一种创生性方法》；第六部分为“信息与习得”，收录论文3篇：佛洛里安·豪希尔（Florian Hauser）、尤尔根·胡伯（Jürgen Huber）和迈克尔·科奇勒（Michael Kirchler）的《对实验室试验与基于代理的模拟的比较：在一个不对称信息市场中信息的价值与市场效率》，爱丽娜·卡特尼丝（Elena Catanese）等人的《可选择习得框架下的资产返还动力学》，纳里尼·乌杜米安（Narine Udumyan）、朱立特·罗奇尔（Julette Rouchier）和多米尼克·阿米（Dominique Ami）的《在一种习得模型中整合路径依赖性的尝试》；第七部分为“方法论问题”，收录论文3篇：夏维尔·维拉（Xavier Vilà）的《对重复的囚徒困境的“模型到模型”分析：遗传算法与进化动力学》，戴维·波加（David Poza）、费利克斯·维拉法内兹（Félix Villafáñez）和贾维尔·帕加瑞斯（Javier Pajares）的《经济决策中标签认识的效用》，吉特·贾·霍夫斯蒂德（Gert Jan Hofstede）、卡瑟林·左科尔（Catholijn M. Jonker）和蒂姆·沃尔瓦特（Tim Verwaart）的《贸易伙伴选择的效用及文化模拟》。

英国剑桥大学出版社出版了荷兰鹿特丹伊拉斯谟大学学者尤斯卡里·马吉（Uskali Mäki）主编的《实证主义经济学方法论：对米尔顿·弗里德曼遗产的反思》（*The Methodology of Positive Economics: Reflections on the Milton Friedman Legacy*）。该书共363页，内容为一大批世界著名学者对弗里德曼1953年发表的经典论文《实证主义经济学方法论》进行的重新解读和诠释。弗里德曼的这篇文章是20世纪最为知名、同时也最富于争议的经济学方法论论文。全书分为五个部分：第一部分为弗里德曼的论文《实证主义经济学方法论》；第二部分为“阅读并创作经典”，包含3篇论文：尤斯卡里·马吉的《阅读20世纪经济学：多重视角的地图》，丹尼尔·汉莫德（J. Daniel Hammond）的《弗里德曼方法论论文的早期手稿》，尤斯卡里·马吉的《非实在的假定与不必要的困扰：重读并重写作为实在主义陈述的弗里德曼1953年论文》；第三部分为“模型、假定、预言、证据”，包含4篇论文：汤姆·梅耶（Tom Mayer）的《弗里德曼方法论论文对于经济学的影响》，韦德·汉兹（D. Wade Hands）的《米尔顿·弗里德曼的方法论特许了形式主义革命?》，梅文·里德（Melvin Reder）的《经济学方法论中的证据评价》，戴维·泰拉（David Teira）、希拉诺·杰斯（Serrano Jess）、加莫拉·伯尼拉（Zamora Bonilla）的《实证主义的政治学：来自利益相关者的公正预测》；第四部分为“理论语境：公司、货币、预期效用、瓦尔拉与马歇尔”，包含6篇论文：罗杰·贝克豪斯（Roger Backhouse）的《弗里德曼1953年论文与边际主义论争》，奥利佛·威廉姆森（Oliver Williamson）的《弗里德曼与公司理论的关系》，杰克·弗洛曼（Jack Vromen）的《弗里德曼的选择论证再思考》，克里斯·斯坦莫（Chris Starmer）的《预期效用与弗里德曼的冒险方法论》，凯文·胡佛（Kevin D. Hoover）的《弗里德曼的方法论立场：因果实在论》，迈克尔·德·弗罗伊（Michel De Vroey）的《出于错误的理由站在正确的立场：弗里德曼论瓦尔拉与马歇尔的分歧》；第五部分为“最终的视角”，包含2篇论文：马克·布劳格（Mark Blaug）的《50年之后对于弗里德曼1953年论文的论争》，《米尔顿·弗里德曼的最终结局》。这些论文不仅是不可缺少的对于之前已有相关学术成果的总结，也为未来研究提供了丰富的启迪和指引。

英国牛津大学出版社出版了詹妮佛·卡索尔（Jennifer L. Castle）和尼尔·谢泼德（Neil Shephard）主编的《计量经济学的方法论与实践：戴维·亨德利纪念文集》（*The methodology and practice of econometrics: a festschrift in honour of David F. Hendry*）。该书共451页，包含了17篇论文。戴维·亨德利是当代经济计量学的一位影响极为深远的人物，是伦敦经济学院计量经济学研究学派的先驱。全书作为一部具有原创性的研究论文集，主要关注时间序列计量经济学，涉及理论和应用两个层面，全面地反映出戴维·亨德利对于计量经济学方法论的兴趣和研究成果。本书分为五个部分，包括模型选择、关联、预测、方法论以及经验应用。其中包含的核心论题有动力学建模与时间序列数据特征、模型选择、评估与预测、政策分析、外生性与因果性等。

英国爱德华·埃尔加出版社（Edward Elgar Press）出版了杰斯珀·杰斯珀森（Jesper Jesperson）的《宏观经济学方法论：一种后凯恩斯视角》（*Macroeconomic Methodology*：*A Post-Keynesian Perspective*），该书共 256 页。杰斯珀森是荷兰罗斯基勒大学（Roskilde University）经济学家，他在书中指出，宏观经济理论与分析具有特定的方法。该书主要对宏观经济学中三种最典型的学派，即新古典主义学派、新凯恩斯主义学派、后凯恩斯主义学派进行了研究。杰斯珀森认为，凯恩斯最重要的关于不确定性重要性及其与风险的差别的方法论洞察被新古典主义和新凯恩斯主义学派忽略了。后凯恩斯主义通过使用更适于避免“错误的原子结论”的新的开放性分析模型，拓展了凯恩斯的工作。所谓“错误的原子结论”，即关于宏观经济现实的结论是从一种不正确的与个体层次的类比中所得出的结论，例如，一种增长的个体储蓄倾向被错误地假定为自动增加储蓄的宏观层次。

英国剑桥大学出版社出版了莫汉·穆纳辛格（Mohan Munasinghe）的《实践中的可持续发展：可持续发展经济学方法论及应用》（*Sustainable Development in Practice*：*Sustainomics Methodology and Applications*）。该书共 633 页，属于“穆纳辛格发展研究所增长与可持续发展系列丛书”［Munasinghe Institute for Development（MIND） series on growth and sustainable development］，由詹姆斯·古斯塔夫·斯派西（James Gustave Speth）作序。全书基于可持续发展经济学的理论框架，对于当今可持续发展的前景进行了综合性的、严格的、实践性的分析，由著名环境科学家和发展专家莫汉·穆纳辛格在过去 18 年间所推进的可持续发展经济学向我们展示出从具有冒险性的常规商业途径到一种安全的、可持续的未来的转换中一种首要的实践性步骤。这种可持续经济学所带来的主要讯息是乐观主义的：尽管存在的问题仍然是严重的，但如果可持续发展经济学被立即应用，将或产生一种有效的作用，使得发展变得更加可持续。该书详尽地揭示了可持续发展经济学所蕴涵的原理，行文简练，尽量避免过多技术性的术语出现。附录中提供了大量数学和其他细节性内容。它利用在广泛的时间和地域量度（国家、部门、生态系统、环境）上的实践性的、与政策相关的经验性案例研究，充分展示了可持续经济学的方法论。丰富的参考文献对于研究可持续发展特殊主题的研究者有极大的参考价值。

帕尔格雷夫·麦克米伦（Palgrave Macmillan）出版公司出版了丹尼尔·盖伊（Daniel Gay）的《反思性与发展经济学：方法论、政策与实践》（*Reflexivity and Development Economics*：*Methodology*，*Policy and Practice*）。该书共 224 页，运用自反省概念勾勒出发展实践的一种分类学，并且对于处于发展阶段两个相反阶段的国家，即西南太平洋岛国瓦努阿图和新加坡的案例进行了比较研究。书中所提供的方法论径路旨在为发展中国家的人民提供话语权，对于这些国家的经济政策制定具有实践性的指导意义。自反省与发展经济学为由修订后的《华盛顿共识》所主导的经济发展的流行观点指出了一种可替代的选择。作者基于一种开放的经济学知识视角，摒弃了“只有一种模式适于所有对象”的蓝图，指出经济学分析应当根据不同国家的不同语境而有差异。他通过对世界上最穷的国家之一瓦努阿图和最富的国家之一新加坡的比较考察，指出倾听贫困者的声音有助于改进政策，对于发展经济学所具有偏见的审视有助于调整政策，以使之更加适合于当地的情况。该书适于对发展研究、国际政治经济学、发展经济学和经济学方法论感兴趣的读者和研究者。全书共分9部分，具体结构为：第一章“导论”，第二章“超越现代主义与后现代主义”，第三章“自反性理论”，第四章“自反性与发展经济学”，第五章“案例研究导论”，第六章“瓦努阿图：反克鲁索经济（The Anti-Crusoe Economy）”，第七章“新加坡：作为游览胜地的城市”，第八章“比较”，第九章“结论”。

德国慕尼黑的塞里尔欧洲法律出版公司（Sellier European Law Pub）出版了安德烈·詹森（André Janssen）和奥拉法·梅耶（Olaf Meyer）主编的《国际货物销售合同公约方法论》（*CISG Methodology*）。该书共395页，详细论述了《联合国国际货物销售合同公约》中出口销售合约中的方法论问题。目前，《联合国国际货物销售合同公约》被广泛应用于国际仲裁法庭及其多个成员国的国内法庭。那么，在具体的法庭使用过程中，不同的法官究竟应用了怎样的方法论去说明这些原则？对此，本书汇集了来自五大洲的著名学者，由他们对使用该公约的方法论问题进行了详细的、多角度、多层次的分析和研究。

（2）社会学研究方法及方法论应用

① 社会调查方法论

美国新泽西州霍伯肯（Hoboken）的威利出版社（Wiley Press）再版了罗伯特·格罗夫斯等编订的《调查方法论》（*Survey Methodology*）。该书共461页，属于“威利调查方法论丛书”（Wiley series in survey methodology）。该书作者汇集了美国在该领域的六位著名专家，内容涵盖了从经典领域到新发展领域的主要论题，主要聚焦于设计并实施抽样调查。这次再版注重局域性、可操作性和直接切入主题，充分展示了调查方法论研究的现状。相对于原有的居民家庭使用的地面通信系统，该书特别强调对于不断增长的应用互联网和引动通信设备所进行的调查研究。该书共分为12章，每一章均给出了详细的关键词列表、扩展读物和练习。第一章为“调查方法论导论”，第二章为“调查中的推论与失误”，第三章为“目标群体、采样框架和覆盖失误”，第四章为“样品设计与取样失误”，第五章为“数据收集方法”，第六章为“样品调查中的无反馈”，第七章为“调查中的问与答”，第八章为“对调查问题的评价”，第九章为“调查访谈”，第十章为“调查数据的后收集过程”，第十一章为“与科学完整性关联的原则与实践”，第十二章为“调查方法论问与答”。

英国奇切斯特的约翰·威利父子出版社（John Wiley & Sons Press）出版了彼得林恩（Peter Lynn）所著的《纵向调查方法论》（*Methodology of Longitudinal Surveys*）。该书共 396 页，属于“威利调查方法论系列丛书”，内容涵盖了纵向调查设计、实施和分析的所有主要环节。全书共 12 章，分别为：第一章“纵向调查方法”，第二章“纵向调查的样本设计”，第三章“纵向调查中的伦理问题”，第四章“通过与管理数据的联合推进纵向调查”，第五章“通过问卷设计处理接缝偏见”，第六章“从属性访谈：对于当下研究的框架和应用”，第七章“事件中的态度：面板控制的心理学”，第八章“纵向调查中调查模式变化的一些后果”，第九章“纵向调查中应用辅助数据进行调解”，第十章“识别影响纵向调查回应的因素”，第十一章“追踪机动的样品元素”，第十二章“对纵向调查回应者激励机制的应用”。

② 案例研究方法

美国加利福尼亚大学出版社出版了该校社会学系学者迈克尔·布拉沃伊（Michael Burawoy）所著的《案例延展法：四个国家、四个十年、四个伟大转变和一个理论传统》（*The Extended Case Method: Four Countries, Four Decades, Four Great Transformations, and One theoretical Tradition*）。该书共 338 页，从比较经济学的角度对涉及资本主义、社会主义以及工人阶级的一些基本问题进行了再思考。作为一本论文集，全书的具体结构为：第一章“案例延展法：后殖民非洲的种族与阶级”，第二章“人种学的再思考：过渡中的资本主义与其他历史”，第三章“革命研究中的两种方法：托洛茨基与斯科克波尔”；第四章“多案例人种学：追踪国家社会主义的灭亡”，结论为“伟大转变的人种学”，后记为“论公共人种学”。作者通过 20 世纪苏联及其卫星国的兴起和衰落中工人阶级的巨大变化以及美国资本主义的重建以及赞比亚所发生的非洲后殖民转变，充分发展了一种案例比照的研究方法。

英国苏塞克斯学术出版社（Sussex Academic Press）出版了伊尔希·凡·利厄普特（Ilse van Liempt）和维罗尼卡·比尔吉尔（Veronika Bilger）主编的《移民研究方法论的伦理学：对于弱势移民群体的处理》（*The Ethics of Migration Research Methodology: Dealing with Vulnerable Immigrants*）。该书共 171 页。当

下的移民问题研究中，一个不断增长的焦点就是关注移民中的弱势人群，即那些缺乏作出个人生活选择、个人决定、保持独立自主能力的人。监狱中的犯人、非法的人口交易和性交易中的对象以及由于战争而被迫移民的人都是这种弱势人群。对移民问题的处理十分接近对人类所受痛苦的关涉，对研究者提出了方法论的以及伦理学的问题。该书所收论文包括：罗伯特·巴斯基（Robert F. Barsky）的《美国南部法律中自由裁量时代移民监禁研究中的方法论主题》，克里斯汀·阿彻曼（Christin Achermann）的《瑞士监狱中外国犯人的多视角研究》，理查德·斯塔瑞（Richard Staring）的《非正常移民研究的不同方法》，詹宁·达西登（Janine Dahinden）和德尼斯·爱菲奥纳伊-马德尔（Denise Efionayi-Mäder）的《对收容所庇护者与移民性工作者进行经验性实地调查的挑战和策略》，维罗尼卡·比尔吉尔和伊尔希·凡·利厄普特的《走私移民研究中的方法论与伦理学困境》，尤吉尼亚·马科瓦（Eugenia Markova）的《具有相同种族背景的无文件证明的移民研究中的伦理学困境与方法论关涉》，努里阿·埃姆佩兹（Nuria Empez）的《作为社会工作者的实地调查者：对摩洛哥无伴侣未成年人研究中的困境》。

（3）考古学研究方法及方法论应用

英国牛津考古学出版社与约翰和埃里卡·海吉斯公司（Archaeopress/John and Erica Hedges Ltd）出版了亚历山德拉·维罗（Alexandra Velho）和汉斯·卡莫曼斯（Hans Kamermans）主编的《考古学实践的技术和方法论：对于过去重建的实践应用》（*Technology and Methodology for Archaeological Practice: Practical Applications for the Past Reconstruction*）。该书是2006年9月4—9日在葡萄牙里斯本举办的国际史前科学和原史科学学术会议论文集，共收集论文16篇。

美国华盛顿国家遗产文献项目国家公园服务出版了迪德里·麦卡锡（Deidre McCarthy）主编的《历史遗迹回应方法论：基于卡特里娜飓风的模型》（*Historic Preservation Response Methodology: Based on the Hurricane Katrina Model*），全书共257页。

（4）艺术学研究方法及方法论应用

帕特里夏·利维（Patricia Leavy）所著的《方法遭遇艺术：基于艺术的研究实践》（*Method Meets Art: Arts-based Research Practice*）由纽约古尔福德出版社（Guilford Press）出版。帕特里夏·利维现为美国斯通希尔学院（Stonehill College）社会学系副教授，长于定性分析方法。该书共286页，主要运用定性研究的方法对艺术与社会、艺术与科学的一些重要问题进行了研究。该书对基于艺术的研究实践（arts-based research，ABR）首次提出了一种综合性介绍。作者指出，事实上，不同学科的研究者们都在卓有成效地应用这种方法去揭示信息并表征经验。这种基于艺术的实践研究方法极大地弥补了传统方法的缺陷。六种基于艺术的研究实践的主要类型，即叙事探索、诗歌、音乐、表演、舞蹈和视觉艺术都被包含在该书的论述中。该书引入了关键概念和方法，并通过主要的基于艺术的研究实践的活动家提出了一种可效仿的研究论文。作者讨论了不同种类的研究问题，这些创新方法能够指示并提供将其应用于一个研究项目不同研究阶段的实践性指导，从设计和数据收集到分析、解释、表征和评价。章节中包括了指导方法论决策制定的清单、问题讨论，并对已出版文献和网络资源进行了推荐。该书分 8 个部分，结构为：第一章“社会研究与创造性艺术：导论”，第二章“叙事探索——什么样的母亲?：一种人种学简史”，第三章“诗歌与定性分析——作为诗歌的研究：一对感染艾滋病的夫妇”，第四章“音乐与定性分析——在一种基于艺术的定性研究中音乐的功能”，第五章“表演研究——探究冒险的青年经验：公共剧院作为一种参与式的表演研究方法”，第六章“舞蹈与运动——书写韵律：运动作为方法”，第七章“视觉艺术——视觉肖像：将艺术过程纳入定性分析”，第八章“搭建艺术与科学之间的桥梁”。

（5）法学研究方法及方法论应用

美国波卡·拉顿（Boca Raton）的 CRC 出版社出版了兰德尔·努恩（Randall K. Noon）的《科学方法：在破产研究与法庭科学中的应用》（*Scientific Method：Applications in Failure Investigation and Forensic Science*）。该书共 193 页，属于“国际法庭科学与研究书系”。这是一部适用于研究法庭科学的学生和专业人士的教科书，主要介绍了在破产研究领域科学方法的基础性应用。作者在书中系统介绍了归纳推理、演绎推理方法的根本原因（root cause）分析方法，同时详细解释了进行数据分析、研究战略规划的步骤，为读者撰写包含丰富信息并能够为最终决策提供强有力支持的报告提供了极有价值的参考。著名法庭科学专家约翰·诺迪比（John J. Nordby）的一系列犯罪案例研究也被收录在该书中，大大丰富了该书的内容。

（6）其他学科研究方法及方法论应用

由乔尔·勒蒙（Joel M. LeMon）和肯特·哈罗德·理查兹（Kent Harold Richards）主编的《方法的重要性：关于希伯来圣经解释的论文——纪念戴维·彼得森》（*Method Matters：Essays on the Interpretation of the Hebrew Bible in Honor of David L. Petersen*）由美国亚特兰大的圣经研究协会出版。该书共 624

页，为“圣经研究资源丛书”第56卷。该书收入的论文包括：小迪恩·麦克布莱德（S. Dean McBride Jr.）和詹姆斯·卢瑟·梅斯（James Luther Mays）的《戴维·彼得森的著作目录——形式批评：创世纪中濒临危险的女族长之问题》，马文·斯维尼（Marvin A. Sweeney）的《来源批评：海边的神迹》，克里斯托弗·列文（Christopher Levin）的《编辑批评：〈列王记〉与〈申命记〉作者》，托马斯·罗默（Thomas Römer）的《校勘批评：希伯来圣经文本的复原和保存》，拉尔夫·克莱恩（Ralph W. Klein）的《传统与历史批评：契约代码的发展》、道格拉斯·奈特（Douglas A. Knight）的《比较径路：历史、理论与神的形象》、布兰特·斯特劳恩（Brent A. Strawn）的《圣像径路：圣诗十七的圣像结构》、乔尔·勒蒙（Joel M. LeMon）的《宗教与历史径路：一神论、方法与必死性》、克里斯托弗·海斯（Christopher B. Hays）的《史料编纂径路：概览与原则》，约翰·海斯（John H. Hayes）的《心理学批评：对文本中自我的探析》，沃尔特·布鲁格曼（Walter Brueggemann）的《人类学径路：〈利未纪〉八中的仪式，真实的抑或修辞的?》，威廉·吉德斯（William K. Gilders）的《社会学径路：面向希伯来圣经中儿童的一种社会学》，内奥米·斯滕伯格（Naomi Steinberg）的《叙事分析：意义、语境与创世纪三十八的起源》，亚哈·阿米特（Yairah Amit）的《诗学分析：圣歌第一百二十一》，科尔斯顿·尼尔森（Kirsten Nielsen）的《女性主义分析：萨拉笑到最后》，苏珊·布莱福德（Susan Brayford）的《性别分析：圣经研究中的性别与方法》，比阿特里斯·劳伦斯（Beatrice Lawrence）的《生态学径路：圣经与大地》，吉恩·塔克（Gene M. Tucker）的《道德径路：作为道德传说的大卫王传说》，布鲁斯·伯奇（Bruce C. Birch）的《神学解释：一个提议》，威廉·布朗（William P. Brown）的《希伯来圣经的布道转移》，盖尔·奥代（Gail R. O'Day）的《拉丁美洲径路：对乔尔所创立的“耶和华的日子”传统的自由主义解读》，帕布罗·阿迪纳奇（Pablo R. Andiñach）的《米德拉奇与释经学：从创世纪拉比看以撒的捆缚》，阿兰·阿维利—派克（Alan J. Avery-Peck）的《后现代主义文学批评：方法的不可能性》，马克·乔治（Mark K. George）的《对“历史批评”方法的反思》，马蒂尼·希恩（Martti Nissinen）的《对社会科学批评的反思》，罗伯特·威尔森（Robert R. Wilson）的《对文学批评的反思》，约翰·巴顿（John Barton）的《对意识形态批评和后批评视角的反思》，卡罗尔·纽瑟姆（Carol A. Newsom）的《对效果历史的反思：约伯的案例》等。

威利·布莱克威尔出版社（Wiley-Blackwell Press）出版了詹妮佛·霍尔

特（Jennifer Holt）与艾丽莎·泼兰（Alisa Perren）主编的《媒体工业：历史、理论与方法》（*Media Industries*：*History*，*Theory*，*and Method*）。该书共 283 页，探究了媒体工业研究的演化领域，提供了一种具有创新性的未来研究与分析的蓝图。利用了当前社会和文化环境，即史无前例的技术变革、融合及全球化，跨越一系列文本的、体制的和理论的视角，将研究电影、媒体、通讯以及文化的一流学者最新创作的论文结集，提供了丰富的电影、电视和数字媒体案例，生动地展示了跨国家、跨区域、国际性语境中动力学的变化情境。该书分为四部分，共二十章。导论为“世界真的需要一种新的研究领域吗?”；第一部分为“历史”：第一章为米歇尔·希尔米斯（Michele Hilmes）的“媒体工业编史学的问题”，第二章为卡罗琳·弗里克（Caroline Frick）的“制造遗产：运动的影像文献和媒体工业研究”，第三章为托马斯·沙茨（Thomas Schatz）的“电影工业研究与好莱坞历史”，第四章为维多利亚·约翰逊（Victoria E. Johnson）的“电视网络的历史：广播、有线电视及 ESPN 的案例”，第五章为辛西娅·梅耶斯（Cynthia B. Meyers）的“从赞助式广告到插播式广告：广告业与电子媒体的发展”，第六章为戴维·马歇尔（P. David Marshall）的“作为变化了的媒体工业的新闻媒体”；第二部分为“理论”：第七章为道格拉斯·凯尔纳（Douglas Kellner）的“媒体工业、政治经济学与媒体/文化研究——一种澄清”，第八章为迈克尔·科廷（Michael Curtin）的“全球化思考：从媒体帝国主义到媒体资本主义”，第九章为克里斯蒂娜·维尼格斯（Cristina Venegas）的“区域性思考：多样性中的单一性与统一中的差异”，第十章为奈廷·格威尔（Nitin Govil）的“国家性思考：全球化媒体交换中的定居地、区分与功能紊乱”，第十一章为马克·德兹（Mark Deuze）的“融合文化与媒体工作”；第三部分为“方法论与模型”：第十二章为菲利普·那泼利（Philip M. Napoli）的“媒体经济学与媒体工业研究”，第十三章为约翰·麦克莫里阿（John McMurria）的“规范与法律：一种批判的文化公民方法”，第十四章为托比·米勒（Toby Miller）的“新人文学科、文化政策研究与创意产业”，第十五章为约翰·桑顿·考德维尔（John Thornton Caldwell）的“产品文化：对工业的深层文本、自反仪式及托管的自我揭露的研究”，第十六章为约书亚·格林·亨利·詹金斯（Joshua GreenHenry Jenkins）的“Web2.0 的道德经济：受众研究与融合文化”；第四部分为“未来：四种视域”：第十七章为约翰·哈特利（John Hartley）的“从意识产业到创意产业：消费者创造的内容、社会网络市场与知识的增长”，第十八章为戴维·海斯莫汉（David Hesmondhalgh）的“政治、理论与媒体工业研究方法”，第十九章为乔丹·列维（Jordan Levin）的“一种工业观点：对变化速率的标定”，第二十章为霍拉斯·纽康姆（Horace Newcomb）的“朝向综合的媒体工业研究”。

（二）发表论文情况

2009 年，除专门的人文社会科学方法论研究杂志，如《社会研究方法论国际杂志》、《社会学方法论》等之外，哲学专业杂志如《逻辑研究》、《综合》、《今日哲学》、《社会科学哲学》等也发表了一些研究与方法论研究相关的学术论文。其他人文社会科学领域如教育学等杂志也有相关论文发表。

1. 方法论专业杂志

（1）《社会研究方法论国际杂志》

劳特利奇出版社出版的方法论研究专业杂志《社会研究方法论国际杂志》（*International Journal of Social Research Methodology*）2009 年出版至第 12 卷，共出版 5 期。

该杂志在 2009 年 2 月出版的第一期包括 7 篇文章，其中 6 篇论文、1 篇书评。论文有：拉斯·格罗维克（Lars Grönvik）的《定义残疾：残疾概念对研究结果的影响》，狄波拉·奎尔加斯（Deborah Quilgars）、玛雅·埃尔辛加（Marja Elsinga）、安文·琼斯（Anwen Jones）等的《内部定性与跨国家研究：在欧盟住房研究中使方法更加透明》，安德里亚·莫尼卡·赫尔曼（Andrea Monika Herrmann）、拉西·克洛维斯特（Lasse Cronqvist）的《当二分变成中型数据集分析的问题》，阿历克斯·布鲁姆（Alex Broom）、克里·汉德（Kelly Hand）、菲利普·图维（Philip Tovey）等人的《在定性访谈数据的形成中性别、环境与个人经历的作用》，安妮·拜恩（Anne Byrne）、约翰·加纳万（John Canavan）、米歇尔·米勒（Michelle Millar）等人的《参与者研究与以声音为焦点的数据分析关联方法：这样做值得吗?》，丽莎·伯格（Lisa K. Berger）、奥德雷·比甘（Audrey L. Begun）、劳拉·奥托-萨拉（Laura L. Otto-Salaj）等人的《介入性研究中的参与者雇用：科学整合与成本效益策略》；该期书评是由伊丽莎白·葛茨奇（Elisabeth Gotschi）和塞尔吉奥·斯普兰多（Sergio Splendore）撰写的对安吉拉·索地（Angela Thody）所著的《研究的撰写与提交》（*Writing and Presenting Research*）的评论。

4 月出版的第二期包括 7 篇文章，其中 6 篇论文、1 篇书评。论文有：加布里埃尔·格维希尔（Gabrielle Gwyther）和阿尔菲·波萨梅-伊尼西德（Alphia Possamai-Inesedy）的《21 世纪社会正义研究的新方法》和《按需定制的方法论：对社会研究中出现的定性方法论的考察》，鲁斯·尼科尔斯（Ruth Nicholls）的《研究与本土参与：批判的反思方法》，摩根

(M. Morgan)、麦金尔尼 (F. McInerney)、拉姆博德 (J. Rumbold)、利安普敦 (P. Liamputtong) 的《慢性阴道炎经验制图与补充替代疗法》，德比·霍尔斯福尔 (Debbie Horsfall)、安吉·提忒琛 (Angie Titchen) 的《分裂中的边界与开放空间：通过创新性方法论寻求民主与人类繁荣》，尼克尔·伊森 (Nicole L. Ison) 的《捕捉他们的话语：为研究数据采集对患有言语交流障碍的人群所进行的电子邮件采访》；书评是艾米尼安·克鲁奇 (Erminia Colucci) 等对普拉尼·利安普敦 (Pranee Liamputtong) 和简·拉姆博得 (Jean Rumbold) 所主编的《不同的认识：基于艺术与合作的研究方法》(*Knowing Differently: Arts-based and Collaborative Research Methods*) 的评论。

7月出版的第三期包括7篇文章，其中6篇论文、1篇书评。论文有：德克·赫尔维格 (Dirk Heerwegh) 和吉尔特·鲁斯凡尔德 (Geert Loosveldt) 的《对参与网络调查意向的解释：对有计划行为理论的一种测试》，莫伊·安德森 (Moji Anderson)、伊吉奥马·萨拉林 (Ijeoma Solarin)、萨拉·吉尔威尔 (Sarah Gerver) 的《研究笔记：LIVITY 研究——在艾滋病病毒感染研究中与黑人加勒比社群接触的研究挑战与战略》，马丁·汉谟斯莱 (Martyn Hammersley) 的《反对伦理主义者：论伦理学规制之恶》，艾琳·麦克多那可 (Eileen McDonach)、罗萨琳·巴布尔 (Rosaline S. Barbour)、布莱恩·威廉姆斯 (Brian Williams) 等的《在急速变化的形势下对申请国民保健医疗系统的伦理学批准与管理的反思：给予过程优于原则的权利》，吉奥夫·皮尔森 (Geoff Pearson) 的《作为小流氓的研究者：何时"参与者"研究意味着违法行为》，罗斯·怀尔斯 (Rose Wiles)、加布里埃尔·杜拉特 (Gabriele Durrant)、索菲·德布罗意 (Sofie De Broe) 等的《获得博士学位的方法论与在学术界寻找研究职位的技能：一种不匹配?》；该期书评是由尼克·埃米尔 (Nick Emmel)、弗兰西斯卡·阿尔比 (Francesca Alby)、伊夫·拉波兹 (Yves Laberge) 等对普拉尼·利安普敦 (Pranee Liamputtong) 所著的《对弱势人群的研究：灵敏性研究方法导论》(*Researching the Vulnerable: a Guide to Sensitive Research Methods*) 的评论。

10月出版的第四期包括8篇文章，其中7篇论文、1篇书评。论文有：马丁·丹斯康比 (Martyn Denscombe) 的《项目无回复率：在线调查问卷与纸质调查问卷的比较》，加布里埃尔·杜拉特 (Gabriele Durrant) 的《处理实践中项目无回复的归因方法：方法论课题与最近争论》，格兰恩·鲍温 (Glenn A. Bowen) 的《利用追踪调查对扎根理论的支持：一个说明》，查尔斯·巴克利 (Charles Buckley)、迈克尔·沃瑞 (Michael Waring) 的《扎根理论的演化性质：对分析儿童体育活动态度的方法潜在性经验反思》，艾玛·海德（Emma Head）的《在定性研究中对参与者支付报酬的伦理学及其意义》，安德鲁·克拉克（Andrew Clark）、卡罗琳·霍兰德（Caroline Holland）、珍妮·卡兹（Jeanne Katz）等的《学习观察：在公共空间中从参与者观察研究项目中获得的教训》，萨拉·格林尼（Saara Greene）、埃姆利特·阿卢瓦利亚（Amrita Ahluwalia）、詹姆斯·沃特森（James Watson）等的《在怀疑论与授权之间：在艾滋病病毒与艾滋病、住房与无家可归的基于社区的研究中同龄人研究助理的经验》；该期书评是由丹尼尔·布里格斯（Daniel Briggs）、萨比特·马立克（Sambit Mallick）、格拉菲戈那（G. Graffigna）等对弗吉尼亚·詹姆斯·迪克森-斯威夫特（Virginia James Dickson-Swift）等所著的《在保健与社会科学中推进灵敏性研究：处理界域、情感与风险》（*Undertaking Sensitive Research in the Health and Social Sciences*：*Managing Boundaries*，*Emotions and Risks*）的评论。

12 月出版的第五期包括 7 篇文章，其中 1 篇编辑笔记、5 篇论文、1 篇书评。论文有：保罗·科肖（Paul Kershaw）、巴里·福尔（Barry Forer）、詹妮佛·劳埃德（Jennifer E. V. Lloyd）的《使用群体层次上数据推进跨学科方法论研究：儿童发展研究中一种从细胞到社会的采样框架》，鲁斯·列维斯（Ruth Lewis）的《招聘父母与儿童参与研究项目：对家庭决策制定过程的一种定性研究》，辛纳·劳尔夫（Sheena Rolph）、朱莉娅·约翰逊（Julia Johnson）、兰道尔·史密斯（Randall Smith）等的《利用摄影理解对老龄人群居住关切的历史中的变化与延续性》，安德斯·维克希尔（Anders Waxell）的《对一种新兴产业的把握：利用工业标准界定生物技术产业》，丽萨·布尔克（Lisa Bourke）的《对健康领域进行参与者研究的反思：参与、方法与效力》；该期书评是由丹尼尔·布里格斯（Daniel Briggs）、维代尔·迪亚兹·德拉达（Vidal Diaz de Rada）、罗莎琳德·爱德华兹（Rosalind Edwards）等对罗尼特·巴特曼（Ronet Bachman）和罗素·舒特（Russell Schutt）所著的《犯罪学与刑事正义中的研究实践》（*The Practice of Research in Criminology and Criminal Justice*）以及克里斯汀·卢克所著的《萨尔萨舞蹈进入社会科学：信息爆炸时代的研究》（*Salsa Dancing into the Social Sciences*：*Research in an Age of Info-glut*，哈佛大学出版社）的评论。

（2）《社会学方法论》杂志

2009 年 8 月，美国社会学学会的《社会学方法论》（*Sociological Methodology*）杂志出版了其第 31 卷第 1 期。其中，“数据与测量”部分收录论文 3 篇：由来自美国北卡罗来纳大学、卡罗来纳基因科学研究中心、加州大学欧文分校等单位多名研究者撰写的《大学同龄人效应的随机化社会科学研究中的 DNA 采集》，华盛顿大学的安东尼·丹尼尔·佩雷斯（Anthony Daniel Perez）和查尔斯·赫斯曼（Charles Hirschman）撰写的《对美国人种间流动性的估算：一种残余方法径路》，康奈尔大学的塞普里安·维奈特（Cyprian Wejnert）的《对被调查者导向的采样的一种经验测试：节点估算、变量、程度测量与非平衡数据》；“网络分析与空间分析”部分收录论文 2 篇：加州大学洛杉矶分校的里克·格兰尼丝（Rick Grannis）所撰写的《路径与半路径：根据导向关系对结构的内聚性进行再概念化》，数学政策研究公司（Mathematica Policy Research, Inc）的娜塔莉亚·沃比茨基·萨维茨（Natalya Verbitsky Savitz）和芝加哥大学的史蒂芬·劳登布什（Stephen W. Raudenbush）撰写的《利用空间依赖性改善对社区社会过程的测量》；“分解为风险模型”部分包括：纽约大学的劳伦斯·吴（Lawrence L. Wu）和马里兰大学的史蒂夫·马丁（Steven P. Martin）的《普遍性揭示效应与累积的相对风险：递归风险模型中的直接和非直接效应》，得克萨斯大学奥斯汀分校的丹尼尔·鲍尔斯（Daniel A. Powers）和杜兰大学的 Myeong-Su Yun 的《风险率模型的多变量分解》；“回归分析”部分包括：俄亥俄州立大学的保罗·范·希皮尔（Paul T. Von Hippel）的《如何归咎于互动、广场和其他转换变量》，哈佛大学的布鲁斯·温斯特（Bruce Western）和迪德里·布鲁姆（Deirdre Bloome）的《不平等研究的变量函数回归》，医疗保健研究与质量局的詹姆斯·科比（James B. Kirby）和北卡罗来纳大学的肯尼斯·伯伦（Kenneth A. Bollen）的《在潜变量结构方程模型中使用工具变量测试评价模型的特殊性》。

2. 哲学杂志

（1）《逻辑研究》杂志

2009 年 8 月号发表了多夫·加贝（Dov M. Gabbay）和安得瑞伊·萨拉斯（Andrzej Szałas）的《通过消除量词的投票》（*Voting by Eliminating Quantifiers*）。文章指出，数学理论和社会选择的投票备受关注，在一般的场景中，人们可以把社会选择看做这样一种方法：对个人投票中经常相互冲突的喜好作出一种最好的折中选择。偏好是如何表达的，什么是“最好的折中方式”不尽相同，依赖于特定的情况而定。作者在该文中提出的方法取决于选民的个人偏好的表达，并指定由一阶公式所产生的结果排名的特性。然后，作为一个技术工具，作者使用二阶量词消除方法来分析和计算投票的结果。文章展示了如何指定投票、如何计算结果排名及如何验证投票协议。

该期还有一篇设计方法论应用的文章——约安·凡·本瑟姆（Johan van Benthem)、杰里·吉尔布兰迪（Jelle Gerbrandy）和巴特德·库伊（Barteld Kooi）的《动态更新与概率》（*Dynamic Update with Probabilities*)。文章指出，当前动态认知逻辑塑造了多媒介场景中不同类型的信息变化模型。作者使这些逻辑普遍应用于概率设置，获得一个具有三个自然规则多媒介更新的微积分学：模态的先验概率、相关程序的发生概率和事件的观测概率。为与此更新机制相符合，作者提出了一个具有概率性质的信息变化的完整的动态逻辑。完备性证据遵循一种构图方法论，这种方法论同样适用于一类更大的动态概率逻辑。最后，作者讨论了基本更新规则如何能被不同的更新策略或学习方法参数化。

2009年12月号发表了古伊多·伯埃拉（Guido Boella)、多夫·加贝（Dov M. Gabbay)、林德特·凡·托里（Leendert van der Torre）和赛瑞纳·维拉塔（Serena Villata）的《元论证建模 I：方法论和技术》（*Meta-Argumentation Modelling I：Methodology and Techniques*)。该文介绍了关于模型论证的元论证的方法论和技术。元论证的方法论以一个扩展的论证理论为达因（Dung）的抽象论证理论提供例证，因此，它建立在这样的基础上：把实例化抽象论证的方法论和扩展的关于达因的基本论证框架的方法论，与其他抽象论证相结合。元论证技术把达因的抽象论证理论应用于自身，通过用一种使用所谓的平铺直叙的技巧的元论证方法为达因的抽象论证提供例证。作者以这样一个例证域为典型，这个例证域使用一种基于健全性和完整性的技巧，最后对使用的不同规范语言技术的实例进行了区分。

（2）《综合》杂志

2009年发表了著名哲学家贾科·辛蒂卡（Jaakko Hintikka）的《什么是公理化方法?》（*What Is the Axiomatic Method?*)。文章指出，公理化方法的现代概念是由起源于19世纪的数学概念化的一部分发展而来的，该方法的基本思想是把握一类作为一个公理系统的模型结构。此类结构的数学研究并未为由公理到定理的推导所穷尽，但却包括一般的公理系统的超理论。这种公理化概念满足了关键的要求，即从公理推导的定理不产生在通常意义上所谓的深入信息的新信息。它可以产生不同的信息资料，即所谓的表面意义上的新信息。该文认为推理应该以模型—理论的逻辑序列关系为基础，而不是由机械（递归）规则来推导的。同样地，完整性必须被理解为参照模型的理论结果的关系。一种正确理解了的公理化概念并不适用于纯粹的逻辑理论。这是纯粹的逻辑理论中唯一的一种相关的公理化逻辑真理递归枚举数额。一阶“公理”设置理论不是真正的公理化，最主要的原因是，研究采用的模式是详情结构，而非集合结构。公理化通常不能在认识论上得到推动，但它涉及解释的观念。

(3)《社会科学哲学》杂志

《默顿缺陷的和不完整的方法论体系——对史蒂芬·特纳（Stephen Turner）的回应》是查尔斯·克罗塞斯于 2009 年 6 月发表在《社会科学哲学》(*Philosophy of the Social Sciences*) 上的一篇论文，文章主要讨论了默顿经典社会学的方法论体系的一些不完整性，内容主要包括：古典社会学家，罗伯特·K. 默顿的社会学与社会哲学科学视野；默顿方法论体系以及其不完整性；史蒂芬·特纳的困境；在智能语境中的默顿："概念计划"的理念；绑架和编纂；在经典之中；泽特伯格：哥伦比亚模型的发言人；拉贾斯菲尔德（Lazarsfeild）与西蒙（Simon）问题的关系/因果关系；功能主义的问题；结论。作者指出，在 1940 年的时候，默顿提出了包含诸如"结构和功能分析"、"中程理论"等重要概念的一个松散的方法论体系。这个体系给几十年的社会工作提供了指导，并且保留了相当重要的现实意义。尽管如此，这个体系中存在着一些不一致性和不完整性，而且随着时间的推移，已经出现了很多的问题。这篇文章对这些问题进行了深层次的质疑，并指出在当时缺乏书面批评以及默顿的操作模式提供的有限刺激的历史条件下，这些困难得不到解决并不令人感到意外。

(4)《国际哲学季刊》杂志

大卫·斯科特的论文《笛卡儿：疯狂和方法——对阿布隆迪（Ablondi）的回应》于 2009 年 6 月发表于《国际哲学季刊》(*International Philosophical Quarterly*)。文章主要答复了弗雷德·阿布隆迪对笛卡儿在《沉思录》中疯狂治疗的讨论。与阿布隆迪的解释相反，作者认为，笛卡儿从来没有认真考虑"他可能是疯了"这个怀疑的假设，因为这样做将破坏他进行冥想所必须要求的逻辑思维过程。作者承认笛卡儿把"疯狂"作为了一个怀疑的对象，把怀疑的要素吸收到梦境的争辩中。作者认为，尽管笛卡儿没有用"疯狂"来破坏逻辑思维过程，但他的确进行了其他考虑，后者显示他可能预见那些破坏过程。在关于笛卡儿为什么在冥想中放弃了"疯狂"这一问题上，斯科特认为，尽管"疯狂"作为一个怀疑对象有吸引力，但涉及方法论缺点的疯狂假设使得它不适合进行怀疑。

(5)《今日哲学》杂志

《对非人化幽灵的反抗——马赛尔反思法的实验根源》是德维尼·达斯塔尔（Dwayne A. Tunstall）于 2009 年夏天发表在《今日哲学》(*Philosophy*

Today）上的一篇论文。文章主要分为四个部分：马塞尔的反射方法的实验起源，马塞尔的技术批判，马塞尔如何回答对他的批评，马塞尔与非人化威胁的斗争。作者把马塞尔的宗教存在主义称为是一种“反思法”，并认为这种“反思法”至少建立在两种约定承诺的基础上。首先，马塞尔的反思法是建立在对伦理—宗教视野的承诺之上，在这个视野之内，人类的最高的本体的迫切是参与到人的活动之中；其次，马塞尔的“反思法”致力于与在西方后现代性中一直存在的非人化的幽灵作斗争，这体现在我们目前以技术为主的社会历史环境中。这篇文章主要探究的是，马塞尔的第二个承诺是如何作为他反射方法的实验起源的。因此，文章的第一部分追溯了马塞尔反思法的实验根源，一直追溯到马塞尔对自己在1910年到1920年之间生活的社会政治环境的反应。鉴于马塞尔对一直存在的非人化威胁的斗争是针对部分20世纪早期和中期的技术的，文章的第二部分精确地解释了马塞尔关于技术的含义，并且指出技术是如何使那些经常使用技术并深受其影响的人们失去人性的。第三部分致力于回答对马塞尔技术哲学的批评，马塞尔认为这只是技术恐惧的一种外在表现。这是通过把马塞尔的技术哲学尽可能地转化为阿尔伯特·伯格曼的新海德格尔主义技术哲学框架来完成的。文章的最后一部分描述了在社会政治条件中，马塞尔是如何把反思法构思为一个在西方后现代性中永恒的、反对非人性化的力量的。

（6）《不列颠科学哲学杂志》

詹姆斯·布拉科维茨（James Blachowicz）的论文《科学文本中如何看待科学方法：基于一个哲学家的视角》于2009年6月发表在由牛津大学出版的《不列颠科学哲学杂志》（*The British Journal for the Philosophy of Science*）上。文章从一个科学哲学家的视角审视了讨论有关“科学方法”的介绍性的科学文本的内容，并提到70种关于自然和社会科学的介绍性文本，这些文本为这项研究提供了材料。作者提到这些文本具有一些不完全性，这种不完全性明显表现在三个领域之中：简单经验主义者对逐渐占主导地位的科学的看法，科学与非科学的划界标准调查，争论的避免——文本标准化倾向的部分后果。最重要的是，这项研究为把科学哲学与科学指导分开的深渊提供了一些证据，并且审视了科学与非科学划界的某些重要方面——这对哲学家、科学家和科学教育者都是一个很重要的问题。文章主要分为九个部分：科学文本中的科学方法；科学与非科学；日常活动中的科学方法；科学始于什么时候；形式逻辑；假设，理论，规则，模型；假说的产生；假说的试验实验控制和“破灯”；结论。

3. 其他人文社会科学领域的杂志

（1）《科学和技术研究》杂志

《哲学研究：关于“歧义性”的歧义、索末菲、鲍立和量子力学的方法论根源》是苏曼·赛特于 2009 年发表在《科学和技术研究》（*Science and Technology Studies*）上的一篇论文。文章主要分为五个部分：对斯库拉和卡律布狄斯的简要介绍；索末菲和现象学；魔术，和谐和不相容原则；关于“歧义”的歧义；结论与重新解释。文章主要讨论了沃夫冈·鲍立（1900—1958）、阿诺德·索末菲（1868—1951）、维尔纳·海森堡（1901—1976）等人在关于不相容原理、量子理论和现象学上的观点。早在 1925 年，沃夫冈·鲍立发表了一篇论文，这篇论文使得他一举成名，并于 1945 年获得了诺贝尔奖。在这篇著名论文中，鲍立详尽地探讨了我们现在所熟知的“不相容原则”。也正是这篇文章使得他的原则在“索末菲学派”的传统之内有了一席之地，这个学派是由慕尼黑大学的著名理论家和教师所领导的。阿诺德·索末菲（1868—1951）对量子力学诞生之前的描述提供了大量的修正。这表明了鲍立的论文无论在内容还是在方法和本质上都借鉴了索末菲学校在 19 世纪 20 年代早期的工作。文章第一部分介绍了索末菲的转向，他从早期研究中以模型为基础的方法力量的信念转到了一个更加现象的、以经验规律为重点的方法的使用，就在这一时期，鲍立和维尔纳·海森堡（1901—1976）等都是他的学生。第二部分界定了索末菲现象对鲍立在不相容性原则论文中使用的方法的重要性，这篇论文同时避开了在赞同一个关于合法性方面的压力的方法。在内容上，索末菲工作的一个重点显示了鲍立对涉及原子内部电子的量子数目的基本歧义的理解。结论部分指出了这些结果对于完善海森堡 1925 年论文的历史性理解的原初方面的重大意义，这篇论文是关于“运动学和力学关系的量子理论的改进”。

（2）《历史，生物哲学和生物医学科学研究》杂志

约翰·佩尔松的论文《塞梅尔维斯站在现代立场的方法论：干预研究和或然本体》于 2009 年发表在《历史，生物哲学和生物医学科学研究》（Studies in History and Philosophy of Biological and Biomedical Sciences）杂志上，由爱思唯尔（Elsevier）公司出版。这篇论文集中讨论了塞梅尔维斯的随机对照实验。文章主要分为七个部分：简介、历史性原因、一个出生和死亡的机构、非干预者的驳斥、两个干预者的研究、因果关系的本体论和认识论、本体论解释和实践的重要性。作者认为，塞梅尔维斯的工作比医学上随机化的发现早了近一个世纪。虽然他并没有有意识地采用随机对照试验（RCT），但他的材料的

一些特点的确涉及了随机化在本质上是什么的问题，比如病人到第一诊所和第二诊所的分配，这在当时并没有成为现实。尽管如此，这篇文章首先解释为什么塞梅尔维斯的方法论并不等同于随机控制试验的使用，然后，文章说明了与他使用的现代方法相比，为什么他在使用随机对照试验时在描述性和规范性上是有趣的。作者还提出，集中于或然推论和在塞梅尔维斯的或然概念和或然推论之间的比较的争论是由许多随机控制实验的提倡者展开的。塞梅尔维斯的方法对问题解释和医疗实践有很大影响。

（3）《教育研究者》杂志

《教育研究者》杂志（*Educational Researcher*）是由美国教育研究协会出版的。2009 年 10 月号发表了由罗伯特·格罗宁格（Robert G. Croninger）和琳达·瓦利（Linda Valli）合写的《关于方法的混合》（*Mixing It Up about Methods*）。作者主要回应对一系列与测量阅读教学相关的挑战讨论的文章的批评。文章指出，阅读的教学是一个复杂的、多层次的现象，最好通过重叠和互补的方法定量和定性地进行学习。作者描述了他们是如何在阅读和数学教学纵向研究中把这个信念付诸实践的，并且他们从这个研究中引用一些文章来说明一个混合性的研究方法的设计是如何提高我们对教学实践以及影响这些实践的社会文化背景的理解。作者反对阻碍了 20 世纪 80 年代教育研究的范式战争的回归。

2009 年 12 月号发表了莫卡·科罗-均伯格（Mirka Koro-Ljungberg）、迪安纳·耶多尔-霍培（Diane Yendol-Hoppey）、杰森·朱迪·史密斯（Jason Jude Smith）和莎朗·海耶斯（Sharon B. Hayes）的《认识论的意识，方法的实例，以及在定量研究项目中不知情的方法论歧义》。这篇文章探讨了在定性决策和研究报告中认识论的意识、方法的实例以及在不知情情况下方法的歧义。作者认为，应该努力使得研究过程、认识论、价值、方法决策以及争论的逻辑变得开放、容易理解、清楚明白。为了做到这些，作者讨论了两种方法，对认识论的意识和方法的实例进行概念化，即对一系列决策时机和认识论决策空间进行概念化。通过对摘自 2006 年发表在高影响力教育期刊上的研究人员决策时机的分析，作者说明了在教育研究领域的方法论意识和方法的实例。

（4）伦理学杂志

《商业伦理学杂志》（*Journal of Business Ethics*）2009 年 8 月号发表了爱尔兰利默里克大学的伊莱纳·多利（Elaine Doyle）、开放大学的简·福瑞克纳尔-休斯（Jane Frecknall-Hughes）、芭芭拉·萨默斯（Barbara Summers）的论文《税收伦理中的研究方法：税务特殊情景中的确定性问题测验（DIT）的发展》[*Research Methods in Taxation Ethics: Developing the Defining Issues Test (DIT) for a Tax-Specific Scenario*]。该文就探索税收情境中道德推理的研究工具的发展作了报告。这是一种确定性问题测验（DIT），由瑞斯特（Rest）最早提出，但着眼于适应税务工作者遇到的具体环境。该文探讨了发展一种特殊的（和专业的）情境测试的原因，并详细说明了这种情境测试实施的方式。基于此测试的研究旨在比较税务从业人员在税收的具体情境和由原始 DIT 涵盖的一般社会情境中的推理问题，并比较了非专业人员在这两种情境推理中的情况，因此，该文还探讨了当使用这种测试对不同领域或不同组织之间的推理进行比较时出现的问题。强调这种工具的发展以便在特定领域中对伦理推理进行测量，对关于在 DIT 领域中的研究方法的文学有积极作用，并将促进交叉性研究的比较。

施普林格出版社 2009 年 9 月出版的《科学与工程伦理学》(*Science and Engineering Ethics*) 发表了牛津大学人类未来研究所（Future of Humanity Institute）的博斯卓姆（N. Bostrom）和桑德伯格（A. Sandberg）的《认知的强化：方法、伦理、规制挑战》(*Cognitive Enhancement: Methods, Ethics, Regulatory Challenges*) 一文。作者指出，认知的提高有许多不同的形式。增强认知的多种方法对将来有一定的意义。同时，这些技术提出了一系列伦理问题。例如，他们与以下这些因素相关：真实性观念、良好的生活、药物在我们的生活中所起的作用。当前和未来的认知能力提高的方法也对公共政策和管理提出了挑战。

(5)《系统实践与行为研究》杂志

2009 年 12 月出版的《系统实践与行为研究》杂志发表了约翰·史蒂芬斯（John Stephens）、约翰·巴顿（John Barton）和蒂姆·哈斯立特（Tim Haslett）的《行为研究：其历史以及与科学方法论之关系》(*Action Research: Its History and Relationship to Scientific Methodology*)。长期以来，科学方法论（SM）为那些赞成在管理中进行分析和定量研究的人所应用。因此，现代管理的研究方法的严谨性和相关性之间的困境是由想要将行为研究和科学方法进行对比的行为研究人员解决的。该文提出了西方哲学观对信仰体系和以理论为基础的方法随时间发展的状况。因此，它把科学方法论的进步和累积性发展与当代行为研究方法联系起来。在此过程中，它提出了一种不同的观点，认为科学方法论和行为研究的传统之间，有着比人们所想象的更为紧密的关系。

综上，我们概览了 2009 年出版的有关方法论研究的基本情况，主要对方法论研究元理论，尤其是对在某一专门的人文社会科学领域某种特殊方法的具体应用进行了探索。主要研究了经济学和社会学领域的研究方法，此外，涉及的领域还包括考古学、艺术学、法学、传播学、宗教学等。对定性研究方法的探讨是比较显著的一个焦点。下面我们重点从隐喻的视角介绍隐喻方法论。

二、隐喻方法“重点式”介绍

方法论可以分为哲学方法论、一般科学方法论、具体科学方法论。哲学方法论在某种意义上讲，起着决定性的作用。它是各门科学的概括和总结，对具体科学有着重要的指导意义。哲学研究方法更是重中之重，越来越受到研究者的青睐。而隐喻在哲学研究方法中占有重要的地位。

隐喻作为一种方法，古已有之。作为一种科学方法，它不仅在文学领域，而且在科学、哲学乃至其他学科中也发挥着巨大的作用。隐喻作为当代科学哲学的一个重要组成部分，是当代科学哲学发展的一个新的生长点和很有前景的方向。

所以，在对隐喻这个方法的多学科研究广泛兴起的基础上，对隐喻方法进行专门研究的要求也自然而且必然地成为科学哲学的一个新兴研究领域。隐喻分析的方法正在被卓有成效地移植到科学哲学的研究中，成为一种有前途的研究范式。

隐喻作为科学方法论研究的一个重要组成部分，探究并揭示它的方法论的内涵，无疑是一项非常必要而且重要的工作。以下我们就从隐喻方法论的定义及其发展、特征、本质和意义等方面来了解隐喻这个科学方法的一些情况。

（一）隐喻及其发展

从定义上看，隐喻是一种比喻，用一种事物暗喻另一种事物。隐喻是在彼类事物的暗示之下感知、体验、想象、理解、谈论此类事物的心理行为、语言行为和文化行为。

将隐喻意义做狭义和广义的区分，更加切合当代隐喻理论深入发展的实际。也就是说，从狭义上来看，隐喻表现为一种语言学表达式，内涵着指称的变异和意义的转换；从广义上来看，隐喻表现为一种具有基础性的认知范型和思维方式，内涵着一种特殊的概念化过程。可见，隐喻蕴涵着多层次的复杂含义。

在传统修辞学中，隐喻往往被定义为一种修饰性的比喻形式，其本质是语词或短语在一种由“是”所连接的比喻性意义上的用法。但是，随着隐喻研究的多学科统合进程的展开，隐喻的复杂性不断展现出来，其认知意义和方法论功能也正在得以澄清。隐喻历来被人们称作语言和思想的千古之谜。卡西尔在其名著《人论》中曾经指出，“语言就其本性和本质而言，是隐喻式的；它不能直接描述事物，而是求助于间接的描述方式，求助于含混而多歧义的语词。”从远古到现代，从诗学、文学到哲学、文化乃至自然科学领域，人类无时无刻不在运用隐喻的方法，对它的认识和理解也在不断深化。随着当代科学修辞学的发展，隐喻方法作为隐喻家族中重要的一支日益凸显出来，受到了科学哲学家乃至自然科学家越来越密切的关注。

英文词“metaphor”（隐喻）来源于希腊词“metapherein”。在希腊文中，“meta”是“beyond” （超越、在……之上）的意思，“pherein”则是“to bring”（带来、产生）的意思。在拉丁语中，这个词的拼写演变为“metaphora”。到了中世纪，法语中将其写作为“metaphore”。英语中的“metaphor”一词据考证，大约出现在16世纪。“metaphor”这个词首先是作为对于一种修辞格的指称而出现的。从词源学及构词法的角度来看，“隐喻”最为基本的内涵表示一种意义的转换或转移。

在历史上，第一位对隐喻问题作出专门研究并试图描述其内涵与本质的学者是亚里士多德。亚里士多德在《诗学》中指出，“隐喻字是属于别的事物的字，借来作隐喻，或借属作种，或借种作属，或借种作种，或借用类同字”。这样，隐喻被区分为四种不同的类别。第一种是借属作种的隐喻，如“我的船停此”，“泊”是“停”的一种方式；第二种是借种作属的隐喻，如“俄底修斯曾做万件勇敢的事”，“万”是“多”的一种，现在借来代表“多”；第三种是借种作种的隐喻，如在“用铜刀吸出血来”和“用坚硬的铜火罐割取血液”中，借“吸”作“割”，借“割”作“吸”，二者都是“取”的方式；第四种是类同字借用的隐喻，例如，当第二字与第一字的关系，有如第四字与第三字的关系时，可用第四字代替第二字，或用第二字代替第四字。有时也可把与被代替的字有关系的字加进去，以形容隐喻字。例如杯之于狄奥尼索斯，有如盾之于阿瑞斯，因此可以称杯为狄奥尼索斯的盾，称盾为阿瑞斯的杯。当然，亚里士多德是在一种纯粹修辞学的层面上谈论隐喻的。

在当代，对隐喻概念的理解已经走出了语言学和修辞学的局限。隐喻成为语言哲学、科学哲学以至认知科学所关注的一个重要概念。1996年出版的《牛津哲学辞典》对隐喻的定义是：隐喻是最重要的一种修辞格式，其中有关话题（意旨）被一种用于非字面意义描述的语词或句子来指称；在一种典型的隐喻用法中，“相关特征的结合成为字面上不合逻辑和荒谬的，但理解并不因此而失效”①。从本质上来说，它是一种科学共同体内部理性的、对话性的方法论工具。在自然科学的发展史上，隐喻是“由科学共同体所集体约定并广泛认同的，具有确定的稳定性和一致性，而不是瞬间的、暂时的和权宜的东西。更主要的是，它具有着重要的方法论的功能，而且常常是自然地、非强制地、潜在地、微妙地发挥着它的功能；同时，隐喻作为一种思维工具，是科学共同体成员为了求解难题，突破理论发展的概念瓶颈的一种集体约定的结晶，它不仅促进了科学共同体主体间性的统一，同时通过新的理论假设的提出引导了新的科学预测，推动了科学假设的创立和发展”②。

《剑桥哲学辞典》中，对隐喻概念作出了更为详细的定义。词典仍然强调指出，隐喻首先是作为一种言语修辞格或一种比喻修辞而存在的。“其中，在字面上表示一事物的词或短语被用来表示另一事物，因此隐含地对这两个事物作出了某种比较。”例如，在句子“密西西比是一条河流”这种通常用法中，“河流”一词是被字面地使用的——或者按照某些人更愿意说的，在它的字面意义上被使用。与之相反，如果一个人作出了“时间是一条河流”这样的断言，那么他就是在隐喻地使用“河流”这个词——或者说是在一种隐喻的意义上使用它。词典指出，自从亚里士多德开始，隐喻就已经成为哲学讨论的一个主题。事实上，它几乎比所有其他修辞格都更多地受到哲学家们的讨论。到19世纪为止，有两个主题在这些讨论中占据了显著的地位。一个主题是：隐喻与所有其他修辞格一样，是对于言语的修饰，因此是一种“言语的修辞格”。隐喻是比喻表达法的一种装饰，它们对于话语的认知意义并无贡献，只是赋予话语以色彩、生动性、情感效果，等等，因此，它是文艺复兴的典型特征。这一时期的哲学家们（例如霍布斯和洛克等）是最好的例子。他们坚持认为，尽管哲学家们有时有很好的理由利用隐喻来交流他们的思想，他们自己在哲学运思的过程中应当完全避免隐喻的使用。到19世纪为止，在对于隐喻的讨论中，另一个重要的主题是：就其认知力而言，隐喻是一种缩略的明喻。当“河流”这个词被隐喻地使用时，“时间是一条河流”这个句子的认知力与“时间像一条河流”是一样的。从浪漫主义时代直到我们当前这个时期，几乎所有隐喻理论的特征都是对这两种传统观点的反对。词典最后指出，“隐喻被认为并不是与认知无涉的一种装饰，它们对于我们的话语的认知意义有所贡献。它们不仅对于宗教话语来说是不可缺少的，对于普通话语，甚至科学话语

---

① Simon Blackburn. Oxford dictionary of philosophy. Oxford：Oxford University Press，1996：240.

② 郭贵春．科学隐喻的方法论意义．中国社会科学，2004（2）.

来说也是不可缺少的，更不用说诗歌话语了。确实，对于尼采而言，所有言语都是隐喻的。尽管对于隐喻如何作用于意义以及为意义贡献了什么东西、我们是如何认识到这些内容的并没有出现一种一致意见，但是对于它并不仅仅是缩略的明喻这一主题已经基本达成了一致”①。

如果把意义转换看作隐喻的本质内涵，那么我们大致可以区分出两种层次的隐喻：首先是有形的、出现在口头或书面语言中的，作为一种言语修辞格的隐喻语言；其次是无形的、作为人类思维的一种基本活动形式的隐喻思想。隐喻思想是隐喻语言的内核，隐喻语言是隐喻思想的体现，二者是一种互为表里的关系。理解隐喻概念，必须要从这两个层次上加以把握。

需要指出的是，隐喻与文学作品中的隐喻或日常语言中使用的隐喻相比较而言，有着本质区别。正如利科所指出的，“哲学家使用的各种隐喻与诗人使用的隐喻尽管十分相似，但这两种隐喻不会混淆不清。隐喻方法在于它的‘科学性’。文学隐喻往往描述一种高度主观化的特殊语境，其目的在于彻底摆脱传统而独创新格，缺乏与客观实在世界的自觉关联与适应，其特点是显著的意义弥散性和情感性；对文学隐喻的解释和说明主要不是由其作者本人给出，而通常要由文学评论家们给出。与此相反，隐喻方法的创设和应用主要是出于科学家群体认知、交流、建构相关理论的需要，它不是为了表达科学家的情感或审美的欲望，而是为实现对客观实在世界某种特征猜测、探察和描述的目的。如果把文学隐喻与隐喻方法作为彼此对立的两极，那么哲学隐喻是处在两者之间的一种中间性的隐喻。

隐喻的说明是科学探究任务的一个重要组成部分，其最重要的功能就是促生某种“未来研究战略”。隐喻的应用，是为了从中立的认知标准出发去捕获某种尚未被完全揭示的关于客观实在的知识。正是在这种意义上，可以说隐喻“确实不单纯是天才的事情，它依据于固定的传统，并时常具有一种特定的可说明的意义，而这种意义甚至并不与由概念而来的合乎知性的理解相矛盾”②。

隐喻作为科学共同体内部各种理论之间意义转换的媒质，是一种由科学共同体集体约定的语言调适手段，是对客观世界特征具有洞察力的猜想和描摹。任何一种科学理论，其最根本的目的都是为了描述客观存在的世界，为人类认识世界提供各种有效度的模型、范式或蓝图，而科学隐喻正好提供了这样一种

① The Cambridge dictionary of philosophy. Second Edition. Cambridge: Cambridge University Press, 1999: 562.

② ［德］伽达默尔. 真理与方法：哲学诠释学的基本特征. 洪汉鼎，译. 上海：上海译文出版社，2004：102.

构造理论、提供真理的强大工具。在科学探索的过程中，科学家们一旦发现有某种未知的实体在既定的理论框架中缺乏相应的概念表达式，这时往往就会借助于隐喻在该语言中发明或创造出一种方式来表达它。以此为基础，隐喻提供了一种重新建构和再组织世界的方式。再进一步地说，科学理论所描述的世界图景，本质上是人类运用概念隐喻进行的一种理性建构。科学概念和范畴隐喻化的过程不仅仅是一个匹配和反映的过程，更多地还是一个认知主体主动构造的过程。首先，隐喻语言的表达反映了人类头脑的某种智力经济学：由于客观世界具有无限的丰富性、多样性和差异性，人类的有限心智无法提供一种关于世界全部内容的知识，这样，隐喻就在某种程度上表现为一种类似概念的奥卡姆剃刀式的东西，它使无限多样的客观世界通过意义映射的连接和统一而成为概念上可把握和易操作的；其次，世界越来越被看作是一个发展演化的过程，而不再是一个既定的、一成不变的客体，科学理论对于世界发展过程的描述在很大程度上通过新的科学隐喻的创造而得以展现，隐喻的嬗变体现出世界模型的修正、发展和完善，隐喻意义的转换成为世界图景范式转换的触媒；再次，科学理论概念的革新不是发生在真空中，而是依据已有的知识结构和背景，隐喻为此种连续性的跨越和发展提供了桥梁和中介，隐喻以已有语词表征未知实体和现象，是从已有理论的稳定性向一种全新理论的不确定性的跃迁；最后，隐喻通过把两个通常被认为具有不同含义的概念进行有创造性的并列，完成其内涵深刻洞察力的组合功能，这种并列建构起一种多样而又统一的世界结构，通过它可以满足人类对世界新的内察的需要。

随着当代科学理论向微观和宇观层次的不断推进，自然科学所牵涉的对象已经越来越超出了人类观察能力的范围，越来越抽象化。科学史上的材料已经证实，科学隐喻在科学理论文本中的广泛存在是一个不争的事实。但正如康德所言，自然科学的确实性的存在虽然毋庸置疑，但它何以可能却仍然是一个有待回答的问题。同样，科学隐喻何以产生，也是有待于进一步讨论的。如果自然科学家们从来就不相信那些具有纯思辨性的、有时甚至是相当模糊的思想，那么，作出一种崭新的科学发现实际上是不可能的。波普尔认为，科学家的工作就在于不断提出并检验新的科学理论。在科学探索的最初阶段，科学家设想或发明一种新理论的活动，实际上并不要求一种严格的逻辑分析，事实上在这个阶段也不容许作出一种严格的逻辑分析。

此时的首要问题是一个新概念、一种新理论如何产生的问题，也就是科学家如何获得一种新的思想，而不论这个新的东西是一段音乐主题、一场戏剧冲突，还是一个科学理论。这一过程与经验心理学有着极为密切的联系，但它与科学知识的逻辑分析无关。科学知识的逻辑分析不涉及事实问题，只涉及证明或有效性问题。著名物理学家费曼也认为，是一种对于科学研究对象的天然的好奇心驱使科学家们提出问题，并且把与问题有关的各方面事物联系起来，把这些事物在不同方面表现出来的种种特征理解为一种或许是由较少量的基本事物和相互作用以无穷多的方式组合后所产生的结果。科学家试图逐步分析所有的事情，把那些乍看起来似乎不相同的东西联系起来，希望有可能减少不同类事物的数目，从而能更好地理解它们。

事实上，这样一种思维方式已经蕴涵了科学隐喻的种子。“有人把自然选择看成一种动力或神力；然而有谁反对过一位著者说的万有引力控制着行星的运行呢？每一个人都知道这种比喻的言词包含着什么意义；为了简单明了起见，这种言词几乎是必要的，还有，避免‘自然’一词的拟人化是困难的；但我所谓的自然只是指许多自然法则的综合作用及其产物而言，而法则是我们所确定的各种事物的因果关系。只要稍微熟习一下，这些肤浅的反对论调就会被忘在脑后了。”著名哲学家罗蒂在其成名作《哲学与自然之镜》中，从另外的角度对科学隐喻的产生问题作出了精辟论断。他指出，重要的、革命的物理学和形而上学永远是“文学的”。也就是说，科学和哲学一样面临着不断引入新术语和排挤当前流行的语言游戏的境况。如果它并不永远是“激烈的”和“粗暴的”，是因为它有时是理性的和会话性的，而并非因为它被陷入一种顽固的隐喻学中。在科学中，我们有时会面临必须说出一个初看起来是假的、却似乎是有阐释力的和有成效的隐喻语句的处境。这类语句在其刚被使用时“仅只是隐喻”，但有些隐喻是“成功的”，其意义是，我们发现它们如此不可抗拒，以至于试图使它们成为信念，成为一种“确实真理”的备选者。为此，我们通过由新的、令人惊异的、隐喻式的语句所提供的词语，去重新描述某一部分现实。例如，当哥白尼说“地球绕太阳转动”时，这些语句看来必然只是“说话的方式”而已。同样，“能量能变为物质”这类语句在初次被说出时似乎也是不真实的，但后来却被广泛接受。这使人想起古希腊哲学家克塞诺芬尼的名言，“最后的真理无非是由猜测结成之网”。为了避免用一种普遍接受的方式观察熟悉的事物，科学家必须不断地作出有意识的努力，时时转换视角，用一种新的眼光观察研究对象、实验数据或经验内容。要想做到这一点，最佳办法是学会应用隐喻。科学发现中所谓出自各种思想偶然结合的直觉，实际上往往指的是科学家将表面上并无联系的现象或各种数据、信息，自觉或不自觉地通过隐喻的方法结合在一起，从而在头脑中形成一种新的、富有意义的关系。在这种意义上，隐喻方法不仅是一种科学假说形式、一种行之有效的科学试错法，也在某种程度上体现了不明推论式推理的精髓。

由此可见，隐喻的语言游戏构成了一种规划科学理论世界的方便而强大的工具。隐喻这个方法在本质上是科学共同体所运用的一种理性、对话性的特殊的认识论与方法论工具。隐喻的方法论的本质在于将一般的隐喻理论应用于科学理论的具体解释和说明中，由此形成一种科学解释的方法论思想。

（二）隐喻的方法论特征

隐喻作为一种科学研究的方法，有其自身的特征和适用范围。隐喻的基本特征主要体现在理论的构造、解释以及发展三个层面，在不同的层面表现出不同的特点。脱离科学理论与科学共同体、科学共同体成员之间以及科学理论与社会文化背景之间交互作用的整体语境，隐喻的本质特征是无法得到正确的衡量的。以科学理论的整体演进为基本载体和依托，隐喻方法突出地体现为科学理论构造方面的意向性特征、科学理论解释方面的语境化特征以及科学理论发展方面的动力学特征，而这三种基本特征又具体体现在其普遍的存在性和本质的创新性两方面相结合的基础上。

1. 隐喻的意向性特征

隐喻的本质内涵和基本内容是由其发明者的原始意向所直接限定的，这是隐喻语用理论的一个关键性内容和基本主张。隐喻的发明者或言说者的意向在决定性的意义上构成相关科学隐喻的指称定域，隐喻的成功交流则是这种意向性的扩散和统一，即其实现并被接受的实践过程。在这种意义上，隐喻的意向性特征突出地体现为隐喻发明者或言说者意向的相对独立性及其与科学共同体整体交际语境的渗透、纠缠与融合。

语言哲学的一般意向性理论为研究隐喻的意向性指向提供了极为重要的理论依据。关于意向性，著名哲学家约翰·塞尔曾经给出过一段经典论述。他指出，意向性“是心灵的一种特征，通过这种特征，心理状态指向，或者关于、论及、涉及、针对世界上的情况。这种特征的独特之处就在于为了能够被我们的意向状态所表现，对象并不需要实际地存在”①。这也就是说，一个隐喻所陈述的内容从字面形式上来看往往是错误的，但其意向性仍然具有现实性、明确性与可理解性。隐喻意向性的本质属性就在于：具有创造性地把意识与其对象结合在由“是”构成的意义关联中，从而以此作为认知模型，构造从内在的心灵世界通达外在的实在世界的可能路径。隐喻的意向性与科学家在既有的

---

① ［美］塞尔．心灵、语言和社会——实在世界中的哲学．梅文译．上海：上海译文出版社，2001：64、88、89、89、104．

理论范式中寻求概念突破的那种特殊的意识状态相关，这种意识状态的本质特征在于发现存在于先前理论中、但未被认识到的两类不同事物或结构之间的相似性，然后通过"是"的本体论意义上的应用将二者统一起来。在某些特殊情况中，一个隐喻的实际意向状态很可能是科学家本人也没有意识到的。但是，这种特殊情形属于塞尔所谓的"能够潜在地成为意识的那样一种情况"。也就是说，在这种情况下，隐喻的发明者或言说者似乎是无意识地说出这个隐喻，但并不构成对于相关隐喻意向性的否证。事实上，在任何一种语言系统中，尤其是在科学语言系统中，一个不具有明确意向性的隐喻是不能产生和存在的，只能说这种意向性是潜在的、隐而不彰的。

必须加以强调的是，所谓隐喻的意向性实质上是指隐喻发明者或言说者主体所具有的意向性，而不是指隐喻语言形式本身具有某种意向性。换言之，隐喻语言的意向性是主体的意向性所赋予的。认识到这一点，就是在作出一种重要的哲学区分："我们需要把人类和动物内在地具有的意向性同语词、句子、图画、图表和图形那种引申出来的意向性区别开来。此外，我们还要把这两种意向性同比喻的意向性归属区别开来。这种比喻的意向性归属实际上并没有作出任何意向性要求，而纯粹只是'好像'。"① 把一种事实上它们并不具有的意向性归于它们，尽管它们的行为好像具有意向性似的。这就意味着，隐喻意向性本质上是一种主体建构，隐喻的语言形式是主体特定意向性的一种表征。这一点在隐喻的情形中体现得尤为明显。隐喻的意向性较之于一般隐喻的意向性更为鲜明，更能够充分地体现出科学共同体在对科学理论进行构造时所发挥的主观能动性。在科学史上，真正有效的隐喻总是科学共同体意向性的确切表征，是在理论建构的要求、科学家的知识结构和理论预测能力、隐喻所可能具备的语言形式等因素的综合作用下派生出来的。但是，隐喻陈述本身在表面形式呈现出来的意向性并不能作为独立的"第三种意向性"而存在。"说某种实体具有'好像'意向性不过是一种表述方式，说明它的行为表现得'好像'具有意向性，而实际上并没有意向性。"② 这仍然是在强调，所有的从隐喻语词和语句中所得到的派生的意向性都直接来源于隐喻发明者或言说者主体内在的意向性。

隐喻方法的意向性以相关科学理论语用语境的特征为基本根据和依托。这也就是说，隐喻的意向性决不是某个科学家个人的一种孤立的心理能力或单纯的意识状态。"意向状态实际起作用的方式只是考虑一套预设的背景能力，这

---

① 塞尔. 心灵、语言和社会——实在世界中的哲学. 梅文译. 上海：上海译文出版社，2001. 88.
② 同上。

种背景能力并非只是更多的其他意向状态。在某种重要的意义上说，这种背景是前意向性。”除此之外，隐喻的意向性在更广的意义上与深层次的科学文化背景以及相应的科学共同体当前实践相关，主要是科学理论实际进展与发展瓶颈的具体情况相关。在不同的科学文化环境和科学共同体语言系统中，隐喻的意向性具有不同的内容，需要根据实际情况来把握。

隐喻的意向性特征作为其存在的基本根据，有力地反驳了存在字面与隐喻两类语句意义的观点。因此，试图单纯从语句或表达式所体现的话语语言形态中提炼隐喻的本质和要素的做法是无法获得成功的。主要原因在于，语句和语词只有它们所具有的意义。这也就是说，“当我们谈论语词、表达式或语句所具有的隐喻意义时，都是在谈论言说者能够以背离这些语词、表达式或语句的实际意义的方式使用它们来进行意谓的内容。因此，我们正在谈论的是可能存在的言说者的意向”①。由此可见，对隐喻意向性的认识和强调最终必然导致言说者所意向的表述意义与语词或语句的语言学意义上的分离和超越。

隐喻的理解和解释都是对科学家在构造相关理论时所具有的原始意向性的归纳式还原过程。“在某种意义上，释义必须接近言说者所意谓的东西。这是因为，在任何一种情况中，当且仅当相对应的用于释义语句的断言是真的，言说者的隐喻断言才可能是真的。”这也就是说，对隐喻的解释必须与隐喻言说者所表述的意向内容相一致。只有这样，二者才能够具有相同的真值条件，隐喻所发挥的理论建构功能才能够真正实现。隐喻的意向性本质地包含并要求对科学家所具有的原始意向结构进行还原。但是，需要注意的是，任何对隐喻的释义尽管都在追求对其原有意向性的正确、合理的还原，但这种还原具有不确定性和不可穷尽性。而且，无论在简单性还是在重要性的意义上来看，任何一种相对完善的还原释义都无法替换原有的隐喻。许多隐喻能够作为理论建构隐喻而成为科学理论的内核。换句话说，重塑某个隐喻意向性所表述的真值条件是完全可能的，但这个隐喻的意向性包含了其他重要因素，而这些因素是超越于真值条件范围之外的东西。一个提出某种全新的隐喻的科学家，由于完全控制了该隐喻可能具有的语言学效力、共享信念及科学理论背景知识，从而限定了一个特殊科学共同体所可能利用的语境元素条件。由此，他所在的科学共同体得以凭借该隐喻所隐含的意向态度表达一个有针对性的科学预测或科学假说。但是，无论如何，这种意向性必然包含达成对某一命题进行成功交流或至少对达成该命题的特定态度或信念进行有效交流的内容。隐喻意向性受到隐喻

① The philosophy of language，Oxford：Oxford University Press，1985：417.

言说者对语言系统的掌握程度的制约。因此，隐喻的有效性往往只是在科学共同体内部才能够得以保证。在科学共同体与其他社会成员进行交流的时候，他们对于所期望的听众的语言、文化以及个人背景的认知与了解程度，对于会话语境及其原则的把握也是构成隐喻意向性内容的重要因素。当然，这种意向性最后表现为一个隐喻的形式，其成功与否体现为该隐喻在实际的科学交流活动中成功与否，即是否具有强大的启迪性或说明力，是否获得了共同体成员广泛的认可。隐喻的意向性是对于语言学效能的超越，与字面意向性的本质不同在于引起再概念化的结果。

2. 隐喻的语境化特征

隐喻的意向性特征必须在特定的科学语言系统和科学共同体语境中才能适当地加以确定。这是由于，隐喻的本质内涵远远超越了单纯符号学或语义学的范围和界域。戴维森之所以放弃隐喻的语义理论是由于他深刻地认识到，隐喻所具有的最为重要的特征之一就在于其对于语境的依赖性。这也就是说，脱离现实的、具体的语用语境的框架，舍弃语用学的基本分析方法，是无法对科学隐喻的本质进行充分说明的。事实上，不仅在科学理论解释的层面必须澄清隐喻的语境化特征，甚至在最初的、仅仅意识到某种科学概念或语言形式的隐喻性这一层面同样要求把握语境的一些基础设定。

与隐喻相比较而言，字面意义上的一般科学理论陈述语言对于语言学实体来说则具有相对的语境独立性。隐喻对于语言学实体而言所具有的高度的语境依赖性来源于以下事实：在科学理论陈述语言字面意义言说的情形中，被指定分配给该言说主体的绝大多数语境特征是由科学概念的语词意义所引起的标准化分类学所提供的；与此相反，在隐喻的展开过程中，必须通过科学概念的语词意义的再概念化建构一种新的分类，利用所具有的语境特征去决定：隐喻所指称的科学研究对象的实体性维度的何种方面才应当被认为是与该隐喻的意向性本质地相关。因此，隐喻的展开过程内在地、本质地包含着语境提示的关键性因素。换言之，隐喻是在科学共同体整体知识预设与当前理论语境制约的具体框架中展开和运作的。要清楚而明确地对一个隐喻的意义进行说明，进而正确地对包含该隐喻的理论进行描述和解释，“便不能忽视使用隐喻时的交际过程。因为就语用学而言，隐喻意义不是独立于交际语境之外的句子意义，而是有赖于语境的语段意义”①。在这里，所谓语境的句段意义与科学理论系统本身是相互参照的。

---

① 胡壮麟. 认知隐喻学. 北京：北京大学出版社，2004：318.

隐喻的语境化特征是隐喻语形、语义和语用的统一。隐喻的语言学形式本身构成其最小的语境环境。也就是说，隐喻的语境化特征以相关科学隐喻的语形构造作为其最基本的载体。在一定程度上，隐喻的意义并不是完全超越于语词或语句的字面意义而独立的某种意义实体。当然，隐喻的语形构造所表征的这种字面意义的功能在于作为和语词、语句语义内容组成要素不同的语境化假设，去确定与之相应的一系列真值条件。这正如塞尔所指出的那样，“所有隐喻起作用的基本原则是，说出具有其意义和相对应的真值条件的表达式，会以许多为隐喻所特有的方式使人想起另外的意义和相对应的一组真值条件”。这些真值条件无一例外地是在科学隐喻的语境化过程中产生的。

在某种意义上，隐喻作为一种具有强烈语境化特征的语言形式，与指示词具有极为相似的属性。首先，在特定情形中它们具有相同的形式结构，此时隐喻作为指示词而使用，或者指示词本身具有隐喻性。在这样的条件下，就有必要确定隐喻和指示词解释的不同语境参数并将之分离开来，同时制定在每一种言说语境中相关科学隐喻和指示词内容的规则。此外，一个隐喻的发明者或言说者对于该隐喻所依赖的语境参数类型的知识，应当与他关于特殊隐喻言说在特定语境中语境参数值的知识区分开来。尽管组成语境参数的超语言学因素能够构成不同的语境，即在不同的情形下产生不同的科学理论解释方案，但是语境参数类型的知识在从一种隐喻到另一种隐喻的演化过程中却是保持不变的。因此，在隐喻中与在指示词中的情况一样，隐喻言说者的知识背景和结构应当被划分为两个相互区别的组成部分，只有其中的第一部分可以恰当地归属于该言说所具有的语义学效力的范围之内。戴维·卡普兰（David Kaplan）受弗雷格关于意义概念论述的启示，将指示词区分为两个语义层次。第一个层次为内容层次，第二个层次为特征层次。大致来说，内容层次就是所谓隐喻的理论解释层次，即一个隐喻所意谓的科学理论内容，其命题性组成部分或其真值条件因素。正如一个单独的指示词的内容是一个对象或个体，一个具有强大预言力的科学隐喻的内容是科学观察对象有待把握的一种本质特性。这种特性与隐喻表达法的语言学意义自然是相符合的，被言说者所把握并作为其语言效能部分的规则决定在每一种言说语境中该科学隐喻所意指的具体内容。因此，隐喻与指示词同样具有一种不连续的变化特征，这些特征决定在不同语境中的不同内容。语境中相关的差异是由于不同的语境预设而产生的。

隐喻语境化所发挥的功能在于作为科学理论的一种去面具化过程而获得表征，这种去面具化过程改变了关于科学理论语言学层次的观念。隐喻是通过建立新的语义连接，作为一种粗略的去语境面具化过程的结果而出现的。这种去语境面具化过程的结果就是目标域用来源域所引入的本体论所包含的新的层次的术语进行再描述。隐喻的去语境面具化过程的本质在于：聚焦或隐藏不同的理论纽结和关联点，并对之进行重新的编选和织造，从而使科学理论的不同层次对应于科学隐喻的不同表征层面。也就是说，隐喻所织造的去面具化结果表征不同的理论语境和不同的语言游戏，将每一种不同的语境面具所包含的逻辑结构和事实范畴进行揭示和澄清。例如，由于“原子是一个微缩的太阳系”这一隐喻的提出，“原子”的概念从作为简单系统一个确定的对象转换为复杂系统的一个明确对象。这种转换的发生完全是该隐喻所造成的原始理论语境面具脱落的结果。这就意味着，隐喻造成了科学共同体知识范式乃至社会公众知识结构的改变，从而推动了原始语境条件的转换。在多数日常生活的语境中，一般社会公众更倾向于将原子视为简单系统的一个确定对象，而忽略其本质结构所包含的细节。在这种情形中，隐喻所直接推动的去语境面具化消解了原子与简单系统之间的原始连接，即隐含的原始语境面具，展现了原子与复杂系统之间的关联性以及电子与原子核之间的纽结点。显然，在这种去语境面具化的过程中，隐喻体现出一种语境交叉性的特征。

有些人认为，在隐喻的语境化过程中，表征某些科学概念的语词既获得了某种新的意义又保持了原有的意义，而隐喻的力量则依赖于主体在这两种意义之间犹疑不定的不确定性。但是，戴维森指出，把隐喻的效力归因于这种意义的含混性是可疑的。这是由于，“语词的含混性如果存在的话，是出于以下事实：在通常的语境中，语词有一种意思，而在隐喻的语境中，它又有别的意思。但是，最为关键的一个事实是，在隐喻的语境中，我们却并非必然要对语词的意义犹疑不定”。这实质上意味着，在现实语境条件下，隐喻意义总是受到限定的。隐喻语境化过程的结果就是对于特定意义的限定，也就是对于隐喻发明者原始意向性的指向和回归。隐喻的语境化过程是不断深入的，这也就是罗蒂所谓的“再语境化”。隐喻语境化的结果是形成新的语境，该隐喻成为新的语境的构成性条件。因此，隐喻语境化特征的结果表现为新旧隐喻、死隐喻与活隐喻的交替发展过程，从而展现出推动科学理论发展的动力学特征。

3. 隐喻的动力学特征

科学理论总是在不断地发展着的，科学革命标志着这种发展的阶段性。在这一过程中，科学理论基本概念的变更或创制具有至关重要的意义。一个全新的科学概念的提出或对于传统科学概念的全新看法，往往直接成为推动科学理论范式转换和科学革命的诱因。隐喻在这方面所起的作用是极为显著的。在许多情况下，对于相对稳定的科学语言系统进行改造，只有隐喻才是最为便捷和有效的手段。

从科学史上来看，现代量子理论的出现标志着物理学科乃至整个自然科学最为重大的革命性成果。人类再也无法使用以往认知物质世界的隐喻对物理学科进行恰当的描述，因为量子理论的诞生使从前的隐喻都不再具有适用性。“在量子理论产生的早期年代，物理学家在理解微观现象时，不可能在微观对象的粒子性和波动性之间作出任何选择的原因所在。实际上，微观粒子的波粒二象性概念只是在现象学意义上的一种典型的隐喻概念，它们并不拥有概念的字面意义，而只具有隐喻的意义。因此，它们不是对真实世界的基本结构的实际描述。新的隐喻的发明直接推动了科学理论的进展。在那些基础性科学隐喻上又生成众多的附属性隐喻，共同构成相关科学理论的内核与外围。

隐喻的动力学特征本质上就在于必须从过程的角度来理解隐喻，这突出地体现在两个不同的层面：首先，隐喻是一个发明新的科学概念的认知过程；其次，隐喻是推动科学共同体整体语言系统发展的一个文化过程。因此，隐喻决不是一个静态的概念或语法范畴，它既作为提出新的科学概念及假设的动力学的认知过程而存在，又作为推动科学理论语言发展的动力学的文化过程而起作用。

隐喻的动力学特征首先表现在表征性隐喻与建议性隐喻之间的互动作用中。表征性隐喻与建议性隐喻是菲利普·惠尔赖特（Philip Wheel-wright）在其著作《隐喻与实在》中提出的重要概念。表征性隐喻即存在性隐喻，指通过比较引起意义的溢出和延展的隐喻，其相似性和比较都不必非常明确，因此它可被视为一种“基于相似性的隐喻”；建议性隐喻即可能性隐喻，通过并列创造出一种新的意义，可被视为一种“创造相似性的隐喻”。事实上，任何成功的隐喻都鲜明地具有存在性隐喻与可能性隐喻两方面的特征，也就是说，建议性隐喻最本质的可能性在于表征性隐喻所展现出的本体论事实，新的科学概念的命名和意义是从一种未被分类的概念元素的结合中产生出来的。根据其所指的不同属性，包含更多类比因素的隐喻更显著地表现出存在性的特征，而包含更多非类比因素的隐喻则更显著地表现出可能性的特征。一个隐喻在最初作为一个存在性隐喻或可能性隐喻而出现，但是随着用法和测试的发展不断改变其性质：当该隐喻所表征的假定在经验或科学实验中获得确实的验证时，可能性因素就转化为存在性因素；当该隐喻所表征的概念在科学共同体中的长期使用中成为基本范式时，存在性因素就逐渐转变为日常语言的用法。

隐喻作为一种把握世界本真结构的认识论和方法论工具，是语言学演化过程与人类思维演化过程的统一，这种演化过程的结果体现为科学理论的发展。

当代认知科学的最新研究成果证明，语言学的演化与人类思维的演化过程在相当大的程度上是由一种隐喻化过程所推动的。这是由于，普通语言或字面语言言说本身在改变认知主体心智与科学文化语境之间互动作用的过程中所起的作用是极为微小的。字面意义上的普通话语所发挥的单纯指示性和描述性功能仅仅能够在认知主体大脑之中再创造陈旧的神经系统运作路径，从而产生出被普遍接受的科学文化与思维形态。然而，在科学隐喻的创新性使用中，一种新的关联在神经系统过程中形成了，产生出破坏字面语言一般形态和传统逻辑结构的表达。因此，隐喻成为不断改变认知主体利用语言这一工具性中介对世界本质结构进行认知、把握并作出反应的转换的动力学源泉。

在科学理论发展过程中最深刻、最有意义的就是基于基础隐喻转换的科学理论解释的转换。隐喻作为语言学进化与思维进化的动力学根源，因此也就自然而然地成为一种进化论认识论的基础。隐喻不断地改造着语言系统的意义内容与整体形态，同时这种改造不断地被储存人认知主体的思维与知识结构，形成对于科学概念活动的建构、改造、重塑与推动。也就是说，隐喻所引起的科学概念语义转换是逐渐地、然而深刻地影响到人类对于世界的理解方式的。值得注意的是，隐喻所表现出的科学认知过程具有潜在性，产生于在长时记忆中所发现的并列所指的创造性活动中，其结果是将该并列所指表征为特定的隐喻语言形式。由于认知主体的科学认知过程是不断深入的，因此隐喻的表征呈现出明显的动力学演化特征。隐喻语言的表征通过改变人类科学思维的方式而不断改造知识结构和文化语境。认知性隐喻过程作为一种进化的知识过程，凸显出隐喻在更为广泛的生物学以及文化语境中动力学源泉上的意义和作用。

隐喻的动力学特征还体现在隐喻解释的不可穷尽性方面，这与科学理论无止境的发展趋向是一致的。这也就是说，“当我们使用诸如隐喻的语言作为选择单元时，已经暗示着一种演化性理论的语义学”。由此可见，隐喻在科学理论的实践活动中确实具有一种相对优势的地位。这种优势即在于隐喻的转换与科学理论不断的再语境化过程相伴始终。至少在一种非典型的科学语境中，在最初的意义上从对于隐喻的常规理解中导出的经常性置换转移的背离表现为一种潜在的已经确立的用法。因此，通过逐渐地把某种隐喻含义整合进入字面词汇表的过程，隐喻潜在地表现出其动力学特征。这实质上是对于一种异质或异常概念的同化吸收，是隐喻概念最终被引入科学语言系统乃至日常语言系统之中的现实过程。科学共同体的成员以隐喻的方式变换一个确定的科学概念语词，从其典型的设定达到一种非典型的语境，从而极大地拓展了科学理论的论域和解释力。当然，这种转换的语义学结果并不仅仅包含一个积极活跃的科学隐喻的创立，形成了新的语言学与思维工具，同时也将之前的科学隐喻吸收到新的语境中。在科学理论的现实发展过程中，这种转换又具体地呈现为死隐喻与活隐喻的更替。在这里，一个凝固的隐喻尽管丧失了原有的创造性和活力，但仍然保持其基本的隐喻性，其意义也并未完全消解，而是作为新的活隐喻内涵的一部分被吸收。正是在这样的意义上，将一个死隐喻的意义和功能视为为新的隐喻或科学理论提供再调整或边界转换的手段是更为合理的。因为只有如此看待死隐喻的意义，才更恰当地符合科学理论语言系统的实际历史过程，才能使我们更正确地认识和理解隐喻所引起的语义与语境转换的效力，才能使我们更深入地理解科学隐喻的动力学特征。

（三）隐喻的方法论本质

上面论述了隐喻方法论的基本特征，然而，离开了语境的整体性来谈论隐喻的方法论意义是无用的。在科学解释中，一个给定的语境是所有假设条件的前提。它一方面表明该语境与特定隐喻之间的关联，另一方面又作为该隐喻倾向的可能性展现出来。所以“真理就在于离开了语境我们便绝对地一无所成”①。如果我们立足于语境的整体性去分析隐喻的方法论，会发现隐喻的本质如下：

1. 隐喻是理解与选择的统一

给定一种隐喻的说明，事实上就是对一个概念的意义转换如何理解的问题。如果不是在一个给定语境中去理解隐喻的意义，而仅从字面意义上去注释，这将导致巨大的发散性和高度的思辨性，因为并不是所有的隐喻陈述都有一个潜在的字面的相似性陈述与之对应。即便有这种相关联的字面相似性陈述，二者的真值条件也不可能相同。首先，隐喻可被理解为“多重偶像”。每一个“偶像模型”都包含着一次对经验环境的概念模拟或理想化复制。也就是说，它有着一个极大的对照网络，这些对照在特定的语境中组合成了整体的隐喻图景。其次，在语言学的层面上，隐喻是作为已给定的一种特定使用的解释和说明而存在的。给出真正说明的必然是一个有系统理解能力的思想网络，而非仅仅基于隐喻语词的个体单位的狭窄理解。第三，这些作为“释解”的语词不仅属于隐喻地被使用的语词范围，而且“释解”一词必须被看作“可分叉的”（bifurcated），即可基于多重选择的。在特定的科学语境中，隐喻的本体与喻体系统都是建立在自然律法则的基础上的；而在一个特定的语言思想交流中，瞬间语境的可能趋向性与想象的特定本质的一致性，决定了对给定语

---

① White Roger M. The structure of metaphor：the way the language of metaphor works. New York：Wiley-blackwell，2002：213.

境的选择。正是在这种状态下，人们只接受或认可那些描述了事物本质和熟悉状态的候选词句来作为隐喻，通过对想象的状态与实际状态的比较，进一步将隐喻的可能趋向具体化，并接受那种在其瞬间语境中容纳隐喻的理想语句。总之，一个隐喻的生成过程或理解过程，也就是特定语境条件下的选择过程，正是在这一意义上，我们说隐喻是建构的。

2. 隐喻是经验与概念的统一

概念化的途径与经验的形式之间存在着一种系统关联，因为概念的形成在孤立于经验基础的情况下是完全不可能的。通过隐喻的意义交叉功能发明出新鲜的、原创性的概念，同样不能脱离经验的基底。隐喻的本质是实验性的，但它同时包含了经验的相关性。通过隐喻去理解经验已经成为一种与看、触、听一样的感觉能力，隐喻提供了理解人类经验世界的特定途径。但必须看到，隐喻的转换或传播虽与经验相关，却并不必然地受制于经验的“所予”。隐喻在经验的层面上通过概念化是可以显现的，但从深层隐喻到可实现的浅层表征隐喻则是特定科学语境整体决定的结果。“空间隐喻”之所以构成“概念隐喻”的基础，是因为它们虽然并不直接地由概念来表征，但却起到了一种生成语言表征的基础的作用。隐喻不仅使我们看到了不同的经验现象，而且使科学理论中概念术语的意义转至隐喻的意义，诸如“和谐”、“共振”等概念术语被用于量子波动力学的模型所给出的意义。在这里，隐喻建立起了科学概念与经验世界之间的内在联结。

3. 隐喻是语义结构与隐喻域之间的统一

由于是隐喻的性质产生了某种特定的科学认识论的洞察，所以“可将概念结构看作是构成言语基础的一种语义结构”。这种语义结构是与它所相关的隐喻域一致的。隐喻作为一种方法论的洞察力，导源于对概念体系的语义结构与相关隐喻域之间的重新整合，从而使新的关联在重新组合的概念语义的结构中生成新的理解和新的隐喻趋向。语义结构是由语义网络体现的，而语义网络存在着语形的和范式的两种基本的语义框架，这些语义框架都有自己的亚形态，由此构成一种多阶的、具有许多语义结的整体网络。在这种语义结构中，尤其是涉及部分和整体的关系时，存在着特别重要的两个原则：其一，媒介的整体性原则。它要求：如果 x 和 y 同处于一个语义场 F 中，并且倘若 x 包含 y 时，无论多么间接，在 x 和 y 之间的任何整体媒介都处于 F 的“部分封闭”之中。其二，起码的最大整体性原则。这一原则被用于决定“部分层级”的范围，因而“部分封闭”之间的这种层级结构被嵌入了语义场。如果在这一层级结构中 x 包含 y，那么 x 在这一结构中比 y 高，是一个更大的整体；反之，

y 在这一结构中比 x 低。所以说是一个更小的整体。上述分析揭示了隐喻域的大小、层级结构的高低、构成要素之间的关联等与语义结构的一种关联性，从而可以发现隐喻生成的语义基底及概念“再隐喻化”的可能基础。

可见，一个隐喻术语的意义是由它的关联结构所决定的。倘若两个术语具有同样的关联，就将具有同样的意义，如果两个关联具有同一个“结”，并且具有同一个语义视角和语义结，那么它们的隐喻也必定是同一的。隐喻一旦概念化、表征化、形式化，就不可避免地要处在特定的语义场中并有了确定的隐喻域，由此决定了隐喻与理性陈述之间某种必然性的关联。

4. 隐喻是理性与非理性的统一

隐喻与科学理论的理性陈述之间的复杂关联，不仅源于隐喻实现的不同形式及途径，且源于如何实际理解理性陈述的问题。一方面，语言的隐喻性（包括学术语言和交流）似乎否定了知识和真理奠定在坚实的经验事实、严格的逻辑推论和清晰的概念范畴之上的观念。隐喻常常被错误地看作是理性构造的对立方甚至“颠覆物”。另一方面，隐喻有可能防止理论范畴的过分僵化，同时它联结不同语境的强大能力在各个学科之间敞开了交流和互动的大门。隐喻所具有的实在的学科角色及其独特功能说明，隐喻作为一种方法论不仅可以超越学科之间的界限，而且可以凭借直觉的创造性的途径去解构它们，因而在隐喻和理性陈述之间的关联就必然表现为一种相互融合的方式。可见，隐喻的使用是理性陈述之间具有可通约性的必然的方法论要求。在超越不同学科界限或理性陈述界限的同时，隐喻不断导致了新的假设和理性的洞察。理性陈述正是借助隐喻联结可观察的和不可观察的对象的途径并进行建构的。例如：在特定理性陈述中显在和潜在隐喻的建构性作用，对特定隐喻功能的检验，对给定隐喻域的语言学的和历史背景的解释学重构，对隐喻概念的含义和隐喻描述主体之间的关联分析，对隐喻的真理性和认知内容的考察。隐喻在直接当下的意义上似乎是非理性的，但是当把它放在一个理性系统中去分析时，就会清楚地发现它有着特定的甚至是长期的科学理性思维的背景，以及长久的科学实验的行为背景。没有这种理性的背景，科学隐喻的出现是不可能的。一个原创性的科学隐喻往往首先以一种“佯谬”的形态出现，但很快便通过常规化的过程成为科学范式的特定要素。

（四）隐喻的方法论意义

隐喻方法作为一门科学方法，在科学研究中发挥着日益重要的作用，其具有的重要意义将不言而喻。隐喻方法研究的兴起有其内在的历史逻辑，它与科学修辞学转向具有极为密切的相关性，体现出重要的修辞学意义，隐喻方法地位的凸显也有其哲学背景理论的推动，这种推动建立在科学隐喻、科学语言与科学思维内在统一的基础上，与后现代主义科学观的基本理念相契合，与后现代科学哲学发展的趋势相一致，同时，隐喻方法研究的深入也对当代科学实在论的进展起到了有益的启迪作用。

20 世纪以来，隐喻的地位在科学哲学研究领域的诸多子课题中逐渐凸显出来，在 20 世纪后半叶形成了一种具有转向性质的运动的成因，隐喻分析方法作为一种有前途的研究范式，必将对科学哲学的深入发展作出积极而有益的贡献。

20 世纪后半叶以来，随着西方哲学语言学、解释学、修辞学三大学科转向的不断深入推进，尤其是在后现代主义哲学潜移默化的影响之下，科学哲学的整体发展态势也鲜明地表现出与这些思想潮流发展趋向相一致的时代特征。其中，对于隐喻方法的敏锐关注无疑是 20 世纪科学哲学研究中出现的一种具有重要意义的新元素和新景观。针对这一现象，美国著名逻辑哲学家苏珊·哈克（SuSan Haack）指出，在当今时代，几乎所有的隐喻著述者都赞同：隐喻不仅在“长篇宏论和公众演讲”中，也不仅在文学写作中，而且在关涉“纯粹真理和真正知识”的领域都具有一种合法性地位。“事实上，许多人走得如此之远，以至于宣称隐喻不仅发挥一种合法性的或有益的功能，而且在理论性探究的过程中具有本质性的作用。”

1. 隐喻方法论的修辞学意义

尽管隐喻必须在超越修辞学范域的意义上才能获得一种充分的理解，但是，决不能因此而忽略，隐喻的功能和意义都是通过其修辞学形式体现出来的，或者说，最终表现为一种修辞学形态。因此，隐喻方法的修辞学意义也是极为重要、值得我们认真思考的内容。

在所有的言语修辞格中，比喻是最为常见的一种形式；而隐喻又是所有比喻修辞格中“最光辉”、“最必然”和“最常见”的（艾柯语）。在古典修辞学中，隐喻与比喻是作为同义词而使用的，这表现为绝大多数修辞学家在其论著中对隐喻和比喻基本不加以区分，或者始终把比喻称为隐喻。因此，在古典时期，“隐喻”一词事实上涵盖了所有其他的比喻类型，是作为一个总括性的名称而被使用的：“隐喻包含着其他的言语与书写形式，诸如反讽、转喻、提喻以及明喻。”①

所有隐喻最终在科学理论文本中的体现必然采取修辞学的形式，隐喻中最

---

① Theodone L. Broun. Making truth: metaphor in science. Champaign: University of Illinois Press, 2003: 16.

为常见和丰富的就是主要作为修辞学手段使用、体现科学修辞学性质的科学隐喻。隐喻作为修辞手段的应用，对于相关科学理论论证的展开及其形象性和劝导力作出了独特的贡献，这样的隐喻可以被恰当地称为修辞性隐喻，其主要功能在于对非隐喻表述的科学理论进行概括或阐释，一种具有原创性的科学理论的建立必然伴随着一种修辞、劝服和灌输的过程，有效的修辞性科学隐喻必然是这一过程的有机组成部分。

隐喻方法在科学修辞学中占有如此显要的地位，以至有些学者抱怨：当代修辞学的趋势不断地从修辞学的整体艺术缩减为对诸种修辞格的关注，又从诸种修辞格缩减为对比喻修辞格的关注，直至最终缩减为对于隐喻的关注。隐喻方法的研究在科学修辞学的整体趋向中毫无疑问地也占有同样重要的地位。隐喻方法所具有的最表层的功能体现在修辞性方面，不仅包含着在科学教学与传播中的修辞性使用，同时也包含科学理论本身的修辞性论述的建构。对此，著名哲学家伽达默尔评论道："语言的逻辑成就只有从修辞学的角度才能获得承认并在修辞学中才被理解为比喻的艺术手段"。① 这实际上意味着，隐喻方法的修辞学意义与其认知意义是内在统一的。

2. 隐喻方法论的哲学意义

隐喻方法具有重要的哲学意义，这种意义主要体现在以下几方面的关系中：首先，隐喻与语言、思维的内在关系，本节在辨析"字面的"与"隐喻的"既对立又统一的关联的基础上考察了隐喻、语言、思维三者之间的辩证关系，指出语言与思维在某种意义上都是隐喻性的；其次，隐喻与一种后现代科学观之间的关系；再次，隐喻与后现代科学哲学之间的关系；最后，隐喻与科学实在论之间的关系。

隐喻思维蕴涵着某种超越外在现实世界的意向，体现了人类意识与精神活动的原始结构和方向。隐喻在我们的语言和思想中无处不在。事实上，我们人类的概念系统就是建立在隐喻之上的。

科学实践活动的世界是科学家群体通过特殊的语言、概念和思维方式所建构和谋划的世界，这个世界与人类的生活世界是不可分割的，并以一种曲折的方式折射和反映着源于生活世界的种种性质与特征。隐喻所蕴涵的科学语言、概念与思维之间的互动、交流和转换必然在科学活动实践中强加给被感知的科学理论世界，在这种意义上，科学理论世界本身的一个重要方面是一系列隐喻

---

① 伽达默尔．真理与方法：哲学注释学的基本特征．洪汉鼎译．上海：上海译文出版社，2004：561．

的塑造和影响的产物。因此，掌握隐喻意味着在一个重要的方面掌握生活世界，而掌握隐喻方法也就意味着在一个重要的方面掌握科学世界。对于隐喻的正确理解有赖于一个前提，即对科学本身应当有一个正确的、适当的理解；同时，隐喻合法性地位的不断确立也在加强和推动一种后现代主义的科学观的确立，这两个方面是历史地统一的。随着当代科学哲学、科学社会学的深入发展，人们对科学本质的认识也愈发深入，科学假设与科学推理过程乃至科学理论本身的隐喻性逐渐被揭示出来。著名科学家约翰·齐曼在其2000年出版的著作《真科学》中指出："甚至那些最为严肃的科学模型都是通过类比和隐喻进行运作的。卢瑟福-波义尔模型把一个氢原子描述为一个微缩的太阳系。达尔文的自然选择概念与动物饲养者所实践的人工选择是相类似的。地球的板块构造论是关于薄而平硬的地球外壳漂浮在高度粘性但流动的地幔之上的学说。语言学家们谈论大脑力学，认为这是符合语法的语言得以产生的原因，诸如此类。科学理论不可避免地是隐喻性的。事实上，即便对于那些最具有原创性的科学家来说，如果他们的理论模型并不包含大量已经为人们所熟知的组成元素，那么建构、澄清、与他人交流理论又如何成为可能呢?"① 著名学者托夫勒也指出，有些学者把科学描绘成是由其自身的内部逻辑所推动的，是毫无疑问地从其周围世界中孤立出来并且按照其自身所特有的规律发展的，但是，这仅仅是一种理想化的观念，而不是客观现实；真正的现实情况是，许多科学的假说、理论、隐喻和模型，不论科学家作出怎样的选择，是重视并且研究还是忽视并且摒弃，它们最初的形式都是由来自实验室外的经济、文化和政治力量所决定的，也就是说，实验室之外的力量对于科学理论本身的影响主要是通过隐喻的方式反映出来的。可见，一种纯粹的科学实际上并不存在。从这种观念前提出发，科学本身也可以被视为隐喻。当然，这里所说的是一种广义的隐喻。因此，科学的话语不再具有按字面所理解的意义，而只具有隐喻的意义，只有当理论与世界之间的关系趋于一致时，这种隐喻理解才有可能转化为字面语言。这表现在，在科学研究的活动中，研究对象越抽象和复杂，科学话语中的隐喻成分就越多。

后现代主义是一种反对极端的科学主义的理智运动。对于科学认知具有普适意义因而能够通过一种非语境的方式予以证实的主张，它持一种强烈批判的态度。因此，后现代主义标志着一种新的文化经验和科学观念，认为科学真理

---

① John Zirnan: Realscience: what it and what it means. Cambridge: Cambridge University Press, 2000: 149.

的标准同样是依赖于历史文化语境的。在这种意义上，后现代科学哲学的本质特征就在于，弱化规范理性对科学活动的强约束，延展科学理性运动的疆域，开拓实现科学理性的新方法，在科学主义的精神中引入人文主义的精神，把科学的社会化和社会化的科学看作是一致的，从而在科学哲学的研究中，推进科学主义与人文主义相互渗透、相互融合的趋势。在后现代科学哲学的视阈中，首先，隐喻可被理解为一种特殊的科学语言游戏，它对于科学语言使用的多样性和语用的特殊语境的强调，正是基于科学语言本质和整体结构的要求而实现的。这一点表明，隐喻与科学语言之间的一致性是后现代性的一种发现。其次，隐喻可看作一种间接言语行为，它消解了指称与表达之间的机械区别，指明语言与世界、语言与命题态度、语言与共同体的语言约定之间的关联都是不可或缺的，任何一个方面都不能从整体中排除出去。

事实上，将隐喻诉诸一种语言行为主义去消解意义的表达论和表征论之间对立的绝对性，从而给出了一种后现代性能够生长的基底。罗蒂的自然主义语言观极大地强化了科学隐喻在后现代科学哲学中的意义。在罗蒂看来，隐喻没有语义价值，从而避免了使用中的指称和真理问题，不涉及理性标准和世界基础。一方面，自然主义语言观通过隐喻的工具性突出语词使用中的自足性和创造性，认为语言是随着历史的发展而自然地增长的，旧隐喻不断消亡，新隐喻在不断地被工具化和理论化，由此形成信念和欲望再语境化的链条。在此，隐喻语言并不是在进行简单的摹写，而是根据语境的新要求在创造，这是构造新语境的内在动力和必要条件。另一方面，自然主义语言观的历史性隐喻构成再语境化的基本形式。隐喻是一种在严格意义上不直接产生意义的言谈方式，是在语境中编织信念和欲望之网的基本工具。隐喻的产生和消亡在本质上也是与社会历史和文化环境的改变息息相关的，是社会历史沉淀的产物，能够联结科学理论语言的过去、现在和未来，并使之保持活力。因而，再语境化的过程就是新旧隐喻交替的过程，虽然在社会化和历史化的过程中它们不断地转换范式，但各个范式之间却是自然演进的连续发展。科学家创造一个特殊的科学隐喻，虽然这个隐喻确实为先前存在的某个东西所引起，但它却不表现某个已经存在的东西。从精神分析学的角度来看，引起某个特殊的科学隐喻的原因，不是对另一世界的回忆，而是某一种特殊的心理意向投射。换言之，对个人经验、知识背景、所处科学共同体中某种特殊的对象灌注了一定的心理能量，因而产生强迫性观念的过程；这种对个别特殊事物的专注，当其释放能量时，就是造成隐喻使用的原因。在发生学的意义上，一个隐喻很可能是由于某个科学家极具个体性或私人性的原因而产生的。如果这样产生的科学隐喻被共同体的其他成员认为是可用的，那么我们就会认为该隐喻的发明者是一个天才。这种情形的根本原因在于，一个源自私人的强迫性观念的科学隐喻在客观上与科学共同体公共需要之间发生了偶然的巧合，从而推动了相关科学理论的进步。这事实上意味着，隐喻在一定的意义上具有偶然性因素，客观世界并不存在任何一种既定的标准，供科学家在不同的科学隐喻之间作出一种最优化的选择，科学家只能在不同的可供选择的科学隐喻之间进行相对优势的比较，这种意义上的比较与隐喻同超越语言的客观实在之间的比较显然还是有相当的距离。这种理解同样极大地强化了隐喻所具有的后现代性的意义。

一种强实在论的观点认为，人类能够期望获得一种对于自然的字面意义上的、普遍为真的理解。涉身实在论则否认存在这样一种单一的、绝对正确的对世界的描述，而认为“隐喻是实在与意识之间明显二分的核心”①。在科学实在论当代演进的过程中，隐喻的特殊意义日益凸显出来。当代的一些科学实在论者通过对隐喻本质、特征、结构、功能以及意义的考察作出断言，隐喻可以从一种特殊的途径作出对客观世界基础性构成部分的近似性描述，正是这些描述在一种可理解的意义上解释了实在世界在深层次上的构成本质，隐喻作为一种描述和逼近科学实在的认知和方法论工具，在科学实在论的理论建构中发挥着重要作用，当代隐喻研究从一个重要层面和新颖维度启迪了科学实在论的进展。

在科学实在论当代演进的过程中，隐喻方法的特殊意义日益强烈地凸显出来，并且自然而又必然地为科学哲学的研究者们所聚焦。当代的一些科学实在论者通过对隐喻本质、特征、结构、功能以及意义的考察作出断言：隐喻可以从一种特殊的途径作出对客观世界基础性构成部分的近似性描述，而正是这些描述在一种可理解的意义上解释了实在世界在深层次上的构成本质。

科学理论陈述中隐喻语言的使用，是当代科学哲学家研究的重要课题，他们一般都把隐喻视为描述科学理论构成要素的一种有启示性的范式。同时，隐喻方法问题也日益引起科学家群体自身的广泛关注。包括达尔文和爱因斯坦等在内的许多大科学家，都曾明确指出隐喻是一种可用于“逼近”和交流复杂科学概念的方便语言工具，其使用对于科学理论的构造和发展具有相当的重要性。科学修辞学的研究发现，科学理论陈述中一些重要的核心概念往往都是隐喻性的，而且这些隐喻概念被科学家作为新的科学事实和概念前瞻性发现的重要工具而使用。表面上看，隐喻语言与追求逻辑严密和可证实性的科学理论语

---

① Roger S. Jones, Physics as metaphor. Minneapolis: University of Minnesota Press, 1983: Preface, ix.